公正去來法講義 V

公正去來法과 規制産業

權　五　乘
李　元　雨　共編

法　文　社

머 리 말

<공정거래법과 규제산업>이라는 표제에 걸맞게 이 책에서는 공정거래법과 통신, 에너지, 신문방송, 제약 등 다양한 규제산업의 규제법 간의 접목을 시도하고 있다. 규제산업이라는 용어가 학문적으로 정립된 용어는 아니지만, 다양한 의미에서 공익성이 강한 영역으로서 정부의 강력한 규제를 받는 산업들을 통칭한다. 이들 중 상당수는 종래 국가공기업에 의한 독점산업으로서 민영화와 자유화의 과정을 통해 새로이 경쟁시장이 형성되어 가고 있는 영역에 해당한다. 통신시장은 그 가운데 가장 먼저 민영화와 자유화의 길을 걸어 온 분야이다. 이 점에서 통신시장은 종래의 독과점시장에서 경쟁의 원리가 지배하는 자유롭고 공정한 경쟁시장으로의 전환을 이루어 나가는 데 모델케이스라고 할 수 있다. 이 책이 특히 통신산업의 규제에 관해 많은 지면을 할애하고 있는 것은 이러한 이유에서이다. 통신시장에서의 경험은 앞으로 전력, 가스 등 에너지 시장이나 수도, 철도 등 다양한 망산업 영역에서 경쟁시장을 형성해 나가는 데 귀중한 교훈을 줄 것이다. 우리나라의 경제구조를 선진화하고 효율화하기 위해서는 규제산업에 존재하는 규제체계에 대한 지속적인 검토와 연구가 요구된다. 에너지, 신문방송, 제약 등 다양한 규제산업에 대한 논문들은 이러한 시도의 일환이다. 이들 영역에서 규제법과 경쟁법의 상호관계와 발전방향에 대한 연구는 우리나라에서는 아직 일천한 상황이다. 그럼에도 불구하고 이 책의 집필을 맡아주신 분들은 각 분야에 있어서 연구와 실무의 최첨단에 계신 분들이다. 이 책이 앞으로 규제산업에 경쟁의 원리가 확장되고 우리나라 전체 경제구조를 선진화하는 데 밑거름이 되기를 바란다.

이 책은 <공정거래법과 규제산업>이라는 동명의 주제로 2006년도 제1학기에 개설된 서울대학교 법학전문가과정 제21기(제6차 공정거래법과정)의 교재로 쓰인 원고들을 편집하여 만든 책이다. 편저자는 이 과정을 처음에는 현 공정거래위원장이신 권오승 선생님의 권유로 함께 시작하였으나, 시작한 지 얼마 되지 않아 권오승 선생님께서 공정거래위원장으로 임명되어 잠시 학교를 떠나 계시게 되면서 혼자서 이 과정의 중차대한 책임을 맡게 되었다.

이 책에 실린 글들이 높은 수준을 유지할 수 있었던 데는 집필자들의 전문성 뿐 아니라 제6차 공정거래법과정에 참여했던 참가자들의 기여가 적지 않았다. 법조계와 산업계에서 이 분야의 실무를 담당하고 있는 수강생들의 적극적이고 성실한 참여 덕분에 정말 보람되고 알찬 연구의 장이 될 수 있었던 것을 감사하게 생각한다.

이 책을 준비하는 과정에서 여러 분들의 도움을 받았다. 제6차 공정거래법과정의 조교를 맡아 수고를 했던 김윤정양이 번거로운 교정작업 전체과정을 도맡아 주었으며, 법문사의 최문용 과장이 편집의 수고를 책임져 주셨다. 이 분들의 노고에 진심으로 감사드린다. 마지막으로 <공정거래법과 규제산업> 과정을 기획하고 시작하셨으며, 공정거래위원장이라는 막중한 임무수행 중에서도 이 과정의 전운영에 걸쳐 관심과 애정을 쏟으시고 여러 가지 실질적인 도움을 아끼지 않으셨던 권오승 선생님께 깊은 감사의 말씀을 드린다.

2007년 9월

서울대학교 법과대학 연구실에서

이 원 우

차 례

제1편 공정거래의 개요와 경쟁법의 과제

제2편 일반 경쟁법의 주요쟁점

제 1 편

공정거래법의 개요와 경쟁법의 과제

제 1 장

공정거래법의 개요와 쟁점*

제 1 절 공정거래법의 개념과 목적

Ⅰ. 공정거래법의 개념과 범위

공정거래법이라는 용어는 통상 독점규제및공정거래에관한법률(이하 '독점규제법'이라고 한다)을 가리키는 것으로 이해되고 있다. 그러나 필자는 여기서 이를 보다 넓게 파악하여 독점규제법 뿐만 아니라 공정거래관련법, 즉 하도급공정화에관한법률(이하 '하도급법'이라 한다), 가맹사업거래의공정화에관한법률(이하 '가맹사업법'이라 한다), 표시·광고의공정화에관한법률(이하 '표시·광고법'이라 한다), 약관의규제에관한법률(이하 '약관규제법'이라 한다) 및 전자상거래등에서의소비자보호에관한법률(이하 '전자상거래법'이라 한다) 등 공정거래위원회가 관장하고 있는 모든 법률을 총칭하는 넓은 의미로 사용하고자 한다. 따라서 이 글에서는 개념상의 혼란을 피하기 위하여 좁은 의미의 공정거래법인 독점규제법을 지칭할 때에는 반드시 '독점규제법'이라는 용어를 사용하고, 공정거래법이라는 용어는 독점규제법과 공정거래관련법을 포함하는 넓은 의미의 공정거래법을 지칭하는 의미로 사용하고자 한다.

Ⅱ. 공정거래법의 목적

넓은 의미의 공정거래법은 공정하고 자유로운 경쟁의 촉진과 아울러 경제력집중의 억제 및 공정한 거래질서의 확립을 목적으로 하는 법률을 총칭한다. 그런데 그 중에서 독점규제법은 이러한 세 가지 목적을 동시에 추구하고 있

* 권오승(공정거래위원회 위원장)

는 반면에, 다른 법률들은 개별적인 거래분야에 있어서 공정한 거래질서의 확립을 목적으로 하고 있다.

1. 독점규제법의 목적

독점규제법은 공정하고 자유로운 경쟁의 촉진을 직접적인 목적으로 하고 있다.[1] 공정하고 자유로운 경쟁은 시장경제가 정상적으로 기능할 수 있도록 하기 위하여 반드시 필요한 필수조건이다. 따라서 시장경제를 경제질서의 기본으로 삼고 있는 나라에서는 경제발전의 단계가 일정한 수준에 이르게 되면 독과점이나 기업결합 및 카르텔 등과 같은 문제가 제기되기 때문에, 이를 규제하기 위한 법률을 제정하여 시행하게 된다.[2] 이러한 의미에서 우리는 독점규제법을 經濟秩序의 基本法이라고 부른다.

경쟁적인 시장(competitive market)이라 함은 모든 재화가 생산비에 적정이윤을 보탠 가격[3]으로 팔리고, 또 그 가격을 기꺼이 지급하려는 사람들은 누구나 그것을 구입할 수 있는 시장을 가리킨다. 그런데 어떤 시장이 이러한 요건을 갖춘 경쟁적인 시장으로 평가되기 위해서는, 우선 그 시장에 참여하려는 의사와 능력을 가진 사업자는 누구나 그 시장에 참여할 수 있도록 그 시장이 개방되어야 하고(open market), 또 그 시장에 참여한 사업자들은 서로 아무런 제한 없이 자유롭게 경쟁할 수 있어야 한다(free competition). 그리고 사업자들 간의 경쟁은 상품이나 서비스의 품질과 가격을 중심으로 공정하게 이루어져야 한다(fair competition). 이를 경쟁의 3대 원칙이라고 하는데, 이러한 3대 원칙이 모두 실현되고 있는 상태를 완전경쟁(perfect competition)이라고 한다.

그런데 완전경쟁이 실현되기 위해서는 다음과 같은 요건이 충족되어야 한

---

1) 독점규제법 제1조는 "이 법은 ……공정하고 자유로운 경쟁을 촉진함으로써 창의적인 기업활동을 조장하고 소비자를 보호함과 아울러 국민경제의 균형있는 발전을 도모함을 목적으로 한다"고 규정함으로써, 동법의 목적을 직접적인 목적(공정하고 자유로운 경쟁의 촉진)과 궁극적인 목적(창의적인 기업활동의 조장과 소비자보호 및 국민경제의 균형있는 발전의 도모)으로 나누어서 규정하고 있다.

2) 그런데 이러한 법률의 명칭에 대하여는 나라에 따라 상당한 차이를 보이고 있다. 미국에서는 독점금지법(Antitrust Law), EU에서는 경쟁법(Competition Law), 독일에서는 경쟁제한방지법(Gesetz gegen Wettbewerbsbeschränkungen), 일본에서는 사적독점금지법(私的 獨占禁止法)이라고 부른다.

3) 여기서 생산비에 적정이윤을 보탠 가격이라 함은 그 상품을 생산하는 데 필요한 비용에 제조자와 판매자가 그 산업에서 투자를 유지하기에 충분할 정도의 이윤만을 보탠 가격을 말한다(Herbert Hovenkamp, Federal Antitrust Policy: The Law of Competition and Its Practice, 2nd Ed., West Publishing Co., 1999, p. 3 참조).

다.[4] ① 모든 판매자가 완전히 동일한 제품을 생산하기 때문에, 그 가격이 동일하다고 가정하면 고객이 어느 판매자로부터 구입하든지 아무런 차이가 없다. ② 그 시장에서 활동하고 있는 각 판매자는 전체에서 차지하는 비중이 아주 작기 때문에 그 판매자가 생산량을 증감하거나 극단적으로 그 시장에서 사라지더라도 그 시장에서 활동하고 있는 다른 판매자들의 결정에 영향을 미치지 않는다. ③ 모든 자원이 완전히 유동적이고 대체적이며, 모든 판매자는 필요한 투자에 동일하게 접근할 수 있다. ④ 그 시장의 모든 참가자가 가격, 생산량 및 그 시장에 관한 다른 정보를 잘 알고 있다. 일반적으로 어떤 시장이 이러한 조건을 더 잘 충족하면 할수록 그 시장은 더 경쟁적으로 기능하게 된다. 그러나 이러한 완전경쟁은 하나의 이론적 모델로서, 그것을 실현하기가 대단히 어려울 뿐만 아니라 법이나 정책을 통하여 그것을 (인위적으로) 실현하는 것이 반드시 바람직한 것도 아니다.[5] 각국의 독점금지법 또는 경쟁법이 완전경쟁의 실현을 목적으로 하는 것이 아니라 유효경쟁(workable competition)의 실현을 목적으로 하는 것은 바로 이러한 이유 때문이다. 그것은 우리나라에서도 마찬가지이다.[6] 독점규제법은 유효경쟁, 즉 공정하고 자유로운 경쟁을 실현하기 위하여 이를 제한하거나 저해하는 요소들, 즉 시장지배적 지위의 남용행위, 경쟁제한적인 기업결합, 부당한 공동행위 및 불공정거래행위 등을 금지 또는 제한하고 있다.

한편, 독점규제법은 경제력집중의 억제도 그 목적으로 하고 있다. 동법은 1986년 제1차 개정을 통하여 소수의 재벌에 의한 과도한 경제력집중을 억제하기 위하여 경제력집중의 억제를 목적에 추가하였다. 이러한 뜻이 동법의 목적규정인 제1조에 명백히 표현되어 있는 것은 아니지만, 동법의 내용을 자세히 살펴보면 이를 인정할 수 있다. 그런데 독점규제법의 목적에 경제력집중의 억제를 추가한 것에 대하여는 입법론상 적지 않은 의문과 비판이 가해지고 있다. 그러나 현행법의 해석상 이를 독점규제법의 목적에서 배제할 수는 없을 것이다. 현행법상 경제력집중의 억제를 위한 제도로는 지주회사의 설립제한, 대규모기업집단에 속하는 회사의 상호출자금지, 출자총액의 제한, 상호채무보증의 금지, 부당한 지원행위금지 등이 있다.

---

4) H. Hovenkamp, op. cit., p. 3.

5) F. Rittner, Wettbewerbs- und Kartellrecht, 5. Aufl., 1995, S. 147.

6) 권오승, 경제법(제4판), 법문사, 2002, 85면.

2. 공정거래 관련법의 목적

넓은 의미의 공정거래법 가운데 독점규제법을 제외한 나머지 법률들, 즉 공정거래관련법은 모두 공정한(또는 건전한) 거래질서의 확립을 목적으로 하고 있다. 하도급법은 공정한 하도급거래질서의 확립을 목적으로 하고(동법 1조), 가맹사업법은 가맹사업의 공정한 거래질서의 확립을 목적으로 하며(동법 1조), 표시·광고법은 공정한 거래질서의 확립과 소비자의 보호를 목적으로 하고(동법 1조), 약관규제법은 건전한 거래질서의 확립을 목적으로 하며(동법 1조), 전자상거래법은 전자상거래 및 통신판매에 관한 공정한 거래의 실현을 목적으로 하고 있다(동법 1조).

그런데 여기서 공정한 '거래질서'의 확립이라고 할 때에 사용되는 '거래'(trade)라는 개념은 '경쟁'(competition)이라는 개념보다 넓은 의미로 이해되고 있다. 왜냐하면 공정한 경쟁이란 사업자들 간의 경쟁이 가격과 품질을 중심으로 이루어져야 한다는 것을 의미하는 것으로서 경쟁자들 상호간에 사용되는 경쟁의 수단이나 방법을 문제삼는 것인데 반하여, 공정한 거래는 상호 경쟁관계에 있는 사업자들 간의 문제뿐만 아니라 수직적인 거래관계에 있는 사업자들 상호간 혹은 사업자와 소비자의 관계에서 제기되는 문제도 포함하기 때문이다.

3. 공정거래법의 궁극적 목적

넓은 의미의 공정거래법은 공정하고 자유로운 경쟁의 촉진과 경제력집중의 억제 및 공정한(또는 건전한) 거래질서의 확립을 직접적인 목적으로 하고 있는데, 이를 통하여 궁극적으로는 소비자의 보호와 국민경제의 균형 있는 발전[7] 또는 국민생활의 균형 있는 향상을 도모하려고 한다.

---

7) 독점규제법 제1조는 동법의 궁극적인 목적으로 소비자의 보호와 국민경제의 균형 있는 발전 이외에도 '창의적인 기업활동의 조장'을 들고 있기 때문에, 이를 문리적으로 해석하게 되면 창의적인 기업활동의 조장도 동 법의 궁극적인 목적에 해당된다고 말할 수 있다. 그러나 이것은 옳지 않다. 왜냐하면 창의적인 기업활동의 조장은 시장경제의 장점이지 독점규제법의 목적이라고 할 수 없기 때문이다. 즉, 시장경제가 정상적으로 기능하려면 시장에 경쟁이 유지되고 있어야 하는데, 시장에 경쟁이 유지되고 있으면 기업들은 그 경쟁에서 살아남기 위해서 창의적인 기업활동을 하지 않을 수 없기 때문이다(황적인·권오승, 경제법, 법문사, 1994, 65면 참조).

Ⅲ. 공정거래법상의 규제

공정거래법상의 규제는 크게 세 가지로 나누어진다. 하나는 공정하고 자유로운 경쟁을 촉진하기 위한 규제로서 독점규제법의 고유한 규제영역이고, 둘은 과도한 경제력집중을 억제하기 위한 규제로서 1986년 이후 독점규제법에 추가된 영역이며, 셋은 공정한 거래질서를 확립하기 위한 규제로서 공정거래 관련법이 담당하고 있는 규제영역이다.

제2절 공정하고 자유로운 경쟁의 촉진을 위한 규제

Ⅰ. 규제의 내용

독점규제법은 공정하고 자유로운 경쟁을 촉진하기 위하여 이를 제한하거나 저해하는 독과점이나 경쟁제한적인 기업결합, 부당한 공동행위 또는 불공정거래행위 등을 금지 또는 제한하고 있다.

1. 독과점에 대한 규제

독점이나 과점에 대한 규제는 나라에 따라 그 태도가 한결같지 않다. 독과점화 그 자체를 원인적으로 금지하는 나라(原因禁止主義)가 있는가 하면, 독과점화 그 자체는 허용하면서 그로 인한 폐해만을 규제하는 나라(弊害規制主義)도 있다. 그런데 우리나라는 후자의 입장을 따르고 있다. 독점규제법은 독점이나 과점적 지위를 차지하고 있는 사업자를 시장지배적 사업자로 규정하고 그 지위를 남용하는 행위를 금지하고 있다(법 3조의 2). 그런데 구체적인 경우에 있어서 어떠한 사업자가 시장지배적 사업자에 해당하는 지를 판단하기가 매우 어렵기 때문에, 동 법은 이러한 곤란을 줄이기 위하여 시장점유율을 기준으로 하여 시장지배적 사업자를 추정하는 제도를 두고 있다(법 4조).[8]

한편, 동법은 단순히 시장지배적 사업자의 지위남용행위를 금지하는 것만

---

8) 1 사업자의 시장점유율이 50%이상이거나 3이하의 사업자의 시장점유율의 합계가 75%이상(다만 이 경우에는 10%미만인 자는 제외함)인 경우.

으로는 독과점화가 고착되어 있는 시장구조를 경쟁적인 시장으로 개편하기가 어렵다고 보고, 공정거래위원회에게 독과점적인 시장구조가 장기간 유지되고 있는 시장에 대하여 경쟁을 촉진하기 위한 시책을 수립하여 시행할 의무를 부과하고 있다(법 3조).

2. 기업결합의 제한

독점규제법은 사업자가 기업결합을 통하여 독점이나 과점을 형성 또는 강화하는 것을 막기 위하여, 일정한 거래분야에서 경쟁을 실질적으로 제한하는 기업결합을 원칙적으로 금지하고 있다(법 7조 1항). 그런데 구체적인 경우에 있어서 당해 기업결합이 일정한 거래분야에서 경쟁을 실질적으로 제한하는 지를 판단하기가 매우 어렵기 때문에, 동법은 이러한 곤란을 줄이기 위하여 1996년 제5차 개정을 통하여 일정한 요건[9]을 갖춘 경우에는 일정한 거래분야에서 경쟁을 실질적으로 제한하는 것으로 추정하는 제도를 도입하였다(법 7조 4항). 그러나 그 기업결합으로 인한 효율성 증대의 효과가 경쟁제한으로 인한 폐해보다 크거나 혹은 도산기업의 구제를 위한 기업결합은 이를 예외적으로 허용하고 있다(법 7조 2항).

한편 독점규제법은 누구든지 강요 기타 불공정한 방법으로 기업결합을 해서는 안 된다고 규정하고 있다. 그런데 이 경우에는 그것이 경쟁에 미치는 영향은 문제되지 않는다(법 7조 3항).

---

9) 기업결합이 다음 각호의 1에 해당하는 경우에는 일정한 거래분야에서 경쟁을 실질적으로 제한하는 것으로 추정한다.

1. 기업결합의 당사회사의 시장점유율(계열회사의 시장점유율을 합산한 점유율을 말한다)의 합계가 다음 각목의 요건을 갖춘 경우
   가. 시장점유율의 합계가 시장지배적 사업자의 추정요건에 해당할 것
   나. 시장점유율의 합계가 당해 거래분야에서 제1위일 것
   다. 시장점유율의 합계와 시장점유율이 제2위인 회사(당사회사를 제외한 회사 중 제1위인 회사를 말한다)의 시장점유율과의 차이가 그 시장점유율의 합계의 25/100 이상일 것
2. 대규모회사가 직접 또는 특수관계인을 통하여 행한 기업결합이 다음 각목의 요건을 갖춘 경우
   가. 중소기업기본법에 의한 중소기업의 시장점유율이 2/3이상인 거래분야에서의 기업결합일 것
   나. 당해 기업결합으로 5/100이상의 시장점유율을 가지게 될 것

3. 부당한 공동행위의 제한

독점규제법은 사업자들 간의 부당한 공동행위를 막기 위하여, 사업자는 계약·협정·결의 기타 어떠한 방법으로도 다른 사업자와 공동으로 부당하게 경쟁을 제한하는 8가지 유형(법 19조 1항 각호)에 해당하는 행위를 할 것을 합의해서는 안 된다고 규정하고 있다(법 19조 1항). 그런데 어떤 사업자들의 행위가 외형상 일치하는 경우에 그 행위가 공동으로 이루어진 것인지, 혹은 단독으로 이루어진 것인지를 구별하기가 쉽지 않다. 따라서 동법은 이러한 곤란을 줄이기 위하여 2 이상의 사업자가 법 제19조 제1항 각 호에 해당하는 행위를 하고 있는 경우에는 동 사업자들 간에 그러한 행위를 할 것을 약정한 명시적인 합의가 없는 경우에도 부당한 공동행위가 있는 것으로 추정하고 있다(법 19조 5항). 그러나 부당한 공동행위가 산업합리화, 연구·기술개발, 불황의 극복, 산업구조의 조정, 거래조건의 합리화, 중소기업의 경쟁력향상 등을 위한 경우로서 공정거래위원회의 인가를 받은 경우에는 예외적으로 허용된다(법 19조 2항).

4. 불공정거래행위의 금지

독점규제법은 공정한 거래질서를 확립하기 위하여, 사업자가 7가지 유형에 해당하는 행위로서 공정한 거래를 저해할 우려가 있는 행위를 하거나 계열회사 또는 다른 사업자로 하여금 이를 하도록 해서는 안 된다고 규정하고 있다(법 23조 1항). 그리고 불공정거래행위의 구체적인 유형 또는 기준은 동법 시행령 제36조 1항 별표로 규정되어 있는데, 모두 10개 유형에 걸쳐서 28개 세부유형으로 나뉘어져 있다(법 23조 2항. 영 36조).

5. 사업자단체 등

독점규제법은 사업자뿐만 아니라 사업자단체의 부당한 경쟁제한행위 또는 불공정거래행위도 금지하고 있다(법 26조).

그리고 재판매가격유지행위를 원칙적으로 금지하고 있다(법 29조 1항 본문). 그러나 최고가격유지행위 중에서 정당한 이유가 있는 경우(법 29조 1항 단서)와 대통령령이 정하는 저작물과 법 제29조 제2항 각 호의 요건을 갖춘 상품으로서 사업자가 공정거래위원회로부터 미리 지정을 받은 경우에는 예외적으로 재판매가격을 유지할 수 있도록 하고 있다(법 29조 2항).

한편, 동법은 부당한 공동행위, 불공정거래행위 및 재판매가격유지행위에 해당하는 사항을 내용으로 하는 국제계약의 체결을 원칙적으로 금지하고 있다. 그러나 당해 국제계약의 내용이 일정한 거래분야에 있어서 경쟁에 미치는 영향이 경미하거나 기타 부득이한 사유가 있다고 공정거래위원회가 인정하는 경우에는 예외적으로 허용하고 있다(法 32조).

6. 적용제외

독점규제법은 경제 질서의 기본법이기 때문에 원칙적으로 모든 산업분야에 대하여, 그리고 모든 사업자의 행위에 대하여 다 적용된다. 그러나 산업분야나 사업자의 행위에 따라서는 이 법률을 그대로 적용할 수 없는 경우가 있기 때문에, 법령에 따른 정당한 행위(法 58조), 무체재산권의 행사행위(法 59조) 및 일정한 조합의 행위(法 60조)에 대하여는 이 법률의 적용을 제외하고 있다.

Ⅱ. 규제에 대한 평가

독점규제법은 1981년 4월 1일부터 시행되었으니까 어언 성년을 지나서 금년 4월 1일이면 25주년을 맞이하게 된다. 그런데 동법시행의 성과에 대한 평가는 대체로 긍정적이지만, 아쉬운 점이나 비판받아야 할 점도 적지 않다. 우선, 동법의 시행으로 시장경제에 있어서 경쟁원리와 공정거래제도가 차지하는 의의와 중요성이 국민 일반에게 널리 인식되었을 뿐만 아니라, 경쟁제한적이거나 불공정한 거래관행이 많이 시정되었다. 그리고 동법의 시행에 필요한 조직과 절차가 정비되고 관련 전문가들이 많이 양성되는 등 동법의 집행에 필요한 인프라가 구축되었다는 점도 큰 성과로 평가된다. 그러나 산업분야에 따라서는 아직도 독과점화가 고착되어 있는 시장구조가 적지 않고, 소수의 재벌에 과도하게 집중되어 있는 경제력집중도 크게 완화되지 않고 있기 때문에, 우리나라에서는 아직 시장경제가 명실 공히 경제 질서의 기본으로서 제 역할을 다하지 못하고 있다는 비판을 받고 있다.[10] 1999년 2월에 공정거래위원회가 행한 독점규제법 제7차 개정에 대한 배경설명을 검토해 보면, 공정거래위원회도 대체로 위와 같은 평가에 동의하고 있는 것으로 보인다.

"우리 경제가 당면한 경제위기를 빠른 시일 내에 극복하고 재도약의 발판

10) 同旨 : 신창선, "21세기 경쟁정책과 경쟁법의 발전방향", 21세기를 향한 학문의 신조류(1999.10.29. 국제학술대회 발표자료), 9면 참조.

을 마련하기 위해서는 기업의 구조조정을 조속한 시일 내에 마무리하고 경제의 각 분야에 시장경제의 원칙을 확립하는 것이 시급한 과제라고 보고, 금번의 법개정은 기본적으로 공정거래법이 시장경제 창달의 기본법으로서 제 역할을 충실히 수행할 수 있도록 제도적 미비점을 보완함과 아울러 기업의 구조조정이 차질 없이 추진될 수 있도록 관련제도를 개선·정비하는데 중점을 두었다."[11]

Ⅲ. 현행법상 규제의 문제점과 개선방안

독점규제법은 그간 여러 차례의 개정을 통하여 그 내용과 절차를 보완해 왔다. 특히 1999년 제7차 개정 시에는 동법이 시장경제 창달의 기본법으로서 제 역할을 충실히 수행할 수 있도록 하기 위하여, 여러 가지의 제도적 미비점을 상당부분 보완하였다. 그럼에도 불구하고 동법에는 아직도 많은 문제점들이 남아 있기 때문에 동법의 실효성을 제고하기 위해서는 이들을 조속히 개선할 필요가 있다.

1. 독과점의 규제

우선, 독점규제법은 시장지배적 사업자의 지위남용행위를 금지함에 있어서, 시장지배적 사업자에 해당되는지의 여부에 대한 판단을 돕기 위하여 시장점유율을 기준으로 시장지배적 사업자를 추정하는 제도를 두고 있는데, 시장지배적 사업자의 추정기준이 지나치게 높아서 실제로는 시장지배적 지위를 차지하고 있음에도 불구하고 그 기준에 미달되어 시장지배적 사업자로서 규제를 받지 않는 경우가 생길 여지가 있다. 그런데 이것은 독과점규제의 실효성을 떨어뜨리는 요인으로 작용할 우려가 있기 때문에, 독과점규제의 실효성을 제고하기 위해서는 시장지배적 사업자의 추정기준을 독일법의 수준[12]으로 인하할 필요가 있다.

그리고 독점규제법은 시장지배적 사업자의 지위남용행위를 5가지 유형으로 나누어 열거하고 있는데, 그 규정이 추상적이고 기준이 애매하여 구체적인

---

11) 공정거래위원회, 1999년판 공정거래백서, 16~17면 참조.

12) 독일 경쟁제한방지법은 1 사업자의 시장점유율이 1/3이상이거나 3 이하 사업자의 시장점유율의 합계가 50% 이상 또는 5 이하 사업자의 시장점유율의 합계가 2/3 이상인 경우에 시장지배적인 것으로 추정하고 있다(법 제19조 제3항 참조).

경우에 사업자의 행위가 지위남용행위에 해당되는지의 여부를 판단하기가 매우 곤란하다. 뿐만 아니라 공정거래위원회가 마련하여 운용하고 있는 심사지침[13]도 그 기준이 반드시 명확하지 않은데다가 타당성에 의문이 있는 것들도 상당수 포함되어 있어서 규제의 실효성을 떨어뜨리는 요인으로 작용하고 있다. 따라서 시장지배적 사업자의 지위남용행위에 대한 규제의 실효성을 제고하기 위해서는, 각 산업이나 시장별로 독과점 사업자들의 거래 행태를 조사, 분석하고, 이를 유효경쟁이 이루어지고 있는 외국이나 국내의 다른 산업이나 시장의 행태들과 비교 검토함으로써, 시장지배적 사업자의 지위남용행위의 유형을 보다 구체적이고 명확하게 제시하는 동시에, 공정거래위원회의 심결례나 법원의 판결들을 통하여 지위남용행위를 판단하는 구체적인 기준을 보다 명확하고 설득력 있게 제시해 나가도록 노력할 필요가 있다.[14]

이와 관련하여 앞으로 특별히 연구할 필요가 있는 것은 최근 MS사건에 관한 EU 위원회와 우리나라 공정거래위원회가 채택한 바 있는 시장지배적 사업자의 특별책임(special responsibility)에 관한 것이다. 이 이론에 따르면, 시장지배적 사업자는 그 존재 자체가 이미 자유로운 경쟁을 위협하는 요소로 작용하고 있기 때문에, 당해 시장에 남아 있는 경쟁을 유지하기 위한 특별한 책임을 부담하고 있는데, 이러한 책임을 다하지 않을 경우에는 그것이 지위남용행위에 해당될 우려가 있게 된다.

2. 기업결합의 제한

공정거래위원회가 어떤 기업결합이 독점규제법에 위반하는, 일정한 거래분야에 있어서 경쟁을 실질적으로 제한하는 기업결합에 해당되는지의 여부를 판단하기 위해서는, 우선 일정한 거래분야 즉 관련시장을 획정한 뒤에, 당해 기업결합이 그 시장에서 경쟁을 실질적으로 제한하는지의 여부를 평가해야 한다. 그러나 실제로는 관련시장을 획정하기가 아주 어려운데, 우리나라에는 아직 관련시장을 획정하기 위한 기법이 제대로 개발되어 있지 않다. 게다가 경쟁제한성을 판단하기는 더욱 어렵기 때문에, 독점규제법 제7조 제4항은 이러한 곤란을 완화하기 위하여 일정한 요건을 갖춘 경우에는 경쟁제한성을 추정하는 제도를 두고 있다. 그런데 이러한 추정요건 중에서 수평결합에 관한

13) 시장지배적지위남용행위 심사기준(공정거래위원회 고시 제2000-6호) 참조.
14) 권오승, 경제법, 179-180면 참조.

추정요건(1호)은 그 기준이 지나치게 높고 까다로울 뿐만 아니라 부분적으로 적절하지 않은 측면도 있어서 기업결합 규제의 실효성 제고에 별다른 기여를 하지 못하고 있다. 따라서 이 추정제도가 기업결합 규제의 실효성 제고에 실제로 도움이 되도록 하려면 동법 제7조 제4항 제1호의 추정요건을 합리적으로 개선할 필요가 있다. 그리고 혼합결합에 관한 추정요건(2호)은 대규모회사가 중소기업시장에 진입하는 경우만을 대상으로 하고, 그 밖의 경우, 예컨대 대규모회사 상호간의 결합이나 대규모기업집단에 속하는 계열회사 상호간의 결합 또는 계열회사가 다른 기업을 결합하는 경우를 포함하지 않고 있다. 따라서 혼합결합에 대한 규제의 실효성을 제고하기 위해서는 추정의 요건을 이상과 같은 경우까지 포함할 수 있도록 확대해 나갈 필요가 있다.[15)]

한편, 독점규제법은 강요 기타 불공정한 방법에 의한 기업결합에 대하여는 그것이 경쟁에 미치는 영향을 묻지 않고 일률적으로 금지하고 있는데, 이것은 기업결합 규제의 본질에 반하는 비합리적인 규제라고 생각된다. 따라서 이러한 불합리성을 제거하기 위해서는 강요 기타 불공정한 방법에 의한 기업결합을 별도로 규제하고 있는 동법 제7조 제3항을 삭제하는 것이 바람직할 것이다. 그렇게 하게 되면, 강요 기타 불공정한 방법에 의한 기업결합도 다른 기업결합의 경우와 마찬가지로 그것이 경쟁제한성이 있는 경우에는 기업결합의 제한 규정에 따른 규제를 받게 되지만, 경쟁제한성이 없는 경우에는 다른 규정, 예컨대 시장지배적 지위남용행위의 금지나 불공정거래행위의 금지와 같은 규정에 위반할 경우에는 거기에 따른 규제를 받게 될 것이고, 그렇지 않을 경우에는 아무런 규제도 받지 않게 될 것이다.[16)]

3. 부당한 공동행위

독점규제법상 부당한 공동행위에 대한 규제에는 다음과 같은 문제점이 포함되어 있다. 하나는 "부당하게 경쟁을 제한하는" 이라고 하는 공동행위의 위법성 판단기준에 관한 문제이고, 둘은 부당한 공동행위의 유형을 8가지로 열거하고 있는 규정방식에 관한 것이며, 셋은 경쟁을 제한하는 행위를 할 것을 "합의를 해서는 안 된다"고 하는 표현방식의 문제이다.

우선, 독점규제법은 당초 공동행위의 위법성 판단기준을 기업결합의 경우

15) 권오승, 경제법, 229-230면 참조.
16) 권오승, 경제법, 231면 참조.

와 마찬가지로 "일정한 거래분야에서 경쟁을 실질적으로 제한하는" 경우로 규정하고 있었으나, 1999년의 제7차 개정 시에 "부당하게 경쟁을 제한하는"으로 개정하였다. 그 이유는 공동행위는 기업결합과는 달리, 그것이 경쟁에 미치는 영향이 대체로 직접적이고 부정적이므로, 기업결합의 경우처럼 구체적인 경우에 개별적으로 경쟁제한성을 면밀히 심사할 필요가 없는 경우가 많기 때문이다. 그런데 그러한 취지를 표현하기 위하여 법문을 현행법의 경우처럼 '부당하게 경쟁을 제한하는'이라고 표현하게 되면, 여러 가지의 오해를 낳을 우려가 있다. 예컨대 그것은 마치 경쟁을 제한하는 '방법'이 부당한 경우를 가리키는 것으로 해석될 수도 있고, 또 경쟁을 제한하는 정도가 부당한 '정도'에 이르러야 한다는 의미로 해석될 소지도 있다. 그러나 그것은 오해이다. 왜냐하면, 공동행위 중에서 경성카르텔과 같은 경우에는 대체로 경쟁제한성을 띠기 때문에 이를 원칙적으로 금지하는 것이 마땅하지만, 연성카르텔의 경우처럼 경쟁에 미치는 영향이 그다지 크지 않거나 기타 정당한 이유가 있는 경우에는 이를 예외적으로 허용할 수 있다는 의미이기 때문이다. 따라서 이상과 같은 오해의 소지를 없애기 위해서는 동법 제19조 제1항의 문언을 그러한 뜻이 명확하게 표현될 수 있도록 개정할 필요가 있다.[17]

그리고 부당한 공동행위의 유형을 제한적으로 열거하고 있는 태도는 부단히 변화하고 있는 경제사정에 부응하여 다양한 모습으로 출현하고 있는 새로운 형태의 공동행위를 적절히 규제할 수 없는 약점을 안고 있다. 따라서 이러한 약점을 보완하기 위해서는 공동행위의 유형을 법률에 한정적으로 열거할 것이 아니라, 이를 포괄적으로 금지하는 일반조항을 두는 쪽으로 개정할 필요가 있다.[18]

한편, 독점규제법은 1986년 이래 "경쟁을 … 제한하는 행위를 하여서는 아니 된다"고 규정하여 공동행위의 실행을 금지하는 태도를 취하고 있었으나, 1994년 제4차 개정 시에 "부당하게 경쟁을 제한하는 … 행위를 할 것을 합의(이하 "부당한 공동행위"라 한다)하여서는 아니 된다"고 규정하여 합의 그 자체를 금지하는 방향으로 개정하였다. 그런데 이러한 태도는 동법 제21조의 시정조치의 요건[19]과 관련하여 살펴보면 적절하지 않은 측면이 있다. 왜냐하면 합

17) 예컨대 "사업자가 다른 사업자와 공동으로 경쟁에 영향을 미치는 행위를 해서는 안 된다. 그러나 그 행위가 경쟁에 미치는 영향이 경미하거나 기타 정당한 사유가 있는 경우에는 그러하지 아니하다."

18) 권오승, 경제법, 288-289면 참조.

의는 이루어졌지만 아직 그 합의가 실행에 옮겨지지 않은 상태에서 그 사업자들에게 "합의를 파기하라"는 시정조치를 내리는 것은 사적자치에 대한 지나친 침해가 될 수 있기 때문이다. 따라서 합의가 아직 실행에 옮겨지지 않은 상태에서는 사업자들이 법 제19조 제4항에 의하여 그 합의의 사법적 효력을 부인하는 것만으로 충분하고, 공정거래위원회의 시정조치는 그 합의가 구체적으로 실행에 옮겨진 경우에 한하여 위법한 결과를 제거하기 위한 수단으로 활용하는 것이 바람직할 것이다.[20)]

또한 법 제19조 제5항의 추정제도는 그 문언이 마치 공동성의 존재와 아울러 경쟁제한성까지 추정하고 있는 것처럼 표현되어 있기 때문에, 대법원의 판례는 이를 기초로 하여 경쟁제한성까지 추정하고 있는 것으로 보고 있다.[21)] 그러나 부당한 공동행위의 규제에 있어서 입증이 곤란한 것은 공동성이지 경쟁제한성이 아니다. 왜냐하면 공동성은 사실의 입증에 관한 문제이지만, 경쟁제한성은 행위의 효과에 관한 판단의 문제이기 때문이다. 그리고 미국의 판례법은 공동행위들 중에서 이른바 hard-core 카르텔에 해당하는 경우에는 당연위법으로 보고 있는 반면에 soft-core 카르텔에 해당되는 경우에는 구체적인 경우에 합리의 원칙을 적용하여 개별적으로 경쟁제한성을 평가하여 판단하도록 하고 있다. 이것은 경쟁제한성은 규범적으로 판단하여야 할 사항이지 추정할 사항이 아니라는 것을 의미한다. 따라서 이러한 오해의 소지를 배제하기 위해서는 법 제19조 제5항의 문언을 공동성만을 추정한다는 뜻이 명백하게 드러날 수 있도록 개정할 필요가 있다.

4. 불공정거래행위와 재판매가격유지행위

독점규제법은 공정한 거래질서를 확립하기 위하여, 7가지 유형에 해당하는 행위로서 공정한 거래를 저해할 우려가 있는 행위를 금지한다고 선언한 뒤에, 불공정거래행위의 유형 또는 기준은 대통령령으로 정하도록 하고 있다. 그런

19) 법 제21조는 공정거래위원회로 하여금 "제19조의 규정에 위반하는 부당한 공동행위가 있을 때에는" 당해 사업자에 대하여 당해 행위의 중지 등의 시정조치를 명할 수 있도록 하고 있다.

20) 사견으로는 법 제19조 제1항에서 "…행위를 할 것을 합의하여서는 아니 된다"라고 되어 있는 부분을 "행위를 하여서는 아니 된다"로 개정하는 것이 바람직할 것으로 보인다. 즉, 법 제19조 제1항은 결국 그 내용을 다음과 같이 개정하는 것이 바람직할 것이다.

"사업자는 계약·협정·결의 기타 어떠한 방법으로도 다른 사업자와 공동으로 경쟁에 상당한 영향을 미치는 행위를 하여서는 아니 된다."

21) 대법원 2002.5.28. 선고, 2000두1386 판결 참조.

데 이러한 방법으로 불공정거래행위의 유형 또는 기준을 제시하는 것은 규제당국의 행정적 편의에는 도움이 될 수 있을지 모르지만, 새로운 유형의 불공정거래행위를 효과적으로 규제하기가 어려울 뿐만 아니라 불공정거래행위의 위법성 판단기준을 시행령에 거의 전적으로 위임하는 결과를 초래하게 된다. 따라서 다양한 형태의 불공정거래행위를 효과적으로 규제할 수 있도록 하기 위해서는 법률에서 불공정거래행위의 위법성 판단에 관한 일반적인 기준을 보다 구체적으로 제시하는 규정(일반조항)을 두고, 그 행위의 유형과 기준의 구체화는 공정거래위원회의 심결례나 법원의 판결에 맡겨 두는 것이 바람직할 것이다.

그리고 독점규제법은 재판매가격유지행위를 원칙적으로 금지하면서, 대통령령이 정하는 저작물과 일정한 요건을 갖춘 상품으로서 사업자가 공정거래위원회로부터 미리 지정을 받은 경우에는 이를 예외적으로 허용하고 있다. 그런데 저작물에 대하여 재판매가격을 전면적으로 허용하는 것은 타당하지 않은 것으로 생각되며, 또 재판매가격유지행위는 불공정거래행위의 특수한 유형에 해당할 뿐만 아니라 현재 공정거래위원회가 재판매가격유지행위를 할 수 있도록 별도로 지정해 준 상품이 하나도 없다는 점에 비추어 볼 때, 입법기술상 재판매가격유지행위의 금지를 별도로 규정할 필요는 없는 것으로 생각된다.

5. 사업자단체와 국제계약의 체결제한

독점규제법은 사업자단체와 국제계약에 관하여 각각 별도의 장을 마련하여 사업자단체가 부당한 경쟁제한행위 또는 불공정거래행위를 금지하고 있으며, 또 국제계약이 부당한 공동행위, 불공정거래행위 및 재판매가격유지행위에 해당하는 사항을 내용으로 하는 경우에는 그 체결을 원칙적으로 금지하면서 그 국제계약의 내용이 경쟁에 미치는 영향이 경미하거나 기타 부득이한 사유가 있다고 공정거래위원회가 인정하는 경우에는 이를 예외적으로 허용하고 있다(법 32조).

그런데 사업자단체에 대하여 규제완화의 차원에서 사업자단체의 설립신고제도가 폐지된 뒤에는 독점규제법상 사업자단체를 사업자와 달리 취급해야 할 이유가 전혀 없다. 그리고 국제계약에 대하여도 시장의 개방과 세계화의 진전으로 인하여 이를 다른 계약과 달리 취급해야 할 이유가 거의 없다. 따라서 입법기술상 제6장과 제8장은 이를 삭제하고, 이러한 행위들을 관련되는 부분에서 규율하도록 하는 것이 바람직할 것이다.

6. 적용제외

독점규제법이 경제질서의 기본법으로서 본래의 기능을 다 하도록 하기 위해서는 동법의 적용범위를 점차 확대해 나갈 필요가 있다. 이를 위해서는 우선 독점규제법의 적용이 제외되는 분야와 행위가 어떠한 것인지를 명확히 밝힌 다음에, 그들에 대하여 적용제외를 인정하는 것이 과연 타당한지, 그리고 그것을 계속 유지할 필요가 있는지에 대하여 지속적, 반복적으로 점검해 볼 필요가 있다. 그리고 적용제외를 인정해야 할 합리적인 이유가 있다고 인정되는 분야나 행위에 대하여는 이를 인정하되, 공정거래위원회가 그러한 행위가 과연 본래의 취지에 부합되게 이루어지고 있는지에 대하여 지속적으로 감독할 필요가 있다.[22]

제 3 절 과도한 경제력집중의 억제

Ⅰ. 경제력집중의 문제

시장경제는 원래 원자적인 경쟁구조를 기본적인 전제로 하고 있다. 원자적 경쟁구조는 개인이나 기업으로 구성되는 다수의 독립적인 경제주체들이 상품이나 서비스의 공급에 관하여 가격과 품질을 중심으로 자유롭게 경쟁함으로써 사회전체의 복지수준을 극대화할 수 있다는 장점을 가지고 있다. 그러나 경제력[23]이 소수의 기업이나 그 집단에 과도하게 집중되면, 원자적인 경쟁구조가 제대로 작동하지 않기 때문에 시장경제가 제대로 기능하지 않게 된다.

우리나라에서는 경제성장정책의 추진과정에서 정부가 고도성장을 이룩하기 위하여 소수의 능력 있는 기업을 집중적으로 지원해 온 결과, 경제력이 소수의 재벌에게 과도하게 집중되는 부작용이 나타나게 되었다. 그런데 이러한 경제력집중은 다음과 같은 세 가지 차원에서 문제를 제기하고 있다. 우선, 소

22) 권오승, 경제법, 159면 참조.

23) 경제력이라 함은 어떤 경제주체가 자신이 소유, 지배하고 있는 경제적 자원이나 수단을 통하여 다른 경제주체의 경제적 선택에 영향을 미칠 수 있는 힘을 의미한다.

수의 재벌이 국민경제 전체에서 차지하는 비중이 매우 높기 때문에 그 자체가 사적인 권력으로 작용할 우려가 있으며(一般集中), 재벌을 구성하고 있는 계열회사들 중에는 각 시장에서 독점 또는 과점적 지위를 차지하고 있는 경우가 많기 때문에 당해 시장의 경쟁을 제한할 우려가 있고(市場集中), 또 이러한 재벌이 특정한 개인이나 그 가족 또는 혈족에 의하여 사실상 소유·지배되고 있기 때문에 소득분배의 불평등을 심화시키는 동시에 합리적인 경영을 저해할 우려가 있다(所有集中).[24] 그런데 김대중 정부는 출범 당시 이러한 재벌문제가 우리나라의 경제위기를 초래한 주요원인 중의 하나라고 보고, 이를 조속히 해결하기 위하여 기업구조개혁 5대 원칙(경영투명성의 제고, 상호채무보증의 해소, 재무구조의 개선, 핵심기업의 설정, 경영자의 책임 강화)을 시행하기 위한 각종의 제도적 장치들을 마련하여 시행하였다. 그리고 1999년에는 이러한 5대원칙을 보완하는 수단으로 산업자본과 금융자본의 분리, 순환출자 및 부당내부거래의 억제, 변칙상속의 차단 등 3가지 원칙을 추가하였다.

한편 참여정부는 대기업집단의 현황과 문제점 및 정책에 대한 객관적인 평가[25]를 토대로 하여, 시장개혁의 비전과 목표를 명확히 제시하고 단계별 추진과제와 일정을 제시하기 위한 "시장개혁 3개년 계획(로드맵)"을 수립하여 이를 꾸준히 추진해 오고 있다.[26]

그런데 재벌에 의한 경제력집중의 문제 중에서 공정거래위원회가 시장경제의 활성화라는 차원에서 규율해야 할 사항은 시장집중과 일반집중의 문제이다. 그런데 시장집중의 문제는 앞에서 살펴 본 독과점의 규제와 관련되는 사항이기 때문에, 여기서는 일반집중의 문제에 초점을 맞추어서 살펴보기로 한다.

Ⅱ. 재벌에 의한 경제력집중의 억제

독점규제법은 재벌에 의한 과도한 경제력집중을 방지하기 위하여, 1986년 제1차 개정을 통하여 지주회사의 설립·전환을 금지하는 동시에 대규모기업

24) 권오승, 재벌의 문제점과 그 대책, Fides Vol. XXXII(통권 35호), 서울대 법대 학생회, 1992, 7면 이하 참조.

25) 그동안 추진된 재벌정책은 재벌의 경영관행 개선과 시장의 투명성 제고에는 기여한 것으로 평가되지만, 정책의 일관성과 제도의 실효성에 대하여는 많은 비판이 제기되었다.

26) 이동규, "재벌문제를 둘러싼 최근 이슈 및 쟁점", 공정거래와 법치(권오승 편), 법문사, 2004, 339면 이하, 특히 348면 이하 참조.

집단에 속하는 계열회사의 상호출자를 금지하고, 출자총액을 제한하는 등 출자규제제도를 도입하였으며, 1992년에는 계열회사의 상호채무보증을 제한하는 제도를 도입하였다. 그리고 1998년에는 대규모기업집단의 구조조정을 실현하기 위한 법적 장치를 마련하기 위하여 출자총액제한제도를 폐지하는 대신에, 신규 상호채무보증을 원칙적으로 금지하고 기존의 채무보증은 2000년 3월 31일까지 해소하도록 하였다. 그리고 1999년 2월에는 기업의 구조조정을 조속한 시일 내에 마무리하기 위하여 지주회사의 설립을 제한적으로 허용하고, 30대 기업집단의 계열사간 부당지원행위를 효과적으로 차단하기 위하여 금융거래정보요구권을 도입하였으며,[27] 같은 해 12월에는 출자총액제한제도를 다시 도입하고 부당한 내부거래를 효과적으로 예방하기 위하여 일정한 규모이상의 내부거래는 사전에 이사회의 의결을 거쳐 공시하도록 하였다. 한편 2001년에는 지주회사의 설립을 통한 기업들의 구조조정을 촉진하기 위하여 지주회사의 행위제한에 대한 예외를 확대하였고, 2002년에는 대규모기업집단의 지정기준을 개정하는 동시에 계열회사의 상호출자금지와 출자총액의 제한에 대한 예외를 확대하기 위하여 동법을 다시 개정하였다. 또한 2004년에는 대기업집단에 소속된 비상장·비등록 기업의 공시의무를 강화하고, 지주회사제도를 보완하며, 출자총액제한제도를 합리적으로 개선하고, 계열금융사의 의결권 행사의 한도를 단계적으로 축소하며, 금융거래정보요구권을 3년 시한으로 다시 도입하는 방향으로 개정하였다.

1. 지주회사의 제한적 허용

지주회사는 1986년 독점규제법 제1차 개정이래 그 설립이 원칙적으로 금지되어 왔으나, 1997년 말 정부가 외환위기에서 촉발된 총체적인 경제위기와 IMF관리체제를 조속히 극복하기 위하여 과감한 구조조정을 추진하는 과정에서, 기업들이 비주력회사의 분리·매각, 외자유치의 촉진 등 지주회사가 가지는 순기능을 충분히 활용할 수 있도록 하기 위하여, 1999년에 그 설립을 제한적으로 허용하게 되었다(법 8조). 그러나 지주회사가 경제력집중의 수단으로 활용되지 않도록 하기 위하여 그 설립요건을 엄격하게 제한하고 있다. 우선 지주회사가 과도한 외부차입으로 자회사를 확장해 나가는 것을 막기 위하여 지

27) 금융거래정보요구권은 당초 2년간 한시적으로 도입되어서 2001년의 법개정으로 그 효력이 3년간 연장되었으며, 2004년말에 다시 3년간 연장되었다.

주회사의 부채비율을 자본총액의 범위로 제한하고, 개별 자회사에 대한 지분율을 원칙적으로 50% 이상 유지하도록 하고, 자회사 이외의 국내회사의 주식을 지배목적으로 소유하지 못하도록 하였다. 그리고 대기업이 금융기관을 사금고처럼 악용하는 것을 막기 위하여 하나의 지주회사에 금융회사와 비금융회사를 동시에 두는 것을 금지하고 있다. 또 지주회사가 다단계에 걸친 출자방식으로 많은 회사를 거느리는 것을 막기 위하여 원칙적으로 손자회사를 두지 못하도록 하고 있다(법 8조의 2. 2항). 한편 채무보증제한 대규모기업집단에 속하는 회사를 지배하는 동일인 또는 그 동일인의 특수관계인이 지주회사를 설립하고자 하거나 지주회사로 전환하고자 하는 경우에는 기존의 채무보증을 해소하여야 한다(법 8조의 3). 그리고 2004년 말에는 지주회사의 설립과 전환을 좀더 용이하게 할 수 있도록 하는 대신에 지주회사체제의 투명성을 높이기 위한 제도가 도입되었다.

이러한 지주회사에 대한 규제는 일본법을 모델로 한 것인데, 일본에서는 1997년에 지주회사의 설립·전환을 원칙적으로 금지하고 있던 종래의 태도를 바꾸어, 이를 원칙적으로 허용하면서 사업지배력의 과도한 집중을 초래하는 지주회사의 설립·전환만 금지하고 있다. 다시 말하자면, 지주회사를 원칙적으로 허용하면서 독점금지법의 목적에 반하는 지주회사만을 금지하고 있으며, 이를 위한 가이드라인도 제정해 놓고 있다.[28] 그런데 우리나라에서는 지주회사의 설립을 허용하면서 이러한 사업지배력의 과도한 집중을 초래하는 지주회사의 설립·전환을 금지하는 규정을 두고 있지 않기 때문에, 지주회사가 경제력집중의 수단으로 활용될 우려가 있다. 따라서 이러한 문제점을 해소하기 위해서는 일본처럼 사업지배력의 과도한 집중을 초래하는 지주회사의 설립·전환을 금지하는 규정을 두는 것이 바람직할 것이다.

2. 대규모기업집단에 대한 규제

독점규제법은 재벌을 기업집단으로 파악하여,[29] 일정한 규모 이상에 해당

---

28) 일본 公正取引委員會, "事業支配力이 과도하게 集中되게 하는 持株會社의 指針"(1997. 12. 8) 참조.

29) 이것은 일본 독점금지법의 태도를 본 받은 것인데, 일본에서는 기업집단이 총수나 그 가족에 의하여 지배되는 현상이 없는데 반하여, 우리나라 재벌그룹은 대체로 총수나 그 가족에 의하여 지배되고 있기 때문에, 우리나라에서 재벌그룹을 기업집단이라고 부르게 되면, 재벌이 가지고 있는 문제 중에서 소유집중이나 그로 인한 선단식 경영의 문제를 간과할 우려가 있다.

하는 대규모기업집단을 규제하고 있다. 동법은 공정거래위원회로 하여금 해마다 동 법의 적용을 받는 대규모기업집단을 상호출자제한 기업집단, 출자총액제한 기업집단 및 채무보증제한 기업집단 등으로 나누어 지정한 뒤에 그 기업집단에 속하는 회사에 이를 통지하게 하고 있다(법 14조). 그리고 대규모기업집단에 속하는 회사에 대하여는 상호출자와 상호채무보증이 원칙적으로 금지되고, 출자총액이 당해 회사 순자산액의 25%로 제한된다.

(1) 상호출자의 규제

독점규제법은 상호출자제한 기업집단에 속하는 회사의 상호출자를 원칙적으로 금지하고 있다. 그러나 그것이 회사의 합병 또는 영업 전부의 양수, 담보권의 실행 또는 대물변제의 수령으로 인한 경우에는 예외적으로 허용된다(법 9조). 상호출자의 금지는 실질적인 출자 없이 가공적으로 자본금을 늘리거나 계열기업을 확장하는 것을 막기 위한 제도이다. 이 제도는 원래 자본충실의 원칙을 실현하기 위하여 증권거래법과 상법에 의하여 규율되던 제도인데, 그것이 경제력집중의 수단으로 활용되기 시작함에 따라 이를 효과적으로 규제하기 위하여 1986년 독점규제법 제1차 개정시에 동법에 도입되었다.

(2) 출자총액의 제한

독점규제법은 출자총액제한 기업집단에 속하는 회사가 다른 국내회사의 주식을 보유함으로써 그 회사에 대한 지배력을 강화하는 것을 막기 위하여, 1986년 제1차 개정시에 출자총액을 제한하는 제도를 도입하였다. 그러나 1998년 IMF관리체제 하에서는 이 제도가 기업의 구조조정을 저해하는 요인으로 작용할 우려가 있다고 보아 1998년 제6차 개정에서 이를 폐지하였는데, 이 제도가 폐지되자 대규모기업집단의 계열회사에 대한 출자총액이 현저히 증가하여[30] 대규모기업집단의 총수는 적은 지분으로도 쉽게 계열회사를 지배할 수 있는 체제가 유지되었을 뿐만 아니라, 실질적인 자기자본의 증가 없이 명목상의 부채비율만 감소된 것으로 나타나는 등 여러 가지 문제점이 노출되었다. 이에 정부는 대규모기업집단의 계열회사 상호간의 순환출자를 억제하기 위하여 1999년 12월 제8차 개정 시에 이 제도를 다시 도입하여(법 10조), 2001년 4

30) 1999년 4월 1일 현재 30대 기업집단의 계열회사에 대한 출자총액은 29조 9천억원으로서 1998년 4월 15일의 17조 7천억원에 비하여 12조 2천억원(68.9%)이나 증가하였다(한겨레신문 1999. 6. 18.자 참조).

월 1일부터 시행하고 있으나, 2004년 12월에는 이 제도의 합리적인 운영을 위하여 동법이 다시 개정되었다. 그런데 이 제도에 대하여는 아직도 그 존폐와 관련하여 논란이 계속되고 있다.

(3) 상호채무보증의 금지

우리나라에서는 기업과 금융기관의 불합리한 영업 관행이 상호작용을 하여 한 동안 채무보증이 관행처럼 굳어져 온 측면이 있다.[31] 대규모기업집단에 속하는 기업은 신용상태가 불량함에도 불구하고 계열사의 채무보증을 통하여 자기의 능력을 훨씬 초과하는 은행여신을 받을 수 있었으며, 금융기관은 대출시에 그 기업의 신용상태를 면밀히 심사하지 않고 담보나 연대보증에 의존하여 안일하게 영업을 해 온 측면이 있다고 할 수 있다. 그런데 이러한 채무보증은 담보가 부족하거나 보증을 세울 능력이 없는 중소기업은 금융기관으로부터 여신을 받기 어렵게 하는 반면에, 채무보증을 해 줄 수 있는 계열회사를 많이 거느리고 있는 대규모기업집단은 손쉽게 금융기관으로부터 많은 여신을 확보할 수 있게 하여 여신편중현상을 심화시키는 요인으로 작용해 온 것도 사실이다. 그리고 기업집단의 경우에는 무리한 차입경영을 가능하게 함으로써 대규모기업집단 전체의 재무구조를 취약하게 하고 공정한 경쟁을 저해하며, 나아가 일부 계열회사의 부실이 그룹전체의 연쇄도산을 초래하게 하고,[32] 금융기관까지 부실화하게 하는 등 우리나라의 경제위기를 초래한 주요 원인이 되었을 뿐만 아니라, 계열회사들을 거미줄처럼 연결해 놓음으로써 계열회사의 정리를 통한 구조조정을 사실상 불가능하게 하는 요인으로 작용하였다.

이러한 문제점을 해결하기 위하여, 독점규제법은 1992년 제3차 개정을 통하여 대규모기업집단에 속하는 회사가 국내 계열회사에 대하여 채무를 보증할 수 있는 한도를 자기 자본의 200%로 제한하였으며, 그 후 1996년에는 그 한도를 100%로 인하하였고, 1998년에는 계열회사간의 채무보증을 조속히 해결하라는 IMF의 요구를 반영하여,[33] 신규채무보증은 원칙적으로 금지하면서 기존의 채무보증은 2000년 3월 31일까지 완전히 해소하도록 하였다.

---

31) 공정거래위원회, 1998년판 공정거래백서, 140면 참조.

32) 우리는 이러한 현상을 최근 한보, 진로, 기아, 대우그룹 등 대기업집단의 연쇄도산에서 실제로 경험한 바 있다.

33) 윤세리, "IMF시대의 공정거래법 개정", 인권과 정의 제261호(1998.5), 81면 이하 참조.

(4) 부당한 자금 · 자산 · 인력의 지원금지

코즈(Coase)가 처음으로 제시한 기업이론의 거래비용적 접근에 따르면, 시장거래에 따른 거래비용이 클 경우에는 이윤극대화를 추구하는 기업은 거래비용의 절감을 위하여 시장거래보다는 기업 내의 거래를 선호하게 된다.[34] 우리나라에서는 정경유착, 사회전반의 부패구조, 법치주의의 미성숙, 시장규모의 협소, 금융시장의 왜곡 등과 같은 요소들이 기업의 시장거래에 따른 비용을 증대시키고 있기 때문에, 많은 기업들이 이러한 거래비용을 줄이기 위하여 거래의 상당부분을 내부화해 온 측면이 있다.[35] 그런데 이러한 내부거래는 거래비용을 절감하고 수직계열화를 통하여 내부의 효율성을 제고하는 등 순기능을 가지고 있지만, 정당한 이유 없이 계열회사를 우대하거나 지원함으로써 계열회사에게 "효율과는 무관한 경쟁상의 우위"를 확보하게 하여 공정한 거래를 저해하거나 경제력집중을 심화시키는 등의 폐해를 초래할 우려도 있다. 이에 독점규제법은 이러한 내부거래가 부당한 지원행위의 성격을 띠는 경우에는 이를 금지하고 있다.

부당한 지원행위는 그 수단에 따라 상품 · 용역의 거래를 통한 지원행위와 자금 · 자산 · 인력의 거래를 통한 지원행위로 분류되는데, 공정거래위원회는 1992년 7월부터 "대규모기업집단의 불공정거래행위에 대한 심사기준"을 제정하여 상품 · 용역의 거래를 통한 지원행위에 대한 감시를 강화하였으나, 자금 · 자산 · 인력의 지원행위는 지원효과가 상대적으로 크고 직접적임에도 불구하고 이를 규제할 수 있는 법적 근거가 미비하여 효과적으로 규제하지 못하였다. 이에 1996년 말 독점규제법의 개정을 통하여 자산 · 자금 · 인력 · 부동산 · 유가증권 · 무체재산권 등 일체의 자산거래를 통한 지원행위까지 규제할 수 있는 법적 근거를 마련하였으며,[36] 1997년 7월부터는 법집행의 투명성과 객관성을 확보하기 위하여 "부당한 자금 · 자산 · 인력지원행위의 심사지침"을 제정하여 운용하고 있다.[37]

입법자는 1996년 말 독점규제법을 개정할 당시에 이 제도를 재벌에 의한 경제력집중을 억제하기 위한 수단으로 보아 제3장에 규정하려 하였으나, 그러

---

34) Ronald H. Coase, "the Nature of the Firm", *Economics* 4, 1937, pp. 386-405.

35) 이승철, 공정거래경제학, 503-504면 참조.

36) 이것은 어떤 기업이 독자적인 경쟁력을 키우려 하지 않고 다른 잘 나가는 기업으로부터 자금지원을 받아서 생존해 나가는 관행을 깨뜨리기 위한 것이다.

37) 공정거래위원회, 1998년판 공정거래백서, 147-148면 참조.

한 지원행위는 대규모기업집단의 계열회사들 뿐만 아니라 일반 사업자들 간에서도 이루어지고 있다는 이유로 이를 대규모기업집단의 계열회사에 대해서만 적용하는 것을 반대하는 재계의 반대에 부딪쳐서, 이를 제5장에 규정하여 모든 사업자들에게 적용할 수 있도록 하였다. 그러나 부당한 지원행위가 문제되는 주된 이유는 그것이 단순히 공정한 거래를 저해할 우려가 있기 때문이 아니라 경제력집중의 수단으로 이용될 우려가 있기 때문이며, 또 후자는 주로 대규모기업집단의 계열회사들 사이에서 일어나는 것이기 때문에, 입법론으로는 이를 제3장으로 옮겨서 그 취지를 분명하게 하고 또 적용대상도 대규모기업집단의 계열회사들로 제한할 필요가 있다.

그런데 우리나라 재벌들은 그 총수가 다수의 계열회사를 사실상 소유·지배하고 있는 것을 기화로 하여 그룹전체를 선단식(船團式)으로 경영하고 있기 때문에, 경영상의 어려움을 겪고 있는 계열회사를 지원하려는 유인이 매우 강한 반면에, 이를 감시·통제할 수 있는 결합재무제표의 작성, 소수주주권의 강화 등과 같은 제도가 완비되어 있지 않을 뿐만 아니라 공정거래위원회도 조사권한과 인력의 한계 등으로 인하여 여기에 적절히 대응하지 못하고 있다. 따라서 부당한 지원행위를 근절하기 위해서는 기업의 지배구조를 개선하여 각 재벌의 계열회사가 개별기업을 중심으로 독립적으로 운영되도록 하는 동시에, 내부거래의 실태가 회계제도를 통하여 투명하게 드러나도록 하고, 기업이윤이 계열회사로 유출되는 것을 막기 위하여 관련제도를 정비할 필요가 있다. 이를 위하여 결합재무제표를 도입하고, 회계공시제도를 선진화하며, 사외이사·감사제도의 도입을 확대하고, 소수주주권을 강화하는 방안도 함께 강구할 필요가 있다.[38)]

Ⅲ. 현행법상 경제력집중 억제의 문제점과 개선방안

독점규제법은 경제력집중을 억제하기 위하여 지주회사를 제한적으로 허용하고, 대규모기업집단에 속하는 회사의 상호출자와 상호채무보증을 원칙적으로 금지하는 동시에 출자총액을 일정한 범위로 제한하고 있는데, 이러한 제도들이 경제력집중이 더 이상 심화되지 않도록 하는 데에는 어느 정도 기여했다고 할 수 있지만, 이를 억제하는 데에는 크게 기여하지 못한 것으로 평가된

38) 공정거래위원회, 1998년판 공정거래백서, 150면 참조.

다. 여기에는 여러 가지 이유가 있겠지만, 그 주된 이유는 다음과 같은 것으로 생각된다. 첫째로, 동 법에서 금지 또는 제한하고 있는 제도들이 종래 경제력집중의 수단으로 이용되어 온 대표적인 수단들인 것은 사실이지만, 경제력집중의 수단은 그밖에도 얼마든지 있을 수 있어서 이러한 제도들만으로는 경제력집중을 효과적으로 억제할 수 없었기 때문이며, 둘째로, 동법은 상호출자, 상호채무보증 또는 출자총액을 원칙적으로 금지 또는 제한하고 있지만 광범한 예외를 허용하고 있어서 그 규제가 철저하지 못했기 때문이다.

한편, 우리나라에서 소수의 재벌에 의한 경제력집중이 안고 있는 문제의 심각성에 비추어 볼 때, 이 문제를 조속히 해결할 필요가 있는 점은 부인할 수 없다. 그러나 현재처럼 공정거래원회가 독점규제법을 통하여 이를 규율하는 것은 타당하지 않은 것으로 보인다. 왜냐하면 재벌에 의한 경제력집중은 일반집중, 시장집중 및 소유집중과 그로 인한 지배구조의 왜곡까지 포함하는 매우 다양한 의미를 갖는 복잡한 문제로서, 이를 개별 시장에서 공정하고 자유로운 경쟁질서의 유지를 목적으로 하는 독점규제법으로 규율하기에는 벅찬 과제이기 때문이다. 더욱이 경제 질서의 기본법인 독점규제법의 집행을 담당하고 있는 공정거래위원회가 이와 같이 고도로 정치적인 성격을 띠고 있는 경제력집중의 문제를 해결하려고 할 경우에는, 정치적인 영향을 배제하지 않을 수 없게 될 것이다. 그런데 공정거래위원회는 자유롭고 공정한 경쟁 질서를 유지하기 위하여 설립된 독립규제기관이기 때문에, 그 본래의 사명을 제대로 수행하기 위해서는 어느 누구의 영향도 받지 않고 독립적인 입장에서 주어진 법률을 해석하여 적용해야 할 필요가 있다. 따라서 이러한 관점에서 보면, 공정거래위원회로 하여금 재벌문제의 해결을 주도하게 하는 것은 적절하지 않은 측면이 있다고 생각된다. 따라서 입법론적으로는 정부가 경제력집중을 억제하기 위한 종합적인 대책을 마련하여 이를 별도의 한시적인 특별기구(예컨대 경제력집중억제위원회)[39]에 맡겨서 시행하도록 하고, 독점규제법에서는 이를 삭제하여 동법이 오로지 경제 질서의 기본법으로서 그 사명을 다할 수 있도록 하는 것이 바람직할 것이다.[40]

39) 이 특별기구는 그 성격상 재정경제부, 금융감독위원회, 공정거래위원회, 검찰청, 국세청 등에서 전문가를 파견 받아서 구성하는 것이 바람직할 것이다.

40) 독점규제법에서는 상호출자나 채무보증 또는 내부거래 등이 자유로운 경쟁이나 공정한 거래질서를 해치는 경우에만 규제하고, 그렇지 않은 경우에는 이를 규제하지 않도록 하는 것이 타당할 것이다.

제 4 절 공정한 거래질서의 확립

Ⅰ. 현행법상 규제의 내용

공정한 거래질서의 확립을 위한 현행법상 규제로서는 독점규제법상 불공정거래행위의 금지 이외에 하도급법, 가맹사업법, 표시·광고법, 약관규제법 및 전자상거래법 등에 의한 규제가 있다.

1. 하도급법 상의 규제

하도급법은 공정한 하도급거래질서를 확립하여 원사업자와 수급사업자가 대등한 지위에서 상호보완적으로 균형 있게 발전할 수 있도록 하기 위하여, 원사업자와 발주자 및 수급사업자가 준수해야 할 사항과 원사업자에게 금지되는 행위를 규정하고 있다.

(1) 원사업자가 준수해야 할 사항

(가) 서면의 교부 등

원사업자와 수급사업자간의 분쟁을 예방하기 위하여, 하도급법은 원사업자가 수급사업자에게 제조 등의 위탁을 하는 경우에는 정당한 사유가 없는 한 하도급대금과 그 지급방법 등을 기재하고 양 당사자가 기명날인한 서면을 교부하여야 하며, 양 당사자는 하도급거래에 관한 서류를 보존하도록 하고 있다(법 3조). 그리고 공정거래위원회는 이 법의 적용을 받는 사업자 또는 사업자단체에게 표준하도급계약서의 작성 및 사용을 권장할 수 있다(법 3조의 2).

(나) 선급금의 지급 등

수급사업자에게 제조 등의 위탁을 한 원사업자가 발주자로부터 선급금을 받은 때에는 수급사업자가 제조·수리 또는 시공에 착수할 수 있도록 그가 받은 선급금의 내용과 비율에 따라 그 선급금을 지급받은 날로부터 15일 이내에 선급금을 수급사업자에게 지급하여야 하며, 만약 이 기간을 초과하여 지급하는 경우에는 그 초과기간에 대하여 공정거래위원회가 정하여 고시하는 이자율에 의한 이자를 지급하여야 한다(법 6조).

그리고 원사업자가 수출할 물품을 수급사업자에게 제조 위탁한 경우에는 정당한 사유가 없는 한 위탁한 날로부터 15일 이내에 내국신용장을 개설해 주어야 한다(법 7조).

(다) 하도급대금의 지급 등

원사업자가 수급사업자에게 제조 등의 위탁을 하는 경우에는 원칙적으로 목적물의 수령일로부터 60일의 범위 내에서 가능한 짧은 기간으로 정한 지급기일까지 하도급대금을 지급하여야 한다. 그러나 원사업자와 수급사업자가 대등한 지위에서 지급기일을 정한 것으로 인정되거나 당해 업종의 특수성과 경제여건에 비추어 그 지급기일이 정당한 것으로 인정되는 경우에는 예외이다(법 13조 1항). 그리고 하도급대금의 지급기일이 정해져 있지 않은 경우에는 목적물의 수령일을, 목적물의 수령일로부터 60일을 초과하여 하도급대금의 지급기일을 정한 경우에는 60일째 되는 날을 각각 하도급대금의 지급기일로 본다(법 13조 2항).

한편 원사업자가 제조 등의 위탁을 한 경우에 원사업자가 발주자로부터 준공금을 받은 때에는 하도급대금을, 기성금을 받은 때에는 수급사업자가 시공한 분에 상당한 금액을 그 지급받은 날로부터 15일 이내에 수급사업자에게 지급하여야 하며, 이 경우 원사업자가 발주자로부터 당해 제조 등의 위탁과 관련하여 지급받은 현금비율미만으로 지급하여서는 아니 된다(법 13조 3항, 4항). 그리고 원사업자가 하도급대금을 어음으로 지급하는 경우에는 당해 제조 등의 위탁과 관련하여 원사업자가 발주자로부터 교부받은 어음의 지급기간을 초과하는 어음을 교부하여서는 안 되며, 어음을 교부한 경우에는 그 교부한 날로부터 만기일까지의 기간에 대한 할인료를 어음을 교부한 날에 수급사업자에게 지급하여야 한다(법 13조 5항, 6항).

(2) 발주자와 수급사업자가 준수해야 할 사항

발주자는 원사업자의 파산·부도 등의 이유로 원사업자가 하도급대금을 지급할 수 없는 명백한 사유가 있는 경우에 발주자는 수급사업자가 제조·수리 또는 시공한 분에 상당하는 하도급대금을 해당 수급사업자에게 직접 지급하여야 한다. 그러나 원사업자가 당해 하도급계약과 관련하여 수급사업자가 임금, 자재대금 등의 지급을 지체한 사실을 입증할 수 있는 서류를 첨부하여 당해 하도급대금의 직접지급중지를 요청한 경우에는 이를 직접 지급하지 않을 수 있다(법 14조).

한편 수급사업자가 원사업자로부터 제조 등의 위탁을 받은 경우에는 그 위탁의 내용을 신의에 따라 성실하게 이행하여야 하며, 원사업자의 법 위반행위에 협조해서는 안 된다(법 21조).

(3) 원사업자에게 금지되는 행위

(가) 부당한 하도급 대금의 결정 금지

원사업자는 수급사업자에게 제조 등의 위탁을 하는 경우에 부당한 방법을 이용하여 목적물과 동종 또는 유사한 것에 대하여 통상 지급되는 대가보다 현저하게 낮은 수준으로 하도급대금을 결정(이하 "부당한 하도급대금의 결정"이라 함)하거나 하도급 받도록 강요해서는 안 된다(법 4조).

(나) 물품 등의 구매강제 금지

원사업자는 수급사업자에게 제조 등의 위탁을 하는 경우에 그 목적물의 품질의 유지·개선이나 기타 정당한 사유가 있는 경우를 제외하고는 그가 지정하는 물품·장비 등을 수급사업자에게 매입 또는 사용하도록 강요해서는 안 된다(법 5조).

(다) 부당한 수령거부의 금지 및 수령증의 교부

원사업자는 제조 등의 위탁을 임의로 취소 또는 변경하거나 목적물의 납품에 대한 수령 또는 인수를 거부 또는 지연해서는 안 되며, 목적물의 납품이 있는 때에는 그 목적물에 대한 검사전이라도 즉시 수령증명서를 수급사업자에게 교부하여야 한다(법 8조).

(라) 부당반품 또는 감액 등의 금지

원사업자가 수급사업자로부터 목적물을 수령 또는 인수한 때에는 수급사업자에게 책임을 돌릴 사유가 없는 한 이를 반품하거나(법 10조) 위탁 시에 정한 하도급대금을 부당하게 감액하여서는 안 된다(법 11조). 그리고 원사업자가 수급사업자에게 목적물의 제조·수리 또는 시공에 필요한 물품 등을 자기로부터 사게 하거나 자기의 장비 등을 사용하게 한 경우에 정당한 이유 없이 당해 목적물에 대한 하도급대금의 지급기일에 앞서 구매대금이나 사용대가의 전부 또는 일부를 지급하게 하거나 자기가 구입·사용 또는 제3자에게 공급하는 조건보다 현저하게 불리한 조건으로 지급하게 해서는 안 된다(법 12조).

(마) 부당한 대물변제의 금지 등

원사업자는 수급사업자의 의사에 반하여 하도급대금을 물품으로 지급해서는 안 되며(법 17조), 하도급거래량을 조절하는 방법 등을 이용하여 수급사업자의 경영에 간섭하여서도 안 되고(법 18조), 법위반 사실의 신고를 이유로 수급사업자에게 수주기회를 제한하거나 거래의 정지 기타 불이익을 주는 행위를 해서도 안 되며(법 19조), 하도급거래와 관련하여 우회적인 방법에 의하여 실질적으로 이 법의 적용을 면탈하려는 행위를 해서는 안 된다(법 20조).

(4) 공정거래위원회의 규제

공정거래위원회는 서면의 교부 및 서류의 보존, 부당한 하도급대금의 결정 금지 등(법 4조 내지 20조)에 위반한 발주자 및 원사업자에 대하여 하도급대금의 지급, 법위반행위의 중지 기타 당해 행위의 시정에 필요한 조치를 권고하거나 명할 수 있으며(법 25조 1항), 동법에 규정된 준수의무 또는 금지를 위반한 발주자, 원사업자 또는 수급사업자에 대하여 수급사업자에게 제조 등의 위탁을 한 하도급대금이나 원사업자로부터 제조 등의 위탁을 받은 하도급대금의 2배를 초과하지 않는 범위 내에서 과징금을 부과할 수도 있다(법 25조의3).

2. 가맹사업법 상의 규제

가맹사업법은 가맹사업의 공정한 거래질서를 확립하고 가맹본부와 가맹점사업자가 대등한 지위에서 상호보완적으로 균형 있게 발전하도록 하기 위하여, 가맹사업거래의 기본원칙과 공정화 및 분쟁의 조정 등에 관하여 규율하고 있다.

(1) 가맹사업거래의 기본원칙

가맹사업당사자는 가맹사업을 영위함에 있어서 각자의 업무를 신의에 따라 성실하게 수행하여야 하며(법 4조), 가맹본부와 가맹사업자는 일정한 사항을 준수하여야 한다(법 5조, 6조).

(2) 가맹사업거래의 공정화

가맹사업거래의 공정화를 위하여, 가맹본부는 가맹희망자에게 정보공개서를 제공, 갱신 또는 수정하여야 하며(법 7조, 8조), 가맹본부는 정보공개서를 작성·갱신·수정하거나 가맹희망자에게 정보의 내용을 표시·광고 또는 설명함에 있어서 허위 또는 과장된 정보를 제공하거나 중요사항을 누락해서는 안 되고,

자기와 거래하는 가맹점사업자의 매출액·수익·매출총이익·순이익 등 과거의 수익상황이나 장래의 예상수익 상황에 관한 정보를 제공하는 경우에 공인회계사가 감사한 감사보고서 등의 자료를 가맹본부의 사무소에 비치하여야 한다(법 9조).

가맹본부는 일정한 요건이 갖추어진 경우(법 10조 1항 각호)에는 가맹희망자 또는 가맹사업자의 요구가 있는 날부터 1월 이내에 가맹금을 반환하여야 하며(법 10조), 가맹계약서를 가맹금의 최초 수령일 전에 미리 가맹희망자에게 교부하여야 한다. 가맹계약서에는 영업활동에 관한 중요 사항(법 11조 2항 각호)이 포함되어야 한다(법 11조). 그리고 가맹본부는 일정한 유형(법 12조 1항 각호)에 해당하는 행위로서 가맹사업의 공정한 거래를 저해할 우려가 있는 행위를 하거나 다른 사업자로 하여금 이를 행하도록 해서는 안 되며, 이러한 불공정거래행위의 유형 또는 기준은 대통령령으로 정하도록 하고 있다(법 12조).

한편 가맹본부가 가맹계약을 갱신 또는 연장하지 않는 경우에는 계약이 만료되는 날부터 90일전에 가맹사업자에게 그 사실을 서면으로 통지하여야 하며, 만약 그러한 통지를 하지 않는 경우에는 원칙적으로 계약만료전의 가맹계약과 동일한 조건으로 다시 계약을 체결한 것으로 본다. 다만 가맹점사업자가 계약이 만료되는 날부터 60일전에 이의를 제기하거나 가맹본부나 가맹점사업자에게 천재지변, 파산·화의 등의 신청이 있거나 회사정리절차 및 강제집행절차가 개시된 경우, 또는 발행한 어음·수표가 부도 등으로 지불 정지된 경우에는 예외이다(법 13조). 그리고 가맹본부가 가맹계약서에서 정한 가맹계약해지의 사유가 발생하여 가맹계약을 해지하고자 하는 경우에는 해당 가맹점사업자에게 계약을 해지하는 날부터 2월 이상 유예기간을 두고 3회 이상 계약해지의 사유를 기재한 문서로서 그 시정을 요구하여야 한다(법 14조).

(3) 공정거래위원회의 규제

공정거래위원회는 법 제7조 제1항, 제8조, 제9조, 제10조 제1항, 제11조 제1항 내지 제3항, 제12조 제1항의 규정을 위반한 가맹본부에 대하여 정보공개서의 제공 또는 수정, 가맹금 반환, 법위반행위의 중지, 법위반내용의 시정을 위하여 필요한 계획 또는 행위의 보고 그밖에 당해 위반행위의 시정에 필요한 조치를 명할 수 있으며(법 33조 1항), 이러한 시정조치를 명할 시간적 여유가 없는 경우에는 시정방안을 정하여 이에 따를 것을 권고할 수도 있다(법 34조 1항).

3. 표시 · 광고법 상의 규제

표시 · 광고법은 공정한 거래질서의 확립과 소비자의 보호를 위하여 부당한 표시 · 광고행위를 금지하고 있을 뿐만 아니라, 소비자에게 바르고 유용한 정보를 제공함으로써 소비자가 충분한 시장정보를 가지고 합리적인 구매를 할 수 있도록 하기 위하여 중요한 정보의 공개제, 표시 · 광고내용의 실증제 및 임시중지명령제 등을 도입한 바 있다.

(1) 부당한 표시 · 광고행위의 금지

사업자 등은 소비자를 속이거나 소비자로 하여금 잘못 알게 할 우려가 있는 표시 · 광고행위로서 공정한 거래를 저해할 우려가 있는 허위 · 과장의 표시 · 광고, 기만적인 표시 · 광고, 부당하게 비교하는 표시 · 광고, 비방적인 표시 · 광고 등의 행위를 하거나 다른 사업자 등으로 하여금 이를 하게 해서는 안 된다(법 3조 1항). 동법에 위반되는 부당한 표시 · 광고를 하는 사업자에 대하여는 공정거래위원회가 당해 위반행위의 중지, 법 위반사실의 공표, 정정광고, 기타 시정을 위하여 필요한 조치를 명할 수 있다(법 7조). 그리고 공정거래위원회는 표시 · 광고행위가 동법에 위반한다고 명백히 의심이 되고 또 당해 표시 · 광고로 인하여 소비자 또는 경쟁사업자에게 회복하기 어려운 손해가 발생할 우려가 있어 이를 예방하기 위한 긴급한 필요가 있다고 인정될 경우 사업자 등에 대하여 당해 표시 · 광고행위를 일시 중지할 것을 명할 수 있다(법 8조 1항). 이 경우, 당해 사업자는 이러한 명령에 대해 불복할 경우에는 명령을 받은 날로부터 7일 이내에 공정거래위원회에 이의를 제기할 수 있으며, 공정거래위원회는 그 사실을 지체 없이 서울고등법원에 통보하여야 하며, 서울고등법원은 이를 비송사건절차법에 의하여 재판을 하게 된다(법 8조 3항, 4항). 한편 소비자단체 등은 위 요건에 해당된다고 인정되는 경우에 공정거래위원회에 임시중지를 명하도록 요청할 수 있다(법 8조 1항).

(2) 중요한 정보의 공개

상품이나 용역 또는 거래 분야의 성질에 따라서는 표시 · 광고의 내용이 상품이나 용역의 내용이나 품질에 결정적인 영향을 미치는 경우가 많다. 따라서 표시 · 광고법은 사업자로 하여금 상품이나 용역에 관한 중요한 정보를 공개하도록 하기 위하여, 공정거래위원회로 하여금 상품이나 용역 또는 거래 분야의 성질에 비추어 소비자보호 및 공정한 거래질서의 유지를 위하여 필요한 중요사항으로서, 그 사항이 표시·광고에 포함되지 않을 경우 그로 인하여 ① 소비자의 피해가 빈번하게 발생하고 그 피해구제가 곤란하게 되거나, ② 소비자가 상품이나 용역의 중대한 결함 또는 기능상의 한계를 정확히 알지 못하게 되고 그로 인하여 구매선택의 판단에 결정적인 영향을 미칠 경우, 또는 ③ 기타 공정한 거래질서를 현저히 저해하는 문제가 발생할 우려가 크다고 판단되는 때에는 그 표시·광고사항에 포함시킬 사항을 고시할 수 있다(법 4조 1항). 이 경우 사업자 등이 표시·광고행위를 하는 경우에는 고시된 표시·광고사항이 포함되도록 해야 한다(법 4조 3항).

(3) 표시·광고내용의 실증

사업자 등은 자기가 행한 표시·광고 중 사실과 관련한 사항에 대하여는 이를 실증할 수 있어야 한다(법 5조 1항). 공정거래위원회는 사업자 등이 부당한 표시·광고행위의 금지에 위반할 우려가 있어 표시·광고내용의 실증이 필요하다고 인정되는 경우에는 그 내용을 구체적으로 명시하여 당해 사업자 등에게 관련 자료의 제출을 요청할 수 있는데(법 5조 2항), 이러한 실증자료의 제출을 요청받은 사업자 등은 그 요청을 받은 날로부터 30일 이내에 그 실증자료를 공정거래위원회에 제출하여야 한다(법 5조 3항). 그리고 공정거래위원회는 필요하다고 인정하는 경우에는 사업자 등이 제출한 실증자료를 비치하여 이를 일반이 열람할 수 있게 하거나 기타 적절한 방법으로 이를 공개할 수 있다(법 5조 4항).

4. 약관규제법상의 규제

약관규제법은 불공정한 내용의 약관의 작성, 통용을 방지하고 불공정한 내용의 약관을 규제하여 건전한 거래질서를 확립하기 위하여 약관의 편입, 해석 및 효력에 관하여 통제하고 있다.

(1) 약관의 편입통제

약관규제법은 약관의 본질을 契約의 草案으로 보는 입장에서 출발한다. 따라서 약관은 그것이 당사자의 합의에 의하여 계약에 편입되었을 때에 비로소 계약의 내용이 된다. 사업자는 고객에게 약관을 명시 또는 교부하고, 약관의 중요한 내용을 설명해야 한다. 따라서 사업자가 이러한 의무에 위반하여 계약을 체결한 때에는 당해 약관을 계약의 내용으로 주장할 수 없다(법 3조). 그리고 약관에서 정하고 있는 사항에 관하여 사업자와 고객이 약관의 내용과 다르게 합의한 사항이 있을 때에는 그 합의사항이 약관에 우선한다(법 4조).

(2) 약관의 해석통제

약관이 계약에 편입되게 되면, 그것은 계약의 내용을 구성하게 된다. 따라서 약관은 원칙적으로 법률의 해석방법이 아니라 법률행위의 해석원칙에 따라 해석되어야 한다. 그러나 약관은 일반계약과는 달리 양 당사자의 자유로운 합의의 소산이 아니라 사업자가 일방적으로 작성한 것을 고객이 받아들인 것이기 때문에, 그 해석에 관하여는 몇 가지 특수한 원칙이 적용된다.

우선, 약관은 신의성실의 원칙에 따라 공정하게 해석되어야 하며, 통일적으로 해석되어야지 고객에 따라 다르게 해석되어서는 안 된다(법 5조 1항). 그리고 약관의 뜻이 명백하지 않은 경우에는 고객에게 유리하게 해석되어야 하며(법 5조 2항), 사업자의 책임을 배제, 제한하거나 고객의 권리를 제한하는 조항은 엄격하게 해석하여야 한다.

(3) 약관의 효력통제

약관이 계약에 편입되게 되면 계약의 내용을 구성하기 때문에, 일반 법률행위와 마찬가지로 강행법규 또는 선량한 풍속 기타 사회질서에 반하는 경우에는 무효가 된다. 그런데 약관규제법은 약관이 양 당사자의 합의의 소산이 아니라 사업자에 의하여 일방적으로 작성된 것이기 때문에, 사업자에게는 일방적으로 유리한 반면에 고객에게는 매우 불리할 우려가 있다. 따라서 약관은 그것이 비록 강행법규 또는 선량한 풍속 기타 사회질서에는 반하지 않는다고 하더라도, 신의성실의 원칙에 반하여 공정을 잃은 경우에는 무효이다(법 6조 1항). 이것은 약관을 작성하는 사업자에게 약관을 작성할 때에 자기의 이익만 고려할 것이 아니라 상대방의 정당한 이익과 합리적인 기대까지 고려하여 공정한 약관을 작성해야 할 신의성실의 원칙상의 의무가 있다는 것을 인정한 것이다. 그런데 이러한 신의성실의 원칙은 그 내용이 추상적이고 애매하여 구체적인 경우에 이를 적용하기가 쉽지 않기 때문에, 약관규제법은 이러한 곤란을 완화하기 위하여, ① 고객에 대하여 부당하게 불리하거나, ② 고객이 계약의 거래형태 등 제반 사정에 비추어 예상하기 어려운 조항, 또는 ③ 계약의 목적을 달성할 수 없을 정도로 계약에 따르는 本質的인 權利를 제한하는 조항은 공정을 잃은 것으로 추정하고 있다(법 6조 2항). 그리고 제7조 이하에서 면책조항, 손해배상의 예정, 계약의 해제·해지 등에 관하여 구체적인 無效事由를 열거하고 있다(법 7조 내지 14조).

(4) 불공정한 약관에 대한 행정적 통제

약관규제법은 민사특별법의 성격을 가지고 있기 때문에, 사업자가 동 법에 위반하는 불공정한 약관조항을 사용하여 계약을 체결한 경우, 그 상대방은 법원에 그 약관의 효력을 다투는 소를 제기하여 그 약관조항이 무효라는 판결을 받게 되면 그 약관조항은 효력을 잃게 된다. 그러나 이러한 사법적 통제는 그 약관조항이 구체적인 계약에 편입된 경우에 사후적으로만 할 수 있는데다가 그 효력이 당해 사건에만 미친다는 한계를 가지고 있다. 따라서 약관규제법은 불공정한 약관에 대한 규제의 실효성을 제고하기 위하여, 사업자에 대하여 불공정한 약관조항을 계약의 내용으로 사용하지 못하도록 선언한 뒤에(법 17조), 공정거래위원회로 하여금 여기에 위반한 사업자에 대하여 시정권고나 시정명령을 내릴 수 있도록 하고 있다(법 17조의 2 1항, 2항). 그리고 공정거래위원회는 이러한 시정권고나 시정명령을 함에 있어서 필요한 때에는 동종 사업을 영위하는 다른 사업자에게도 같은 내용의 불공정한 약관조항을 사용하지 말 것을 권고할 수 있다(법 17조 의2 3항). 그러나 행정관청이 작성한 약관 또는 다른 법률에 의하여 행정관청의 인가를 받은 약관이 불공정한 약관에 해당될 때에는, 공정거래위원회가 당해 행정관청에 그 사실을 통보하고 그 시정에 필요한 조치를 요청할 수 있으며, 은행법에 의한 금융기관의 약관이 불공정한 약관에 해당된다고 인정될 때에는, 공정거래위원회가 금융감독원에 그 사실을 통보하고 그 시정에 필요한 조치를 취하도록 권고할 수 있다(법 18조 1항). 그리고 공정거래위원회의 시정명령에 위반한 자에 대하여는 2년 이하의 징역 또는 1억원 이하의 벌금에 처한다(법 32조).

5. 전자상거래법 상의 규제

전자상거래법은 전자상거래 및 통신판매 등에 의한 재화 또는 용역 거래의 공정화를 통하여 소비자의 권익을 보호하고 시장의 신뢰도를 제고하기 위하여, 사이버몰의 운영자와 통신판매업자에 대하여 규율하고 있다.

(1) 사이버몰의 운영

전자상거래를 행하는 사이버몰의 운영자는 소비자가 사업자의 신원 등에 관하여 쉽게 알 수 있도록 상호 및 대표자 성명, 영업소 소재지 주소, 전화번호·모사전송번호·전자우편주소, 사업자등록번호, 사이버몰의 이용약관 등을 총리령이 정하는 바에 따라 표시하여야 한다(법 10조).

(2) 통신판매업자의 신고 등

통신판매업자는 상호·주소·전화번호, 전자우편번호·인터넷도메인 이름·호스트서버의 소재지 등을 공정거래위원회나 특별시장·광역시장 또는 도지사에게 신고하여야 한다(법 12조). 그리고 통신판매업자가 재화 등의 거래에 관한 청약을 받을 목적으로 표시·광고를 행하는 경우에는 상호 및 대표자 성명, 주소·전화번호·전자우편주소, 통신판매업의 신고번호 등이 포함되도록 하며, 소비자가 계약체결 전에 재화 등에 대한 거래조건을 정확하게 이해하고 실수 또는 착오 없이 거래할 수 있도록 재화 등의 공급자 및 판매자에 관한 사항, 재화 등의 명칭·종류 및 내용, 재화 등의 가격, 재화 등의 공급 방법 및 시기, 거래의 약관 등을 적절한 방법으로 표시·광고 또는 고지하고, 그러한 사항이 기재된 계약내용에 관한 서면을 교부하여야 한다(법 13조).

(3) 통신판매업자의 의무

통신판매업자는 소비자로부터 재화 등의 거래에 관한 청약을 받은 경우 청약의 의사표시의 수신 확인 및 판매기능 여부에 관한 정보를 소비자에게 신속하게 통지하여야 하며, 계약체결 전에 소비자가 청약의 내용을 확인하고, 정정 또는 취소할 수 있도록 적절한 절차를 갖추어야 한다(법 14조).

그리고 통신판매업자는 소비자가 청약을 한 날부터 7일 이내에 재화 등의 공급에 관한 필요한 조치를 하여야 하며, 대금의 전부 또는 일부를 받은 경우에는 그 받은 날부터 2영업일 이내에 재화 등의 공급을 위하여 필요한 조치를 하여야 한다. 그리고 통신판매업자는 소비자가 재화 등의 공급절차 및 진행상황을 확인할 수 있도록 적절한 조치를 취하여야 한다(법 15조).

한편 통신판매업자가 소비자의 청약에 따라 재화 등을 공급하는 경우에는 그 내용을 기재한 서면, 즉 공급서를 재화 등에 첨부하여 소비자에게 송부하여야 한다(법 16조).

(4) 청약의 철회 등

통신판매업자와 재화 등의 구매에 관한 계약을 체결한 소비자는 계약에 관한 서면을 교부받은 날부터 7일 이내에, 다만 그 서면을 교부받은 때보다 재화 등의 공급이 늦게 이루어진 경우에는 재화 등의 공급을 받거나 공급이 개시된 날부터 7일 이내에 당해 계약에 관한 청약철회 등을 할 수 있다. 한편 서면을 교부받지 아니하거나 주소 등이 기재되지 아니한 서면을 교부받은 경우 또는 주소 변경 등의 사유로 위의 기간 이내에 청약철회 등을 할 수 없는 경우에는 그 주소를 안 날 또는 알 수 있었던 날부터 7일 이내에 청약철회 등을 할 수 있다(법 17조).

(5) 금지행위

전자상거래를 행하는 사업자 또는 통신판매업자는 ① 허위 또는 과장된 사실을 알리거나 기만적인 방법을 사용하여 소비자를 유인 또는 거래하거나 청약철회 등 또는 계약의 해지를 방해하는 행위, ② 청약철회 등을 방해할 목적으로 주소·전화번호·인터넷도메인 이름 등을 변경 또는 폐지하는 행위, ③ 분쟁이나 불만처리에 필요한 인력 또는 설비의 부족을 상당기간 방치하여 소비자에게 피해를 주는 행위 등을 하여서는 아니 된다(법 21조).

(6) 공정거래위원회의 규제

공정거래위원회는 전자상거래 또는 통신판매를 행함에 있어서 건전한 거래질서의 확립 및 소비자의 보호를 위하여 관련분야의 거래당사자, 기관 및 단체의 의견을 들어 사업자의 자율적 준수를 유도하기 위한 지침, 즉 소비자보호지침을 정할 수 있고(법 23조), 소비자보호를 위하여 관련사업자에게 보험업법에 의한 보험계약 또는 소비자피해보상금의 지급을 확보하기 위한 금융기관과의 채무지급보증계약을 체결하도록 권장할 수 있다(법 24조).

그리고 공정거래위원회 또는 시·도지사는 이 법에 위반한 사실이 있다고 인정할 때에는 필요한 조사를 할 수 있고, 사업자가 법위반행위를 하거나 의무를 이행하지 아니한 경우에는 그 사업자에 대하여는 시정조치를 명하거나 권고할 수 있고(법 31조, 32조), 위법행위와 관련하여 소비자의 피해구제신청이 있는 경우에는 시정조치를 권고하거나 명하기 전에 소비자피해분쟁 조정기구에 그 조정을 의뢰할 수 있다(법 33조).

한편, 공정거래위원회는 위의 시정조치에도 불구하고 위법행위가 반복되거나 시정조치만으로는 소비자피해의 방지가 곤란하다고 판단되는 경우에는 1년 이내의 기간을 정하여 영업의 전부 또는 일부의 정지를 명하거나 이에 갈음하여 위반행위 관련 매출액을 초과하지 않는 범위 안에서 과징금을 부과할 수 있다(법 34조).

Ⅱ. 현행법상 규제의 문제점과 개선방안

위에서 살펴 본 각종의 규제들은 전통적 또는 새로운 형태의 거래에 있어서 경제적, 기술적인 이유로 인하여 당사자간의 지위의 대등성이 상실된 경우에 그 지위가 강한 당사자에게는 그 지위남용을 억제하거나 거래에 필요한 정보제공의 의무를 부과하는 반면에, 그 지위가 약한 당사자에게는 여러 가지 방법으로 편의를 제공하거나 지원을 함으로써 공정한 거래질서를 확립하기 위한 것으로서, 원래 사적자치에 맡겨져 있던 영역에 국가가 예외적으로 개입해 들어간 것이라고 할 수 있다.

그런데 이러한 규제들이 그동안 공정한 거래질서의 확립에 상당한 기여를 한 것은 사실이지만, 그 규제의 내용과 방법에 있어서 적지 않은 문제점을 노출시키고 있는 것도 부인할 수 없다. 우선 규제의 내용과 관련하여 일정한 행위를 금지하면서 금지되는 행위와 허용되는 행위를 구별하는 기준을 명확하게 제시하지 못하고 있는 경우도 있고, 또 규제의 방법과 관련하여 공정거래위원회 또는 시·도지사로 하여금 시정조치나 시정권고와 같은 방법으로 거래관계의 형성에 직접 영향을 미치는 경우도 있다. 따라서 이러한 규제들 중에서는 그 내용이 불합리하다거나 그 방법이 과도하다는 비판을 받은 경우가 적지 않다.

규제의 내용과 관련해서는 예컨대 하도급법상 부당한 하도급대금의 결정금지 또는 표시·광고법상 부당한 표시·광고행위의 금지와 관련하여 그 부당성을 판단하는 기준이 명확하지 않으며, 가맹사업법상 가맹본부의 불공정거래행위의 금지 또는 약관규제법상 불공정한 약관의 금지와 관련하여 불공정성을 판단하는 기준이 명확하지 않고, 전자상거래법상 금지되는 행위의 판단기준이 명확하지 않은 것이 문제된다. 그리고 규제의 방법과 관련해서는 하도급거래, 가맹사업거래, 약관거래 또는 전자상거래와 같은 사적 거래의 영역에 공정거래위원회가 시정조치 또는 시정권고 등과 같은 방법으로 개입하는 것을 언제까지 허용해야 할 것인가 하는 문제가 제기된다.

이러한 행정적 규제는 기업 활동의 자유를 제한하는 정부규제로서, 하도급거래나 약관거래 등과 관련하여 불공정한 거래관행이 성행하고 있던 시대에는 정당성을 가질 수 있었지만, 그러한 거래관행이 상당부분 시정되었을 뿐만 아니라, 불합리하거나 과도한 규제를 대폭 완화하고자 하는 규제완화가 시대적 요구로 부상하고 있는 오늘날의 관점에서는, 더 이상 유지될 수 없는 것이라고 할 수 있다. 따라서 입법론적으로는 행정적 규제는 가능한 한 폐지 내지 완화하고 이를 법원에 의한 사법적 통제에 맡겨서, 당사자들이 법원을 통한 사법적 분쟁을 통하여 공정한 거래질서를 형성해 나가도록 하는 것이 바람직할 것이다.

제5절 맺는 말

넓은 의미의 공정거래법은 공정하고 자유로운 경쟁의 촉진과 과도한 경제력집중의 억제를 목적으로 하는 독점규제법과 공정한 거래질서의 확립을 목적으로 하는 하도급법, 가맹사업법, 표시·광고법, 약관규제법 및 전자상거래법 등으로 구성된다. 그리고 이러한 법률은 모두 공정거래위원회가 그 집행을 담당하고 있다는 점에서 공통적이다.

그리고 넓은 의미의 공정거래법에는 공정하고 자유로운 경쟁의 촉진과 과도한 경제력집중의 억제 및 공정한 거래질서의 확립이라고 하는 서로 다른 목적을 추구하는 규제들이 포함되어 있다. 그런데 이러한 규제들은 언뜻 보기에는 서로 비슷한 것처럼 보이지만, 실제로는 그 추구하는 목적이 다를 뿐만 아니라, 위법성의 판단기준이나 규제절차에 있어서도 상당한 차이가 있다. 따라서 이와 같이 서로 다른 차원의 규제들을 모두 공정거래위원회에게 맡겨서 운용하고 있는 현행법의 태도는 타당하지 않은 것으로 생각된다.

시장경제가 정상적으로 기능하도록 하기 위해서는 시장에서 활동하고 있는 사업자들 간에 공정하고 자유로운 경쟁이 유지되어야 하며, 독점규제법에서는 이러한 조건을 유지하기 위하여 경쟁의 자유를 제한하거나 공정한 거래를 해치는 행위를 규제하고 있다. 그런데 구체적인 시장에 있어서 사업자들의 행위가 위법한지의 여부를 가리기 위해서는 당해 시장의 구조와 행태 및 성과에 대한 경제적 분석과 아울러 당해 행위에 대한 규범적 평가를 거쳐서 종합적으로 판단해야 하기 때문에, 사업자는 물론이고 정부나 정치권의 영향을 받지 않고 독립적인 입장에서 개별사건에 대한 경제적인 분석과 규범적인 판단을 동시에 수행할 수 있는 전문성을 갖춘 독립규제기관인 공정거래위원회를 설립하여 운영하고 있다.

그런데 과도한 경제력집중의 억제나 공정한 거래질서의 확립은 공정거래위원회가 담당하기에 적합하지 않은 측면이 있다. 왜냐하면 전자는 고도로 정치적인 성격을 띠고 있는 과제로서 공정거래위원회의 독립성을 침해할 우려가 있고, 후자는 경제적 분석보다는 규범적 판단이 우선되는 과제로서 그 성격상 공정거래위원회보다는 법원에 맡겨서 해결하는 것이 더 효과적이기 때문이다. 따라서 공정거래위원회가 그 업무를 효율적으로 수행할 수 있도록 하기 위해서는 과도한 경제력집중의 억제나 공정한 거래질서의 확립은 이를 다른 규제기관이나 법원으로 이관하고, 공정거래위원회는 오로지 그 고유한 업무인 공정하고 자유로운 경쟁질서의 확립을 위한 규제, 즉 시장지배적 지위남용, 기업결합의 제한, 부당한 공동행위의 금지, 그리고 불공정거래행위 중에서는 경쟁제한적인 거래행위에 대한 규제만을 담당하도록 하되, 구체적인 경우에 있어서 시장에서 문제가 되고 있는 사업자들의 행위에 대하여 그것이 가지는 경제적인 효과를 분석하고 이를 규범적으로 평가함으로써 법질서가 허용하는 행위와 금지하는 행위를 명확히 구별하도록 노력할 필요가 있으며, 이러한 과정과 절차를 통하여 공정하고 자유로운 경쟁질서가 법질서로서 정착해 나가도록 해야 할 것이다.

그리고 현행법상 공정한 거래질서의 확립을 위한 규제는 대체로 당사자 상호간의 사적 분쟁에 국가가 후견적인 입장에서 개입하고 있는 것이기 때문에, 규제완화를 통한 사적자치의 회복이라는 목표를 실현하기 위해서는 이를 가능한 한 다시 법원을 통한 사법적 구제로 이관하는 것이 바람직할 것이다. 그런데 이러한 법원을 통한 사법적 구제가 제대로 이루어지도록 하기 위해서는 당사자들이 법원에서 이를 쉽게 다툴 수 있는 여건이 마련되어야 하는데, 이를 위해서는 징벌적 손해배상제도나 집단소송제도 또는 단체소송제도 등과 같은 제도를 도입할 필요가 있다.

제 2 장

동아시아 공동시장의 형성과 경쟁법의 과제*

Ⅰ. 머 리 말

세계의 경제는 한편으로는 글로벌화를 지향하면서, 다른 한편으로는 블록화의 경향을 강하게 드러내고 있다. 그러나 동아시아(East Asia)의 경우에는 아직 블록화의 현상은 나타나지 않고 있지만, 최근 이 지역에서 일어나고 있는 여러 가지의 변화, 특히 역내 교역의 규모가 급격히 증가하고 있는 추세에 비추어 볼 때, 이 지역에서도 멀지 않은 장래에 EU, NAFTA 등과 같은 블록화 현상이 나타날 가능성이 있기 때문에, 우리는 이러한 변화에 대하여 대비할 필요성이 있다고 생각된다.

동아시아란 아시아의 동쪽을 가리키는 것으로서, 지역적으로는 일본, 한국, 중국, 대만 등으로 구성되는 동북아시아(North East Asia)와 필리핀, 인도네시아, 말레이시아, 싱가포르, 베트남, 캄보디아, 태국, 라오스, 미얀마 등으로 구성되는 동남아시아(South East Asia)로 구분된다. 그런데 동아시아의 여러 나라들은 역사나 전통이 서로 다른데다가 정치적인 상황이나 경제발전의 정도가 상이하고, 사회적인 조건이나 문화적인 배경도 아주 다양하다.

그런데 동아시아를 경제적인 측면에서 살펴보면, 다음과 같은 특징을 가지고 있다. 우선, 경제체제의 관점에서는 자본주의 시장경제체제가 어느 정도 정착된 나라들과 그렇지 않은 나라들이 공존하고 있다. 그리고 산업화 내지 경제 발전의 정도라는 관점에서는 산업화에 성공한 나라들과 그렇지 못한 나라들이 공존하고 있다. 그런데 이들 양자는 서로 밀접한 관련이 있는 것으로 보인다. 산업화에 성공한 나라들은 하나같이 시장경제 체제가 어느 정도 정착된 나라들인데 반하여, 그렇지 못한 나라들은 대체로 시장경제체제가 아직 정

* 권오승(공정거래위원회 위원장)

착되지 않았거나 그 경험이 일천한 나라들이라는 사실이다. 일본과 대만, 싱가포르, 한국 등은 전자에 속하는 반면에, 필리핀, 인도네시아, 중국, 태국, 베트남, 캄보디아, 라오스 등은 후자에 속하는 것으로 보인다. 한편, 후자에 속하는 나라들 중에는 세계 제2차 대전이후 줄곧 시장경제 체제를 유지해 온 나라들, 다시 말하자면 50년 이상 시장경제 체제를 유지해 온 나라들도 있지만, 대개는 1990년대에 들어와서 사회주의 계획경제체제에서 시장경제체제로 체제전환을 추진하고 있는 나라들이라는 점을 확인할 수 있다.[1)]

이와 같이 동아시아의 여러 나라들은 시장경제에 대한 경험과 그 성숙도 및 산업화 내지 경제발전의 정도가 서로 다르기 때문에, 이들이 가까운 장래에 하나의 공동시장을 형성할 수 있을 것이라고 기대하기는 매우 어렵다. 그럼에도 불구하고, 최근 동아시아에서 공동시장에 대한 관심이 고조되고 있으며 또 그것을 형성할 필요성이 있다는 주장이 점차 주목을 끌고 있는 것이 사실이다. 그런데 그 이유는 대체로 다음과 같은 것으로 짐작된다. 우선, 구소련이 붕괴된 이후 세계질서의 개편과정에서 세계의 경제가 북아메리카 대륙과 유럽을 중심으로 점차 블록화되어 가고 있는데, 이러한 현상에 적절히 대처하기 위해서는 아시아, 특히 동아시아에서도 국경을 넘어 협력할 수 있는 체제를 마련할 필요성이 있기 때문이다. 한편, 최근 글로벌화가 지나치게 미국 중심으로 진행되고 있는 것에 대한 저항으로서 각 지역에서는 그들의 이익을 적절히 보호하기 위해서 지역적인 연대를 강화할 필요성이 있다는 인식이 점차 확산되어 가고 있기 때문이다. 또한 중국이 개혁과 개방을 통하여 고도성장을 거듭함에 따라 세계경제에서 동아시아 경제권이 차지하는 비중이 크게 증대하였을 뿐만 아니라, 동아시아 국가들이 서로 연대 내지 협력해야 할 필요성과 아울러 그 가능성이 더욱 높아졌기 때문이다.

그런데 동아시아가 하나의 공동시장으로 발전해 나가기 위해서는 사전에 해결해야 할 선결과제들이 있고, 또 공동시장이 정상적으로 기능하도록 하기 위해서 사전에 준비해야 할 숙제들도 많이 있다. 따라서 이 글에서는 먼저, 동아시아가 하나의 공동시장으로 발전해 나가기 위해서 준비해야 할 과제들이 무엇인지에 대하여 살펴보고(Ⅱ), 나아가 공동시장이 정상적으로 기능하도록 하기 위해서 경쟁법이 담당해야 할 과제들이 무엇인지에 대해서 살펴보기로 한다(Ⅲ).

---

1) 이러한 나라들 중에는 아직 전통적인 경제체제를 벗어나지 못한 나라들도 있다.

Ⅱ. 동아시아 공동시장의 형성을 위한 준비

1. 선결과제

동아시아가 하나의 공동시장을 형성하기 위해서는 다음과 같은 과제들이 선결되어야 한다. 우선, 이 지역에 속해 있는 체제전환국들이 하루 속히 체제전환에 성공하여 시장경제체제에 편입되도록 해야 한다. 왜냐하면, 공동시장은 시장경제체제에 속한 나라들이 국경이라는 장벽을 넘어서 하나의 시장을 형성하는 것이기 때문에, 체제를 달리하는 나라들이나 시장경제가 정착되지 않은 나라들은 여기에 참여할 수 없기 때문이다. 따라서 우리가 진정으로 동아시아에서 공동시장을 형성하기를 원한다면, 무엇보다 먼저 이 지역에 속한 나라들 가운데 체제전환을 추진하고 있는 나라들이 하루 속히 체제전환에 성공할 수 있도록 도울 필요가 있다.

그리고 이 지역에서 살고 있는 동아시아인들이 서로 믿고 자유롭게 교류할 수 있는 신뢰관계가 형성되어야 한다. 이러한 신뢰관계를 형성하기 위해서는 무엇보다 먼저 상호간의 교류와 협력을 더욱 확대해 나갈 필요가 있다. 교류와 협력은 정치적, 경제적인 측면에서는 물론이고 문화적, 학술적인 측면에서도 적극적으로 추진해 나갈 필요가 있다. 그리고 역사적인 측면에서는 과거의 잘못을 솔직히 인정하고 이를 사과하는 동시에 다시는 그러한 잘못을 범하지 않겠다고 약속함으로써 불신을 제거해 나가는 것이 바람직할 것이다. 이러한 관점에서 보면, 과거의 잘못을 솔직하게 시인하지 않는 일본의 태도나 최근에 물의를 빚고 있는 중국의 고구려사 왜곡 등과 같은 사태는 매우 유감스러운 일이라고 하지 않을 수 없다.

끝으로, 이 지역의 정치적 안정이 확보되어야 한다. 이 지역은 국제정치적으로 안정을 위협하는 요인들이 많은 곳이다. 현재 이 지역의 정치적 안정을 위협하는 요인들 중에서 가장 심각한 요인은 북한의 핵과 미사일 문제라고 할 수 있다. 따라서 동아시아가 공동시장으로 발전해 나가기 위해서는 먼저 북한의 이러한 문제가 원만하게 해결되어야 하며, 한 걸음 더 나아가 북한이 개혁과 개방을 통하여 이웃나라들과 교류와 협력을 증대해 나가는 동시에 그 체제를 시장경제로 전환하여 장차 동아시아 공동시장의 일원이 될 수 있도록 유도할 필요가 있다.

2. 단계적 접근

WTO 체제의 출범 이후 자유로운 무역 및 투자를 제한하는 각종 장벽과 불공정거래를 축소·제거함으로써 전 세계를 하나의 경제권으로 만들어 가고자 하는 노력이 있어 왔으나, 현실적으로 세계적 차원에서 이를 실현하는 것은 매우 어려운 일이다. 따라서 현실적으로는 중간단계로서 지역별로 무역자유화 등을 추진하는 방안이 활용되고 있으며, 동아시아를 하나의 공동시장으로 발전시켜 나가려는 것 또한 이의 일환으로 볼 수 있다. 이것은 대단히 바람직한 목표이지만, 한편으로는 대단히 벅찬 과제이고 현재로서는 실현가능성이 그다지 높지 않은 매우 장기적인 과제라고 할 수 있다. 따라서 이러한 목표를 달성하기 위해서는 장기적인 관점에서 단계적으로 접근해 나갈 필요가 있다. 우선, 이 지역에서 이루어지고 있는 경제적인 교류와 협력을 더욱 확대, 심화시켜 나갈 필요가 있는데, 이를 위해서는 교류와 협력을 제한하는 각종 요인들, 예컨대 제도적인 장벽이나 사실적인 장애요소를 제거해 나갈 필요가 있다.

동아시아 공동시장의 형성을 위한 단계적인 방안의 하나로 역내 국가간 자유무역협정(FTA) 체결이 활성화될 필요가 있다. 현재 동아시아에서는 역내 국가간의 FTA가 활발히 추진되고 있다. 중국-ASEAN FTA가 2005년 7월부터 발효되었으며, 일본의 경우 이미 싱가포르, 멕시코, 말레이시아, 필리핀, 칠레 등과의 FTA가 발효되었다. 우리나라도 싱가포르와의 FTA가 2006년 3월부터 발효되었으며, 지난 2005년 12월에는 한-ASEAN FTA 기본협정에 서명한 이래 2007년 6월 1일부터 분쟁해결협정, 상품무역협정이 발효되었고 서비스자유화협정, 투자자유화협정은 2007년 내 타결을 목표로 협상을 계속하고 있다. 이러한 양자 차원의 FTA 증대는 궁극적으로 상품 및 서비스는 물론, 인력·자본 등 생산요소의 자유이동을 보장하는 동아시아 공동시장 형성의 기초를 제공하는 다자 차원의 FTA로 발전할 수 있을 것이다.

그리고 문화적, 학술적인 측면에서도 교류와 협력을 더욱 확대, 심화시켜 나갈 필요가 있다. 특히 법적인 측면에서는 각국의 법제에 대한 비교 연구와 법률가들의 상호교류를 통하여 각국의 교류와 협력을 저해하거나 제한하는 법적, 제도적인 요인들을 제거해 나가고, 각국의 법제에 내재하는 공통점들은 계속 유지, 발전시켜 나가는 동시에 차이점들은 하나씩 제거 내지 극복해 나감으로써, 각국의 법제를 점차 수렴 내지 동화시켜 나가려는 노력을 경주할 필요가 있다. 그런데 이러한 작업을 추진해 나가는 과정에서는, 우선 가능한 나라들, 예컨대 일본과 한국 그리고 대만과 중국부터 시작하여 그 범위를 점차 확대해 나가도록 하는 것이 바람직할 것이다.

한편, 동아시아가 장차 하나의 공동시장으로 발전해 나가도록 하기 위해서는 동아시아 공동체 차원의 법제를 정비하기 위한 준비를 할 필요가 있다. 동아시아의 개도국과 체제전환국들에게 법제 정비를 지원하는 것은 두 가지 의미를 가지게 된다. 우선, 단기적으로 그들의 경제성장과 발전에 필요한 외자도입이나 외국인 투자를 증대시키는데 기여할 뿐만 아니라, 국제간의 교류와 협력을 촉진하는데 기여할 것이다. 왜냐하면 외국자본의 입장에서 보면, 이들 국가들은 자연자원이 풍부할 뿐만 아니라 노동력이 저렴하고 개발의 여지가 많기 때문에 좋은 투자시장이 될 수 있으며, 시장개척이나 판로확장을 위한 전진기지로서 매력적인 조건을 갖추고 있음에도 불구하고, 법과 제도의 미비로 인한 불확실성 때문에 투자를 주저하고 있었던 곳에 해당하기 때문에, 법제 정비를 통하여 이러한 불확실성이 제거된다면 이들 나라에 진출할 의사가 있는 기업들은 적극적으로 진출할 수 있을 것이기 때문이다. 그리고 장기적으로 동아시아가 하나의 경제공동체로 발전해 나가는데 필요한 법적·제도적 기초를 마련하는데 기여할 수 있을 것이다. 그런데 동아시아 국가들에 대한 효과적인 법제정비 지원을 위해서는 유럽공동체의 형성과정에서 법률가나 법학자들이 어떠한 노력을 경주했는지를 깊이 검토할 필요가 있다.

Ⅲ. 공동시장의 형성을 위한 경쟁법의 과제

무릇 시장경제가 정상적으로 기능하기 위해서는, 무엇보다 먼저 시장이 형성되어야 하며, 나아가 그 시장에 자유롭고 공정한 경쟁이 유지되고 있어야 한다. 그런데 어떤 시장에 자유롭고 공정한 경쟁이 유지되기 위해서는 다음과 같은 세 가지 조건이 갖추어져야 한다. 우선, 그 시장에 참여하고자 하는 자는 누구나 참여할 수 있도록 시장이 공개되어야 하고(open market), 둘째로, 그 시장에 참여해서 활동하고 있는 사업자들 간에는 경쟁을 제한하는 요소가 없어야 한다(free competition). 셋째로, 사업자들 간의 경쟁은 가격과 품질을 중심으로 공정하게 이루어져야 한다(fair competition). 그런데 실제의 시장에서는 자유롭고 공정한 경쟁을 제한하거나 저해하는 요소들이 많이 있기 때문에, 시장경제가 어느 정도 정착된 나라에서는 이러한 경쟁을 유지 내지 확보하기 위하여 이를 제한하는 시장구조나 거래행태를 규제하고 있다. 이러한 목적으로 제정된 법을 우리는 경쟁법(Competition Law) 또는 독점금지법(Antitrust Law)이라고 부른다. 경쟁법 또는 독점금지법은 시장경제가 정상적으로 기능할 수 있는 조건을 형성하기 위하여 이를 제한하는 요소를 규제하는 법이라는 의미에서, 사람들은 이를 시장경제의 마그나 카르타(Magna Carta)라고 부르고 있다.

그런데 경쟁법이라는 용어는 통상 두 가지 의미로 사용되고 있다. 하나는 독점금지법과 동의로 사용되고 있으며, 다른 하나는 불공정한 경쟁(unfair competition)을 방지하기 위한 법을 지칭하는 의미로 사용되고 있다. 그런데 나라에 따라서는 양자를 서로 다른 법률로 규율하는 경우도 있고, 이를 통합하여 하나의 법률로 규율하는 경우도 있다. 따라서 이러한 용어상의 혼동을 피하기 위하여 아래에서는, 독점이나 기업결합 또는 카르텔 등과 같이 경쟁의 자유를 제한하는 요소들을 규제하는 법률을 가리킬 때에는 이를 독점금지법, 독점규제법 또는 반독점법이라고 부르고, 경쟁법은 오로지 불공정경쟁방지법 또는 부정경쟁방지법을 가리키는 의미로만 사용하고자 한다.

장차 형성될 것으로 기대되는 동아시아 공동시장이 하나의 시장으로서 정상적인 기능을 수행할 수 있도록 하기 위해서는, 그 시장에 자유롭고 공정한 경쟁이 유지될 수 있어야 하며, 이를 위해서는 자유롭고 공정한 경쟁을 제한하는 법적 또는 사실적인 요소를 제거할 필요가 있다. 그런데 경쟁을 제한하는 법적 또는 사실적인 요소들 중에는 개별 국가의 차원에서 제거할 수 있는 것들도 있지만, 그렇지 않은 것들도 많이 있다. 따라서 우선, 개별 국가의 차원에서 경쟁제한적인 법적 또는 사실적인 요소들을 제거해 나가도록 노력하면서, 공동체의 차원에서도 이러한 체제를 갖추어 나갈 필요가 있다. 그런데 경쟁제한적인 요소들 중에서 법적인 요소들은 독점금지법으로 규제할 수 있는 사항이 아니기 때문에,[2] 여기서는 독점금지법의 규제대상이 되는 사항, 예컨대 독과점이나 기업결합, 부당한 공동행위 또는 불공정거래행위와 같은 사

2) 이러한 요소들은 다른 방법, 예컨대 시장개방이나 규제완화 등과 같은 방법으로 해소해 나갈 수 있을 것이다.

항에 대한 규제에 초점을 맞추어서 검토해 보고자 한다.

그런데 동아시아 공동시장의 형성과정에서 독점금지법이 담당해야 할 과제는 다음과 같은 두 가지로 나누어서 살펴 볼 수 있다. 하나는 각 개별국가의 차원에서 담당해야 할 과제이고, 다른 하나는 동아시아 공동체의 차원에서 담당해야 할 과제이다. 그리고 전자를 위해서는 각 개별국가의 차원에서 독점금지법을 제정하여 시행할 필요가 있고, 후자를 위해서는 동아시아 공동체 차원의 독점금지법을 제정하기 위한 준비를 할 필요가 있다.

1. 각 개별국가의 독점금지법

(1) 독점금지법의 제정

독점금지법에 관해서는 미국이 원조이며, 아시아에서는 일본이 가장 오랜 경험을 가지고 있고, 그 다음에는 한국과 대만의 순서이다. 일본은 1947년 4월에 '사적독점의금지및공정거래의확보에관한법률'(이하 "일본 독점금지법"이라고 약칭한다)을 제정하여 동년 7월부터 시행하고 있다. 그리고 한국은 1980년 12월에 '독점규제및공정거래에관한법률'(이하 "한국 독점규제법"이라고 약칭한다)을 제정하여 1981년 4월부터 시행하고 있으며, 대만은 1991년 2월에 공정거래법(Fair Trade Law)을 제정하여 1992년 2월부터 시행하고 있다.

그 밖의 나라들은 1990년대 말이나 2000년대 초에 와서 독점금지법을 도입하여 시행하고 있거나 아직 그러한 법을 알지 못하는 나라들도 많이 있다. 태국은 1999년에 경쟁법을 제정하여 같은 해 4월부터 시행하고 있으며, 인도네시아는 1999년에 '독점적행위와불공정경쟁의금지에관한법률'을 제정하여 2000년 5월부터 시행하고 있으며[3] 싱가포르와 베트남은 2004년에 '경쟁법'을 제정하여 각각 2005년, 2006년부터 시행하고 있다. 그러나 APEC 21개 회원국 중 동아시아 국가들인 중국, 홍콩, 말레이시아, 필리핀, 브루나이 등 5개국이 아직까지 독점금지법을 도입하지 않았거나 도입을 준비 중이다. 특히 중국은 1993년 9월에 '불공정경쟁에관한법률'을 제정하여 시행하고 있으나, 아직까지 반독점법이 제정되지 못한 상태이다. 다만 최근 반독점법안이 국무원 상무회의를 통과하여 향후 전국인민대표회의에 제출될 예정이다. 실로 1994년 5월부터 반독점법 초안위원회를 설치하여 반독점법 제정 작업에 착수한지 12

---

3) Institute of Developing Economies, Japan External Trade Organization, Competition Law and Policy in Indonesia and Japan, March 2001.

년만의 일이다.

(2) 독점금지법의 주요내용

독점금지법은 자유롭고 공정한 경쟁을 유지 또는 촉진하기 위하여 이를 제한하는 시장구조나 거래행태, 예컨대 독과점이나 기업결합, 공동행위 또는 불공정거래행위 등을 금지 또는 제한하는 것을 그 내용으로 하고 있다. 그러나 각국의 독점금지법을 자세히 살펴보면, 그 구체적인 내용이나 규제기관 및 절차 등에 있어서는 상당한 차이를 보이고 있다. 그런데 동아시아에서 독점금지법에 관하여 상당한 경험을 가지고 있는 나라는 일본과 한국 그리고 대만 정도인데, 그 중에서 선도적인 역할을 담당하고 있는 나라는 일본과 한국이기 때문에, 여기서는 일본과 한국을 중심으로 고찰하도록 한다.

(가) 독과점에 대한 규제

독점이나 과점인 상태에서는 경쟁이 정상적으로 기능할 수 없기 때문에, 각국의 독점금지법은 독점이나 과점을 규제하고 있다. 그런데 이를 규제하는 방법이나 태도는 나라에 따라 한결같지 않다. 이를 원인적으로 금지하는 나라도 있고(원인금지주의), 반대로 그 폐해만을 규제하는 나라도 있다(폐해규제주의). 일본은 전자의 입장을 따르고 있는 반면에 한국은 후자의 입장을 취하고 있다.

일본법은 사업자의 사적 독점을 금지하고 있다(법 3조). 여기서 사적 독점이라 함은 사업자가 단독으로 또는 다른 사업자와 결합 혹은 통모 기타 어떠한 방법으로든지 다른 사업자의 사업 활동을 배제하거나 지배하는 것에 의하여, 공공의 이익에 반하여 일정한 거래분야에서 경쟁을 실질적으로 제한하는 것을 말한다(법 2조 5항). 그리고 독점적 상태가 있는 경우에는 공정거래위원회가 사업자에 대하여 영업의 일부양도 기타 당해 상품 또는 용역에 대하여 경쟁을 회복하기 위하여 필요한 조치를 명할 수 있도록 하고 있다(법 8조의 4). 여기서 독점적 상태라 함은 동종 또는 유사한 상품이나 용역의 공급에 있어서 하나의 사업자의 시장점유율이 2분의 1을 초과하거나 두 사업자의 시장점유율이 4분의 3을 초과하는 경우를 말한다(법 2조 7항).

그러나 한국법은 독점이나 과점상태에 있는 사업자를 시장지배적사업자로 보고 그 지위남용행위를 금지하고 있다(법 3조의 2). 여기서 시장지배적사업자라 함은 일정한 거래 분야의 공급자나 수요자로서 단독으로 또는 다른 사업자와 함께 상품이나 용역의 가격·수량·품질 기타의 거래조건을 결정·유지 또는 변경할 수 있는 시장지위를 가진 사업자를 말한다. 그리고 시장지배적사업자를 판단함에 있어서는 시장점유율, 진입장벽의 존재 및 정도, 경쟁사업자의 상대적 규모 등을 종합적으로 고려하여야 한다(법 2조 7호). 그런데 구체적인 경우에 있어서 어떤 사업자가 시장지배적사업자에 해당하는지를 판단하기란 매우 어렵기 때문에, 동법은 이러한 곤란을 해소하기 위하여 시장점유율을 기준으로 하여 시장지배적사업자를 추정하는 제도를 두고 있다(법 4조).[4]

한편, 한국법은 이러한 규제만으로는 독과점화가 고착되어 있는 시장구조를 경쟁적인 시장구조로 개편하기가 어렵다고 보고, 공정거래위원회로 하여금 독과점적인 시장구조가 장기간 유지되고 있는 시장에 대하여 경쟁을 촉진하기 위한 시책을 수립하여 시행하도록 규정하고 있다(법 3조).

(나) 기업결합의 제한

기업결합은 독과점을 형성하거나 강화하는 수단으로 사용되는 경우가 있기 때문에, 독점금지법은 일정한 거래분야에서 경쟁을 실질적으로 제한하는 기업결합을 금지하고 있다. 그런데 기업결합의 제한에 관해서는 일본법과 한국법 간에 큰 차이가 없다. 일본법은 기업결합의 유형으로 주식취득(법 10조), 임원겸임(법 13조), 합병(법 15조) 및 영업양수(법 16조)만을 규정하고 있는데 반하여, 한국법은 거기에 새로운 회사에의 참여를 추가하고 있다(법 7조 1항). 그리고 구체적인 경우에 있어서 기업결합의 경쟁제한성을 판단하기가 매우 어렵기 때문에, 한국법은 이러한 곤란을 제거하기 위하여 일정한 요건[5]을 갖춘 경우에는 경쟁을 실질

---

4) 1 사업자의 시장점유율이 50%이상이거나 3이하의 사업자의 시장점유율의 합계가 75% 이상(다만 이 경우에는 10%미만인 자는 제외함)인 경우.

5) 기업결합이 다음 각호의 1에 해당하는 경우에는 일정한 거래분야에서 경쟁을 실질적으로 제한하는 것으로 추정한다.

1. 기업결합의 당사회사의 시장점유율(계열회사의 시장점유율을 합산한 점유율을 말한다)의 합계가 다음 각목의 요건을 갖춘 경우
   가. 시장점유율의 합계가 시장지배적 사업자의 추정요건에 해당할 것
   나. 시장점유율의 합계가 당해 거래분야에서 제 1위일 것
   다. 시장점유율의 합계와 시장점유율이 제 2위인 회사(당사회사를 제외한 회사 중 제 1위인 회사를 말한다)의 시장점유율과의 차이가 그 시장점유율의 합계의 25/100 이상일 것
2. 대규모회사가 직접 또는 특수관계인을 통하여 행한 기업결합이 다음 각목의 요건을 갖춘 경우
   가. 중소기업기본법에 의한 중소기업의 시장점유율이 2/3이상인 거래분야에서의 기업결합일 것
   나. 당해 기업결합으로 5/100이상의 시장점유율을 가지게 될 것

적으로 제한하는 것으로 추정하는 제도를 두고 있다(법 7조 4항).

(다) 부당한 공동행위의 제한

사업자들은 그들 상호간의 경쟁을 제한하기 위하여 카르텔을 하는 경우가 자주 있다. 따라서 독점금지법은 이러한 카르텔을 막기 위하여, 사업자가 계약·협정·결의 기타의 방법으로 다른 사업자와 공동으로 부당하게 경쟁을 제한하는 행위를 하지 못하도록 하고 있다.

일본법은 사업자의 부당한 거래제한을 금지하고 있다(법 3조). 여기서 부당한 거래제한이라 함은 사업자가 계약, 협정, 기타 어떠한 명칭으로 하든지 간에 다른 사업자와 공동으로 대가를 결정, 유지 혹은 인상하거나 또는 수량, 기술, 제품, 설비 혹은 거래 상대방을 제한하는 등 상호간에 그 사업 활동을 구속하거나 또는 수행하는 것에 의하여, 공공의 이익에 반하여 일정한 거래분야에서 경쟁을 실질적으로 제한하는 것을 말한다(법 2조 6항).

그리고 한국법은 사업자는 계약·협정·결의 기타 어떠한 방법으로도 다른 사업자와 공동으로 부당하게 경쟁을 제한하는 가격, 거래조건이나 거래의 지역 또는 상대방 등을 제한하는 합의를 해서는 안 된다고 규정하고 있다(법 19조 1항). 그런데 2 이상의 사업자가 외형상 일치하는 행위를 하고 있는 경우에 그 행위가 공동행위로 인한 것인지, 단독으로 결정한 것인지를 구별하기가 매우 어렵다. 따라서 한국법은 이러한 곤란을 줄이기 위하여 2 이상의 사업자가 일정한 거래분야에서 경쟁을 실질적으로 제한하는 동법 제19조 제1항 각 호의 1에 해당하는 행위를 하고 있는 경우에는 동 사업자들 간에 그러한 행위를 할 것을 약정한 명시적인 합의가 없는 경우에도 부당한 공동행위를 하고 있는 것으로 추정하고 있다(법 19조 5항).

(라) 불공정거래행위의 금지

사업자들은 경쟁하는 과정에서 불공정한 방법이나 수단을 사용하거나 불공정한 거래를 하는 경우가 자주 있다. 따라서 독점금지법은 불공정한 경쟁방법이나 거래를 막기 위하여 불공정거래행위를 금지하고 있다. 일본법은 사업자는 불공정한 거래방법을 사용해서는 안 된다고 규정하고 있으며(법 19조), 한국법은 사업자가 공정한 거래를 저해할 우려가 있는 행위를 하거나 계열회사 또는 다른 사업자로 하여금 이를 하도록 해서는 안 된다고 규정하고 있다(법 23조 1항). 그리고 불공정거래행위의 구체적인 유형 또는 기준은 동법 시행령 제36조 제1항 별표로 규정하고 있는데, 모두 10개 유형에 걸쳐서 28개 세부유형으로 분류되어 있다(법 23조 2항, 시행령 36조).

그런데 여기서 '거래(trade)'라는 개념은 '경쟁(competition)'이라는 개념보다 넓은 의미로 사용되고 있다. 따라서 공정한 거래는 공정한 경쟁보다 넓은 의미이다. 왜냐하면 공정한 경쟁이란 사업자들 간의 경쟁이 가격과 품질을 중심으로 이루어지는 것을 의미하기 때문에, 여기서는 주로 경쟁자가 사용하고 있는 경쟁의 수단이나 방법이 그 대상이 되는데 반하여, 공정한 거래는 경쟁자 상호간의 관계뿐만 아니라 수직적인 거래관계에 놓여 있는 사업자들 상호간의 관계나 사업자와 소비자가 체결하는 거래의 내용이나 조건도 그 대상이 되기 때문이다.

한편, 한국법은 계열회사 상호간의 거래가 부당한 지원행위의 성격을 띠는 경우에도 이를 불공정거래행위의 한 유형으로 보아 금지하고 있다. 부당한 지원행위는 그 수단에 따라 상품·용역의 거래를 통한 지원행위와 자금·자산·인력의 거래를 통한 지원행위로 나누어진다. 그런데 공정거래위원회는 1992년 7월부터 "대규모기업집단의 불공정거래행위에 대한 심사기준"을 제정하여 상품·용역의 거래를 통한 지원행위에 대한 감시를 강화해 왔으나, 자금·자산·인력의 지원행위는 지원 효과가 상대적으로 크고 직접적임에도 불구하고 이를 규제할 수 있는 법적 근거가 미비하여 효과적으로 규제할 수 없었기 때문에, 1996년 12월에 동법을 개정하여 자산·자금·인력·부동산·유가증권·무체재산권 등 일체의 자산거래를 통한 지원행위까지 규제할 수 있게 하였다.[6] 그리고 1997년 7월부터는 법집행의 투명성과 객관성을 확보하기 위하여 "부당한 자금·자산·인력지원행위의 심사지침"을 제정하여 운용하고 있다.[7]

(마) 경제력집중의 억제

경제력집중, 즉 경제력이 소수의 재벌이나 기업집단에게 과도하게 집중되게 되면, 여러 가지의 문제가 야기될 가능성이 있다. 그런데 그것이 경쟁질서와 관련하여 특히 문제가 되는 것은 시장의 기능을 저해할 우려가 있다는 점이다. 그런데 독점금지법은 원래 개별 시장에 있어서 독과점이나 기업결합, 부당한 공동행위 등과 같은 경쟁제한행위나 불공정거래행위를 규제하기 위하여 제정된 법률이기 때문에, 개별 시장의 범위를 넘는 경제력집중에 대하여는

6) 이것은 어떤 기업이 독자적인 경쟁력을 키우려 하지 않고 다른 잘 나가는 기업으로부터 자금지원을 받아서 생존해 나가는 관행을 깨뜨리기 위한 것이다.

7) 공정거래위원회, 1998년판 공정거래백서, 147-148면 참조.

적절히 대처하기가 어렵다. 따라서 일본에서는 패전 후 독점금지법을 제정하기 전에 먼저 재벌해체조치부터 시행한 바 있다. 그러나 한국에서는 재벌에 의한 경제력집중을 해소하지 못한 상태에서 독점규제법을 제정하였기 때문에, 대규모 기업집단의 경제력집중을 억제하기 위하여 1986년에 동법을 개정하여 상호출자의 금지, 출자총액의 제한, 상호채무보증의 금지 등과 같은 제도를 도입하여 시행하고 있다.

(3) 독점금지법의 집행

독점금지법의 집행은 그 실현의 주체가 누구냐에 따라 공적 집행과 사적 집행으로 나누어진다. 공적 집행은 공적 기관에 의한 집행을 말하는 반면에, 사적 집행은 경쟁자나 소비자 등과 같은 사인(私人)에 의한 집행을 말한다. 그런데 미국에서는 공적 집행은 물론이고 사적 집행도 매우 활발하게 이루어지고 있는데 반하여, 일본과 한국에서는 주로 공정거래위원회에 의한 공적 집행에만 의존하고 있고 사적 집행은 그다지 활발하게 이용되지 않고 있다.

일본과 한국에서는 공정거래위원회가 독점금지법의 집행을 전담하고 있는데, 공정거래위원회는 동법에 위반한 혐의가 있는 행위를 조사, 심결한 뒤에 그 위반행위를 한 자에게 시정명령을 내리거나 과징금을 부과하는 등의 방법으로 독점금지법을 집행하고 있다. 그리고 동법 위반행위로 인하여 피해를 입은 경쟁자나 소비자도 손해배상의 청구를 통하여 동법의 집행에 기여할 수 있는 제도가 마련되어 있기는 하나, 이 제도는 활발하게 이용되지 않고 있다.

그런데 독점금지법의 집행을 이와 같이 주로 행정적 규제에 맡겨 놓게 되면, 동법이 경제 질서의 기본법으로 기능하기 보다는 오히려 경쟁정책의 수단으로 이용될 우려가 있다. 그리고 규제기관의 독립성이나 전문성이 제대로 보장되지 않은 경우에는 동법의 집행이 법 그 자체보다는 규제기관의 의지나 재량에 따라 크게 좌우될 위험이 있다. 따라서 독점금지법이 시장경제의 마그나 카르타로서 제 역할을 다하도록 하기 위해서는 공적 집행에 관하여는 규제기관의 독립성과 전문성을 보장하는 동시에 규제기준을 객관적으로 구체화하고 규제절차를 합리적으로 개선하여 규제기관이 재량권을 남용하지 못하도록 할 필요가 있다. 그리고 사소제도(私訴制度)를 활성화하여 공적집행의 한계를 보완하는 동시에, 경쟁자나 소비자도 독점금지법의 집행에 적극적으로 기여할 수 있도록 배려할 필요가 있다.

이와 관련하여, 일본에서는 2000년에 독점금지법을 개정하여 손해배상에 관련된 규정을 보완하는 동시에 금지청구권을 새로 도입하였다. 또한 2003년 '독점금지법연구회'를 조직하여 공적 집행 개선방안 마련에 대한 검토를 거쳐, 2005년 다시 독점금지법을 개정하여 경성 카르텔에 대한 과징금을 강화하고 공정거래위원회의 형사고발권 강화를 위해 법 위반 기업에 대한 압수·수색 등의 범칙조사권한을 도입하였다. 그리고 한국에서는 독점금지법의 실효성을 제고하기 위해서는 사소제도를 활성화할 필요성이 있다고 보고, 공정거래위원회가 2002년 초부터 '사소제도연구회'를 조직하여 그 방안을 마련하기 위하여 노력해 왔으며, 2004년 공정거래법 개정을 통하여 공정거래위원회의 시정조치가 확정된 후가 아니면 법원에 손해배상청구를 못하도록 되어 있던 조항을 삭제하여 곧바로 법원에 손해배상의 청구를 할 수 있도록 하였다. 아울러 최근에는 사인의 금지청구권 도입을 위한 공정거래법 개정을 검토하고 있다.

2. 동아시아 공동체 차원의 독점금지법

동아시아 공동체의 차원에서 독점금지법을 제정하기 위해서는, 우선 그 초안을 마련할 필요가 있다. 그런데 이를 위한 방안으로는 다음과 같은 두 가지를 상정해 볼 수 있다. 하나는 동아시아에 속한 각 개별국가의 독점금지법을 비교, 연구함으로써 그 공통점과 아울러 차이점을 찾아낸 뒤에 공통점은 계속 발전시켜 나가면서 차이점은 점차 좁혀 나가는 방식으로 초안을 작성하는 방법이고, 다른 하나는 EU의 경쟁법과 같이 이미 형성되어 있는 공동체 차원의 독점금지법을 모델로 하여 초안을 작성하는 방법이다. 그런데 양자는 각각 장점과 단점을 가지고 있기 때문에, 우리는 한편으로는 각 개별국가의 독점금지법을 비교, 연구하여 이를 수렴 내지 조화시켜 나가기 위하한 노력을 경주하면서, 다른 한편으로는 EU 경쟁법의 형성과정을 참고할 필요가 있다.[8)]

그런데 우리가 독점금지법을 제정하려고 할 경우에 반드시 고려해야 할 요소들이 있는데, 그것은 다음과 같다. 첫째로, 실체법적인 측면에서 어떠한 사항을 어느 정도로 규제할 것인가 하는 점이고, 둘째로, 조직법적인 측면에서 동법의 집행기구를 어떻게 구성할 것인가 하는 점이며, 셋째로, 절차법적

---

8) EU 경쟁법의 형성과정에 대해서는 Enrico Adriano Raffaelli, Antitrust Between EC Law and National Law, 2003; Josef Drexl, The Future of Transnational Antitrust - From Comparative to Common Competition Law, 2003 참조.

측면에서 동법의 집행절차를 어떻게 설계할 것이냐 하는 점이다. 따라서 아래에서는 이 세 가지 요소를 중심으로 고찰해 보고자 한다.

(1) 실체법적인 요소

독점금지법이 규율하는 요소는 통상 독점이나 과점, 기업결합 및 부당한 공동행위 등 세 가지이다. 그러나 불공정거래행위에 대하여는 이를 동법에 포함시켜서 규율하는 입법례도 있지만 그렇지 않은 입법례도 있다. 따라서 동아시아 공동체의 차원에서는 이를 포함시킬 것인지의 여부에 대하여 논의할 필요가 있다.

그리고 독점이나 과점의 경우에는 이를 원인적으로 금지하는 입법례도 있지만, 그 폐해만을 금지하고 있는 입법례도 있다. 따라서 동아시아 공동체의 차원에서는 이를 어떻게 규제할 것인지에 대하여 논의할 필요가 있다.

한편, 기업결합의 경우에는 그것이 일정한 거래분야에서 경쟁을 실질적으로 제한하는 경우에만 금지하고 있는 점에서는 각국의 입법례가 동일하지만, 경쟁제한성을 판단하는 기준이나 절차에 있어서는 상당한 차이가 있다. 따라서 동아시아 공동체의 차원에서는 경쟁제한성을 판단하는 기준이나 절차를 어떻게 정할 것인지에 대하여 논의할 필요가 있다.

또한, 부당한 공동행위의 경우에는 그것이 경쟁에 미치는 영향이 직접적이기 때문에, 각국의 입법례는 대체로 이를 원칙적으로 금지하고 예외적인 경우에는 이를 허용하고 있다. 그리고 부당한 공동행위를 규제함에 있어서는 공동성을 입증하기가 매우 어렵기 때문에, 입법례에 따라서는 이러한 곤란을 완화하기 위하여 추정규정이나 신고자 면책제도를 도입하는 경우가 있다. 따라서 동아시아 공동체 차원에서는 공동행위의 예외를 어디까지 인정할 것인지 그리고 공동성에 대한 입증곤란을 완화하기 위하여 어떠한 제도를 도입할 것인지를 논의할 필요가 있다.

(2) 집행기구의 설립

독점금지법을 효율적으로 집행하기 위해서는 이를 전담할 수 있는 집행기구를 설립할 필요가 있다. 이러한 집행기구는 미국의 연방거래위원회(Federal Trade Commission)나 일본 또는 한국의 공정거래위원회와 같은 독립규제위원회의 형태로 구성할 수도 있고, 독일의 연방카르텔청과 같은 행정관청의 형태로 구성할 수도 있으며, 또 EU 집행위원회의 형태로 구성할 수도 있기 때문에, 동아시아 공동체 차원에서는 이 점에 대하여 깊이 논의할 필요가 있다.

(3) 집행절차

일반적으로 독점금지법의 집행은 공적인 집행과 사적인 집행으로 나누어지기 때문에, 동아시아 공동체 차원에서는 먼저 동법의 집행을 주로 공적인 집행에 의존할 것인지 사적인 집행에 의존할 것인지 혹은 양자를 겸비할 경우에는 그 비중을 어떻게 조절할 것인지를 논의할 필요가 있다.

그리고 공적인 집행의 경우에는 집행기구의 행정적인 규제절차를 중시할 것인지, 혹은 법원을 통한 사법적인 절차를 중시할 것인지를 결정할 필요가 있다. 한편, 사적인 집행의 경우에는 이를 활성화하기 위하여 어떠한 방안을 마련할 것인지에 대하여 논의할 필요가 있다.

Ⅳ. 맺 는 말

점차 짙어지고 있는 세계 경제의 글로벌화와 블록화 현상에 효과적으로 대처해 나가기 위해서, 우리 동아시아도 바야흐로 하나의 공동시장을 형성할 필요가 있는 것이 아닌지에 대하여 진지하게 생각해 볼 때가 된 것 같다. 그러나 동아시아가 공동시장으로 발전해 나가기 위해서는 사전에 해결해야 할 선결과제들이 많이 있다. 우선, 이 지역에 속해 있는 체제전환국들이 하루 속히 체제전환에 성공하여 시장경제체제에 편입될 수 있도록 지원할 필요가 있으며, 또 이 지역에서 살고 있는 동아시아인들이 서로 믿고 자유롭게 교류할 수 있는 신뢰관계가 형성되어야 한다. 그리고 이 지역의 정치적 안정을 확보하는 것도 매우 긴요하다.

동아시아를 하나의 공동시장으로 발전시켜 나가기 위해서는 우선, 이 지역의 역내 교류와 협력을 더욱 확대해 나갈 필요가 있다. 이를 위해서는 한편으로 이를 제한하는 각종 제도적인 장벽이나 사실적인 장애요소를 제거해 나가면서, 다른 한편으로는 교류와 협력을 더욱 증진해 나갈 필요가 있다. 역내 국가들간의 FTA 체결 활성화는 장기적으로 동아시아 공동시장 형성의 기초를 제공할 수 있을 것이다. 그리고 법적인 측면에서는 각국의 법제에 대한 비교 연구와 법률가들의 상호교류를 통하여 교류와 협력을 저해하는 법적, 제도적인 장애요소를 제거해 나가는 동시에, 각국의 법제를 점차 수렴 내지 동화시켜 나갈 필요가 있다. 한편, 장기적인 차원에서는 동아시아 공동체의 차원에서 통일적인 법제를 정비해 나갈 기반도 조성할 필요가 있다.

동아시아가 하나의 공동시장을 형성하여 그것이 정상적으로 기능할 수 있도록 하기 위해서는, 그 시장에 자유롭고 공정한 경쟁을 유지될 수 있는 조건이 갖추어져야 한다. 그리고 이를 위해서는 자유롭고 공정한 경쟁을 제한하거나 저해하는 요소들을 규제할 수 있는 경쟁법 또는 독점금지법을 정비해 나갈 필요가 있다. 우선, 각 개별국가의 차원에서부터 이러한 법제를 정비해 나가면서, 각국의 법제를 수렴 내지 동화시켜 나감으로써 장차 공동체 차원에서도 그러한 법제를 마련할 수 있는 기반을 조성할 필요가 있다. 그리고 공동체 차원의 독점금지법을 제정하기 위해서는 먼저 그 초안을 마련할 필요가 있는데, 그 과정에서는 다음과 같은 세 가지 요소를 깊이 검토하여 공감대를 형성할 필요가 있다. 우선, 실체법적인 차원에서는 무엇을 어느 정도로 규제할 것인지, 조직법적인 차원에서는 동법의 집행기구를 어떠한 형태로 구성할 것인지, 절차법적인 차원에서는 동법의 집행절차를 어떻게 설계할 것인지를 결정해야 한다.

그런데 이러한 과제는 어느 한 두 사람의 힘으로 단기간에 이룰 수 있는 것이 아니라, 동아시아 각국의 경쟁법 또는 독점금지법 전문가들이 한 자리에 모여서 서로의 지식과 경험을 나누고 지혜를 모아서 해결해 나가야 할 공동의 과제라고 생각된다. 이에 필자는 동아시아 공동체 차원의 경쟁법을 제정하기 위한 기초작업을 담당할 수 있는 소규모의 경쟁법전문가모임을 구성할 필요가 있다고 보고, 이를 제안하고자 한다.

제 2 편

일반 경쟁법의 주요쟁점

제 1 장

독과점의 규제

제 1 절 지배력 남용의 의의와 유형화에 대한 고찰*

Ⅰ. 서 론

독과점에 대한 경제학의 일반화된 이해, 즉 독과점은 경쟁기능의 훼손에 의하여 자원의 효율적 배분을 저해하고 궁극적으로 소비자 후생의 감소를 초래한다는 분석은, 시장경제를 경제질서의 기초로 하고 있는 나라에서 독과점을 규제하는 출발점이다. 독과점에 의하여 시장기능이 훼손된다면, 자율적 조정기제로서 시장의 기능상의 장점이 제한될 수밖에 없고, 궁극적으로 원활한 경제운영에 이르지 못할 것이다. 따라서 경제질서에 관한 기본법이라 할 수 있는 '독점규제 및 공정거래에 관한 법률'(이하 '독점규제법')도 독과점에 대한 규제로서, 시장지배적 지위를 남용하는 행위를 금지하고 있다. 한편 이러한 규제는 시장지배적 지위 자체는 문제 삼지 않고, 그 지위를 남용적으로 행사하였을 경우에 당해 행위에 대한 제재를 하는 것에 의하여, 독과점에 대응하겠다는 입법적 결단의 산물이며, 이와 같은 입법태도는 독점 그 자체를 직접적인 규제대상으로 하는 이른바 원인금지주의에 대비되는 폐해규제주의로서 이해되고 있다.

독과점에 대한 대응방식에 있어서 폐해규제주의에서는 독과점적 지위가 남용되었을 경우에만 규제가 이루어지고 기성의 독과점적 지위 자체는 용인하는 정책적 함의가 도출된다. 따라서 이미 고착화되어 있는 시장구조의 경직성을 완화시킬 수 있는 규범력에는 한계가 있으며, 이는 우리 독점규제법이 제3조에서 경쟁정책을 담당하는 공정거래위원회에게 규제 이외의 적극적인

* 홍명수(명지대 법대 조교수)

시장구조 개선의 정책 과제를 부과하고 있는 이유이기도 하다.[1)]

그러나 폐해규제주의적 입장에서 독과점에 대한 규제를 하고 있는 이상 독과점이 낳을 수 있는 폐해를 최소화할 수 있는 방향으로 규제가 이루어져야 하며, 우리 독점규제법상으로는 남용에 대한 규제가 이러한 의의를 갖고 있어야 한다. 따라서 규제 대상으로서 남용을 구체화하는 것은, 독과점 규제의 정책적 의의를 실현함에 있어서 핵심에 해당한다.

독과점에 대한 경제학의 이해는, 규제되어야 할 폐해, 즉 남용행위의 구체화를 위한 기초적 지식을 제공한다. 예를 들어 독과점시장에서는 경쟁시장에서보다 높은 수준에서 가격이 형성되고, 이는 결국 소비자잉여가 이전됨으로써 독과점사업자에게 초과이윤의 획득을 가능하게 한다는 독과점의 기본적인 가격 메커니즘을 제시하고 있다.[2)] 이러한 이해는 필수적인 것이지만, 그러나 충분한 것은 아니다. 독과점에 의하여 경쟁시장에서 발생하는 정상이윤 이상의 초과이윤의 획득이 가능하다면, 독점규제법은 정상이윤 이상에서 책정되는 모든 가격을 남용으로서 규제하여야 하는가?[3)] 이에 동의할 수 없다면,[4)] 초과이윤으로 이해되는 영역 어딘가에서 남용으로 규제될 수 있는 가격수준이 결정되어야 하며, 이는 결국 남용에 대한 종합적인 이해에 기초한 경쟁정책적인 가치판단에 유보할 수밖에 없는 문제이다.

독점규제법은 제3조의2 제1항에서 남용행위의 기본적인 유형을 규정하고 있고, 이는 우리 법질서에서 남용에 대한 이해의 해석상의 근거로 작용한다. 그러나 동 규정이 앞에서 언급하였던 문제를 해결할 수 있는 경쟁정책적 가치판단의 적절한 착안점(Anknüpfungspunkt)이 될 수 있을지에 의문이 없는 것은

---

1) 동 규정은 독과점적 시장구조가 장기간 유지되고 있는 시장에 대하여 경쟁을 촉진하기 위한 시책을 수립·추진할 필요성이 증대됨에 따라서, 1996년 12월 30일의 개정에 의하여 도입되었다. 공정거래위원회, 시장경제 창달의 발자취 — 공정거래위원회 20년사 —, 2001, 131-132면.

2) E. Thomas Sullivan & Jeffrey L. Harrison, Understanding Antitrust and Its Economic Implications, Matthew Bender, 1994, 26면 이하.

3) 독과점 시장에서 이윤극대화 균형은 경쟁시장보다 높은 가격에서 결정된다는 점을 전제하면(Edwin Mansfield & Cary Yohe, Microeconomics, W. W. Norton & Company, 2000, 338-340면), 이는 정책적으로 독과점사업자는 이윤극대화를 위한 가격책정을 전면적으로 포기하여야 하는가라는 문제로 귀결된다.

4) 미국 연방대법원은 독점자일지라도 이윤극대화 가격으로 그의 상품을 판매하는 것은 적법하며, 그 가격에서 시장을 왜곡하지 않는 수준으로 생산량을 감소시킬 수 있다는 입장을 계속 견지하고 있다. Herbert Hovenkamp, Federal Antitrust Policly: The Law of Competition and Its Practice, West Group, 1999, 269면.

아니다. 여기서의 논의는 이러한 문제의식에 기초하여, 우리 독점규제법상 남용행위 이해의 타당한 기초를 제시하고, 이로부터 해석상 나아가 입법적으로 바람직한 남용행위의 구체화를 시도하고자 한다. 이를 위하여, 우선 남용행위 규제의 경쟁정책적 의의와(2절) 남용판단의 전제로서 지배적 지위를 인정하는 문제를 다룬다(3절). 이어서 지배력 남용의 구체화를 위한 타당한 접근방식을 제시하고, 남용의 유형화에 대한 비교법적 분석을 한 후에, 우리 독점규제법상 규제방식의 타당성을 검토한다(4절). 끝으로 이를 토대로 현행법상 지배력남용 유형의 한계를 살펴 본 후에, 개선에 관한 제안을 하고자 한다(5절).

Ⅱ. 시장지배적 지위남용행위 규제의 경쟁정책적 의의

1. 폐해규제주의의 형성

폐해규제주의적 입법의 시초는 1957년 독일에서 제정된 경쟁제한방지법(Gesetz gegen Wettbewerbsbeschränkungen, 이하 GWB)에서 찾을 수 있다. 전후 연합국 군정의 요구와 스스로의 필요성에 대한 자각이 원인이 되어 제정되었던 GWB는 많은 부분에서 미국의 영향을 받았지만, 미국 Sherman법 제2조의 독점에 대한 규제는 일정한 변형을 거쳐서 수용하였다.[5] 그 과정에서 현재 우리 독점규제법의 선례가 된 폐해규제주의적 입장에서 시장지배적 지위의 남용을 규제하는 방식이 제도화 되었다.

이와 같은 입법 배경에 대하여 다양한 설명이 가능하지만, 특히 법제정시 독일의 경제사회적 조건이 중요한 영향을 미친 것으로 생각된다. 종전 이후 이미 중요한 산업에서, 콘쩨른 해체로 대표되는 광범위한 분산정책(Dekonzentration)이 추구되었고,[6] 이는 국가에 의하여 조직되고 관리되는 경제에서 시장기능에 기초한 분권화된 경제로의 전환, 즉 새로운 경제질서 형성의 물적 기초를 이루는 것이었다. 그러나 분산화 과정에서 상당한 어려움과 실질적인 한계에 부딪히게 되었는데, 특히 콘쩨른으로부터 분리된 경제단위를 담당할 수 있는 자본의 동원이 여의치 않았고, 자본시장이 원활하게 기능할 만큼 충분히 발달하지 못하고 있었던 상황을 지적할 수 있다.[7] 이러한 한계는 결국

5) GWB의 제정과정에 대한 개괄로서, Wernhard Möschel, Recht der Wettbewerbsbeschränkungen, Carl Heymanns Verlag, 1982, 22-25면 참조.

6) Harm G. Schröter, "Von der Teilung zur Wiedervereinigung(1945-2000)", in Michael North hrsg., Deutsche Wirtschaftsgeschichte, C. H. Beck, 2000, 358면 이하 참조.

콘쩨른이 해체된 영역에서 재집중의 결과를 초래하였으며,[8] 또한 GWB 제정에서 독점 자체를 금지하는 규제방식을 피하게 되는 주된 근거로서 작용하였다.[9] 적어도 GWB 입법자는 전후 경제 재건과정에서 기존의 경제력이 온존되어야 할 필요성을 감안하지 않을 수 없었으며, 이러한 현실적 한계는 독점 그 자체를 문제 삼는 방식 대신에, 독점적 지위 자체를 승인하고 다만 그 지위를 남용하는 행위에 대해서만 규제하는 방식을 입법적으로 창안한 것으로 이해된다. 또한 규모의 경제가 가능한 수준은 국민경제에서 차지하는 상대적 비중이 아니라 절대적 규모에 의하여 결정된다는 점에서, 미국보다 열위에 있는 대부분의 국가가 공유하는 국민경제적 한계도 고려되었을 것이다. 이러한 점은 이후에 우리나라를 포함한 각 나라에서 시장지배적 지위의 남용을 규제하는 방식으로 독과점에 대응하는 법제도를 계수하게 된 원인이 되었다.

그러나 지배력 남용에 대한 규제체계도 기본적으로 독과점에 대한 부정적 인식을 전제하는 것이며, 독과점이 낳는 폐해를 교정함으로써 유효 경쟁의 실현에 기여하여야 한다는 입법목적을 갖고 있다. 즉 동 제도는 일정한 행태에 대한 규제로서 입안된 것이지만, 구조적인 개선에 상응하는 결과를 지향하여야 한다. 따라서 규제 대상인 남용은 행위 자체로서 특정될 수 있는 것이 아니라, 남용행위의 주체인 시장지배력을 지닌 사업자와 일체로서 나타나는 것이며, 이와 같은 종합적인 이해는 남용에 해당하는 행태를 확정함에 있어서 기초를 이룬다.[10]

2. 독점에 대한 태도의 접근

이상에서 제시한 종합적 이해의 의미는 미국법에서의 독점에 대한 규제와의 비교를 통하여 좀 더 명확해 질 수 있다. 독점에 대한 규제의 미국법상의 근거는 Sherman법 제2조이며, 동 조항에 의하여 독점하거나(monopolize) 독

7) Knut W. Nörr, Die Republik der Wirtschaft – Teil I Von der Besatzungszeit bis zur Großen Koalition, Mohr Siebeck, 1999, 175면.

8) 콘쩨른이 해체되었던 석탄 · 철강산업, 화학산업, 금융산업, 영화산업의 해체 이후의 전개과정에 대한 상세한 설명은, 홍명수, “독일에서의 정당한 경제질서의 형성과 콘쩨른 문제”, 경쟁법연구 제8권, 2002, 549면 이하 참조.

9) Fritz Rittner, Wettbewerbs und Kartellrecht, C. F. Müller Verlag, 1999, 123면.

10) 시장지배적 지위남용 규제의 법체계적 관련성 그리고 금지규범으로서 추구하려는 목적이 남용의 해석에 있어서 결정적인 의미를 갖는다는 견해에 관하여, Gerhard Wiedemann hrsg., Handbuch des Kartellrechts, Verlag C. H. Beck, 1999, 765면(Georg-Klaus de Bronett 집필부분).

점을 시도하는(attempt to monopolize) 행위는 중죄로서 처벌된다. Grinell 판결에서 정식화된 이 조항의 구체적 의의는 1) 관련시장에서 독점력의 보유와 2) 그 독점력이 반경쟁적, 배타적인 수단에 의하여 또는 반경쟁적, 배타적인 목적을 위해서 의도적으로 획득, 유지 또는 활용되었을 것 등의 표지에 기초하고 있다.[11] 사실 이와 같은 기준은 시장지배적 지위의 남용을 규제하는 입법례와 비교하여 볼 때, 독점력 보유와 그것의 행사로 구성된다는 점에서는 구조적인 유사성을 갖는다.

그러나 구성요건적 행위가 'monopolize'로 구성되어 있다는 점은, 적어도 규제대상의 범위의 측면에서 일정한 차이를 예정하는 것이다. 즉 Sherman법에서처럼 monopolize 자체를 구성요건으로서 요구할 경우에, 독점력의 획득 자체가 문제가 될 수 있으며, 그것이 행사될 경우에도 반경쟁적이고 배타적인 목적과의 관련성이 중요한 의미를 갖는다. Hovenkamp의 이해에 따르면, 합법적이지 않은 방식으로[12] 취득된 독점력은 그것이 행사되지 않더라도 동법에 의하여 규제될 수 있으며, 합법적으로 보유하게 된 독점력도 그것이 배타적인 목적으로 행사된다면 또한 규제될 수 있다.[13] 취득과정에 대한 규제의 실례는 미국 반독점법 법리의 확립에 결정적인 역할을 하였던 Standard Oil 판결을 통하여 확인할 수 있는데, 동 판결에서 미국 연방대법원은 Standard Oil이 석유산업에서 독점력을 갖게 되는 과정, 즉 판결 이전 40여년 간의 그룹 성장과정을 분석하여 이를 판결의 기초로 삼고 있다.

이와 같은 독점력 취득 과정에 대한 규제는, 남용을 명시적인 구성요건으로 하여 규제하고 있는 입법례에서 적용상의 한계가 있을 수밖에 없다. 독일이나 EU 그리고 우리 법제도하에서 시장지배적 지위의 남용규제는 시장지배력을 확정하는 단계와 그 지위의 남용을 판단하는 2단계의 심사과정을 거치게 된다.[14] 도식적으로 이해한다면, 독점력의 취득은 시장지배력의 확정단계에서 파악될 부분이고, 남용에 대한 판단은 시장지배력 확정 이후의 문제이다. 그리고 폐해규제주의적 입장에서 원칙적으로 시장지배력 자체는 규제의

11) United States v. Grinnell Corp., 384 U.S. 563, 570-571면(1966).

12) Grinnell 판결에서는 이를 "distinguished from growth or development as a consequence of a superior product, business acumen, or historic accident"로 표현하고 있다.

13) Herbert Hovenkamp, 주 4)의 책, 269면.

14) Fritz Rittner, 주 9)의 책, 275면; Ulrich Gassner, Grundzüge des Kartellrechts, Verlag Vahlen, 1999, 102면.

대상이 아니라는 점을 전제하면, 남용 판단에 선행하는 독점력 취득과정이 규제대상이 될 수는 없다.[15] 그러나 전술한 것처럼, 남용의 의미는 시장지배력과 그것을 행사하는 행위 사이의 관련성에 기초하며, 시장지배적 지위는 남용의 이해에 있어서 그 출발점이 된다.[16] 이러한 관점에서 보면, 지배적 지위의 판단 근거가 되는 지배력 취득 과정에 고려가 남용성 판단에 적어도 간접적으로 영향을 미칠 여지는 있는 것으로 생각된다.

3. 우리 독점규제법상의 시장지배적 남용 규제의 고유한 의의

일반적으로 독점 내지 시장지배력은 관련시장의 획정에 따른 개별 시장을 전제한 것이며, 지배력의 정도가 심화될 경우에 이를 시장집중으로 이해한다. 전술한 것처럼, 독점 내지 시장지배적 지위에 대한 규제는 집중화된 시장구조의 완화를 정책목표로 하는 것이며, 이와 같은 개선의 의지는 공정거래위원회에게 독과점적 시장구조의 개선을 위한 정책적 기능을 부여하고 있는 독점규제법 제3조에 반영되어 있다.

그러나 시장집중 완화를 구체적으로 실현하기 위해서는, 우리의 경제사회적 조건 하에서 시장들이 일반적으로 공유하고 있는 고유한 특성에 대한 이해가 전제되어야 한다. 일반적으로 경제력의 집중은 다양한 차원과 관점에서 파악할 수 있으며, 개별시장에 기초한 시장집중, 산업이나 국민경제 전체의 관점에서 보는 일반집중 그리고 기업의 소유나 의사결정권이 소수의 개인이나 가족에 집중되는 것을 의미하는 소유집중 등으로 구분할 수 있다.[17]

이러한 유형화를 전제로 하여 보면, 우리나라에서의 경제력집중은 재벌이라는 경제적 실체를 중심으로 하여 시장집중, 일반집중, 소유집중의 각각의 차원에서 경제력집중이 구체화되고 있는 것으로 보인다. 즉 재벌에 속해 있는 계열회사들은 다수의 시장에서 지배적 지위에 있고(시장집중), 이들은 전체적으로 국민경제에서 상당한 비중을 차지하고 있으며(일반집중), 또한 그 운영의 측면에서 총수 개인의 의사가 절대적인 영향력을 미치고 있다(소유집중). 나아가 각각의 유형은 유기적으로 결합하여 재벌에 의한 경제력집중의 복합적 성격을 규정한다. 예를 들어 시장집중과 일반집중의 관계를 구체화시킨다면, 계

---

15) Valentine Korah, EC Competition Law and Practice, Sweet & Maxwell, 1994, 68면.
16) Gerhard Wiedemann hrsg., 주 10)의 책, 765면(Georg-Klaus de Bronett 집필부분).
17) 홍명수, 재벌의 경제력집중 규제, 경인문화사, 2006, 9면 이하 참조.

4대 그룹 산업 지배현황[18)]

	업종별 1위 계열사		업종별 2위 계열사	
삼성그룹	· 삼성SDI · 삼성광주전자 · 삼성엔지니어링 · 삼성SDS · 삼성에스원 · 제일기획 · 노비타 · 서울통신기술 · 삼성생명보험 · 삼성선물	· 삼성물산 · 삼성전자 · 삼성테크윈 · 삼성정밀화학 · 삼성에버랜드 · 삼성코닝 · 삼성탈레스 · 아이마켓코리아 · 삼성화재해상보험 · 삼성투자신탁운용	· 삼성중공업 · 리빙프라자	· 삼성네트웍스 · 삼성카드
현대그룹	· 현대엘리베이터 · INI스틸 · 현대모비스 · 로템 · 현대중공업	· 현대택배 · 현대자동차 · 현대하이스코 · 케피코 · 한국물류	· 현대오토넷 · 비앤지스틸 · 아이컨트롤스	· 현대정보기술 · 아이서비스
LG그룹	· LG화학 · LG산전 · LG석유화학 · LG유통 · LG칼텍스정유 · LG니꼬동제련 · LG홈쇼핑 · LG카드	· LG건설 · LG생활건강 · LG전선 · LG이노텍 · LG 필립스LCD · LGMRO · 씨아이씨코리아 · LG투자증권	· LG상사 · LG전자 · LGCNS	· LG생명과학 · 파워콤
SK그룹	· 대한송유관공사 · SKC · SK(주) · SKC & C	· SK가스 · SK텔레콤 · SK건설 · SK임업	· SK텔레시스	

열회사들이 개별시장에서 유지하고 있는 독과점적 지위는 일반집중을 확대하는 요인으로 작용하는 반면에,[19)] 또한 재벌의 일반집중적인 지위의 강화는 브

18) 삼성, 현대, LG, SK의 4대 그룹의 계열회사가 각 업종에서 차지하고 있는 비중을 매출액 순위로 조사한 것으로서, 2002년 말 기준이다. 현대그룹의 경우에는 현대그룹, 현대자동차그룹, 현대중공업그룹, 현대백화점그룹, 현대산업개발그룹을 포괄한 분리 이전의 통합현대를 대상으로 한 것이고, LG그룹의 경우에는 LS그룹과 GS그룹이 분리되기 이전을 대상으로 한 것이다. 송원근 · 이상호, 재벌의 사업구조와 경제력 집중, 나남출판, 2005, 165-273면 참조.

19) 이에 관하여 경험적 분석에 기초하여 1990년대 중반 이후 개별 시장에서의 집중화가 일반집중의 유력한 원인이 되었다고 보고 있는 것으로서, 황인학, 재벌의 다각화와 경제력집중, 한국경제연구원, 1999, 141-142면 참조.

랜드 효과(이미지 활용 효과), 내부금융효과, 자원의 집적 효과 등에 의하여[20] 개별시장에서 계열회사의 시장집중에 영향을 미칠 수 있다. 아래의 표는 4대 재벌의 산업지배 현황을 보여주고 있다.

이러한 복합적 성격의 결과로서 우리가 시장집중의 문제를 다룰 경우에 충분한 실효성을 기하기 위해서는, 개별 시장에 영향을 미칠 수 있는 일반집중적인 측면이나 소유집중적인 측면이 특히 후술하는 시장지배력 판단이나 남용행위의 평가에 있어서 고려될 필요가 있다. 한편 시장집중 문제에 대한 적절한 대응방안을 모색하는 것은, 우리나라 경제력집중의 복합적 성격에 비추어 일반집중 내지 소유집중의 해소를 위해서도 의미 있는 기여를 할 것으로 생각된다.

Ⅲ. 시장지배력 판단

1. 지배력의 의의와 판단 요소

독점규제법은 제2조 제7호에서 시장지배적 사업자에 대한 정의를 규정하고 있다. 즉 동호는, "시장지배적 사업자라 함은 공급자나 수요자로서 단독으로 또는 다른 사업자와 함께 상품이나 용역의 가격, 수량, 품질 기타의 거래조건을 결정, 유지 또는 변경할 수 있는 시장지위를 가진 사업자를 말한다"고 규정하고 있다. 이러한 규정은 유효경쟁이 이루어지지 않는 시장에서 사업자는 거래조건의 형성력을 가지며, 이른바 price-taker가 아니라 price-maker로서 존재한다는 경제학적 이해에 상응하는 것이다.

한편 동호 2문은 시장지배적 지위의 판단요소로서, 시장점유율, 진입장벽의 존재 및 정도, 경쟁사업자의 상대적 규모 등을 종합적으로 고려하여야 한다는 점을 밝히고 있다. 특히 동 규정에서 명문으로 제시하고 있는 지배력 판단요소는 세 가지이고, 시장의 구조와 행태에 이들이 미치는 영향을 고려할 때, 타당한 입법 태도로 생각된다. 이들 중 가장 먼저 제시되고 있는 시장점유율은 일반적으로 가장 중요한 지배력 판단의 요소이며, 우월한 규범적 가치를 가지고 있는 것으로 받아들여지고 있다. 예를 들어 Hovenkamp는 시장점유율이 시장봉쇄의 실제적인 힘으로 작용함으로써, 시장지배력 대용 이상의 의미를 갖고 있음을 지적하고 있다.[21] 이러한 점에서 우리 독점규제법이 제4

20) 조동성, 한국 재벌, 매일경제신문사, 1997, 18-28면 참조.

조에 의하여 시장점유율에 의한 시장지배력 추정 규정을 두고 있는 것 자체는 적절한 것으로 생각된다.

2. 시장점유율에 의한 추정

동법 제4조의 규정은 1 사업자의 시장점유율이 100분의 50 이상인 경우 또는 3 이하의 사업자의 시장점유율의 합계가 100분의 75 이상인 경우에 시장지배력이 있는 것으로 추정하고 있다. 동 규정의 취지는 우선 시장점유율에 기초하여 시장지배력을 추정함으로써 시장지배력 판단의 어려움을 완화시키려는 것에서 찾을 수 있으며, 전술한 것처럼 지배력 판단 요소로서 시장점유율의 경쟁정책적으로 우월한 의의를 반영한 것이라 할 수 있다.

이에 대해서는 유사한 법제도를 채택하고 있는 독일의 경우와 비교하여, 지나치게 추정기준이 높다는 입법론적 비판이 있으며, 전향적으로 검토할 여지가 있다고 생각된다. 한편 동 규정의 적용과 관련하여, 추정의 일반적 의의와 기능에 대한 고려가 전제되어야 한다. 동법 제19조 제5항의 공동행위의 추정에 대하여 우리 법원은 법률상 추정으로 이해하고 있으며, 이러한 입장은 동 조항의 해석에도 적용될 여지가 크다. 법률상 추정은 요증사실의 직접적 입증 대신에 간접사실의 입증을 통하여 요증사실을 추정케 하고, 이로써 요증사실이 존재한다는 전제 하에서 일정한 법적효과가 발생하는 것으로 하는 법기술이다. 기능적으로 보면, 보다 입증이 용이한 간접사실의 입증을 요구한다는 점에서 입증책임의 귀속자에게는 입증책임이 완화되는 의미가 있으며, 또한 상대방의 입장에서 보면, 법률상 추정이 없을 경우에 요증사실의 입증에 대하여 입증의 정도가 완화된 반증으로서 다툴 수 있었으나 법률상 추정이 이루어지는 경우에는 요증사실의 부존재를 본증으로서 다투어야 하며 따라서 입증책임이 전환되는 의미를 갖게 된다.

이와 같은 이해에 기초하여 동 조항을 보면, 시장점유율이 동조에서 정한 요건에 해당하면, 시장지배력이 추정되어 이에 기초한 법적 효과가 발생하게 될 것이다. 이러한 이해가 민사법상의 추정조항에 대한 원리를 공법적인 영역에 아무런 가감없이 수용하는 것에 따른 문제점이 지적될 수 있으며, 이러한 관점에서 시장점유율을 단지 시장지배력의 존재에 대한 중요한 근거로서 제한적으로 이해할 필요도 있다. 이렇게 볼 경우에는 시장점유율 외에 추가적인

---

21) Herbert Hovenkamp, 주 4)의 책, 81-82면.

요소에 대한 고려의 필요성이 여전히 남아 있으며, 또한 법률상 추정의 이해의 틀을 유지할 경우에도 시장점유율에 의한 추정이 상대방의 본증에 의하여 다투어지고 이에 의하여 추정이 복멸될 수 있다는 점에 유의하여야 한다. 따라서 시장점유율에 의한 추정이 이루어짐에도 불구하고 시장지배력이 부정될 수 있는 경우 나아가 역으로 시장점유율이 추정 요건에 이르지 않는 경우라도 시장지배력이 긍정될 수 있는 경우에 대한 검토가 필요하다.

우선 시장점유율에 의한 시장지배력 추정의 복멸에 대하여, 동법 제2조 제7호에서 정하고 있는 다른 요소들이 영향을 미칠 수 있다. 즉 진입장벽이 낮거나 또는 상대적 규모 면에서 지배력을 인정하기 곤란한 경우를 상정할 수 있다. 예를 들어 10%대의 시장점유율에 의하여 지배력이 추정되는 경우라 하더라도, 보다 월등한 점유율을 갖고 있는 사업자의 지배력 행사의 대상에 불과한 경우를 충분히 예상할 수 있으며, 화장지 제조업자의 카르텔 사건에서 법원은 17.3%의 시장점율을 갖고 있는 모나리자가 선도기업인 27.5%의 유한킴벌리와 28.4%의 쌍용제지의 가격결정에 피동적으로 대응하고 있는 상황을 인정하였다.[22] 또한 고려될 수 있는 것은, 거래 상대방의 지배력이 당해 사업자의 지배력보다 우월하다는 점이 인정된다면 시장점유율에 의하여 추정되는 지배력은 제한될 수밖에 없다는 사실이다. 그밖에 상품 자체의 특성이 고려되어야 할 경우도 있는데, 상품의 내구력이 높아서 거래 주기가 장기간인 경우에는 기존의 판매량에 따른 점유율이 결정적인 것은 아니다.

다른 한편으로 시장점유율이 지배력 추정요건에 이르지 않는 경우라 하더라도 지배력이 인정될 수 있는 경우를 상정할 수 있다. 우선 상품 자체의 차별화가 이루어진 경우라면, 이는 특정한 브랜드의 상품에 대한 지배력을 점유율 이상으로 평가할 수 있는 근거가 될 수 있다. 또한 Kodak 판결이 보여주고 있는 것처럼, 특정 상품에 고착되는 효과가 발생함으로써 지배력이 인정될 수도 있을 것이다.

3. 집합적 시장지배력의 문제

이른바 집학적(collective or joint) 시장지배력 개념은 EC조약상 시장지배적 지위의 남용에 대한 근거 규정을 정하고 있는 제82조가 그 주체를 '하나 또는 그 이상으로(one or more undertakings) 정의하고 있는 것에서 시작되었

---

22) 서울고법 2000. 6. 29. 선고, 98누10839 판결.

다. 동 개념이 최초로 다루어진 것은 Società Italiana Vetro v. Commission 사건에서였는데,[23] 동 사건에서 판유리를 생산하는 이탈리아의 세 사업자는 이탈리아 시장에서 합산하여 95%의 시장점유율을 갖고 있었고, 위원회는 이들 세 사업자가 집합적인 지위에 기초하여 고객과의 거래에 있어서 가격과 판매조건을 일방적으로 결정하는 방식으로 그 지위를 남용한 것으로 보았다. 이때 당해 사업자들이 합산하여 관련시장에서 큰 시장점유율을 갖고 있고, 이들이 단일한 주체(single entity)로 행위할 경우에 집합적으로 지배력을 보유하고 있는 것으로 판단할 수 있으며, 단일한 주체란 가격과 판매조건에 관하여 상호의존성을 드러내는 사업결정에 그리고사업자들 사이에 생산과 관련한 구조적 관련성의 존재에 반영되는 것으로 이해하였다.[24] 유럽 1심법원(CFI)은 당해 사건에서 집합적 시장지배력의 존재를 위원회가 입증하지 못하였다고 판단하였지만, 집합적 시장지배력 개념 자체는 받아들였는데, 즉 "둘 이상의 독립적인 사업자가 특정한 시장에서 경제적 관련성(economic links)에 의하여 통합되어 다른 사업자들에 대하여 집합적으로 시장지배력을 가질 수 있다. 예를 들어 약정이나 라이센스를 통하여 다른 경쟁자, 고객 그리고 궁극적으로는 소비자들에 대하여 지배력을 가능하게 하는 기술적 우위를 얻게 됨으로써 집합적으로 시장지배력을 보유할 수 있다"[25]는 점을 밝히고 있다.

이후에 이 사건의 1심법원에서 제시한 집합적 시장지배력의 개념요소로서, 경제적 관련성(economic links)의 의의가 무엇인지가 쟁점이 되었다. 이에 관하여 기업결합 사건이었던 Gencor v. Commission 사건에서[26] 1심법원은 경제적 관련성(economic links)은 단지 구조적 관련성에 제한되지 않는다고 보았으며, "약정이나 다른 법적인 관련성이 집합적 시장지배력 개념을 인정함에 있어서 필수적인 것은 아니며, 이러한 관련성의 징표들은 경제적 분석, 특히 당해 시장의 구조적 분석에 기초하여 찾을 수 있음"을[27] 밝히고 있다. 이후 이러한 태도는 시장지배력 남용 사건이었던 Compagnie Maritime Belge v. Commission 사건에서[28] 다시 확인되고 있다.

---

23) Case T-68, 77 and 78/89[1992] ECR II-1403; 5 CMLR 302.

24) Albertina Albors-Llorens, EC Competition Law and Policy, William Publishing, 2002, 107면.

25) Case T-68, 77 and 78/89, para. 358.

26) Case T-102/96 [1999] ECR II-753; 4 CMLR 971.

27) Case T-102/96, para. 45.

28) Case C-395/96P [2000] ECR I-1365; 4 CMLR 1076.

이와 같이 EC조약 제82조에 근거하여 유럽 판례법상 발전하여 온 집합적 시장지배력 개념의 활용을 마치 양날의 칼과 같은 의미로 이해하는 견해도 유력하다. 그것의 경쟁정책적 의미는 무엇보다 복점 내지 과점시장에서 유력한 규제수단이 될 수 있다는 점에서 찾을 수 있다. 즉 집합적 시장지배력 개념을 적극적으로 원용할 경우에, 과점시장에서 나타나는 병행행위에 대하여 공모에 대한 입증 없이도, 집합적으로 파악된 시장지배력에 기초하여 남용성 판단을 통한 규제가 가능하여진다. 갈수록 사업자들 사이에 공모의 입증이 곤란해지고 있는 현실을 감안하면, 이는 과점시장의 유력한 규제수단으로의 통로를 열어주는 의미가 있다. 물론 반면에 지나친 개입으로서, 즉 거의 모든 과점시장에서의 행태가 규제 대상이 될 수 있는 우려가 상존한다는 점이 문제가 될 것이다.[29)]

최근에 동 개념은 수직적 관련성에까지 확대되고 있다는 점에 주목할 필요가 있다.[30)] 이러한 경향이 나타난 것으로서, Irish Sugar 사건이[31)] 유력하다. 동 사건에서 1심법원은 집합적 시장지배력이 동일 시장 내의 수평적 관계에서만 인정될 수 있는 것이 아니라, 특허권자와 사용권자 또는 제조업자와 유통업자와 같은 수직적인 관계에서도 경제적 관련성(economic links)에 기초하여 집합적 시장지배력이 인정될 수 있음을 밝히고 있다. 특히 수직적 관계에서 집합적 시장지배력을 인정하는 사고는 이미 다른 규제산업법의 영역에도 영향을 미치고 있다. 예를 들어 예를 들어 유럽 통신법 영역에서 제정된 기본지침(Framework Directive) 제4조 제3항과 관련하여, 두 시장 사이의 관련성에 의하여 한 시장에서의 지배력이 다른 시장으로 전이되고 이로써 사업자의 전체적인 지배력이 강화된다면, 특정한 시장에서 지배력을 보유하고 있는 사업자(significant market power)는 인접시장에서도 지배력을 보유하는 것으로 볼 수 있다는 것으로 해석되며, 이는 통신망과 통신서비스를 통합적으로 공급하는 사업자에 대한 규제의 유력한 기초가 되고 있다.[32)]

이상의 집합적 시장지배력 개념, 특히 수직적인 관계에까지 확대되고 있는 동 개념은 재벌에 의한 기업집단적 운영방식이 주를 이루고, 특정한 시장의

29) Albertina Albors-Llorens, 주 24)의 책, 110면.

30) D. G. Goyder, EC Competition Law 4. ed., Oxford Univ. Press, 2003, 332-333면.

31) Case C-497/99R [2001] 5 CMLR 1082.

32) Joachim Scherer, “Die Umgestaltung des Europäischen und deutschen Telekommunikationsrechts durch das EU-Richtlinienpaket - Teil I”, Kommunikation Recht Heft 6, 2002, 283면 이하 참조.

사업자가 단일한 경제주체로서가 아니라 일정한 집단에 속한 계열회사로 기능하고 있는 우리 현실에서 시장지배력을 판단하는 데에도 의미 있는 기초가 될 것으로 생각된다.

Ⅳ. 남용 판단과 유형적 이해

1. 지배력 남용 판단의 기초

(1) 수범자적 특수성

앞에서 논의한 것처럼, 지배력 남용에 있어서 시장지배력을 보유하고 있는 사업자의 특성은 남용에 대한 판단의 기초를 이룬다. 즉 남용은 행위와 행위주체 사이의 관계를 종합적으로 구성한 개념이며, 그 한도에서 규제대상으로서의 시장지배적 사업자의 특성이 고려되어야 한다. 또한 이러한 이해는 우리 독점규제법상 시장지배적 사업자의 지위남용행위가 불공정거래행위에 대하여 특별법적 지위에 있다고 보는 견해의 유력한 근거가 되고 있다.[33)]

현행 독점규제법은 시장지배력 판단의 근거가 될 수 있는 명문의 규정을 두고 있는데, 즉 동법 제2조 제7호는 시장지배적사업자를 "일정한 거래분야의 공급자나 수요자로서 단독으로 또는 다른 사업자와 함께 상품이나 용역의 가격·수량·품질 기타의 거래조건을 결정·유지 또는 변경할 수 있는 시장지위를 가진 사업자를 말한다"고 규정하고 있으며, 제4조는 시장지배력 추정에 관한 규정을 두고 있다. 동 규정이 함축하고 있는 것처럼, 시장지배력은 거래조건이 주어지는 것이 아니라 거래조건을 형성할 수 있는 지위에 상응하는 의미를 가지며, 이러한 의미에서 남용 판단은 시장지배적 지위에 있는 사업자의 행위라는 점이 반드시 전제되어야 한다. 즉 동일한 행위라도 시장지배적 지위에 있는 사업자와 그러한 지위에 있지 않은 사업자의 행위인지에 따라서 경쟁정책적 평가는 상이하게 나타날 수 있다. 예를 들어 비탄력적인 수요곡선에 직면하는 독과점적 사업자는 가격을 견인할 수 있는, 즉 소비자잉여를 자신에게 전이시킬 수 있는 힘을 보유하며, 이러한 사업자의 가격인상과 그렇지 않은 사업자의 가격인상이 갖는 의미는 경쟁정책적으로 다를 수밖에 없다.

---

33) 권오승, 경제법(제5판), 법문사, 2005, 335면.

(2) 시장의 특수성

또한 시장지배적 사업자의 특수성은 시장의 측면에서도 파악할 수 있다. 기본적으로 지배적 지위와 남용행위 사이에 인과적 관련이 요구되므로,[34] 지배적 사업자의 특성에 상응하는 시장의 특성은 남용행위를 객관적으로 이해하는데 기초가 된다. 시장지배적 사업자가 존재하는 시장과 그렇지 않은 시장은, 유효 경쟁의 관점에서 이미 본질적인 차이를 갖고 있다. 즉 시장지배적 사업자가 부재한 시장은 유효 경쟁의 구조적 조건을 충족하고 있는 상황이지만, 지배적 사업자가 있는 경우라면 유효 경쟁의 가능성은 상당히 제약될 수 밖에 없고, 남용행위를 규제하는 방식을 채택하고 있는 입법례에서 이는 불가피하게 받아들일 수밖에 없는 전제가 된다.

그러나 입법자가 시장지배적 지위를 용인하고 있다 하더라도, 유효 경쟁의 실현을 궁극적 목적으로서 지향하고 있는 이상, 지속적으로 당해 시장의 경쟁가능성에 주의하여야 한다. 이와 관련하여 독일 경쟁법에서 제시된 잔존경쟁(Restwettbewerb, remaining competition)의 개념은 의미 있는 시사점을 제공하고 있다. '잔존경쟁'은 시장지배적 사업자의 존재에 의하여 이미 구조적으로 경쟁이 제약되고 있는 상황에서의 경쟁, 즉 지배적 사업자와 다른 열위의 사업자들 사이의 경쟁으로 구성된 개념이며,[35] 이에 관한 인식은 독과점에 대한 폐해규제주의적 접근의 정책적 출발점이 된다. 즉 동 개념에 의하여 구조적 제약이 있는 시장에서 보호되어야 할 최소한의 범위가 결정되며, 또한 지배적 사업자가 존재하는 상황에서 불가피하게 드러날 수밖에 없는 유효 경쟁 실현의 취약성과 지배력이 보다 용이하게 심화될 가능성을 함축하고 있다.[36]

이러한 점에서 남용행위의 판단에는 잔존경쟁적으로 인식되고 있는 당해 시장의 특성이 충분히 고려되어야 한다. Hoffmann-La Roche 사건에 관한 유럽법원의 판시에 나타난 다음과 같은 남용의 개념은 이상의 논의를 적절히 반영하고 있다. "남용은 문제가 되는 사업자의 존재의 결과로서 경쟁의 정도가 약화된 市場의 構造에 영향을 미치고, 또한 상업적 주체들의 거래에 기초한 상품과 용역에 있어서 통상적인 경쟁이 이루어지는 조건과는 다른 방법을 이용하여 현재의 시장에서 존재하는 경쟁의 정도를 유지하거나 그 경쟁의 발전을 沮害하는 효과를 갖는 지배적 지위에 있는 사업자의 행위에 관련된 객

34) Gerhard Wiedemann hrsg., 주 10)의 책, 802면(Georg-Klaus de Bronett 집필부분).
35) 위의 책, 766면(Georg-Klaus de Bronett 집필부분).
36) 위의 책, 같은 면.

관적 개념이다."[37] 동 판결이 지적하고 있는 것처럼, 남용성 평가에 있어서 지배적 사업자의 일정한 행위가 경쟁구조의 악화로 이어질 가능성이 있는지 또는 지배적 사업자의 현재의 지위를 유지 또는 강화하는데 기여하는 것인지에 관한 판단이 필수적으로 요구된다.

2. 지배력 남용의 유형화

(1) 폭리적(착취적) 남용과 방해적 남용

남용행위에 대한 유형화는, 경제주체의 다양한 행위에 대한 남용성 판단의 지침을 제공한다. 그러나 그러기 위해서는 유형별 분류가 일정한 행태의 나열이 아니라, 전술하였던 수범자적 특성과 시장의 특성에 대한 분석이 반영된 것이어야 한다. 구조적으로 유효경쟁이 제약된 시장에서 반경쟁적으로 평가될 수 있는 지배적 사업자의 행태는, 다음의 두 가지로 집약될 수 있다. 즉 현재의 지위를 유지하거나 강화하기 위하여 다른 경쟁사업자의 사업활동을 방해하는 의미에서의 남용(Behinderungsmißbrauch)과 현재의 지위를 이용하여 경쟁시장에서는 얻기 어려운 이득을 향유하기 위한 수단으로서의 남용(Ausbeutungsmißbruach)이 이에 해당한다.[38]

물론 이와 같은 분류는 거래 현실에서 언제나 명확하게 구분되는 것은 아니다. United Brands 사건에서처럼 한 지배적 사업자의 다양한 의미를 갖는 행위들이 복합적으로 결합될 수 있으며,[39] 또한 차별취급이나 끼워팔기의 경우처럼 경쟁사업자의 배제와 추가적 이윤의 확보가 동시에 의미를 갖는 남용형태도 있을 수 있다. 그러나 전술한 것처럼, 이상의 분류는 남용의 의의를 경쟁정책적으로 평가하고 이를 시정할 수 있는 기초로서 제안된 것이다. 구체적으로 폭리적 남용(Ausbeutungsmißbruach)은 폐해규제주의적 입장에서 독과점적 지위를 승인하는 대신에 이를 통하여 얻을 수 있는 이득을 제한함으로써 유효 경쟁이 실현되고 있는 시장의 후생성과를 기대할 수 있도록 하고, 나아가 이에 의하여 시장의 독점화에 대한 유인을 제도적으로 억제하려는 정책적 함의가 있다. 또한 방해적 남용(Behinderungsmißbrauch)은 경쟁사업자의 사업활동를 방해함으로써 지배적 지위를 유지하거나 강화하는 것에 대한 제

37) Hoffmann-la Roche Case 85/76[1979] ECR 461, 541면.

38) Gerhard Wiedemann hrsg., 주 10)의 책, 823-825면(Georg-Klaus de Bronett 집필부분) 참조.

39) Ulrich Gassner, 주 14)의 책, 113-115면 참조.

한이며, 이때 미국 반독점법상 독점화에 관한 논의에서 제시된 배타적 성격에 관한 분석이 남용의 인정에 있어서도 마찬가지로 중요한 의미가 있다.[40] 종합적인 관점에서 보면, 방해적인 의미에서의 남용은 경쟁사업자와의 관계에서 그 의미가 두드러지는 반면에, 폭리적 남용의 분석상 출발점은 남용주체의 이득과 거래상대방의 후생 감소에 있다.

이와 같은 남용의 유형별 이해는 구체적인 지배적 사업자의 행태를 남용에 포섭함에 있어서, 무엇보다 끊임없이 나타나는 새로운 거래제한 유형의 남용성 판단에 유용하다.

(2) 비교분석 – EC조약 제82조와 독일 GWB 제19조

(가) EC조약 제82조

우선 시장지배적 지위의 남용규제체계를 취하고 있는 EU의 경우, 1930년대에서 1950년대 지배적이었던 유효경쟁에 대한 경제학적 이해에 따라서 구조가 일정한 행위의 원인이 되는 측면에 초점을 맞추고 행위가 구조에 영향을 미칠 수 있는 가능성을 고려하지 않음으로써, EC조약 제82조에 열거되어 있는 남용행위 유형들이 제한되어 있다는 지적이 유력하다.[41]

즉 EC조약 제82조는 남용의 대표적 유형들을 예시적인 방식으로 열거하고 있는데(Such abuse may, in particular, consist in (a) - (d)), 불공정한 구매 또는 판매 가격 또는 다른 불공정한 거래 조건을 직접 또는 간접적으로 부과하는 행위(a), 소비자에게 불리하게 생산, 시장판로 또는 기술개발을 제한하는 행위(b), 다른 거래당사자와의 동등한 거래에 상이한 조건을 적용함으로써, 동 거래당사자를 경쟁상 불이익한 위치에 처하게 하는 행위(c), 계약의 성격 또는 상관습에 비추어 계약의 목적과 관련 없는 부수적인 의무를 부담할 조건으로 계약을 체결하는 행위(d) 등이 이에 해당한다. 비록 예시적인 것이기는 하지만, 이와 같은 유형들은 전술한 지적처럼 지배력이 유지 또는 강화되는 방향으로의 남용에 대한 인식이 충분하지 않으며, 또한 남용의 경쟁정책적 의의를 구체화함에 있어서도 미흡한 측면이 있다.

그렇지만 구체적인 동 규정의 해석과 적용과정에서 남용의 방해적 측면과

---

40) Herbert Hovenkamp, 주 4)의 책, 269면.

41) Valentine Korah, 주 15)의 책, 83-85면 참조. 또한 동 문헌에 의하면, 유럽 위원회나 법원의 실무를 통하여 지배적 구조의 유지나 강화를 초래할 수 있는 행위에 대한 규제까지 EC조약 제82조의 적용이 확대되었다.

폭리적 측면에 대한 차별화된 이해는 일정한 영향을 미치고 있는데,[42] 예를 들어 Commercial Solvents 사건에서 유럽법원은 "EC조약 제86조(현 82조)는 소비자에게 직접적으로 손해를 가하는 경우 및 유효경쟁을 침해함으로써 간접적으로 소비자에게 손해가 발생하는 경우를 대상으로 한다"고[43] 함으로써, 이상의 유형에 따른 이해를 뒷받침하고 있다.

(나) 독일 GWB 제19조 제4항

이러한 이해가 좀 더 명확하게 법문에 규정되어 있다는 점에서, 마찬가지로 폐해규제주의적 입장에 있는 독일의 GWB는 주목할 만한 입법례를 보여주고 있다. 시장지배적 지위의 남용을 규제하는 독일의 GWB 제19조는 제4항에서 남용행위의 유형을 규정하고 있는데, 제1호에서 실질적으로 정당한 이유 없이 시장에서의 경쟁에 영향을 미치는 방법으로 다른 기업의 경쟁가능성을 제한하는 경우, 제2호에서 유효경쟁의 경우에는 거의 기대하기 어려운 대가 또는 그 밖의 거래조건을 요구하는 경우를 각각 규정하고 있고, 제3호와 제4호는 남용의 특수한 형태로 차별행위와 필수설비에 대한 접근 거절을 별도로 규정하고 있다.

명백히 제1호에서 규정하는 남용은 방해적 남용을, 그리고 제2호의 남용은 폭리적 남용을 의미한다. 이 규정들을 전제로 하여, 다양한 남용의 행태들이 각각의 경우에 포섭되고 있다. 즉 염가판매와 가격전가(Mischkalkulation), 리베이트, 배타조건부 거래와 끼워팔기, 광고에 의한 사업방해, 수량조절을 통한 진입제한,[44] 방해적 투자, 수요력의 행사에 의한 사업방해 등이 방해적 남용의 예로서 다루어지고 있다.[45] 예를 들어 리베이트의 경우를 보면, 거래상대방에게 추가적인 이득을 제공하는 것에 의하여 배타적 거래관계를 형성하고 이로써 거래상대방에게 다른 거래처로의 전환을 어렵게 하며 이러한 방식으로 경쟁사업자의 사업을 제한하거나 신규사업자의 시장진입을 방해하는 것에 위법의 중점이 있으며, 이는 지배력이 방해적인 의미로 남용되는 전형적인 경우에 해당한다.[46] 한편 폭리적 남용은 가격 또는 기타의 거래조건에 관한 남

---

42) Gerhard Wiedemann hrsg., 주 10)의 책, 766면(Georg-Klaus de Bronett 집필부분).

43) Commercial Solvents Corporation v. Commission 6-7/73[1974] ECR 223, 32면.

44) 지배적 사업자가 부품과 완성품을 모두 공급하고 있을 경우에, 부품에 대한 수량통제에 의하여 완성품 시장에서 경쟁자의 사업활동을 방해하는 경우가 전형적인 예이다. Ulrich Immenga & Ernst-Joachim Mestmäcker hrsg., GWB Kommentar 3. Aufl., C. H. Beck, 2001, 678면(Wernhard Möschel 집필부분).

45) 위의 책, 656면 이하(Wernhard Möschel 집필부분) 참조.

용으로서 원칙적으로 유효한 경쟁이 이루어지고 있는 시장과의 비교를 통하여 추가적으로 취득하고 있는 이득의 크기에 의하여 남용여부가 결정된다.[47)]

3. 현행 독점규제법에 의한 지배력 남용의 유형

반면에 현행 독점규제법에서 정하고 있는 남용행위의 유형은, 유형의 분류에 대한 뚜렷한 목적의식이 없이, 단지 규제의 편의에 의한 분류로서의 의미가 강하다. 규정 내용을 보면, 동법 제3조의2 제1항은 부당한 가격결정으로서 상품의 가격이나 용역의 대가를 부당하게 결정·유지 또는 변경하는 행위(1호), 부당한 출고조절로서 상품의 판매 또는 용역의 제공을 부당하게 조절하는 행위(2호), 다른 사업자의 사업활동을 부당하게 방해하는 행위(3호), 새로운 경쟁사업자의 참가를 부당하게 방해하는 행위(4호) 그리고 일반 조항적 성격을 갖고 있는 "부당하게 경쟁사업자를 배제하기 위하여 거래하거나 소비자의 이익을 현저히 저해할 우려가 있는 행위"(5호)를 남용행위로서 규정하고 있다.

이와 같은 규정태도는 법제정시부터 큰 변동 없이 이어지고 있으며, 다만 하위 법령에 의한 내용적 보충을 통하여 새로운 남용행위들에 대응하고 있다. 대표적인 예로서 2001년 동법 시행령에 의하여 필수요소에 대한 접근거절이 제3조와 제4호의 내용에 반영된 것을 들 수 있다.[48)]

하위법령에 의한 내용의 구체화와 관련하여, 동법 제3조의2 제1항 제1호부터 제5호까지 남용의 구체적인 기준이 동법 시행령 제5조 제1항 내지 제5항에 각각 위임되고 있으며, 또한 동법 시행령 제5조 제6항에 의하여 제정되는 공정거래위원회의 '시장지배적 지위남용행위 심사기준'(이하 '심사기준'이라 한다)은 보다 세부적인 기준들을 제시하고 있다.

구체적으로 보면, 동법시행령 제5조 제1항은 가격의 부당한 결정·유지 또는 변경은 정당한 이유 없이 상품의 가격이나 용역의 대가를 수급의 변동이나 공급에 필요한 비용(동종 또는 유사업종의 통상적인 수준의 것에 한한다)의 변동에 비하여 현저하게 상승시키거나 근소하게 하락시키는 경우로 한다고 규정하고 있다.

---

46) Ulrich Gassner, 주 14)의 책, 114면.

47) Ulrich Immenga & Ernst-Joachim Mestmäcker hrsg., 주 44)의 책, 685면 이하 (Wernhard Möschel 집필부분) 참조.

48) 우리 독점규제법상 시장지배적 지위남용행위 규제 법리로서 필수설비론의 의의와 적용가능성에 관하여, 김권회, 필수설비의 법리에 관한 연구, 서울대학교 박사학위논문, 2005, 187면 이하 참조.

제2항은 정당한 이유 없이 최근의 추세에 비추어 상품 또는 용역의 공급량을 현저히 감소시키는 경우(1호)와 정당한 이유 없이 유통단계에서 공급부족이 있음에도 불구하고 상품 또는 용역의 공급량을 감소시키는 경우(2호)에 상품판매 또는 용역제공의 부당한 조절에 해당하는 것으로 규정하고 있다.

제3항은 직간접으로 정당한 이유 없이 다른 사업자의 생산활동에 필요한 원재료 구매를 방해하는 행위(1호), 정상적인 관행에 비추어 과도한 경제상의 이익을 제공하거나 제공할 것을 약속하면서 다른 사업자의 사업활동에 필수적인 인력을 채용하는 행위(2호), 정당한 이유 없이 다른 사업자의 상품 또는 용역의 생산·공급·판매에 필수적인 요소의 사용 또는 접근을 거절·중단하거나 제한하는 행위(3호), 제1호 내지 제3호외의 부당한 방법으로 다른 사업자의 사업활동을 어렵게 하는 행위(4호)를 함으로써 다른 사업자의 사업활동을 어렵게 하는 경우를 다른 사업자의 사업활동에 대한 부당한 방해에 해당하는 것으로 규정하고 있다.

제4항은 직간접으로 정당한 이유 없이 거래하는 유통사업자와 배타적 거래계약을 체결하는 행위(1호), 정당한 이유 없이 기존사업자의 계속적인 사업활동에 필요한 권리 등을 매입하는 행위(2호), 정당한 이유 없이 새로운 경쟁사업자의 상품 또는 용역의 생산·공급·판매에 필수적인 요소의 사용 또는 접근을 거절하거나 제한하는 행위(3호), 제1호 내지 제3호외의 부당한 방법으로 새로운 경쟁사업자의 신규진입을 어렵게 하는 행위로서 공정거래위원회가 고시하는 행위(4호)를 함으로써 새로운 경쟁사업자의 신규진입을 어렵게 하는 경우에 새로운 경쟁사업자의 참가에 대한 부당한 방해에 해당하는 것으로 규정하고 있다.

끝으로 제5항은 경쟁사업자를 배제하기 위한 부당한 거래에 대해서만 부당하게 상품 또는 용역을 통상거래가격에 비하여 낮은 대가로 공급하거나 높은 대가로 구입하여 경쟁사업자를 배제시킬 우려가 있는 경우(1호), 부당하게 거래상대방이 경쟁사업자와 거래하지 아니할 것을 조건으로 그 거래상대방과 거래하는 경우(2호)를 제시하고 있다.

V. 포섭의 한계와 제안

1. 부당한 출고조절의 예

동법 제3조의2와 시행령 제5조 그리고 심사기준에 규정된 남용의 유형은 구체적이고 상세한 판단기준을 제시하고 있다. 그럼에도 불구하고 다양한 형태의 남용행위들을 포섭하는 데에는 일정한 한계를 노정시키고 있다. 예를 들어 동법 제3조의2 제1항 제2호에서 규정하는 부당한 출고조절에 대하여 시행령 제5조 제2항은 공급량의 현저한 감소를 표지로서 제시하고 있으며, 다시 심사기준은 현저한 공급량 감소의 판단을 위하여 공급량을 감소시킨 후 일정기간 이내에 동 품목의 가격인상이 있었는지 여부, 공급량을 감소시킨 후 일정기간 이내에 당해 사업자의 동 품목에 대한 매출액 또는 영업이익이 증가하였는지 여부, 공급량을 감소시킨 후 일정기간 이내에 당해 사업자가 기존제품과 유사한 제품을 출하하였는지 여부, 원재료를 생산하는 당해 사업자(계열회사를 포함한다)가 자신은 동 원재료를 이용하여 정상적으로 관련 제품을 생산하면서, 타사업자에 대해서는 동 원재료 공급을 감소시켰는지 여부 등을 기준으로 제시하고 있다.

지배적 사업자에 의한 출고조절은, 경제적으로 독과점사업자의 수요곡선이 상정하고 있듯이 자연스러운 가격상승 등에 의하여 전체적인 이익의 제고를 의도한 것이거나 또는 부품이나 원료의 출고를 제한함으로써 완제품 시장에서의 경쟁사업자를 배제하는 목적으로[49] 행하여진다. 전술한 폭리적 남용과 방해적 남용의 분류에 대응하면, 심사기준에서 제시한 앞의 세 가지 기준은 폭리적 남용의 성격을 규명하기 위한 것이고, 마지막의 기준은 방해적 남용의 전형적인 예에 해당한다. 따라서 출고조절의 행위를 남용으로 판단하기 위해서는, 당해 출고조절의 목적이 폭리의 취득에 있는지 아니면 경쟁사업자의 배제에 있는지가 선행적으로 검토되어야 하고, 이후에 각각의 목적에 상응하는 경쟁정책적 분석과 평가가 수반되어야 하는 것이다. 이러한 관점에서 법령과 심사기준을 총괄하여 출고조절의 남용성 판단이 체계적으로 구성되어 있는지, 즉 올바른 법해석과 적용의 지침으로서 남용의 규정체계가 적절한 것인지에

49) Ulrich Immenga & Ernst-Joachim Mestmäcker hrsg., 주 44)의 책, 678면 (Wernhard Möschel 집필부분).

의문이 있다.

이러한 의문은 대법원에서 다루어졌던 대두유 사건에서[50] 좀 더 현실적인 문제가 되고 있다. 동 판결은 제일제당(주)이 외환위기가 발생하였던 1997년 12월 대두유의 출고조절을 한 행위에 대하여 내린 공정거래위원회의 시정조치를 취소한 것이었다. 대법원은 판결이유에서, 당시의 수요 확대가 외환위기에 따른 가수요적인 성격이 강하였을 뿐만 아니라 1월 설 전후에 수요증대에 대비할 필요가 있었고, 유통업체의 매점매석 행위가 개입하고 있었으며, 원료를 수입에 의존하는 상황에서 당시의 환율이나 부산물의 처리 등을 고려하면 생산증대가 손실로 이어질 가능성이 컸다는 점에서, 제일제당의 출고제한 행위가 추후에 가격인상에 의하여 영업이윤의 극대화를 목적으로 한 행위로 보기 어렵다는 결론을 도출하였다. 결국 대법원이 제시한 이유에 비추어 공정거래위원회의 판단 과정에 중요한 흠결이 있었던 것으로 보이지만, 보다 근본적으로 당해 행위의 남용성을 폭리적으로 구성하여 접근하지 못한 한계를 지적하지 않을 수 없다. 즉 당해 사건에서 제일제당의 출고조절 행위는 경쟁사업자의 방해를 목적한 것이기 보다는 생필품으로서 가격탄력성이 낮은 상품의 특성과 소비자의 수요가 증대하고 있는 상황에 따라서 이익을 극대화하기 위한 전략적 행위로 이해될 수 있었다. 그렇다면 이는 폭리적 남용에 해당하는 것이고, 따라서 제일제당의 행위에 의하여 폭리적으로 이해될 수 있는 수준의 이득 발생이 객관적으로 인정될 수 있는지 여부가 남용성 판단의 핵심이라 할 수 있다. 그러나 위에서 설명한 심사기준에서 비록 매출액 또는 영업이익의 증가 여부를 고려 요소로서 제시하고 있지만, 동 기준이 제시하는 고려 요소들을 전체적으로 보았을 때 폭리적 남용 판단에 적합한 구체적인 지표로서 기능할 수 있는지에 의문이 있으며, 당해 사건에서 공정거래위원회의 판단도 이러한 범위를 벗어나지 못한 것으로 생각된다.[51]

2. 부당한 가격결정의 예

또한 부당한 가격결정에서도 비슷한 문제를 발견할 수 있다. 앞에서 살펴보았던 근거조문으로서 시행령 제5조 제1항은 가격 인상 등에 있어서 현저성

50) 대법원 2002. 5. 24. 선고, 2000두9991 판결.

51) 제일제당은 출고 제한이 있었던 1997년 12월에는 적자였으며, 설 명절이 있었던 1998년 1월에도 영업이익은 소폭 흑자에 지나지 않았다는 점이 공정거래위원회의 판단에서는 중요하게 고려되지 않았다.

을 중요한 표지로 제시하고 있으며, 실무도 동 개념을 중심으로 가격에 관한 남용여부를 판단하고 있다. 공정거래위원회에서 다루어진 사건으로서 현대자동차(주) 및 기아자동차(주)의 가격인상 사건은[52] 부당한 가격인상의 정도에 관한 중요한 문제를 제기하고 있다. 동 사건에서 1999년 1월 현대자동차는 3종의 차량에 대하여 3%에서 4.4%까지 기아자동차는 5종의 차량에 대하여 3.1%에서 11.3%까지의 가격인상을 하였다. 이러한 가격인상이 남용에 해당하는 것으로 판단하게 된 주된 근거는, 수출시장과 같은 경쟁시장에서 가격인상이 없었다는 점 그리고 비용변동 폭과 생산적물가지수 등에 비하여 가격인상 폭이 컸다는 점에 있었다.

가격의 남용에 대한 독일에서의 논의는, 인접상품이나 인접지역시장과의 비교 그리고 유효경쟁을 상정하고 행하는 가정적 테스트 등이 남용여부를 결정하는 기준과 방식으로 이해되고 있다.[53] 이는 우리 공정거래위원회의 판단과정과 대체적으로 유사한 것이지만, 경쟁시장보다 높게 가격이 책정되었다고 하여 가격남용이 곧바로 인정될 수 있는 것은 아니며,[54] 그것이 폭리적인 의미로 이해될 수 있는 수준이어야 한다.

이러한 점에서 United Brands 사건에서 유럽법원이 다른 시장과 7%의 차이가 나는 가격 책정에 대하여 남용성을 부인한 것, 특히 그 판단과정에 주목할 필요가 있다.[55] 구체적으로 유럽법원은 우선 지배적 사업자가 직·간접적으로 그의 고객에게 과도한(excessive) 가격을 부여할 경우에 EC조약 제86조(82조)가 적용될 수 있음을 확인하였다. 이를 전제로 유럽법원은 가격이 공급된 상품의 경제적 가치와 합리적 관련성을 갖지 않을 때 불공정한 것이고, 또한 동조는 소비자가 그러한 가격책정의 결과로서 손해를 입을 경우에 경쟁에 대한 어떠한 효과가 입증되지 않더라도 침해될 수 있는 것으로 보았다. 법원이 경제학자에게는 친숙한 문제로서 어떻게 개별가격 또는 가격의 범위가 과도한 것으로서 분석될 수 있는지에 관하여 정확하게 적시할 수 있다는 것은 지나친 기대일 것이다. 그러나 유럽법원은 상세한 비용 분석이 모든 사례에 있어서 필수적 전제이며, 다음 단계는 부과된 가격을 같은 생산물에 대하여 다른 경쟁자들이 부과한 가격과 비교하는 것이라는 점을 분명하게 지적하고

52) 공정거래위원회 1999. 9. 3. 의결, 9906독점0901.
53) Gerhard Wiedemann hrsg., 주 10)의 책, 833면 이하(Gerhard Wiedemann 집필부분).
54) BGHZ 68, 23, 36면.
55) United Bands v. Commission 27/76[1978] ECR 207, Rn 235-267.

있다. 결국 유럽법원은 United Brands의 대표적 브랜드인 치키타(chiquita) 바나나 가격과 그의 주요 경쟁업체의 가격 사이의 차이가 7%였다는 것을 인정한 후에, 그것만으로는 불공정가격으로 인정하는 것을 정당화하기에는 충분하지 않다는 결론을 내렸다.[56)]

United Brands 사건에서 드러나듯이, 과도한 수준에서의 가격결정, 즉 폭리의 수준을 정하는 것은 지난하지만, 비용기초적인 분석과 유사시장과의 비교분석을 단계적으로 거침으로써, 결론을 제시하여야 한다는 방법론적인 제안은 수긍할 만한 것이다. 나아가 행위를 통하여 취득한 이익의 규모, 그리고 당해 행위 및 행위가 있었던 시장구조의 지속성 등이 종합적으로 고려되어야 할 것으로 생각한다. 이러한 점에서 현대자동차 및 기아자동차의 가격인상 사건에서, 적어도 3%의 인상에 대해서까지 남용으로 판단한 것에 대하여는 의문의 여지가 있다.

3. 새로운 남용 유형들의 포섭: Microsoft 사건을 중심으로

현행 독점규제법상 남용 유형의 규정은 다양한 남용 가능한 행태들을 포섭하는데 있어서도 일정한 한계를 노정하고 있다. 대표적으로 끼워팔기에 대한 공정거래위원회의 규제를 예로 들 수 있다. 현행법상 종래 불공정거래행위로서만 규제되던 끼워팔기에 대하여, 최근에 다루어졌던 Microsoft 사건에서 공정거래위원회는 시장지배적 지위남용행위로서의 규율을 시도하였다. 그러나 법리적 타당성에도 불구하고, 규제의 정확한 법적 근거를 제시하는 과정에 논란이 있었는데,[57)] 남용의 유형에 관한 규정이 이를 포섭하는데 한계를 드러낸 것이 중요한 이유가 되었다.

우리 독점규제법상 Microsoft 사건은 이미 비교법적으로 유력한 국가에서 다루어졌거나 현재 진행 중인 사건의 연장선에 있다. 구체적으로 미국의 연방항소심까지 진행되었던 사건에서는 Microsoft사가 컴퓨터 운영체계(OS)에 Internet Explorer를 연계하여 판매한 행위를 끼워팔기로서 규제할 수 있는지가 중요 쟁점으로 다루어졌으며, 이와 관련하여 연방지방법원의 판단과는 달리[58)] 연방항소심법원은 끼워팔기에 해당하는 것으로 판단하기에 입증이 충분

56) D. G. Goyder, EC Competition Law 3. ed., Clarendon Press, 1998, 340면 참조.

57) 이에 대하여 시장지배적 지위남용으로서 끼워팔기 규제의 근거를 독점규제법 제3조의2 제1항 제5호 소비자이익 저해성에서 구하고 있는 견해로서, 이봉의 "독점적 사업자의 끼워팔기: 마이크로소프트(MS)의 지위남용을 중심으로", 법과 사회 제27호, 2004, 343면 이하 참조.

하지 않다는 결론을 내렸다.[59] 유럽의 EC위원회 결정에서는 Microsoft사가 운영체계인 Windows에 Windows Media Player를 끼워 판 것이 문제가 되었으며, 동위원회는 이러한 행위가 EC조약 제82조의 시장지배적 남용행위로서 위법한 것으로 판단하였다.[60] 한편 Microsoft사의 행위와 관련하여 우리나라에서 제기되었던 문제의 구체적 내용은 이들과 상이한 측면이 있는데, 특히 Windows에 인스턴트 메신저 서비스를 연계한 행위는 우리나라에서 최초로 다루어지고 있는 것이다.[61] 그러나 이들 행위가 전체적으로 끼워팔기(tying)의 분석 틀에 위치하고 있다는 점에서는 동일하며, 따라서 이에 대한 각국의 규제는 우리에게도 중요한 시사점을 주고 있다. 예를 들어 우리와 같은 폐해규제주의적 입장에 있는 EU의 경우, Microsoft사의 행위를 시장지배적 지위남용행위로 다루고 있다는 점은 우리 독점규제법의 적용에 있어서도 의미가 있는 것이다.[62]

끼워팔기는 주상품과 부상품이 판매상 연계되는 것을 의미하며, 경쟁정책상 위법의 중점은 주상품시장의 독점력이 부상품시장으로 이전되고, 이에 의하여 부상품시장에서의 경쟁이 실질적으로 제한되고 있다는 점에 있다.[63] 이와 같이 시장지배적인 지위와 이 지위를 확대하기 위한 수단으로서의 행태를 요소로 하는 끼워팔기는, 시장지배력 남용 규제에 구조적으로 부합하는 측면이 있다. 따라서 EU와 독일에서처럼, 우리 법적용과 관련해서 끼워팔기를 시장지배적 지위남용행위로서 규제하는 것이 타당한 것으로 생각되며, 공정거래위원회가 동 사건을 우선 시장지배적 지위남용으로서 다루고 있는 것은 의미있는 시도라 할 것이다. 그러나 구체적인 규제 근거의 측면에서, 적절한 근거조항을 제시하는 것에 어려움이 따르고 있다. 끼워팔기의 구조적 이해에 따르면, 부상품시장에서의 시장봉쇄효과 등에 위법의 핵심이 있으며, 따라서 방해

58) United States v. Microsoft Corp.(C. A. No. 98-1232 & 1233), United States District Court for the District of Columbia, 2000 U.S. Dist.

59) United States v. Microsoft Corp.(No. 00-5212), United States Court of App. for the District of Columbia Circuit, 2001 U.S. App.

60) Case COMP/C-3/37.792 Microsoft, recital (3) - (13).

61) 동 사건에서는 윈도우 서버 운영체계에 서버 프로그램을 연계하여 판매한 것과 PC 운영체계에 윈도우 미디어 플레이어를 판매한 것 등, 모두 Microsoft사의 세 가지 끼워팔기 행위가 문제가 되었다.

62) 미국과 EU 및 우리나라에서 다루어지고 있는 Microsoft 사건을 깨워팔기의 비교법적 분석에 기초하여 논의하고 있는 것으로서, 홍명수, "Microsoft 사건에서 나타난 끼워팔기(tying)의 경쟁법적 검토", 정보법학 제8권 제2호, 2004, 211면 이하 참조.

63) Herbert Hovenkamp, 주 4)의 책, 415면 이하.

적 남용으로서 규제하는 것이 적절할 것이다. 그러나 이를 뒷받침할 수 있는 조항이 명확하지 않다.

가능한 근거 조항으로서 일반조항적인 의미가 있는 동법 제3조의2 제1항 제5호의 "부당하게 경쟁사업자를 배제하기 위하여 거래하거나 소비자의 이익을 현저히 저해할 우려가 있는 행위"를 들 수 있다.[64] 특히 동호의 소비자 이익저해행위가 끼워팔기 규제의 근거로서 제시되고 있는데, Hovenkamp의 지적처럼, 끼워팔기의 경쟁상의 침해는 경쟁사업자와 거래상대방 모두에게 이중적으로 발생하는 특성을 갖고 있으므로,[65] 이러한 입론은 충분한 근거를 갖고 있는 것으로 생각된다. 그러나 앞에서 구조적 특성에서 살펴보았듯이, 끼워팔기는 부상품시장에서의 경쟁제한을 통하여 경쟁사업자를 배제하거나 진입을 방해하는 것에 본질이 있으며, 규제의 구체적 근거도 이러한 본질에 부합할 필요가 있다. 특히 독일의 경우 끼워팔기를 방해적 남용의 대표적인 예로 인식하고, GWB 제19조 제4항 제1호에 의하여 규율하고 있다는 점에도 주목을 요한다.[66] 이러한 점에서 보면, 우리 독점규제법상 제3조의2 제1항 제3호의 사업활동 방해 또는 제4호의 진입제한이 보다 적합한 규제근거가 될 수 있다. 그러나 동호를 구체화하고 있는 시행령과 심사기준은 끼워팔기의 규제 가능성을 충분하게 뒷받침하고 있지 못하다는 점에 문제가 있다. 즉 제3호를 구체화하고 있는 시행령 제5조 제3항의 제1호 내지 제3호는 특정한 행위를 전제하고 있으므로 규제의 근거가 되기에 적합하지 않고, 결국 제4호의 "제1호 내지 제3호 외의 부당한 방법으로 다른 사업자의 사업활동을 어렵게 하는 행위"에 의한 규제가능성을 검토할 수밖에 없다. 그러나 이를 또 다시 구체화하고 있는 심사기준 'Ⅳ. 3. 라'에서 가능한 규정은 (3)의 "부당하게 거래상대방에게 不利益이 되는 거래 또는 행위를 强制하는 행위" 정도이다. 물론 시행령상 규정의 의의가 심사기준에 엄격하게 제한되는 것으로 볼 수 없지만, 심사기준의 틀 안에서 본다면 'Ⅳ. 3. 라. (3)'의 규정이 끼워팔기를 정확히 지칭하는 것으로 보기 어려울 뿐만 아니라 동 규정에서 불이익한 거래의 상대방과 사업활동이 방해되는 사업자를 동일하게 보아야 하는지에 관한 해석상의 문제도 남아 있다. 결국 방해적 남용으로서의 끼워팔기의 본질을 정확히 반영할

64) 이봉의, 주 57)의 글, 343면.
65) Herbert Hovenkamp, 주 4)의 책, 416면.
66) Ulrich Gassner, 주 14)의 책, 114면.

수 있는 규제근거를, 현행법상 남용행위를 유형화하고 있는 규정에서 찾는 것에는 일정한 한계가 있으며, 이러한 상황은 끼워팔기를 시장지배적 지위남용행위로서 규제하기 위한, 법리적으로 타당한 시도에 부정적인 영향을 미치고 있다.

4. 제 안

결국 현재의 남용 유형의 규제체계는 지배력 남용의 위법성 판단을 위한 구체적 지침으로서 그리고 새로운 남용 유형들을 포섭함에 있어서도 효과적이지 못한 한계를 드러내고 있는 것으로 생각된다. 물론 지배력 남용에 관한 행태를 지속적으로 관찰하고 분석함으로써 구체적인 남용행위의 기능과 경쟁정책적인 의의를 탐구하여야 할 것이지만, 그 기초로서 지배력 남용의 의의에 상응하는 유형별 이해가 전제될 필요가 있다.

이러한 점에서 독일과 유럽의 시장지배적 지위남용 규제에서 정식화된 폭리적 남용과 방해적 남용의 개념을 원용할 필요가 있는 것으로 생각된다. 우선 우리 독점규제법상 시장지배적 사업자 행위의 남용성을 판단함에 있어서, 이상의 개념은 당해행위의 경쟁정책적 의미를 이해하기 위한 일차적인 기준이 되며, 무엇을 분석하고 평가하여야 하는지에 관한 실천적인 지침이 될 수 있다. 나아가 법적용상의 한계를 극복하기 위한 보다 근본적인 해결로서, 입법론적으로 동 개념을 반영하는 것도 적극적으로 검토할 필요가 있다.

제2절 필수설비 보유자의 지위남용*

Ⅰ. 서 론

必須設備 또는 필수요소가 무엇인가에 관하여는 아직 입법적 내지 사법적 정의된 통일적 개념이 존재하지 않지만 일응 한 사업자가 어느 관련시장에서 다른 사업자와의 경쟁을 위하여 반드시 필요함에도(필수성) 법률상 또는 사실상의 이유로 둘 이상의 사업자가 중복하여 구축하기가 사실상 불가능한(대체불가능성) 설비라고 설명될 수 있다. 이러한 필수성 및 대체불가능성으로 인하

* 김권회(법무법인 화우 변호사; 법학박사)

여 필수설비를 보유하고 있는 사업자는 해당 설비에 대한 경쟁자의 접근을 배제 또는 차별함으로써 필수설비를 이용한 상품 또는 서비스의 제공시장을 독점할 수 있게 된다. 즉, 필수설비 보유자는 관련시장에서 경쟁자에게 해당 설비의 사용 내지 접근을 거부함으로써 경쟁자를 배제 또는 퇴출시킬 수 있고 종국적으로 관련시장을 완전히 장악할 수 있게 되므로 필수설비에 대한 접근거절행위는 독점적 지위를 형성하거나 이미 형성된 독점적 지위를 유지 또는 강화하려는 효과를 가지게 된다.

이와 관련하여 필수설비 보유자는 곧 시장지배적 사업자에 해당하는지에 관한 1차적 의문이 제기된다. 달리 말해서 필수설비에 대한 접근거절이라는 행위는 경쟁법상 시장지배적 사업자성과 필수불가결하게 연결되는 개념이며 따라서 독점화 내지 독점사업자의 행위규제 또는 시장지배적 지위남용의 틀 내에서만 규범적 판단의 대상이 될 수 있는가라는 문제가 태생적으로 존재하며 이에 대한 결론은 필수설비의 개념 및 요건을 여하히 규정하는가와 불가분의 관계에 있다.

우리나라 독점규제및공정거래에관한법률(이하 “독점규제법”이라 한다)은 시장지배적 사업자의 지위남용의 하나로서 ‘거래거절’을 금지하여 오다가, 2001년 3월 동법 시행령 제5조 제3항 제3호 및 제4항 제3호를 각 신설하여 정당한 이유 없이 다른 사업자 또는 새로운 경쟁자의 상품 또는 용역의 생산·공급·판매에 필수적인 요소의 사용 또는 접근을 거절 또는 중단하거나 제한하는 행위를 시장지배적 지위의 남용으로 규정함으로써 소위 필수설비개념을 명시적으로 입법적으로 도입하였다.[67] 그러나 시장지배적지위남용행위심사기준[68](이하 “심사기준”)은 필수요소에 대한 접근거절을 사업활동방해 및 신규진입방해행위로 유형화 하고 있으면서 동시에 시장지배적 사업자의 일반의 거래거절도 남용으로 금지하고 있다.[69] 뿐만아니라 불공정거래행위 심사지침[70]

67) 독점규제법 제3조의2 제1항은 시장지배적지위의 남용유형으로서 (i) 부당한 가격 결정, (ii) 부당한 출고조절, (iii) 부당한 사업활동방해 (iv) 부당한 신규진입방해행위 (v) 부당한 경쟁사업자 배제 또는 소비자이익 저해행위를 들고 있으며 그 구체적인 유형과 기준에 관하여는 대통령령에 위임하고 있다. 한편 독점규제법시행령 제5조 제3항은 부당한 사업활동방해의 유형으로서 “정당한 이유없이 다른 사업자의 상품 또는 용역의 생산·공급·판매에 필수적인 요소의 사용 또는 접근을 거절중단하거나 제한하는 행위”를, 제4항에서는 “정당한 이유없이 새로운 경쟁사업자의 상품 또는 용역의 생산·공급·판매에 필수적인 요소의 사용 또는 접근을 거절하거나 제한하는 행위”를 새로이 도입하였다.

68) 공정거래위원회 고시 제2002-6호(2002. 5. 16).

69) 공정거래위원회 고시 제2002-6호(2002. 5. 16), Ⅳ 3. 라. 및 4. 라. 참조.

은 불공정거래행위로서 기타의 거래거절에 관한 위법성 판단 기준으로서 "사업활동에 필수적인지 여부"를 중요한 고려기준으로 제시하고 있기도 하다.

따라서 현행 독점규제법상 시장지배적 사업자에게만 필수요소 접근거절이 문제되는 것인지 아니면 불공정거래행위로서의 거래거절이나 기타 다른 독점규제법상의 금지규정의 적용도 가능한 것인가 하는 의문이 생기며 이는 궁극적으로 우리 독점규제법상 필수설비 개념의 독자적 효용이 있는가에 관한 본질적인 질문으로 이어질 수 있다.

이러한 의문점에 대한 대답은 결국 우리 독점규제법상 필수요소 보유자가 동시에 시장지배적 사업자의 지위를 갖는가를 따져 봄으로써 얻어질 수 있을 것이다. 다음으로 만약 시장지배적 사업자가 아닌 사업자에 의한 필수요소 접근거절도 문제될 수 있다면 시장지배적 지위 남용으로서의 필수요소 접근거절에 있어서의 필수요소의 개념과 기타의 필수요소 접근거절에 있어서의 필수요소 개념 및 범위는 서로 동일한 것인지 아닌지도 문제가 될 것이다.

이에 이하에서는 미국과 유럽 그리고 독일에 있어서의 필수설비 이론을 검토함으로써 이에 대한 시사점을 얻고자 한다. 나아가 현재의 독점규제법 규정 및 공정거래위원회의 해석지침을 면밀히 검토함으로써 독점규제법상의 필수요소에 대한 접근거절의 규제상 남용행위 규제로서의 필수요소 보유자의 거래거절의 독자적 의의를 규명하여 보기로 한다.

Ⅱ. 필수설비이론의 비교법적 고찰

1. 미국 독점금지법상 필수설비이론

(1) 독점화 금지와 거래거절(refusal to deal)

Colgate원칙으로 표상되는 사적자치의 보장을 기본원리로 하고 있던 보통법(common law)의 원칙은 셔먼법 시행의 초기부터 동 법에 의한 거래강제의 한계를 지우는 논리로 작용하였다. 즉, 미국연방대법원은 1919년의 Colgate 판결에서 "독점을 형성하거나 유지할 목적이 없는 한" 셔먼법은 순전히 사적인 사업(entirely private business)을 영위하는 사업자에게 오랫동안 인정되어 온 권리인 누구와 거래할 것인가를 결정함에 있어 고유의 재량권을 행사할 수 있는 권리를 제한하는 것은 아니라고 판시하였다.[71]

---

70) 공정거래위원회 예규 제26호(2005. 5. 11).

셔먼법 제2조는 독점력을 보유한 사업자가 우월한 상품, 사업적 탁월성 또는 우연으로 인한 성장이나 발전에 의하지 아니한 "시장지배력의 의도적(willful) 획득 및 유지행위"를 독점화(monopolization)로서 금지한다.[72] 여기서 독점력의 남용행위에 해당하기 위해서는 (i) 문제된 행위의 존재, (ii) 독점을 형성 또는 유지하려는 의도(intent) 및 (iii) 반경쟁적 효과(anticompetitive effect)가 존재하여야 하는데,[73] 종래 대다수 미국의 판례는 행위자의 의도(intent)요건을 중요시하면서 문제된 행위의 객관적 경위나 거래관계의 성질 등 전반적인 정황을 같이 고려하여 행위자의 의도를 증명하는 방식을 취해왔다.

필수설비이론(essential facility doctrine)은 독점사업자의 반경쟁적 행위 중 거래거절과 관련된 것으로, 경쟁에 필수적인 설비를 보유한 독점사업자가 설비제공이 충분히 가능함에도 불구하고 경쟁사업자에 대하여 동 설비의 제공을 거절하는 경우 셔먼법 제2조에 금지하고 있는 독점화(monopolization)에 해당한다고 보는 이론이다. 동 이론은 미국 하급심 법원에서의 적용되어 오는 과정에서 (i)필수설비의 존재 및 (ii) 제공의 가능성과 (iii) 제공거절이라는 사실의 확정으로 (i) 독점화의 의도와 (ii) 반경쟁적 효과의 입증을 대신하는 것과 같은 결과를 가져왔다고 볼 수 있다.[74]

(2) 관련 판례

(가) 연방대법원

필수설비에 대한 논의의 대다수는 주로 셔먼법 제1조 위반이 문제되었던 1912년의 Terminal Railroad Association판결[75]을 필수설비가 문제된 첫 사례로 꼽는다. 이 사건은 세인트루이스시 철로를 소유하고 있던 대부분의 철도

---

71) U.S. v. Colgate Co., 250 U.S.300 (1919) 39 S.Ct.465, 468. "In the absence of any purpose to create or maintain a monopoly, the Sherman Act does not restrict the long recognized right of a trader or manufacturer engaged in an entirely private business, freely exercise his own independent discretion as to parties whom he will deal;"

72) U.S. v. Grinnell Corp., 384 U.S. 578, 571-2, 86 S.Ct. 1698 (1966). "The offence of monopoly under s.2 of the Sherman Act has two elements: (i) the possession of monopoly power in the relevant market and (ii) the willful acquisition or maintenance of that power as distinguished from growth or development as a consequence of a superior product, business acumen, or historic accidents."

73) U.S. v. Aluminium Co. of America, 148 F.2d 416, 432 (2nd Cir. 1945).

74) 물론 필수설비이론을 적용하는 경우에도 행위자의 의도와 반경쟁적 효과에 대한 별도의 입증이 필요하다고 보는 판례나 해석론도 있다.

75) U.S. v. Terminal Railroad Association, 244 U.S. 383, 32 S.Ct. 507 (1912).

회사들로 구성된 피고조합 Terminal Railroad Association이 미시시피강을 건널 수 있는 2개의 철도교 모두와 이에 연결된 선로시설, 창고 및 터미널과 배를 통한 운반을 위한 선착장을 모두 취득하여 운영하게 되어 다른 모든 도강시설에 대한 통제 독점함으로써 어떤 철도회사도 피고조합이 지배하고 있는 설비를 이용하지 않고는 세인트루이스를 통과하거나 그 도시에 진입하는 것이 불가능하게 된 사안으로 피고조합의 이러한 일련의 행위를 연방대법원은 셔먼법 제1조에 위반된다고 판단하였다. 37년 후 연방대법원은 Associated Press("AP") 판결[76]에서 미국대 절대 다수의 신문사를 회원으로 두고 있던 통신사 AP가 회원사를 위하여 수집한 뉴스를 비회원사에게 제공하지 못하도록 하는 정관을 제정·시행한 행위에 대하여도 셔먼법 제1조 및 제2조에 위반된다고 하여 비슷한 입장을 견지하였다. 그러나 이들 사건에서는 필수설비개념이나 "필수적"이라는 용어조차 직접 사용된 바 없다. 그리고 1951년의 Lorain Journal 판결[77]과 1973년의 Otter Tail 판결[78]은 그 사실관계가 전형적인 필수설비이론 적용의 예로 인용되고 있지만 이 때까지도 필수설비개념이 명시적으로 판결에 적용된 것은 아니었다. 필수설비이론의 적용과 관련하여 가장 많은 평석과 논쟁을 불러일으켰던 1985년의 Aspen Skiing 판결[79]에서조차 연방대법원은 필수설비이론을 적용하여 셔먼법 제2조 위반을 인정한 항소심과 결론에서 동일한 판결을 내리면서도 필수설비이론에 대한 언급이나 평가를 한 적은 없었다.

---

76) Associated Press v. U.S., 326 U.S. 1, 65 S.Ct. 1416 (1945).

77) Lorain Journal v. U.S. 342 U.S. 143, 72 S.Ct. 181 (1951) (Lorain市 일간신문시장의 99%를 독점하는 지역신문사가 자신의 광고주에 대하여 그와 경쟁관계에 있는 라디오방송국과 광고거래를 하지 않는 경우에만 거래관계를 유지하려 한 사안에서 연방대법원은 99%라는 압도적인 독점상황 하에서 Lorain시의 대다수 광고주의 판촉활동에 있어서 해당 일간신문이 필수적(essential)이라고 인식되고 있었던 점 및 다른 거래처로 전환할 여지가 없었던 점을 들어 해당 신문은 광고에 필수불가결한(indispensible) 매체라고 보아 셔먼법 제2조 위반을 인정하였다).

78) 410 U.S. 366 (1973) (Minnesota주 등 5개 주의 중소도시의 91%가 넘는 도시에 전기를 공급하는 소매시장에서의 독점공급자로서 해당 지역내 송전선을 모두 독점하고 있던 Otter Tail이 지방전기판매회사(municipal distribution system)에 대하여 자사의 전기공급을 거부함은 물론 다른 전기공급회사로부터 공급되는 전기를 자사의 송전선로를 이용하여 수용가의 배전선로까지 연결해 주는 wheeling(탁송)까지도 거부한 사안으로, 연방대법원은 셔먼법 제2조의 독점화금지에 위반된다고 판단하였다).

79) Aspen Skiing Co., v. Aspen Highlands Skiing Corp., 105 S.Ct. 2847 (1985) (Aspen 지역에 3개의 스키활강시설을 가지고 있던 Ski Co.사가 1개의 활강시설을 가지고 있던 Highlands에 대하여 활강시설의 공동이용을 내용으로 하는 티켓(all-aspen-ticket)의 판매를 거절한 것이 문제된 사안).

연방대법원은 1983년 MCI 판결 이후 수 많은 하급심 법원들이 필수설비 이론을 적용하는 동안에도 이에 관한 아무런 입장표명도 하지 않다가 결국 2004년 Verizon Communication Inc. v. Trinko 판결[80)]에서 비로소 일정한 입장표명을 하였다. 동 판결에서 연방대법원은 필수설비이론을 종래 연방대법원이 인정한 바가 없으며 이를 인정하거나 부정할 필요를 느끼지 못한다고 전제한 후 가사 그러한 필수설비이론을 적용한다고 하여도 "필수설비이론을 적용하기 위한 불가결한 요건은 필수설비에 대한 접근이 불가능하다는 것이므로, 접근이 존재하는 경우 필수설비이론은 적용될 여지가 없으며 규제기관이 설비의 공동사용을 강제하고 그 범위와 조건을 규율할 효율적 권한이 있는 경우 필수설비주장은 기각되어야 한다"고 판시함으로써[81)] 적어도 미국 셔먼법상 독점화 행위로서의 거래거절과 관련하여서 필수설비이론의 독자적 법리로서의 필요성을 확인하여 주지 않고 있다. 나아가 규제산업에 있어 해당 규제당국에 의해 설비접속규제가 이루어지고 있는 경우 접속 자체가 금지되거나 거절된 상황이 아닌 한 필수설비인지 여부를 이유로 거래거절을 문제삼을 수 없다는 취지로 판시함으로써 규제산업에 있어서의 경쟁법상 필수설비이론의 적용한계에 대한 일정한 기준을 제공하고 있다.

(나) 하급심

비록 연방대법원의 보수적인 입장에도 불구하고 하급심 법원들은 Terminal Railroad 판결과 Otter Tail 판결을 기초로 필수설비이론을 셔먼법 제2조상의 남용행위인정의 해석론으로 발전시켰다. 최초로 필수설비이론을 직접 적용한 사건은 1977년의 Hecht 판결[82)]이지만 동 이론을 내용적으로 명확히 한 것은 1983년 연방제7항소법원의 MCI 판결이다.

1983년 연방항소법원은 MCI 판결[83)]에서 필수설비이론을 적용하기 위한 요건으로 (i) 독점사업자에 의한 설비의 지배, (ii) 경쟁사업자가 관련 설비를 현실

80) Verizon Communications Inc., v. Law Offices of Curtis V. Trinko, LLP, 540 U.S. 398 124 S.Ct.872 (2004). 411. (1996년 미국통신법(The Telecommunication Act of 1996)의 강제규정에 따라 기존 지역전화사업자인 Verizon은 신규 경쟁사업자인 AT&T와의 협정을 맺어 감독기관이 정한 조건에 따라 자신의 전화망에 AT&T가 접속하도록 한 상황에서 AT&T의 고객인 Trinko 법률사무소가 Verizon이 AT&T에 대하여 접속에 있어 차별한다며 제기한 소송에서 필수설비이론에 근거하여 셔먼법 제2조 위반을 인정한 항소심 판결을 연방대법원이 파기한 사건).

81) 540 U.S. 398, 411.

82) Hecht et. al. v. Pro-Football., Inc. 570 F.2d 982 (U.S. App. DC. 73).

83) 708 F.2d 1081, (7th Cir. 1983). 상세한 내용은 별첨 3 요약자료 참조.

적으로 또는 합리적으로 복제 또는 재생산하는 것(practically and reasonably duplicate)이 불가능할 것, (iii) 경쟁사업자의 설비이용을 거절하였을 것, (iv) 당해 설비의 제공이 실제로 가능할(feasible) 것 등 네 가지 요건(이를 "MCI 요건"이라 함)의 충족이 필요하다고 하였다. MCI 요건의 제시는 이후 다수의 하급심 판례들에서 필수설비이론의 판단기준으로 널리 원용되어 왔다.

(3) 미국 판례에 나타난 필수설비의 개념 및 요건

(가) "독점사업자"에 의한 설비지배

필수설비이론에 의해 설비제공이 강제되려면 그 설비를 지배하는 자가 독점사업자(monopolist)이거나 혹은 독점력(monopoly power)을 가진 사업자이어야 한다. 필수설비의 존재만으로 독점적 지위의 존재가 추론될 수 있는지, 아니면 전통적인 셔먼법 제2조 위반사건에서 독점의 입증에 필요한 요건인 (i) 관련시장의 획정과 (ii) 독점력의 존재에 대한 입증이 필요한지에 관하여 이를 부인하는 일단의 판결들[84]도 있으나 별도의 입증을 요한다고 보는 것이 다수인 것으로 보인다.[85] 다만, 독점적 지위가 설비제공시장과 설비제공시장의 전후방시장 중 어느 시장에 존재하여야 하는가에 관하여는 서로 모순된 판결[86]이 존재하나 대다수는 설비제공의 전후방시장에서의 독점적 지위의 존재를 요구하는 것으로 보인다.

(나) 설 비

종래 미국의 하급심에서 다루어진 대부분의 필수설비들은 공항, 전선망, 항구설비, 천연가스 파이프라인, 철로, 원유정제설비, 경기장 및 전기통신망 등 유형의 인프라설비에 해당하는 것이었다. 그러나 이러한 유형의 설비가

---

84) Woods Exploration & Producing Co. v. Aluminium Co. of America 438 F.2d. 1286 (5th Cir, 1971)(관련시장의 획정 없이도 독점적 지위를 인정할 수 있다);Beverage Mag't, Inc. v. Coca-Cola Bottling Corp., 653 F.Supp. 1144, 1156 (S.D. Ohio 1986)(필수설비라는 점의 입증으로 독점력의 입증을 대신한다);Olympia Equipment Leasing v. Western Union Tel. Co., 797 F.2d 370, 375 (7th Cir, 1986)(설비제공을 요구받은 시장 자체가 관련시장이다).

85) City of Malden, Missouri v. Union Electric Co., 887 F.2d 157, 162-163 (8th Cir. 1989); Consul Ltd. v. Transco Energy Co., 805 F.2d 490, 491, n11 (4th Cir. 1986); Oahu Gas Service, Inc. v. Pacific Resources, Inc., 838 F.2d 360, 369, n.4 (9th Cir. 1988);Colonial Penn. Group Inc. v. AARP 698 F.Supp 69 (1988).

86) Borough of Landsdale v. Philadelphia Electric Co., 692 F.2d 307 (3rd Cir. 1982) (설비제공시장에 존재하여야 한다는 입장을 취한 판결); Alaska Airlines, Inc. v. United Airlines, Inc., 948 F.2d 536, 544 (9th Cir. 1991) (후방시장에 존재하면 된다고 본 판결).

아닌 전자적 항공예약시스템, 인텔의 마이크로 칩, 겨울철 휴양지의 중앙예약 사무소, 이동전화망사업자와의 로밍협정,[87] 전화번호부,[88] 병원,[89] 미식축구 프로리그의 회원자격 등도 필수설비로 인정된 바 있다. 한편 David L. Aldridge Co. v. Microsoft Corp.판결[90]에서 Lake 판사는 필수설비에 해당하기 위해서는 (i) 자연독점, (ii) 법률상 복제가 금지된 설비, (iii) 정부보조에 의한 것으로서 사인에 의해서는 현실적으로 구축될 수 없는 설비, 그리고 (iv) 지리적 관련시장 내에서 유일한 설비 중 하나에 속해야 한다고 하여 필수설비를 일정한 특성으로 유형화 하려 한 사례도 있다.[91]

(다) 설비의 "필수성"

필수성은 대체설비가 존재하지 않는 상황(대체불가능성)에서의 당해 설비의 "복제불가능성"(impracticability of duplication)을 의미하며 필수설비에 대한 접근을 요구하는 사업자는 대체설비가 존재하지 않는다는 사실 외에 스스로 설비를 복제할 능력이 없음을 입증하여야 한다. 여기서 복제불가능성은 경쟁사업자가 당해 시설을 복제하는 것이 경제적으로 "현실적으로 또는 합리적으로"(practically or reasonably) 가능하지 아니한 경우 인정된다. 상당수의 하급심법원은 접근거절이 다른 사업자의 시장진입에 "심각한 장애(severe handicap)"를 야기하는지를 기준으로 필수성을 판단하고 있다.

(라) "경쟁사업자"에 대한 접근거절

필수설비이론이 적용되기 위해서는 현실적 또는 잠재적 "경쟁사업자"에 대하여 당해 설비에 대한 접근이 거절되어야 한다.[92] 문제는 현재의 또는 장래의 경쟁사업자에 대하여 필수설비접근을 강제하기 위해서는 설비접근으로 인하여 경쟁구조의 개선을 가져오는 것이어야 하는가 여부다. 이를 긍정하는 입장[93]과 경쟁과정 자체의 보호를 위한 것으로도 충분하다는 입장[94]이 존재

87) Sunshine Cellular v. Vanguard Cellular Systems, Inc., 810 F.Supp. 486 (S.D.N.Y. 1992).

88) Illinois Bell Tel. Co. v. Haines Co., 905 F.2d 1081 (7th Cir. 1990).

89) McKenzie v. Mercy Hospital of Independence, 854 F.2d 365, 370 (10th Cir. 1988).

90) David L. Aldridge Co. v. Microsoft Corp., 995 F.Supp. 728, 754 (S.D.Tex. 1998); Twin Laboratories, Inc. v. Weider Health & Fitness, 900 F.2d 566, 569 (2nd Cir. 1990).

91) 지적재산권의 영역에 속하는 대상들이 과연 필수설비이론이 적용되는 설비개념에 포함되는가 하는 문제는 많은 논란이 있다.

92) Intergraph Corp. v. Intel Corp.,195 F.3d 1346 (D.C. Cir. 1999); Marvin L. Fishman v. Estate of Arthur M. Wirtz, 807 F.2d 520 (7th Cir. 1986); Cyber Promotions, Inc. v. America Online, Inc., 948 F. Supp. 456 (E.D. Pa. 1996).

한다. 그러나 대부분의 판례는 비록 독점자업자의 교체만을 가져오는 경우라 하여도 셔먼법은 경쟁의 촉진 및 보장이라는 수단을 통해서만 그 목적을 달성하여야 하며 독점을 얻기 위한 경쟁 또한 보호가치가 있는 것이므로 설비접근을 허용하여야 한다고 보았다.

(마) 정당화사유의 부존재

설비제공이 비현실적이거나 설비를 제3자에게 제공하는 경우 자신의 고객에 설비를 계속 제공하기 곤란한 경우 설비제공의무가 면제될 수 있다. 접근을 원하는 사업자가 당해 설비이용에 필요한 기술적 조건을 갖추지 못한 경우나 설비능력이 自家用으로 소진된 경우 설비보유자는 제3자를 위하여 자기의 수요를 양보하거나 새로운 설비를 구축할 의무는 없다.[95) 자신의 고객이나 일반 소비자의 이익을 위하여 설비보유자가 접근을 거절할 수도 있다.[96) 반품으로 인한 손실방지를 위한 공급중단이나[97) 손해배상위험을 회피하기 위한 경우[98) 자사 상품의 이미지나 품질을 관리하기 위한 경우도[99) 정당화사유로 인정된다.

2. 유럽경쟁법상 필수설비이론

1990년대 이후 유럽공동체(European Community)에서도 경쟁법상 필수설비이론의 필요성과 적용범위 및 그 요건과 관련되어 학계와 유럽법원에서 계속하여 논의가 진행되어 오고 있으나 아직 이론이 이론적으로 확립되거나 판결로 확립되지는 않은 상황이다. 다만, 유럽집행위원회는 1995년 이후 조약 제82조의 적용에 있어서 필수설비관념이 공동시장에 대하여 갖는 중요성을 꾸

93) Fishman v. Estate of Wirtz 판결(807 F.2d 520, 563-575 (7th Cir. 1986)에서 Easterbrook판사의 소수의견; Mary Schill, "efusals to Deal by Single-Firm Monopolists: Should We Rob Peter to Save Paul?", Notre Dame L. Rev. vol. 63, 1988, 230-231면; Thomas F. Cotter, "llectual property and the essential facilities doctrine", Antitrust Bull. vol. 44, 1999, 235면.

94) Sunshine Cellular v. Vanguard Cellular, Inc., 810 F.Supp. 486, 495(S.D.N.Y. 1992).

95) Oahu Gas Services, Inc. v. Pacific Resources, Inc., 838 F.2d 360, 368(9th Cir. 1988); Laurel Sand & Gravel v. CSX Transport, Inc., 924 F.2d 539, 545(4th Cir. 1991).

96) City of Anaheim v. Southern California Edison,955 F.2d 1373, 1381(9th Cir. 1992); Cyber Promotions v. America Online, Inc., 948 F.Supp. 456, 464(E.D. Pa. 1996).

97) Byars v. Bluff City News Co. 609 F.2d 843, 862-863(6th Cir. 1979).

98) State of Illinois, ex rel. Burris v. Panhandle Eastern Pipeline Co., 935 F.2d 1469, 1483(7th Cir. 1991).

99) Image Technical Services, Inc., v. Eastman Kodak Co. 903 F.2d 612(CA9 1990).

준히 지적해왔다. 특히 유럽집행위원회는 각 회원국에서 국가독점이 지배하던 산업부문의 자유화와 민영화에 있어 필수설비를 보유한 시장지배적사업자가 전후방단계의 다른 시장에서 신규진입을 저지할 수 있는 위험을 심각하게 인식하고, 필수설비이론을 경쟁법적 수단으로 활용해 오고 있다.[100)]

(1) 법 원

유럽경쟁법의 제1차적인 법원(法源)은 조약 제81조와 제82조이다. 특히 제82조는 시장지배적사업자의 지위남용에 대한 금지규정으로 제2문에서 규정하고 있는 남용행위 유형 중에서 "생산, 판매, 기술발전을 제한하여 소비자의 이익을 저해하는 행위" 및 "동일한 거래의 다른 상대방과 다른 거래조건을 부과함으로써 경쟁상의 불이익을 제공하는 행위"가 필수설비에 대한 접근거절행위를 포섭하는 규정이다.

(2) 종래의 입장

유럽법원과 유럽집행위원회는 필수설비이론의 도입 이전부터 Commercial Solvents 사건(1974)[101)] 및 United Brands 사건(1978)[102)] 등 여러 사안에서 시장지배적사업자의 지위남용의 논리에 따라 특정 상품이나 서비스에 대한 독점력을 가지고 있는 사업자에 의한 거래거절을 조약 제82조 위반으로 보아 상품이나 서비스의 공급의무를 인정해 왔다.

---

100) Comm., XXV. Competition Report, para. 40.

101) ECJ, [1974] ECR 223 "nstituto Chemioterapico SpA and Commercial Solvents Corp. v. Comm.".(결핵치료제의 원료인 아미노부타놀(aminobutanol)을 전세계적에서 독점생산하던 Commercial Solvents가 이탈리아에서 결핵치료제 완제품인 에탐부톨(ethambutol)을 생산하는 Zoja에 공급해 오다가 이를 중단한 사안으로 유럽법원은 Commercial Solvents사의 공급거절은 원료시장에서 시장지배적인 위치에 있는 사업자로서 후방시장에 진입하기 위하여 그러한 지배력을 이용하고 동시에 거래거절이라는 수단을 통해서 이미 당해 시장에서 활동하고 있는 다른 사업자와의 모든 경쟁을 완전히 배제하는 것으로서 제82조의 지위남용행위에 해당된다고 판시하였다).

102) ECJ, [1978] ECR 207 "ed Brands v. Comm." (자신이 공급하는 Chiquita 바나나를 재판매하던 덴마크의 Olsen이 경쟁사인 Standard Fruit이 공급하는 Dole 바나나의 판촉에 참가하자 시장지배적지위에 있는 United Brands사가 바나나공급을 중단한 사건으로 유럽법원은 시장지배적사업자라 하여도 경쟁자의 공격행위에 대하여 자신의 이익을 보호하기 위한 반격을 할 수 있으나 통상적인 상관행을 지키며 오랫동안 거래관계를 가져 온 고객의 통상적인 주문을 거절할 수 없다고 판시하였다).

(3) 필수설비이론의 적용

(가) 유럽집행위원회

유럽집행위원회가 필수설비이론을 처음 명시적으로 적용한 것은 1992년과 1993년에 내려진 일련의 "항구사건"[103]으로 유럽집행위원회는 "필수설비를 통해 시장지배력을 갖는 사업자가 아무런 정당한 사유 없이 다른 사업자에게 당해 설비의 이용을 거부하거나 자기가 이용하는 경우에 비하여 불리한 조건으로만 이를 허용하여 경쟁상의 불이익을 제공하는 경우 조약 제86조에 반한다"고 결정하였다. 이러한 입장은 이후 Sea Containers Ltd. v. Stena,[104] Port of Rødby v. Denmark[105] 및 Morlaix (Port of Roscoff)[106]에서 재확인 되었다.

(나) 유럽법원

필수설비이론을 적극적으로 받아들여 적용하고자 한 유럽위원회와 달리 유럽법원은 비교적 최근인 1995년의 Magill사건[107]에 와서야 동 이론을 언급하기 시작하였다. 동 사건에서 유럽법원은 (i) TV프로그램정보는 종합주간프로그램가이드에 있어 필수불가결한 것이고, (ii) 소비자들의 지속적이고 구체적이며 확실한 잠재적 수요에도 불구하고 "신상품"인 종합주간프로그램가이드를 제공할 다른 매체나 수단이 존재하지 않으며, (iii) 프로그램정보제공의 거부는 잠재적 수요가 존재하는 시장에서의 "새로운 상품의 출현"을 금지하는 것이고, (iv) 달리 정보제공의 거부를 정당화할 사유가 존재하지 않는다는 점 등 "예외적인 상황"이 존재하므로 시장지배적지위의 남용에 해당한다고 보았으나 필수설비란 용어나 이론이 결정문에 직접 언급되거나 개진되지는 않았다.

3년 후 유럽법원은 Oscar Bronner v. Mediaprint 사건[108]에서 시장지배

---

103) Comm., OJ 1993 L 15/8 "Sea Container/Stena Sealink;" Comm., "B&I Line plc. v. Sealink Harbours Ltd. and Sealink Stena Ltd."(1992.6.11, not published).

104) Comm., OJ 1994 L 15/8. 이 사건에서 유럽위원회는 필수설비이론은 "신규사업자"에 대한 접근거절에만 적용된다고 하였으며 이러한 입장은 이후에도 계속 재확인 되었다.

105) Comm., OJ 1994 L 55/52.

106) [1995] 5 CMLR 77.

107) ECJ, [1995] ECR I-743 "RTE and ITP v. Comm." (Magill이 1985년 Ireland와 북아일랜드 지역에서 모든 TV 프로그램정보를 자신이 발행하는 주간프로그램가이드를 통하여 공급하려 하자 TV 방송사들이 자사 프로그램정보의 게재를 제지하려 하여 문제된 사건임).

108) ECJ [1998] ECR I-7791 "Oscar Bronner v. Mediaprint."(신문구독가정의 71%를 점하며 오스트리아의 일간신문 중 유일하게 전국적인 배달망을 갖추고 있던 Mediaprint가 경쟁사인 Bronner에게 신문배달망(home-delivery scheme)의 개방을 거부한 사안으로 해당 배

적사업자에 대하여 필수설비이론을 적용하기 위해서는 (i) 당해 설비의 '객관적 필수성,' 즉, 당해 설비에 대한 현실적 또는 잠재적 대안의 부존재, (ii) 당해 설비의 이용거절이 전후방시장에서의 경쟁을 불가능하게 할 것, (iii) 거절을 정당화할 만한 객관적인 사유의 부존재라는 요건("Bronner요건")이 모두 충족되어야 한다고 판시하였다.

유의할 점은 미국과 달리 유럽법원은 해당 설비에 대한 접근이 새로운 상품이나 서비스의 출현을 위한 것이고 그러한 서비스나 상품에 대한 잠재적 수요가 있다는 "예외적인 상황"을 요건으로 하고 있다는 점이다.

(4) 필수설비이론의 적용요건 ("Bronner요건")

(가) 시장지배적지위

미국과 마찬가지로 필수설비 보유자가 시장지배적 지위를 보유하여야 한다는 점에 관하여는 유럽의 경우도 마찬가지다. 단, 필수설비를 보유한 사업자가 어느 시장에서 시장지배적지위를 가져야 하는지에 관하여 종래 유럽집행위원회는 필수설비를 보유한 사업자는 당해 설비의 제공시장에서 언제나 시장지배력을 갖는다고 판단한 바 있으나[109] 학설은 설비의 전방 또는 후방시장에서도 시장지배적지위가 있어야 한다는 입장[110]과 설비의 전방 또는 후방시장에서는 설비에서 비롯된 경쟁의 실질적 제한만 있으면 된다는 견해[111] 등이 보인다.

(나) 설 비

다른 경우는 미국의 경우와 다를 바 없으나 지적재산권 보유자의 라이선스 거절이 잠재적 수요가 존재하는 신제품의 출현을 막아(hindrance or prevention of new product) 소비자 이익을 해하는 "예외적인 상황"에서는 지적재산권도 필수설비에 해당될 수 있다고 해석하는 것으로 보여진다.[112]

당망에 대체수단이 존재함을 이유로 필수설비성을 인정하지 아니하였다).

109) Comm., OJ 1994 L 15/8, para. 66 "Sealink Ⅱ".

110) Annette Klimisch & Markus Lange, "Zugang zu Netzen und anderen wesentlichen Einrichtungen als Bestandteil der kartellrechtlichen Mißbrauchsaufsicht," WuW 1998, 23면;Thomas Mayen, "Feststellung der Marktbeherrschung auf den Märkten der Telekommunikation," MMR 2001, 648면 이하.

111) Wolfgang Deselaers, "Die "Essential Facilities"-Doktrine im Lichte des Magil Urteiles des EuGH," EuZW 1995, 563aus 이하.

112) ECJ, [2004] 4 CMLR 1534 "IMS Health GmbH & Co. OHG v. NDC Health GmbH & Co. KG." 한편 2004년의 Microsoft사건에서 유럽위원회는 지적재산권 보유기업의

(다) 설비의 "필수성"

잠재적인 대체물이 전혀 존재하지 않는다는 의미에서 설비접근을 원하는 사업자의 경쟁활동의 수행에 없어서는 안 되는 경우[113]로 이를 판단함에 있어서 복제불가능성과 대체불가능성이라는 두 요건을 심사하는 점은 미국에서의 개념과 유사하다. 문제는 복제불가능성을 누구의 관점에서 파악할 것인가로 유럽집행위원회는 이를 "평균적인 경쟁자"로 파악하는 반면[114] 유럽법원은 보다 엄격하게 해석하여 다른 사업자와 공동으로도 복제가 불가능하여야 한다고 한다.[115]

(라) "경쟁사업자"에 대한 접근거절

필수설비 보유자와 그 접근을 요구하는 사업자 간에는 경쟁관계가 있어야 하는 점은 미국과 동일하며 그 경쟁관계는 현실적 경쟁관계는 물론 잠재적 경쟁관계도 충분하다고 본다.

(마) 정당화사유의 부존재

설비보유자가 제시한 정당화사유가 사실상 타당한지 여부는 비례의 원칙에 따라 판단하게 된다.[116] 설비여력의 부존재나 적정한 대가를 지급할 의사나 능력의 부존재, 설비기능의 저해 또는 안전상의 이유 외에 접근을 원하는 사업자에게 신용이나 설비에 관한 전문능력이 결여되어 있는 경우 및 공공의 이익을 위하여 경쟁제한이 필요한 경우 및 품질의 유지를 위해 필요한 경우 등이 예시되고 있다.

3. 독일 경쟁제한방지법상 필수설비조항

(1) GWB 제19조 제4항 제4호의 신설

독일 경쟁제한방지법(Gesetz gegen Wettbewerbsbeschränkungen: GWB)은 1998년 제6차 개정에서 미국 독점금지법 및 유럽 경쟁법상 전개된 판례를 기초로 '필수설비에 대한 접근거절'을 시장지배적 사업자의 거래거절에 의한 사

혁신동기 저하효과와 관련 산업 전체에 있어서의 혁신향상 효과 간의 형량을 통하여 지적재산권에 대한 필수설비이론의 적용을 판단하였다.(Comm., 2004 COMP/C-3/37, 792 "Microsoft").

113) ECJ, [1998] ECR I-7817, para. 41 "Oscar Bronner v. Mediaprint."

114) Comm., OJ 1988 L 317/47, para. 24 "London European/Sabena."

115) ECJ, [1998] ECR I-7817, para. 44 "Oscar Bronner v. Mediaprint."

116) Wolfgang Deselaers, "Die "Essential Facilities"-Doktrin im Lichte des Magill Urteiles des EuGH," EuZW 1995, 568면; Annette Klimisch & Markus Lange, "Zugang zu Netwen und anderen wesentlichen Einrichtungen al Bestandteil der kartellrechtlichen Missbrauchsaufsicht," WuW 1998, 24면.

업활동방해와 별도로 제19조 제4항 제4호에 지위남용행위의 한 유형으로 명문화하였다(GWB 제19조 제4항 제4호).

(2) 필수설비조항과 거래거절법리와의 관계

독일에서도 GWB 제19조 제4항 제4호의 설비제공거절이 종래의 지위남용에 관한 일반조항이나 차별금지조항을 통해서 충분히 규제될 수 있다는 비판이 제기된 바 있다.[117] 즉, GWB 제19조 제4항 각호는 예시조항으로서 제4호가 없더라도 동조 제1항의 일반조항으로 충분히 설비제공의 거절을 규제할 수 있고, 더구나 웬만한 망산업의 경우 특별규정이 접속규제를 담고 있기 때문에 굳이 GWB에 별도의 조항을 둘 필요도 없으므로 일단 GWB 제19조 제1항에 대하여 판례가 축적되도록 기다릴 필요가 있고, 그러한 후에도 여전히 입법의 필요가 인정된다면 그때 가서 새로운 조항을 도입하는 것이 바람직하다는 것이었다. 그러나 연방상원은 기존의 특별법에서 규정된 망개방조항으로 인하여 다른 경제분야에서는 경쟁법에 의한 시장개방이 필요 없다는 잘못된 인상이 생기지 않도록 하기 위해서라도 설비제공거절을 별개의 남용유형으로 명시할 필요가 있다고 판단하였다.[118] 다만, 필수설비이론에 입각한 GWB 제19조 제4항 제4호와 일반적 남용행위의 유형인 거래거절과의 구분은 지극히 유동적으로 보인다.

GWB 제19조 제1항은 시장지배적지위의 남용을 일반적으로 금지하고, 방해남용을 규정하고 있는 제4항 제1호에는 거래거절도 포함된다.[119] 그런데 필수설비에 대한 접근거절은 거래거절의 특수한 형태이고, 그렇다면 제4항 제1호는 모든 유형의 거래거절을 포섭할 것이기 때문에 GWB 제19조 제4항 제4호는 사실상 불필요한 것이 아니냐는 의문이 제기된다.

그러나 망설비의 보유자가 당해 설비를 내부적으로만 이용하여 설비제공시장이 아직 존재하지 않는 경우에도 GWB 제19조 제1항이나 제19조 제4항 제1호를 근거로 당해 설비의 제공을 요구할 수 있는가에 관하여는 이론의 여

---

117) Gabriela v. Wallenberg, 주 "Diskriminierungsfreier Zugang zu Netzen und anderen Infrasturuktureinrichtungen," K&R 1999, 153-154면; Hermann-Josef Bunte, "6-GWB-Novelle und Missbruch wegen Verweigerung des Zugang zu einer "esentlichen Einrichtung," WuW 1997, 317면 이하;

118) BT-Drucks. 13/9720, 73.

119) Gerhard Wiedemann, Handbuch des Kartelrechts, Beck Juristischer Verlag, 1999, § 23, Rz. 49.

지가 있다고 한다.[120] 이 경우 설비보유자는 누구와도 거래를 하지 않고 있기 때문에 동법 제20조 제1항의 차별금지는 적용될 수 없다. 아울러 이 조항들은 동종의 사업자가 일반적으로 접근할 수 있는 거래관계에서 방해가 일어나는 경우를 전제로 하기 때문에 GWB 제20조 제1항을 독점적 망설비의 제공에 적용하기 어렵다. 즉, 전통적인 방해남용이나 차별취급은 급부의 제공이 거절되는 '시장의 존재'를 전제로 하고, 당해 시장구조의 악화를 가져오는 것이기 때문에[121] 시장의 형성·개방이라는 목적에는 부합하지 않다는 것이다.

이러한 의미에서 GWB 제19조 제4항 제4호는 여타의 남용금지조항과 달리 애로설비를 이용한 후방의 서비스시장을 적극적으로 개방하고자 하는 의도를 표현한 것이고, 시장지배적사업자가 그러한 애로설비를 보유하고 있는 경우에 한하여 경쟁적인 시장구조를 적극적으로 형성하고자 하는 것이라 한다.[122] 따라서 지금까지 당해 설비가 제3자에게 제공된 적이 없는 경우에도 설비제공의 거절이 지위남용에 해당할 수 있다는 점에서 여타의 남용금지조항과 구별된다고 한다.

Ⅲ. 독점규제법상 필수요소 보유자의 지위남용 규제

1. 금지요건의 경합과 합리적 해석의 필요성

필수설비이론의 이론적 가치와 적용가능성에 관하여 실무례가 통일되지 않아 논의가 지속되고 있는 미국이나 유럽과 달리 우리나라는 2001년에 이를 입법적으로 해결하였다. 그런데 미국이나 유럽 및 독일의 경우 모두 필수설비 접근거절의 문제가 독점사업자 또는 시장지배적사업자의 경쟁제한행위 또는 지위남용행위에 대한 금지유형으로 취급되고 있으나, 우리나라의 경우 거래거절은 시장지배적사업자의 지위남용으로서 뿐 아니라 부당한 공동행위 및 불공정거래행위의 유형으로도 포함되어 있으므로 필수요소 제공거절이 문제될 경우 시장지배적지위 남용의 문제는 물론, 불공정거래금지 등 관련 조항간에 금지요건의 경합이나 모순·충돌이 생길 여지가 있다. 따라서 도입된 필수설

120) 이 점에 관하여 부정적인 견해로는 Kurt Markert, "Durchleitung von Strom und Gas nach geltendem deutschen Kartellrecht," BB 1997, 1424면.

121) Gerhard Wiedemann, 주 53)의 책, § 23, Rz. 32.

122) BT-Drucks 13/9270, 51. 이와 비슷한 맥락으로는 Hans-Peter Schwintowski, "Der Zugang zu wesentlichen Einrichtugen," WuW 1999, 851면.

비개념과 그 법리를 독점규제법의 체제 내에서 어떻게 해석·적용할지에 관하여 우선 결론을 내려야 할 것이다.

(1) 필수요소 조항의 독자적 존재가치와 적극적 거래의무

현행 독점규제법상 필수요소의 제공거절은 시장지배적사업자의 남용행위만을 문제로 함에 반하여 불공정거래행위로서 거래거절은 시장지배력이 없는 일반사업자의 행위도 문제될 수 있다. 그러나 이러한 차이에도 불구하고 불공정거래행위로서 거래거절의 위법성을 경쟁제한성으로 한정한다면, 종래의 공정거래위원회의 실무관행이 지속될 경우 필수설비의 제공거절과 위법성 요소에 있어서 근본적 차이가 없는 것으로 볼 여지도 있는 것이 사실이다. 즉, 2005년 5월 11일 개정된 '불공정거래행위 심사지침'은 단독의 거래거절의 경쟁제한성 판단기준 및 정당화사유[123]와 필수요소에 대한 접근거절의 적용요건 및 정당화사유를 거의 동일하게 정하고 있을 뿐 아니라 단독의 거래거절의 대상에 "물품이나 용역"까지 포함시키고 있다.

그 결과 거래거절의 법리를 시장지배력의 존부와 상관없이 폭 넓게 적용해온 종래의 관행에 비추어 오히려 불공정거래행위금지 규제에 의하여 필수요소의 제공거절을 보다 쉽게 규제할 수 있고, 필수요소규정에 의한 남용으로 규제하기 어려운 상품·서비스의 거래거절도 아울러 규제할 수 있게 된다는 점에서 모처럼 도입된 필수요소 규정의 形骸化·死文化로 이어질 가능성이 크다.

그러나 필수요소조항의 독자적 존재가치는 그것이 종래의 시장지배적지위의 남용이나 불공정거래행위로 금지하기 어려운 사안에 대한 보다 효과적인 규제수단이라는 점에 있다. 왜냐하면 필수요소조항은 시장지배적사업자가 다른 경쟁자의 사업활동을 소극적으로 방해하는 것뿐만 아니라 다른 사업자에 의한 경쟁을 적극적으로 촉진시키지 않는 것까지를 문제 삼아 시장지배적사업자에게 사실상 "경쟁촉진의무"를 부과하는 측면이 있기 때문이다.[124] 즉, 필수설비법리의 적용을 통하여 시장지배적사업자에게 적극적인 "거래의무"(duty

123) 공정거래위원회 2005. 5. 11. 예규 제26호, 불공정거래행위심사지침 V. 1. 나. (다).

124) Kurt Markert, "Die Verweigerung des Zugangs zu "wesentlichen Einrichtungen" als Problem der kartellrechtlichen Mißbrauchsaufsicht," WuW 1995, 568면 이하 참조. 그는 필수설비에 관한 한 손해를 어느 정도 감수하면서 경쟁을 촉진할 의무를 정하고 있는 것이 바로 GWB 제19조 제4항 4호라고 보고 있다.

to deal)를 부과함으로써 독점시장을 개방할 수 있게 한다는 점에서 필수요소 규정의 가치가 발견되는 것이다. 따라서 이때의 거래의무는 설비독점에 따른 전후방시장의 독점화를 방지하기 위한 것으로서 '시장지배적사업자에게만 인정되는 특수한 의무'로 보아야 한다.

이러한 '적극적 작위의무'로서의 필수설비법리는 필수요소의 범위를 망, 인프라설비 및 기타 자연독점적 성격이 강한 설비와 법률상의 이유로 형성된 독점설비 등으로 합리적으로 한정하여 해석하고 그 필수성을 엄격하게 인정할 때에 비로소 그 고유의 존재의의를 인정받을 수 있을 것이다. 그러나 일단 필수설비로 인정될 경우 동 요소를 지배하고 있는 시장지배적사업자에 대하여는 폭 넓은 접근허용 의무를 부과함으로써 필수요소조항의 경쟁촉진기능을 최대한 발휘할 수 있게 하여야 할 것이다.[125)]

(2) 부당한 공동행위에 의한 필수요소 접근거절

2 이상의 사업자가 필수요소를 소유·지배하면서 이의 제공을 공동으로 거절하는 행위는 독점규제법상 부당한 공동행위, 특히 거래지역·거래상대방의 제한이나 기타 다른 사업자의 사업활동 또는 사업내용을 방해하거나 제한하는 행위에 해당될 수 있다(법 제19조 제1항 제4호, 제8호). 그러나 부당한 공동행위의 규제는 반경쟁적 합의의 존재 자체를 위법판단의 근거로 삼는다는 점에서 거래거절의 합의가 있는 경우 해당 거래거절이 필수요소에 관한 것인가 여부는 독점규제법 제19조의 공동행위 해당성을 판단함에 있어 필수적인 것은 아니다. 따라서 실무상 공정거래위원회로서는 공동행위로서의 합의를 입증할 수 있는 한 굳이 해당 공동행위로서의 거래거절의 대상이 필수요소인가 여부를 입증할 이유가 없을 것이며 다만 합의의 입증이 곤란한 경우에는 시장지배적사업자의 지위남용으로서의 필수요소조항을 적용할 수 있을 것이다. 물론 2 이상의 사업자 사이에 공동의 지배관계가 인정되는 경우에는 2 이상의 사업자도 공동으로 시장지배적사업자가 될 수 있을 것이다.[126)]

---

125) 시장지배적사업자가 보유한 설비가 필수요소에 해당하지 않는 경우에는 시장지배적지위남용행위심사기준 Ⅳ. 3. 라. 및 Ⅳ. 4. 라.에 의한 지위남용으로 규제하되 요소의 범위는 더 넓게, 거래의무를 인정하는 기준과 범위는 보다 엄격하게 심사하여야 할 것이다.

126) 독점규제법 제2조 제7호는 시장지배적사업자를 "일정한 거래분야의 공급자나 수요자로서 단독으로 또는 다른 사업자와 함께 … 거래조건을 결정·유지 또는 변경할 수 있는 시장지위를 가진 사업자"라고 함으로써 2 이상의 사업자가 공동으로 시장지배력을 갖는 경우를 상정하고 있다.

(3) 사업자단체의 경쟁제한행위로서의 필수요소 접근거절

2 이상의 사업자가 사업자단체를 통하여 필수적인 생산요소를 소유 또는 지배하면서 소속 회원에게는 그 이용을 허락하고, 비회원에게는 이를 거절함으로써 비회원의 시장진입을 봉쇄할 우려가 있는 경우로서 독점규제법 제3조의2에 의한 시장지배적사업자의 남용행위에는 해당되지 않으면서 동법 제26조 제1항의 사업자단체의 경쟁제한행위로서 규율될 수 있는 경우가 있을 것인가의 문제가 있다.[127] 남용행위로서 필수요소 접근거절에는 필수요소 보유자 또는 그 계열회사와 요소접근을 요구하는 사업자 간에 현실적 또는 잠재적 경쟁관계의 존재를 요하는 바,[128] 필수적인 생산요소를 지배하는 사업자단체와 그 소속 회원인 사업자 사이에 계열관계가 존재하지 아니하고 해당 사업자단체가 직접 당해 필수요소의 전후방시장에 참여할 가능성이 없는 경우에는 해당 생산요소에 필수성이 인정된다고 하여도 시장지배적사업자의 지위남용행위로서 금지할 수 없을 것이므로, 이러한 예외적인 경우에는 필수요소에 대한 접근거절의 원리를 사업자단체의 경쟁제한행위에 유추하여 적용할 여지가 있다고 본다.[129] 다만, 해당 사업자단체에 속한 사업자들의 시장점유율의 합계가 시장지배적사업자에 요구되는 시장지배력에 이를 경우를 요건으로 하여야 할 것이다.

(3) 불공정거래행위 금지조항의 적용가능성

필수요소에 대한 접근거절이 (i) 독점규제법 제3조의2에 의한 시장지배적사업자의 지위남용에 해당함과 동시에 불공정거래행위로서의 공동의 거래거절에 해당할 가능성은 항상 있으며 이 경우에는 특별법우선의 원칙에 따라 항상 시장지배적지위의 남용금지규정이 적용될 것이다. 문제는 필수요소에 대한 접근거절이 시장지배적지위의 남용에는 해당되지 않지만 불공정거래행위로서의 공동의 거래거절 또는 기타의 거래거절에 해당될 수 있는가 하는 점

---

127) Terminal Railroad Association이나 Associated Press 사건은 모두 개별 사업자가 아니라 단체 내지 조합의 행위가 문제된 것이었다.

128) 공정거래위원회 고시 제2002-6호, "시장지배적지위남용행위심사기준" (2002.5.16), Ⅳ 3. 다. (2) 참조.

129) 필수설비에 관한 우리나라 최초의 대법원 판결인 2003두5709 사건(사단법인 한국여신전문금융업협회 등의 신용카드가맹점 공동이용망 이용거절)의 원결정에서 공정거래위원회는 공동이용망이 필수설비적 성격을 가진다고 본 후 한국여신전문금융업협회가 신한은행의 공동이용망에 대한 공동이용을 거절하였다며 사업자단체의 경쟁제한행위금지규정인 독점규제법 제26조 제1항 제1호를 위반하였다고 보았다.

이다. 이는 필수요소 보유자인 사업자가 시장지배적사업자가 아닌 경우가 있을 수 있는가의 문제이다.

이 문제는 필수설비법리를 해석함에 있어 (i) 경쟁관계의 존부를 판단하는 기준 및 (ii) 복제 및 대체불가능성의 정도 (iii) 시장지배적 사업자성의 존재가 요구되는 시장의 여하를 어떻게 보느냐에 따라 달라질 수 있다고 할 것이다. 현행 규정상 (i)의 경우는 경쟁관계의 범위를 넓게 해석하고 (iii)의 경우는 원칙적으로는 요소시장의 전후방시장에서의 지배적지위를 요구하되 요소보유자가 가까운 시일 내에 전후방시장에 진입할 것이 예상되는 경우에는 요소제공시장에서의 지배적지위의 존재로 충분하다고 해석되므로 결국 필수성에 관한 해석론을 여하히 엄격하게 하는가의 문제만 남는다. 그러나 위에서 보았듯이 필수요소에 대한 접근허락의무는 적극적 의무이므로 필수성의 해석은 엄격할 수밖에 없을 것이다. 따라서 필수요소로서의 필수성 요건은 충족하지 못하더라도 경쟁사업자의 경쟁에 상당히 중요한 경우에는 불공정거래행위로서의 거래거절의 위법성 판단에 영향을 줄 수 있을 것이다. 그러나 법리상 그러한 설비는 필수설비법리상의 필수요소와는 개념적으로 구별되어야 할 것이다.

그 밖에 독점규제법상 필수요소는 자연독점적 성격이 강한 통신, 철도, 항공 등 규제산업과 망, 인프라시설, 표준화된 시설이나 인프라 등에 국한하는 해석론에 입각할 경우 이러한 범주를 벗어나는 상품이나 원료 그리고 지적재산권 실시허락 등의 영역에서는 시장지배적사업자가 보유자인 경우에는 위에서 본 바와 같이 심사기준 Ⅳ. 3. 라. 및 Ⅳ. 4. 라.의 남용금지로서 규제될 것이며 당해 요소 보유자에게 시장지배적사업자성이 결여된 경우에는 불공정거래행위로서의 거래거절의 문제가 될 것이다.

요컨대 불공정거래행위로서의 거래거절은 시장지배적지위가 인정되지 않는 사업자에 의한 거래거절에 한정하되 당해 거래거절의 경쟁제한효과와 사적자치 또는 거래의 자유의 제한과의 관계를 엄격하게 형량하여 경쟁제한 효과가 큰 예외적인 경우에 한하여 위법성을 인정하여야 할 것이다.[130] 시장지배력이 없는 일반사업자는 보다 폭넓게 거래의 자유를 누리며, 특별한 사정이 없는 한 원칙적으로 거래강제 내지 체약의무를 인정할 이유가 없기 때문이다.

아울러 장기적인 관점에서 거래거절은 시장지배적 사업자의 필수요소 접

130) 물론 거래거절이 경쟁제한성과 관련하여 문제된 것이 아니라 거래조건의 공정성이나 기타 위법적 목적에 기인한 것인 경우에도 불공정거래행위 금지규정이 적용될 수 있을 것이다.

근거절이나 기타 방해남용 등 독점시장에서의 경쟁촉진이나 경쟁시장의 독과점방지를 위태롭게 하는 행위에 한하여 위법성을 인정하는 방향으로 독점규제법 관련규정을 개정하는 것이 바람직해 보인다.

2. 필수요소 제공거절의 금지요건

필수요소의 개념과 범위를 여하히 해석하는가는 위에서 본 바와 같이 필수요소에 대한 접근거절 규제의 독자적 효용을 인정할 것인가 여부에 따라 크게 달라질 것이다.

(1) 시장지배적지위의 所在

필수요소 보유자가 필수요소 제공시장과 그 전후방 시장 중 어느 시장에서 시장지배적지위를 가지고 있어야 하는 문제이다. 아래에서 보는 바와 같이 필수요소의 개념상 필수요소의 보유자는 그 제공시장에서 자동적으로 시장지배적지위를 가지게 될 것이므로 이 문제는 결국 필수요소 제공시장에서만 시장지배적지위를 가져도 충분한지 아니면 그 전후방시장에서도 시장지배적지위를 가져야 하는가의 문제라 할 것이다. 그러나 이 문제는 비교법적으로도 아직 명확한 해석론이나 판례가 형성되어 있지 않으며 입법례나 학설로도 명확한 결론이 나 있지 않고 있는 실정이다.

독점규제법 시행령은 필수요소의 공급거절을 제5조 제3항 제3호 및 제4항 제3호에서 각각 다른 사업자의 사업활동방해와 새로운 경쟁사업자의 참가방해로 규정하고 있는 바, 동조 제4항에서의 시장참가방해의 경우 당해 필수요소가 없이는 제3자의 전후방시장진입이 불가능한 경우로서, 필수요소를 매개로 한 전후방시장의 독점화를 방지하고자 하는 취지에 비추어 시장지배적지위의 유무는 필수요소 제공시장의 전후방시장에 존재하여야 하는 것으로 일응 해석할 수 있을 것이다.

반면, 동조 제3항의 사업활동방해의 경우 설비보유자와 제3자 사이에 경쟁관계의 존재를 특별히 요구하지 않고 있으며, 전후방시장에서 경쟁관계가 없는 사업자에게 필수요소를 제공하지 않음으로써 거래상대방의 사업활동을 방해하는 경우도 상정하고 있다는 점에서 이때의 시장지배적지위는 필수요소 제공시장에 존재하는 것으로 족하다고 볼 여지도 있다. 그런데 심사기준에서는 이때의 거절의 상대방인 '다른 사업자'를 "필수요소 보유자 또는 그 계열회사가 참여하고 있거나 가까운 장래에 참여할 것으로 예상되는 거래분야에 참여하고 있는 사업자"로 정의하고 있고, 동법 시행령 제5조 제4항 제3호의 새로운 경쟁사업자의 시장참가방해에 있어서의 '새로운 사업자'를 "일정한 거래분야에 신규로 진입하려고 하는 사업자 및 신규로 진입하였으나 아직 판매를 개시하고 있지 아니한 사업자"로 정의함으로써 거래거절의 상대방을 필수요소 제공시장이 아니라 그 전후방시장에서의 현실적·잠재적 경쟁자로 보고 있음을 알 수 있다. 따라서 심사기준에 따라 남용규제의 수범자인 시장지배적 지위를 판단함에 있어서는 어느 경우에나 당해 생산요소를 이용하여 상품이나 용역을 제공하게 되는 설비제공시장의 전후방시장을 기준으로 판단하여야 한다고 일단 볼 수 있다.[131)]

독점규제법상 시장지배적지위 남용의 통제는 당해 사업자의 시장지배적지위 그 자체를 대상으로 하는 것이 아니며 시장지배적지위의 존재는 단지 지위남용통제의 전제요건이라는 점을 고려할 때 시장지배적지위는 설비에서 도출되는 전후방시장에서 존재하여야 하는 것으로 해석하는 것이 적절해 보인다. 그렇게 해석하지 않을 경우 단지 "필수적"인 설비를 보유하고 있다는 이유만으로 시장지배적지위가 인정되고, 지위남용행위가 성립할 수 있게 됨으로써 시장지배적지위의 존재를 남용해당성의 전 단계에서 요건으로 규정하고 있는 것 자체가 무의미하게 되는 부당한 결과가 되기 때문이다.

그런데 이와 관련하여 독점규제법상 필수요소 규정을 적용함에 있어 시장지배적사업자가 필수요소 제공시장과 그 전후방시장에 모두 참여하고 있어야 하는가가 문제된다. 이를 긍정하는 견해는 시장지배적사업자가 필수요소 제공시장과 당해 요소를 이용한 상품·용역시장에 모두 참여하는 형태의 수직통합이 이루어진 경우에만 독점력의 이전이 문제될 수 있다는 데에서 그 근거를 찾고 있다.[132)] 그러나 독점규제법이 반드시 이러한 수직통합의 경우만을 염두에 두고 있는지는 의문이다. 왜냐하면 심사기준이 거래거절의 상대방인 다른 사업자를 정의하면서, 필수요소 보유자가 가까운 장래에 참여할 것으로 예상되는 시장에 이미 참여하고 있는 사업자를 포함시키고 있기 때문이다. 다시 말해서 필수요소 보유자가 이미 당해 요소를 이용하여 후방시장에 참여하

131) 신동권, "시장지배적지 위의 남용금지와 필수설비이론," 공정거래와 법치, 2004, 209면. 여기서는 시장지배적사업자가 1차시장과 2차시장에 모두 참여하고 있어야 한다는 전제에서, 2차시장에서도 시장지배적지위가 존재하여야 하는 것으로 해석하고 있다.

132) 신동권, 주 65)의 글, 209면.

고 있는 경우에는 수직통합을 전제로 후방시장에서의 지배력으로 족하다고 할 것이지만, 필수요소 보유자가 아직 후방시장에 진입하지 않은 경우, 예컨대 종래 특정 생산요소를 생산·판매하다가 직접 완제품을 생산하는 방식으로 수직통합으로 나아가는 과정에서 종래의 요소구매자에게 공급을 거절하는 경우도 독점규제법상 필수요소 관련조항의 적용을 받을 수 있는 것이다. 그리고 이 경우에는 처음부터 필수요소 보유자가 그 전후방시장에서 지배력을 가질 수 없다는 점에서, 결국 당해 필수요소 제공시장에서 지배력이 존재하는 것으로 족하다고 해석하지 않으면 안 될 것이다.

결국 독점규제법상 필수요소의 제공거절에 있어 요소 보유자의 시장지배적지위는 필수요소 제공시장의 전후방시장에 존재하여야 할 것이나, 예외적으로 필수요소 보유자가 아직 그 전후방시장에 참여하고 있지 아니하고 있지만 잠재적 경쟁관계가 인정되는 경우에 있어서는 요소제공시장에서 시장지배적 지위에 있는 것으로 충분하다고 해석된다.

이렇게 필수요소의 제공시장에서만 시장지배적지위가 존재하는 경우에도 필수요소에 관한 거래거절을 지위남용으로 규제할 수 있도록 한 독점규제법의 태도는 종래 경쟁관계의 존재를 필수적으로 요구하는 미국의 판례와 상당히 구별되는 특징이다. 미국의 경우 독점화금지를 목적으로 하므로 필수설비성으로부터 쉽게 추정되는 설비제공시장에서의 독점을 문제 삼기보다는 그 전후방시장에서의 독점력의 출현 내지 존재를 문제 삼고 있기 때문에 독점력의 존재여부를 설비제공시장의 전후방시장에서 분석하려 한다. 유럽의 경우에는 아직 확립된 판례가 주류적 학설이 성립되어 있는 것으로 보이지 않으며 독일의 경우도 실무나 판례는 설비제공시장에서의 시장지배적지위의 존재만으로도 필수설비법리를 인정한 예가 있다.[133] 공정거래위원회의 심사기준상 필수요소 제공시장의 전후방시장에 필수요소 보유자가 참여하기 전이라도 필수설비법리를 적용토록 한 것은 필수설비법리가 적극적 거래의무 내지 경쟁촉진의무라는 성격을 가진다는 점에서 필수요소의 전후방시장에서 시장지배적지위가 존재할 것을 기다린 후 그 시장에서의 지위남용을 규제하려는 입장이 아니라 필수설비성이 인정되는 경우 적극적으로 거래의무를 인정하여 종

133) 독일에 있어서 비경쟁사업자에 대한 거래거절에 대하여는 필수설비에 관한 GWB 제19조 제4항 4호가 적용될 여지가 없다는 견해에 관하여는 홍명수, "필수설비론의 발전과 통신산업의 자유화," 비교사법학회, 비교사법 제11권 제2호 별책, 2004년 6월, 703-704면 참조.

래 전통적인 독점산업에 있어서 필수설비법리의 적용가능성을 높이려는 판단이 작용한 것으로 해석될 수 있는 부분이다.

한편 요소제공시장에서 당해 요소보유자가 시장지배적지위를 가지지 아니하는 경우가 있을 것인가를 따져 볼 필요가 있다. 그러나 당해 요소제공시장에서 요소보유자가 시장지배적지위를 가지지 아니한다는 것은 당해 요소와 경쟁관계에 있는 다른 요소가 존재하며 그 다른 요소의 제공을 받고 있는 사업자가 당해 요소를 제공받고 있는 사업자들보다 많다는 것이 추론될 수 있는 바, 이러한 경우 당해 요소에 대한 필수성(아래에서 보는 대체가능성)이 인정될 수 없을 것이다. 따라서 요소보유자가 요소 제공시장에서 시장지배적지위를 가지지 아니하는 경우는 필수요소가 문제될 수 없다 할 것이다.

(2) 필수요소

심사기준상 필수요소에 해당되기 위해서는 설비의 유・무형과는 상관없이 (i) 당해 요소를 사용하지 않고서는 상품이나 용역의 생산・공급・판매가 사실상 불가능하여 시장진입 자체가 불가능하거나 불가피하게 중대한 경쟁상의 불이익이 발생할 것(필수성), (ii) 특정사업자가 당해 요소를 독점적으로 소유 또는 통제하고 있을 것(독점성),[134] 그리고 (iii) 당해 요소의 사용이나 접근을 희망하는 사업자에 의한 당해 요소의 재생산이나 다른 요소로의 대체가 사실상・법률상 또는 경제적으로 불가능할 것(복제불가능) 등 3가지 요건이 충족되어야 한다.[135]

(가) 요 소

독점규제법 시행령 제5조와 심사기준은 '요소'의 개념을 적극적으로 정의하지 않고, 네트워크나 기간설비 등 유・무형의 요소를 포함한다고만 규정하고 있다. 그러나 동 조항의 취지가 설비독점을 이용하여 그 후방시장에서의 경쟁가능성을 봉쇄하지 못하도록 하는 데에 있고, 설비 이외에 상품이나 라이선스의 거래거절 등은 별도의 남용행위로 규정되어 있는 점을 볼 때,[136] 네트

---

134) 여기서 독점적으로 소유 내지 지배한다고 하는 것은 해당 설비에 대한 배타적 지배권을 가진다는 것으로 해석된다.

135) 공정거래위원회 고시 제2002-6호, "시장지배적지위남용행위심사기준" (2002.5.16), Ⅳ. 3. 다. (1).

136) 부당하게 특정사업자에 대하여 거래를 거절하거나 거래하는 상품 또는 용역의 수량이나 내용을 현저히 제한하는 행위는 기타의 사업활동방해로서 금지된다(독점규제법 시행령 제5조 제3항 4호, 심사기준 Ⅳ. 3. 라).

워크나 기간설비 등 자연독점적 성격이 강한 요소나 IT 인프라, 망 및 표준화설비 등에 국한하는 것이 바람직하며, 원재료나 특정 상품이나 용역, 기타 지적소유권에 대한 라이선스 등은 여기에서 제외되는 것으로 해석하는 것이 타당하다.137)

(나) 필수성

당해 요소는 전후방시장에서의 경쟁에 필수적인 것이어야 한다. 이와 관련하여 심사기준은 당해 요소를 사용하지 않을 경우 상품·용역의 생산·공급 또는 판매가 사실상 불가능하여 일정한 거래분야, 즉 전후방시장에 참여할 수 없거나, 다른 사업자에게 불가피하게 중대한 경쟁열위상태가 지속되는 경우에 요소의 필수성을 인정하고 있다. 이때, "중대한 경쟁열위상태"를 어느 정도 중대한 경우로 해석하느냐에 따라 필수요소 해당성이 크게 달라질 수 있다. 이 부분은 앞으로 학설이나 판례에 의하여 그 정확한 의미가 확정되어야 할 것이나 위에서 본 바와 같이 필수요소의 개념을 엄격하게 해석하여야 한다는 입장에서 볼 때 중대한 경쟁열위상태는 "경쟁상의 불이익이 매우 커서 그 상태가 지속될 경우 시장에서 도태될 가능성이 높은 경우"를 의미하는 것으로 해석하는 것이 타당할 것이다.

(다) 복제 및 대체불가능성

복제불가능성이라는 요건은 다른 사업자가 문제된 요소를 직접 재생산하는 것이 법률상 또는 기술상 불가능한 경우뿐 아니라 사실상 또는 경제적으로 불가능한 경우를 말한다. 아울러 특정 요소의 필수성이 인정되기 위해서는 다른 사업자가 이를 직접 재생산하는 것이 '불가능'할 뿐만 아니라, 그와 대체관계에 있는 다른 요소로 전환하는 것도 사실상, 법률상 또는 경제적으로 불가능하여야 한다. 다만, 여기서 불가능하다는 것은 법률적 및 기술적으로 엄격하게 불가능한 경우 뿐 아니라 재생산의 경제적 비현실성 및 불합리성, 즉 경제적 기대가능성이 없는 경우라 해석하여야 할 것이다. 이러한 경제적 기대가능성을 접근을 요구한 특정 사업자의 주관적 능력이나 기술수준을 가지고 판단할 경우 필수설비의 개념으로 인한 법적 안정성을 해할 여지가 있으므로 요소접근을 요구하는 시점의 해당 업계의 평균적이고 일반적인 경제적 기술적 능력을 고려하여 합리적으로 행동하는 사업자를 기준으로 판단하여야 할

137) 신동권, 주 69)의 글, 211-212면도 마찬가지로 요소의 개념을 제한적으로 해석하고 있다.

것이다.

(라) 정당한 사유의 부존재 (접근거절의 "부당성")

필수요소의 경우 '정당한 이유 없이' 그 사용이나 접근을 거절하는 행위를 남용으로 규정하고 있다. 학설과 판례는 '정당한 이유 없이'의 행위유형은 외형상 그러한 행위유형에 해당하기만 하면 원칙적으로 공정거래저해성을 인정하되, 정당한 이유에 대한 입증책임은 피심인이 부담한다고 한다.

심사기준은 구체적으로 시장지배적사업자가 주장할 수 있는 정당한 이유로 (i) 필수설비 보유자의 투자에 대한 정당한 보상이 현저히 저해되는 경우 (다만 경쟁의 확대로 인한 이익의 감소는 정당한 보상의 저해로 보지 않음),[138] (ii) 기존 사용자에 대한 공급량을 현저히 감소시키지 않고서는 필수요소의 제공이 불가능할 정도로 필수설비 공급여력이 부족한 경우,[139] (iii) 필수요소를 제공함으로써 기존 서비스의 질이 현저히 저하될 우려가 있는 경우, (iv) 기술표준에의 불합치 등으로 필수요소의 제공이 기술적으로 불가능한 경우 및 (v) 서비스 이용고객의 생명·신체의 위험을 초래할 우려가 있는 경우 등을 예시하고 있다. 따라서 구체적인 경우에 있어 위에 예시된 사유 이외의 사유로도 정당한 이유가 있다고 판단될 수 있을 것이다.

정당한 이유로 예시된 사유 중 "정당한 보상이 현저히 저해되는 경우"와 관련하여 대가의 적정성은 일응 요소제공시장에 경쟁이 지배하였더라면 책정되었을 요금을 기준으로 하되,[140] 요소제공에 처음부터 별도의 비용이 수반되는 경우에는 그러한 비용이 고려될 수 있으며, 그 결과 감가상각비용이나 유지비용은 당연히 대가에 포함될 수 있다고 보아야 할 것이다. 만약 시장지배적사업자가 요소제공을 위하여 기존 설비의 일부 변경이나 조정을 하여야 할 경우에는 그에 수반되는 비용 역시 대가에 포함될 수 있을 것이다. 필수요소를 보유한 시장지배적사업자가 이미 다른 사업자에게는 당해 요소를 제공하고 있는 경우에는 그 대가가 일응의 기준이 될 수도 있으며, 그와 다른 차별적인 대가는 그 자체만으로도 적정성을 담보할 수 없을 것이다.

---

138) 이 경우는 필수요소의 사용을 구하는 사업자가 적정한 대가를 제공하지 않는 경우에 해당할 것이다.

139) "기존사용자"와 "현저하게" 어떻게 해석하는가에 따라 위헌시비가 있을 수 있다고 본다.

140) 2005. 8. 19. 대법원 2003두5709 판결에서 대법원은 독점이윤이 배제된 가액이어야 한다고 하고 있다.

3. 판례의 현황

아직 시장지배적사업자가 필수설비에 대한 접근을 거부한 행위가 문제되었거나 2 이상의 사업자에 의한 필수요소 제공거절이 독점규제법 제19조의 부당한 공동행위로 문제되어 다루어진 공정거래위원회의 심결이나 법원의 판례는 없으며[141] 유일하게 사단법인 한국여신금융업협회 및 그 소속 여신전문금융업자들에 의한 신용카드가맹점 공동이용망 접근거절이 제26조의 사업자단체의 금지행위로서 다루어진 바 있다.[142] 이 사건에서 문제된 신용카드가맹점 공동이용망이 필수설비적 성격을 띤다는 공정거래위원회의 판단[143]은 항소심[144] 및 대법원에서도 받아들여졌다. 대법원은 그 판시에서 항소심의 필수설비성 판단부분에 관한 별다른 평가 없이 "이 사건 공동이용망과 같은 필수설비적 성격을 가진 시설의 보유자들에게 경쟁상대방도 그 시설을 이용할 수 있도록 강제하는 것은 그 거래분야의 공정한 경쟁을 촉진하고 … 중복투자를 방지하여 소비자후생을 기하고 국민경제의 균형있는 발전을 도모하고자 함에 있는 것이므로 이러한 시설은 그 독점적 이익이 배제된 적정한 가격에 이용할 수 있도록 해 줄 필요가 있다"고 하였다. 그러나 동 판결에서 언급된 "필수설비적 성격"이라는 표현이 시장지배적사업자의 지위남용에서의 필수요소와는 구별되어 사용되어야 한다는 의미 또는 유사한 것이라는 표현인지 아니면 남용금지규정에 있어서의 필수요소를 그와 같이 표현한 것인지 확실하지 않다.[145] 특히 시장지배적사업자의 존재에 대한 판단 없이 사업자단체의 경쟁제한행위 금지조항을 적용하였다는 점에서 본래의 필수설비법리의 적용으로 보기 어려운 측면이 있다고 할 것이다.

4. 결　론

독점규제법은 미국, 유럽 및 독일의 예와 같이 필수설비법리를 남용행위의

141) 공정거래위원회가 필수설비성을 문제시한 심결은 2001.3.28.자로 의결한 신용카드가맹점 공동이용망의 이용거부에 관한 심결(의결 제2001-39호)과 2001. 6. 29.자로 의결한 SK(주)의 송유관공사 인수에 관한 심결(의결 제2001-90호)이다. 전자의 경우 필수설비조항이 도입되기 전의 사안에 관한 것으로 시장지배적사업자의 지위남용이 아니라 사업자단체의 경쟁제한행위가 문제된 사건이고 후자는 기업결합사건에 대한 심결이었다.

142) 2005. 8. 19. 대법원 2003두5707.

143) 공정거래위원회 2001. 3. 28. 의결 제2001-39호 한국여신전문금융업회의 사업자단체의 금지행위에 대한 건.

144) 2003. 4. 17. 서울고등법원 2001누5851.

145) 동 판결에 대한 자세한 분석은 다른 기회로 미룬다.

한가지로 도입하였다. 그러나 우리나라에서 거래거절의 법리는 수범자나 금지요건에 있어서 지나칠 정도로 폭넓게 규정·적용되어 온 점에 비추어 종래의 남용법리나 거래거절법리를 각 금지규정의 본래 목적에 맞게 조정하지 아니할 경우 필수요소조항의 고유의 효용은 기대하기 어렵다고 본다. 따라서 필수요소 그 자체가 갖는 경제적 특성 및 독점성을 고려하여 필수요소의 제공거절과 전통적인 거래거절을 구분하여 체계화하는 노력이 필요하다.

첫째, 남용유형으로서의 필수요소에 대한 접근거절에 있어서의 필수요소는 그 요건과 범위를 엄격하게 해석하여 그에 대한 접근 내지 이용을 통해서만 전후방시장의 경쟁촉진을 수반할 수 있는 국가 및 자연독점적 산업, 기간산업, 시설산업, 공공투자시설, 표준화된 시설이나 망 등에 한정하는 것이 타당할 것이다. 다만, 일단 필수요소로 인정되는 경우 (i) 경쟁제한성이 사실상 추정되는 것으로 운용하고 이와 관련하여 요소보유자와 접근요구자 간에 잠재적인 경쟁관계를 포함한 경쟁관계를 매우 폭 넓게 인정하도록 하고 (ii) 접근거절은 엄격하게 제한된 범위 내의 "정당화 사유"가 있는 경우에만 허용하도록 한다. 나아가 아직 전후방시장이 형성되기 전이라도 시장지배적지위의 존재를 요소시장에 평가함으로써 필수요소를 통한 새로운 시장의 개방과 경쟁의 도입을 촉진하는 방향으로 해석론을 전개하여야 할 것이다.

둘째, 필수요소에 해당하지 아니하는 다른 요소에 대한 거래거절의 경우 그 주체가 시장지배적사업자인 경우 경쟁제한성의 판단을 엄격하게 하고 경쟁관계를 판단함에 있어서도 잠재적 경쟁의 존재를 인정함에 있어서 보다 신중하도록 한다. 물론 정당화사유의 범위가 필수요소에 대한 접근거절의 경우보다 넓어질 것임은 당연하다.

마지막으로, 불공정거래행위로서의 거래거절의 경우는 사적자치를 기본원리로 하는 우리 헌법상 원칙적으로 허용되는 것이므로 매우 예외적인 경우에만 금지하되 이 경우에도 경쟁제한성과 효율성의 증대 또는 소비자 효용과의 관계에 있어 전자의 효과가 더 큰 경우에 한하여야 할 것이다.

Ⅳ. 규제산업에 있어서의 필수요소 규제의 적용가능성

전기, 가스, 방송, 통신 등 종래 공공적 성격이 강하고 규모의 경제원리에 의한 자연독점의 존재로 시장에 의한 자율적 경쟁에 맡기지 않고 국가가 법률에 근거하여 직접 또는 공법인을 통해 독과점 체제에 따라 통제하여 오던 규제산업부문은 최근 민영화(privatization)와 자유화(liberalization)로 나아가도록 요구받고 있다. 민영화는 규제산업에 대한 소유 또는 운영의 주체를 민간으로 이양하는 것을 말하며 자유화는 해당 산업에서 법률상 금지되었던 경쟁의 원리를 도입하는 것을 의미한다. 여기서 경쟁원리의 도입은 해당 산업에 대한 진입장벽의 제거를 통해서만 이루어질 수 있다. 그러나 이러한 진입장벽의 제거 그 자체만으로는 해당 시장에 경쟁을 온전히 도입 및 정책시킬 수 있는 것은 아니다. 종래 국가가 운영하거나 관리하던 독점기업의 운영이 사기업으로 전환되는 동시에 사적 독점이 형성될 개연성이 높기 때문이다. 따라서 민영화된 이후 참여사업자들 간의 자유로운 경쟁과 소비자 이익의 보호를 위하여 설비의 공동사용 또는 접속의무의 부과 등 적극적 의무의 도입과 일반적 거래의무의 부과, 가격결정의 감시, 시설투자 및 개발의무의 부과의 필요성이 있는 것이다. 바로 이러한 설비의 공동사용 및 상호접속 등과 관련하여 종래 경쟁법상 이론으로 출발한 필수설비관념이 미국 및 유럽을 출발로 하여 여러 나라에서 적극적으로 산업규제법에 도입되게 되었다.

우리나라의 경우 항만, 철도, 가스, 수도, 공항, 전력 등 규제산업의 상당부분에서 아직 민영화 및 자유화가 도입되지 않고 있어 경쟁원리를 논하는 것이 성급한 측면이 있으나 비교적 일찍 민영화와 자유화가 이루어진 통신산업에 있어서는 1989년부터 경쟁체제 도입이 시작되어 1996년에는 상호접속의무, 시설의 공동사용의무 규정이 도입되었으며 이러한 의무규제에 있어 필수설비개념을 비교적 광범위하게 도입하고 있다. 그러나 사전적, 적극적 규제를 특징으로 하는 규제산업에 있어서 필수설비개념 및 그 규제방식도 독점규제법의 그것과 현격한 차이를 보이고 있다. 우선 필수설비개념 자체에 대한 개념정의나 기준이 마련되어 있지 않으며 시장지배적사업자 개념이나 경쟁제한성 기준 등이 마련되어 있지 않거나 있다고 하더라도 비교적 단순한 수준으로 보인다. 따라서 이러한 규제산업에 있어 경쟁도입의 도구개념인 필수설비개념에 관하여 독점규제법상 필수요소 개념 또는 필수설비이론을 적용할 수 있는가 중요한 의미를 갖는다.

미국의 MCI 판결이나 Verizon 판결에서 보듯이 일반법인 독점금지법은 해당 산업규제법에서 명시적으로 그 적용을 배제하지 않는 한[146] 해당 산업

146) 우리나라의 경우 전기통신사업법 제37조의 3의 해석과 관련하여 동 조항이 독점규제

규제법의 기능이나 목적달성을 저해하지 아니하는 범위 내에서 적용될 수 있다고 보고 있다. 이러한 입장은 우리 독점규제법 체제 하에서도 동일하게 원용될 수 있다고 본다. 그 경우 최근 독점규제법이 도입한 필수요소개념은 경쟁의 도입이 진행되고 있는 규제산업에 있어 종래의 설비나 망을 먼저 보유하거나 통제하고 있는 사업자에 대하여 후발 사업자를 위하여 설비나 망을 개발하도록 할 적극적 의무부과를 통해 경쟁의 조속한 도입으로 나아가도록 할 수 있는 유용한 수단이 될 수 있을 것으로 본다.

제 3 절 마이크로소프트사의 시장지배력 남용행위 사건의 내용 분석*

Ⅰ. 개 관

마이크로소프트사의 시장지배력 남용행위 등에 관한 사건(이하 'MS 사건'이라 한다)은 시장지배적 사업자인 마이크로소프트사(이하 'MS사'라고 한다)가 자사가 독점하고 있는 PC 운영체제 및 PC 서버운영체제에 자사의 응용프로그램인 윈도우 미디어 플레이어(Window Media Player, 이하 'WMP'라 한다), 윈도우 미디어 서비스(Window Media Service, 이하 'WMS' 라 한다) 및 윈도우메신저(Window Messenger)를 부당하게 결합판매함으로써 경쟁사업자의 사업활동을 어렵게 하고, 소비자 이익을 현저히 저해할 우려가 있는 등 시장지배력을 남용했으며, 또한 공정한 거래를 저해할 우려가 있어 공정거래위원회가 2005. 12. 7. 공정거래법을 위반한 것으로 판정하고 시정조치를 명한 사건이다.

MS사는 전세계 시장에서 PC 운영체제를 거의 완벽하게 독점하고 있는 초거대 독점기업으로서 그 사업활동이 관련 산업에 지대한 영향을 미칠 뿐 아니라 정보화가 진전된 오늘날 거의 모든 가정과 직장에서 PC를 사용하는 모든 소비자에게 영향을 미칠 수 있어, 그러한 결합판매 행위의 위법여부는 전세계적인 관심이 되고 있다.

공정위는 4년여에 걸친 조사와 심리를 거쳐 본건에 대한 위법성을 판정하

법의 적용을 전부 배제하는 것인가에 관하여 논란이 있는 것이 한 예라 할 것이다.

* 서동원(공정거래위원회 前 상임위원 역임, 김앤장 법률사무소 고문)

였는바 이하에서는 심리결과를 요약 설명하고 그 의미를 기술하고자 한다.

Ⅱ. MS사의 반경쟁적 행위에 대한 각국의 조치

1. 미국 및 EU의 조치사례

위원회의 이 사건 심사와 별도로, MS사는 미국과 유럽연합(European Union, 이하 'EU'라 한다)에서도 자신이 제조·판매하는 PC 운영체제 등의 소프트웨어 공급과 관련하여 독점금지법 위반 혐의로 경쟁당국의 조사를 받고 법 위반으로 시정조치 등을 받거나 관련 소송 중에 화해를 한 바 있다.

(1) 미국의 조치사례

미국에서의 MS사에 대한 경쟁당국의 조사 및 조치 경위를 살펴보면 다음과 같다.

1998년 미국 법무부 및 20개 주정부는 MS사를 셔먼법(The Sherman Act) 위반으로 제소하였다. 제소내용은 주로 MS사가 넷스케이프(Netscape)의 웹브라우저인 네비게이터(Navigator)와 썬 마이크로시스템즈(Sun Micro- systems Inc. 이하 '썬'이라고 한다)의 자바테크놀로지(Java Technology)에 취한 다양한 조치들이 셔먼법에 위반된다는 것이었다.

이에 대하여 2000. 4. 3. 관할 연방지방법원(US District Court for the District of Columbia)은 끼워팔기, 독점화 유지, 독점화 기도 부분에 대해서는 MS사의 책임을 인정하였으나 배타적 거래 부분은 충분한 증거가 없다고 기각하였다. 같은 해 6. 7. 동 법원은 법무부 등이 제안한 MS사의 분할명령을 승인함과 아울러 분할될 때까지 MS사의 영업행위를 임시적으로 제한하는 조치를 하였다.

2심인 연방항소법원(The Court of Appeals)은 위 연방지방법원의 판결 중 PC 운영체제 시장의 독점유지 부분은 원심을 유지하였으나, 브라우저 시장 독점화 기도부분은 원고가 관련시장 획정과 진입장벽을 증명하지 못하였다는 이유로 기각하고, 끼워팔기 부분은 결합판매로 인한 효율성 증대효과가 발생할 수 있으므로 당연위법 원칙이 아닌 합리의 원칙에 의거하여 재심사 할 것을 원심인 연방지방법원에 명령하였다.

항소법원의 판결 이후 미국 법무부 및 뉴욕주 등 9개주는 피심인 엠에스와의 소송상 화해를 하였다. 나머지 주는 위법성 여부에 대한 판단을 구하는 소송을 계속 진행하였고 이에 따라 연방지방법원에서는 동 화해안이 공익에 부합하는지 여부를 심리하는 절차와 소송 절차를 동시에 진행하였으며, 2002. 11. 연방지방법원은 화해안이 공익에 부합한다는 판결을 내림과 동시에 소송을 계속 진행하였던 9개주가 주장했던 조치방안을 기각하였다. 매사츄세츠주는 이러한 연방지방법원의 판결에 불복하여 항소를 제기하였으나 2004. 6. 항소가 기각되었다.

(2) EU의 조치사례

한편, EU에서의 MS사에 대한 경쟁당국의 조사 및 조치 경위를 살펴보면 다음과 같다.

1998. 12. 경쟁사인 썬이 유럽집행위원회(European Commission, 이하 'EC'라 한다)에 MS사의 행위가 EU 조약(The Rome Treaty) 제82조에 위반한다고 신고하였다. 썬에 의하면 PC 운영체제 시장에서 독점적 지위를 누리고 있는 MS사가 썬의 서버 운영체제와 MS사의 PC 운영체제가 상호 작동하기 위해 필요한 정보를 자신에게 충분히 제공하지 않고 있는데, 이러한 행위는 시장지배적 지위남용행위에 해당한다는 것이다.

위 신고사건 진행 중에 EC는 2000. 2.부터 추가로 MS사가 자신의 윈도우 PC 운영체제에 자사의 오디오 및 비디오 재생 소프트웨어인 WMP를 결합하여 판매한 행위에 대하여 직권으로 조사를 시작하였다.

2004. 3. EC는 MS사의 위 '서버 운영체제와 관련된 정보공개 거부행위' 및 'WMP 끼워팔기'가 시장지배적 지위남용행위에 해당한다고 판단하여 MS사에 대해 통신 프로토콜에 대한 정보를 제공할 것과 WMP를 분리한 윈도우 PC 운영체제 외에도 기존에 공급하던 WMP를 탑재한 윈도우 PC 운영체제를 공급할 것을 명령하고 약 4억 9,700만 유로(6억 1,300만 달러)의 벌금(fine)을 부과하였다.

2004. 6. MS사는 EC의 결정에 불복하여 EU 1심법원(CFI: Court of First Instance)에 EC 결정의 취소를 구하는 소송을 제기하고 동시에 EC의 시정조치에 대한 집행정지 가처분 신청을 하였으나, 집행정지 가처분에 대해 2004. 12. 23. EU 1심법원은 MS사가 EC의 시정조치가 회복 불가능한 피해를 입힌다는 점을 입증하지 못하였다는 이유로 동 가처분 신청을 기각하였고 본안

소송은 2006. 2. 현재 아직 계속 중이다.

2. 한국 공정위의 심사 경위

주식회사 다음커뮤니케이션은 2001. 9. 5. MS사가 제작·판매하는 윈도우 XP에 메신저를 끼워팔기 함으로써 메신저 시장의 경쟁을 제한하고 있다는 취지로 공정거래위원회에 신고하였다.

이에 따라, 위원회는 2002. 4. 4. 사건심사 착수보고를 하였고 수 차례에 걸쳐 기초자료를 수집하고 신고인과 MS사측의 의견을 청취하였다. 이 과정을 구체적으로 살펴보면 2002. 4. 29. 신고인의 프로그램 시연 및 진술을 청취하였고, 같은 해 5. 20. MS사측의 윈도우 XP 시연 및 진술을 청취하였다. 또한, 2004. 3. 24. 신고인 및 MS사측에 대해 비공개로 당사자 의견을 청취하였다.

이러한 조사과정에서 위원회는 2004. 4. 윈도우 서버 운영체제와 WMS의 결합판매 및 윈도우 PC 운영체제와 WMP의 결합판매 사건을 직권으로 인지하여 2004. 6. 10.부터 14.까지 한국MS사에 대한 현장조사를 실시하였고 이후 리얼네트웍스는 위원회가 직권 인지한 내용과 동일한 취지의 신고서를 2004. 10. 28. 위원회에 접수하였다.

위원회는 MS사의 결합판매행위가 시장에 미치는 영향을 분석하기 위해 2004. 7. 19.부터 8. 20.까지 중앙리서치를 통해 미디어 서버 사용현황과 미디어 서비스 시장 상황에 대한 소비자 인식 그리고 미디어 플레이어 사용현황과 미디어 플레이어 관련 쟁점들에 대한 소비자 인식을 조사하였다.

이러한 조사자료, 신고인 및 MS사의 의견을 바탕으로 MS사의 결합판매행위에 대한 검토의견을 2004. 11. 4. MS사에 송부하여 의견을 조회하였고 2005. 1. 6. MS사의 답변서를 접수하였으며, 같은 해 1. 19. 위 리얼네트웍스가 MS사의 결합판매행위에 대한 의견 및 소명자료를 제출하였다.

심사관은 MS사의 결합판매행위에 대한 심사보고서를 2005. 3. 31. 위원회의 전원회의에 상정하고 MS사에 대해 의견을 조회하였으며, 같은 해 7. 8. MS사가 심사보고서에 대한 의견을 제출하였다.

이후 2005. 7. 13.부터 10. 26.까지 총 7차례에 걸쳐 MS사의 결합판매에 대한 위법성 여부를 확인하기 위한 심의를 개최하였고 그 과정에서 위 리얼네트웍스가 같은 해 10. 13.,[147] 다음커뮤니케이션도 같은 해 11. 11.[148] MS

147) 신문기사 등에 의하면 피심인과 리얼네트웍스가 7억4000천만달러에 합의한 것으로 보

사와 합의하여 각각 신고를 취하한 바 있다. 그러나 위원회는 신고 취하 여부와 상관없이 심의절차를 계속 진행하였고 2005. 12. 7. 이 사건의 최종결정이 내려졌다.

Ⅲ. MS 사건의 주요 사실관계 및 쟁점

1. 시장구조

MS 사건과 관련된 시장의 특징은 MS사가 PC용 운영체제 소프트웨어의 가격 및 거래조건을 마음대로 결정할 수 있는 초거대 독점기업으로서 MS사의 독점적 지위가 국내시장에서 더욱 심각하여 거의 완벽한 독점상태에 있다는 점과 소프트웨어 산업의 특성 특히 디지털 미디어 시스템의 상호의존성 및 네트워크 효과 등으로 결합판매에 따른 경쟁제한 효과가 강화될 소지가 있다는 점을 들 수 있다.

(1) 거의 완벽한 시장 독점상태

MS사는 PC 운영체제 시장에서 세계시장 출하량 기준 93%, 국내 시장점유율도 출하량 기준 99% 정도의 점유율을 차지하고 있는 거의 절대적인 독점기업이며 독점적 지위가 국내시장에서 더욱 심각하다는 특징을 가지고 있다. 이러한 독점적 지위는 PC 서버운영체제 시장의 경우 다소 약화된 면은 있으나 세계시장 점유율이 출하량 기준 70%, 국내시장 점유율이 출하량 기준 77% 정도를 차지하는 등으로 시장지배적 지위에 있다고 인정된다.

(2) 디지털미디어시스템 등에 있어서의 상호의존성과 네트워크 효과

MS사의 결합판매 행위가 문제되었던 스트리밍 미디어 서버, 미디어 플레이어는 디지털 미디어 시스템의 구성요소로서 이들 구성요소간에는 상호의존성이 있다. 디지털 미디어 시스템(Digital Media System, 이하 DMS라 한다)은 인터넷을 통해 오디오/비디오 파일 등 멀티미디어 콘텐츠를 전송하는 서비스를 제공하는 일련의 시스템을 말하며 특정 미디어 포맷을 압축하는 인코더, 압축된 디지털 콘텐츠를 인터넷을 통하여 전송하는 미디어서버, 전송받은 콘

도되었다.

148) 신문기사 등에 의하면 피심인들과 주식회사 다음커뮤니케이션이 3천만달러에 합의한 것으로 보도되었다.

텐츠를 재생하는 미디어플레이어 등으로 구성되어 있다. 특정 콘텐츠의 성공적인 전송과 재생을 위해서는 디지털 미디어 시스템 구성요소들이 일정한 미디어 포맷, 코덱, 저작권 보호 프로그램, 프로토콜 등을 지원하여야 하는데 이를 구성요소간의 상호의존성이라 한다. 이러한 상호의존성으로 인하여 특정 미디어 서버 프로그램의 배포 및 이용 증가는 이와 일치하는 포맷의 디지털 콘텐츠를 양산함으로써 특정 미디어 플레이어의 사용을 증가시키는 효과를 발생시킨다. 또한 특정 미디어플레이어의 사용증가는 다시 이와 일치하는 포맷의 디지털콘텐츠를 양산하게 되고 이는 다시 특정 미디어플레이어의 사용을 증가시키는 소위 네트워크 효과를 발생시킨다. 따라서, DMS 구성요소간의 상호의존성 및 네트워크 효과는 특정 미디어 프로그램으로의 쏠림현상을 초래하고 이는 경쟁기업들에게 진입장벽으로 작용하는 것이다.

국내 메신저 시장에서는 사업자별로 프로토콜이 달라 상호접속이 되지 않는 경우가 대부분이므로 네트워크 효과는 메신저별로 발생하게 되는 폐쇄성을 갖게 되며, 또한 메신저 시장은 기존에 사용하고 있는 메신저에서 다른 사업자의 메신저로 교체할 경우 발생하는 전환비용의 존재 때문에 기존 메신저를 사용하게 되는 고착효과도 존재하고 있다.

(3) 소프트웨어 시장의 특성

한편, 소프트웨어 산업은 급속한 기술발전 등에 의해 안정적인 시장구조가 오래 지속되기 어렵고, 중요한 혁신을 이루어낸 기업들이 단기간에 시장에서 지배적 지위를 차지할 수 있다. 또한, 소프트웨어 제품은 한번 구입하면 반영구적으로 사용할 수 있는 내구재적 성격을 가지므로 다른 제품으로 교체하지 않으려는 수요특성이 있고, 선도적 기업에 의한 시장탈취(take-over) 효과가 있어 관련 제품을 무료 공급하여 선점하려는 특성이 있다.

2. 행위사실: PC 운영체제 등에 응용프로그램을 결합판매

MS사의 결합판매 행위를 WMS, WMP, 메신저로 구분하여 살펴보면 WMS의 경우 MS사는 2000. 2.부터 윈도우 2000서버에 WMS 4.1 포함시켜 현재까지 판매하고 있고, 2003. 4.부터 현재까지 윈도우 서버 2003에 WMS 9를 포함하여 판매하고 있다.

WMP의 경우에는 1999. 5.부터 윈도우 98SE에 WMP를 포함하여 판매하였고 이후 출시한 후속 윈도우 PC 운영체제에 모두 WMP를 포함하여 판매하고 있다.

또한, 메신저의 경우에도 MS사는 2000. 9.15.부터 윈도우Me라는 PC 운영체제에 MSN 메신저를 포함시켜 2001. 10.까지 판매하였고, 2001. 10. 8.부터 현재까지 윈도우XP에 윈도우 메신저를 포함시켜 판매하고 있다.

3. 관련 시장에서 나타난 현상: 결합판매 이후 쏠림현상 발생

WMS의 경우 결합판매 이전인 1999.9에는 Real Networks 사의 리얼시스템이 시장의 90%를 차지하고 있었으나 결합판매 이후에는 현저히 시장점유율이 감퇴되어 2004.8 현재 사실상 시장에서 거의 축출 되었다. 반면 MS사의 WMS는 동기간중 10%에서 90% 수준으로 높아졌다. NHN의 터보 솔루션이나 그레텍의 곰솔루션의 경우에도 최근 사실상 판매를 중단하였는데 그 이유 중의 하나로서 MS사의 결합판매를 들고 있다.

WMP의 경우에도 MS사가 결합판매하기 이전 또는 결합판매 초기에는 Real Networks 사의 Real Player가 시장에서 WMP와 거의 비슷한 수준을 유지하였으나 결합판매가 상당기간 경과한 후에는 WMP의 시장점유율은 현저히 상승한 반면 Real Player의 시장점유율은 급격히 저하되었다.

Window Messenger(MSN포함)의 경우 MS사의 결합 판매 이전에는 Daum 메신저가 시장점유율 20%수준으로 1위를 차지하고 MS사의 메신저인 MSN의 시장점유율은 9.9%로 낮았으나 결합판매 이후 Daum 메신저등 경쟁메신저는 시장점유율이 현저히 저하된 반면 MS사의 메신저는 시장점유율이 급격히 상승하였다. 다만 경쟁제품중 네이트온의 시장점유율이 최근 급증하였으나 이는 네이트온의 성장을 위해 경쟁사가 별도로 많은 경제적 유인을 고객에게 제공한데 따른 것으로서 MS사의 결합판매로 인한 쏠림현상을 부인하는 증거로 보기는 어렵다.

4. 결합판매 행위와 시장에서의 쏠림현상 간의 인과관계의 추론
– 결합판매 행위가 시장에서 공정한 경쟁을 제한하게 되는 과정 –

(1) 1 단계 : 결합판매로 인한 관련 응용프로그램의 편재성 획득

MS사의 결합판매 행위는 거의 모든 PC에 WMS, WMP, MS사의 메신저가 설치되도록 함으로써 다른 경쟁사업자가 누릴 수 없는 편재성(ubiquity)을 획득하게 하였다. 물론 경쟁사업자들은 다운로드, PC 제조업체와의 협상 등을 통해 자신의 미디어 플레이어, 메신저 등을 PC에 탑재할 수 있으나, MS사의 결합판매와 같은 편재성을 획득하기는 사실상 불가능하다.

(2) 2단계 : 결합된 응용프로그램의 편재성으로 인한 쏠림현상 초래

MS사의 결합판매 행위로 인한 편재성은 소비자들의 접근성 및 이용가능성을 증가시켜 MS사의 응용프로그램인 WMS, WMP, MS사의 메신저로의 쏠림현상을 초래하였다. 이러한 사실은 설문조사 결과 및 실제 시장에서의 점유율 변화 등을 살펴보면 알 수 있는데, 각 분야별로 보다 자세히 살펴보기로 한다.

(가) WMS

WMS의 편재성은 서버 운영체제 소비자들로 하여금 WMS에 대한 접근가능성과 이용가능성을 증대시켜 WMS의 선택에 강한 영향을 미쳤는데, 실제 위원회 설문 조사 결과는 이를 실증하고 있다. 위원회가 콘텐츠 사업자를 대상으로 조사한 결과 윈도우 미디어 테크놀리지[149](Window Media Technology, 이하 'WMT'라 한다)를 선택한 업체의 약 82%가 WMT가 윈도우 서버 운영체제에 포함되어 있다는 사실이 DMS 선택에 영향을 주었다고 응답하였고, 위원회가 2004. 7. 6. 인터넷방송 솔루션 업체에 보낸 질문서에 대한 답변서에서도 5개 인터넷 방송업체 모두 미디어 콘텐츠가 모두 특정 미디어 포맷으로 되어 있다면 이것이 콘텐츠 사업자들의 미디어 기술 선택에 매우 중요한 요소라고 언급하고 있다.

이와 같은 WMS의 편재성에 의한 소비자들의 WMS에 대한 접근 가능성 증대는 실제 시장에서 WMS로의 쏠림현상을 발생시키고 있다. MS사가 결합판매를 시작한 2000년 초를 기점으로 MS사의 WMT를 채택하는 업체들이 폭발적으로 증가하여 현재 인터넷 방송업체의 약 93%가 MS사의 WMT를 채택하고 있다. 또한, 경쟁사업자인 리얼네트웍스의 리얼 미디어 시스템의 시장점유율은 급격히 하락하고 있다.[150]

---

149) 피심인의 고유한 디지털 미디어 시스템으로서 윈도우 미디어 서비스(WMS), 윈도우 미디어 플레이어(WMP), 윈도우 미디어 인코더, 윈도우 미디어 코덱, 저작권 보호 프로그램(DRM) 등으로 구성되는 일련의 시스템을 의미.

150) 1999. 9. 리얼미디어시스템의 시장점유율이 90%에 달하였으나 그 이후 지속적으로 감

이러한 WMT의 급격한 시장점유율 증가 및 리얼 미디어 시스템의 급격한 시장점유율 감소는 WMT의 성능·품질 등의 우수성에 기인한 것이 아니라 MS사의 부당한 결합판매에 의한 것으로 판단된다. 이는 MS사의 WMS 결합판매 시점인 2000년과 2001년 당시 리얼 미디어 시스템이 WMT보다 기술적으로 우수하거나 최소한 동등한 정도의 성능을 가지고 있었음을 기술하고 있는 컴퓨터 관련 잡지 및 심지어는 MS사가 제출한 자료 등에서 확인되고 있다. 즉 미국의 컴퓨터 잡지인 "네트워크 컴퓨팅", "인터넷위크" 등은 리얼 미디어 시스템이 WMS 보다 성능면에서 더욱 우수하거나, 최소한 동동한 성능을 가지고 있다고 평가하였고, MS사가 2000. 5. 10. 미국 법무부에 제출한 자료에서도 리얼네트웍스가 스트리밍 미디어 소프트웨어 분야에서 선두주자임을 인정하고 있다.

한편, MS사가 2002. 9. WMS9를 윈도우 서버 2003에 결합하여 출시하면서 국내 고화질 디지털 미디어 시스템 시장에서 WMS 9의 시장점유율이 급증하였다. 위원회가 2004. 8. 18. 국내 10개 고화질 인터넷 영화업체들을 대상으로 조사한 결과에 의하면, 2003년 이후 서비스를 개시한 8개 업체 중 7개 업체가 WMS9만을 이용하고 있으며, 2003년 이전 경쟁제품인 디디오넷의 씨비디오를 이용하였던 나머지 2개 업체 모두 2003년 이후 모두 WMS 9을 이용하고 있다는 점에서 확인되고 있다. 이러한 시장점유율의 급속한 변화는 WMS 9의 성능·기술 등 품질의 우수성에 의한 것이 아니라 MS사의 부당한 결합판매에 의한 것이라는 점은 위원회에 제출한 국내 한 기업의 답변서나 정보통신 전문지인 디지털타임즈에서 MS사의 WMT보다 디디오넷의 씨비디오가 성능면에서 우수하다고 평가한 것 등에서 확인할 수 있다.

MS사는 다양한 디지털 미디어 시스템 구성요소간의 혼합사용이 기술적으로 가능하며 실제 시장에서도 빈번하게 일어나고 있으므로 디지털 미디어 시스템 구성요소간의 상호의존성은 존재하지 않으며 이에 따라 실제 시장에서 쏠림현상도 발생하지 않는다고 주장한다. 그러나, MS사는 디지털 미디어 시스템 구성요소간의 혼합사용을 권장하고 있지 않으며, 실제 시장에서 혼합사용의 경우도 거의 없다.

(나) WMP

WMP의 경우도 WMS의 경우와 같이 WMP의 편재성이 WMP 선택에

소하여 2004. 8. 에는 시장점유율이 거의 미미한 상황임.

강력한 영향을 미쳤는데, 위원회가 2004. 8. 실시한 미디어 플레이어 설문조사 결과 전체 응답자 1000명 중 61.0%가 PC 운영체제에 WMP가 포함되어 있다는 사실이 WMP 선택에 영향을 주었다고 응답한 점, 주사용 미디어 플레이어 사용 이유에 대한 설문조사 결과 WMP를 주로 사용하는 소비자들이 "WMP가 컴퓨터에 원래 설치되어 있어서"라고 응답한 비율이 69.8%로서 다른 미디어 플레이어 사용자(예를 들면, 곰플레이어 사용자의 경우 곰플레이어가 컴퓨터에 원래 설치되어 있어서 사용하고 있다고 응답한 비율이 8.7%에 불과)보다 월등히 높았다는 점에서 확인할 수 있다.

WMP의 편재성에 의한 WMP 사용 증대는 실제 시장에서 리얼플레이어의 시장점유율을 급감시키고 WMP의 시장점유율을 급격히 증대시켰다. MS사가 결합판매 초기인 2000. 12. 및 2001. 3. 조사결과에 의하면 <표 1>에서 보는 바와 같이 WMP와 리얼플레이어의 시장점유율이 비슷하였으나, 3년 후 위원회 설문조사 결과에 의하면 <표 2>에서와 같이 WMP의 시장점유율은 증가하고 리얼플레이어의 시장점유율은 급감하였다.

이러한 시장점유율의 급격한 변화가 WMP의 성능 등 품질의 우수성에 의한 것이 아니라 부당한 결합판매에 의한 것으로 판단된다. 이는 각종 컴퓨터 잡지(피시 메거진, 피시월드, 피시 컴퓨팅)에서 여러 미디어 플레이어를 비교한 결과 WMP가 가장 우수한 미디어 플레이어라고 평가한 경우가 상대적으로 적었다는 점에서 확인되고 있다.

<표 1> MS사가 조사한 미디어 플레이어 사용률 변화추이(국내) (단위 : %)

구 분	WMP	리얼	윈앰프	리얼 쥬크박스	야후	퀵타임	파도/소리바다
2000. 12.	39.4	37	14.4	-	1.9	0.05	-
2001. 3.	53.5	51.2	30.5	18.5	7.2	4	-

* 출처: MS사 제출자료('01.3 자료는 중복사용 포함).

<표 2> 국내 미디어 플레이어 시장점유율(2004. 8.) (단위 : %)

구 분	WMP	윈앰프	서비스업체 제공 소프트웨어	리얼 플레이어	곰 플레이어	아드레 날린	기타
시장점유율	60.5	16.6	13.7	5.0	2.3	1.2	0.7

* 출처: 위원회 미디어 플레이어 설문조사.

(다) 메신저

메신저 결합판매의 경우도 MS사 메신저의 편재성이 메신저 사용에 강력한 영향을 미쳤다. MS사가 코리안클릭에 의뢰하여 조사한 설문조사 결과 전체 응답자의 41.3%가 PC 운영체제에 MS사의 메신저가 결합되어 있는 것이 메신저 선택에 영향을 미쳤다고 응답하였으며, 경제학자인 이명재 교수의 계량분석 결과에서도 MS사의 결합판매로 MS사 메신저 선택 가능성이 대략 22%~35% 정도 상승하였다는 연구결과를 제시하고 있다.[151]

MS사 메신저의 편재성에 의한 메신저 사용 증가는 경쟁 메신저의 시장점유율을 하락시키고 MS사 메신저로의 쏠림현상을 초래하였다. 아래 <그림 1>은 2001. 10. MS가 윈도우XP에 윈도우 메신저를 결합판매한 후 다음 메신저, 버디버디 등 경쟁 메신저의 시장점유율이 하락하고 있음을 보여 주고 있다.

MS사는 네이트온의 급속한 성장은 메신저 시장에 어떤 쏠림현상도 발생하지 않는다는 사실을 실증하고 있다고 한다. 그러나, 네이트온의 경우에도 MS의 경쟁사업자인 SK Communication이 급속한 성장을 위해 정상수준보

<그림 1> '주로 이용하는 메신저' 변화추이(2001. 8 ~ 2002. 11)

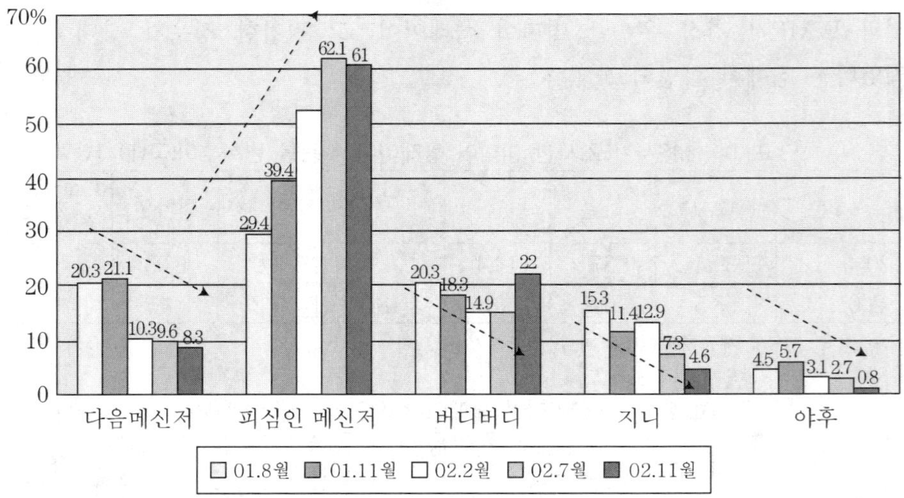

* 출처: 다음커뮤니케이션 제출자료(2004. 9. 30.)

151) MSN 메신저의 시장점유율이 결합판매 초인 2000. 12. 9.9%에서 2001. 8. 29.4%로 증가한 점을 보았을 때 합리적인 연구결과로 보인다.

다 커다란 경쟁비용을 투입할 수 밖에 없었다는 사실 및 네이트온 이외의 경쟁사업자 대부분의 시장점유율이 지속적으로 하락하고 있다는 사실에 비추어 보았을 때 네이트온의 성장을 근거로 메신저 시장에서 쏠림현상이 발생하지 않았다고 주장하는 것은 근거가 미약하다.

이러한 메신저 시장에서 MS사 메신저의 급격한 시장점유율 상승과 경쟁사업자의 시장점유율 급감이 성능·품질 등의 우수성에 기인한 것이 아니라 MS사의 부당한 결합판매 결과라는 사실이 문제이다. MS사가 코리안 클릭에 의뢰하여 주 사용 메신저를 선택할 때 가장 중요하게 고려했던 요인을 분석한 조사 결과에서 MS사 메신저를 주사용 메신저로 선택했다고 응답한 사람들 중 기능적 우수성을 든 비율이 경쟁 메신저에 비해 현저히 낮은것으로 나타났다.[152)]

(3) 3단계: 결합행위가 시장에 미친 효과

쏠림현상에 따른 타사업자의 사업활동 방해, 소비자 이익을 현저히 저해할 우려 등 공정한 거래를 저해할 우려를 초래

위에서 살펴 본 바와 같이 MS사의 결합판매 행위는 부상품인 미디어 서비스, 미디어 플레이어, 메신저 시장에서 MS사의 제품으로 쏠림현상을 초래한 결정적 원인이 되었고, 이는 당해 시장의 경쟁사업자를 사실상 퇴출시키는 등 경쟁을 제한하고 있다.

(가) WMS

MS사의 결합판매 후 리얼시스템의 시장점유율이 급격히 하락하였음은 이미 앞에서 살펴 본 바와 같다. 또한, 관련 시장에서의 경쟁사업자인 NHN 및 그래텍도 MS사의 결합판매로 인하여 사실상 해당부문 사업을 중단한 상태이다. NHN과 그래텍이 2005. 9. 12. 위원회에 제출한 자료에 의하면, NHN은 현재 솔루션 공급사업을 종래의 계약이 종료할 때까지만 제공하고 계약 연장의 계획이 없으며, 추가적인 마케팅은 보류 중이라고 하여 사실상 솔루션 사업을 중단한 상태이며, 그래텍 역시 곰솔루션 수요가 2004년 16개 업체에서 2005년 9개 업체가 급감한 이후 곰솔루션 판매를 사실상 중단한 상태이다.

이러한 결합판매 행위로 인한 경쟁사업자의 시장퇴출은 또한 소비자들이

152) MS사 메신저의 경우 성능 요인의 우수성을 든 비율이 47.2% 였으나, 경쟁제품인 다음메신저의 경우 91.8%, 버디버디의 경우 70.5%의 비율을 차지하고 있음.

다른 미디어 서버 제품을 사용할 기회를 사전에 현저히 제약하는 행위로서 소비자들의 상품 선택권을 침해하게 되며, 결합판매 행위 그 자체는 WMS의 구입을 원하지 않는 윈도우 서버 운영체제 소비자들의 미디어 서버 프로그램에 대한 선택권을 침해하는 것이다.

(나) WMP

MS사의 결합판매 행위로 인하여 경쟁 미디어 플레이어인 리얼플레이어의 시장점유율이 급감한 사실은 이미 살펴본 바와 같다. 또한 WMS의 경우와 같이 관련 시장에서 경쟁사업자인 NHN을 사실상 퇴출시켰다. NHN의 경우 자신의 포털사이트인 네이버에서 사용하고 있던 독자개발 미디어플레이어인 터보플레이어를 2005. 7. WMP로 변경하였는데, 그 이유는 자사의 제품을 다운로드 받는 소비자의 불만, 윈도우 미디어 포맷으로 쏠림현상이 나타난 상황에서 자사 제품으로의 전환에 따른 판매비용의 부담을 들고 있다. 그래텍의 경우도 곰솔루션 사업을 사실상 중단한 상태인데 이에 대한 자세한 내용은 WMS에서 살펴본 바와 같다.

결합판매로 인한 경쟁사업자의 이러한 퇴출은 WMS의 경우와 같이 다른 미디어플레이어를 사용할 기회를 사전에 차단하여 소비자들의 상품선택권을 침해하며, 결합판매 행위 그 자체는 WMP의 구입을 원하지 않는 윈도우 운영체제 소비자들의 미디어플레이어에 대한 선택권을 침해하는 것이다.

(다) 메신저

메신저 시장에서도 MS사의 결합판매로 인하여 경쟁사업자의 시장점유율이 급격히 하락한 사실이 있다. 좀 더 구체적으로 살펴보면, MS사의 결합판매 초기인 2000년 12월 현재 다음메신저의 시장점유율이 20%, MSN 메신저의 시장점유율이 13%였으나, 2004년 8월의 경우 시장상황이 급변하여 MSN 메신저의 시장점유율이 47.8%, 다음메신저의 시장점유율이 5.8%에 불과하였다. 또한 경쟁메신저의 주사용 비율도 지속적으로 하락하고 있는데, 버디버디의 경우 2001년 11월 현재 18.3%였던 시장점유율이 2002년 7월에는 5.1%로 하락하였고 지니의 경우도 2001년 11월 현재 11.4%였던 시장점유율이 2002년 7월에는 7.3%, 2002년 11월에는 4.6%로 지속적으로 감소하고 있다.

결합판매로 인한 경쟁사업자의 이러한 시장점유율 감소는 다른 메신저를 사용할 기회를 사전에 차단하여 소비자들의 상품선택권을 침해하며, 결합판매 행위 그 자체는 메신저의 구입을 원하지 않는 윈도우 운영체제 소비자들의 메신저에 대한 선택권을 침해하는 것이다.

Ⅳ. MS사건에 대한 위법성 판단

1. 관련 시장의 획정

MS사의 행위가 공정거래법에 위반되지는 여부를 판단하기 위해서는 먼저 MS사의 행위가 사업자들간의 경쟁에 영향을 미치는 범위 즉 일정한 거래분야가 획정되어야 한다. 이를 위해서는 경쟁관계에 있거나 경쟁관계가 성립될 수 있는 거래분야의 특정이 전제되어야 한다.

(1) WMS

(가) 상품시장

주된 상품시장은 PC 서버운영체제 시장이다. 이와 가장 인접한 상품으로 PC 운영체제가 있으나, 양자는 기능·효용의 차이가 뚜렷이 구별되고, 수요자 및 공급자가 양 제품을 구분하여 인식하고 있어 대체하기가 어렵다. 또한, PC 서버운영체제는 x86계열[153] 서버 컴퓨터에 탑재되는데 비해 중대형 서버 운영체제는 주로 자사의 운영체제만이 탑재될 수 있는 non-x86계열[154] 서버 컴퓨터에 탑재되는 바, 양자간의 기능·효용의 차이가 크고 가격도 크게 차이가 나며, 소비자들이 양 제품을 구분하여 인식하고 있어 서로 대체하기 어렵다.

종된 상품시장은 미디어 서버 프로그램 시장이다. 디지털 콘텐츠를 다운로드 방식으로 사용자에게 서비스할 수 있는 웹 서버프로그램은 디지털 콘텐츠를 스트리밍 방식으로 서비스할 수 있는 미디어 서버 프로그램과 다음과 같은 기능 및 효용의 차이가 뚜렷하여 관련 시장에 포함되지 않는다. 미디어 서버 프로그램을 이용한 스트리밍 방식은 사용자의 하드디스크에 저장할 필요가 없어 실시간으로 콘텐츠를 재생하여 볼 수 있고, 자유로운 화면 이동이 가능하는 등, 웹서버를 이용한 다운로드 방식과 기능 및 효용 상의 차이가 크

---

153) x86 프로세서는 인텔이 개발한 마이크로프로세서의 명칭을 단순화여 부르는 명칭이다. 인텔호환 마이크로프로세서는 서로 유사한 구조를 가지며, 8086, 80286, 80386, 80486, 팬티엄 등의 이름으로 출시되었는데 보통 이를 x86계열 마이크로프로세서라 부른다.

154) x86 계열을 제외한 나머지 종류를 총칭하는 말로서 주로 인텔 외의 CPU 업체들(모토롤라, Sun, IBM)등이 공급한다.

며, 양 방식을 이용하는 고객 및 사용형태에 차이가 존재하고 있다.

(나) 지리적 시장

한편, 관련 지리적 시장은 PC 서버운영체제가 제품의 특성상 국가간 운송 및 거래비용이 미미하고 국내에 거주하는 공급자 또는 소비자가 PC 서버운영체제의 판매 또는 구매를 외국의 제품으로 전환하는데 별다른 장애가 없어 PC 서버운영체제의 관련 지리적 시장은 세계시장이다. 그러나 종된 상품인 미디어 서버프로그램은 주로 국내 솔루션업체들을 통하여 공급되고 판매 후에도 지술지원, 지속적인 사후관리 등이 필요한 점, 국내 미디어 서버 프로그램 시장은 세계시장과 달리 WMS의 점유율이 매우 높다는 점을 고려할 때 관련 지리적 시장은 국내시장으로 보는 것이 타당하다.

(2) WMP

(가) 상품시장

주된 상품시장은 인텔호환 PC 운영체제 시장이다. 인텔호환 PC 운영체제는 비인텔호환 PC 운영체제에 설치·운영될 수 없으며, 공급측면에서도 양자는 프로그램의 설계 자체가 전혀 다르므로 상호 대체가능성이 없다. 또한 PC 서버운영체제와도 기능·효용 및 가격의 차이가 뚜렷이 구별되고 수요자와 공급자가 양 제품을 구분하여 인식하고 있어 서로 대체하기가 어렵다.

종된 상품 시장은 스트리밍 미디어 플레이어 시장이다. 관련 시장 획정에서 논쟁이 되었던 다운로드용 미디어 플레이어는 최종소비자가 입장에서 다운로드용 미디어 플레이어를 이용하여 스트리밍되는 콘텐츠를 재생할 수 없고, 콘텐츠 사업자 역시 대상 고객 및 용도 등의 측면에서 스트리밍 시장과 다운로드 시장을 구분하여 인식하고 있어 양자는 구분되는 시장이다.

(나) 지리적 시장

한편, 관련 지리적 시장은 주상품인 PC 운영체제가 국가간 운송 및 거래비용이 미미한 점, PC 운영체제 사업자들 대부분 세계적으로 유사한 가격 및 거래조건으로 판매하고 있다는 점 등을 고려할 때 세계시장이다. 그러나, 종된 상품의 경우 스트리밍 미디어플레이어는 대부분 한국어 버전이며, 국내 소비자들은 외국과는 차별되는 광대역 초고속 인터넷 환경과 특이할 정도로 까다로운 소비성향을 가지고 있으며, 세계시장과 달리 WMP의 시장점유율이 높은 점을 고려할 때 관련 지리적 시장은 국내시장으로 보는 것이 타당하다.

(3) 메신저

(가) 상품시장

주된 상품시장은 인텔호환 PC 운영체제 시장이다. 이에 대한 자세한 내용은 WMP 부분에서 살펴본 바와 같다. 종된 상품시장은 일반용 메신저 시장으로서 일반용 메신저는 기업용 메신저와 기능 및 용도가 상이하고 수요자 및 구매형태가 상이하므로 양 제품은 구분되는 시장이다.

(나) 지리적 시장

한편, 관련 지리적 시장은 주상품인 PC 운영체제의 경우 앞에서 살펴 본 바와 같이 세계시장이다. 그러나 종된 상품시장의 경우 메신저가 대부분 한국어 버전이며, 국내 소비자들은 외국과는 차별되는 초고속 인터넷 환경과 특이할 정도로 까다로운 소비성향을 가지고 있으며, 국내 메신저 시장은 세계 시장과 달리 순수 국내 사업자의 시장점유율이 매우 높다는 점을 고려할 때 국내시장으로 획정하는 것이 타당하다.

2. 위법행위 유형에 해당여부

이하에서는 MS의 결합판매 행위가 공정거래법 제3조의2 시장지배력 남용행위의 금지 및 제23조의 불공정거래행위(끼어팔기) 금지 규정에 해당하는 지 여부를 살펴본다. MS의 결합판매 행위는 본질적으로 시장지배력 남용행위이다. 따라서 시장지배력 남용행위를 먼저 논의하는 것이 당연하나 여기서는 설명의 편의상 불공정거래행위(끼어팔기)에 해당여부를 먼저 검토하고자 한다.

(1) 불공정거래행위 중 끼워팔기

(가) 법률 요건

공정거래법 제23조 제1항 제3호는 사업자가 "부당하게 경쟁자의 고객을 자기와 거래하도록 유인하거나 강제하는 행위로서 공정한 거래를 저해할 우려가 있는 행위를 금지하고 있다. 같은 법 시행령 제36조 제1항 관련 [별표 1]에서는 "거래상대방에 대하여 자기의 상품 또는 용역을 공급하면서 정상적인 거래관행에 비추어 부당하게 다른 상품 또는 용역을 자기 또는 자기가 지정하는 사업자로부터 구입하도록 하는 행위"를 끼워팔기로 규정하여 금지하고 있다. 따라서, MS사의 행위가 이 규정에 해당하기 위해서는 첫째, 정상적인 거래관행에 비추어 부당하게 주된 상품과 별개인 종된 상품의 구입을 강제하여야 하며, 이러한 행위가 공정한 거래를 저해할 우려가 있어야 한다.

(나) 위법성 판단

1) 별개제품성

종된 상품인 WMS, WMP 및 윈도우 메신저가 운영체제와 별개제품인지 여부는 주된 상품과 종된 상품이 별도로 거래되는지 여부, 양 제품에 대한 소비자의 인식 및 태도 등을 종합적으로 고려하여 판단한다.

이에 관하여 서울고등법원은 『한국토지공사의 끼워팔기와 관련된 처분취소소송』에서, "거래상대방이 구입하고자 하지 않는 종된 상품이란, 주된 상품의 밀접불가분한 구성요소가 아닌 별개의 상품으로서 독립하여 거래의 대상이 될 수 있고, 통상적으로 주된 상품과 짝지어 하나의 단위로 판매 또는 사용되지 아니하는 상품이면 족하다"고 판시[155]한 바 있다.

그런데, MS사는 IT산업과 같은 역동적인 산업분야에서는 전통적인 수요기준을 적용하기 어렵고 수요기준을 적용할 경우 정당한 기술통합을 저해하므로, 별개제품성 판단기준은 종된 상품에 대한 별개 수요보다는 종된 상품 없는 주된 상품에 대한 수요가 존재하는지 여부[156]라고 주장하였다.

그러나, '별개제품성' 판단에서 중요한 것은 주로 결합판매의 대상인 종된 상품의 경쟁제한성 여부이므로 종된 상품을 별도로 구매하고자 하는 개별적인 충분한 수요가 있는지 여부를 기준으로 하여야 할 것이고, 기능·효용상의 차이와 소비자의 인식 등도 종합적으로 고려하여 판단하는 것이 타당하다.

그러므로 이하에서는 MS사가 결합판매한 제품들이 별개제품인지 여부를 구체적으로 검토하기로 한다.

① **WMS** WMS는 다음과 같은 기준에 비추어 볼 때 윈도우 서버 운영체제와 별개의 제품이다.

㉮ WMS와 윈도우 서버 운영체제 간에는 그 기능측면에서 구분되는 상품으로 WMS는 윈도우 서버 운영체제의 밀접 불가분한 구성요소가 아니다.

운영체제는 컴퓨터의 기본적 기능을 제어하고 응용소프트웨어(application software)가 작동할 수 있는 기반 역할을 하는 '시스템 소프트웨어'(system software)[157]를 의미한다. 그 중에서도 서버 운영체제는 프린터 제어, 파일 공

155) 서울고등법원 2004. 2. 10. 선고, 2001누16288판결 참조.

156) Hovenkemp 교수도 동일한 입장이라고 주장.

157) 시스템 소프트웨어란 컴퓨터 하드웨어를 콘트롤하면서 응용소프트웨어가 잘 작동할 수 있도록 컴퓨터의 기본적 기능을 제공하는 소프트웨어이다.

유 등 네트워크 전체를 감시・제어하거나 메인프레임(mainframe), 통신망을 통한 다른 네트워크와의 연결하도록 하거나, 데이터, 프로그램, 파일 자원이나 모뎀, 팩스, 프린터, 기타 장비 등 하드웨어 자원을 공유하도록 하는 기능 등을 가지고 있다.

이에 반하여 미디어 서버 프로그램인 WMS는 서버 운영체제를 기반으로 하여 스트리밍 미디어 서비스를 제공하기 위한 응용소프트웨어로서 그 상업적 용도나 기능적 특성이 서버 운영체제와 확연히 구분된다.

나아가 WMS는 서버 운영체제의 옵션기능으로 선택적으로 설치・제거가 가능하며, WMS를 PC 서버운영체제에서 제거시 서버 운영체제 자체에 아무런 문제도 없으므로 윈도우 서버 운영체제의 밀접불가분의 구성요소가 아니다.

㈏ WMS는 윈도우 서버 운영체제와 독립하여 거래의 대상이 될 수 있다.

미디어 서버 프로그램인 WMS는 인터넷을 통하여 방송, 홍보, 동영상, 음악서비스 등을 실시간 또는 실시간 주문형 비디오(Video On Demand)로 제공하기 위하여 수요되는 바, 서버 운영체제와는 별도의 수요가 존재하며, 미디어 서버만을 별도의 가격으로 판매하는 공급자가 존재[158]한다.

㈐ 미디어 서버 프로그램은 서버운영체제와 통상 하나의 단위로 짝지어져 판매되지 아니한다.

MS사와 애플을 제외한 서버운영체제 공급자들은 대부분 미디어 서버 없는 서버운영체제만 판매하고 있고, 리얼미디어 서버, 쌘스트림 등 다수의 미디어 서버 사업자는 다양한 서버 운영체제에 작동할 수 있는 미디어 서버 프로그램을 서버 운영체제와 상관없이 별도로 판매하고 있다.

② **WMP** WMP는 다음과 같은 기준에 비추어 볼 때 윈도우 운영체제와 별개제품이다.

㈎ WMP는 윈도우 운영체제의 밀접 불가분한 구성요소가 아니다.

WMP 제거 후 제3의 미디어플레이어를 설치하여도 윈도우 운영체제의 기능에는 아무런 문제가 없다는 것이 KeyLabs 및 한국 소프트웨어 진흥원 실험 결과에서 실증된 바 있다. 따라서, WMP를 윈도우 운영체제의 밀접 불가분한 구성요소라 할 수는 없을 것이다.

㈏ WMP는 윈도우 PC 운영체제와 독립하여 거래의 대상이 될 수 있다.

---

158) 실제로도 다른 미디어 서버 프로그램인 리얼네트웍스나 쌘뷰텍 등의 경우 상당한 가격에 별도로 판매되고 있다.

소비자들은 미디어플레이어를 운영체제와 별개로 다운로드 등을 통해 수요[159]하고 있고, 미디어 플레이어만을 별도로 공급하고 있는 사업자가 존재[160]하고 있다는 점 등에 비추어 볼 때 WMP는 PC 운영체제와 별도로 수요되고 독립하여 거래되고 있다는 사실을 인정할 수 있다.

㈐ WMP와 PC 운영체제는 통상 하나의 단위로 짝지어져 판매되지 아니한다.

WMP를 제외한 다른 미디어플레이어는 PC 운영체제와는 다른 공급자들이 존재하고 있고, 공급방식도 주로 인터넷 등을 통해 다운로드 방식으로 이루어지므로 PC 운영체제와 하나의 단위로 짝지어 판매·공급되지 않는다.[161]

③ **윈도우 메신저** 윈도우 메신저는 다음과 같은 기준에 비추어 볼 때 윈도우 운영체제와 별개제품이다.

㈎ 윈도우 메신저는 PC 운영체제의 밀접 불가분한 구성요소가 아니다.

윈도우 메신저는 시장에서 윈도우 운영체제와 구분되는 상품으로 인식되며, 윈도우 메신저 제거시에도 윈도우 운영체제에 아무런 문제가 없다는 점[162]에서 불가분의 구성요소가 아니다.

㈏ 윈도우 메신저는 윈도우 PC 운영체제와 독립하여 거래의 대상이 될 수 있다.

두 제품에 대한 소비자들의 구매방법, 실제수요, 사용행태 등의 면에서 현격한 차이를 보이고 있는 등 소비자들은 윈도우 메신저를 PC 운영체제와 별개로 수요[163]하고 있으며, 메신저만 별도로 공급하는 다양한 사업자가 존재하고 있다는 점에서 윈도우 메신저는 독립하여 거래의 대상이 된다고 할 수 있다.

---

159) MS사의 통계자료에 의할 때, WMP 9은 2003년 3,355,710회, 2004년 6월까지 2,215,190회 인터넷을 통해 다운로드 받은 반면, 같은 기간 중에 판매된 윈도우 XP 3,915,000개에 불과하다는 점에서 별개의 수요를 추정할 수 있다.

160) 피심인들을 포함한 모든 미디어 플레이어 공급업체들은 윈도우, 리눅스를 포함한 인텔 호환 PC 운영체제는 물론, 애플의 맥(Mac) 운영체제에서도 작동할 수 있는 미디어 플레이어를 별도로 만들어 공급하고 있다.

161) 다만, 애플 등 다른 PC 운영체제 사업자들의 경우 결합판매하기는 하나 타 사업자가 공급하는 미디어플레이어를 탑재하고 있으며 소비자가 원하는 경우 제거가 가능하다는 점에서 다르다.

162) 한국소프트웨어 진흥원의 실험결과 윈도우XP에서 윈도우 메신저를 제거하여도 윈도우 운영체제에 아무런 문제도 없었다.

163) MS사가 2003.11. 코리안클릭에 의뢰하여 실시한 조사결과에 따르면, 전체 응답자의 19.5%가 피심인 메신저가 컴퓨터에 기본적으로 정착되어 있어 불편하다고 응답하였고, 특히 이들중 68.7%는 피심인 메신저를 컴퓨터에서 완전히 삭제하기를 원한다고 응답하였다.

㉰ 윈도우 메신저는 PC 운영체제와 통상 하나의 단위로 짝지어져 판매되지 아니한다.

PC 운영체제와 별도로 독립한 메신저 사업자가 존재하고 있으며, 공급방식도 주로 인터넷을 통해 다운로드 방식으로 이루어지므로 PC 운영체제와 짝지어 판매·공급되지 않는다.

2) 구입강제성

구입강제성 여부는 일반적으로 거래상대방의 입장에서 주된 상품과 종된 상품을 따로 구입하는 것이 자유로운지를 기준으로 판단하고 있는바,[164] 주된 상품에 대한 구매자의 거래처 전환가능성이 적을수록 강제성이 크다 할 것이다.

서울 고등법원도 구입강제에 대하여 거래상대방으로 하여금 자기가 구입하고자 하지 않는 상품의 구입을 강제함으로써 거래상대방의 선택의 자유를 침해하는 것으로 판시[165]하고 있다.

독점사업자인 MS사가 (서버)운영체제에 WMS 등 응용프로그램을 결합하여 판매하면서 해당 응용프로그램을 결합하지 않은 (서버)운영체제를 별도로 공급하지 않는 행위는 소비자로 하여금 윈도우 (서버)운영체제를 구입하기 위해서 원하지 않는 WMS, WMP 및 윈도우 메신저를 구입하게 하는 것으로서 WMS, WMP, 윈도우 메신저에 대한 구입 강제에 해당한다고 볼 수 있을 것이다.

이에 대하여, MS사는 보통 '구입'이란 유상으로 재화 등을 제공받은 행위를 의미하므로 구매강제성의 요건에는 종된 상품이 유상이라는 점이 포함되어야 한다고 주장하였다.

그러나, 부당한 결합판매의 규제목적이 종된 상품시장에서의 가격·품질 등 장점에 의한 경쟁의 침해를 방지하는데 있고, 불공정거래행위 심사지침에서도 강제성의 여부를 거래상대방이 주된 상품과 종된 상품을 따로 구입하는 것이 자유로운지 여부를 기준으로 판단하도록 규정하고 있어 유상성 여부은 구매강제의 판단기준이 아니다.

이는 EU에서도 동일한 바, EU 경쟁법 관련규정이나 판례는 결합판매의 요건으로 강제성만을 요구하고 유상성은 요구하지 않고 있다. 특히 EU는 MS사의 결합판매 행위에 대한 결정문에서 조약 제82조(d)(끼워팔기)의 규정은

164) 불공정거래행위 심사지침(04.12.27 제정, 05.5.11개정) 참조.

165) 서울고법 2004. 2. 10. 선고, 2001누16288 판결.

부가적 의무요소를 규정하면서 대가의 지불이라는 표현이 들어가 있지 않으므로 유상성을 요하지 않는다고 명시한 바 있다.

3) **공정거래 저해성**

앞에서 기술한 바와 같이 MS사의 결합판매 행위는 공정거래법상 위법행위 유형에 해당된다고 판단된다. 다만 이러한 행위가 위법하다고 인정되기 위해서는 관련시장에서 공정한 거래를 저해할 우려가 있어야 한다. 그런데 이러한 공정거래법상 공정거래 저해성이란 경쟁제한성과 불공정성을 포함하는 개념이다.[166)]

먼저 경쟁제한성이란 당해 행위로 인해 시장경쟁의 정도 또는 경쟁사업자의 수가 유의미한 수준으로 줄어들거나 줄어들 우려가 있음을 의미한다.

앞에서 기술한 바와 같이 본건에 있어 MS사가 WMS를 서버운영체제에 2000년초 결합판매를 개시함에 따라 경쟁사업자인 Real Networks의 Real Media System의 시장점유율은 1999. 9. 당시 90%에서 2004. 8.에는 거의 미미한 수준으로 급격히 하락하였다. 또한 MS사가 2002. 9. WMS9을 윈도우 서버 2003에 결합하여 출시함에 따라 국내 고화질 디지털 미디어 시스템 시장에서 WMS9의 시장점유율이 급증하였다. 이에 따라 위원회가 조사한 국내 10개 고화질 인터넷 영화업체들의 경우 2003년 이전에는 경쟁업체인 씨비디오의 디디오넷을 사용하던 2개 업체가 2003년 이후 모두 WMS9을 이용하고 있는 것으로 나타나고 있다. 이에 따라 씨비디오는 사업상 어려움을 겪고 있다. 또한 경쟁사업자인 NHN과 그레텍은 사실상 해당부문 사업을 중단하고 있다.

WMP의 경우도 마찬가지이다. 앞에서 보듯이 MS사가 WMP를 결합판매하기 시작한 초기인 2000. 12.와 2001. 3.의 조사결과는 WMP와 RealPlayer의 시장점유율이 비슷하였으나 3년후에는 WMP의 시장점유율은 크게 상승하고 Real Player의 점유율은 급감한 것으로 나타나고 있다. NHN의 경우 자신의 포털사이트인 네이버에서 사용하고 있는 자신의 미디어플레이어인 터보플레이어를 2005.7 WMP로 변경하였다.

메신저의 경우에도 2001. 10. MS사가 윈도우 XP에 윈도우메신저를 결합판매한 후, MS사 제품인 메신저의 시장점유율은 현저히 상승한 반면 경쟁제품인 다음메신저, 버디버디 등의 시장점유율이 하락하고 있음을 이미 살펴본

166) 불공정거래행위심사지침 Ⅲ.1.가.(나).

바가 있다.

또한 불공정성이란 경쟁수단 또는 거래내용이 정당하지 않음을 의미한다. 경쟁수단의 불공정성은 상품 또는 용역의 가격과 질 이외의 바람직하지 않은 경쟁수단을 사용함으로써 정당한 경쟁을 저해하거나 저해할 우려가 있음을 의미한다. 거래내용의 불공정성이라 함은 거래상대방의 자유로운 의사결정을 저해하거나 불이익을 강요함으로써 공정거래의 기반이 침해되거나 침해될 우려가 있음을 의미한다.

본건의 경우 MS측이 가격이나 품질이 아닌 제품의 결합판매라는 수단을 통해 종된 상품 시장에서 경쟁함으로써 경쟁사업자의 사업활동을 어렵게 한 것이 인정된다. 또한 운영체제 시장에서 보유하고 있는 시장지배력을 활용하여 WMS, WMP, 윈도우메신저 등 종된 상품을 결합하여 판매하고, 종된 상품이 결합되지 않은 운영체제는 판매하지 않음으로써 거래상대방에게 구입을 강제한 결과가 되어 자유로운 의사결정을 저해하거나 불이익을 강요한 것으로 볼 수 있다.

4) **효율성과 경쟁제한성의 비교형량**

이상의 검토과정을 거친 결과 MS사의 결합판매행위는 공정거래법상 위법으로 인정된다. 다만 MS사측이 결합판매에 따른 경쟁제한 효과에 비해 효율성이 높다고 입증하는 경우에는 위법으로 보지 않을 수 있다.[167] 이하에서는 MS사측의 효율성에 관한 주장의 타당성을 검토하기로 한다.

우선 WMS, WMP, 메신저를 운영체제와 결합하는 행위자체가 기술적인 측면에서 운영체제의 성능 향상에 기여한다고 인정하기 어렵다.

WMS의 경우 서버운영체제의 옵션기능으로 제공되었으므로 WMS를 결합판매하는 것이 서버운영체제의 성능에 아무런 영향을 미치지 못한다. WMP의 경우 윈도우 운영체제와 기술적으로 심층 결합(Comingling)되어 있다고 하나 관련분야 전문 실험기관인 KeyLabs의 실험결과 윈도우 운영체제에서 WMP 제거 후 다른 미디어플레이어 설치시 윈도우 운영체제의 성능에 별 차이가 없는 것으로 나타나고 있어 운영체제의 성능개선이라는 효과도 인정하기 어렵다. 윈도우 메신저의 경우에도 인터넷 사이트에서 별도의 프로그램을 다운로드 받아 제거한 후에도 운영체제에 아무런 문제가 없었고 WMP의 경우를 미루어 볼 때 제품결합이 운영체제의 성능개선에 기여한다고 볼 아무런

167) 불공정거래행위 심사지침 V.5.가.(2).(다).

근거가 없다.

MS사는 결합판매 행위가 유통비용을 감소시키고, 응용프로그램 개발 편의 등 효율성 증대효과가 있다고 주장한다.

그러나, 유통비용 감소 등의 편익은 사용자가 다운로드 받는 불편함을 덜어주는 편익에 불과하다. 특히 우리나라는 EU등 외국에 비해 초고속망이 발달하여 소비자가 스스로 인터넷으로부터 다운로드하는데 소요되는 시간은 미미하다. 컴퓨터 판매업자들이 하드웨어 판매시 소비자들이 선호하는 다양한 소프트웨어를 함께 묶어 판매하는 행태를 고려하면 MS측이 일방적으로 자사의 응용프로그램을 결합하여 판매하는 것은 소비자들의 선택을 제약하는 효과는 큰 반면, 유통비용의 절감효과는 미미하다고 볼 것이다.

또한, 응용프로그램 개발자에 대한 편익도 다른 경쟁제품[168]에 의해 충분히 가능한 것으로 MS사의 결합판매에 의한 고유한 편익이라고 보기는 어렵다. 결국, MS사의 결합판매 편익은 그 정도가 미미하여 경쟁제한 효과를 능가하지는 못한다고 판단된다.

(다) 결 론

MS사의 결합판매 행위는 PC(서버) 운영체제와 별개제품인 WMS, WMP, 윈도우 메신저를 원하지 않는 소비자에게 그 구입을 강제하므로 정상적인 거래관행에 비추어 부당한 행위이다. 이와 같은 MS사의 결합판매 행위는 WMS, WMP, 윈도우 메신저의 편재성을 초래하여 경쟁을 제한할 뿐 아니라, 거래내용 또는 거래수단이 불공정한 반면, MS측이 주장하는 결합에 따른 효율성 증대 효과는 미약하여 공정거래 저해효과에 비해 현저하게 크다고 인정할 수 없다. 따라서 본건 결합판매는 공정한 거래를 저해할 우려가 있는 행위에 해당되므로 불공정거래행위 중 끼워팔기에 해당한다.

(2) 시장지배적 지위 남용행위 중 다른 사업자의 사업활동 방해행위

(가) 법률 요건

공정거래법 제3조의2 제1항 제3호는 시장지배적 사업자가 다른 사업자의 사업활동을 부당하게 방해하는 행위를 금지하고 있다. 같은 법 시행령 제5조 제3항 제4호 및 시장지배적 지위 남용행위 심사기준은 이를 구체화하여 금지유형으로 시장지배적 사업자가 '부당하게 거래상대방에게 불이익이 되는 거래

168) 리얼플레이어의 경우도 응용프로그램개발자를 위한 1000가지 기능이 넘는 API를 제공.

또는 행위를 강제하는 행위로서 다른 사업자의 사업활동을 어렵게 하는 행위'를 금지하고 있다. 따라서, MS사의 행위가 위 규정에 해당하기 위해서는 첫째, MS사가 시장지배적 지위에 있어야 하며 둘째, 부당하게 거래상대방에게 불이익이 되는 거래 또는 행위를 강제하여야 하며 셋째, 부당한 행위가 다른 사업자의 사업활동을 어렵게 하여야 한다.

(나) 위법성 판단

1) **시장지배적 사업자 여부**

MS사가 시장지배적 사업자임은 이미 앞에서 살펴본 바와 같다. 즉 PC 운영체제 시장에서는 99%의 점유율을 보유한 거의 절대적인 시장지배력을 보유한 독점사업자라는데 의심의 여지가 없다. PC 서버시장에서도 시장점유율을 70%이상 보유하고 있으며 진입장벽 등으로 볼 때 시장지배적 사업자로 인정할 수 있다.

2) **부당하게 거래상대방에게 불이익이 되는 거래를 강제하는 행위 여부**

MS사의 결합판매 행위는 앞에서 언급한 바와 같이 PC(서버)운영체제와 별개제품인 WMS, WMP, 윈도우 메신저의 구입을 원하지 않는 거래상대방에게도 해당제품이 없는 운영체제를 선택할 기회를 제공하지 않으므로 사실상 구입을 강제한 것으로서 거래상대방에게 불이익이 되는 부당한 행위라고 볼 수 있다.

3) **부당한 행위가 다른 사업자의 사업활동을 어렵게 하는지 여부**

앞에서 살펴본 바와 같이 이러한 결합판매행위는 미디어서버, 미디어플레이어, 메신저 등 관련 시장에서 다른 사업자의 사업활동을 어렵게 하고 있다.

(다) 결 론

MS사의 결합판매 행위는 상기 위법성 요소를 모두 충족시키므로 시장지배적 지위 남용행위 중 다른 사업자의 사업활동 방해 행위에 해당한다.

(3) 시장지배적 지위 남용행위 중 소비자 이익의 현저한 저해행위

(가) 법률요건

공정거래법 제3조의2 제1항 제5호 후단은 시장지배적 사업자가 부당하게 소비자의 이익을 현저히 저해할 우려가 있는 행위를 금지하고 있는데, MS사의 행위가 위 요건에 해당하기 위해서는 첫째, MS사가 시장지배적 지위를 갖는 사업자이며, 둘째, 부당한 행위를 하여, 셋째, 소비자 이익을 현저히 저해할 우려가 있어야 한다.

(나) 위법성 판단

1) 시장지배적 사업자 여부

MS사가 시장지배적 사업자임은 앞에서 이미 언급한 바와 같다.

2) 부당한 행위를 하였는지 여부

MS사가 자사의 운영체제 소프트웨어에 WMS, WMP, 윈도우메신저등 자사의 응용프로그램 제품을 결합한 제품만을 판매하고 이러한 응용프로그램 제품이 결합되지 않은 운영체제는 판매하지 않은 행위는 이미 앞에서 살펴본 바와 같이 자사의 운영체제 시장에서의 시장지배력을 이용하여 WMS, WMP, 메신저를 원하지 않는 소비자에게도 해당 제품이 없는 운영체제를 선택할 기회를 제공하지 않으므로 사실상 당해 상품의 구입을 강제하는 부당한 행위이다.

3) 부당한 행위가 소비자 이익을 현저히 저해할 우려가 있는지 여부

이러한 구입강제는 소비자의 상품 선택권을 침해하고 해당 응용프로그램의 독점화 및 이를 통한 운영체제 소프트웨어의 독점을 부당하게 유지함으로써 가격인상 또는 제품의 품질개선 지연 등을 초래하는 등 소비자 이익을 현저히 저해할 우려가 있다.

(다) 결 론

MS사의 결합판매는 상기 위법성 요소를 모두 충족하므로 시장지배적 지위 남용 행위 중 소비자 이익의 현저한 저해행위에 해당한다.

(4) 종합결론

MS사의 결합판매 행위는 공정거래법 제3조의 2(시장지배적지위 남용행위의 금지) 제1항 제3호의 다른사업자의 사업활동 방해행위 및 제5조 후단의 소비자이익을 현저히 저해할 우려가 있는 행위에 해당하는 동시에 동법 제23조 제1항 제3호에서 규제하는 거래강제(끼어팔기)에 해당된다.

Ⅴ. 시정조치의 주요 내용 및 의의

위원회는 이러한 MS사의 부당한 결합판매 행위에 대해 시장지배적 사업자의 지위 남용행위 중 다른 사업자의 사업활동 방해 행위, 소비자 이익의 현

저한 저해 행위, 불공정거래행위 중 끼워팔기 법리를 적용하여 324억 9천만원의 과징금을 부과하였고, 아울러 시장의 경쟁을 촉진하고 소비자의 편의를 증진시키기 위한 다양한 시정조치를 명령하였다.

1. 시정조치의 주요 내용

(1) 결합상품의 분리명령 및 경쟁제품의 이용 편의성 제고 조치

시정조치의 주요 내용으로는 MS측이 공급하는 PC 서버운영체제에 WMS를 결합하여 판매하는 행위를 금지하였으며, 윈도우 PC 운영체제의 경우에도 WMP 및 윈도우 메신저를 결합하지 아니한 운영체제를 공급하도록 하였다(분리버전). 다만 WMP 및 윈도우 메신저의 경우 MS측이 현행대로 PC 운영체제에 이들을 결합한 제품을 함께 공급하려는 경우(탑재버전)에는 경쟁 미디어 플레이어 및 메신저도 소비자들이 쉽게 다운로드 받아 사용할 수 있도록 PC 초기 화면상에 "미디어 플레이어/메신저 센터"라는 메뉴 또는 아이콘이 나타나도록 하는 등 필요한 조치를 취하도록 하였다. 이러한 미디어 플레이어/메신저 센터라는 메뉴 또는 아이콘을 클릭하면 인터넷상의 관련 웹사이트로 연결되어 소비자가 원하는 경쟁회사의 미디어플레이어나 메신저를 쉽게 다운로드 받을 수 있도록 하였다.

(2) 정보제공 및 호환 노력

MS사는 국내 PC제조업체, 소프트웨어 개발자, 콘텐츠 사업자 등에게 WMP와 윈도우 메신저가 윈도우 PC 운영체제와 상호연결 및 작동을 위하여 사용하는 API(Application Programming Interface) 및 관련 문서를 공개하여야 한다. API와 관련 문서는 MS사가 MSDN[169]을 통해 통상적으로 공개하는 API나 관련문서와 동등한 정도로 정확하고 구체적이어야 하며, 정보공개는 WMP 및 윈도우 메신저의 주요 버전이 출시될 경우에는 각 버전의 최종 베타버전[170]이 출시되는 시점까지, PC 운영체제의 경우에는 국내외 기준 150,000개[171] 이상 베타 버전이 배포되는 시점까지 하여야 한다.

---

169) 마이크로소프트 제품의 개발과 관련된 정보를 제공하고 있는 웹사이트.

170) 소프트웨어 개발회사에서 새로운 소프트웨어와 하드웨어를 개발하거나 또는 기존에 판매되던 제품의 개정판을 발표하면서 제품의 오류를 수정하기 위해 배포되는 테스트용 제품.

171) MS사가 대외적으로 API 제공 등 정보제공 위해서는 새로 출시될 버전의 운영체제에 대한 개발이 종료되어 최종제품이 확정되어야 가능하다. 통상적으로는 150,000개 이상의 베타버전(시험용 제품)이 출시되는 경우 새로운 버전의 운영체제 출시가 확정되었다고 볼 수 있

또한, MS사는 다른 메신저 사용자들이 MSN 메신저 사용자들과 상호 통신할 수 있도록 함으로써 이미 형성된 네트워크의 효과를 공유토록 유도하여야 하며 이를 위하여 MS측이 다른 메신저 사업자들과 성실히 협의하여야 한다.

2. 시정조치의 의의

이번 MS사에 대한 시정조치는 유사한 사례에 대한 EU의 조치에 비해 진일보한 것이라고 할 수 있다. EU의 경우 결합된 부상품을 제거한 버전과 현행버전(결합제품)을 모두 판매할 수 있도록 하였는바, MS측이 이를 동일한 가격에 출시함으로써 사실상 현행버전(결합제품)만을 소비자들이 선호하는 결과를 초래하였다.

우리나라의 경우 MS사의 시장점유율이 EU 등 다른 선진국에 비해 더 높은 점 등에서 볼 수 있듯이 MS사에 의한 시장집중도가 높아 시장지배력의 남용에 따른 폐해는 더 크다고 할 수 있다. 또한, 우리나라의 초고속 인터넷의 보급률이 EU등에 비해 더 높아 인터넷을 통한 다운로드가 보다 용이하므로 결합판매에 따른 판매비용 절감효과는 낮다고 보아야 한다. 따라서 공정거래위원회는 MS사의 결합판매에 따른 공정거래 저해성이 EU의 경우보다 더 크다고 판단하고 보다 실효성있는 조치를 강구하였다.

우선, 결합판매에 따른 원칙적인 시정조치로서 결합된 부상품을 주상품으로부터 제거하도록 명령하였다(분리버전). 다만 기존의 결합상품을 선호하는 소비자의 소비자 선택권도 존중하여 현행대로 WMP, 윈도우메신저 등을 결합한 운영체제를 판매할 수 있도록 하되 이 경우에도 소비자의 선택권을 최대한으로 보장하기 위하여 경쟁제품도 손쉽게 소비자가 선택할 수 있는 장치를 마련하도록 보완조치를 강구하였다(탑재버전). 즉 윈도우 초기화면에 "미디어/ 메신저 센터"라는 아이콘 또는 메뉴를 설치하여 소비자들이 경쟁제품을 쉽게 파악하여 필요시 다운로드를 받아 사용할 수 있도록 한 것이다.

분리버전은 결합판매라는 위법행위에 대한 행위중지명령의 성격을 지니고 있다. 논리적으로는 타당성에 의심의 여지가 없으나 EU의 경우에서 보듯이 분리버전을 현행버전(결합제품)과 동일한 가격으로 시장에 출시하는 경우 소비자의 불만과 불편이 초래될 수 있다. 따라서 단기적으로 볼 때 경쟁당국에서 분리된 버전에 대하여 현행보다 낮은 가격을 책정하도록 명령하지 않는 한

다. 미국 DOJ도 인터넷 익스플로러 사건에서 동일한 기준을 적용하였다.

소비자들의 상당수가 선호하지 않을 가능성이 높다. 컴퓨터 제조업체의 경우에도 MS사의 영향력이 지대하여 쉽게 다른 경쟁제품을 탑재하여 판매하는 것을 기대하기 어렵다. 다만 장기적으로는 분리버전을 전제로 경쟁제품들이 판촉을 강화하고 기술개발 등을 통해 MS사와의 공정한 경쟁을 할 수 있는 터전이 마련된다는 점에 그 의의가 있다고 볼 것이다.

탑재버전의 경우 이러한 분리버전의 문제를 보완하여 기존의 WMP 및 윈도우미디어를 결합판매하는 것을 인정하되 경쟁제품도 손쉽게 이용할 수 있도록 함으로써 현행제품에 비해 소비자의 선택권을 확충시켜 소비자 이익을 극대화하도록 하였다. 이러한 조치는 단기적으로도 MS사와 경쟁사간의 불공정한 경쟁기반을 상당수준 시정하여 시장에서의 공정한 경쟁을 촉진할 수 있다는 장점이 있다. 다만 이러한 탑재버전의 경우 기술적으로나 법적인 문제를 고려할 때 완벽한 수준으로 MS사와 경쟁회사간의 공정한 경쟁기반을 마련하기는 어렵다는 점에서 다소 미흡한 점이 있는 것이 사실이다. 아뭏든 EU에서의 경험[172]에 비추어볼 때 적어도 단기적으로는 시장에서 분리버전보다는 탑재버전이 압도적으로 선호될 것으로 전망되므로 탑재버전에 의한 공정경쟁 촉진효과가 현실적으로는 중요한 의미가 있다.

또한 응용소프트웨어 개발업자들의 경쟁력을 높이기 위해 MS사가 새로운 운영체제 버전을 출시하는 경우 응용프로그램과 관련되는 API를 최종제품의 출시전에 가능한 한 빠른 시일내에 공개토록 하고 그 공개내용도 응용소프트웨어 개발업자들에게 필요한 충분한 수준으로 정확히 공개하도록 하였다. 이는 현재 MS사와 부상품 시장에서 경쟁하는 업자의 경우 MS사가 새로운 운영체제 버전을 출시하는 경우, 이에 상응하는 응용프로그램을 개발하기 위하여 필요한 새로운 운영체제 관련정보(API)를 MS사가 너무 늦게 공개하거나 공개하더라도 내용이 불충분하여 경쟁제품을 개발하는데 애로가 많다는 점을 감안한 것이다. 이러한 조치는 앞으로 응용소프트웨어 산업의 발전에 크게 기여할 것으로 기대된다.

마지막으로 메신저의 경우 MS사 측이 그동안 자사의 메신저를 윈도우운영체제와 결합판매함에 따라 발생한 네트워크 효과를 시정하기 위한 방안으

172) EU의 경우 시정조치에도 불구하고 1년여 경과한 지금까지 시장에서 분리된 버전의 수요는 거의 없고, 기존의 결합제품이 거의 압도적으로 선호되어 시장에서 공정경쟁을 촉진하는 효과가 거의 발생하지 않고 있다는 비판이 있다.

로 경쟁사 메신저와의 호환성을 확보하도록 노력할 것을 명령하였다. 이는 상업적, 기술적으로 경쟁사와의 협력이 필요한 사안이나, 메신저 사업에 있어 사용자수가 매우 중요한 요소이므로 경쟁사와의 합의를 전제로 상호 호환이 가능하도록 함으로써 향후 메신저시장에서의 공정한 경쟁기반을 마련하는데 의의가 있다.

Ⅵ. 결 어

끝으로 이러한 MS사의 결합판매 행위에 대한 한국 공정위의 제재는 미국, EU에 이어 세 번째 조치이며, 특히 윈도우 미디어서비스와 윈도우메신저의 결합판매 행위에 대해서는 세계 최초의 조치이다. MS사의 결합판매 행위에 대한 공정거래법적 평가를 위해서는 소프트웨어 산업부문에 대한 전문적인 이해를 토대로 소프트웨어 산업부문의 관련 통계를 기초로 한 다양한 경제분석 기법을 적용하는 것이 필수적이며, 나아가 전세계적으로 선례가 거의 없는 첨단 IT기술분야 제품의 결합판매에 대한 위법성 판단기준을 공정위가 독창적으로 수립할 필요가 있었다는 점에서 본 사건은 한국공정위의 공정거래법 집행 능력을 세계적으로 과시한 역사적 사건이라고 할 수 있다.

이번 공정위의 결정으로 국내 미디어 사업자 및 메신저 사업자들이 MS사와 동등한 조건하에 기술력과 서비스에 의한 경쟁(competition on the merits)을 할 수 있는 여건이 조성되고 소비자 선택의 기회가 확대되는 등 사업자와 소비자들이 모두 경쟁에 의한 이익을 누릴 수 있게 될 것이다. 또한, PC 운영체제, 서버 운영체제, 미디어 서버, 미디어 플레이어, 메신저 등의 소프트웨어 시장에서 그간 왜곡되었던 경쟁질서를 회복하여 공정하고 자유로운 시장경쟁이 가능해지도록 함으로써 국내 관련 소프트웨어 산업이 획기적으로 발전할 수 있는 계기가 될 것으로 기대한다.

제 2 장

경쟁제한적인 기업결합의 금지와 대규모기업집단에 대한 규제

제 1 절 경쟁제한적 기업결합의 금지*

Ⅰ. 서 론

경성카르텔은 경쟁사업자들 사이에 경쟁의 핵심적인 요소에 대하여 서로 경쟁하지 않기로 합의하는 것이기 때문에 경쟁에 미치는 효과가 직접적이고 대체로 부정적이어서 시장에 미치는 효과를 면밀히 검토할 필요 없이 그 경쟁제한성을 쉽게 인정할 수 있다.[1] 이런 특성을 반영하여 독점규제및공정거래에관한법률(이하 "독점규제법"이라고 한다) 제19조 제1항에서는 "부당하게" 경쟁을 제한하는 합의를 금지함으로써 경성카르텔에 대해서는 경쟁제한성 심사를 보다 완화할 수 있도록 하고 있다.[2] 이와는 달리 기업결합에 대해서는 "일정한 거래분야에서 경쟁을 실질적으로 제한하는"(이하 "경쟁제한성"이라고 지칭한다) 기업결합만을 규제하고 있는데(독점규제법 제7조 제1항), 기업결합은 관련시장에서의 경쟁을 제한할 수도 있지만 오히려 친경쟁적 효과를 낳을 수도 있기 때문에 관련시장에서의 경쟁에 미치는 효과를 엄격하게 심사하도록 요구하는 것이다.

한편 부당한 공동행위나 시장지배적 지위의 남용행위가 문제되는 사안에서는 대체적으로 경쟁제한 효과나 효율성이 심사 시에 이미 나타나고 있거나 가까운 장래에 나타나게 된다.[3] 이에 반하여 기업결합에서는 장래에 나타날

---

* 이민호(공정거래위원회 송무팀장)

1) 권오승, 경제법(제5판), 법문사, 2005, 304면.

2) 이에 반하여 연성카르텔의 경우에는 경쟁을 제한하는 효과와 친경쟁적 효과를 면밀히 검토하여 부당성이 있는지 여부를 신중히 판단하여야 할 것이다.

3) 부당한 공동행위 또는 시장지배적 지위 남용행위가 문제되는 사안에서도 중장기적인 경

경쟁제한적 효과나 효율성을 미리 예측하여야 하는데, 불확실한 미래 상황에 대한 예측 도구로 경제분석이 다른 사안에 비하여 더욱 그 중요성을 가지게 된다. 즉, 경제분석이라는 도구를 통해 미래의 시장에 나타날 경쟁상황에 관하여 보다 깊이 통찰할 수 있게 된다. 그러나, 경우에 따라서는 객관적인 데이터의 부족으로 경제분석이 부정확할 수 있을 뿐만 아니라, 경쟁제한의 폐해나 효율성을 구성하는 요소들 중에는 계량화하거나 모형화하기 어려운 것도 있다. 따라서, 경제분석은 금지되어야 하는 기업결합인지 여부를 판단하는데 기초가 되는 중요한 고려요소일 뿐이며, 경제분석의 결과가 법적 판단을 대체하거나 아무런 수정없이 법적 판단으로 전화할 수는 없다.[4] 즉, 기업결합 사건에서 경쟁제한성과 효율성을 검토함에 있어 경제분석은 큰 도움이 될 것이나, 경제분석 결과에 전적으로 의존하여서는 안 되고, 경제분석이 반영하지 못하는 여러 가지 요소들이나 경제분석의 한계를 함께 고려하여 기업결합의 금지 여부를 판단하여야 할 것이다.

어떠한 기업결합이 관련시장에서 경쟁을 실질적으로 제한하는지 여부를 검토하기 위해서는 우선 그 판단의 전제가 되는 관련시장을 획정할 필요가 있다. 그러나, 관련시장의 획정에 관해서 별도로 다루고 있는 논문이 게재되어 있으므로, 이 글에서는 관련시장 획정 문제는 다루지 않기로 한다. 다만, 관련시장 획정은 경쟁제한성 여부를 판단하기 위한 목적으로 시장을 인위적으로 나누는 것인데, 엄밀하게 시장을 획정하기 위해서는 상당한 자원의 투자가 요구된다는 점만 강조하기로 한다. 따라서, 어떠한 기업결합이 있더라도 경쟁제한성이 야기되지 않을 것이 명확한 거래분야에 대해서는 굳이 시장을 정확하게 획정하기 위하여 자원을 낭비할 이유가 없다. 또한 경쟁제한성이 문제되는 경우라 하더라도 어떤 거래분야를 전체로 하나의 시장으로 획정하건 아니면 이를 나누어 몇 개의 시장으로 획정하건 간에 시장의 경쟁상황이 유사하여 경쟁제한성 분석에 특별한 차이가 없는 경우에도 굳이 엄밀하게 관련시장을 획정할 필요가 없을 것이다.

이 글의 제2절에서는 먼저 독점규제법과 그에 따른 기업결합심사기준(이하 "심사기준"이라고 한다)에서 어떠한 도구로 경쟁제한성 여부를 판단하도록 하고 있는지, 그러한 기준이 적절하게 규정되고 적용되고 있는지 여부를 살펴보기

쟁제한 효과나 효율성이 문제되는 경우가 있다.

4) Fritz Rittner, Wettbewerbs- und Kartellrecht, 6. Auflage, 1999, §5 Rdnr. 43.

로 한다. 그리고, 외국의 심사지침 등을 참고하여 심사기준의 개선방향을 제시하기로 한다. 경쟁제한성 여부를 판단함에 있어서는 당해 기업결합이 수평결합인지, 수직결합인지, 혼합결합인지에 따라 주목하여야 하는 측면이 달라지게 되므로, 그 경쟁제한성 판단기준도 각각의 경우를 나누어 검토할 필요가 있다. 한편 심사기준은 기업결합의 경쟁제한성을 판단하는 기본적인 도구들을 제시하고 있는 것에 불과하므로, 개별적인 사건에 적용함에 있어서는 각 산업별 특성 및 그 사건의 개별적인 특성을 충분히 고려하여 그 기준을 적절하게 수정하여 적용할 필요가 있고, 경우에 따라서는 경쟁제한효과 또는 경쟁제한성을 완화하는 효과가 있는지 여부를 판단하기 위하여 심사기준에 제시되어 있지 않은 요소들을 검토할 필요도 있다.[5)]

제3절에서는 독점규제법 제7조 제2항에서 규정하고 있는 효율성 항변과 도산기업항변에 관한 독점규제법 및 심사기준의 내용을 검토한다. 독점규제법에서는 경쟁제한의 폐해가 인정되는 경우라도 효율성 항변 또는 도산기업 항변이 성립되는 경우 기업결합을 조건 없이 승인하도록 규정하고 있다. 특히 효율성 항변과 관련하여서는 독점규제법이 효율성과 경쟁제한성을 비교형량하여 기업결합 승인 여부를 결정하도록 하고 있다. 그런데, 이론적으로나 실무적으로나 효율성 및 경쟁제한성을 측정하는 방법론이 구체적으로 정립되어 있지 않아 개별 사례에 있어 효율성 항변을 어떻게 판단하여야 할 것인지 명확하지 않은 측면이 있다. 이에 관해서는 제3절에서 좀 더 살펴보기로 한다.

제4절에서는 경쟁제한적인 기업결합이라고 인정될 경우 공정거래위원회가 취하는 시정조치에 관하여 살펴보기로 한다. 공정거래위원회가 경쟁제한성을

5) 심사기준은 독점규제법 제7조 제5항의 위임에 의하여 제정된 것으로 법률의 내용을 보충하는 성질을 가지고 있기 때문에 대외적 구속력이 인정되는 법규명령으로 볼 수 있을 것이다. 그러나, 심사기준의 대부분 조항에서 일정한 요건을 충족할 경우 "경쟁을 제한할 수 있다"라거나 여러 가지 요소들을 "종합적으로 고려"하여야 한다는 등의 표현을 사용하고 있으므로, 그러한 경우에는 심사기준에서 정하고 있는 특정 요건에 해당한다고 하여 반드시 경쟁제한성을 인정하거나 예외를 인정하여야 하는 것은 아니다. 또한 심사기준에서 상당수 조항은 "… 등"을 종합적으로 고려하도록 하는 방식을 취하고 있기 때문에 심사기준에 정해진 고려요소들은 예시적인 것으로 볼 수 있고, 심사기준에 정하고 있지 않은 요소라 하더라도 필요에 따라 추가적으로 고려할 수 있을 것이다. 다만, 수직적 기업결합에 관한 기준에서는 "… 등"이라는 표현을 사용하고 있지 않기 때문에 심사기준에 정하고 있지 않은 요소들을 고려할 수 있는 것인지 의문이 있을 수 있다.

심사기준을 개정할 때에는 이와 관련한 의문을 근본적으로 해소하기 위하여 심사기준은 일응의 판단 기준을 제시하는 것이며, 심사기준에서 제시하고 있지 않은 요소들도 필요에 따라 고려할 수 있음을 명시하여 주는 것이 바람직할 것이다.

인정하여 시정조치를 취하더라도 그 시정조치가 적절하지 못하다면 관련시장의 경쟁은 끝내 회복될 수 없을 것이다. 따라서, 어떠한 경우에 경쟁제한성을 인정할 것인가도 중요하지만 경쟁제한성이 인정되는 경우에 어떠한 수단으로 그러한 경쟁제한성을 해소할 수 있을 것인가도 그에 못지 않게 중요하다.

제5절에서는 이상의 논의를 바탕으로 결론을 간략히 정리하기로 한다.

Ⅱ. 경쟁제한성의 판단[6)]

1. 독점규제법의 관련 규정

(1) 경쟁을 실질적으로 제한하는 기업결합의 금지

독점규제법 제7조 제1항은 일정한 거래분야에서 경쟁을 실질적으로 제한하는 기업결합을 금지하고 있다. 이 때 "일정한 거래분야"는 거래의 객체별·단계별 또는 지역별로 경쟁관계에 있거나 경쟁관계가 성립될 수 있는 분야를 말하는데(법 제2조 제8호), 관련시장을 의미하는 것이다. "경쟁을 실질적으로 제한하는 행위"란 일정한 거래분야의 경쟁이 감소하여 특정 사업자 또는 사업자단체의 의사에 따라 어느 정도 자유로이 가격·수량·품질 기타 거래조건 등의 결정에 영향을 미치거나 미칠 우려가 있는 상태를 초래하는 행위를 의미한다(같은 조 제8호의2). 이 때 "특정사업자의 의사"에 따른다고 함은 기업결합 후에 기업결합 당사회사가 단독으로 경쟁요소에 영향을 미치거나 미칠 우려가 있는 상태뿐만 아니라, 기업결합 당사회사가 기업결합 후에 다른 사업자들과 공동으로 그러한 상태를 초래할 수 있는 경우도 포함하는 것으로 해석된다. 한편 경쟁요소의 결정에 영향을 "미칠 우려가 있는" 상태의 의미는 단순한 가능성을 의미하는 것이 아니라, 기업결합 후에 기업결합 당사회사가 관련시장에서 경쟁을 제한할 개연성이 있는 경우를 의미하는 것으로 이해된다. 기업결합에서 경쟁제한성의 의미는 경쟁의 실효성 있는 제한, 즉 유효한 경쟁을 기대하기가 거의 불가능한 상태를 초래하는 것을 의미한다.[7)] 이와 같이 기업결합의 금지요건으로 경쟁의 실질적 제한을 요구하는 것은 미국 클레이튼 법 제7조의 태도를 계수한 것으로 보인다.

---

6) 제2절은 2005. 12. 16. 한국경쟁법학회 동계학술회의에서 저자가 발표한 논문(기업결합에서의 경쟁제한성 판단기준, 경쟁법연구 제13권, 법문사, 2006, 165면 이하에 수록)을 기초로 작성되었다.

7) 권오승, 앞의 책, 192면.

(2) 경쟁제한성의 추정

개별적인 사례에서 경쟁제한성이 있는지 여부를 구체적으로 입증하기 위해서는 상당한 자원이 투여되어야 하는데, 경쟁제한성이 통상적으로 나타나는 경우들을 특정하여 경쟁제한성이 추정되는 것으로 정하여 두면 공정거래위원회가 불필요하게 경쟁제한성의 입증에 과다한 자원을 투여하지 않아도 된다. 독점규제법은 경쟁제한성을 법률로 추정하고 있는데, 독점규제법 제7조 제4항 제1호에서 (i) 시장점유율의 합계가 시장지배적사업자의 추정요건(1사업자의 시장점유율이 50% 이상 또는 3 이하 사업자의 시장점유율 합계가 75% 이상, 다만 시장점유율이 10% 미만인 사업자는 제외)에 해당하고, (ii) 시장점유율의 합계가 당해 거래분야에서 제1위이며, 그리고 (iii) 시장점유율의 합계와 시장점유율이 제2위인 회사의 시장점유율과의 차이가 그 시장점유율 합계의 25% 이상인 경우에 일정한 거래분야에서 경쟁을 실질적으로 제한하는 것으로 추정하고 있다. 또한 같은 항 제2호에서는 대규모회사(계열회사와 합하여 자산총액 또는 매출액이 2조원 이상인 회사)가 직접 또는 특수관계인을 통하여 행한 기업결합으로서 (i) 중소기업의 시장점유율이 2/3 이상인 거래분야에서, (ii) 당해 기업결합으로 5% 이상의 시장점유율을 가지게 되는 경우에 경쟁제한성을 추정하고 있다.

제1호의 추정요건과 관련하여서는 현행조항을 지지하는 입장이 있는 반면,[8] 기업결합의 실효성 제고를 위하여 추정요건을 완화할 것을 주장하는 입장이 있다.[9] 현행조항은 기업결합 당사회사들이 기업결합 후에 상당히 높은 시장점유율을 가질 것을 요건으로 하는데, 이는 단독으로 경쟁제한 행위를 할 개연성이 높은 경우에만 경쟁제한성을 추정하도록 하는 것으로, 과점시장에서 협력효과가 발생할 개연성이 높은 경우까지 포괄하지는 못하는 한계가 있다. 따라서, 제1호의 추정요건은 현행보다 완화하여 협력효과가 발생할 개연성이 높은 경우에도 경쟁제한성이 추정되도록 할 필요가 있다.[10]

제2호의 추정조항은 대기업이나 이른바 재벌에 속하는 회사가 중소기업들이 주로 활동하는 시장에 기업결합을 통하여 참여함으로써 경쟁을 제한하는

---

8) 윤세리, 공정거래법상 기업결합규제에 관한 사례연구, 경쟁법연구 제7권, 한국경쟁법학회, 2001, 32-33면.

9) 권오승, 앞의 책, 212-213면.

10) 다만, 추정조항의 적용범위를 넓히는 경우에는 그 한도 내에서 기업결합을 하고자 하는 사업자들에게 입증책임을 전가하는 것이므로, 그 범위가 지나치게 넓어지지 않도록 적절하게 요건을 조정할 필요가 있을 것이다.

경우를 쉽게 규제하기 위한 것이다. 중소기업들이 경쟁을 하면서 사업을 영위하는 것이 효과적인 시장에 대규모회사가 진입함으로써 시장을 독과점화할 우려가 있는 경우도 있겠지만, 반대로 대규모회사가 진입함으로써 관련시장에서의 경쟁을 촉진시키고 효율성을 향상시키는 경우도 있을 수 있다. 그런데, 전자가 압도적 다수의 경우라는 아무런 경험적 증거가 없는 이상 제2호의 추정조항은 삭제하고 개별적인 사례마다 경쟁제한성이 있는지 여부를 따져보아 경쟁제한성이 인정되는 경우에 규제하는 것이 바람직할 것이다. 공정거래위원회가 제2호를 적용하여 경쟁제한성을 추정한 사례를 찾아볼 수 없는데, 이는 사실상 제2호가 사문화된 결과인 것으로 보인다.

(3) 불공정한 방법에 의한 기업결합의 금지

독점규제법 제7조 제3항에서는 경쟁제한적인 기업결합 외에도 강요 기타 불공정한 방법에 의한 기업결합을 금지하고 있는데, 이러한 경우에는 독점규제법의 다른 조항(예컨대 시장지배적지위 남용행위 금지조항, 불공정한 거래행위 금지조항 등)이나 민법, 상법, 증권거래법 기타 관련 법령으로 규율하는 것으로 충분할 것이므로, 입법론적으로는 삭제하는 것이 바람직할 것이다.[11)]

2. 심사기준의 경쟁제한성 판단기준

심사기준은 기업결합에 대하여 당해 기업결합으로 지배관계가 형성되는지, 관련시장을 어떻게 획정하여야 하는지, 관련시장에서의 경쟁제한성을 어떻게 판단할 것인지 그리고 효율성 항변 및 도산기업 항변을 어떻게 평가하여야 하는지 순서로 검토하도록 지침을 마련하고 있다.

경쟁제한성 판단기준에 관하여 심사기준은 기업결합의 유형을 수평결합, 수직결합, 혼합결합[12)]으로 나누어 그 기준을 제시하고 있다. 미국의 1992년 수평결합지침(Horizontal Merger Guideline)이나 유럽연합의 2004년 수평결합지침(Guidelines on the assessment of horizontal mergers under the Council

---

11) 권오승, 앞의 책, 245면.

12) 수평결합은 서로 대체 관계에 있는 동일하거나 유사한 상품 또는 용역을 제공하는 사업자들 사이의 결합을 의미하고, 수직결합은 전방시장 및 후방시장의 관계에 있는 사업자들 사이의 결합(예: 원료공급자와 생산자와의 결합; 생산자와 유통업자와의 결합)을 말하며, 혼합결합은 수평적이거나 수직적인 관계에 있지 않은 사업자들 사이의 결합을 의미한다. 기업결합 당사회사들이 여러 가지 영업을 영위하고 있는 경우에는 동시에 여러 유형의 기업결합에 해당할 수 있고, 이 경우 경쟁제한성은 각 유형 별로 판단할 필요가 있다.

Regulation on the control of concentrations between undertakings)에서는 수평결합만 다루고 있는 반면, 우리 심사기준은 모든 유형의 기업결합에 대한 판단기준을 제시하고 있다. 한편 미국의 경우 수직결합 및 혼합결합에 대해서는 법무성의 1984년 기업결합지침(Merger Guidelines)이 여전히 적용되고 있다.

(1) 수평결합에 대한 경쟁제한성 판단기준

(가) 경쟁제한성 판단기준의 체계

심사기준은 수평결합의 경쟁제한성에 관하여 시장집중상황, 해외경쟁의 도입수준 및 국제적 경쟁상황, 신규진입의 가능성, 경쟁사업자간의 공동행위 가능성, 유사품 및 인접시장의 존재여부 등을 종합적으로 고려하여 심사하도록 하고 있다(Ⅶ.1항). 물론 이러한 요소들은 "종합적"으로 고려할 필요가 있지만, 심사기준은 각 요소가 경쟁제한성 판단에서 가지는 의미를 명확하게 서술하여 주지 아니함으로써 경쟁제한성 판단에서 각 요소가 차지하는 중요성이나 위치를 제대로 보여주지 못하고 있다.

우선 시장집중도에 관해서는 미국의 1992년 수평결합지침 및 유럽의 2004년 수평결합지침과 같이 이를 다른 요소들과 대등하게 고려되는 하나의 요소라기보다는 본격적인 경쟁제한성 판단이 필요한 사안을 거르는 경쟁제한성 판단의 시작점이라는 점을 명시하여 주는 것이 바람직할 것이다. 즉, 안전지대를 설정하여 기업결합 당사회사의 시장점유율 합계가 일정한 비율 미만이면 경쟁제한성이 통상적으로는 문제가 되지 않는다는 점을 분명히 하고, 그러한 비율 이상인 경우에는 경쟁제한성의 여부가 문제될 수 있으며, 특히 시장점유율이 일정한 비율 이상이면 공정거래위원회가 집중적으로 자원을 투입하여 경쟁제한성 여부를 검토한다는 점을 명확히 하는 것이 바람직할 것이다.

다음으로 미국과 유럽의 수평결합지침에서 알 수 있듯이 수평결합에서 경쟁제한성을 낳는 두 통로가 바로 단독효과[13] 및 협력효과[14]이고, 다른 고려요소들은 이와 같은 단독효과나 협력효과를 강화시키거나 약화시키는 요인들이다. 이렇게 본다면 단독효과 및 협력효과와 다른 고려요소는 경쟁제한성 판단

---

13) 단독효과란 기업결합 당사회사가 기업결합 후에 단독으로 가격을 인상하고 산출량을 제한함으로써 경쟁을 제한하고 초과이윤을 얻을 개연성이 있는 경우에 나타나는 반경쟁적 효과를 의미한다.

14) 협력효과란 기업결합 후에 관련시장 내의 사업자들 사이에 공동행위의 개연성이 높아지거나 더욱 성공적으로 공동행위가 가능해지는 경우 나타나는 반경쟁적 효과를 의미한다.

에 있어 차원이 다른 문제라 할 수 있다. 심사기준에서는 경쟁사업자간의 공동행위 가능성을 다른 요소들과 동일한 차원에서 검토하도록 하고 있고, 단독효과에 대해서는 아예 그 내용이나 판단기준을 명시적으로 제시하고 있지 않다. 그러나, 공정거래위원회의 심결례들을 보면 명시적으로 단독효과를 협력효과와 함께 판단을 하고 있다. 외국의 관련규정 및 공정거래위원회의 심결례를 반영하여 심사기준에서도 시장점유율의 관문심사 바로 다음에 단독효과와 협력효과가 경쟁제한성을 낳는 두 가지 수단이라는 점을 명백히 밝히고 단독효과와 협력효과가 발생할 것인지 판단하는데 필요한 고려요소들을 제시하여 줄 필요가 있을 것이다.

심사기준에서 협력효과와 단독효과를 기술한 후 그밖에 경쟁제한성 판단에 있어 고려하여야 할 요소들을 차례로 제시하는 것이 바람직할 것이다.

아래에서는 위에서 제시한 순서에 따라 심사기준의 내용과 실무의 관행을 살펴보기로 한다.

(나) 시장집중도

1) 시장점유율에 따른 시장집중도 판단

심사기준에서는 관련시장에서 상위 3개 사업자의 시장점유율을 중심으로 시장집중도를 측정하도록 하고 있다. 즉, 기업결합 당사회사의 시장점유율 합계가 (i) 50% 이상이거나, (ii) 3위 이내에 포함되고 상위 3사의 시장점유율 합계가 70% 이상이면서 일정한 예외 요건에 해당되지 않는 경우에 경쟁을 실질적으로 제한할 수 있다고 보고 있다.[15] 심사기준에서는 일정한 시장집중도에 달하면 "경쟁을 실질적으로 제한할 수 있다" 또는 "제한하지 않을 수 있다"라는 표현을 사용하고 있는데, 그 문언이 의미하는 바가 명확하지 않다.

---

15) 심사기준 Ⅶ.1.가.(1)항은 다음과 같이 규정하고 있다.

(가) 취득회사등과 피취득회사의 시장점유율 합계가 다음 요건의 1에 해당되는 경우에는 경쟁을 실질적으로 제한할 수 있다.

① 50/100 이상인 경우

② 3위 이내에 포함되고 상위 3사의 시장점유율 합계가 70/100 이상인 경우. 다만, 다음의 1에 해당하는 경우에는 경쟁을 실질적으로 제한하지 아니할 수 있다.

i) 2위가 되는 경우: 시장점유율이 30/100 미만이고 1위의 시장점유율과 상당한 격차가 있는 경우

ii) 3위가 되는 경우: 1, 2위간 또는 2, 3위간에 상당한 시장점유율 격차가 있는 경우

iii) 1위, 2위간 및 2위, 3위간 각각 시장점유율 격차가 상당하지 않고 3위와 시장점유율 격차가 상당하지 않은 4위가 있는 경우

(나) (가)-②에 규정된 "상당한 격차"라 함은 통상의 경우 기업결합후 시장점유율이 상위회사 시장점유율의 100분의 75 미만인 경우를 말한다.

이를 문자 그대로 해석을 하면 단순히 경쟁제한성이 있다거나 없다고 판단할 가능성만을 언급하는 것에 불과하다. 만약 그 기준에 해당하는 경우 경쟁제한성의 존재 또는 부존재가 사실상 추정되는 것으로 해석하면 이는 문언상으로도 맞지 않을 뿐만 아니라, 실질적으로 수범자들에게 과중한 입증책임을 전가하는 불합리한 결과를 낳을 수도 있을 것이다. 따라서, 위 문언은 상당한 가능성 내지 개연성의 정도를 의미하는 것으로 읽어야 할 것이다.

시장점유율에 의한 시장집중도 분석은 경쟁제한성 판단의 출발점이며 중요한 고려요소이기는 하지만 결정적 요소는 아니다. 시장 획정이나 시장점유율의 산정 자체에 오류가 존재할 수 있을 뿐만 아니라, 시장점유율이 정확하게 산정된 경우라 하더라도 시장점유율이 시장의 경쟁 상황을 정확하게 보여주지 못하는 경우도 있을 수 있다. 심사기준에서도 이러한 점을 경계하여 시장집중도 요건 외에 심사기준이 정하고 있는 다른 여러 요소들이 관련시장에서의 경쟁에 미치는 효과를 함께 고려하여 최종적으로 당해 기업결합이 경쟁제한적인지 여부를 판단하도록 하고 있다. 따라서, 시장집중도에만 의존해서 손쉽게 경쟁제한성 여부를 결론지을 수는 없으며, 여러 고려요소들이 경쟁에 미치게 될 효과를 면밀히 검토하여 경쟁제한성 여부를 판단하여야 한다.

심사기준은 시장집중도를 분석함에 있어서 상위 1사 또는 상위 3사의 시장점유율 합계를 사용하고 있다. 미국에서는 과거 상위 4사의 시장점유율 합계(이른바 "CR4")를 분석틀로 이용하였으나 1992년 수평결합지침에서는 허핀달-허쉬만 지수(이하 "HHI"라고 한다)[16]를 사용하여 시장집중도를 분석하고 있다. 또한 유럽에서도 2004년 수평결합지침을 통해 HHI를 전면적으로 받아들이고 있다.[17] 비록 그 우월성의 정도가 과장되는 경향이 있고 경험적 증거도 완전하지는 않지만, 기업결합 규제 목적으로는 HHI가 CR4보다 우월하다는 것이 일반적인 견해이다.[18] 심사기준에 HHI 기준이 명시되어 있지 않음에도 불구하고 CR1 또는 CR3외에 HHI를 참고 목적으로 거시하고 공정거래위원회의 심결례가 다수 있다. 이러한 일련의 흐름을 살펴보면 이제 우리나라에서도 HHI를 판단 기준으로 심사기준에 적극적으로 도입하는 것이 바람직할 것

16) HHI는 관련시장에 존재하는 각 사업자의 시장점유율을 제곱한 후 이를 모두 합하여 구한다. 따라서, HHI는 0에서 10,000 사이에 존재한다.

17) 미국의 시장집중도 기준에 대해서는 이민호, 앞의 발표문, 169-170면; 유럽의 기준에 대해서는 같은 발표문, 177-178면 참조.

18) Phillip E. Areeda & Herbert Hovenkamp, *Antitrust Law* vol. IV, 143-144 (Revised ed., Aspen Law & Business 1998).

이다. 다만, 우리나라의 시장 규모는 미국이나 유럽에 비하여 상당히 작고 많은 주요 산업 부분에서 과점시장이 형성되어 있으므로, HHI를 경쟁제한성 판단 기준으로 도입할 때 미국이나 유럽에 비해서는 그 기준을 다소 완화할 필요가 있을 것이다.[19] 참고로 유럽의 2004년 수평결합지침은 HHI와 관련하여 미국의 1992년 수평결합지침에 비해 완화된 기준을 설정하고 있다.

한편 미국과 유럽의 수평결합지침에서 규정하고 있는 바를 참고하여 기업결합 규제의 효율을 높이고 수범자들의 예측가능성을 도모하기 위하여 심사기준에서 안전지대를 명시적으로 설정하여 줄 필요가 있다. 심사기준에서는 기업결합으로 인한 시장점유율의 증가가 5% 미만인 경우에는 경쟁을 실질적으로 제한하지 않을 수 있다고 규정하고 있는데(Ⅶ.1.가.(1)(다)항), 이는 문언상의 표현에도 불구하고 일종의 안전지대를 설정한 것으로서 이에 해당하는 경우에는 통상적으로는 경쟁제한성이 문제되지 않는다는 뜻으로 보아야 할 것이다. 다만, HHI를 도입하게 되면 안전지대도 기업결합으로 인하여 증가하는 HHI를 기준으로 다시 설정하여야 할 것이다.

한편 공정거래위원회의 심결례는 아이엔아이스틸(주) 및 현대하이스코(주)의 한보철강공업(주) 주식취득의 건[20]에서부터 미국 연방거래위원회의 접근방법을 원용하여 실질적인 경쟁자의 수 및 이들의 시장점유율 변화를 고려하기 시작하였다. 실질적 경쟁자의 수가 줄어드는 기업결합은 경쟁을 제한할 가능성이 높을 것이지만, 실질적 경쟁자 사이의 경쟁상황에 별다른 변화가 없는 기업결합은 경쟁제한성이 부인될 가능성이 높다. 위 심결례에서는 실무적으로 10% 이상의 시장점유율을 보유하고 있거나 시장점유율이 낮더라도 혁신제품을 가지고 진입한 기업을 실질적 경쟁자로 보았다.

2) 시장집중도의 변화 추이

심사기준에서는 시장집중도를 평가함에 있어 최근 수년간의 시장집중도 변화추세를 고려하도록 하고 있으며, 나아가 신기술개발, 특허권 등 향후 시장의 경쟁관계에 변화를 초래할 요인이 있는지를 고려하도록 하고 있다(Ⅶ.1.가.(2)항). 기업결합 심사는 궁극적으로 당해 기업결합으로 인하여 장래에 관련 시장에서의 경쟁이 어떠한 영향을 받을 것인가를 심사하는 것이다. 따라서,

19) HHI를 도입할 경우 그 집중도 기준에 관해서는 권오승, 이재우, 이봉의, 차성민, 기업결합심사제도의 개선방안에 관한 연구 (공정거래위원회 연구용역보고서), 2000, 146-152면 참조.

20) 공정거래위원회 2004. 11. 17. 의결 제2004-285호.

현재의 시장집중상황이 장래의 경쟁 상황을 보여주는 적절한 지표가 되지 못하는 경우에는 경쟁제한성 판단에 있어 그러한 점을 마땅히 고려하여야 할 것이다. 이러한 측면에서 심사기준이 시장집중도의 변화추세나 향후 시장의 경쟁관계에 변화를 초래할 요인을 고려하도록 하는 것은 적절하다 하겠다.

(다) 협력효과 및 단독효과

1) **협력효과**

심사기준에서는 경쟁제한성을 판단함에 있어 경쟁사업자간의 공동행위 가능성을 고려하도록 하고 있는데, 이는 협력효과를 통한 경쟁제한성의 발생 여부를 검토하도록 하는 것이다. 심사기준에서는 기업결합에 따른 경쟁자의 감소 등으로 인하여 사업자간의 가격·수량·거래조건에 관한 명시적·묵시적 공동행위가 이루어지기 용이한 경우에는 경쟁을 실질적으로 제한할 가능성이 높아질 수 있다고 보면서(Ⅶ.1.라.항), 상품의 가격, 안정적인 시장점유율, 상품의 동질성, 생산 및 판매조건의 유사성, 경쟁사업자에 대한 정보입수의 용이성, 과거의 부당한 공동행위 사례를 고려하여 판단하도록 하고 있다.

당해 관련시장에 속하는 상품의 가격이 유사한 상품들의 평균가격에 비해 현저히 높았다는 것은 이미 그 시장에서 사업자들이 상당한 정도로 시장지배력을 행사하고 있거나 공동행위가 이루어지고 있다는 것을 의미하는 것으로 이러한 경우에는 당해 기업결합으로 인하여 협력효과가 발생할 가능성이 높아질 것이다. 또한 당해 관련시장에서 사업자들의 시장점유율이 수년간 안정적이라는 것은 이미 명시적 또는 묵시적 공동행위가 이루어지고 있을 가능성이 높다는 것을 의미한다. 경쟁사업자들의 상품 사이에 동질성이 높다거나 생산 및 판매조건이 유사하다거나 경쟁사업자에 대한 정보입수가 용이하다는 것은 공동행위가 이루어지기 쉬운 시장구조임을 의미한다. 과거의 부당한 공동행위 사례는 당해 관련시장의 사업자들이 공동행위를 하려는 성향이 있음을 보여주게 된다. 다만, 공동행위로 제재를 받은 후에 관련시장이 경쟁적으로 변화하였다면 이러한 점은 마땅히 고려하여야 할 것이다.

공정거래위원회의 심결례 중에는 기업결합으로 과점시장에서 경쟁자의 수가 하나 줄어들고 과거의 부당한 공동행위 전력이 있었다는 것만으로 협력효과를 인정한 사례들도 있으나, 최근에서는 심사기준에서 정하고 있는 위와 같은 요소들을 좀 더 충실하게 고려하고 있다.[21]

---

21) 이민호, 앞의 발표문, 202-203면 참조.

한편 미국의 1992년 수평결합지침 및 유럽의 2004년 수평결합지침에서는 협력효과가 나타나기 위해서는 (i) 사업자들이 공동행위의 조건에 관하여 쉽게 합의할 수 있어야 할 뿐만 아니라 (ii) 합의를 위반하는 사업자가 있는지 감시할 수 있고 (ii) 그러한 사업자에 대하여 적절한 제재를 가할 수 있어야 함[22]을 요건으로 들고 있다. 실효성 있는 공동행위가 가능하기 위해서는 당연히 공동행위의 조건에 합의할 수 있어야 할 뿐만 아니라 위반행위를 적발하고 제재를 가함으로써 공동행위에서 이탈(cheating)하는 것을 방지할 수 있어야 한다. 이러한 측면에서 보면 협력효과를 판단함에 있어서는 관련시장에서 위 세 가지 조건들이 모두 충족되는지 여부를 검토할 필요가 있으므로, 심사기준에서도 이를 명시하는 것이 바람직할 것이다.

또한 미국과 유럽의 수평결합지침에서는 협력효과의 판단 시에 독행기업(maverick)의 중요성을 강조하고 있다. 독행기업이란 대부분의 경쟁사업자들에 비하여 공동행위에서 이탈할 경제적 유인이 큰 기업을 의미하는데, 독행기업이 존재하게 되면 공동행위의 합의 자체가 어려울 뿐만 아니라, 합의가 이루어지더라도 독행기업은 쉽게 그 합의에서 이탈할 유인이 있다는 측면에서 협력효과의 발생 여부와 관련하여 중요한 의미를 지니게 된다. 따라서, 기업결합이 이루어지더라도 관련 시장에 독행기업이 남아 있으면 그 독행기업의 시장점유율 자체는 비록 낮더라도 공동행위의 가능성은 낮아지며, 기업결합을 통하여 독행기업이 탄생하게 되면 오히려 친경쟁적 효과를 낳게 될 것이다.[23] 반면에 독행기업을 인수하는 기업결합으로 인해 관련시장에서 독행기업이 모두 사라지는 경우에는 비록 인수되는 독행기업의 시장점유율이 낮다고 하더라도 공동행위의 가능성은 높아진다.[24] 또한 기업결합을 통하여 독행기업이 덜 경쟁적으로 행동할 유인을 부여하거나, 독행기업을 경쟁에서 배제하는 결과를 낳게 되면 반경쟁적 효과를 낳게 될 것이다.[25] 공정거래위원회도 기업결합 심사 시에 독행기업에 관한 검토를 한 사례가 있는데, 심사기준에 독행기업에 관한 논의를 받아들이는 것이 바람직할 것이다.

---

22) 다만, 그러한 제재는 한 사업자가 공동행위에서 이탈하는 경우 다른 사업자들도 공동행위를 일시적으로 포기하고 가격을 경쟁 수준으로 인하하거나 생산량을 증가시키는 것만으로 충분할 수 있다. 미국 수평결합지침 2.12항 및 유럽 수평결합지침 54절 참조.

23) Jonathan B. Baker, *Mavericks, Mergers and Exclusion: Proving Coordinated Competitive Effects under the Antitrust Laws*, 77 N.Y.U. L.Rev. 135, 182-185 (2002).

24) 미국 1992년 수평결합지침 2.12항.

25) Baker, 앞의 논문, 186-188면.

2) **단독효과**

앞에서도 본 바와 같이 심사기준에서는 단독효과를 명시적으로 설명하고 있지 않지만, 여러 심결례에서는 단독효과를 명시적으로 검토하고 있다. 단독효과가 나타날 것인지 여부는 기업결합 후에 기업결합 당사회사가 상품의 산출량을 제한하고 가격을 인상할 경우 고객들이 다른 경쟁사업자로부터 이를 대체할 수 있는 상품을 공급받을 수 있을 것인가에 따라 달라질 것이다. 상품차별화가 진행되어 있는 시장에서는 기업결합 당사회사가 독점적 지위에 이르지 않더라도 단독효과를 낳을 수도 있는데, 이는 (i) 기업결합 당사회사 상호간 상품 영역의 상대적 유사성, (ii) 기업결합 당사회사의 상품과 다른 경쟁사업자의 상품 사이의 상대적인 거리, (iii) 다른 경쟁사업자들이 그들의 상품을 기업결합 당사회사의 상품과 유사하게 만들어 낼 수 있는 능력에 달려 있다.[26]

(라) 신규진입의 가능성

심사기준에서는 당해 시장에 대한 신규진입이 가까운 시일 내에 용이하게 이루어질 수 있는 경우에는 경쟁제한 가능성이 낮아질 수 있음을 밝히고 있다(Ⅶ.1.다.(1)항). 신규진입 가능성을 평가함에 있어서는 법적·제도적인 진입장벽의 유무, 필요최소한의 자금규모, 특허권 기타 지적재산권을 포함한 생산기술조건, 입지조건, 원재료조달조건, 경쟁사업자의 유통계열화의 정도 및 판매망 구축비용, 제품차별화의 정도를 고려하도록 하고 있다(Ⅶ.1.다.(2)항).

그러나, 이러한 심사기준에도 불구하고 (주)벡튼디킨슨코리아홀딩의 신동방의료(주) 주식취득의 건[27]을 보면 공정거래위원회는 신규진입의 가능성을 이유로 경쟁제한성을 부인하기를 주저하는 것으로 보인다. 공정거래위원회는 이 산업의 설비투자비용이 평균 5억원이하라는 점을 인정하였을 뿐만 아니라 다른 경쟁사업자가 전체 시장점유율의 4%에 해당하는 생산능력으로 신규진입한 사례가 있었음을 인정하면서도, 시장점유율 합계가 79.2%에 이르는 기업결합 당사회사가 시장지배력을 행사할 경우 다른 업체의 신규진입이 용이하지 않을 것으로 판단하였다. 이 심결례의 입장이 계속 관철된다면 기업결합으로 인하여 시장점유율이 독점적 지위를 인정할 정도로 높아지는 경우에는 신규진입의 가능성을 이유로 경쟁제한성이 부인되지 않을 것이다. 그러나, 신규

26) Herbert Hovenkamp, *Federal Antitrust Policy: The Law of Competition and its Practice* 508 (2d ed., West Group, 1999).

27) 공정거래위원회 2000. 2. 25. 의결 제2000-38호.

진입의 가능성을 검토하는 이유가 신규진입이 쉬운 경우에는 독점적인 사업자가 독점이윤을 얻게 되면 언제든지 신규진입이 발생하여 독점력의 행사를 저지할 수 있다는 점에 있음을 고려하면 이와 같은 심결례의 입장은 지나치게 엄격한 것이라고 하지 않을 수 없다.

신규진입의 가능성을 판단함에 있어서는 새로운 사업자가 당해 시장에 새로이 진입하는 경우뿐만 아니라 당해 시장 내의 기존 사업자들이 생산능력을 확장할 개연성이 있는지도 고려할 필요가 있다.[28)]

한편 미국의 1992년 수평결합지침 및 유럽의 2004년 수평결합지침에서는 신규진입 분석에 있어서 진입이 시의적절하게 이루어질 수 있는지(timeliness), 진입을 통해 이윤을 얻을 수 있어 진입이 일어날 개연성이 있는지(likelihood), 시장가격을 기업결합 전의 수준으로 되돌릴 만큼 충분한 진입이 일어날 수 있는지(sufficiency)를 고려하도록 하고 있는데, 공정거래위원회의 실무에서도 대체적으로 이러한 기준에 따라 신규진입 가능성을 검토하고 있는 것으로 보인다.

(마) 대량구매사업자

심사기준에서는 시장집중도를 검토하는 Ⅶ.1.가.항에서 대량구매사업자가 존재하는 경우에는 경쟁제한성이 부인될 수도 있음을 밝히고 있는데(Ⅶ.1.가.(1)(라)항), 대량구매사업자라 함은 특수관계인을 포함한 수요자의 구매액이 당해 관련시장의 국내총판매액에서 차지하는 비율이 Ⅶ.1.가.(1)(가)항의 시장점유율 요건[29)]에 해당하는 사업자를 의미한다. 이는 경쟁제한성 판단에 있어 수요자의 지위를 고려하도록 하는 것이다.

그러나, 수요자의 시장점유율을 기준으로 해서만 대량구매사업자 여부를 판단하도록 한 것은 부적절한 것으로 보이며, 관련시장의 경쟁상황에 비추어 볼 때 수요자들이 공급자들에 비하여 상당한 협상력을 가지고 있는지 여부를 기준으로 판단하는 것이 옳을 것이다. 공정거래위원회는 호남석유화학(주)의 (주)KP케미칼 주식취득의 건[30)]에서 심사기준상의 시장점유율 요건을 충족하지 못하였음에도 불구하고 대량 수요업체의 존재를 경쟁제한성 완화요소로 들고 있는데, 이는 수요자의 협상력을 기준으로 판단한 것이다.

---

28) 허선, 홍대식, 김경연, 공정거래법상 기업결합심사기준에 관한 고찰, 경쟁법연구 제11권, 법문사, 2005, 174면.

29) 주 15) 참조.

30) 공정거래위원회 2004. 12. 30. 의결 제2004-387호.

한편 수요자의 협상력 여부는 경쟁제한성을 완화하는 요인으로서 의미를 가지는 것이고 시장집중도와는 직접적인 인과관계가 있는 것이 아니므로, 심사기준의 체계상으로는 시장집중도 항목 내에 기술할 것이 아니라, 협력효과와 단독효과에 관한 항목 이후에 별도의 고려요소로 서술하는 것이 바람직할 것이다.

(바) 해외경쟁의 도입수준 및 국제적 경쟁상황

심사기준은 수입이 용이하거나 당해 거래분야에서 수입품이 차지하는 비율이 증가하는 추세에 있는 경우에는 기업결합에 의해 경쟁을 실질적으로 제한할 가능성이 낮다고 보고 있다(Ⅶ.1.나.(1)항). 관련시장에서 수입품의 시장점유율 및 그 변화추세는 시장집중도를 평가함에 있어 함께 평가되어야 하는 요소일 것이다. 또한 수입의 용이성을 고려하도록 하는 것은 비록 현재는 수입이 되지 않거나 그 비율이 낮다고 하더라도 기업결합 후 기업결합 당사회사가 가격을 인상하는 등 경쟁제한행위를 하는 경우 수입이 증가하여 그러한 행위를 좌절시킬 수 있을 것이라는 점에 그 근거를 찾을 수 있다. 이렇게 본다면 이는 신규진입의 한 형태가 될 것이다.

또한 심사기준에서는 당사회사의 매출액 대비 수출액의 비중이 현저히 높고 당해 상품에 대한 국제시장에서의 경쟁이 상당한 경우에는 기업결합에 의해 경쟁을 실질적으로 제한할 가능성이 낮아질 수 있다고 보고 있다. 그러나, 기업결합 당사회사의 수출 비중이 높다고 하여 그 기업결합 당사회사가 경쟁제한적인 행위를 삼갈 것이라고 볼 이유는 없을 것이다. 이와 달리 관련시장 내의 다른 경쟁사업자의 수출 비중이 높은 경우에는 기업결합 후에 기업결합 당사회사가 가격을 인상하는 등의 경쟁제한행위를 하는 경우 다른 경쟁사업자들이 수출물량을 내수로 전환함으로써 경쟁제한효과를 완화시킬 수 있을 것이다. 심사기준의 명문의 규정에도 불구하고 해외경쟁의 도입수준 및 국제적 경쟁상황 항목에서 기업결합 당사회사의 수출 비중이 아니라 경쟁사업자의 수출 비중을 검토하여 그 비중이 높은 경우 경쟁제한성이 완화될 수 있음을 인정하고 있는 심결례들을 발견할 수 있다.

한편 국제시장에서의 경쟁이 상당한 경우에는 국내에서 기업결합 당사회사가 기업결합 후에 경쟁을 제한하면 국제시장에서 경쟁하고 있는 다른 사업자들이 국내 시장에 진입할 가능성이 있다는 측면에서 고려하도록 하는 것으로 보인다. 그렇다면 이 또한 신규진입의 한 가능성을 표현하는 것으로 이해할 수 있다.

(사) 유사품 및 인접시장

심사기준에서는 유사품 및 인접시장이 당해 시장에 미치는 영향을 고려하여 경쟁제한성을 판단하도록 하고 있는데(Ⅶ.1.마.항), 공정거래위원회의 심결례에서 유사품 및 인접시장의 존재를 이유로 경쟁제한성이 완화된다고 본 사례를 찾기 어렵다.

(2) 수직결합에 대한 경쟁제한성 판단기준

(가) 경쟁제한성 판단기준의 체계

심사기준은 수직결합에서 봉쇄효과를 중점적으로 고려하도록 하면서 진입장벽의 증대가능성을 함께 고려하도록 하고 있다(Ⅶ.2.항). 그리고, 봉쇄효과를 판단함에 있어 고려요소의 하나로 사업자간 공동행위에 의한 경쟁사업자의 배제가능성을 들고 있다(Ⅶ.2.가.(2)항).

봉쇄효과는 수직적 관계에 있는 사업자들이 기업결합을 통하여 경쟁사업자들에게 원재료를 판매하지 않거나 경쟁사업자의 상품을 구매하지 아니함으로써 경쟁사업자를 관련시장에서 배제할 수 있는 경우를 의미한다. 그러나, 수직결합이 시장의 일부를 봉쇄한다고 하더라도 당해 시장에서의 경쟁이 제한되는 효과가 나타나지 않을 수도 있다는 측면에서 봉쇄효과를 직접적인 수직결합의 경쟁제한성 판단기준으로 제시하는 것은 재고해 볼 필요가 있다. 수직결합이 있더라도 기업결합 당사회사가 기업결합 후에 다른 경쟁사업자와의 거래를 중단할 것인지 자체가 명확하지 않고, 다른 경쟁사업자와의 거래를 중단하더라도 경쟁적인 시장에서는 경쟁에 별다른 영향을 미치지 못할 것이며, 심지어는 과점시장에서도 별다른 영향이 없는 경우가 자주 있다.[31]

따라서, 봉쇄효과 그 자체만으로는 시장의 경쟁에 미치는 영향이 분명하지 않으므로, 이로 인하여 시장에 어떠한 경쟁제한효과가 발생할 개연성이 있는지를 추가적으로 살펴볼 필요가 있다. 미국의 1984년 기업결합지침[32]에서는 수직결합이 진입장벽을 높이는 경우, 공동행위를 조장하는 경우 및 규제산업

31) Phillip E. Areeda & Herbert Hovenkamp, *Antitrust Law* vol. IVA § 1004a, 157 (Revised ed., Aspen Law & Business 1998).

32) 미국 법무성과 연방거래위원회가 공동으로 제정한 1992년 수평결합지침은 수평결합만 다루고 있으므로, 수직결합 및 혼합결합에 대해서는 법무성이 1984년에 공표한 기업결합지침(Merger Guidelines)의 관련 부분이 계속 적용된다.

에서 요금제한을 회피하기 위한 경우에 경쟁제한성을 인정할 수 있는 것으로 규정하고 있다.[33] 또한 수직결합으로 시장을 봉쇄하여 경쟁사업자의 비용을 증가시키거나 경쟁사업자에게 시장변동의 위험을 전가하여 가격을 인상하도록 하는 경우에도 경쟁제한성을 인정할 수 있을 것이다.[34]

심사기준도 이러한 논의를 받아들여 봉쇄효과 그 자체에 주목하기보다는 봉쇄효과로 인해 위와 같은 구체적인 반경쟁적 효과들이 발생할 개연성이 있는지 여부를 경쟁제한성 판단기준으로 제시하는 것이 바람직할 것이다.

(나) 봉쇄효과

심사기준에서는 기업결합 당사회사의 시장점유율이 상위시장 및 하위시장에서 각각 (i) 50% 이상이거나, (ii) 3위 이내에 포함되고 상위 3사의 시장점유율 합계가 70% 이상이면서 일정한 예외 요건에 해당하지 않는 경우에 경쟁관계에 있는 사업자의 구매선 또는 판매선을 봉쇄함으로써 경쟁을 실질적으로 제한할 수 있다고 보고 있다(Ⅶ.2.가.(1)항).[35] 그리고, 봉쇄효과의 판단을 위해서는 시장점유율 이외에도 기업결합의 목적, 경쟁사업자가 대체 거래선을 확보할 가능성, 경쟁사업자의 수직계열화 정도, 당해 시장의 성장전망 및 당사회사의 설비증설등 사업계획, 사업자간 공동행위에 의한 경쟁사업자 배제가능성, 당해 기업결합에 관련된 상품과 전후방 관계에 있는 시장의 상황 및 그 시장에 미치는 영향을 함께 고려하도록 하고 있다(Ⅶ.2.(2)항).

기업결합의 목적 자체가 경쟁사업자를 시장에서 배제하는데 있다면 당해 기업결합의 경쟁제한성을 인정하기가 좀 더 용이할 것인 반면, 그 목적 자체가 수직결합을 통한 효율성 향상에 있다면 경쟁제한성을 인정하기가 좀 더 어려워질 것이다. 그러나, 중요한 것은 실제로 관련시장에 경쟁제한 효과가 나타날 것인가에 있으므로, 경쟁제한성 판단에 있어 이와 같은 주관적 요소에 큰 비중을 두어서는 안 될 것이다.

경쟁사업자가 대체 거래선을 확보할 수 있다면 시장 봉쇄를 통하여 경쟁사업자를 시장에서 배제하는 것이 불가능할 것이므로 경쟁제한성이 부인될 것이다. 따라서, 경쟁사업자가 수입이나 다른 수단을 통하여 경쟁적인 조건으로 쉽게 대체 거래선을 확보할 수 있는 상황이라면, 비록 시장점유율이 높고

---

33) 미국 1984년 기업결합지침 4.2항.

34) Areeda & Hovenkamp, 주 31)의 책, 177-185면.

35) 원재료 공급회사 및 원재료 구매회사 각각의 시장점유율이 주 15)에 기술된 (가)항의 요건을 충족시키는 경우에 경쟁제한성이 있을 수 있다고 규정하고 있다.

기업결합 당사회사의 의도가 경쟁사업자를 배제하는데 있었다고 하더라도 경쟁제한성을 인정하여서는 안 될 것이다. 그러나, 경쟁사업자가 대체 거래선을 확보할 수 없는 상황이라면 수직결합은 경쟁사업자의 배제로 연결될 개연성이 있을 것이다.

경쟁사업자의 수직계열화 정도, 당해 시장의 성장전망 및 당사회사의 사업계획, 전후방 시장의 상황 등은 당해 기업결합으로 시장을 봉쇄하여 경쟁제한성을 낳을 개연성이 어느 정도인지 판단하는데 도움이 되는 자료일 것이다.

한편 사업자간 공동행위에 의한 경쟁사업자 배제가능성을 수직결합의 봉쇄효과를 판단함에 있어 고려사항으로 정한 것은 그 맥락을 이해하기 어렵다. 수직결합의 경쟁제한성을 판단함에 있어 공동행위 가능성을 고려하도록 하는 것은 수직결합을 통하여 어느 사업자가 공동행위에서 이탈하는 것을 쉽게 감시할 수 있게 된다는 점이나 카르텔을 방해하는 수요자를 수직결합함으로써 공동행위를 유지하기 쉽게 된다는 점에서 그 근거를 찾을 수 있다. 이렇게 보면 사업자간 공동행위를 통하여 수요자의 후생을 해한다는 측면에서 그 위법성이 인정되는 것이지 공동행위를 통하여 그 경쟁사업자를 배제한다는 측면에서 경쟁제한성이 인정되는 것은 아니다. 따라서, 공동행위의 가능성을 높이는 것은 봉쇄효과와 직접적인 관련이 있다고 보기 어렵다.

(다) 진입장벽의 증대

심사기준에서는 수직결합에 의해 다른 사업자가 당해 시장에 진입하는 것이 어려울 정도로 진입장벽이 증대하는 경우에는 경쟁을 실질적으로 제한할 가능성이 높아질 수 있다고 본다(Ⅶ.2.나.항). 수직결합이 시장에서 상당한 정도로 진행되는 경우 새로이 시장에 참여하려는 사업자는 상위시장과 하위시장에 동시에 진입할 수밖에 없는데 그와 같이 동시에 두 시장에 진입하는 것에 어려움이 있는 경우에는 수직결합이 진입장벽을 증대시켜 경쟁제한성을 야기할 수 있다.

(3) 혼합결합에 대한 경쟁제한성 판단기준

(가) 경쟁제한성 판단기준의 체계

심사지침에서는 혼합결합의 경쟁제한성 여부는 잠재적 경쟁의 저해, 참호효과, 진입장벽의 증대 등을 종합적으로 고려하여 심사하되, 잠재적 경쟁의 저해 여부에 관하여 중점적으로 고려하도록 하고 있다(Ⅶ.3.항). 혼합결합의 경쟁제한성을 설명하는 이론으로는 인식된 잠재적 경쟁 이론과 실재적인 잠재적 경쟁 이론이 유력하다. 이에 반하여 참호이론은 오늘날 미국에서는 적용되지 않는 반면, 유럽연합에서는 이와 유사한 포트폴리오 이론이 여전히 적용되고 있는데, 다만 포트폴리오 이론이 의미하는 바가 무엇인지 명확하지 않은 면이 있다.[36] 따라서, 심사지침도 인식된 잠재적 경쟁 이론과 실재적인 잠재적 경쟁 이론에 따라 혼합결합의 규제근거를 정리하는 것이 바람직할 것이다.

(나) 잠재적 경쟁의 저해

심사기준은 (i) 취득회사가 인식된 잠재적 경쟁자 또는 실재적인 잠재적 경쟁자이고, (ii) 취득회사가 대규모회사이며, (iii) 피취득회사의 시장점유율이 VII.1.가.(1).(가)항의 요건[37]에 해당하고, (iv) 취득회사와 피취득회사의 대다수 경쟁사업자간에 사업규모, 자금력 등의 측면에서 현저한 격차가 있을 때 혼합결합이 잠재적 경쟁을 제한함으로써 경쟁제한성이 있을 수 있는 것으로 규정하고 있다(Ⅶ.3.가.항).

인식된 잠재적 경쟁 이론에서는 관련시장의 기존 사업자들이 그 시장 밖에 있는 잠재적 경쟁자가 그 시장에 진입할 의사와 능력이 있다는 점을 인식하고 있는 경우 경쟁을 제한하는 행위를 하는데 제약을 받게 되는데, 그 인식된 잠재적 경쟁자가 그 시장 내의 사업자와 기업결합을 하게 되어 잠재적 경쟁자가 사라지게 되면 그 시장의 기업들이 경쟁제한적 행위를 통해 초과이윤을 얻을 수 있게 된다는 점에서 규제의 근거를 찾고 있다. 이에 반해 실재적인 잠재적 경쟁 이론에서는 문제되는 기업결합이 없었을 경우 잠재적 경쟁자가 관련시장에 신규로 진입하거나 보다 규모가 작은 기업을 인수함으로써 그 시장에서의 경쟁을 촉진시킬 수 있었을 것인데, 문제되는 혼합결합으로 인하여 보다 경쟁적인 기업결합이 불가능하게 되었다는 점에서 규제의 근거를 찾고 있다.

이와 같이 잠재적 경쟁 이론은 취득회사가 관련시장의 사업자들에게 잠재적 경쟁 사업자로 인식되어 왔기 때문에 또는 취득회사가 덜 경쟁제한적인 방법으로 진입을 할 수 있었기 때문에 혼합결합의 경쟁제한성을 인정하는 것이므로, 취득회사가 관련시장의 사업자들과 비교하여 상당한 규모일 필요는 있겠지만 반드시 대규모회사일 필요는 없을 것이다. 따라서, 취득회사의 규모

36) 이민호, 앞의 발표문, 195면.

37) 주 15) 참조.

를 고려할 필요는 있지만 반드시 대규모회사일 것을 요건으로 하는 것은 바람직하지 않다.

한편 잠재적 경쟁 이론이 적용되기 위해서는 관련 시장이 집중적일 필요는 있지만, 그렇다고 해서 피취득회사의 시장점유율이 Ⅶ.1.가.(1).(가)항의 요건에 해당할 필요는 없을 것이다. 즉, 피취득회사의 시장점유율 자체는 그렇게 높지 않다고 하더라도 관련시장이 집중적이면 잠재적 경쟁이 문제될 수도 있으므로, 피취득회사 규모 요건을 낮출 필요가 있다.[38] 또한 취득회사와 피취득회사의 대다수 경쟁사업자간에 사업규모, 자금력 등의 측면에서 현저한 격차가 없더라도 잠재적 경쟁 이론은 적용될 수도 있으므로, 이 요건은 삭제되어야 할 것이다.

(다) 참호효과

심사기준에서는 당사회사의 자금력, 원재료 조달능력, 기술력, 판매력 등 종합적 사업능력이 현저히 증대되어 당해 상품의 가격과 품질 외의 요인으로 경쟁사업자를 배제할 수 있을 정도가 되는 경우에는 경쟁을 실질적으로 제한할 가능성이 높아질 수 있다고 설명하고 있다(Ⅶ.3.나.(1)항). 참호이론의 개념은 그다지 명확하지 않지만 혼합결합에서 기업결합 당사회사의 규모가 큰 경우에 그 자원을 이용하여 다른 경쟁사업자를 배제하는 행위를 할 수 있다는 점에 착안을 한 이론이다. 그러나, 기업의 규모가 바로 경쟁사업자 배제 행위를 낳는 것은 아니고, 경쟁사업자 배제 행위가 쉽게 발생하는 것도 아니며, 끼워팔기나 약탈적 가격설정 등의 배제적 행위가 있는 경우 그 행위자체를 규제할 수 있다는 측면에서 보면, 참호이론을 근거로 혼합결합을 규제하는 것은 바람직하지 않을 것이다.

(라) 진입장벽의 증대

심사기준은 혼합결합으로 인하여 다른 잠재적 경쟁사업자가 시장에 새로 진입하는 것이 어려울 정도로 진입장벽이 증대하는 경우에는 경쟁을 실질적으로 제한할 가능성이 높아질 수 있다고 본다(Ⅶ.3.나.(2)항). 그러나, 혼합결합으로 기업의 규모가 커지는 것이 진입장벽을 높이는 직접적인 원인이 될 수 없으며, 오히려 혼합결합이 효율성을 낳아 비용감소로 이어지는 경우에 그로 인해 진입장벽이 높아질 수 있다.[39] 이러한 측면에서 보면 진입장벽을 이유로

38) 신영수, 잠재적 경쟁이론의 내용과 실제 적용, 경쟁법연구 제10권, 한국경쟁법학회, 2004, 176-177면 참조.

39) Phillip E. Areeda & Herbert Hovenkamp, Antitrust Law vol. V § 1145a, 204 (2d

혼합결합을 규제하는 것도 바람직하지 않을 것이다.

Ⅲ. 효율성 항변 및 도산기업 항변

1. 효율성 항변

(1) 효율성 항변의 체계

(가) 독점규제법의 관련 규정

독점규제법 제7조 제2항에서는 당해 기업결합 외의 방법으로는 달성하기 어려운 효율성 증대효과가 경쟁제한으로 인한 폐해보다 큰 경우에는 예외적으로 기업결합을 허용하도록 하고 있다. 현재의 규정에 의하면 효율성 증대효과가 경쟁제한의 폐해보다 큰 경우에는 아무런 시정조치를 부과하지 않고 기업결합을 허용하도록 하고 있다. 그런데, 효율성 증대효과가 경쟁제한의 폐해를 능가하는 경우 사회 전체적으로 보아서는 당해 기업결합 자체는 허용하면서도 경쟁제한의 폐해를 감소시킬 수 있는 적절한 조건을 붙일 수 있도록 하는 것이 더 바람직할 것이다. 따라서, 입법론으로는 효율성 항변으로 인하여 기업결합을 허용하는 경우에는 효율성 증대효과를 크게 해치지 않는 범위 내에서 경쟁제한 효과를 저감할 수 있도록 영업방식 또는 영업범위를 제한하는 조건을 부가할 수 있게 하는 것이 바람직할 것이다.[40)]

(나) 심사기준 상의 판단기준

심사기준에서는 효율성 증대효과의 내용을 생산 · 판매 · 연구개발 등에서의 효율성 증대효과와 국민경제전체에서의 효율성 증대효과를 모두 고려하도록 하고 있다. 또한 그러한 효율성 증대효과는 당해 기업결합외의 방법으로는 달성하기 어려운 것이어야 하며, 효율성 증대효과는 가까운 시일 내에 발생할 것이 명백할 것을 요구하고 있다. 아래에서는 이러한 판단기준이 적정한 것인지, 그 판단기준이 구체적으로는 어떻게 구현될 수 있을 것인지에 관해서 살펴보기로 한다.

---

ed., Aspen Law & Business 2003) 참조.

40) 박홍진, 기업결합심사에 있어서 효율성항변에 관한 연구, 서울대학교 대학원 법학과 석사학위논문, 2003. 8, 134-136면.

(2) 효율성의 내용

(가) 효율성 증대효과의 종류

1) 생산·판매·연구개발 등에서의 효율성 증대효과

심사기준에서는 기업결합을 통하여 생산비용을 절감할 수 있는지, 판매·물류비용을 절감할 수 있는지, 판매 또는 수출을 확대할 수 있는지, 생산기술 및 연구능력을 향상시키는지, 기타 비용을 현저히 절감할 수 있는지 여부를 고려하여 효율성 증대효과를 판단하도록 하고 있다(Ⅶ.1.가.(1)항).

기업결합을 통해 생산·판매·물류 등 각종 비용을 절감할 수 있는 경우 이를 효율성 증대효과로 보는 것은 쉽게 납득할 수 있을 것이다. 다만, 문제가 되는 것은 당해 기업에 있어서는 비용절감효과를 가져오지만 사회전체적으로 보면 부를 재분배하는 것에 불과한 경우에 이를 효율성 증대효과에 포함시킬 수 있을 것인가 하는 점이다. 예를 들어 수평결합을 통하여 원료구매단위가 커지고 이에 따라 가격할인을 받는 경우 이를 효율성 증대효과로 볼 수 있을 것인가? 이 경우 기업결합 당사회사의 비용은 절감되지만, 원료판매회사의 이익은 줄어들게 된다. 즉, 원료판매회사의 부가 기업결합 당사회사에 이전된 것에 불과하게 된다. 그러나, 아래에서 보는 바와 같이 소비자후생을 기준으로 하여 효율성을 파악하는 입장에 선다면 이러한 경우에도 효율성 증대효과를 인정할 수 있을 것이다. 왜냐하면 단순히 부가 이전된 것에 불과하더라도 기업결합 당사회사의 입장에서는 한계비용이 감소하는 효과를 낳게 되고 이러한 비용절감 효과는 소비자에게 이전될 수 있기 때문이다.[41)]

다음으로 판매 또는 수출이 확대된다는 점이 효율성 증대효과라고 볼 수 있을 것인가? 기업결합 후에 시장 전체적으로 공급량이 확대되면서 판매 또는 수출이 확대되는 경우에는 사회 전체적으로 후생이 증대하므로 효율성 증대효과를 인정할 수 있을 것이다. 그런데, 이러한 상황은 기업결합 당사회사가 비용의 효율성을 바탕으로 공급곡선을 오른쪽으로 이동시킬 때 가능해질 것인데, 이는 앞에서 본 비용절감효과와 동전의 양면이라 할 수 있다. 나아가 판매 또는 수출이 확대될 것인가 여부는 기업결합 당사회사가 기업결합 후에 가격정책을 어떻게 가져갈 것인지, 시장상황이 어떻게 바뀔 것인지와 관련이 있는데, 이를 객관적으로 입증한다는 것은 매우 어려운 일일 것이다.

---

41) 이러한 비용절감 효과가 어떠한 비율로 기업결합 당사회사와 소비자 사이에 귀속될 것인지는 결국 수요탄력성과 공급탄력성에 따라 달라질 것이다. 그러나, 이는 기업결합으로 인한 다른 비용절감 효과에도 동일하게 발생하는 문제이다.

그밖에 기업결합으로 인한 연구개발능력의 향상으로 인한 효율성 증대효과가 있을 수 있다는 점을 관념적으로는 쉽게 받아들일 수 있다. 그런데, 현실적으로는 그와 같은 효과를 객관적으로 입증하는 것은 어려울 뿐만 아니라, 그러한 효과가 발생할 것이라는 점은 입증할 수 있다고 하더라도 이를 계량화하기는 거의 불가능하다. 따라서, 실무적으로는 동태적 효율성을 효율성 판단에 있어 적극적으로 고려하기가 쉽지 않을 것이다. 그렇지만 이와 같은 동태적 효율성은 경제발전에 큰 역할을 하게 되므로 객관적으로 계량화할 수 없다는 이유로 이를 효율성 증대효과의 고려요소에서 제외해서는 안 될 것이다.[42] 따라서, 아래 6.(2)항에서 보는 바와 같이 경쟁제한성과 효율성을 비교형량함에 있어 정성적인 요소의 하나로 고려할 필요가 있을 것이다.

심사기준에서 들고 있지는 않지만 이밖에도 경영능력의 향상, 자본조달비용의 감소 등이 효율성 증대효과로 거론될 수 있을 것인데, 이러한 효과들도 객관적으로 계량화하기는 매우 어려울 것이다.

2) **국민경제전체에서의 효율성 증대효과**

심사기준은 특이하게도 공정거래위원회가 고용의 증대, 지역경제의 발전, 전후방연관산업의 발전, 국민경제생활의 안정, 환경오염 문제도 국민경제전체에서의 효율성이라는 명목으로 함께 고려하도록 하고 있다(Ⅷ.1.가.(2)항). 이러한 요소들은 경쟁의 문제라기보다는 산업정책적 문제에 속하는 것으로 경쟁당국이 경쟁제한적인 기업결합을 규제함에 있어 이러한 산업정책적 고려를 하도록 하는 것은 적절하지 않다. 미국이나 유럽연합의 수평결합심사지침에서도 이러한 요소들은 효율성 항변에서 고려하도록 하고 있지 않다. 사실 위와 같은 산업정책적 요소들은 경쟁정책과 전혀 다른 고려에서 나온 것이기 때문에 다른 차원의 문제에 속하는 것이고 경쟁제한의 폐해와 국민경제전체의 효율성을 객관적으로 비교하는 것 자체도 불가능하다. 예를 들어 고용증대 효과와 경쟁제한 폐해를 어떠한 수단으로 비교할 수 있겠는가? 따라서, 국민경제전체에서의 효율성 증대효과라는 개념을 인정하게 되면, 실제로는 공정거래위원회에 광범위한 재량을 허용하는 것이 되고, 이는 결과적으로 자의적인 규제로 변질될 가능성이 매우 높다. 따라서, 심사기준에서는 국민경제전체에서의 효율성 증대효과를 고려하도록 한 것을 삭제하는 것이 바람직할 것이다.[43] 만

---

42) Calvin S. Goldman, Q.C., Ilene Knable Gotts, Michael E. Piaskoski, *The Role of Efficiencies in Telecommunications Merger Review*, 56 FCLJ 87, 127-128 (2003).

약 국민경제 전체적으로 볼 때 그와 같은 예외를 인정할 필요가 있다면 이는 고도의 정치적인 판단에 속하는 영역이므로 다른 정치적 기관이 판단하도록 하고 그 결과에 대해서는 정치적으로 국민들에게 책임을 지도록 하는 것이 바람직할 것이다.

공정거래위원회의 심결례를 보면 과거에는 국민경제전체에서의 효율성 증대효과를 긍정적으로 고려한 사례들이 있으나, 최근에는 이를 긍정적으로 고려하고 있는 사례를 찾기 힘들다.

(나) 기업결합 특유적인 효율성 증대효과

효율성 증대효과는 당해 기업결합외의 방법으로는 달성하기 어려운 것이어야 한다(Ⅷ.1.나.항). 만약 기업결합 이외의 방법으로도 그와 같은 효율성을 달성할 수 있다면 굳이 경쟁제한의 폐해를 낳는 기업결합을 허용할 필요가 없기 때문이다. 다만, 이때 유의해야 할 것은 그러한 효율성 증대효과를 달성할 대체적인 수단이 있는지 여부를 판단함에 있어 그와 같은 대체적인 수단은 현실적으로 가능한 것이어야 한다는 점이다.[44] 예를 들어 수직결합으로 달성할 수 있는 효율성 증대효과를 수직적 관계에 있는 두 회사 사이의 계약에 의하여 달성할 수 있다고 하더라도 실제로 주어진 상황 하에서 두 회사가 그와 같은 계약을 체결하기를 기대하기 어려운 경우라면 그러한 계약이 대체적인 수단으로 간주될 수는 없다.

(3) 입증책임의 분배 및 입증의 정도

(가) 입증책임의 분배

독점규제법 제7조 제2항이 제1항에 대한 예외로 규정된 이상 효율성 증대효과에 관한 입증책임은 사업자에게 있는 것이 분명하다. 다만, 제7조 제2항이 "당해 기업결합 외의 방법으로는 달성하기 어려운 효율성 증대효과가 경쟁제한으로 인한 폐해보다 큰 경우"에 예외를 인정함으로 인하여 사업자가 효율성 증대효과 그 자체 뿐만 아니라 그것이 경쟁제한의 폐해보다 크다는 점까지 입증하여야 하는 것인지 의문이 있다. 즉, 사업자가 효율성 증대효과의 크기 뿐만 아니라 경쟁제한 폐해의 크기도 입증하여 그 결과 효율성 증대효과가 경쟁제한 폐해보다 크다는 점을 입증하여야 하는 것은 아닌지 의문이

43) 홍대식, 도산기업의 인수 · 합병, 공정거래법강의 II, 법문사, 2000, 360면.

44) 1997년에 개정된 미국 1992년 수평결합심사지침 4항 및 유럽연합 2004년 수평결합지침 85절 참조.

있을 수 있다. 그러나, 독점규제법 제7조 제1항의 문언상 경쟁제한성의 입증 책임은 공정거래위원회에 있으므로, 공정거래위원회가 경쟁제한 폐해의 크기를 입증할 책임이 있다고 보아야 할 것이다. 그러면 사업자는 효율성 증대효과의 크기를 입증하고, 최종적으로 공정거래위원회 또는 법원이 양자 중 어느 쪽의 크기가 더 큰지를 비교형량하여 판단하도록 하는 것이 제7조 제2항의 취지일 것이다.

(나) 입증의 정도

실무적으로는 효율성 증대효과를 어느 정도로 입증할 필요가 있는지도 문제된다. 심사기준에서는 효율성 증대효과가 가까운 시일 내에 발생할 것이 명백하여야 한다고 기술하고 있는데, 효율성 증대효과는 개연성의 정도를 넘어서 고도의 확실성이 있다는 정도까지 입증되어야 한다는 의미로 해석할 수도 있을 것이다. 그러나, 경쟁제한의 폐해나 효율성 증대효과 모두 기업결합으로 인하여 발생할 불확실한 장래의 결과를 예측하는 것이므로 그 입증의 정도에 차이를 둘 이유는 없다고 본다.[45] 따라서, 양자 모두 개연성이 있음을 입증하는 것으로 충분하다고 보아야 할 것이다.

(4) 효율성의 측정 기준

효율성 증대효과를 무엇을 기준으로 판단할 것인가에 관해서는 대략적으로 다음과 같은 세 가지 입장이 있다.

첫째는 생산자 후생과 소비자후생의 합으로 나타나는 총사회후생의 증가분을 모두 효율성으로 보아야 한다는 견해이다.[46] 이러한 견해를 취할 경우에는 가령 기업결합의 결과로 독점이 형성되어 효율성 증대효과가 모두 생산자에게 귀착되고 소비자의 후생은 오히려 독점가격으로 인하여 감소하는 경우에도 효율성 증대효과를 인정하게 된다는 단점이 있다.

둘째는 소비자후생만을 기준으로 하여 효율성을 판단하는 입장으로 효율성 증대로 인한 소비자후생의 증가분이 기업결합으로 인한 소비자후생의 감소분을 초과하는 경우에만 효율성 항변을 인정하자는 것인데, 미국의 1997년 개정된 1992년 수평결합지침 및 유럽연합의 2004년 수평결합지침은 이러한 입장에 서 있다.[47] 이를 단적으로 표현하면 기업결합 후의 시장가격이 기업결

45) 박홍진, 앞의 논문, 96면.

46) 법경제학에서 효율성을 따지는 일반적인 기준은 총사회후생의 증감 여부이다. 그러나, 소비자후생의 증진을 목적으로 하는 독점규제법에서는 이와 달리 볼 수 있을 것이다.

합 전의 시장가격보다 같거나 낮게 되는 경우 효율성 항변을 인정하게 된다. 그런데, 이러한 기준을 취하게 되면 경쟁제한성이 나타나는 기업결합에서 효율성 항변이 인정되기 매우 어려워지며, 독점에 가까운 기업결합에서는 효율성 항변이 거의 받아들여지지 않게 된다. 이 기준의 결정적인 단점은 기업결합으로 나타날 효율성이 생산자 및 소비자에게 어떻게 귀착될 것인지 객관적으로 입증하기가 매우 어렵다는 점이다. 기업결합으로 인하여 생산비용이 절감되는 효과가 있다고 가정할 경우 그 효과가 생산자와 소비자 사이에 어떻게 배분될 것인지 여부는 수요곡선의 탄력성과 공급곡선의 탄력성에 따라 달라지게 된다. 그런데, 구체적인 사건으로 들어가면 그러한 탄력성을 추정해 내기가 쉽지 않은 경우가 다수 있을 뿐만 아니라 공급곡선의 탄력성은 기업결합을 전후하여 달라질 수도 있다는 문제에 직면하게 된다. 따라서, 소비자후생 기준을 사용하게 될 경우에는 효율성 증대효과를 객관적으로 계량화하는 것이 매우 어렵게 된다.

셋째는 생산자후생과 소비자후생에 가중치를 두어 가중평균하여 효율성을 산정하는 방법인데, 생산자후생과 소비자후생을 적절하게 계산하기 어려울 뿐만 아니라 무엇이 적절한 가중치인지 알기 어렵다는 문제점이 있다.

어느 기준을 취하든 해결하기 쉽지 않은 문제점들이 있고 경쟁법의 목적을 무엇으로 보는지에 따라 결론이 달라질 수 있지만, 소비자후생의 보호를 강조하는 입장에 따라 소비자후생을 기준으로 하여 효율성 증대효과를 측정하는 것이 바람직할 것이다. 공정거래위원회의 최근 심결례들도 효율성 증대효과를 판단함에 있어 효율성 증대효과가 소비자에게 귀착될 것을 요구하고 있다.

(5) 구체적인 효율성 및 경쟁제한의 폐해 계산 시의 문제점

개별 사건에서는 효율성이나 경쟁제한의 폐해 중 그 계산이 가능한 부분이 있더라도 이를 어떠한 방법으로 계산할 것인지도 문제된다. 예를 들어 어떠한 효율성이나 경쟁제한성은 일정 기간 동안에만 나타나는 반면 어떠한 효율성이나 경쟁제한성은 장래 계속해서 발생할 수도 있다. 그와 같은 효율성이나 경쟁제한성을 객관적으로 비교하려면 결국 장래에 나타날 효율성이나 경쟁제한성을 현재가치로 환가하여 서로 비교해 볼 수밖에 없을 것이다. 현재가

47) 1997년에 개정된 미국 1992년 수평결합심사지침 4항 및 유럽연합 2004년 수평결합지침 79-80절 참조.

치로 환가를 하고자 할 경우 할인율을 어떻게 구할 것인가가 중대한 문제로 대두될 수 있다. 또한 효율성을 창출하기 위해서는 일정한 투자가 전제되는 경우가 있는데, 이 때 투자분 또한 현재가치로 환가할 필요가 있다. 투자분을 현재가치로 환가함에 있어서는 장래 현금흐름을 현재가치로 할인하여 평가할 것인지, 아니면 회계적인 방법으로 투자분이 감가상각되는 것을 전제로 하여 효율성을 계산할 것인지 문제된다. 후자의 경우에는 다시 감가상각 방법을 정률법으로 할 것인지, 정액법으로 할 것인지, 감가상각 기간을 어느 정도로 할 것인지 등이 문제된다. 효율성 및 투자분의 가치를 정확하게 산정하기 위해서는 논리적으로 볼 때 현금흐름을 현재가치화 하는 것이 바람직할 것이다.

(6) 효율성과 경쟁제한 폐해의 비교형량

(가) 경제적 분석 모델

효율성 증대효과와 경쟁제한의 폐해를 비교하는 경제적 분석 모델로는 다음의 두 가지 모델[48]이 널리 알려져 있다. 다만, 양자 모두 총사회후생을 기준으로 하여 효율성과 경쟁제한의 폐해를 비교하고 있다.

1) Williamson 모델

다음 그래프에서는 수평결합으로 인하여 완전경쟁시장이 독점화되는 것을 전제로 하고 있는데, 가격이 p(p=c)에서 p′로 인상되는 반면 한계비용은 c(c=p)에서 c′로 감소하는 경우의 후생효과를 비교한 것이다. Williamson은

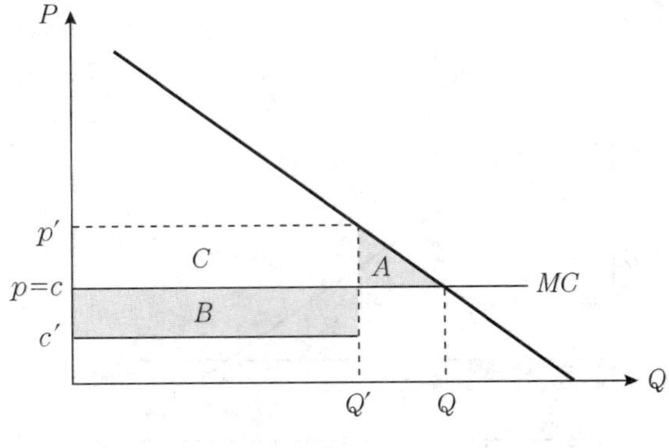

48) Williamson 모델과 Whinston 모델에 관한 아래의 설명은 이상승 교수님이 동양제철화학으로부터 의뢰를 받아 작성한 경제분석보고서(동양제철화학-CCC 기업결합이 경쟁에 미치는 효과에 관한 경제 분석, 2006. 3.)에 기초한 것이다. 위 보고서의 발췌사용을 허락해 준 이상승 교수님과 동양제철화학에 감사드린다.

수평결합으로 독점이 형성되어 생산량이 Q에서 Q′으로 감축됨에 따라 가격이 완전경쟁수준(p=c)에서 독점수준(p′)으로 인상되더라도 규모의 경제 등을 통하여 비용이 저하(c→c′)되는 경우 일반적으로 효율성 향상에 의한 사회후생 증대효과(B)가 독점화에 의한 사회후생 감소효과(A)를 압도하는 경우가 많을 것이라고 주장하였다. 그 근거는 기업결합 전의 시장 구조가 완전경쟁적일 경우, 가격인상에 따른 사중손실(deadweight loss)(A)은 삼각형의 모양을 띠어 그 면적이 작은 반면, 한계비용 절감에 따른 효율성 증대효과(B)는 장방형 사각형의 모양을 띠어 그 면적이 크다는 것이다.

이러한 Williamson의 분석에 대해서는 다음과 같은 비판이 있다. 첫째, 독점화에 의한 사회후생 감소효과는 A에 국한되는 것이 아니라는 점이다. 즉, 위 그래프에서 기업결합 당사회사가 얻는 이윤은 B+C가 되므로, 이윤극대화를 추구하는 기업으로서는 이와 같은 독점이윤을 취득하기 위하여 상당한 자원을 비효율적으로 소모할 가능성이 있고, 이 또한 사회후생 감소효과에 포함되어야 한다는 지적이 있다.[49] 둘째, 위 모델에서는 수평결합으로 완전경쟁적인 시장이 100% 독점화되는 것을 전제로 하고 있는데, 이에 따라 B의 크기가 상당히 과장되어 있다는 것이다.[50] 셋째는 이 분석 자체가 총사회후생을 기준으로 한 것이기 때문에 소비자후생의 측면에서만 효율성을 측정하여야 한다는 입장에서는 B를 효율성 증대효과로 볼 수 없게 될 것이다.

2) Whinston 모델

Williamson 모델에 관하여 지적된 두 번째 비판을 극복한 것이 바로

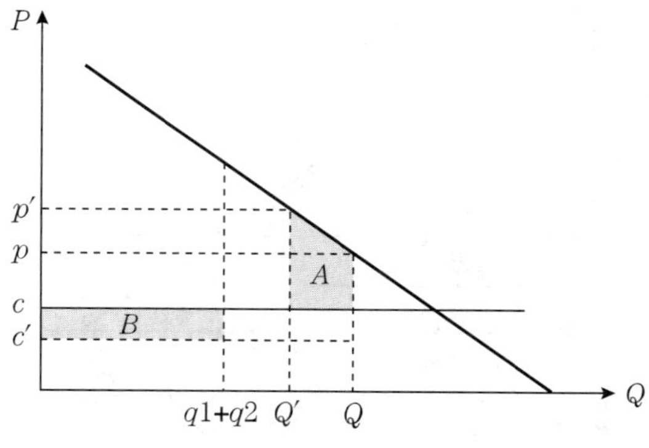

49) Hovenkamp, 앞의 책, 502면.
50) 같은 면.

Whinston 모델이다. 이 모델에서는 기업결합 전과 후 모두 통상적인 산업구조는 과점적이어서 결합 전 가격(p)이 한계비용(c)보다 크고, 또한 효율성 증대효과도 당해 시장 내의 전체 기업에 적용되는 것이 아니라 결합당사자에게만 적용된다는 점을 감안하여 비교형량의 틀을 제시하고 있다. 즉, 위 그래프에서는 기업결합으로 인하여 가격은 p에서 p′로 인상되는 반면 한계비용은 c에서 c′로 낮아지며 총생산량이 Q에서 Q′로 줄어드는 것을 예정하고 있다. 또한 기업결합으로 인하여 독점화가 진행되는 것은 아니기 때문에 기업결합 당사회사의 기업결합 후 생산량은 q1+q2에 그치게 된다. 이 경우 사중손실의 증가분은 위 그래프에서 사다리꼴 모양인 A로 나타난다. 즉, Williamson의 논의와는 달리, 기업결합 전 가격 p가 한계비용 c보다 높을 경우 사회적 손실의 증가분은 면적이 작은 삼각형이 아니라 면적이 더 큰 사다리꼴의 형태로 나타난다. 반면에 효율성 향상에 의한 사회후생 증대효과는 B에 그치게 된다.

그러나, 이러한 Whinston 모델에 대해서도 Williamson 모델에 관한 첫째와 셋째 비판이 여전히 유효하게 적용될 것이다.

(나) 비교형량 방안

위 경제적 모델은 소비자후생을 기준으로 하여 효율성 증대효과가 소비자에게 귀착될 것을 요구하는 입장을 취하는 경우 적절한 분석모델이 될 수 없다. 그런데, 앞에서도 본 바와 같이 일정한 효율성이 발생하더라도 소비자후생에 어떠한 영향을 미치게 될지 계량적으로 분석하는 것은 거의 불가능에 가까울 것이다. 또한 경쟁제한의 폐해나 효율성 모두에 있어서 계량화될 수 없는 부분이 분명히 존재한다. 그렇다면, 결국 경제적으로 정치하게 계량화하여 경쟁제한의 폐해와 효율성을 비교하여 결론을 도출하려는 시도는 포기할 수밖에 없을 것이다. 오히려 당해 기업결합으로 발생할 다양한 경쟁제한의 폐해와 효율성을 공정거래위원회 또는 법원의 축적된 경험을 바탕으로 정성적으로 비교형량하여 결론을 도출하여야 할 것이다. 다만, 앞에서 본 Whinston 모델에 따른 계량적인 분석은 그와 같은 정성적 판단에 중요한 한 요소로 기능할 수 있을 것이다.

2. 도산기업 항변

(1) 독점규제법의 관련 규정

독점규제법 제7조 제2항 제2호 및 같은 법 시행령 제12조의4에서는 (i)

상당기간 대차대조표상의 자본총계가 납입자본금보다 작은 상태에 있는 등 회생이 불가한 회사와의 기업결합으로, (ii) 기업결합을 하지 아니하는 경우 회사의 생산설비 등이 당해시장에서 계속 활용되기 어렵고, (iii) 당해 기업결합보다 경쟁제한성이 적은 다른 기업결합이 이루어지기 어려운 경우에 도산기업 항변이 성립하여 경쟁제한적인 기업결합에 해당되더라도 예외적으로 당해 기업결합이 허용되는 것으로 규정하고 있다.

위와 같은 요건을 충족하는 경우에도 기업결합을 허용하지 않게 되면 도산기업이 관련시장에서 사라지게 되고 그 회사의 생산설비 등이 당해시장에서 더 이상 활용되지 아니하게 되므로, 이러한 경우에는 예외를 허용하여 당해 기업결합을 허용하더라도 관련시장에서의 경쟁에 부정적인 영향을 미치지 않는다는 측면에서 도산기업 항변을 허용하고 있다. 다만, 입법론으로는 효율성 항변과 관련하여 본 바와 같이 도산기업 항변에 따라 기업결합을 허용하는 경우에는 경쟁제한 효과를 감소시킬 수 있도록 영업방식 또는 영업범위를 제한하는 조건을 부가할 수 있도록 하는 것이 바람직할 것이다.

(2) 회생불가 요건

심사기준에서는 위 첫 번째 회생불가 요건을 보다 상술하고 있는데, 회사의 재무구조가 극히 악화되어 지급불능의 상태에 처해 있거나 가까운 시일내에 지급불능의 상태에 이를 것으로 예상되는 회사를 회생이 불가한 회사로 보고 있다(Ⅷ.2.가.항). 회생불가 여부를 판단함에 있어서는 상당기간 대차대조표상의 자본총액이 납입자본금보다 작은 상태에 있는지, 상당기간 영업이익보다 지급이자가 많은 경우로서 그 기간 중 경상손익이 적자인지, 파산·화의·회사정리 신청이 있는지 여부, 금융기관이 부실채권을 정리하기 위하여 당해 회사와 경영위임계약을 체결하여 관리하는 회사인지 여부를 고려하여 판단하도록 하고 있다(Ⅷ.2.가.(1) 내지 (6)항).

그런데, 화의·회사정리 신청이 있는 경우나 기업구조조정촉진법에 의하여 경영정상화계획의 이행을 위한 약정을 체결한 경우에 이를 회생불가 요건을 충족하는 것으로 보는 것은 적절하지 않다. 왜냐하면, 당해 회사가 화의·회사정리절차를 거쳐 또는 경영정상화계획을 이행함으로써 갱생이 가능한 경우에는 관련시장에서 계속 경쟁사업자로 기능할 수 있게 되므로 회생이 불가하여 관련시장에서 퇴출될 것으로 볼 수 없기 때문이다.[51] 위와 같은 심사기준에도 불구하고 공정거래위원회의 심결례[52]에서는 회사정리절차를 통하여 경영이 정상화될 경우에는 관련시장에서 유력한 경쟁사업자가 될 것이 예상되므로 도산기업 항변이 성립될 수 없다고 보고 있다.

(3) 대안의 부재 요건

당해 기업결합보다 경쟁제한성이 적은 다른 기업결합이 이루어지기 어려운 경우의 요건을 충족시키기 위해서는 도산기업이 당해 기업결합을 하기 이전에 기업결합이 이루어지더라도 덜 경쟁제한적인 다른 매수자가 있는지를 성실하게 찾아보아야 하는데, 청산가치 이상의 가격을 제시하는 매수자는 대체매수자로 인정된다.[53] 만약 피취득회사가 대체매수자를 찾으려는 충분한 노력을 하기 전에 경쟁제한적인 기업결합을 감행하게 되면 도산기업항변은 적용될 수 없다.

(4) 도산사업부문의 항변

회사 전체적으로 볼 때에는 회생불가 회사에 해당되지 아니하지만, 어느 한 사업부문이 회생이 불가한 것으로 인정되는 경우에도 다른 두 요건이 충족되면 도산기업 항변을 유추적용하여 예외를 인정할 수 있을 것이다.[54] 도산기업 항변을 허용하는 이유와 마찬가지로 이러한 요건이 충족되는 경우 그 사업부문이 관련시장에서 퇴출되는 것보다는 기업결합을 허용하여 생산능력을 유지하는 것이 바람직하므로 예외를 인정하는 것이다.

Ⅳ. 경쟁제한적 기업결합에 대한 시정조치

1. 시정조치의 종류

경쟁제한적인 기업결합에 해당하는 경우 공정거래위원회는 주식의 전부 또는 일부의 처분, 임원의 사임, 영업의 양도, 기업결합에 따른 경쟁제한의 폐해를 방지할 수 있는 영업방식 또는 영업범위의 제한, 기타 법위반상태를 시

51) 홍대식, 앞의 논문, 349-350면.

52) 공정거래위원회 2005. 1. 5. 재결 제2005-002호((주)삼익악기 및 삼송공업(주)의 이의신청에 대한 건).

53) 미국 1992년 수평결합심사지침 5.1항.

54) 미국 1992년 수평결합심사지침 5.2항에서는 도산사업부문의 항변도 명시적으로 인정하고 있다.

정하기 위하여 필요한 조치 등을 취할 수 있다(독점규제법 제16조 제1항). 또한 경쟁제한적인 합병 또는 회사의 설립이 있는 때에는 합병무효의 소 또는 설립무효의 소를 제기할 수 있다(같은 조 제2항).

이와 같은 시정조치 중에 기업결합 당사회사의 자본적 구조 또는 조직적 구조에 영향을 미치는 주식의 전부 또는 일부의 처분, 영업의 양도, 임원의 사임은 구조적 시정조치로 분류할 수 있을 것이다. 이에 반해 자본적, 조직적 구조는 그대로 두고 기업결합을 승인하되 기업결합 당사회사의 영업행태에 대해서만 일정한 제한을 가하는 조치는 행태적 시정조치로 분류할 수 있는데, 가격인상 제한, 시장점유율 제한이 이에 포함되고 이외에도 다양한 형태의 행태적 시정조치가 취해지고 있다. 공정거래위원회는 필요하다고 판단하는 경우 다양한 시정조치를 동시에 명할 수도 있다.

당해 기업결합이 낳을 경쟁제한의 폐해가 뚜렷한 반면 발생할 것으로 기대되는 효율성의 규모가 작은 경우에는 주식의 처분이나 영업의 양도와 같은 구조적 시정조치가 선호될 것이다. 이에 반하여 경쟁제한의 폐해도 상당하지만 기대되는 효율성의 규모도 상당할 것으로 예상되는 기업결합에서는 당해 기업결합을 전면적으로 금지하는 것보다는 기업결합 자체는 승인하되 경쟁제한성을 감소시킬 수 있도록 적절한 행태적 시정조치를 부과하는 방안을 고려하여 볼 수 있을 것이다.

2. 시정조치와 관련한 몇 가지 문제들

(1) 시정조치와 비례의 원칙

공정거래위원회는 시정조치와 관련하여 광범위한 재량권을 가지고 있으며, 그 사건에서 적절하다고 판단하는 시정조치를 선택할 수 있다. 이와 관련하여 시정조치에 관해서는 행정법상 비례원칙이 적용될 수 없다는 전제 하에 미국이나 유럽연합의 논의를 바탕으로 경쟁제한적인 기업결합에 관해서는 주식매각명령이나 영업양도명령의 구조적 시정조치가 원칙적으로 취해져야 하고 행태적 시정조치는 매우 신중하게 취해져야 한다는 견해가 있다.[55] 그러나, 대륙법계에 속하는 우리법 하에서 시정조치는 행정처분의 성격을 가지게 되는데, 비례의 원칙은 행정청의 재량권 행사의 일탈남용을 통제하기 위한 행정법의

55) 이호영, 독점규제법상 기업결합에 대한 시정조치의 개선, 경쟁법연구 제13권, 법문사, 2006, 244-245면.

일반원리이므로, 행정처분의 하나인 공정거래위원회의 시정조치에도 당연히 적용되어야 할 것이다.[56] 따라서, 공정거래위원회가 시정조치를 선택함에 있어서는 광범위한 재량을 가지고 경쟁제한성을 제거하기 위한 적합한 수단을 선택할 수 있겠지만, 사업자에게 보다 덜 침해적인 방법으로 경쟁제한성을 충분히 제거할 수 있음에도 불구하고 과중한 시정조치를 취하는 것은 비례의 원칙에 반하여 재량권 행사의 일탈남용에 해당한다고 보아야 할 것이다. 다만, 일반적으로 구조적 시정조치가 행태적 시정조치보다 사업자에게 큰 부담을 주기 쉽지만, 구조적 시정조치가 반드시 행태적 시정조치보다 사업자에게 더 부담이 된다고 단정할 수는 없다는 점을 유의하여야 할 것이다. 따라서, 개별 사안에서 가능한 구체적인 시정조치의 내용을 놓고 각 조치가 사업자에게 주는 부담의 경중을 가려 비례의 원칙에 반하지 않는 적정한 시정조치를 취하여야 할 것이다. 한편 비례의 원칙이 적용된다고 하더라도, 예컨대 기업결합 당사회사의 여러 사업 중 일부 영업에 있어서 경쟁제한성이 문제되는데 그 부분에 관련된 자산의 매각만으로는 매각된 영업단위가 독립적인 경쟁자로 기능할 수 없게 되어 결국 경쟁제한성이 치유될 수 없는 경우에는 더 넓은 범위에서 자산을 매각하도록 하는 것이 비례의 원칙에 반하는 것은 아니다.

(2) 시장점유율 제한

행태적 시정조치의 하나로 시장점유율을 제한한 심결례로는 델피니엄 엔터프라이즈 피티이 엘티디의 한솔제지(주)의 신문용지 사업부문 및 신호제지(주)의 신문용지 사업부문 양수의 건[57]과 에스케이텔레콤(주)의 (주)신세기통신 주식취득의 건[58]이 있다. 그런데, 이와 같이 시장점유율의 한도를 정하게 되면 기업결합 당사회사는 관련시장에서 적극적으로 경쟁할 유인을 잃어 버리게 되고, 이는 결국 소비자후생의 손실로 귀결될 것이므로, 이는 경쟁제한적인 기업결합에 대한 적절한 시정조치가 될 수 없다.[59] 이러한 시정조치는 1997년 말의 경제위기 이후 구조조정 과정에서 산업정책적 측면을 고려하여 예외적으로 기업결합을 허용하는 과정에서 나온 것으로 이해되며, 공정거래위

---

56) 박해식, 공정거래법상 시정조치의 문제점, 경쟁저널 제108호, 사단법인 한국공정경쟁연합회, 12-13면도 동일한 입장을 취하고 있다.

57) 공정거래위원회 1998. 11. 20. 의결 제98-269호.

58) 공정거래위원회 2000. 5. 16. 의결 제2000-76호.

59) 권오승, 앞의 책, 242면.

원회가 2000년 이후로는 시장점유율을 제한하는 시정조치를 취하지 않았고 앞으로도 그러한 시정조치를 취할 것으로 보이지 않는다.

(3) 자의적인 시정조치의 방지

공정거래위원회의 심결례들을 보면 어떠한 기업결합이 경쟁제한적인지 여부를 판단함에 있어서는 많은 노력을 기울이는 반면, 경쟁제한성이 인정되는 경우 시정조치의 선택과 관련하여서는 별다른 설명이 없다. 그러나, 기업결합에서 경쟁제한성을 인정하고도 적절한 시정조치를 선택하지 못하는 경우에는 결국 경쟁제한의 폐해를 충분히 제거하지 못하게 되며,[60] 아니면 반대로 지나친 시정조치를 통하여 기업결합이 달성할 수 있었던 효율성을 막는 결과를 초래할 수도 있다.

공정거래위원회가 보다 적절한 시정조치를 선택할 수 있도록 하기 위해서는 그 동안 공정거래위원회가 명한 시정조치의 효과를 실증적으로 분석할 필요가 있고, 이러한 연구결과를 바탕으로 시정조치에 관한 별도의 지침을 제정할 필요가 있다.[61] 또한 공정거래위원회가 시정조치를 명하는 의결서에서 주문과 같은 시정조치를 선택한 이유를 기재하도록 함으로써 그 재량권 행사의 적법성에 관하여 법원이 보다 원활하게 심사할 수 있도록 하는 것이 바람직할 것이다.[62]

V. 결　론

1997년의 경제위기를 극복하는 과정에서 기업인수합병이 매우 활발해졌고, 이에 따라 공정거래위원회의 기업결합규제도 활성화되어 시정조치를 명한 심결례가 늘어나게 되었다. 1990년대 후반의 심결례들과 비교해 보면 최근의 심결례들은 보다 정치한 논리를 바탕으로 경쟁제한성이나 효율성을 검토하고 있음을 발견할 수 있다. 이러한 실무의 발전을 살펴보면 독점규제법 제7조 및

60) 예를 들어 에스케이텔레콤(주)의 (주)신세기통신 주식취득의 건과 관련하여서는 공정거래위원회의 시정조치가 기업결합을 통한 시장지배력 강화를 억제하는데 효과적이지 못하였다는 연구결과가 있다. 성낙일, 이동통신시장 기업결합의 성과분석: SK텔레콤-신세기통신 기업결합 사례, 산업조직연구 제12집 제3호, 119-165면.

61) 이호영, 앞의 논문, 242-244면 참조.

62) 최수희, 기업결합에 대한 행태적 시정조치와 구조적 시정조치-공정거래위원회의 심결례를 중심으로-, 공정거래와 법치, 법문사, 2004, 256면 참조.

심사기준의 상당 부분이 기업결합규제를 위한 적절한 기준을 제시하고 있지 못하다는 점을 알 수 있다. 따라서, 그간의 규제 경험과 기업결합 규제에 관한 이론의 발전을 바탕으로 외국의 심사지침과 사례를 참고하여 독점규제법 제7조 및 심사기준의 내용을 적정하게 개정할 필요가 있다. 또한 경쟁제한적인 기업결합에 대하여 적절한 시정조치를 명할 수 있도록 시정조치와 관련하여서도 지침을 마련할 필요가 있을 것이다. 이러한 작업을 통하여 관련 규정을 명확히 함으로써 수범자들의 예측가능성을 높이고, 이에 따라 법적 안정성을 제고할 수 있을 것이다.

제 2 절 기업 결합 사례 연구: 시장 획정을 중심으로*

Ⅰ. 머 리 말

기업결합심사는 올바른 경쟁법 집행의 중추를 이룬다. 경쟁을 제한하는 기업 간의 합병을 방지함과 동시에 효율성 제고 효과가 있는 합병은 저해하지 않는 기업결합 심사 기준의 개발과 일관성 있는 적용은 경쟁 당국의 핵심적 업무이다. 기업 결합 심사의 주 목적은 합병 회사들이 더 이상 서로 경쟁하지 않게 됨에 따라 결합된 회사가 시장 지배력을 획득 또는 강화하여, 합병 회사가 단독으로 또는 타회사들과 공조하여 가격 인상(unilateral or coordinated price increase)을 통해 초과 이윤을 추구하게 되고 그 결과 소비자 피해와 경제적 효율성의 저하가 초래되는 것을 방지함에 있다. 따라서 기업 결합 심사에 있어서 주요한 관심의 대상이 되는 것은 당해 기업들의 합병으로 인해 관련 시장에서 얼마나 경쟁의 정도가 줄어들게 되는가의 문제이다. 이 문제에 대한 해답을 얻기 위해서는 관련 시장을 획정하는 것이 선행되어야 한다. 미국의 경우 합병에 관한 경제 이론의 발전과 실제 M&A 심사 경험을 바탕으로 수평 합병, 수직 합병, 잠재적 경쟁자와의 합병 등에 관한 가이드라인을 계속 정치화시켜 왔다.[63] 미국 DOJ/FTC의 병가이드라인에서 정치화된 '가상

---

* 이상승(서울대학교 경제학부 교수)

63) 1968년 미국 법무성의 반독점국(Antitrust Division of Department of Justice)이

적 독점기업(hypothetical monopolist)'을 이용한 시장 획정 기법은 정확히 이러한 시각에 입각하여 합병 대상 기업들이 하나의 기업으로 결합하는 경우 시장 지배력을 획득-강화하게 판단하는 분석 방법이다.[64] 우리나라 공정거래위원회도 1999년 '기업결합심사기준'을 공표하여 (i) 시장획정, (ii) 시장점유율에 의거한 '실질적 경쟁 제한'의 추정, (iii) 해외경쟁 및 신규진입의 가능성 정도, 효율성 증대 효과 및 회생 불능 가능성에 따른 경쟁 제한성 추정의 완화 등에 대한 지침을 발표한 바 있다.[65]

그 동안 우리 나라 공정거래위원회의 기업결합심사는 많은 성과를 거두어 왔다. 그러나 때로는 엄밀한 경제분석의 결여로 인해 시장획정에 있어 오류를 범한 적도 있는 것으로 판단된다. 예를 들어, 2001년 대한송유관공사(이하 "대송")의 기업결합심사의 경우, 당시 시장 가격에 미국 합병 가이드라인상의 SSNIP(small but nontransitory increase in price)의 기준을 적용하여 송유관을 통한 석유류 1차 운송과 유조선을 통한 운송이 별개의 시장이라고 심결하였는데, 이는 경쟁법학계에서 매우 잘 알려진 '셀로판 오류'(the Cellophane fallacy)를 역으로 범한 것이다.

이하에서는 위 사건을 경제분석한 필자의 논문 "역 셀로판 오류(A Reverse Cellophane Fallacy): 대한송유관공사 기업결합 사건에서 공정거래위원회의 시장획정"(2003)을 요약 소개하여, 향후 공정거래위원회의 기업결합심사시 참고가 되고자 한다.

Ⅱ. 대송의 설립 및 전국 송유관 망 건설

송유관을 통한 석유 수송은 사회적 관점에서 보았을 때, 유조선 수송시 발생할 수 있는 해양 오염(유조선 좌초 및 침몰시 발생)을 방지하고, 유조차 수송시 발생하는 교통 혼잡과 대기 오염을 방지할 수 있다. 하지만 교통 혼잡과

'Merger Guidelines'를 처음 발표한 후, 1982년 전면 개정시 경제 분석이 대폭 도입되었으며, 이후 1984년, 1992년, 1997년 계속 정치화되어 왔다. http://www.usdoj.gov/atr/hmerger.htm에서 다운로드 가능. 2003년 4월 1일 방문.

64) '가상적 독점 기업' 분석법에 대해서는 미국 DOJ antitrust division의senior economic counsel인 Gregory Werden, The 1982 Merger Guidelines and the Ascent of the Hypothetical Monopolist Paradigm, (2002) 참조. http://www.usdoj.gov/atr/hmerger/11256.pdf에서 다운로드 가능, 2003년 7월 20일 방문.

65) http://ftc.go.kr/data/law/new/1999-02.hwp에서 다운로드 가능. 2003년 4월 1일 방문.

대기 오염의 예방에 따른 혜택은 정유사가 아니라 일반 국민들에게 돌아간다. 따라서 정부는 송유관 건설에 따른 사회적 혜택을 고려하여 보조금, 세제 지원, 저리 융자 등 경제적 지원을 해 줄 수 있다.[66] 위의 논리에 기반하여 1990년 1월 우리 나라 정부는 5개 정유사(유공, 호남정유, 경인에너지, 쌍용정유, 극동정유) 및 2개 항공사(대한항공, 아시아나항공)과 함께 "경제적이고 효율적인 석유수송체계를 확립하고 기존 수송로의 교통과밀현상을 해소하며, 석유제품 수급의 안전성 및 안정성을 제고하기 위하여 전국송유관 건설 및 운영에 관한 모든 사업을 수행할 수 있는 상법상의 주식회사"로서 대송을 설립하였다. 대송 설립 초기 자본금은 183.6억원이었는데, 정부(동자부 산하 석유사업기금)가 50.8%, 5개 정유사(유공, 호남정유, 쌍용, 극동, 경인에너지)가 각각 8.2%, 대한항공과 금호가 각각 4.1%의 지분을 가지고 있었다. 지분의 과반수를 차지한 정부가 총 8인의 이사를, 그리고 민간 주주들이 각 1인(총 7인)의 이사를 선임하여, 정부가 경영권을 행사해 왔다.

대송은 1990년 전국송유관 건설 사업의 제1단계로서 약 612억원의 사업비를 투입하여 1990년 12월 인천-김포-서울을 잇는 35km의 송유관로와 서울 저유소 및 부대시설의 건설을 시작하였다. 1992년 12월에 인천에서 수도권북부 지역인 고양시와 김포공항을 잇는 55km의 경인송유관을 완공하였으며, 1991년 12월부터는 여천과 온산에서 수도권 남부의 성남까지 이어지는 900km의 남북송유관 건설공사에 착수하여 1995년 6월에 대전저유소를 준공하고 대전이남구간을 운영하기 시작했으며, 1997년 6월 남북송유관의 종착지인 성남저유소가 완공됨에 따라 1997년 8월부터 경인구간, 호서구간, 남북구간 등 1,081km의 전국송유관 전구간의 정상영업을 시작하고, 이어 인천-영종도간 건설공사를 2000년 12월 완료하였다.[67] 약 10년에 걸친 전국 송유관과 4개의 저유소, 9개의 가압소 건설에 든 총 투자비는 약 7,157억원인데, 사업비에 대한 회사 자기 자본 비율을 30%가 되도록 한 "투자합의계약서" 제6조(출자)에 따라 1990년 11월부터 1998년 7월까지 총 15차의 추가 증자를 통해

66) 단 송유관의 사회적 혜택과 시장 획정은 무관하다. 시장 획정은 수송 수단간의 대체가능성에 의존할 뿐, 특정 수송 수단의 사회적 비용과는 상관이 없다.

67) "대송의 투자합의계약서"(1990년 1월 15일) 및 "대한송유관공사 기업프로필" http://www.dopco.co.kr/company/profile2.html 에서 다운로드 가능. 2003년 4월 1일 방문. 대송의 송유관망은 별첨 자료 2에 나타나 있다. 대송의 홈페이지의 '송유관 시설 현황' 중 '전국망 송유관 보기'를 클릭하면 전국 송유관망과 저유소, 가압소 등을 구간별로 상세히 볼 수 있다. http://www.dopco.co.kr/pipeline/plant1.html에서 접속 가능. 2003년 4월 1일 방문.

자본금이 2,249.6억원으로 증가하였다. 그러나 이 과정에서 일부 주주사들의 주식 양수 포기에 따라[68] 민간 회사들의 지분에 차이가 나게 되어, 민영화 직전에는 정부가 46.47%, SK가 16.30%, LG칼텍스가 12.53%, S-Oil이 8.06%, 현대 정유가 6.39%, 인천 정유가 2.36%, 대한항공이 3.10%, 금호가 1.11%, 그리고 석유공사가 3.69%의 지분을 보유하고 있었다.[69] 민간 주주들의 지분 변화에도 불구하고 회사당 이사 각 1인 선임의 원칙은 변하지 않았으며, 정부가 계속 경영권을 행사하였다.[70]

Ⅲ. 대송의 민영화 과정에서의 분쟁의 발생

대기 및 해양 오염의 감소, 교통 혼잡의 경감 등 '긍정적 외부 효과'를 창출하는 송유관 건설에 대해 정부 지원을 정당화할 수 있다는 것과, 송유관 건설과 운영을 정부 주도하에서 해야 한다는 것은 전혀 별개의 문제이다. 주인 없는 공기업의 비효율성은 잘 알려져 있는 바, 우리 정부도 외환 위기 이후인 1998년 7월 '기업성이 강한 공기업은 원칙적으로 민영화하여 주인 있는 책임경영을 실현'한다는 방침을 세웠다.[71] 이에 따라 정부는 2000년 3월 자신의

68) 1990년 체결된 투자합의계약에 의해, 보유주식을 양도하고자 하는 주주는 다른 주주 전원에게 양도조건을 명시하여 주식 양수를 청구하여야 하며, 양수사 전원은 각 소유 지분비율에 따라 해당주식을 인수할 권리를 갖는다. 일부 주주가 주식의 양수를 거절할 경우, 나머지 주주들에게 (계속 동일한 방식으로) 양수하여 줄 것을 요청하여야 한다. 모든 주주들이 양수를 거절하는 경우에는 제3자에게 양도할 수 있는데, 제3자와 기존주주 간의 이해 충돌 및 사업경쟁등의 사유가 발생할 수 있으므로 기존주주들은 제3자의 주식인수에 대해 거부할 수 있는 권리가 있다. 구체적으로, 제3자에 대한 주식양도를 위한 주주회의를 소집하여 양도주주를 제외한 나머지 주주들의 의결권의 3분의 2 이상의 찬성을 얻어야 한다. (투자합의계약서 제7조(주식발행 및 양도) 참조).

69) "대한송유관공사 주주사별 지분 변동 내역" 참조.

70) 민간주주들의 이사 수를 지분 변화에 따라 조정하지 않은 것은 정부가 경영권을 계속 확보하고 있었기 때문이다. 즉 정부가 임명한 과반수의 이사들이 대송을 경영하고, 민간 주주들이 선임한 이사들은 주요 결정 사항에 대해 서면으로만 의견을 표명하던 상황에서 민간 주주들의 지분 변화에 따라 이사 비율을 조정하는 것은 대송 경영에 영향을 미치지 못 하리라고 모든 주주들이 공통으로 인식하고 있었으므로 설립시의 이사 비율을 그대로 유지하였던 것이다.

71) 1차 공기업 민영화 계획 1998년 7월 3일 기획예산위원회 보도자료 참조. 동 자료는 공기업의 문제점을 다음과 같이 잘 요약하고 있다. 공기업은 '주인의식 결여로 방만한 경영과 비효율'을 안고 있으며, '핵심부문(core competence)이외에 무분별한 사업 확대'로 인해 수익성이 떨어지며, '관리층을 중심으로 상위직 조직이 비대화'되어 있으며, '예산 운영에 있어서의 합리성 및 책임성 결여'로 '생산성 증가율을 상회하는 임금인상, 무리한 수당 신설'로 인해 고비용 구조를 가지고 있으며, 정부 부처에 의한 '과다한 경영간섭과 획일적 규제'로 인해 경제 상황변화에 민첩히 반응할 수 없을 뿐 아니라 '경영 실패에 대한 책임을 지는 사례가 거의 없

지분을 1990년 투자합의계약서에 따라 기존 주주들(SK, LG칼텍스, 현대/인천정유, S-Oil, 대한항공, 금호)에게 양도할 의사를 표명하였다.72) 정부가 제시한 가격은 주당 19,800원이었다(액면가는 10,000원인데, 정부는 국채이자율에 의한 정부투자보수율로서 정부투자이익회수분을 계산하여 양도 가격을 산정했다고 밝혔다). 5개 정유사는 각각 자신의 지분에 비례한 물량을 양수할 의사를 밝혔으나, 두 항공사가 양수 의사를 포기하였다. 이에 2000년 5월 정부는 5개 정유사에 2개 항공사 실권주의 주식 양수를 요청하였는 바, SK, 현대, 인천은 양수의사를 표시하고, LG와 S-Oil은 거부하였다. 그 결과 SK가 34.04%, LG가 22.59%, S-Oil이 15.57%, 현대가 12.90%, 인천이 4.75%, 대한항공이 3.10%, 금호가 1.11%, 석공이 3.69%, 정부가 2.25%의 지분을 차지하게 되었다.73) 2000년 11월 28일 매매계약이 체결되고 2001년 1월 27일 주식인수가 완결될 예정이었으나, S-Oil은 자신의 추가 지분 7.51%에 대한 매매대금 잔금 301억원을 정부에 지불하는 대신 법원에 공탁하였다.74) 이어 2001년 1월 29일 열린 대송 주주 총회(발행 주식의 100% 참석)에서 '공동 경영에 관한 기본 원칙'이 합의될 때까지 주총 연기를 주장하였고, LG도 이에 동의하였다. 그러나 이 안을 SK가 표결에 부친 결과, 찬성이 전체 주식의 30.64%에 그쳐 부결되었다. 이어 SK가 5인의 이사를 추가로 선임하고, LG가 2인을 추가하는 안이 전체 주식의 59.60%의 지지 하에 가결되어, SK는 이사 6인(총 이사 15인 중 40%)를 선임하고, LG는 3인의 이사를, S-Oil, 현대, 인천, 대한항공, 금호, 석유공사는 각 1인의 이사를 선임하게 되었다. 주주 총회 폐회 후 곧바로 열린 이사회에서 LG측 이사들은 출석하지 않고, 출석했던 S-Oil 이사는 불참을 통보하고 퇴장하였으나, SK는 대표이사와 운영 본부장을 자사의 전직 임원으로, 감사 위원 2인을 현직 임원으로 선임하는 안을 참석 이사 11명 전원 동의 하에 통과시켰다(운영 본부장은 LG의 이사, 감사 위원 1인은 인천 정유의 이사로 각각 선임되었다).75)

음'으로 인해 '자율 책임 경영체제 구축'이 미흡하다.

72) 대한송유관공사 민영화 사실상 완료 2000년 5월 1일 기획예산처 보도참고자료 참조.

73) 공정거래위원회 심사보고서에스케이(주)의 기업결합제한규정 위반행위에 대한 건 (사건번호:2001기결1398)" p. 11, 2001년 5월.

74) 공정거래위원회 "심사보고서에스케이(주)의 기업결합제한규정 위반행위에 대한 건 (사건번호:2001기결1398) p. 11, 2001년 5월.

75) "대한송유관공사 제43차 임시주주총회 이사록"; "SK가 추천한 송유관공사 임원 현황"; "대한송유관공사 제136차 이사회 이사록" 등 참조.

이에 2001년 1월 31일 S-Oil은 본 기업 결합을 '일정한 거래 분야에서 경쟁을 제한하는 수직결합'으로 공정거래위원회에 신고하였다. S-Oil은 특정 정유사(SK)가 송유관 운영을 장악할 경우 송유관 이용에 있어서 송유관사업자의 석유수송신청의 거부, 수송신청물량의 제한, 수송순위의 차등, 수송요율 및 기타 계약조건의 차별, 영업정보의 유출 등 경쟁제한행위가 우려되므로, 이를 방지하기 위해 (1) SK의 주식인수 비율을 제한하고, (2) SK의 일방적 경영권 지배의 차단을 위해 대표이사 선임, 재산처분, 투자, 예산 등의 객관적이고 공정한 운영을 위한 방침을 규정하는 주주간 합작투자계약을 체결하며, (3) 사용자이고 경쟁자이기 때문에 발생할 수 있는 이해의 충돌(conflict of interest)을 방지하기 위하여 경쟁상대 회사들인 주주와 연관이 없는 중립적인 책임경영인이 경영을 담당해야 한다고 주장하였다.[76]

한편 SK는 유조선, 유조화차, 유조차등 송유관에 대한 대체 수송 수단이 존재하고, 송유관의 2001년 가동률이 48%에 불과하여 시장봉쇄효과가 나타날 수 없으며, 석유수송규정과 1999년 대송과 정유사 간에 체결된 장기수송계약에 의해 특정 정유사를 차별할 수 없다고 주장하였다.[77]

공정거래위원회는 2001년 6월 29일 심결에서 "관련 용역시장은 송유관에 의한 석유제품의 1차(정유공장→저유소) 수송시장으로, 관련 지역시장은 송유관에 의한 석유제품의 출하권역"으로 획정하고, "송유관시설은 해안에 위치한 정유공장과 내륙지방의 주요 소비지역을 연결하는 수송로로 국내 정유사들이 송유관시설을 이용하지 못할 경우 석유제품의 대량 소비지인 수도권 등 내륙지방으로의 원활한 수송을 달성할 수 없다는 측면에서 필수설비(Essential Facilities)에 해당하거나 이에 준하는 시설로서의 특성"을 가진다고 판단하였다. 또한 석유제품 판매시장에서 1위를 점하고 있는 SK[78]가 송유관시장에서의 독점기업인 대송을 현대/인천 정유 또는 LG 등과 연대하여 지배함으로써 송유관시장에서 경쟁사에 대한 석유수송신청의 거부, 수송신청물량의 제한,

76) S-Oil이 공정거래위원회에 2001년 1월 31일 제출한 "신고서".

77) SK가 공정거래위원회에 2001년 5월 10일 제출한 "진술 요지서".

78) 2000년 SK는 국내 전체 석유제품 시장의 30.1%, 경질유 시장의 35.3%를 차지하였다.

정유사별 전체 석유제품 시장점유율(2000년)

(단위 : 백만 B, %)

구 분	SK	LG	S-Oil	현대/인천	기 타	계
판매량	223.8	182.7	81.0	115.5	139.5	742.4
점유율	30.1	24.6	10.9	15.6	18.8	100.0

주 : 기타는 가스 및 수입제품 판매실적.

수송순위의 차등, 수송요율 및 기타 계약조건 차별, 경쟁사의 영업정보 누출 등이 우려된다는 점에서 이 사건 기업결합은 「송유관에 의한 석유제품의 1차 수송시장과 석유제품 판매시장에서 경쟁을 실질적으로 제한하는 행위」로 판단하였다.[79)]

위 판단에 근거하여 공정거래위원회는 SK에게 "송유관 이용에 있어서 송유관사업자의 석유수송신청의 거부, 수송신청물량의 제한, 수송순위의 차등, 수송요율 및 기타 계약조건의 차별, 영업정보의 유출 등 경쟁제한행위를 금지하는 내용을 (주)대한송유관공사의 정관에 규정하고 이를 준수하여야" 하며, 이와 관련하여 "송유관이용에 관한 사항을 협의·결정하기 위하여 (주)대한송유관공사, 이용자인 정유사 및 공익을 대표할 수 있는 자가 참여하는 협의회를 설치·운영하여야 하며, 그 설치근거 및 운영에 관한 사항을 (주)대한송유관공사의 정관에 규정하여야 한다"라는 시정조치를 내렸다.[80)]

본 논문의 핵심인 다음 절에서는 공정거래위원회의 시정 조치의 근거가 된 시장 획정론에 대한 비판적 고찰을 시도한다.

Ⅳ. 대송 기업결합건의 시장 획정

1. 공정거래위원회의 시장획정

위에서 언급한 것처럼 공정거래위원회는 2001년 6월 29일 심결에서 '관련 용역시장은 송유관에 의한 석유제품의 1차(정유공장→저유소) 수송시장으로,

정유사별 경질유 시장점유율(2000년)

(단위 : 백만 B, %)

구 분	SK	LG	S-Oil	현대/인천	기 타	계
판매량	98.7	77.9	40.3	57.6	5.5	280.0
점유율	35.3	27.8	14.4	20.6	1.9	100.0

주 : 기타는 수입사 판매실적 등.

출처 : 공정거래위원회 전원회의 의결 제 2001-090호.

79) 공정거래위원회 전원회의 의결 제 2001-090호, "에스케이㈜의 기업결합제한규정 위반행위에 대한 건"(사건번호 : 2001기결1398), 2001년 6월 29일.

80) 그러나 공정위는 S-Oil이 주장한 SK의 지분 제한 또는 정유사들의 공동 경영 참여요구는 받아들이지 않았다. 이에 S-Oil은 2001년 7월 3일 법원 공탁금을 회수하고, 2001년 9월 24일 산자부 장관에게 주식매매계약의 해제를 통보하여, 계약금 33억원을 몰수당하였다. 이어 2001년 11월 6일 S-Oil은 SK가 임명한 이사 5인의 해임 및 35억원 손해배상 소송을 서울지방법원에 제기하였다. 소송의 주요 법적 쟁점은 민간주주들이 1인씩의 이사를 선임하기로 한 1990년 '투자합의계약서' 제8조가 민영화 이후에도 여전히 유효한가, 또한 주식 매매계약금 몰수의 책임을 SK에게 물을 수 있는가의 여부이다. 2003년 5월 21일 서울지방법원 제25민사부는 원고의 청구를 모두 기각하며, 소송비용도 원고가 부담하도록 하는 원고 패소 판결을 내렸다.

관련 지역시장은 송유관에 의한 석유제품의 출하권역'(수도권, 대전권, 대구권, 전주권, 광주권)으로 획정하고, '송유관시설은 해안에 위치한 정유공장과 내륙지방의 주요 소비지역을 연결하는 수송로로 국내 정유사들이 송유관시설을 이용하지 못할 경우 석유제품의 대량 소비지인 수도권 등 내륙지방으로의 원활한 수송을 달성할 수 없다는 측면에서 필수설비(Essential Facilities)에 해당하거나 이에 준하는 시설로서의 특성'을 가진다고 판단하였다.

동 심결은 대체 수송 수단, 특히 유조선을 제외하고 '송유관에 의한 석유제품의 1차(정유공장→저유소) 수송시장'으로 시장을 획정한 중요한 근거로, 2차 운송비(저유소에서 유조차를 이용하여 주유소까지 수송하는 비용)를 포함한 12차 운송비 비교시 유조선이 송유관보다 불리하다는 사실을 들었다. 아래 표에서 나타나듯이, 울산에서 서울 강남에 소재한 주유소로의 운송비는, 당시 가격 수준에서 유조선(+유조차)의 경우 1리터 당 10.730원인데 반해 송유관(+유조차)의 경우 9.715원이어서 1.015원의 상당한 차이가 있다(유조선과 송유관의 1차 운송비만 비교하면, 울산에서 인천항까지 유조선을 이용한 운송비는 1리터당 5.760원이어서, 울산에서 성남저유소까지 송유관을 이용한 6.245원보다 0.485원 저렴하다. 그러나 인천에서 강남 주유소까지의 거리가 50km로 성남저유소에서의 거리 25km보다 2배이어서 2차 운송비가 유조선 사용시 리터당 1.5원 비싸 1, 2차 운송비의 합은 유조선 사용시 리터당 1.015원 비싸다).

<표 1> 송유관과 유조선의 12차 운송비 비교: 울산-서울강남

(단위 : 원/ℓ)

운송구간	1·2차 구분	유조선(A)	송유관(B)	차이(A-B)
울산 → 서울 강남구 소재 주유소 (송유관 출하권역)	1차 운송비	5.760	6.245	△0.485
	2차 운송비	4.970	3.470	1.500
	계	10.730	9.715	1.015

주 : SK의 경우.
출처 : 공정거래위원회 전원회의 의결 제 2001-090호.

공정거래위원회의 기업결합심사기준(공정거래위원회 고시 제1999-2호)제6조 제1항, [Ⅵ. 일정한 거래분야의 판단기준, 1. 거래대상(상품시장)]에 따르면, 관련 시장, 즉 일정한 거래 분야는 '거래되는 특정상품(용역을 포함한다. 이하 같다)의 가격이 상당기간 어느정도 의미있는 수준으로 인상될 경우 동상품의 대표적 구매자가 이에 대응하여 구매를 전환할 수 있는 상품의 집합을 말한다'

라고 규정하고 있다. 동 기준은 시장획정시 사용하는 '상당 기간 어느 정도 의미 있는 수준'의 가격 인상을 명시적으로 규정하고 있지 않으나, 일반적으로 미국 법무성과 연방거래위원회의 Horizontal Merger Guidelines의 SSNIP (small but significant and nontransitory increase in price)기준을 따라 통상적으로는 1년간 지속되는 5%의 가격 인상으로 해석한다.[81] 실제로 2001년 6월 공정거래위원회 전원회의 의결의 기반이 된 2001년 5월 공정거래위원회 사무처의 "심사보고서(p. 25)"는 "미국 DOJ와 FTC 수평합병가이드라인상의 SSNIP Test(5% 및 1년 이내의 가격인상 기준)을 적용하는 경우, 울산·성남까지의 송유관 운송비(6.245원/l)의 5%인 0.312원/l 이내의 가격인상이 있는 경우 2차 수송비를 감안하면 송유관 수송 인접지역에서는 유조선으로의 전환이 가능하다고 볼 수 없으므로 유조선시장은 제외"한다고 기술하고 있다.

위의 시장 획정은 대송의 시장지배력 보유 여부에 대한 이해 부족, 특히 대체 수송 수단 — 특히 유조선 — 이 대송의 수송가격 결정 메커니즘에 미치는 영향을 이해하지 못 한 채 미국 경쟁 당국의 SSNIP기준을 기계적으로 적용한 결과로, 미국 대법원이 1956년 '셀로판 사건'[82]에서 저질렀던 유명한 실수를 역으로 범한 것이다. 이하에서는 이에 대해 자세히 살펴본다.

2. 셀로판 오류(The Cellophane fallacy)

셀로판 사건에서 듀폰사는 미국 셀로판 시장의 75%를 점유하고 있었으나, '모든 연질 포장재(all flexible packaging material)'시장에서의 점유율은 18%밖에 되지 않았다. 미국 대법원은 셀로판의 당시 시장 가격(going price)에서는 왁스종이(waxpaper), 글라신(glassine), 납지(蠟紙, greaseproof paper), 알루미늄

81) 1992 HORIZONTAL MERGER GUIDELINES[WITH APRIL 8, 1997, REVISIONS TO SECTION 4 ON EFFICIENCIES].

In attempting to determine objectively the effect of a "small but significant and nontransitory" increase in price, the Agency, in most contexts, will use a price increase of five percent lasting for the foreseeable future. However, what constitutes a "small but significant and nontransitory" increase in price will depend on the nature of the industry, and the Agency at times may use a price increase that is larger or smaller than five percent. (1.1 Product Market Definition.) In this context, a "small but significant and nontransitory" price increase will be determined in the same way in which it is determined in product market definition, except the price increase will be assumed to last one year. (1.32 Firms That Participate Through Supply Response.)

82) United States v. E.I. du Pont de Nemours & Co. (Cellophane), 351 U.S. 377 (1956). http://laws.findlaw.com/us/351/377.html에서 다운로드 가능. 2003년 3월 8일 방문.

호일(aluminum foil), 플리오필름(Pliofilm) 등 다른 연질 포장재와 서로 경쟁하여 상호 대체 관계에 있기 때문에 관련 시장을 '모든 연질 포장재'로 획정하였다. 이렇게 광범위하게 정의된 시장에서는 듀폰 사의 시장점유율이 매우 낮으므로 독점력(monopoly power)이 없다고 판단하고, 듀폰 사가 셀로판 시장을 독점화(monopolization)했다는 미 법무부의 주장을 실체적 분석없이 기각하였다.

동 판결은 시장 획정을 잘못한 대표적인 판례로 미국 법경제학계에서 매우 유명하여, Areeda and Kaplow(1997, Chapter 3B, 특히 pp. 561-62),[83] Hovenkamp(1999, Chapter 3.4)[84]등 법과대학원용 반독점법 문헌뿐 아니라, Carlton and Perloff(1999, Chapter 19, 특히 p. 614),[85] Viscusi, Vernon and Harrington(1995, Chapter 9, 특히 pp. 268-269)[86]등 학부용 산업조직론 교과서에서도 논의되는 사항으로, 시장 획정에서의 '셀로판 오류(the Cellophane fallacy)'로 널리 알려져 있다.

반독점사건에서 시장 획정의 역할은 심사 대상 기업이 시장 지배력을 현재 보유하고 있는가, 또는 향후에 (심사 대상 행위의 결과) 시장 지배력을 획득, 강화하게 될 것인가의 여부를 판단하는데 있다. 일정한 거래 분야, 즉 관련 시장을 획정하기 위해서는 심사 대상 기업의 재화 또는 용역과 대체 관계에 있는 재화 또는 용역을 파악해야 하는데, 어떤 가격 수준에서 대체재의 존재 여부를 판단할 것인가의 기준은 심사 대상 행위의 성격에 따라 달라야 한다.

먼저, 심사 대상 행위가 약탈적 가격 책정, 끼워 팔기, 배타적 계약 등 시장 지배력 남용 행위일 경우에는 심사 대상 기업이 이미 시장 지배력 또는 더 강한 독점력을 보유하고 있는가의 여부를 판단해야 하는 바, 이 때는 시장 획정시 원가, 즉 경쟁적 가격(competitive price) 수준에서 대체재의 존재 여부를 분석해야 한다.

이와 달리, 기업 합병처럼 심사 대상 행위의 결과 해당 기업이 시장 지배력 또는 독점력을 획득, 강화할 것인가의 여부를 경쟁 당국이 파악하는 것이

83) Areeda, P. and L. Kaplow (1997) *Antitrust Analysis: Problems, Text, Cases*, 5th edition. Boston: Little Brown.

84) Hovenkamp, H. (1999) *Federal Antitrust Policy: The Law of Competition and Its Practice.*

85) Carlton, D.W. and J.M. Perloff(1999) *Modern Industrial Organization*, 3rd edition. New York: Addison-Wesley.

86) Viscusi, W.K., J.M. Vernon and J.E. Harrington (1995) *Economics of Regulation and Antitrust*. Cambridge: MIT Press.

목적일 경우에는 당시 시장 가격(prevailing price) 수준에서 대체재 존재 여부를 분석해야 한다(이 문제에 대해서는 다음 소절에서 보다 심층적으로 분석한다).

셀로판 사건의 경우 듀폰 사가 반경쟁적인 수단으로 셀로판 시장을 독점화했는가의 여부가 관건이었으므로, 듀폰 사가 심사 당시 독점력을 보유하고 있었는지의 여부를 판단해야 한다. 왁스종이, 글라신, 납지, 알루미늄 호일, 플리오필름 등 다른 연질 포장재가 셀로판과 대체성이 뛰어나 듀폰 사가 시장 독점력을 보유하고 있지 않다고 판단하려면 셀로판의 원가 수준(한계 비용 또는 평균 비용), 즉 경쟁적 가격(competitive price)[87]에서 셀로판과 다른 연질 포장재 사이에 수요 대체성이 있어야 한다.

그러나 듀폰 사가 당시 책정했던 가격은 생산 원가보다 매우 높아 상당한 이윤을 벌고 있음이 판명되었다.[88] 즉 듀폰 사는 다른 포장재로부터의 경쟁 압력을 받긴 하였으나, 품질의 우수성으로 인해 글라신이나 왁스종이와 같은 경쟁 제품보다 2-4 배 비싼 수준에 셀로판 가격을 책정하였으며, 또한 이윤율 자료에서 알 수 있듯이 듀폰의 셀로폰 가격은 원가보다 훨씬 높은 수준에서 책정되었다. 즉 듀폰 사는 경쟁 압력이 전혀 없는 '제약 없는 독점력(unconstrained monopoly power)'은 보유하지 못했다 하더라도, 상당한 시장 지배력을 보유하고 있어서, 자신의 가격을 원가보다 높게 책정한 것이다.[89]

대체재로부터의 경쟁 압력 때문에 독점력에 일정 제약을 받는 지배적 기업은 자신의 가격을 설정할 때 경쟁 기업의 제품들과 대체가 일어나는 수준까지 인상하는 것이 합리적이다. 그 이유는 만약 현재 책정한 가격에서 경쟁사로의 대체가 전혀 일어나지 않는다면 가격을 약간 올려도 판매량이 거의 줄지 않을 것이므로, 가격을 인상시켜 더 큰 이윤을 벌 수 있기 때문이다. 예를 들어, 1949년 방습 셀로판(moistureproof cellophane) 가격은 1파운드 당 48센트였는데, 이는 대체 포장 수단인 글라신의 2.2배, 자동 방루(防漏) 왁스종이(self- sealing waxpaper)의 3.2배, 방수 가공 왁스종이(coated waspaper)의 4.1

87) 완전 경쟁 시장에서의 균형 가격은 한계 비용과 일치하는데, 진입과 퇴출이 자유롭게 일어나는 장기에는 균형 가격은 평균 비용과도 일치하게 된다. 따라서 '경쟁적 수준의 가격'이란 한계 비용(또는 평균 비용)을 말한다.

88) 1925년부터 1950년까지 듀폰 사의 평균 영업 이익률은 34%, 세후 순이익률은 24%였다. Stocking, G.W. and W.F. Mueller, The Cellophane Case and the New Competition, 55 *American Economic Review* 29, pp. 57-61 (1955).

89) 1949년 방습 셀로판(moistureproof cellophane) 가격은 1파운드 당 48센트였는데(Areeda and Kaplow(1997), p. 589, 각주 29), 1949년 영업이익률 35.2%(Stocking and Mueller, 1955, Table 3)로부터 역추산하면 생산단가는 약 35센트이다.

배였다.[90] 그런데 이 가격에서 만약 글라신이 셀로판과 전혀 경쟁하지 못 했다면, 듀폰 사는 셀로판의 가격을 일정 부분 인상하여도 판매량이 줄지 않을 것이므로 가격을 인상했을 것이다. 따라서 48센트는 듀폰 사의 대체 포장재로부터의 경쟁 압력하에서 자신의 이윤을 극대화하는 '제약하의 독점 가격(constrained monopoly price)'이다.

셀로판 사건에서는 듀폰 사가 심사 당시 독점력을 보유하고 있는가의 여부가 관건이었으므로, 글라신이 셀로판과 동일한 시장에 속하는가의 여부는 셀로판의 가격이 원가(추정치 35센트) 수준에서 결정되었을 때 글라신과 대체관계가 있는지를 판단해야 한다. 만약 그렇다면 글라신으로부터의 경쟁 압력에 의해 듀폰사는 전혀 시장 지배력을 보유하지 않게 된다. 그러나 미국 대법원은 듀폰 사의 '제약하의 독점 가격'인 48센트에서 글라신과의 대체 관계가 있다는 이유로 글라신을 셀로판과 동일한 시장에 포함시켜 듀폰 사가 독점력이 없다고 판시하는 오류를 저지른 것이다. 즉, 듀폰 사가 독점력을 행사하여 자신의 셀로판 가격을 생산 원가보다 매우 높은 수준에서 책정한 결과 나타난 타 포장재와의 대체 관계를 보고, 듀폰 사가 독점력을 보유하지 않는다고 판단한 오류를 범한 것이다.

3. 공정거래위원회 시장획정의 오류 : 역 셀로판 오류(a reverse Cellophane fallacy)

위에서 언급한 것처럼, 공정거래위원회는 울산에서 서울 강남 주유소로의 경질유 수송시 유조선(+유조차)를 이용한 운송비가 1리터 당 10.730원이어서 송유관(+유조차)를 이용한 운송비 9.715원보다 1.015원 비싸 비용측면에서 불리한 바, SSNIP 기준(5%)의 송유관 수송 가격 인상시 유조선으로의 전환이 일어나지 않을 것이므로 유조선을 이용한 1차 수송 시장과 송유관을 이용한 1차 수송 시장은 별개의 시장이라고 심결하였다.

그러나 위 심결은 유조선 등 대체 수송 수단이 대송의 운송가격 결정에 미치는 영향을 고려하지 않은 오류를 범했다. 아래에서 자세히 살펴 볼 것처럼, 대송은 운송 가격 결정시 유조선으로의 대체 가능성을 매우 중요한 요소로 고려하여, 울산-대전 구간(294km)보다 거리가 약 1.5배이지만 유조선으로의 대체가능성이 높은 울산-성남 구간(432km)의 가격을 오히려 더 낮게 책정

90) Areeda and Kaplow (1997), p. 589, 각주 29.

하였다. 그 결과 울산에서 서울강남 소재 주유소까지의 12차 수송비의 합이 유조선을 사용했을 때보다 약 10% 저렴하게 되었다. 그런데 공정거래위원회는 이 가격에 SSNIP기준을 적용하여 유조선이 송유관에 경쟁 압력을 가하지 못하는 별개의 시장으로 판단한 것이다. 위의 셀로판 오류와 비교하자면, 대송이 유조선으로의 대체 가능성에 따른 강력한 경쟁 압력으로 인하여 자신의 송유관 이용 가격을 유조선 사용시보다 총 수송비가 10% 저렴한 수준에서 책정하였는데, 이 결과를 보고 유조선은 송유관보다 총 운송비용이 비싸기 때문에 대체 가능성이 없으며 따라서 대송의 독점력을 제어하지 못 한다고 판단한 반대의 오류를 범한 것이다.

유조선과 송유관이 대체 관계에 있으며 따라서 동일한 시장에 속한다는 증거는 명백하다. 몇 가지 예를 들어 보면, 1998년 7월 3일자 기획예산처의 보도자료 "1차 공기업 민영화 계획"은 "유조차(도로 및 철도) 및 유조선에 의한 경쟁여건이 조성"되어 있으며, "요금을 여타수단과 경쟁하여 징수하는 등 상업성이 높다"고 설명하고 있다. 보다 구체적으로, 1999년도 대송의 국정감사시 할인요금제도에 대한 박광태위원의 서면 질의에 대해 노영욱 사장은 "할인요금제도는 정유사들의 기존 수송구조를 개편하기 위한 제도로서 송유관과 경쟁관계에 있는 유조선 수송단가 수준(50%)으로 할인토록 하였으고, 이에 따라 SK는 TKP와 유조선 및 LG는 유조선 수송 물량을 수송구조 개편대상 물량으로 책정"하였으며, "금년 7월 1일 장기수송 계약 체결로 송유물량 증대를 도모하여 SK 및 LG 유조선 각 1대가 퇴출"되었다는 답변서를 제출하였다.[91] 또한 산업자원부에 대한 국정감사시 할인물량의 설정에 관한 박광태 위원의 질의에 대해 정덕구 장관은 "할인물량은 정유사로 하여금 유조선 등 기존 수송수단으로부터 송유관으로의 전환을 촉진하기 위한 유인책으로 시행"한 것이라고 답변하였다.[92] 또한 1999년 말 제출된 안진회계법인의 대송 주식 가치 평가보고서는 '송유관에 의한 수송물량 증대는 필연적으로 여타 수송수단의 분담률을 감소시킬 것이며, 특히 장거리 수송수단으로서 송유관과

91) 1999년도 국정감사 산업자원위원회회의록 (부록) 피감사기관 ㈜ 대한송유관공사, pp. 21-22.
http://search.assembly.go.kr/kms_data/record/data1/208/19991007kd0rab098a.PDF에서 다운로드 가능. 2003년 3월 8일 방문.

92) 국정감사 산업자원위원회회의록 (부록) 피감사기관 산업자원부, p. 147. http://search.assembly.go.kr/kms_data/record/data1/208/19990929kd0hpd000a.PDF에서 다운로드 가능. 2003년 3월 8일 방문.

밀접한 경쟁관계에 있는 유조선의 분담률을 크게 감소시킬 것으로 전망'하고 있다.[93)]

유조선과 송유관의 경쟁 관계는 대송의 요금구조에서 극명하게 드러난다. 수송거리가 294km인 울산-대전 구간은 수송요금이 리터당 6.638원인데 반하여, 수송거리가 432km로 약 1.5배인 울산-성남 구간은 6.245원으로 오히려 약 6% 저렴하다.

<표 2> 송유관과 유조화차 · 유조차 운송비 비교

(단위 : 원/ℓ)

구간(거리)	송유관(A)	유조화차		유조차	
		(B)	B-A	(C)	C-A
울산 → 대전(294km)	6.638	7.086	0.450	16.190	9.550
울산 → 성남(432km)	6.245	9.850	3.610	23.060	16.820

주 : SK의 경우.
출처 : 공정거래위원회 전원회의 의결 제 2001-090호.

이러한 가격 차이는 대체수송수단, 특히 유조선으로부터 경쟁 압력의 결과로 밖에 해석할 수 없다. 만약 공정거래위원회가 판단하였듯이 관련 용역 시장이 '송유관에 의한 석유제품의 1차(정유공장→저유소) 수송시장'이어서 송유관공사가 동 시장에서 독점기업이라면, 수송 거리가 길어서 수송 단가가 비싼 울산-성남 구간의 가격을 울산-대전 구간보다 낮게 책정할 이유가 없다.

표 1과 2에 나타난 가격 구조를 살펴 보면, 수도권에서는 유조선이, 대전권에서는 유조화차가 송유관과 각각 밀접한 경쟁관계에 있음을 알 수 있다(울산-강남 구간의 1,2차 수송비의 합은 송유관이 리터당 9.715원으로 유조선의 10.730원보다 9.46% 저렴하며, 울산-대전 구간의 1차 수송비는 송유관이 6.638원으로 유조화차의 7.086원보다 6.78% 저렴하다. 즉 대송은 울산-성남 구간의 가격 책정에는 유조선과의 경쟁을, 울산-대전 구간에는 유조화차와의 경쟁을 고려하여 가격을 책정한 것이다).

또한 공정거래위원회는 자신이 시장 획정에 사용한 SSNIP(5%) 기준도 일관성있게 적용하지 않은 오류를 범하였다. 첫째, 여수-대전 구간의 경우 송유관 수송비용은 6.496원인데 반해 유조화차는 SK의 경우 6.868원, LG는 6.390원인 바,[94)] 공정거래위원회가 사용한 SSNIP 기준을 그대로 적용하여,

93) 안진회계법인 대한송유관공사주식가치평가보고서 p. 21, 1999년 12월.

송유관 수송 비용이 6.821원으로 5% 인상될 경우, LG에게는 명백히 유조화차가 비용면에서 유리해 지며, SK의 경우에도 비용면에서 두 수송 수단이 대등한 위치에 있다.[95]

둘째, 온산-서울강남 구간의 경우, 온산-성남간의 송유관의 정상 요금은 6.357원이며, 온산-인천간의 유조선 비용은 5.210원이다.[96] <표 1>에서처럼 2차 운송비를 더하면, <표 3>에서처럼 온산-서울강남 구간의 총 운송비는 유조선 이용시 10.180원, 송유관 이용시 9.827원으로 큰 차이가 없다. 따라서 SSNIP 기준을 적용하여 대송이 송유관 운송가격을 6.675원으로 5% 인상할 경우 총 운송비가 10.145원이 되어 유조선 이용시의 10.180원과 거의 차이가 없게 되어, 대체 관계가 형성된다고 보아야 한다.

<표 3> 송유관과 유조선의 1·2차 운송비 비교 : 온산-서울강남

(단위 : 원/ℓ)

운송구간	1·2차 구분	유조선(A)	송유관(B)	차이(A-B)
온산 → 서울 강남구 소재 주유소 (송유관 출하권역)	1차 운송비	5.210	6.357	△1.147
	2차 운송비	4.970	3.470	1.500
	계	10.180	9.827	0.353

주 : S-Oil의 경우.
출처 : 공정거래위원회 "심사 보고서"(2001년 5월), pp. 24-25에서 재구성.

여기서 짚고 넘어가야 하는 것은, Cellophane사건에서처럼 대송이 자신의 운송 가격을 원가보다 매우 높은 수준에 책정했을 가능성이다. 즉 듀폰이 대체 포장재와의 경쟁을 고려하여 자신의 가격을 '제약하의 독점 가격' 수준에서 책정했던 것처럼, 대송이 각 지역별로 대체 수송 수단과의 경쟁을 고려하여 지역 별로 다른 '제약하의 독점가격' 수준에서 자신의 가격을 책정했을 가능성이다. 만약 그렇다면, 비록 현재 가격에서는 지역에 따라 송유관과 유조선(울산-서울) 또는 송유관과 유조화차(울산-대전) 사이에 대체 관계가 있다 하더라도 대송은 1차 수송 시장에서 상당한 시장 지배력을 보유하며, 공정거래위원회의 심결처럼 '송유관을 통한 1차 수송 시장'이 관련 시장의 정확한 획

94) 공정거래위원회 "심사보고서", p. 42. 2001년 5월.

95) 단, 이 논의는 대전지역의 경우 유조화차와 송유관의 2차 운송비에 차이가 없음을 가정하는 것인데, 공정위 심사 보고서에 이에 관한 정보는 없다.

96) 공정거래위원회 "심사보고서", p. 24. 2001년 5월.

정이 될 것이다. 그러나 대송은 전국망 건설이 완결된 1997년 6월 이후에도 계속 영업이익이 지급이자보다 크게 적었다(1998년에는 55억원의 영업적자에 지급이자가 587억원이었으며, 1999년에는 55억원의 영업이익에 지급이자는 496억원, 2000년에는 영업이익은 173억원, 지급이자는 437억원이었다).[97]

<표 4> 대송의 경상손익 추이 현황

(단위 : 억원)

구 분	'96	'97	'98	'99	2000
영업이익	△192	△132	△55	120	173
지급이자	286	422	587	496	437
경상이익	△413	△444	△340	94	△286

자료 : 송유관공사.
공정거래위원회 전원회의 의결 제 2001-090호에서 재인용.

대송의 지속되는 적자를 감안할 때, 대송의 송유관 수송 가격이 생산 원가를 상회하는 높은 수준이라고 추산할 수 없다. 대송이 각 지역별로 대체 수송 수단보다 총 운송비가 약간 높거나 같은 수준이 아니라 약간 낮은 수준(약 5%에서 10%)에서 책정한 것은, 전국송유망 완성 후에도 가동률이 매우 낮은 (2000년 48.0%, 1999년 41.0%, 1998년 34.1%) 현실을 감안하여, 타 수송 수단으로부터의 전환을 유도함으로써 가동률을 최대한 높여 적자에서 빨리 탈피하려는 노력의 산물로 보인다. 따라서 대송의 송유관과 유조선, 유조화차는 치열한 경쟁관계에 있으며, 미국 Cellophane사건에서 듀폰사와 달리, 대송은 대체 수송 수단의 경쟁 압력으로 인해 독점력을 보유하고 있지 않다.

요약하면, Cellophane사건에서 미국 대법원은 듀폰이 자신의 시장 지배력을 이용하여 책정한 '제약하의 독점가격'에서 대체 포장재들이 셀로판과 경쟁이 가능하다는 이유로 연질 포장재 전체를 시장으로 획정하고, 따라서 듀폰이 독점력이 없다고 잘못된 판단을 하였다. 한편, 대송 사건에서 공정거래위원회는 각 지역별로 대체 수송 수단과의 치열한 경쟁과 대송의 낮은 가동률 때문에 대송이 자신의 가격을 설정할 때 총운송비가 대체 수송 수단보다 경우에 따라 10%정도 낮은 수준에서 결정되도록 한 사실에 SSNIP기준을 기계적으로 적용하여, 대송이 자신의 가격을 현수준에서 5% 인상해도 정유사들이 여

97) 1999년의 경상 흑자는 자회사인 지엔지 텔레콤의 매각에 따른 일시적 현상으로 해석된다.

전히 비싼 대체 수송 수단(유조선)으로 전환하지 않을 것이므로 대송이 '송유관을 이용한 1차 수송 시장'에서 독점력이 있다고 판단한 반대의 오류를 범하였다.

4. 정확한 시장 획정의 시도

공정거래위원회 심사 보고서에 나와 있는 자료로 판단해 볼 때, 각 지역별로 대송은 각기 다른 대체 수송 수단과 경쟁하는 관계에 있다. 예를 들어, 울산-서울 강남의 경우 유조선과, 울산-대전 및 여수-대전의 경우 유조 화차와 각각 경쟁 관계에 있다. 따라서 관련 용역 시장은 '송유관, 유조선, 유조화차, 유조차에 의한 석유제품의 1차(정유공장 · 저유소) 수송시장'으로, 관련 지역시장은 '송유관, 유조선, 유조 화차, 유조차 등 1차 수송수단에 의한 석유제품의 출하권역으로 수도권, 대전권, 대구권, 전주권, 광주권, 부산권으로 분리'하여 획정하는 것이 정확하다.98)

위와 같이 시장을 획정하면 지역별로 각각 수송수단별 점유율을 따로 계산하여야 공정거래위원회의 '기업 결합 심사 기준'을 적용할 수 있다. 그러나 현재 관련 자료가 없으므로 공정거래위원회 심결에서처럼 전국을 하나의 시장으로 간주하고(즉, 지역별로 송유관이 차지하는 비중이 비슷하다고 가정하고) 대송이 1차수송 시장에서 차지하는 비중을 살펴보면, 물량 기준으로 2000년 51%, 판매실적 기준으로는 48%이다.

<표 5> 수송수단별 이용률(물량기준)

(단위 : 천kℓ, %)

연도	송유관		유조선		유조화차		유조차		계	
	물량	이용률	물량	이용률	물량	이용률	물량	이용률	물량	이용률
2000	20,403	50.8	18,125	45.2	936	2.3	671	1.7	40,135	100

주 : 1. 송유관 이용물량은 송유관공사 제출자료, 타 수송수단은 정유사 제출자료(1차 운송물량)를 취합하여 작성. 공정거래위원회 의결 제 2001-090호의 <표 7>에서 재인용하며 사소한 오차 수정.99)

2. 송유관공사가 운송실적이 아닌 판매실적을 기준으로 작성한 송유관 이용률은 '98년(35%), '99년(38%), '00년(46%)임.

---

98) 시장의 정확한 지역적 분리는 보다 많은 관련 자료가 입수되어야 가능하나, 큰 차이는 없을 것으로 예상된다. 유조차를 포함시키는 이유는 지역에 따라 유조차가 비용면에서 송유관(+유조차)보다 유리하여 유조차를 이용한 1차 수송이 총 물량의 1.7%를 차지하기 때문이다.

99) 공정위의 <표 7>은 수송물량의 합을 38,026으로 보고하고 있는데, 이는 4개 수송 수단의 물량의 정확한 합인 40,135의 오타임.

5. 시장 획정에 관한 보충 분석

공정거래법 사건 심사에 있어서 정확한 시장 획정(동일 시장에 포함되는 재화 및 용역의 확정)의 역할은 지대한 바, 어떤 가격 수준에서 대체재의 존재 여부를 파악할 것인가의 기준은 심사 대상 사건의 성격에 따라 달라야 한다. 만약 심사 대상 사건이 특정 기업의 시장 지배력 남용 또는 반경쟁적 수단에 의한 독점적 지위의 획득, 유지, 강화, 연장이라면, 시장 심사 대상 기업이 현재 시장 지배력(market power) 또는 이보다 더 강한 독점력(monopoly power)[100]을 보유하고 있는가의 여부를 판단해야 하며, 대체재 존재 여부를 파악하는 가격은 경쟁적 수준(competitive level), 즉 경제적 원가 수준이어야 한다. 셀로판 사건에서 듀폰 사는 상당한 시장 지배력, 즉 독점력을 보유하여 자신의 가격을 경쟁적 수준보다 훨씬 높게 책정했는데, 미 대법원은 독점력 행사의 결과인 당시 시장 가격(prevailing level)에서 대체재 여부를 판단하는 오류를 범한 것이다.

만약 심사 대상 사건이 수평적 기업 결합이며, 합병의 결과 심사 대상 기업들의 시장 지배력이 현재보다 미래에 더 강화될지(또는 합병 전에는 보유하지 못한 시장 지배력을 합병 결과 보유하게 될지)의 여부를 판단하기 위해서는 심사 당시 시장 가격(prevailing level)에서 대상 기업들이 생산하는 재화 또는 용역들이 서로 대체 관계에 있는지를 파악해야 한다. 가상적으로, 셀로판 사건에서 만약 쟁점이 듀폰 사가 그 당시 이미 독점력을 보유하였고 이를 남용 또는 반경쟁적으로 유지했느냐의 여부가 아니라, 듀폰 사가 기타 연질 포장재의 생산 기업들과 합병을 시도했고 그 결과 독점력이 더 증가하였을 것인가의 여부였다면, 미국 대법원이 했듯이 당시 시장 가격에서 셀로판과 기타 연질 포장재 사이에 대체관계가 있는지의 여부를 분석해야 한다(만약 당시 시장 가격에서 셀로판과 합병 대상 연질 포장재 사이에 대체 관계가 없다면 서로 독립적인 재화들이므로 합병 결과 경쟁이 제한되지 않으므로 가격이 인상되지 않을 것이다. 하지만 당시 시장 가격에서 셀로판과 합병 대상 연질 포장재가 대체재라면 합병 결과

100) Fisher and Rubinfeld(2001), p. 7은 "시장 지배력은 특정 재화의 판매자가 경쟁적 수준보다 높은 가격을 유지할 수 있는 능력을 말한다. 독점력이란 상당한 정도의 시장 지배력을 말한다"라고 시장 지배력과 독점력을 명료하게 정의한다. "Market power is the ability of a seller of a product profitably to maintain prices above competitive levels. Monopoly power is a substantial degree of market power." Franklin M. Fisher and Daniel L. Rubinfeld, "*U.S. v. Microsoft* — an economic analysis." The Antitrust Bulletin, Spring 2001, pp. 1-69. http://papers.ssrn.com/paper.taf?abstract_id=247520에서 다운로드 가능. 2003년 4월 23일 최종 방문.

경쟁이 제한될 것이며, 합병 대상이 대체 관계에 있는 연질 포장재의 상당수를 포함하면 가격이 상당히 인상될 것이다. 즉, 후자의 경우에는 합병 결과 듀폰 사의 독점력이 더 강화된다).[101)]

본 논문의 분석 대상인 SK에 의한 대송 기업 결합은 수직 합병이므로, (수평 합병과는 달리) 기업 결합 자체가 경쟁을 제한하지는 않는다. 쟁점이 될 수 있는 것은 대송의 송유관 망이 필수설비 또는 이에 준하는 시설이어서 대송의 경영권을 장악한 SK가 송유관을 공동 이용하는 경쟁 정유사(특히 영남 구간을 공동 사용하는 S-Oil)에게 송유관 이용시 부당한 차별을 가하는 반경쟁적 행위의 위험이다. 따라서 본 기업 결합 심사에서는 대송이 현재 경질유

---

101) 이러한 원칙은 경쟁법학계에서는 잘 알려진 것이다. 예를 들어, Fisher and Rubinfeld (2001, p. 9)는 정확한 시장 획정에 관한 기준을 다음과 같이 명료하게 표현한다. "These principles have long been recognized. Since 1982, the Department of Justice's Merger Guidelines have approached market definition in merger cases by asking in part whether a single, profit-maximizing firm controlling a candidate market could raise price from the *prevailing* level by a significant amount (i.e., 5 percent), for a non-negligible time period. When the issue is instead whether a particular firm possesses market power or monopoly power, it is necessary to consider raising price *from the competitive level.*"(원저자의 이탤릭 강조. 내부 각주 삭제.) 정확한 시장 획정에 관한 추가적 분석은 이 규억, "기업결합의 규제논리와 심결례의 분석: 수평결합을 중심으로." 산업조직연구 제9집 제2호, 2001년 6월, pp. 1-37 및 이 규억의 논문에 인용된 Salop, Steven, C. "The First Principles Approach to Antitrust, Kodak, and Antitrust at the Millenium." Antitrust Law Journal, Vol. 68, No. 1, pp. 187-202(2000)을 참조하라. Salop의 논문은 시장 획정과 시장 지배력 분석에서 흔히 저지르기 쉬운 여러 가지 오류의 유형을 제시하고, 이들 오류를 범하지 않기 위해서는 심사 대상인 경쟁 제한 행위(시장 지배력의 남용, 지배력의 반경쟁적 획득-유지-연장, 경쟁 제한적 기업 결합 등)와 시장 획정 및 지배력의 판단 여부를 분리해서는 안 되며, "반독점 분석의 핵심인 해당 경쟁 제한 행위의 효과를 이해하는 틀 안에서 시장 획정과 지배력 보유 여부를 판단해야 한다고 주장하며, 자신의 분석 방법을 반독점 분석의 기본 원칙 접근법(the first principles approach to antitrust analysis)"라고 명명한다. "The first principles approach centers on an examination of the competitive effects of the conduct at issue. This is appropriate because competitive effect is the true core of antitrust. Although market power and market definition have a role in antitrust analysis, their proper roles are as parts of and in reference to the primary evaluation of the alleged anticompetitive conduct and its likely market effects. They are not valued for their own sake, but rather for the roles they play in an evaluation of market effects. Market power and market definition, therefore, should not be analyzed in a vacuum or in a threshold test divorced from the conduct and allegations about its effects. Instead, market power should be measured as the power profitably to raise or maintain price above the competitive benchmark price, which is the price that would prevail in the absence of the alleged anticompetitive restraint. The competitive benchmark may be the current price, the perfectly competitive price, or some other in-between price, depending on the particular allegations of anticompetitive effect being asserted. This integrated approach to antitrust analysis is the first principles approach."(Salop, 2001, pp. 188-89).

의 1차 수송 시장에서 독점력(필수 설비에 해당하기 위해서는 매우 큰 독점력)을 보유하고 있는 가의 여부가 핵심 쟁점이므로, 대송의 현재 가격이 독점력 행사의 결과인가, 아니면 유조선과 유조화차 등 대체 수송 수단으로부터의 경쟁 압력의 결과인가를 파악해야 한다.

앞 절에서의 분석은 대송의 현재 수송 가격이 독점력 행사의 결과가 아니라, 대체 수송 수단으로부터의 경쟁 압력과 2001년 48%에 불과한 낮은 송유관 이용률을 최대한 높이려는 시도의 산물이라는 것이다. 즉 지역에 따라 (2차 수송 가격을 포함한) 총 수송 가격이 유조선을 이용한 경우보다 10%이상 저렴하게 송유관 수송 가격이 책정되었지만, 이는 유조선으로부터의 경쟁 압력 하에서 송유관 이용을 최대한 높이려는 시도의 결과이다. 그런데 공정위는 경쟁 압력의 결과로 낮게 책정된 가격에 SSNIP 기준을 기계적으로 적용하여 유조선이 대체 수송 수단의 역할을 하지 못한다고 심결하여, 시장 획정의 목적인 시장 지배력(의 결여) 여부에 대한 정확한 판단을 하지 못 한 것이다.

제 3 절 관련시장의 획정에 관한 사례분석*

Ⅰ. 들어가는 말

관련시장의 획정은 경쟁법 적용에 있어 기업의 시장지배력을 평가하기 위한 첫 단계이며, 기업의 시장지배력에 대한 평가는 시장지배적 사업자 여부와 불공정 행위 및 기업결합의 심사과정에서 경쟁제한성을 판단하기 위한 분석의 출발점이다.

독점규제및공정거래에관한법률(이하 "공정거래법")에서의 관련시장에 대한 개념은 다음과 같이 정의되고 있다. 공정거래법 제2조 제8호에서는 "일정한 거래분야"를 "거래의 객체별·단계별 또는 지역별로 경쟁관계에 있거나 경쟁관계가 성립될 수 있는 분야"라고 정의하고, 기업결합심사기준에서는 "거래대상(상품시장)"을 "거래되는 특정 상품(용역을 포함한다. 이하 같음)의 가격이 상당기간 어느 정도 의미 있는 수준으로 인상될 경우 동 상품의 대표적 구매자가 이에 대응하여 구매를 전환할 수 있는 상품의 집합"으로 구체화하고 있다.[102)]

---

* 박상인(서울대학교 행정대학원 부교수)

결국 공정거래법에서의 관련시장의 개념은 수요 및 공급 대체성 특히 그 중에서도 수요대체성에 주목하고 있다.

그러나 두 상품이 대체재라는 것만으로 두 상품이 동일 시장에 속한다고 판단할 수 있는 것은 아니다. 사실 거의 모든 종류의 상품들 간에는 다소의 대체성이 존재한다. 그러므로 두 상품이 동일 시장에 속하는 지에 대한 판단의 기준으로서 관련시장의 획정은 기본적으로 (어떤 특정 상품군의) 시장지배력을 평가하기 위한 것이라는 관점에서 동일 시장에 속한다고 판단할 대체성의 정도를 결정해야 한다. 이런 관점에서 볼 때, 어떤 상품의 존재 자체가 다른 상품의 (가격상승을 통해 이윤을 증가시킬 수 있는) 시장지배력 행사를 저지한다면, 두 상품은 경제적으로 의미 있는 동일시장에 속할 정도의 대체성을 가지고 있다고 판단할 수 있을 것이다. 이상과 같은 기본 원칙은 SSNIP(Small but Significant and Nontransitory Increase in Price) Test에 따른 시장획정이라는 미국 법무부의 반독점국이 1982년에 제시한 수평형 기업결합 심사지침(Horizontal Merger Guidelines)에서 처음 체계적으로 소개되었다.

SSNIP Test에서 관련시장은 (판매조건이 일정한 상황에서) 가상적인 독점기업이 "작지만 의미 있고 일시적이지 않은" 가격인상을 통하여 이윤을 높일 수 있는 최소의 상품(군)으로 획정된다. 일반적으로, SSNIP Test에서는 "작지만 의미 있는" 가격인상률은 5%~10%로,[103] "일시적이 아닌" 기간은 예견가능한 범위의 상당한 기간으로 상정한다. 구체적으로 SSNIP Test를 사용할 경우, 최소범위의 상품(군)에서 출발하여 그 상품의 가상적 독점기업이 (현행가격 또는 경쟁가격에서부터) "작지만 의미 있고 일시적이지 않은" 가격인상을 실행할 경우를 상정한다. 만약, 구매자들이 그러한 가격인상에 반응해서 그 밖의 다른 상품으로 구매를 전환하고 그에 따라 그 상품의 매출이 상당히 감소해서 가상적 독점기업이 이윤을 높일 수 없다면, 경쟁당국은 상품시장의 범위를 구매가 전환되는 인근의 대체 상품을 포함하여 확대해야 한다. 새로이 확대된 상품군을 대상으로 이러한 가격인상 시험을 반복적으로 행해서 가상

---

102) 공정거래위원회 고시 제 1999-2호.

103) U.S. DOJ and FTC (1992)에서는 무엇이 "작지만 의미있고 일시적이 아닌" 가격상승이냐는 산업의 성격에 의존할 것이고, 경쟁정책당국은 때때로 5% 보다 크거나 작은 가격상승을 이용할 수도 있다고 (However, what constitutes a "small but significant and nontransitory" increase in price will depend on the nature of the industry, and the Agency at times may use a price increase that is larger or smaller than five percent.) 명시적으로 밝히고 있다.

적 독점기업이 SSNIP의 가격인상을 통해서 이윤을 높일 수 있는 최소범위의 상품군으로 관련시장을 획정한다.

이러한 SSNIP Test는 최근 한국의 공정거래위원회 심사와 공정거래관련 소송에서 널리 이용되기 시작하였는데, 이하에서는 "하이트맥주(주)의 진로(주) 주식취득을 위한 사전심사요청 건(사건번호 : 2005기결1186)"(이하 "하이트-진로 기업결합 건")과 "마이크로소프트 코퍼레이션 및 한국마이크로소프트(유)의 시장지배적지위 남용 행위 등에 대한 건(사건번호: 2002경촉0453, 2005경촉0375)" (이하 "마이크로소프트 건")의 사례연구를 통해 관련시장의 획정에 SSNIP Test의 적용방법과 그 한계를 논의해 보기로 한다.

Ⅱ. 하이트-진로 기업결합 건과 관련한 상품시장 획정

기업결합 심사에서 관련시장의 획정은 해당 기업결합의 경쟁제한성에 대한 분석과 판단의 기준을 수평결합의 경우로 다룰 지 아니면 혼합결합의 경우로 다룰 지를 결정하는 역할을 한다. 그러므로 관련시장 획정의 오류는 서로 다른 두 시장에서 경쟁하는 기업간의 혼합결합을 수평결합으로 오인하게 하거나 역으로 수평결합을 혼합결합으로 오인하게 함으로써 경쟁제한성에 대한 분석 자체를 그릇된 방향으로 몰고 갈 수 있다.

이 절에서는 하이트-진로 기업결합 건에서 피심인 측의 경제보고서(이하 "김종민·박상인·윤기호·전성훈(2005)")에서 사용된 SSNIP Test 및 임계매출감소분석(Critical Loss Analysis)이라는 정량적 분석 그리고 보완적인 증거에 대한 분석을 살펴보기로 한다.

1. 임계매출감소분석(Critical Loss Analysis)에 의한 분석

SSNIP Test를 정량적으로 적용하는 방법으로 개발된 것이 임계매출감소분석이라고 할 수 있다. 임계매출감소분석은 Harris-Simons(1989)에 의해 처음 소개된 이후, 미국의 DOJ나 FTC내의 경제학자들과 피심기업들을 대변하는 전문가들 양측에서 모두 활발하게 이용되어 왔다. 우리나라의 경우에는 무학-대선의 기업결합사건과 관련한 지리적 시장획정 분석에서 임계매출감소분석이 처음 사용되었다.[104)]

---

104) 전성훈(2004)을 참조하라.

임계매출감소분석의 기본 아이디어는 간단하다. 가격 인상 시에 실제 (예상되는) 매출감소율이 이윤감소를 야기하지 않을 정도이면, 가상적 독점기업이 시장지배력을 행사할 수 있는 관련시장의 범위를 현재 고려하고 있는 상품(군)으로 획정하는 것이다. 이때 임계매출감소율이란 이윤감소를 야기하지 않는 최대 매출감소율로 정의된다. 그러므로 임계매출감소분석을 위해서는 가격인상에 따른 실제 (예상) 매출 감소율과 임계매출감소율의 계산에 필요한 마진율에 대한 정보가 필수적이다.

(1) SSNIP에 따른 실제 매출감소의 추정

5%~10%의 (즉 SSNIP 수준의) 가격인상에 따른 실제 매출감소를 추정하는 방법으로는 과거의 가격 및 소비량 자료를 이용하여 수요함수를 계량적으로 추정하는 방법과 서베이조사의 응답결과를 이용하는 방법이 있다. 김종민・박상인・윤기호・전성훈(2005)에서는 실제 가격 및 소비량 자료의 미비함 때문에 한국갤럽의 서베이 조사 결과를 이용하여 소주와 맥주의 실제 매출량 감소를 추정하였다.

한국갤럽의 조사결과를 요약하면 다음과 같다. 소주가격이 5% 인상되면 소주소비는 5.6% 감소하고, 10% 인상되면 소주소비는 10.6% 감소하는 것으로 나타났다. 한편 맥주가격이 5%인상되면 맥주의 소비는 13.2% 감소하고, 10%인상되면 맥주의 소비는 22.1% 감소하는 것으로 나타났다.

(2) 마진율의 산정 및 SSNIP에 따른 임계 매출손실의 추정

임계 매출감소율을 산정하기 위해서는 마진율을 구해야 한다. 마진율은 가격과 한계비용과의 차이를 가격으로 나눈 값으로 정의된다. 그러나 측정상의 어려움 때문에 한계비용 대신에 평균가변비용을 이용하는 것이 보통이다.

1) $M = \frac{\text{가격-한계비용}}{\text{가격}} \simeq \frac{\text{가격-평균가변비용}}{\text{가격}}$

가변비용이란 매출변화에 따라 변동 가능한 비용으로서, 매출과 무관하게 지불되는 고정비용을 포함하지 않는다. 가변비용을 제대로 추정하기 위해서는 매출원가 및 판매비와 관리비에서 고정적 비용항목을 공제하여야 한다. 매출원가 중에서 고정비용적 성격의 항목은 '임차료'와 '감가상각비'라고 할 수 있으며, 판매비와 관리비의 항목들 중에서 고정비용적 항목들로는 '임차료', '감

가상각비', '무형자산상각비', '세금과공과', '보험료', '제회비' 등이 있다.[105)]

매출액, 가변 매출원가, 가변 판매비와 관리비 등은 2003년(2002. 10. 1.~2003. 9. 30.)과 2004년(2003. 10. 1.~2004. 9. 30.) 회계연도의 손익계산서에서 계산되며, 이로부터 추정된 진로의 (2년 평균) 마진율은 29.9%였다. 진로의 마진율을 소주산업의 마진율로 대용하는데, 이는 진로가 전국 소주시장에서 차지하는 비중을 고려할 때 대표성에 큰 문제가 없다고 보았기 때문이다. 실제로 이러한 29.9%의 마진율은 전성훈(2004)이 2002년의 무학과 대선 자료를 합산하여 산정한 마진율 값 27.1%와 크게 차이가 나지 않는다.

맥주산업의 경우는 하이트와 오비 양사의 복점체제이므로, 두 생산자의 2003년(2003. 1. 1.~2003. 12. 31.)과 2004년(2004. 1. 1.~2004. 12. 31.) 회계연도의 자료를 이용하여 평균 마진율을 산정하였는데, 맥주산업의 마진율은 27.8%로 추정되었다.

마진율 M과 가격상승률 X이 주어지면, 임계매출손실률 CL은 다음과 같이 계산된다.[106)]

2) $CL = X/(X+M)$.

소주산업의 마진율 추정치가 $M = 29.9\%$이므로, SSNIP Test에서 적용되는 가격상승률 5%, 10%에 상응하는 임계매출감소율은 각각 14.3%와 25%이다. 또한 맥주산업의 마진율 추정치는 $M = 27.8\%$이므로, SSNIP Test에서 적용되는 가격상승률 5%, 10%에 상응하는 임계매출감소율은 각각 15.3%와 26.5%이다.

---

105) 무학-대선의 소송과정에서 류근관·이상승(2004)은 매출원가와 판매비 그리고 관리비의 항목들 중에 보다 많은 항목들이 고정비적 성격을 가진다는 주장을 하였지만, 서울고등법원은 위에서 원용한 전성훈(2004)의 고정비용 항목의 분류의 타당성을 인정한 바 있다.

106) 가격이 $\triangle P$만큼 상승할 때, 매출량은 $\triangle Q$만큼 감소한다고 하자. 이 경우, 가격상승에 따른 이윤증가는 $\triangle P[Q - \triangle Q]$이고, 매출감소에 따른 이윤감소는 $\triangle Q[P - C]$이다. 임계매출손실 수준에서 이 양자가 일치되어 이윤의 변동이 없다. "$\triangle P[Q - \triangle Q] = \triangle Q[P - C]$"의 양변을 PQ로 나누어 주면, 다음과 같다.

$$\frac{\triangle P}{P}\left(1 - \frac{\triangle Q}{Q}\right) = \frac{\triangle Q}{Q}\left(\frac{P-C}{P}\right)$$

임계 매출감소율은 위 등식을 만족시키는 $\triangle Q/Q$로 정의되며, 다음의 공식으로 유도된다.

$$CL = \frac{\triangle Q}{Q} = \frac{\frac{\triangle P}{P}}{\frac{\triangle P}{P} + \left(\frac{P-C}{P}\right)} = \frac{X}{X+M}$$

(3) 임계매출감소분석을 통한 상품시장의 획정

이상에서 논의된 소주산업과 맥주산업에서 실제 매출감소율과 임계매출감소율을 비교하면 다음 <표 6>과 같다.

<표 6> 임계매출감소분석 결과

	소 주		맥 주	
	실제매출감소율	임계매출감소율	실제매출감소율	임계매출감소율
5% 가격인상	5.6%	14.3%	13.2%	15.3%
10%가격인상	10.6%	25.0%	22.1%	26.5%
결 론	인접 상품으로 시장범위 확대 필요성 없음		인접 상품으로 시장범위 확대 필요성 없음	

<표 6>에서 알 수 있듯이, 5%내지 10%의 가격인상에 대응하는 매출감소율이 소주와 맥주 두 경우 모두 임계 매출감소율에 못 미침을 알 수 있다. 즉, 가상적 독점기업이 5%내지 10%의 가격인상으로 이윤을 증가시킬 수 있으므로 소주나 맥주시장에서의 가상적 독점기업의 시장지배력을 억제할 정도의 대체재가 존재하지 않는다는 추론을 할 수 있다. 그러므로 소주와 맥주 두 상품 각각에서 출발해서 인접 대체상품으로 시장범위를 확대할 필요성이 있는지 여부를 따지는 임계매출감소분석 결과, 두 경우 모두 각 상품이 분리된 시장으로서 다른 상품을 포함한 통합시장으로 확대하여 획정할 필요가 없다는 결론이 도출되었다.

(4) 임계매출감소분석 적용에 따른 문제점

이상의 예에서 알 수 있듯이, 임계매출감소분석은 SSNIP Test를 정량적으로 실행할 수 있다는 강점이 있다. 그러나 이러한 정량적 분석의 결과를 해석할 때는 실제 매출감소율과 마진율 추정에서 비롯되는 여러 문제점들을 유의해야 한다.

먼저, 실제 매출감소율의 추정은 통상 서베이조사에 기초하는데, 서베이조사 결과를 이용하는 것의 문제점으로는 크게 두 가지를 지적할 수 있다. 하나는 설문문항의 작성 양식에 따라 소비자의 응답과 실제 매출감소율의 추정치가 바뀔 수 있다는 것이다. 다른 하나는 가격인상에 따른 구매전환의사를 묻는 설문에 대해서는 일반적으로 실제의 구매전환행태보다 과장하여 응답하는

경향이 있다는 것이다.107)

한편 마진율의 계산은 손익계산서를 통해 하는 것이 통상적이다. 그러나 이 경우에 손익계산서 상의 회계적 비용들이 실제 경제적 비용을 잘 나타내고 있는가라는 기본적인 문제점은 차치하고라도 다음과 같은 자료의 미비함으로 인한 문제점을 흔히 가지게 된다. 먼저, 소주의 경우에서 볼 수 있듯이, 동일 산업 내의 다른 기업들의 비용 자료가 가용하지 않을 수 있다. 이러한 경우 소수 기업의 자료를 사용해 산업의 평균치로 대용할 수밖에 없다. 만약에 자료를 구할 수 있는 기업이 특별한 상황, 이를테면 법정관리나 부도직전의 상황에 있다면, 이러한 기업의 비용 자료에 기초한 마진율의 추정은 과대 또는 과소 추정을 야기할 수도 있다. 또한 기업들마다 한계비용(또는 평균가변비용)이 다른 경우에는, 기업들 간의 평균적인 비용을 가상적 독점기업의 비용으로 사용하는 것이 타당한 지도 명확하지 않다. 식 (2)에서 볼 수 있듯이, 마진율이 클수록 임계매출감소율이 작아지므로, 마진율을 과대추정할 경우에 관련시장을 실제보다 더 넓게 획정할 가능성이 커진다.

그러므로 실제 매출감소율과 임계매출감소율의 차이가 근소하게 추정되는 경우에 임계매출감소분석에 따른 결론 도출에 신중해야 한다. 특히 실제 매출감소율이 임계매출감소율보다 근소하게 큰 것으로 추정되는 경우에는, 실제의 구매전환행태보다 과장하여 설문에 응답하였을 가능성과 가상적 독점기업의 마진율이 높게 추정되었을 가능성을 면밀히 살펴보아야 한다. 이러한 가능성이 존재한다면 임계매출감소분석에 따른 기계적인 결론의 도출은 시장을 너무 넓게 획정하는 오류를 범할 수 있다.

2. 보완적 증거

위에서 논의된 것처럼, 임계매출감소분석은 SSNIP Test를 정량적으로 적용하는 강점이 있으나, 이 경우 자료의 미비함으로 인해 발생되는 부정확한

---

107) 이는 EC의 Coca-Cola/Amalgamated Beverages GB(1997) 사례의 의결에서도 지적된 바 있다(EC(1997)의 para. 86-87 참조). EU는 시장획정지침에서 시장획정 분석의 전단계로서 광범위한 예비적 증거들의 검토를 다음과 같이 권고하고 있다. The process of defining relevant markets may be summarised as follows: on the basis of the preliminary information available or information submitted by the undertakings involved, the Commission will usually be in a position to broadly establish the possible relevant markets within which, for instance a concentration or a restriction of competition has to be assessed. (EC, 1997, para. 26).

결론의 도출 가능성을 완전히 배제하기 어렵다. 이하에서는 김종민·박상인·윤기호·전성훈(2005)에서 논의된 소주와 맥주 시장 분리획정의 당위성을 밝혀주는 몇 가지 보완적 증거들을 검토한다. 이러한 보완적 증거로 국내외 유사사례, 소비자의 맥주 및 소주에 대한 인식과 음용 행태, 맥주 및 소주의 판매량 사이의 상관관계 분석 등을 들 수 있다.

(1) 국내외 유사 사례

공정거래위원회는 1999년 12월 오비맥주 주식회사와 진로쿠어스맥주 주식회사(현재는 오비맥주에 흡수 합병됨)의 기업결합 건에서 "주류는 제조공법에 따라 양조주(맥주·청주·막걸리·포도주 등), 증류주(소주·위스키 등), 혼성주(인삼주·매실주)로 구분되며, 맥주는 제조공법 및 그 주요특성(맛·알코올성분·색 등)에서 다른 주류와 차별성이 인정되므로 시장이 구분된다"고 판단하여 관련 상품시장을 맥주시장으로 획정한 바 있다(의결 제99-252호).

또한 2003년 1월에는 주식회사 무학과 대선주조 주식회사의 기업결합 건에서 관련 상품시장을 "동종상품을 취급하는 사업자간의 상호 경쟁관계가 성립할 수 있는「희석식 소주시장」"으로 획정한 바 있다(의결 제2003-27호).

미국의 경우 맥주생산 기업들 사이의 기업결합의 경쟁제한성에 대한 판례들은 오랜 기간 동안 축적되어 왔다. U.S. v Pabst Brewing Co. 사건(384 U.S. 546 (1966))을 비롯하여, U.S. v Falfstaff Brewing Co. et al. 사건(383 F. Supp. 1020(1974) 및The Stroh Brewery Co. and SB Brewery Inc. v Richard R. Malmgren, Commissioner of Securities of the State of Wisconsin, and Jos. Schlitz Brewing Co. 사건(1982 WL (W.D.Wis.))에 이르기까지 맥주회사들 간의 기업결합에 있어서 관련 상품시장이 맥주보다 넓은, 예컨대 위스키 등의 고도주를 포함한 주류시장으로 확대되어야 하느냐는 이슈가 된 적이 없다.

영국의 경쟁위원회(U.K. Competition Commission)는 2001년 1월 세계적 맥주생산기업인 Interbrew에 의한 영국 기반 맥주생산기업인 Bass Brewers 인수의 경쟁제한성을 평가한 심사보고서에서 Interbrew의 Bass 인수와 관련한 상품시장을 맥주시장으로 한정하였다.

EC의 1997년 Guinness/Grand Metropolitan 기업결합심사에서는 관련상품시장의 획정에 있어서 맥주와 고도주의 통합 주류시장의 가능성에 대해서는 언급하지도 않고 있으며, 단지 증류식 고도주를 어느 정도까지 세분화해서 관련상품시장을 획정해야 하는가가 논의되었을 뿐이다(EC(1998) 참조).

(2) 소주와 맥주에 대한 소비자 인식과 음용 행태

한국교원공제회의 의뢰에 따라서 서울대경영/경제연구소(2005)가 수행한 국내소비자의 맥주 및 소주 음용행동에 대한 서베이조사의 연구결과(이하 "서울대 연구결과")에 따르면, 국내소비자들 대다수가 맥주와 소주를 상이한 주류로 인식하는 것으로 나타났다. 아래 표는 20세 이상의 전국의 성인남녀 1,000명을 대상으로 하여 컴퓨터를 이용한 전화면접조사(Computer Aided Telephone Interview) 결과를 김종민 · 박상인 · 윤기호 · 전성훈(2005)에서 요약한 것이다.

<표 7> 맥주와 소주의 효용에 대한 소비자인식 조사결과

Questions	Yes	No
Time: "맥주를 마시게 되는 때와 소주를 마시는 때가 다르다"	43.8%	34.8%
Place: "맥주를 마시게 되는 장소와 소주를 마시는 장소가 다르다"	59.0%	23.5%
Occasion: "맥주를 마시게 되는 상황과 소주를 마시는 상황이 다르다"	48.0%	27.6%
Overall: "맥주와 소주가 다른 종류의 술이라고 본다"	77.2%	18.6%

주 : 'Yes'는 '매우 그렇다'와 '대체로 그렇다'의 합계이고, 'No'는 '별로 그렇지 않다'와 '전혀 그렇지 않다'의 합계이다. 잔여비율은 '보통이다'와 '모름/무응답'의 경우이다. 단, Overall 질문에 대한 'Yes'와 'No'는 각각 '같은 종류의 술이다'와 '다른 종류의 술이다'의 응답이고, 나머지는 '모름/무응답'이다.

이러한 소비자 인식의 조사결과는 맥주와 소주를 마시는 때와 장소, 상황이 다르기 때문에 서로 다른 주류라는 일반적으로 받아들여지는 통념을 확인해 준다고 할 수 있다.

이에 더하여, 맥주와 소주의 동시 음용 행태에 대한 조사결과는 맥주와 소주를 같은 날 같은 장소에서 마시는 경우는 10번에 1.2회 정도로 드물다고 지적하고 있다. 이는 맥주와 소주의 효용이 때와 장소에 따라 달라서 서로 대체성이 낮음을 보여준다. 더욱이 맥주와 소주를 섞어 마시는 경우는 10번에 0.4회로 거의 없다는 사실은 두 주류가 보완적이지 않음을 의미한다.

요컨대, 맥주와 소주의 소비자인식 및 음용행태에 대한 서울대연구결과는, 두 주류의 효용이 'TPO(Time-Place-Occasion)'에 따라서 달라지는 서로 다른 제품이고, 대체성이나 보완성이 거의 없는 비관련재(unrelated goods)라는 것을 시사한다. 이는 곧 소주시장과 맥주시장이 하나가 아닌 별개의 시장임을 시사한다.

(3) 소주와 맥주 판매량 사이의 상관관계 분석

맥주와 소주의 소비패턴이 서로 대체 혹은 보완적 특성을 보이지 않고 독립적임은 두 상품의 판매량 사이의 상관관계 분석을 통해서도 확인할 수 있다.

일반적으로 맥주와 소주의 판매량이 서로 반대 방향으로 움직이면 대체적이라고 할 수 있고, 동일한 방향으로 움직이면 보완적이라고 할 수 있다. 그러나 이러한 피상적이 관찰만으로는 대체/보완성에 대한 판단을 정확히 내릴 수 없다. 왜냐하면, 두 변수의 움직임이 가격 및 소득 등 제3의 요인들에 의해서 영향을 받을 수 있기 때문이다. 따라서 이러한 제3의 요인에 의한 영향을 통제한 후에, 두 변수들 간의 진정한 상관관계를 구할 필요가 있는데, 그러한 개념이 편상관계수(partial correlation coefficient)이다.[108] 가격 및 소득효과를 통제한 후의 맥주판매량과 소주판매량의 편상관계수의 값은 0.042로 추정되었다. 따라서 가격 및 소득효과와 같은 제3의 요인의 영향이 아닌 맥주와 소주의 대체성 혹은 보완성에 기초한 상관관계는 거의 0에 가깝다고 할 수 있다. 이는 맥주와 소주가 서로 대체재도 보완재도 아닌 비관련재임을 다시 확인해 준다.

Ⅲ. 스트리밍 미디어 서버 프로그램의 관련시장 획정

때때로 임계매출감소분석과 같은 정량적 시장획정 방법론을 적용하기 어려운 상황에 직면하기도 한다. 분석 대상이 되는 상품의 가격에 대한 정보가 부재하거나 명시적인 가격이 영(0)으로 설정되어 있는 경우가 그러한 예이다.

---

108) 상관계수(correlation coefficient)는 한 확률 변수의 추이나 변동이 다른 확률변수의 추이나 변동과 얼마나 밀접하게 관련되는 지를 측정하는 통계치라고 할 수 있다. 구체적으로 두 확률변수 X와 Y의 상관계수는 다음과 같이 정의된다.

$$\rho = \frac{Cov[X, Y]}{\sqrt{Var[X]}\sqrt{Var[Y]}}$$

위 식에서 알 수 있듯이, 상관계수는 -1과 1 사이의 값을 가진다. 상관계수가 0이면 두 확률 변수간의 변이에 (선형적) 관계가 전혀 없음을 의미하며, 1 이나 -1에 가까운 값을 가지면 양의 또는 음의 상관관계가 있음을 의미한다.

그런데 X와 Y에 공통적으로 영향을 미치는 제3의 요인이 있고 이를 Z라고 하자. 제3의 요인에 의한 영향을 통제하기 위해 X와 Y를 먼저 Z로 (선형) 회귀분석한다. 이 회귀식에 의해 추정되는 X와 Y의 값들을 $\hat{X}$와 $\hat{Y}$라 하고, 이 회귀식에 의해 설명되지 않는 잔여항을 X^*와 Y^*라 하자. 즉, $X^* = X - \hat{X}$이고 $Y^* = Y - \hat{Y}$이다. 편상관계수는 X^*와 Y^*의 상관계수를 의미한다.

이 절에서는 마이크로소프트 건에서 신고인 측의 경제보고서(이하 "박상인(2005)")에서 사용된 스트리밍 미디어 서버 프로그램의 관련시장 획정 논의를 통해, 임계매출감소분석이 적용되기 어려운 경우 SSNIP Test의 취지에 부합하는 관련시장 획정 논의의 한 예를 살펴보기로 한다.

마이크로소프트 건에서 미디어 서버 프로그램에 대한 관련시장의 획정이 중요한 이유는 Windows Server Operating System에 WMS(Windows Media Server program)를 끼워팔기한 행위가 미디어 서버 프로그램 시장에서 쏠림현상(tipping)과 경쟁봉쇄를 야기하였는지에 대한 실증적인 판단의 필요성 때문이다.

1. 기본개념

스트리밍 미디어 서버 프로그램 제공업자로는 미디어 서버 운영체제와 스트리밍 미디어 서버 프로그램 모두를 개발하고 판매하는 마이크로소프트, 애플 등의 기업과 스트리밍 미디어 서버 프로그램만을 개발하고 판매하는 리얼네트웍스, 디디오넷 그리고 샌뷰텍과 같은 회사들이 있다.

WMS와 같은 스트리밍 미디어 서버 프로그램은 서버 컴퓨터에 설치되는 응용소프트웨어 프로그램으로, 클라이언트 컴퓨터의 요청에 따라 보통 인터넷을 통해 디지털 미디어 콘텐츠를 스트리밍 방식으로 전송한다. 개인용 컴퓨터는 전형적으로 클라이언트 컴퓨터 역할을 하며, 스트리밍 방식으로 전송된 디지털 미디어 콘텐츠는 클라이언트 컴퓨터에 설치된 WMP(Windows Media Player)와 같은 스트리밍 미디어 플레이어를 통해 수신 및 재생된다.

멀티미디어 디지털 콘텐츠를 스트리밍하기 위해서, 우선 콘텐츠는 특정 미디어 포맷으로 인코딩해야 한다. 특정한 포맷으로 인코딩된 콘텐츠는 (그 포맷과) 호환가능한(interoperable) 디지털 미디어 서버 프로그램을 통해 스트리밍되고, 또한 호환가능한 디지털 미디어 플레이어에 의해 수신 및 재생되어 콘텐츠 이용자들에 의해 소비된다. 따라서 디지털 콘텐츠의 스트리밍 서비스를 위하여 코덱, 디지털 미디어 서버 프로그램, 디지털 미디어 플레이어 및 디지털 저작권 보호프로그램(이하 "DRM")으로 구성되어 있는 디지털 미디어 시스템(이하 "DMS")의 각 구성요소의 호환성이 꼭 필요하다.

마이크로소프트의 DMS는 윈도우 미디어 테크놀로지(이하 "WMT")라고 불린다. WMT는 윈도우 미디어 포맷(wma, wmv)과는 호환성이 있으나 리얼

네트웍스와 같은 경쟁사의 미디어 포맷과는 호환성이 없다. 반면, 리얼네트웍스가 개발한 DMS는 자신의 미디어 포맷뿐만 아니라 윈도우 미디어 포맷과도 기술적으로는 호환가능하고, 다양한 서버 운영체제에 설치되어 운용될 수 있다. 예를 들면, 리얼네트웍스의 헬릭스 유니버설 서버와 리얼플레이어는 자신의 고유 미디어 포맷(ra, rm)뿐만 아니라 윈도우 미디어 포맷을 전송할 수 있으며, 헬릭스 유니버설 서버는 윈도우 서버 운영체제, 리눅스 및 다양한 유닉스 운영체제에서도 운용될 수 있다.

그러나, 마이크로소프트측의 경제학자들이 인정한 대로,[109] 디지털 콘텐츠 제공업자들은 보통 그들의 콘텐츠를 재생하기 위하여 특정 미디어 플레이어를 지정한다. 그런데 일반 콘텐츠 소비자들이 지정된 미디어 플레이어 이외의 다른 미디어 플레이어를 사용하는 것은 현실적으로 불가능하므로, 지정된 미디어 플레이어만이 실제적으로 스트리밍 미디어 서버 프로그램과 호환가능하다고 할 수 있다. 그러므로 실질적 의미에서 WMP와 WMS만이 호환가능하다고 할 수 있다.

2. 관련시장의 획정

원칙적으로, 디지털 미디어 콘텐츠는 스트리밍 방식 또는 다운로드 방식으로 전송될 수 있다. 따라서 스트리밍 미디어 서버 프로그램의 관련시장 획정을 위해서 스트리밍 미디어 서버 프로그램이 다운로드 미디어 서버 프로그램과 동일한 시장 내에 속하는지 여부를 결정할 필요가 있다.

음악, 포털, 방송, 영화 사이트들의 대다수가 디지털 미디어 콘텐츠를 스트리밍과 다운로드의 두 가지 방식으로 제공하고 있다는 사실을 근거로, 마이크로소프트측 경제학자들은 콘텐츠 소비자뿐 아니라 콘텐츠 제공업자 입장에서도 스트리밍 방식과 다운로드 방식은 서로에 대한 대체 솔루션이라고 주장하였다.[110] 그러나, 콘텐츠 제공업자는 상이한 소비자 욕구를 충족시키기 위해서 또는 상이한 소비자 그룹에 대해 서비스를 제공하기 위해서 두 가지 전송 솔루션을 이용한 것일 수도 있다. 그러므로 단순히 두 가지 전송 솔루션이 하나의 웹사이트에서 모두 이용이 가능하다고 해서 스트리밍 방식과 다운로드 방식이 서로에 대한 대체 솔루션이라는 성급한 결론을 내릴 수는 없다. Coke

109) 류근관 · 유진수 · 이상승(2005)을 참조하라.

110) 유진수 · 이상승(2005)를 참조하라.

와 People 매거진이 한 매장에 동시에 전시되어 있다고 해서 이 두 가지가 대체품이라고 말한다면 명백한 오류가 될 것이다.

더욱이, 두 제품이 상호 대체품이라는 사실이 반드시 두 제품이 동일한 시장 내에 속한다는 것을 뜻하지는 않는다. 예를 들어, 소주와 맥주는 어느 정도까지는 대체품이지만 동일한 시장에 속한 것으로 판정되지 않았다.

이하에서는 스트리밍 미디어 서버 프로그램의 관련시장 획정을 위해 SSNIP Test의 기본 취지를 적용해 논의하기로 한다. 우선, 스트리밍 미디어 서버 프로그램을 최소 상품(군)으로 선택하자. 그런 다음, 모든 스트리밍 미디어 서버 프로그램의 가격이 5%에서 10%로 인상되었을 때 스트리밍 미디어 서버 프로그램에 대한 수요가 상당히 감소되는지 여부를 살펴보기 위한 사고실험(thought experiment)을 실시한다. WMS가 Windows Server Operating System와 결합판매되고 있기 때문에 WMS의 명시적인 가격을 산정하기 어렵다. 따라서 (설문조사에 의한) SSNIP에 따른 실제 매출량의 감소를 추정해야 하는 임계매출감소분석을 적용하기 어렵기 때문에, 스트리밍 미디어 서버 프로그램의 용도와 수요 탄력성에 대한 사고실험을 실시한다.

가격 인상으로 인하여 콘텐츠 제공업자(즉, 스트리밍 미디어 서버 프로그램의 소비자)가 스트리밍 전송 솔루션을 얼마나 포기하는지를 살펴보기 위해서는 콘텐츠 제공업자가 해당 스트리밍 전송 솔루션을 사용한 이유와 목적, 그리고 해당 스트리밍 전송 솔루션을 다운로드와 같은 다른 전송 솔루션으로 대체할 수 있는지 여부를 알아 볼 필요가 있다.

스트리밍 전송 솔루션의 특징은 멀티미디어 디지털 콘텐츠를 실시간 전송할 수 있고, 클라이언트 컴퓨터의 하드 디스크에 콘텐츠가 저장되지 않으며, 생방송(live broadcast)과 멀티캐스팅이 가능하다는 것이다. 이러한 특징은 인터넷을 통한 생방송과 최근 개봉된 영화를 상영하는 인터넷 극장 등에 필수적으로 요구되는 것이다. LECG 데이터와 공정위 보고서의 부록에 따르면, 인터넷 극장과 인터넷 생방송(TV, 라디오)은 예외 없이 모두 스트리밍 솔루션만을 이용하고 있다. 게다가, 음악, 포털, 영화 사이트의 거의 모든 동영상 콘텐츠 역시 스트리밍 솔루션에 의해서만 제공된다. 마이크로소프트측의 경제학자들이 제시하였듯이,[111] 다운로드 전송은 웹 서버 또는 FTP 서버에 의해 가능하나 스트리밍 전송은 별개의 미디어 서버 프로그램이 있어야 가능하

111) 유진수 · 이상승(2005)를 참조하라.

다.[112] 따라서, 스트리밍 전송 솔루션을 이용하는 콘텐츠 제공업자는 상당한 비용을 추가로 부담하여야 한다. 이는 상당한 비용이 추가로 소요된다는 사실에도 불구하고 오직 스트리밍 솔루션에 의해서만 충족될 수 있는 수요가 있다는 것을 의미한다. 인터넷 방송 웹사이트의 경우는 일부 동영상 콘텐츠를 다운로드 방식으로도 제공한다. 즉 "영화 & TV 프로그램 재생" 콘텐츠의 일부를 다운로드 포맷으로도 제공하는데, 이는 영화 스튜디오의 사업 모델에서 비디오 대여 사업기간이 경과한 후 비디오 판매를 시작하는 것과 같다고 볼 수 있다.

오디오 콘텐츠의 경우, 인터넷 방송 웹사이트 및 그 외 웹사이트는 대개 스트리밍 서비스와 다운로드 서비스를 모두 제공한다. 그러나 스트리밍 서비스와 다운로드 서비스의 주 이용자가 구분되어 있을 수 있다. 실제로, 한 산업 전문가에 따르면 스트리밍 서비스는 업무상 PC를 이용하는 사람들을 대상으로 하는 반면 다운로드 서비스는 음악을 저장하여 휴대하여 갖고 다니기 좋아하는 10대를 겨냥한 것이라고 한다. 미국에서와 마찬가지로 한국에서도 스트리밍된 음악은 회원제로(on a subscription basis) 소비자에게 라이센스되는 반면, 다운로드용 음악은 다운로드 건당 가격이 책정된다. 기본적으로 다운로드는 CD, DVD, 비디오 판매와 유사한 반면, 스트리밍은 실시간 전송 및 라디오 방송 등과 유사한다고 볼 수 있다. 스트리밍은 사용자가 소유하고 관리할 수 있는 유형의 제품을 제공하지 못하고, 다운로드는 라디오 생방송을 제공하지 못한다.[113]

이상에서 살펴보았듯이, 스트리밍 전송 솔루션은 독특한 기술적 특징과 용도를 가지고 있으며, 콘텐츠 제공업자들은 콘텐츠의 성격과 제공 목적에 따라 전송 방식을 선택한다. 따라서 콘텐츠 제공업자들이 5%-10% 가격 상승에 반응해 스트리밍 솔루션을 포기할 것으로 예상하기는 어렵다. 그러므로 다운로드 솔루션이 스트리밍 미디어 서버 프로그램과 동일한 시장에 속한다고 결론지을 수 없다.

---

112) 마이크로소프트는 콘텐츠 제공업자들이 콘텐츠를 스트리밍하거나 웹 서빙 이외의 작업을 수행하는데 있어 윈도우 서버 2003 웹 에디션을 이용하지 못하게 한다(마이크로소프트 윈도우 서버 2003 - 웹 에디션에 대한 최종 사용자 라이센스 계약 제2.c조 참조).

113) 최근에 하이브리드 P2P로 불리는 새로운 전송솔루션이 AOD 서비스를 중심으로 도입되었다. 그러나 하이브리드 P2P는 기술적 관점과 법적 관점 모두에서 한계를 안고 있다. 상세한 논의는 박상인(2005)을 참고하라.

Ⅳ. 마무리 말

주지하듯이 한국의 공정거래법이 엄격히 적용되고, 공정거래법 적용 심사나 소송에서 시장획정에 대한 엄밀한 분석이 사용된 것은 극히 최근의 일이다. 그러나 짧은 역사에도 불구하고 공정거래법의 적용과 관련된 경제분석은 미국이나 EC에서 발전되고 사용되고 있는 경제분석 방법론을 적용하여, 이론적, 실증적 엄밀성을 확보하고 있다. 이 글에서는 최근의 공정거래법 관련 두 사례를 통해 관련시장 획정에 널리 사용되고 있는 SSNIP Test가 구체적으로 어떻게 적용될 수 있는 지를 논의하였다. 살펴본 것처럼, SSNIP Test의 취지를 정량적 분석으로 구체화한 임계매출감소분석은 시장획정에 관한 명확한 결론을 도출하게 할 수 있다는 장점을 가지고 있다. 그러나 이러한 장점에도 불구하고, 자료나 방법론상의 미비함으로 보완적 또는 예비적 증거에 대한 추가적 검증이 바람직함을 알 수 있다. 또한 임계매출감소분석의 시행이 불가능한 경우에도 SSNIP Test의 취지에 부합되도록 수요 탄력성에 대한 이론적·실증적인 논의가 필요하다 하겠다. 끝으로 기술 혁신이 급격한 경우나 산업간 또는 상품(서비스를 포함)간 융합이 진전되는 상황에서 정태적 시장지배력이나 가격탄력성을 중시하는 SSNIP Test의 적용의 문제점과 한계에 대한 논의가 최근 활발히 이뤄지고 있음을 지적함으로써 글을 마무리 짓는다.

제4절 대규모 기업집단 규제의 현황과 과제*

Ⅰ. 기업지배구조와 기업집단(Corporate Governance & Company Groups)

1. 기업집단 차원의 지배구조 논의의 중요성

기업집단 체제는 전세계적으로 매우 광범위하고 보편적인 현상이다.114) 기

* 이동규(공정거래위원회 사무처장)

114) Scott, J., 「Capitalist Property and Financial Power : A Comparative Study of Britain, the United States and Japan」(1986), "고전적 소유자지배기업이 쇠퇴하고 새롭게 나타난 것은 근대적 경영자지배기업이 아니고 다른 형태의 소유자지배기업에 불과하다. … 현

업은 사업을 확장하는 형태로 사업부제를 취할 수도 있지만 기업집단 체제를 취할 수도 있기 때문이다.

이러한 기업집단 체제는 그 자체가 비효율적인 것은 아니며 유용성도 있는 것으로 평가되고 있다. 예를 들어 사업부제를 취할 경우에는 소속 직원들에 대하여 동일한 임금체계를 적용해야 하지만, 기업집단 체제를 취할 경우에는 소속된 회사간에 다른 임금수준을 적용하여 동일한 전략을 추구할 수 있다. 또한 다양한 사업포트폴리오에 의해 위험을 분산할 수 있고, 효율적인 은행/자본시장이 없는 경우에는 기업집단이 내부 자본시장의 역할을 수행할 수도 있다.[115)]

그러나, 기업집단 체제는 경제력집중 및 경쟁왜곡, 현금흐름권(Cash-Flow Right)과 의결권(Voting Right)간 괴리로 인한 소수주주의 이익 침해 등 여러 가지 지배구조 측면의 문제점을 야기할 수 있다.

이에 따라 최근 전세계적으로 기업집단의 소유지배구조에 대한 연구 및 논의가 활발하게 진행되고 있다. OECD도 '04년 기업지배구조 원칙을 개정하면서 기업집단 체제에서 발생할 수 있는 문제점을 고려한 기업지배구조 원칙을 추가한 바 있다.

2. OECD 기업지배구조원칙('04.5월)에 반영된 기업집단 문제

'04년에 개정된 OECD 기업지배구조원칙은 기업의 소유구조가 지배구조에 영향을 미칠 수 있다는 인식하에 지배주주에 의한 남용행위 문제가 특히 기업집단 체제에서 심각해질 수 있다는 점을 강조하고 있으며, 내부거래도 중요한 문제로 인식하고 있다.

OECD의 기업지배구조 원칙[116)]은 주주의 권리, 주주의 동등 대우, 이해관계자의 역할, 공시와 투명성, 이사회의 책임 등 5가지 분야로 구성되어 있는데, 기업집단 체제에서 발생할 수 있는 문제점은 우선 '주주의 동등 대우'(The equitable treatment of shareholders)부분에 규정되어 있다.

동 규정에는 "소수주주들은 지배주주에 의한 또는 이들의 이익을 위한 남

대의 거대 주식회사의 소유자는 다른 기업이고 그 기업은 또 다른 기업에 의해 소유되고 있다. 개인이 소유하고 지배하던 개인적 점유의 낡은 형태가 비개인적 점유의 시스템으로 대체된 것이다."

115) G. Kirkpatrick, 「Corporate Governance and company groups : considerations from the OECD Principles」(2004).

116) OECD, 「OECD Principles of Corporate Governance」(2004).

용행위로부터 보호 되어야 하고 효과적인 교정수단을 가지도록 해야 한다"[117]는 사항을 새로 명시하고 있다.

그리고 이러한 남용행위는 회사 내의 가족구성원 등을 위한 사적이익의 추구, 부당한 내부거래(related party transactions), 의사결정과정에서의 왜곡 등 다양한 방법으로 이루어지며, 피라미드 등 순환출자, 차등의결권(multiple voting rights) 등으로 지배주주의 소유권과 지배권의 괴리가 가능하게 하는 체제하에서 그 남용의 가능성은 더욱 커지게 된다고 설명하고 있다. 특히 기업그룹(집단)형태가 일반화된 일부 국가에서는 특히 이사의 충실의무가 심지어 그룹에 대한 충실의무로 변질되기까지 한다고 지적하고 있다. 한편 이에 대한 유용한 교정수단으로서 신주인수권 보호, 이사 선임시 집중투표제, 지배주주에 대한 주식매수청구권행사, 주주대표소송, 집단소송제 등을 예시하고 있다.

OECD 기업지배구조 원칙의 '이사회의 책임 부분'(The Responsibilities of the Board)에서도 "이사회는 경영진으로부터 독립하여 기업문제에 대하여 객관적인 판단을 내릴 수 있어야 한다"고 되어 있던 것을 "이사회는 기업문제에 대하여 객관적이고 독립적인 판단을 내릴 수 있어야 한다"로 개정하고 이해상충 가능성이 있는 사안으로 내부거래 검토(review of related party transactions)를 추가하였다.

또한 주석에서 이사회의장과 CEO의 분리와 수석 사외이사제를 이사회의 독립성 확보를 위한 모범사례라고 명시하는 한편, 이사회의 객관성은 회사의 소유구조(ownership structure)와도 관련이 있는 바, 이사회 및 경영진을 선임하는데 상당한 영향력을 행사할 수 있는 지배주주가 있는 경우에도 이사회의 충실의무(fiduciary duty)는 회사 및 소수주주를 포함한 모든 주주들에 있음을 명시하고, 특히 소수주주권 및 사후구제수단이 미약한 경우에는 지배주주 및 지배기구로부터의 독립성이 강조될 필요가 있음을 지적하고 있다.

그리고 OECD 기업지배구조 원칙은 '공시와 투명성' 부분에서도 공시해야 할 중요정보사항으로 내부거래(이해관계자거래, related party transactions)를 추가하였다. 동 원칙 주석에서는 개별회사 차원이던 기업집단 차원이던 독립성

117) "Minority shareholders should be protected from abusive actions by, or in the interest of, controlling shareholders acting either directly or indirectly, and should have effective means of redress."

및 정상시장가격 여부를 포함하여 중요한 내부거래를 이사회를 거쳐 완전하게 시장에 공시하는 것이 중요하다고 지적하고 있다.

정리하면, 개정된 OECD 원칙은 기업지배구조 핵심의 하나인 이사회의 독립성 및 객관성과 관련하여 지배주주 등으로부터의 독립성을 강조하고 있는 것이다. 즉 기업의 소유구조가 지배구조에 영향을 미칠 수 있다는 인식하에 지배주주에 의한 남용행위 문제, 특히 기업집단의 형태 하에서 그 문제는 더욱 심각할 수 있다는 점을 강조하고 있으며, 또한 내부거래를 중요한 문제로 인식하고 있다고 볼 수 있다.

참고로 기업지배구조에는 주주-경영진간의 갈등에 초점을 두는 '앵글로색슨 패러다임'과 대주주-소수주주간의 갈등을 중심으로 하는 패러다임 등 2가지 패러다임이 있는데,[118] '04년 개정된 OECD 지배구조 원칙은 대주주-소수주주간의 갈등에 대한 부분이 보강된 것으로 평가할 수 있을 것이다.

3. 소유경영의 분리와 집중문제(기업지배구조와 가족지배)

'소유-경영 분리' 체제와 '소유자 경영'체제 중 어떤 체제의 경영성과가 우월한지에 대해서는 그 우열을 논하기 어렵다. 또한 인위적인 소유분산은 가능하지도 않지만 비효율적일 수도 있다.[119]

정부의 정책도 소유분산(전문경영인체제)이 소유집중(소유자경영체제)보다 더 나은 소유구조라고 보고 이를 유도하려는 것은 아니다. 총수의 현금지분과 지배지분간의 괴리문제가 크고 특히 계열회사가 순환출자를 이용하여 집단전체의 지배력을 행사하는 것을 문제로 보는 것이다. 즉 대규모기업집단 규제는 오너경영의 성과가 낮기 때문이 아니라 오너경영이 국민경제에 미치는 부작용을 최소화하기 위한 것이라고 할 수 있다.

특히 총수가 적은 지분으로 계열사간 순환출자, 즉 가공자본을 통해 기업

---

118) 기업지배구조의 2가지 패러다임(스톡홀름대학 경제학부 Mike Burkart, 하바드대학 경제학부 Andrei Shleifer 등, Family Firms, 2002. 8월).

- 주주와 경영진간의 갈등(conflict between the shareholders and the manager)에 초점을 두는 앵글로색슨 패러다임
- 대주주와 소수주주간의 갈등(conflict between large and small shareholders)을 중심으로 하는 패러다임

119) Anderson & Reeb, 「Founding-Family Ownership and Firm Performance: Evidence from the S & P 500」(2002), Journal of Finance Karen Lowry Miller, 「Best of the best」(2004), Newsweek(Europe) Morck & Yeung, 「Corporate Governance and Family Control」(2003), GCGF.

집단 전체를 지배하는 우리 특유의 대기업집단 체제하에서는 상법, 증권거래법 등 개별 회사법만으로는 한계가 있고, 따라서 당분간 공정거래법상의 대규모기업집단 시책의 유지가 불가피하다고 판단된다.

4. 소유구조와 지배구조 문제

최근 한 시민단체가 주최한 심포지움에서는 미국과 영국의 사례를 토대로 지배구조에 대한 규제만으로 소유구조의 문제를 해결하려는 노력에는 한계가 있고, 이에 따라 소유구조를 직접 규제하는 방식의 효율성을 강조한 바 있다.

OECD가 '04. 5월 개정한 기업지배구조원칙도 이사회에 대해 "이사회의 객관성·독립성은 소유구조(ownership structure)와도 밀접한 관련이 있다"는 점을 강조한 바 있다.

물론 기업집단체제의 유용성도 있으나, 우리의 경우 외국의 기업집단체제와는 또 다른 특수성을 갖고 있다. 즉 가족그룹형태, 금융기관까지 포함된 혼합복합그룹형태, 소유권과 지배권의 괴리를 가능하게 하는 수단인 피라미드출자·상호출자·차등의결권방식보다 더한 거미줄같은 복잡한 출자구조,[120] 계열사출자 및 금융기관의 고객자금을 활용한 다양한 형태의 출자, 국민경제의 큰 비중[121] 등을 감안할 때 대규모기업집단의 소유구조문제는 중요한 고려요소가 되어야 할 것이다.

소유구조를 다루는 법이나 제도로서 회사법을 규정하는 상법이 있으나 이것만으로 집단문제를 다루는 데는 한계가 있으며, 그래서 공정거래법에 의한 일정한 규제(출자총액제한제도, 금융보험사의 의결권 제한제도, 지주회사제도 등)가 불가피하다는 것이 정부의 현재 판단이다.

정부는 최근의 시장상황을 평가하여 향후 대규모기업집단 시책의 추진방향을 종합판단할 방침이며, 현재 객관적 평가를 위한 준비작업이 진행되고 있다. 공정위는 이러한 논의과정에서 각계의 다양한 연구 및 의견도 수렴할 계획이다.[122]

---

120) 공정거래위원회는 '05년부터 매년 7월 경 대규모기업집단의 소유지배구조 분석자료를 공개하고 있다. '05년 공정위가 발표한 총수 있는 9개 민간집단(6조원이상)의 지분율 현황('05.4.1현재)을 보면 총수 1.83%, 특수관계인 1.93%, 계열회사 40.69%, 기타 1.8%(합계 47.14%)로 나타나고 있다.

121) 한국경제에 있어서 민간대기업집단의 비중은 99년 대우몰락이후 전체적인 비중은 다소 줄었으나 2002년 30대그룹의 자산기준 38.8%, 매출액기준 38.9%, 4대그룹의 자산기준 19.7%, 매출액기준 23.8%로 여전히 높은 실정이다.

대규모기업집단 정책은 경제적·국가적으로 매우 중대한 사안이므로 많은 고민과 연구, 의견수렴 등의 과정이 필요한데, 이와 함께 대규모기업집단체제의 부작용을 견제·모니터링하는 시장(기업내·외부)에서의 감시역량이 최대한 활용될 필요가 있다. 즉, 부당내부거래행위 등 경쟁제한행위에 대한 공정위의 강력한 경쟁정책의 집행을 통한 사익추구 유인 억제 등 금융감독 당국 및 세정당국의 역할도 중요하다.

특히 외환위기 이후 도입된 상법상 사실상 이사제도, 증권관련 집단소송제도, 소수주주권 보호장치, 집중투표제 등 각종 기업지배구조 개선장치의 원활한 작동이 필요하다. 외국자본 등에 의한 적절한 수준의 적대적 M&A압력, 국민연금 등 국내기관투자가들의 합리적인 지배구조를 전제로 한 역할 증대도 요청되고 있는 상황이다.[123)]

Ⅱ. 대규모기업집단 정책

1. 대규모기업집단의 현황 및 문제점

우리나라에서는 대규모기업집단 총수(일가)가 적은 지분만으로 소속회사 전체를 지배하고 있는데, 그 주요 요인은 계열사간 순환출자와 금융계열사의 고객자산을 이용한 출자라고 할 수 있다. 즉 총수 자신은 적은 자본을 투입하고 계열사간 순환출자를 통해 형성된 가공자본으로 그룹 전체에 대한 지배력을 유지·확장하고 있으며, 소속 금융보험사의 고객자산을 신규 계열사 인수를 위한 출자 등에 이용함으로써 지배력을 유지하고 있다.

우리나라 총수가 존재하는 2조원 이상 상호출자제한 기업집단들은 고리형, 다단계형, 지주회사형 등 다양한 순환출자를 통해 기업집단을 형성하고 이를 통해 소속 계열사에 대한 지배력을 행사하고 있다. 2005.4.1 현재 상호출자제

122) 성균관대학교와 삼성경제연구소가 전국의 만 18세이상 성인남녀 2천명을 대상으로 한국인의 기업관 및 경제관에 대한 한국종합사회조사 결과 대기업의 국민경제 기여도 및 미래 기여도는 2004년, 2005년 70%이상으로 높은 반면, 향후 대기업의 미래규모에 대해서는 다소 다른 결과치(2004년 작아져야 한다. 38.7%, 커져야 한다. 37.1%, 지금이 적절 20.3%로 현행수준이하 비율이 59%, 2005년 작아져야 한다. 34.8%, 커져야 한다. 41.4%, 지금이 적절 20.1%로 현행 수준이하 비율 55%)가 나타났다.

123) Peter F. Drucker는 1991년 하바드 비지니스 리뷰에 기고한 글에서 “연기금자본주의(Pension Capitalism)”이라는 용어를 사용하면서 경제역사상 가장 놀라운 권력이동현상의 하나라고 지적하였다.(연기금이 주식과 대기업들이 발행한 중장기 회사채의 40%를 소유하는, 즉 미국기업의 최대주주임과 동시에 최대채권자로 등장).

한 기업집단의 각 계열사에 대한 총수일가 평균지분은 4.9%인 반면 순환출자를 통해 형성된 계열사 지분을 포함 51.2%에 달하는 의결권을 행사하고 있다.

<대기업집단 계열사간 순환 출자구조 예시>

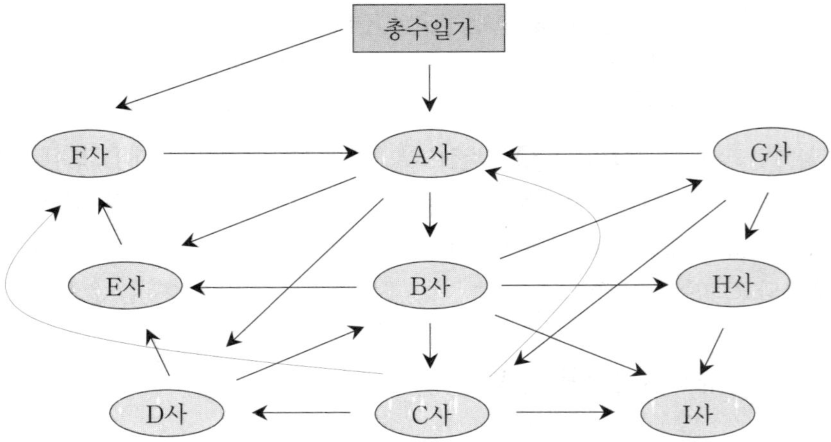

그리고 재무건전성 유지를 위한 금융관련법의 제한에도 불구하고 금융보험사의 계열사에 대한 출자가 증가하고 있으며 그 출자가 소속 그룹의 주력회사에 집중되고 있어 금융보험사는 그룹 지배구조의 중요한 축을 형성하고 있다. 상호출자제한 기업집단 소속 금융보험사의 계열회사 평균지분은 지속적으로 증가하는 추세(4.83%('01.4) → 7.14%('02.4) → 8.01%('03.4) → 9.94%('04.4) → 12.58%('05.4))에 있다. 그리고 '05.4.1 현재 총수 있는 상호출자제한기업집단(38개) 중 13개 집단 소속 29개 금융보험사가 78개 계열회사에 출자하고 있으며 출자금 규모는 2조 4,307억원에 이르고 있다.

현행 우리나라 대규모기업집단의 문제점으로는 독립 중소기업과의 공정한 경쟁기반 훼손, 개별기업의 내 · 외부 견제시스템 작동 저해, 동반부실화로 인해 국민경제 전체의 시스템 리스크 등이 지적되고 있다.

대규모기업집단의 문제점으로는 첫째, 독립 중소기업과의 공정한 경쟁 기반을 훼손한다는 점이 지적되고 있다. 계열사들간 상호보조 · 내부거래 등으로 집단소속 기업들이 시장원리에 의한 진입 · 퇴출이 저해되고 주요시장에서 독과점 구조가 고착화될 수 있기 때문이다.

현행 대규모기업집단에 소속된 계열사와 경쟁하는 과정에서 경쟁력 있는 중소기업도 계열사들로부터 각종 지원을 받는 기업집단 소속 회사들과의 실질적인 공정경쟁이 불가능하여 시장에서 퇴출될 수 있다. 계열사간 부당지원행위 등으로 중소기업이 성장하지 못하는 경우 국민경제 전체적으로도 많은 문제가 야기할 수 있다. 전체 제조업 고용의 대부분(76.9%, '02년 5인 이상 제조업체 기준)을 차지하는 중소기업이 경쟁력을 잃게 되는 경우 고용창출이 불가능해지고 대기업과 중소기업간 양극화가 더욱 심화될 우려도 제기된다.

둘째, 개별기업의 내·외부 견제시스템 작동을 저해한다는 점을 들 수 있다. 총수가 적은 지분만으로 그룹전체를 지배하는 왜곡된 소유지배구조하에서 총수는 계열사 지분을 이용한 주주권과 임원 임면권 등 인적통제를 통해 주주총회, 이사회 등을 사실상 장악함으로써 내부견제시스템의 작동을 차단할 수 있고, 계열사간 출자를 통한 내부지분율의 확보로 적대적 M&A, Proxy Fight(위임장 획득경쟁) 등 외부견제시스템의 작동도 저해할 수 있다.

내·외부견제시스템이 제대로 작동하지 않는 상황에서 총수지분이 전혀 없거나 적은 회사들이 총수가 많은 지분을 보유하고 있는 회사를 지원하는 방법(Tunneling) 등을 통해 총수의 사익을 추구할 가능성도 증가하게 된다. 지원회사가 손실을 입더라도 총수의 직접 손실은 매우 적기 때문에 회사의 이익보다 사익을 추구할 유인이 매우 큰 반면 총수의 사익추구에 대한 감시·견제는 제대로 이루지지 않는 것이다. 실제로 대규모기업집단의 총수가 부당지원행위 등을 통해 사익을 추구함으로써 소액주주의 이익을 침해한 사례는 상당수 발생하고 있다.

셋째, 동반부실화로 인해 국민경제 전체의 시스템 리스크가 야기될 수 있다는 점이다. 계열사간 출자가 복잡하게 얽혀 있기 때문에 한 계열사의 부실이 다른 계열사로 연쇄 파급됨으로써 기업집단 전체의 동반부실화를 초래할 수 있다. 이는 시장에서의 원활한 진입과 퇴출이라는 유효경쟁체제가 제대로 작동하지 않음에 따라 기업집단 전체의 리스크가 증대함을 의미한다. 한 계열사의 도산이 그 회사만으로 끝나는 것이 아니라 출자 고리로 연결되어 있는 다른 계열사들의 자산가치 하락으로 이어짐에 따라 결국 기업집단 전체가 부실화될 수 있는 것이다.

대규모기업집단이 국민경제에서 차지하는 비중이 큰 우리나라의 상황에서 대규모기업집단의 부실화는 곧 국민경제 전체의 시스템리스크까지도 야기할 가능성이 크다. 특히, 대기업집단이 제2금융권에 매우 광범위하게 진출하고 있는 상황에서 대기업집단이 부실화되는 경우 채권·금융시장의 마비까지도 올 수 있다.

2. 대규모기업집단 정책 연혁

□1986. 12. 대기업집단정책 도입
▷지주회사 설립 금지 ▷출자총액 제한(순자산의 40% 이내),
▷상호출자 금지 ▷금융보험사의 의결권 제한

□1990. 상호출자금지 & 출자총액제한 위반에 대한 과징금제도 신설

□1992. 채무보증 제한제도 도입(자기자본의 200% 이내)

□1994. 출자총액제한제도 강화(순자산의 40%→25% 이내)
사회간접자본사업 회사 출자에 대한 출자총액제한 적용 제외

□1996. 채무보증 제한 강화(자기자본의 200%→100% 이내)

□1998.
▷출자총액제한제도 폐지 ▷계열사간 채무보증 전면금지

□1999. ▷지주회사 설립/전환 허용
▷출자총액제한 부활(순자산의 25% 이내 : 시행일 '01.4.1.)

□ 2004.
▷출자총액제한 제도의 졸업기준 도입
▷계열금융사의 의결권 행사를 30% → 15%로 축소

3. 대규모기업집단 지정제도

공정거래위원회는 상호출자금지, 채무보증제한, 출자총액제한 등 경제력집중억제시책 적용대상 확정을 위해 상호출자제한기업집단, 채무보증제한기업집단, 출자총액제한기업집단을 지정한다. 따라서 공정위가 매년 4월초에 발표하

는 기업집단 지정은 대규모기업집단 시책이 적용되는 규제대상 범위를 정하는 기초 작업이라고 할 수 있다.

기업집단 지정은 공정거래법 시행령 제21조 제1항에 의해 매년 4월 1일(부득이한 경우 4월 15일까지) 지정하도록 되어 있으며, 지정 통지후 소속회사에 변동이 있는 경우 매월 1회 변동내용을 동일인 및 당해회사에 통지하도록 되어 있다(공정거래법 시행령 제21조 제3항).

기업집단은 동일인이 사실상 사업내용을 지배하는 회사의 집단을 의미하며, 지분율과 지배력을 기준으로 판단하게 된다. 우선, 지분율 기준은 동일인이 단독으로 또는 동일인관련자(특수관계자 및 계열회사)와 합하여 당해회사 발행주식(우선주 제외)의 30%이상을 소유하고 최다출자자인 회사(시행령 제3조 제1호)를 기준으로 한다. 지배력 기준은 동일인이 당해 회사의 경영에 대하여 지배적인 영향력을 행사하고 있다고 인정되는 회사(시행령 제3조 제2호)를 의미하는데, 단순한 경영에 대한 영향력행사정도가 아니라 동일인측이 당해회사의 사업내용을 지배한다고 인정할 수 있는 정도를 의미하며 이는 주식소유분포, 이사회 구성에의 관여정도, 대여금, 지급보증의 규모나 배타적 거래의 존재여부 등을 종합적으로 검토하여 판단하게 된다. 계열사 여부 판단기준을 요약하면 아래 표와 같다.

<계열사 판단기준(요약)>

요 건	판단기준
ㅇ지분율 요건	동일인 및 동일인관련자가 30%이상소유하고 최다출자자인 회사
ㅇ지배력(영향력) 요건[①~④+경영에 지배적 영향력 행사]	① 동일인이 임원의 50/100이상 선임
	② 동일인이 당해 회사의 조직변경, 신규사업투자 등 주요의사결정이나 업무집행에 지배적 영향력 행사
	③ 동일인 지배회사와 당해회사 간 임원겸임, 인사교류
	④ 통상적 범위를 초과하여 거래, 채무보증·피보증 및 계열회사로 인정될 수 있는 영업상 표시행위 등 사회통념상 경제적 동일체로 인정되는 회사

상호출자·채무보증제한 기업집단의 지정기준은 동일 기업집단 소속 국내회사들의 직전사업년도 대차대조표상의 자산총액(금융·보험회사는 자본금 또는 자본총액 중 큰 금액) 합계액이 2조원 이상인 기업집단으로 하며, 출자총액제한 기업집단은 자산총액 합계액이 6조원 이상인 기업집단을 지정하고 있다.

4. 주요 대규모기업집단 정책

(1) 출자총액제한제도(타회사 주식보유 한도제)

출자총액제한기업집단 소속회사는 당해 회사 순자산액의 25%를 초과하여 다른 국내회사(해외법인주식과 자기주식은 제외)의 주식을 취득 또는 소유할 수 없다. 여기서 순자산이란 당해회사 자본총계 또는 자본금중 큰 금액에서 당해회사에 대한 계열회사의 출자금액을 차감한 금액을 의미한다.

금융보험 전업집단 등 일정기준을 충족하는 기업집단은 출자총액제한 기업집단에서 제외된다. 예를 들어 금융보험사가 동일인인 기업집단이거나, 법원·채권금융단 등에 의해 관리되는 회사의 자산총액이 전체 자산총액의 50%이상인 기업집단, 소유지배간 괴리도가 25%이하이면서 의결권승수 3배 이하인 기업집단, 계열사 수가 5개 이하로서 3단계 이상 출자가 없는 기업집단 등은 출자총액제한 기업집단 지정에서 제외한다(공정거래법 제17조 2항).

출자총액제한 제도는 적용제외 제도와 예외인정 제도를 갖고 있다. 적용제외 제도란 출자에 대해서는 출자총액제한제도 적용이 제외되는데, 그 차이 및 사유는 다음과 같다.

<예외인정과 적용제외의 차이>

구 분	내 용
예외인정	ㅇ출자총액산정시 예외인정 대상 출자금액도 포함하며, 동 출자총액이 출자한도를 초과할 경우 예외인정대상 출자금액에 대해 예외 인정 ㅇ출자한도를 초과한 상태에서 예외인정대상의 추가출자는 가능하나, 추가적인 일반출자는 불가 ㅇ출자한도를 초과한 상태에서 일반출자를 증가시키려면, 출자한도 이하로 출자총액(일반+예외인정)을 감소시킨후 출자한도 범위내에서 출자하여야 함
적용제외	ㅇ적용제외대상 출자는 출자총액에 포함되지 않음 ㅇ적용제외대상 출자와 관련없이 출자한도액까지 일반출자가 가능

출자총액제한규정을 위반하는 경우에는 △주식의 전부 또는 일부의 처분 △법위반사실의 공표 △기타 법위반상태를 시정하기 위하여 필요한 조치 등 시정조치를 부과받게 되며, 출자한도 초과금액의 10% 이내의 범위내에서 과징금이 부과될 수 있다. 한편 시정조치의 이행을 확보하기 위한 수단으로서 출자한도 초과주식에 대한 의결권 행사 제한도 부과될 수 있다. 벌칙으로는 3

년 이하의 징역 또는 2억원 이하의 벌금이 부과될 수 있다.

<적용제외 및 예외인정 사유와 인정기간(요약)>

구 분	적용제외, 예외인정사유	인정기간
적용제외	사회간접자본시설 민간투자회사에 출자	20년
	민영화되는 공기업 인수를 위한 출자	존속기간
	동종 또는 밀접한 관련업종에의 출자	〃
	국가(지방자치단체)가 30%이상 지분소유한 회사에 출자	〃
	남북교류사업 영위회사에 대한 출자	〃
	개발사업시행을 위한 민간기업의 지분취득	기반시설 설치완료
일반적 예외인정	신주배정 또는 주식배당	2년
	담보권실행, 대물변제의 수령	6월
	외국인투자기업에의 출자 →외국인 1인이 10%이상지분을 소유한 회사에의 출자	5년
	신산업분야의 국가경쟁력 강화	
	원료·부품생산 중소기업 및 벤처기업 30%미만 출자 → 50%미만 출자	
	지주회사로 전환 또는 되지않기 위해 주식을 취득(처분)	사업년도말
	회사정리절차등 진행중인 회사 소유주식	절차종료후 6개월까지
	정부가 지분의 30%구조조정대상기업에 대한 출자	
기업구조 조정관련 예외인정	동업종회사에 대한 현물출자 또는 영업양도	
	물적분할에 의한 주식취득 → 물적·인적분할	
	임직원분사회사에 대한 출자	
	합병예정으로 동업종 회사의 주식인수	2년
	핵심역량강화를 위한 출자	5년
	부실기업의 재무구조개선 출자	2년
	무상증여에 의한 주식취득	2년
	무상증여 주식에 대한 출자	2년

(2) 상호출자 금지제도

상호출자제한기업집단(자산 2조원 이상) 소속 계열사는 자기의 주식을 취득 또는 소유하고 있는 계열사의 주식을 취득 또는 소유하는 행위가 금지된다

(법 제9조 제1항) 다만, 회사의 합병 또는 영업전부의 양수, 담보권 실행 또는 대물변제의 수령으로 상호출자가 된 경우에는 6월내에 이를 처분할 수 있다.

상호출자는 가공자본을 직접적으로 증식시켜 자본충실의 원칙에 반하며, 영국, 프랑스, 일본 등도 일정한 기준을 정해 상호출자를 규제하고 있다.

상호출자금지 위반시에는 당해행위의 중지, 주식처분, 법위반사실의 공표 등 시정조치를 부과받게 되며, 주식처분 명령을 받은 주식은 당일부터 의결권 행사가 금지된다. 또한 위반금액의 10%범위 내에서 과징금이 부과되며 행정형벌(3년이하의 징역 또는 2억원 이하의 벌금)도 규정되어 있다.

(3) 계열사간 채무보증 금지제도

동 제도는 계열회사에 대한 채무보증이 대규모기업집단으로의 여신 편중을 초래하여 상호출자와 함께 경제력집중을 심화시키는 요인이 되고 경쟁력을 상실한 한계 부실계열기업의 퇴출을 가로막아 그룹전체의 부실화를 초래하기 때문에 만들어졌다.

공정거래법상 금지되는 채무보증은 채무보증제한기업집단에 속하는 회사(금융·보험회사는 제외)가 국내 금융기관으로부터 여신과 관련하여 국내 계열회사가 이를 보증해 준 경우로 한정되며, 금융기관(여신)이 매개되지 않고 기업과 기업간에 직접 행하는 보증(인적보증)은 동 제도의 규제대상 채무보증에 해당되지 않는다.

이때 금융기관의 범위는 공정거래법에 열거되어 있는데, 은행(한국은행 제외, 외국은행 국내법인 및 국내금융기관의 해외지점 포함), 농협중앙회, 수협중앙회, 보험업법에 의한 보험회사, 증권거래법에 의한 증권회사(외국계 증권회사 포함), 여신전문금융회사 등을 포함한다. 단 상호저축은행, 신탁업만을 영위하는 회사 등은 금융기관으로 보지 아니한다.

(4) 금융보험사의 의결권 제한제도

동 제도는 재벌총수가 출자총액제한을 받지 않는 금융·보험회사를 지배력 유지·확장에 이용하는 것을 억제하기 위한 제도이다. 금융·보험회사에 대해서는 수탁자산의 수익성 제고라는 금융·보험업종의 특수성을 감안하여 출자총액제한제도의 적용대상에서 금융·보험회사를 제외하고 있는데, 이에 따라 금융·보험회사가 계열회사의 사업을 사실상 지배하는 지주회사화될 가능성 방지하기 위한 것이다.

상호출자제한기업집단 소속 금융보험회사는 취득 또는 소유하고 있는 국내계열회사주식에 대하여 원칙적으로 의결권을 행사할 수 없다. 단 금융보험회사의 계열회사 주식에 대하여 의결권만 제한하는 것이지 취득이나 보유 자체를 제한하는 것은 아니다. 이때 "금융업 또는 보험업을 영위하는 회사"란 통계법 제17조 제1항의 규정에 의하여 통계청장이 고시하는 한국표준산업분류상 금융 및 보험업(대분류인 분류기호 K)에 속하는 업종을 의미한다.

다만 금융업 또는 보험업을 영위하기 위하여 주식을 취득 또는 소유하는 경우, 보험자산의 효율적 운용 · 관리를 위하여 관계법령에 의한 승인 등을 얻어 주식을 취득 · 소유한 경우에는 의결권을 행사할 수 있다. 또한 상장 · 등록 계열회사 주식에 대하여 임원임면 · 정관변경 · 다른 회사로의 합병 및 영업양도에 대하여 결의하는 경우 다른 특수관계인 지분과 합하여 의결권 있는 주식의 15%까지 의결권을 행사할 수 있다. 다만 개정 전 30%에서 '06.4.1.부터 매년 5%씩 3년간 단계적으로 축소하도록 하고 있다(2008년부터 15%).

금융보험사의 의결권 제한 규정에 위반되는 경우에는 당해행위의 중지, 주식의 전부 또는 일부의 처분, 시정명령을 받은 사실의 공표, 기타 법위반상태를 시정하기 위하여 필요한 시정조치를 받게 되며, 금융회사 또는 보험회사의 의결권제한 규정을 위반한 자에 대하여는 3년 이하의 징역 또는 2억원 이하의 벌금에 처할 수 있다.

(5) 비상장공시제도

자산 2조원 이상 대기업집단(59개) 소속 비상장 · 비등록 법인은 전체 계열회사(1,117개)의 76.4%(853개, 금융 · 보험사 제외)나 될 정도로 그 비중이 크다 (2006.4.14. 지정기준). 이와 같은 대기업집단소속 비상장기업은 일반 독립 비상장기업과는 달리 집단내 다른 상장회사와 복잡한 출자관계로 얽혀있기 때문에 비상장기업의 불투명한 경영행태가 동일계열 상장기업의 소액주주 및 이해관계자에게 피해를 초래할 우려가 있다.

따라서, 기업집단의 소유지배구조 개선 및 경영투명성 제고를 유도하기 위하여 대기업집단소속 비상장 · 비등록 기업에 대해서도 중요한 정보를 공시하도록 함으로써 시장감시체제를 구축할 필요가 제기되어 비상장사에 대한 공시제도가 '04.12. 공정거래법 개정을 통하여 도입되었다.

동 제도가 적용되는 기업은 공정거래법 시행령 제17조 규정에 의한 상호출자제한 기업집단 소속회사 중 주권상장법인과 코스닥상장법인을 제외한 비공개 법인을 대상으로 한다. 다만 비공개 법인 중 금융·보험사 및 직전 사업연도말 자산총액이 70억원 미만인 회사로서 청산 중에 있거나 1년 이상 휴업중인 회사는 제외하고 있다.

공시의무는 연도 중에 상호출자제한 기업집단의 계열회사로 신규 편입된 회사는 신규 계열편입된 날부터 발생하게 된다. 중요사항 공시대상 비상장회사 등은 공시사항을 사유 발생일로부터 7일 이내에 공시하여야 한다. 다만, 소유지배구조와 관련된 사항 중 최대주주 주식보유현황, 임원의 구성현황, 계열회사 주식보유 현황은 매년 4월 1일을 기준일로 하여 매년 4월말까지 공시하도록 하고 있다.

공시사항은 크게 소유지배구조와 관련된 중요사항, 재무구조에 중요한 변동을 초래하는 사항, 경영활동에 중요한 변동을 초래하는 사항 등 세 부분으로 나눌 수 있다. 동 규정을 위반하는 사업자에 대하여는 공정거래법 제69조의2 제1항에 근거하여 사업자의 경우 1억원 이하, 회사의 임원 또는 종업원의 경우 1천만원 이하의 과태료를 부과할 수 있다.

(6) 기 타

상호출자제한 기업집단(자산 2조원 이상) 소속으로서 중소기업창업지원법에 의하여 설립된 중소기업창업투자회사는 국내 계열회사의 주식 취득 또는 소유가 금지되며(법 제9조 제3항), 동 규정 위반시 당해행위의 중지, 주식처분, 법위반사실 공표 및 위반금액의 10%범위 내에서 과징금이 부과될 수 있고, 형벌(3년이하 징역 또는 2억원이하 벌금)에 처해질 수 있다.

상호출자제한 기업집단 소속 회사는 특수관계인을 상대방으로 하거나 또는 특수관계인을 위한 거래 중 거래금액이 당해회사 자본금 또는 자본총액 중 큰 금액의 100분의 10 또는 100억원 이상인 거래(대규모내부거래)는 이사회 의결을 거치고 이를 공시하여야 한다(법 제11조의2). 만약 이사회 의결 및 공시를 하지 않거나 허위 공시를 하면 과태료가 부과(개인 : 1,000만원, 법인 : 1억원)된다.

5. 심 결 례

(1) 43개사의 출자총액제한 위반

2001. 4. 1. 현재 출자한도액을 초과하여 주식을 소유한 계열사들이 법상 해소시한(2002.3.31)까지 미해소한 상태에서 이를 계속 소유하거나 신규출자하였다.

따라서 개정법(2002.4.1)에 따라 출자한도액 초과상태에서 해소시한까지 한도액을 계속 소유한 9개집단 34개사에 대해서 의결권금지명령을 부과하였다. 한편 시정조치시점까지 한도 초과액을 해소한 3개집단 3개사에 대하여는 경고조치를 명하였다. 또한 1년간(2001.4.1-2002.3.31) 한도액을 초과한 상태에서 신규출자한 2개 집단 2개사에 대해서는 신규취득주식의 매각명령을 부과하였고, 7개 집단 11개사에 대하여는 과징금을 부과하였다.

(2) (주)새한의 채무보증금지 위반

대규모기업집단 『새한』 소속 (주)새한은 계열회사인 새한건설, 새한미디어 등에 보증용 백지어음 및 보충권을 수여하는 확약서를 제공하였고, 새한미디어 및 새한건설은 동 어음 등을 삼성캐피탈(주) 및 신한은행(주) 등에 제시하여 각각 250억원, 5억원의 대출을 받았다. 이에 대해 공정위는 (주)새한에 대해 채무보증 해소명령 및 과징금을 부과하였다. 동 건에서 공정위는 자신의 계열사가 국내금융기관 여신을 제공받을 수 있도록 하기 위하여 자사발행 백지어음을 담보로 제공한 행위도 채무 보증의 하나로 보고 처분하였다.

Ⅲ. 지주회사 제도

1. 지주회사 개요

지주회사(Holding Company)는 "주식의 소유를 통하여 국내회사의 사업내용을 지배하는 것을 주된 사업으로 하는 회사"를 의미하는데, 공정거래법은 자산총액 1,000억원 이상이면서 자회사의 주식가액합계액이 자산총액의 50% 이상인 회사로 규정하고 있다.

지주회사 제도의 연혁을 간단히 살펴보면 지주회사는 피라미드 구조에 의한 과도한 지배력 확장 우려 때문에 1986년 12월 공정거래법 개정을 통해 그 설립 · 전환이 금지된 바 있다.[124] 그런데 1997년 외환위기를 거치면서 지주회사 체제를 이용한 구조조정 및 외자도입 촉진 필요성이 제기되었고, 이에 따라 1999년 2월 공정거래법개정을 통해 지주회사 설립·전환이 허용되었다. 다만 여전히 파라미드형 출자구조를 이용한 과도한 지배력 확장 우려가 제기되었기 때문에, 지주회사의 부채비율을 100% 이내로 제한하고, 자회사와 밀접한 사업관련성을 갖고 있는 손자회사만 보유할 수 있도록 하는 등 각종 안정장치가 마련되었다.

지주회사 설립·전환이 허용된 지 6년이 경과한 현 시점에서 공정거래법상 지주회사 체제는 소유구조가 지주회사와 자회사간 수직적 관계로 단순·투명하게 되어 계열사간 순환출자로 가공자본을 만드는 현행 기업집단 체제보다는 한 단계 진화된 형태로 인정되고 있다. 또한 법적 실체가 모호한 구조조정본부가 법적 책임을 지는 지주회사로 전환되어 경영감시도 보다 용이하게 되는 효과도 인정되고 있다. 이에 따라 시장개혁 3개년 로드맵('03.12.)은 "선진국형 지주회사 체제"를 기업집단 소유지배구조 개선의 한 대안으로 제시한 바 있다.

한편 공정거래법상 지주회사에 대하여는 지주회사 전환·설립에 따른 과세 부담을 경감하기 위한 취지에서 지주회사/자회사의 수입배당금에 대한 익금불산입률을 일반회사에 비해 상향적용하고 있으며,[125] 현물출자시 양도차익에 대한 과세이연, 지방세법에 의한 과점주주의 취득세 면제[126] 등의 조세혜택을 부여하고 있다.

2. 지주회사의 장·단점

지주회사의 장점으로는 앞에서 간략히 언급한 출자구조의 단순·투명화 이외에도 거시적 전략수립(지주회사가 담당)과 사업경영(자회사가 담당)의 효율적 분담, 유연한 기업구조조정, 지주회사의 자회사 경영성과 감시 및 독려에 의한 성과극대화, 사업부서제에 비해 위험차단(firewall) 기능이 우월하다는 점

124) 다만 예외적으로 법률에 의해서 설립하거나 외자도입법에 의한 외국인투자사업을 영위하기 위해 설립하는 경우 등에만 설립·전환이 허용되었다.

125) 법인세법 제18조의2에서는 지주회사 수입배당에 대한 익금불산입비율을 규정하고 있는데, 지주회사의 자회사지분율이 100%인 경우 수입배당금 전액이 익금불산입된다. 또한 예를 들어 상장법인의 자회사지분율이 30%-40%인 경우의 익금불산입비율은 60%로 규정하고 있다.

126) 현물출자 방식에 의한 지주회사를 설립·전환하는 경우 법인의 현물출자로부터 발생하는 주식의 양도차익에 대해 양도차익을 해당 사업연도의 소득금액 계산상 손금에 산입함과 동시에 이를 압축기장충당금으로 계상하도록 하고 있다(조세특례제한법 제38조의2 제1항, 제2항). 또한 지방세법에 의한 과점주주의 취득세도 면제하고 있다(조세특례제한법 제120조 제6항 8호).

이 논의되고 있다.

외국 투자기관인 메릴린치[127]는 공정거래법상 지주회사의 장점과 관련하여 다음과 같은 점을 들고 있다. ① 전통적 재벌체제에서는 흑자기업이 그룹 전체사안에 매달려야 했으나, 지주회사 체제에서는 자회사가 더 이상 기업집단 전체의 이익을 위해 희생 되지 않음(no longer be abused for the sake of the group), ② 전통적인 재벌체제에서는 순환출자(circular investing)에 따른 위험이 있었으나 지주회사 체제는 이러한 자회사간 상호의존이 절연되므로 개별 소속회사들의 재무안정성 및 독립성이 강화됨, ③ 지주회사 체제의 단순한 소유구조에 의해 기업지배의 투명성이 강화됨, ④ 한국시장이 저평가되는 이유는 낮은 배당률에 있는데 지주회사는 자회사의 배당에 의존하기 때문에 자회사의 배당률 상승이 기대된다는 점 등을 지적하고 있다.

한편 지주회사의 단점으로는 경제력의 과도한 집중, 지주회사내 부당한 내부거래로 경쟁을 제한하고 자원배분의 왜곡의 발생 가능성, 소액주주의 권익 침해 가능성, 지주회사와 자회사간 또는 자회사간 분식결산 등을 통한 채권자의 이익 침해 가능성 등이 논의되고 있다.

2005년 12월 현재 공정거래법상 지주회사는 일반지주회사 21개, 금융지주회사 4개가 존재하고 있으며, 자회사·손자회사는 223개로 지주회사 체제에 속한 회사는 총 248개이다. 주요 지주회사로는 LG, GS홀딩스, SK E&S(구 SK엔론), 풀무원, 농심홀딩스, 세아홀딩스, 이수, 동원엔터프라이즈 등이 있고, 금융지주회사로는 우리금융지주, 신한금융지주회사, 한국투자금융지주, 하나금융지주 등 4개 회사가 설립되어 있다.[128]

3. 지주회사/자회사/손자회사의 각종 행위제한 의무

(1) 지주회사의 행위제한 의무

공정거래법상 지주회사에 대하여는 피라미드 출자구조를 이용한 과도한 지배력 확장을 막기 위한 각종 안전장치가 마련되어 있다. 우선 공정거래법상 지주회사의 부채비율을 100% 이내로 제한하고 있다.[129] 또한 지주회사는 자

127) Merrill Lynch, 「Holding Company Structure : Upgraded Corporate Governance - LG Case」(2003).

128) 공정위는 공정거래법상 지주회사 및 자회사, 손자회사에 대한 현황을 매년 9월경 발표하고 있다. 지주회사는 사업연도 종료일로부터 4월 이내에 공정위에 사업보고를 하도록 하고 있는데, 지주회사 중에는 3월말 결산법인이 다수 있기 때문에 7월말 경에 사업보고서가 최종적으로 취합된다. 공정위의 지주회사 현황발표는 이러한 사업보고서에 기초한 것이다.

회사의 주식을 발행주식총수의 50% 이상 소유하도록 하고 있다(의무주식보유기준). 단 상장회사 등에 대하여는 주식소유 분산 등을 고려하여 이러한 의무주식보유기준을 30%로 완화하고 있다.[130]

다음으로 자회사 외의 국내 다른회사 주식 소유를 제한하고 있는데, 자회사외 국내계열회사 주식소유를 금지하고 있으며, 국내 비계열회사 주식소유도 발행주식총수의 5%를 초과하여 소유하는 것을 금지하되, 단 소유하고 있는 비계열회사 주식가액의 합계액이 자회사 주식가액 합계액의 15% 미만인 경우에는 동 규정의 적용을 제외하고 있다.

또한 금융지주회사인 경우 금융업 또는 보험업[131]을 영위하는 회사외의 국내회사의 주식을 소유할 수 없으며, 반대로 일반지주회사인 경우 금융업 또는 보험업을 영위하는 국내회사의 주식소유를 금지하고 있다.

(2) 자회사/손자회사의 행위제한 의무

공정거래법상 일반지주회사의 자회사는 사업관련 손자회사[132]외에는 다른 국내 계열회사의 주식 소유를 금지하고 있다. 이는 주식 피라미딩을 이용하여 부채비율의 제한을 받지 않는 자회사를 통해 지배력을 확장하는 것을 방지하기 위한 것이다. 또한 자회사가 소유해야 할 손자회사 주식의 의무소유기준을 마련하고 있는데, 지주회사의 경우와 마찬가지로 비상장회사는 50%, 상장회사는 30% 이상을 소유하도록 하고 있다. 한편 공정거래법상 지주회사의 손자회사는 국내 계열회사의 주식소유가 금지된다.[133]

---

129) 공정거래위원회는 2006.4. 현재 지주회사의 부채비율 제한 상한선을 100% → 200%로 상향조정하는 공정거래법 개정안을 입법예고 하였다. 이는 경제력 집중과 무관한 부채차입, 즉 구조조정 과정에서의 일시적인 자금 차입이나 사업지주회사가 정상적인 사업의 일환으로 행하는 차입까지 제한되는 우려를 최소화하기 위한 것이다. 보다 자세한 내용은 공정거래위원회 홈페이지(www.ftc.go.kr)에 게재된 보도자료를 참조(2006.4.).

130) 공동출자법인인 경우에는 100분의 30, 벤처지주회사의 자회사인 경우에는 100분의 20 미만 소유가 금지된다.

131) 금융업 또는 보험업의 범위는 통계법 제22조(표준분류) 제1항의 규정에 의하여 통계청장이 고시하는 한국표준산업분류에 의한다(공정거래법 제2조 제10호).

132) 공정거래위원회는 2006. 4. 현재 자회사-손자회사간 사업관련성 폐지를 담은 공정거래법 개정안을 입법예고하였다. 공정위가 사업관련성 폐지를 추진하게 된 것은 '05.4.부터 자회사의 손자회사 의무주식보유기준 제도가 새로이 시행되어 손자회사 설립에 의한 과도한 지배력 확장 우려가 크게 감소하였다는 점 등을 고려한 것이다. 보다 자세한 내용은 공정거래위원회 홈페이지(www.ftc.go.kr)에 게재된 보도자료를 참조(2006.4.).

133) 공정거래법상 지주회사 제도에 대한 보다 상세한 설명은 공정위 홈페이지에서 <대기업집단정책> → <지주회사>에 게재된 여러 가지 설명자료를 참조.

참고로 공정거래법상 지주회사의 자회사 및 손자회사에 대한 행위제한 의무는 일반지주회사에 한정되고, 금융지주회사의 자회사 및 손자회사에 대한 각종 행위제한의무는 금융지주회사법에 근거하여 이루어지고 있으며, 집행부서도 금융감독위원회로 상이하다.

Ⅳ. 대규모기업집단의 소유지배구조 개선시책에 대한 평가 및 과제

정부는 대규모기업집단체제의 폐단을 축소하기 위해 소유구조 개선과 기업지배구조 개선을 동시에 추진하는 방향으로 정책을 추진하여 왔다. '97년말 외환위기 이후에는 경제위기 극복 및 경제구조조정을 위해 기업구조개혁 「5+3」원칙을 마련하여 추진하여 왔다.

<대규모기업집단 개혁 5+3 원칙>

5대 원칙(1998.1.)	플러스 3원칙(1999.8.)
-기업경영의 투명성 제고 -기업간 상호지급보증 해소 -재무구조의 획기적 개선 -핵심부분의 설정과 중소기업과의 협력관계 강화 -지배주주 및 경영진의 책임강화	-순환출자 억제 및 부당내부거래 차단 -제2금융권의 경영지배구조 개선 -변칙상속 및 증여 방지

* 5대 원칙 : 1998.1.13.(김대중대통령 당선자와 4대 재벌총수 합의).
* 재벌개혁 플러스 3원칙 : 1999.8.25.

참여정부는 12대 국정과제의 하나로 「자유롭고 공정한 시장질서 확립」을 선정하고 이를 위해 시장개혁을 추진하였으며, 시장개혁 3개년 로드맵을 통해 소유지배구조 개선을 일관되게 추진하면서 예측가능성을 부여하였다.

구체적으로 로드맵에서는 기업집단의 소유지배구조 개선, 투명・책임경영 강화, 시장경쟁 제고 등 3개 분야별 총 27개 과제 및 추진일정을 제시하였다. 소유구조 개선과 관련하여서는 단순출자구조 요건, 지주회사 요건, 소유지배 괴리도 요건 등 출총제 졸업제도를 도입하였고, 지배구조 개선과 관련하여서는 출자구조 정보공개, 집중투표제/서면투표제 도입, 회계법인 교체 의무화, 증권집단소송제 도입, 지배구조 모범기업 요건에 의한 출총제 졸업제도 도입 등의 제도개선을 추진하였다.

2. 소유구조 개선시책의 성과

첫째, 출자총액제한제도는 대규모기업집단의 계열사간 순환출자를 통한 지배력의 확장을 억제하기 위한 사전적, 예방적 규제의 성격을 갖고 있다. 동 제도는 순환출자에서 파생되는 부작용을 일일이 사후규제하는 것보다 규제비용 측면에서 유리한 장점을 갖고 있다. 또한 소유구조가 단순·투명하고 지배구조가 우수한 기업에 대한 졸업제도의 시행으로 소유지배구조 개선을 유인하는 기능도 하고 있다. 이에 따라 출총제 졸업을 위해 지배구조 모범기업 요건을 갖추는 기업들이 생겨나고 있다.

그러나 출자총액제한제도는 순환출자의 구조를 직접 개선하기에는 한계가 있다는 지적도 제기되고 있다. 이러한 비판은 출자총액제한제도가 순환출자 자체를 금지하는 것이 아닌데다가, 광범위한 예외조항을 두고 있어 정책실효성이 약화되었다는 점 등을 논거로 들고 있다.

둘째, 금융·보험사의 의결권제한제도는 금융·보험사를 이용한 지배력 확장을 억제함으로써 산업자본의 금융지배에 따른 폐단을 축소하는 기능을 수행하고 있다. 산업자본의 금융지배는 고객자산을 활용한 지배력 확장을 초래하고 부당내부거래의 온상으로 기능하며, 산업자본에 대한 감시·견제기능 약화 등 자금의 효율적 배분을 저해할 수 있기 때문이다.

다만 임원임면, 정관변경, M&A방어 등 지배력 확장과 직결된 사항은 예외로 허용함으로써 대규모기업집단의 금융업 진출에 대한 억지력은 크지 않은 한계를 갖고 있다.

셋째, 상호출자금지제도 및 상호채무보증해소제도의 경우 기업집단의 재무구조가 현저히 개선되고 동반부실화 위험이 크게 감소하는 정책 효과를 나타낸 것으로 평가된다.

3. 기업지배구조 개선시책의 성과

'05년 하반기 한국기업지배구조개선지원센터의 조사결과 등에 의하면 우리나라는 외형상으로는 선진국 수준의 기업지배구조 관련 제도를 갖추었다는 평가를 받고 있다.

그러나 이들 제도는 개별기업을 규제대상으로 도입된 반면, 현실상 대부분의 대기업들은 기업집단의 틀안에서 총수 중심으로 운영되고 있기 때문에 도입된 제도들이 실질적 견제장치로 작동하는데 한계가 존재하고 있는 것으로 판단된다.[134] 다만, 최근 주식시장에서 외국인에 의한 감시활동이 활발해지고, 일부 집단은 스스로 지배구조 개선계획을 발표하는 등 긍정적인 현상도 나타나고 있다.[135]

4. 향후 개편방향

복잡한 순환출자구조가 기업 내·외부 견제시스템의 원활한 작동을 저해하고 경제력 집중 및 시장집중의 근본원천으로 작용하고 있다는 점에서 소유구조는 여전히 중요한 고려요소라고 판단된다. 따라서 기업지배구조의 건전한 관행이 정착되기 위해서는 소유구조 개선이 무엇보다 중요하다. 결국 소유구조 규제의 수단과 강도는 대규모기업집단의 경영행태, 지배구조장치의 실질적 작동여부를 고려한 정책적 판단문제라고 할 것이다.

제 5 절 부당내부거래규제에 대한 이론적 논쟁*

기업집단의 부당내부거래를 왜 규제하여야 하는지에 관해서는 이론적인 논쟁이 존재한다. 다음 글은 현재 받아들여지고 있는 정당화 논거를 비판적으로 검토한 것으로서, 송옥렬, “기업집단 부당내부거래 규제의 법정책적 이해”, 서울대학교 법학 제46권 제1호(2005), 227-257면에 발표된 글의 일부이다. 여기서 제기된 비판의 핵심은 내부거래를 경쟁저해라는 관점에서 또는 소액주주의 보호라는 관점에서 규제하는 것이 근거가 없다는 점이다. 이러한 각각의 주장에 대하여, 전성인, “기업집단에 대한 시장규율과 규제규율: 이론과 정책적 함의”, 기업경영권에 대한 연구(연태훈 편, 한국개발연구원 연구보고서, 2005), 339-393면에서는 규제비용의 관점에서 다시 비판을 가하고 있다. 현재의 정당화 논거에 대한 비판 및 그 재비판을 자세히 살펴보는 것은 그 자체로 부당내부거래에 관한 이해의 폭을 넓힐 수 있을 것이기 때문에, 여기에서는 각

* 송옥렬(서울대학교 법과대학 조교수)

134) '06.3.12. 지배구조개선지원센터의 설문조사결과에 의하면 응답자의 80%가 기업지배구조의 질적수준이 선진국에 비해 낮다고 평가한 바 있다.

135) 맥킨지(2004. 4분기 보고서)는 비록 아시아국가들이 선진지배구조 장치들을 도입하였지만 복잡한 소유구조, 기업경영관행 등으로 인해 효과성이 의문시되며, 상당기간이 지나야 정착될 것으로 예측한 바 있다.

저자의 허락을 얻어 각 부분을 편집하여 소개한다. 전성인 교수의 비판은 편의상 각 주장에 바로 이어서 구성하였다.

Ⅰ. 문제의 제기

1. 회사법의 관점에서

두 기업 A, B로 이루어진 기업집단(corporate group)을 생각해 보자. 이러한 기업집단 구조가 더 사회적으로 바람직한지, 아니면 한 회사가 A, B 두 사업부를 두는 구조가 더 사회적으로 바람직한지의 문제는 따로 검증을 거쳐야 할 명제이므로, 이 글에서는 이러한 기업집단 구조가 사회적으로 더 바람직한 경우도 있을 수 있다고 전제하도록 하자. 이 경우 A와 B 사이의 특정한 거래는 먼저 직접적으로 기업집단의 전체 부에 영향을 미칠 것이다. 구체적으로 개별 기업의 부의 변화까지 생각하면, A와 B 사이의 거래가 초래하는 결과는 다음과 같이 네 가지로 나누어 볼 수 있다.

① 기업집단의 부는 증가하고 개별 회사도 모두 부가 증가하는 경우. 예를 들어, 처음 A회사와 B회사의 부가 모두 100원이었는데, 위 거래로 인하여 A회사의 부는 150원이 되고, B회사의 부도 150원이 되는 경우가 그러하다. ② 기업집단의 부는 증가하지만 일부 개별 회사의 부는 감소하는 경우. 예를 들어, 위 거래로 인하여 A회사의 부는 150원이 되었으나, B 회사의 부는 80원이 되는 경우를 들 수 있다. ③ 기업집단의 부는 감소하지만 — 따라서 개별 회사의 부가 모두 증가할 수는 없다 — 일부 개별 회사의 부는 증가하는 경우. 예를 들어, 위 거래로 인하여 A회사의 부는 150원이 되었으나, B 회사의 부는 30원으로 감소한 경우를 들 수 있다. ④ 기업집단의 부가 감소하고 나아가 모든 회사의 부가 감소하는 경우. 예를 들어, A회사와 B회사의 부가 모두 80원으로 감소하는 경우가 그러하다.

이렇게 개별 기업간 부의 이전이 일어나는 경우 기업과 관련된 이해관계자의 이익상충의 문제를 어떻게 해결할 것인지 문제된다. 시각에 따라 다양한 이해가 가능하겠지만, 이 글에서는 "사회적 효율의 극대화"라는 시각에서 접근하기로 한다. 이러한 시각에서 — 외부효과의 문제는 일단 접어두기로 하고 — 본다면, ①, ② 유형은 사회적으로 바람직하므로 허용되어야 하지만, ③, ④ 유형은 사회적으로 바람직하지 않으므로 억지되어야 한다고 일응 생각할 수 있다. 물론 이러한 거래의 유형을 구분하는 것은 용이한 일이 아니다. ① 유형과 ④ 유형은 두 기업의 부가 모두 증가 또는 감소하는 경우이므로 그나마 판단이 용이하지만, ② 유형과 ③ 유형의 경우에는 모두 A회사의 부는 증가하고 B회사의 부는 감소하였기 때문에, 두 유형을 구분하는 문제는 필연적으로 얼마나 가치의 감소 또는 증가가 있었는가를 측정해야 한다는 가치평가(valuation)의 어려움을 수반하게 된다. 따라서 현실적으로는 어느 유형에 속하는지 명확히 가려내는 것이 거의 불가능하겠지만, 우선 이 문제는 잠깐 접어두도록 하자. 순수하게 이론적인 관점에서는 "①, ② 유형은 사회적으로 바람직하지만 ③, ④ 유형은 사회적으로 바람직하지 않다"는 결론이 일응 가능할 수 있다.

그러나 이러한 결론은 현재 우리나라 회사법에서 취하고 있는 입장이 아니다. 우리나라 회사법은 회사의 법적 독립성이라는 전제에서 출발하고 있기 때문에, 부가 감소한 B회사의 주주는 B회사의 이사에 대하여 언제라도 책임을 물을 수 있다. 사회적으로 바람직하지 않은 ③, ④ 유형의 경우뿐만 아니라, 사회적으로 바람직한 ② 유형의 경우에도 그러하다. 판단의 기준은 어디까지나 B회사의 부에만 국한하여 이루어지기 때문이다. 이 경우 B회사의 이사는 "회사의 부를 감소시키는 의사결정을 함에 있어서 단지 B회사의 이익만을 고려한 것이 아니라 기업집단 전체의 이익을 고려하였다"는 항변을 제출할 수 없다. 왜냐하면, 회사법상 B회사의 이사는 B회사의 주주에게만 충실의무를 지는 것에 불과하고, 나머지 A회사의 주주에게는 아무런 의무를 부담하지 않기 때문이다. 어차피 A회사 주주에 대해서는 아무런 의무가 없는 이상, 서로 의무가 충돌하는 상황도 아니기 때문에, 회사법상 B회사의 이사는 위와 같은 항변을 가지고 면책을 주장할 수 없다. 그러나 이러한 회사법의 입장은 위에서 언급한 이론적인 결론과 모순된다. 만일 현재의 회사법의 태도가 옳다면 ② 유형은 사회적으로 바람직하다는 이론적 결론을 지지하기는 매우 어렵고, 반대로 이러한 결론을 받아들인다면 왜 이와 정반대의 법정책이 시행되고 있는지에 대한 설명이 필요하다. 위 이론적 결론이 옳든 아니면 현재의 회사법의 태도가 옳든, 어느 경우든 적절한 논증이 있어야 한다.

2. 공정거래법의 관점에서

그런데 회사법적 논의는 이러한 내부거래가 초래하는 외부효과의 측면은 고려하지 않고 있다는 한계가 있다. 외부효과까지 생각하면 우리가 바라보는 범위를 더욱 넓힐 필요가 있다. 외부효과 가운데 중요한 것이 산업구조, 즉 경쟁에 미치는 영향이다. 기업집단의 내부거래는 개별 기업 사이의 부의 이전이라는 기업집단 내부의 측면에서뿐만 아니라 개별 기업이 속한 시장구조에 미치는 영향이라는 측면에서도 검토할 수 있다. 현실적으로도 위와 같은 내부거래가 일어나는 이유를 살펴보면, 기업집단 계열사의 시장에서의 경쟁력을 강화하기 위해서 또는 퇴출되어야 할 계열사를 회생시키기 위해서 이루어지는 경우가 많음은 주지의 사실이며, 이러한 맥락에서 흔히 기업집단에서의 내부거래를 "계열사지원"이라고 부른다.

물론 내부거래가 경쟁에 미치는 영향은 구체적으로 상황에 따라 다를 것이다. 일반적으로 내부거래는 지원을 받은 객체가 속한 시장에서의 경쟁을 저해하는 것으로 이해하고 있으나, 항상 그러한 것은 아니다. 현재의 시장구조가 독과점 상태에 있을 경우 경쟁기업이 계열사의 지원을 받아 새로 진입하게 되면 시장구조가 보다 경쟁적으로 될 수도 있기 때문이다. 이처럼 내부거래가 시장구조에 미치는 영향까지 고려하면, 앞서 내린 이론적인 결론이 달라질 수 있다. 예를 들어, 내부거래를 통하여 기업집단 전체의 부가 증가하는 ①, ② 유형의 거래라 하더라도, 지원받은 계열사의 시장지배력이 커지거나 하는 등의 이유로 시장구조를 보다 독점적으로 만들게 되고, 이러한 경쟁저해로 인한 비효율이 기업집단 부의 증가분보다 큰 경우에는 사회적으로 바람직하지 않다고 결론내릴 수 있다. 반대로 ③, ④ 유형의 거래라 하더라도 경쟁촉진의 효과가 크다면 사회적인 관점에서 바람직하다고 볼 여지가 있다. 물론 이러한 논의는 우리가 바라보는 범위를 어디까지로 한정할 것인가의 문제라고 바꾸어 말할 수도 있을 것이다.

내부거래에 관한 법정책은 이러한 거시적인 측면까지 고려하는 것이 옳고, 이러한 취지에서 현재 공정거래법은 기업집단의 부당내부거래를 규제하고 있다. 구체적으로 독점규제 및 공정거래에 관한 법률(이하 "공정거래법" 또는 혼동의 우려가 없는 경우에는 단순히 "법"으로 약칭한다)은 제23조 제1항 제1호와 제7호 — 경우에 따라 제2호까지 포함시키기도 한다 — 에서 기업집단 계열사 사이에 이른바 "부당내부거래"를 열거하고 있다. 법 제23조 제1항 제1호에서는

“차별적 취급행위” 즉 “거래의 상대방을 부당하게 차별하여 취급하는 행위”를 금지하고 있으며, 법 제23조 제1항 제7호에서는 “부당지원행위” 즉 “부당하게 특수관계인 또는 다른 회사에 대하여 가지급금 · 대여금 · 인력 · 부동산 · 유가증권 · 무체재산권 등을 제공하거나 현저히 유리한 조건으로 거래하여 특수관계인 또는 다른 회사를 지원하는 행위”를 금지하고 있다. 이러한 차별적 취급행위과 부당지원행위를 합하여 통상 “부당내부거래”라고 말한다. 물론 조문의 위치상 기업집단뿐만 아니라 개별 기업의 경우에도 적용되는 것처럼 보이지만, 실제로는 기업집단에 대해서만 집행이 이루어지고 있다.

공정거래위원회는 부당내부거래의 규제를 위하여 일정한 지침을 제정하고 있는데,[136] 이 지침에 의하면 기본적으로 “정상가격”에 의하지 않는 거래, 다시 말해서 계열사간 부의 이전을 가져오는 거래는 원칙적으로 부당내부거래의 범주에 포함될 가능성이 높다. 특히 법원은 일련의 판결을 통하여, ② 유형과 같이 기업집단 전체의 부가 증가하더라도 경쟁제한 또는 공정거래의 측면에서 충분히 규제대상이 될 수 있음을 명백히 하고 있다. 예를 들어, 최근의 대법원 판결에서는 “지원행위가 부당성을 갖는지 유무는 오로지 공정한 거래질서라는 관점에서 평가되어야 하는 것이고, 공익적 목적, 소비자 이익, 사업경영상 또는 거래상의 필요성 내지 합리성 등도 공정한 거래질서와 관계없는 것이 아닌 이상 부당성을 갖는지 유무를 판단함에 있서 고려되어야 하는 요인의 하나라고 할 것이나, 지원행위에 단순한 사업경영상의 필요 또는 거래상의 합리성 내지 필요성이 있다는 사유만으로는 부당지원행위의 성립요건으로서의 부당성 또는 공정거래저해성이 부정된다고 할 수 없다”고 판시하고 있다(대법원 2004. 4. 9. 선고 2001두6197 판결).

여기서 주목해야 하는 것은 공정거래위원회와 법원이 ② 유형까지 — 심지어는 ① 유형까지도 — 공정거래법의 규제대상에 포함시키고 있는 이유가, 단순히 가치평가의 어려움 때문에 현실적으로 ② 유형과 ③ 유형을 구분하는 것이 불가능하기 때문이라고 — 다시 말해서, 행정규제의 비유연성(inflexibility)으로 인한 어쩔 수 없는 결과라고 — 이해하고 있지 않다는 점이다. 규제당국과 법원은 실제로 ② 유형도 사회적으로 바람직하지 않을 수 있다고 이해하고 있다. 이 글에서는 그 이유를 경쟁에 미치는 측면 때문이라고 이해할 것이

136) 예를 들어, 1992. 7. 1. 제정된 대규모 기업집단의 불공정거래행위에 대한 심사기준과 1997. 7. 29. 제정되고 2002. 4. 24. 최종개정된 부당한 지원행위의 심사지침 등을 들 수 있다.

지만, 사실 규제의 논거가 경쟁저해성에 있는지는 확실하지 않다. 왜냐하면, 우리나라 학계와 규제당국, 그리고 법원에서는 공정거래(fair trade)와 공정경쟁(fair competition)을 구분하면서, 공정거래를 저해한다는 것을 공정경쟁을 저해하는 것보다 큰 개념으로 이해하고 있기 때문이다.[137] 따라서 ② 유형의 거래가 기업집단의 부를 증가시킴에도 불구하고 사회적으로 바람직하지 않은 이유는 일반적으로 그 거래가 "공정하지 않기 때문"이라고 한다. 문제는 거래가 불공정하다는 개념의 실체가 무엇인지 판례도 혼선을 보이고 있으며,[138] 나아가 경쟁저해라는 측면을 제외하고 기업간 거래조건의 공정성을 왜 문제삼아야 하는지도 확실하지 않다는 점이다.

이러한 문제때문인지는 모르겠으나, 실제로 규제당국과 법원이 설시하는 바만 본다면 부당내부거래의 규제에 있어서 경쟁에 미치는 효과에 중점을 두고 있는 것처럼 보이기도 한다. 예를 들어, 공정거래위원회는 내부거래가 부당한지 여부를 판단하기 위해서는 "지원객체가 속하는 시장의 구조, 중소기업 및 여타 경쟁사업자의 경쟁능력과 경쟁여건의 변화 정도, 지원크기, 지원기간, 지원행위 전후의 지원객체의 시장점유율의 추이, 시장개방의 정도" 등을 종합적으로 고려하여야 한다고 하여,[139] 부당성의 판단기준이 주로 경쟁제한에 미치는 영향을 위주로 설정되어 있음을 알 수 있다. 대법원도 마찬가지이다. 예를 들어, 앞서 언급한 대법원 2004. 4. 9. 선고 2001두6197 판결에서도 계열

137) 권오승, 경제법(제4판), 2004, 301-303면. 공정거래는 공정경쟁보다 넓은 개념으로서 경쟁의 수단이나 방법의 공정성뿐만 아니라 거래조건의 공정성까지 포함하는 개념이라고 하면서, 이렇게 보는 이유로, 불공정거래행위의 규제는 사업자들이 자유롭게 경쟁할 수 있는 여건을 조성하기 위한 시장구조의 개선을 위한 규제라기 보다는, 사업자들의 거래방법 자체에 대한 규제로서 이른바 거래행태의 개선을 위한 규제이기 때문이라고 한다.

138) 판례는 공정한 경쟁과 공정한 거래를 특별히 구별하지 않고 사용하는 것으로 보인다. 예를 들어, 불공정거래행위가 되기 위해서는 법의 목적에 비추어 부당한 것이어야 하는데, 그 부당성은 여러 사정을 고려하여 그 행위가 공정하고 자유로운 경쟁을 저해할 우려가 있는지 여부에 따라야 한다고 판시한 것이 있는가 하면(대법원 1998. 9. 8. 선고 96누9003 판결), 공정한 경쟁이라는 용어 대신 공정한 거래를 사용한 것도 있다(대법원 2001. 1. 5. 선고 98두17869 판결; 대법원 2004. 9. 24. 선고 2001두6364 판결). 그리고 부당성의 유무를 판단하기 위해서는 여러 사정을 종합적으로 고려하여 당해 지원행위로 인하여 지원객체의 관련시장에서 경쟁이 저해되거나 경제력 집중이 야기되는 등으로 공정한 거래가 저해될 우려가 있는지 여부에 따라 판단하여야 한다는 식으로 설시한 경우도 있다(대법원 2004. 4. 9. 선고 2001두6197 판결; 대법원 2004. 3. 12. 선고 2001두7220 판결).

139) 부당한 지원행위의 심사지침 (2002. 4. 24. 최종개정), Ⅳ. 부당성 판단기준. 나아가 부당한 지원행위에 해당하는 경우의 예로서, 지원객체가 일정한 거래분야에 있어서 유력한 사업자의 지위를 형성, 유지 또는 강화할 우려가 있는 경우, 경쟁사업자가 배제될 우려가 있는 경우, 경쟁사업자에 비하여 경쟁조건이 상당히 유리하게 되는 경우, 다른 사업자의 신규진입이 저해되는 경우 등과 같이 경쟁이 저해되는 결과를 열거하고 있다.

사 지원행위의 부당성을 판단한다고 하면서 경쟁제한과 관련된 다양한 요소를 열거한 뒤, "부당지원행위 당시 실질적으로 경쟁사업자가 존재하지 않는다고 하더라도 지원객체들에 대한 지원으로 인하여 신규사업자의 시장진입을 억제할 수 있으므로 관련시장에서의 경쟁을 저해한 것이 아니라고 할 수 없다"고 하고 있으며, 최근 대법원 2004. 9. 24. 선고 2001두6364 판결에서도 공정거래저해성이 인정될 수 있는 사정으로, "나아가 위 특수관계인들이 지원받은 자산을 계열회사에 투자하는 등으로 관련시장에서의 공정한 거래를 저해할 우려가 있는 경우"라고 판시하고 있는 등 부당성의 판단을 사실상 경쟁제한성과 결부시키는 경향을 발견할 수 있다. 이 글에서 공정거래와 공정경쟁의 구분을 본격적으로 논할 여유까지는 없으므로, 그 대신 이러한 규제당국과 법원의 경향을 고려하여 경쟁제한의 측면만을 고려하고자 한다.

3. 쟁점의 정리

이상에서 알 수 있는 바와 같이, 이 글에서 다루고자 하는 논의의 핵심은 ② 유형의 거래를 어떻게 볼 것인가의 문제로 된다. 회사법에서 그리고 공정거래법에서 이러한 거래는 아직 승인받지 못하고 있다. 그러나 이러한 현재의 법정책은 타당한가? 이 글에서는 기업집단의 존재를 긍정하는 입장에서 이러한 내부거래에 대한 이해가 잘못된 것일 수 있음을 논증하고자 한다. 우선 II절에서는 ①, ② 유형뿐만 아니라 ③, ④ 유형 모두, 다시 말해서 어떠한 형태의 내부거래라고 하더라도 경쟁을 제한한다는 이유로 규제되어서는 안된다는 점을 논증한다. 그렇기 때문에 공정거래법에서 공정경쟁의 개념 대신 공정거래의 개념을 채용하고 있는 것인지도 모르겠으나, 공정거래의 개념에 관한 문제는 이 글의 범위를 넘으므로 다루지 않는다. 다음 III절에서는 특히 ② 유형의 내부거래는 이론적으로 — 최소한 사전적인 관점에서는 — 소액주주의 이익을 침해할 가능성은 크지 않음을 보인다. 따라서 ② 유형의 거래의 경우 이사의 책임을 추궁하는 법정책은 투자자보호라는 관점에서도 정당화되지 않는다. 결국 기업집단의 내부거래에 대하여 현재 규제근거로 제시되는 것들은 모두 논리적인 문제가 있다는 것이다.

Ⅱ. 내부거래는 경쟁을 제한하는가?

〈다음은 송옥렬 교수의 주장을 편집한 것이다〉

내부거래는 개념적으로 특정 계열사에 대한 지원을 수반한다. 예를 들어, 인적·물적 자원을 지원받거나 또는 다른 계열사와 유리한 조건으로 계약을 맺기도 한다. 따라서 이러한 경우 지원을 받은 계열사는 지원을 받지 않았을 경우보다 사정이 더 좋아지게 될 것이고, 경우에 따라서는 이러한 지원으로 인하여 다른 비계열 경쟁업체보다 유리한 지위에 서게 될 수도 있다. 이를 두고 "내부거래는 시장에서의 경쟁을 저해한다"라고 설명하곤 한다. 예를 들어, 다음 인용문을 보자.

> "A는 큰 재벌그룹내의 한 계열기업이기 때문에 그룹내의 타 계열기업으로부터 여러가지 지원을 받을 수 있다. 지원의 구체적 형태로는 금융지원, 판매지원 등이 있을 수 있는데, 이러한 지원을 계열기업간의 교차보조(cross subsidy)라고 한다. 그리고 계열기업간에 이루어지는 내부거래의 여러 가지 혜택도 일종의 교차보조이다. … 그러나 단일전문기업인 H는 그룹의 계열기업이 아니기 때문에 타 기업으로부터 이러한 지원을 받을 수 없다. 이러한 상황에서 이루어지는 A와 H의 경쟁은 공정한 경쟁이 될 수 없다. 단일 전문기업인 H가 대그룹의 계열기업인 A보다 더 효율적인 기업이라고 할지라도 실제 경쟁에서는 H가 A보다 뒤질 수 있다. 이러한 경쟁은 재벌그룹들에게는 유리하지만 경제 전체적으로는 오히려 비효율성(inefficiency)을 가져올 수 있다."140)

이러한 인식은 일반인은 물론이고 앞서 서론에서 언급한 바와 같이, 정책당국과 법원도 공유하고 있다고 생각된다. 그러나 내부거래를 통하여 당연히 지원객체 계열사는 지원을 받지 않았던 경우보다 더 유리한 지위에 있게 되는 것은 당연하지만, 그것만 가지고 공정경쟁을 저해한다고 볼 수 있을지는 의문이다. 논의의 편의를 위하여 간단한 사례를 생각해 보자. 예를 들어, A회사와 B회사로 이루어진 기업집단에서 A회사에서 B회사로 단순히 100원의 자금이 이전되었다고 생각해 보자. 실제로 대부분의 내부거래는 단순한 자금이전 방식으로 개념화할 수 있다. 예를 들어, A회사가 B회사에 중간제품 20개를 납품하는데, B회사에 대해서는 15원에 납품하지만 같은 산업에 속한 B

140) 최정표, 기업구조와 시장경쟁, 한국의 대기업 누가 소유하며 어떻게 지배되는가(기업구조연구회 편, 1995), 126면.

회사의 다른 경쟁업체에 대해서는 20원에 납품하는 경우, 이는 B회사에 20원에 납품하면서 — 현행법상 "부당"한 내부거래는 아니다 — 단순히 100원을 B회사로 이전하는 경우와 다르지 않다. 반대로 B회사에 25원으로 납품하는 경우에는 반대로 B회사가 A회사에 100원을 지급하는 것으로 보면 된다. 용역이나 자산, 인력의 이전 역시 비슷한 방식으로 개념화할 수 있다. 이 경우 물론 지원을 받은 B회사는 100원의 자금을 이용하여 당해 산업에서의 경쟁자보다 유리한 지위를 차지할 수 있다. 소비자들에게 사은품을 줄 수도 있고, 일정기간 동안 가격인하를 단행할 수도 있다. 또는 그 산업에 불어닥친 일시적인 자금경색을 돌파할 수 있는 여력이 될 수도 있다. 이렇게 되면 B회사는 자신이 속한 산업에서 다른 경쟁자보다 더 수월하게 사업을 할 수 있을 것이다. 그러나 이 글에서 살펴보는 논점은 지원객체회사가 그 산업에서 다른 경쟁자들보다 유리해지는가 하는 점이 아니라 — 유리해진다는 것은 부정할 수 없다 — 이러한 이유에서 위 100원의 자금의 이전을 금지하여야 하는가 하는 점이다.

이러한 자금이전이 경쟁과 상관이 없다는 첫번째 논거는 A회사와 B회사가 동일한 회사의 두 사업부에 불과할 수 있다는 점에 근거한다. 예를 들어, 한 회사 내에 A사업부와 B사업부의 형태로 사업을 영위하고 있는 경우, 위와 같은 자금이전이 A사업부에서 B사업부로 일어났다고 하자. 이 경우 그 자체로는 공정거래법상 어떠한 규제도 받지 않을 것이다. 회사 내부에서 자금을 어떻게 사용하는지 여부는 전적으로 경영판단의 몫이기 때문이다. 물론 이러한 자금이전이 의도적으로 B사업부가 속한 산업에서 독점력을 강화하기 위해 이루어진 것일 수도 있고, 또 결과적으로 그러한 결과가 초래될 수도 있을 것이다. 이러한 경우에는 당연히 회사 전체에 대하여 공정거래법상 정해진 조치가 취해질 것이다. 그러나 이 경우 공정거래법이 적용된 이유는 회사의 B사업부가 추가적으로 위반행위를 했기 때문이지, B사업부에 대한 자금이전 그 자체때문은 아니다. 만일 사업부 사이에 자금은 이전되었으나 시장에서 공정거래법이 정하는 어떠한 위법행위도 없었다면 자금이전만을 가지고 공정거래법이 적용되지는 않는다. 결국 사업 사이의 자금이전을 그 자체로 규제할 근거는 없다.

그렇다면, 이를 확대하여 두 사업부를 동일인이 100% 지분을 보유한 두 회사로 형식을 바꾼 경우에는 어떠한가? 경제적인 실질이 사업부 구조와 차이가 없다면 규제의 측면에서 달리 생각해야 할 이유가 없다. 나아가 100% 지분으로 계열사가 연결되지는 않았더라도 계열사간 실효적인 지배(control)가 이루어지고 있는 경우에는 어떻게 되어야 할 것인가? 아마도 동일한 입장이 견지되어야 할 것이다. 왜냐하면, 이 경우 차이는 단순히 지분구조가 다르다는 점밖에는 없는데, A회사와 B회사 사이에 자금이전이 있었고, 그것이 B회사가 속한 시장에서의 경쟁에 미치는 영향은 각 회사의 주주 구성이 어떻게 되어 있는가와는 전혀 상관이 없는 문제이기 때문이다. 만일 A회사와 B회사간 자금이전 자체를 규제한다면 처음으로 돌아가 사업부 구조하에서의 자금이전도 규제하는 것이 논리적이다. 반대로 사업부 구조하에서 자금이전을 규제할 이유가 없다고 보면 서로 독립적인 부분계열사의 경우에도 자금이전을 규제할 이유는 없다. 결국 이상의 유추가 보여주는 바는, 계열사간 자금이전을 통하여 실제로 지원객체인 B회사가 시장에서 공정거래법상 금지하고 있는 여러 독점적 행태를 보일 경우 그 행위에 집중하여 그 행위를 규제하면 그만이라는 것이다.

내부거래를 통한 자금이전이 경쟁과 아무 상관이 없다는 두번째 논거는 이 경우 B회사에 이전된 100원은 필요하다면 B회사가 금융시장에서 조달할 수 있다는 것이다. B회사는 은행에서 빌리거나 사채나 주식을 발행하는 방법으로 시장에서 100원을 조달할 수 있고, 그것은 계열사로부터 지원을 받는 것과 동일한 결과가 된다. 이 경우 B회사가 기업경쟁력 강화 등을 이유로 자금을 조달하는 것이 금지되지 않는다면, 이것은 단순히 B회사에 100원이 더 생긴다고 해서 그 자체만으로 B회사가 속한 산업에서 경쟁제한 효과가 발생하는 것은 아님을 의미한다.

물론 계열사로부터의 지원은 무상임에 비하여 주식이나 사채는 일정한 비용을 지불해야 한다는 차이가 있을 수 있고, 나아가 실제로 B회사의 신용이나 성장가능성에 문제가 있어 시장에서는 100원을 조달할 수 없을 수도 있다. 그러나 이 문제들은 모두 B회사가 100원을 얻기 위해 드는 비용이 얼마인가 하는 문제일 따름이다. 100원을 조달하는가 할 수 없는가 하는 것이 회사의 운영에 있어 많은 경우 대단히 중요하고, 어느 경우에는 결정적일 수도 있지만, 그것은 최소한 경쟁법의 관심사항이 될 수는 없다. 경쟁법에서 문제삼는 것은 100원을 조달여부 또는 그 조달방식이 아니라 그 100원으로 무엇을 하는가의 문제이기 때문에, 단순히 계열사로부터 저비용으로 자금을 조달할 수 있다고 하여 공정거래법의 적용에 있어서 금융시장에서의 자금조달과 다르게 볼 것은 아니다. 역시 B회사의 시장에서의 행태에만 국한하여 규제하면 충분하다.

이 문제를 보다 정확하게 이해하기 위해서는 구체적인 예를 생각해 보면 된다. 예를 들어, 어느 기업집단에서 개별 계열사가 각각 물류업무를 담당하는 것이 비효율적이라고 판단하여 물류만을 담당하는 계열사를 만들어 기업집단의 모든 물류업무는 그 계열사에 집중시키도록 하였다고 가정하자. 이 자체가 공정거래법상 경쟁제한으로 판단될 수 있을 것인지 여부는 논의로 하자. 이 글에서 문제삼고자 하는 것은, 기업집단 외부에서 물류를 조달할 경우에는 80원이면 해결할 수 있었는데, 예를 들어 기업집단에서 이 물류계열사에 80원을 주면서 일을 맡기는 것과 90원을 주면서 일을 맡기는 것을 부당내부거래의 관점에서는 서로 다르게 본다는 점이다. 그러나 계열사에 시장가격보다 높은 가격을 치르는 문제는 문제의 본질과 별 상관이 없다. 왜냐하면 기업집단에서는 이 물류계열사에 80원을 지불하고 일을 맡기고, 대신 10원을 — 위법이 아닌 — 다른 방법으로 지원할 수 있기 때문이다. 그리고 그러한 지원이 불가능하더라도 이 물류계열사는 10원을 어디선가 조달할 수 있다. 위 거래에서 실제로 경쟁과 관련된 부분은 기업집단의 물류를 모두 물류계열사로 몰아주기로 하는 결정이며, 따라서 설사 물류계열사에 80원을 지급하기로 하더라도 경쟁법상 문제를 야기할 수 있다. 이렇게 외부의 경쟁과 관련된 부분과 계열사간 부의 이전의 문제는 분명하게 구분하여야 한다.

물론 여전히 "다른 회사는 높은 비용을 지불하고 자본을 조달하는데, 계열사가 단지 기업집단에 속하고 있다는 이유로 100원을 공짜로 얻을 수 있다면 이는 역시 경쟁에 영향을 미치는 것이 아닌가" 또는 "정확히 뭐라 말할 수는 없지만 불공정한 것이 아닌가"라는 의구심이 있을 수 있다. 이 의구심이 정확히 무엇을 걱정하는 것인지 이해하려면 다음과 같은 예를 생각해 보면 된다. 예를 들어, 甲이 사업을 시작하는데, 甲의 부모는 제주도에 엄청한 땅을 가지고 있어서 전혀 자금조달은 문제가 없다고 하자. 아니면 이미 땅을 전부 처분하여, 甲이 설립한 회사는 엄청난 현금을 보유하고 있다고 하더라도 좋다. 이 예는 甲의 자금력이 甲의 노력과는 별 상관이 없이 생길 수도 있음을 보여주기 위해서 든 것이다. 이 경우 단순히 풍부한 자금을 가지고 있다는 것만으로 이 산업에의 진출이나 그 행동에 어떤 제약이 주어지지는 않는다. 이 경우 甲

은 물론 충분한 자금력을 바탕으로 시장에서 상당히 유리한 지위를 차지할 것이고, 그것이 사실 甲의 노력과 아무 상관없이 우연히 부자인 부모에게서 태어났다는 이유에 기인한 것일 수도 있겠으나, 甲이 경쟁저해적 방법을 사용하지 않는 이상, 그 충분한 자금력을 문제삼을 이유도 없고, 실제로 현재 규제상으로도 문제삼지 않고 있다. 그런데 풍부한 자금이 부모의 제주도 땅에서 연유한 경우 아무런 규제가 없다면, 기업집단에서 연유하는 경우에도 동일한 취급을 받는 것이 옳다. 아마도 이 경우 자금이 풍부하면 지원객체가 속한 산업에서 좀더 유리한 지위를 차지할 수 있고, 그 결과 장기적으로 시장을 보다 많이 점유할 수 있겠으나, 이것이 독점으로 공정거래법의 적용을 받을지는 다시 따져보아야 한다.

다만 A회사에서 B회사의 자금이전으로 인하여 B회사의 경쟁저해적 행위가 면책될 여지가 있기는 하다. 예를 들어, 위 사례와 같이 A회사가 B회사에 중간제품을 납품하는데, B회사에 대해서는 15원에 납품하지만 B회사의 다른 경쟁업체에 대해서는 20원에 납품하는 경우를 생각해 보자. 이 경우 B회사는 최종제품의 가격을 인하할 수 있게 되는데, 이러한 가격인하가 부당염매 또는 약탈적 가격책정(predatory pricing)에 해당하는지 여부가 문제될 수 있다. 이 판단에 있어서 결정적인 것은 B회사가 최종제품을 생산하는 데 들어간 비용구조인데, B회사가 15원에 중간제품을 매입하였다면 약탈적 가격책정이 아니라고 판단될 여지가 20원에 중간제품을 매입한 경우보다 더 많아지게 된다. 이처럼 내부거래를 통하여 비용구조를 조절함으로써 지원객체의 경쟁저해 행위가 그렇지 않은 것으로 판단될 수 있다. 그러나 이러한 문제는 B회사의 행위에 대한 판단의 잘못을 시정하는 방식으로 해결해야 하며,[141] 이를 가지고

---

141) 그러나 만족스러운 방법을 찾기는 쉽지 않다. 예를 들어, 중간제품의 납품가격은 B회사에 대해서는 15원, 그 경쟁사에 대해서는 20원이라고 하고, 각 회사는 모두 10원씩 추가로 비용을 들여 최종제품을 생산한다고 하자. 따라서 약탈적 가격책정인지 여부의 판단기준은 중간제품 납품가격+10원이라고 단순히 가정하자. 이 경우 B회사가 27원의 가격을 책정한 경우가 본문에서 생각하고 있는 문제상황이다. 이러한 사례에서 B회사의 행위가 약탈적 가격책정인지 여부를 판단하는 방법으로 크게 두 가지 정도를 생각해 볼 수 있다. 첫째는 B회사가 중간제품을 20원에 매입한 것으로 간주하는 것이다. 계열사 사이의 내부거래로 인한 효과를 제거하고 B회사의 비용구조를 판단하는 방법으로서, 이 경우 27원은 약탈적 가격으로 판단된다. 실제로는 B회사가 경쟁자를 배제할 의사가 없이 — 27원을 설정하더라도 이익이 난다는 점에서 — 27원의 가격을 책정할 수도 있으므로, 이러한 방법은 과잉규제의 문제를 초래한다. 두번째로는 A회사와 B회사를 합쳐서 비용구조를 판단하는 방법을 생각해 볼 수 있다. 그러나 이 방법은 A회사가 경쟁사에 대한 중간제품의 판매로 이익을 얻는 경우에는 약탈적 가격이 아닌 것으로 판단될 여지가 있다. 예를 들어, A회사의 비용이 15원이 들었다고 하면 경쟁사에 대한

내부거래 자체를 금지하는 논거로 삼을 수는 없다.

아마도 우리나라 기업집단의 계열사가 모두 100% 지분소유로 연결되어 있었다면 기업집단을 하나의 거대한 기업으로 파악하는 시각이 보다 쉽게 설득력을 얻을 수 있었을 것이다. 그리고 그 경우라면 계열사의 경쟁력 강화를 위하여 기업집단 내부에서 자원을 배분하고 이전하는 문제에 대하여 훨씬 관용적이었을 가능성이 높다. 이 경우 경제적으로는 기업집단 전체를 하나의 기업(firm)으로 파악하는 것이 용이하기 때문이다. 그러나 우리나라 기업집단은 일반적으로 50%의 지분에도 못미치는 내부지분율로 연결되어 있고, 그나마 지배주주의 실제 보유지분은 매우 미미하다. 이러한 상황에서 계열사간 내부거래가 불공정하다는 인식이 생긴 것으로 생각된다. 그러나 이 문제는 다음에서 다룰 소액주주에 관한 문제일 뿐이며, 경쟁법에서 다룰 문제는 아니다.

〈다음은 전성인 교수의 비판을 소개한다〉

먼저 경쟁제한성과 관련하여 내부거래 규제를 추가할 필요가 없다고 주장한 대표적인 연구로는 송옥렬(2005a)를 들 수 있다. 송옥렬(2005a)는 먼저 모든 내부거래가 지원받은 객체가 속한 시장에서의 경쟁을 제한하는 것은 아니라는 점을 지적한 후, 설사 내부거래에 의해 시장에서의 경쟁이 제한되는 경우에도 내부거래를 규제할 것이 아니라 지원받은 회사의 경쟁제한 행위 그 자체를 경쟁법적 차원에서 규제하면 될 것이라고 주장하고 있다. 그리고 송옥렬(2005a)는 경쟁제한과 관련하여 내부거래를 규제해서는 안되는 논거로 이런 지원행위가 동일한 기업내의 서로 다른 두 사업부서간에 이루어진 경우 그것 자체는 공정거래법 제23조의 규제를 받지 않는 거래라는 점을 들고 있다.

그렇다면 과연 이러한 판단이 옳은 것인가. 그렇지 않다. 여기서 문제해결의 핵심은 이 거래의 연쇄중 적어도 어느 한 곳의 연결고리를 끊는 것인데 그것은 시작점을 규제하거나 종착점을 규제할 수만 있다면 두 방법 중 어떤 것에 의해서도 가능하기 때문이다. 따라서 어느 곳을 규제할 것인가 하는 문제는 어느 곳을 규제하는 것이 가장 규제의 유효성이 높고 규제의 거래비용이 작은가 하는 것에 따라 결정될 수밖에 없고 또 중복규제를 할 것인가의

판매로 5원의 이익을 얻고 있다. 그런데 이 5원의 이익은 A회사와 B회사를 합쳐 생각하는 경우 전체적인 비용에는 포함되지 않기 때문에, B회사가 설정한 27원은 약탈적 가격이 되지 않는다. 따라서 두번째 방법은 과소규제의 문제를 초래한다.

여부 역시 단일 규제가 충분히 유효할 것인가에 의존할 수밖에 없다. 결국 이 문제의 해답은 규제에 수반되는 거래비용의 크기에 달려 있을 수밖에 없으며 시작점을 규제하기 어려우면 종착점을 경쟁법의 원리로 규제하는 것이고 반대로 종착점을 규제하기 어려우면 시작점을 부당 내부거래 금지의 원리로 규제하면 되는 것이다. 그리고 어느 하나의 규제가 실효성을 확보하기 어려울 경우에는 복수의 규제그물을 펼쳐 놓을 수도 있다.[142]

필자는 대부분의 경우 송옥렬(2005a)의 주장처럼 지원받은 회사가 제품을 공급하는 시장에서 경쟁제한 행위가 있을 경우 이를 경쟁법의 원리에 따라 규제하는 원칙(소위 종착역 규제)이 주된 원칙이 되어야 한다는 점에 동의한다. 왜냐 하면 결국 규제의 당위성은 이 시장에서 경쟁제한 행위가 나타나는가에 거의 대부분 의존하기 때문이다. 따라서 이 시장에 경쟁제한 행위가 나타날 경우 그것에 근거해 관련 당사자를 규제하는 것은 규제의 논리상 가장 직관적이고 따라서 설득력도 가장 높은 방법이다.

그러나 이런 원칙이 언제나 유효성을 확보하는 것만은 아니다. 그 대표적인 반례가 바로 부당염매(dumping)의 판단 문제이다. 예를 들어 지원하는 기업이 지원받는 기업에 원자재를 제공하고 있는 상황에서 지원하는 기업이 원자재의 공급과 관련하여 시장지배력을 가진 경우를 상정해 보자.[143] 이 때 지원하는 기업이 자신의 시장지배력을 남용하여 계열사에게는 현저하게 낮은 가격으로 원자재를 공급하고 계열사의 다른 경쟁기업에는 정상가격으로 공급하여 계열사가 인위적으로 비용우위를 확보토록 했다고 하자. 이 때 과연 지원받은 기업을 부당염매로 처벌할 수 있는지는 확실하지 않다. 지원받은 기업은 언제나 “자신의 공급가격이 경쟁기업에 비해 낮은 이유가 자신이 비용곡선 이하의 가격으로 손해를 보면서도 시장을 독점하기 위해 이런 가격정책을 편 것이 아니라 원래 제품을 싸게 조달하여 비용곡선 자체가 경쟁기업에 비해 낮은 곳에 위치하기 때문”이라고 항변할 것이기 때문이다.

물론 이 때 이 말을 부인하고 지원받은 기업의 비용곡선을 업계의 평균적인 비용곡선으로 치환한 후 부당염매로 규제할 수도 있을 것이다. 그러나 이 방법은 자칫 사회적으로 바람직한 비용절감 노력까지 규제할 위험성이 있다.

142) 물론 하나의 행위에 대해 복수로 처벌하는 것은 바람직하지 않으므로 두 개의 그물망에 모두 걸릴 경우 그 중 하나의 위반에 대해 처벌하는 것은 기술적인 문제가 될 것이다.

143) 이것은 송옥렬(2005a)이 주장한 상황과 매우 유사하다.

그리고 이런 인위적 비용우위가 초래된 근원적인 이유는 당초에 원자재에 시장지배력을 가지고 있던 다른 계열기업이 원자재를 현저하게 싼 가격에 공급했기 때문이라는 점을 감안한다면 규제의 대상을 잘못 책정했다고 볼 수 있는 측면이 있다. 따라서 이 경우에는 종착점을 규제하려고 하기 보다는 시작점인 내부 거래 그 자체를 규제하는 것이 더 타당하다.[144] 그리고 시작점을 규제해야 한다는 이 논리는 기업구조의 형태가 동일 지배하에 있는 별개의 회사 형태로 되어 있건 단일 기업내에 있는 별도의 사업부서의 형태로 되어 있건 아무런 변화없이 그대로 성립하므로 단일 기업의 경우에도 규제해야 한다.[145]

결국 이런 상황을 종합적으로 감안할 때 무조건 경쟁법적인 관점에서 부당 내부거래 규제가 중복규제라고 주장하기 보다는 전체 거래의 연쇄과정에서 어느 곳을 규제하는 것이 규제의 유효성을 극대화할 수 있는가라는 시각에서 이 문제를 보아야 하고 (처벌의 중복성만 배제할 수 있다면) 거래의 시작점과 종착점을 모두 규제할 수 있도록 하는 것이 바람직하다.

Ⅲ. 내부거래는 소액주주의 이익을 침해하는가?

〈다음은 송옥렬 교수의 주장을 소개한 것이다〉

기업집단의 소유구조가 계열사에 대한 100% 지분보유로 연결되어 있지 않은 경우에는 필연적으로 각 계열사에 소액주주가 존재한다. 이 경우 내부거래를 통하여 지배주주가 이익을 얻고 소액주주가 손실을 보는 예는 매우 쉽게 생각해 볼 수 있다. 처음 서론에서 생각한 사례를 예로 들어 생각해 보자. 처음 A회사와 B회사의 부가 모두 100원이었는데, 계열사간 내부거래로 인하여 A회사의 부는 150원이 되었으나, B회사의 부는 80원이 되었다고 가정하자. 논의의 편의를 위하여 기업집단의 지배주주의 지분율을 A회사는 50%, B회사

144) 물론 이 때에도 한 계열사가 다른 계열사를 지원하는 행위를 내부거래로 보아서 부당 내부거래로 규제할 것인지 아니면 그것을 원자재 공급에서의 경쟁제한 행위로 보아서 계속 경쟁법적인 논리로 규제할 것인지는 논란의 대상이 될 수 있으나 현실적인 면에서 이 문제는 논리구성의 문제라고 볼 수 있다.

145) 단일 기업 내부에서 이루어지는 사업부서간의 지원에 대해 일반적으로 전혀 규제가 불가능한 것은 아니다. 윈도우라는 운영체제와 익스플로러라는 응용 소프트웨어를 동시에 공급함으로써 사업부서간에 지원이 발생하는 경우에 규제당국이 개입한 미국의 경우가 그 대표적 예이다.

는 10%라고 하고, A회사와 B회사 사이에는 아무런 주식보유관계가 없다고 하자. 이 경우 지배주주의 부는 처음 60원에서 내부거래 이후 75원+8원=83원으로 증가하였다. 물론 그 이유는 지배주주가 지원객체인 A회사의 지분을 지원주체인 B회사의 지분보다 더 많이 가지고 있기 때문이다. 따라서 자신의 이익을 극대화하는 지배주주로서는 이러한 거래를 시도할 인센티브가 충분히 있다.

나아가 지배주주는 설사 내부거래가 기업집단 전체의 가치를 감소시키는 경우에도 자신의 몫이 커진다면 내부거래를 할 인센티브를 가진다. 이러한 문제는 최근의 기업지배구조에 관한 논의에서 전형적으로 논의되고 있는 것들이다. 예를 들어, 내부거래로 인하여 A회사의 부는 150원이 되고 B 회사의 부는 30원이 되는 경우를 생각해 보면, 지배주주의 부는 75원+3원=78원으로 처음의 60원보다 커진다. 따라서 지배주주로서는 이렇게 사회적으로 가치가 감소되는(value-decreasing) 내부거래도 충분히 시도할 인센티브가 있다. 두 가지 사례에서 B회사의 소액주주의 부가 처음의 합계 90원보다 감소하였음은 쉽게 보일 수 있다. B회사의 부가 80원으로 된 경우에는 B회사의 소액주주의 부는 합계 72원으로 감소하였고, B회사의 부가 30원으로 감소한 경우에는 소액주주의 몫은 합계 27원에 불과하다.

내부거래가 이처럼 계열사간 부의 이전을 가져오고, 그 결과 소액주주의 이익을 침해할 수 있다는 점은 현행 공정거래법상의 규제에서도 어느 정도는 반영되어 있는 것으로 보인다. 왜냐하면, 계열사지원이 있었는지 여부는 지원주체가 정상가격 이상의 대가를 지원객체에게 제공하였는지 여부를 가지고 판단하는데, 여기서 정상가격이란 유사한 상황에서 특수관계가 없는 독립된 당사자 사이에 거래가 이루어졌을 경우의 거래가격을 말하기 때문이다.[146] 여기서 이러한 지원이 다시 부당한 지원이 되는지는 다시 따져 보아야 하지만, 어쨌든 규제의 대상이 되는 지원행위는 거의 언제나 계열사간 부의 이전을 수반하고, 그 결과 소액주주의 부도 변하기 마련이다. 물론 공정거래법에서 부당내부거래를 규제하는 것이 이러한 부의 이전을 우려해서인지는 확실하지 않으며, 설사 그렇다고 하더라도 공정거래법이 그러한 역할까지 담당하여야 하는지에 대해서 의문을 제기할 수도 있다. 다만 이 글에서는 이와 같은 법영역의 문제는 다루지 않는다. 중요한 것은 어떤 내용의 규제를 하여야 하는가

146) 부당한 지원행위의 심사지침(2002. 4. 24. 최종개정), Ⅱ. 용어의 정의 (정상가격).

의 문제이지, 그것이 형식적으로 어느 법에 속하여야 하는가는 논의할 문제가 아니기 때문이다.

다시 사례로 돌아가, 이처럼 내부거래의 결과 B회사의 소액주주의 이익이 침해되는 것은 명백한 것처럼 보인다. 과연 그러한가? 만일 그것이 사실이라면, 기업집단 전체의 이익이 증가하는 경우에는 이를 바람직한 내부거래라고 평가할 수 있겠는가? 다시 말해서, 내부거래가 설사 기업집단 — 나아가 혹은 사회 전체 — 의 이익을 가져오는 방향으로 일어나더라도, 개별 계열사의 소액주주에게 그에 따른 비용을 부담할 것을 강요할 수 있겠는가?

1. 소액주주의 사전적 선택

이 문제는 궁극적으로 파이의 크기와 나누는 방법에 관한 것이다. 일반적으로 경제학적 분석에서 채택하는 효율성의 개념 — 파이를 나누는 방법은 상관하지 않고 전체 파이의 크기만을 생각한다 — 에서 보면, 비록 B회사의 소액주주의 몫은 작아지더라도 지배주주와 A회사 소액주주의 몫이 그 이상으로 커졌으므로 A회사의 부를 150원, B회사의 부를 80원으로 만드는 ② 유형의 내부거래는 사회적으로 바람직하다고 볼 수 있다. 반면 ③ 유형의 내부거래는 전체 파이의 크기를 줄이기 때문에 사회적으로 바람직하지 않다. 따라서 B회사 주주의 입장에서는 원래 100원에서 80원이 되든 30원이 되든 억울한 것은 마찬가지일테지만, 두 거래에 대한 사회적 평가는 달라질 수 있다. 이것은 분석의 문제가 아니라 관점의 문제이므로 사실 더 이상 논쟁할 여지가 없다. 다시 말해서, 위와 같은 효율성 개념을 선택한 이상 다른 결론을 생각할 수 없다는 것이다.

그런데 만일 B회사의 소액주주에게 실제로 보상이 이루어질 수 있는 메카니즘이 존재한다거나 — 그렇게 되면 ② 유형의 내부거래는 파레토(Pareto) 효율성 기준을 만족한다 — 또는 마치 보상이 이루어진 것처럼 볼 수 있는 여지가 있다면 굳이 위와 같은 엄격한 효율성의 관점을 채택하지 않더라도, 관점의 차이와 상관없이 일정한 가치평가가 가능하다. 이 글에서 논증하려는 것이 바로 이러한 메커니즘을 생각하는 것이 가능하다는 점이다. 다시 말해서, B회사의 소액주주의 이익이 실제로는 침해되지 않은 것으로 볼 수 있는 여지도 있다는 것이다. 그리고 이렇게 본다면 "최소한 소액주주 보호라는 근거를 가지고" ② 유형의 내부거래를 금지할 수는 없게 된다. 왜냐하면, 이러한 거래가 그 정의상 파레토 개선인 이상, 소액주주들도 실제로는 아무 불만이 없을 것이기 때문이다.

이하의 논증을 정확하게 설명하기 위해서 한 가지 트릭을 사용한다. 이 트릭은 사실 롤즈(Rawls)의 정의론에서 채용한 방식과도 유사한데, 그 요체는 B회사에 투자할 소액주주들에게 룰의 선택권을 부여하는 것이다. 소액주주들은 (a) 처음 투자하였을 때보다 회사의 부가 감소하면 그 이사에게 책임을 추궁할 수 있는 룰과, (b) 원칙적으로 회사의 부가 감소하면 그 이사에게 책임을 추궁할 수 있으나, 다만 그 거래로 인하여 계열사 전체의 부가 증가한 것을 이사가 입증한 경우에는 책임을 추궁할 수 없는 룰, 이렇게 두 가지 중에서 자신에게 적용될 룰을 선택할 수 있다.147) 물론 이러한 선택은 실제로 투자하기 전 또는 투자한 이후 내부거래가 일어나기 전에 이루어져야 하며, 사후적인 결과가 어떻게 되든 소액주주들은 자신들이 선택한 룰에 의하여 법률관계가 결정된다. 그런데 앞서 서론에서 언급한 네 가지 유형의 거래 중에서, 룰의 선택에 따라 결론이 달라지는 것은 ② 유형의 거래뿐이다. ① 유형은 어느 룰을 선택하더라도 책임을 추궁할 수 없으며, ③, ④ 유형은 어느 룰에서도 책임을 추궁할 수 있다. 그러나 ② 유형에 대해서는 소액주주가 (a)를 선택했다면 책임추궁이 가능하지만 — 이것이 현재 우리나라 회사법의 입장이기도 하다 — 만일 (b)를 선택했다면 책임추궁을 할 수 없다. 이러한 상황에서 우리가 묻고자 하는 것은 "과연 B회사에 투자하려는 소액주주라면 어떤 룰을 선택하겠는가"하는 것이다.

이하에서는 세 가지 논거를 가지고 소액주주가 (b)를 택할 것이라는 점을 보이도록 한다. 다시 말해서, B회사 소액주주의 이익은 사후적(ex post)으로 본다면 침해되었다고 할 수 있으나, 사전적(ex ante)으로 본다면 그렇지 않다고 볼 수 있다는 것이다. 소액주주에게 선택권을 주었더니 (b)를 택하였다는 것은 소액주주의 입장에서도 (b)가 더 바람직하다는 의미이고, 그렇다면 결국 "소액주주를 보호하기 위해서 현행법에서 (a)의 입장을 택하고 있다"는 설명이 아무런 근거가 없음을 의미한다.

우선 투자자는 위험중립적이고, 단순히 시장정보에 의해서만 투자를 한다

---

147) 논의의 엄밀함을 위해서는 선택지에 (c) 향후 어떤 내부거래가 일어나든 B회사 이사의 책임을 추궁할 수 없는 룰을 추가하여야 한다. 논의가 복잡해지기는 하지만, 근본적으로 본문의 내용이 바뀌지는 않는다.

고 전제하자. 여기서 중요한 정보는 내부거래가 어느 방향으로 일어날 것인가 및 그 내부거래로 인하여 각 회사의 부는 어느 정도로 변할 것인가 하는 두 가지이다. 먼저 내부거래의 규모는 정확히 알지만 그 방향은 모른다고 가정하자. 다만 그 방향에 대한 확률분포는 알고 있다고 하자. 예를 들어, A, B회사의 부가 각각 100원씩인 상태에서, 위 내부거래가 A회사의 부를 150원, B회사의 부를 80원으로 만들 가능성이 50%, 반대로 A회사의 부를 80원, B회사의 부를 150원으로 만들 가능성이 50%로 주어졌다고 하자. 그리고 B회사의 소액주주의 지분은 합계 90%라고 하자. 이 경우 소액주주로서는 내부거래로 인하여 전혀 손해볼 것이 없다. 첫번째 논리는 기대값 논리이다. 소액주주는 기대값 기준으로 (b)의 룰을 택하는 것이 이익이 된다. (a)를 택한 경우에는 이러한 내부거래가 일어나지 않을 것이므로 기대값이 90원에 불과하지만, (b)를 택한 경우에는 B회사에 투자하였을 경우 소액주주들의 몫은 72원이 될 가능성이 50%, 135원이 될 가능성이 50%이므로, 그 기대값은 103.5원이 된다. 소액주주는 위험중립적이라고 가정하였으므로 기대값만을 가지고 의사결정을 하므로, 결국 소액주주들은 (b)를 선택할 것이다. 두번째 논리는 분산투자의 논리이다. 투자자로서는 자신이 B회사에 투자한 지분비율만큼 A회사에 투자하는 방식으로 분산투자(diversification)을 통하여 기대값 기준으로가 아니라 확실한 금액으로 이익을 볼 수 있다. 예를 들어, 두 회사에 각각 10%를 투자하면 내부거래가 없는 경우 20원의 부를 가지지만, 내부거래가 일어나면 23원의 부를 가지게 된다. 전체 기업집단의 일정 지분을 보유하는 전략을 통하여 개별 계열사의 부의 변화에는 상관없는 포트폴리오를 구성하면, 위와 같은 내부거래는 언제나 투자자에게 이익이 된다.

다음 상황은 내부거래의 규모도 알고 있고, 그 내부거래가 어느 방향으로 일어나는지도 상당히 정확하게 알고 있는 경우를 생각해 보자. 예를 들어, 내부거래가 A회사의 부를 150원, B회사의 부를 80원으로 만드는 방향으로만 일어난다고 하자. 아니면 이러한 방향으로 내부거래가 일어날 확률이 반대방향으로 일어날 확률보다 매우 높다고 해도 무방하다. 이러한 가정은 실제로도 매우 의미가 있는데, 왜냐하면 앞서 지적한 바와 같이, 지배주주가 A회사에 많은 지분을 가지고 있다면, B회사의 소액주주의 이익을 침해하면서 A회사로 부를 이전할 인센티브를 가지기 때문이다. 기업지배구조론에서 자주 언급되는 전형적인 사익추구(tunneling) 논변이라고 할 수 있다. 따라서 투자자는 지배주주의 지분비율에 대한 정보를 통하여 위와 같은 예측을 할 수 있다. 이 경우 내부거래가 항상 B회사의 부를 감소시킬 것이기 때문에, 앞서 제시한 논거 가운데 첫번째 논리인 기대값 기준에 따라 (b)를 택할 것이라는 주장은 불가능하다. B회사의 10% 주식을 10원에 투자한 투자자는 내부거래로 인하여 8원밖에 보유할 수 없게 된다. 다만 이 경우에도 두번째 논리는 사용할 수 있다. 투자자가 투자를 A회사와 B회사에 적절히 분산시키면 전혀 손해를 보지 않거나 또는 이익을 얻을 수 있다. 그리고 세번째 논리로서, 설사 B회사에만 투자한 경우라 하더라도 반드시 손해를 본다고만 볼 수 없는데, 왜냐하면 시장이 이미 그러한 내부거래의 가능성을 B회사 주가에 반영하였을 수 있기 때문이다. 위 사례에서 투자자가 B회사에 투자할 때 그 주식을 10원이 아니라 8원에 샀다면 투자자로서는 손해가 없다. 그리고 생각해 보면, 위와 같은 거래의 가능성이 높은 확률로 예측된다고 하면 B회사의 주식이 시장에서 8원 이상으로 거래되기는 힘들 것이다. 결국 내부거래의 가능성까지 주가에 반영되는 효율적 시장을 가정한다면, B회사의 주식을 저렴한(discounted) 가격에 매수한 투자자로서는 특별히 손실을 보지 않는다.

위 사례에서 기업집단의 가치를 감소시키는 내부거래에 대해서는 항상 책임을 물을 수 있음을 주의하라. 그 결과 내부거래의 가능성은 항상 기업집단의 가치를 증대시키는 방향으로만 작동한다. 그리고 이처럼 기업집단의 가치가 증가하는 내부거래를 허용하게 되면 투자자에게 이익이 된다. 사전적인 기대값의 관점, 분산투자, 효율적 자본시장의 논리를 이해하고 있으면서 이제막 투자를 하려고 하는 위험중립적인 투자자라면, 기업집단의 가치를 증대시키는 내부거래는 허용하는 (b) 룰과, 반대로 기업집단의 가치를 증대시키는 내부거래라도 엄격하게 금지하는 (a) 룰 사이에서 어떠한 룰을 선호할까? 아마도 투자자와 지배주주가 모여 법을 선택할 수 있다고 하면 (b) 룰을 택할 가능성이 높다. 결국 실제로 B회사의 소액주주의 이익이 침해되었다는 것은 단순히 사후적 결과에 불과하고, 사전적인 관점에서 본다면, 계열사에 투자하는 투자자의 부를 기업집단 전체의 가치와 연동시킬 수 있는 메커니즘이 존재한다는 것이다. 그것은 (b) 유형의 거래가 파레토 개선을 가지고 옴을 의미한다. 그 결과 투자자들이 기업집단 전체의 부를 증가시키는 방향의 내부거래를 허용하는 룰을 선호한다면, 최소한 투자자 보호라는 측면에서 현행의 규제를 존치시킬 근거는 없어진다.

2. 몇 가지 현실적 고려사항

이상의 논의는 현행 회사법의 입장이 그렇게 확고한 근거를 가지고 있는 것은 아니라는 점을 보여주기 위한 것이지만, 현실적으로 다음과 같이 몇 가지 한계를 가지고 있다는 점도 지적하여야 한다. 먼저 자본시장의 효율성 논리는 그렇게 좋은 논거가 될 수 없다는 것을 인식하는 것이 중요하다. 사실 자본시장이 위와 같이 완벽하게 작동하는 경우라면 굳이 기업집단 전체의 가치가 증가했는지 여부를 염두에 둘 이유가 없다. 기업집단의 가치가 감소하는 내부거래의 경우에도 그 정보만 사전에 가격에 반영될 수 있다면 투자자는 아무 손해를 보지 않기 때문이다. 예를 들어, A회사의 부가 150원, B회사의 부가 30원이 되는 위 ③ 유형의 내부거래도 허용된다고 하자. 설사 이러한 내부거래가 100% 확률로 예측된다고 하더라도, B회사의 10% 지분은 3원에 거래될 것이므로, 3원에 이 지분을 매입한 투자자는 설사 이러한 내부거래가 일어나 B회사의 부가 100원에서 30원으로 감소하였더라도 아무 손해가 없다. 그리고 사실 이러한 메커니즘이 정확히 작동하는 시장에서는 특별히 당사자의 이해관계를 조정할 법이나 규제가 있어야 할 이유도 없다. 그러나 현실에서는 시장가격에 반영될 수 있는 정보에 한계가 있고, 여러 가지 왜곡이 발생할 수 있으므로, 위와 같이 효율적 시장을 전제로 한 논거는 너무 신뢰할 것은 못된다.

다음으로 투자자의 위험중립성에 관해서 생각해 보자. 위 논의에서 위험중립성 가정은 단순히 논의의 편의를 위한 것이 아니라 매우 중요한 역할을 한다. 일반적으로 포트폴리오 이론에서는 투자자의 위험기피적 성향을 전제로 이론을 전개한다. 그러나 그렇게 해서 포트폴리오를 만들게 되면 개별 기업에 특유한 위험은 거의 없앨 수 있고, 그 결과 투자자의 입장에서는 포트폴리오의 기대값만을 생각하는 경향이 있는데, 이러한 이유로 일반적으로 회사법적 논의에서는 투자자의 위험중립성을 가정하는 것이 보통이다. 다시 말해서, 비록 투자자들의 위험기피적 성향이 바뀌는 것은 아니지만, 외부에서 관찰되는 행동은 기대값만 가지고 투자 의사결정을 하는, 마치 위험중립적인 것처럼 보인다는 것이다. 만일 위험중립적인 가정이 없다면, 마치 롤즈의 세계에서 사람들이 최소수혜자의 이익을 최대화하는 룰을 택하는 것처럼, 투자자는 미래의 부의 변동이 적은 (a) 룰을 선택할 여지도 있기 때문에, 위 논거가 정확히 맞지는 않게 된다.

이처럼 일반적으로 투자자를 위험중립적이라고 가정할 수 있는 이유가 분산투자에 있는데, 다시 분산투자의 가능성은 위에서 두번째 논거이기도 하다. 따라서 기업집단 전체에 대한 분산투자가 불가능한 경우에는 위에서 열거한 두 가지 중요한 논거가 모두 적용되지 못한다는 한계가 있다. 그 대표적인 예가 비상장회사의 경우이다. 아니면 상장회사라 하더라도 지배주식의 비중이 매우 높아서 유동주식이 거의 없는 경우를 생각해 볼 수 있다. 이러한 경우에는 투자자가 기업집단 전체에 대하여 분산투자를 하기 어렵다. 그렇게 되면 위 두번째 논거가 적용되지 않을 뿐만 아니라, 투자자가 기대값만 가지고 판단할 것이라는 첫번째 논거도 투자자의 위험기피적 성향으로 인하여 타당성을 잃게 된다. 따라서 기업집단에 비상장회사가 존재하고, 많은 내부거래가 비상장회사와 관련되어 일어나는 경우에는 "소액주주의 보호의 관점에서도 문제가 없다"는 명제는 성립하지 않는다. 다만 비상장회사가 존재하더라도 투자자가 기업집단 전체로 분산투자를 할 수 있는 경우도 있다. 예를 들어, 비상장회사의 지분이 기업집단의 하나 또는 그 이상의 공개회사에 전부 보유되고 있는 경우이다. 이 경우 투자자로서는 공개회사의 주식만으로 포트폴리오를 짜면 역시 기업집단 전체 주식에 대하여 포트폴리오를 가지는 것과 동일한 효과를 낼 수 있기 때문에 별 문제가 없다.

마지막으로 위와 같은 논거를 현실적으로 적용하기 위해서는 실증적 연구의 뒷받침이 필요하다는 점을 언급하고자 한다. 특히 우리나라 기업집단의 소유구조하에서, 위와 같이 지배주주가 지분율 차이를 이용하여 자신이 보다 많은 지분을 보유하고 있는 회사에 이익을 몰아주는 방식으로 내부거래를 하고 있는지에 대하여 실증분석이 있어야 할 것이다. 왜냐하면, 현실의 기업집단 지분구조는 앞의 예처럼 단순하지 않고 서로 얽혀 있어서, 지배주주가 실제로 어느 계열사를 더 많이 보유하고 있는지가 분명하지 않기 때문이다. 예를 들어, 지배주주의 직접적인 지분은 A회사가 30%, B회사가 10%라고 하자. 그렇다면 지배주주로서는 B회사에서 A회사로 부를 이전하고자 할 것이다. 그런데 지배주주가 B회사를 50% 보유하는 계열사 C회사의 50% 지분을 보유하고 있다면 이야기는 달라진다. 간접적인 지분비율까지 생각하면 B회사에 대한 지분율이 10%+25%=35%가 될 수 있기 때문이다. 따라서 이처럼 지분구조가 복잡하게 얽혀 있는 경우에는 오히려 지배주주로서는 지배주주의 직접적인 지분비율이 낮은 기업에 이익을 몰아주는 내부거래를 택할 것이다. 물론 실제로 지배주주로서는 지분비율이 거미줄처럼 얽혀 있는 상황에서 이러한 복잡한 계산을 하지 못할 가능성도 있고, 아예 그러한 지분비율에 크게 구애받지 않고 의사결정을 할 수도 있다. 결국 지배주주가 실제로 사익추구를 위하여 내부거래를 이용하는지, 아니면 기업집단 전체의 가치증가를 위하여 내부거래를 이용하는지는 보다 정확한 실증분석이 필요한 부분이다.

〈다음은 전성인 교수의 비판을 소개한다〉

특히 기업집단과 관련하여 가장 핵심적인 질문은 계열기업간에 이루어지는 내부거래가 특정 기업에게 손실을 초래할 경우 이런 거래를 승인한 이사에 대해 책임을 물을 것인지의 여부이다. 단일기업의 논리대로라면 회사에 손실을 초래한 이사는 당연히 잠재적으로 충실의무 위반의 검정대상이 되어야 한다. 그런데 상황이 복잡해지는 것은 이런 거래가 당해 계열기업에는 손해가 되지만 다른 계열기업에는 이익이 될 뿐만 아니라 이익의 증가폭이 상대적으로 더 커서 기업집단 전체적으로 볼 때에도 총이익이 증가하는 것이 가능하다는 점 때문이다. 즉 때로는 잠재적으로 파레토 우월한 거래가 있을 수 있는데 단일기업의 손해 여부로 이사의 책임여부를 재단할 경우 잠재적으로 파레토 우월한 거래가 모두 봉쇄될 가능성이 우려될 수 있다.

이와 관련하여 송옥렬(2005a)는 명시적으로 두 가지 원칙을 상정한 후 어떤 원칙이 사회적으로 더 효율적인지를 검토하고 있다. 첫째 원칙은 내부거래에 의해 당해 기업의 부가 감소하면 그 이사에게 책임을 추궁할 수 있는 원칙이고, 두 번째 원칙은 원칙적으로 당해 기업의 부가 감소하면 그 이사에게 책임을 추궁할 수 있으나, 다만 그 거래로 인하여 기업집단 전체의 부가 증가한 것을 그 이사가 입증한 경우에는 책임을 추궁할 수 없도록 하는 원칙이다. 송옥렬(2005a)은 이 두 원칙을 비교한 후 첫째 원칙은 잠재적으로 파레토 우월한 거래의 가능성을 봉쇄하기 때문에 비효율적인 반면 두 번째 원칙은 주식시장이 개별 기업이 직면한 이익 감소의 기회를 정확히 주식가격에 반영하거나, 혹은 개별 투자자가 손해를 보는 계열기업과 이익을 보는 계열기업의 주식을 모두 동일한 지분으로 보유하는 포트폴리오 다변화 전략을 취할 경우 손실이 발생하지 않기 때문에 더 효율적이라고 주장하였다.

그러나 이런 주장은 특정한 거래비용 구조를 가정했을 때에만 사실이고 현실에서는 이런 거래비용 구조보다는 송옥렬(2005a)의 결론과 반대되는 결론이 성립하도록 하는 거래비용 구조가 더 일반적이라고 보아야 한다.

먼저 거래비용이 전혀 없는 이상적인 상황을 상정해 보자. 이 경우 코즈 정리(Coase Theorem)가 성립하기 때문에 두 원칙은 모두 파레토 효율적인 자원배분을 결과한다.[148)]

문제는 현실에서 거래비용이 존재할 때 어떤 왜곡이 발생하고 이를 보정하기 위해서는 어떤 거래가 필요한가 하는 점과 그런 거래가 발생하는데 수반되는 거래비용이 얼마나 될 것인가 하는 점이다. 먼저 첫째 원칙이 성립하는 경우에 잠재적으로 파레토 우월한 거래가 실제로 발생하기 위해 필요한 보정거래는 이익을 경험하는 계열기업이 손해를 경험하는 계열기업에게 적어도 그 손해의 크기만큼을 보상해 주는 조건 하에서 내부거래를 수행하는 것이다. 이 경우 지원기업의 이사는 당해 기업에 손실이 발생하지 않기 때문에 이런 거래를 꺼릴 이유가 없게 되고 지원받는 기업의 입장에서는 잠재적으로 파레토 우월한 거래일 경우에는 (그리고 그런 거래일 때에만) 손실을 보상하고도 순이익을 얻을 수 있기 때문에 거래를 수행할 수 있다.

결국 두 원칙중 어떤 것이 더 현실적으로 의미있는 것인가 하는 문제는 어떤 경우가 더 낮은 거래비용을 수반할 것인가 하는 판단에 좌우될 수밖에 없다. 첫째 원칙에서는 보상거래에 수반되는 거래비용의 크기가 중요하고, 둘째 원칙에서는 주식시장의 효율성이나 포트폴리오의 다변화 가능성에 수반되는 거래비용의 크기가 중요하다. 그런데 내부거래를 어차피 수행해야 하므로 두 기업간에는 이미 긴밀한 협력관계가 존재하는 상황에서 첫째 원칙과 관련한 보상거래의 거래비용은 그리 크지 않을 수 있다. 반대로 주식시장의 효율성을 가정하는 것은 현실적으로 반례가 많이 있고, 포트폴리오의 다변화 가능성도 비상장 기업이 존재하는 경우에는 원천적으로 다변화가 불가능하는 등 상당히 큰 거래비용을 수반한다고 보아야 한다.

이런 의미에서 송옥렬(2005a)의 결론은 수정되어야 하고, 현재처럼 단일기업에 손실을 초래하는 거래에 대해서는 모두 이사의 책임을 추궁할 수 있도록 하여야 한다.

실제 각국 회사법에서 취하고 있는 태도 역시 단일 기업에 손실을 초래하는 이사에 대해서는 설사 그것이 기업집단 전체에 이익이 되는 거래라고 해도 그것만으로 이사의 책임을 면해주지는 않고 있다. 우선 기업집단을 특별히

148) 심지어 이사에 대한 배상책임을 하나도 법규범에 규정하지 않은 경우에도 효율적인 자원배분이 나타난다.

인정하지 않고 단일기업 위주의 규제체제를 채택하고 있는 미국이 이유 개별 회사에 손실을 끼치는 이사의 결정에 면죄부를 주지 않는 것은 오히려 당연하다. 미국과 반대의 극단에 있는 독일의 경우에도 지배협약에 의한 명시적 기업집단이나 지배관계로 형성된 묵시적 기업집단이나 모두 개별 회사에 미치는 손해에 대한 보상을 명시하고 있다(명시적 기업집단의 경우 독일 주식회사법 제302조, 묵시적 기업집단의 경우 제311조).

이에 비해 송옥렬(2005a)의 결론에 가장 유사한 원칙을 채택하고 있는 나라는 프랑스이다. 프랑스에서 기업집단의 지배자는 개별 소속기업의 손해에 대해 보상을 해주지 않을 수 있기는 하지만 이런 특수상황에 해당되기 위해서는 첫째 기업집단이 안정적으로 유지되어야 하고, 둘째 기업집단이 전체적으로 일관된 영업전략을 추진하고 있어야 하고, 셋째 기업집단의 비용과 수익을 소속기업에 형평에 맞게 배분하고 있어야 한다.[149] 그런데 이런 세 가지 조건(특히 세 번째 조건)은 모두 송옥렬(2005a)의 두 번째 원칙이 파레토 효율적이기 위한 보정거래와 매우 관련이 깊다는 것을 알 수 있다. 즉 프랑스 법에서는 이런 보정거래가 일어나는 경우에 한해서 송옥렬(2005a)의 두 번째 원칙을 채택하고 있고 그 외의 경우에는 통상적인 첫째 원칙을 고수하고 있다고 평가할 수 있다.

149) 이 판례가 잘 알려진 1985년의 소위 Rozenblum 사건이다. 이에 관해서는 Kraakman et. al.(2004) p. 86의 각주 86을 참조.

제 3 장

카르텔과 불공정거래행위의 규제

제 1 절 카르텔의 규제법리와 판례분석*

Ⅰ. 카르텔 禁止法 概觀

1. 독점금지와 카르텔

독점금지법의 전통적 관심대상은 카르텔과 기업결합이다. 이 두 가지 행위 유형은 모두 독점을 초래하거나 독점과 같은 효과를 가지므로 독점을 금지하는 법에서 규제대상으로 삼는 것은 당연하다. 그 중에서 기업결합은 참가 사업자들의 독립성이 소멸되는 것이 일반적 특징임에 반하여 카르텔은 수인의 사업자가 독립성을 유지하면서 합의에 의한 공동행위를 통하여 독점이윤을 획득하고자 하는 것이다. 금지대상인 공동행위에는 여러 가지 형태의 사업자간의 협력이 포함된다.

세계의 어느 法域의 독점금지법이든 카르텔을 금지하는 규정을 가지고 있다. 미국의 셔먼법 제1조는 "거래 또는 통상을 제한하는 모든 계약, 트러스트나 기타 형태에 의한 결합 또는 공모"를 위법으로 선언하고 있고 독일의 경쟁제한금지법 제1조는 "경쟁의 방해, 제한 또는 왜곡을 목적으로 하거나 그러한 효과가 생기는 사업자간의 합의, 사업자 단체의 결의 및 동조적 행위는 금지된다"라고 규정하고 있다. 일본의 독점금지법 제2조 제6항과 제3조는 "사업자가 계약, 협정 기타 어떤 명칭을 가지고 하든지 다른 사업자와 공동하여 대가를 결정, 유지, 인상하거나 또는 수량, 기술, 제품, 설비 또는 거래상대방을 제한하는 등 상호 그 사업활동을 구속하거나 또는 수행함으로써 공공의 이익

---

* 양명조(이화여자대학교 법과대학 교수)

에 반하여 일정한 거래분야에 있어서의 경쟁을 실질적으로 제한하는"「부당한 거래제한」을 금지하고 있다. 유럽연합의 유럽공동체 설립조약 제81조 제1항은 "사업자간의 모든 협정, 사업자 단체의 모든 결정 및 협조행위(concerted practices)로서 회원국간의 거래에 영향을 미칠 수 있고 공동시장내에서 경쟁의 저지, 제한 또는 왜곡을 그 목적 또는 효과로 하는 것"을 금지하고 있다.

이와 같이 카르텔 규제입법의 대부분은 그 표현이 共謀가 되었든, 契約이 되었든, 合意가 되었든, 共同實行의 合意단계를 규제대상으로 하고 있으며 합의에 따른 實行行爲까지 있어야 법집행의 대상으로 삼는 것은 아니다. 일본의 독점금지법에서 카르텔 참가사업자가의 상호구속을 위법성의 요체로 보는 듯한 표현을 쓰고 있으나 다른 立法制에서는 경쟁의 제한을 카르텔의 위법성의 요체로 보고 있는 것이 일반적이다. 미국의 셔먼법에서 경쟁의 제한이라는 표현을 쓰지 않고 去來制限이라는 표현을 쓰고 있으나 미국에서도 참가사업자간의 相互拘束에 초점이 맞추어져 있는 것이 아니라 일정한 거래분야에서의 경쟁제한에 초점이 맞추어져 있음은 의문이 없다. 종래 다수의 카르텔 행위유형이 당연위법으로 다루어져 왔기 때문에 경쟁제한의 요건이 조명을 받지 못하였을 뿐이다.

카르텔 참가사업자간의 상호구속도 경쟁제한을 목적으로 하는 것은 사실일 것이다. 그러나 현대 독점금지법의 관심은 개별사업자의 영업의 자유의 보장에 있는 것이 아니라 관련시장에서의 경쟁의 제한 또는 경쟁의 감소여부에 초점이 맞추어져 있는 것이다.

2. 카르텔의 경제적 효과

공동행위는 주로 동종의 사업을 영위하는 사업자간에서 도모되고 실행된다. 경제적·사회적으로 보나 소비자 복지의 차원에서 보나 동종의 사업자간의 제한 없는 경쟁은 품질개선, 원가절감, 서비스 향상, 혁신 등 바람직한 결과를 기대할 수 있게 한다. 반면에 공동행위 참가자들은 경쟁의 압박에서 벗어나 공존의 길을 모색하겠다는 소박한 바램으로부터 독점이윤의 추구까지 다양한 요구를 가지고 공동행위를 시도한다. 완벽한 행동통일이 이루어진다면 동종업계에서 다수의 사업자가 존재한다 하더라도 경제적 분석 면에서 독점사업자만 존재하는 것과 다를 것이 없다.

카르텔은 주로 독점이윤의 실현을 목적으로 하는 것으로 비난의 대상이

되지만 참가사업자들이 주장하는 정당화 사유도 고려할 만한 가치가 있다.

첫째, 동업자간의 경쟁이 과열되면 그로 인하여 원가이하 수준의 가격경쟁이 초래될 수 있는데 카르텔은 이러한 파멸적 경쟁을 피할 수 있게 한다.

둘째, 산업합리화나 불황극복을 위한 카르텔과 같이 일정한 경우에는 카르텔을 통하여 기업의 도산을 방지하고 해고사태를 막을 수 있다.

셋째, 사업자간의 공동출연으로 기술개발, 품질개선을 위한 공동연구·개발이 가능해질 수 있다.

넷째, 사업자간의 과도한 가격인하 경쟁은 제품의 품질저하로 이어질 수밖에 없는데, 카르텔로써 가격을 적정수준을 안정시킬 수 있다.

다섯째, 수요나 공급이 독점되어 있는 경우에 독점적 수요자에 대한 수인의 공급자 또는 독점적 공급자에 대한 수인의 수요자는 카르텔을 통하여 거래상의 교섭력을 강화할 수 있고 독점기업의 횡포에 대항할 수 있다.

이상과 같은 카르텔 옹호론 내지는 불가피성의 주장에도 불구하고 세계 어느 나라의 독점금지법이든 카르텔을 당연 위법으로 전면 금지하거나 또는 합리적인 이유를 결여한 카르텔을 위법으로 하는 등 카르텔을 예외 없이 규제하고 있다. 이는 카르텔은 독립한 사업자간의 공모나 담합이지만 그 효과는 독점과 같을 수 있음을 인정한 것이다. 카르텔이 야기하는 폐해는 다음과 같이 요약해 볼 수 있다.

첫째, 카르텔은 주로 독점이윤을 목적으로 하기 때문에 대부분의 경우에 가격상승을 초래한다.

둘째, 카르텔의 참가자들은 가격, 품질, 서비스 등의 면에서 경쟁의 위협을 느끼지 않게 되기 때문에 당해 산업 분야에서의 효율성 즉 원가 절감이나 경영 합리화를 기대할 수 없게 되고 사업자들이 품질이나 서비스 개선의 노력을 기울이지 않게 되므로 결국 소비자만 피해를 보게 된다.

셋째, 카르텔의 참가자들은 자체 결속을 통하여 잠재적 경쟁자의 시장진입을 방해하거나 기존사업자를 축출한다.

넷째, 카르텔을 방임하면 궁극적으로 시장의 경직성과 불균형이 초래된다.

다른 나라의 독점금지법의 역사적 발전 경위를 살펴보면, 카르텔의 규제는 거래제한행위의 금지에서 유래한다. 미국의 셔먼법에서는 「거래제한행위」를 위법으로 선언하고 있다. 이와는 달리 우리의 독점규제법에서는 「부당하게 경쟁을 제한하는 행위」를 금지하고 있다. 역사적인 배경을 떠나서 현대의 카르텔법은 사업자의 영업의 자유의 보장보다는 제도로서의 경쟁의 유지 · 확보를 우선적 목표로 삼고 있으며, 개별사업자의 영업의 자유의 보장은 불공정거래행위법 또는 형법에 맡겨져 있다.

3. 독점규제법의 카르텔규제

독점규제 및 공정거래에 관한 법률(이하 "독점규제법" 또는 "공정거래법"으로 약칭한다)에서는 동법 제4장에 독립한 장을 마련하여 「부당한 공동행위」를 규제하고 있다. 독점규제법 제4장의 제목은 「부당한 공동행위의 제한」으로 되어있는데 우선 「제한」이라는 표현이 「금지」라는 표현과 달라서 카르텔에 대하여는 다소 규제를 완화하겠다는 정책표명으로 보일 수도 있다. 제2장의 시장지배적 지위의 남용이나 제5장의 불공정거래행위에 관한 장의 제목은 모두 「금지」라는 표현을 사용하고 있는 것과 비교된다. 그러나 독점규제법 제19조 제1항의 법문을 보면 "부당한 공동행위를 하여서는 아니 된다"고 규정함으로써 동법 제3조의2의 시장지배적 지위의 남용금지나 제23조의 불공정거래행위의 금지와 같은 표현을 사용하고 있음을 주목할 필요가 있다. 그렇다면 독점규제법 제4장의 제목이 부당한 공동행위의 「제한」으로 되어있지만 「금지」와 같은 뜻으로 이해되어야 할 것이고 規制强度面에서 시장지배적 지위의 남용규제나 불공정거래행위에 대한 규제와 차이를 두겠다는 입법의도는 없었던 것으로 보아야 할 것이다.

1981년 제정 당시 독점규제법에서는 공동행위의 등록제도를 두고 이를 통하여 공동행위를 규제하고자 하였다. 그러나 등록제도의 비현실성을 감안하여 1986년 개정법에서는 인가제도로 전환하였다. 또, 제정초기에는 공동행위의 실행이 있는 경우에 부당한 공동행위가 성립하는 것으로 규정되어 있었으나 1990년 개정에서 합의만으로 부당한 공동행위가 성립하고 실행행위는 요구하지 않는 것으로 법문을 정비하였다. 이러한 입법적 변천은 다른 나라의 독점금지법과 보조를 같이 하는 것으로서 실행행위까지 진행되기 이전에 합의단계에서 카르텔을 抑止할 수 있도록 하였다는 점에서 발전된 것이다. 그러나 카르텔의 규제를 위하여는 合意를 입증하여야 한다는 점은 여전히 어려운 문제가 아닐 수 없다. 이러한 어려움을 극복하기 위하여 우리법은 사업자간의 행위의 일치로부터 경쟁제한의 합의를 추정하는 규정까지 두고 있다.

1999년 개정법에서는 "일정한 거래분야에서 경쟁을 실질적으로 제한하는"

이라는 요건을 "부당하게 경쟁을 제한하는"으로 변경하였다.

Ⅱ. 독점규제법상 공동행위규제의 특징

독점규제법에 의한 부당한 공동행위의 규제는 다음과 같은 특징을 가진다.

1. 부당한 공동행위의 원칙적 금지

제19조 제1항에서는 "사업자는 … 다른 사업자와 공동으로 부당하게 경쟁을 제한하는 다음 각 호의 1에 해당하는 행위를 할 것을 합의(이하 "부당한 공동행위"라 한다)하여서는 아니 된다"고 규정함으로써 부당한 공동행위의 원칙적 금지를 선언하고 있다. 이러한 입법태도에 대하여 미국의 독점금지법 적용원칙중 하나인 당연위법의 원칙(per se rule)을 채택한 것으로 이해하는 견해도 있다. 그러나 부당한 공동행위의 인가제도를 감안해볼 때 우리법의 태도를 당연위법의 원칙을 받아들인 것으로 보는 것은 옳지 않다. 인가제도의 활성화가 이루어지고 있지는 아니하지만 인가사유 중 대부분이 합리성의 원칙에 따른 분석대상인 합리성과 연관되어 있기 때문이다. 또한 순수한 의미에서의 당연위법은 경쟁에 미치는 영향을 분석하지 않고 모든 거래제한의 합의를 합의의 존재만으로 위법으로 보는데 반하여 독점규제법에서 「부당하게」 경쟁을 제한하는 합의를 금지하고 있는 것도 독점규제법의 공동행위의 규정을 당연위법 쪽으로 분류하기 어렵게 한다.

2. 합의가 금지대상임

법 제19조 제1항의 법문을 보면 "공동으로 부당하게 경쟁을 제한하는 … 행위를 할 것을 합의"하는 것을 부당한 공동행위로 부르고 이를 금지하고 있다. 같은 종류의 제품을 생산하는 사업자들이 출고가격을 인상하는 예를 들어보면 가격인상의 합의가 선행되고 그에 따라 실제로 제품의 가격을 인상하여 출고하는 행위가 뒤따를 것이다. 과징금부과 또는 시정조치의 대상이 되는 행위는 가격인상의 합의 그 자체이지 그에 따른 개별사업자의 가격인상 행위가 아님을 주의하여야 한다. 따라서 엄격하게 말하면 합의만 있고 적절한 시기를 포착하지 못하여 인상의 실행이 지체되고 있는 동안에 합의가 적발되었다면 시정조치와 과징금부과의 대상이 되는 것이다.

「합의」자체를 규제 대상으로 하는 이유로는 첫째, 공동행위의 합의는 일단 성립되면 곧 실행되는 것이 일반적이라는 점, 둘째, 실행행위를 공동행위의 요건으로 삼게 되면 규제 당국이 합의를 적발하더라도 실행행위가 있을 때까지 기다려 그때에 가서야 규제할 수 있게 될텐데 그렇게 되면 「원칙적 금지」의 취지를 살릴 수 없다는 점이 설득력을 가진다.[1] 그러나, 제21조의 시정조치는 실행행위가 있은 후에 발동하도록 하고 「합의」만 있는 단계에서는 제19조 제4항에 의하여 효력을 부인하는 정도로 충분하다는 견해도 개진되어 있다.[2]

다음으로 "경쟁을 제한하는 … 합의"라는 법문의 표현을 경쟁제한의 효과가 있는 합의로 이해할 것이냐가 문제된다. 이렇게 이해한다면 합의 실행의 결과를 살펴본 후에야만 위법성 진단이 가능해지므로 적당하지 않다. 오히려 "합의가 경쟁제한을 목적으로 하는 합의이거나 경쟁을 제한할 우려가 있는 합의"인 경우를 가리키는 것으로 이해하는 것이 합의 자체를 금지대상으로 한 입법취지를 살릴 수 있는 해석이 될 것이다.[3]

3. 부당한 공동행위의 인가제도

위에서 카르텔 참가사업자들의 불가피성 주장 내지는 카르텔 옹호론을 살펴보았듯이 카르텔이라 하여 언제나 경제적·사회적 해악만을 초래하는 것은 아니다. 경우에 따라 한편으로는 경쟁을 제한하면서도 다른 한편으로는 경쟁을 촉진하는 카르텔도 있을 수 있고 국가 경제적으로 유익한 카르텔도 있을 수 있다. 이 때문에 어느 나라의 독점금지법에서든 법제도로 또는 판례로 카르텔의 원칙적 금지에 대한 예외를 허용하고 있다. 우리나라의 독점규제법은 여섯 가지 사유를 열거하고 그에 해당하는 공동행위는 인가를 거쳐 예외를 허용받을 수 있도록 하고 있다(법 제19조 제2항). 인가사유의 한정적 열거와 인가제도의 경직적 운용 등의 문제에 대해서는 아래에서 상세하게 설명하기로 한다. 다만 여기서 분명히 하고 지나가야 할 점으로는 인가의 대상이 「부당한」 공동행위이고 모든 공동행위가 아니라는 것이다. 부당하지 않은 공동행위는 금지대상이 아니므로 인가를 받지 않더라도 적법하게 합의하여 수행할 수 있는 것이

1) 권오승, 경제법, 법문사, 1999, 266-267면.

2) 권오승, "독점금지법의 현황과 과제", 권오승편, 공정거래법 강의II, 법문사, 2000, 24면.

3) 同旨, 정경택, "공동행위 규제상의 문제점", 권오승편, 공정거래법 강의, 법문사, 1996, 281면.

다. 반면에 부당한 공동행위에 해당하는 이상 인가사유를 인정해 줄 수 있다 하더라도 인가절차를 거쳐 공정거래위원회의 인가를 받지 못했다면 여전히 금지대상이 되고 인사사유를 참작하여 허용 또는 면책시켜 줄 수 없다.

4. 부당한 공동행위의 사법상 무효

부당한 공동행위를 할 것을 약정하는 계약 등은 사업자간에 있어서는 무효라고 독점규제법은 선언하고 있다(법 제19조 제4항). 이러한 무효선언 규정이 없다고 하더라도 부당한 공동행위의 약정은 위법행위로서 무효로 인정될 가능성이 높다. 독점규제법상의 다른 위법행위 유형의 경우에 무효선언 규정이 없는데 반하여 부당한 공동행위에 대해서만 무효임을 선언하고 있는 것은 그 위법성(경쟁제한성)의 정도가 높기 때문이라고 이해할 수도 있다. 그러나 무효규정의 가장 중요한 의의는 공동행위 참가자들 중 일부가 쉽게 공동행위 협약을 파기(cheat)할 수 있는 길을 열어주었다는 점이다. 이러한 무효선언으로 인하여 참가사업자는 계약위반에 따른 손해배상의 걱정 없이 공동행위 협약의 구속으로부터 벗어날 수 있는 것이다.

5. 합의 추정과 신고자 감면

부당한 공동행위를 적발하여 제재를 가하는 과정에서 장애사유는 사업자간의 합의를 입증하는 일이다. 이러한 합의 입증의 어려움을 해소하고 공동행위의 적발을 쉽게 하기 위하여 독점규제법에서는 합의추정조항(법 제19조 제5항)과 부당한 공동행위의 신고자·조사협조자에 대한 시정조치와 과징금의 감면조항(법 제22조의2)을 두고 있다.

Ⅲ. 부당한 공동행위의 요건

1. 獨占規制法의 규정

독점규제법 제19조 제1항에서는 "사업자가 다른 사업자와 공동으로 부당하게 경쟁을 제한하는 다음 각호의 1에 해당하는 행위를 할 것을 합의"하는 것을 부당한 공동행위로 규정하여 금지 대상으로 삼고 있다. 법에서 규정하고 있는 부당한 공동행위의 성립요건은 ① 법 제19조 제1항 각호에 열거된 행위를 (공동으로) 하기로 할 것, ② 부당하게 경쟁을 제한할 것, ③ 계약·협정·

결의 기타 어떠한 방법에 의하든 사업자간에 의사의 합치가 있을 것의 세가지로 구성된다. 아래에서 각 요건을 나누어 설명한다.

2. 제19조 제1항 각호에 열거된 행위

다른 나라의 입법례와는 달리 독점규제법은 규제대상인 공동행위의 유형을 법문에 열거하고 있다. 경쟁을 제한할 수 있는 공동행위 또는 동종사업자간의 협력행위의 종류가 다양하고 장래에도 새로운 유형이 개발되어 이용할 수 있음에 비추어 법조문에 규제대상인 행위유형을 열거하는 것이 적당한가는 의문이다.[4] 그러나 독점규제법이 제정된 이후 지금까지 법에 열거된 행위유형이 업계에 경각심을 불러일으키는 계몽적 기능을 수행해 왔고 사업자에게 예견가능성을 부여한다는 점에서 당장 입법방식을 바꾸는 것도 바람직하지 않다고 생각한다.

다음으로 여기에 열거된 8가지 행위유형을 한정적 열거로 볼 것이냐 예시적 열거로 볼 것이냐가 문제된다. 이론상 여기에 열거되지 않은 종류의 행위중에도 경쟁제한적 효과가 큰 행위유형이 있을 수 있겠지만 공동행위 규제조항이 영업의 자유를 제한하는 규정이라는 점과 위반자에 대하여 과징금, 형사처벌 등이 부과될 수 있다는 점을 고려할 때 한정적 열거로 해석할 수밖에 없다. 특허의 공동이용(patent pool 또는 cross licence), 가격정보의 교환 또는 공동수집과 배포 등 행위유형이 추가될만한 행위유형으로 검토될 수 있다.

3. 「부당하게 경쟁을 제한하는」 행위

(1) 序　說

1999년 개정 전의 독점규제법 제19조 제1항에서는 「공동으로 일정한 거래분야에서 경쟁을 실질적으로 제한하는(가격결정행위 등을)할 것을 합의」하는 것을 위법으로 규정하고 있었다. 이러한 개정 전 규정상으로는 개별사건에서 공동행위의 경쟁제한성의 입증책임이 공정거래위원회나 독점규제법 위반 행위자를 상대로 손해배상을 청구하는 사적소송의 원고에게 부과되어 있는 것으로 새길 수밖에 없었다. 또 경쟁의 「실질적」 제한을 둘러싸고 실질성의 의미에 관한 의문도 제기되었다. 공동행위 사건처리 과정에서 경쟁의 실질적 제한을 증명하기 위하여 시장범위의 획정과 시장지배력 형성 여부의 검토를

4) 입법론으로 포괄적 규정을 도입하자는 주장도 있다. 권오승, 경제법, 282면.

부담스럽게 생각한 공정거래위원회는 법문의 조정을 시도하였다. 1999년 개정법에서는 공정거래위원회의 제안에 따라 현재와 같이 「부당하게 경쟁을 제한하는」으로 바뀌었다. 이러한 법문의 개정에 대하여 공정거래위원회는 "경쟁제한성이 현저한 경성(硬性) 카르텔(hard-core cartels)에 대하여 당연위법의 원칙을 적용할 근거가 마련되었고 카르텔에 대한 규제가 강화되었다"고 설명한 바 있다.[5] 종래 공정거래위원회는 가격담합이나 입찰담합 등 경성카르텔 사건의 처리과정에서 구체적이고 자세한 관련시장의 획정이나 경쟁제한성 분석 없이 시정조치를 해왔다.

그러나 현재의 법규정이 「일정한 거래분야에서 경쟁을 실질적으로 제한하는」이라는 문구를 「부당하게 경쟁을 제한하는」으로 개정하였다 하여 당연위법의 원칙이 도입되었다거나 경쟁제한성에 대한 입증이 필요 없게 되었다고 단정지을 수 없다. 우선 문제된 공동행위가 경쟁을 제한하는 것인지 여부를 판단하기 위하여는 관련시장의 범위 획정이 선행되어야 할 것이다. 경쟁자의 범위를 획정하지 않고 경쟁제한 여부를 검토할 수 없기 때문이다. 그렇다면 부당한 공동행위의 성립요건에서 「일정한 거래분야」를 삭제한 것은 특별한 의미를 가지지 못한다.

다음으로 당연위법과 관련지워 볼 때 법문의 「부당하게」라는 수식어를 어떻게 받아들일 것인가가 문제이다. 「부당하게」라는 수식어마저 삭제했다면 경쟁을 제한하는 공동행위는 모두 위법이라고 읽을 수 있을 것이다. 그러나 「부당하게」라는 수식어가 있기 때문에 경쟁을 제한하는 공동행위가 모두 언제나 위법은 아니라고 해석할 수밖에 없다. 그러면 무엇이 「부당한」 경쟁제한의 공동행위이고 「부당하지 않은」 경쟁제한의 공동행위에는 어떠한 것이 있는가. 이러한 「부당성」의 구명은 항을 바꾸어 살펴보기로 한다. 그 밖에 공동행위의 인가제도와 관련하여 「부당하게」라는 수식어가 문제를 일으킨다. 모든 공동행위가 금지되는 것은 아니기 때문에 부당한 공동행위만 금지되고 금지되는 부당한 공동행위 중 일정한 요건을 갖춘 것으로 공정거래위원회가 인가를 하면 금지가 해제되는 것이라고 정리해 볼 수 있다. 그런데 한편에서 「부당한」 공동행위라고 이름(용어)을 붙인 다음 그러한 「부당한」 행위를 국가기관이 인가해 준다는 것이 부자연스럽다는 문제가 남아 있다.

---

5) 공정거래위원회, 시장경제창달의 발자취, 2001, 174면.

(2) 경쟁제한

(가) 서 설

현행 독점규제법의 공동행위 규제규정은 당연위법을 지향하면서 그 요건이 간소화되어 있다. 하지만 「부당하게 경쟁을 제한하는」 공동행위의 합의를 금지하고 있는 만큼 엄밀하게는 「경쟁제한」에 관한 평가나 분석 없이 위법인 공동행위를 인정할 수 없다. 현행법은 「실질적」 경쟁제한 여부를 판단하여야 했던 개정전 법에 비하여 실질성 내지는 중대성을 부당한 공동행위의 성립요건에서 삭제함으로써 그 성립요건을 완화시키고 있으나 원래 공동행위 사건은 기업결합사건과 달라서 경쟁제한의 실질성 여부는 중요하게 다루어지지 않았다. 경쟁제한 여부 역시 카르텔 사건에서는 경쟁제한성이 사실상 추정된다고 하여도 과언이 아닐 정도로 중요한 의미를 부여받지 못하였다. 그러나 경쟁제한이 부당한 공동행위의 성립요건을 차지하고 있고 그것을 추정하는 명문의 법규정이 없는 이상, 공정거래위원회 절차에 있어서의 피심인이 경쟁제한성이 없다고 항변하면 공정거래위원회가 경쟁제한성을 증명하여야 한다. 또 시정조치나 과징금을 다투는 행정소송의 원고가 경쟁제한성이 없음을 주장하는 경우 또는 사적 손해배상청구소송에서 피고가 항변하는 경우, 법원은 경쟁제한 여부를 판단하지 않을 수 없다. 경쟁제한성의 존재에 대한 입증책임은 공정거래위원회나 사적소송의 원고가 부담한다고 할 수밖에 없다. 경쟁제한성을 분석하여야 할 경우 경쟁이 이루어지는 범위, 즉 관련시장을 획정하여야 하므로 독점규제법상의 일정한 거래분야[6]에 관한 검토를 도외시할 수는 없을 것이다. 이하에서는 경쟁제한의 기초개념으로서의 경쟁, 경쟁제한의 평가 순서로 설명하기로 한다.

(나) 독점규제법상의 경쟁

우리나라의 독점규제법에서 경쟁개념을 어떻게 이해할 것인가. 이러한 질문은 독점규제법이 보호하고자 하는 경쟁이 무엇인가로 바꾸어 물을 수 있고 다시 뒤집어 이 법에서 금지하는 경쟁제한이 무엇을 가리키는가로 물을 수 있다. 즉 경쟁과 경쟁제한의 독점규제법상의 의미는 조장하려는 것이 경쟁이고 금지대상이 경쟁제한이라는 관점에서 접근할 수 있다. 이렇게 본다면 경쟁은 독점규제법의 목적달성과 연결되고 경쟁제한은 독점규제법의 목적달성을 방해하는 상태로서 시정대상이 되는 것이다. 결국 독점규제법에 있어서의 경

6) 독점규제법 제2조 제8호 참조.

쟁은 독점규제법의 궁극적 목적을 어떻게 설정하느냐에 따라 그 의미가 정해질 수 있다. 독점규제법의 목적을 소비자의 이익보호와 국민경제의 균형 있는 발전으로 볼 때 경쟁은 소수의 기업이 시장지배력을 가지지 않는 상태 또는 시장지배력을 행사할 수 없는 상태를 가리키며, 경쟁제한은 시장지배력이 형성되거나 시장지배력을 행사할 수 있는 상태로 이해하는 것이 적당할 것이다.

경쟁과 경쟁제한을 대립시켜 이해함에 있어서 시장지배력은 경쟁상태와 경쟁제한 상태를 구별 짓는 중요한 표지인 동시에 문제된 행위의 위법성을 인정하기 위한 전제조건이기도 하다.[7]

(다) 경쟁제한의 평가

독점규제법에서 경쟁과 경쟁제한은 시장지배력의 존부문제로 이해되어야 할 것이다. 독점규제법상 경쟁제한을 이유로 금지되는 두 가지 큰 행위유형으로는 기업결합과 공동행위가 있다. 양자 모두 경쟁제한이 위법성의 기초를 이룬다. 기업결합과 공동행위를 보는 시각의 차이는 전자의 경우 경쟁제한성을 찾아내야 한다는 것과 후자의 경우는 경쟁제한을 당연한 것으로 받아들인다는 너무나 쉬운 원리에서 비롯한다. 같은 맥락에서 법문의 「경쟁의 실질적 제한」과 「부당한 경쟁제한」도 대비되어야 할 것이다.

공동행위에 있어서의 경쟁제한 역시 시장지배력을 도외시하고 논의할 수 없다. 공동행위에 참가한 사업자들은 행동통일을 이루게 되므로 결국 단일사업자로 보면된다. 시장지배력의 평가에 있어서 참가사업자 모두의 시장점유율을 합산하여 계산하게 된다. 그렇다고 하여 그 시장점유율의 합계가 기업결합에 있어서 경쟁제한성추정요건인 100분의 50이상 그대로 시행하는 행위가 있다(엔지니어링기술 진흥법 제104조).

반면에 행정지도의 근거는 법령에 규정되어 있으나 그 행정지도가 직접적으로 공동행위를 지시하는 것이 아닌 경우에는 부당한 공동행위의 다른 성립요건이 갖추어진 경우 위법성이 조각되지 아니한다. 공정거래위원회는 3개 맥주회사의 가격인상 공동행위에 대한 심결에서 맥주출고 가격의 변경에 대한 사전신고제를 근거로 국세청이 가격인상을 일정율 이내로 억제하도록 행정지도하고(주세법 제38조 국세사무 처리규정 제70조) 사업자들이 이를 기화로 협의하여 동일한 율로 가격을 인상한 것은 위법성이 조각되지 아니한다고 밝힌 바 있다. 한편 이 사건에 대

7) 자세한 논의는, 양명조, "독점규제법상의 경쟁제한과 시장지배력", 心堂 宋相現先生 회갑기념논문집, 2002, 672면 이하 참조.

한 불복의 소에서 대법원은 국세청의 행정지도를 근거로 합의 추정이 복멸된다고 판시하였다.[8] 합의 추정이 복멸된다면 합의가 없었던 것으로 인정되므로 위법성이 조각되는 것이 아니라 처음부터 부당한 공동행위의 성립이 부인되는 것이다.

(나) 법령에 근거가 없는 행정지도의 경우

법령에 근거가 없는 행정지도에 따라 사업자 또는 사업자단체가 공동행위를 한 경우 그것이 부당한 공동행위를 구성하는 이상 위법성이 조각될 여지가 없다. 물가인상을 억제하기 위하여 관련 행정기관에서 가격 인상율을 지정해 준 경우 또는 과당경쟁을 방지하기 위하여 과도한 가격인하를 자제하도록 지도한 경우 등에는 부당한 공동행위의 위법성에 영향을 미치지 못한다.

(다) 행정지도와 사업자의 책임 감경

사업자는 행정지도가 있더라도 그것이 법령에 명문의 근거규정에 따라 행해진 행정지도인가를 검토하여야 한다. 막연히 행정지도에 따른 행위이므로 위법의 행정행위가 되지 않을 것으로 속단해서는 안 된다. 특히 사업자별로 행정지도를 받은 경우 다른 사업자와 협의나 연락을 하지 않도록 주의하여야 하며 사업자 단체를 통하여 행정지도를 전달받은 경우 법령상의 근거를 요구하여 행위의 정당성을 입증할 수 있는 자료를 구비할 필요가 있다.

사업자들간의 자발적 공동행위인 경우에 비하여 행정지도에 기초한 공동행위인 경우에는 시정조치나 과징금 부과 면에서 다소 정상참작을 받을 수 있을 것이다.

Ⅳ. 합의의 추정

1. 합의추정규정의 분석

소위 추정조항이라고 불리우는 법 제19조 제5항은 공동행위 합의의 증거확보가 어려워 법집행에 커다란 장애가 있을 수 있음을 인식하고 이를 해소하기 위하여 도입된 제도이다. 이 규정의 법문을 면밀하게 읽어볼 필요가 있다. “2이상의 사업자가 ① 일정한 거래분야에서 경쟁을 실질적으로 제한하는 ② 제1항 각호의 1에 해당하는 행위를 하고 있는 경우 ③ 동 사업자간에 그러한 행위를 할 것을 약정한 명시적인 합의가 없는 경우에도 ④ 부당한 공동

8) 대판 2003. 2. 28, 2001두1239.

행위를 하고 있는 것으로 추정한다."

이러한 추정조항을 문언 그대로 적용한다면 피심인 사업자들의 합의추정에 대한 반증의 어려움으로 인하여 가혹한 법집행이 있을 수 있기 때문에 필자는 몇 논문에서 추정요건을 좀 더 자세하게 규정하여 추정에 제한을 가하는 개정입법을 권고한 바 있다.[9)]

이러한 추정조항을 적용함에 있어서 공정거래위원회는 피심인이 억울할 수 있음을 감안하여 종래 이 조항을 문언 그대로 활용하지는 않았고 소위 정황증거에 관한 검토를 빠트리지 않았다.[10)]

대법원은 이 규정을 법률상 추정으로 보고 정황증거의 제시는 필요 없다고 하면서도[11)] 피심인이 상당한 입증을 함으로써 위 추정을 깨뜨릴 수 있음을 분명히 하였다.[12)] 법원과 공정거래위원회의 최근에 정착된 제19조 제5항의 적용양식을 보면 행위의 외형상 일치와 실질적 경쟁제한성의 두가지 요건을 내세우고 그러한 요건을 갖추면 제19조 제5항에 따라 부당한 공동행위를 추정하고 있다.

추정조항의 도입으로 말미암아 무리한 합의추정이나 가혹한 법집행의 우려가 있기는 하지만 현 단계에서 추정조항을 근본적으로 제약하는 법개정은 적당하지 않아 보인다. 그렇다면 이 제도의 합리적 적용을 위하여 어떠한 점이 고려되어야 할 것인가. 이것이 논의의 초점이 된다.

다시 법문으로 돌아가 이 규정을 분석해 보자.

①의 "일정한 거래분야에서 경쟁을 실질적으로 제한하는"과 관련하여 제1항과 제5항의 법문상 차이가 주목된다. 동조 제1항에서는 1999년 법 개정시 "부당하게 경쟁을 제한하는"으로 법문의 표현이 바뀌었음에도 불구하고 제5항의 표현은 바뀌지 않았다. 개정법의 입법시 그러한 차이를 의도적으로 남기지는 않은 것으로 추측한다. 다만 그 후 이러한 차이를 가지고 문언 그대로 제5항을 적용하는데 따르는 가혹함을 구제해 줄 수 있다는 착안이 있게 되었고 그에 따라 공정거래위원회 의결에서는 '일정한 거래분야'와 '경쟁의 실질제한성'을 비교적 성의있게 논의하고 있으며 법원 판결에서도 부당한 공동행위

9) 양명조, 카르텔 推定條項의 입법적 改善方案, 박길준교수화갑기념논문집, 1998, 1181면.

10) 공정거래위원회 의결 2004. 7. 31, 제2004-237호. 용인시 죽전택지개발지구내 공동주택 분양 6개 건설사업자의 부당한 공동행위에 대한 건 의결서 2. 라. 정황증거의 적시 참조.

11) 한보철강공업 주식회사 사건, 대판 2003. 5. 27, 2002두4648.

12) 맥주회사 3사사건, 대판 2003. 2. 28, 2001두1239 등.

를 추정함에 있어서 경쟁제한성을 중요한 요건으로 설시해 왔다. 경쟁제한성 요건은 뒤에서 별도로 자세히 논의하기로 한다.

②의 "제1항 각호의 1에 해당하는 행위"라는 법문으로부터 첫째, 합의의 증거가 확보되었다면 부당한 공동행위로 제재를 가하거나 처벌할 수 있는 다양한 종류의 카르텔 유형 모두에 대하여 추정조항의 요건이 충족되면 마찬가지로 제재를 가하거나 처벌을 하겠다는 입법의도를 알 수 있다. 즉 합의의 증거가 확보된 행위유형이나 확보되지 않은 행위유형이나 동일하게 다루겠다는 것이다. 둘째, 추정사건에서는 합의단계에서의 법집행은 있을 수 없고 제1항의 행위를 "하고 있는 경우", 즉 실행행위가 있은 후에 법집행이 이루어 질 수 있음을 알 수 있다.

③에서 "명시적 합의가 없는 경우"라고 하고 있으나, 명시적 합의와 묵시적 합의의 2분법이 중요한 것이 아니다. 명시적 합의가 없는 경우는 공정거래위원회나 사적 소송의 원고가 합의의 증거를 확보하지 못한 경우로 읽으면 될 것이다. 합의가 서면으로 이루어 졌다 하더라도(명시적 합의임) 그러한 서면을 입수하여 증거자료로 제출할 수 없다면 제5항에 의존할 수밖에 없음은 당연하다.

④는 법문의 표현이 엉망이라는 지적을 면하기 어렵다. 부당한 공동행위를 '하고 있는 것'으로 추정한다고 했는데 제1항에서 부당한 공동행위는 합의를 가리키는 것으로 규정하고 있다. 일반적으로 (입증이 어려운) 합의가 먼저 이루어지고 그에 따른 실행행위가 있게 된다. 그렇다면 여기서 (합의를) '하고 있는 것'이라는 표현은 앞뒤가 맞지 않게 되고 만다. 합의를 하고 그에 따라 제1항의 행위가 나타났으나 그 합의의 증거를 확보하지 못하였다는 것이 제5항의 일반적 시나리오일 것이다. 그럼에도 그러한 합의를 (계속적으로) 하고 있는 것으로 추정한다는 것은 이상하다. 법문의 정비가 필요한 부분이다.

2. 법 제19조 제1항과 제5항의 비교

법 제19조 제1항의 법문에서 명확하게 하고 있듯이 공동행위의 성립요건을 이루는 합의는 계약·협정·결의 등 공식적인 것 외에 기타 어떠한 방법의 것이라도 무방하다. 그리고 제1항의 다른 요건이 갖추어진 경우 합의 자체만으로 부당한 공동행위가 성립하는 것이지 실행행위까지 요구되는 것은 아니라는 점에 대하여는 다른 견해가 없다. 이러한 합의와 관련하여 합의추정을 입법화하고 있지 아니하다면 공동행위의 성립요건으로서의 합의는 명시적 합의 외에 묵시적 합의도 요건을 충족시킬 수 있다는 해석이 당연히 필요할 수밖에 없다. Posner판사는 명시적 담합(explicit collusion)과 묵시적 담합(tacit collusion)이라는 용어를 쓰고 있는데[13] 의식적 병행행위(conscious parallelism) 그 자체만으로는 위법으로 볼 수 없다는 전제에 서더라도 tacit collusion은 위법성을 인정하는데 편리한 용어이다.

우리나라와 같이 합의추정 규정이 입법화되어 있는 경우에는 명시적 합의와 묵시적 합의와 같은 구별은 별 의미가 없다. 합의가 서면화되었느냐 구두의 합의가 상당히 구체적이냐 등이 명시적 합의와 묵시적 합의의 구별기준이 되는 것이 아니라 결국 규제당국에서 합의의 증거를 확보했느냐 내지는 법원이 그 증거를 인정해 주었느냐하는 것이 명시적 합의와 묵시적 합의의 구별기준이 된다. 우리법에서는 합의의 증거가 확보된 사건은 제19조 제1항에 따라서, 그리고 합의의 증거를 확보하지 못한 경우는 동조 제5항에 따라 처리하면 된다.

부당한 공동행위의 성립에 있어서 제19조 제1항 각호의 행위가 실행단계에까지 나갈 필요는 없고 합의 그 자체가 부당한 공동행위에 해당한다. 그러나 제5항의 경우에는 실행행위가 포착되고 그것으로부터 합의를 추정한다는 점에서 추정사건의 경우는 실행행위에 나아간 후에만 문제삼을 수 있게 된다는 것이 특징이다. 그렇다 하더라도 우리나라 공동행위법의 큰 틀 안에서 생각하면 제5항이 원용된 사건에서도 처벌(제재)의 대상은 「합의」이지 실행행위가 아니라는 점은 명확하게 지적해둘 필요가 있다. 이렇게 볼 때 제19조 제5항의 성립요건을 논하면서 「행위의 외형상 일치」를 앞장세우는 것은[14] 자칫 실행행위에 대해 제재를 가하는 것이 공동행위법의 기본틀이라는 오해를 불러일으킬 여지가 있다.

3. 추정사건에서의 경쟁제한성

카르텔 사건에서의 경쟁제한성이라는 것은 경쟁을 제한할 수 있는 힘, 즉 시장지배력을 가리키는 것이며 시장지배력을 가지지 못한 사업자들간의 공동

13) R. Posner, Antitrust Law, 2001, p. 53.

14) 대판 2003. 5. 27, 2002두4648이나 최근의 용인 죽전·동백지구 아파트 건설사 사건 공정위 의결 2004. 7. 31, 제2004-236호.

행위는 독점규제법상의 위법성을 인정할 수 없다는 의미에서 경쟁제한성은 소극적 기능을 담당하는 것이 옳다. 대법원이 동서식품사건 판결에서 합의가 없는 상태를 상정해서 경쟁제한성을 판단하라고 한 것[15]도 결국은 참가사업자들의 시장지배력(시장에 대한 영향력)을 기준으로 실질적 경쟁제한성을 판단하라는 지적으로 이해할 수 있다. 이러한 의미에서 독점규제법의 실질적 경쟁제한성의 정의는 기업결합사건에서는 유용할지 몰라도 부당한 공동행위의 성립요건을 분석하여 이해하는데 (그 충족여부를 판단함에 있어서) 별다른 도움이 되지 아니한다.[16]

"경쟁을 실질적으로 제한하는 행위(예컨대 가격담합, 가격을 결정한 행위)라 함은 일정한 거래분야의 경쟁이 감소하여 특정 사업자 또는 사업자단체의 의사에 따라 어느 정도 자유로이 가격·수량·품질 기타 거래분야 등의 결정에 영향을 미치거나 미칠 우려가 있는 상태를 초래하는 행위를 말한다(법 제2조 제8호의2)."

실질적으로 경쟁을 제한할 자신이 있는 또는 그러한 가능성이 현저한 사업자들이 공동행위를 도모하는 것이고, 그렇지 아니한 경우에는 그러한 도모를 하지 아니할 것이기 때문에 합의로 인하여 경쟁을 제한하는 힘이 생기는 것(예를 들어 가격을 결정할 수 있게 되는 것)이 아니라 처음부터 가격을 결정할 수 있는 힘이 갖추어졌기 때문에 공동행위의 합의를 하게 되는 것으로 이해하는 것이 순리적이다. 결국 경쟁을 실질적으로 제한하는 행위는 시장지배력을 갖춘 사업자의 행위(참가사업자의 시장점유율의 합산으로 판단할 수밖에 없음)로 새겨야 한다.

이렇게 볼 때 합의추정 사건에 있어서 판례나 공정거래위원회의 최근 의결처럼 경쟁제한성을 두드러지게 중요시할 필요가 있는지는 의문이다. 합의의 입증이 가능한 사건에서는 그 경쟁제한성이 대부분 당연한 것으로 받아들여지는데 반하여 왜 합의추정에 와서는 경쟁의 실질적 제한이 중요시되고 부각되는가. 이는 어떻게든지 해서 무리한 합의추정 내지는 억울한 피심인을 줄여보고자 하는 노력의 일환으로 보인다.

추정사건의 경우에도 부당한 공동행위 규제의 큰 틀, 즉 경쟁의 실질적 제한을 중요시하지 않는 입장을 그대로 견지하는 것이 적당할 것이다. 경쟁제한성으로 제5항의 적용에 제한을 가하려 할 것이 아니라 문제의 사업자들의 시

15) 대판 2002. 3. 15, 99두6514·6521.

16) 양명조, 1996년 改正獨占禁止法에 대한 고찰, 이대 법학논집, 제2권 제1호, 1997, 1161면.

장지배력이 현저하다고 인정되고 제1항 각호의 행위유형에 해당하는 행위가 발견되면 부당한 공동행위를 추정하면 충분한 것이다. 제5항의 무리한 적용을 막는 방법은 문제된 행위가 제1항 각호에서 규율하고자 하는 행위유형에 해당하는가를 엄격히 해석하고 추정의 복멸사유(정당화사유)를 상당히 넓게 또는 융통성 있게 허용하는 방식으로 조절해 나가는 방안이 바람직해 보인다.

이미 대법원 판결에서는 추정의 복멸사유를 폭넓게 인정할 수 있는 길을 열어 놓고 있다. 대법원은 여러 번의 합의추정사건 판결에서 "그러한 일치된 행위가 합의에 따른 공동행위가 아니라는 점을 수긍할 수 있는 정황을 입증하여 추정을 복멸시킬 수 있다"고 설시하였고 복멸사정을 판단함에 있어서 다양한 융통성을 허용한 바 있다.

"독점규제및공정거래에관한법률 제19조 제5항에 따라 부당한 공동행위의 합의추정을 받는 사업자들로서는 외부적으로 드러난 동일 또는 유사한 행위가 실제로는 아무런 합의나 상호간의 요해(了解) 없이 각자의 경영판단에 따라 독자적으로 이루어졌음에도 우연히 일치된 것이라는 등의 정황을 입증하여 그 추정을 복멸시킬 수 있다 할 것이고, 한편 부당한 공동행위의 합의의 추정을 복멸시킬 수 있는 사정을 판단함에 있어서는, 당해 상품 거래분야 시장의 특성과 현황, 상품의 속성과 태양, 유통구조, 가격결정구조, 시장가격에 영향을 미치는 제반 내외부적 영향, 각 개별업체가 동종 거래분야 시장에서 차지하고 있는 지위, 가격의 변화가 개별사업자의 영업이익과 시장점유율 등에 미치는 영향, 사업자의 개별적 사업여건에 비추어 본 경영판단의 정당성, 사업자 상호간의 회합 등 직접적 의사교환의 실태, 협의가 없었더라도 우연의 일치가 이루어질 수도 있는 개연성의 정도, 가격모방의 경험과 법위반 전력, 당시의 경제정책적 배경 등을 종합적으로 고려하여 거래 통념에 따라 합리적으로 판단하여야 한다."[17)]

이러한 대법원 설시는 가혹한 합의추정을 완화시켜 줄 수 있는 해석으로서 합리적이라고 평가되지만 종래 널리 인정되어온 정황증거와 소위 정당화사유를 섞어서 망라하고 있는 것은 혼란을 일으킬 수도 없지 않다. 정황증거는 추정규정이 입법으로 마련되어 있지 아니한 경우에 묵시적 합의를 추정하기 위한 보조자료이고 그렇게 하여 추정이 이루어진 후 정당화사유는 추정을 깨뜨리기 위한 자료를 가리켜왔다. 정황증거로 채택할만한 사정과 정당화사유

17) 대판 2003. 5. 27, 2002두4648.

로 인정할만한 사정은 논리적으로 다른 것이므로 엄격히 구별하여 서로 다른 검토단계에서 분석되어야 한다.

공정거래위원회도 추정사건에 임하면서 「합의의 존재」에 대한 '확신적 집착'을 버리고 한발짝 물러서서 인정해줄만한 복멸사유가 없는가, 문제의 행위가 정말 제1항 각호의 행위유형에 해당하는가 등을 여러 각도에서 검토하여야 할 것이다.

V. 공동행위협정의 무효

부당한 공동행위를 할 것을 약정하는 계약 등은 사업자간에 있어서는 이를 무효로 한다(본조 제4항). 이러한 무효선언은 독점규제법 제7조의 경쟁제한적 기업결합금지에 위반한 회사합병이 공정거래위원회의 합병무효의 소제기에 따라 법원의 판결확정으로 무효가 되는 것과 비교된다.

공동행위의 협정의 무효와 관련하여 두가지 점이 중요하다. 첫째는 그러한 협정을 체결했더라도 당사자들은 그 협정에 구속을 당하지 않는다는 점이다. 참가사업자를 상대로 그 이행을 강제 할 수 없으며 협정위반이 채무불이행을 구성하지 아니한다. 협정을 이행한 당사자가 협정을 위반한 당사자를 상대로 채무불이행을 이유로 한 손해배상을 청구할 수 없다.[18] 둘째는 공동행위의 협정은 참가사업자간에서만 무효라는 점이다. 사업자간의 공동행위 협정의 이행행위로서 이루어진 참가사업자와 제3자간의 법률행위에는 본조 4항의 무효규정이 적용되지 않음은 "사업자간에 있어서는 이를 무효로 한다"고 한 법문의 규정으로부터 명백하다.[19] 예를 들어 입찰담합에 따라 담합에 참가한 사업자 중 한 사업자가 낙찰하여 발주자와 계약을 체결한 경우 입찰자와 낙찰자간의 계약은 본조 제4항에 불구하고 유효한 것이다. 다만 건설업 등 다른 행정 법규에 위반되어 그 계약의 사법상의 효력이 문제 될 수 있는 것은 별론으로 한다.

---

18) 권오승, 경제법, 285면 ; 이남기, 경제법, 박영사, 1999, 196면.
19) 권오승, 상게 ; 이남기, 상게.

제 2 절 카르텔 규제의 실제*

Ⅰ. 카르텔 의의 및 폐해

1. 카르텔의 의의와 한국 사회에서의 카르텔의 의미

"같은 업종에서 일하는 경쟁기업의 직원과 서로의 발전을 위해 사이좋게 지내는 상생협력은 미덕이 아닌가요?" 최근 공정위가 카르텔 사건에 대한 제재조치를 발표한 후 심심치 않게 듣는 불평이다.

최근 들어 한국 공정거래위원회가 제재조치의 수준을 높이고, 적발과 시정 노력을 대폭 강화하고 있는데 대한 불평들이 있다. 그러나 최근의 국내외에서 카르텔을 제재하는 상황을 살펴보면 한국 공정위의 조치를 비판하고 불평하기 보다는, 국내에서의 카르텔 제재가 약해서 오히려 우리 기업들이 해외에서 어려움을 겪고 있지는 않는지 의문이 있다. 일례로 공정거래위원회가 카르텔 제재를 시작한 1986년 이래 2005년까지 24년간 부과한 카르텔에 대한 과징금이 7,517억원인데 비해, 1997년 이후 10년 미만의 기간동안 미국, 유럽연합(이하 EU), 카나다 등 외국경쟁당국이 카르텔에 가담한 한국 기업들에게 부과한 6,248억원의 벌금을 비교해 보면 분명하다. 세계 주요경쟁당국들의 법집행강화 추세와 세계적인 다국적기업들의 신속한 인식 변화에도 불구하고, 우리 기

<표 1> 한국기업에 부과된 과징금·벌금 규모

(단위 : 억원)

	'88-'94	'95	'96	'97	'98	'99	'00	'01	'02	'03	''04	'05	계
한국 공정위	34	10	145	11	320	362	1,988	267	531	1,081	288	2,493	7,517
미국·EU·카나다	-	-	16.4	-	753.4	-	310.9	32.2	71.4	-	-	5,064.5	6,248

자료출처 : 공정거래위원회 카르텔정책팀, 2006. 3.

---

* 정중원(공정거래위원회 카르텔정책팀장)

업들이 흐름을 따라가지 못한 아쉬움이 수치상으로 나타난 것이다. 경제개발협력기구(이하 OECD), 국제경쟁정책네트워크(이하 ICN) 등 국제기구를 중심으로 카르텔에 대한 제재를 강화해야한다는 세계적인 공감대가 형성되었다. 이를 기반으로 우리 공정거래위원회를 비롯한 주요 경쟁당국이 제도를 개선하고 법집행을 강화하였음에도 우리 기업들은 설마하고 믿지 않고 있었기 때문이다.

물론 앞에서 언급한 바와 같이 우리 사회에는 유교사상에 뿌리를 둔 상호부조와 상생협력이 미덕이라는 인식이 토대를 이루고 있다. 더구나 1960년대 이후 우리나라는 수출주도형 압축성장을 추구하는 과정에서 정부주도로 희소한 자원의 배분을 위해 사업자단체 등을 통해 카르텔을 형성할 유인이 있었던 것이 사실이다. 경쟁자간 경쟁보다 서로 사이좋게 지내는 상생협력이 제정·왕정시대의 통제된 경제체제하에서는 미덕일 수 있다. 그러나 현대 자본주의 시장경제, 특히 글로벌 시장경제하에서 경쟁자간 상생협력이 기업들의 생존과 발전에 계속 유효한 미덕인지에 대한 재인식이 필요하다.

카르텔은 경쟁법 집행 대상 중에서 가장 오래된 테마중의 하나이다. 어원적으로 보면 카르텔은 독일의 Kartel에 기원을 두고 있는데, 중세 독일에서는 국가간의 휴전문서를 의미했다고 한다. 이를 현대경제에서의 의미를 살펴보면 ‘카르텔은 경쟁관계에 있는 기업들이 ‘휴전’하여 경쟁을 회피하는 것’을 의미한다 할 것이다. 여기서 경쟁은 ‘선택의 여지’가 존재한다는 것을 의미한다. 따라서 경쟁상태란 부당한 이익을 추구하는 시장참여자가 시장의 선택에서 제외되어 도태되는 것을 의미하게 되며, 이러한 낙오가능성은 ‘자발성 극대화’의 동기가 되기 때문에 이를 토대로 한 시장경제의 장점이 발휘되는 것이다.

카르텔 규제를 담은 근대적 입법의 효시인 미국의 셔먼법 제정 이후 100년이 넘었지만, 미국에서 카르텔은 사라지지 않고 있고, 점차 제재의 강도를 높여야 되는지에 대한 의문이 있다.

카르텔의 정의에 관해서는 각국의 입법례에 따라, 다소 표현상의 차이는 있으나, 핵심적인 개념은 ‘시장에서의 경쟁을 제한하는 사업자들 간의 공모’라 할 것이다. 우리나라 공정거래법은 제19조 제1항에서 공동행위에 관하여 규정하고 있는데, “사업자는 계약·협정·결의·기타 어떠한 방법으로도 다른 사업자와 공동으로 부당하게 경쟁을 제한하는 다음 각호의 1에 해당하는 행위를 할 것을 합의하여서는 아니된다”라고 규정함으로써, 공동행위의 개념을

"사업자가 다른 사업자와 공모하여 부당하게 경쟁을 제한하는 행위를 할 것을 합의하는 것"으로 정의하고 있다.

2. 카르텔의 폐해

(1) 폐해발생근거와 주요 폐해내용

어떤 제품의 가격과 공급량이 수요·공급의 원리에 따라 사업자들이 경쟁하는 가운데 시장에서 결정되어질 때, 자원이 가장 효율적으로 배분된다는 것은 주지의 사실이다. 카르텔은 시장에서 결정되어져 할 가격이나 공급량 등 경쟁조건을 사업자들이 공동으로 인위적으로 결정함으로써 시장원리의 작동을 근원적으로 봉쇄하여 많은 사회적 비용을 발생시킨다. 카르텔이 형성되는 경우 당해 제품에 대한 독점적 가격이 설정·유지되어 자원배분의 비효율을 초래하고, 소비자가 누려야 할 이익이 생산자로 이전되는 소비자 피해를 유발하는 것이다.

카르텔의 폐해는 독점의 폐해보다도 심각한 것이다. 독점의 경우는 독점형성 자체보다는 그것이 남용되었을 때 비로소 폐해가 나타나며, '규모의 경제'와 같은 효율성 제고효과를 수반할 수도 있고, 시장의 진입장벽이 낮다면 독점사업자는 잠재적 진입자를 의식하여 가격을 높게 형성하기가 어려운 경우도 많이 있다. 그러나 카르텔의 경우는 '규모의 경제'가 존재하지 않으면서 자원배분의 비효율을 초래하게 된다. 따라서 각국 경쟁당국들은 경쟁을 회피하는 가장 효과적인 수단이면서 경쟁제한성이 가장 심하고 소비자 피해도 직접 유발한다는 인식하에 카르텔을 시장경제의 작동을 저해하는 암적인 존재로 규정하고 시장경제 제1의 적이자 범죄(felony)로서 엄격히 규제하고 있다.

〈기업에 대한 폐해〉

카르텔에 참여한 기업과 하지 않은 기업 모두에게 폐해를 끼친다. 시장에 신규 진입기업 또는 카르텔에 가담하지 않은 기업들이 사업할 자유를 침해하게 된다. 또한 카르텔에 참여하는 기업 입장에서는 곧바로 독점적 이윤을 창출할 수 있어 경영·기술 혁신을 추구하고자 하는 기업가 정신이 약화될 수 있고, 이는 궁극적으로 국민경제의 경쟁력 약화를 초래하게 된다. 이는 국내시장에서의 일시적인 편안함에 안주하다가 개방화된 세계시장에서 장기적으로 몰락할 수밖에 없게 된다.

〈소비자에 대한 폐해〉

OECD 연구[20]에 따르면 카르텔로 인한 소비자피해가 평균 15~20%인 것으로 조사되었다. 이는 카르텔이 없을 경우에 비해 높은 가격, 낮은 품질, 상품선택의 기회상실 등으로 인해 소비자에게 돌아갈 이익이 카르텔 사업자에게 넘어가는 폐해(pick-pocketing from consumer)가 발생하였기 때문이다. 많은 기업들은 경쟁의 비용은 기업이 부담하지만 그 열매는 소비자가 얻는다는 부정적인 인식이 존재한다. 따라서 조직화되지 않은 소비자에게 돌아갈 이익을 기업으로 돌리기 위한 가장 손쉬운 수단으로서 카르텔은 커다란 유혹임에 틀림없다.

〈국가경제에 미치는 폐해〉

독점적 이윤 창출이 가능한 카르텔 기업들의 경우 기술혁신의 유인이 감소하게 되어 잠재생산능력의 증가를 가로막는다. 호주생산성본부의 연구에 따르면 경쟁촉진 정책으로 인해 2001년 국내총생산(GDP)이 2.5% 증가하였다고 분석[21]되었다. 또한 카르텔로 인해 자원배분이 왜곡되고 비효율성이 존재하게 되면 고용증대를 저해하게 된다고 분석되었다. OECD분석에 의하면 경쟁촉진형 국가의 실업율이 그렇지않은 국가에 비해 3%정도 낮다고 한다. 카르텔로 인해 시장원리가 왜곡되면 구조조정을 저해하게 되어 국민경제의 탄력성에도 손상을 입힌다.

(2) 폐해 사례 분석

그동안 카르텔에 관한 국내외의 사건처리 과정에서 카르텔(독점화)의 폐해를 분석해본 경우가 있는데, 이를 소개하면 다음과 같다.

공정위는 3개 교복업체의 가격담합을 적발하여 2001년 5월 시정하였는데, 이를 통한 소비자의 비용 절감액(소비자 피해액)은 연간 600억원[22] 정도인 것으로 추산되었다.

공정위가 공공건설공사에 참여하는 건설사들의 입찰담합을 적발하여 시정해 온 결과 공공건설공사 평균낙찰율이 1997년에는 87%였던 것이 2000년에는 75%로 하락하였는데, 우리나라의 공공건설공사 규모를 감안하면 연간 약

20) OECD, Hard Core Cartel - Recent progress and Challenges ahead, 2003, p. 9.

21) OECD, Product Market Competition, 2002, ECO.

22) 교복카르텔에 대한 시정조치 이후 시장조사를 해본 결과, 동복은 3만원, 하복은 1만원 하락한 것으로 나타났는데, 교복거래량이 연간 150만벌임을 감안하여 산출한 것이다.

4조원의 예산을 절감(카르텔의 폐해)시키는 효과가 있었던 것으로 추정되었다.

흑연전극봉 국제카르텔의 경우, 5년간의 담합기간 동안 우리나라 시장에서 약 50% 정도의 가격상승을 가져와 전기로 업체를 비롯한 국내업체들이 약 139백만불(1,837억원)의 피해를 입은 것으로 추산되었다.

밀가루 카르텔의 경우, 2000년 이후 6년간의 담합기간동안 40%이상의 가격이 상승되었으며, 최소 4,000억원 이상의 피해가 발생한 것으로 추산되었다.

공정위는 그동안 적발한 카르텔에 대하여 2005년도까지 7,519억원의 과징금을 부과하였는데, 이를 통해서도 소비자 피해액을 산출해 볼 수 있다. 그동안 카르텔에 대하여 실제로 부과한 과징금은 카르텔과 관련된 매출액의 1%를 약간 상회하는 정도였고, 카르텔로 인한 평균적인 가격인상 등 폐해규모가 최소한 10% 정도 된다는 선진경쟁당국의 실증적 분석결과를 고려해 보면, 2003년도까지 공정위에 적발된 카르텔과 관련해서만 우리나라 소비자들은 7조 5,190억원을 추가로 부담했다는 결과가 나온다.

한편, 전영서 교수는 국내제조업의 독과점구조에 따른 사회후생 손실액이 '81년 4조원, '84년 5.7조원, '90년 8.7조원, '95년 12.5조원, '98년 14.9조원에 이른다고 발표한 바 있는데, 카르텔로 인하여 시장이 독점화 되는 경우에 그 폐해를 유추해 볼 수 있는 근거자료로도 활용될 수 있다고 본다.

3. 공정거래법 집행상의 우선순위

공정거래법에서 규율하고 있는 행위로는 카르텔, 재판매가격유지행위, 시장지배적지위남용행위, 경쟁제한적 M&A, 불공정거래행위 등이 있고, 불공정거래행위에서 파생된 행위로서 별도의 법규에 의하여 규율되고 있는 부당 표시·광고행위, 불공정 하도급 행위 등이 있다.

카르텔은 시장에서 경쟁을 통해 결정되어야 할 가격·수량 등 경쟁조건을 직접적으로 제약하는 것으로서 경쟁제한행위중에서도 경쟁제한성이 가장 심하고, 가장 큰 소비자 피해를 유발하는 행위로서, 모든 국가의 경쟁당국은 카르텔을 경쟁법 위반행위중에서 가장 질이 나쁜 행위(felony)로 인식하면서 경쟁법을 집행하고 있다. 공정위도 카르텔을 시장경제의 제1의 公敵으로 인식하고 카르텔 근절에 제1의 우선순위를 두고 추진중에 있다.

Ⅱ. 외국의 카르텔 규제제도 및 국제적 동향

1. 주요국의 카르텔에 대한 인식과 규제현황

한국 공정위와 마찬가지로 전세계 경쟁당국은 카르텔을 경쟁법 위반행위 중 가장 질이 나쁜 행위로 인식하여 카르텔 규제에 최우선 순위를 부여하고 있다. 미국의 경우, 셔먼법 제1조에 카르텔행위를 중죄(Felony)로 간주하고 있고, OECD는 1998년 경성카르텔금지이사회권고에서 카르텔을 가장 죄질이 나쁜(egregious) 경쟁법위반행위로 규정하고 각국 경쟁당국의 강력한 규제를 권고하고 있다.

특히 최근 각 경쟁당국들 간의 조사기법 공유, 국제카르텔 조사협력, 자진신고자감면제도(Leniency program)의 활성화 등으로 국제카르텔에 대한 적발능력이 강화되고 있다. 또한, 참여기업 및 개인에 대한 제재강화의 필요성에 대한 국제적 공감대가 이루어지고 있어 향후 지속적으로 전 세계적으로 제재가 강화될 전망이다. 인신구속형을 포함한 개인에 대한 제재가 유효한 카르텔 적발 및 근절 수단으로 인식되어 집행을 강화하고 있다. 우리 기업 및 기업인이 안이하게 대처하다가 국제카르텔에 연루될 수 있으므로 주요 국가의 카르텔 규제동향을 살펴보고 대응방안을 강구할 필요성이 증대되고 있다.

(1) 미 국

〈미국의 카르텔 규제제도 개요〉

미국의 셔먼법 제1조는 '주간(州間) 혹은 외국과의 거래 또는 통상을 제한하는 모든 계약, 트러스트나 기타 형태의 결합 또는 공모는 위법이고, 이에 대한 참가자는 중죄(Felony)를 범한 것으로 간주한다(shall be deemed)'라고 규정하고 있고, 제2조는 '주간 또는 외국과의 거래 또는 통상의 어떤 부분이라도 독점화하거나, 독점화를 기도하거나 혹은 독점화하기 위하여 타인과 결합·공모하는 자는 중죄를 범한 것으로 간주한다'라고 규정하고 있다. 카르텔 조사공무원은 압수수색권을 행사할 수 있으며, 위법성 인식에 있어서도 가격결정 등 일정유형의 경성카르텔에 대하여는 당연위법(per se illegal)의 원칙을 적용하고 있다. 카르텔에 대한 제재내용을 보면, 카르텔 참가기업에 대하여는 ①1억$, ②사업자 이득의 2배, ③피해자 손실의 2배중에서 가장 큰 액수를 벌금으로 부과하고 있으며, 개인에 대해서도 10년 이하의 징역이나 100만불 이하의 벌금을 부과하고 있다.[23] 카르텔 참가자로서 그 사실을 자진하여 신고하는 자에 대해서는 자진신고자감면제도(Leniency Program)를 운용하고 있는데, 카르텔 조사 개시 전에 신고한 자 뿐만 아니라, 조사개시 이후에라도 카르텔 행위를 중단하고 조사에 지속적으로 협조하는 자에 대해서는 최초의 자에 한하여 제재를 완전면제토록 하고 있다.[24] 또한, 카르텔에 가담한 기업이 면책을 받는 경우, 소속직원도 당연히 면책되도록 함으로써 카르텔에 가담한 직원들의 적극적인 협조를 유도하고 있다.

〈최근 미국 카르텔 규제동향〉

최근 미국 법무부는 1990년대 이후 자국 시장에 영향을 미치는 국제카르텔에 대한 법집행을 강화하고 있다. 2005년 미법무부 독금국이 처리중인 사건 중 50% 이상이 국제카르텔 사건이다.[25] 이와 더불어, 감면제도의 도입(1976) 및 개선(1993)은 국제카르텔에 참여하는 기업이 적발될 가능성을 크게 높였다고 평가되고 있으며, 실제 감면제도 개선 이후 매월 2건 이상의 감면신청이

<표 2> 카르텔 사건별 우리기업의 벌금납부 규모

	라이신(1996)	핵산조미료(2001)	반도체(2005)
벌금규모(백만불)	1.57	3.09	485

* 반도체의 경우 우리 기업인에 대한 인신구속형도 병과

<표 3> 미국의 카르텔 제재 강화(2004. 6. 전후) 추세

	2004. 6. 이전	2004. 6. 이후
기업에 대한 제재	- 1천만불, - 소비자 피해액의 2배, - 사업자 이득의 2배 중 큰 금액	- 1억불, - 소비자 피해액의 2배, - 사업자 이득의 2배 중 큰 금액
개인에 대한 제재	벌금 : 35만불 이하 금고 : 3년 이하	벌금 : 100만불 이하 금고 : 10년 이하

23) 이는 2004년 6월 22일자로 발효된 법률(H.R. 1086)에 의해 셔먼법 위반행위에 대한 양형 한도를 종전의 "사업 사업자에 대하여 1천만$, 개인에 대해서도 3년 이하의 징역이나 35만불"의 기준을 대폭 강화한 것이다.

24) 위 법률(H.R. 1086)은 자진신고자에 대하여 형사처벌 면제 외에 민사 손해배상책임도 통상의 3배 배상제도를 적용하지 않고 1배 배상에 한정하도록 하였다.

25) Scott Hammond, "An Update of the Antitrust Division's Criminal Enforcement Program"(2005) p. 2.

'경쟁적'으로 들어오고 있다.[26] 미국 법무부가 처리한 경쟁법 위반행위 중 90% 이상이 감면신청에 의한 카르텔 사건이었다.[27] 2004년 6월 법개정 이후 기업과 개인에 대한 제재수준이 대폭 강화되었다. 지금까지 우리나라 기업들이 미국 법무부에 담합건으로 적발되어 납부한 벌금만해도 총 5,111억원에 달하고 있으며 최근 벌금 규모도 급증하는 추세에 있다.

미국은 개인에 대한 제재, 특히 인신구속형[28]이 가장 효과적인 카르텔 근절수단으로 보고 있으므로 향후 인신구속형이 증가할 전망이다. 더욱이, 조사협조 정도에 따라 외국 기업인에게 제공하던 No-jail Deal이 폐지됨에 따라 징역형을 사는 외국인들이 증가할 전망이다.

(2) E U

〈EU의 카르텔 규제제도〉

EU는 역내시장통합을 저해하는 카르텔에 대하여 유럽연합조약 제81조에 근거하여 엄격히 규제하고 있는데,[29] 수평적 카르텔에 대하여는 계약, 협의 심지어 신사협정까지도 엄격히 규제하나, 수직적 카르텔에 대하여는 합리원칙에 입각하여 처리하려는 경향이 강하다. 한편, 역내 국가간 무역에 영향을 주지 않는 카르텔에 대하여는 EU 경쟁법의 적용을 배제하고 있다. 또한 카르텔 참가기업에 대해서는 주로 과징금을 부과하여 제재하고 있는데, 과징금은 당해기업의 연간 매출액의 10%[30]까지 부과할 수 있도록 규정하고 있다. EU도 카르텔 자진 신고자에 대한 면책제도를 운용하고 있다.

〈최근의 EU 카르텔 규제 동향〉

EU 경쟁당국은 2000년도 이후 카르텔 규제에 우선순위를 부여하고 제도를 정비하여 법집행을 강화하고 있다. 2002년 감면제도를 개선한 결과 제도개

26) Scott Hammond, "An Update of the Antitrust Division's Criminal Enforcement Program"(2005) p. 10.

27) Scott Hammond, "Cornerstones of an Effective Leniency Program"(2004), p.1.

28) Scott Hammond, "Charting New Waters in International Cartel Prosecutions"(2006) p. 13에서 Hammond 부차관보는 카르텔을 억지하기 위해서는 카르텔 참여자에 대해 신체형을 부과하는 것이 가장 효과적이라고 주장.

29) EC 조약 제81조 1.은 회원국간의 통상에 영향을 줄 우려가 있고, 공동시장내의 경쟁을 저해, 제한 왜곡시킬 목적이나 효과를 가진 사업자 간의 모든 협정(agreements between undertakings), 사업자 연합체(association of undertakings)의 결정 또는 공동실행(concerted practices)을 금지하고 있다.

30) 관련매출액이 아닌 전체 매출액을 기준으로 한다는 점에서 미국이나 우리나라의 경우와 차이가 있다.

선 21개월 동안 총 54건의 감면신청이 이루어져[31] 사건처리 실적이 크게 증가하고 있다. 2001년도 이전 EU의 연평균 카르텔 사건처리 실적은 10건 정도에 불과하였음을 볼 때 괄목할만한 증가가 이뤄지고 있음을 알 수 있다. 또한 EU는 2005년 조직을 개편하면서 카르텔국을 신설하여 카르텔 조사인력을 보강하였다.[32] 제재수준도 크게 강화되고 있다. EU는 미국과 달리 개인에 대한 제재는 없으나 기업에 대한 과징금이 전 세계 매출액의 10%로 매우 높다. 2000년도 이후 카르텔에 대한 과징금 부과액이 급증하였으며, 2001년 한해에만 20억유로[33]의 과징금을 부과한 바 있다. 해운동맹에 대한 경쟁법 적용제외 폐지, 국제항공화물 유류할증료 담합 조사 등 국제카르텔에 대해 의욕적으로 대처하고 있다. 우리 기업들도 해운 운송료 담합, 라이신 가격담합 등으로 총 1,135억원 규모의 과징금을 부과 받았다(이중 해상운송 담합은 유럽법원에서 무혐의로 종결처리 되었음).

(3) 기　타

미국, EU 뿐만 아니라 세계 각국의 경쟁당국이 카르텔에 대한 제재수준을 강화하여 카르텔의 은신처(Safehaven)가 사라지고 있는 추세이고 주요 교역상대국의 경쟁당국들은 국내외를 막론하고 강력하게 카르텔을 규제하고 있다.

카나다의 경우 핵산조미료 담합사건을 통한 경쟁법 역외적용 경험[34]이 있으며 카르텔행위에 대한 제재수준도 높은 편이다. 개인에 대해 5년 이하의 징역형을, 기업에 대해서는 860만불까지 벌금 부과가 가능하다. 우리나라 제일제당이 1999년도에 핵산조미료 담합건으로 1.5억원의 벌금을 부과받은 바 있다.

아일랜드는 카르텔에 참여한 개인에 대해서도 최고 2년 징역형을 부과하고 기업에 대해서는 380만유로 또는 전세계 매출액의 10% 중 큰 금액을 벌금으로 부과한다. 2006년 2월 아일랜드는 난방유류 담합에 참여한 24명의 개인에게 유럽연합 최초로 징역형을 구형[35]한 바 있다.

---

31) Mario Monti, "How Should Competition Policy Transform Itself?"(2003).

32) DG Competition의 카르텔국은 3개팀 60명의 직원으로 구성되어 있으며, 카르텔국외에도 산업별 전문부서가 조사 및 사건처리에 투입됨.

33) 20억불의 과징금은 EU 경쟁당국이 1958년부터 2000년까지 카르텔에 부과한 과징금과 동일한 액수이며 그 이후에도 EU는 매년 약 10억불의 과징금을 부과하고 있음. Mario Monti, "How Should Competition Policy Transform Itself?"(2003).

34) 캐나다 경쟁당국은 라이신, 핵산조미료, 화학고무첨가제 국제카르텔을 처리한 경험이 있음.

35) 2006. 3. 2. 현재 해당사건의 판결이 내려지지 않은 상태이나 아일랜드 경쟁당국은 카

호주는 2005년 2월 법개정 이후로 개인에게 22만불의 벌금 또는 5년 이하의 징역형을 부과하고, 기업에게는 1천만불, 카르텔로 인한 이익의 3배, 관련 매출액의 10% 중 큰 금액을 벌금으로 부과한다.

이스라엘은 경쟁법 집행경험은 일천하지만, 바닥 타일 담합에 참여한 기업의 임원 두명에 대해 각각 9개월과 7개월의 징역형을 부과하는 등 카르텔 참여자들에 대해 강력히 제재하고 있다.

2. 국제적인 카르텔규제추세와 우리기업의 대응

한국기업이 국제카르텔 혐의로 외국 경쟁당국으로부터 막대한 벌금을 부과받게 되면 해당 기업의 금전적인 피해뿐만 아니라 국제적인 국가신인도의 저하도 우려된다. 또한 미국 등 해외에서 소비자에 의한 손해배상 소송까지 휘말리게 될 경우 엄청난 금전적인 손해를 감당해야 한다. 우리 기업들이 카르텔행위가 위법행위라는 사실을 몰라서가 아니라 외국 경쟁당국의 제재수준 및 감면제도에 대한 무지에 기인한다고 본다. 미국의 법무성의 카르텔분야 최고 책임자인 Scott Hammond 부차관보는 국제카르텔참여자들 중 카르텔의 위법성을 모르는 경우는 없다고 주장한다. 실례로 라이신 카르텔에 참여한 한국을 포함한 참여자들은 카르텔적발의 위험을 인식하여 호텔 예약시 가명을 사용하고 회사전화가 아닌 집 전화를 이용하여 통화했다고 한다.

따라서, 국내외를 막론하고 영업을 담당하는 기업 종사자들은 카르텔의 위법성에 대한 인식의 제고와 함께 외국 경쟁당국의 카르텔규제제도와 감면제도를 숙지할 필요가 있다. 카르텔에 대한 제재수준이 전 세계적으로 크게 강화되고 있을 뿐 아니라 감면제도의 활성화로 인해 적발 가능성이 크게 높아졌다[36]는 점을 잘 인식해야 한다. 미국에서는 국제카르텔의 90% 이상이 감면신청에 의해 적발되었으며 감면제도를 통해 적발·부과된 벌금액이 20억불에 이르고 있다. 카르텔에 참여하지 않아야겠지만, 영업실무자들이 회사의 허락없이 카르텔에 참여하였을 경우에는 해당국의 자진신고자 감면제도를 신속하게 활용해야 한다. 우리 기업이 피소당한 대부분의 담합사건의 경우 외국기업

르텔 관련 최고형인 5년의 징역형이 선고될 것으로 기대. Scott Hammond, "Charting New Waters In International Cartel Prosecutions"(2006).

36) 실제로 흑연전극봉, 라이신 카르텔 등 동일한 사건에 대해 다수의 경쟁당국이 조사를 하고 제재하고 있으므로 카르텔에 가담하지 않는 것이 상책이며, 이미 가담하였을 경우 신속히 감면제도를 운영하는 경쟁당국들에게 신청하는 것이 바람직.

이 자진신고를 하여 적발되었다는 점을 명심할 필요가 있다. 미 법무부 Scott Hammond 부차관보는 '도둑들에겐 명예가 없다(There is no honour amongst thieves)'[37)]는 말을 인용하면서 가담기업간 동료의식을 가져봐야 본인만 손해라고 주장한 바 있다.

국내기업이 외국 경쟁당국으로부터 부과 받은 벌금에 비해 공정위가 외국기업에 부과한 과징금 규모가 현저하게 적다. 하지만 한국 공정위는 미국, EU, 카나다 등과 함께 전세계적으로 국제카르텔을 직접 제재한 몇 안되는 경쟁당국에 속한다. 물론 국내기업이 해외에서 카르텔로 인해 부과된 벌금금액이 총 6,268억원인데 반해 공정위가 부과한 금액은 127억원에 불과한 것이 사실이다. 특히, 삼성전자가 DRAM 담합으로 3억불(약 3,100억원)의 벌금을 부과받는 등 미국이 한국 기업들에게 부과한 5,111억원에 비하면 벌금액수에 큰 차이가 있다. 그러나 공정위의 부과금액과 우리 기업이 외국에서 부과 받은 벌금이 차이나는 이유는 적발능력의 차이 때문이라기 보다는 시장규모(관련매출액)의 차이에 기인한다. 국내기업이 더 이상 국제카르텔에 연루되지 않고 공정위의 국제카르텔 사건처리 실적이 증가할 경우 이러한 차이는 줄어들 것이다.

공정위는 국제카르텔 사건은 감면신청을 통해서가 아니면 적발이 어렵다는 점을 감안하여 감면제도를 지속적으로 보완하고 적발한 사건은 반드시 처벌한다는 법집행 의지가 있다. 국제카르텔 적발에 유용한 감면제도의 활성화를 위해 구두신청 허용, Penalty Plus의 도입 등 제도의 추가적인 개선을 꾸준히 검토할 예정이다. 참고로 미국은 Amnesty Plus 제도의 실효성을 확보[38)]하기 위하여 Amnesty Plus를 이용하지 않은 기업의 카르텔혐의가 추가로 드러날 경우 관련매출액의 80%까지 벌금을 부과하고 Plea Agreement를 배제하는 Penalty Plus제도를 운영하고 있다.

---

37) Terry Calvani, "Enforcement of Cartel Law in Ireland"(2003)에서 저자는 Scott Hammond 미국 법무부 부차관보의 말을 인용하여 감면제도 앞에서는 동료의식조차 사라진다고 설명.

38) Gary Spratling "The Increasing Globalization of International Cartel Enforcement", p. 7은 감면제도, Amnesty Plus, Penalty Plus제도 등으로 인해 적발건수가 획기적으로 증가하였다고 설명.

3. 우리나라의 카르텔 규제

(1) 우리나라 카르텔 규제환경의 특수성 평가

우리나라는 경제구조의 고도화와 카르텔에 대한 공정위의 지속적인 시정 노력에도 불구하고, 아직까지 카르텔 발생 빈도가 높은 것으로 평가되고 있다.

그 이유로는 정부 주도의 압축적 성장과정에서 (1) 주요 산업이 대기업 위주의 과점체제로 형성된 점,[39] (2) 산업 각 부문에서 정부의 행정지도가 보편화되어 있는 점, (3) 정부가 개발전략을 효율적으로 수행하기 위하여 중소기업의 단체화를 추진하여 거의 모든 업종에 사업자단체가 설립되어 이것이 카르텔의 온상으로 작용한 점,[40] 등이 지적되고 있다. 또한, 우리나라에는 공공건설, 발전설비, 철도설비 등 공공부문이 수요를 독점한 분야가 존재해 왔고, 그러한 부문에서 민간업체들이 사업수주를 하는 과정에서 입찰담합이 빈번하게 발생하고 있다.[41] 또한, 우리나라 사업자들은 유교적인 온정주의 전통으로 인하여 경쟁업체간의 유대의식이 강하고, 그러한 문화에 기인하여 카르텔이 자연스럽게 형성되는 경우도 많이 있는 것으로 파악되고 있다.

우리나라의 카르텔의 또 하나의 특색은 경성카르텔의 비중이 매우 높다는 점이다.[42] 1981년부터 2003년까지 공정위에 적발된 카르텔을 위반행위 유형

39) 공정위가 한국개발연구원(KDI)에 의뢰하여 조사한 결과 우리나라 시장의 독과점 정도는 매우 심한 것으로 나타났다. 조사대상 591개 업종의 HHI 평균은 97년 1,650, 98년 기준으로 1,920으로 나타나 미국의 718(97년도)보다 훨씬 높았다. 일반적으로 과점시장에서 카르텔이 나타날 가능성이 높은 것으로 평가되고 있다.

40) 사업자단체는 그들이 속한 산업이 성장하는 데 필요한 해외정보 수집, 교육자료 발간, 정부에 대한 정책수립 참고자료 제공 등 긍정적인 역할도 많이 수행하였지만, 해당업계의 공동의 이익을 도모하기 위하여 가격결정, 공급량 제한 등 카르텔을 선도·조장하거나, 회원사들의 사업활동을 구속하여 정상적인 경쟁을 제한하는 등 많은 부작용을 초래하고 있다. 공정거래법 제정이후 2003년도까지, 공정위는 사업자단체의 공정거래법 위반행위 1,466건에 대하여 시정조치 하였는데, 이중 59%인 872건이 카르텔과 관련된 사건이었다. 이는 사업자단체가 우리나라 모든 산업에 광범위하게 존재하면서 경쟁제한적인 행위, 특히 카르텔의 온상이 되어 왔다는 것을 보여주는 것이다.

41) 98년부터 2004년까지 공정위가 처리한 부당공동행위 208건 중 입찰담합 건은 47건으로 22.6%에 해당하며, 입찰담합으로 조치받은 피심인 수는 담합행위로 시정조치된 총 1,271개 업체중 277개(21.8%)이고, 부과 과징금은 담합행위 총 부과 과징금 3,994억원중 1,549억원(38.8%)에 달한다.

42) 부당한 공동행위 세부행위 유형별 조치건수(건)

구 분	'81-'92	'93	'94	'95	'96	'97	'98	'99	'00	'01	'02	'03	'04	'05
가격의 공동결정·유지	45	11	13	20	27	14	33	29	37	32	31	16	28	38
판매조건등의 공동결정	8	-	1	1	1	1	-	-	3	3	2	2	1	-
생산·출고등의 제한	16	1	2	1	-	1	-	-	2	-	1	1	1	-
거래지역·거래상대방 제한	14	2	2	2	3	3	2	-	2	4	5	1	1	5

별로 분석해보면 가격의 공동결정·유지행위가 374건, 거래지역이나 거래상대방 제한행위가 46건, 출고조절 등 생산량 제한이 26건의 順으로 나타나 가격과 관련된 공동행위가 가장 큰 비중을 차지하고 있다. 2, 3위에 해당하는 거래지역·거래상대방 제한행위나 출고조절 등 생산량 제한행위도 경쟁제한성이 큰 이른바 '경성카르텔'이다.

이러한 특성에 비추어 볼 때, 우리나라의 카르텔 규제에 있어서는 특히 카르텔 친화적인 문화를 개선함과 동시에, 다른 정부기관과의 협조를 통한 경쟁문화의 확산이 우선되어야 할 것으로 보인다. 더불어 카르텔 발생빈도가 높고 경성카르텔의 비중이 크다는 것은 그 시정을 위해 카르텔에 대한 보다 강력한 제재가 수반되어야 한다는 것을 의미한다.

2. 한국 카르텔 규제의 어제와 오늘

(1) 카르텔 규제의 연혁

우리나라에서 공정거래법의 역사는 카르텔 규제 강화의 역사라고 말할 수 있다. 80년대 이전만 하더라도 카르텔은 심각한 위법행위로 받아들여지지 않았다고 할 수 있다. 제정 공정거래법(1980.12.31)이 공동행위 등록제를 규정하고, 카르텔에 대하여 상당히 관대한 태도를 취하고 있는 것이 이를 반증하고 있다.

본 항목에서는 제정 공정거래법의 내용을 간단히 살펴보고 이후의 변천과정을 규제방식 및 대상, 위법성 판단기준, 적발의 수단, 제재 수준의 측면에서 각 살펴보기로 한다.

(가) 제정 공정거래법상의 카르텔 규제

제정 공정거래법은 사업자가 다른 사업자와 공동으로 ① 가격을 결정·유지 또는 변경하는 행위 ② 상품의 판매조건 또는 용역의 제공조건이나 그 대금 또는 대가의 지급조건을 정하는 행위, ③ 상품의 생산·출고 또는 판매의

상품 종류·규격의 제한	8	–	–	1	–	–	–	–	–	–	1	–	1	–
공동회사 설립	–	1	–	1	2	1	–	–	3	2	5	–	1	2
사업활동·내용의 제한	–	1	1	–	3	2	2	5	–	2	2	3	2	1
계	91	16	19	26	36	22	37	34	47	43	47	23	35	46

* '81～'92년 기간중에는 '시정권고' 이상, '93년 이후는 '경고' 이상 조치된 건수임.
* '81～'92년 기간중에는 1개 사건에 관하여 위반행위유형이 2개 이상 될 수 있음.
('93년 이후에는 각 사건에 대하여 대표적인 위반행위유형을 특정하여 1개로 분류)

제한이나 용역의 제공을 제한하는 행위, ④ 거래지역 또는 거래상대방을 제한하는 행위, ⑤ 생산 또는 용역의 제공을 위한 설비의 신설 또는 증설이나 장비의 도입을 제한하는 행위, ⑥ 상품의 생산 또는 판매 시에 그 상품의 종류 또는 규격을 제한하는 행위를 하고자 할 때에는 경제기획원에 등록하도록 하고, 등록하지 않은 공동행위는 무효로 규정하였다. 이때, 경제기획원은 등록신청 사항이 공공의 이익에 반하여 일정한 거래 분야의 경쟁을 실질적으로 제한하게 되는 경우에는 등록을 거부할 수 있으나, 사업자가 불황극복 · 산업합리화 등 부득이한 사유가 있음을 입증한 경우에는 이를 거부할 수 없도록 하였다.

한편, 경제기획원 장관은 등록된 공동행위에 대해 그 등록사유가 소멸된 경우나 등록사항과 다른 행위를 한 경우, 경제상황의 변동으로 인하여 공공의 이익에 반하는 경우 등에는 당해 행위의 중지, 등록의 취소 기타 시정을 위한 필요한 조치를 명할 수 있었다.

합의가 아닌 공동의 실행행위를 규제 대상으로 하고 있었다는 점, Positive 규제 시스템을 채택하였다는 점, 제재에 있어 단순 시정명령만이 가능하였다는 점이 특색이다.

(나) 규제의 방식 및 대상의 변화

제정법의 등록제도는 1986년의 제1차 개정법에서 곧바로 현재와 같은 일반적인 금지 후 인가의 방식, 즉 Negative 규제 시스템으로 전환되었다.

규제대상으로 영업의 주요부문을 공동으로 수행하거나 관리하기 위한 회사를 설립하는 행위와 다른 사업자의 사업내용 또는 활동을 제한하는 행위가 삽입된 것도 제1차 개정으로 인한 것이다.

공동의 실행행위가 아닌 합의만으로도 카르텔이 성립할 수 있음을 규정한 것은 제3차 법 개정(1992.12.8)때의 일이다. 또한, 2004년 제11차 개정법은 합의를 하게 하는 행위도 위반행위의 범주에 포함되도록 하고 상품 규격의 제한행위에 용역의 규격을 제한하는 행위도 추가하고 제8호의 포섭범위를 제1호 내지 제7호에 속하지 않는 행위로 한정하는 등 규제 범위를 일부 수정하였다.

(다) 위법성 판단기준의 변화

제정법 이래 공정거래법은 부당한 공동행위의 위법성 판단에 있어 "일정한 분야에서 경쟁을 실질적으로 제한"하는지 여부를 기준으로 하였다. 이것이 현재와 같이 "부당하게 경쟁을 제한하는"으로 변경된 것은 제7차 법개정(1999.2.5)으로 인한 것이다. 당시 이러한 기준 변경의 목적은 우리 법상 규정된 카르텔 유형은 모두 경성카르텔에 해당한다는 전제하에 그 위법성 판단기준을 미국 판례법상의 "당연위법의 원칙"에 준하여 완화하기 위한 것이었다. 그러나, 변경 후의 법 역시 "부당성"을 위법성 판단요건으로 함으로써 당연위법의 원칙을 채택하려던 의도가 관철되지 못하였다는 평가를 받고 있다.

(다) 규제 수단의 발전

카르텔 행위는 은밀한 합의를 핵심적인 구성요건으로 하는데, 이를 직접 입증해 내기란 매우 어려운 일이다. 이를 보완하기 위한 노력이 다음과 같이 두 가지 측면에서 계속되어 왔다.

우선, 명시적 합의를 입증하기 어려우나 카르텔의 정황이 농후한 경우 공동행위의 외관으로부터 합의를 추정할 수 있도록 하는 제도가 86년의 제1차 법 개정으로 도입되었다.

한편, 당국의 직권조사만으로는 은밀하게 행해지는 카르텔을 모두 적발해 낸다는 것이 매우 어려운 일이므로, 공정위는 카르텔에 가담한 자 혹은 증거를 가지고 있는 제3자의 신고를 유인해내기 위한 제도들을 적극 도입하고 있다. 우선, 자진신고자 감면제도를 96년 조사개시 전의 증거제공자(신고자)에 한하여 도입하였다가 2000년 제9차 법 개정으로 조사협조자에까지 확대한 바 있고, 최근 그 활용도를 제고하기 위해 제도를 대폭 개선한 바 있다. 2002년 도입된 카르텔 신고자 등에 대한 신고포상금 제도는 후자의 예이다.

(라) 제재 수준의 강화

카르텔에 대한 제재의 수준은 점차 강화되고 있다. 제정법은 단순 시정명령만을 할 수 있도록 하였다. 그러나 부당한 방법으로 이윤을 추구하는 행위에 대하여는 그 이득을 박탈하는 것이 가장 효율적인 규제 수단이 된다는 관점에서 86년 공정거래법 개정시에 카르텔 행위에 대해 우리 법 체계상 최초로 과징금이 도입되었다.

과징금의 부과 상한도 차츰 높아지고 있는데, 최초 도입 당시에는 위반행위 기간 관련 매출액의 1/100을 한도로 하고 있었으나, 94년 제4차 법개정을 통해 5/100로 상향 조정되었고, 2004년 제11차 법개정으로 다시 10/100으로 조정되었다.

(2) 현행의 카르텔 규제 제도

(가) 금지의 대상

법 제19조에 의하여 금지되는 것은 "다른 사업자와 공동으로 부당하게 경쟁을 제한하는 일정한 행위를 할 것을 합의하거나 다른 사업자로 하여금 이를 행하도록 하는 행위"이며, 금지되는 합의의 내용은 다음과 같다.[43)]

1. 가격을 결정 · 유지 또는 변경하는 행위
2. 상품 또는 용역의 거래조건이나, 그 대금 또는 대가의 지급조건을 정하는 행위
3. 상품의 생산 · 출고 · 수송 또는 거래의 제한이나 용역의 거래를 제한하는 행위
4. 거래지역 또는 거래상대방을 제한하는 행위
5. 생산 또는 용역의 거래를 위한 설비의 신설 또는 증설이나 장비의 도입을 방해하거나 제한하는 행위
6. 상품 또는 용역의 생산 · 거래 시에 그 상품 또는 용역의 종류 · 규격을 제한하는 행위
7. 영업의 주요부문을 공동으로 수행 · 관리하거나 수행 · 관리하기 위한 회사 등을 설립하는 행위
8. 제1호 내지 제7호 외의 행위로서 다른 사업자의 사업활동 또는 사업내용을 방해하거나 제한함으로써 일정한 거래분야에서 경쟁을 실질적으로 제한하는 행위

대법원은 부당한 공동행위 규제의 대상이 '합의'임을 분명히 하고 있으며, 합의의 실행을 요하는 것은 아니라고 판시[44)]하고 있다. 또한 동 합의가 언제 종료하였는지에 대해서는 '위 합의에 명백히 반하는 행위를 함으로써 더 이상 위 합의가 유지되고 있다고 인정하기 어려운 사정이 있는 경우'라고 법원은 판시[45)]하고 있다. 이는 합의를 기초로 수요자들과 협상하게 되며 이 과정에서

---

43) 각 행위 유형에 대한 자세한 판단기준은 2002.5.8. 제정된 "공동행위 심사기준" 참조.

44) 대법원 2001.5.8.선고 2000두10212; 대법원 2000.11.16.선고 99누6226. 포스틸 등 4개 강판제조업체의 운송비 공동결정행위 건. 법 제19조제1항에 의한 부당한 공동행위는 사업자가 다른 사업자와 공동으로 일정한 거래분야에서 경쟁을 실질적으로 제한하는 법 제19조제1항 각호의 1에 해당하는 행위를 할 것을 합의함으로써 성립하고 합의에 따른 행위를 현실적으로 하였을 것을 요하는 것은 아님.

※ 참고판례 : 대법원 2001.5.8.선고 2000두6510; 대법원 2000두6503, 2000두7872; 대법원 2000.6.29.선고 99누6110, 99누6103; 대법원 2000.8.29.선고 99누6349; 대법원 2002.4.30.선고 2001누7499; 대법원 2001.9.18.선고 2001누7482; 대법원 2002.1.10.선고 2001누7505.

부분적으로 합의내용이 변경되는 경우에는 '합의에 명백히 반하는 행위'에 해당되지 않는다는 것이다.

장기간에 걸쳐 여러 종류의 합의가 수회 반복된 경우 하나의 공동행위인지 여부에 대해서는 최근 확정된 흑연전극봉 판례[46]에서 대법원은 '기본적 원칙에 관한 합의를 하고, 이에 따라 위 합의를 실행하는 과정에서 수회에 걸쳐 회합을 가지고 구체적인 가격의 결정 등을 위한 합의를 계속하여 온 경우 그 회합 또는 합의의 구체적 내용이나 구성원에 일부 변경이 있더라도, 그와 같은 일련의 합의는 전체적으로 하나의 부당한 공동행위로 봄'이라고 판시하고 있다.

또한 현재까지 행위유형과 관련하여 법원이 판단한 사건들은 제19조 제1항 1호(가격), 3호(물량), 6호(규격제한)와 관련하여 판례가 축적되고 있다.

(나) 위법성 판단기준

공정거래법 제19조는 부당한 공동행위, 즉 경쟁제한성이 있는 공동행위가 금지대상이 됨을 명백히 하고 있다. 경쟁제한성은 사업자가 공동으로 어떤 행위를 함으로써 시장에서의 경쟁이 감소하여 공동행위 참여자의 의사에 따라 가격, 수량, 품질, 기타 거래의 조건의 결정에 영향을 미칠 우려가 있는 경우에 인정된다.

그간의 심결례를 보면 경쟁제한성 판단에 있어서는 시장점유율이 가장 중요한 요소로 고려되고 있다. 즉, 참여사업자의 시장점유율이 시장지배적 지위의 추정요건(1사 50% 이상, 3사 75% 이상)에 해당되는 경우 이들 사업자의 공동행위는 시장에서의 가격이나 기타 거래내용에 영향을 미칠 수 있고 따라서 경쟁제한성이 인정된다고 판단하는 것이다. 이에 대해서도 몇가지 비판이 존

45) 서울고법 2004.11.24.선고2003누9000 에프 호프만 라로슈 등 6개사의 비타민 가격 등 공동결정행위건, 고법확정. 공정거래법 제19조 제1항에 규정하는 부당한 공동행위는 가격의 결정 등 부당하게 경쟁을 제한하는 행위를 하기로 합의하면 성립하고 그 합의에 기한 실행행위를 그 요건으로 하지는 않으므로, 이러한 행위가 종료한 날이라 함은 이러한 합의가 더 이상 존속하지 않게 된 날을 의미하고, 합의가 더 이상 존속하지 않게 되었다 함은 이러한 합의에 정해진 조건이나 기한이 있었는데 그 조건이 충족되거나 기한이 종료한 경우 또는 당해 사업자가 탈퇴하거나, 당사자 사이에 합의를 파기하기로 한 경우, 또는 사업자들이 합의에 의하여 인상한 가격을 다시 원래대로 환원하는 등 위 합의에 명백히 반하는 행위를 함으로써 더 이상 위 합의가 유지되고 있다고 인정하기 어려운 사정이 있는 경우 등이 이에 해당한다고 할 것임.

46) 흑연전극봉 대법원 판결 : 2006. 3. 23.선고 2003두11124(토카이 카본 코퍼레이션 리미티드), 2006. 3. 23선고 2003두11155(SGL CARBON Aktiengesellschaft), 2006. 3. 24.선고 2003두11148(에스이씨 코퍼레이션).

재한다. 첫 번째는 시장지배적 사업자 추정요건이 너무 관대하다는 지적이다. 당초 카르텔 판단을 위한 요건이 아닌 M&A, 시장지배적 지위남용 판단을 위한 기준을 차용해 사용하고 있지만 지나치게 기준이 높다는 지적이다. 두 번째는 경쟁제한을 목적으로 하는 경성카르텔은 그 자체로 경쟁제한적이다는 지적이다. 이미 경쟁제한적인데 시장점유율 분석을 통해 혹시 경제적 효율을 목적으로 하고 부수적으로 경쟁을 제한하는 효과가 있는 공동행위인지를 확인해야 하는가의 문제이다.

미국에서는 경쟁제한성의 판단에 관하여 전통적으로 당연위법의 원칙과 합리 원칙이라는 2가지 접근방법이 사용되어 왔다. 당연위법의 원칙은 공동행위의 존재, 즉 합의가 있었음이 증명되면 경쟁제한성을 따로 입증할 필요도 없이 위법성이 인정된다는 것이며, 합리원칙은 공동행위가 실제로 시장경쟁을 저해하는지를 종합적으로 검토하여 위법성이 결정되어야 한다는 것이다. 가격담합, 생산량 담합 등 이른바 경성카르텔은 당연위법원칙의 적용대상으로 보는 것이 미국 판례의 주류적 경향이라고 할 수 있다. EU의 경우에도 미국에서 형성된 이러한 판례법리를 대부분 수용하고 있는 것으로 보인다.

그러나 우리나라의 공정거래법은 카르텔이 성립하기 위해서는 '부당하게 경쟁을 제한'하여야 한다는 요건을 충족하도록 규정하여 경성카르텔에 대하여도 합리원칙에 따른 위법성 판단을 거치도록 요구하고 있는 것으로 해석될 여지가 큰데, 이는 국제적인 흐름과는 다소 거리가 있는 것이다. 경성 카르텔의 경우는 그 경쟁제한성에 대한 별도의 심사가 불필요하다는 것이 선진 각국에서의 경험의 결과물이고 보면, 우선은 법문의 태도 때문에 경성카르텔에 대하여도 간략한 경쟁제한성의 입증이 불가피하다는 오해의 소지가 해소되지 않았더라도 장기적으로는 불필요한 행정력의 낭비를 막기 위해 국제적 기준에 합당한 입법조치가 필요하다고 생각된다.

(다) 인가제도

우리 법은 86년 제1차 개정 이래 일정 요건 하에서 부당한 공동행위를 공정위가 인가할 수 있도록 규정(법 제19조 제2항)하고, 인가를 득한 카르텔은 규제의 대상에서 제외하고 있다. 법은 인가의 사유로 산업합리화, 연구·기술개발, 불황의 극복 등 6가지를 규정하고 있으나, 법 시행령은 그 적용기준을 매우 엄격하게 규정하고 있다(령 제24조 내지 제28조).

공동행위에 대한 예외적 인가제도는 산업정책적 배려 차원에서 경쟁법상의 이익을 양보한 것으로서 장기적으로는 폐지되어야 할 제도라고 보며, 실제로도 그동안 매우 제한적으로 운용되어 왔다. 지금까지 공정위로부터 인가를 받은 공동행위는 7개[47]였는데, 모두 1980년대에 중소기업의 경쟁력 향상을 위하여 인가된 것이었으며, 현재 효력이 남아 있는 것은 없다. 적용에 예외를 둘 필요가 있다면 산업정책적 고려보다는 EU의 block exemption 등을 참조하여 경쟁법 집행의 예외를 인정하는 제도보완을 검토할 필요는 있다고 본다. 더구나 최근 제주도 관광협회의 사업자단체 금지행위를 판단한 대법원이 본 인가조항을 제19조 제1항의 위법성 판단의 기준[48]으로 제시하는 등 불필요한 오해의 소지를 해소할 필요가 있다.

(라) 합의의 추정

2 이상의 사업자가 일정한 거래분야에서 경쟁을 실질적으로 제한하는 제1항 각호의 1에 해당하는 행위를 하고 있는 경우 동 사업자 간에 그러한 행위를 할 것을 약정한 명시적인 합의가 없는 경우에도 부당한 공동행위를 하고 있는 것으로 추정한다(법 제19조 제5항). 이는 부당한 공동행위의 외관으로부터 그 합의를 법률상 추정하는 제도이다.

이 규정의 해석과 관련하여 두 가지 문제에 관하여 견해가 대립되고 있다. 첫 번째 문제는 합의를 추정하기 위해 '행위의 외형상의 일치'와 '경쟁제한성'의 입증만으로써 족한 것인가, 아니면 이외에 사업자들의 합의를 추정케 할 '정황사실(추가적 요소)'이 있어야 하는가이다. 두 번째 문제는 합의를 추정하기 위하여 입증되어야 하는 경쟁제한성은 '합의가 추정되기 이전 상태'에서 판단되어야 하는가, 아니면 이를 '합의 내지 암묵적 양해가 존재한다는 전제' 하에서 판단하여야 하는가이다.

공정위는 그동안, 합의 추정을 위해서는 '행위의 외형상의 일치'와 '경쟁제한성'의 입증 이외에, 합의를 추정케 할 '정황사실'이 필요하다는 입장에서 법 집행을 해 오고 있으며, 경쟁제한성은 '합의 내지 암묵적 양해가 존재한다는 전제'하에서 판단해 왔다.

---

47) 밸브제조업자간의 생산물량 배정, 원자재 공동구매(88.9-93.9), 항공화물 취급수수료 공동결정(81.10-96.7), 선박관련 서비스 요금 공동결정(4건) 인가가 그것이다.

48) 대법원 2005. 9. 9.선고 2003두11841, '… 이로 인하여 경쟁이 제한되는 정도에 비하여 법 제19조 제2항 각 호에 정해진 목적 등에 이바지하는 효과가 상당히 커서 소비자를 보호함과 아울러 국민경제의 균형있는 발전을 도모한다는 법의 궁극적인 목적에 실질적으로 반하지 아니하는 예외적인 경우에 해당한다면, 부당한 가격제한행위라고 할 수 없다'라고 판결 이유에 적시하여 제19조 제2항을 제19조 제1항의 판단기준으로 활용하였다.

그러나, 대법원은 '동서식품 사건' 판결[49]에서 합의 추정을 위해서는 '행위의 외형상의 일치'와 '경쟁제한성'의 입증만으로써 족하며, 사업자들의 합의를 추정케 할 '정황사실'에 관한 입증은 불필요하다는 입장을 취했고, 경쟁제한성은 '합의가 추정되기 이전 상태에서의 경쟁제한성'이므로, '경쟁제한성의 유무는 사업자들의 합의가 없는 상태를 상정하여 판단하여야 한다'는 입장을 취하였다.

첫 번째 문제와 관련하여, 법문에 충실하게 해석하는 경우에는 부당 공동행위를 추정함에 있어서는 합의 내지 암묵적 양해를 추정케 하는 정황사실(추가적 요소)은 불필요하다는 견해도 가능하다고 본다.[50] 다만, 이와 같이 해석하는 경우, 피심인이 추정을 깨뜨리기 위해 합의의 부존재를 입증해야 하는데, 이는 대단히 어려운 일이어서 자칫 피심인이 억울하게 처벌을 받는 경우가 발생할 우려가 있다. 합의를 추정함에 있어 추가적 요소를 처음부터 도외시하는 태도 보다는 추가적 요소에 의하여 추정의 합리성을 뒷받침하는 것이 더 바람직하다는 의견이 많이 개진되고 있는 것은 이러한 이유에서 합리성이 있다고 생각된다.

두 번째 문제와 관련하여, 위 커피 판결을 계기로 이 의문에 대하여 학자들은 다양한 입장을 밝히고 있다. 1) 외관의 일치가 입증되면 합의가 추정되고 여기에 경쟁제한성이 입증되면 부당한 공동행위가 추정된다고 보는 입장[51]이나 2) 외관의 일치와 추가적 사실(plus factor)이 입증되면 합의가 추정되고 경쟁제한성이 입증되면 부당한 공동행위가 성립한다고 보는 입장[52]에서는 실질적 경쟁제한성은 합의추정의 요건이 아니라 합의가 추정된 이후의 부당성 판단에 관한 문제로 보아야 한다고 보게 된다. 그러나 3) 법문의 문리해석상 외형상 일치와 경쟁제한성이 입증되어야 합의가 추정된다고 해석할 수밖에 없다는 견해는 대법원 판결을 지지하면서도 경쟁제한성을 합의 추정의 요건으로 하는 것은 간접사실과 요건사실 사이의 논리적 인과관계가 전도된 것으로 입법론적으로는 타당하지 않다고 한다.[53]

---

49) 대법원 2002.3.15. 선고 99두6514, 6521 판결.

50) 법률에 추정규정을 두지 않고 있는 미국 등의 국가에서는 합의를 '사실상' 추정할 수밖에 없고, 이를 위해서는 합의를 추정케 하는 '추가적 요소'가 반드시 필요하다.

51) 김영호, 부당한 공동행위에 있어 합의의 존재 추정방법, 법률신문 2002.4.18.자 참조.

52) 양명조, 부당한 공동행위에 대한 판례, 권오승 편, 자유경쟁과 공정거래, 법문사 2002 참조.

53) 이봉의, 부당한 공동행위에 있어서의 합의의 추정, 쥬리스트. 2002.5. 76면 참조.

대법원의 위 판시가 "실질적 경쟁제한성"을 합의추정의 요건으로 본 것은 법문의 규정태도에 따른 불가피한 판단이라고 하더라도, 이를 합의를 상정하지 않은 상태에서 판단하여야 한다는 것은 경쟁 사업자 간의 "합의에 의한 경쟁 제한"을 방지하려는 공동행위의 규제 목적을 전연 무시한 것일 뿐 아니라, 외관의 일치라는 사실만으로 경쟁을 실질적으로 제한하는 경우를 상정하는 것은 불가능하기 때문에 법 제19조 제5항을 사문화시키는 결과를 야기하게 되므로 이를 지지하기 어렵다고 하겠다. 즉, 공동행위의 위법성(구체적으로는 경쟁제한성)의 본질이 경쟁자간의 합의로 부당한 시장지배력을 형성하였다는 데 있는 것인 이상, 실질적 경쟁제한성은 합의를 전제로 판단할 수밖에 없다고 할 것이다.

추정조항은 법률상의 사실추정으로서 이를 복멸시키기 위해서는 상대방이 공동행위의 외관의 형성이 합의에 의한 것이 아니라는 점에 대한 입증책임을 부담하게 된다. 우리나라 법원은 법 제19조 제5항에 따라 부당한 공동행위가 추정된다고 하더라도, 다음과 같은 사정이 밝혀진다면 그 추정은 번복될 수 있는 것으로 판시하고 있다(서울 고법 2000.10.24).

① 외부적으로 드러난 동일 유사한 가격책정행위가 실제로는 아무런 명시적·묵시적 합의나 상호간의 요해 없이 각자의 경영판단에 따라 독자적으로 이루어졌음에도 마침 우연한 일치를 보게 된 경우

② 상대방 사업자와 공통적으로 관련된 외부적 요인이 각자의 가격결정 판단에 같은 정도의 영향을 미침으로써 부득이 동일 유사한 시기에 동일 유사한 행동을 할 수 밖에 없었던 경우

③ 과점시장의 경우 가격선도업체가 독자적인 판단에 따라 가격결정을 하자 후발업체가 이에 동조하여 일방적으로 선도업체의 가격을 단순히 모방한 경우.[54] 이 경우에도 선도업체가 종전의 관행 등 시장현황에 비추어 가격선도를 하면 이어 후발업체들이 이에 동조할 것이라고 예견하고 가격선도를 하였

54) 이는 미국에서 논의되어 온 이른바 "의식적 동조행위(conscious parallelism)"의 문제인데, 미국에서는 판례의 변천이 있었으나, 현재의 판례는 단순한 의식적 동조행위는 위법의 범주에서 제외하는 경향이라고 할 수 있다. 반면, 그것이 공동행위가 아니고서는 나타날 수 없다는 점이 추가적 요소(plus factor)에 의해 밝혀진 경우에는 위법한 카르텔을 구성할 수 있는 것으로 보고 있다. 우리 법 상으로는 법 제19조제5항의 해석상 의식적 동조의 경우에도 그것이 공동행위의 외관을 형성하는 경우에는 합의에 의한 것으로 추정되지만, 사업자 측에서 그것이 단순한 의식적 동조라는 점을 입증한 경우에는 합의의 추정이 복멸된다는 논리가 성립하게 된다. 이 판례도 이러한 논리에 입각하고 있는 것으로 생각된다.

다고 보이는 때에는 당연히 이 범위에서 제외되어야 할 것이다

실제로 법원은 공동행위의 외관의 형성에 행정지도가 개입되어 있는 경우 등에는 추정의 복멸을 다소 쉽게 인정하고 있다. 개인적인 견해로는 공정거래법 제19조 제5항 추정규정은 카르텔 규제에 대한 실효성을 확보하기 위하여 예외적으로 적용되는 보충적 성격의 규정인 바, 카르텔 사건을 처리함에 있어 동 규정에 너무 의존하는 것은 바람직하지 않다고 본다. 이러한 관점에서 합의에 관한 명백한 증거가 없더라도 정황증거가 충분한 경우에는 합의가 '사실상' 입증된 것으로 보아, 법 제19조 제5항 추정규정보다는 제1항의 규정을 적용하여 위법성을 인정하는 것이 바람직할 것이다. 그렇게 된다면 법 제19조 제5항 추정규정은 정밀한 경제적 분석을 토대로 합의에 관한 확신이 있고 그 추정이 복멸될 가능성은 없지만 합의에 관한 정황증거가 충분치 않은 경우에 적용될 것이다.

(마) 카르텔에 대한 제재

공정거래위원회는 제19조(부당한 공동행위의 금지) 제1항의 규정을 위반하는 행위가 있을 때에는 당해 사업자에 대하여 당해행위의 중지, 시정명령을 받은 사실의 공표 기타 시정을 위한 필요한 조치를 명할 수 있다(법 제21조).

공정거래위원회는 제19조(부당한 공동행위의 금지) 제1항의 규정을 위반하는 행위가 있을 때에는 당해 사업자에 대하여 대통령령이 정하는 매출액에 100분의 10을 곱한 금액을 초과하지 아니하는 범위 안에서 과징금을 부과할 수 있다. 다만, 매출액이 없는 경우 등에는 20억원을 초과하지 아니하는 범위 안에서 과징금을 부과할 수 있다(법 제22조). 법 시행령 제9조에 의하면 대통령령이 정하는 매출액이란 최근 3년간 평균매출액을 의미하지만, 제61조 및 별표에서는 이를 위반행위 기간동안의 관련 상품, 용역의 매출액으로 다시 한정하고 있다. 따라서 현행 규정상으로는 최근 3년간 평균매출액의 10%범위 안에서 다시 위반행위 관련 매출액의 10%를 한도로 과징금이 부과된다.

Ⅳ. 공정위의 카르텔 규제성과 및 향후 정책방향

1. 개 관

여기에서는 그동안 공정위가 카르텔 관련 정책의 수립과 집행을 얼마나 효율성 있게 수행해왔는지를 분석해보고 향후 법 집행방향을 제시하고자 한

다. 공공기관의 업무 성과를 정확히 평가하는 것은 매우 어려운 일이지만, 향후 정책방향을 결정함에 있어 그간 공정위의 업무성과를 개략적으로나마 살펴보고 남겨진 과제들을 정리해보는 것이 적지 않은 의미를 가질 것으로 생각한다.

2. 법 집행의 양적 측면

(1) 법 집행 강화

1) 서두에 언급한 바와 같이, 공정위는 시장경제질서를 저해하는 악질적 경쟁제한행위인 카르텔의 근절에 제1의 우선순위를 두고 1981년 공정거래법 시행 초기부터 적극적인 시정조치를 취해왔다.[55]

이를 간략히 살펴보면 공정위가 1996년 독립기관으로서의 위상을 확보한 이후 시정조치 실적이 크게 증가하였으며, 특히 1996년부터 2005년까지 최근 10년간의 시정조치실적이 1981년부터 1995년까지의 시정조치 실적보다도 6배가량 많은 사실을 알 수 있다(46건→254건). 검찰고발도 2000년 이후 대폭 증가(총 23건 중 19건)하였는데, 이 역시 카르텔 근절에 대한 공정위의 의지를 반영한 결과이다.

한편, 공정위가 공정거래법 시행이후 2005년도까지 부과한 총 1조 2303억원의 과징금 중 65%인 7517억원이 카르텔 사건에 대해 부과되었다. 1986년 공정거래법에 과징금이 도입된 이후, 공정위가 카르텔에 부과한 전체 과징금 액수 중 2000년 이후 최근 5년간 부과한 액수가 88%를 차지하고 있는데, 이는 최근 들어 공정위가 경제적 이익 박탈이 카르텔에 대한 효과적인 제재수단임을 인식하고 이를 적극적으로 집행한 결과이다.

<표 4> 공정위의 카르텔 시정실적

(경고이상, 건)

구 분	'81～'95	'96	'97	'98	'99	'00	'01	'02	'03	'04	'05	계
고 발	3	-	1	-	-	3	4	-	5	3	4	23
시정명령	46	19	11	32	34	32	29	34	11	24	28	300
(과징금)	(11)	(13)	(6)	(19)	(15)	(13)	(7)	(14)	(9)	(12)	(21)	(139)
시정권고	28	6	8	2	-	-	-	-	-	-	-	44
경 고	78	11	2	3	-	12	10	13	7	11	14	161

55) 그간 공정위가 처리한 주요 카르텔 사건에 대해서는 별첨 참조.

<표 5> 카르텔에 대한 과징금 부과실적

(단위 : 건, 백만원, 재결기준)

구분	'88-'95	'96	'97	'98	'99	'00	'01	'02	'03	'04	'05	계
건수	11	13	6	19	15	12	8	14	9	12	21	140
금액	4,447	14,513	1,092	31,991	36,158	198,812	23,617	53,109	109,838	28,758	249,326	751,661

이러한 법 집행실적은 미국의 벌금부과 액수에 미치지는 못하지만,[56] 카르텔 전담인력이나 조사권한의 정도, 경제 규모 등을 감안할 때, 상당한 성과를 거둔 것으로 평가할 수 있을 것이다.

2) 강력한 법 집행을 통해 경쟁비용이 카르텔 적발시의 처벌보다 작다는 인식을 심어줄 때에만 효과적으로 카르텔을 예방하고 시정할 수 있기 때문에 공정위는 향후에도 카르텔에 대한 법 집행을 강화할 방침이다.

이를 위해 지난해 말 카르텔 조사 전담조직을 신설하여 법 집행 강화를 위한 물적 토대를 마련하였다. 그러나, 현재의 카르텔 전담조직 역시 30명 내외의 소규모로 편성되어 있기 때문에 효율적 법 집행을 위해서는 규제 대상인 카르텔을 유형화하여 규제의 필요성이 시급한 분야에 자원을 우선 배분하여 효율성을 극대화할 필요가 있다. 이와 관련하여 공정위는 국민생활과 밀접한 관련이 있거나 과거 반복적 법위반이 있었던 분야를 우선적 감시대상으로 선정하여 자원을 집중 투입하고 있다.

카르텔 억제를 위해서는 카르텔에 대한 업무우선순위 부여와 함께 강력한 제재가 수반되어야 한다. 사업자들이 카르텔을 하는 가장 큰 이유는 금전적인 이득이 있기 때문인 바, 카르텔에 대한 가장 효과적인 제재방법은 카르텔로 인한 금전적 이득을 박탈하는 것이다. 금전적 이득 박탈 수준은 카르텔행위의 적발확률과 카르텔로 인한 행위자들의 금전적 이득 및 사회적 손실을 종합적으로 고려하여 산정하여야 하는데, 제재가 효과적이기 위해서는 카르텔에 부과되는 경제적 제재의 규모(T)가 카르텔로 인한 경제적 이득(X)과 적발되지 않을 확률(1-P(x))을 곱한 기대이익보다 더 커야 한다($T \geq X \times (1-P(x))$).[57] 2004

56) 미국 DOJ가 1997년부터 2002년까지 카르텔에 대해 부과한 벌금의 총액은 약 20억 달러에 이른다.

57) 이는 OECD의 카르텔 최적제재 시스템 논의(2002.10.)등을 통해 분석된 결론이기도 하다. OECD에 의하면, EU등 유럽국가는 관련매출액의 10% 내외를, 미국은 20%까지를 카르텔로 인한 이득으로 보고 있다.

년 12월 31일 개정된 공정거래법에 의하면 카르텔 가담자에 대하여는 관련 매출액의 10% 범위 내에서 과징금을 부과할 수 있게 되었다. 그동안 관련 매출액의 5%만으로는 법 위반행위를 억지하기에 부족하다는 지적이 많았음을 고려할 때, 금번 법 개정으로 상당한 법 위반 억지효과를 볼 수 있을 것으로 기대된다. 다만, 그동안 반복적으로 카르텔을 결성하는 사례가 빈번하였다는 점, 금번 법 개정에도 불구하고 우리 법상의 제재수준은 위반사업자의 전체매출액을 기준으로 과징금을 부과하는 국가에 비하여 다소 약하다는 OECD의 권고[58] 등을 감안할 때, 향후 제도 운영과정에서 카르텔 적발 건수, 반복의 정도 등을 고려하여 제재 수준을 추가적으로 상향조정하는 방안도 신중히 검토하여야 할 것이다.

(2) 카르텔 적발능력(적발율)의 제고

경쟁당국의 궁극적인 카르텔 규제목적은 '카르텔의 근절'에 있다. 카르텔 근절은 제재 수준과 적발능력에 크게 좌우한다. 카르텔 참여자가 적발되었을 때 받게 될 제재조치가 카르텔을 하지 않고 경쟁하는 비용보다 클 때 억지력이 생기는 것은 당연하다. 이와 더불어 카르텔은 반드시 적발된다는 적발위험이 클수록 카르텔 근절과 사전예방 효과가 커질 수 있다.

카르텔 적발율이라 하면 전체 카르텔 발생건수 중에서 공정위가 적발해 내는 비율이라 할 수 있다. 따라서 전체 카르텔 발생건수를 알 수 있다면 적발건수와 비교할 수 있어서 공정위의 카르텔 규제성과를 나타내는 매우 중요한 바로미터가 될 수 있을 것이다. 카르텔은 속성상 은밀히 이루어지므로 경쟁당국의 정보수집체계가 아무리 잘 갖추어 있어도 적발에는 한계가 있다. FBI의 수사지원을 받는 미국의 예를 보아도 카르텔 가담자가 적발될 위험부담은 13~17%에 불과한 것으로 분석(1961~88년 기준)[59]되고 있다. 그러나 이는 모수인 전체 카르텔 발생건수를 추산할 방법이 마땅치 않다는 한계가 있다.

전체 모수를 파악할 수 없다는 한계가 있지만, 차선으로 공정위가 인지한 사건 중에서 증거를 찾아내서 최종 처분에 이른 사건의 비율을 살펴보는 것이 집행능력을 평가할 수 있는 현실적인 방법이 아닌가 한다. 1981년부터

---

58) 2004 OECD 한국경제보고서 158면 참조.

59) OECD, Report on the nature and impact of Hard Core Cartels and Sanctions against cartels under national competition laws, DAFFE/COMP(2002)7, 09 April 2002, p.13.

2004년 말까지 공정위가 인지한 총 카르텔 사건은 900건으로 파악된다. 그 처리 결과를 보면, 경고(또는 시정권고) 이상의 조치가 취해진 사건이 444건(49.3%), 시정조치 이상(시정조치, 고발, 과징금)의 조치가 행해진 사건이 266건(29.6%)이다.

신고 사건 중에는 아무런 입증 자료가 없이 신고되는 경우가 상당수를 차지하고 있는 현실에서 공정위가 임의적 조사권만을 가지고 은밀하게 행해져 증거 발견이 쉽지 않은 카르텔 조사에 이 정도의 적발율을 올리고 있는 것은 상당한 성과라고 할 것이지만, 적발율의 제고는 앞으로 공정위가 해결해야 할 가장 큰 과제 중의 하나로 남아있다. 이를 위해서는 카르텔 조사기법의 개발, 경제분석 강화, Leniency 등 제보의 활성화, 조사권 강화가 필수적이라고 하겠다.

우선 카르텔은 갈수록 그 행태가 날로 지능화되고 있으며 정보통신의 발달에 따라 문서 형태의 합의 증거를 찾기는 점점 어려워지고 있는 것이 현실이다. 더군다나, 최근에 와서는 기업체들의 건물이 첨단화되어 직원용 인식카드 없이는 회사내부에 접근하여 조사하는 것 자체가 불가능한 경우도 발생하고 있다. 이러한 카르텔 규제 환경에 대응하기 위해 공정위는 검찰이나 경찰의 전문적 수사기법을 연구하고 관련기관에 조사공무원을 위탁교육하는 방안을 마련하여 시행하고 있다. 또한 다자간, 양자간 접촉을 통해 선진 국가들의 조사 경험을 벤치마킹하는 등 다방면으로 노력하고 있다.

다음으로, 명시적인 합의의 증거가 없는 경우에 카르텔의 존재를 효과적으로 입증하기 위해서는 경제적 증거가 필요하며, 이를 위해서는 '경제적 분석'이 강화되어야 한다. 경제적 분석을 강화하여 실시하면, 특정 카르텔로 인한 소비자 피해액도 산출할 수 있게 되며, 제재수준을 결정할 때에 많은 도움이 될 것으로 기대된다. 경제적 분석의 중요성에 관해서는 각국에서도 인식하고 있는데, 특히 미국의 경우, Posner판사는 '경제학적 접근방법'에 따라 '경제적 증거'를 찾아내고, 이를 통하여 묵시적 가격 카르텔을 효과적으로 입증할 수 있다고 주장하고 있는데, 많은 참고가 될 것으로 본다.[60)]

60) Posner가 예시하고 있는 경제적 증거로는 다음과 같은 것들이 있다.

① 시장에 있는 주요 기업들이 상당기간에 걸쳐 각자 동일한 또는 거의 동일한 시장점유율을 유지하고 있다는 것은 그들이 판매지역의 고정이나 판매량 할당 또는 소비자 할등 등에 의하여 시장을 분할함으로써 경쟁을 제거시켰다는 단서가 된다.

② 영구적 또는 조직적 가격차별은 카르텔의 증거가 될 수 있다.

③ 특정산업에 종사하는 기업들이 동 산업을 유지하기 위해 필요한 '적정한' 가격수준에 관

또한, 공정위는 최근 법령의 개정을 통해 카르텔에 대한 자진신고자 감면제도와 신고포상금 제도를 대폭 개정한 바 있다. 상세한 내용은 위에서 설명한 바와 같다. 카르텔은 경쟁사업자 간에 은밀하게 벌어지는 공모이므로 이를 적발하기 위해서는 내부자의 제보가 특별히 중요한 의미를 가진다. 따라서 공정위는 카르텔 제보의 활성화를 위해 지속적으로 관련 제도를 정비하고 홍보 노력을 강화할 방침이다.

최근, 정보통신기술의 발달에 따라 기업의 부당한 공동행위 방법도 점차 지능화·고도화되어 가고 있고, 카르텔 조사대상 업체는 공정위의 조사를 적극적으로 거부 또는 방해하거나 카르텔 조사에 필요한 자료의 제출요구에 응하지 않는 사례가 발생하는 등 공정위의 카르텔 조사 여건은 점점 어려워지고 있는 실정이다. 이러한 조사방해 행위 등에 대해서는 공정거래법(제69의2 제7호)상 최고 2억원의 과태료를 부과할 수 있는데, 카르텔 조사대상 업체 입장에서는 조사거부·방해를 통해 얻을 수 있는 이익이 과태료를 부과 받을 경우보다 오히려 더 클 수 있으므로 실효성 있는 조사를 추진하는 데 한계가 있으며, 조사가 제대로 추진되지 못하는 경우 '조사에 협조한 업체만 손해본다'식의 조사상의 형평성 문제를 야기하고 있다. 실효성 있는 카르텔 조사를 위해서는 강제조사를 할 수 있어야 한다고 생각되며, 이를 위해서는 카르텔 조사 공무원에 대하여 압수·수색권을 부여하는 것이 하나의 방안이라고 본다. 카르텔 조사권한에 관한 외국의 사례를 보면, EU 국가들은 조사대상 업체가 현장조사를 거부하는 경우 법원으로부터 영장을 발부받아 조사를 직접 강제할 수 있으며, 일본의 경우에도 최근 영장을 발부받아 강제적인 압수수색 등을 할

하여 공개적으로 논의하고, 그러한 가격수준을 실제로 유지하기 훨씬 이전에 가격인상을 공포하였다면, 카르텔의 형성 내지 실행단계에 있다고 볼 수 있다.

④ 시멘트·주유소 시장과 같이 지역별로는 가격 차이가 있더라도, 시장이 지리적으로 분리되어 동일 지역내에는 동일한 가격이 형성되어 있는 경우에는 카르텔의 징후가 있는 것이다.

⑤ 비규격품인 상품의 공급계약에 있어서 동일한 비공개 입찰가가 제시된 경우, 카르텔이 존재하는 것으로 추정할 수 있다.

⑥ 비용상승에 의하지 않은 가격인상과 생산량 감소는 카르텔이 시도되고 있다는 증거가 될 수 있다. 또한, 합리적으로 설명할 수 없을 정도로 주목할 만한 수준의 과잉 생산설비가 있는 경우, 가격담합이 시작되고 있음을 추정할 수 있다.

⑦ 시장선도기업의 장기적인 시장점유율 하락은 가격담합이 존재하는 것으로 추정될 수 있다.

⑧ 시장가격이 기업집중과 정비례의 관계에 있다면, 이는 시장이 경쟁적이지 않다는 증거가 될 수 있다.

⑨ 어떤 시장이 단일 기업에 의해 독점화 되어 있지 않음에도 불구하고 배타적 관행의 증거가 있다면, 카르텔의 존재가 추정될 수 있다.

수 있도록 범칙조사권한을 강화한 바 있다.

(3) 소비자 피해의 구제

카르텔 규제로 인하여 얼마만큼의 소비자 피해가 구제되었는가를 실측해 내는 것은 매우 어려운 일이다. 미국이나 EU에서도 카르텔 규제로 인한 소비자 피해 구제액을 시정조치 대상행위의 관련매출액의 10% 정도로 추산하고 있을 뿐이다.

이러한 기준에 의해 그간 공정위의 소비자 피해 구제액을 추산해보면, 공정위가 그동안 적발한 카르텔에 대하여 2005년도까지 7,517억원의 과징금을 부과하였고, 그동안 카르텔에 대하여 실제로 부과한 과징금은 카르텔과 관련된 매출액의 1%정도였으므로, 그 동안 카르텔과 관련하여 과징금의 100배에 해당하는 약 75조원 정도의 소비자 피해를 구제하였다는 결론이 된다(물론, 과징금을 부과하지 않은 사안을 포함하면 소비자 피해액은 훨씬 더 큰 금액이 될 것이다).

(4) 위반행위의 반복 방지

공정위의 카르텔 규제와 관련하여 매우 심각한 문제 중의 하나는 위반 사업자가 반복하여 카르텔을 결성하는 경우가 많다는 것이다. 1995년부터 2004년 말까지 카르텔을 이유로 시정조치 이상을 받은 사업자는 총 1,517개 업체에 이르고 있는데, 이 중 2회 이상 반복하여 시정조치를 받은 사업자가 261개 업체, 7회 이상 반복 시정조치를 받은 사업자가 11개 업체나 되는 것으로 나타나고 있다. 이는 과거 공정위의 카르텔에 대한 제재가 법 위반 억지력을 충분히 발휘하지 못했음을 단적으로 말해주는 것으로 매우 심각한 문제가 아닐 수 없다.

공정위는 최근 과징금 부과의 상한을 올린 바 있으며, 처분을 할 때 과거 법 위반 전력에 따라 조치수준을 가중하는 등 이러한 문제를 해결하기 위해 부심하고 있다.

향후에도 상습적 위반업체에 대해서는 제재의 수준을 보다 높이는 한편,

<표 6> 카르텔 행위자의 반복 법위반 횟수

1회	2회	3회	4회	5회	6회	7회 이상	계
1,256	163	53	27	4	3	11	1,517

Leniency제도의 효과를 높이기 위해 최근 도입된 Amnesty Plus 제도를 활용하여 하나의 카르텔이 적발되면 그를 기화로 다른 카르텔까지 연쇄적으로 차단하는 데에 노력을 기울일 필요가 있을 것이다. 한편, 이들 업체를 대상으로 공정거래법자율준수프로그램(CP)의 도입을 집중 권유하는 등 교육과 홍보도 병행할 필요가 있다고 생각된다. 또한, 이번 과징금 부과비율의 상향조정에도 상습적 위반업체가 줄어들지 않는다면 카르텔에 대한 과징금 부과비율을 다시 상향하는 방안도 신중하게 검토하여야 할 것이다.

3. 법 집행의 질적 수준의 제고

(1) 경쟁문화의 성장

카르텔 근절은 자유롭고 공정한 경쟁을 통해 기업 경영을 합리화함으로써 경쟁력을 획득해가는 건전한 경쟁문화의 형성에 필수적이다. 그런데 우리나라에는 아직까지 카르텔 친화적 문화가 사라지지 않고 있다. 이러한 카르텔 친화적 문화는 유교적 온정주의에 터 잡은 면도 없지 않지만, 상당부분 정부주도의 압축적 성장과정에서 나타난 것으로 정부가 사업자단체 등을 통하여 조장했던 책임이 있었던 것으로 파악된다.

이러한 인식하에 공정위는 카르텔의 폐해를 널리 홍보하고 법을 엄정히 집행하는 한편, 1999년 카르텔 일괄정비법[61]을 제정하여 정부가 경제발전 등을 이유로 조장 내지 묵인해오던 합법적 카르텔을 정비하였고, 행정지도에 따른 카르텔이라 하더라도 이를 법령에 따른 정당한 행위로 볼 수 없는 경우에는 이를 용인할 수 없다는 방침을 일관하여 유지해왔다. 아울러, 공공부문의 입찰 관련 카르텔이 줄어들지 않고 있는 점을 주시하여 올해부터 공공부문의 입찰상황을 상시적으로 감시할 수 있는 제도를 도입 추진 중에 있다.

이러한 노력의 결과 적어도 "드러내놓고 하는 카르텔"은 현격히 줄어든 것으로 보인다. 최근의 사건 조사과정을 살펴보아도 종래 흔히 발견되던 명시적인 "합의서"나 "약정서"가 발견되는 사례를 찾아보기 어려워졌다는 점이 이를 반영한다. 그러나 공정위는 그간의 이러한 노력이 음성적 카르텔의 성행을 초래한 측면도 있다고 보고 있다. 그것은 첫째, 일반 국민들이 카르텔을 심각한 범죄로 받아들이지 않고 있다는 데 근본적 이유가 있을 것이다. 둘째로,

61) 이 법의 정식명칭은 "독점규제및공정거래에관한법률의적용이제외되는부당한공동행위등의정비에관한법률"이다.

카르텔이 적발되는 확률이 높지 않았던 것이 또 하나의 이유가 되었다고 본다. 셋째, 카르텔이 적발되더라도 그에 대한 제재가 약해서 법위반 억지력을 발휘하지 못한 것도 카르텔이 근절되지 않고 있는 큰 원인이 되고 있다고 생각된다. 지난 2003년까지 부과된 과징금은 평균 관련매출액의 1% 내외에 불과하였다.

따라서, 카르텔이 발붙일 수 없는 사회풍토를 만들기 위해서는 카르텔의 해악을 사업자들은 물론 일반 국민들에게 주지시켜, 이에 대해 관대한 국민들의 의식을 불식시키는 것이 급선무라고 생각된다.

다음으로, 카르텔을 하면 반드시 적발된다는 인식을 심어주어야 한다. 이는 공정위의 조사권한 및 조사역량의 강화가 선행되어야 가능한 일이겠지만, 카르텔 신고포상금 제도를 활성화시켜 국민들의 신고의식을 높이는 것도 효과적일 것으로 생각되며, 자진신고자 감면제도를 효율적으로 운영하여 카르텔 가담자들간의 결속력을 와해시키는 것도 매우 효과적인 수단이 될 수 있을 것이다.

그러나, 건전한 경쟁문화의 형성은 카르텔에 대한 적발과 엄벌만으로 이룰 수 있는 것이 아니므로, 교육이나 세제개혁 등을 통해 정당한 경쟁의 결과를 가치있게 여기는 사회풍토를 정착시키는 것이 매우 절실하다고 생각된다.

(2) 법과 제도의 정비

실체법적 측면에서 볼 때, 제정 공정거래법의 카르텔 등록제에서 출발한 우리나라의 카르텔 법제는 그동안 수차에 걸친 개정을 통해 오늘날은 상당히 정비된 형태를 갖추었다고 평가할 수 있다.

한편, 공정위는 행정기관으로 편제되어 있으면서도 준사법적 사무를 처리하는 기구의 법적 성격에 맞추어 신속하면서도 적실성 있는 심결을 하기 위해 지속적으로 절차를 정비해 왔다. 특히 최근 사건처리절차 개선작업을 통해 심사보고서의 증거자료에 대한 열람, 복사를 허용하여 무기대등의 원칙을 관철시켰으며(공정거래위원회회의운영및사건절차등에관한규정 제29조의2), 심리 속개제도 등을 활용하여 구술 심리를 실질화함으로써 심판 과정에서 피심인의 의견을 최대한 청취하고 사건의 쟁점을 현출시켜 실체적 진실에 합당한 심결이 내려질 수 있는 기반을 만들어가고 있다.

다만, 앞에서 살펴본 바와 같이 현행법상의 위법성 판단기준은 다소 혼란을 초래하는 측면이 있으므로 이를 체계적으로 다시 정립할 필요가 있다고 생각되며, 아울러 법 제19조 제5항의 해석과 관련된 논란도 결국은 입법적으로 해결할 수밖에 없다고 생각된다. 향후 법원의 판례와 학계의 의견, 외국의 기준 등을 수렴하여 개선방향을 마련하여야 할 것이다.

또한 사건 처리 절차와 관련해서도 보다 적실성 있는 심결을 위해서는 사건이 심판정에 이르기 전에 쟁점이 정리되어 심판정에서는 드러난 쟁점을 바탕으로 법리적, 경제적 논쟁이 이루어지도록 사전준비절차를 조속히 정착시키는 것이 시급하다고 할 것이다.

(3) 자진신고자 감면제도의 정비

카르텔 자진신고자 감면제도(Leniency Program)란 카르텔 관련사실을 자진신고(또는 조사과정에서 협조)한 기업에 대해 과징금 등 제재조치를 면제 또는 감경하는 제도를 의미한다. 이는 자진신고에 대한 유인제공을 통해 적발율을 높이는 한편 카르텔 유지노력을 깨뜨리는 것을 목적으로 하며, 미국, EU, 캐나다 등 국가의 경우, 최근 카르텔 감면제도를 일대 혁신하여 실질적인 카르텔 적발 수단으로 활용하고 있다.[62]

우리나라의 경우 자진신고자 감면제도는 지난 97년 도입되었으나, 기존의 제도는 감면 요건에 해당하더라도 감면 여부를 공정위가 재량에 따라 인정할 수 있도록 하고 있어서 신고자나 조사협조자(이하 "신고자" 등)가 자진신고를 할 경우의 감면 여부나 정도를 확신할 수 없었다. 이로 인해 신고를 기피함으로써 활용도가 높지 못했던 것이 사실이다. 이러한 문제점을 개선하기 위해 공정위는 2005년 4월부터 이 제도를 대폭 개정하여 시행하고 있다(법 제22조의2, 시행령 제35조, 부당한 공동행위 신고자 등에 대한 시정조치 등 감면제도 운영고시).

이번 제도개선을 통해 신고자 등이 감면을 받을 수 있는지 여부 및 감면의 정도를 쉽게 알 수 있도록 하였다. 이 제도에 의해 감면을 받기 위해서는

62) 최근 미국이나 EU에서 카르텔 조사에 있어 이 제도가 매우 중요한 역할을 하고 있다. 이는 이들 국가에서 최근 제도 개선을 통해 감면여부 결정의 투명성을 제고하고 경쟁당국의 재량권을 축소하는 방향으로 제도를 개선한 결과인데, 미국에서 93년 제도 개선 이전에는 이 제도의 활용도가 1년에 1건 정도에 불과하던 것이 03년 1분기에는 1개월에 4건 정도로 급증하고 있다. DOJ는 97-02기간동안 카르텔에 부과한 벌금액(총 20억불)중 15억불이 Leniency Program을에 의한 것이라고 밝히고 있다. 또한, 국제카르텔 적발의 90%이상이 Leniency Program을 통해 이루어지고 있다고 한다.

①부당한 공동행위에 참여한 사업자가 ②공정위가 그 부당한 공동행위의 입증에 필요한 증거를 확보하기 전에 ③ 그 입증에 필요한 증거를 ④첫 번째 및 두 번째로 제공해야 한다. 첫 번째 신고자 등은 과징금을 완전 면제받게 되며, 두 번째 신고자 등은 과징금을 30% 면제받게 된다(첫번째 신고자는 시정조치까지 완전 면제되나 나머지 경우에는 시정조치는 감경할 수 있다). 첫 번째와 두 번째 신고자 사이의 감면 정도를 크게 달리하고 세 번째 이하의 신고자 등은 감면해주지 않도록 한 것은 카르텔 참여자들이 첫 번째 신고자가 되도록 유도하여 카르텔 와해 효과가 조기에 나타나도록 하기 위한 것이다.

한편 금번 제도 개선을 통해 부당한 공동행위를 이유로 조사를 받는 사업자가 다른 부당한 공동행위에 대해 첫 번째 신고나 조사협조를 하면 다른 부당한 공동행위에 대해서는 시정조치나 과징금이 완전히 면제될 뿐 아니라, 당해 부당한 공동행위에 대해서도 시정조치를 감경할 수 있고, 과징금을 감면할 수 있도록 하는 제도(Amnesty Plus 제도)를 새로 도입하였다.

카르텔 적발능력 강화. 특히 2005년 제도 개선이후 감면제도의 활용도가 획기적으로 높아지고 있는 점은 주목할 만하다. 1997년 제도 도입이후 2004년까지 적용실적이 7건에 불과하던 것이 2005년 한해에만 11건의 적용실적을 보이고 있으며, 1년간 감면제도를 적용하여 부과한 과징금만 1,847억원에 이르고 있다. 카르텔 조사가 개시되면 카르텔이 적발되었다고 판단한 사업자들이 분초를 다퉈 감면신청을 하는 "감면을 향한 경쟁(Race for Amnesty)"이 벌어지고 있을 뿐 아니라, 공정위의 조사 개시 이전에 스스로 자진신고 하는 사례도 급증하고 있다. 공정위는 앞으로도 카르텔 적발에 있어 주요한 수단이 될 것으로 기대하고 있다.

다만, 금년 제도 개선 이후 운영 과정에서 몇 가지 보완이 필요한 사항이 나타나고 있다. 우선, 개인에 대한 Leniency 제도의 도입문제이다. 현행 제도상으로는 개인에 대한 Leniency 제도가 운영되고 있지 않다.[63] 한국의 공정거래법은 카르텔에 참가한 사업자에게 금전적인 제제인 과징금(행정제재)을 부과하는 외에 사업자(법인)과 카르텔에 가담한 자연인을 형사처벌할 수 있도록

63) 다만, 감면신청을 한 기업이나 그 임직원에 대해서는 사실상 형사고발을 하지 않음으로써 개인 Leniency 제도가 존재하는 것과 유사하게 제도를 운영하고 있다. 한국에서는 카르텔에 대한 행정적 제재는 공정거래위원회가, 형사적 제재는 검찰이 각 담당하고 있는데, 카르텔에 참여한 자에 대하여 형사처벌을 가하기 위해서는 공정거래위원회의 고발이 반드시 있어야 한다(공정거래법 제71조 제1항).

<표 7> 감면제도 적용 사례 및 이로 인한 과징금 부과액 현황

(단위 : 건, 백만원)

연도	1999년	2000년	2002년	2003년	2004년	2005년
적용사건	1	1	2	1	2	11
과징금액	314	43	1,288	3,433	-	184,660

하고 있다. 종래 공정거래위원회는 카르텔에 가담한 개인에 대한 형사처벌에는 소극적이었지만, 향후 이들에 대한 형사처벌을 강화하는 한편, 개인에 대한 Leniency Program을 도입하여 감면신청자에 대해서는 형벌을 면제하는 방향으로 제도 개선을 검토하고 있다. 다음으로 현재는 감면신청을 서면으로만 받고 있지만, 앞으로 구두 Leniency 신청을 허용하는 방안을 검토 중에 있다. 감면신청의 시점만 명확히 확정할 수 있다면 구두 신청을 허용하지 않을 이유가 없기 때문이다. 다른 나라의 사례를 분석하여 구두 감면신청의 시점과 내용을 명확히 하기 위한 방안(감면신청의 녹취 등)을 검토하고 있다. 또한, 간이신청을 하는 경우의 보정기간을 조정할 필요성이 제기되고 있다. 현행 제도상으로는 간이신청 후 원칙적으로 7일 이내에 증거자료 모두 제출해야 하는데, 장기간에 걸쳐 지속된 카르텔이나 국제카르텔 등의 경우에 모든 자료를 수집하여 제출하는 데에는 이 기간이 너무 짧다는 지적이 있기 때문이다.

(4) 카르텔 신고포상금 제도의 도입

공정위는 카르텔에 대한 신고를 활성화하기 위하여 2002년 2월부터 부당한 공동행위 제보자에 대한 보상제도를 운영하고 있으며, 이를 금년 4월부터 ①부당 공동행위, ②부당 지원행위, ③백화점·할인점·TV홈쇼핑의 대규모소매점업고시 위반행위, ④신문판매고시 위반 불공정거래행위, ⑤사업자단체 금지행위 등 5가지 공정거래법 위반행위로 확대하고 기존에 1억원이던 카르텔에 대한 신고포상금 지급액의 한도를 10억원까지 대폭 상향조정하였다.

포상금을 지급받기 위해서는 신고는 반드시 카르텔을 입증하기 위해 필요한 증거를 포함한 것이어야 하며,[64] 신고포상금은 위원회의 당해 행위에 대한

64) 다만, 카르텔 내부자가 아닌 제보자가 구체적인 합의 증거를 확보하는 것은 매우 어려운 일이므로, 공정위는 상당한 정황증거를 제공하여 공정위의 카르텔 적발에 단서를 제공한 제보자에게도 소액의 신고포상금을 지급할 수 있도록 관련 제도을 추진 중에 있다.

제재 정도에 따라 산정된 지급기준액에 제출된 증거의 가치에 따라 결정되는 일정 비율을 곱하여 최종 산정하도록 하였다.[65)]

공정위는 이 제도가 제3자나 특히 내부고발자의 신고를 활성화함으로써 카르텔에 대한 적발력 제고에 크게 기여할 것으로 기대하고 있다.

(5) 경쟁제한성 분석 기준 마련

앞에서 살펴 본 바와 같이 현행 법은 "부당하게 경쟁을 제한하는" 카르텔만을 규제하고 있으므로, 각 구체적인 사안이 이 요건에 해당하는지 여부를 판단하는 것이 필요하다. 그러나, 최근까지 공정위는 카르텔 참여자의 시장점유율을 파악한 후 그것이 일정 수준을 넘으면 경쟁제한성이 있는 것으로 보아온 것이 사실이다.

최근들어 경쟁사간 전략적 제휴 등 사업자간의 협력활동이 늘어나고 있으며, 이러한 협력활동이 경쟁제한적인 공동행위에 해당되는지 여부를 판단하는 것이 매우 중요한 과제가 되고 있다. 미국에서는 2000년 4월에 경쟁자간 협력행위에 대한 심사기준(Antitrust guidelines for collaborations among competitors)을 제정하여 운용하고 있으며, EU에서도 수평적 협력에 대한 EC조약 81조 적용지침(Guidelines on the applicability of article 81 of the EC treaty to horizontal cooperation agreements)을 제정하여 운용하고 있다.

우리나라도 이러한 추세에 대응하여 2002년 5월 공동행위심사기준을 제정하였다. 동 심사기준에서는 미국이나 유럽연합의 지침이 규정하고 있는 공동행위의 경쟁제한성 판단절차와 기준을 한국적 실정에 맞게 규정하였다. 이 기준은 기업간 협력을 먼저 경성공동행위와 기타의 공동행위로 구분하고, 경성공동행위에 대해서는 별도의 경쟁제한성 판단을 거치지 않고 위법성을 인정하도록 규정하고 있다. 다만, 공정위의 실제 사건처리에 있어서는 경성공동행

65) 포상금 산정방법

지급 기준액	증거가치에 따른 최종 지급액 산정
① 과징금이 부과되는 경우 ⅰ) 과징금 5억원 이하 : 5% ⅱ) 과징금 5억원~500억원 : 1% ⅲ) 과징금 500억원 초과 : 0.5% - 지급기준액 : ⅰ)+ⅱ)+ⅲ) - 최저기준액 : 500만원 ② 시정명령 : 200만원(경고 100만원)	上 : 기준액의 80~100% 中 : 기준액의 60~80% 下 : 기준액의 40~60%

위에 대해서도 경쟁제한성 검토를 하고 있다.

경성공동행위에 해당하는 것으로서는 가격담합, 생산량제한, 입찰담합, 거래지역 또는 거래상대방 할당 등이 있다. 경성공동행위에 해당하지 않는 공동행위, 즉 공동생산 공동행위, 공동 연구·개발 공동행위, 공동구매 공동행위, 공동마케팅 공동행위 등(심사기준에서는 이를 연성공동행위로 규정한다)에 대해서는 개별적으로 경쟁제한성 여부를 심사하여야 한다.

이를 위해 우선 공동행위가 결성될 경우 시장지배력이 형성되는지 여부를 판단한다. 시장지배력은 관련시장을 획정(劃定)한 후 시장점유율, 해외경쟁도입정도, 신규진입의 용이성 등의 고려요소를 감안하여 측정한다.

다음 단계로는 참여기업간의 결속정도를 분석한다. 참여기업간 결속정도는 공동행위의 존속기간, 자산의 공동통제수준, 재무적 이해관계 수준, 참여사업자간의 경쟁허용 수준 등을 고려하여 판단한다. 이러한 시장지배력 분석 및 참여기업간 결속정도 분석이 끝나면 당해 공동행위가 경쟁제한성이 있는지 또는 경쟁제한성이 없는지에 대한 판단이 가능하게 된다.

이러한 분석 결과, 문제가 되고 있는 공동행위가 경쟁제한성이 없다고 판단되면 그 공동행위는 법위반이 아닌 것으로 처리된다. 만약 경쟁제한성이 있다고 판단될 경우에는 다음 단계로서 경쟁촉진효과 분석이 뒤따른다. 공동행위가 갖는 경쟁촉진효과, 즉 효율성 증대는 보통 규모의 경제 또는 범위의 경제 실현, 위험의 배분, 지식이나 경험의 공동활용에 의한 혁신의 촉진, 중복비용의 절감 등을 의미한다.

이러한 효율성 증대는 사업자간 경쟁을 촉진시켜 종국적으로 상품가격의 하락, 생산량의 증대, 품질의 개선 등으로 이어짐으로써 소비자의 이익을 가져온다. 경쟁촉진효과의 판단에 있어서는 공동행위로 인한 효율성 증대의 실현가능성이 있어야 하고, 효율성 증대의 크기가 측정 가능하여야 하며, 효율성 증대에 필요한 비용의 크기 등도 고려되어야 한다. 단순히 생산량 감소 또는 시장 분할 등에 의해 이윤이 증가하는 경우는 효율성의 증대로 인정될 수 없다.

마지막으로 경쟁촉진효과는 경쟁제한효과를 상회하여야 한다. 만약 경쟁제한성이 너무 큰 경우에는 효율성 증대효과가 있더라도 결국 소비자에게는 폐해로 나타나기 때문에 이는 허용되지 않는다. 경쟁촉진효과와 경쟁제한효과는 계량화 되기 어렵기 때문에 양자를 측정하여 상호 비교하는 것은 실무적으로 매우 어려운 작업이지만, 향후 이에 관한 계량화 기법의 발전이 요구된다 할 것이다.

(6) 카르텔 규제와 피해자 구제의 연계

카르텔은 반드시 소비자 후생을 저해하게 되어 다수의 피해자를 양산하게 된다. 따라서 카르텔에 대한 시정조치는 가능하다면 피해자 구제와 연계하여 이루어지는 것이 바람직하다. 이러한 관점에서 일부 국가에서는 피해자에 대한 배상 여부를 양형에 감안하기도 한다.[66)]

2004년 12월의 개정법은 공정거래법 위반을 이유로 한 손해배상 청구소송에 있어 위원회의 심결이 확정될 것을 요건에서 삭제하는 한편, 고의 또는 과실의 입증책임을 사업자가 지도록 하였다(법 제56조). 또한, 손해액의 산정에 있어서도 이 법의 규정을 위반한 행위로 인하여 손해가 발생된 것은 인정되나 그 손해액을 입증하기 위하여 필요한 사실을 입증하는 것이 해당 사실의 성질상 극히 곤란한 경우에는, 법원은 변론 전체의 취지와 증거조사의 결과에 기초하여 상당한 손해액을 인정할 수 있도록 규정함으로써(법 제57조) 피해자의 손해액에 대한 입증부담을 완화하였다.

문제는 카르텔의 경우 그 피해자는 다수이나 개별 피해자의 손해액은 소액에 불과한 경우가 많다는 점이다. 현재 도입이 추진되고 있는 단체소송이나 공익소송이 이 문제를 해결하는 실마리가 될 수 있을 것이다.

Ⅴ. 카르텔 규제의 세계화 모색

1. 국제협력의 강화

경제의 세계화가 가속화되고 무역규모가 늘어남에 따라 경쟁 이슈의 논의와 처리에도 국제적 협력이 필요하게 되었다.

이에 따라 OECD, WTO, UNCTAD 등 국제기구 차원에서 경쟁정책을 확산시키고 선진국의 경험을 공유하는 한편, 새로운 경쟁이슈를 함께 풀어가고자 하는 움직임이 매우 활발하며, 각 국 경쟁당국의 협력체인 ICN이 결성되어 이에 관한 집중적인 논의를 벌이고 있다. 공정위는 이러한 국제 협력의

---

66) 예컨대, 미국의 자진신고자 감면제도는 가능하다면 피해자에 대하여 배상하였을 것을 감면부여의 요건으로 하고 있다.

움직임에 적극적으로 참여하고 있다. 공정위는 2004년에는 서울에서 ICN 제3차 총회를 성공리에 개최한 바 있으며, 2005년 11월에는 제2차 ICN Cartel Workshop(제7회 국제카르텔 워크샵)을 개최한 바 있다.

현재 한국 공정위가 OECD 경쟁위원회 부의장, 세계경쟁네트워크(ICN) 운영위원국 및 2개 작업반의 의장국을 맡고 있는 것은 이러한 적극적 활동의 결과라고 할 수 있다.

국제카르텔의 효과적인 규제를 위해서는 다자간 국제협력 외에 주요 국가들과의 양자간 협력의 증진도 매우 중요한 의미를 가진다. 구체적 사건에 있어 조사 협력 여부는 개별 국가의 경쟁당국이 결정할 수밖에 없기 때문이다.

공정위는 이러한 인식하에, 미국, 일본, EU 등 11개국과 경쟁정책협의회를 개최하는 등 협력 채널을 유지하고 있다.[67] 이 중 미국, EU, 일본, 프랑스, 러시아 등과는 매년 정례적으로 협의회를 개최하고 있고 나머지 국가들과도 비정례적인 모임을 가지고 있다. 나아가 공정위는 협력의 정도를 강화하기 위해 호주 경쟁당국(ACCC)과 2002년 9월에, 멕시코 연방경쟁위원회와 2004년 4월에 각각 기관간 협력약정[68]을 체결한 바 있으며 이를 바탕으로 협력협정 체결을 추진하고 있다.

2. 국제카르텔의 적극적 규제

국제카르텔의 규제와 관련된 논의가 국제기구를 통해 활발히 진행되고 있다. 공정위는 해외에서 발생한 국제카르텔에 대해서도 국내시장에 영향을 미치는 경우에는 우리 공정거래법을 적용하여 제재할 수 있다는 입장에서 지난 2002년부터 국제카르텔의 제재에 적극적 입장을 취해 왔다. 현재까지 흑연전극봉 국제카르텔[69]과 비타민 국제카르텔[70]에 대하여 제재조치를 취한 바 있

67) 11개국은 2004년 4월 현재 일본(13회), 미국(7회), 프랑스(9회), 러시아(8회), EU(3회), 루마니아(3회), 멕시코(2회), 중국(2회), 독일(2회), 호주, 이태리이며 앞으로도 계속 확대될 전망이다.

68) 호주, 멕시코와 체결한 협력약정은 국가간 행정협정이 아닌 기관간 약정(agency to agency arrangement)형식이며 경쟁당국간에만 효력이 미친다.

69) 흑연전극봉 국제카르텔은 흑연전극봉을 생산하는 주요 업체인 미국·독일·일본 국적의 업체들이 1992년 5월 21일 런던소재 스카이라인 호텔에서 소위 공동행위의 기본원칙(Principles of London)을 합의한 것을 포함하여 1998년 2월까지 런던, 도쿄 등에서 Top Guy Meeting과 Working Level Meeting 등을 개최하여 판매가격 등을 합의하고 이를 실행한 사건이다. 흑연적극봉 카르텔은 이미 미국이나 EU에서 처벌을 받은 바 있는데, 공정위는 미국·EU으로부터 조사자료를 협조받고 해당업체들로부터 자료를 제출받아 카르텔에 가담한 6개 업체에 대하여 시정명령하고 총88억원의 과징금을 부과하였다. 이로써 한국은 미국, EU,

으며, 앞으로도 국제카르텔이 드러나는 경우 보다 적극적으로 공정거래법을 적용하여 제재할 계획이다.

이와 관련하여 종전에는 국제카르텔 규제의 가능성 및 그 절차를 규정한 명문의 규정이 없어 이를 둘러싼 논쟁이 있었다. 즉, 전통국제법의 속지주의의 원칙상 외국사업자들의 외국에서의 행위에 국내법인 공정거래법을 적용할 수 있는가, 외국에서의 조사나 외국으로의 문서송달이 가능한가를 둘러싸고 상당한 의견대립이 존재하였다.

이를 입법적으로 해결하기 위한 규정이 2004년 12월 31일 공정거래법 개정을 통해 도입되었다. 개정법은 국외에서 이루어진 행위라도 국내시장에 영향을 미치는 경우에는 동법이 적용된다고 선언한 뒤(법 제2조의2), 공정위에 독점규제법 집행에 관한 협정체결권을 부여하고 상호주의에 입각한 조사협조 규정을 도입하였으며(법 제36조의2), 문서 송달과 관련해서도 국내 대리인 지정을 요청한 후 이에 응하지 않으면 공시송달하도록 하는 규정을 도입하였다(법 제53조의3). 따라서 종래의 이에 관한 문제는 일단 국내법상으로는 입법적으로 해결되었다고 하겠다.

최근 대법원도 흑연전극봉 사건에 대한 최종 판단을 통해 ① 효과주의에 의한 국제카르텔에 대한 법 집행 가능성을 인정하고 ②행정절차법을 준용하여 역외 사업자에게 우편으로 관련문서를 송달한 것을 적법하다는 점을 명확히 선언한 바 있다.[71]

캐나다에 이어 국제카르텔에 대한 제재를 실행한 국가가 되었으며, 한국에서의 경쟁정책의 집행이 국제적 수준에 이르렀다는 것을 보여 주었다. 이 사건에 대하여 쇼와덴코 등 4개사가 행정소송을 제기하였나, 대법원은 2006년 3월 23일 원고들의 청구를 기각한 바 있다. 흑연전극봉 국제카르텔의 사건개요 및 특징, 동건에 대한 공정위의 조사·심결과정에 관한 상세한 내용은 "공정거래법과 한국의 경제발전(2001, 허선 著)" 중 제2편 제3장 '국제카르텔에 대한 공정거래법 역외적용의 경험과 논리' 참조.

70) 공정위가 2004년 3월 비타민 국제카르텔에 참여한 스위스, 독일, 프랑스, 일본, 네덜란드 국적의 6개 비타민 제조업체에 대해 시정명령과 함께 총 3,916백만원(3,118천불)의 과징금을 부과한 사건이다. 관련업체들은 스위스의 Roche사, 독일의 BASF 사, 프랑스의 Aventis 사, 일본의 Eisai 사 및 Daiichi 사, 네델란드의 Solvay 사등 6개사이다. 이들 6개사는 전세계 원료용 비타민 시장의 약 90%를 차지하며 우리나라를 포함한 전세계 시장을 대상으로 매년 원료용 비타민 A, E, B5, D3, Beta Carotene의 판매량을 할당하고 판매가격도 합의하였다. 우리나라 업체들은 상기 6개 업체들로부터 카르텔 기간동안 약 185백만불에 해당하는 원료용 비타민을 수입한 것으로 추산되었으며, 원료용 비타민 수입가격은 카르텔 기간중에는 상승하였으나 카르텔이 종료된 이후에는 급격히 하락한 것으로 나타났다. 한편, 공정위는 관련 업체들을 제재함에 있어 조사대상 업체들의 증거자료 제출 등 조사협력 정도에 따라, 과징금 부과 수준을 감경하였다. 이 사건 피심인 중 로슈 만이 행정소송을 제기하였으나, 고법에서 패소한 후 상고를 포기한 바 있다.

71) 대법원 2006.3.23. 선고 2003두11124 판결(원심에서는 해외로의 우편송달은 국제법 위반으로 무효이지만 예비적으로 공시 송달하였으므로 관련문서의 송달에 위법이 없다고 판시하

3. 카르텔 규제제도의 세계화

공정위는 세계 각국에서 효과가 입증된 카르텔 규제 기법을 적극 수용하여 집행 수단으로 활용하고 있다. 자진신고자 감면제도의 도입과 개선작업이 그 대표적인 예라고 하겠다. 날로 지능화되는 카르텔을 효율적으로 규제하기 위해서는 제재의 강화, 적발력의 제고와 함께 투명한 Leniency Program의 운용이 필수적이며, 향후 카르텔 규제는 이 제도를 중심으로 이루어질 수밖에 없을 것이다.

각 국의 경쟁당국간에 적발력 제고와 관련하여 전자적 정보수집의 문제와 조사실무상 안전장치를 통해 외부와 차단된 건물이 증가하는 데 대한 대응책 등이 실무적으로 논의되고 있는데, 공정위는 이러한 논의에 적극 참여하여 카르텔 규제제도를 선진화하기 위해 지속적으로 노력할 것이다.

제3절 불공정거래행위에 관한 몇가지 논의와 법집행의 실제*

Ⅰ. 서 설

1. 일반불공정거래행위와 특수불공정거래행위

공정거래법은 불공정거래행위의 기본유형 7가지를 한정적으로 열거한 뒤 이의 세분화를 시행령에 위임하고 있다.(공정거래법 제23조 제1항 및 제2항) 이에 따라 불공정거래행위의 세부 유형 및 기준은 시행령 제36조 제1항 관련 별표에서 중간유형 9개, 세부유형 29개로 수습되고 있다.[72] 이는 모든 시장, 모든 사업자에 공통적으로 적용되는 소위 일반적 불공정거래행위의 유형 및 기준이다.

한편 특정한 분야 또는 특정한 행위에 적용되는 유형 또는 기준이 필요할 경우 공정거래위원회는 관계행정기관의 장의 의견을 들은 후 세부기준을 고

였으나, 대법원은 관련법령에 의해 우편 송달했다면 적법하다고 판시하여 보다 진보적인 입장을 취한 것이다.

* 정호열(성균관대 법대 교수)

72) 시행령 별표의 중간유형은 법 제23조 제1항이 정하는 7가지 유형을 다시 세분한 것처럼 보이나, 법 제23조 제1항의 각각의 유형, 예컨대 거래거절과 차별취급을 동시에 규정하는 제1호처럼 복수의 유형을 담은 것을 반영한 것이다. 그리고 표시광고의 공정화에 관한 법률이 분리되기 이전에는 오인유발적 표시광고가 비중이 큰 기본유형의 하나였다.

시할 수 다(령 제36조 제2항). 이에 따른 불공정거래행위의 유형을 특수 불공정거래행위라고 불러 왔는 바, 현재 경품고시, 대규모소매점고시, 병행수입고시, 신문고시 등 4개가 있다.[73)]

특수고시는 특정한 분야 또는 특정한 행위에 대해 제정할 수 있는 바, 예컨대 신문고시는 특정한 영업분야를 표적으로 한 것이고 경품고시나 병행수입고시 등은 특정한 영업행위와 관련된 것이다. 그러나 어느 시장의 특정한 혹은 개별사업자를 표적으로 하는 특수고시는 현행법상 허용되지 않는다고 할 것이다. 예컨대 가장 점유율이 높은 회사나 시장에 가장 먼저 진입한 회사, 혹은 지배구조 면에서 특정한 속성을 보이는 회사를 개별적 표적으로 삼는 소위 비대칭적 규제[74)]는 법의 보편성과 일반성이라는 기본적 속성과 모순될 뿐만 아니라 장기적으로 경쟁제한적 효과를 유발할 소지가 크다. 또 비대칭규제가 흔해질 경우 정파적 혹은 지역적 이해가 비대칭규제로 둔갑할 가능성도 적지 않다. 그리고 현행의 특수고시들은 비대칭규제와 거리가 있는 보편적 규정이지만, 특수고시 역시 가능한 한 이를 절제하고 일반원칙으로 돌아가는 것이 바람직하다. 시행령 제36조 제2항은 특수고시의 제정에 있어서는 공정위는 반드시 관계행정기관의 장의 의견을 듣도록 한다.

2. 일반 불공정거래행위의 기본유형과 세목

공정거래법 제23조 제1항은 기본유형으로서 거래거절과 차별적 취급, 경쟁사업자 배제, 고객유인과 거래강제, 거래상 지위남용, 구속조건부 거래와 사업활동의 방해, 부당한 지원행위, 기타 공정거래저해행위 등의 7가지다. 법 제23조 제1항 본문은 불공정거래행위의 기본적 속성 혹은 핵심적 개념요소로서 '공정한 거래를 저해할 우려'를 들고 있으나, 제1항 각호 소정의 개별 구성요건은 모두 '부당하게'의 요건을 달고 있다.

한편 법 제23조 제2항은 불공정거래행위의 유형 및 기준의 설정을 시행령에 위임하고 있는 바, 별표(령 제36조 제1항 관련)는 모든 시장의 모든 사업자에 대해 일반적으로 적용되는 불공정거래행위의 중간유형에 관해 거래거절, 차별적 취급, 경쟁사업자 배제, 고객유인, 거래강제, 거래상 지위의 남용, 구속조건부 거래, 사

73) 가맹사업 고시나 석유사업자 고시 등은 가맹사업공정화에 관한 법률과 표시광고의 공정화에 관한 법률 소관으로 이전되었다.

74) 비대칭규제는 현재 통신산업의 일부 분야에서 시행되고 있다. 시장의 97%를 점하는 KT의 요금은 인가제인 반면, 3%를 점하는 하나로통신의 요금은 인가대상이 아니다.

업활동 방해, 부당한 자금 자산 인력의 지원 등 9개로 나누고 있다.

이를 법 제23조 제1항과 대조하면, 우선 제8호의 '기타 공정거래저해행위'에 대응하는 세목이 없다. 그리고 제1호의 거래거절과 차별취급, 제3호의 고객유인과 거래강제, 제5호의 구속조건부거래와 사업활동의 방해를 각각 두가지로 나누고 있다. 시행령 별표는 이와 같은 중간유형 하에 다시 세부유형을 각각의 경우에 대해 두 개 이상 설정하여 현재 29개의 세목을 두고 있다.

3. 유형화론과 그 의미

불공정거래행위가 침해하는 법익을 기준으로 경쟁사업자의 이익침해, 수요자(혹은 소비자)의 이익침해, 그리고 공익침해 유형 등 세가지로 나눌 수 있다. 경쟁자의 이익침해에 속하는 것으로는 방해경쟁, 신용훼손과 비방, 비밀누설, 타인급부의 표절 등이 포함되고, 수요자의 이익을 침해하는 행위로서, 수요자의 의사결정자유의 침해, 유가(有價)광고, 오인유발, 영업표지남용 등이 있다. 그리고 공공의 이익을 침해하는 행위로서 시장교란, 법위반 등의 행위가 포섭된다.[75]

한편 일반조항을 근거로 사법구제주의에 따르는 독일의 통설과 판례는 5분법을 취한다.[76] 침해행위의 성질과 내용을 중심으로 100년 이상 동안 축적된 많은 수의 연방대법원 판결례들을 고객유인, 방해, 표절, 법위반, 시장교란 등의 5가지 기본형으로 나누어 편의를 도모하고 있다. 우선 고객유인의 유형에는 오인유발적 표시, 강요, 괴롭히거나 동정심을 유발하는 행위 등이 속하고, 방해행위에는 강요, 보이콧트, 판매 및 구입방해, 차별, 인신공격 등의 명예훼손 등이 있고, 표절유형에는 모방과 표절, 명성과 신용의 편승, 고객 가로채기 등이 속하며, 법위반유형에는 실정법 위반을 통한 부당한 우위확보(가격 및 판매협정에 대한 부준수, 요율부준수, 할인법에 반하는 덤핑이나 가격인하 등)를 내용으로 하고, 마지막으로 시장교란행위의 유형에는 시장에서의 경쟁을 위축시켜 경쟁의 존속 그 자체를 위협하는 행태들이 포섭된다.

우리나라의 경우 공정거래법 제23조 제1항은 기본유형을 7가지 열거하나, 이것이 일정한 분류기준에 따른 것으로 보기는 어렵고, 이 중에는 일반조항 유사의 성격을 가진 것도 있다(동항 제8호). 또한 불공정거래행위 중 매우 큰 비중을 차지하는 오인유발적 표시광고와 같은 기본유형은 표시광고의 공정화에 관한

75) Volker Emmerich, Das Recht des unlauteren Wettbewerbs, 5.Aufl., 54f.

76) Fritz Rittner, Wettbewerbs- und Kartellrecht, 6.Aufl., 43ff.

법률에 의하여 규제되며, 하도급거래공정화에 관한 법률은 하도급거래에서 나타나는 제반 불공정거래행위를 규제한다. 그러나 우리나라에서는 불공정거래행위의 유형화와 그 기준에 관한 논의가 드문 바, 이는 한정적 열거주의와 행정규제주의와 관련된 것으로 생각된다.

Ⅱ. 다른 제도와의 관계

1. 불공정거래행위와 시장지배적지위 남용행위

불공정거래행위나 시장지배적지위남용행위는 한 사업자의 단독행위 혹은 일방적 행위라는 점에서 그 속성이 같다. 그러나 시장지배적지위남용행위의 주체는 독점력을 가진 사업자에 한하는데 비해 불공정거래행위의 주체는 그 누구나 될 수 있다. 현행법은 시장지배적 지위남용행위와 불공정거래행위를 별도로 규정하고 있다. 즉 법 제3조의2는 시장지배적 사업자의 부당한 가격결정, 부당한 출고조절, 부당한 사업활동의 방해, 시장참입의 제한, 기타의 경쟁제한행위 등 5가지 유형의 행위를 금지하고, 법 제23조는 모든 사업자의 불공정한 영업행태를 광범하게 규제하고 있다.

여기에서 시장지배적 사업자가 자신의 독점력 혹은 시장지배력을 남용하는 행위는 거래상의 지위남용이나 사업활동방해 등 공정거래법 제23조 소정의 불공정거래행위와 광범하게 경합할 수 있다. 독점사업자의 이러한 영업상의 행태에 대해 법 제3조의2와 법 제23조를 중복해서 적용할 것인지 혹은 선택적으로 적용할 것인지 문제된다. 현실적으로도 과징금과 형벌 등 제재의 정도에 있어서 상당한 차이가 있다.

이 문제는 독점규제와 불공정거래규제의 성격 그리고 양자의 법체계상의 지위에 따라 결정되어야 할 성질의 것이다. 비록 연혁적으로는 양자가 서로 다른 궤도에서 발전해 왔으며, 불공정거래행위는 기업이 경쟁관계에서 보이는 일반적 행태를 규제하는 기업행태법에 속하는 반면 시장지배적 지위남용에 대한 규제는 독점규제의 성격을 지니므로, 법리상 양자는 중복해서 적용될 성질의 것이라고 주장할 여지도 있다. 그러나 우리나라에서 양자는 동일한 단행법, 즉 공정거래법에서 규율되고 있고, 동일한 사안에 대해 두 규정을 중복해서 거듭 적용하는 것은 법의 취지에 어긋날 뿐만 아니라 이중처벌의 결과를 빚어낸다. 여기에서 공정거래법 제3조의2와 불공정거래행위에 관한 법 제23조가 경합하는 경우 법 제3조의2를 우선 적용하여야 하며, 현행법질서상의 공정거래 관련 사안에 있어서 법 제3조의2는 법 제23조에 대해 특별법의 위치가 부여되어야 한다는 주장은 설득력을 가진다.

그러나 양자의 관계를 배타적인 일반법과 특별법의 관계로 정형화하는 것은 현재의 법 실정상 무리스러운 면이 적지 않다. 규범의 중복현상이 다면적으로 발생하는데다가 경쟁법의 운용의 실제와 큰 차이가 있기 때문이다. 여기에서 양 법조는 선택적으로 적용되며 이는 행정규제주의의 취지에도 부합하는 면이 있다. 독일 불공정경쟁방지법의 경우 일반조항과 개별규정이 경합적 그리고 선택적 관계에서 운용되며, 미국법의 경우도 연방거래위원회법 제5조 사건이 셔먼법이나 클레이튼법위반과 중복하는 현상은 광범하게 일어나며 특히 동조가 적극적으로 운영되고 있다.

또한 시장지배적 사업자가 시장에 미치는 효과가 일반 사업자의 경우 보다 심대하기 때문에, 시장지배적 사업자의 영업행태에 대해서는 보다 엄격한 기준을 적용할 필요가 있다. 그 결과 어느 영업상의 관행이나 행태가 일반적으로는 불공정거래행위에 해당되지 않을 경우에도 그 주체가 시장지배적 사업자라면 당해 행위가 시장지배적 지위남용으로 평가될 여지도 있다.[77]

2. 불공정거래행위와 부당공동행위

양자는 행위의 속성에 있어 근본적인 차이가 있다. 즉 불공정거래행위는 단일한 기업의 일방적 행위(unilateral act)인데 비해, 부당공동행위는 복수의 사업자들이 합의 혹은 의사의 연락이라는 기초 위에 시장에서 동일한 행태를 보이는 공동행위(collusive act)이다.

그러나 불공정거래행위와 부당공동행위 사이에서도 규범의 중복현상이 발생할 수 있다. 특히 공정거래법 제19조 제1항 제8호의 경우 사업자들이 담합하여 전후방 단계에 있는 사업자들의 사업내용을 방해하거나 영업활동을 제한하는 경우, 이는 불공정거래행위 중 공동의 거래거절을 구성할 수 있다. 나아가서 담합에 가담한 개별사업자에 대해서는 다른 사업자의 영업활동방해, 거래강제, 차별취급 등의 불공정거래행위를 구성할 수 있다.

이러한 경우에는 부당공동행위에 관한 조항이 제일차적으로 적용된다고

77) 시장지배적 사업자가 행한 표시나 광고는 법 제3조의2 제1항 제5호에 해당할 수 있다. 권오승외, 공정거래심결례백선, 법문사, 1996, 55면-56면.

할 것이며, 이에 대해서는 불공정거래행위와 시장지배적지위남용행위의 관계에 관한 논의를 유추할 수 있다. 물론 부당공동행위가 입증되지 아니한 경우라면 불공정거래행위의 척도에 따라 규제가 이루어지게 된다.

3. 공정거래법 제23조와 부정경쟁방지법과의 관계

불공정경쟁 혹은 불공정거래에 관한 우리나라의 기본법규는 공정거래법과 부정경쟁방지법[78]으로 이원화되어 있다. 이 이원적 체계는 입법자가 의도한 것이 아니라, 입법의 부주의에 기인한 것이다. 즉 독일의 불공정경쟁방지법(UWG)의 정신과 체계를 답습한 부정경쟁방지법이 1961년에 제정되어 있음에도 불구하고, 1980년 공정거래법 제정시 이와 무관하게 불공정거래관행을 광범하게 규율하는 조항을 도입하였기 때문이다. 그리고 현행 공정거래법 제23조는 궁극적으로 미국의 연방독점금지법의 체계, 특히 연방거래위원회법 제5조를 모방한 것으로 봄이 정설이다.

양법이 서로 다른 차원의 법이며 불공정거래행위와 부정경쟁행위는 본질적으로 다른 행위라고 보는 주장도 없지 않다. 그러나 우리나라 부정경쟁방지법이 독일의 불공정경쟁방지법을 답습하였고, 독일의 이 법이 가지는 법체계상의 위상과 운용은 미국 연방거래위원회법 제5조와 이에 기초한 판례법에 대응한다. 여기에서 두 법이 본질적으로 다른 차원의 법이라는 주장은 그릇된 것이다. 그러나 부정경쟁행위에 대하여는 부정경쟁방지법이 동법 소정의 제한된 부정경쟁행위의 유형에 대해 사법절차(司法節次)에서 주로 사법적(私法的) 구제에 의지한다는 점에서,[79] 공정거래법이 일체의 불공정거래관행에 대해 주로 공법적 수단에 의지하여 규제하는 것과 큰 차이가 있다.

그러나 양법의 경합문제는 심각한 상황이 아니다. 그 이유는 불공정거래에 관한 한 부정경쟁방지법은 영업상의 표지모용 등 극소수의 사항만을 규제하여 사실상 불구화된 상태를 계속하고 있고, 그 결과 공정거래법이 불공정거래관행에 대한 규율을 실질적으로 전담하고 있기 때문이다. 현재 부정경쟁방지

78) 이 법의 성격과 위상에 대한 그릇된 인식의 결과, 부정경쟁방지법이라는 명칭도 1998년 법개정에서 '부정경쟁방지및영업비밀보호에관한법률'로 바뀌었다.

79) 부정경쟁방지법은 불법행위법에 뿌리를 두고 있는 사법(私法)이다. 그 결과 독일에서는 불공정경쟁에 대해서는 연방카르텔청이 행정적으로 개입하는 일이 없고, 이에 관한 문제는 사인간의 사법절차상의 권리투쟁에 전적으로 일임되어 있다. 그리고 기업행태와 관련한 불공정성 혹은 선량한 풍속위반의 판정은 전통적으로 법원의 소임이었고, 또 전문적인 경쟁당국 보다 법관이 오히려 이에 대한 적임자로 평가되기도 한다.

법이 규제하는 사항은 크게 세가지다. 즉 동일 또는 유사한 영업상의 표지를 사용하여 타인의 상품이나 영업과 혼동을 초래하는 행위, 부실한 표시나 광고를 통해 타인의 오인을 유발하는 행위(원산지허위표시, 출처에 관한 오인유발, 품질이나 수량 등에 관한 오인유발 등), 그리고 타인의 영업상의 비밀을 부정하게 취득하거나 정당한 권원없이 이를 공개하는 행위(영업비밀침해행위) 등이다. 그 결과 부정경쟁방지법은 사실상 지적재산권법의 일환으로 운용되고 있다고 할 것이고, 이 법의 주무관청도 특허청으로 되어 있다.

부정경쟁방지법에 의한 구제절차는 경쟁상의 이익을 침해당하였거나 당할 우려가 있는 사업자가 법원에 제소하는 것이며, 이를 위한 수단으로는 부정경쟁행위의 금지청구(동법 제4조), 손해배상청구(제5조), 그리고 신용회복청구(제6조) 등이 있다. 현재 공정거래법 사건의 경우 피해자의 금지청구가 인정되지 않는 바, 부정경쟁방지법과의 중복적용을 인정할 경우 공정거래법 사건에 있어서도 사인의 금지청구권을 허용하는 결과를 도출할 수 있는 면이 있다. 그러나 현행 부정경쟁방지법은 동일한 사안이 공정거래법의 규정에도 해당될 경우 기본적으로 공정거래법의 규율에 따르도록 하고 있으나(동법 제15조), 이 규정이 양법의 경합문제를 모두 해결하는 것은 아니다.

Ⅲ. 불공정성의 의미와 판정기준

1. 불공정성의 구조

법 제23조의 제목은 '불공정거래행위'이며, 동조 본문의 핵심적 문귀는 '공정한 거래를 저해할 우려'이다. 그리고 법 제23조가 열거하는 7가지의 구성요건은 모두 '부당하게'라는 요건을 달고 있다. 불공정거래행위의 위법성의 징표 혹은 판단기준과 관련하여, 공정거래저해성(공정한 거래를 저해할 우려)과 부당성(부당하게 또는 정당한 이유없이), 그리고 공정경쟁저해성의 관계를 어떻게 새길 것인가 하는 법기술적인 문제가 제기된다.

이에 대해서는 여러 가지 견해가 있다. 첫째는 공정거래저해성과 공정경쟁저해성(혹은 경쟁저해성)을 동일시하는 견해이다. 둘째는 공정거래저해성과 공정경쟁저해성을 구별하면서 전자가 후자보다 폭넓은 개념으로 보는 견해이다. 셋째, 법 제23조의 경우 '공정한 경쟁을 저해할 우려'와 각호가 정하는 '부당하게'라는 요건이 별개의 요건이지만, 시행령 별표의 규정에서 '부당하게' 또는 '정당한 이유없이'의 요건에는 공정경쟁저해성이 포함되어 있다는 견해다.

먼저 공정한 거래를 저해할 우려와 공정한 경쟁을 저해할 우려의 구별문제이다. 공정거래법은 시장지배적 지위의 남용과 불공정거래행위를 구별하지 않는 일본의 경우와 달리 현행 공정거래법은 양자를 구분하여 규제하는 점을 감안할 때, 일단 공정경쟁저해성과 공정거래저해성을 개념적으로 차별하고 후자가 전자를 포섭하는 폭넓은 개념이라고 할 것이다. 물론 경쟁의 실질적 제한에는 이르지 아니하나, 사업자들의 경쟁제한적 속성을 내포하는 맹아적 행위(incipient acts) 혹은 독점의 전단계에서 이루어지는 남용적 행태[80]도 공정한 거래를 저해할 우려가 있는 행위로서 법 제23조의 대표적인 규제대상이라고 할 것이다.

그리고 법 제23조 제1항과 본문과 각호의 규정 그리고 하위법령의 규정이 복잡하다고 하더라도 공정거래저행성과 부당성은 실질적으로 동일한 개념으로 파악함이 옳다. 법문의 구조가 복잡한 것은 입법기술적인 문제로 인한 것이고 개념의 차별화를 의도한 것으로 보기 어렵다. 또한 공정거래저해성이라는 본문의 문언이 개별 구성요건에서 부당성으로 반복되고 있는 데다가 양자를 차별화하는 것은 불필요하게 해석을 복잡하게 만드는 것이다. 결국 공정거래저해성이란 부당성을 의미하여, 부당성은 독일 불공정경쟁방지법의 선량한 풍속위반 혹은 미국 연방거래위원회법 제5조의 불공정성(불공정한 경쟁방법)과 기만성과 오인유발성(기만적인 영업관행)에 대응하는 것이라고 할 것이다.

이러한 의미에서 공정거래저해성을 구성하는 구체적 항목을 살펴 보면, 시장의 구조를 악화시키는 경쟁제한적인 영업행태, 우월한 지위를 바탕으로 상대방에게 현저하게 불이익한 거래를 강요하는 거래의 내용 내지 조건면의 불공정성, 소비자를 표적으로 행하는 각종의 남용적 영업행태(예컨대 허위과대의 표시나 광고) 등을 모두 망라하는 것이다. 다시 말해 공정거래저해성은 경쟁수단의 경쟁제한성과 거래내용의 불공정성, 그리고 소비자의 오인을 유발하는 남용성 등을 모두 망라하는 개념이다.

---

80) 시장관계적 불공정성(marktbezogene Unlauterkeit)이라는 이름으로 경쟁제한의 전단계적인 행위를 불공정경쟁행위로 포섭하는 P. Ulmer의 전단계론(Vorfeldthese)이 대표적이다. Emmerich, Das Recht des unlauteren Wettbewerbs, 5.Aufl., 51.

2. 부당성의 실질적 의미

공정거래저해성 혹은 부당성에 관해 통일적인 정의를 내리는 것은 매우 어렵고 또 불필요한 일이기도 하다. 그러나 이를 독일법과 비교한다면, 경제과정에서 나타나는 기업의 행태가 선량한 풍속에 배치되어 불공정성(Unlauterheit)을 띠는 것, 즉 당해 업계의 정상적인 경쟁방법의 범위를 벗어났다거나 혹은 경제사회의 통념상 시인될 수 없는 경쟁수법 혹은 건전한 상도의(商道義)에 위배되는 것을 말한다. 즉 독일법의 불공정성이란 건전한 상도덕 혹은 건천한 영업윤리에 반하는 것으로서 경쟁제한성 보다 훨씬 넓은 개념이다. 그리고 부당성에 관한 이러한 해석은 미국의 FTC v. Gratz 판결에서 나타난 불공정한 경쟁방법(unfair method of competition)의 해석과 크게 다를 바 없다.[81] 동 판결에 의하면, 불공정한 경쟁방법은 부도덕하거나 기만적이거나 억압적인 성격 때문에 선량한 도덕에 위배되는 영업관행 그리고 경쟁을 제한하고 독점을 초래할 위험으로 인해 공공정책에 반하는 관행을 망라한다.

특히 특정한 거래 혹은 영업행태의 부당성은 그 수단과 방법, 그리고 내용이 다른 경쟁자의 영업상의 이익이나 소비자의 이익 혹은 공익을 침해하는지 또 어떠한 방법으로 침해하는지를 개별적으로 검토하여 구체적으로 판정되어야 한다. 즉 불공정거래행위의 위법성판단에 있어서는 피침해자와 피침해법익의 속성과 정도 등이 매우 중요한 고려요인이라고 할 것이다. 예컨대 허위과대광고의 경우 부당성 내지 불공정성은 소비자에 대한 오인 또는 혼동유발의 가능성이, 끼워팔기의 경우에는 수요자의 의사결정의 자유에 대한 실질적 억압의 측면이, 그리고 고객유인의 경우에는 상도의상 허용되지 아니하는 수단으로 경쟁자의 고객을 횡탈하는 측면이 고려되어야 한다. 이러한 접근은 우리나라 불공정거래행위법의 위법성판단 징표가 당해 행위의 경쟁저해성(혹은 공정경쟁저해성)이 아니라 보다 폭넓은 공정거래저해성이라는 주장을 뒷받침하면서, 이를 구체화하는 방법이라고 생각된다.

나아가서 특정한 행위의 부당성 여부를 궁극적으로 판단할 때에는 당해 행위의 목적과 동기 그리고 내용, 당해 행위가 시장과 경쟁에 미치는 영향 등 제반정황에 대한 포괄적 고려가 있어야 하며, 당해 행위로 인한 경쟁제한적 효과와 효율성 제고의 비교형량이 필요하다. 그리고 당해 업계의 평균적 사업자를 기준으로 또 당해 행위를 한 시점을 기준으로 부당성 여부를 판정하여

81) FTC v. Gratz, 253 U.S. 421(1920).

야 한다.

3. '부당하게'와 '정당한 이유없이'

시행령 별표가 정하는 29개의 불공정거래행위의 세목은 '부당하게'라는 요건을 가진 것과 '정당한 이유없이'라는 요건을 가진 것으로 크게 두가지로 나누어진다.[82] 그러나 일부의 행위유형에서는 부당성의 문구에 갈음하여 오인유발성을 정하기도 한다(위계에 의한 고객유인(령 별표1 4. 나). 그리고 표시광고에 관한 법률 소정의 위법행위 등).

현재 공동의 거래거절, 계열회사를 위한 차별, 그리고 부당염매 등에 관한 규정에 한하여 '정당한 이유없이'라는 문구가 사용되고 있고, 또 이 행위들은 기타의 불공정거래행위에 비해 그 남용적인 성격과 비난가능성이 높다. 또한 시행령 별표가 위법성의 판단과 관련하여 의도적으로 양자를 차별하고 있는 것은 분명하다. 여기에서 위법성의 입증과 관련하여 양자를 차별적으로 취급할 여지가 있다.[83] 즉 '부당하게'라는 요건을 달고 있는 행위유형은 일반적으로 당해 행위는 적법한 것이로되 특별한 정황 하에서 문제되는 것이라면, '정당한 이유없이'라는 문언을 달고 있는 행위유형은 처음부터 당해 행위의 적법성이 논란될 수 있는 것이라고 할 수 있다. 그러므로 '정당한 이유없이'라는 문구가 채용된 행위유형의 경우에는 사업자 측에서 당해 행위를 하게 된 사유, 즉 합리적인 필요나 동기를 제시하여 공정거래저해성이 없다는 사실을 실질적으로 입증할 필요가 있다고 할 것이다. 그러나 이를 법률상의 형식적인 입증책임의 전환이라고 보는 것은 곤란하고, 사실상의 전환에 지나지 아니한다고 할 것이다. 법률 소정의 기본유형들은 모두 '부당하게'라는 문언을 사용하고 있으며, 이는 시행령이 정하는 중간유형에서도 되풀이되고 있기 때문이다.

〈대판 2001.12.11. 2000두833〉

시행령 별표에서 법 제23조 제1항 제1호의 행위유형으로 다른 유형의 행위에 대하여는 '부당하게' 행하여진 경우에 한하여 불공정거래행위가 되는 것으로 규정하면서도 '계열회사를 위한 차별'의 경우만 '정당한 이유 없이'라는

82) 시행령 별표의 세목 중 '정상적인 거래관행에 비추어 부당하게'라는 문구를 사용하는 소수의 유형이 있다. 이 유형을 '부당하게' 그리고 '정당한 이유없이'의 문언을 가진 유형에 이은 세 번째 유형을 볼 수도 있다. 그러나 이는 부당성의 판단과 관련하여 정상적인 거래관행의 잣대가 제시된 것에 불과하다.

83) 권오승, 경제법(제5판), 법문사, 2005, 333면-334면.

표현을 사용함으로써 달리 취급하고 있는 것은 취지는, 이러한 형태의 차별은 경쟁력이 없는 기업집단 소속 계열회사들을 유지시켜 경제의 효율을 떨어뜨리고 경제력집중을 심화시킬 소지가 커서 다른 차별적 취급 보다는 공정한 거래를 저해할 우려가 많으므로 외형상 그러한 행위유형에 해당하면 일단 공정한 거래를 저해할 우려가 있는 것으로 보되 공정한 거래를 저해할 우려가 없다는 점에 대한 입증책임을 행위자에게 부담하도록 하겠다는 것이다.

〈서울고판 2002.10.10. 01누16073〉

원고는 법 제23조 제1항에 '공정한 거래를 저해할 우려가 있는'이라고 표현하고 있고 그 제1호에 '부당하게 차별하여 취급하는 행위'라고 규정함으로써 그 부당성의 입증책임을 피고에게 지우고 있음에도 하위법령인 시행령에서 부당한 행위유형의 하나로 계열회사를 위한 차별을 들면서 '정당한 이유없이'라는 표현을 사용함으로써 입증책임을 전도시키는 것은 모법의 위임의 한계를 넘은 것이므로 여전히 부당성을 피고가 입증하여야 한다고 주장하나, 법에서는 불공정거래행위의 기준으로 '부당성'이라는 기준을 설정하여 이를 하위법령에 위임하였고, 하위법령인 시행령에서는 '부당성'의 정도와 종류에 따른 행위를 유형별로 규정하였음을 알 수 있는 바, 행위유형에 따라 부당성의 정도가 각 다를 것이고, 어떤 행위유형은 그 자체로 부당성을 내포하거나 부당성의 정도가 심하여 사실상 원고가 그 정당함을 입증하지 못하는 한 부당성을 면하지 못하는 경우도 있을 수 있어 이를 유형별로 분류하여 규정한데 불과하므로 행위유형에 따라 원고에게 사실상 입증책임이 전환된다고 하더라도 하위법령이 '부당성'을 기준으로 행위유형을 규정하고 있는 한에는 모법의 위임한계를 일탈하였다고 보기는 어렵다.

Ⅳ. 일반불공정거래행위에 관한 판결례

1. 기타의 거래거절

기타의 거래거절은 거래거절의 세목 중 주된 유형에 해당된다. 기타의 거래거절이란 부당하게 특정사업자에 대하여 거래의 개시를 거절하거나 계속적인 거래관계에 있는 특정사업자에 대하여 거래를 중단하거나 거래하는 상품 또는 용역의 수량이나 내용을 현저히 제한하는 행위이다(별표1 제1호 나목). 기타의 거래거절은 앞서의 공동의 거래거절에 대응하는 유형이므로, 어느 사업자가 행하는 단독의 거래거절을 말한다.

〈대판 2001.1.5. 98두17869〉

'기타의 거래거절'은 개별 사업자가 그 거래상대방에 대하여 하는 이른바 개별적 거래거절을 가리키는 것이나, 이러한 개별적 거래거절행위는 그 거래상대방이 종래 계속적 거래관계에 있은 경우에도, 자유시장경제 체제하에서 일방적으로 인정되는 거래처선택의 자유라는 원칙에서 볼 때, 또 다른 거래거절 유형인 '공동의 거래거절'과는 달리, 거래거절이라는 행위 자체로 바로 불공정거래행위에 해당하는 것은 아니고, 그 거래거절이 특정 사업자의 거래기회를 배제하여 그 사업활동을 곤란하게 할 우려가 있거나 오로지 특정사업자의 사업활동을 곤란하게 할 의도를 가진 유력 사업자에 의하여 그 지위남용행위로서 행하여지거나 혹은 같은 법이 금지하고 있는 거래강제 등의 목적달성을 위하여 그 실효성을 확보하기 위한 수단으로 부당하게 행하여진 경우라야 공정한 거래를 저해할 우려가 있는 거래거절행위로서 같은 법이 금지하는 불공정거래행위에 해당한다.

〈대판 1996.6.25. 96누2019〉

한일사는 대구경북지역에서 자신과 함께 의약품 도매업을 하고 있는 자로서 동아약품과 서로 의약품거래를 해 온 사이다. 동아약품이 경북대병원의 임상시약 총액단가 입찰에서 낙찰되어 납품계약을 체결하자, 자신이 독점취급하는 의약품에 대하여 동아약품으로부터 수차례에 걸친 요청에도 불구하고 이를 공급하지 않아 결국 동아약품과 경북대병원 사이의 납품계약이 해지된 사안이다. 이 당시 도매상들은 의약품 제조업자나 수입업자와 더불어 지역별로 독점공급계약을 체결한 후 의약품을 유통시키고 있었고, 약사법 시행규칙에서는 이들 도매상 사이의 거래도 허용하고 또 이들 사이에 현실적으로 의약품 거래가 이뤄지고 있었다. 법원은 이 사건 공급거절행위가 자유경제체제에서 거래처선택의 자유의 범위를 벗어난 행위로서 부당한 거래거절행위에 해당한다고 보았다.

2. 계열회사를 위한 차별

계열회사를 위한 차별은 가격차별과 차별적 취급 등과 더불어 차별적 취급의 한 항목인 바, 정당한 이유없이 자기의 계열회사를 유리하게 하기 위하여 가격·수량·품질 등의 거래조건이나 거래내용에 관하여 현저하게 유리하거나 불리하게 하는 행위를 말한다. 예컨대 계열사에 대한 대금지급은 현금으로 하고 비계열사는 어음으로 하거나, 혹은 어음의 만기에 현저한 차이를 두거나,[84] 비계열사에 대해서는 이행보증을 요구하면서 계열사에 대해서는 이를 면제하는 것 등이다.[85]

여기에서 계열회사라 함은 상호출자제한기업집단 혹은 출자총액제한기업집단 소속의 계열사 뿐만 아니라, 복수의 사업체가 단일한 지휘관리체제 하에 있을 때 이에 속한 회사들은 모두 여기의 계열회사에 속한다. 그리고 '자기의 계열회사를 유리하게 하기 위하여'는 행위의 목적 또는 주관적 의도에 해당되는 부분이다. 불공정거래행위의 구성요건은 위법성 관련 문언을 제외하고는 대체로 주관적 요건이 존재하지 아니하는 바, 주관적 의도와는 상관없이 당해 행위가 공정거래저해성을 보이면 그 자체로서 규제의 대상이 되기 때문이다. 그러나 계열회사를 위한 차별취급에는 이례적으로 주관적 요건이 포함되어 있다. 따라서 사업자가 영업활동을 한 결과가 자신의 계열회사에 유리하게 귀속되었다는 결과적 사실 뿐만 아니라, 이를 위한 주관적 의도 또는 목적이 있어야 한다. 이와 같은 주관적 의도는 차별행위의 동기, 그 효과의 귀속주체, 거래의 관행, 당시 계열회사의 상황 등을 종합적으로 고려하여 그 존재 여부를 판단하게 된다.

마지막으로, 자신의 계열사를 유리하게 하기 위하여 비계열사에 비해 현저하게 유리하게 하거나 비계열사에 대해 현저하게 불리하게 하여야 한다. 판례는 현저한 차별의 판단기초가 되는 거래분야와 관련하여 관련시장의 범위 내에서만 이를 고려하고 이와 관련이 없는 별도의 거래분야까지 포함할 수 없다고 보았다.

〈대판 2004.12.9, 2002두12076(요지)〉

공정거래법 시행령 제36조 제1항 관련 [별표 1]의 제2호 (다)목이 규정하고 있는 '계열회사를 위한 차별'에서의 차별의 현저성을 판단함에 있어서 관련 시장의 범위에 관련 없는 별도의 거래분야까지 포함할 수 없다.

령 제36조 제1항 관련 [별표 1]의 제2호 (다)목이 규정하고 있는 '계열회사를 위한 차별'의 요건으로서 계열회사를 유리하게 하기 위한 의도는, 특정 사업자가 자기의 이익을 위하여 영업활동을 한 결과가 계열회사에 유리하게

84) 공정위의결 2001.8.21, 2001-118.

85) 부당지원행위의 유형과 중복될 수 있으나, 부당지원행위는 자신의 계열사에 대한 지원에 초점이 있다.

귀속되었다는 사실만으로는 인정하기에 부족하고, 차별행위의 동기, 그 효과의 귀속주체, 거래의 관행, 당시 계열회사의 상황 등을 종합적으로 고려하여 사업자의 주된 의도가 계열회사가 속한 일정한 거래분야에서 경쟁을 제한하고 기업집단의 경제력 집중을 강화하기 위한 것이라고 판단되는 경우에 한하여 인정된다.

령 제36조 제1항 관련 [별표 1]의 제2호 (다)목이 규정하고 있는 불공정거래행위의 한 유형인 '계열회사를 위한 차별'의 위법성을 평가함에 있어서 단순한 사업경영상 또는 거래상의 필요성 내지 합리성이 인정된다는 사정만으로 곧 그 위법성이 부인되는 것은 아니지만, 차별적 취급의 원인이 된 사업경영상의 필요성 등은 다른 사유와 아울러 공정한 거래질서의 관점에서 평가하여 공정거래저해성의 유무를 판단함에 있어서 고려되어야 하는 요인의 하나가 될 수 있다.

3. 부당염매

부당염매란 자기의 상품 또는 용역을 공급함에 있어서 정당한 이유없이 그 공급에 소요되는 비용보다 현저히 낮은 대가로 계속하여 공급하거나 기타 부당하게 상품 또는 용역을 낮은 대가로 공급함으로써 자기 또는 계열회사의 경쟁사업자를 배제시킬 우려가 있는 행위이다(시행령 별표1 제3호 가목). 이 규정은 실제로 두가지 구성요건으로 되어 있다. 첫째는 정당한 이유없이 공급에 소요되는 비용 보다 현저하게 낮은 대가로 계속하여 공급함으로써 경쟁사업자를 배제시킬 우려가 있는 행위, 즉 계속적 부당염매의 유형이고,[86] 둘째는 기타 부당하게 상품 또는 용역을 낮은 대가로 공급함으로써 경쟁사업자를 배제시킬 우려가 있는 행위, 즉 기타의 부당염매이다.

기타의 부당염매가 기본유형이라면, 계속적 부당염매는 특칙의 성격을 띤다고 할 것이다. 계속적 부당염매는 위법성의 판단징표가 '정당한 이유없이'라는 점, 그리고 공급에 소요되는 비용 보다 현저히 낮은 대가로 공급하여야 한다는 점, 셋째 그와 같은 공급이 계속적이어야 한다는 점에서 기타의 부당염매와 다르다. 여기서 공급에 소용되는 비용이란 일반적으로 제조원가를 말하는 것이지만, 유통단계의 사업자가 경쟁사업자를 배제하는 경우에는 구입원가가 기준이 된다. 그러나 원가의 산정은 매우 어렵고 논란의 소지가 크다.[87]

86) 종전에는 계속거래상의 부당염매와 장기거래계약상의 부당염매를 나누었다.

그러나 경쟁사업자를 현실적으로 배제하여야 할 필요는 없고 배제의 우려 내지 추상적 위험의 존재로 충분하며, 표적이 된 경쟁사업자는 자신의 경쟁사업자 뿐만 아니라 계열회사의 경쟁사업자를 포함하며, 제조업자는 물론 유통사업자도 이 행위의 주체가 될 수 있으며[88] 이들의 행태는 수요면이 아니라 공급상의 행태라는 점 등은 양자가 같다.

경쟁이란 경쟁사업자를 배제하는 과정 혹은 이를 위한 행태 그 자체다. 그 결과 경쟁사업자 배제를 불공정거래행위로 규제하는 것은 경쟁 그 자체를 제한하는 면이 있다. 여기에서 경쟁사업자 배제행위의 위법성 판단과 관련하여 신중한 숙고가 요청된다. 자칫 통상적인 경쟁과정을 부당한 경쟁사업자배제로 규제한다면 이는 경쟁을 촉진하여 할 경쟁당국이 경쟁제한의 주체가 되는 꼴이 된다. 기타의 부당염매의 경우에 특히 요청되는 바라고 할 것이다. 비교법적으로 문제가 없는 덤핑으로는 폐업 떨이판매, 재고정리 떨이판매, 계절 혹은 유행에 민감한 상품을 철이 지나 덤핑하는 것, 백화점에서 행하는 특판행사, 자신의 존재나 상품을 알리는 홍보 차원에서 한시적으로 행하는 염가판매 등이다.

〈대판 2001.6.12, 99두4686〉

공정거래법 시행령 제36조 제1항 별표 제3호 (가)목에서 말하는 경쟁사업자는 통상 현실적으로 경쟁관계에 있는 사업자를 가리킨다고 할 것이지만, 부당염매를 규제하는 취지가 같은 법이 금지하는 시장지배적지위의 남용을 사전에 예방하는데 있다고 볼 때, 시장진입이 예상되는 잠재적 사업자도 경쟁사업자의 범위에 포함된다고 보아야 할 것이고, 나아가 경쟁사업자를 배제시킬 우려는 실제로 경쟁사업자를 배제할 필요는 없고, 여러 사정으로부터 그러한 결과가 초래될 추상적 위험성이 인정되는 정도로 족하다고 할 것인 바, 경쟁사업자를배제시킬 우려는 당해 염매행위의 의도, 목적, 염가의 정도, 행위자의 사업규모 및 시장에서의 지위, 염매의 영향을 받은 사업자의 상황 등을 종합적으로 살펴 이를 개별적으로 판단하여야 한다.

---

87) 공급에 소요되는 비용이라는 개념이 모호하고, 중간상인의 상품구입가격처럼 그 조사가 객관적으로 이루어질 수 있는 경우라고 할지라도 이들의 영업에서 큰 비중을 점하는 통상적인 고정비용을 구입가격에 분산하여 포섭시켜야 하는 어려운 문제가 있다. Emmerich, 앞의 책, 58; Areeda/Kaplow/Edlin, Antitrust Analysis - Problems, Text, and Cases, 6th ed., Aspen Publishers, 2004, p. 261.

88) 공정위의결 1987.7.8 87-40. 삼미금속(주)의 인천지역 대리점의 행위에 대해 장기거래계약상의 부당염매를 인정한 사건이다.

〈계속적 부당염매의 사례(공정위의결 1994.7.28. 94-205)〉

한국석유공업(주)는 방수시트, 합성수지제품 등을 생산, 판매하는 자로서 이들 제품의 판매가 부진하고 경쟁이 심화되자, 방수시트 3개 제품을 시장가보다 44.0%~45.5% 낮은 가격으로 그리고 총판매원가 보다 5.2%~14.9% 낮은 가격으로 1994.2.16.부터 1994.5.31.의 기간 중에 대량수요처 12개 업체와 조달청에 공급하였다. 시장점유율은 염매 이전의 18%에서 염매기간 중에는 30%로 늘어났다. 공정위는 시장가격의 절반이자 총판매원가 이하의 가격으로 염매하였고, 영세업자는 이러한 가격경쟁에 대응할 수 없고 결과적으로 당해 시장에서 배제될 수 밖에 없다는 점을 고려하여 이 염매가격을 공급에 소요되는 비용 보다 현저하게 낮은 대가로 인정하였다.

4. 거래상 지위의 남용

거래상지위남용행위란 자기의 거래상의 지위를 부당하게 이용하여 상대방과 거래하는 행위를 말하며(법 제23조 제1항 제4호), 여기에는 구입강제, 이익제공강요, 판매목표 강제, 불이익제공, 그리고 경영간섭 등의 5가지 세목이 있다.

이 행위유형은 비중이 큰 불공정거래행위의 유형으로서 종전에는 이를 우월적 지위의 남용으로 불렀다. 여기서 거래상의 지위라 함은 시장지배적 지위에는 이르지 아니하나, 시장구조나 수급관계상 혹은 종전의 거래관계상 상대방의 의사에 반하여 거래를 강제하거나 기타 영업활동을 방해할 수 있는 정도의 상대적 지위를 폭넓게 포섭한다. 특히 독과점의 전단계적 행위 혹은 맹아적 행위를 포섭할 수 있고, 이 경우에는 경쟁저해성 혹은 거래제한성이 위법성판단의 징표가 될 것이다. 거래상지위남용이 문제될 있는 경우로는 도급관계, 납품관계, 유통관계(제조업자와 특약대리점관계) 등 거래관계와 관련하여 나타나는 경제상의 우월한 지위를 말하는 것이며, 사회적 혹은 신분상의 지위 혹은 지식이나 정보상의 우월한 지위는 포함되지 아니한다.

이 유형의 취지에 대하여, 판례는 현실의 거래관계에서 경제력에 차이가 있는 거래주체 간에서 상호 대등한 지위에서 법이 보장하고자 하는 공정한 거래를 할 수 있게 하기 위하여 사업자가 그 지위를 남용하여 상대방에게 거래상 불이익을 주는 행위를 금지시키고자 하는 것으로 보았다.[89] 이와 관련하여 1993년 대법원 판결은 한진중공업의 서울특별시지하철공사에 대한 전동차

89) 대판 2003.12.26. 2001두9646; 대판 2000.6.9, 97누19427 등.

납품과 관련한 사건에서 한진중공업의 기업규모를 고려할 때 전동차의 판매시장이 반드시 국내에 한정된다고 할 수 없고, 원고가 독점적 수요자의 지위에 있었다고 할 수 없으며, 위 계약체결에 있어서 원고가 소외회사의 자유의사를 부당하게 억압하였다고 볼 자료도 없는 점에서 원고가 한진중공업에 대하여 거래상 우월적 지위에 있다고 보기 어렵다고 보았다.[90)]

(1) 구입강제

거래상대방이 구입할 의사가 없는 상품 또는 용역을 구입하도록 강제하는 행위이다. 앞서의 끼워팔기나 기타의 거래강제는 기본거래와 연계하여 종된 거래를 강제하거나(끼워팔기) 혹은 연계없이 다른 거래(기타의 끼워팔기)를 강제하는 것인데 비해, 여기의 구입강제는 단일한 거래에 관하여 자신의 거래상지위를 이용하여 이를 상대방에게 강제하는 것이다. 이러한 차별화는 시행령 별표의 세목이 지나치게 세분화된 때문이며, 세 유형 모두 상대방의 의사결정의 자유를 해친다는 점에서는 같다.

이 유형은 특히 '밀어내기'라는 행태를 포섭할 수 있는 바, 브랜드 상품의 제조업체가 신상품을 개발하면서 재고로 남아 있는 구상품을 대리점에게 할당하고 이의 대금을 완납할 때까지 신상품의 공급을 중단하는 행위가 전형적 예에 속한다. 한편 구입강제의 대상이 되는 거래는 자신과의 거래에 국한되는 것이 아니고, 자신이 지정하는 제3자와의 거래도 포함된다.[91)]

(2) 불이익제공

구입강제, 이익제공강요, 판매목표강제 이외의 방법으로 거래상대방에게 불이익이 되도록 거래조건을 설정 또는 변경하거나 그 이행과정에서 불이익을 주는 행위이다. 불이익제공행위에 해당하기 위해서는 그 행위의 내용이 상대방에게 다소 불이익하다는 사실 만으로는 충분하지 않고, 거래상지위남용의 다른 유형, 즉 구입강제나 이익제공강요 혹은 판매목표강제 등과 동일시할 수 있을 정도로 일방 당사자가 자기의 거래상의 지위를 부당하게 이용하여 불이

---

90) 대판 1993.7.27. 93누4984.

91) 대판 2002.1.25. 2000두9359. 해상운송업자가 컨테이너에 의한 육상과 해상의 복합운송거래(multi modal transportation)에서 화주들에게 자신이 지정한 육상운송업체를 적극적으로 권유할 뿐만 아니라, 다른 업체를 이용하려는 화주들에게 합리적인 사유없이 컨테이너를 배정하지 않음으로써 육상운송서비스의 이용을 강제한 사안이다.

익을 준 것으로 인정되어야 한다.[92)]

정상적인 거래관행에 속하는 지체상금의 약정, 계약상 물건의 인도시기에 관한 해석과 관련하여 당사자 사이에 다툼이 있어 대금의 일부 지급을 거절하는 행위 등은 부당하게 불이익을 주는 행위가 아닐 뿐만 아니라 나아가서 공정한 거래를 저해할 우려가 있는 행위로 볼 수 없다. 또한 계약과 관련하여 발생하는 분쟁에 대해 일방당사자의 본점소재지 법원을 관할법원으로 약정하는 것은 타방당사자에게 다소 불이익하나 이를 반드시 부당한 것으로 보기 어렵고 나아가 공정거래를 저해할 우려가 있다고 보기 어렵다.[93)]

그러나 시장지배적 지위를 가진 사업자가 상대방과 제조위탁계약을 체결함에 있어서 준수가 불가능한 납품기한을 거래조건으로 설정하고 납품물의 하자를 수정 보완할 수 있음에도 불구하고 수정보완 및 재검사 요청의 기회를 주지 아니하고 또 상대방의 귀책사유가 아닌 납기지체에 대해 지체상금을 부과하는 행위, 의류 기타 잡화를 취급하는 대규모소매점이 자신의 매장에 입점한 업체들과 체결한 상품거래약정 중 판매대금결제조건을 입점업체에 불이익이 되도록 일방적으로 변경하여 적용하는 행위(월 1회 혹은 2회 현금지급 조건을 현금은 30% 내지 50%로 하고 나머지는 어음으로 함), 합리적 이유없이 준공검사를 하지 않아서 공사대금의 지급을 지연시키고 하자담보기간이 연장되도록 하여 불이익을 입도록 하는 행위, 자신의 귀책사유로 발생한 비용을 자신에게 의존하는 납품업자나 입점업자 등에게 전가하는 행위 등은 위법성이 인정될 수 있다.

5. 부당한 자금·자산·인력의 지원

현행법이 열거하는 마지막 유형이다. 부당지원행위란 "부당하게 특수관계인 또는 다른 회사에 대하여 가지급금·대여금·인력·부동산·유가증권·무체재산권 등을 제공하거나 현저히 유리한 조건으로 거래하여 특수관계인 또는 다른 회사를 지원하는 행위"를 말한다(법 제23조 제1항 제7호). 이 부당지원행위 금지조항은 1996년말 법개정에서 공정거래법에 도입되었고, 이와 관련한 정보공시 차원에서 2000년 4월 대규모내부거래에 대한 이사회의결 및 공시제도를 도입하여 현재 상호출자제한기업집단이 이 제도의 적용을 받고 있다.[94)]

92) 대판 2002.5.31. 2000두6213.

93) 대판 1998.3.27. 96누18489.

이 행위는 다른 나라에서는 찾을 수 없는 불공정거래행위의 유형이다. 다른 나라에서도 기업집단 계열사 상호간 혹은 자본적이거나 기타의 제휴관계에 들어서는 기업들 사이의 부당한 이전거래에 대한 통제는 소수주주의 보호, 주주와 집행임원 사이의 정보비대칭 해소 등과 관련하여 매우 중요한 법적 현안이다. 그러나 이들 이전거래는 기본적으로 회사법적 관심과 통제의 대상에 머무르고 있고, 상속이나 증여 등의 세법상의 문제를 보통 수반하게 된다. 우리나라에서도 부당지원행위 일반이 공정거래법의 관심대상이 되는 것이 아니라 대규모의 기업집단에 속하는 계열사가 다른 계열사를 지원하는 행위가 사실상의 표적이다. 현행 공정거래법의 대표적 관심사의 하나가 경제력집중억제인 만큼 부당지원행위에 대한 규제는 공정위의 정책적 노력의 초점이 되어 왔다.[95] 부당지원행위 혹은 부당내부거래에 대한 규제는 우리나라 경쟁정책의 중요한 특징의 하나라고 할 수 있다.

그러나 법문의 구조상 부당지원행위의 주체, 즉 지원주체는 반드시 지원을 받는 사업자와 동일한 기업집단을 구성할 필요가 없고, 양자는 자본적으로 또 인적으로 전혀 관련이 없는 별개의 사업자이더라도 무방하다. 부당지원행위는 일반 불공정거래행위의 하나이기 때문이다. 마찬가지로 지원을 받는 사업자, 즉 지원객체는 지원하는 사업자의 특수관계인에 국한되는 것이 아니라 비계열회사 등 '다른 회사'를 일반적으로 포괄한다. 또한 법문이 말하는 특수관계인이란 공정거래법 시행령 제11조가 말하는 동일인, 동일인관련자, 동업자 등을 뜻하고,[96] 그 결과 자연인과 같은 비사업자 역시 지원의 객체가 될 수 있다.

국내외의 선례가 존재하지 않는 이 부당지원행위에 관한 법운용, 특히 대법원의 부당성 판단과 그 사례들은 기업집단 혹은 결합기업 관련 사법정책(司法政策)의 매우 중요한 일부를 이루게 될 것이며, 비교법적으로도 주목의 대상이 될 것으로 생각된다. 지원행위의 부당성 여부에 관해, 판례는 "지원주체와 지원객체와의 관계, 지원행위의 목적과 의도, 지원객체가 속한 시장의 구조와

94) 이에 관한 하위규정으로는 '대규모내부거래에대한이사회의의결및공시에관한규정'(2000.4.1.제정. 이후 5회 개정), '대규모내부거래에대한이사회의결및공시의무위반사건에관한과태료부과기준'(2003.6.20 제정)이 있다.

95) 2004년의 경우 롯데, 금호아시아나, 동원, 대성, 동부화재, 부영그룹 등이 행한 후순위자금 저리대여, 후순위사채 고가매입, 기업어음 고가매입, 부동산 저가임대, 상품권 위탁판매수수료 과다지급, 사업부 저가양도, 예금담보 등의 직간접적 지원행위와 관련하여 약 39억원의 과징금을 부과하였다. 공정위, 2005 백서, 279-285.

96) 부당한지원행위의심사지침(2005.8.17개정) Ⅱ.3. 이 지침은 1997년 7월 제정 이래, 6번 개정되었다.

특성, 지원성거래규모와 지원으로 인한 경제상 이익 및 지원기간, 지원행위로 인하여 지원객체가 속하는 시장에서의 경쟁제한이나 경제력집중의 효과 등은 물론 중소기업 여타 경쟁사업자의 경쟁능력과 경쟁여건의 변화정도, 지원행위 전후의 지원객체의 시장점유율 추이, 시장개방의 정도 등을 종합적으로 고려하여 당해 지원행위로 인하여 지원객체의 관련시장에서 경쟁이 저해되거나 경제력 집중이 야기되는 등으로 공정한 거래를 저해할 우려가 있는지 여부를 살펴 보아야 한다"고 보고 있다.[97] 나아가서 법원은 부당지원행위가 성립하기 위해서는 지원객체가 속하는 시장에서의 공정한 거래를 저해할 우려로 성립하는 것이지, 지원객체가 지원 당시에 당해 시장에 직접 참여할 필요는 없다고 본다.[98]

부당한 지원의 대상이 되는 항목은 자금(가지급금과 대여금), 자산(부동산과 유가증권, 무체재산권), 그리고 인력 등이다. 그러나 이는 예시적인 것이며, 동산 등의 지원을 배제할 이유가 없다. 또한 지원의 방법으로는 계열회사 기타 지원의 대상이 되는 회사에 대하여 자금이나 자산 혹은 인력에 관한 거래조건(무상의 공여, 현저하게 낮은 가격이나 비용부담 혹은 금융조건의 우대 등)에서 우대하고 다른 회사에 대하여는 상대적으로 불이익한 거래조건을 제시하는 것은 물론이고, 거래의 유무 그 자체 혹은 거래량의 차별, 예컨대 만성적 초과수요품목에 대하여 다른 회사에 비해 현저하게 많은 물량을 공급하는 것도 부당지원행위를 구성할 수 있다. 한편 부당지원행위는 지원의 주체가 객체에게 직접 또는 간접으로 제공하는 경제적 급부의 정상가격이 그에 대한 대가로 지원객체로부터 받는 경제적 반대급부의 정상가격보다 높은 경우로서, 작위나 부작위[99]의 형태로 이루어질 수 있다.

한편 부당지원행위 사건에서 형사처벌 가능성과 병존하여 과징금규정을

---

97) 대판 2004.4.9, 2001두6197. 법원의 이러한 언급은 부당지원행위심사기준이 정하는 기준과 그 맥락이 같다. 공정위의 심사지침이 부당지원으로 예시한 경우는 다음과 같다.
- 지원객체가 지원으로 당해 시장에서 유력한 사업자의 지위를 형성·유지 또는 강화할 우려가 있는 경우.
- 지원객체가 속하는 시장에서 당해 지원으로 경쟁사업자가 배제될 우려가 있는 경우.
- 지원객체가 당해 지원으로 경쟁사업자에 비하여 경쟁조건이 상당히 유리하게 되는 경우.
- 지원으로 인하여 지원객체의 퇴출이나 타사업자의 신규진입이 저해되는 경우.
- 관련법령을 면탈 또는 회피하는 등 불공정한 방법 또는 절차를 통해 지원이 이루어지고, 이로 인하여 경쟁이 저해되거나 경제력 집중이 야기되는 등으로 공정한 거래가 저해될 우려가 있는 경우.

98) 대판 2005.5.27, 2004두6099.

99) 대판 2004.4.9, 2001두6197.

둔 것 그리고 지원기업의 매출액을 과징금의 상한기준으로 삼은 것의 헌법적 합성이 논란되었으나 헌법재판소는 이를 비례성원칙에 위배되는 과잉제재가 아니라고 보았다.

〈헌재결정 2003.7.24, 2001헌가25〉

과징금은 부당내부거래의 억지에 그 주된 초점을 두고 있는 것이므로 반드시 부당지원을 받은 사업자에 대하여 과징금을 부과하는 것만이 입법목적 달성을 위한 적절한 수단이 된다고 할 수 없고, 부당지원을 한 사업자의 매출액을 기준으로 하여 그 2% 범위 내에서 과징금을 책정하도록 한 것은, 부당내부거래에 있어 적극적, 주도적 역할을 하는 자본력이 강한 대기업에 대하여도 충분한 제재 및 억지의 효과를 발휘하도록 한 것인데, 부당내부거래의 실효성 있는 규제를 위하여 형사처벌의 가능성과 병존하여 과징금규정을 둔 것 자체나 지원기업의 매출액을 과징금의 상한기준으로 삼은 것을 두고 비례성원칙에 반하여 과잉제재를 하는 것이라 할 수 없다.

Ⅴ. 공정위의 법집행과 사법심사의 동향

1. 공정위의 법집행

(1) 총 괄

최근 9년간 규제항목별로 공정위가 다룬 사건의 수는 다음의 표와 같다.[100)]

이를 간단하게 살펴보면, 시장지배적지위남용 사건은 여전히 매우 드물고, 불공정거래행위 사건은 표시광고, 하도급을 포함할 경우 압도적 다수를 점한다. 공정위의 한정된 인력과 재원이 여전히 불공정거래행위의 규제에 쏠리는 것을 알 수 있다. 경쟁당국의 주된 관심사이어야 할 M&A나 카르텔을 다룬 건수는 안정적이다. 그리고 경제력집중 관련 사건은 그 수에서 현저한 변화를 보이나 여전히 비중이 높은 사실을 알 수 있다. 특기할 것은 2002년 7월부터 시행된 전자상거래소비자보호법과 관련하여 공정거래위원회가 2003년 1년간 96건에 이르는 조치를 행한 점이다. 폭발적으로 증대한 사이버거래와 관련한 소비자보호가 하나의 이슈로 등장하였으며, 이 밖에 2002년 11월부터 시행한 가맹거래공정화에관한법률과 관련해서도 1건의 경고가 있었다.

---

100) 공정거래위원회, 2004년공정거래백서(이하 '2004년 백서'라 칭함), 2004.11, 49면 참조.

<표 8> 행위유형별 시정 건수

유 형 \ 연 도	'95	'96	'97	'98	'99	2000	2001	2002	2003
시장지배적지위남용행위	3	1	2	5	2	-	4	-	1
기업결합제한규정위반행위	23	36	47	29	19	48	45	46	43
경제력집중억제위반행위	3	14	6	11	38	19	16	80	32
부당한 공동행위	26	36	22	37	34	47	43	47	23
사업자단체금지행위	40	66	53	101	93	117	88	100	91
불공정거래행위	353	339	509	406	173	121	169	210	123
부당한 국제계약	40	26	2	1	-	-	-	-	-
소 계	488	518	641	590	359	352	365	483	313
부당한 표시·광고	(97)	(130)	(232)	(185)	342	310	328	338	558
불공정약관	51	56	152	112	255	56	100	175	114
불공정하도급거래	387	494	534	582	316	874	3,130	1,632	1,583
전자상거래법위반	-	-	-	-	-	-	-	-	96
방문판매법위반	-	-	-	-	-	-	-	-	24
가맹사업법위반	-	-	-	-	-	-	-	-	1
기타	-	-	-	2	-	5	11	7	13
계	926	1,068	1,327	1,286	1,272	1,597	3,934	2,635	2,702

주: ( )는 표시·광고법 제정 이전의 공정거래법상의 불공정거래행위에 속한 건수.

2. 과징금 부과 추세

과징금이 부과된 사건 수는 1999년에 102건으로 절정을 이루다가(총 시정명령 건수 역시 621건으로 최대임),[101] 2002년 91건 그리고 2003년 37건으로 큰 변화를 보이고 있다. 과징금이 부과된 사건은 모든 항목을 망라하나, 경제력집중억제와 카르텔사건이 대종을 이루며, 특히 과징금 총액면에서 카르텔 사건의 비중이 크다. 즉 경제력집중억제가 10건(부당지원행위 포함, 관련사업자의 수는

101) 1999년 일본공정위의 과징금부과 건수는 20건, 총액은 545,891만엔이다(1998년에는 16건, 31억5천만엔. Toshiaki Takigawa, 21세기 독점규제법과 정책에 대한 전망, 한국경쟁법학회 국제학술심포지움 자료집, 2001.4.26, 105면). 이 해 정점에 달한 한국의 과징금총액은 143,653백만원(2004년 공정위백서 522면)으로서, 국민경제의 규모를 감안하여 한국의 법집행은 매우 강도가 높다고 하겠다. 그러나 일본의 경우 행정지도로 문제를 미연에 방지하는 관행이 정착되어 행정처분 자체가 드물고, 일반 민형사소송 건수도 한국보다 현저하게 낮은 법문화를 가지고 있다. 그 결과 단편적 통계수치를 가지고 법집행 강도를 평면적으로 비교하는 것은 자칫 오도적일 수 있다. 한편 2003년 일본의 과징금부과총액은 38억3천만엔이다(평성16년 일본공정위 보고: www.jftc.go.jp).

<표 9> 조치유형별사건통계

(경고 이상 단위 : 건)

유형＼연도	'81-'93	'94	'95	'96	'97	'98	'99	2000	2001	2002	2003	계
고발 (과징금)	48(-)	13 (-)	33 (-)	16 (2)	35 (1)	37 (5)	11 (-)	22 (3)	23 (9)	11 (1)	18 (4)	267 (25)
시정명령 (과징금)	1288 (34)	207 (68)	199 (49)	250 (21)	221 (9)	538 (64)	621 (102)	441 (46)	347 (73)	496 (90)	449 (33)	5057 (589)
시정권고 (시정요청)	796 (12)	110 (5)	119 (3)	179 (4)	329 (10)	57 (5)	149 (4)	35 (-)	84 (4)	110 (5)	100 (2)	2068 (54)
경고 주)	5,166	449	572	619	732	649	487	1099	3,476	2,013	2,133	17,395
계	7,310	784	926	1068	1,327	1,286	1,272	1,597	3,934	2,635	2,702	24,841

주 : 하도급분쟁조정위원회의 조정실적, 과태료, 부과 건수 포함.

26개사, 과징금총액은 37,333백만원), 카르텔이 9건(56개사 관련, 과징금총액은 108,120백만원), 불공정거래행위가 2건(관련사업자는 2개사) 등이다. 이 밖에 사업자단체, 부당표시광고, 불공정하도급거래, 전자상거래법위반 사건 등에 대해서도 과징금이 부과된 소수의 예가 있다.

3. 이의신청과 공정위 재결

피심인은 공정위의 처분통지를 받은 날로부터 30일 이내에 공정위에 이의신청을 할 수 있고, 공정위는 원칙으로 60일 이내에 심의를 재결을 내려야 한다. 이의신청을 제기한 경우 공정위는 직권으로 혹은 당사자의 신청에 의해 시정조치의 이행이나 절차의 속행에 대한 정지, 즉 집행정지명령을 통해 당사자가 입을 수 있는 회복하기 어려운 손해를 방지할 수 있다(법 제53조의2 제1항).

<표 10> 2001～2003 이의신청 현황

연도	총건수			처리결과						계류중
	이월	신규	소계	기각	일부인용	인용	각하	취하	소계	
2001	21	67	88	85 (71.6)	18 (22.2)	1 (1.2)	3 (3.7)	1 (1.2)	81 (100)	7
2002	7	55	62	33 (78.6)	5 (11.9)	1 (2.4)	1 (2.4)	2 (4.8)	42 (100)	20
2003	20	48	68	37 (84.1)	5 (11.4)	0 (0)	0 (0)	2 (4.50	44 (100)	24

주 : 년말기준.

공정위의 처분에 대한 이의신청 건수는 1997년 이래 꾸준히 늘어나다가 2000년부터 감소하는 경향을 보이고 있다. 2003년의 이의신청 건수는 68건으로 2002년 대비 6건이 늘어났고, 2003년에 재결이 내려진 총 44건 중 기각이 37건(84.1%), 일부인용 5건(11.4%), 취하 2건(4.5%)였고, 이의신청이 전부인용된 케이스는 없었다.[102)]

2. 사법심사의 증대

(1) 사소, 손해배상청구와 금지청구

입법정책적 차원의 논의 그리고 부정경쟁방지법에 의거한 금지청구의 원용을 제외하고,[103)] 한국 독금법상 사법절차에 의한 금지청구제도는 존재하지 않는다. 그러나 제정법 이래 독점사업자 등은 피해자에 대해 무과실 손해배상책임을 부담하도록 규정되었으나(법 제56조 제1항 제2항), 이 손해배상청구는 공정위의 시정조치 확정 후에 비로소 재판상 주장할 수 있다(법 제57조 제1항 2004년말 삭제). 공정위의 시정조치를 거치지 아니한 상태에서 민법 제750조에 의거한 손해배상청구가 가능한지 여부에 관해서는 논란이 있었으나, 이를 부정하는 것이 다수설이었다. 그러나 피해자의 소권을 지나치게 제한하는 이러한 상황은 1999년부터 입법적으로서 수정되어 民법上의 손해배상청구는 공정위의 시정조치 없이 가능하도록 명문으로 허용되었다.

그러나 공정거래법에 의거한 것이든 민법에 의거한 것이든 경쟁법에 의거한 손해배상청구로 분류할 수 있는 사건은 매우 드물다. 2003년 4월에 공간된 연구결과에 의하면,[104)] 민사재판이 진행되어 내려진 판결례가 31건(이 중 22건이 직전 5년간 제소된 사건들임)로서 공정거래법 위반을 이유로 청구된 사건이 20건 그리고 민법의 채무불이행 혹은 불법행위를 이유로 한 것이 11건이다. 위 연구에 따르면, 부당공동행위와 시장지배적지위남용행위가 각 1건, 사업자단체의 금지행위 관련이 4건, 나머지 25건은 모두 불공정거래행위이었으며, 원고별로는 일반소비자가 제소한 것이 2건이며 나머지는 피해사업자가 제소한 것이었다.

---

102) 2004년 백서, 50-51면.

103) 정호열, 불공정거래행위의 금지, 공정거래법강의 Ⅱ(법문사, 2000), 373면 및 399면 참조.

104) 홍대식, 공정거래법상 손해배상청구, 경영법률(2003.4)/이봉의, 공정거래법의 실효적 집행, 경쟁법연구 제10권(2004.3), 11면.

(2) 공정위처분에 대한 행정소송

공정위의 경쟁정책은 심결을 통해 구체화되며, 이 심결의 적법성은 법원의 판단을 통해 그 정당성을 인증받게 된다. 종래 산업계에서는 공정위의 시정명령이나 과징금부과처분에 대해 적극적인 항변을 망설이는 분위기가 없지 않았다. 그러나 이제는 외국의 유사사례에 대한 법률적 검토나 사안에 대한 법경제학적 분석자료를 기초로 공정위의 처분에 대해 많은 행정소송이 제기되고 있으며, 공정위에 대한 이의신청을 거치지 않고 바로 행정소송이 제기되는 경우도 적지 않다. 1996년까지는 공정위의 처분을 다투는 소송은 연 10건을 하회하였으나, 그후 점차 증가하여 2001년에는 67건으로 증대하고 있다. 지난 6년간의 흐름을 정리하면 <표 11>과 같다.

<표 11> 최근 6년간소송제기내용

연도별	1998년	1999년	2000년	2001년	2002년	2003년
소송제기수	31	65	40	67	62	46
현재 진행중의 소송건수	6	6	13	40	33	30

주 : 소제기일 기준 2004년 8월말 현재.

한편 피고인 공정위를 중심으로 행정소송의 결과는 <표 12>와 같다.[105)]

<표 12> 최근 4년간 판결내용

연도	승소	패소	일부승·패소	기각 (소취하, 각하)	소계
2000	11(39.29)	2(7.14)	4(14.29)	11(39.29)	28(100)
2001	23(60.53)	7(18.42)	4(10.53)	4(10.53)	38(100)
2002	21(51.22(	5(12.20)	8(19.51)	7(17.07)	41(100)
2003	19(40.43)	11(23.40)	5(10.64)	12(25.53)	47(100)
합계	74(48.05)	25(16.23)	21(13.64)	34(22.08)	154(100)

(2003년말 확정판결 기준, 단위: 건수/%).

2003년의 경우 47건의 판결이 확정되었으며, 이 중 공정위가 전부승소한 것이 31건(기각 포함), 일부승소가 5건, 그리고 전부패소가 11건이다. 원고인 피심인 측이 전부 혹은 일부승소한 비율은 34%에 이르고 있다.

105) 2004년 백서, 59-60면 참조.

대규모 과징금부과사건에서 공정위는 여러번 패소하였다.[106] 부당지원행위 관련 과징금부과조항(법 제24조의2)의 위헌성에 관한 논란은 일단 종식되었으나,[107] 공정거래법 제19조 제5항의 부당공동행위 추정조항과 관련한 사건(특히 행정지도로 인한 사업자의 행태가 부당공동행위 추정을 복멸하는지 여부)에서는 공정위가 패소하였다.[108] 특히 2004년 들어 공정위가 과징금산정기준과 절차를 재정비하는 차원에서 시행령과 고시를 개정한 것도 행정소송에서의 거듭된 패소와 무관하지 않다.

(3) 공정고발과 형사소추

공정거래법의 실체적 규제는 모두 형사처벌조항으로 이어지며, 이는 한국법의 하나의 특색을 이룬다. 그러나 독점금지법 위반사안에 대해 검찰은 주도적으로 형사소추절차를 개시할 수 없고, 공정위의 고발이 있어야 공소를 제기할 수 있다(법 제71조 제1항). 이는 경쟁정책에 대한 주도권, 특히 사후적인 법적용에 있어서도 경제부처에 속하는 공정위가 주도적 위치를 점하고 준사법기관인 검찰은 부종적 지위를 가지는 것을 의미한다.

이러한 법상황은 논란과 검토의 대상이 되었고, 1996년 말 기술적 법개정이 있었다. 즉 중대하고 명백한 독금법위반에 대해서는 공정위가 의무적으로 검찰총장에게 고발하고, 검찰총장도 중대하고 명백한 법위반사실을 공정거래위원회에 통보하고 공정위의 고발을 요청할 수 있도록 하였다(법 제71조 제2항 제3장). 그러나 검찰총장이 공정위의 고발을 요청한 사례는 아직까지 확인된 바 없다.

앞의 <표 9>에서 보는 바와 같이, 공정위가 검찰에 고발한 사건 수는 98년 37건을 정점으로 상당히 감소하고 있다. 2003년도의 고발 건수는 18건으로 2002년에 비해 다소 늘었으나, 2000년이나 2001년 보다는 적다. 고발 사건을 내용별로 보면, 시정조치불이행이 10건, 부당공동행위가 5건, 부당표시광고가 2건, 그리고 사업자단체의 금지행위가 1건이다.[109] M&A 사건 혹은 경

106) 매출액기준 혹은 산정기준일 등의 쟁점에서 공정위가 2003년 들어 패소한 카르텔 사건으로는 '대판2003.2.28, 2001두946'와 '대판2003.5.27, 2002두4648'이 있다.

107) 부당지원행위 관련 과징금조항(법 제24조의2)의 위헌성 여부에 관해 헌법재판소는 다수의견으로 합헌판단을 내렸다(헌법재판소 2003.7.24. 2001헌가25 결정). 다수의견의 논지는 첫째, 부당이득환수의 요소도 있으므로 이중처벌금지나 무죄추정의 원칙에 반하지 않고, 둘째 입법목적에 비해 지나치게 가혹하거나 부적절한 수단으로 볼 수 없고, 셋째 독립합의제행정기관인 공정위가 당사자의 의견진술권을 보장하고 공개된 심리절차에 따라 과징금을 부과하고 사법적 사후심사가 보장되므로 적법절차 혹은 권력분립원칙에 반하지 않는다는 등이다.

108) 대판 2003.2.28, 2001두946.

제력집중억제 사건이 전혀 없고, 공정위의 시정조치 불이행이 주로 고발된 것은 준사법부의 성격을 지니는 검찰의 개입을 되도록 절약하고 행정부가 경쟁정책을 주도한다는 종래의 의지가 반영된 결과로 보인다.

한편 공정위의 고발에 대한 검찰의 조치를 보면, 2001년 공정위의 23건의 고발 중 18건을 기소하고 4건은 불기소처분하였다. 2002년의 경우는 11건의 고발에 대해 9건을 기소(2건 불기소처분)하고, 2003년에는 18건의 고발 중 2004년 2월 현재 2건이 불기소처분되었다. 공정위가 위법성을 인정하고 검찰에 고발한 중대사건 중 약 2할에 대해 검찰이 불기소처분을 내렸다는 것은 상당한 의미를 가질 수 있다. 한편 지난 23년간 검찰이 기소한 독금법사건은 모두 210건이며, 법원은 대다수 사건에서 벌금형을 선고하고(201건), 징역형을 선고한 것은 6건에 지나지 않는다.[110)]

109) 2004년 백서, 50면.
110) 2004년 백서, 520면.

제 4 장

경쟁법의 집행과 적용제외

제 1 절 공정거래법상 과징금제도의 운용[1)][*]

I. 과징금 제도의 의의, 목적과 법적 성격

1. 과징금의 의의

과징금이란 대체로 행정법상의 의무에 위반한 자가 당해 위반행위로 인하여 얻은 불법적인 이익을 박탈하거나, 혹은 당해 법규상의 일정한 행정명령의 이행을 강제하기 위하여 행정청이 부과·징수하는 금전적 부담으로 이해되고 있다. 「독점규제 및 공정거래에 관한 법률」(이하 "공정거래법"이라고 한다)은 법의 목적을 실현하기 위한 집행수단으로서 위반행위의 사법적 무효화나 위반행위자의 손해배상책임 인정을 통한 사법적 수단과 형사벌 부과를 통한 형사적 수단도 규정하고 있으나, 공정거래위원회(이하 "공정위"라고 한다)가 부과하는 행정처분에 의한 행정적 수단에 많이 의존하고 있으며, 그와 같은 행정처분의 하나로서 공정위로 하여금 일정한 위반행위를 한 자에 대하여 과징금을 부과할 수 있는 처분의 근거를 규정하고 있다.

2. 과징금의 목적

공법적 집행수단으로서의 과징금의 경우 형사상 범죄로 규정되어 있는 전형적인 행위와 달리 사업자가 경제적 이익을 추구하는 과정에서 초래된 위반행위를 부과 대상으로 하고 있으며, 비형사적(non-criminal, civil)인 성질을 갖

---

* 홍대식(법무법인 율촌 변호사)

1) 이 글은 필자의 서울대학교 대학원 법학박사 학위논문(2006)인 "공정거래법상 과징금제도에 관한 연구"의 제2장, 제4장, 제5장의 내용을 토대로 하여 작성된 것임을 밝혀둔다.

고 있다는 점에서, 과징금의 주된 목적은 형벌과 달리 법 위반행위를 한 사업자를 대상으로 이를 처벌하는 데 있다고 할 수 없고, 그보다는 수범주체인 사업자에 의하여 행해진 법위반행위에 주목하여 이를 억제(deterrence)하는 데 있다고 할 수 있다. 이러한 점은 다른 행정적 집행수단인 시정조치의 경우 그 주된 목적을 회복이라는 측면에서의 구제(remedies)에 두고 있는 점과 대비될 수 있다. 법위반행위의 억제 역시 전통적으로는 형사처벌의 목적에 속하는 것이지만 비형사적인 행정벌의 경우에도 이러한 목적을 지향할 수 있다. 따라서, 비형사적인 성격을 갖고 있으면서 광의의 행정벌의 일종인 과징금의 목적이 억제에 있다는 이유만으로는 과징금이 형벌과 병과되는 것이 이중처벌의 금지에 반한다고 할 수는 없을 것이다.[2)]

또한 과징금은 부수적으로는 법 위반행위로 인한 폐해를 시정하는 의미에서의 구제의 목적도 갖고 있다고 할 수 있다. 과징금 산정에 있어 위반행위자의 비난가능성(culpability)과 함께 시장에 대한 영향 또는 폐해(harm)를 주된 기준으로 함으로써 간접적으로 이러한 목적이 구현될 수 있다. 그러나, 과징금을 부과할 경우 이는 위반행위자에게 재정적인 부담을 주기는 하지만 그러한 부담이 위반행위와 관련된 거래에 간접적으로라도 영향을 준다고 할 수 없는 점, 또한 피해자에게 직접 이익이 되는 배상으로 사용되지 않고 국고에 환수된다는 점에서 과징금 부과를 통하여 이러한 구제의 효과 달성을 기대하기는 어렵다. 이러한 구제의 목적은 제한적으로는 행정적 집행수단인 시정조치에 의하여 달성될 수 있고 보다 근본적으로는 사법적 집행수단인 손해배상청구, 금지청구에 의하여 더 잘 달성될 수 있다.

억제나 구제 이외의 다른 목적으로서 위반행위자에 대한 과징금 부과를 통하여 사적 당사자들로 하여금 위반행위의 책임을 추궁하는 민사소송을 제기할 유인체계를 마련하는 목적도 고려될 수 있다.[3)] 또한 특히 부당한 공동행위의 경우에 위반행위에 참가한 사업자에게 합의를 파기하고 경쟁당국의

---

2) 미국에서는 비형사적 제재인 민사금전벌(Civil Penalties)과 형사적 제재의 병과와 관련하여 이러한 비형사적 제재가 이중처벌금지의 원칙에 저촉되지 않기 위하여 반드시 구제적(remedial), 즉 전적으로 비억제적(nondeterrent)일 필요는 없다는 점이 판례에서 확인되고 있다. United States v. Ursery, 518 U.S. 267, 292; Hudson v. United States, 522 U.S. 93, 102, 105. 김하열, "부당내부거래에 대한 과징금 부과의 위헌 여부", 헌법재판소결정해설집 제2권, 헌법재판소 (2004), 7면에서 재인용.

3) Gavil, A.I., Kovacic, W.E., & Baker, J.B., Antitrust Law in Perspective: Cases, Concepts and Problems in Competition Policy, Thomson-West (2002), 1040면.

조사에 정보를 제공하게 하는 유인체계를 제공하는 협력(co-operation)을 들기도 한다.[4] 후자의 목적은 부당한 공동행위에 대한 신고자 감면제도(leniency program)의 도입과 운용을 통하여 실현될 수 있다.

과징금의 주된 목적인 억제의 목적을 달성하기 위한 금전적 부담을 부과함에 있어서는 위반행위자가 위반행위로 얻은 경제적 이익을 환수하는 방법에 의할 수도 있고 위반행위자를 단순히 제재하는 방법에 의할 수도 있다. 이는 법경제학에서 사회구성원의 행위를 통제 또는 제어하는 방법으로 가격(price)의 방법을 선택할 것인가 아니면 제재(sanction)의 방법을 선택할 것인가 하는 문제[5]와 유사하다. 따라서, 과징금의 목적이 억제에 있다고 하여 그 기능이 오로지 제재에 있더라도 관계없다는 결론에 도달할 수 있는 것은 아니다. 과징금이 부당이득 환수 또는 제재 가운데 어떤 수단에 주로 의존하고 있는가 하는 점은 다음에서 보는 과징금의 법적 성격과 밀접한 관련이 있는 문제이다.

3. 과징금의 법적 성격

공정거래법상 과징금의 법적 성격에 대하여는 대체로 부당이득 환수적 성격과 행정제재적 성격이 모두 갖고 있는 것으로 설명하는 것이 다수설의 견해이다.[6] 다만 부당이득 환수적 성격과 행정제재적 성격 중 어느 쪽이 더 기본적인 성격에 속하는 것이라고 볼 것인가에 따라 공정위의 과징금 부과 여부나 과징금액의 산정에 대한 재량을 얼마나 인정할 것인가 하는 문제와 과징금의 부과가 헌법상의 원칙인 이중처벌금지의 원칙, 비례의 원칙, 과잉금지의 원칙에 반하는 것이 아닌가 하는 문제를 보는 관점이 달라질 수 있다.

공정거래법상 과징금은 원래 법 위반으로 인한 경제적 이익의 발생을 전제로 하여 그 부당이득을 환수하는 성격을 가지는 것이라고 할 수 있다. 특히 제5차 개정법에 의해 과징금 제도에 제재적 성격을 강화하는 내용의 개정이 이루어지기 전에는 과징금의 법적 성격은 부당이득 환수적 성격을 기본으로 하고 행정제재적 성격이 가미되는 정도였다고 할 수 있다. 대법원은 불공정거

4) OECD, Fighting Hard Core Cartels-Harm, Effective Sanctions and Leniency Programmes (2002), 85면.

5) 박세일, 법경제학(개정판), 박영사 (2004), 387면 이하.

6) 권오승, 경제법(제5판), 법문사 (2005), 462 내지 463면; 이남기, 경제법(제2개정판), 박영사 (2000), 380 내지 381면; 이기수 · 유진희, 경제법, 세창출판사 (2004), 336면.

래행위 유형에 대한 과징금에 대해서는 제5차 법 개정 전은 물론 개정 후에도 "과징금은 행정법상의 의무를 위반한 자에 대하여 당해 위반행위로 얻게 된 경제적 이익을 박탈하기 위한 목적으로 부과하는 금전적 제재"라고 판시[7]하여 과징금의 부당이득 환수적 성격을 강조하는 입장에 서 있었다.

이에 대하여 과징금을 위반행위에 대한 제재의 목적으로 법에 정한 의무이행을 확보하기 위한 수단이나 위반행위의 반복을 억지하는 수단으로 이해하는 것은 과징금의 제재적 성격에 주목하는 입장이다. 경제력 집중 억제 규정 위반행위나 부당지원행위와 같이 제재적 성격이 위주로 되어 있는 행위유형의 경우에는 이러한 입장이 타당한 측면이 있다.

문제는 1996. 12. 30. 법률 제5235호에 의한 제5차 법 개정에 의하여 부당이득의 발생과 관련이 없는 법위반행위에 대하여도 과징금 부과가 가능하도록 하고, 위반행위일 단위의 매출액을 기준으로 과징금을 부과하도록 하고 과징금을 납부한 사업자가 손해배상을 한 때에는 그 배상액에 상당하는 금액을 환급하도록 한 종래의 규정이 모두 삭제되는 등 과징금의 법적 성격에도 영향을 미치는 중요한 변화가 이루어진 후 다른 위반행위 유형에 대하여도 제재적 성격이 위주가 되었다고 볼 수 있는가 하는 점이다. 하급심 판결례 중에는 부당한 공동행위에 대한 과징금에 대하여 제5차 법개정으로 제재적 성격이 강화되었다는 점을 강조하는 판시를 한 사례[8]가 있다. 이에 대하여 대법원은 하급심 판결례와 달리 제5차 법 개정 후의 과징금 조항이 적용되는 부당한 공동행위에 대하여도 이러한 입장에 서서 "법 제22조에 의한 과징금 부과는 원칙적으로 법 위반행위에 의하여 얻은 불법적인 경제적 이익을 박탈하기 위하여 부과하는 것이고, 법 제55조의3 제1항에서도 과징금을 부과함에 있어서 위반행위의 내용과 정도, 기간과 회수 외에 위반행위로 인하여 취득한 이익의 규모 등도 아울러 참작하도록 규정하고 있는 것"이라고 판시하여,[9] 부당이득 환수적 성격을 강조하는 입장을 천명한 바 있다.

---

7) 제5차 개정 전의 판결례로는 대법원 1999. 5. 28. 선고 99두1571 판결(파스퇴르유업 사건), 개정 후의 판결례로는 대법원 2001. 2. 9. 선고 2000두6206 판결(대우자동차판매 사건) 참조.

8) 서울고법 2002. 6. 20. 선고 2000누15028 판결(군납유류 구매입찰담합 참가자 중 현대정유, 인천정유 사건), 서울고법 2002. 6. 27. 선고 2001누2579 판결(할부금융 3사 사건).

9) 대법원 2004. 10. 27. 선고 2002두6842 판결(군납유류 구매입찰담합 참가자 중 현대정유, 인천정유 사건), 대법원 2004. 11. 12. 선고 2002두5627 판결(군납유류 구매입찰담합 참가자 중 에쓰대시오일 사건).

요컨대 공정거래법상 과징금은 정도의 차이는 있지만 부당이득 환수적 성격과 제재적 성격을 모두 갖고 있다고 볼 수 있다. 다만 어느 쪽 성격을 위주로 하는가 여부는 과징금 부과대상 행위의 유형이나 내용에 따라 개별적으로 판단하여 결정할 수밖에 없을 것이다.

예컨대, 시장지배적 사업자의 지위남용행위나 부당한 공동행위와 같이 경쟁제한성이 위법성의 판단기준이 되는 행위 유형의 경우에는 위반행위로 인하여 행위자가 얻게 되는 경제적 이익인 독점적 이윤을 박탈함으로써 일차적인 억제의 목적이 달성될 수 있다. 따라서, 이에 대하여는 원칙적으로 부당이득 환수적 성격의 측면에서 과징금 액수를 산정하는 것이 바람직하고, 그에 부가하여 그 행위로 인하여 자원배분의 효율성이 저해되어 사회적 손실을 유발한다는 측면에서 제재적 성격의 과징금을 가미하는 것이 합리적이다. 이러한 행위 유형에 대하여는 부당이득 환수의 목적에 비례적인 것인가 하는 관점에서 과징금의 부과 여부나 부과액수 산정에 관한 공정위의 재량권 행사에 관하여 보다 엄격한 기준에 의한 실체법적 통제가 이루어져야 한다.

반면에 경제력 집중 억제 규정 위반행위나 부당지원행위와 같이 경제력 집중 야기의 효과가 고려되는 행위 유형의 경우에는 법 집행에 있어 경제적 목적보다 정책적 목적이 더 강조되는 경향이 있으므로 과징금의 제재적 성격이 그 중심이 된다고 할 수 있다. 그러나, 사실상 제재적 성격만이 남아 있다고 볼 경우에는 그 기능이나 성격 면에서 형벌적 제재와 차이가 없다는 점에서 이중처벌금지 내지 과잉금지원칙 등에 위반되는 것은 아닌지 하는 의문을 불식시키기 어렵다. 따라서, 과징금이 제재적 성격이 위주로 된다고 하더라도 이를 행정청의 제재처분에 있어서의 재량의 범위 확대의 근거로 삼는 것은 적절하지 않고, 오히려 제재처분에 부여되는 재량이 통상적인 재량과는 본질적으로 다르다는 점에서 비례원칙에 의한 재량 통제가 요청되는 근거가 된다고 하겠다.

한편 행위 유형에 따라서는 부당이득 환수적 성격과 제재적 성격 중 어느 쪽에 더 비중이 있다고 말할 수 없을 정도로 양자의 성격을 겸비하고 있는 경우도 있을 수 있다. 위법성 판단기준으로서 경쟁제한성뿐만 아니라 경쟁수단 또는 거래내용의 불공정성도 문제가 되는 구체적인 불공정거래행위 유형의 경우나 경쟁제한성을 위주로 판단하는 행위 유형 중에서도 개별적인 사안에 따라 부당이득이 현실적으로 발생하지 않았거나 산정이 어려울 경우에 부과되는 과징금에는 상대적으로 제재적 성격이 강하게 나타날 수 있다.

Ⅱ. 과징금 제도의 법적 체계

1. 현행 과징금 제도 관련 법령 및 고시의 체계

현행법상 과징금은 이행강제금 제도가 도입된 경쟁제한적인 기업결합 외의 거의 모든 법 위반행위에 관하여 그 위반행위자에 대한 행정적 집행수단으로서 시정조치와 함께 규정되어 있다. 그리고 제10장의2에 과징금 부과 및 징수 등에 관한 장을 두어 과징금 부과에 있어 의무적으로 참작할 사항과 합병의 경우의 과징금 부과대상자의 특정에 관한 사항(법 제55조의3 제1항), 납부기한의 연장 및 분할납부에 관한 사항(법 제55조의4), 과징금 징수 및 체납처분에 관한 사항(법 제55조의5) 및 과징금 환급가산금(법 제55조의6)에 관하여 규정하고 있다. 신고자등에 대한 감면 근거 규정은 이러한 감면이 적용되는 위반행위 유형인 부당한 공동행위의 제한에 관한 제4장에서 별도로 규정하고 있다(법 제22조의2). 또한 현행 과징금제도는 법에서 위반행위별로 과징금 부과의 근거와 부과상한액의 기준을 정하되(법 제6조 제17조 제17조의2 제5항 제22조 제24조의2 제28조 제31조의2 제34조의2), 부과상한액의 기준을 매출액으로 하는 규정의 경우 매출액의 구체적인 내용에 관해서는 대통령령에 위임하고 있다.

법이 과징금의 부과기준을 대통령령에서 정하도록 위임함에 따라 구 공정거래법 시행령(2004. 4. 1. 대통령령 제18356호로 개정되기 전의 것) 제61조에서 과징금 부과기준을 정하고 있었는데, 그에 의하면 위반행위의 종별 부과기준을 [별표 2]로 따로 정하면서(법 제1항), 법 제55조의3 제1항 각 호의 사항을 제1항에 의하여 산정된 금액을 가중 또는 감경하는 사유로 규정하고(법 제2항), 과징금의 부과에 관하여 필요한 세부기준을 다시 공정위가 정하여 고시하도록 재위임하고 있었다(법 제3항). 그에 따라 공정위는 종전에 「과징금 부과세부기준등에 관한 고시」(1999. 4. 16. 공정위 고시 제1999-5호로 제정되고 2004. 4. 1. 공정위 고시 제 2004-호로 개정되기 전의 것. 이하 "과징금 고시"라고 한다)를 제정하여 운용하는 한편, 내부적으로 이와 별도의 내부준칙으로서 '부당한 공동행위 및 사업자단체금지행위에 대한 과징금 부과준칙'과 '부당지원행위에 대한 과징금 부과준칙'을 마련하여 비공개로 운용하고 있었다.

종전의 과징금 고시는 비록 법 제55조의3의 위임에 의한 법 시행령 제61조 제3항에 과징금의 부과에 관하여 필요한 세부기준을 고시할 수 있도록 하여 그 근거규정이 있기는 하지만, 법 시행령에 명확한 부과기준이 설정되지 않은 상태에서 공정위 고시에 과징금 부과기준에 관한 대부분의 사항이 규정되어 있던 체계는 문제가 있었다.

위와 같은 비판을 수용하여 공정위가 진행한 과징금 제도 개선방안에 대한 연구 용역의 결과인 "과징금 제도 개선방안 연구"10)(이하 "용역 보고서"라고 한다)를 토대로 이루어진 것이 2004. 4. 1.자 과징금 관련 법 시행령 규정의 개정과 과징금 고시의 전면적 개정이다. 개정된 법 시행령에 따르면, 먼저 제61조 제1항과 관련된 [별표 2]에 법에 정한 상한액의 범위 내에서 또 다른 상한액을 정한 것에 불과하였던 종전의 [별표 2]와 달리 법 제55조의3 제1항 각 호에서 정한 의무적 참작사유와 이에 영향을 미치는 사항을 고려하여 과징금 부과 여부의 결정과 금액의 산정기준을 정하는 원칙을 직접적으로 명시하였다. 또한 과징금의 산정기준과 관련하여 기본과징금, 의무적 조정과징금, 임의적 조정과징금, 부과과징금의 순서에 따라 단계적으로 산정하고 다른 사정이 없으면 관련 매출액 또는 위반액에 중대성의 정도별로 정하는 부과기준율을 곱한 금액이 기본과징금이 된다는 점을 분명히 하였다. 한편 법 제55조3 제1항 각 호에서 정한 의무적 참작사유를 가중·감경사유로 격하시켰던 종전의 법 시행령 제61조 제2항은 삭제되었다.

이러한 과징금 제도의 개선에도 불구하고 국민에게 의무를 부과하는 규제수단인 과징금 산정에 관한 중요한 사항 내지 본질적 내용에 관하여 법에 충분한 근거 규정이 부족하고 공정위에게 고시하도록 구체적으로 위임한 규정 역시 없는 상태에서 시행령 및 고시에 규정된 부분이 적지 않다는 제약은 남는다. 그러나, 적어도 법, 시행령, 고시로 이어지는 법령의 체계상 필요한 사항의 규정이 비교적 잘 배치되었다는 점에서 괄목할 만한 개선이 이루어지고 법 제55조의3 제3항, 법 시행령 제61조 제3항과 결합하여 상위법령을 보충하는 내용을 담고 있다는 점에서 과징금 고시의 규범적 가치도 높아졌다고 할 수 있다.11)

---

10) 권오승·홍대식·윤미경·황태희·김성훈, 과징금 제도 개선방안 연구, 공정거래위원회 용역 보고서, 2003. 11.

11) 졸고, "공정거래법상 과징금 제도", 권오승 편, 공정거래와 법치, 박영사 (2004), 1062면; 현행 과징금 고시를 법의 위임을 받은 시행령의 재위임을 통하여 법규보충적 행정규칙의 성질을 갖는 것으로 본다면 과징금 고시의 해석과 적용에 대한 통제는 그 위임의 한계와의 관계에서 문제될 것이다. 이에 대하여 공정거래법 시행령에서 비로소 고시에 위임한 것은 위임 형식과 관련하여 위헌이라는 견해로는 박정훈, "공정거래법의 공적 집행-행정법적 체계정

2. 헌법상의 법원리와의 관계

현행 공정거래법상 과징금의 헌법상 법원리와 관계에 대한 논의는 주로 부당지원행위에 대한 과징금의 헌법적 문제와 관련하여 전개되었다. 부당지원행위에 대한 과징금의 헌법적 문제를 제기하는 학설은 이중처벌금지의 원칙과 무죄추정의 원칙의 관점에서 접근하고 있다. 먼저 이중처벌금지의 원칙과의 관계에서 문제를 제기하는 견해는 부당지원행위에 대한 과징금은 의무이행을 확보하는 수단으로서의 필요최소한도의 불이익의 범위를 초과하여 불이익의 부여 자체가 목적이 됨으로써 응보성이 강해진다는 점에서 그 실질이 제재로서의 형벌과 같은 기능을 수행하므로 제재의 질과 양이 균형을 상실하여 이중처벌금지의 기본정신에 반한다고 주장한다.[12] 또한 무죄추정의 원칙의 관점에서 접근하는 견해는 행정청인 공정위가 재량적 행정처분에 의해 부과하고 행정소송을 제기하더라도 자력 집행력을 갖는 것은 과징금의 제재적 성격이 강하다는 점에서 헌법재판소의 합헌 결정에도 불구하고 무죄추정의 원칙에 위반하는 위헌성이 제거되지 않는 문제라고 주장한다.[13]

부당지원행위에 대하여 부과되는 과징금 제도에 대하여는 매출액의 2% 범위 내에서 과징금을 부과할 수 있도록 하였던 구 공정거래법 제24조의2 및 제23조 제1항 제7호 부분에 관한 법원의 위헌제청에 의하여 헌법재판소에서 헌법적 심사가 이루어지기도 하였다. 헌법적 심사 과정에서는 부당지원행위에 대한 과징금 제도가 헌법상의 원칙인 이중처벌금지의 원칙, 무죄추정의 원칙, 비례의 원칙, 권력분립의 원칙에 위반되는지 여부가 쟁점이 되었다. 이에 대하여 헌법재판소 재판관 5인의 다수의견은 다음과 같은 이유로 위 조항이 헌법에 위반되지 않는다고 판단[14]하였다.

첫째, 이 사건 과징금은 그 취지와 기능, 부과의 주체와 절차(형사처벌과 달리 과징금은 공정위라는 행정기관에 의하여 부과되고 이에 대한 불복은 행정쟁송절차에 따라 진행된다) 등을 종합할 때, 부당내부거래 억지라는 행정목적을 실현하기 위하여 그 위반행위에 대하여 제재를 가하는 행정상의 제재금으로서의 기

립과 분석을 중심으로", 권오승 편, 공정거래와 법치, 박영사 (2004), 10면.

12) 박해식, "공정거래법상 부당지원행위를 한 자에게 부과하는 과징금의 법적 성격", 경쟁법연구 제8권, 한국경쟁법학회 (2002), 253 내지 257면.

13) 박정훈, 앞의 논문, 1027 내지 1029면. 다만 이 견해에서는 과징금에 일부나마 부당이득 환수적 성격이 있다는 점을 전제로 이중처벌금지의 원칙에 정면으로 위반되지 않는다고 볼 수 있다고 한다.

14) 헌법재판소 2003. 7. 24.자 2001헌가25 결정.

본적 성격에 부당이득 환수적 요소도 부가되어 있는 것이라 할 것이다. 따라서, 이를 두고 헌법 제13조 제1항에서 금지하는 국가형벌권 행사로서의 '처벌'에 해당한다고는 할 수 없으므로, 공정거래법에서 형사처벌과 아울러 과징금의 병과를 예정하고 있더라도 이중처벌금지원칙에 위반된다고 볼 수 없다.

둘째, 이 사건 과징금은 형사처벌이 아닌 행정상의 제재이고, 행정소송에 관한 판결이 확정되기 전에 행정청의 처분에 대하여 공정력과 집행력을 인정하는 것은 이 사건 과징금에 국한되는 것이 아니라 우리 행정법체계에서 일반적으로 채택되고 있는 것이다. 따라서, 과징금 부과처분에 대하여 공정력과 집행력을 인정한다고 하여 이를 확정판결 전의 형벌집행과 같은 것으로 보아 무죄추정의 원칙에 위반된다고 할 수 없다.

셋째, 부당지원행위의 실효성 있는 규제를 위하여 형사처벌의 가능성과 병존하여 과징금 규정을 둔 것 자체나, 지원기업의 매출액을 과징금의 상한기준으로 삼은 것을 두고 비례성원칙에 반하여 과잉제재를 하는 것이라 할 수 없다.

넷째, 행정목적 실현을 위하여 취해지는 규제수단에 대하여 사법적 체계나 요소를 어느 정도로 적용할 것인지는 기본적으로 제도 형성의 문제로서 입법자의 선택에 달려 있다. 과징금의 부과 여부 및 그 액수의 결정권자인 공정위는 합의제 행정기관으로서 그 구성에 있어 일정한 정도의 독립성이 보장되어 있고, 과징금 부과절차에서는 통지, 의견진술의 기회 부여 등을 통하여 당사자의 절차적 참여권을 인정하고 있으며, 행정소송을 통한 사법적 사후심사가 보장되어 있다. 따라서, 행정기관인 공정위로 하여금 과징금을 부과하여 제재하도록 한 것이 과징금 부과 절차에 있어 적법절차원칙에 위반되었다거나 사법권을 법원에 둔 권력분립의 원칙에 위반된다고 볼 수 없다.

결국 헌법재판소의 다수의견이 이중처벌금지 원칙, 무죄추정의 원칙과 같은 헌법상의 법원리에 반하지 않는다고 본 중요한 논거는 과징금의 주된 목적이 제재에 있다고 하여 바로 헌법 제13조 제1항에서 말하는 '처벌'로 볼 수 없다는 점과 부당지원행위에 대한 과징금의 경우에는 그에 더하여 명확하지는 않지만 부당이득 환수적 성격도 있다는 점이다. 그러나, 위 다수의견에 대하여 부당지원행위에 대한 과징금이 오로지 제재적 성격만 있다는 전제하에 적어도 헌법 제12조 제1항(적법절차원칙)의 '처벌'에 해당한다는 재판관 3인의 반대의견과 나아가 헌법 제13조 제1항(이중처벌금지원칙)의 '처벌'에도 해당된다고 본 재판관 1인의 반대의견에도 주목할 필요가 있다. 따라서, 해당 법률

조항의 입법형식에 관하여는 헌법재판소의 합헌 결정이 내려졌다고 하더라도 그 구체적인 적용 과정에서는 한계원리로 작용하는 헌법상의 법원리를 기준으로 한 재량권 행사와 아울러 행사된 재량권의 적정성에 대한 통제가 이루어져야 할 것이다.

Ⅲ. 과징금 부과대상

1. 과징금 부과대상자

(1) 원칙: 위반행위자-사업자 또는 사업자단체

현행법상 과징금은 수범자인 사업자 또는 사업자단체에게 부과되며, 사업자 또는 사업자단체에 해당하는 이상 부과대상자에 대한 제한은 없다. 따라서, 공정거래법의 적용을 받는 모든 사업자 또는 사업자단체가 그 대상이라고 할 수 있다.

(2) 예외적인 상황에서의 판단기준

사업자는 공정거래법의 목적을 달성하기 위하여 상정한 기능적·경제적 개념이므로 회사법에서 말하는 기업 활동의 기본 단위가 되는 법적 형태의 개념과 반드시 일치하지 않는다. 위반행위를 한 사업자가 위반행위 전후에 걸쳐 동일한 법적 형태를 유지하고 있는 경우에는 문제가 없지만, 위반행위를 한 사업자가 기업집단에 소속되어 그 행위에 모회사 또는 자회사의 활동이 결부되어 있거나 위반행위 전후에 합병 또는 기업구조조정으로 그 동일성이 변경된 경우에는 과징금 부과대상자의 특정과 관련하여 어려운 문제가 발생할 수 있다. 과징금의 법적 상한이 매출액에 대한 일정 비율로 정해져 있기 때문에, 과징금 부과대상자의 특정 문제는 과징금의 잠재적인 부과액수의 크기와 관련될 수 있다. 예컨대, 위반행위를 할 당시에 매출액이 100억 원이었던 회사가 위반행위 후에 매출액이 1,000억 원인 회사에 영업양도 또는 합병된 경우에 과징금 부과대상자의 특정은 중요한 의미를 갖게 된다.

(가) 기업집단 소속 회사의 경우

외형상 위반행위를 행한 주체가 되는 사업자가 기업집단에 소속되어 있는 경우 다른 소속 회사에게 과징금 책임을 부과할 수 있는지가 문제된다. 예컨대, 특정 상품을 제조하는 영업을 하는 기업집단 소속 회사가 다른 경쟁사업자들과의 가격결정 공동행위에 참가하였는데, 그 회사의 대주주로서 사실상 그 사업내용을 지배한다고 볼 수 있는 회사에게 그 책임을 부과할 수 있는가 하는 문제이다.

이 문제는 두 회사 간의 지분율 기준에 따른 사실상 지배관계와 실질적인 지배관계로 나누어 살펴볼 필요가 있다. 우리 공정거래법상 지배의 개념은 계열회사 편입을 판정하는 기준과 기업결합의 지배관계 형성 여부를 판단하는 기준으로 사용되고 있다. 먼저 전자의 계열회사 편입을 판단할 때 사용하는 개념은 '사실상 지배'의 개념인데, 이에 따르면 단순히 일정한 지분율 기준에 따라 지분취득만으로도 일단 계열회사가 될 수 있고 보충적으로 영향력 기준이 고려된다(법 시행령 제3조). 그러나, 이러한 사실상 지배관계만으로는 두 회사 간에 한 회사의 행위에 대하여 다른 회사에 책임을 부과하는 기초가 되는 관계에 있다고 할 수 없다. 따라서, 적어도 두 회사 간에 직접적인 지분소유 관계가 있을 뿐만 아니라 그 지분율이 다른 특수관계인이 갖고 있는 지분율보다 같거나 더 많은 정도일 필요가 있다. 다시 말하면, 상법상 모회사·자회사 관계에 상응하는 관계에 있을 필요가 있다. 편의상 여기서는 이러한 관계에 있는 회사들을 모회사 또는 자회사로 지칭하기로 한다.

위반행위에 대하여 모회사 또는 자회사 가운데 누가 과징금 책임을 부담하는가 여부는 모회사가 자회사의 행위에 대하여 '실질적인 영향력'을 행사할 수 있었는지 여부에 따라 달라질 수 있다. 실질적인 영향력의 행사는 기업결합의 지배관계 형성 여부를 판단하는 기준으로 사용되는 개념인데(기업결합 심사기준 V. 2),[15] 모회사가 자회사의 위반행위에 공동으로 참가했는지 또는 모회사가 자회사의 행위에 대하여 실질적인 영향력을 행사하였는지는 증거에 의하여 밝혀질 수 있을 것이다. 자회사가 독자적으로 행동하고 있고 모회사가 그 위반행위를 인식하고 있다는 증거가 없는 경우에는, 자회사의 행위에 대하여 모회사에게 과징금을 부과할 수 없을 것이다.[16]

우리나라에서는 대두유 제품의 부당한 출고조절이 문제된 신동방 사건에

15) EU에서는 기업결합의 실질적인 요소인 지배의 취득의 판단기준으로 '결정적인 영향력(decisive influence)'이라는 개념을 사용한다. 이에 관한 자세한 설명은 졸고, "EC의 기업결합 규제에 관한 연구", 서울대학교 대학원 법학석사 학위논문 (1996), 27면 이하 참조; 결정적인 영향력의 개념을 모회사의 자회사의 행위에 대한 과징금 책임 부담 여부에 대한 판단기준으로 원용하는 견해로 Kerse, C. S. & Kahn, N, EC Antitrust Procedure(5th Ed.), Sweet&Maxwell (2005), 363면 참조.

16) 권오승, EC 경쟁법, 법문사 (1992), 273면.

서 제조회사인 신동방이 대두유 제품의 판매는 독립된 법인체인 해표의 자체 영업정책에 따라 행해진 것으로 책임이 없다고 다투었으나, 법원은 제조회사와 판매회사가 100% 모자회사의 관계에 있고 제조회사가 판매회사를 실질적으로 지배하고 있으며, 판매 조절행위에 이르게 된 경위를 보면 판매회사는 제조회사의 수족으로서 그 일체관계에 의하여 판매 조절행위를 한 것으로 보인다는 점을 들어 제조회사가 책임을 부담하여야 한다고 판시[17)]한 바 있다.

(나) 합병의 경우

위반행위를 한 사업자가 합병으로 인하여 소멸한 경우 합병 후 존속하는 회사 또는 새로 설립된 회사에 대하여 합병 전 위반행위에 대하여 과징금을 부과할 수 있는가 하는 문제가 있다. 공정거래법은 이 점에 관하여 "공정거래위원회는 이 법의 규정을 위반한 회사인 사업자의 합병이 있는 경우에는 당해 회사가 행한 위반행위는 합병 후 존속하거나 합병에 의해 설립된 회사가 행한 행위로 보아 과징금을 부과할 수 있다"고 규정하여(제55조의3 제2항) 합병 후 존속하는 회사 또는 새로 설립된 회사가 과징금 부과대상이 된다는 점을 분명히 하고 있다.

이 규정에 대하여 합병 전의 법인에게 부과된 과징금부과처분에 대해서 합병 후의 법인이 이를 승계하는 것은 합병 전후의 법인격이 동일하고 권리의무관계를 포괄승계하기 때문에 당연한 결과이나, 합병 전의 법인의 위반행위에 대해서 합병 후의 법인에게 과징금을 부과하는 것에 대해서는 논란이 있을 수 있으므로 공정거래법상 특별규정을 둔 것이라고 하는 견해가 있다.[18)] 그러나, 합병은 전후 법인격이 포괄적으로 자동 승계된다는 점에서 합병 전 법인의 위반행위로 인하여 추상적인 의무 부과의 가능성이 발생한 과징금부과처분을 받을 법적 지위는 합병 후 법인에게 승계될 수 있는 성질의 것이라고 생각된다. 다만 승계적격이 있더라도 법률유보의 원칙상 그 추상적인 의무의 승계는 승계요건인 법률규정을 통하여 이루어져야 한다는 관점에서 법 제55조의3 제2항은 법인격의 동일성 유지로 인한 승계적격이 있음을 확인하는 규정으로 볼 수 있다.

---

17) 대법원 1999. 11. 3. 선고 99두10964 판결 및 그 원심판결인 서울고법 1999. 10. 6. 선고 99누3524 판결.

18) 박해식, "독점규제 및 공정거래에 관한 법률상의 과징금에 관한 연구", 고려대학교 법무대학원 석사학위논문 (2002), 138면.

(다) 영업양수의 경우

합병과 달리 영업양도의 경우에는 영업 양도회사와 양수회사의 법인격의 동일성이 인정되지 않고 양도회사가 양도 후에도 존속할 수 있는데, 이 경우 존속하는 양도회사는 영업 양도에도 불구하고 과징금 부과대상자가 될 법적 지위를 유지한다. 이에 반하여 양도회사의 위반행위에 대하여, 특히 위반행위를 한 양도회사가 영업양도 후 더 이상 존속하지 않는 경우 양수회사에게 과징금을 부과할 수 있는지 여부는 문제이다.

이에 대하여 영업양도의 경우 양도법인과 양수법인의 법인격이 상이하고 별개의 회사로 볼 것이기 때문에 특별한 규정이 없는 한 양수법인에게 과징금납부의무가 승계된다고 볼 수 없다는 견해가 있다.[19] 영업양도 또는 그와 동일한 경제적인 효과를 갖는 영업 현물출자에서 의미하는 '영업'은 영업행위라는 역사적인 사실이나 그 사실에 대해서 이루어진 판단 자체가 아니라, 양수도 시점 현재에 현실적으로 구체화된 권리의무 및 법률관계의 총량개념이라고 할 것이므로,[20] 영업의 이전을 이유로 위반행위를 저지른 역사적 사실까지 승계된다고 보기는 어려울 것이다. 나아가 양수회사에 대하여 양도회사의 위반행위에 대한 과징금을 부과하는 법률상 근거 규정을 신설한다고 하더라도 위반행위의 억제라는 과징금 부과의 목적에 적합한 수단이라는 비례의 원칙의 관점에서 그 요건을 엄격히 규정하여야 할 것이다.

(3) 위반행위에 협력한 사업자 또는 사업자단체

위반행위를 한 자가 아니라 다른 사업자로 하여금 이를 행하게 한 자(교사자) 또는 다른 사업자의 실행행위를 용이하게 하거나 가능하게 한 자(방조자)에 대하여도 과징금을 부과할 수 있는지가 문제가 된다.

공정거래법에는 형법과 같은 교사범, 방조범에 관한 일반조항을 두고 있지 않고 대부분의 실체적 규정의 구성요건이 정범에 해당하는 위반행위자를 위반

---

19) 위의 논문, 139면. 다만 이 견해에서도 회사의 주식이나 지분권을 그 소유자로부터 양수받아 양수인이 회사의 새로운 지배자로서 회사를 경영하는 경우에는 적어도 회사의 외형은 변함없이 그대로 계속된다는 점에서 양도인에게 부과된 과징금납부의무가 양수인에게 사실상 승계된다고 본다.

20) 공정위의 '기업결합의 신고요령'에서는 기업결합의 한 형태인 영업양수(법 제7조 제1항 제4호)에서 영업이라 함은 회사의 사업 목적을 위하여 조직화되고 유기적 일체로서 기능하는 재산권의 집합이라고 정의하고 있는데(동 신고요령 Ⅲ. 4. 나.), 이는 결국은 관련 재산과 법률관계의 전부를 의미하는 것이라고 할 것이다(대법원 1987. 6. 9. 선고 86다카2478 판결 등).

행위의 주체로 상정하면서, 예외적으로 다른 사업자로 하여금 부당한 공동행위를 행하도록 하는 사업자의 행위(공정거래법 제19조 제1항),[21] 계열회사 또는 다른 사업자로 하여금 불공정거래행위를 행하도록 하는 사업자의 행위(공정거래법 제23조 제1항 후단)와 사업자에게 불공정거래행위 또는 재판매가격유지행위를 하게 하거나 이를 방조하는 사업자단체의 행위(공정거래법 제26조 제1항 제4호)를 법 위반행위로 규정하고 있다. 따라서, 이러한 행위에 해당하는 사업자 또는 사업자단체는 과징금부과대상이 될 수 있다.

"하게 하는 행위"의 의미에 관하여 판례는 단순히 물리적으로 불공정거래행위 또는 재판매가격유지행위를 강요하는 것만을 의미하는 것이 아니라 사업자에게 상당한 영향력을 행사할 지위에 있는 자가 그 지위를 이용하여 위와 같은 행위를 권장하거나 협조를 요청하는 등 어떠한 방법으로든 이를 사실상 강요하는 결과를 가져오는 모든 행위를 말하는 것으로 보아야 한다고 판시[22]한 바 있다. 그러나, 이러한 명시적인 구성요건을 두고 있지 않은 다른 위반행위의 경우에도 특별한 구성요건적 표지에 대한 확립된 원칙 없이 교사자 또는 방조자를 상정하는 것은 헌법상의 원칙인 명확성의 원칙에 반할 우려가 있다.

2. 과징금 부과대상 행위

공정거래법은 과징금 부과대상이 되는 법위반행위 유형별로 개별적인 과징금 부과 근거 규정을 두는 입법 형식을 취하고 있다. 이는 공정거래법상 경쟁제한적 기업결합행위를 제외한 거의 모든 실체적인 위반행위가 과징금 부과대상으로 규정되어 있으면서 과징금 상한을 정하는 방식도 법위반행위 유형별로 조금씩 차이가 있는 점에 기인한다.

시장지배적 지위 남용행위(법 제3조 의2)에 대한 과징금 부과 근거 규정은 공정거래법 제6조, 법 시행령 제9조, 제9조의2, 제10조이다. 경제력 집중 억제 규정 위반행위로는 지주회사, 일반지주회사의 자회사, 일반지주회사의 사업관련손자회사의 일정한 행위제한 위반행위(법 제8조의2 제2항 내지 제4항), 상호출자의 금지 규정 위반행위(법 제9조), 출자총액의 제한 위반행위(법 제10조), 계열회사에 대한 채무보증의 금지 규정 위반행위(법 제10조 의2), 출자한도 초과주식에 대한 의결권행사의 금지명령 위반행위

21) 이 규정은 2004. 12. 31. 법 개정으로 추가되었다.

22) 대법원 2003. 1. 11. 선고 2002두9346 판결 및 그 원심판결인 서울고법 2002. 9. 3. 선고 2001누14046 판결, 서울고법 2002. 9. 3. 선고 2001누14046 판결 참조.

(법 제17조의2 제5항)23)가 과징금 부과대상 행위로 규정되어 있다. 과징금 부과 근거 규정은 법 제17조와 제17조의2 제5항이다. 다만 경제력집중 억제규정 위반행위의 경우에는 예외인정이나 적용제외 규정이 적지 않고 또한 규정 내용도 비교적 자주 변경되어 부과대상 행위의 범위 자체가 일정하지 않으므로, 이러한 행위를 과징금 부과대상 행위로 하는 것은 다분히 정책적인 고려에 기인하는 것이라고 볼 수 있다.

부당한 공동행위에 관하여는 공정거래법 제19조 제1항에서 가격협정, 거래조건협정, 공급제한협정, 시장분할협정, 설비제한협정, 상품 또는 용역의 종류·규격 제한협정, 새로운 회사 등의 설립, 다른 사업자의 사업활동 제한의 8가지 행위 유형으로 구분하여 이러한 행위를 할 것을 합의하거나 다른 사업자로 하여금 이를 행하도록 하는 행위를 위반행위로 규정하고 있으며 모든 행위가 과징금 부과대상이 되는데, 사업자 간의 합의를 통한 위반행위의 경우에는 법 제19조 제5항에 의하여 그러한 합의가 법률상 추정되더라도 과징금 부과대상이 된다. 부당한 공동행위에 대한 과징금 근거 규정은 법 제22조, 법 시행령 제9조이다.

사업자단체 금지행위는 부당한 경쟁제한 행위(법 제26조 제1항 제1호), 사업자 수의 제한(같은 항 제2호), 구성사업자의 사업활동 방해(같은 항 제3호), 불공정거래행위 또는 재판매가격유지행위의 교사·방조(같은 항 제4호)로 나뉘는데, 모든 행위가 과징금 부과대상이고 행위 주체인 사업자단체뿐만 아니라 위반행위에 참가한 사업자 역시 과징금 부과대상자가 된다(사업자단체에 대하여는 법 제28조 제1항, 참가사업자에 대하여는 같은 조 제2항). 다만 부당한 공동행위의 금지행위에 의하여 부당하게 경쟁을 제한하는 사업자단체의 행위(법 제28조 제1항 제1호)는 사업자들의 부당한 공동행위에 대한 규제를 보완하는 성격의 제도이므로, 사업자들의 행위가 부당한 공동행위에 해당할 경우 사업자들에 대하여는 법 제28조 제1항 제2호가 아닌 법 제22조에 의하여, 사업자단체에 대하여는 법 제28조 제1항에 의하여 과징금이 부과된다.

공정거래법 제23조 제1항, 동법 시행령 제36조 제1항 관련 [별표 1]은 불공정거래행위의 유형을 거래거절, 차별적 취급, 경쟁사업자 배제, 부당한 고객

23) 공정거래법 제17조의2 제1항의 시정조치등의 특례규정에 해당하는 경우에는 과징금을 부과하는 대신 출자한도액을 초과하여 취득 또는 소유하고 있는 주식에 대하여 의결권행사의 금지를 명할 수 있는데, 의결권행사금지명령 후 이를 위반하여 의결권을 행사할 때에는 별도로 과징금 부과대상이 된다(법 제17조의2 제5항).

유인, 거래강제, 거래상 지위의 남용, 구속조건부거래, 사업활동 방해, 부당한 자금·자산·인력의 지원으로 규정한다. 불공정거래행위에 대한 과징금 부과 근거 규정은 법 제24조의2, 법 시행령 제9조이다. 법 제24조의2에서는 다른 불공정거래행위 유형에 대하여는 과징금 부과 최고한도를 평균 매출액의 2%로 규정하고 있는 반면에, 부당지원행위에 대하여는 과징금 부과 최고한도를 평균 매출액의 5%로 규정하여 다른 불공정거래행위보다 무겁게 제재하고 있다. 부당지원행위의 외연은 실제 적용 사례가 늘어나면서 점점 넓어지고 있는데, 그만큼 과징금 부과대상이 되는 거래의 형태도 확대되는 셈이다.

재판매가격유지행위와 부당한 국제계약 체결행위도 과징금 부과대상 행위로 규정되어 있다(법 제31조의2 및 제34조의2). 부당한 국제계약 체결행위에 대하여는 사업자 및 사업자단체가 모두 부과대상자가 된다.

Ⅳ. 과징금 부과 여부의 결정기준

1. 개　　관

과징금 부과 여부를 결정하는 것은 공정위의 결정재량에 속하는 문제이다. 이론적인 측면에서 볼 때, 과징금 부과 여부를 결정하는 문제는 특정한 위반행위에 대하여 그 위반행위의 내용 및 정도, 그 행위가 속하는 행위 유형의 특성과 규제의 목적과 위반 정도에 따라 시정조치, 과징금, 형벌 등의 가능한 규제수단 가운데 어느 것을 선택할 것인가 하는 기준을 설정하는 문제이다. 이와 관련하여 공정위가 행정조치를 하더라도 시정조치만으로 집행할 것인가 아니면 과징금까지 부과할 것인가 하는 점에 관하여 합리적인 재량 행사의 기준이 설정되는 것이 바람직하다. 다만 실제적으로 집행수단의 결정 또는 조합을 통하여 최적의 집행을 모색하는 것은, 그 다음 단계로 과징금의 금액을 산정하는 것과 달리 전문성과 정책적 판단에 기초한 고도의 재량권 행사를 요하는 것이므로, 그 재량 통제의 기준을 정하는 것이 매우 어렵고 어느 정도 추상성을 띨 수밖에 없다.

2. 법적 근거

과징금 부과 여부의 결정기준을 정하는 법적인 근거는 과징금 부과의 일반적 기준을 정하는 법 제55조의3 제1항과 공정위의 고발재량권을 통제하는 기준으로서 작용하는 법 제71조 제2항을 들 수 있다. 먼저 법 제55조의3 제1항에 정한 의무적 참작사유는 과징금의 액수를 산정하는 과정에서뿐만 아니라 그 전단계인 과징금을 부과할 것인지 여부를 결정하는 과정에서도 참작되어야 하는 사유로서도 충분히 기능할 수 있을 것이다. 또한 법 제71조 제2항에서는 "위반행위의 정도가 객관적으로 명백하고 중대하여 경제질서를 현저히 저해한다고 인정되는 경우"를 형벌까지 부과될 수 있는 위반행위로 규정하여 규제수단을 결정하는 기준으로서 위반행위의 정도를 들고 있음을 알 수 있다.

법 제55조의3 제1항에 정한 의무적 참작사유로 열거되어 있는 것은 위반행위의 내용 및 정도, 위반행위의 기간 및 횟수, 위반행위로 인해 취득한 이익의 규모 등 세 가지이지만, 법 시행령 제61조 제1항 [별표 2] 제1호에서는 위반행위에 대하여 과징금을 부과할 것인지 여부를 결정하는 기준으로 '위반행위의 내용 및 정도'를 우선적으로 고려하고 여기에 시장상황 등을 종합적으로 참작하도록 하였다. 위반행위의 내용 및 정도는 과징금을 부과하기로 결정한 사안에 대하여 기본과징금의 액수를 설정하는 출발점이 되므로, 이는 과징금을 부과하기로 결정한 위반행위 중 가장 중대성이 약한 위반행위의 내용 및 정도에 미치지 못하는 위반행위를 식별할 수 있는 우선적인 기준이 될 수 있다.

3. 일반적인 기준

과징금 고시는 과징금 부과 여부의 결정에 관하여 추상적인 기준만을 일응 제시하는 형태를 취하고 있다(고시 Ⅲ. 1). 그에 의하면, 과징금 부과 여부는 위반행위의 내용 및 정도를 우선적으로 고려하고 시장상황 등을 종합적으로 참작하여 결정하되, 자유롭고 공정한 경쟁질서의 저해효과[24]나 소비자 등에게 미치는 영향의 크기가 중요한 질적인 고려사항이 된다. 공정거래법 위반행위의 내용 및 정도는 위반행위의 성격, 시장에 미치는 영향, 위반행위의 파급효과와 같은 것을 고려하여 판단될 수 있다. 이러한 점에서 과징금 고시는 (1) 가

---

24) "경쟁질서의 저해효과"라는 개념은 법률상의 개념은 아니지만 시행령 제61조 제1항 [별표 2] 제1호에서 원칙적인 과징금 부과대상으로 규정한 "자유롭고 공정한 경쟁질서를 크게 저해하는 경우"를 평가하는 척도로 상정한 것이다. 이는 법위반행위 여부를 평가하는 법적 기준으로서 공정거래법상의 개념으로 규정된 부당성, 경쟁제한성, 공정거래저해성과 구별하기 위한 것으로 보인다. 행위유형별 기준에서는 부당한 지원행위 항목에서만 사용되고 있다.

격 또는 물량[25]을 직접적으로 결정·유지·변경 또는 제한하거나 가격 또는 물량의 결정·유지·변경 또는 제한을 목적으로 하는 위반행위의 경우에는 과징금을 부과하는 것을 원칙으로 하고, 반면에 (2) 가격·물량 외의 거래조건과 관련된 위반행위는 경쟁질서를 저해하는 효과가 크거나 다수의 사업자 또는 소비자에게 미치는 영향이 중대하다고 인정되는 경우 과징금을 부과하는 것을 원칙으로 한다고 규정한다. 또한 (3) 위반행위에 의하여 위반사업자가 부당이득을 얻었거나 다른 사업자로 하여금 부당이득을 얻게 한 경우에도 과징금 부과를 원칙으로 한다고 규정한다.

행위유형별 기준과의 적용순위에 관하여, 과징금 고시에서는 Ⅲ.2.에서 정한 행위유형별 기준을 일반적인 기준에 우선하여 적용하도록 규정하고 있다. 다만 행위유형별 기준에 과징금 부과대상으로 정해지지 아니한 경우라도 부과대상에서 제외함이 명시되지 않은 경우에는 일반적인 기준이 보충적인 원칙으로 적용된다(고시 Ⅱ.1.다.).

일단 과징금을 부과하기로 결정한 경우 과징금 액수를 산정하는 단계에서는 법 제55조의3 제1항 각 호에 정한 의무적 참작사유가 보다 구체적인 기준으로 작용하여 종합적으로 고려된다. 이 단계에서 위반행위에 대하여 과징금을 부과할 실익이 크지 아니하거나 과징금을 부과함으로써 달성할 목적이 분명하지 아니한 경우에는 공정위가 재량적으로 과징금을 부과하지 않을 결정재량을 보유한다(고시 Ⅱ.1.라.).

Ⅴ. 과징금의 산정기준

1. 기본과징금의 산정기준 및 방법

(1) 기본과징금의 개념

기본과징금은 법 제55조의3의 규정에 의한 참작사유 중 위반행위의 내용 및 정도에 따라 위반행위를 "중대성이 약한 위반행위", "중대한 위반행위", "매우 중대한 위반행위"로 구분하고, 각 위반행위의 유형에 따라 위반행위의 중대성의 정도별로 정하는 기준에 의하여 산정한 금액으로서 과징금 산정의

25) 용역 보고서에서는 가격제한행위와 물량을 포함한 비가격제한행위를 구분하는 방식을 제안하였으나, 과징금 고시에서는 가격 및 물량제한행위를 동등한 것으로 보고 기타 거래조건과 관련된 행위와 구분하는 방식을 택하였다. 다만 물량제한행위는 가격의 결정·유지·변경에 영향을 주는 경우에만 가격제한행위와 동등하게 평가되어야 할 것이다.

기초가 되는 금액을 말한다. 위반행위의 내용 및 정도를 중대성의 정도에 따라 3단계로 구분한 후 관련 매출액에 각 단계별 부과기준율을 곱하는 방식으로 기본과징금이 산출된다.

(2) 위반행위의 중대성에 따른 분류

사업자에게 부과될 과징금의 수준을 결정하기 위한 출발점이 되는 기본과징금은 위반행위의 내용 및 정도에 따라 정해져야 한다. 법 제55조의3 제1항은 의무적 참작사유로 위반행위의 기간 및 회수, 위반행위로 인해 취득한 이익의 규모도 고려하도록 되어 있으나, 제재적 성격을 가진 과징금은 기본적으로 위반행위의 내용 및 정도와 균형을 이루어야 한다. 위반행위의 내용 및 정도는 비교적 구체적인 행위에 따라 공통적인 형량요소를 특정하여 사안유형을 설정하는 것이 가능하므로 위반행위의 내용 및 정도에 따라 기본과징금을 설정하는 것이 합리적이다. 기본과징금을 설정한 다음에는 동일한 내용 및 정도를 가진 행위에 대하여 그 기간 및 회수에 따른 조정을 할 수 있고 과징금이 부당이득 환수적 성격을 겸유하는 경우에는 부당이득의 규모를 추가적으로 고려한 조정을 함으로써 억제효과를 고려한 개별화가 가능할 것이다. 또한 위반행위의 중대성에 따라 위반행위를 어느 정도 중대한 유형에 속하는 행위로 볼 것인가 하는 문제는 사실인정에 기초한 평가의 문제이므로 사법심사의 대상이 될 것이다. 대법원 판례 중에는 원심에서 위반사업자들의 위반행위가 경쟁제한성이 크다고 하여도 과징금 액수가 비례의 원칙에 위배되어 재량권을 일탈·남용한 것으로 위법하다고 판단한 근거로 제시한 참작사유들 외에도 경쟁제한성을 완화시키는 사정이 있어 경쟁제한성 자체가 공정위가 인정한 만큼 크지 않다고 판단[26]한 사례가 있는데, 이는 위반행위의 중대성을 어느 유형으로 볼 것인가와 관련된 판단이라고 생각된다.

위반행위의 내용 및 정도에 따라 일차적인 기본과징금을 설정하게 되면 위반행위가 중대하면 중대할수록 부과될 수 있는 과징금의 액수도 증가하게 된다. 따라서, 위반행위의 중대성에 상응한 적정하고 형평에 맞는 과징금 부과가 이루어질 수 있고, 공정위가 위반행위의 중대성을 평가하기 위하여 엄밀한 분석을 행하게 됨으로써 적정한 수준의 규제가 이루어지게 될 것이다.

위반행위의 중대성에 따라 기본과징금이 적용되는 범주를 여러 개로 나눌

26) 대법원 2002. 9. 24. 선고 2000두1713 판결(대한건축사협회 사건).

수 있으나, 개정 시행령 및 고시에서는 중대성이 약한 위반행위, 중대한 위반행위, 매우 중대한 위반행위의 3가지 범주로 나누고 있다. 행위의 중대성을 분류하는 기준을 정하는 방식은 각 행위 유형에 공통되는 기준을 정하는 방식과 행위 유형별 세부기준을 정하는 방식이 있을 수 있는데, 개정 고시에서는 후자의 방식을 채택할 경우 그것이 단순한 과징금 부과기준으로서만 작용하지 않고 실질적으로 위반행위의 위법성 판단기준으로 참고될 수 있다는 점을 고려하여 신중한 접근이 필요하다는 입장에서 전자의 방식을 채택하였다. 그에 따라 과징금 고시에는 위반행위 중대성의 정도는 위반행위로 인하여 발생한 경쟁질서의 저해 정도, 시장에 미치는 영향 및 그 파급효과, 관련 소비자 및 사업자의 피해 정도, 부당이득의 취득 여부, 기타 위반행위 전후의 사정 및 위반사업자와 다른 사업자 또는 소비자와의 관계 등을 종합적으로 고려하여 정한다는 일반원칙만을 규정하고 있다(고시 Ⅳ.1.).

한편 공정위는 실무적으로는 행위 유형별 중대성의 세부평가기준과 관련하여 2004. 10. '과징금 부과시 관련 매출액의 산정 및 위반행위의 중대성 판단기준에 관한 운영지침'을 별도로 제정하여 운영하고 있으나, 내부기준으로만 활용하고 공개하지 않고 있다. 다만 그 평가방법은 위반행위의 내용(유형), 시장점유율, 위반행위의 파급효과 및 강도로 항목을 나누어 각 항목별로 상, 중, 하의 세부 평가항목에 따라 기본점수를 부여한 후 여기에 각 항목별 비중에 따른 가중치에 따라 환산한 점수를 산정하여 합산한 점수가 속하는 점수대에 따라 매우 중대한 위반행위, 중대한 위반행위, 중대성이 약한 위반행위로 평가하는 방법을 채택한 것으로 보인다. 이러한 방법은 일견 합리적인 것처럼 보이나, 세부 평가항목을 추상적으로 유형화하고 실증적으로 검증되지 않은 획일적인 점수를 부여할 경우 실제 거래현실에서 일어나는 다양한 행위의 중대성의 정도를 구체적 타당성의 원칙에 부합하게 판단할 수 없다는 한계를 지닌다.

(3) 기본 과징금 산정의 기초-관련 매출액 기준, 정액 기준 또는 위반액 기준

경제적인 관점에서 볼 때, 위반자에 대한 효과적인 억제 목적을 달성하기 위해서는 위반행위의 중대성에 상응하게 그 위반이 사회에 부담시킨 비용과 동일한 비용을 위반자에게 부담시키도록 과징금을 계산하는 것이 합리적이라고 할 수 있다.[27] 위반행위로 인하여 위반자가 얻은 이익이 독점이윤에 해당한다면 그로 인한 사회적 비용은 사회적 후생손실, 즉 사중손실(deadweight loss)이라고 할 수 있으므로, 행위 유형별로 독점이윤에 사중손실을 더한 소비자의 총손실[28]을 산정하는 것이 적정한 제재수준을 설정하기 위하여 경제적으로는 보다 정확한 기준이라고 할 수 있을 것이다. 그러나, 독점이윤과 사중손실을 측정하는 작업의 현실적 어려움을 고려할 때 이를 대체할 수 있는 현실적인 기준, 즉 대리변수(proxy)가 필요하다. 그러한 대리변수로서 기본과징금 산정의 기초로 상정할 수 있는 것으로는 부당이득액, 총 매출액, 관련 매출액, 위반액, 일정한 범위의 정액 등을 들 수 있다.

개정 시행령 및 고시에서는 용역 보고서의 제안을 받아들여 시장지배적 지위의 남용 행위, 부당한 공동행위, 사업자단체금지행위에 참가하는 행위, 불공정거래행위(부당한 지원행위 제외), 재판매가격유지행위 및 사업자의 부당한 국제계약 체결행위에 대하여는 관련 매출액을 기본과징금 산정의 기초로 하고 있다.

시장지배적 지위의 남용 행위나 부당한 공동행위에 대하여는 미국, 영국 등 해외 각국에서도 이를 공통적으로 규제하면서 과징금과 상응하는 벌금, 제재금을 부과할 때 관련 매출액을 기준으로 한다는 점,[29] 위 행위들은 그 행위 자체가 부당이득 및 경쟁제한 효과를 발생시킬 가능성이 높고 이를 사전에 억제할 필요성이 크다는 점에서 원칙적으로 관련 매출액을 기초로 한 기본과징금 산정 방식이 타당하다. 그 밖에 불공정거래행위, 재판매가격유지행위 등의 경우에는 그 행위 유형 자체가 부당이득을 발생시키거나 경쟁을 제한하는 효과가 비교적 작고, 다른 국가의 경우에서도 과징금을 부과하는 사례가 드물고 공정위 실무상으로도 과징금이 부과되지 않는 경우가 상당수 있다는 점을 고려하여 과거에는 관련 매출액 기준을 적용하지 않았으나, 구체적인 행위 종류에 따라서는 관련 매출액의 산정이 가능할 수 있으므로 산정 구조의 일관

27) Posner, Richard A., Antitrust Law: An Economic Perspective, The University of Chicago Press (1976), 221면.

28) 독점이윤은 가격인상으로 인하여 독점사업자에게로 소득이 재분배됨으로써 발생한 소비자잉여 감소분을, 사중손실은 가격인상으로 인하여 소비자가 아예 구입을 포기하거나 다른 제품으로 대체하여 발생한 자원배분의 손실분을 의미한다.

29) EU의 경우에는 기본과징금을 산정할 때 행위의 중대성에 따라 일정한 범위의 정액 기준을 설정하여 관련 매출액에 비례하여 산정하는 방식을 원칙으로 하고 있지는 않으나, 실무상 위반 사업자의 시장지배력 측정의 대리변수로서 관련 매출액을 사용함으로써 그에 상응하여 기본과징금을 조정하고 있기 때문에, 어느 정도는 관련 매출액을 반영하여 기본과징금을 산정하고 있다고 할 수 있다.

성을 위하여 이러한 행위 유형에 대하여도 관련 매출액을 기초로 기본과징금을 산정하는 것을 원칙으로 하고 있다.

관련 매출액 기준에 대하여는, 부과되는 과징금이 위반행위의 억제 효과 달성에 적절한 것인가 하는 것이 본질적인 문제임에도 과징금 산정의 적정성에 대한 논란이 관련 매출액 수치의 선택과 같은 부차적인 문제에 집중되는 문제가 있다는 점에서 비판적인 견해[30]가 있다. 이러한 비판에도 일리는 있으나, 현실적으로 위반행위의 억제 효과 달성에 적절한 과징금을 정확하게 측정할 수 없는 문제로 인해 사용할 수 있는 대리변수로는 관련 매출액이 위반행위의 크기와 비례관계가 가장 크다는 점에서 적절할 뿐만 아니라, 관련 매출액 기준이 갖는 한계는 부과기준율의 조절 및 사업자의 규모와 경제력의 지표가 되는 총 매출액 기준의 보충적 사용[31]을 통해 어느 정도 극복할 수 있다고 생각한다. 한편 사업자단체금지행위에 대하여는 관련 매출액 대신에 사업자단체의 연간 예산액을 과징금 산정의 기준으로 사용한다.

관련 매출액 기준 적용을 원칙으로 하더라도 예외적으로 매출액이 있어도 관련 매출액을 산정하기 곤란하거나 매출액 자체가 없거나 산정 곤란한 경우가 있을 수 있다. 과징금 고시에서는 이러한 경우에 대비하여 각 행위 유형별로 정액 기준으로 설정한 위반행위 중대성의 정도별 부과기준금액의 범위 내에서 기본과징금을 정하는 방식을 보충적으로 채택하고 있다. 위반행위 중대성의 정도별 부과기준금액은 법 제6조 단서, 법 제22조 단서, 법 제22조의2 단서에 정하고 있는 정액의 과징금 상한액의 범위 내에서 설정되어 있다.

다음으로 경제력집중 억제 규정 위반행위와 부당한 지원행위의 경우에는 그 규제의 특성상 관련 매출액을 기초로 기본과징금을 산정하기가 어려운 면이 있다. 그런데, 개정 시행령 및 고시에서는 위 행위 유형도 거래 규모에 비례하여 위반행위의 발생이나 혹은 존속을 억제할 필요성이 높다는 점에서 법에서 과징금 상한액 기준으로 사용하고 있는 위반액을 관련 매출액의 대리변수로 인정하여 이를 기초로 하여 기본과징금을 설정하는 방식을 채택하고 있다.

과징금 고시에 의하면, 경제력집중 억제규정 위반행위의 위반액은 법 제8조의2(지주회사의 행위제한등) 제1항 또는 제2항의 규정에 위반하여 법 제17조

30) Wils, Wouter P.J, "The Commission's new method for calculating fines in Antitrust cases", 23 European Law Review 252 (1998).

31) 과징금 고시에서는 부과과징금의 결정 단계에서 종합조정사유로 고려될 수 있다.

(과징금) 제4항 각 호의 규정에 해당하는 금액, 제9조(상호출자의 금지등)의 규정에 위반한 행위로 취득 또는 소유한 주식의 취득가액, 법 제10조(출자총액의 제한) 제1항의 규정에 위반한 행위로 취득 또는 소유한 주식의 취득가액, 법 제10조의2(계열회사에 대한 채무보증의 금지) 제1항의 규정에 위반하여 행한 채무보증액, 법 제17조의2(시정조치 등에 대한 특례) 제5항의 규정에 의한 주식의 취득가액이 된다(고시 Ⅱ. 8.가.). 한편 불공정거래행위 중 부당한 지원행위는 종전부터 지원금액을 기준으로 과징금을 부과하여 왔으므로 개정 시행령 및 과징금 고시에서도 지원금액을 위반액으로 보고 있다. 즉 부당한 지원행위의 위반액은 법 제23조(불공정거래행위의 금지) 제1항 제7호의 규정에 위반하여 지원한 지원금액을 말한다(고시 Ⅱ. 8.가.).

경제력집중 억제규정 위반행위의 기본과징금 설정 기준인 위반액의 개념은 비교적 명확하나 부당한 지원행위의 위반액인 지원금액의 경우 부당한 지원행위의 구체적 행위 유형이 다양한 만큼 이를 특정하는 데 적지 않은 어려움이 있다. 그런데, 지원금액은 부당한 지원행위의 부당성을 판단하는 중요한 판단요소가 될 뿐 아니라 과징금 산정에 있어 기준이 되는 것이므로 지원금액의 정확한 의미를 확정할 필요성이 있다. 지원금액을 정하는 구체적인 기준 설정의 필요는 지원주체가 지원객체를 직접 지원하는 경우에 비하여 제3자를 거쳐 지원하는 이른바 우회지원의 경우에 지원주체가 지출한 경제상 이익과 지원객체가 얻은 경제상 이익에 차이가 발생할 수 있고 그 중 무엇을 지원금액으로 볼 것인지 용이하지 않다는 점에서 더 요구된다. 이와 관련하여 법 시행령 제36조 제1항 관련 [별표 1] 제10호는 "…과다한 경제상 이익을 제공함으로써 특수관계인 또는 다른 회사를 지원하는 행위"라고만 하고 있어 과징금 고시에서도 문언상으로는 지원주체가 지원한 금액을 의미하는 것 같은 표현을 하고 있어 지원금액이 지원주체의 지출액을 말하는 것인지 지원객체가 받은 경제상 이익을 말하는 것인지 명백하지 않다. 그러나, 부당한 지원행위의 성립 여부는 당해 지원행위로 인하여 지원객체가 속한 관련시장에서 경쟁을 제한하거나 경제력집중을 야기하는 등 공정한 거래를 저해할 우려가 있는지 여부를 판단하는 것이므로, 그러한 판단의 기준 및 척도로서의 지원금액은 지원주체가 지출한 금액이 아니라 지원객체가 받은 경제상 이익으로 보는 것이 타당하다. 대법원[32]도 지원금액은 부당성 판단의 지표로서 지원객체가 받

32) 대법원 2004. 3. 12. 선고 2001두7220 판결(에스케이씨앤씨 사건).

은 이익 또는 실질적으로 지원객체가 받은 것과 동일시할 수 있는 경제적 이익을 기준으로 한다고 판시한다.

한편 공정위는 지원금액의 산출이 어렵거나 불가능한 경우에는 지원성 거래규모의 일정 비율에 해당하는 금액을 지원금액으로 보고 있다. 법 시행령 제61조 제1항 관련 [별표 2] 제2호 가목의 표 5항에서는 단순히 지원성 거래규모의 100분의 10에 해당하는 금액을 지원금액으로 본다고 규정하여 종전부터 적용해온 10% 규칙을 답습하고 있는데, 실제 지원금액을 산정하는 경우 그 금액이 지원성 거래규모의 100분의 10에 이르는 경우는 예외적일 것이므로 이러한 실무의 태도는 문제가 있다고 생각한다.

(4) 관련 매출액의 개념과 그 산정방법

(가) 관련 매출액의 개념

관련 매출액은 위반사업자가 위반기간 동안 판매 또는 매입한 관련 상품(상품에는 용역을 포함한다)의 매출액(매입액을 포함한다) 또는 이에 준하는 금액을 말한다(시행령 제61조 제1항 관련 [별표 2] 제2호 가목).

종전 고시는 법 시행령 제9조에서 말하는 평균 매출액을 과징금부과기준 매출액으로 인식하고 있을 뿐 관련 매출액을 기준으로 기본과징금을 산정하는 방식을 알지 못하였고, 다만 부당한 공동행위 및 사업자단체 금지행위 참가행위의 경우에만 법 시행령과 내부준칙에서 관련 매출액 개념을 사용한 과징금 산정방법을 구체적으로 규정하고 있었다. 부당한 공동행위에 관한 이러한 과징금 산정방법에 따른 과징금의 산정은 관련 상품·용역의 범위 및 부과기준율 적용이 적정하다는 것을 전제로 할 때 대체로 법원에서도 합리적인 것으로 인정되고 있었다.33)

이에 반하여 시장지배적 지위의 남용 행위와 불공정거래행위(부당한 지원행위 제외)의 경우에는 총 매출액을 기초로 역진체감방식을 적용하여 기본 과징금을 산출하고 있었으나, 대법원에서는 이 방식이 그다지 합리적이지 못하여 이에 구속되지 않고 위법성의 정도에 따른 과징금이 부과되어야 한다는 입장을 취해 왔던 것으로 보인다.34)

---

33) 서울고법 2000누15028 판결; 대법원 2000두1713 판결. 이 사건에서는 과징금 부과지침상의 과징금 부과기준의 2배에 상당하는 금액을 과징금으로 일률적으로 부과한 것은 비례원칙에 위배되어 재량권을 일탈·남용한 것으로서 위법하다고 판단되었다.

34) 대법원 2002. 5. 31. 선고 2000두1829 판결(매일유업 사건); 대법원 2000두6206 판결.

따라서, 개정 시행령 및 고시에서 부당한 공동행위는 물론 시장지배적 지위 남용행위와 불공정거래행위(부당한 지원행위 제외)에 대하여도 관련 매출액을 기준으로 기본과징금을 산정하도록 한 것은 기본과징금이 위법성의 정도에 비례하여 합리적으로 산정될 수 있도록 하는 개선이 이루어진 것이라는 점에 큰 의의가 있다. 한편 공정위는 관련 매출액의 구체적 산정방법과 관련하여 2004년 10월 '과징금 부과시 관련 매출액의 산정 및 위반행위의 중대성 판단기준에 관한 운영지침'을 별도로 제정하여 운영하고 있으나, 내부기준으로만 활용하고 공개하지 않고 있다.

과징금 고시는 관련 매출액을 산정함에 있어 관련 상품 또는 용역의 범위를 설정한 후 이를 위반기간 전체에 대응시키고 그 기간 동안의 매출액 또는 이에 준하는 금액을 산출하는 방식을 취하고 있다. 따라서, 관련 상품 또는 용역의 범위, 위반행위의 기간, 매출액을 관련 매출액을 구성하는 3대 개념요소로 볼 수 있다.

(나) 관련 매출액의 개념요소(1): 관련 상품 또는 용역의 범위

기본과징금 산정의 기준이 되는 관련 매출액을 산정함에 있어서는 관련 상품 또는 용역의 범위를 판단하는 것이 전제가 된다. 따라서, 관련 상품 또는 용역의 범위를 판단하는 것이 중요한 쟁점으로 대두된다. 개정 시행령 및 고시에서는 관련 상품의 범위에 관하여 관련 상품은 위반행위로 인하여 직접 또는 간접적으로 영향을 받는 상품의 종류와 성질, 거래지역, 거래상대방, 거래단계 등을 고려하여 행위유형별로 개별적·구체적으로 판단하고, 관련 상품에는 당해 위반행위로 인하여 거래가 실제로 이루어지거나 이루어지지 아니한 상품이 포함되며, 위 방법에 의하여 관련 상품의 범위를 정하기 곤란한 경우에는 당해 위반행위로 인하여 직접 발생하였거나 발생할 우려가 현저하게 된 다른 사업자(사업자단체를 포함한다)의 피해와 연관된 상품을, 다른 사업자의 직접적 피해가 없는 경우에는 소비자의 직접적 피해와 연관된 상품을 관련 상품으로 볼 수 있다고 규정한다(시행령 제61조 제1항 관련 [별표 2] 제2호 가목의 비고 부분. 고시 Ⅱ.5.나.). 특히 부당한 공동행위의 관련 상품의 범위에 관하여 참가사업자들이 맺은 합의를 기준으로 판단하되, 합의에 포함되지 아니한 경우에도 실질적 거래관계와 시장상황 등에 비추어 보아 일정한 거래분야에서 경쟁제한 효과가 미친 상품이 있을 경우에는 이를 포함할 수 있다는 규정을 두고 있다(고시 Ⅳ.1.다.(1)(나)).

관련 상품의 범위의 판단기준에 관한 판례의 입장은 아직 명확하지 않은

것으로 보인다. 대법원은 부당한 공동행위에 관한 사건에서 상품 또는 용역의 범위는 부당한 공동행위를 한 사업자간 합의의 내용에 포함된 상품 또는 용역의 종류와 성질·거래지역·거래상대방·거래단계 등을 고려하여 개별적·구체적으로 판단하여야 한다고 판시[35]하여 '관련성'에 관하여 엄격한 입장을 취한 바 있다. 이에 대하여 최근 선고된 서울고등법원 판결은 관련 상품 매출액이라 함은 공동행위가 발생한 당해 관련 시장에서 참가사업자들의 위반행위와 관련된, 즉 위반행위에 의해 영향을 받는 상품의 매출액이고 합의 내용과 공동행위로 인한 경쟁제한 효과를 고려하여 관련 상품의 범위를 정하여야 한다고 판시[36]하여 위 대법원 판결보다는 '관련성'의 해석에 관하여 보다 유연한 입장을 취하고 있는 것으로 보인다.

관련 상품의 범위 판단의 문제는 특히 합의와 그 실행의 단계로 구별될 수 있는 부당한 공동행위와 관련하여 중요한 의미를 갖는다. 과징금 고시에 의하면 부당한 공동행위의 관련 상품은 참가사업자들이 맺은 합의를 기준으로 판단하되, 위반행위로 인하여 직접 또는 간접적으로 영향을 받는 상품의 종류와 성질, 거래지역, 거래상대방, 거래단계들을 고려하여 행위유형별로 개별적·구체적으로 판단한다. 또한 관련 상품에는 당해 위반행위로 인하여 거래가 실제로 이루어지거나 이루어지지 아니한 상품을 포함시킬 수 있고, 합의에 포함되지 않은 경우에도 실질적 거래관계와 시장상황에 비추어 보아 일정한 거래분야에서 경쟁제한 효과가 미친 상품이 있을 경우에는 이를 포함시킬 수 있어 관련 시장에 속하는 상품을 모두 포괄하는 것으로 보여진다. 종래 공

---

35) 대법원 2003. 1. 10. 선고 2001두10387 판결(패키지에어컨 사건). 구체적인 사안에 대하여는, 원심이 원고의 1995년도 패키지에어컨(PAC) 소비자 판매가격 인상 합의에 대한 과징금을 산정함에 있어서 그 기준이 되는 매출액에 원고가 OEM 생산방식으로 대우캐리어 주식회사 등에게 납품한 패키지에어컨의 매출액도 포함하여야 한다고 본 데 대하여, "원고의 가격인상 합의의 내용, 원고의 OEM 생산방식에 의한 PAC의 납품 현황, 위 가격인상 합의가 OEM 생산방식에 의하여 납품되는 PAC의 납품가격에 미친 영향 등에 비추어 보면, 원고가 OEM 생산방식으로 납품한 PAC는 원고의 이 사건 1995년도 PAC 소비자 판매가격 인상 합의와 관련이 있는 상품에 해당하지 않는다고 봄이 상당하고, 원심이 들고 있는 바와 같이 OEM 생산방식 납품업자가 자신의 상표를 부착하여 판매하는 상품이나 OEM 생산방식으로 주문생산판매업자에게 납품하는 상품이나 모두 같은 생산설비에 의하여 생산되고 최종적으로 동일한 소비자에게 판매되는 등의 사정이 있다고 하여 달리 볼 것은 아니"라고 판단하였다. 같은 취지의 판결로는 대법원 2004. 10. 28. 선고 2002두7456 판결(중고자동차 할부금융회사 사건) 참조.

36) 서울고법 2006. 5. 24. 선고 2004누4798 판결(시멘트 공급량 제한 사건). 이러한 판시 내용은 이 사건의 원심결에 대한 이의신청 재결에서 공정위가 전개한 논리를 그대로 따른 것이다(공정위 2004. 2. 9.자 제2004-5호 재결, 사건번호 2003심이2103~2108 참조).

정위의 실무도 일단 특정 품목에 관한 합의가 인정되면 그 품목의 유통경로나 할인판매, 특판 등 실제 판매가격 결정방식 여하에 관계없이 그 품목과 관련된 모든 매출액을 관련 매출액으로 보는 경향이 있었다. 최근의 심결례[37]도 42개 업종의 가맹점들을 상대로 가맹점수수료를 인상하기로 합의하였다가 그 중 36개 업종에 대해서는 시행을 보류하고 6개 업종에 한하여 최종적으로 시행한 사안에 대하여 36개 시행보류 업종까지 관련 매출액 산정시 모두 포함시킨 후 30% 감경한 바 있다.

그러나, 합의와 관련된 상품의 범위 인정은 사실 인정에 속하는 문제라는 점에서 신중한 판단이 요청된다.[38] 위 사건의 경우 거래가 실제 이루어지지 않았음에도 불구하고 관련 매출액 산정에 포함된다는 것 자체부터 어색하고,[39] 실제 거래가 이루어지지 않는 상품의 매출액까지 포함됨으로써 과징금이 부당이득 환수적 성격보다는 행정제재벌로 기능할 위험이 크며, 정액과징금의 존재 필요성 및 적용 범위를 지나치게 축소시키는 것이 아닌가[40] 생각된다.

또한 공정위는 사업자가 제출하는 회계자료 등을 기초로 매출액을 산정하는 것이 일반적이지만, 일단 특정 상품에 관한 합의가 인정되면 그 상품의 유통경로 또는 영업방식 등의 차이(OEM, 할인판매, 대리점과 특판, 다른 사업자와 경쟁관계 없이 독점 판매하는 부분[41] 등)에 따른 제외 요청은 받아들이지 않는

37) 공정위 2005. 8. 18.자 제2005-129호 의결, 사건번호 2005경촉0291(BC카드 및 11개 회원은행들의 가맹점수수료 인상담합 사건).

38) 특히 상당수의 부당한 공동행위 사건에 추정규정이 적용된다는 점에서, 합의의 존재가 추정될 뿐 입증되지 않았음에도 공정위가 합의의 존재를 전제로 하여 합의와 관련된 상품이라고 하여 그 범위를 넓게 인정하지 않도록 주의할 필요가 있다. 관련 상품의 범위에 관한 사실 인정의 오류로 인하여 과징금납부명령이 재량권의 일탈·남용에 해당한다고 판단한 사례로는 화장지 4사 사건에 관한 대법원 2002. 5. 28. 선고 2000두6121 판결, 대법원 2002. 7. 12. 선고 2001두854 판결 참조. 대법원 2000두6121 사건의 원심판결(서울고법 2000. 6. 20. 선고 98누10839 판결)은 과징금 산정의 기초가 되는 "위반행위와 관련된 상품"의 의미를 "직접 위반행위의 대상이 된 상품"이라고 해석하면서 "위반행위 대상품목과 관련된 상품"을 의미한다는 공정위의 주장을 배척하였다.

39) 물론, 합의와 실행행위 사이에 간격이 있는 경우에 그 사이에 발생한 매출액도 관련 매출액의 범위에 포함시켜 왔다. 그러나, 그 경우는 실행행위가 있고 위반행위의 종기 또한 구체적으로 판단하는 것이 가능하다는 점에서 실행 자체가 이루어지지 않은 경우와 동일하게 취급할 수는 없다고 생각된다.

40) 공정거래법 시행령 제10조에서는 정액과징금 부과와 관련하여 "매출액이 없거나 매출액의 산정이 곤란한 경우"를 정하고 있는데, 2004. 4. 1. 개정을 통해 ① 영업을 개시하지 아니하거나 영업중단 등으로 인하여 영업실적이 없는 경우(제1호), ② 재해 등으로 인하여 매출액산정자료가 소멸 또는 훼손되는 등 객관적인 매출액의 산정이 곤란한 경우(제3호)만을 인정하고 있다.

경향이 있다. 특히 합의의 내용이 구체적으로 밝혀지면 오히려 그 합의의 내용에 포함된 상품의 범위를 특정할 수 있는 데 반하여, 합의의 내용이 구체적으로 밝혀지지 않는 경우에는 공정위가 해당 품목 전체를 일단 관련 상품으로 보고 피심인들이 일부 상품이 제외되어야 할 근거를 제시하지 못하면 폭넓게 관련 상품을 인정할 가능성이 농후하다. 과징금 고시에서는 부당한 공동행위의 관련 상품의 범위에 관하여 합의에 포함되지 아니한 경우에도 일정한 경우 관련 상품에 포함할 수 있다는 규정을 두고 있는데(과징금 고시 Ⅳ.1.다.(1)(나)), 합의에 포함되지 아니한 상품이 관련 상품에 포함되는 경우는 예외적인 것이므로 이러한 경우에는 경쟁당국이 위반행위와의 '관련성'에 관하여 보다 무거운 입증책임을 부담하여야 할 것이다.

(다) 관련 매출액의 개념요소(2): 위반행위의 기간

관련 매출액은 위반행위 기간 동안에 판매 또는 매입한 매출액을 합산하는 것이므로 관련 상품의 범위에 대응한 위반행위 기간을 계산하는 것도 매우 중요하다. 위반행위의 기간, 즉 위반기간은 위반행위의 개시일부터 종료일까지의 기간을 말한다(시행령 제61조 제1항 관련 [별표 2] 제2호 가목의 비고 부분). 위반행위의 기간을 계산하기 위해서는 그 개시일과 종료일을 특정하여야 한다. 다만 개시일 또는 종료일이 불분명한 경우에는 사업자의 영업·재무 관련 자료, 임직원·거래관계인 등의 진술, 동종 또는 유사업종을 영위하는 다른 사업자들의 영업 및 거래실태·관행, 시장상황 등을 고려하여 이를 산정할 수 있다(과징금 고시 Ⅱ.6.가.).

개시일의 경우에는 부당한 공동행위의 추정조항과 관련하여 다음과 같은 문제가 있다. 즉 종전 고시에서는 법 제19조 제5항의 경우에는 실행 개시일을 위반행위의 시기로 보도록 하고 있었는데(종전 고시 Ⅱ.5.나.다.), 사업자간에 외형상 일치된 행위가 수일에 걸쳐 이루어진 경우가 실행 개시일의 특정에 문제가 있다.

이 문제에 대하여 공정위는 종전에 "각 사업자가 실제로 가격을 인상한 시점"을 각각 공동행위의 개시일로 보아 외형상 일치된 행위를 한 행위자들이 실제 일치된 행위를 시작하는 날마다 실행개시일로 보는 견해를 취하고 있었다. 이에 대하여 대법원은 "법 제19조 제5항에 의하면 '가격을 결정·유지 또는 변경하는 행위'가 '경쟁을 실질적으로 제한하는 행위'에 해당할 때 비로소 부당한 공동행위의 합의가 추정되므로, 여기에서 말하는 실행개시일은

---

41) 공정위 2005. 6. 24.자 제2005-80호 의결, 사건번호 2004공동3736(지게차 사건); 공정위 2005. 6. 24.자 제2005-81호 의결, 사건번호 2004공동2083(굴삭기 및 휠로다 사건).

위와 같은 '가격을 결정·유지 또는 변경하는 행위'와 '경쟁을 실질적으로 제한하는 행위'라는 두 가지 간접사실이 모두 갖추어졌을 때를 의미한다고 봄이 상당하고, 그 때가 언제인지에 관하여는 '가격을 결정·유지 또는 변경하는 행위'를 한 사업자의 시장점유율, 당해 사업자가 생산·판매하는 시장의 특성과 현황 등을 종합적으로 고려하여 판단하여야 할 것"이라고 판시[42]하여 원칙적으로 외형상 일치된 행위가 실질적 경쟁제한성이 있다고 판단되는 날을 실행개시일로 보는 견해에 입각한 판단을 내렸다. 그 후 위 대법원 판결의 환송심인 서울고등법원이 "마지막 사업자까지 가격인상을 단행한 시점"에 이르러서야 가격인상행위의 외형상 일치가 완성되는 한편 그 시장에서의 가격결정에 절대적 영향을 미칠 수 있는 실질적 경쟁제한상태에 이르렀다고 판시[43]함으로써, 현재 실무 입장은 원칙적으로 공동행위에 참가한 마지막 사업자가 실행행위를 개시한 날을 공동행위의 개시일로 보고 있다고 할 수 있다.

위 대법원 판결의 취지에 따라 개정 고시에서도 법 제19조 제5항에 의한 합의추정 등의 경우와 같이 합의일을 특정하기 어려운 경우에는 사업자별로 실행개시일을 위반행위의 개시일로 보되, 실행을 개시한 후에 경쟁을 실질적으로 제한하는 효과가 나타나는 경우에는 그 효과 발생일을 위반행위의 개시일로 본다는 규정을 두고 있는데(고시 Ⅳ.1.다.(1)(다)2), 대법원의 판례 취지에 부합하도록 실무가 운영될 필요가 있다.

한편 합의가 인정되는 경우, 과징금 고시에 의하면 위반행위의 개시일은 합의한 날로 보도록 되어 있고(고시 Ⅳ.1.다.(1)(다)1), 이 점은 대법원에서도 확인한 바 있다.[44] 판례의 입장에 비추어 보면, 공정거래법 제19조 제1항이 적용되는 사안에 있어서는 합의가 있었던 날로부터 위반행위 기간을 산정하게 되며, 합의일 이후 경쟁을 실질적으로 제한하는 행위가 있었던 날 이전에 합의에 의하여 전혀 영향 받지 않은 거래가 존재한다는 입증책임은 원고가 부담한다. 서울고등법원의 판례도 공정거래법 제19조 제1항에 의하여 금지되는 사업자가 다른 사업자와 공동으로 부당하게 경쟁을 제한하는 합의를 함으로써 성립하는 것이므로, 그러한 합의의 존재가 인정되는 이상 부당한 공동행위의 기간이나 시

42) 대법원 2003. 5. 27. 선고 2002두4648 판결, 대법원 2003. 5. 30. 선고 2002두4433 판결(각 철강회사 사건).

43) 대법원 2002두4648 판결의 파기환송심인 서울고등법원 2004. 6. 10. 선고 2003누10512·10529 판결.

44) 대법원 2001. 5. 8. 선고 2000두10212 판결 등.

기에 대한 명시적인 합의가 있는 것과 같은 특별한 사정에 대한 구체적인 주장, 입증이 없는 한 그 합의일로부터 경쟁제한의 효과가 발생한다고 할 것이며, 부당한 공동행위로 인한 과징금은 '합의일'을 기준으로 산정하여야 한다고 판시[45]한 바 있다.

위반행위의 종료일은 관련 매출액 산정의 기준이 되는 위반기간을 산정하는 기준이 될 뿐만 아니라 위반행위가 종료한 날부터 5년을 경과한 경우에는 과징금을 부과하지 않으므로(법 제49조 제4항), 과징금 부과처분의 제척기간의 기산일의 의미도 갖고 있다.

단독행위인 법위반행위의 경우에는 비교적 위반행위의 종료 여부를 판단하기 쉬우나 부당한 공동행위의 경우에는 다수의 사업자의 의식적인 요소가 관여되어 있기 때문에 의식적으로 합의를 파기하거나 위반행위를 중단하지 않는 한 행위의 외형으로 위반행위가 종료되었다고 판단할 수 있는 객관적 기준을 설정하는 데 어려움이 있어 다툼의 소지가 있을 수 있다. 고시에서는 부당한 공동행위의 '합의가 더 이상 존속하지 아니하게 된 날'을 종료일로 보되, 여러 차례 합의한 경우에는 합의의 구체적 내용과 사정 등을 종합적으로 고려하여 합의의 수와 그에 상응하는 종료일을 판단한다고 규정하고 있다(과징금 고시 Ⅳ.1.다.(1)(라)). 일련의 합의를 전체적으로 하나의 부당한 공동행위로 보는 것이 상당한 경우에는 각각의 회합 또는 합의를 개별적으로 분리하여 판단할 것이 아니라 그와 같은 일련의 합의를 전체적으로 하나의 행위로 보고 종료일을 판단하여야 한다.[46]

법원의 입장을 살펴보면, 흑연전극봉 사건에 대한 서울고등법원 판결[47]이 공동행위의 종료일에 대한 판단기준을 최초로 판시한 판결이라고 할 수 있다. 위 판결에서는 ① 합의에 정해진 조건이나 기한이 있었는데 그 조건이 충족되거나 기한이 종료한 경우, ② 당해 사업자가 탈퇴하거나 당사자 사이에 합의를 파기하기로 한 경우, ③ 사업자들이 합의에 의하여 인상한 가격을 다시 원래대로 환원하는 등 위 합의에 명백히 반하는 행위를 함으로써 더 이상 위 합의가 유지되고 있다고 인정하기 어려운 사정이 있는 경우 등의 사정이 인정되면 공동행위가 종료한 것으로 볼 수 있다고 판시하였다. 한편 최근의 서

---

45) 서울고법 2004. 11. 24. 선고 2003누9000 판결(비타민 카르텔 사건).

46) 대법원 2006. 3. 23. 선고 2003두11124 판결(흑연전극봉 사건).

47) 서울고법 2003. 8. 26. 선고 2002누6127 판결(흑연전극봉 사건). 주 44)의 서울고법 2003누9000 판결도 같은 취지이다.

울고등법원 판례[48]는 공급량 제한 등 사업방해 합의의 목적이 달성되자 참가 사업자들이 공급량 제한을 해제한 사실을 증거에 의하여 인정한 다음 그 시기를 종기로 인정하여, 합의 파기 또는 종전 상태로의 환원과 같은 종료일 인정사유를 외형상 객관적으로 판단하는 입장을 취하고 있다.

한편 위반행위가 과징금부과처분을 명하는 공정위의 심의일 전에 종료된 경우에는 그 날을 종료일로 특정할 수 있지만, 당해 행위가 공정위의 처분일까지 계속되는 경우에는 과징금을 산정하기 위하여 종료일로 볼 수 있는 날을 미리 정해 둘 필요가 있다. 이에 관하여 과징금 고시에서는 위반행위가 과징금 부과처분을 명하는 공정위의 심의일까지 종료되지 아니한 경우에는 당해 사건에 대한 공정위의 심의일을 위반행위의 종료일로 보아(과징금 고시 Ⅱ.6.나.(1)) 심의일을 위반행위의 종료일 기준으로 채택하고 있다. 심의일은 공정위의 전원회의 또는 소회의의 의장이 「공정거래위원회 회의운영 및 사건절차등에 관한 규칙」(이하 "사건절차규칙"이라고 한다) 제3장에 정한 절차에 따라 심의에 부의한 사건에 대하여 각 회의가 의결을 위하여 심의를 진행한 날을 말하는데, 만일 심의가 2일 이상 진행된 경우에는 마지막 심의일이 위반행위의 종료일인 심의일이 된다(과징금 고시 Ⅱ.12.).

(라) 관련 매출액의 개념요소(3): 매출액

회계학적 의미에서의 매출액은 당해 법인의 순자산을 증가시키는 거래로 인하여 발생하는 수익의 금액이다. 공정거래법에서는 사업자가 공급한 상품 또는 용역의 금액을 말하며, 이를 산정할 때 상품 또는 용역에 대한 간접세는 제외된다(법 시행령 제4조 제1항). 과징금 산정의 목적을 위한 매출액은 사업자의 회계자료 등을 참고하여 정하는 것을 원칙으로 하되, 각각의 범위는 행위유형별로 개별적·구체적으로 판단한다(법 시행령 제61조 제1항 관련 [별표 2] 제2호 가목의 비고 부분). 위반행위로 인하여 발생한 매출이 없는 경우에는 과거 실적, 관련 사업자의 계획, 시장상황 등을 종합적으로 고려하여 매출액을 산정할 수 있다. 다만, 이 경우 반품 등의 사유로 일부가 공제된 경우에는 이를 고려할 수 있다. 또한 위반행위가 상품의 구매와 관련하여 이루어진 경우에는 매입액을 기준으로 하고, 입찰 또는 특정 계약에 직접 관련되거나 한정된 경우에는 계약금액을 기준으로 한다(과징금 고시 Ⅱ.5.다).

상품 또는 용역의 대가의 합계액을 재무재표등에서 영업수익등으로 기재하는 사업자의 경우에는 매출액 대신 영업수익을 사용한다(공정거래법 제6조, 법 시행령 제9조의2).

---

48) 앞의 서울고법 2004누4798 판결.

일반 상품거래에서 부당한 공동행위가 있는 경우, 위반행위와 관련된 상품에 관하여는 부당한 공동행위가 있었던 당해 상품을 의미하는 것으로 보고, 그 상품에 대한 매출액을 기준으로 과징금을 부과하는 것이 적법하다고 함이 대법원 판례[49]의 태도이다. 그런데, 금융상품의 경우에는 부당한 공동행위 합의의 대상이 되지 않았던 이자수익이 위반행위기간 중에도 발생하게 되어, 위반행위기간 중의 매출액을 단순히 계산하면 위 이자수익과 부당공동행위 합의의 대상이 되었던 이자수익까지도 포함하게 되는 문제가 발생한다.[50] 이에 대하여 대법원은 중고자동차 할부금융회사 사건[51]에서 금융상품에 있어서 과징금부과의 기준이 되는 매출액의 범위는 위반행위기간 중에 발생한 것인 한 합의의 대상이 되지 않았던 이자수익과 합의의 대상이 되었던 이자수익을 포함하는 전체 이자수익을 기초로 과징금을 산정하여야 한다고 판시하여, 금융상품에 대하여는 위반행위기간 동안의 매출액의 범위를 위반행위와 관련된 상품과 관계에서 형식적으로 해석하고 있다.

(마) 입찰담합 경우의 예외

입찰담합에 대하여는 낙찰이 된 경우에는 계약금액을, 낙찰은 되었으나 계약이 체결되지 아니한 경우에는 낙찰금액을, 낙찰이 되지 아니한 경우에는 예정금액(예정금액이 없는 경우에는 응찰금액)을 당해 입찰담합에 참여한 각 사업자의 관련매출액으로 보고, 응찰하지 아니하였거나 탈락한 자에 대하여는 기본과징금을 2분의 1 범위 내에서 감액할 수 있도록 규정하고 있다(개정 고시 Ⅳ.1.다.(1)(마)).

(5) 부과기준율

기본과징금은 관련 매출액에 위반행위 유형별로 정해진 중대성의 정도별 부과기준율을 적용하는 방식으로 산정된다. 개정 고시에서는 위반행위의 유형별로 중대성의 정도에 따른 구분인 "중대성이 약한 위반행위", "중대한 위반행위", "매우 중대한 위반행위"에 대하여 일정한 범위를 정하여 부과기준율을 정하고 있다. 예컨대, 부당한 공동행위의 경우에는 부과기준율이 매우 중대한 위반행위의 경우 7.0～10.0%(2005. 4. 1. 고시 개정 전에는 3.5～5.0%) 이하, 중

49) 앞의 대법원 2001두854 판결, 앞의 대법원 2001두10387 판결.

50) 임영호, "중고자동차 할부금융 상품에서의 부당한 공동행위에 대한 과징금부과기준이 되는 '위반행위기간 중 관련 상품의 매출액'의 의미", 대법원판례해설 2004년 하반기(통권 제52호), 법원도서관 (2005), 354면.

51) 앞의 대법원 2002두7456 판결.

대한 위반행위의 경우 3.0~7.0%(위 고시 개정 전에는 1.5~3.5%) 이하, 중대성이 약한 위반행위의 경우 0.5~3%(위 고시 개정 전에는 0.5~1.5%) 이하로 정해져 있다.

부과기준율을 어떻게 정할 것인가는 해당 위반행위로 인하여 사업자가 초과하여 얻는 이윤이 관련 매출액의 몇 % 정도로 추정되는지, 또한 그와 같이 추정된 과징금액이 공정위가 과거 유사한 행위에 부과한 과징금액에 비교하여 형평의 원칙이나 법적 안정성에 부합하는 것인지를 검토하여 정책적으로 판단할 문제라고 할 것이다. 그러나, 위반행위의 중대성에 따라 위반행위를 중대성이 약한 위반행위, 중대한 위반행위, 매우 중대한 위반행위 중 어느 유형으로 볼 것인가 하는 문제와 함께 특정 위반행위 중대성 유형에 속하더라도 일정한 범위로 정해진 부과기준율 중에서 어느 부과기준율을 구체적으로 특정하여 적용할 것인가 하는 문제 역시 사실인정에 기초한 평가의 문제이므로, 공정위의 재량권 행사가 적정한지 여부에 관한 사법심사의 대상이 될 것이다.

2. 의무적 조정과징금의 산정(행위요소에 의한 조정)

(1) 의무적 조정과징금의 개념

의무적 조정과징금은 법 제55조의3의 규정에 의한 참작사유 중 위반행위의 기간 및 횟수와 부당이득의 규모를 고려하여 기본과징금을 조정한 금액을 말한다(고시 Ⅱ.2.). 위반행위의 기간 및 횟수와 부당이득의 규모는 법 제55조의3에서 위반행위의 내용 및 정도와 구별되는 별개의 참작요소로 규정하고 있으므로, 기본과징금 산정 단계에서 이러한 요소가 참작되지 않았다면 의무적 조정과징금의 산정 단계에서 반드시 참작되어야 할 재량고려요소로 작용한다.

(2) 위반행위의 기간에 의한 조정

위반행위의 기간은 단기, 중기, 장기 위반행위로 구분할 수 있다. 기본과징금이 관련 매출액을 기준으로 산정되지 아니한 경우에는 다음과 같이 위반기간에 따라 기본과징금을 조정한다.

(1) 단기 위반행위: 위반기간이 1년 이내인 경우는 기본과징금을 유지한다.

(2) 중기 위반행위: 위반기간이 1년 초과 2년 이내인 경우에는 기본과징금의 100분의 10에 해당하는 금액을, 2년 초과 3년 이내인 경우에는 기본과징

금의 100분의 20에 해당하는 금액을 가산한다.

(3) 장기 위반행위: 위반기간이 3년을 초과하는 경우에는 기본과징금의 100분의 50에 해당하는 금액을 가산한다.

다만 기본과징금이 관련 매출액을 기초로 하여 산정된 경우에는 이미 위반행위의 기간이 기본과징금 산정 과정에 반영된 것이므로 위반행위의 기간에 의한 조정을 하지 아니한다. 따라서, 위반행위의 기간에 의한 조정은 기본과징금이 위반액 또는 정액을 기초로 하여 산정된 경우에 주로 문제될 것이다.

(3) 위반행위의 횟수에 의한 조정

당해 사건에 관하여 사건절차규칙 제29조에 의한 심사보고서가 전원회의 또는 소회의에 제출된 날로부터 최근 3년간, 위반사업자가 공정위로부터 시정권고 이상(시정명령, 과징금 및 고발을 포함한다)의 시정조치를 3회 이상 받은 경우에는, 3회 위반행위부터[52] 위반행위 1회당 기본과징금의 100분의 10에 해당하는 금액을 가산한다. 다만, 가산금의 합계는 기본과징금의 100분의 50을 초과할 수 없다. 여기에서 과거 시정조치의 횟수를 산정할 때에는 시정조치의 무효 또는 취소판결이 확정된 건을 제외한다.[53] 또한 위반행위의 횟수를 계산함에 있어서는 위반행위를 경제력집중 억제규정 위반행위, 부당한 지원행위와 그 외의 위반행위 등 3종으로 구분하고 이를 각각 별개로 보아 서로 합산하지 아니한다.

그런데, 과징금 고시는 법 제55조의3 제1항이 규정한 의무적 참작사유인 위반행위의 횟수를 종전의 법 위반 횟수를 의미하는 것으로 해석하여 이를 의무적 조정사유로 규정하고 있으나, 법 제55조의3 제1항이 규정한 '위반행위의 기간 및 횟수'는 문제된 해당 법 위반 행위를 의미하는 것이고 종전의 법

---

52) 2004. 4. 1. 전면 개정된 고시에서는 "그 후의 위반행위부터" 가산되는 것으로 표현하였는데, "그 후의 위반행위"가 3회부터인지 4회부터인지 불분명하여 실무상 혼선이 야기되는 문제가 있어 2005. 4. 1. 개정 고시에서 "3회 위반행위부터"라는 점을 분명히 하였다.

53) 위반행위의 횟수를 산정할 때 시정조치가 확정된 경우라고 하지 않고 단순히 시정조치를 받은 경우를 전제로 하되 시정조치의 무효 또는 취소판결이 확정된 건을 제외한다고 규정하여, 예컨대 시정조치를 받았지만 아직 불복소송이 계속 중인 경우도 해석상 포함된다. 이러한 규정 형식은 통상 불복소송이 제기될 경우 확정될 때까지 상당한 기간이 걸리는 점을 감안한 편의적인 것이지만, 과징금을 부과한 후에 시정조치의 무효 또는 취소판결이 확정되는 경우에 이러한 사정을 고려하여 과징금을 재산정할 수 있는 절차가 마련되어 있지 않은 이상 아직 확정되지 않아 법원의 행정소송절차에서 다른 결론이 나올 수 있는 시정조치 전력을 근거로 기본과징금을 가산할 경우 사업자의 재판을 받을 권리를 침해할 우려가 있다.

위반 횟수를 의미하는 것은 아니라고 해석하는 것이 타당하다. 즉 동일한 사건에서 여러 건의 위반행위를 심사할 경우에 문제가 되는 것이다. 따라서, 종전의 법 위반 횟수를 과징금산정의 가중사유로 들고 있는 위 고시 부분은 공정위 내부의 사무처리지침에 불과하다고 할 것이다. 다만 임의적 가중사유로서의 의미는 가질 수 있으므로, 구체적인 사안에서 그 기준을 적용한 결과가 비례의 원칙이나 형평의 원칙에 반하지 아니하는 이상 위 고시를 적용하여 가산하더라도 무효라고 할 수는 없을 것이다.

(4) 부당이득에 의한 조정

앞서 본 기본과징금의 산정기준과 방법은 독점이윤 등을 산정하는 것이 매우 어렵다는 점을 감안하여 관련매출액을 산정의 기초로 함으로써 위반행위의 내용 및 정도라는 객관적 기준을 채택한 것이지만, 법 제55조의3 제1항에서는 부당이득의 규모를 과징금 부과에 있어 의무적으로 참작하여야 할 재량고려요소로 명시하고 있으므로 부당이득에 의한 조정 단계를 두어 기본과징금의 적정성을 검증하는 것이 필요하다. 특히 위반행위의 결과로 부당하게 얻은 이익의 규모를 산정하는 것이 객관적으로 가능한 경우에는 과징금의 액수가 그 이익액과 균형을 이루도록 조정이 가능해야 한다는 점에서, (사회적) 피해 기준(harm-based method)을 보완하는 이익 기준(gain-based method)을 실질적으로 고려할 필요가 있다.

그런데, 법 시행령에서는 위반행위의 기간과 횟수에 따른 조정 금액을 기본과징금에 가산한 금액과 위반행위로 인하여 취득한 이익의 규모에 상당하는 금액을 비교하여, 이 중 큰 금액을 의무적 조정과징금으로 하고 있고 (시행령 제61조 제1항 관련 [별표 2] 제2호 나목), 과징금 고시에서는 당해 위반행위로 인한 부당이득의 전부 또는 일부를 산정할 수 있고 그 산정된 금액이 기본과징금에서 위반행위의 기간과 횟수를 적용하여 조정된 금액을 초과하는 경우에는 그 산정된 부당이득 금액을 의무적 조정과징금으로 하고, 그러하지 아니한 경우에는 기본과징금에서 위반행위의 기간과 횟수를 적용하여 조정된 금액을 의무적 조정과징금으로 한다고 규정하여(개정 고시 Ⅳ.2.다.(1)), 부당이득에 의한 조정이 과징금을 상향 조정하는 사유로만 작용할 수 있도록 하고 있다. 부당이득 금액은 전체적인 경제적·사회적 관계 등을 고려하여 위반행위로 인하여 직접 또는 간접적으로 얻은 경제적 이익으로 산정하되, 관련 사업자의 회계자료 등을 기초로 한다.

이 때 위반기간중의 시장상황의 변동 등에 의한 부당이득 규모의 감소 또는 증가는 이를 주장하는 자가 입증하는 경우에 한하여 참작한다(개정 고시 Ⅳ.2.다.(2)).

이에 대하여 대법원은 부당한 공동행위와 불공정거래행위의 경우 법 제55조의3 제1항 제3호에서 과징금 부과시 참작요소로 규정하고 있는 위반행위로 인한 이득의 규모를 고려할 것을 요구하는 한편, 과징금 액수가 부과대상인 행위로 인한 이득액의 규모와 상호 균형을 이룰 것이 요구되고 이러한 균형을 상실할 경우에는 비례의 원칙에 위배되어 재량권의 일탈·남용에 해당한다고 판시[54]하고 있다. 특히 최근의 군납유류 입찰담합 사건에서는 공정위가 재산정하여 감액한 과징금납부명령이 여전히 부당이득 규모와의 균형을 유지하여야 한다는 파기환송 취지를 제대로 반영하지 못하고 과징금의 부당이득 환수적인 면보다는 제재적 성격이 지나치게 강조되고 그 액수 또한 과다하여 위법하다는 판단이 내려진 바 있다.[55] 이러한 대법원 판례의 취지는 과징금 고시에 의한 기본과징금 산정이 부당이득액 규모와의 균형을 상실할 경우에는 그 액수가 과다하여 비례의 원칙에 위배되므로 하향 조정되어야 한다는 점을 명백하게 지시하고 있는 것이므로, 법 시행령 및 과징금 고시의 규정에도 불구하고 실제 과징금 산정 과정에서 부당이득에 의한 조정은 유연하게 적용되어야 할 것이다.

3. 임의적 조정과징금의 산정(행위자 요소 등에 의한 가중·감경)

(1) 개 설

임의적 조정과징금은 의무적 조정과징금[56]에 법 제55조의3의 규정에 의한 각 참작사유에 영향을 미치는 위반사업자의 고의·과실 등 행위자요소, 위반행위의 성격과 사정, 재정적 상황 및 시장여건 등의 사유를 고려하여 의무적 과징금을 가중 또는 감경한 금액을 말한다(고시 Ⅱ.3.).

과징금 고시는 단순히 가중 또는 감경사유를 구체적으로 특정하는 데 그치지 않고 각 사유별 가중 또는 감경비율의 한도와 가중·감경비율의 합산한도를 사전에 정하는 방식을 취하고 있다. 즉 행위자 요소 등에 의한 가중·

54) 대법원 2000두6206 판결; 대법원 2000두1713 판결; 대법원 2002두6842 판결; 대법원 2002두5627 판결.

55) 서울고법 2005. 11. 30. 선고 2004누24457 판결(군납유류 입찰담합 사건의 파기환송심).

56) 의무적 조정과징금 단계에서 조정할 사유가 없는 경우에는 기본과징금과 의무적 조정과징금이 동일하다.

감경은 위반사업자에게 고시에서 정한 가중 또는 감경사유가 인정되는 경우에 각각의 가중비율의 합에서 각각의 감경비율의 합을 공제하여 산정된 비율을 의무적 조정과징금액에 곱하여 산정된 금액을 의무적 조정과징금에 더하거나 빼는 방법으로 한다. 다만, 가중·감경의 결과 가감되는 금액은 의무적 조정과징금의 100분의 50 범위 내이어야 한다(고시 Ⅳ.3.가).

또한 가중비율과 감경비율을 의무적 조정과징금(의무적 조정사유가 없는 경우에는 기본과징금)에 적용되는 것으로 규정하고 있는데, 합리적인 방식이라고 할 것이다. 즉 과징금 고시는 의무적 조정과징금에서 가중비율을 더하고 감경비율을 빼어 순가감비율을 적용하는 산정 방식을 사용하고 있다.

이처럼 가중·감경사유와 각 사유별 가중·감경비율을 고시에서 구체적으로 특정한 이유는 투명성과 예측가능성을 높이기 위한 것이다. 특히 가감되는 금액의 한도를 설정한 것은, 고시가 전면 개정되기 전에 공정위에서 부과한 과징금의 감경비율의 편차가 지나치게 크게 나타나는 것[57]에 비추어 법령에 과징금 부과기준을 설정한 의미가 없어지고 공정위에 과도한 재량권 행사의 여지가 존재하므로, 가중·감경의 객관성과 일관성을 위해 구체적이고 명확하게 규정하는 것이 바람직하다는 비판을 수용한 결과이다. 따라서, 가중비율을 더하고 감경비율을 빼는 방식으로 산정된 수치가 의무적 조정과징금(의무적 조정사유가 없는 경우에는 기본과징금)을 100으로 할 때 50 내지 150의 범위 내여야 하고, 만일 그 수치가 그 범위를 벗어나는 때에는 감경비율이 더 높으면 그 수치를 50으로, 가중비율이 더 높으면 그 수치를 150으로 한다. 그러나, 다른 한편으로는 이러한 원칙의 적용으로 공정위가 행사할 수 있는 재량의 범위는 종전보다 현격히 줄어들게 되고, 그에 따라 실제 사건의 구체적 사정을 정확히 반영할 수 있는 여지 역시 축소되어 실제 부과되는 과징금이 현실에 맞지 않게 될 가능성도 존재한다. 이러한 점은 특히 감경사유와 관련하여 한도로 설정된 50%의 감경비율을 적용하더라도 여전히 최종과징금액이 구체

57) 2001년과 2002년에 과징금부과처분이 내려진 사건의 경우를 보면, 부당한 지원행위에 따른 과징금부과처분을 제외한 다른 법 위반행위의 경우에는 과징금부과기준에 따라 산정된 과징금액이 실제로는 큰 폭으로 감경되고 있는 것으로 나타났다(부당한 공동행위의 경우를 예로 들면, 평균 감경률이 70%를 넘고 감경률 표준편차가 27%를 넘는다). 감사원 2003. 5. 22.자 보도자료 "공정거래위원회 감사결과", 16면; 다만 이는 단순히 공정위가 감경재량을 과도하게 사용하였기 때문이라기보다는 기본과징금을 산정하기 위한 과징금부과기준이 합리적이지 못하여 그에 따라 산정된 금액을 그대로 부과하는 것이 형평이나 구체적 타당성에 부합하지 않다는 점에서 감경 과정에서 부득이하게 조정한 측면도 적지 않다.

적 사정에 부합하지 않게 되는 경우에 문제될 수 있다.

(2) 가중 · 감경의 법률적 근거

임의적 가중·감경사유는 법 제55조의3 제1항이 정한 의무적 참작사유와 같이 법정된 사유가 아니라 그 이외의 사유를 기준으로 하고 있다. 이에 대하여는 법정되지 않은 사유를 가중·감경의 근거로 삼는 것이 적법한 것인지가 문제될 수 있다. 그러나, 공정거래법 제55조의3 제1항의 문언 자체가 '위반행위로 인해 취득한 이익의 규모 등'이라고 기재되어 있어서 과징금을 산정할 때 법정 사유만을 고려하고 다른 사유는 고려하지 말라는 취지가 아닌 것으로 해석된다는 점, 비교법적으로 볼 때에도 가중·감경사유는 폭넓게 인정되고 있다는 점, 재량행위의 일반적인 법리에 의할 때에도 법정된 사유는 반드시 참작하여야 할 기속적인 재량고려요소라는 의미가 있을 뿐 공정위가 합리적이고 예측가능한 기준을 가지고 추가적인 가중·감경사유를 설정하는 것이 위법하다고 할 수는 없다는 점을 고려해 볼 때, 법정되지 않은 사유라도 가중·감경의 근거로 삼을 수 있다고 생각된다.

서울고등법원의 판례[58]도 법 제55조의3 제1항 각 호가 규정하고 있는 참작사유는 정상참작 사유를 예시하고 있는 것이지 이를 한정적으로 열거하고 있는 것은 아니라고 판시하면서, 공정위가 법에서 예시하지 않은 정상참작 사유를 법 위반자에게 유리한 감경사유로 참작하는 것을 인정하였다. 다만 위반자에게 유리한 감경사유를 추가적으로 고려하는 것은 큰 문제가 없으나, 가중사유를 추가적으로 고려하는 것은 비례의 원칙 또는 형평의 원칙과의 관계에서 문제가 있을 수 있으므로[59] 합리적이고 예측가능한 사유를 설정하여야 할 것이다. 따라서, 법률 규정에서 합리적으로 예상할 수 없는 내용의 가중사유를 규정하거나 법상의 참작사유를 유명무실하게 하는 가중사유를 규정하는 것은 법치행정의 관점에서 문제가 될 것이다.

따라서, 가중·감경사유가 고시에 명확하게 규정되어 있지 않거나 법에서 합리적으로 예상할 수 있는 범위를 넘는 경우가 문제되는 것이지, 가중·감경사유를 정하는 것에 대하여 법에 직접적인 위임이 없다는 것은 큰 문제가 되지 않는다고 생각된다. 판례는 법에서 예시하고 있지 않은 가중·감경사유의

58) 서울고법 2000누15028 판결.

59) 박해식, 앞의 논문, 130면.

경우 과징금 고시에서 규정되어 공정위의 처분기준으로 작용하고 있다고 하더라도 그 부분은 공정위 내부의 사무처리지침에 불과하므로 원칙적으로 그와 같은 고시의 내용이 위임의 범위를 벗어나 무효라고 할 수 없다는 입장이다.[60] 다만 구체적인 사안에서 그 기준을 적용한 결과가 비례의 원칙이나 형평의 원칙에 반하여 위법해질 수 있다는 점에서 사법적 재량통제의 대상이 될 것이다.

(3) 가중사유 및 비율

(가) 주도적 역할

다수의 사업자가 관련된 상황에서 위반행위를 주도하거나 선동한 경우이고 가중비율은 100분의 30 이내이다. 주도자(ringleader, instigator)가 누구인지 하는 점은 주로 다수의 사업자가 관련된 부당한 공동행위의 경우에 문제될 수 있다. 가중사유인 주도자와 대조적으로 수동적 참가자는 감경사유가 된다. 주도자는 반드시 한 사업자에 국한되지 않고 복수로 존재할 수도 있다.

(나) 공정위 조사 후 위법행위의 계속

위반행위의 위법성과 공정위의 조사가 진행되고 있음을 알면서도 정당한 이유 없이 과징금 부과처분을 명하는 심의일까지 위반행위를 종료하거나 위반상태를 시정하지 아니한 경우이고, 가중비율은 100분의 20 이내이다.

심의일까지 위반행위가 종료하지 않은 경우에는 심의일을 위반행위의 종료일로 보아 그때까지의 위반기간에 상응한 기본과징금이 산정되기 때문에, 단순히 심의일까지 위반행위가 종료하지 않았다고 하여 다시 이 가중사유를 적용할 경우에는 이중산정(double counting)의 위험이 있다. 따라서, 위법행위가 계속되었다고 하여 자동적으로 이 가중사유를 적용하여서는 안 되고, 위반행위의 위법성과 공정위의 조사가 진행되고 있음을 알면서도 위반행위를 계속하기로 하는 의사가 있었던 경우임이 드러나야 할 것이다. 또한 사업자 입장에서는 사실상 위반행위를 계속할 의사가 없음에도 불구하고 시장 상황이나 거래 현실을 반영하여 위반행위로 형성된 상태를 의식적으로 변경할 필요성이 없는 경우도 있을 수 있는데, 이러한 경우는 정당한 이유로 주장할 여지도 있을 것이다.

60) 대법원 2002두6842 판결.

(다) 다른 사업자에 대한 보복조치

위반사업자가 위반행위에 응하지 아니하는 다른 사업자에 대하여 보복조치를 하거나 하게 한 경우로서 가중비율은 100분의 20 이내이다. 다른 사업자에 대한 보복조치는 사실상 행해질 수도 있으나 잘 조직화된 부당한 공동행위의 합의의 경우에는 합의에서 정한 제재조치를 집행하는 방법으로 행해질 수 있으며, 후자의 경우에는 부당한 공동행위의 주도자가 동시에 제재조치의 집행자인 경우가 적지 않을 것이다.

(라) 조사의 거부 · 방해 또는 기피

위반사업자 또는 그 소속 임원 · 종업원이 위반행위의 조사를 거부 · 방해 또는 기피하거나, 위반행위를 적극적으로 은폐하는 등의 방법으로 공정위의 조사를 어렵게 한 경우가 여기에 해당하며, 가중비율은 100분의 20 이내이다. 다만, 위반사업자가 동일한 사유로 법 제69조의2의 규정에 의하여 과태료 처분을 받은 경우에는 그 금액을 가중금액에서 차감한다. 조사방해 행위는 절차법적 위반행위이지만 이를 실체법적 위반행위에 대한 과징금의 가중사유로 함으로써 절차법적 위반행위가 실체법적 위반행위에 영향을 주는 관계가 성립한다.

2004. 4. 1. 개정된 고시에는 위반사업자의 조사방해 행위만을 가중사유로 규정하고 있었으나, 위반사업자가 아닌 그 소속 임원 · 종업원이 조사방해 행위를 한 경우에도 과징금을 가중하도록 하여 조사방해 행위에 대하여 엄정히 대처하겠다는 정책적 의지를 반영하여 2005. 7. 31. 고시 개정시 임원 · 종업원에 대한 사항을 추가하였다. 아울러 위 고시 개정에서는 위와 같이 조사방해 행위로 인한 과징금 가중사유에 해당하는 경우에는 감경사유 및 비율을 적용하지 아니할 수 있다는 조항을 신설하여 조사방해 등의 행위를 한 경우에는 감경사유가 있더라도 감경의 혜택을 부여하지 않겠다는 정책적 의지를 표명하였다. 그러나, 과징금액의 가중 또는 감경사유와 같이 수범자의 이해에 직결되는 사항에 대하여 임의로 고시를 개정하는 방법으로 감경 혜택을 박탈하는 것은 비록 고시의 해당 부분이 공정위 내부의 사무처리지침에 불과하다고 하더라도 구체적인 사안에서 비례의 원칙, 형평의 원칙에 반하는 재량권의 일탈 · 남용에 해당할 가능성이 높다고 할 것이다.

(마) 고위 임원의 직접 관여

위반사업자의 이사 또는 그 이상에 해당하는 고위 임원이 위반행위에 직접 관여한 경우(사업자단체 금지행위는 제외한다)로서, 가중비율은 100분의 10 이내이다.

여기서 말하는 임원에 관하여는 별도의 정의 규정이 없으나, 공정거래법 제2조 제5호에서 임원의 정의를 이사·대표이사·업무집행을 하는 무한책임사원·감사나 이에 준하는 자 또는 지배인 등 본점이나 지점의 영업 전반을 총괄적으로 처리할 수 있는 상업지배인으로 규정하고 있으므로 이 규정에 준하여 해석하여야 할 것이다. 문제는 상법상 등기이사가 아닌 자가 가중사유가 적용되는 고위 임원에 해당할 수 있는가 하는 점이다. 공정위는 굴삭기 담합 사건[61]에서 법 제2조 제5호에서 정의한 임원은 등기이사일 것을 요구한다는 점을 전제로 하면서도 '과징금부과고시상의 가중사유로서의 임원'과 '법 제2조 제5호에서 정의한 임원'을 동일하게 해석할 필요가 없다는 입장을 취하였다. 그러나, 위반자에게 불리한 가중사유를 법률 규정에서 합리적으로 예상할 수 없는 내용으로 확대해석하는 것은 비례의 원칙 또는 형평의 원칙과의 관계에서 문제가 있다. 회사법상으로도 자신의 임무해태를 원인으로 회사 또는 제3자에 대한 손해배상책임을 지는 임원은 법정기구인 이사·감사에 한정하는 것을 원칙으로 하고, 이사가 아닌 자의 책임을 추궁하기 위하여 업무집행관여자의 책임 근거규정(상법 제401조의2)을 별도로 두고 있는 것[62]에 비추어 볼 때, 공정거래법상 임원으로 볼 수 없는 자의 관여를 근거로 하여 과징금을 가중하기 위해서는 법률의 위임에 근거한 보다 명확하고 예측 가능한 규정을 두어야 할 것이다.

(바) 기타 사유

기타 위와 같은 사항에 준하는 사유가 있는 경우에는 100분의 10 이내의 가중비율을 적용할 수 있다. 그러나, 고시에 규정되어 있지 않은 가중사유를 임의로 적용하는 것은 피심인의 방어권 보장이라는 측면에서 신중을 기해야 할 것이다.

(5) 감경사유 및 비율

(가) 위반행위의 미실행

사업자들 간에 공동행위의 합의를 하고 실행을 하지 아니한 경우, 입찰담합의 경우로서 입찰이 무효가 된 경우(다만, 당해 담합이 있었다는 사실 또는 당해

61) 공정위 2005. 6. 24.자 제2005-81호 의결, 사건번호 2004공동2083.

62) 이철송, 회사법강의(제13판), 박영사 (2006), 615 내지 617면.

담합에 대하여 공정거래위원회의 시정조치가 있었다는 사실을 이유로 입찰이 무효가 된 경우는 제외한다) 및 사업자단체가 제26조 제1항 제1호에 위반하는 합의를 하고 실행을 하지 아니한 경우에는 100분의 30 이내의 감경비율을 적용한다.

부당한 공동행위를 제외한 다른 행위의 경우에는 법에 위반하는 내용의 계약이나 관행을 실제로는 이행하지 못한 경우 100분의 10 이내의 감경비율이 적용된다.

합의만 있고 아무런 실행이 없는 경우에는 문제가 없으나, 시장에서 어떤 행위가 발생하더라도 그것이 선행하는 합의의 실행인지 아니면 합의와 무관한 행위라고 볼 수 있는지가 다투어질 수 있으므로, 위반행위의 '미실행'의 개념은 명확하다고 할 수 없다. 공정위의 최근 심결례 중에는 PC방 인터넷 전용회선 담합 사건[63)]에서 합의 내용이 일부 실행되지 않은 점을 고려하여 각 피심인에 대한 전체 과징금액을 30% 감경한 사례가 있다.

(나) 수동적 역할

다수의 사업자가 관련된 상황에서 위반행위에 단순 가담하거나 추종적인 역할만을 수행한 것이 명백한 경우, 또는 자신의 이익과는 무관하게 오로지 다른 사업자의 권유나 대리로 참여하였거나 기망 또는 강박에 의하여 부득이하게 참여한 경우로서, 감경비율은 100분의 30 이내이다. 다만, 입찰담합에 있어서 탈락한 것을 이유로 기본과징금이 100분의 30 이상 감액된 참가사업자에 대하여는 이를 적용하지 아니한다.

위반행위의 참가자의 역할이 어느 정도일 때 수동적 역할로 볼 수 있을지에 관하여는 공정위 사례를 찾기 어려우나, EU 위원회의 실무를 참조할 만하다. EU 위원회는 참가자의 유형을 주도자(ringleader), 능동적 참가자(active participant), 수동적 참가자(passive participant)로 분류하여 수동적 참가자로 분류되는 경우에만 감경사유를 적용하는 태도를 취하고 있다.

(다) 조사에 대한 협력

조사에 적극 협력한 경우에는 100분의 20 이내의 감경비율을 적용한다. 다만 부당한 공동행위와 관련해서는 「부당한 공동행위 자진신고자 등에 대한 시정조치 등 감면제도 운영고시」(이하 "신고자 감면 고시"라고 한다)가 우선 적용되어 법 제22조의2, 시행령 제35조 및 위 고시에 의하여 과징금을 감면하는 경우에는 과징금 고시의 규정이 적용되지 아니하고, 그와 같은 감면 대상에 해

63) 공정위 2005. 7. 20.자 제2005-101호 의결, 사건번호 2004단체3825.

당하지 않는 경우로서 공동행위에 참여한 혐의로 위원회의 조사를 받는 사업자가 위원회의 심결시까지 공동행위의 사실을 부인하지 아니하고 조사에 적극 협력한 경우에는 15% 범위 내에서 과징금을 감경할 수 있다(신고자 감면 고시 제21조 제1항, 제2항). 따라서, 이 감경사유는 부당한 공동행위를 제외한 다른 위반행위 유형에 대해서만 적용된다.

감경비율은 20%를 상한선으로 하고 있다. 부당한 공동행위의 경우에는 신고자 감면제도에 의하여 과징금이 면제되거나 감경비율이 20%를 훨씬 상회하는 상당한 비율에까지 이를 수 있으나, 부당한 공동행위를 제외한 다른 위반행위의 경우에는 신고자 감면제도에 상응하는 감면제도를 두고 있지 않다. 따라서, 만일 부당한 공동행위를 제외한 다른 위반행위를 행한 사업자가 부당한 공동행위의 자진신고자 등에 상응하는 수준의 협력을 하였을 경우에도 감경비율 상한을 20%로 제한하면 감경비율이 부당한 공동행위에서의 협력에 비하여 상대적으로 낮을 수 있다. 그러므로, 이러한 경우에는 형평의 관점에서 기타 사유를 적용하여 추가 감경을 할 여지가 있을 것이다.

(라) 정부의 시책이 동인이 된 경우

정부의 시책(구속력이 있는 행정지도 포함)이 동인이 되어 위반행위가 이루어진 것으로 인정되는 경우에는 100분의 20 이내에서 감경할 수 있다. 행정부의 시책, 특히 행정지도가 동인이 되어 이루어진 행위를 법 위반행위로 판단하는 기준과 범위에 관하여는 논란이 있으나,[64] 일단 법 위반행위로 판단되는 경우라고 하더라도 이를 행위자요소에 의한 감경사유로 규정한 것이다.

실무상 이 문제는 행정지도가 개입된 공동행위에 대한 과징금 부과 수준을 결정하는 데 있어 중요하게 작용한다. 고시에서는 단순히 행정지도라고 하지 않고 '구속력 있는' 행정지도라고 규정하여 범위를 한정하고 있는데, '구속력 있는' 행정지도는 사업자가 행정기관의 행정지도 사항을 거부하거나 이행하지 않았을 경우 법령에 규정된 불이익 또는 사실상 불이익을 받을 우려가

64) 이 쟁점에 관하여 시사점을 주는 대표적인 판결로는 맥주 회사 담합 사건에 관한 대법원 2003. 2. 28. 선고 2001두946 판결(대법원 2003. 2. 28. 선고 2001두1239 판결, 대법원 2003. 3. 14. 선고 2001두939 판결도 같은 취지)과 자동차 보험료 담합 사건에 관한 대법원 2005. 1. 28. 선고 2002두12052 판결을 들 수 있다. 전자는 행정지도의 관여를 공동행위의 합의 추정의 번복사유로 인정한 사건이고, 후자는 더 나아가 보험료 인상과 관련된 사업자들 간의 회합 또는 의견교환이 있었더라도 사업자의 협력을 필요로 하는 행정지도에 대응한 것일 뿐 별도의 합의가 인정되지 않는다는 사실인정에 기초하여 행정지도의 관여가 있는 경우 공동행위의 합의 인정에 신중을 기하여야 한다는 취지를 나타낸 사건이다.

있어 행정기관의 요구 또는 지시 등을 수용할 수밖에 없는 경우를 의미한다고 할 수 있다.

그런데, 행정지도는 조직법적 근거만을 갖고 있을 뿐 구체적인 작용법적 근거를 갖고 있지 않은 것이 그 성질상 당연한 것이므로 법령에 규정된 불이익이라는 것을 예상하기 어렵다. 따라서, 결국 이를 거부하거나 이행하지 않았을 경우 사업자에 대한 사실상 불이익이 있는지 여부에 대한 사실인정에 따라 '구속력 있는' 행정지도인지 여부가 달라질 수 있을 것이다. 그러나, 행정기관이 특정 사안에 대하여 사업자의 자율적인 협력을 요청하는 형식을 빌고 그 사안과 관련한 불이익 부여는 예상되지 않더라도 산업 규제기관이 행하는 행정지도가 해당 산업에 속한 사업자에게 미치는 사실상의 영향력은 간과할 수 없으므로 행정지도가 구속력 있는 것인지의 여부에 대한 판단은 유연하게 이루어져야 할 것이다.

동인이 된 경우에 관하여는 행정기관의 구체성, 개입성이나 행위와 인과관계를 엄격히 따지지 않고 단순히 행정지도가 위반행위의 동기를 형성하고 그로 인하여 위반행위에 이르게 된 데에 참작할 만한 사유가 있다고 인정되는 경우로 넓게 해석해야 할 것이다.

행정지도가 개입된 공동행위로서 그 위법성이 다투어진 시내전화사업자 담합 사건[65]에서 공정위는 규제기관인 정보통신부의 사실상 구속력 있는 구체적인 행정지도가 존재하지 않았고 행정지도와 당해 공동행위 간에 상당 인과관계도 인정되지 않는다고 판단하여 위법성을 인정하였음에도, 실제 과징금 부과 단계에서는 2002년 10월부터 같은 해 11월 중순경까지 정보통신부가 피심인들에게 과당경쟁 자제를 요구한 사실이 있었다는 점 등을 감안하여 기본과징금 산정을 위하여 적용하는 과징금 부과기준율을 관련 매출액의 2~3%로 정한 바 있다.

(마) 위반행위의 자진시정

사건심사 착수보고 전에 자진시정한 경우에는 100분의 20 이내에서 감경할 수 있다. 다만, 공정거래 자율준수 프로그램의 모범적 설계·운용에 관한 기준의 제2단계는 위반행위의 자진시정을 요건으로 하고 있으므로 여기에 해당하는 경우에는 이중 감경을 방지하기 위하여 적용되지 않는다. 사건심사 착수보고 후, 심의일 전에 자진시정한 경우에는 감경비율이 100분의 10 이내이다.

---

65) 공정위 2005. 8. 18.자 제2005-130호 의결, 사건번호 2004단체3830.

공정위의 조사가 개시된 후 위반행위가 종료된 경우라도 그것이 자진시정한 것인지 아니면 다른 사정에 의하여 중단된 것인지 여부는 그 중단행위가 공정위의 조사와 관련하여 이루어졌는지에 달려 있고, 자진시정으로 인정될 수 있는 경우에 감경사유가 적용될 수 있을 것이다. 그렇지 않은 경우에는 위반기간이 단축되어 기본과징금 산정의 기초가 되는 관련 매출액이 줄어드는 효과만이 있을 것이다.

(바) 과실 또는 상당한 주의의무의 이행

과실에 의한 것이거나 상당한 주의를 기울인 경우에도 감경사유가 된다. 이에 해당하는 경우로는 첫째, 복수의 외부 변호사 자문을 거치는 등 위법행위를 하지 아니하기 위하여 상당한 주의를 기울였음이 명백하나 위반행위로 인정된 경우(감경비율 100분의 10 이내), 둘째, 통상의 업무 수행 중 과실에 의하여 위반행위를 한 사실이 객관적으로 명백한 경우(감경비율 100분의 10 이내)이다.

이 감경사유는 위반행위의 주관적 요소와 관련되어 있다. 우리 법상 주관적 요소가 위반행위 인정 및 과징금 부과의 요건으로 규정되어 있지는 않으나, 이를 위반행위 인정 및 과징금 부과 여부의 판단 과정에서 고려할 필요가 있고, 비록 과징금을 부과하는 경우에도 당사자의 위반행위에 대한 지식과 인식 가능성에 비추어 위반행위인지 여부에 대한 합리적 의심이 존재한다고 볼 수 있는 경우에는 이러한 사정을 감경사유로서 적용할 수 있을 것이다.

(사) 과징금 부담능력의 부족

재정적으로 과징금 부담능력이 부족한 경우에는 다음과 같은 사항에 따라 감경할 수 있다.

(1) 전년도 당기순이익이 적자인 경우 : 100분의 10 이내

(2) 최근 2년 이상 당기순이익이 연속적자인 경우 : 100분의 20 이내

(3) 위반사업자에 대하여 회사정리, 화의, 파산[66] 또는 기업구조조정촉진법상의 채권자 관리절차가 개시된 경우 : 100분의 50 이내

이처럼 법을 위반한 사업자의 규모, 자금사정 등 현실적 과징금 부담능력을 감안하여 과징금을 감경할 수 있도록 하는 것은 건전한 기업 활동을 조장함으로써 기업의 육성을 도모하고 이를 통하여 국민경제의 발전을 꾀한다는

66) 2005. 3. 31. 제정된 「채무자 회생 및 파산에 관한 법률」이 2006. 4. 1.부터 시행됨에 따라 종전에 시행되던 「회사정리법」, 「화의법」, 「파산법」은 폐지되었으므로 관련 용어의 정비가 필요하다. 즉 회사정리, 화의는 '회생'으로 개정되어야 하고 개인사업자에 대한 '개인회생' 역시 감경사유의 하나로 추가되는 것이 바람직하다.

법의 목적에 기한 것으로 보인다. 대법원은 구체적인 사건에서 사업자의 자금사정 등 현실적인 부담능력을 감안하지 않은 경우 재량의 일탈·남용에 해당한다고 판단하였다.[67]

다만 이 사유는 당기순이익의 적자 발생 또는 일정한 도산절차의 개시와 같은 객관적 사실이 있는 경우에 한정하여 적용될 뿐만 아니라 임의적 조정에 의한 감경비율의 합산 한도 내에서만 적용되므로, 사업자의 규모와 경제력에 비례한 구체적 조정의 근거로는 한계가 있다.

(아) 공정거래 자율준수 프로그램의 모범적 설계·운용

위반사업자가 「공정거래 자율준수 프로그램의 모범적 설계·운용에 관한 기준」의 제1단계(공정거래 자율준수 프로그램을 실질적으로 도입·운용한 경우)에 해당한다고 인정되는 경우에는 100분의 20 이내에서, 위반사업자가 「공정거래 자율준수 프로그램의 모범적 설계·운용에 관한 기준」의 제2단계(제1단계 요건을 충족하고 당해 위반행위를 자진시정한 경우)에 해당한다고 인정되는 경우에는 100분의 40 이내에서 감경한다.[68]

위 각 규정에도 불구하고 위반행위가 「공정거래 자율준수 프로그램의 모범적 설계·운용에 관한 기준」의 적용제외 사유에 해당되는 경우에는 이를 적용하지 아니한다. 적용제외 사유는 위의 제1단계 또는 제2단계에 해당하는 공정거래 자율준수 프로그램의 모범적 설계·운용 사업자라 하더라도 (1) 자율준수 프로그램 담당자가 위반행위에 개입한 사실이 드러난 경우, (2) 고의적으로 위반행위를 한 사실이 드러난 경우, (3) 위반행위가 자율준수 프로그램을 도입하기 이전에 발생한 경우, (4) 다른 규정에 감경이 사실상 의무화되어 있는 경우(예 : 부당한 공동행위의 신고 또는 조사협조에 따른 감경 등), (5) 부당한 공동행위에 해당되는 경우를 말한다. 적용제외 사유는 대체로 행위책임의 중대성과 관련되어 있으나 부당한 공동행위는 행위 유형 자체로서 감경사유의 적용대상에서 제외되는데, 부당한 공동행위가 경쟁에 미치는 영향이 대체로 부정적이라는 점을 감안하더라도 일률적으로 정책적 유인체계를 박탈하는 것은 지나치게 경직된 태도라고 생각된다. 따라서, 미국의 실무례와 같이 효과적인 자율준수 및 윤리 프로그램의 존재를 양형기준표상의 감경요소로 규정한 양형기준표상의 기준을 부당한 공동행위를 행한 사업자에 대한 벌금

67) 대법원 2002두6842 판결.

68) 과징금 고시 [별표]는 공정거래 자율준수 프로그램의 모범적 설계·운용에 관한 기준을 규정하고 있다.

형 산정에도 원칙적으로 적용하되, 고의적인 신고 지연이나 고위직의 위반행위 관여와 같이 행위자의 특성에 따른 적용제외 사유를 구체적으로 규정하는 것이 더 바람직할 것이다.

과징금 고시에서는 위반행위가 자율준수 프로그램을 도입하기 이전에 발생한 경우를 임의적 감경사유의 적용제외 사유로 규정하고 있으므로, 위반행위가 발생한 후에 비로소 자율준수 프로그램을 도입하거나 도입할 것을 약속한 것만으로는 고시에서 열거된 감경사유에는 해당하지 않는다. 그러나, 위반행위자가 위반행위의 재발 방지를 위하여 진지하고 성실한 노력을 하는 경우에는 이에 준하는 기타 사유로 보아 감경해 줄 여지가 있을 것이다.

자율준수 프로그램 모범 운용에 따른 과징금 감경사유 적용과 관련하여, 심사관은 피조사인의 요청을 받아 자율준수 프로그램의 도입 여부, 운용 상황의 공시 여부, 실질적 작동 여부, 위반행위의 자진시정 여부 등의 사항을 조사할 수 있다(사건절차규칙 제20조의2).

(자) 기타 사유

기타 위와 같은 사항에 준하는 사유가 있는 경우에는 100분의 10 이내의 감경비율을 적용할 수 있다. 이러한 사유는 앞으로 사례의 축적을 통하여 보다 구체적으로 특정될 수 있을 것이나, EU에서 문제되었던 사례 중에는 위원회의 조사 및 시정조치 지연이 없었다면 위반기간이 단축될 수 있었을 것이라는 점에서 위원회의 지연을 일종의 감경사유로 본 사례[69]가 있다.

Ⅵ. 부과과징금의 결정

1. 종합조정사유

부과과징금은 임의적 조정과징금이 위반사업자의 현실적 부담능력, 당해 위반행위가 시장에 미치는 효과, 기타 시장 또는 경제여건 등을 충분히 반영하지 못하여 현저히 과중하다고 판단되는 경우에 이를 감액(면제를 포함한다)하여 부과하는 금액을 말한다(고시 Ⅱ.4).

임의적 조정과징금이 위반사업자의 현실적 부담능력, 당해 위반행위가 시장에 미치는 효과, 기타 시장 또는 경제여건 등을 충분히 반영하지 못하여 현저히 과중하다고 판단되는 경우에 공정위는 임의적 조정과징금을 마지막으로

69) Commercial Solvents, Cases 6 & 7/73 [1974] E.C.R. 223, [1974] 1 C.M.L.R. 309.

다음과 같이 조정하여 부과과징금을 결정할 수 있다(고시 Ⅳ.4.가).

즉 임의적 조정과징금 산정시 충분히 고려되지 아니한 위반행위의 파급효과, 구체적인 경제적 상황, 해당 사업자들이 발생시킨 경제적 또는 재정적 이익, 해당 사업자들의 구조적인 특징, 특정한 사회적 상황에서의 실제적인 지급능력 등과 같은 시장 또는 산업의 구조 및 객관적인 여건 등에 비추어 임의적 조정과징금이 부당이득의 환수, 법 위반의 방지 또는 제재 목적을 달성하기에 필요한 범위에 비하여 현저히 과중하다고 판단되는 경우에는 임의적 조정과징금의 100분의 50까지 감액할 수 있다.

기본과징금 산정의 기초가 되는 관련 매출액은 위반행위의 크기에 대한 지표로서의 성격만 갖는 것이므로, 위반행위의 억제 효과를 달성하기 위하여 아울러 고려되어야 할 위반사업자의 규모와 경제력은 제대로 반영하기 어렵다. 이는 특히 해당 사업자가 중소 규모의 사업자에 해당한다든지 사업자가 처한 경제여건상 산정된 과징금을 부과하면 그 사업자의 생존을 위협하여 그 사업자가 활동하는 시장에서의 경쟁의 약화를 초래할 수 있는 경우에 문제가 된다. 최근 사례 중에도 임의적 조정사유와는 별도로 공정위가 부과과징금 단계에서의 감경을 행한 사례를 발견할 수 있다.[70)]

과징금 고시에서는 사업자의 규모와 경제력과 같은 주관적인 사정을 과징금을 추가적으로 하향조정하는 사유로서만 고려하고 있으나 이를 상향조정하는 사유로도 고려할 것인지는 전체적인 과징금 부과체계 내에서 억제의 필요를 어떤 방법으로 얼마나 반영할 것인지에 관한 정책적인 판단과 관련되어 있다. 또한 사업자의 규모와 경제력과 같은 주관적인 사정이 아니라 당해 업종의 특정한 경기 상황이나 전반적인 경제적 상황과 같은 객관적인 사정이 존재하는 경우에 이를 얼마나 고려할 것인가 하는 점은 과징금 부과를 통한 위반행위의 억제 효과를 어느 정도로 기대할 것인가에 대한 정책적인 판단과 관련이 있다.

2. 법정 상한액의 제한

위와 같은 과정을 거쳐서 결정된 부과과징금이라고 하더라도 법에 정해진 상한액을 초과하여서는 안 된다는 제한을 받는다. 따라서, 최종과징금의 결정

70) 용접봉 사건(공정위 2005. 5. 9.자 의결, 사건번호 2004공동2087)에서는 임의적 조정과징금에 대하여 다시 50%의 감경비율이 적용되었다.

전에 법에 정해진 상한액의 범위 내에 있는지 확인할 필요가 있다. 이러한 과정은 법과 시행령에 직전 3개 사업연도의 평균 매출액을 기준으로 상한액이 정해져 있는 행위 유형의 경우에 특히 필요하다.

과징금의 법정 상한액이 매출액을 기준으로 정해지는 행위 유형의 경우에는 매출액이 위반행위의 중대성을 판단하는 단계와 법정 상한액을 정하는 단계에서 2번에 걸쳐 작용하는 결과가 된다. 그런데, 관련 매출액은 위반행위가 시장에 미치는 영향의 판단 자체가 국내시장에 한정되므로 위반행위와 관련된 국내 매출액만을 대상으로 하는 데 반하여, 법정 상한액을 정하는 기준으로 사용되는 평균매출액은 해당 사업자의 전체 매출액이므로, 국내 매출액뿐만 아니라 수출을 포함한 해당 사업자의 전 세계에서의 매출액을 의미한다.[71)] 다만 위반행위기간에 비례하여 증가할 수 있는 관련 매출액과 달리 원칙적으로 통상 1년 동안 올릴 수 있는 총 매출액, 즉 연간 매출액[72)]에 상응하는 것이다. 따라서, 위반행위가 사업자의 사업 부문 거의 전부에서 매우 장기간에 걸쳐 이루어지는 예외적인 경우가 아니면 총 매출액을 기준으로 하는 법정 상한액은 이론적인 상한액으로 머무를 뿐이다.

그러나, 관련 매출액을 기준으로 산정하더라도 위반행위 기간이 장기간이고 관련 매출액이 총 매출액에서 차지하는 비중이 크거나 입찰담합과 같이 계약금액을 기준으로 과징금을 산정하는 행위의 경우에는 자칫하면 최종 과징금액이 법에 정해진 상한액을 초과할 가능성이 있으므로 주의를 요한다. 따라서, 과징금액을 최종적으로 부과하기 전에 법에 정해진 상한액을 초과하는지 여부를 따져보고 만일 그러한 사정이 있으면 그 범위 내로 조정하여야 한다.[73)]

관련 매출액이 크더라도 평균매출액이 작으면 법적 상한액이 낮아져 위반행위 억제를 위한 실효성 있는 과징금 부과가 어렵지 않을까 하는 의문이 제기될 수 있다. 최근에는 사업 부문의 대부분에 걸쳐 장기간 이루어진 부당한

---

71) 해당 사업자의 전세계 매출액을 기준으로 하는 EU, 영국의 경우와 실질적으로 같다.

72) 연간 매출액은 사업자가 위반행위의 종료일이 속하는 사업연도의 직전 사업연도 1년 동안에 공급한 상품 또는 용역의 금액으로 정의되고(법 시행령 제4조 제1항), 일정한 거래분야에서의 시장점유율을 금액 기준으로 산정할 때 사용된다.

73) 4개 석도강판업체의 부당한 공동행위에 대한 건(공정위 1998. 11. 25.자 제98-271호 의결, 사건번호 9809독점1611)에서 공정위는 당시의 과징금부과지침 및 준칙에 근거하여 산출한 사업자별 부과상한액이 법정 과징금 상한액을 크게 초과하자 과징금액을 감액하여 법정 과징금 상한액 이내로 금액을 조정한 바 있다(대법원 2001. 5. 8. 선고 2000두7872 판결 참조).

공동행위의 참가사업자들 상당수에 대하여 산정된 과징금이 평균매출액의 5%라는 법정 상한액에 걸려 법정 상한액이 그대로 부과과징금으로 결정된 사례가 발생하였다.[74] 관련 매출액이 평균매출액을 초과하는 경우는 주로 부당한 공동행위에서 상정될 수 있는데, 공정위에서는 평균매출액이 한도로 작용하는 경우 부당한 공동행위에 의한 부당이득을 효과적으로 환수하지 못하는 불합리가 발생하고 사업자의 사업 내용과 영업실적에 따라 과징금 부과수준에 차이가 생겨 형평성의 문제가 발생한다는 이유로 부당한 공동행위에 한하여 법정 상한액 기준을 평균매출액에서 관련 매출액으로 변경하여 실질적으로 인상하여야 한다는 주장이 제기되고 있다.

그러나, 이러한 주장은 과징금의 성격과 목적을 혼동하고 법정 상한액을 설정한 취지를 오해한 데서 비롯된 잘못된 주장이다. 과징금, 특히 부당한 공동행위에 대하여 부과되는 과징금이 주로 부당이득 환수적 성격을 갖고 있는 것은 분명하나, 과징금을 부과하는 목적은 위반행위를 억제하기 위한 것이므로 위반행위자의 부당이득의 규모를 일응의 지표로 하되 최적 수준의 금전적 불이익을 설정하여야 하는 것이다. 만일 위반행위자의 사업자로서의 경제적 부담능력을 감안하지 않고 관련 매출액에 비례하여 계속적으로 과징금 액수가 증가하도록 하면서 이를 통제할 법정 상한액의 합리적인 한계를 두지 않으면, 과징금 부담이 오히려 당해 사업자의 사업 활동을 심히 곤란하게 하는 결과를 초래할 수 있게 되어 과징금의 특별억제의 기능이 저해될 수 있다.

법정 상한액의 적용 단계에 대하여 과징금 고시에는 아무런 규정을 두고 있지 않은데, 실무상으로는 대체로 기본과징금, 의무적·임의적 조정과징금, 부과과징금 산정 단계를 모두 거쳐 최종과징금을 결정하기 전 단계에서 법정 상한액을 넘지 않는지 확인하는 방식을 취하고 있는 것으로 보인다. 그런데, 특히 신고자 감면제도의 적용과 관련하여, 관련 매출액에 기초하여 산정될 수 있는 과징금의 액수가 너무 높아 최대한의 감경비율을 적용받더라도 부과과징금이 법정 상한액을 넘게 되는 사업자의 경우 면제사유가 되지 않는 한 신고자 감면제도를 적용받든 그렇지 않든 법정 상한액을 부과 받게 되므로 신고자 감면제도를 이용할 유인을 상실하게 된다. 이런 점에서 EU 집행위원회

74) 공정위 2006. 4. 13.자 제2006-79호 의결, 사건번호 2006카정308, 2006카정319(병합)(8개 밀가루 제조·판매업체 사건).

의 실무는 법정 상한액의 적용을 신고자 감면제도의 적용에 의한 조정을 하기 전 단계에서 함으로써 신고자 감면제도의 취지에 부합한 운용을 하고 있다.[75] 즉 법정 상한액이 부과과징금이 되는 경우에도 신고자 감면제도의 적용을 받게 되는 사업자 입장에서는 법정 상한액보다 감경된 과징금을 부과 받게 되어 경쟁당국에 대한 협력의 혜택을 누릴 기회가 생기는 것이다.

3. 과징금의 면제사유

위반사업자의 부채가 지급불능 또는 지급정지 상태에 있거나 부채의 총액이 자산의 총액을 초과하는 등의 사유로 인하여 위반사업자가 객관적으로 과징금을 납부할 능력이 없다고 인정되는 경우, 위반사업자가 속한 시장 또는 산업의 객관적인 사정 또는 여건의 급격한 변화에 비추어 과징금을 부과하지 아니함이 타당하다고 판단되는 경우, 기타 이에 준하는 사유가 있는 경우에는 제반 사정을 종합적으로 고려하여 과징금을 면제할 수 있다.

한편 임의적 조정과징금이 1백만원 이하인 경우는 과징금을 면제할 수 있다.

4. 위반행위의 개수의 판단과 처분방법

(1) 위반행위의 개수의 판단

위반행위가 하나인가 아니면 수 개인가의 판단에 관하여 과징금 고시에 별도의 기준을 정하고 있지는 않다. 다만 위반행위의 종료일과 관련하여 일반적으로는 "위반행위가 2일 이상 행하여지되 불연속적으로 이루어진 경우에는, 당해 위반행위의 유형·성격·목적·동기, 연속되지 아니한 기간의 정도와 이유, 위반행위의 효과, 시장상황 등 제반 사정을 고려하여 경제적·사회적 사실관계가 동일하다고 인정되는 범위 내에서 이를 하나의 위반행위로 보아 마지막 위반행위의 종료일을 당해 위반행위의 종료일로 본다"는 규정을 두고 있고(고시 Ⅱ.6.나.(2)), 부당한 공동행위와 관련해서는 "참가사업자들이 여러 차례의 합의를 한 경우에는 합의의 구체적 내용과 사정 등을 종합적으로 고려하여 합의의 수와 그에 상응하는 종료일을 판단한다"고 규정하고 있는데(고시 Ⅳ.1.다.(1)(라)),이러한 규정들을 간접적인 판단기준으로 삼을 수 있을 것이다.

실제로는 관련 상품, 참가사업자 등을 기준으로 위반행위가 하나인가 수

---

75) Kerse & Kahn, 앞의 책, 397면.

개인가의 판단이 이루어지는 것이 일반적이겠지만, 상당히 포괄적이고 추상적인 내용으로 규정되어 있는 위와 같은 기준만으로는 위반행위의 개수를 판단하기 어려운 경우가 적지 않게 발생할 것으로 보인다. 특히 장기간에 걸쳐 수개의 합의가 존재하고 그에 따른 실행행위가 단절되었는지 여부를 판단하기 어려운 경우가 그렇다. 이와 관련하여 대법원은 "사업자들이 경쟁을 제한할 목적으로 공동하여 향후 계속적으로 가격의 결정, 유지 또는 변경행위 등을 하기로 하면서, 그 결정주체, 결정방법 등에 관한 일정한 기준을 정하고, 향후 이를 실행하기 위하여 계속적인 회합을 가지기로 하는 등의 기본적 원칙에 관한 합의를 하고, 이에 따라 위 합의를 실행하는 과정에서 수회에 걸쳐 회합을 가지고 구체적인 가격의 결정 등을 위한 합의를 계속하여 온 경우 그 회합 또는 합의의 구체적인 내용이나 구성원에 일부 변경이 있더라도, 그와 같은 일련의 합의는 전체적으로 하나의 부당한 공동행위로 봄이 상당"하다고 판시[76]하고 있다. 이러한 기준에 따르면, 합의에 의한 실행행위가 단절되었음이 입증되는 경우에는, 그 시점을 기준으로 별개의 공동행위로 분리된다고 할 수 있다. 예컨대, 제지 담합 사건, 배터리 담합 사건, 용접봉 담합 사건 등에서 공정위는 선행하는 합의의 실행행위가 단절된 시점이 존재한다고 인정하여 서로 다른 위반행위가 서로 다른 위반기간에 걸쳐 수 개 존재하는 것으로 판단하였다.

(2) 수 개의 위반행위의 처분방법

하나의 사업자가 행한 여러 개의 위반행위를 함께 심의하여 1건으로 의결할 때에는 각 위반행위별로 고시에서 정한 방식에 의하여 부과과징금을 산정하고 이를 모두 합산한 금액을 당해 건에 대한 부과과징금으로 함을 원칙으로 하되, 그 합산금액이 심히 과다하다고 인정되는 경우에는 앞서 본 바와 같이 임의적 조정과징금을 마지막으로 조정하는 기준에 따라 이를 조정할 수 있다. 부과과징금의 한도에 관하여도 각 위반행위별로 정해진 법상 한도를 합산하여 적용한다(고시 Ⅳ.4.다).

이 문제에 대하여 대법원도 수개의 법위반행위에 대하여 과징금부과처분을 하는 경우 그 과징금 산정은 각 위반행위별로 판단하여 병과하는 것이라고 판시[77]하고 있어 같은 견해이다. 다만 위반행위별로 각각 과징금을 산정한

76) 대법원 2003두11124 판결.

다음, 이것들을 병산하여 1개의 과징금 부과처분을 하더라도 그 최고한도액은 1개의 과징금 상한액을 기준으로 하여야 할 것이다.[78] 이러한 취지에 비추어 보면, 공정위가 과징금을 부과함에 있어서는 특별한 사정이 없는 한 그 당시까지 밝혀진 모든 위반행위를 포괄하여 1개의 과징금 부과처분으로 하여야 한다고 해석하여야 할 것이고, 만약 수 개의 과징금 부과처분을 한다면 위법하다고 보아야 할 것이다.

5. 과징금의 금액단위

부과과징금을 결정함에 있어서 1백만 원 미만의 금액은 버리는 것을 원칙으로 한다. 다만 공정위는 부과과징금의 규모를 고려하여 적당하다고 생각되는 금액 단위 미만의 금액을 버리고 부과과징금을 결정할 수 있다.

Ⅶ. 과징금의 부과 및 납부절차

1. 과징금의 부과형식

과징금납부명령은 공정위 전원회의나 소회의의 심의 및 의결절차를 거쳐 내려지는데, 시정명령과 함께 또는 시정명령, 고발과 함께 병행하여 행해지고 과징금 납부명령만 이루어지는 경우는 예외적이다. 위반행위자가 이미 위반행위를 중지하여 당해 위반행위의 중지를 명할 실익이 없을 때 예외적으로 과징금납부명령만이 내려질 수 있다.

2. 산정 근거의 명시 방법과 정도

공정위는 과징금 부과의 투명성 및 예측가능성 등을 제고하기 위하여 과징금 산정의 과정을 각 단계별로 적용한 구체적인 기준 및 비율과 산정금액을 표시하여 의결서에 기재하여야 한다. 법 제45조는 의결서에 처분이유를 기재하도록 규정하고 있는데, 이 규정의 취지에 관하여 대법원은 행정절차법 소정의 처분의 근거 및 이유 제시 제도의 취지와 같이 처분청의 판단의 신중, 적정, 공정, 타당, 합리성 등을 담보하여 자의를 억제하고, 처분이유를 상대방에게 알려주어 상대방을 설득하는 한편 권리구제신청에 편의를 주고자 함에

77) 대법원 1995. 1. 24. 선고 94누6888 판결.

78) 위 대법원 94누6888 판결.

있다고 판시[79]하였다.

행정절차법 제3조 제2항 제9호는 당해 행정작용의 성질상 행정절차를 거치기 곤란하거나 불필요하다고 인정되는 사항과 행정절차에 준하는 절차를 거친 사항으로서 대통령령으로 정하는 사항은 행정절차법을 적용하지 않는다고 하고, 위 위임에 따른 행정절차법 시행령 제2조는 대통령령이 정한 사항 중 제9호로 공정거래법·「하도급거래 공정화에 관한 법률」·「약관의 규제에 관한 법률」에 의하여 공정위의 의결·결정을 거쳐 행하는 사항을 들고 있다. 따라서, 공정거래법의 규정에 의하여 공정위의 의결·결정을 거쳐 행하는 처분에는 행정절차법이 적용되지 아니하므로 행정절차법 제23조 소정의 처분의 근거와 이유제시 제도는 적용되지 아니한다.

위와 같이 공정거래법의 경우 행정절차법의 적용을 배제한 이유는 공정거래법이 행정절차법의 입법목적과 같이 행정의 투명성과 당사자의 방어권 보장을 위하여 자세한 절차규정을 두고 있을 뿐 아니라 특히 공정위의 의결·결정을 거쳐 행하는 처분의 경우에는 대심적 구조에 의한 심리 등을 내용으로 한 절차규정을 두고 있고 처분의 이유가 기재된 의결서 또는 결정서에 의하도록 하고 있어 공정위의 의결·결정 자체가 준사법적 성질을 띠고 있기 때문인 것으로 보인다.[80] 다만 행정절차법 제23조의 입법취지, 즉 행정의 투명성 보장과 당사자에게 불복기회 부여의 취지에 비추어 비록 공정위의 의결·결정을 거쳐 행하는 처분의 경우에도 처분의 근거와 이유제시를 명백하게 하는 것이 바람직하다. 특히 과징금 부과와 같이 침익적 행정행위를 할 경우에는 이유 기재가 최소한에 그쳐서는 부족하고 상대방이 처분의 근거를 객관적으로 이해할 수 있을 정도에는 이르러야 할 것이다. 이에 관하여 처분이유는 조사절차의 결과의 증거의 평가에 있어서 고려된 기준사항, 그리고 이를 기초로 행한 법률문제의 판단 등을 명료하게 객관적으로 요약하여 상대방이 처분의 근거를 납득할 수 있을 정도로 기재하여야 한다고 규정하는 독일과 오스트리아의 행정절차법령이 참고가 될 것이다.[81]

따라서, 과징금을 부과하는 경우 의결서의 과징금 부과 항목에는 과징금을 부과하는 경우 부과하기로 결정한 근거와 적용법조, 과징금 산정근거로서 고

79) 대법원 2004. 4. 9. 선고 2001두6197 판결(현대1차 부당지원 사건), 대법원 2004. 4. 9. 선고 2001두6203 판결(현대2차 부당지원 사건).

80) 同旨: 박정훈, 앞의 논문, 1032면.

81) 박철우, 축조해석 행정절차법, 한국사법행정학회 (1998), 303면.

시에 제시된 바와 같이 기본과징금의 산정, 의무적 조정과징금의 산정, 임의적 조정과징금의 산정, 부과과징금의 결정 단계로 나누어 해당사항이 있는 항목마다 고려사항 및 적용비율이 가능한 한 구체적으로 나타나야 할 것이다. 예컨대, 기본과징금을 산정하는 경우 해당 위반행위가 매우 중대한 위반행위, 중대한 위반행위, 중대성이 약한 위반행위 중 어느 항목에 해당하는지, 그 항목에 해당한다고 판단한 근거와 고려사항이 무엇인지, 기본과징금의 산정기준이 되는 관련 매출액의 산정 근거와 부과기준율 또는 부과기준금액이 무엇인지 등이 의결서에 명시되어야 한다. 또한 의결서의 주문에까지 위반행위별 과징금액을 따로 명시할 필요는 없지만 적어도 처분이유에서는 위반행위별로 과징금 산정의 기초가 명시되어야 한다.

한편 법 시행령 제61조의2 제1항에서는 위반행위의 종별과 당해 과징금의 금액에 관하여 이를 명시하도록 규정하고 있으나, 위반행위기간과 관련 상품·용역의 매출액의 경우에도 과징금 부과 재량행사의 기초로서 확정된 사실을 구성하고, 법위반행위자의 불복 여부 및 불복의 범위를 정하는 데 필요한 것이므로, 의결서(처분서)에 이를 밝히는 것이 바람직하다고 생각된다.

3. 부관의 가능성

종래 공정위는 법위반행위자로부터 매출 관련 자료를 제출받아 일응 관련 상품·용역의 매출액을 계산하여 그것을 과징금부과기준매출액으로 하여 과징금을 부과하면서 추후에 부과금산정기준이 되는 새로운 자료가 나올 경우에는 과징금액이 변경될 수도 있다고 유보하고, 실제로 추후에 과징금부과기준이 되는 새로운 자료가 나왔다고 하여 새로운 납부명령을 하여 왔다.

그러나 공정위의 이러한 관행에 대하여 대법원은 과징금의 부과와 같이 재산권의 직접적인 침해를 가져오는 처분을 변경하려면 법령에 그 요건 및 절차가 명백히 규정되어 있어야 할 것인데, 위와 같은 변경처분에 대한 법령상의 근거 규정이 없고, 이를 인정하여야 할 합리적인 이유 또한 찾아 볼 수 없다고 하면서 부과되는 과징금은 법이 규정한 범위 내에서 그 납부명령 당시까지 부과관청이 확인한 사실을 기초로 일의적으로 확정되어야 할 것이고, 그렇지 아니하고 부과관청이 과징금을 부과하면서 추후에 부과금 산정 기준이 되는 새로운 자료가 나올 경우에는 과징금액이 변경될 수도 있다고 유보한다든지, 실제로 추후에 새로운 자료가 나왔다고 하여 새로운 납부명령을 할 수는 없다고 하여 제동을 걸었다.82)

결국 이러한 대법원의 확립된 견해에 의할 때 비록 현실적으로 법위반행위자의 관련 상품·용역의 매출액을 확정하는 것이 쉽지 아니하더라도 공정위로서는 자료제출요구권 등을 적극적으로 활용하여 법위반행위자로부터 제출받은 자료를 토대로 하여 관련 상품·용역의 매출액을 확정한 다음 위반행위기간과 관련 상품·용역의 매출액을 기초로 하여 과징금을 부과하여야 할 것이다.

4. 과징금부과처분의 제척기간

공정거래법 제49조 제4항에서는 "공정거래위원회는 이 법의 규정에 위반하는 행위가 종료한 날부터 5년을 경과한 경우에는 당해 위반행위에 대하여 이 법에 의한 시정조치를 명하지 아니하거나 과징금 등을 부과하지 아니한다. 다만, 법원의 판결에 의하여 시정조치 또는 과징금 부과처분이 취소된 경우로서 그 판결이유에 따라 새로운 처분을 하는 경우에는 그러하지 아니하다"라고 규정하고 있다.

법에 규정된 5년의 기간의 성격을 어떻게 볼 것인가에 관하여 제척기간으로 보는 견해와 소멸시효기간으로 보는 견해가 있을 수 있다. 두 견해가 실무상 가져올 수 있는 가장 큰 차이는 전자의 경우 위반행위가 존재하더라도 5년의 기간이 경과하면 공정위가 언제나 과징금을 부과할 수 없게 되는 데 반하여, 후자의 경우 5년의 기간 내에 공정위가 과징금을 부과할 수 없었던 사정과 같은 특별한 사정이 존재한다면 그러한 사정이 존재하는 기간 동안에는 5년의 기간의 진행이 정지된다고 볼 수 있는 근거가 생긴다는 점이다.

결론적으로 이 문제에 대하여는 제척기간으로 보는 것이 타당하다고 생각한다. 우선 법에 정해진 기간의 해석에 관한 통설적인 방법인 조문의 문구에 의한 해석에 의할 때, 법 제49조 제4항에는 "시효로 인하여"라는 문구가 없으므로 제척기간으로 해석하는 것이 옳다. 또한 비록 공정거래법상 과징금 부과기간과 관련해서는 명시적으로 판단한 판례가 없으나, 대법원에서 공정거래법상 과징금과 같은 유형에 속하는 「부동산실권리자 명의 등기에 관한 법률」(이

---

82) 대법원 1999. 5. 28. 선고 99두1571 판결; 대법원 2000두6206 판결; 대법원 2000두6121 판결.

하 "부동산실명법"이라고 한다)에 정해져 있는 과징금의 부과기간에 관해서는 이를 이미 제척기간으로 판시한 판례[83]가 있다.

대부분의 사건에서는 5년의 제척기간의 정확한 산정을 두고 문제가 발생할 소지가 적지만, 한계선상에 놓이는 사건이 있을 수 있다. 그 경우 5년의 제척기간이 완성되었는지 여부를 판단하는 시점이 언제인지가 문제될 수 있는데, 이에 대한 판단 역시 먼저 조문의 문구에 대한 해석을 기초로 이루어져야 한다. 법 제49조 제4항은 행위 종료일부터 5년을 경과한 경우에는 "과징금 등을 부과하지 아니한다"고 규정하고 있다. 공정위의 과징금 부과처분은 의결의 형식에 의하여 이루어지므로 결국 의결일을 기준으로 5년의 제척기간이 완성되었는지 여부를 판단하는 것이 타당하다. 이와 관련하여 서울고등법원의 판결[84]은 행위 종료일부터 5년의 기간이 역수상 경과된 행위에 대한 처분은 무효라는 주장에 대하여 공정위가 처분을 한 날이 행위 종료일부터 5년이 경과되지 않았다고 판단하여 그 주장을 배척한 바 있고, 대법원[85] 역시 서울고등법원의 판단을 유지하였다. 이러한 법원의 판단은 공정위의 처분일, 즉 의결일이 5년의 제척기간 완성 여부 판단의 기준이 된다는 것을 전제로 하고 있다.

의결의 형식으로 내려지는 과징금 부과처분은 공정위 회의에서의 심의절차를 마치고 심의에 참여한 위원들이 의결의 합의를 한 후 합의일부터 14일 이내에 의결서를 작성하여 참여 위원들이 서명·날인함으로써 성립하며, 의결서에 기재된 일자가 처분일, 즉 의결일이 된다(공정거래법 제43조, 제45조, 사건절차규칙 제54조 참조). 그런데, 공정위의 사건처리 실무상 법 위반행위의 혐의가 있더라도 조사가 장기화될 수 있고 심의를 마친 위원들이 의결의 합의를 하더라도 의결일을 미리 지정하지 않은 상태에서 의결서 작성에 상당한 기간이 소요될 수 있으므로, 특히 5년의 제척기간이 얼마 남지 않은 상태에서 조사가 개시된 사건의 경우에는 미묘한 문제가 발생할 수 있다. 따라서, 사건처리 실무상의 문제로 법 집행의 목적이 달성되지 못하는 일이 발생하지 않도록 입법적인 보완이 필요하다.

한편 공정거래법 제49조 제4항은 본문에서 과징금 부과처분의 제척기간을 행위종료일로부터 5년으로 규정하면서, 단서에서는 법원의 판결에 의하여 시

83) 대법원 2004. 7. 22. 선고 2004두2509 판결(2004, 1541).
84) 서울고법 2002누6127 판결; 서울고법 2003누9000 판결.
85) 대법원 2003두11124 판결.

정조치 또는 과징금부과처분이 취소된 경우로서 그 판결이유에 따라 새로운 처분을 하는 경우에는 그러하지 아니하다고 규정되어 있다. 제척기간이 경과되면 공정위는 새로운 처분은 물론 기존의 처분을 변경하는 어떠한 처분도 할 수 없는 것이 원칙이라는 점에서 특별 규정을 둔 것이다. 여기서 취소 판결은 반드시 확정판결에 국한되는 것으로 해석할 필요는 없을 것이다.[86] 다만 단서 규정의 적용은 과징금 부과처분은 적법하지만 과징금액 산정이 재량권의 남용·일탈 등의 이유로 부당하여 취소된 경우 그 판결이유에 따라 과징금을 재산정하는 경우에 한정되는 것으로 해석되므로, 시정조치나 과징금 부과처분이 위법하다는 판단이 내려졌음에도 공정위가 위반행위 후 5년이 경과하여 다시 사건을 심의하여 새로이 과징금 부과처분을 하는 것은 허용될 수 없다고 할 것이다.

제 2 절 사적 집행의 확대: 사인의 금지청구 *

Ⅰ. 서 론

1. 연구의 배경과 목적

공정거래법이 제정된 지 15년이라는 세월이 흐르면서 동법은 공히 경제헌법으로서의 자리매김을 하게 되었고, 공정거래위원회 역시 우리나라의 경제질서를 정의롭게 확립하는 중추기관으로서의 역할을 다하고 있다.

우리나라는 대륙법계에 속하는 법체계를 가지고 있기 때문에 경제규제에 관한 한 주로 정부기관에 의존해 왔고 경쟁법 역시 예외가 아니었다. 자연적으로 공정거래법의 집행은 공정거래위원회의 전권사항으로 인식되어 왔고, 다른 정부기관(예: 법무부)이나 사법부의 역할은 매우 제한적이었으며, 더욱이 공정거래법 위반행위로 인하여 피해를 입은 사인이 법원을 통하여 구제를 받는 길 역시 상당히 제한적 이었다.

이와 같은 법집행의 특성은 법제도적으로 공정거래법상의 사인의 손해배

---

* 장승화(서울대학교 법과대학 부교수)

86) 따라서, 대법원이 일부에 취소사유가 있다는 이유로 전부 취소하는 판결을 선고하여 파기환송한 경우 판결 확정 전에라도 새로운 과징금 부과처분을 하는 것이 가능하다.

상청구권의 제한 및 금지청구권의 불인정으로 나타나고 있었다.

본인은 우리나라 경제구조의 성숙성과 공정거래위원회 집행력의 효율적인 배분 등을 감안할 때 사인을 통한 공정거래법 집행이 활성화 되어야 함을 강조하여 왔고, 2000년 하반기 공정거래위원회의 연구용역 의뢰를 받아 공정거래법상 사소제도의 활성화 방안에 관한 연구보고서를 제출한 바 있으며, 그 이후에도 여러 기회에 같은 주제에 관한 의견을 표명한 바 있다.

공정거래법상 사소제도의 활성화 방안에 관한 본인의 논지는 우리 공정거래법상 손해배상청구 시정조치 선확정제도를 폐지하여야 하며, 사인의 금지청구권을 공정거래법에 도입해야 한다는 것이었다.

그동안 공정거래위원회는 사소제도의 활성화 방안을 전향적으로 검토하다가 일차적으로 2004. 12. 31.자 법개정을 통하여 손해배상청구 시정조치 선확정제도를 폐지하였으며 손해배상제도의 활성화를 위한 법규정을 추가하였으나, 다만 금지청구제도의 도입은 향후의 검토과제로 남겨두었다.

공정거래법상 금지청구권제도의 도입이 대륙법계에 기반을 두고 있는 우리나라 행정법의 기본체계에 어긋나지 않는가 하는 우려도 있으나, 법률로서 사인에게 법원을 통한 금지청구권을 인정함은 행정법의 전통적 영역과는 다른 문제로서 행정법체계의 문제가 생길 여지가 없다. 더욱이 다른 특별법령에도 사인의 법원을 통한 금지청구권은 널리 인정되고 있다.

따라서, 본 연구는 2000년 연구자 본인이 수행한 연구결과에 터잡아 사인의 금지청구권 도입의 타당성을 재검증하고, 만약 금지청구제도를 도입하는 경우에 구체적으로 필요한 입법(법개정) 작업에 필요한 실무적 지침을 제시하면서 구체적 법조문(안)을 제시하는 것을 목적으로 한다.

2. 연구의 내용

Ⅱ에서는 금지청구권의 도입필요성에 관하여 그 논리적, 정책적 근거를 제시하고 공정거래법상 금지청구권이 외국의 입법례를 보더라도 보편적으로 인정되고 있음을 논증한다.

Ⅲ에서는 사인의 금지청구권을 인정하는 법규정을 도입할 때 고려하여야 할 법률적 구성요건(요소)에 관한 개별적 분석을 시도한다. 구체적으로는 원고적격, 금지의 대상행위의 범위, 금지명령의 내용 및 구제의 범위에 관하여 논한다. 개별 구성요소 별로 법조문에서 어떤 형식으로 규정되어야 할지에 관한

구체적, 실천적 대안을 개진한다.

Ⅳ에서는 금지청구권을 인정하는 실체적 규정 이외에 부수적으로 필요한 절차적 규정에 관한 논의를 전개한다. 구체적으로는 남소방지책, 금지청구의 소에서 법원과 공정거래위원회와의 관계, 재판관할 및 이송 등이 포함될 것이다. 입법제안에 포함되지는 않지만 집단소송과 가처분에 관한 논의도 포함된다. Ⅲ과 마찬가지로 구체적 문제와 관련된 법조문(안)이 제시될 것이다.

Ⅴ에서는 앞서의 논의에 따른 복수의 입법적 제안에 따른 법조문 모델 중 가장 바람직한 안을 제시한다.

3. 개정법조문(안)의 제시

본론에서 제시하는 여러 가지 법률적 구성요소의 분석과 평가에 따라 세부적으로 다른 문구가 대안으로 제시될 수도 있으나, 연구자 본인이 제시하는 가장 바람직한 금지청구권 도입을 위한 법규정의 모델은 다음과 같다.

제11장 손해배상 및 금지청구

제56조 (손해배상) ①사업자 또는 사업자단체는 이 법의 규정을 위반함으로써 피해를 입은 자가 있는 경우에는 당해 피해자에 대하여 손해배상의 책임을 진다. 다만, 사업자 또는 사업자단체가 고의 또는 과실이 없음을 입증한 경우에는 그러하지 아니하다.

② 이 법의 규정을 위반한 행위로 인하여 손해가 발생된 것은 인정되나, 그 손해액을 입증하기 위하여 필요한 사실을 입증하는 것이 해당 사실의 성질상 극히 곤란한 경우에는, 법원은 변론 전체의 취지와 증거조사의 결과에 기초하여 상당한 손해액을 인정할 수 있다.

제57조 (금지청구) ① 이 법의 규정을 위반한 행위로 인하여 피해를 입거나 피해를 입을 우려가 있는 자는 그 위반행위를 하거나 할 우려가 있는 사업자 또는 사업자단체를 상대로 그 위반행위의 중지 또는 예방을 법원에 청구할 수 있다.

② 법원은 제1항의 금지청구 사유가 인정되는 경우에도 위반행위의 금지로 인한 사회적 폐해가 더 크다고 판단하는 경우에는 금지청구를 기각하거나 위반행위 금지 이외의 적절한 조치를 피고에게 명할 수 있다.

③ 법원은 제1항 금지청구의 소가 제기된 경우 그로 인한 피고의 이익을 보호하기 위하여 필요하다는 피고의 신청 및 소명이 있으면 결정으로 원고에

게 상당한 담보의 제공을 명할 수 있다.

④ 법원은 제1항 금지청구의 소가 제기되면 그 취지를 공정거래위원회에 지체없이 통지하여야 한다. 법원은 그 통지와 더불어 공정거래위원회에 대하여 당해 사건과 관련한 이 법의 적용 여부 기타 필요한 사항에 관하여 시한을 정하여 의견을 구할 수 있다. 또한, 공정거래위원회는 법원의 허가를 얻어 법원에 대하여 당해 사건에 관한 이 법의 적용 기타 필요한 사항에 관한 의견을 진술할 수 있다.

⑤ 제1항 금지청구의 소에 대하여 민사소송법 규정에 의하여 관할권을 갖는 법원 이외에 당해 법원의 소재지 관할 고등법원의 소재지에 있는 지방법원 및 서울중앙지방법원도 금지청구의 소에 대하여 관할권을 가진다.

제57조의2(기록의 송부 등) 및 제56조의 규정에 의한 손해배상청구 또는 제57조의 규정에 의한 금지청구의 소가 제기된 때에는 법원은 필요한 경우 공정거래위원회에 대하여 당해 사건의 기록(사건관계인, 참고인 또는 감정인에 대한 심문조서 및 속기록 기타 재판상 증거가 되는 일체의 것을 포함한다)의 송부를 요구할 수 있다.

Ⅱ. 공정거래법상 금지청구제도의 도입 필요성

1. 현행 법제상 금지청구권 인정 여부 및 특별입법 필요성

(1) 외국의 예

(가) 독점금지법령에 규정하는 국가

○ OECD 회원국 중 선진국 대부분은 독점금지법상 사인의 금지청구권을 인정하고 있음

－자료조사가 가능했던 OECD 회원국 12개국 중에서 10개국은 독점금지 관련 법령에서 금지청구권에 관한 법률적 근거를 특별히 마련하고 있음

(나) 일반 민법에 근거하는 국가

○ 네덜란드와 스웨덴은 일반 민법을 근거로 사인의 금지청구를 인정. 네덜란드는 광범위하게 인정하나 스웨덴의 경우는 제한적으로만 인정

(다) 일 본

○ 민사법 일반이론에 기초하여 인격권 침해를 이유로 한 사인의 금지청구는 인정하나, 독점금지법 위반을 이유로 하는 금지청구는 종래 법해석론상 인

정하지 않았음

○ 이러한 이유로 최근 독점금지법의 개정을 통하여 특별히 사인의 금지청구제도 도입

(2) 우리나라의 경우

○ 일본과 마찬가지로 일반 민법이론에 입각하여 인격권 등을 기초로 사인의 금지청구 인정하는 것이 이론과 판례의 입장

예) 초상권 침해행위 금지 청구

○ 그러나 공정거래법 위반을 이유로 한 금지청구권을 일반 민사법 해석론에서 도출할 수 없다는 서울중앙지방법원 판례가 있음

○ 공정거래법상 이를 제한하는 규정이 없으므로 일반 민사법 이론상 주장이 불가능하지는 않을 것이나, 법률적 근거를 인격권 유사의 권리에서 찾기 어려우므로 궁색한 이론에 불과

○ 입법정책적 고려에 의하더라도 독점금지법에 금지청구제도 도입하는 것이 바람직할 것임 (비교법적으로도 보편적인 방법임)

○ 국내 타 경제관련 법령의 경우(예: 지적재산권 관련 법령)에도 사인의 금지청구권을 해당 법령에 특별히 입법화하는 것이 추세임

<참고 : 금지청구 인정하는 경제관련 법령>

• 특허법 제126조(권리침해에 대한 금지청구권등): ① 특허권자 또는 전용실시권자는 자기의 권리를 침해한 자 또는 침해할 우려가 있는 자에 대하여 그 침해의 금지 또는 예방을 청구할 수 있다.

② 특허권자 또는 전용실시권자가 제1항의 규정에 의한 청구를 할 때에는 침해행위를 조성한 물건(물건을 생산하는 방법의 발명인 경우에는 침해행위로 생긴 물건을 포함한다)의 폐기, 침해행위에 제공된 설비의 제거 기타 침해의 예방에 필요한 행위를 청구할 수 있다.

• 실용신안법 제30조(특허법의 준용): 특허법 제126조 · 제128조 · 제130조 내지 제132조의 규정은 실용신안권자의 보호에 관하여 이를 준용한다.

• 디자인보호법(구 의장법) 제62조(권리침해에 대한 금지청구권등): ① 디자인권자 또는 전용실시권자는 자기의 권리를 침해한 자 또는 침해할 우려가 있는 자에 대하여 그 침해의 금지 또는 예방을 청구할 수 있다.

② 제13조 제1항의 규정에 따라 비밀로 할 것을 청구한 디자인에 관한 디

자인권자 및 전용실시권자는 산업자원부령이 정하는 바에 따라 그 디자인에 관한 다음 각호의 사항에 대하여 특허청장으로부터 증명을 받은 서면을 제시하여 경고한 후가 아니면 제1항의 규정에 따른 청구를 할 수 없다.

• 상표법 제65조(권리침해에 대한 금지청구권등): ① 상표권자 또는 전용사용권자는 자기의 권리를 침해한 자 또는 침해할 우려가 있는 자에 대하여 그 침해의 금지 또는 예방을 청구할 수 있다.

② 상표권자 또는 전용사용권자가 제1항의 규정에 의한 청구를 할 때에는 침해행위를 조성한 물건의 폐기, 침해행위에 제공된 설비의 제거 기타 침해의 예방에 필요한 행위를 청구할 수 있다.

• 저작권법 제123조(침해의 정지등 청구): ① 저작권 그 밖에 이 법에 따라 보호되는 권리(제25조 · 제31조 · 제75조 · 제76조 · 제82조 및 제83조의 규정에 따른 보상을 받을 권리를 제외한다. 이하 이 조에서 같다)를 가진 자는 그 권리를 침해하는 자에 대하여 침해의 정지를 청구할 수 있으며, 그 권리를 침해할 우려가 있는 자에 대하여 침해의 예방 또는 손해배상의 담보를 청구할 수 있다.

② 저작권 그 밖에 이 법에 따라 보호되는 권리를 가진 자는 제1항의 규정에 따른 청구를 하는 경우에 침해행위에 의하여 만들어진 물건의 폐기나 그 밖의 필요한 조치를 청구할 수 있다.

③ 제1항 및 제2항의 경우 또는 이 법에 의한 형사의 기소가 있는 때에는 법원은 원고 또는 고소인의 신청에 의하여 담보를 제공하거나 제공하지 아니하게 하고, 임시로 침해행위의 정지 또는 침해행위로 말미암아 만들어진 물건의 압류 기타 필요한 조치를 명할 수 있다.

④ 제3항의 경우에 저작권 그 밖에 이 법에 따라 보호되는 권리의 침해가 없다는 뜻의 판결이 확정된 때에는 신청자는 그 신청으로 인하여 발생한 손해를 배상하여야 한다.

• 종자산업법 제84조(권리침해에 대한 금지청구권등): ① 품종보호권자 또는 전용실시권자는 자기의 권리를 침해한 자 또는 침해할 우려가 있는 자에 대하여 그 침해의 금지 또는 예방을 청구할 수 있다.

② 품종보호권자 또는 전용실시권자가 제1항의 규정에 의한 청구를 할 때에는 침해행위를 조성한 물건의 폐기, 침해행위에 제공된 설비의 제거 기타 침해의 예방에 필요한 행위를 청구할 수 있다.

• 반도체집적회로의배치설계에관한법률 제35조(침해의 정지 등의 청구):

① 배치설계권자 또는 전용이용권자는 그의 배치설계권 또는 전용이용권을 침해하거나 침해할 우려가 있는 자에 대하여 그 침해의 정지 또는 예방을 청구할 수 있다.

② 배치설계권자 또는 전용이용권자는 제1항의 규정에 의한 청구를 하는 경우에는 침해행위에 의하여 만들어진 반도체집적회로등의 폐기 기타 침해의 예방에 필요한 조치를 함께 청구할 수 있다.

• 부정경쟁방지및영업비밀보호에관한법률 제4조(부정경쟁행위의 금지청구권등)

① 부정경쟁행위로 인하여 자신의 영업상의 이익이 침해되거나 침해될 우려가 있는 자는 부정경쟁행위를 하거나 하고자 하는 자에 대하여 법원에 그 행위의 금지 또는 예방을 청구할 수 있다.

② 제1항의 규정에 의한 청구를 할 때에는 그 부정경쟁행위를 조성한 물건의 폐기, 부정경쟁행위에 제공된 설비의 제거, 부정경쟁행위의 대상이 된 도메인이름의 등록말소 그 밖에 부정경쟁행위의 금지 또는 예방을 위하여 필요한 조치를 함께 청구할 수 있다.

• 상법 제402조(유지청구권) : 이사가 법령 또는 정관에 위반한 행위를 하여 이로 인하여 회사에 회복할 수 없는 손해가 생길 염려가 있는 경우에는 감사 또는 발행주식의 총수의 100분의 1 이상에 해당하는 주식을 가진 주주는 회사를 위하여 이사에 대하여 그 행위를 유지할 것을 청구할 수 있다.

2. 금지청구제도 도입의 정책적 필요성

(1) 정책적 필요성

○ 독점금지법 위반 행위의 특성

- 일단 침해행위가 발생하면 그 효과가 계속적으로 유지되는 경우가 많음

- 실손해 배상을 원칙으로 하는 우리 법제하에서 항상 과소배상의 위험 상존

- 사후 금전배상만으로는 손해를 회복할 수 없는 경우가 많음

(예: 시장진입의 타이밍이 절대적으로 중요한 산업분야에 기존 시장 내 경쟁자들의 집단적 거래거절 등으로 인하여 잠재적 경쟁자가 시장진입이 좌절되는 경우 그 거래거절행위의 즉각적인 금지가 이루어지지 않는다면 시장진입 하려는 사업자는 해당 사업을 포기할 수밖에 없고 그로 인한 피해를 사후에 손해배상의 형식으로 입증하는

것은 실무적으로 거의 불가능할 뿐만 아니라 손해배상청구의 경제적 동기를 상실할 가능성이 높음)

－이러한 정책적 이유 때문에 영미법계에서는 형평법상의 구제수단으로 인정되었고, 최근에는 영미법/대륙법계 구분없이 특별입법을 통하여 인정하는 추세임

(2) 금지청구제도 도입에 소극적인 견해

○독점금지법의 주목적은 경쟁질서 확립이라는 공익의 실현이라는 점은 의문이 없음

－다만, 위반행위의 금지와 같은 독점금지법의 집행을 공익의 집행기관인 주무관청(공정거래위원회)에 일임하여야 하는 것 아니냐는 견해가 제기될 수 있음

○이러한 견해는 사실상 OECD 국가 수준의 나라에서는 어느 나라도 지지를 받지 못하고 있음. 즉, 독점금지법의 집행을 행정 주무관청에 집중시키는 것보다는 다른 관련기관이나 이해당사자인 사인에게도 그 집행에 기여할 수 있는 여지를 인정하는 것이 입법정책상 바람직하며, 법집행의 효율성과 공정성을 기할 수 있다는 것임

○위와 같은 소극적 견해가 상대적으로 가장 강한 일본에서조차도 금지청구제도의 입법취지에 관한 두 가지 이론하에 그 도입 타당성을 인정받고 있음

－공익설 : 독점금지법 집행권한 일부(위반행위의 금지)를 정부기관으로부터 사인에게 일부 위임함으로써 공정거래위원회의 집행을 보완하는 기능을 수행

－사익설 : 사인의 금지청구는 독점금지법 위반으로 발생한 사인의 피해에 대한 민사적 구제수단이므로 주무관청의 집행권한과 충돌하지 않음

(3) 금지청구제도의 입법 논거 및 기본 방향

○금지청구제도의 입법취지는 공익설과 사익설 모두에 의하여 설명될 수 있으나, 어느 논거를 채택하느냐에 따라 도입되는 금지청구권의 성격과 그 내용 및 범위가 달라질 수 있음. 우리 입법의 기본방향에도 결정적인 영향을 미칠 수 있으므로 자세히 검토함

(가) 공익설

○입법취지 및 도입 필요성:

－독점금지법은 궁극적으로 바람직한 경쟁질서 확립을 목표로 하므로 이

를 달성하기 위한 모든 수단을 마련하는 것은 바람직한 일임

－사인의 금지청구가 도입된다고 하더라도 공정거래위원회의 집행권한이 약화되지는 않음

－구체적 사안에 따라서는 사인의 활동이 공익실현에 적합한 경우도 존재

• 예 1: 피해 당사자에게는 매우 중요한 사건이나 공정거래위원회 입장에서는 충분한 인력을 동원할만한 가치가 없는 경미한 사건인 경우

• 예 2: 독점금지법위반을 주장 입증함에 있어서 공정거래위원회보다 피해당사자가 더 유리한 위치에 있는 경우

• 예 3: 사인 간의 약정을 독점금지법 위반을 이유로 무효임을 주장하는 등과 같은 민사소송과 결합하는 경우

○ 공익설에 입각한 금지청구권의 기본 성격

－원고적격 : 광범위하게 인정하는 경향

－소송의 이익 : 엄격하게 한정하지 않음

－법원의 판결 주문 : 공정위의 시정조치와 내용상 기본적으로 동일

○ 일본의 경우 사인의 공정거래위원회에 대한 구체적 행정조치 발동 청구권 인정하지 않는 최고재판소 판례의 입장에 비추어 볼 때 공익설을 취하는 것이 현 제도의 미비점을 보완할 수 있다는 유력한 견해 존재

(나) 사익설

○ 입법취지 및 도입 필요성 : 손해배상제도만으로는 사인의 피해에 대한 충분한 보상이 될 수 없으므로 사인의 금지청구 입법 필요

－독점금지법 위반행위의 효과의 지속성

－손해배상제도의 과소배상위험의 상존 가능성

－손해 발생 후 그 피해 회복이 불가능한 경우 있음

예) 독점기업의 시장지배적 지위 남용으로 신규기업의 시장참입이 저지된 때 법원의 손해배상 확정판결시 이미 피해기업이 부존재하거나 다른 시장에 참입한 경우, 손해발생 입증 및 손해액 추산 곤란

○ 사익설에 입각한 금지청구의 기본성격

－원고적격 : 독점금지법 위반으로 피해를 입은 자에 국한

－소송의 이익 : 통상의 민사소송과 동일

－판결의 효력 : 대세효(제3자에 미치는 효력) 없음

－판결의 내용 : 가급적 당사자들 이외의 권리관계에 영향을 미치지 않는

범위 내로 국한

(다) 사익설의 근거와 그 비판

○ 공익설은 일반 민법상 불법행위의 연장선에 있는 불공정거래행위에 관하여 어울리지 않는다는 주장

– 비판: 독점금지법 위반은 일반 민법상의 불법행위나 부정경쟁방지법 위반행위와는 그 피침해법익의 면만 보더라도 너무나 다르므로 불공정거래행위라고 하더라도 같은 연장선에 있는 것으로 이론구성하는 것 자체가 잘못임

○ 공익설에 입각한 금지청구제도의 운영은 현행의 민사소송에 어울리지 않는다는 주장 (=공익설에 따르면 당사자 이외의 소송간섭이 불가피하고 판결내용도 대세효가 있는 것을 전제로 작성되어야 하는데 현행 민사법 절차는 이와 같은 시스템을 예정하고 있지 않다는 것임)

– 비판 : 공정거래 소송이 일반 민사소송과 같은 절차적 테두리 안에서 이루어져야 한다는 자기발목잡기식(boot-strapping)의 발상일 뿐임

• 금지청구소송이 일반 민사법 소송과 다른 절차와 궤도 하에 이루어지는 것이 이론적으로 타당하다면 절차법상의 제도를 보완하는 것이 바람직할 것임

• 현재 일반 민사법 절차로서 마련된 제도와 궤가 맞지 않다는 것이 사익설을 채택해야 하는 이유라는 주장은 설득력이 없음

○ 공익으로서의 독점금지법 집행은 정책적이고 행정적인 색채를 지울 수가 없고 따라서 그 근간적인 부분의 운용은 공정거래위원회에서 이루어져야 하며 법원의 기능은 사인의 권리 구제가 가장 기본적인 것으로 그 역할만 수행해야 한다는 주장

– 비판: 공익설을 취하더라도 사인의 금지청구는 공정거래위원회의 법집행을 보완하는 선에서 그치는 것이지 이를 근본적으로 대체하는 기능까지 기대되는 것은 아님

• 공정거래위원회가 조사개시를 하지 않은 사건의 경우: 금지청구의 제기가 공정거래위원회의 조사개시를 촉발시킬 수 있는 제도적 장치가 될 수 있음. 한편 공정거래위원회에서 정면으로 다루기에는 너무도 경제규모가 작은 사건인 경우에는 금지청구가 그 역할을 대신하여 공정거래위원회의 집행을 보완하는 기능을 수행할 수 있음

• 공정거래위원회에서 법위반이 아니라고 판단하거나, 정책적으로 사건화

하지 않은 경우: 행정기관의 판단이 직접 이해당사자와 다를 수 있고, 그러한 경우에 법원이 중립적으로 판단할 수 있는 제도적 장치를 마련하는 것은 어느 법제에서나 바람직한 모습임

• 금지청구단계에서는 공정거래위원회의 조사 종료 후 심결 완료 전일 경우가 대부분일 것인데, 이러한 경우 법원의 판결이 공정거래위원회의 조사결과와 상위할 가능성은 매우 적음. 오히려 재판단계에서 공정거래위원회의 의견을 경청하여 판결에 반영하는 경우가 더 많을 것임

(라) 소결론

－일본의 사익설 맹종할 필요는 없으나, 그렇다고 하여 공익설이 전면적으로 타당하다는 것은 아님

－금지청구의 입법목적을 양분하여 공익/사익이 준별되는 것처럼 인식하는 것이 문제임

• 사익설을 취하더라도 독점금지법 위반으로 인한 피해를 구제하는 과정에서 공익의 실체인 경쟁질서에 영향을 줄 수 있음

• 공익설을 취하더라도 결과적으로 피해구제라는 결과는 얻게 되며, 무조건적으로 원고적격이나 구제의 내용을 광범위하게 확대하는 것은 바람직하지 않음

－따라서, 독점금지법상 금지청구의 운영과정에서 금지소송은 위와 같이 공익과 사익적 측면이 모두 존재한다는 것을 인식하고 구체적 경우에 바람직한 선을 그어주는 태도가 더 바람직할 것으로 사료됨

3. 금지청구의 도입과 기존 법체제와의 관계

(1) 행정법 집행체제와의 관계

○ 법위반행위를 감시하는 행정기관이 있는 경우, 이를 통하지 않고 법원이 사인의 소송제기를 이유로 직접 개입하는 것은 허용되지 않는 것이 원칙인데, 공정거래법 위반행위에 대해서만 이를 허용함은 부당하다는 견해가 있음

○ 이는 우선 그러한 원칙이 존재한다는 것부터가 의문시됨. 우리나라가 대륙법계에 속한다고 하더라도, 우리나라의 행정규제 관련 법제, 특히 경제규제 관련 법제들은 그 입법적 기원을 영미법계 (특히 미국)에서 찾을 수 있는 경우가 많음. 특히 공정거래법은 전세계적으로 미국법이 모태가 된 것이며, 우리나라의 경제규제법령인 공정거래법이 반드시 대륙법계 모델을 그대로 답습해

야 할 필요성이 전혀 없음. 가사 그러한 원칙이 존재한다면, 이는 일본법 체제에서 발견될 수 있는 것인데, 행정위주의 문화를 그대로 유지하여 글로벌라이즈화하는 세계경제에서 선진제도의 추세를 따라가지 못하는 일본제도를 우리가 그대로 답습할 필요는 없는 것임

○ 또한, 앞서 언급한 바와 같이 공정거래법상 금지청구권제도의 도입이 대륙법계에 기반을 두고 있는 우리나라 행정법의 기본체계에 어긋나지 않는가 하는 우려도 있으나, 법률로서 사인에게 법원을 통한 금지청구권을 인정함은 행정법의 전통적 영역과는 다른 문제로서 행정법체계의 문제가 생길 여지가 없음. 즉, 이는 입법권 행사의 범위의 문제로서 행정법체계상의 문제라 할 수 없는 것임. 더욱이 다른 특별법령에도 사인의 법원을 통한 금지청구권은 널리 인정되고 있음

(2) 소송체제와의 관계

○ 행정금지소송은 손해배상소송과 달리 이해관계자가 많고 그 행위로 인하여 이익을 얻는 자도 존재하므로 특정 개인이 소송을 제기하는 것이 부적절하고, 법원으로서도 다수 이해관계인의 이익과 손실을 비교형량하는 것은 엄청난 비용과 시간이 소요되고 자칫 오판의 가능성이 크다는 견해가 있음

○ 본 연구보고서에서 일관되게 주장하는 것은 법원의 기능과 행정부인 공정위의 기능을 서로 대립적인 구도로 파악해서는 아니된다는 것임. 개인이 제기하는 금지소송도 앞서 제시한 여러 가지 상황하에서 공정위의 행정규제보다도 더 공익적인 기능을 수행하는데 수월성을 가질 수 있음을 보았음. 또한 법원의 소송단계에서도 공정위가 여러 가지 방법을 통하여 그 법집행에 협력하면서 법원이 공정위의 전문성을 십분 활용할 수 있는 방안을 본 연구보고서는 제시하고 있음. 따라서, 구체적 경우를 무시하고 일반론으로 행위금지소송이 공정거래 위반사건에 부적절하다고 비판하는 것은 옳지 않음

○ 또한, 행위금지소송은 재산권침해행위와 같은 특정 개인의 이익을 침해하는 법위반 행위 이외에는 인정되지 않는 것이 원칙인데, 공정거래법 위반행위에 대해 이러한 원칙에 반하여 행위금지소송을 허용해야 하는 이유가 무엇인지 의문을 제기하는 견해가 있음

○ 그러나, 다시 한번 그러한 원칙이 존재한다는 견해 자체가 잘못된 것임. 우선 그러한 원칙이 존재한다고 함은 소위 일본에서의 사익설에 기초한 것임.

그러나 금지소송은 소위 공익소송의 형태로 얼마든지 존재할 수 있으며, 공정거래법 위반의 경우가 바로 그러한 공익소송이 효과를 볼 수 있는 분야이며, 앞서 공익설과 사익설이 어느 한 가지에 기초할 필요없이 양자 모두 그 기능을 발휘할 수 있는 분야가 바로 공정거래분야임을 이미 논증한 바 있음

Ⅲ. 금지청구권의 법률적 구성요건

1. 금지청구권자 - 원고 적격

(1) 외국의 예

(가) 미 국

○ 독점금지법 위반으로 인하여 경쟁상의 피해(antitrust injury)를 입은 자만이 이를 입증하여 금지청구 가능

○ 클레이톤법 제4조는 피해를 '반트러스트법 상에 금지된 행위로 인하여 자신의 사업이나 재산에 타격을 받은 것'으로 정의하고 있으므로, 원고는 피해가 반트러스트 위반으로 인하여 발생한/자신의 영업이나 재산에/실질적이고 평가가 가능한 손해라는 것을 그리고 이것이 '반트러스트법 위반'이라는 것을 입증하여야 함

○ 그러나 손해의 현실적 발생을 입증할 필요는 없음. 오히려 손해배상구제를 받는 것이 부적합한 사건이라는 점이 금지청구의 원고적격을 부여하는 이유가 될 수도 있음

(나) 독 일

○ 영업이익촉진단체를 포함

(다) 이탈리아

○ 경쟁제한행위에 의하여 손해를 입은 모든 자

(라) 스위스

○ 적용제외 등으로 인해 합법적이 된 경쟁제한행위에 의하여 경쟁능력이 현저하게 침해된 자도 원고적격을 제한적으로 인정

(마) 네덜란드

○ 경쟁법에 의하여 영향을 받는 모든 자

○ 원고 적격의 범위를 넓게 인정

(2) 일본 개정법상 요건

(가) 법규정

○ 불공정거래행위에 의하여 그 이익을 침해당하거나 침해당할 우려가 있는 자에 대하여 그 행위로 현저한 손해가 발생하거나 발생할 우려가 있는 때에만 소권 인정

– 미국과는 달리 경쟁상의 피해에 관한 논의는 활발하지 않음

– 금지청구의 대상이 불공정거래행위로서 행위유형이 지정되어 있는 것에 해당하면 원고에게 경쟁상 피해가 발생할 수 있다는 가정에 서 있는 것으로 보임

(나) 자신의 이익이 침해되거나 침해될 우려가 있는 자

○ 실제의 피해자가 아닌 소비자단체 등이 원고명의가 되는 것은 허용되지 않음

○ 독점금지법 위반과 직접 관련 없이 발생하는 손해를 입은 사람은 청구권자가 될 수 없음

○ 이익이 침해될 우려라 함은 그러한 가능성이 존재한다는 사실보다는 보다 강한 개연성을 의미함

(다) 현저한 손해를 입거나 입을 우려

○ 현저한 손해 요건은 일본 법제에서만 발견되는 부가적인 요건임

○ 현저한 손해 요건의 도입 배경:

– 일본의 공취위 위원장의 국회답변과 입안담당자의 해설:

• '현저한 손해'는 곧 고도의 위법성을 요구하는 것임 — 일본의 입안 담당자는 소위 위법성단계설을 채택하면서 '금지청구를 용인하기 위해서는 손해배상청구를 용인하는 경우보다도 고도의 위법성을 요하도록 되어 있다'고 진술함

• 손해배상의 요건과 비교할 때 금지청구의 경우는 사인의 행위를 사전에 제약한다는 점에서 요건을 가중시킨 것으로 보아야 한다는 것임

○ '현저한 손해' 요건의 입법취지

– 피고의 행위를 사전에 억제한다는 효과면에서 볼 때 금지청구의 요건을 손해배상의 요건보다 가중시키려는 의도

– 사익설의 입장에서 특별한 '민사적 구제수단'으로 이론구성하여 가능한

한 사인의 금지청구로 인하여 제3자에게 미치는 영향을 최소화하려는 의도를 가진 입안자들이 '현저한 손해'라는 요건을 추가

－이와 관련하여 금지청구는 원고에게 사후 회복하기 곤란한 손해가 발생하거나 발생할 가능성이 있는 경우에만 인용되어야 한다는 견해가 존재함

－금지소송을 인용하는 판결이 내려지는 경우에는 그로 인한 사회적인 영향이 심대하기 때문에 가능한 한 요건을 엄격하게 하여야 한다는 취지('현저한 손해'라는 요건이 금지로 인한 사회적 폐해가 크다고 인정되는 경우에 금지청구를 배척할 수 있는 법률적 근거로서 기능할 수 있다는 견해)

○동경대 白石忠志 교수의 견해: 피고의 행위가 금지된 불공정거래행위에 해당한다는 법적 판단이 존재하고 그와 직접관계가 있는 이익침해를 받는 사람이 있으면 바로 청구권자가 될 수 있다고 하면서, '현저한 손해'라는 문구는 이를 확인한 주의규정에 불과하다는 유력한 견해 제시

(3) 우리나라 입법론

○경쟁상의 피해(antitrust injury)와 현저한 손해요건을 우리 법상 수용하느냐와 수용한다면 어떤 법규정으로 구체화 할지가 쟁점임

(가) 소권자(원고적격): 경쟁상의 피해

○미국 독점금지법상 요구되는 경쟁상의 피해요건은 미국 독점금지법 규정이 여러 법에 산발적으로 존재하기 때문에 통일적인 개념으로 정리할 필요성이 있었기에 판례법상 발전된 것으로 평가됨

○우리나라의 경우 독점금지법은 현행 공정거래법으로 단일법체계를 이루고 있기 때문에 이론적으로 경쟁상의 피해 개념을 수립하거나 이를 법조문에 그 용어를 사용하여 입법할 필요는 없는 것으로 보임

○그 대신 우리는 현행 공정거래법 위반으로 인하여 피해를 입거나 입을 우려가 있는 자와 같은 형식으로 규정하면 될 것임

－다만, 우리 공정거래법 규정 중 특히 불공정거래행위의 경우에는 경쟁상의 피해가 진정한 위법성 구성요소인지가 불분명한 점이 있음. 즉, 공정한 거래를 저해할 우려 내지는 부당성의 요건이 반드시 경쟁제한성 이외에 거래수단의 공정성 등 순수한 경쟁적 요소 이외의 것도 고려된다고 해석되기 때문임

－그러나, 이는 입법체계의 문제로서 금지청구에만 국한되는 문제는 아니며, 사실상 금지청구의 경우에는 불공정거래행위로 인한 사인에 대한 피해를

법원을 통하여 구제하여야 함이 적절하다 볼 것이므로 더 이상의 논의는 생략함

○우리 공정거래법 규정 중에는 실체적 규정 이외에 절차적 규정이 있으며, 이를 위반한 경우에도 금지청구를 인정할 수는 없을 것임. 그러나, 절차적 규정으로 인하여 사인이 직접적으로 피해를 입는 경우는 상정하기 어렵기 때문에 이는 특별히 문제가 되지 않음

－만약 실체적 규정의 위반인 경우에만 금지청구가 발생한다는 점을 명시하려면 위반의 대상이 되는 법규정을 구체적으로 나열하면 될 것임(이와 관련된 구체적 법조문은 다음 절 금지대상행위에서 별도로 다룸)

〈입법규정(법조문) 제1안〉

이 법의 규정을 위반한 행위로 인하여 피해를 입거나 피해를 입을 우려가 있는 자는 그 위반행위를 하거나 할 우려가 있는 사업자 또는 사업자단체를 상대로 그 위반행위의 중지 또는 예방을 법원에 청구할 수 있다.

〈입법규정(법조문) 제2안〉

이 법의 규정을 위반한 행위로 인하여 이익을 침해 당하거나 침해 당할 우려가 있는 자는 그 위반행위를 하거나 할 우려가 있는 사업자 또는 사업자단체를 상대로 그 위반행위의 중지 또는 예방을 법원에 청구할 수 있다.

○사 견:

－제1안과 제2안에 실질상 법운영에서 차이점은 없을 것임. 결국 차이점은 피해를 기준으로 삼느냐, 이익침해를 기준으로 삼느냐 하는 것임. 피해를 입은 경우에 자연히 이익이 침해됨으로써 피해가 발생한 것으로 인정될 것이므로 차이는 없다는 것임

－제2안은 일본 개정법 조문을 따른 것이고, 제1안은 우리 법상 금지청구와 균형을 이루는 것이 바람직한 제57조 손해배상청구 조문에서 따온 형식임

－실질적으로 차이가 없다면, 우리법 조문 중 상호관련성 있는 조문간에 규정의 형식을 일관성 있게 가져가는 것이 바람직하므로 제1안이 더 타당함

(나) 피고 적격

○피고적격의 문제는 상대적으로 큰 문제가 없음. 즉, 공정거래법 위반자가 될 것임. 다만, 위 원고적격에서 다룬 것과 같은 조문형식을 정하는 문제가 있을 것임

〈입법규정(법조문) 제 1 안〉

이 법의 규정을 위반한 행위로 인하여 피해를 입거나 피해를 입을 우려가 있는 자는 그 위반행위를 하거나 할 우려가 있는 사업자 또는 사업자단체를 상대로 그 위반행위의 중지 또는 예방을 법원에 청구할 수 있다.

〈입법규정(법조문) 제2안〉

이 법의 규정을 위반한 행위로 인하여 이익을 침해 당하거나 침해당할 우려가 있는 자는 그 이익을 침해하거나 침해할 우려가 있는 사업자 또는 사업자단체를 상대로 그 위반행위의 중지 또는 예방을 법원에 청구할 수 있다.

○ 사 견:

–두 가지 안의 차이점은 피고를 위반행위자로 할 것이냐 아니면 원고의 이익을 침해한 자로 할 것인가의 문제임. 다만, 제1안과 제2안에 실질상 법운영시 차이점은 없을 것임. 그 이유는 이 법의 규정을 위반한 행위로 인하여 피해를 입거나 입을 우려(이익을 침해 당하거나 침해당할 우려)가 있는 자라고 원고 적격을 제한하였기 때문에 피고는 법위반자이면서 동시에 그로 인하여 원고에게 피해를 입히거나 이익을 침해한 자이어야 하기 때문임

–제2안은 일본 개정법 조문을 따른 것이고, 제1안은 우리 법상 금지청구와 균형을 이루는 것이 바람직한 제57조 손해배상청구 조문과의 균형을 고려한 위에서 제시한 원고 적격에 관한 제1안과 균형을 맞춘 것임

–실질적으로 차이가 없다면, 상호 관련성 있는 규정의 형식을 일관성 있게 가져가는 것이 바람직하므로 제1안이 더 타당함

(다) 현저한 손해 요건

○ 연구자는 현저한 손해의 요건을 금지청구의 추가적 구성요건으로 삽입하는 것이 타당하지 않다고 봄

○ 앞서 외국의 예에서 보듯이 현저한 손해의 요건을 추가적으로 요구하는 법제는 일본 이외에는 발견되지 않음. 따라서 비교법적으로도 현저한 손해 요건을 가중하는 것은 우리 입법론상 타당하지 않음

○ 일본에서는 이를 위법성 가중요건으로 보고 있으나, '현저한 손해'는 위법행위의 결과적 측면에 관한 것인데 이것을 행위의 위법성 자체를 판단하는 기준의 정도를 정하는 요소로 삼는 것은 논리적으로 타당하지 않음

–일본에서는 피고의 행위를 사전에 억제한다고 하는 것이 그 파급효과가 크다는 점을 특별히 걱정하고 있으나, 금지청구제도의 취지는 그런 위험성에

도 불구하고 사전억제의 필요성이 있을 때 활용하기 위하여 만들어진 제도임

－따라서 금지청구제도를 그 취지에 맞게끔 운용할 수 있는 법규정을 만드는 것이 바람직한 것이지 위법성의 요건을 가중하여 엄격하게 만드는 것은 금지청구제도의 본래 취지에 맞지 않음

－사전에 억제됨으로써 피고에게 미치는 영향이 지대할 수 있다는 우려는 독점금지관련 행위에 국한되는 현상이 아님 (마찬가지의 위험이 있는 지적재산권 관련 특별법령에는 '현저한 손해' 와 같은 가중 요건이 일본이나 한국에서 발견되지 않음)

－일정한 사업행위가 사전에 금지됨으로 인한 사회적 폐해를 고려해야 한다는 것은 위법성 요건을 가중시키는 것과는 개념적으로 별개의 문제임. 그러한 고려가 필요하다면 직접적으로 법원으로 하여금 그 고려를 할 수 있는 근거문언을 삽입하는 것이 상대적으로 더 바람직할 것임

－일본의 유력설 중에서도 '현저한 손해'라는 문언을 법조문에 남겨두는 대신에 단서 조항을 삽입하여 '다만, 금지를 인정함으로써 사회적 폐해가 있는 경우에는 금지를 인정하지 않는다'라고 규정하는 것이 더 옳았다는 지적이 존재함

－미국이나 다른 선진국의 경우에는 법원이 특별한 근거법령 없이도 금지청구가 가지는 구제수단으로서의 특수성에서 본질적으로 연유하는 것으로 인정하여 위와 같이 사회적 폐해가 더 큰 경우에 금지청구를 인용하지 않는 태도를 취하고 있음

〈입법규정(법조문) 제1안〉

① 이 법의 규정을 위반한 행위로 인하여 피해를 입거나 피해를 입을 우려가 있는 자는 그 위반행위를 하거나 할 우려가 있는 사업자 또는 사업자단체를 상대로 그 위반행위의 중지 또는 예방을 법원에 청구할 수 있다.

② 법원은 제1항의 금지청구 사유가 인정되는 경우에도 위반행위의 금지로 인한 사회적 폐해가 더 크다고 판단하는 경우에는 금지청구를 기각하거나 위반행위 금지 이외의 적절한 조치를 피고에게 명할 수 있다.

〈입법규정(법조문) 제2안〉

이 법의 규정을 위반한 행위로 인하여 이익을 침해 당하거나 침해당할 우려가 있는 자는 그 행위로 인하여 현저한 손해가 발생하거나 발생할 우려가 있는 때에는 그 이익을 침해하거나 침해할 우려가 있는 사업자 또는 사업자단체를 상대로 그 위반행위의 중지 또는 예방을 법원에 청구할 수 있다.

○사 견:

－제2안은 일본 개정법상의 조문을 거의 그대로 가져온 것임. 앞서 지적한 여러 가지 이유로 현저한 손해라는 막연한 일반 개념을 조문에 도입하는 것은 바람직하지 않음

－제1안은 현저한 손해라는 추가 요건이 필요하다는 실질적 이유가 사업행위의 사전적 금지가 가져올 수 있는 위험성을 고려한 것이라면 바로 그 상황을 구체적으로 제2항에 명시하여(제1항의 단서 형식으로도 가능) 법원에 명확한 지침을 부여하는 것이 타당하다는 견해에 입각함

－즉, 제1안은 미국이나 다른 선진국들의 판례법을 법조문에 구체화하자는 것이며, 우리나라의 법원이 독점금지법에 관한 해석 적용의 역사가 일천하고, 우리법은 대륙법계라는 것을 고려하면 법조문에서 법원의 해석 지침을 명확히 주는 것이 법체계상 바람직할 수 있다고 봄

－조문의 구체적 내용: 위반행위의 금지로 인한 사회적 폐해가 더 크다고 인정되는 경우란 위반행위가 가져올 피해자에 대한 손실 또는 그 위험성의 정도가 그 금지로 인하여 사회적으로 가져올 수 있는 폐해(제3자 손실 포함)보다 상대적으로 작다고 판단되는 경우를 의미함. 이는 금지청구가 위반행위의 사전적 억제와 더불어 대세효(제3자에게 미치는 영향)가 있다는 특성을 고려한 입법론임

－제1안(특히 제2항)을 채택하는 경우에는 아래서 논의하는 금지대상행위의 범위를 정하는 문제 역시 쉽게 해결이 될 수 있음. 즉, 금지대상행위를 불공정거래행위 등 특정 행위에 한정하고자 하는 자의적인 노력 대신에 금지대상행위를 전반적으로 인정하고 대신 구체적인 사건에서 금지청구의 부작용이 발생되는 것을 막는 여과장치로서 제1안의 제2항을 활용할 수 있게 되기 때문임

2. 금지 대상 행위

○쟁점: 독점행위(시장지배적 지위 남용), 카르텔(부당공동행위), 합병(기업결합), 불공정거래행위, 재판매가격유지행위 등 모든 유형의 독점금지법 위반행위를 금지청구의 대상으로 할 것인지 아니면 일정한 유형의 위반행위만을 금지청구의 대상으로 제한할 것인지 여부

－일본 개정법처럼 불공정거래행위로 제한할 것인지 여부

-기업결합의 특수성을 고려하여 이를 제외할 것인지 여부

(1) 외국의 예

○ 일반적 고찰:

-금지청구를 인정하는 국가들은 거의 모든 유형의 독점금지법 위반행위를 금지대상에 포함시키고 있음

-카르텔과 기업합병에 대하여도 OECD 회원국들은 거의 모두 금지대상으로 인정하고 있음

-금지대상을 불공정거래행위에 국한시키는 것은 일본이 유일함

○ 미 국

모든 독점금지법 위반행위가 그 대상이 됨(반트러스트법 위반행위 - 카르텔, 독점, 재판매가격 유지행위, 가격차별, 직접거래거절, 합병, 주식 또는 자산의 취득, 임원겸임)

○ 벨기에

카르텔, 시장지배력 남용, 재판매가격 유지행위, 공동 거래거절, 구속조건부 거래, 배타조건

부 거래, 끼워팔기, 부당염매, 가격차별, 부당한 고객 유인, 합병

○ 이탈리아

카르텔, 지상지배력의 남용, 합병

○ 네덜란드

카르텔, 시장지배력의 남용, 재판매가격 유지행위, 공동 거래거절, 배타조건부 거래, 부당염매, 가격차별, 합병

○ 스위스

수평적 합의, 수직적 합의, 시장지배력 남용, 합병, 거래거절, 차별적 취급

○ 호 주

비양심적 행위, 불공정거래, 합병

○ 프랑스

부당염매, 가격차별, 끼워팔기, 직접의 거래거절

○ 독 일

카르텔, 수직적 가격구속, 거래조건의 구속, 특허 등 라이센스 계약에서 라이센스의 남용, 위법행위의 권유 강요, 적용제외 카르텔 등에 대한 참가의 강

제, 거래거절의 부추김, 차별, 방해, 기업합병

○ 헝가리

위반행위 일반

○ 뉴질랜드

협정(카르텔), 공동 거래거절, 재판매가격 유지행위, 시장지배적 지위 남용행위, 합병, 주식취득

○ 스웨덴

시장지배적 지위의 남용, 합병, 부당한 고객유인을 제외한 모든 조항

(2) 쟁점 1: 불공정거래행위만을 금지청구의 대상으로 제한할 것인지 여부

○ 일본 개정법의 입법취지

—불공정거래행위만을 금지대상으로 한 것은 다른 행위유형들은 공익적 색채가 강한 반면에 불공정거래행위는 사익적인 색채가 강하기 때문임(입법제안 설명)

—불공정거래행위는 일반 민사소송제도를 따르기 쉽고, 원고의 입증이 곤란하지 않은 사건이 많음

—공취위보고서에서는 공익적인 색채가 강한 위반유형은 '독점금지법의 운용기관으로서 법률 또는 경제에 관한 학식 경험을 가진 자에 의한 합의제 행정기관' 즉 공취위에 전부 맡겨야 한다는 입장을 제시하고 있음

—위와 같은 입장은 경제단체연합의 견해와 일치하는 것으로 금지청구의 대상을 불공정거래행위에 제한한 것은 경제단체연합의 의견에 배려를 한 것이라는 추측을 낳게 함

○ 비판(일본 개정법의 부당성)

—불공정거래행위의 유형으로 지정되어 있는 구체적인 행위태양 중 일반 민사법제상 불법행위 유형으로 위치하여야 할 것들이 많음. 따라서 불공정거래행위만을 금지청구의 대상으로 제한함은 독점금지법의 핵심적인 규제대상인 '반경쟁적 행위'를 금지대상에서 거의 해방시키는 것과 마찬가지임

—불공정거래행위라는 이름 하에 집합되어 있는 행위유형 중에서 상당부분이 시장지배적지위남용행위나 부당공동행위, 나아가서는 기업결합 중 한 구성요소가 되는 행위와 개념적으로 중복될 수 있음

(예: 경쟁자들끼리의 공동거절행위는 부당공동행위의 유형인 '보이콧(boycott)'일

뿐만 아니라 불공정거래행위 유형 중 제1호에서 규정하는 '부당하게 거래를 거절하는 행위'에 동시에 해당될 수 있음)

• 따라서, 금지대상을 불공정거래행위 유형에 한정시키면 원고 입장에서는 시장지배적지위남용행위나 부당공동행위의 유형에 전형적으로 해당하는 것도 불공정거래행위의 옷을 입혀 금지청구를 하는 현상이 생길 것임

– 원고변호사의 법적 조작으로 금지청구의 대상이 되는지 여부가 결정되며, 가장 중요한 규제대상인 독점이나 카르텔에 관한 판단은 유탈되고 불공정거래행위에 관한 법원의 판단만이 축적된다는 것은 독점금지법의 발전이라는 입장에서도 바람직하지 못함

– 결론적으로 금지대상을 불공정거래행위에만 국한시킨 것은 이론적으로나 비교법적으로 그리고 법체계상 매우 근거가 빈약함

(3) 쟁점 2: 기업결합을 금지청구 대상에서 제외할 것인지 여부

○ 기업결합을 금지대상에서 제외해야 한다는 견해(일본공취위보고서)

– 기업결합규제는 경쟁적 시장구조의 유지가 목적이고 경쟁의 실질적 제한이 생기지 않더라도 그것이 용이하게 나타날 수 있는 상황이 초래되는 경우도 독점금지법상 금지된다는 점을 고려할 때, 동법에 위반되는 기업결합이 직접적으로 사인에게 피해를 준다고 할 수 없음

– 결합관계의 전부 또는 일부의 해소를 당해 피해구제에 필요한 범위로 한정하는 것이 곤란하고, 결합관계의 해소가 제3자와의 계약관계 등에 커다란 영향을 줄 수도 있음

– 경쟁적 시장구조의 유지를 위하여 공취위가 신고제도를 통해 기업결합의 실태를 파악하는 제도가 마련되어 있으므로 민사적으로까지 사전 억제효과를 강화할 필요성이 낮음

○ 비판: 기업결합 제외의 부당성

– 기업결합을 금지하는 취지는 구체적 경쟁제한행위의 예방에 그 취지가 있으므로 이는 금지청구제도와 그 취지가 오히려 부합됨

– 금지청구는 손해발생이 현실화되지 않더라도 그것이 우려되는 상황에서 인정하고자 함이 중요한 제도적 취지이기 때문에 경쟁의 실질적 제한이 일어나지 않은 경우에 사인에게 직접적으로 피해를 준다고 할 수 없다는 것은 금지청구제도의 본래 취지를 망각한 지적임

－사건별로 상황에 따라서 원고가 기업결합으로 인하여 본인에게 피해가 발생할 우려가 있다는 점을 입증하지 못하는 경우에는 금지청구를 그 사건에 한하여 법원이 배척할 수 있으므로 부당한 결과가 초래되지 않음

－기업결합의 금지는 제3자에게 미치는 영향이 상대적으로 클 수 있으나, 이는 구제의 범위를 어떻게 합리적으로 선택하여 운영할 지의 문제임

－한정된 인력을 가진 공정거래위원회가 모든 종류와 규모의 기업결합 사건을 충분한 전문적인 검토를 거쳐서 처리한다는 보장은 없으며, 우리 현행법 하에서도 일정 규모 이하는 safe heaven을 인정하고 있음

• 따라서, 공정거래위원회의 기업결합 규제가 미치지 않지만 사인에게 경쟁상 피해를 유발할 수 있는 기업결합에 대한 규제를 사인의 금지청구가 대신 할 수 있음

－보다 근본적으로, 공취위가 관할권을 가지고 있는 기업결합에 관하여도 이해관계 있는 제3자인 다른 사인은 공취위의 소극적 규제에 대하여 다른 견해를 가질 수 있음

• 이 경우 삼권분립의 가장 기본적인 전제인 행정기관(준사법기관이라도 마찬가지)의 처분에 대한 사법심사는 보장되어야 할 것임

• 그런데 공정거래위원회가 일정한 기업결합에 대하여 조사를 불개시하거나 조사 후 규제조치까지 이르지 않기로 결정한 것에 대하여는 기업결합으로 인한 경쟁상 피해자 입장에서 실질적으로 법원에서 그 소극적 결정 자체를 행정법적으로 다툴 수 있는 방법이 없으므로 이에 대한 보완/대체수단으로 사인의 금지청구를 인정함이 바람직함

(4) 금지대상행위 확장에 대한 우려의 부당성

○ 쟁점: 금지대상행위를 전면적으로 확장하면 공정거래위원회의 권한 왜소화가 초래되며, 법원에 독점금지법 집행권한이 대폭 이양되어 공정위의 전문적인 정책적 결정이 일반법지식만을 가진 법원에 의하여 번복되는 바람직하지 않은 결과가 우려된다는 주장이 타당한지 여부

○ 비판(우려의 부당성)

－공정거래위원회의 시정조치 등이 사업자에 의하여 행정소송으로 다투어지는 경우 공정위의 결정이 법원에 의하여 뒤집혀질 수 있는 가능성은 현재 법제도상으로도 어차피 인정됨

—사인에 의한 금지청구는 오히려 공정거래위원회의 법집행과 충돌하지 않고 나란히 갈 수 있는 제도임

• 사인은 법원에 금지청구를 하면서 동시에 공정거래위원회에 위반행위 신고를 하여 사실상 조사개시요청을 할 수 있음(이것이 일반적인 경우가 될 것임)

• 당사자가 위반행위 신고를 하지 않은 경우(매우 예외적일 것임)에도 법원은 사건 심리의 전문성을 확보하기 위하여 절차진행 중에 공정거래위원회의 의견을 구하는 것이 대부분일 것으로 예상됨(특히 아래에서 보듯이 금지청구의 소가 제기된 경우 법원의 공정거래위원회에 대한 통지의무를 인정하고 공정위의 의견을 구할 수 있는 권한을 개정법에 명시적으로 규정하며, 통지를 받은 공정위는 법원의 허가를 얻어 사건의 법 적용 등에 관하여 의견진술을 할 수 있게 하면 됨)

• 그렇다면 법원의 결정은 오히려 공정거래위원회의 결정을 대부분 존중할 가능성이 더 높음(현재 한국의 법원 구조나 판사들의 인적구성을 감안할 때 공정거래위원회의 의견을 전적으로 무시하고 판결을 하기는 사실상 힘들 것으로 예상됨)

—금지소송절차에서 사건의 양 당사자인 원피고가 충분히 법률상 주장 입증을 하고, 공정거래위원회의 의견이 법원에 실질적으로 반영된 판결이 나온다는 것을 전제로 하면, 현 제도 하에서 인정되는 공정거래위원회의 시정조치에 사업자가 재차 불복하는 건수는 오히려 절대적으로 감소하는 순기능이 발휘될 수 있음

—사회적 악을 행하였다고 볼 수 있는 독점금지법 위반 사업자가 공정위의 시정조치에 불복하는 방법은 행정소송으로 현 제도 하에서 인정되고 있으면서, 오히려 독점금지법 위반행위로 선의의 피해를 입은 사인에 대하여는 공정위의 조사불개시결정이나 조사 후 시정조치를 내리지 않기로 한 결정이 난 이후에 이에 불복할 권리를 부여하지 않는 것은 형평에도 반할 뿐만 아니라 공정경쟁질서의 확립이라는 독점금지법의 근본적인 취지에도 역행하는 것임

—금지소송의 당사자는 바로 경제적 이해관계가 있는 사인들이므로 공정위에서 사건을 조사하는 경우 그 절차에서 피해자가 신고인으로서 수동적으로 참여할 수 있는 범위 이상으로 금지소송절차에서 독점금지법 위반을 입증하는 데 노력을 하게 될 것이기 때문에 진정한 의미에서 독점금지법의 집행

과 관련하여 공정위의 역할을 보완하는 기능을 할 수 있음

(5) 소 결 론

○금지청구의 대상을 불공정거래행위 유형에 국한시키는 일본의 최근 개정법 규정은 바람직하지 않음

○이는 비교법적으로 매우 이례적인 법제이며, 이론적 타당성을 결하고 있는 법제를 우리나라가 그대로 답습할 필요성은 전혀 없다고 봄

〈입법규정(법조문) 제1안〉

이 법의 규정을 위반한 행위로 인하여 피해를 입거나 피해를 입을 우려가 있는 자는 그 위반행위를 하거나 할 우려가 있는 사업자 또는 사업자단체를 상대로 그 위반행위의 중지 또는 예방을 법원에 청구할 수 있다.

〈입법규정(법조문) 제2안〉

이 법 제3조, 제7조, 제19조, 제23조 및 제29조의 규정을 위반한 행위로 인하여 피해를 입거나 피해를 입을 우려가 있는 자는 그 위반행위를 하거나 할 우려가 있는 사업자 또는 사업자단체를 상대로 그 위반행위의 중지 또는 예방을 법원에 청구할 수 있다.

○평 가:

−위 제1안과 제2안은 금지대상을 포괄적으로 이 법의 규정 위반행위로 할 것인지와 구체적인 금지대상행위를 나열하는 차이를 보임

−제2안이 공정거래법상 주요 경쟁제한행위인 독점적지위남용(제3조), 기업결합(제7조), 부당공동행위(제19조), 불공정거래행위(제23조) 및 재판매가격유지행위(제29조)를 모두 망라하는 한 제1안과 실질적인 차이는 없게 됨(그 중에서 선별적으로 열거하는 것이 부당함은 앞서 봄)

−제1안은 이 법의 규정 위반이라고 포괄적으로 조문화되면서 위 5가지 주요 실체적 규정 위반 이외에 다른 규정(예: 절차적 규정) 위반 여부가 포함될 수 있음. 이론적으로는 사인이 어떤 다른 사업자의 공정거래법상 절차적 규정 위반으로 인하여 피해를 보았다고 주장할 수 있겠으나(예: 기업결합 신고의무 위반) 이는 소위 경쟁상의 피해 개념과 다른 것으로서 사인의 금지청구가 의도하는 것과는 거리가 있음

−따라서, 입법단계에서 법 집행의 혼란을 막기 위해서는 제2안을 채택함이 확실할 것으로 보임. 그럼에도 불구하고 현재 제57조상의 손해배상 규정이

이 법의 규정을 위반한 경우로 포괄적으로 규정되어 있으므로, 이와의 입법형식상 균형을 맞추기 위해서는 제1안을 채택하여야 할 것으로 판단됨

3. 구제의 범위 – 금지명령의 내용

○ 쟁점: 금지청구 인용시 어떤 내용의 금지명령을 내릴 수 있는지의 문제

–'침해'의 금지인지 아니면 '위반행위'의 금지인지 여부

–부작위명령 이외에 작위명령이 가능한지 여부

–박탈적 처분이 가능한지 여부

(1) 외국의 예

(가) 미 국

○ 클레이튼법 제16조는 단순히 '금지구제수단(injunctive relief)'을 청구할 수 있다고만 되어 있기 때문에 구체적으로 그 구제수단이 무엇인지는 법원의 해석 운영에 따름

○ 미국 판례법에 따르면 형평법상의 구제수단인 금지청구에서는 법원이 피고에게 부작위의무를 부과하는 것뿐만 아니라 작위명령을 내리는 것도 당연히 허용됨

○ 금지명령으로 소위 '박탈적 처분'을 할 수 있는가에 관한 논의:

–재산이나 기업분할명령, 기업해산명령과 같이 피고가 취득한 재산이나 권리를 빼앗는 판결주문이 가능할 것인지의 문제

–연방대법원에서 박탈적 처분이 가능하다고 판시하여 논란을 불식시킴

(예: 기업합병이 문제된 사건에서 피고에게 불법적인 합병을 통해 취득한 회사를 처분하라는 명령까지 금지소송에서 내릴 수 있음)

–금지청구는 미국법상 형평법상의 구제수단(injunctive relief)으로서 광범위한 구제가 인정되는 것과 맥을 같이 함

–다만 미국 대법원도 사인소송에서 권리박탈적 처분이 가능하다고 하더라도 정부소송에서 그것이 인정되는 것보다는 사인소송에서 인정되는 범위가 더 좁을 수밖에 없다는 점은 법원이 이를 간접적으로 암시하고 있음

(나) 일 본

○ 개정법은 금지명령으로 '그 침해의 정지 또는 예방'을 명하도록 되어 있음

"제8조 제1항 제5호 또는 제19조의 규정에 위반한 행위에 의하여 그 이익

을 침해당하거나 침해당할 우려가 있는 자는, 그 행위로 인하여 현저한 손해가 발생하거나 발생할 우려가 있는 때에, 그 이익을 침해하거나 침해할 우려가 있는 사업자 또는 사업자단체를 상대로 그 침해행위의 중지 또는 예방을 청구할 수 있다.”

○ 침해의 정지 또는 예방을 어떠한 방법으로 달성하느냐의 문제가 부상함

－이 조문 형식은 일본의 지적재산권법제의 입법형식을 그대로 답습한 것임

○ ‘침해의 정지와 예방’이라고 되어 있으므로 법원의 판결대상은 원고에게 가해지는 침해의 억지에 국한될 뿐이며 위반행위 전체를 억제하는 것은 아니라는 해석이 가능

－사인의 금지청구가 개인에 대한 민사적 구제수단이라는 본질을 벗어날 수 없다는 고려에 기인하는 것으로 보임

－그러나 원고의 이익 침해를 제거하기 위해서는 피고의 위반행위 전체를 억류할 필요성이 있는 사안이 많을 것이며, 현실적으로 패소한 피고는 공정위의 추가적인 포괄적 시정조치를 예견하고 또는 사회적 비난을 의식하여, 위반행위 전체를 제거하는 경우가 적지 않을 것이라고 함

○ ‘침해의 정지 또는 예방’이라는 표현이 법원에게 적극적 행위의 중지를 명하는 부작위명령 뿐만 아니라 구체적인 행위를 명할 수 있는 작위명령까지 허용하느냐가 문제됨

－정지 또는 예방의 대상은 ‘침해’이며, 침해하지 않는다는 의미에서의 부작위라고 하더라도 그 부작위를 실현시키기 위한 수단으로서 작위의무가 발생할 수 있음

－일본의 입안담당자의 설명도 침해의 방지 또는 예방을 위하여 법원의 작위명령이 가능하다고 밝히고 있음

○ 법원의 판결내용이 작위의무를 부과하는 경우 그 내용이 얼마나 구체적일 수 있는지의 문제

－예: 부당거래거절의 경우 법원이 피고에게 상품교역의 구체적 거래조건과 기간을 명기하여 작위명령을 내리는 것은 자의적이 될 우려가 있고, 법원이 그러한 위험을 감수하는 것이 법원의 본래 고유기능에 부합하지도 않는 것으로 사료됨

－일반적으로는 판결의 주문은 가능한 한 구체적일 것이 요청되며, 독점금지법 위반 사건의 경우에도 금지청구소송에서 추상적 주문을 내리는 경우

에는 제2의 분쟁을 촉발시킬 가능성이 농후함

– 다만 너무 구체적인 행위를 특정하여 판결주문을 내리는 경우에는 오히려 피고 입장에서 그 행위 이외의 다른 행위수단을 사용하여 동일 목적을 달성하면서 판결을 회피할 수 있는 가능성이 있으므로 그것도 역시 바람직하지 않음

○ 일본에서는 침해의 방지 또는 예방이라는 문언을 평범하게 해석할 때 박탈적 처분은 불가능한 것이라는 견해가 존재함

○ 금지청구의 대상으로 피고의 행위가 독점금지법을 위반하여 원고에게 피해를 입할 가능성이 있거나 피해를 입었다는 내용의 확인판결을 구하는 것도 가능하다고 봄

– 다만 민사소송법상 요구되는 '즉시확정의 현실적 이익' 요건을 충족하여야 함

(2) 우리나라 입법론

〈입법규정(법조문) 제1안〉

이 법의 규정을 위반한 행위로 인하여 피해를 입거나 피해를 입을 우려가 있는 자는 그 위반행위를 하거나 할 우려가 있는 사업자 또는 사업자단체를 상대로 그 위반행위의 중지 또는 예방을 법원에 청구할 수 있다.

〈입법규정(법조문) 제2안〉

이 법의 규정을 위반한 행위로 인하여 이익을 침해당하거나 침해당할 우려가 있는 자는 그 이익을 침해하거나 침해할 우려가 있는 사업자 또는 사업자 단체를 상대로 그 침해행위의 중지 또는 예방을 청구할 수 있다.

○ 평 가:

– 금지명령의 대상을 "위반행위"로 할 것이냐 아니면 "침해행위"로 할 것인지의 문제임

– 그 실무적 차이는 금지명령의 내용에 관한 미국법과 일본법의 차이와 동일 할 것임

– 구체적으로는, "침해행위의 중지 및 예방"이 작위명령을 포함한다는 것은 일본법 하에서도 인정되므로 결국 다음 두 가지 쟁점이 부각됨

(i) 법원의 금지명령의 대상을 침해의 억지에 국한시킬 것인지 아니면 위반행위의 억지로 볼 것인지 여부:

• 일본에서는 사인의 금지청구가 개인에 대한 민사적 구제수단이라는 사익설에 입각하기 때문에 침해의 억지에 초점을 맞출 수 밖에 없는 것으로 생각됨

• 우리나라에서 사익설을 맹종할 이유가 없음은 이미 앞서 보았으므로 일본의 규정례를 그대로 답습할 필요가 없음

• 더욱이 우리 법 손해배상규정인 제57조와의 균형상 "위반행위로 인한 피해"라는 문구를 사용하고 일본법과 같이 "이익의 침해"를 원고 적격의 요건으로 조문화하지 않는 입장을 취한다면, 금지명령의 내용 역시 "위반행위의 중지 또는 예방"으로 하는 것이 "침해행위의 중지 또는 예방"으로 하는 것보다 조문의 균형을 맞출 수 있을 것임

(ii) 금지명령에서 박탈적 처분을 허용할 것인지 여부

• 사인이 금지소송을 제기하는 경우에 그 판결의 효력이 제3자의 권리관계에까지 영향을 줄 수 있기 때문에 박탈적 처분은 무한정 허용되어서는 안됨

• 그렇다고 하여 향후 우리나라 사인금지소송에서는 박탈적 처분이 전혀 허용되지 않는다고 함은 타당하지 않음

• 이미 피고가 위반행위를 완료한 후에는 사후 손해배상만으로는 원고의 피해를 회복할 수 없는 사정이 존재하는 때에는 박탈적 처분만이 유일하게 가능한 구제수단이기 때문임

• 박탈적 처분을 인정하지 않는다면 사업자들 입장에서 가능한 한 빨리 위반행위를 완료할 유인을 제공하는 것이 되기 때문에 억지효과 측면에서도 바람직하지 못함

○ 소 결 : 위와 같은 제반 요소를 고려할 때 제1안을 채택하고 보다 구체적인 금지명령의 내용은 법원의 합리적 법적용으로 해결해 나아가야 함

Ⅳ. 금지청구 관련 절차적 규정

1. 공정거래위원회의 관여

○ 쟁점: 금지청구의 소가 법원에 제기된 경우 그 사건에서의 공정거래위원회의 역할을 어떻게 규정할 것인지의 문제. 구체적으로 세가지 이슈가 등장

– 법원에게 공정위에 대한 통지의무를 인정할 것인지 여부
– 법원에게 공정위에 대하여 의견을 구할 수 있는 근거규정을 마련할지 여부
– 공정위에게 의견진술권을 부여할 것인지 여부

(1) 외국의 예

(가) 프랑스

○ 경쟁평의회는 공동행위, 시장지배적 지위의 남용, 부당염매 등의 반경쟁행위를 감시하며, 법원에게 자문을 할 수 있음

○ 경쟁담당장관 또는 그 대리는, 법원에 의견서의 제출, 법정에서 의견의 진술 등을 할 수 있음

(나) 독 일

○ 경쟁제한금지법에 관한 소송이 제기된 경우에, 법원은 연방카르텔청에 통지하는 것이 의무임

○ 연방카르텔청 직원은 법원에 의견서의 제출, 법정에서 의견의 진술 등을 할 수 있음

(다) 스웨덴

○ 경쟁당국이 조치를 취하지 아니하기로 결정한 것에 대하여는, 관련소송에 관하여 법원은 같은 판단을 할 수 있음

(라) 스위스

○ 민사소송에서 경쟁제한의 적법성이 문제가 되는 경우에는, 경쟁당국의 의견을 구하여야 함

(마) 미 국

○ 일반적인 소송제도인 amicus curiae(법정의 친구)를 활용하여, 행정청은 법원에 의견을 제출, 법정에서 의견의 진술 등을 할 수 있음

(바) 일 본

○ 금지청구의 소가 제기되면 법원은 그 취지를 공취위에 통지함과 아울러 공취위에 대하여 당해 사건에 대한 독점금지법 적용 기타 필요한 사항에 관하여 의견을 물을 수 있도록 하고 있음

○ 공취위는 법원의 허가를 얻어 법원에 대하여 당해 사건에 관한 독점금지법 적용 기타 필요한 사항에 관한 의견을 진술할 수 있음

○ 법원이나 공취위에 대하여 의무규정은 아님

(2) 우리나라 입법론

(가) 현행법 및 일반적 고찰

○ 현행 민사소송절차 하에서 법원은 언제든지 유관행정기관에 대하여 의견조회나 사실조회의 형식으로 법률적 의견이나 사실자료를 요청할 수 있음

○ 원고나 피고 중 하나는 최소한 공정위의 의견을 법원이 참작하는 것을 원할 것이기 때문에 대부분의 사건에서 법원은 자연스럽게 공정위의 의견을 구할 것으로 사료됨

○ 따라서 일본 개정법과 같은 규정이 없다고 하여 우리 금지청구 소송에서 공정위가 전혀 관여하지 못한다고 볼 것은 아님

○ 그러나 공정거래법의 집행에서 그 전문성을 가진 공정위가 가능하면 법원의 금지청구의 소에 적극적으로 참여하는 것이 유관기관의 견해의 통일을 도모할 수 있고 결국 타당한 방향으로의 법집행을 이끌어 낼 수 있다고 보았을 때 공정위의 관여를 촉진하는 절차적 규정을 도입하는 것이 바람직하다고 봄

(나) 통지의무

○ 금지청구의 소가 제기된 경우 공정거래위원회는 그 사실을 인지하지 못하고 있을 수도 있음. 공정위 입장에서는 공정거래법 위반을 전제로 한 법원에의 소송이 진행되는 것을 파악하고 독자적인 조사개시 여부를 결정할 수도 있으며, 가능하면 전문성에 입각한 법원의 소송에 도움을 줄 수 있는 증거자료나 법 적용에 관한 의견을 진술하는 것이 바람직함

○ 법원에 금지소송을 인정하는 것이 공정위의 고유한 공정거래법 집행 권한을 배제 내지는 대체하려는 것이 아님에 비추어 공정위의 금지청구소송 절차에의 관여는 활성화되어야 함

○ 그런 점에서 법원에 금지청구의 소 제소사실을 공정위에 통지할 의무를 부과하는 것은 법원에 과도한 부담을 초래하지 않으면서 공정위의 바람직한 관여를 촉진할 수 있음

○ 비교법적으로 일본의 경우 법원은 통지 권한을 가질 뿐 통지의무가 없는 것으로 되어 있으나 이를 꼭 추종할 이유가 없고, 독일의 경우에는 오히려 법원의 연방카르텔청에 대한 통지의무가 인정됨

〈입법규정(법조문) 제1안〉

법원은 제1항 금지청구의 소가 제기되면 그 취지를 공정거래위원회에 지체없이 통지하여야 한다.

〈입법규정(법조문) 제2안〉

법원은 제1항 금지청구의 소가 제기되면 그 취지를 공정거래위원회에 통지 … 할 수 있다.

○ 평가: 앞서 본 이유로 제1안이 바람직함

(다) 법원의 구의견(求意見) 의무

○ 금지청구소송에서 법원이 항상 공정위에 대하여 의견을 구할 의무를 부과할 것인지가 문제임

○ 구체적인 사건에서 공정거래법 위반이 문제되는 경우 전문성을 가진 법집행기관인 공정위에 법 적용에 관한 의견 기타 필요한 사항에 관한 의견을 사전에 듣는 것은 법 적용의 일관성 내지는 불필요한 법해석의 충돌을 방지한다는 측면에서 바람직할 수 있음

○ 다만, 사안의 종류에 따라서는 법원에게 공정위에 대하여 의견을 구하도록 법적 강제를 하는 것이 부적당한 경우가 있음

－예 1: 법위반 여부를 판단하는 것이 공정위의 의견을 청취할 필요없이 간명한 경우(예: 부당공동행위의 직접적 증거가 있는 경우)

－예 2: 금지소송 원고가 사전에 같은 사건에 대하여 공정위에 위반행위 신고를 하였음에도 불구하고 구체적 조사개시를 하지 않았거나 시정조치 등을 내리지 않고 시간이 소요되고 있는 경우

○ 따라서, 법원이 적당하다고 판단하는 경우나 원피고 중 최소한 일방당사자가 요청하는 경우에 공정위의 의견을 구할 수 있도록 하되, 이를 강제적 의무사항으로 규정하지는 않는 것이 바람직함

〈입법규정(법조문) 제1안〉

법원은 제1항 금지청구의 소가 제기되면 그 취지를 공정거래위원회에 지체없이 통지하여야 한다. 법원은 그 통지와 더불어 공정거래위원회에 대하여 당해 사건과 관련한 이 법의 적용 여부 기타 필요한 사항에 관하여 시한을 정하여 의견을 구할 수 있다.

〈입법규정(법조문) 제2안〉

법원은 제1항 금지청구의 소가 제기되면 그 취지를 공정거래위원회에 통지함과 동시에 공정위에 대하여 당해 사건과 관련한 이 법의 적용여부 기타 필요한 사항에 관하여 시한을 정하여 의견을 구하여야 한다.

○ 평가: 앞서 지적한 이유로 제1안이 바람직함

(라) 공정위의 의견진술권

○ 금지청구의 소가 제기된 사실을 통지받은 공정위에게 법원내 소송절차에서의 의견진술권을 부여할지가 문제임

○ 앞서 설명한 바와 같이 가능하면 공정위의 의견이 법원에 전달되어 유관기관간의 법적용 해석 등에서 불필요한 충돌을 예방하고 전문성있는 공정위 의견으로부터 법원이 법적 판단에 도움을 받는 것은 바람직함

○ 그러나 공정위의 의견진술을 공정위의 무제한적 권리로 파악하는 경우 특정 사건의 구체적 상황에 따라 법원의 절차 진행을 저해하는 작용을 할 수도 있으며, 극단적으로는 법원의 자유심증주의에 대한 제약 내지는 사법권에 대한 침해로 이해될 수도 있음

○ 따라서, 공정위에게 의견진술권을 보장하되, 법원의 허가를 얻도록 하는 일본 개정법의 규정례를 수용하는 것이 바람직할 것임

〈입법규정(법조문) 제1안〉

법원은 제1항 금지청구의 소가 제기되면 그 취지를 공정거래위원회에 지체없이 통지하여야 한다. 법원은 그 통지와 더불어 공정거래위원회에 대하여 당해 사건과 관련한 이 법의 적용 여부 기타 필요한 사항에 관하여 시한을 정하여 의견을 구할 수 있다. 또한, 공정거래위원회는 법원의 허가를 얻어 법원에 대하여 당해 사건에 관한 이 법의 적용 기타 필요한 사항에 관한 의견을 진술할 수 있다.

〈입법규정(법조문) 제2안〉

법원은 제1항 금지청구의 소가 제기되면 그 취지를 공정거래위원회에 지체없이 통지하여야 한다. 법원은 그 통지와 더불어 공정거래위원회에 대하여 당해 사건과 관련한 이 법의 적용 여부 기타 필요한 사항에 관하여 시한을 정하여 의견을 구할 수 있다. 또한, 공정거래위원회는 법원에 대하여 당해 사건에 관한 이 법의 적용 기타 필요한 사항에 관한 의견을 진술할 수 있다.

○ 평가: 앞서 지적한 이유로 제1안이 더 바람직함

(3) 재판관할

(가) 특별관할규정

○ 쟁점: 금지소송에 대하여 일반 민사소송법상의 관할규정 이외에 특별규정을 마련할 것인지 여부

○ 일본 개정법:

－금지소송에 대하여는 민사소송법 규정에 의하여 관할권을 가지는 법원 이외에 당해 법원의 상급심인 고등법원의 소재지를 관할하는 지방법원 및 동경지방법원도 관할권을 가짐

－이는 가능한 한 금지청구소송이 고등법원 소재지의 지방법원 및 동경지방법원에 집중되도록 유도하는 절차규정임

○ 우리나라 입법론:

－일본의 특별관할규정은 우리나라에도 도입하는 것이 바람직함

－우리 민사소송법상 관할권을 가지는 지방법원에 금지소송을 제기할 수 있는 사인의 기본적인 권리는 인정하되, 가급적 고등법원이 설치된 지역의 지방법원이나 서울중앙지방법원에도 당사자가 원하면 소송을 제기할 수 있도록 유도

－매우 전문적인 사건인 독점금지소송을 지방의 법원에서 처리할 때 생길 수 있는 제도적 문제점을 최소화할 수 있음

• 서울중앙지방법원이나 서울고등법원은 공정거래사건 전담부 기설치

• 독점금지소송을 한 재판부에 집중시킴으로써 재판의 전문성을 도모하고, 적용되는 독점금지법상의 기준을 통일할 수 있는 효과를 노릴 수 있음

－다만, 세 가지 다른 법원에 관할을 인정할 때 피고의 방어권 차원에서 혼란이 생길 수 있다는 고려를 하면 서울지방법원 정도를 선택적 관할로 인정하는 것도 대안이 될 수 있음

〈입법규정 (법조문) 제1안〉

제1항 금지청구의 소에 대하여 민사소송법 규정에 의하여 관할권을 갖는 법원 이외에 서울중앙지방법원도 금지청구의 소에 대하여 관할권을 가진다.

〈입법규정 (법조문) 제2안〉

제1항 금지청구의 소에 대하여 민사소송법 규정에 의하여 관할권을 갖는 법원 이외에 당해 법원의 상급심인 고등법원의 소재지에 있는 지방법원 및 서울중앙지방법원도 금지청구의 소에 대하여 관할권을 가진다.

○ 평가: 앞서 본 이유로 제1안이 바람직함

(나) 제1심을 고등법원으로 하는 방안

○ 공정거래위원회가 사실상 준사법적 기관으로서 제1심의 기능을 할 수 있지 않은가 하는 시각에서 출발

○ 그러나 이 견해는 채택 곤란함

－공정거래위원회가 준사법적 기관이라고 하더라도 실제 행정규제자 입장에 설 때에는 피규제자와의 사이에서는 법원내 금지청구소송에서는 사건의 한 당사자일 뿐임

－더욱이 금지청구는 본질적으로 사인간의 분쟁이므로 금지청구 대상이 되는 피고의 행위에 대하여 공정위가 전혀 개입하지 않았을 경우도 있음(공정위가 조사개시를 하지 않은 상태)

(다) 이 송

○ 피해 당사자가 복수인 경우에 동일 또는 동종의 행위에 대한 금지소송이 여러 법원에 제기된 경우 이송을 허용할 것인지 여부

○ 소송경제의 측면이나 다른 법원간의 불필요한 판결내용의 충돌을 방지한다는 측면에서 이송을 허용함이 바람직할 것임

○ 특히 완전히 동일한 행위가 아니라고 해도 동종의 사건에 대하여 이송을 허용한다는 점이 특징이 될 것임. 이는 공정위의 의견진술권 행사와 관련해서도 바람직할 수 있음

〈입법규정 (법조문)〉

법원은 동일 또는 동종의 행위에 대한 금지소송이 계속중인 다른 법원에 이송함이 상당하다고 인정하는 경우에는 당사자의 신청 또는 직권으로 소송의 전부 또는 일부를 소속 계속중인 법원 또는 다른 금지소송에 관한 관할권을 갖는 다른 법원에 이송할 수 있다.

(4) 남소방지책 담보제공명령

○ 쟁점: 금지소송이 경쟁사업자의 사업활동을 제약하여 경쟁을 회피하거나 거래상대방과의 교섭을 유리하게 진행시키기 위한 수단으로 악용될 우려가 있다고 할 때 그러한 남소의 방지책을 어떻게 도입할 지 여부

－소권의 남용이라는 문제는 모든 형태의 소송에 적용될 수 있는 문제이고 금지청구소송에 특유한 문제가 아니며, 남소방지대책을 법에 섣불리 도입하는 것은 금지소송의 과도한 억제를 초래할 수 있음을 유의해야 함

○ 담보제공명령제도

－일본 개정법상 금지청구의 소가 제기된 경우에 법원은 당해 소제기가 부정한 목적에 의한 것이라는 피고의 소명 및 신청이 있으면 원고에게 상당

한 담보의 제공을 명할 수 있도록 하는 제도를 도입하고 있음

－이는 원고의 소제기를 과도하게 억제하는 효과까지 발생하지는 않으면서 피고에게 최소한 당해 소송이 소권의 남용에 해당하는 경우 방어방법을 마련해 준 것으로 볼 수 있음

－우리도 도입할 가치가 있으나 법조문상 용어의 신중한 사용이 필요할 것임

〈입법규정 3 제1안〉

법원은 제1항 금지청구의 소가 제기된 경우 그로 인한 피고의 이익을 보호하기 위하여 필요하다는 피고의 신청 및 소명이 있으면 결정으로 원고에게 상당한 담보의 제공을 명할 수 있다.

〈입법규정 (법조문) 제2안〉

법원은 제1항 금지청구의 소가 제기된 경우 당해 소 제기가 부정한 목적에 의한 것이라는 피고의 신청 및 소명이 있으면 결정으로 원고에게 상당한 담보의 제공을 명할 수 있다.

○ 평 가:

－제1안은 남소로 인한 피고의 이익을 보호하기 위한 경우라는 표현을 쓰고 있는 반면, 제2안은 소제기가 부정한 목적에 의할 것이라는 요건을 채택하고 있음

－제1안은 피고의 이익을 보호한다는 요건이 추상적일 수 있다는 단점이 있으며, 제2안은 주관적 요건인 부정한 목적의 소명이 실무적으로 가능할 것인지의 단점이 있을 수 있음

－피고의 이익을 보호한다는 문구는 실제 국제협정상 남소를 방지하고자 하는 담보제공명령 관련 규정에서 보편적으로 발견되는 문구이므로 제1안이 더 나은 것으로 평가됨

(5) 단체소송

○ 독점금지법상 금지청구소송만을 위하여 단체소송을 검토하는 것은 사안의 성질상 그리고 전체 민사법 체계상 적당하지 않고, 아직 시기상조인 것으로 보임

○ 판결의 대세효와 관련하여 아직 이론정립이 되지 않은 상태에서 그리고 원고적격의 범위를 피해입은 당사자에 국한시키는 법제하에서 단체소송제도

를 논의한다는 것은 적합하지 않음

○ 우리나라는 다른 민사법제하에서 아직 단체소송제도가 일반적으로 도입되어 있지 않은 상태인데, 독점금지소송이 다른 법분야와 비교해 볼 때 단체소송이 특별히 절실하게 요청되는 법 분야라고 보기도 어려움

(6) 가 처 분

○ 쟁점: 금지청구소송과 관련되는 금지가처분을 인정할 것인지와 이를 위한 별도의 입법이 필요한지 여부

(가) 외국의 예

○ 미국법이나 일본법상으로 금지청구에 가구제수단으로서 가처분이 가능한 것으로 보고 있음

○ 일본의 경우는 이론적인 논의에 그치고 있으나, 미국법상으로는 가처분이 널리 인정되고 있음

－미국법상으로는 사인소송에 있어서 계약의무의 집행 등과 관련하여 치유할 수 없는 손실이나 위험이 급박함을 보인 때에는 가구제가 인정되는 것으로 봄

－가처분을 인정할 때 고려해야 할 기준은 다른 일반 가처분과 큰 차이를 보이지 않음

• 가처분 신청시에는 독점금지법 위반여부에 대한 최종판단이 내려진 것이 아니기 때문에 가처분을 받아들일 경우의 피고의 이익과 가처분을 받아들이지 않을 경우의 원고의 불이익을 비교 형량하여야 함

• 원고의 본안소송에서의 승소가능성도 고려해야 할 요소임

• 가처분명령은 원고의 담보 제공을 조건으로 할 수 있음

○ 유럽연합의 경우 집행위원회는 실제로 몇 개의 사건에서 임시조치를 위한 가처분 결정을 내림. 유럽사법재판소는 문언의 명시적인 근거는 없지만 위원회가 '그의 기능을 효과적으로 수행하기 위하여 그리고 특히 사업자들에게 현존하고 있는 위반행위의 종결을 명하는 위원회 결정의 유효성을 확보하기 위하여 필요 불가결한' 임시조치 즉 가처분결정의 권한이 부여되어 있다는 판시를 함

－가처분 요건:

• EC 조약 제85조 또는 제86조 위반행위의 존재가 거의 확실하고,

• 그 중지가 긴급히 요청되며,

• 가처분을 요청하는 당사자나 공공의 이익에 회복할 수 없는 손해를 끼쳐야 할 중대한 위반이 존재하여야 함

(나) 우리나라 입법 필요성

○ 우리나라의 경우 금지청구권의 법적 권원이 공정거래법에 마련된다면 이를 근거로 하여 일반 민사소송법상의 가처분 법리에 따라 금지가처분을 내릴 수 있음

○ 따라서, 가처분을 위한 별도의 입법은 필요하지 않음

(7) 손해배상청구 규정(제56-57조) **관련 개정**(안)

○ 본 연구의 직접적 대상은 아니지만 손해배상청구 규정(제56-57조)은 금지청구와 공정거래법상 같은 장에서 다루어야 할 조문임. 따라서, 두 규정의 균형과 규정형식의 통일을 위하여 법기술적인 개정 작업이 요구됨

(가) 제57조(손해액의 인정) 위치 변경

○ 금지청구가 제57조로 된다고 할 때 현행 제57조는 그 내용의 성질상 현행 제56조 제2항으로 편입함이 바람직함

(나) 제56조의 2(기록의 송부 등) 적용대상 확대

○ 현행법 제56조의 2는 금지청구소송에도 적용될 수 있는 규정이므로 법조문 순서를 변경, 제57조의 2를 신설하여 손해배상청구와 금지청구소송 모두에 동일하게 적용되도록 함

〈입법규정 (법조문) 안〉

제57조의 2(기록의 송부 등) 제56조의 규정에 의한 손해배상청구 또는 제57조의 규정에 의한 금지청구의 소가 제기된 때에는 법원은 필요한 경우 공정거래위원회에 대하여 당해 사건의 기록(사건관계인, 참고인 또는 감정인에 대한 심문조서 및 속기록 기타 재판상 증거가되는 일체의 것을 포함한다)의 송부를 요구할 수 있다.

V. 개정 입법 조문 모델의 제시

○ 제3장 및 제4장에서 논의, 평가한 바에 따라 가장 우선적으로 제시될 수 있는 법조문(안)은 제1안의 형태로 개별 논점 별로 제시되었음

○본 장에서는 가장 바람직한 모델인 제1안을 통합하고 현행 손해배상청구관련 규정과 조문의 순서를 재배치한 전체적 법조문의 모델을 제시함

제11장 손해배상 및 금지청구

제56조(손해배상) ① 사업자 또는 사업자단체는 이 법의 규정을 위반함으로써 피해를 입은 자가 있는 경우에는 당해피해자에 대하여 손해배상의 책임을 진다. 다만, 사업자 또는 사업자단체가 고의 또는 과실이 없음을 입증한 경우에는 그러하지 아니하다.

② 이 법의 규정을 위반한 행위로 인하여 손해가 발생된 것은 인정되나, 그 손해액을 입증하기 위하여 필요한 사실을 입증하는 것이 해당 사실의 성질상 극히 곤란한 경우에는, 법원은 변론 전체의 취지와 증거조사의 결과에 기초하여 상당한 손해액을 인정할 수 있다.

제57조(금지청구) ① 이 법의 규정을 위반한 행위로 인하여 피해를 입거나 피해를 입을 우려가 있는 자는 그 위반행위를 하거나 할 우려가 있는 사업자 또는 사업자단체를 상대로 그 위반행위의 중지 또는 예방을 법원에 청구할 수 있다.

② 법원은 제1항의 금지청구 사유가 인정되는 경우에도 위반행위의 금지로 인한 사회적 폐해가 더 크다고 판단하는 경우에는 금지청구를 기각하거나 위반행위 금지 이외의 적절한 조치를 피고에게 명할 수 있다.

③ 법원은 제1항 금지청구의 소가 제기된 경우 그로 인한 피고의 이익을 보호하기 위하여 필요하다는 피고의 신청 및 소명이 있으면 결정으로 원고에게 상당한 담보의 제공을 명할 수 있다.

④ 법원은 제1항 금지청구의 소가 제기되면 그 취지를 공정거래위원회에 지체없이 통지하여야 한다. 법원은 그 통지와 더불어 공정거래위원회에 대하여 당해 사건과 관련한 이 법의 적용 여부 기타 필요한 사항에 관하여 시한을 정하여 의견을 구할 수 있다. 또한, 공정거래위원회는 법원의 허가를 얻어 법원에 대하여 당해 사건에 관한 이 법의 적용 기타 필요한 사항에 관한 의견을 진술할 수 있다.

⑤ 제1항 금지청구의 소에 대하여 민사소송법 규정에 의하여 관할권을 갖는 법원 이외에 서울중앙지방법원도 금지청구의 소에 대하여 관할권을 가진다.

⑥ 법원은 동일 또는 동종의 행위에 대한 금지소송이 계속중인 다른 법원에 이송함이 상당하다고 인정하는 경우에는 당사자의 신청 또는 직권으로 소

송의 전부 또는 일부를 소속 계속중인 법원 또는 다른 금지소송에 관한 관할권을 갖는 다른 법원에 이송할 수 있다.

第57조의2(기록의 송부 등) 第56조의 규정에 의한 손해배상청구 또는 第57조의 규정에 의한 금지청구의 소가 제기된 때에는 법원은 필요한 경우 공정거래위원회에 대하여 당해사건의 기록(사건관계인, 참고인 또는 감정인에 대한 심문조서 및 속기록 기타 재판상 증거가 되는 일체의 것을 포함한다)의 송부를 요구할 수 있다.

제 3 절 규제산업과 공정거래법의 적용제외*

I. 서 론

1. 규제산업의 산업별 규제와 공정거래법

현행 독점규제및공정거래에관한법률(이하 '공정거래법'이라 한다) 등의 경쟁정책은 자유롭고 공정한 경쟁을 유지·촉진함으로써 주로 자원의 배분적 효율성(allocative efficiency)을 높이고, 소비자의 편익을 향상시키는 것을 주된 목적으로 한다. 한편, 종래 통신, 방송, 에너지, 운송, 금융 등 전통적으로 소위 '규제산업'(regulated industries)으로 인정되는 분야에서는 다양한 근거와 논리를 바탕으로 광범위한 정부규제가 행해져 왔다. 그 중 특히, 가격규제, 시장진입의 규제 및 서비스 품질의 규제와 같은 경제적 규제는 공정거래법과의 관계에서 다양한 문제를 제기한다. 규제산업의 이론적 근거는 다양하지만, 특히 시장실패(market failure)의 한 유형인 '자연독점'(natural monopoly)이 주요한 근거로 제시되고 있다. 즉, 종래 많은 규제산업은 생산량의 증가에 따른 장기평균비용이 체감하므로 다수의 기업이 활동하기보다는 단 하나의 기업이 활동하는 것이 생산적 효율성(productive efficiency)의 측면에서 가장 효율적이고, 따라서 독점을 용인하되 다만 독점력의 남용으로 인한 배분적 효율성의 침해를 억제하기 위하여 광범위한 규제를 행하는 것으로 설명한다.

따라서 규제산업에서 광범위하게 행해지는 경제적 규제는 공정거래법과의 관계에서 상호 대체·갈등의 소지가 존재한다. 일반적으로 광범위한 경제적

---

* 이호영(한양대 법대 부교수), 이 글은 이호영, 규제산업과 공정거래법의 적용제외, 법학논총 제23집 제1호, 한양대 법학연구소, 2006. 6에 게재된 논문을 수정·보완한 것이다.

규제가 행해지는 산업의 기업은 진입에 있어서 규제를 받을 뿐만 아니라 일단 진입한 이후에도 가격결정 및 사업확장 등을 포함한 사실상 모든 사업상 결정에 대하여 면밀한 규제를 받기 때문에 사업상 독자적인 결정의 여지가 극도로 제한되어 시장기능이 작동할 여지가 적다. 이러한 상황에서는 사실상 공정거래법의 적용 여지는 제한된다. 나아가 특히, 구체적인 경제적 규제의 모습이 (1) 가격을 통제하거나, (2) 시장진입을 억제하거나 기존의 기업에 대하여 신규진입자나 잠재적 경쟁자에게는 주지 않는 경쟁상의 편익을 제공하거나, (3) 공정거래법이 일반적으로 금지하는 행위를 강제하거나 허용하는 것으로 나타날 경우에는 공정거래법과 갈등관계에 놓이게 된다.[87)]

그러나 규제산업에서도 공정거래법은 여전히 다음과 같은 중요한 기능을 수행할 수 있다. 즉, 공정거래법은 산업별 경제적 규제가 달성하려는 경제적 목적의 달성에 기여할 수 있고, 주어진 규제체계하에서 시장이 더 경쟁적으로 기능할 수 있도록 하고, 규제체계가 효과적으로 규율하거나 통제하지 못하는 기업의 행위를 규율할 수 있다.[88)] 따라서 산업별 경제적 규제와 공정거래법은 한편으로 상호 대체·갈등관계에 있지만 다른 한편으로 상호 보완·협력관계에 있다고 할 수 있다.

2. 규제완화와 공정거래법의 적용확대

자연독점이론을 주된 근거로 한 규제산업의 논리는 1970년대 이후 미국을 비롯한 세계 각국에서 진행된 규제완화(deregulation)와 함께 근본적인 변화를 겪게 되었다. 즉, 종래 자연독점에 해당한다고 간주되었던 많은 규제산업이 실제로 자연독점에 해당하지 않는다는 의문이 제기되고, 특히 통신산업의 경우에 볼 수 있는 바와 같이 급속한 기술발전에 따라 많은 규제산업이 더 이상 자연독점에 해당하지 않는다는 인식이 대두되었다.[89)] 이러한 인식을 바탕으로 종래의 규제산업에 대해서도 광범위한 규제 대신 진입장벽을 제거하고, 시장기능이 작동하도록 함으로써 경쟁을 통한 시장성과의 개선을 추구하게

87) Hovenkamp, Federal Antitrust Policy(2d ed.), West Group, 1999, p. 699.

88) Id. at 702.

89) Hovenkamp는 규제산업에서의 규제완화를 촉진시킨 이론적 근거로서 경합시장이론(contestable market theory)과 공공선택이론(public choice theory)을 제시하였고(Id. at 699-702), Sullivan & Grimes는 공공선택이론 이외에 특히, 포획이론(Capture theory)을 제시하였다(Sullivan & Grimes, The Law of Antitrust: An Integrated Handbook, West Group, 2000, pp. 703-704).

되었다. 이러한 경향은 우리나라의 경우에도 예외가 아니었는데, 예컨대 통신산업의 경우에서는 1982년 한국전기통신공사의 설립을 기점으로 국영통신회사의 점진적 민영화 및 통신시장의 경쟁조성·촉진정책이 추진되었고, 전력산업의 경우에도 1999년 발표된 전력산업구조개편을 통하여 종래의 국영독점기업을 민영화하고 경쟁체제를 도입하였다.

전세계적 규제완화현상에 따라 전통적인 규제산업에서도 산업별 규제가 감소하고 시장기능이 점점 활발하게 작동하게 될수록 공정거래법의 적용 여지는 확대되고 있다. 즉, 규제산업에서 종전에 시장기능의 작동을 대체하거나 억제하는 정부의 규제가 감소할수록 시장에서의 자유롭고 공정한 경쟁을 확보·유지하기 위한 공정거래법의 영역은 확대된다. 이러한 변화는 필연적으로 각 규제산업 분야에서 변화하고 있지만 여전히 잔존하고 있는 산업별 규제체계와 공정거래법 사이의 충돌·갈등 현상을 더욱 첨예하게 만든다.

우리나라의 경우에 산업별 규제와 공정거래법 사이에 발생하는 충돌·갈등 현상은 상대적으로 먼저 규제완화가 진행된 통신 및 방송 산업 분야에서 현저하다. 예컨대, 종래 통신사업자 또는 방송사업자의 불공정거래행위와 관련하여 산업별 규제기관인 정보통신부(통신위원회 포함) 또는 방송위원회와 일반 경쟁당국인 공정거래위원회 사이에 관할권을 둘러싼 논쟁이 이루어지고 있고, 최근에는 지배적 통신사업자와 후발통신사업자 사이에 이루어진 요금담합관련 사건에서 문제가 된 요금담합행위가 통신규제당국의 행정지도에 의한 것이라는 항변이 제기되면서 통신규제당국과 경쟁당국 또는 사업자와 경쟁당국 사이에 규제산업에서 광범위하게 이루어지고 있는 산업별 규제와 독점규제법 사이의 충돌 문제에 관하여 첨예한 논란이 이루어지기도 하였다.[90] 특히, 후자는 규제산업에 대한 공정거래법의 적용에 관한 우리나라의 논의에 있어서 매우 중요한 계기를 제공하였다고 평가할 수 있는데, 종전의 논의가 주로 각 규제산업별 규제기관과 경쟁당국 사이의 관할권을 둘러싼 행정기관 수준의 논의였다면 이 사건에서는 규제산업에 있어서 산업별 규제기관이 공정거래법을 정면으로 위반하는 행위를 조장하였는지 여부 및 공정거래법 적용상 그와 같은 행위의 효과가 문제로 되어 구체적인 사업자의 행위에 대한 실체적 판단기준과 관련된 논의로 구체화되는 계기가 되었다. 또한 이 사건에서

90) 2개 시내전화사업자의 부당한 공동행위에 대한 건(공정거래위원회의결 제2005-130호, 2005. 8. 18.).

문제가 된 행정지도에 의한 경쟁제한행위에 대한 공정거래법의 적용은 각 산업별 규제당국이 명백한 법적 근거가 없는 행정지도를 광범위하게 사용하고 있는 우리나라의 관행에 비추어 볼 때, 미국 등 서구에서 논의되지 않는 더욱 어려운 문제를 제기하였다.

3. 규제산업과 공정거래법의 적용제외

규제완화에 따라 시장기능의 작동 여지가 갈수록 커져가는 규제산업 분야에서 산업별 규제와 공정거래법의 관계를 합리적으로 정립하는 것은 매우 중요한 의미를 가진다. 즉, 통신산업을 비롯한 각 규제산업 분야에서 사업자들은 급속한 기술의 변화를 바탕으로 종전에 규제기관들이 경험하지 못했던 동태적 경쟁을 행하고 있는 상황에서 산업별 규제와 독점규제법 사이의 충돌 및 저촉은 개별 사업자에게 부당한 규제부담을 강요할 뿐만 아니라 나아가 당해 산업 전반의 발전을 저해하는 법적·제도적 장애물로 작용할 수 있다.

규제산업에 있어서 산업별 규제와 공정거래법의 관계를 설정하는 가장 현실적인 방법은 현행 공정거래법을 포함한 각국 경쟁법의 입법례에서 볼 수 있거나 또는 경쟁법의 집행과정에서 판례 및 학설상 형성된 '適用除外'(exemptions)를 활용하는 것이다. 사업자들의 자유로운 경쟁활동에 의해 이루어지는 시장경제를 채택하는 국가에 있어서 경쟁법은 원칙적으로 모든 사업자의 사업활동에 적용되지만 모든 경우에 경쟁을 통한 시장기능이 작동할 수는 없으므로 일정한 내재적 한계를 가질 수밖에 없고, 설령 시장기능이 작동할 수 있는 경우라고 할지라도 경쟁법이 추구하는 '자유롭고 공정한 경쟁의 촉진'만이 국가가 추구하는 至高至善의 목표일 수는 없으므로 이와 상충되는 정책목표를 추구하는 경우에 특정한 사업자의 행위 또는 특정한 범주에 속하는 행위에 대하여 경쟁법의 적용을 부분적 또는 전면적으로 배제하게 되는데 이를 경쟁법의 적용제외라고 한다.[91)]

각국이 경쟁법의 적용제외를 인정하는 구체적인 방법으로서 첫째, 법령상 명시적으로 적용제외를 규정하는 방법(explicit statutory exemptions), 둘째, 법원이 경쟁법

91) 현행 공정거래법의 적용제외의 이론적 근거로서는 일반적으로 상충되는 정책목표 사이의 정책적 결단 또는 시장실패에 대한 대처가 제시되고 있고(권오승, 경제법(제5판), 법문사, 2005, 147-149면), 이에 추가하여 정부규제에 관한 포획이론 및 공공선택이론에 입각하여 '이익집단의 영향력'을 제시하는 견해도 있다(김두진, 독점규제법의 적용제외 영역, 상사법연구 제21권 제4호(20003), 348-354면).

또는 관련 법령의 해석상 경쟁법의 적용이 제외되는 일정한 범주의 행위를 창설하는 방법(judicially created exemptions)이 있다. 전자는 다시 경쟁법 자체에 특정한 산업이나 사업자에 대하여는 동법이 적용되지 않음을 규정하는 방법과 특정한 산업이나 사업자에 관한 사항을 규율하는 개별 법령에 경쟁법의 적용이 배제됨을 규정하는 방법이 있다. 법령상 명시적으로 적용제외를 규정하는 방식을 취할 경우 상대적으로 그 범위와 효과가 명확한 반면, 법원의 법해석을 통하여 적용제외를 인정하는 경우에는 그 범위와 효과가 불명확하여 구체적인 사안에 대하여 적용제외를 인정할 것인가 및 적용제외를 인정할 경우에 그 효과는 무엇인가에 관한 별도의 논의가 필요하게 된다. 법령상 명시적으로 적용제외를 규정하는 방법이 갖는 장점에도 불구하고 입법기술상 모든 사항에 대하여 사전적으로 경쟁법과의 상충 여부를 판단하여 적용제외 여부를 규정하는 것은 불가능할 뿐만 아니라 시장상황의 변화에 유연하게 대응할 수 없다는 점에서 바람직하지도 않다. 따라서 경쟁법을 운용하고 있는 각국은 위의 두 가지 방법에 의한 경쟁법의 적용제외를 모두 인정하고 있는데, 특히 급격한 규제완화를 겪고 있는 규제산업의 경우에는 법해석을 통한 경쟁법의 적용제외가 더욱 중요한 의미를 갖는다.

우리나라의 경우에는 개별법령이 공정거래법의 적용제외를 규정하고 있는 경우는 소수에 불과하고, 주로 공정거래법 자체에 명시적으로 규정되어 있는 세 가지 일반적 적용제외 조항에 의해서 적용제외를 인정하고 있는데, 그 중 특히 규제산업과 관련하여 적용될 여지가 많은 것은 법 제58조의 '법령에 따른 정당한 행위'이다. 그러나 동 조항은 그 적용범위에 관하여 아래에서 보는 바와 같이 불명확한 점이 많아서 최근 해석상 논란이 제기되고 있고, 결국 학설과 법원의 판결에 맡겨져 있다고 할 수 있다. 이에 대하여 경쟁법의 모국이라고 할 수 있는 미국은 클레이튼법(Clayton Act) 및 다양한 개별법령에 독점금지법의 적용을 제외하는 규정을 두고 있을 뿐만 아니라, 독점금지법의 집행에 있어서 중심적 역할을 수행하고 있는 연방법원이 법해석과정을 통하여 독점금지법의 적용제외에 관한 풍부한 판례이론을 형성하였다. 특히, 운송산업, 통신산업, 에너지산업 및 금융산업 등 규제산업분야에서 정책 및 시장환경의 변화에 대응하여 독점금지법의 적용제외에 관한 정치한 판례이론을 축적하여 많은 시사점을 제공한다. 또한 일본의 경우에는 아래에서 보는 바와 같이 독점금지법의 적용제외에 관하여 당초 현행 공정거래법의 규제방식과 매우 유사한 방식을 취하였다가 규제산업과 관련하여 1999년 및 2000년 주목할 만한 개정이 이루어졌고, 특히, 서구의 경우에는 볼 수 없는 산업별 규제기관의 행정지도에 의한 행위에 대한 독점금지법의 적용에 관한 논의가 이루어졌다는 점에서 중요한 시사점을 얻을 수 있다.

Ⅱ. 미국 연방독점금지법의 적용제외 법리

1. 개 설

미국의 경우에는 주요한 연방독점금지법의 하나인 클레이튼법(Clayton Act)이 노동조합의 활동과 관련된 적용제외를 규정하고 있는 것 이외에도[92] 상당수의 개별법률이 보험산업, 농업협동조합의 행위, 어업조합, 공동수출회사, 중소기업, 신문사, 은행업, 프로스포츠 선수, 증권 및 선물시장 등에 대하여 명시적으로 연방독점금지법의 적용제외를 규정하고 있다.[93] 이상과 같은 명시적 적용제외 이외에도 전통적으로 연방정부의 광범위한 규제를 받아온 운송업, 농업, 증권업, 전기사업 등의 분야에서 법원은 구체적인 사건에서 독점금지법 또는 관련법령의 해석을 통하여 연방독점금지법의 적용을 배제하거나 변경하였다.[94] 나아가 연방법원은 특정한 산업분야에 국한되지 않고 일반적으로 적용될 수 있는 연방독점금지법의 적용제외의 법리를 형성하였는데, 첫째, 州행위이론(the State Action Doctrine), 둘째, 노어면제(Noerr Immunity)의 법리, 셋째, 묵시적 적용제외(Implied Exemptions)의 법리, 넷째, 신고요금이론(the Filed Rate Doctrine), 마지막으로 우선적 관할권이론(Doctrine of Primary Jurisdiction) 등을 들 수 있다. 아래에서는 이들에 대하여 간략히 살펴본 후, 특히 규제완화가 활발하게 진행된 통신산업에 대한 연방독점금지법의 적용에 관하여 살펴보기로 한다.

2. 일반적 적용제외의 법리

(1) 州행위이론

이는 미국의 정부구성의 기본원리인 연방주의(Federalism)에 근거를 두고

---

92) 동법 제6조 및 제20조는 노동을 상거래의 목적물로 보지 않고, 노동조합을 위법시하지 않으며 노사분규에 대한 법원의 금지명령권한을 제한하고, 특정한 범위의 노동활동에 대하여 적용을 배제한다고 명시적으로 규정하고 있다.

93) 그 중 특히 중요한 것으로는 보험산업이 주법에 의해 규제될 경우에 그 한도에서 독점규제법의 적용을 배제하는 McCarran-Ferguson 법을 들 수 있다. Sullivan & Grimes, The Law of Antitrust, West Group (2000), pp. 727-732 참고.

94) 각 개별 산업분야에서 인정되는 법원이 인정한 적용제외의 법리에 대해서는 Id., pp. 738-757 참고.

州(시 및 군 등의 지방정부 포함)의 행위 또는 주의 규제에 따라 행해진 사인의 행위가 일정한 요건을 갖춘 경우에 연방독점금지법의 적용을 배제한다는 것이다. 이 원칙은 연방대법원의 Parker v. Brown 사건 판결에서[95] 처음 인정되었는데, 이 사건에서 캘리포니아가 주법을 제정하여 사실상 건포도 생산자간 가격담합 및 생산량할당을 내용으로 하는 판매프로그램을 실시한 것이 문제로 되었다. 이 프로그램에 제약을 받지 않고 자유로운 생산 및 판매를 원하는 건포도 생산자들이 제기한 독점금지소송에서 연방대법원은 "셔먼법의 문언과 역사에 비추어" 동법은 개인의 행위에 대한 금지이지 주의 행위에 대한 금지로 보아서는 안 된다고 판시하였다.[96]

위 판결에서 '주행위'로서 독점금지법의 적용이 배제된 것은 주의회가 제정한 법률이었듯이 주의회, 주집행부, 규제기능을 수행하기 위해 주법률에 의해 설치된 기관 또는 주법원의 행위와 같은 주 자체의 행위에 대하여 위 이론이 적용되는 것은 의문의 여지가 없으나 실제로 문제가 되는 것은 주 자체의 행위가 아닌 私人의 행위에 대하여 위 이론이 적용될 수 있는가 및 그 요건은 무엇인가의 문제이다. 이에 관하여 연방대법원은 Goldfarb v. Virginia Bar 사건 판결[97]에서 처음 사인의 행위에 대해서도 주행위이론이 적용될 수 있음을 언급하였고, 1980년 California Retail Liquor Dealers Ass'n v. Midcal Aluminium, Inc. 사건 판결에서[98] 사인의 행위에 위 이론이 적용되기 위한 요건을 제시한 이래 현재까지 각급 법원들은 동일한 입장을 유지하고 있다. 이 사건에서는 캘리포니아 법률이 포도주 생산자 및 도매상들에 대하여 가격표를 주에 신고하도록 하고, 재판매업자들로 하여금 이 가격을 준수하도록 한 것이 문제로 되었다. 연방대법원은 사인의 행위에 대하여 주행위이론이 적용되기 위해서는 첫째, 문제의 거래제한이 주의 정책으로 명백하고 단정적으로 표현되어야 하고(clearly articulated and affirmatively expressed as state policy), 둘째, 그 정책이 주 자체의 적극적인 감독을 받아야(actively

---

95) 317 U.S. 341 (1943).

96) Id. at 352.

97) 421 U.S. 773 (1975). 동 사건에서 주변호사들이 공동으로 수임료의 최저한도를 정한 행위가 문제로 되었는데, 이러한 행위는 사인의 행위로서 주법에 따르거나 주의 기능을 수행하는 것은 아니었지만 일단 정해진 수임료의 한도를 위반하면 주법원에 의해 징계를 받을 수 있다. 연방대법원은 사인의 행위가 주행위로서 적용면제되기 위해서는 주에 의해 강요되어야 하므로 이 사건 행위에 대해서는 적용제외를 인정할 수 없다고 판시하였다.

98) 445 U.S. 97 (1980).

supervised by the state itself) 한다고 판시하면서, 이 사건의 경우 주는 스스로 가격을 산정하지도 않았고, 사인들이 정한 가격의 합리성을 심사하지도 않았으므로 두 번째 요건을 충족하지 못한다고 판시하였다.[99]

구체적인 사건들에서 특히 위 두 번째 요건의 충족 여부를 판단하는 것은 매우 어려운 문제로서 이에 관한 판결례 역시 상당한 변동을 겪었다. '적극적인 감독' 요건은 문제가 된 사인의 경쟁제한적 행위가 실제로 주의 규제정책을 추진하는 것인가를 확인하기 위한 것인데, 마치 불법행위 소송에서의 인과관계 요건과 같이 주 규제자가 문제가 된 정책의 구체적 내용을 결정하는데 상당한 역할을 하였는지를 묻는 것이라고 한다.[100] 실제로 많은 경우에 이 요건이 충족되지 못하였다는 이유로 적용제외가 인정되지 않았는데, 예컨대, Patrick v. Burget 사건 판결에서 연방대법원은 위 요건을 충족하기 위해서는 주 공무원이 사인의 특정한 경쟁제한적 행위를 심사하고 주의 정책에 부합하지 않는 경우에는 이를 불승인할 수 있는 권한을 가져야 하고, 실제로 그 권한을 행사하여야 한다고 판시하였다.[101]

(2) 노어면제(Noerr Immunity)의 법리

법원이 연방독점금지법의 적용제외를 인정하는 근거로 사용하는 또 다른 법리는 입법부를 포함한 국가기관에 영향을 미쳐서 자신에게 유리한 정책을 유도하는 행위는 설령 그 의도가 경쟁제한적이고, 그 결과로서 경쟁제한적인 내용의 정책이 초래되더라도 독점금지법의 적용을 배제한다는 소위 '노어면제'(Noerr Immunity)의 법리이다. 이는 연방대법원의 Eastern Railroad Presidents Conference v. Noerr Motor Freight, Inc. 사건 판결[102]에서 비롯되었다. 이 사건에서 철도회사들이 트럭운송회사들과의 경쟁에서 우위를 차지하기 위해 사업자조합을 통하여 트럭운송회사에게 불리한 법제정을 위하여 기만적이고 비윤리적인 방법을 통하여 광범위한 로비활동을 행한 것이 문제로 되었는데, 트럭운송회사들이 제기한 독점금지소송에서 연방대법원은 단지 법제정이나 법집행에 영향을 미치려는 행위는 그 동기가 경쟁제한적이라고 할

99) Id. at 105.

100) ABA Section of Antitrust Law, Antitrust Law Developments (5th ed. 2002), pp. 1215 -1216.

101) 486 U.S. 94, 101 (1988).

102) 365 U.S. 127 (1961).

지라도 독점금지법의 적용이 면제된다고 판시하였다.[103)]

다시 연방대법원은 United Mine Workers v. Pennington 사건에서[104)] 위 노어면제의 법리를 입법과정이 아닌 행정절차에 영향을 미치려는 시도에도 적용하였다. 즉, 이 사건에서는 대규모 석탄사업자와 노동조합이 공동으로 노동부장관에 대하여 최저임금을 인상하도록 한 행위가 문제로 되었는데, 연방대법원은 공무원에 대하여 영향을 미치려는 공동의 노력은 그 의도가 경쟁을 제한하기 위한 것이라고 할지라도 셔먼법의 적용이 배제된다고 판시하였다.[105)] 또한 California Motor Transport Co. v. Trucking Unlimited 사건[106)]에서 연방대법원은 노어면제의 법리는 재판이나 이와 유사한 심결절차에도 적용될 수 있다고 판시하였다.[107)] 이와 관련하여 Allied Tube & Conduit Corp. v. Indian Head, Inc. 사건[108)]에서는 정부기관이 아닌 민간사업자조합이 설정한 표준이 대개 추후에 조례의 내용으로 채택되는 경우에 경쟁자의 사업활동을 방해하기 위하여 그 표준설정과정에 영향을 미치는 행위가 문제로 되었다. 결국 연방대법원은 노어면제의 법리가 적용되지 않는다고 판시하였으며, 그 근거에 관련하여 문제가 된 행위의 근원, 맥락 및 성질이 중요한 기준이 되는데 이 사건에서 문제가 된 경쟁제한적 피해는 사업자조합의 표준에서 배제된 것으로부터 나오는 것이지 그 표준을 조례로 채택하는 정부기관의 행위로부터 나오는 것이 아니라고 설명하였다.[109)]

또한 연방대법원은 비경제적 목적을 가진 협력행위와 참가자들의 경제적 이익을 위한 집단적 거래거절행위(boycotts)를 구별하여 후자에 대해서는 노어면제를 인정하지 않았다. 예컨대, NAACP v. Claiborne Hardware Co. 사건[110)]에서 흑인들이 정부와 기업경영진들에 대하여 인종간 불평등 해소를 위한 요구사항을 제시하고 이를 수용하도록 하기 위하여 백인과의 거래를 거절한 행위는 적용제외를 인정하였지만, FTC v. Superior Court Trial

103) Id. at 134 (1961).

104) 381 U.S. 657 (1965).

105) Id. at 660-661.

106) 404 U.S. 508 (1972).

107) 그러나 연방대법원은 정작 이 사건에서 문제가 된 근거 없이 반복적으로 소송을 제기하는 행위는 아래에서 설명하는 소위 ‘가장소송’(sham litigation)으로서 노어면제의 법리가 적용되지 않는다고 하였다. Id. 513.

108) 486 U.S. 492 (1988).

109) Id. at 89-90.

110) 458 U.S. 886 (1992).

Lawyers Ass'n 사건[111]에서 변호사들이 법원에 대하여 빈곤층 형사피고인들에 대한 국선대리의 보수를 인상하도록 유도하기 위한 공동행위는 그 직접적인 목적이 자신이 제공하는 서비스의 가격을 인상시키려는 것이 분명하다는 이유로 적용제외를 인정하지 않았다.

노어면제의 법리를 적용함에 있어서 실제로 어려운 문제는 표면적으로는 국가기관에 대하여 영향력을 행사하려는 행위이지만 이는 구실일 뿐이고 그 실질은 그 결과로서 나타나는 국가기관의 행위의 내용과는 무관하게 경쟁자에 대하여 불이익을 가하려는 행위로서 노어면제의 법리가 적용되지 않는 소위 '가장행위'의 예외(sham exception) 여부를 판단하는 것이다. 이러한 가장행위의 예외는 특히 입법과정보다는 재판 등의 심결절차를 악용한 경우에 많이 인정되는데,[112] 연방대법원은 Professional Real Estate Investors, Inc. v. Columbia Pictures Industries 사건[113]에서 심결절차를 이용한 가장행위가 성립하기 위한 요건을 제시하였다. 즉, 첫째, 문제가 된 소송이 객관적으로 근거가 없어야 하고, 둘째, 소송을 제기한 당사자의 주관적인 의도가 경쟁자의 사업활동을 방해하려는 것이어야 한다고 판시하였다.[114]

그밖에 공무원에게 허위의 정보를 제공하여 그 판단을 오도한 경우에 노어면제의 법리가 적용될 수 있는가의 문제가 제기되었다. 이에 대하여 연방대법원은 당초 Eastern Railroad Presidents Conference v. Noerr Motor Freight, Inc. 사건 판결[115]에서 기만적인 로비활동이라고 할지라도 입법과정에 대하여 영향을 미치려는 것이었다면 독점금지법의 적용이 배제된다고 하였고, 그 후 California Motor Transport Co. v. Trucking Unlimited 사건[116]에서는 허위의 진술이 정치의 장에서는 용납될 수 있더라도 심결절차에서는 적용배제가 인정되지 않는다고 하였고, 다시 Allied Tube & Conduit Corp. v. Indian Head, Inc. 사건[117]에서도 비윤리적이고 기만적인 행위는 행정절차나 사법절차의 남용에 해당되어 독점금지법의 위반으로 볼 수 있다고 하였다. 결국 입법적 성격을 띤 기능을 수행하는 정부기관에 영향을 미치기

111) 493 U.S. 411 (1990).
112) ABA Section of Antitrust Law, supra note 14, p. 1229.
113) 508 U.S. 49 (1993).
114) Id. at 60-67.
115) 365 U.S. 127 (1961).
116) 404 U.S. 508 (1972).
117) 486 U.S. 492 (1988).

위한 행위가 허위인 경우에는 노어면제가 적용될 개연성이 높고, 상대적으로 심결기능을 수행하는 공무원을 오도하려는 행위는 노어면제가 인정되지 않을 개연성이 높다.[118)]

(3) 묵시적 적용제외(Implied Exemptions)의 법리

위에서 설명한 주행위이론이 주의 규제를 근거로 연방독점금지법의 적용제외를 인정하는 것이라면 묵시적 적용제외의 법리는 법령상 명시적인 적용제외 조항이 없더라도 특정한 영역에 대한 연방정부의 광범위한 규제를 근거로 독점금지법의 적용제외를 인정하는 것이다. 그 근거에 대해서는 일반적으로 의회가 설정한 규제체계의 완결성(integrity)을 유지하기 위한 것이라고 설명된다.[119)] 법원은 이러한 묵시적 적용제외를 매우 제한된 범위에서 예외적으로 인정하는데, 예컨대 United States v. Philadelphia National Bank 사건에서 연방대법원은 "규제법률에 근거를 두고 독점금지법을 배제하는 것은 강력히 회피되는 것으로서 오직 독점금지법과 규제조항 사이에 명백한 모순(plain repugnancy)이 존재하는 경우에만 인정되는 것이다"라고 판시하였고,[120)] 다시 Silver v. New York Stock Exchange 사건에서도 "규제법률이 작동하기 위해 필요한 경우에 한하여 묵시적 적용제외가 인정되고, 그와 같은 경우에도 필요한 최소한도에서만 인정된다"고 판시하였다.[121)]

연방법원은 그 후에도 일관되게 묵시적 적용제외에 관한 제한적인 입장을 유지하였는데, 묵시적 적용제외가 인정된 대표적인 사례로서 Gordon v. New York Stock Exchange 사건[122)]을 들 수 있다. 이 사건에서는 뉴욕증권거래소의 중개인들이 수수료를 합의한 것이 문제로 되었는데, 이러한 합의는 거래소규칙상 허용되었지만 증권거래위원회(the Securities and Exchange Com-mission)는 그 규칙을 변경할 권한을 가지고 있었다. 결국 연방대법원은 증권거래위원회의 규칙변경 권한과 동 위원회가 실제로 문제의 수수료를 심사하였다는 사실을 근거로 독점금지법의 적용제외를 인정하였

118) ABA, Section of Antitrust Law, supra note 14, p. 1234.
119) Id. p. 1238.
120) 374 U.S. 321, 350-351 (1963).
121) 373 U.S. 341, 357 (1963).
122) 422 U.S. 659 (1975).

는데, 증권거래위원회가 거래소에 대하여 내린 명령과 독점금지법을 적용할 경우에 거래소에 대하여 부과할 명령이 충돌할 가능성을 회피하기 위해서 적용제외가 필요하다고 하였다.[123)]

또한 법원은 연방정부의 기관이나 공무원이 그 공식적 권한의 범위 내에서 행하는 행위에 대해서는 독점금지법의 적용제외를 인정하였는데, 예컨대, Rex Sys. v. Holiday 사건에서 제4 연방항소법원은 공식적 권한의 범위 내에서 행동하는 해군성과 해군장교들은 셔먼법에 따라 피소될 수 있는 사람(person)이 아니라고 판시하였다.[124)] 마찬가지로 정부와의 계약에 의해서 요구된 私人의 행위는 사실상 정부의 행위라는 이유로 적용제외를 인정한 사례도 있지만(소위 'federal instrumentality doctrine'),[125)] 단순히 연방공무원이 문제가 된 행위를 알았거나 유도하였다는 것만으로는 불충분하다. 예컨대, United States v. Socony-Vacuum Oil Co. 사건에서 연방대법원은 문제가 된 공동의 석유가격조절행위에 대하여 연방공무원이 알고 있었으며 묵인하였으므로 독점금지법의 적용면제가 인정되어야 한다는 주장을 배척하였고,[126)] 다시 Otto Tail Power Co. v. United States 사건에서 연방전력위원회가 전력선의 상호접속을 강제할 수 있는 권한이 있다고 하더라도 전력회사들에 대하여 독점금지법의 적용면제가 인정되는 것은 아니라고 하였고, 정부와의 계약에 포함된 것이라는 주장에 대해서도 계약담당공무원이 독점금지법의 적용면제를 부여할 권한은 없다고 판시하였다.[127)]

(4) 신고요금이론(the Filed Rate Doctrine) 및 우선적 관할권이론(Doctrine of Primary Jurisdiction)

연방대법원은 Keogh v. Chicago & Northwestern Railway 사건[128)]에서

123) 422 U.S. 659, 692 (1975).

124) 814 F.2d 994, 997 (4th Cir. 1987).

125) 예컨대, Name.Space, Inc. v. Network Solutions, Inc. 사건에서 제2 연방항소법원은 연방기관과 독점적 인터넷도메인네임 등록업 계약을 체결한 사업자의 행위는 정부와의 명시적 계약조항과 정부정책에 의해 강요된 행위로서 사실상 연방정부의 행위(federal instrumentality)라고 하였으나(202 F.3d 573 (2d Cir. 2000)), Thomas v. Network Solution 사건에서 D.C. 연방항소법원은 정부와의 계약에 따른 행위라고 할지라도 반드시 그에 의해 강요되었다고 볼 수 없으므로 사인의 행위에 대해서 그와 같은 면제를 인정할 수 없다고 하였다(176 F.3d 500 (D.C. Cir. 1999)).

126) 310 U.S. 150 (1940).

127) 410 U.S. 366, 379-380 (1973).

128) 260 U.S. 156 (1922).

사인이 가격규제를 받는 사업자에 대하여 제기하는 독점금지법상 삼배배상청구(treble damages)를 부인하는 소위 '신고요금이론'(filed rate doctrine)을 형성하였다. 즉, 문제가 된 요금이 연방 또는 주 규제기관에 신고하여 승인을 받은 것이면 그것이 독점금지법을 위반한 것으로 인정되는 경우에도 동 위반행위에 대해서 독점금지법상 삼배손해배상을 인정하지 않는다는 것이다. 위 사건에서 원고인 운송회사는 철도회사들이 공동으로 동일한 요금을 책정하였다는 이유로 독점금지법상 삼배배상소송을 제기하였는데, 연방대법원은 문제의 요금이 州間통상위원회(Interstate Commerce Commission)에 신고되어 승인된 것으로서 이 요금이 불합리하다는 이유로 삼배배상을 청구할 수 없다고 하였다.[129)]

연방대법원은 위 이론의 근거로 다음의 네 가지를 제시하였다.[130)] 첫째, 일반적으로 각 산업별 규제체계는 자체적으로 손해를 배상하는 방법을 마련하고 있는데, 이와 더불어 독점금지법상 손해배상을 중복하여 인정하는 것은 입법자의 의도에 부합하지 않고, 둘째, 요금규제체계의 중요한 목적은 이용자에 대한 차별을 방지하는 것인데 일부의 이용자에 대하여 배상을 인정하면 사실상 이용자간 요금차별을 인정하는 것이고, 셋째, 신고된 요금이 위법하다는 이유로 손해배상을 인정할 경우 불가피하게 특정한 가설적인 요금이 정당하고 그 요금이 규제기관에 의해 승인되었을 것임을 재판상 입증하여야 하는데 이는 법원보다는 해당 규제기관이 판단하는 것이 적합하고, 마지막으로 이 서비스를 이용하는 모든 사업자에 대하여 동일한 높은 요금이 부과되었다면 이는 결국 최종 고객에게 전가되었을 것이므로 어느 사업자도 손해를 본 것이 아니라는 것이다.

그 후 신고요금이론에 대하여 학자뿐만 아니라 연방대법원 자체도 많은 판결을 통하여 그 이론의 합리성에 대하여 스스로 의문을 제기하였지만 현재까지 유지되고 있다.[131)] 예컨대, 중첩적인 보상을 인정하는 규제법률들이 많이 존재하고, 반드시 규제산업뿐만 아니라 모든 산업에서 일부 이용자에게 손해배상이 인정되면 결과적으로 가격차별이 이루어지는 결과를 초래하는 것이

129) 주의할 점은 신고요금이론은 사인이 제기하는 손해배상에 적용될 뿐이고, 정부가 제기하는 독점금지법 집행의 소에는 적용되지 않는다는 것이다. Id. at 162. 또한 대부분의 법원은 이용자가 아닌 경쟁자가 예컨대, 신고요금이 약탈적 가격책정(predatory pricing)이라는 이유로 제기한 소송에 대해서는 위 이론을 적용하지 않는다.

130) Id. at 164-165.

131) Hovenkamp, supra note 1, p. 710; ABA, supra note 14, p. 1241.

며, 각 규제기관이 요금을 판단하는 것이 적합하다는 논거는 순환론에 불과하고, 마지막 논거는 최종 고객이 제기한 소송에는 적용되지 않음에도 실제로 신고요금이론은 최종 고객이 제기한 소송에도 적용되고 있다는 것 등이다.[132)]

한편, 소위 '우선적 관할권이론'(doctrine of primary jurisdiction)은 법원이 독점금지법 사항을 판단함에 있어서 규제산업과 같이 해당 영역에 관한 전문성과 경험을 가진 규제기관이 존재하는 경우에는 그 기관이 먼저 당해 분쟁을 판단하도록 독점금지법관련 사항의 판단을 유보할 수 있다는 것인데, 이는 엄밀한 의미에서 독점금지법의 적용제외라고 볼 수 없고 단지 독점금지법을 적용하는 법원과 각 산업별 규제기관 사이의 관할권을 정하는 이론이라고 할 수 있다. 이 이론은 특히 관련된 사실관계가 매우 복잡하고, 법원보다 규제기관이 더 용이하게 판단할 수 있는 사건에 많이 적용된다.[133)]

위 이론이 적용된 대표적인 사례는 Ricci v. Chicago Mercantile Exchange 사건[134)]인데, 이 사건에서 원고는 피고인 상업거래소와 소속 회사들이 공모하여 자신의 거래를 방해한 행위는 독점금지법 및 상품거래소법을 위반한 것이라고 주장하였다. 연방대법원은 최종적으로 법원이 상품거래소법이 독점금지법에 저촉되는지 여부를 판단하여야 하는데, 당해 분쟁의 일정 부분이 법률상 상품거래위원회(the Commodity Exchange Commission)의 관할에 속하므로 동 기관의 결정이 적용제외에 관한 결정을 내리는데 중요한 도움을 줄 것이므로 그 결정이 내려질 때까지 독점금지법 소송을 정지하였다. 이에 관한 연방법원의 판결들을 살펴보면 위 이론의 취지에 비추어 규제기관의 결정이 독점금지법관련 문제에 영향을 주지 않는 경우 또는 문제가 된 사항의 본질이 법적인 것이어서 특별히 규제기관의 전문성이 인정되지 않는 경우에는 위 이론을 적용하지 않는다.[135)]

3. 통신산업에 대한 연방독점금지법의 적용제외

운송산업과 함께 비교적 먼저 규제완화가 진행된 통신산업에 대하여 주 또는 연방정부의 규제를 근거로 독점금지법의 적용제외를 주장하는 견해는 일찍이 AT&T에 대한 연방정부의 독점금지법 집행소송과정에서 지속적으로

132) Hovenkamp, Id. p. 710.
133) Id. at 706.
134) 409 U.S. 289 (1973).
135) ABA Section of Antitrust Law, supra 14, pp. 1243-1244.

제기되었다. 예컨대, 1949년 법무부가 위 회사에 대하여 그 설비제조 자회사인 Western Electric의 매각을 추진하는 집행의 소를 제기하였을 때, 위 회사는 자사의 주내 전화요금은 주공익사업규제위원회(state public utilities commission)들에 의해 규제되고, 주간 전화요금 및 서비스는 연방통신위원회에 의해서 광범위하게 규제되고 있으므로 독점금지법의 적용은 배제된다는 항변을 제기하였고,[136] 다시 1974년 법무부가 AT&T의 시내전화사업부문의 분리를 추진하는 집행의 소를 제기했을 때에도 광범위한 규제 때문에 독점금지법의 적용이 배제된다는 항변을 제기하였으나 두 차례에 걸쳐서 연방법원에 의해 기각되었다.[137]

이러한 항변은 결국 위에서 살펴본 독점금지법의 묵시적 적용제외를 주장한 것이라고 볼 수 있는데, 1996년 통신법이 개정되기 전에 연방정부나 사인이 AT&T에 대하여 제기한 독점금지법 소송에서 법원들은 일관되게 통신법 및 관련 통신산업규제를 근거로 독점금지법의 묵시적 적용제외를 인정할 수 없다고 판시하였다.[138] 예컨대, United States v. AT&T 사건에서 D.C. 연방지방법원은 (1) 규제기관이 의회의 승인에 따라 일반적인 관할영역과는 다른 의미에서, 문제가 된 행위 자체에 대한 명시적인 권한을 행사하여 이에 독점금지법을 적용할 경우 당해 규제를 방해하는 결과를 초래하게 되고, (2) 당해 기관에 의한 규제가 매우 광범위하여 의회가 경쟁은 당해 영역에서 공익을 추구하는데 부적절한 수단이라고 판단한 것으로 인정되는 상대적으로 제한된 경우에 한하여 독점금지법의 묵시적 적용제외가 인정된다고 하면서 이를 인정하지 않았다.[139]

그 후 1996년 통신법의 대폭적 개정을 통하여 특히 종래 자연독점으로 인정되었던 시내전화시장에 경쟁을 도입·촉진하기 위한 상세한 규정들이 도입

136) 동 소송은 결국 1956년 동의판결로 종결되었는데(United States v. Western Elec. Co., 1956 Trade Case (CCH) 68,246 (D.N.J. 1956), Sullivan & Grimes는 연방 및 주의 규제에 의한 적용면제의 항변이 제한적인 내용의 동의판결을 얻어내는데 기여했다고 평가하고 있다(Sullivan & Grimes, supra note 3, p. 777).

137) United States v. AT&T, 427 F.Supp. 57, 61 (D.D.C. 1976); United States v. AT&T, 461 F.Supp. 1314, 1320-30 (D.D.C. 1978). 동 소송은 결국 시내전화사업을 독립적인 회사(Bell operating companies)들로 분할하고 이들은 장거리전화시장 등에 진입하지 못하도록 하는 내용의 동의판결(소위 'modified final judgment')로 종결되었다. 1996년 개정 통신법이 제정되기까지 AT&T에 대한 연방정부의 독점금지소송의 전개과정 및 결과에 대한 개략적인 설명으로는 Sullivan & Grimes, supra note 3, pp. 776-782 참고.

138) ABA Section of Antitrust Law, Telecom Antitrust Handbook (2005), p. 325.

139) 461 F.Supp. 1314, 1322-1323 (D.D.C. 1978).

되었는데, 다시 이러한 상세한 규제조항들로 인하여 독점금지법의 적용이 배제되는지의 문제가 제기되었다. 이에 관하여 연방대법원은 Verizon v. law Offices of Curtis V. Trinko 사건에서 동법상의 유보조항(savings clause)[140]을 근거로 독점금지법은 1996년 통신법의 개정 이전과 동일하게 적용된다고 선언함으로써 묵시적 적용제외를 인정하지 않았다.[141] 비슷한 맥락에서 제4 연방항소법원은 1996년 개정 통신법과 독점금지법의 관계에 관하여 중요한 사항을 설시하였다. 즉, 1996년 통신법은 지배적 시내전화사업자들에 대하여 종래 독점금지법에서는 볼 수 없는 의무들을 부과하고 있는데, 이들이 독점금지법에 저촉되는 것은 아니고 의회가 경쟁적 시장의 발전을 촉진시킬 것이라고 믿는 더 구체적이고 광범위한 의무를 부과한 것일 뿐이라고 하였다.[142]

따라서 현재 1996년 통신법 이전이나 이후를 막론하고 통신법상의 규제를 근거로 통신산업에 대하여 일반적으로 독점금지법의 묵시적 적용제외를 인정할 수 없음은 확립된 입장이라고 할 수 있다.[143] 예컨대, MCI Communication Corp. v. AT&T 사건에서 AT&T의 주 규제기관에 신고된 요금이 약탈적 요금에 해당하는지가 문제로 되었는데, 제7 연방항소법원은 문제가 된 요금결정이 규제상의 강요(coercion)에 의한 것이라기보다는 경영판단의 결과로 볼 수 있고, 연방통신위원회가 그 결정을 명령하거나 승인한 것도 아니므로 문제의 신고요금에 대하여 독점금지법의 적용이 배제되지는 않는다고 하였다.[144] 묵시적 적용제외를 제외한 기타의 적용제외의 법리가 통신산업에 적용된 대표적인 사례를 간략히 살펴보면 다음과 같다. 먼저, 주행위이론과 관련하여 Sound, Inc. v. AT&T 사건에서 주의 규제를 받는 요금이 독점금지법을 위반하는 약탈적 가격책정인지 여부가 문제로 되었는데, 제8 연방항소법원은 규제의 근거

140) 동 조항은 "동법상 어떤 조항도 독점금지법의 적용을 변경하거나 손상시키거나 대체하는 것으로 해석되어서는 안 된다"("Nothing in this Act … shall be construed to modify, impair, or supersede the applicability of any of the antitrust laws")고 규정하고 있다(47 U.S.C. § 152 Note (b)(1)).

141) 540 U.S. 398, 405-406 (2004). 또한 연방대법원은 마찬가지로 동법이 종래 형성된 독점금지법 기준과 상이한 새로운 독점금지법 기준을 형성한 것은 아니므로 단지 1996년 개정법을 위반하였다는 이유만으로는 셔먼법 제2조를 위반한 것으로 볼 수는 없다고 판시하였다. Id. 407.

142) Goldwasser v. Ameritech Corp., 22 F.3d 390, 401 (7th Cir. 2000).

143) ABA Section of Antitrust Law, supra note 52, pp. 381-384.

144) 708 F.2d 1081, 1105 (7th Cir. 1983).

가 되는 주법률이 경쟁을 대체하는 취지로 볼 수 없어서 위에서 살펴본 Midcal 판결의 두 가지 요건 중 첫째 요건을 충족하지 못하므로 주행위이론이 적용되지 않는다고 판시하였다.[145] 또한 통신산업에서 흔히 볼 수 있는 규제형태로서 이용약관(tariffs)을 규제기관에 신고한 경우에 노어면제의 법리에 따라 정부의 정책에 영향을 미치려는 행위로서 독점금지법의 적용이 배제되는가의 문제가 제기된다. 위 MCI Communication Corp. v. AT&T 사건에서 제7 연방항소법원은 법률이 정한 대로 형식적으로 이용약관을 신고한 것만으로는 노어면제의 법리가 적용되지 않는다고 하였다.[146]

신고요금이론은 통신산업에서 여전히 적용되고 있다. 즉, 1934년 통신법은 공중통신사업자(common carriers)들에게 연방통신위원회에 요금과 요금에 영향을 미치는 분류, 관행, 규정을 포함한 요금표를 제출하도록 하고, 요금표에 정해져 있지 않은 우대조치, 가격에 영향을 미치는 분류, 규정, 관행을 행하는 것을 금지하고 있었으며,[147] 이는 1996년 개정 통신법에서도 그대로 유지되고 있으므로 이를 근거로 신고요금이론이 적용된다. 따라서 일단 요금을 포함한 이용약관이 연방통신위원회에 신고되어 승인을 받으면 당해 사업자와 고객간의 요금에 관한 권리와 책임은 당해 이용약관에 따라 결정된다. 다만, 재판과정에서 통신사업자의 행위에 대하여 신고요금이론을 적용함에 있어서 문제로 되는 것은 '신고요금'과 관련된 사항인지 여부이다. 예컨대, 장거리전화요금과 관련된 허위광고행위는 비록 장거리전화요금 자체는 신고된 상태였지만 신고요금이론이 적용되지 않았고,[148] 자신의 요금은 지나치게 높게 책정하고 자신의 이용자에 대하여 낮은 요금의 다른 사업자의 서비스에 접근하지 못하도록 한 행위가 문제가 된 사건에서는 이용자는 신고요금이론에 따라 신고요금이 높다는 이유로 손해배상을 청구할 수는 없지만 다른 사업자의 서비스에 대한 접근거절에 대해서는 손해배상을 청구할 수 있다고 하였다.[149]

종래 독점금지법 사건을 심리하는 법원들은 통신법상 연방통신위원회의 난해한 규제절차를 존중하여 자주 '우선적 관할권이론'을 적용해왔다. 특히, 요금, 관련 법령 및 규정과 관련된 새로운 쟁점이 제기된 경우, 문제가 된 행

145) 631 F.2d 1324 (8th Cir. 1980).
146) 708 F.2d 1081 (7th Cir. 1983).
147) 47 U.S.C. § 203 (a) & (c).
148) Gelb v. AT&T, 813 F.Supp. 1022 (S.D.N.Y. 1993).
149) Stein v. Pacific Bell Telephone Co., 173 F.Supp. 2d 975 (N.D. Cal. 2001).

위의 합리성 여부가 문제된 경우, 당해 사건의 해결로 통신산업규제에 관한 정책적 조정이 필요하게 되는 경우에 자주 적용된 반면, 전통적으로 법원의 전문성이 인정되는 법률적 쟁점만이 문제로 되는 경우 또는 규제기관이 이미 관련된 규제기준을 확정한 상태에서 그 기준을 사실관계에 적용하는 것만이 문제로 되는 경우에는 적용되지 않았다.[150]

Ⅲ. 일본 독점금지법의 적용제외

1. 개 설

일본 독점금지법의 적용제외 체계는 종전에 우리나라와 매우 유사한 형태를 취하고 있는데, 특히 규제산업과 관련하여 1999년 관련 법률의 개정 및 2000년 '사적독점의금지및공정의거래확보에관한법률'(이하 '독점금지법'이라 한다)의 개정으로 대폭적인 변화를 겪었다. 즉, 일본의 경우에도 우리나라와 마찬가지로 1947년 독점금지법 제정 당시부터 동법 자체에 적용제외 조항을 두었다. 즉, 동법 제6장에 적용제외라는 장을 두고, 자연독점에 고유한 행위(구법 제21조), 사업법령에 기초한 정당한 행위로서 법률로 지정한 것(구법 제22조), 무체재산권에 기초한 정당한 행위(구법 제23조) 및 일정한 조합의 행위(구법 제24조)를 적용제외 사유로 규정하고 있었다. 그 후 1953년 법개정을 통하여 일정한 요건을 충족하는 재판매가격유지행위계약(구법 제24조의2), 일정한 요건을 갖추어 공정거래위원회의 인가를 받은 불황카르텔(구법 제24조의3), 합리화카르텔(구법 제24조의4)이 적용제외 사유로서 추가되었다. 이 중 특히, 규제산업에 대한 적용제외에 관련되는 것은 구법 제21조의 자연독점에 고유한 행위와 구법 제22조의 사업법령에 기초한 정당한 행위인데, 후자를 근거로 '사적독점의금지및공정거래의확보에관한법률의적용제외등에관한법률'(이하 '적용제외법'이라 한다)을 제정하여 구체적으로 동 조항상의 적용제외의 근거가 되는 법률들을 지정하였다. 이상과 같은 독점금지법 자체에 근거를 둔 적용제외 이외에도 '해상운송법', '중소기업단체의조직에관한법률', '수출입거래법', '수출수산업의진흥에관한법률', '석탄광업합리화임시조치법', '기계공업진흥임시조치법', '전자공업진흥임시조치법', '어업조정조합법' 등과 같은 개별법률에서도 독점금지법의 적용을 부분적으로 배제하고 있다.[151] 그러나

150) ABA Section of Antitirust Law, supra note 52, pp. 386-387.

151) 厚谷襄兒, 厚谷襄兒 外 編, 條解獨占禁止法, 弘文堂, 1997, pp. 408-410.

그 후 종래 자연독점으로 인정되었던 규제산업에서도 기술의 발전 및 경쟁환경의 변화에 따라 경쟁이 가능하다는 인식 아래 규제완화 및 규제개혁의 과정에서 규제산업에 대한 적용제외를 폐지하여야 한다는 논의가 진행되었고,[152] 결국 1997년 '적용제외제도일괄정리법'에 의해 개별법령에 의한 적용제외제도가 축소되었고, 1999년 '적용제외정리법'에 의해 독점금지법상 불황카르텔 및 합리화카르텔 조항이 삭제되었을 뿐만 아니라 사업법령에 기초한 적용제외를 규정하고 있던 구법 제22조도 삭제되었다.[153] 또한 2000년 독점금지법 개정시에 자연독점에 고유한 행위를 적용제외로 규정하고 있던 구법 제21조도 삭제함으로써 규제산업에 대한 독점금지법의 적용가능성이 대폭 확대되었다. 아래에서는 특히 규제산업에 관한 적용제외와 관련하여 시사점을 주는 구법 제21조 및 제22조에 관하여 간략히 살펴보고, 우리나라에서도 최근 문제가 제기된 적이 있는 규제기관이 행한 행정지도에 의한 행위에 대한 독점금지법의 적용에 관한 논의를 살펴본다.

2. 구 독점금지법상 규제산업에 대한 적용제외

구 독점금지법 제21조는 '자연독점에 고유한 행위'를 적용제외 사유로 규정하고 있었다. 즉, "철도사업, 전기사업, 가스사업 기타 그 성질상 당연히 독점이 되는 사업을 경영하는 자가 행하는 생산, 판매 또는 공급에 관한 행위로서 그 사업에 고유한 것"에 대해서는 적용제외를 인정하였다. 이 조항의 취지에 관해서는 동 조항에 열거된 공익사업과 같이 경제이론상 자연독점으로 인정되는 경우에는 별도의 법률에 의해 엄격한 감독규정이 마련되어 있는 것이 일반적이고, 그 독점적 지위는 정부의 진입규제 등의 결과로 획득·유지되고 있는 것이므로 그와 같은 독점적 지위 및 그에 필연적으로 수반되는 공급행위 등은 본래 독점금지법의 금지규정의 구성요건에 해당하지 않음을 선언적·확인적으로 규정한 것이라고 한다.[154]

위 조항에 따라 적용제외가 인정되는 행위의 범위에 대해서는 "생산, 판매 또는 공급에 관한 행위로서 그 사업에 고유한 것"에 한정되므로 자연독점으로 인정되는 공익사업자가 행하는 모든 사업활동이 적용제외되는 것은 아니

152) 上揭書, p. 412; 金井貴嗣 外 編, 獨占禁止法, 弘文堂, 2004, p. 366 참고.
153) 동 조항이 폐지됨에 따라 이를 근거로 제정되었던 적용제외법 역시 폐지되었다.
154) 松山隆英, 厚谷襄児 外 編, 條解獨占禁止法, 弘文堂, 1997, p. 413.

고, 인허가제 등에 의해 취득한 독점적 지위에 수반되는 생산, 판매, 공급을 독점적으로 행하는 것, 즉 당해 시장에 있어서 시장지배적 상태에 있는 것 자체가 사적독점 등의 문제가 되지 않음을 의미하고, "그 사업에 고유한 것"이라는 것은 인가 등을 받은 사업을 경영하기 위하여 불가결한 행위로서 다른 사업의 경우에는 존재하지 않는 것을 의미한다.[155)]

자연독점이론에 근거한 독점금지법의 적용제외에 대해서는 종래부터 학설상 비판이 제기되어 특히, '기타 그 성질상 당연히 독점이 되는 사업'의 범위를 극히 한정적으로 해석하여야 한다는 주장이 제시되었다. 이러한 견해는 자연독점사업과 기타의 사업의 구별은 상대적이며 점차 접근하는 경향을 나타내고 있고, 법적으로 용인된 독점기업에 대한 규제의 실제상의 곤란성과 불충분성을 함께 고려하여 (1) 자연독점성이 강하고 명백하게 존재하지 않는 한 법적으로 용인된 독점기업으로서의 규제에만 맡겨두어야 하는 것은 아니고, (2) 적극적 · 직접적 · 계속적 규제가 필요한 경우에도 어떠한 경쟁압력이 존재한다면 이를 적극적으로 활용해야 한다고 주장하였다.[156)]

또한 구법 제22조는 '사업법령에 기초한 정당한 행위'를 적용제외 사유로 규정하고 있었는데, 동조 제1항은 "특정한 사업에 관한 특별한 법률이 있는 경우에는 사업자 또는 사업자단체가 그 법률 또는 그 법률에 기초한 명령에 의해 행한 정당한 행위"에 대해서는 적용제외를 인정한다고 하고, 제2항은 제1항에서 말하는 '특별한 법률'은 별도의 법률로 지정한다고 규정하였는데, 이에 따라 적용제외법이 제정되어 그 '특별한 법률'들을 열거하고 있었다.[157)] 이 조항의 취지에 관해서는 여기서 말하는 '특정한 사업'은 자유경쟁원리를 적용하기 타당하지 않은 사업영역에 있어서 공공성의 관점에서 특별한 법률이 제정되고, 인가제등에 의해 독점적 지위가 인정되는 반면, 고도의 사업활동 규제가 가해지고 있는 경우에 그러한 사업에서 행해지는 정당한 행위는 독점금지법상 문제로 하지 않는다는 점을 명백하게 하기 위한 것이라고 설명한다.[158)] 위 규

155) 上揭書, p. 415.

156) 上揭書, p. 417.

157) 적용제외법은 당초 지방철도법, 궤도법, 자동차교통사업법, 소운송업법, 육상교통사업조정법, 보험업법, 식량관리법, 임시물자수급조정법과 포츠담선언에 의한 물가통제령, 유한회사령 및 지주회사정리위원회령 등을 열거하였다가, 그 후 수시로 새로운 법령이 추가되거나 삭제되었는데 1999년 적용제외법이 폐지될 당시에는 실제로 별 의미가 없는 소수의 법률들만이 규정되어 있었다고 한다(上揭書, p. 419). 예컨대, 1953년 공중전기통신법이 추가되었다가 1984년 전기통신사업법이 시행되면서 공중전기통신법은 적용제외법에서 삭제되었다.

158) 上揭書, p. 418.

정의 해석상 특히 문제가 되었던 것은 바로 '정당한 행위' 여부의 판단에 관한 것이었는데, 이에 관하여 학설상 대립이 있었다. 먼저, 다수설은 이를 독점금지법의 관점에서 판단하여 독점금지법상의 '공공의 이익'에 반하는 경우에는 정당한 행위에 해당하지 않는다고 하는 견해로서, 이에 따르면 위 조항은 본래 독점금지법이 적용되지 않는 행위에 관하여 독점금지법을 적용되지 않는다는 의미로서 실질적인 적용제외규정은 아니고 확인적 규정에 불과하다는 것이다. 이러한 견해에 속하는 입장들도 구체적인 내용에 있어서 다소간의 차이점이 있는데, 첫째, 위 조항은 독점금지법질서에 있어서 적용제외에 해당하는 것이 아니라 원래 위법성을 가지지 않은 것들에 대하여 독점금지법에 위반되지 않음을 확인하는 의미를 가진다는 입장, 둘째, 위의 '공공의 이익'의 개념은 공정하고 자유로운 경쟁질서의 유지를 통한 일반소비자의 이익보호, 다시 이를 통한 국민경제의 민주적이고 건전한 발전이라는 독점금지법 제1조가 규정하고 있는 목적규정에 따라서 해석하여야 하므로 설령 경쟁을 실질적으로 제한하는 행위라고 하더라도 일반소비자의 이익으로 되는 경우에는 그 위법성이 조각된다는 입장, 마지막으로 공공의 이익을 경쟁질서의 유지만으로 이해하여 독점금지법상 위반행위의 구성요건에 해당하는 행위의 위법성이 조각되기 위해서는 (1) 명시적인 적용제외 규정이 존재하는 경우, (2) 독점금지법의 금지행위규정과 직접 모순되는 다른 법률규정이 존재하는 경우, 또는 (3) 독점금지법의 금지행위규정의 구성요건에 해당하는 행위를 다른 법률규정으로 적법한 것으로 정하고 있는 경우이어야 하는데, 구법 제22조 등은 본래 독점금지법상 금지행위규정에 위반하지 않는 행위를 단순히 확인하는 의미밖에 없다고 하는 입장 등이 있다.[159] 이에 대하여 소수설은 '정당성'을 개별 사업법의 이념에 비추어 판단하여야 하는데, 당해 사업법에 의해 정당한 것으로 인정되는 행위에 대해서는 그것을 시인하고 더 이상 반공익성의 유무를 문제 삼지 않는다는 취지로서 창설적 적용제외로 이해하고 있다.[160]

3. 행정지도에 의한 행위에 대한 독점금지법의 적용

종래 일본의 경우에도 우리나라와 마찬가지로 각 규제기관이 법령상 구체

---

159) 위 조항의 '정당성'의 의미에 관한 대한 다수설에 속하는 다양한 입장에 대해서는 같은 책, p. 420 참고.

160) 上揭書, pp. 420-421.

적인 근거규정이 있는 경우뿐만 아니라 구체적인 근거규정이 없는 경우에도 양해, 지시, 권고, 요망, 주의, 경고 등 다양한 형태의 행정지도를 통하여 독점금지법에 위반될 여지가 있는 행위를 유도해왔다. 그러나 일본의 경우에는 행정지도의 문제를 독점금지법의 적용제외의 문제로 다루지는 않고, 행정지도에 따른 행위이더라도 당연히 독점금지법이 적용된다는 전제 아래 다만, 행정지도를 근거로 위법성이 조각되는가의 문제로 다루어졌다. 그 이유는 위에서 살펴본 바와 같이 구법 제22조 제2항에 따라 제정된 적용제외법이 적용제외가 인정되는 개별 사업법령을 제한적으로 열거하고 있었기 때문이다.

일응 독점금지법에 위반되는 행위가 행정지도에 따른 것이라는 이유로 위법성이 조각되는가의 문제는 특히, 독점금지법 제2조 제6항의 '부당한 거래제한'(카르텔)의 성립과 관련하여 논의되었다. 즉, 종전에 일본 공정거래위원회 및 법원은 일관되게 문제가 된 거래제한행위가 명시적인 적용제외 규정에 해당되지 않는 한 행정지도에 따른 것이라고 하더라도 위법성이 조각되지 않는다는 입장을 취하였다.[161)]

그런데, 1973년 이른바 오일쇼크를 계기로 행정지도와 독점금지법의 관계에 관한 논란이 제기되었고, 이에 대하여 국회에서 정부가 통일적 견해를 발표하기도 하였다. 즉, 1974년 3월 2일 제72차 국회중의원예산위원회에서 내각법제국 장관은 첫째, 가격은 본래 시장에서의 수급관계를 기준으로 사업자의 자유로운 경쟁에 의해 정해져야 하므로 사업자가 카르텔을 통하여 가격조작을 행하는 것은 독점금지법 제2조 6항의 부당한 거래제한에 해당하므로 인정할 수 없음은 당연하고, 둘째, 최근과 같이 물가억제가 최대의 국민적인 과제로 되는 것을 고려하게 되면 소관관청이 물가억제의 관점으로부터 가격에 관한 행정지도를 행하는 것이 필요한 것으로 생각되어지고, 셋째, 단지 가격에 관한 행정지도가 인정되는 경우라고 할지라도 지도를 받은 사업자가 나아가 공동으로 가격조정을 행하게 되면 이미 언급한 바와 마찬가지로 인정될 수 없음은 말할 필요도 없다고 답변하였다.[162)]

행정지도에 따른 카르텔의 문제는 특히 1984년 일본최고재판소가 석유가

161) 野田醬油사건 심결(公正取引委, 1952.4.4.); 化纖操短사건 심결(公正取引委, 1953. 8. 6.); 石油聯盟價格協定사건(最高裁 1982.3.9.) 등. 이들 심결 및 판결의 판시사항에 대해서는 동경변호사회 독점금지부(공정거래위원회 譯), 일본독점금지법가이드, 1993, p. 172; 厚谷襄兒, 각주 65, p. 79 참고.

162) 厚谷襄兒, 上揭書, p. 80에서 재인용.

격카르텔관련 형사소송사건 판결에서 종전의 일반적인 견해와는 달리 사업자의 합의가 적법한 행정지도에 따라 행한 때에는 그 위법성이 조각된다는 취지로 판시한 것[163)]을 계기로 행정지도와 독점금지법의 관계에 관한 논의가 활발하게 진행되었다. 위 사건은 독점금지법을 위반한 카르텔에 대하여 형벌이 부과된 최초의 사례로서도 중요한 의미를 가지는데, 석유사업자들이 OPEC 등의 원유가격인상에 의한 비용증가를 석유제품의 가격에 전가하여 인상하기 위하여 공동으로 인상폭 및 인상시기를 정하여 합의한 것이 문제로 되었는데, 피고들은 通産省의 담당관이 문제가 된 가격인상에 대하여 업계 전체로서의 자료의 제출과 설명을 요구하고 인상이 합의된 후 그 내용에 대해 양해하고 있었다고 항변하였다.[164)] 이에 대하여 최고재판소는 문제의 행위가 독점금지법 제2조 제6항이 금지하는 거래제한에 해당하는 것은 분명하지만, 적법한 행정지도에 따라 행한 가격에 관한 사업자간의 합의가 형식적으로 독금법에 위반하는 것으로 보이는 경우에도 그것이 적법한 행정지도에 따라서 그것에 협력하여 이루어진 때에는 그 위법성이 조각된다고 해석하는 것이 상당하다고 판시하였다.[165)] 또한 그 행정지도가 적법하다고 하기위해서는 (1) 석유업법상의 표준가격제도 등 직·간접적으로 가격개입이 인정되고, 변화하는 상황에 대한 원만하고 유연한 행정의 필요성 때문에 동법에 직접적인 근거가 없는 가격에 관한 행정지도가 필요할 것, (2) 행정지도의 방법이 그것을 필요로 하는 상황에 대처하기 위하여 사회통념상 상당하다고 인정되는 방법으로 행해질 것, (3) 행정지도가 일반소비자의 이익을 확보하는 것과 동시에 국민경제의 민주적이고 건전한 발전을 촉진한다는 독점금지법의 궁극적 목적에 실질적으로 저촉되지 않을 것의 요건을 갖추어야 한다고 하였다.[166)] 결국 최고재판소는 이 사건 통산성의 행정지도는 적법하지만 이에 따른 사업자들

---

163) 最高裁 1984. 2. 24. 刑集 38券 4號, p. 1287.

164) 당시 석유가격카르텔 뿐만 아니라 사업자별 원유처리량을 조정한 행위가 함께 문제로 되었는데, 1980년 원심인 동경고등재판소는 전자에 대해서는 통산성의 관여 때문에 공동행위를 행하기 쉽게 된 점은 인정되지만 이를 이유로 위법성이 조각된다고 할 수 없고, 당시 종전에 행해진 유사한 내용의 가격인상의 합의에 대하여 공정거래위원회의 심판이 진행 중이었으므로 위법성의 인식도 인정되므로 유죄라고 판시하고, 후자에 대해서는 위법성 조각사유는 존재하지 않지만 피고인들의 고의가 인정되지 않으므로 유죄를 인정할 수 없다고 하였다. 東京高裁 1980. 9. 26. 刑集 33券 5號 p. 359 및 p. 511. 동 고등재판소의 판결 내용 및 그에 대한 해설은 今村成和 外(공정거래위원회 譯), 獨禁法審決·判例百選, 1991, pp. 719-723 참고.

165) 最高裁 1984.2.24. 刑集 38券 4號, p. 1287(厚谷襄兒, 각주 65, p. 80에서 재인용).

166) 같은 판결(厚谷襄兒, 각주 65, pp. 80-81에서 재인용).

의 행위는 가격인상폭의 상한에 관한 업계의 희망안에 합의하는 것에 국한되지 않고, 위 희망안에 대한 통산성의 양해를 얻는다는 것을 전제로 일정한 시기로부터 위 양해의 한도껏 가격을 인상하는데 합의한 것이므로 이를 행정지도에 따라 협력하여 행해진 것으로 평가할 수 없으므로 그 위법성은 조각되지 않는다고 하였다.[167)]

위 최고재판소의 판결이 내려진 후 행정지도와 관련된 동 판결의 판시사항에 관하여 많은 논란이 제기되었다. 특히, 동 판결에서 인정한 행정지도에 의한 '위법성조각'이 형사절차에 국한되는 것인지 공정거래위원회가 시정조치나 과징금을 부과하기 위한 행정절차에도 적용되는 것인지에 대하여 견해가 대립하였다. 일부의 견해는 형사절차뿐만 아니라 공정거래위원회의 행정절차에 대해서도 동일하게 적용될 수 있다고 주장하였지만, 다수의 견해는 형사적 제재의 특성에 비추어 이를 부과하기 위한 전제로서의 위법성과 행정적 제재를 가하기 위한 전제로서의 위법성은 다르고, 위 판결에서 말한 '적법한 행정지도'의 내용은 극히 불확실하다고 하면서 행정지도에 관한 위 판시사항이 반드시 공정거래위원회의 행정절차에 적용되는 것이 아니라고 하였다.[168)]

한편, 일본 공정거래위원회는 위 석유가격카르텔과 함께 문제가 되었던 원유처리량 조정행위를 무죄로 선언한 1980년 동경고등재판소의 판결[169)]이 있은 후 공표한 '행정지도와 독점금지법과의 관계에 관한 고찰방법'(行政指導と独占禁止法との關係についての考え方)에서 위 다수의 견해와 동일한 입장을 취하여 여전히 행정지도에 따른 행위라고 할지라도 그 위법성이 부정되지 않는다는 태도를 취하였다. 그 후 동 위원회는 1994년 새로운 '행정지도에 관한 독점금지법상의 고찰방법'(行政指導に關する独占禁止法上の考え方)[170)]을 공표하였는데, 그 내용은 다음과 같다. 즉, 문제가 된 행정지도가 법령에 근거가 있는지 여부를 묻지 않고 그에 따른 행위가 독점금지법 위반행위의 요건을 충족하면 동법을 적용한다고 전제하고, 다만 법령에 구체적인 규정이 있는 행정지도와 구체적인 규정이 없는 경우로 나누어 행정청이 그와 같은 행정지도를 행함에 있어서 독점금지법 위반을 초래하지 않도록 유의하여야 할 점들을 규정하고, 독점금

167) 같은 판결(今村成和 外(공정거래위원회 譯), 獨禁法審決・判例百選, 1991, p. 725에서 재인용).

168) 今村成和 外(공정거래위원회 譯), 獨禁法審決・判例百選, 1991, pp. 726-727; 實方謙二, 經濟規制と競爭政策, 成文堂, 1983, pp. 109-112.

169) 東京高裁 1980.9.26. 刑集 33券 5號 p. 359.

170) http://hrsk.jftc.go.jp/dk/

지법과의 관계에서 문제를 초래할 우려가 있는 행정지도를 행함에 있어서는 개별적으로 사전에 공정거래위원회와 조정해줄 것을 기대한다고 하였다.

Ⅳ. 현행 공정거래법의 적용제외

1. 개 설

공정거래법은 1980년 법제정 당시로부터 일본 독점금지법의 예에 따라 (1) 법령에 따른 정당한 행위(법 제58조), (2) 무체재산권의 행사 행위(법 제59조), (3) 일정한 조합의 행위(법 제60조) 등 세 가지 일반적 적용제외 조항을 두고 있고, 그밖에 개별적인 금지조항별로 특정한 사업자나 행위를 적용대상에서 배제하는 조항을 두기도 하였다.[171] 또한 공정거래법 이외에 소수의 개별 법률에서 명시적으로 공정거래법의 적용배제를 규정하고 있는 것을 찾아 볼 수 있다.[172] 이 중 특히 규제산업에 대하여 적용될 여지가 있는 것은 법 제58조의 '법령에 따른 정당한 행위'라고 할 수 있는데, 이에 해당하는 구법 제47조는 일본 구 독점금지법 제22조와 동일하게 '특별한 법률'이 있는 경우에 동법의 적용이 배제되고, 별개의 법률을 제정하여 동법의 적용이 배제되는 '특별한 법률'을 지정하도록 하였으나, 결국 적용제외법이 제정되지 않았고, 결국 위 적용제외법의 근거 조항은 1986년 1차 법 개정시 삭제되었다. 따라서 공정거래법 제58조는 당초 일본 구 독점금지법 제22조의 예에 따라 제정되었으나 적용제외

171) 예컨대, 1990년 2차 법 개정을 통하여 금융·보험업을 영위하는 사업자에 대한 특례조항을 신설하여 이들 사업자에 대하여 동법상의 각종 규제 중 시장지배적지위의 남용금지, 기업결합의 제한, 출자총액의 제한, 기업결합의 신고 및 재판매가격유지행위의 제한 등의 조항의 적용을 제외하였다. 그 후 1996년 5차 법 개정을 통하여 금융·보험사업자에 대한 특례조항이 삭제되고, 다만 계열회사에 대한 채무보증의 제한조항은 그 적용대상에서 금융업 또는 보험업을 영위하는 회사를 제외하였다. 또한 2002년 10차 법 개정을 통하여 출자총액의 제한의 대상에서 금융업 또는 보험업을 영위하는 회사, 지주회사 또는 회사정리절차 또는 화의절차가 개시되어 그 절차가 진행 중이거나 기업구조조정촉진법상 부실징후기업의 관리절차가 진행 중인 회사 등을 제외하였다.

172) 현재 공정거래법의 적용을 배제하는 개별법령으로서는 예컨대, 기업구조조정을 목적으로 설립된 전문회사에 대하여 공정거래법상 지주회사 행위제한 규정을 적용하지 않는다고 규정한 산업발전법 제19조 제1항과 일정한 요건에 해당될 경우 산업자원부장관이 무역거래자에 대하여 발할 수 있는 조정명령의 이행에 대해서는 공정거래법을 적용하지 않는다고 규정한 대외무역법 제51조 제1항 등을 찾아 볼 수 있다. 그밖에 하도급공정화에 관한 법률 제28조, 가맹거래사업거래의 공정화에 관한 법률 제38조 등은 동법이 적용될 경우에는 공정거래법의 일정한 조항이 적용되지 않는다고 규정하고 있는데, 이는 경쟁정책과 충돌하는 기타의 정책적 가치를 실현하기 위해 공정거래법의 적용제외를 규정한 것이라기보다는 법적용상 공정거래법과 경합하는 경우에 그 우선순위를 정한 것이라고 보아야 할 것이다.

법을 제정하여 적용배제의 근거가 되는 개별 사업법률을 열거하였던 일본의 경우와는 달리 적용제외의 근거가 될 수 있는 법률의 범위가 명확하지 않고 결국 해석에 맡겨져 있다. 아래에서는 규제산업에 대해 적용될 여지가 있는 법 제58조에 관한 국내의 해석론 및 법원의 판결들을 간략히 살펴보고, 이와 관련하여 행정지도에 의한 행위에 대한 공정거래법의 적용의 문제를 살펴본다.

2. 공정거래법상 '법령에 따른 정당한 행위'

공정거래법 제58조는 구체적인 적용제외 산업이나 사업자에 대한 언급 없이 포괄적으로 "사업자 또는 사업자단체가 다른 법률 또는 그 법률에 의한 명령에 따라 행하는 정당한 행위에 대하여는 이를 적용하지 아니한다"고 규정하고 있어서 동 조항에 의한 적용제외의 범위와 요건이 불명확하다. 이에 대해서 우선, 동 조항이 인정하는 적용제외의 범위를 넓게 해석하여 독점규제법이 금지하고 있는 행위들 중에서 다른 법률이나 이에 의한 명령에 따라 행하는 행위는 모두 여기에 해당한다고 해석할 여지도 있고, 반대로 다른 법령에 따른 행위라고 할지라도 특히 합리적인 근거가 있는 행위만이 동 조항에 따라 독점규제법의 적용이 제외된다고 좁게 해석할 여지도 있다. 이 문제는 결국 위 조항에서 말하는 "정당한 행위"의 해석에 관한 것인데, '정당성'을 공정거래법이 관련된 개별 법률 자체의 목적이나 이념에 의해 판단하여야 한다는 견해가 있고,[173] 이에 대하여 공정거래법이 우리나라 경제질서의 기본법이므로 그 실효성을 확보하고 사명을 다할 수 있도록 하기 위해서는 공정거래법의 관점에서 경쟁을 제한하여야 할 합리적인 이유가 있는 경우에 한하여 인정하여야 한다는 견해가 있다.[174]

173) 신현윤, 경제법, 법문사, 2006, 134면; 이문지, 미국의 경제규제와 반트러스트법의 적용제외-통신산업의 경우를 중심으로, 상사법연구 제20권 제1호, 한국상사법학회, 2001, 719면; 김두진, 독점규제법의 적용제외 영역, 상사법연구, 제21권 제4호, 2003, 363면 .

174) 권오승, 경제법(제5판), 법문사, 2005, 150-151면; 양명조, 경제법강의(제3판), 신조사, 2005, 248면; 이동규, 독점규제 및 공정거래에 관한 법률[개정판], 행정경영자료사, 1997, 692면. 그밖에 정호열 교수는 이 점에 관한 명확한 견해를 제시하지는 않았지만 주무관청의 허가나 인가가 있었더라도 법 제58조의 법령에 따른 정당한 행위임을 자동적으로 인증하는 것은 아니라고 하였고(정호열, 경제법, 박영사, 2006, 78면), 이기수·유진희 교수는 다른 법령에 의한 행위가 정당한 행위인지 여부가 불분명한 경우에는 해당 법률에 공정거래법의 적용이 배제된다는 명백한 규정이 없는 경우에는 공정거래법이 적용된다고 하였다(이기수·유진희, 경제법(제6판), 2004, 79면).

양자의 입장을 비교·판단함에 있어서 실제로 양자의 선택이 문제가 되는 경우는 각 개별 법률에서 명시적으로 공정거래법의 적용을 배제하는 규정을 두거나 규정 자체로서 명백하게 공정거래법과 모순·저촉되는 경우가 아니라 공정거래법과의 관계에 대해 침묵하고 있는 개별 법률의 집행과정상 승인되거나 또는 허용되는 행위가 공정거래법에 위반되는 경우이다. 왜냐하면 전자의 경우에는 실제로 법 제58조에 의한 적용제외를 기다릴 필요가 없이 당해 규정 자체의 효력에 따라 공정거래법의 적용이 배제되기 때문이다. 그런데, 이러한 경우에 적용제외 여부를 결정하는 기준으로서의 '정당성'을 개별 법률의 관점에서 판단한다면 시장경제를 기본원리로 하는 우리나라 경제질서의 기본법이라고 할 수 있는 공정거래법을 기타 모든 개개 법률보다 효력상 열등한 지위에 놓는 결과를 초래하게 되어 사실상 공정거래법의 존재의미를 상실케 할 우려가 있다. 따라서 법 제58조의 '정당성'은 공정거래법의 관점에서 문제의 행위가 초래하는 경쟁제한성을 용인하여야 할 만한 합리적인 근거가 존재하는지에 따라 판단하여야 할 것이다.[175] 이러한 입장은 동 조항의 입법취지와도 다를 뿐만 아니라 그 모범이 된 일본 독점금지법의 입법례와 법개정 동향 및 종래의 다수설에 비추어도 타당하다고 생각된다.[176]

대법원도 기본적으로 동일한 입장을 취하고 있다고 보이는데, 대한법무사협회의 사업자단체의 금지행위 사건에서 '법령에 따른 정당한 행위'의 개념에 대해 일본 구 독점금지법 제22조의 예에 따라 "당해 사업의 특수성으로 경쟁제한이 합리적이라고 인정되는 사업 또는 인가제에 의해 사업자의 독점적 지위가 보장되는 반면 공공성의 관점에서 고도의 공적규제가 필요한 사업 등에 있어서 자유경쟁의 예외를 구체적으로 인정하고 있는 법률 또는 그 법률에 의한 명령의 범위 내에서 행하는 필요최소한의 행위를 말하는 것"이라고 판시하였다.[177] 그러나 이러한 기준에도 불구하고 구체적으로 문제가 된 법률이 경쟁제한이 합리적이거나 고도의 공적규제가 필요하여 자유경쟁의 예외를 구체적으로 인정하는 것인지 여부를 판단하는 것은 어려운 일로서 심결례 및

175) 같은 의견: 권오승, 경제법(제5판), 법문사, 2005, 151면.

176) 일본의 구 독점금지법 제22조와 관련된 논의는 현행 공정거래법 제58조의 경우와는 그 배경에 있어서 상당한 차이점이 있다. 일본의 경우에는 위 규정에 근거를 두고 적용제외법이 제정되어 적용제외의 근거가 되는 개별 사업법률들을 제한적으로 열거하고 있으므로 적용제외의 범위가 불명확하게 확장될 우려가 없었지만 우리나라의 경우에는 적용제외의 범위를 한정할 적용제외법이 존재하지 않으므로 특히 적용제외의 범위가 과도하게 확장될 우려가 크다.

177) 대법원 1997. 5. 16. 선고 96누150 판결.

판결례의 축적을 기다려야 할 것이다.

그 동안 공정거래법 제58조의 적용제외에 관한 주요한 판결들을 살펴보면 다음과 같다. 한국비철금속공업협동조합연합회의 사업자단체금지행위 사건에서 동 연합회는 구성사업자의 생산설비증설의 저지를 위해 주무장관에 대하여 진정하고, 결국 그 알선 및 중재를 통하여 위 구성사업자와 경쟁제한적인 내용의 합의를 행하였는데, 이에 대하여 서울고법은 법 제58조의 법령에 따른 정당한 행위가 되기 위해서는 "상당한 권한을 가진 자가 법정된 절차에 따라 법이 정한 직무를 행한 경우"라야 하는데, 위 행위가 중소기업협동조합법 및 중소기업사업조정법에 따른 상공부장관의 사업조정의 요건과 절차를 지키지 않은 것이므로 동 법상의 조정에 해당되지 않으므로 법령에 따른 정당한 행위가 아니라고 판시하였다.[178] 또한 대한법무사협회의 사업자단체금지행위 사건에서 서울고법은 동 협회가 집단등기사건에 대한 법무사개인의 수임활동을 금지하는 내용의 '집단등기사건 수임업무처리규정'을 시행한 행위의 공정거래법 위반 여부를 판단하면서, 법 제58조의 법령에 따른 정당한 행위에 해당되기 위해서는 "해당법령에서 사업자단체로 하여금 구성사업자의 경쟁을 제한하는 행위를 할 수 있다는 명문의 규정을 둔 경우"이어야 한다고 판시하고, 위 행위가 사건위촉의 부정한 유치를 금지하는 법무사법에 따른 정당한 행위로 볼 수 없다고 하였다.[179]

흥미 있는 사건으로서 한국관세사회의 사업자단체금지행위 사건에서 원고는 위에서 살펴본 '묵시적 적용제외의 법리' 또는 '우선적 관할권이론'과 유사한 주장을 제기하여, 한국관세사회는 관세법 규정에 의하여 설립된 법인으로서 그 회칙은 관세청장의 전속적인 승인과 감독에 따른 행정적 규제의 대상이 될 뿐이고, 이에 대하여 공정거래위원회가 독점규제법에 의한 시정명령을 할 수는 없다고 항변하였다. 그러나 서울고법은 관세사회가 독점규제법상 '사업자단체'에 해당하는 이상 관세청장의 감독이나 회칙인가권이 있다고 하더라도 공정거래법이 적용되는 것은 당연하다고 하였다.[180] 현재까지 실제로 공정거래위원회의 시정조치 등에 대하여 제기된 행정소송에서 명시적으로 법 제58조의 법령에 따른 정당한 행위임을 인정한 판결은 찾아 볼

178) 서울고법 1992. 1. 29. 선고 91구2030 판결.
179) 서울고법 1995. 11. 23. 선고 94구32186 판결.
180) 서울고법 1997. 1. 9. 선고 96구7030 판결.

수 없다. 다만, 한국전기통신공사의 물품구매계약관련 민사소송 판결에서 서울고법은 위 회사가 체결한 통신기자재납품계약 중 문제가 된 정산감가조건부개산계약조항이 정부투자기관관리기본법 및 동법시행령과 이에 근거를 둔 정부투자기관회계규정에 의한 정당한 행위로서 독점규제법의 적용제외가 인정된다고 하였다.[181)]

3. 행정지도에 의한 행위에 대한 공정거래법의 적용

우리나라의 경우 규제산업에 국한되지 않고 다양한 산업에서 인·허가권한을 포함한 광범위한 강력한 권한을 행사하는 행정기관이 아무런 법적 근거 없이 또는 조직법상 당해 기관에 부여된 포괄적·일반적인 감독권한에 근거하여 경쟁을 제한하는 행위를 유발하는 행정지도를 행하고, 현실적으로 이에 불응하기 어려운 사업자가 이러한 행정지도에 응하여 공정거래법을 위반하는 경우를 흔히 볼 수 있다. 이는 특히, 종래 각 행정기관이 법적 근거가 불명확한 행정지도를 중요한 규제수단으로 사용하는 관행이 형성되어 있는 우리나라와 일본에서 제기된 문제인데, 주로 경쟁사업자간의 공동행위 또는 사업자단체를 통한 경쟁제한행위가 발생한 경우에 당해 사업자들은 흔히 문제가 된 행위가 규제기관의 행정지도에 의한 것임을 내세워 공정거래법의 적용이 배제되거나 위법성이 조각된다고 항변한다.[182)]

우리나라의 경우는 행정지도에 의한 행위의 문제를 위법성 조각사유의 문제로 다루는 일본과는 달리 주로 법 제58조의 적용제외의 문제로 논의하고 있는데, 특히 2005년 공정거래위원회가 2개 시내전화사업자의 부당한 공동행위관련 사건에서 문제가 된 요금담합행위가 주무관청의 행정지도에 의한 행위였다는 항변에도 불구하고 공정거래법 위반행위로 인정하여 시정조치와 과징금을 부과하면서[183)] 논란이 제기되었다. 이에 대하여 공정거래위원회는 일

---

181) 서울고법 1998. 12. 3. 선고 97나34497 판결.

182) 이 문제는 법 제19조 제5항의 합의의 추정 조항이 적용된 경우에 사업자들이 공동행위의 외관이 발생한 이유는 자신들 사이에 '합의'가 존재하였기 때문이 아니라 행정지도에 따른 것이기 때문이라는 이유를 들어서 추정을 복멸시키려하는 경우의 문제와는 엄격히 구별되어야 한다. 후자에 관해서는 이호영, 독점규제법-쟁점과 판례, 홍문사, 2005, 170-172면 참고.

183) 공정거래위원회의결 제2005-130호, 2005. 8. 18. 이 사건에서 시내전화사업자들은 자신들이 2003년 6월경 행한 요금합의가 2002년 11월경에 이루어진 전기통신사업법에 근거를 둔 정보통신부의 사실상 구속력 있는 행정지도를 이행한 것이므로 법 제58조의 적용제외에 해당한다고 항변하였다. 그러나 공정거래위원회는 당시 정통부의 협의 및 요구는 위 회사들에게 실제로 구속력이 없었고, 문제가 된 합의는 위 회사들이 정통부의 협의 및 요구와는 무관하게

관되게 법령에 구체적이고 명확한 근거를 두고 행해진 행정지도에 의한 행위는 법 제58조의 '법령에 따른 정당한 행위'로 보아 적용제외를 인정하지만 법령에 근거가 없거나 조직법상 포괄적인 근거만 가지는 행정지도에 의한 행위에 대해서는 적용제외를 인정하지 않는다는 입장을 취하고 있다.[184]

이에 대하여 행정지도는 법적 구속력이 없는 비권력적 사실행위에 지나지 않으므로 이에 의한 행위는 원칙적으로 법 제58조의 '법령에 따른 정당한 행위'를 구성할 수 없지만 행정지도의 유형을 나누어 법적 근거가 전혀 없는 경우와는 달리 영업감독법규에 구체적인 근거가 있는 경우뿐만 아니라 조직법상의 일반적 감독권한만 있는 경우에도 내용이 구체적이고 사업자에 대해 사실상의 구속력이 있는 경우에는 '법령에 따른 정당한 행위'로 보아야 한다는 주장이 있다.[185] 그러나 조직법상의 일반적 감독권한에 근거를 둔 행정지도에 의한 행위에 대해서도 공정거래법의 적용제외를 인정한다면 사실상 모든 산업별 주무관청 소속 공무원은 해당 산업에 속한 사업자의 행위에 대하여 조직법상의 일반적 감독권한을 근거로 공정거래법의 적용을 배제시킬 수 있음을 의미하게 된다. 이는 입법자의 명확한 결단을 요구하는 미국의 적용제외에 관한 법리나 행정지도와 독점금지법의 관계에 관한 일본의 다수의 견해에서 비추어 보더라도 그 정당성을 인정할 수 없을 뿐만 아니라 정책적으로도 구체적인 법적 근거가 없는 행정지도에 의한 경쟁제한행위를 조장할 우려가 있다. 또한 행정지도의 사실상의 구속력을 기준으로 사업자의 행위에 대한 공정거래법의 적용 여부를 결정하는 것은 동일한 행정지도라고 할지라도 각 사업자별, 시기별로 구속력의 정도가 다를 수밖에 없고, 그 구속력의 정도를 객관적으로 판단하기 어려울 뿐만 아니라 어느 정도의 구속력을 가진 경우에 적용제외를 인정할 것인가의 어려운 문제가 남게 되므로 현실적으로 적용제외

요금인하 경쟁에 따른 매출감소와 비용증가를 방지하고 향후 요금인상을 위한 공조를 위하여 추진하였으므로 양자 사이에 인과관계가 인정되지 않을 뿐만 아니라, 나아가 이 사건 행정지도의 근거로 제시된 전기통신사업법 제33조의4는 선언적 규정에 불과하여 정통부가 이를 근거로 사업자에 대하여 요금에 관한 합의를 하도록 요구할 수 없다는 점 등을 근거로 '법령에 따른 정당한 행위'로 볼 수 없다고 하였다. 동 의결에 대해서는 현재 행정소송이 제기되어 서울고법에 계류 중이다.

184) 공정거래위원회, '행정지도가 개입된 공동행위에 대한 공정거래위원회의 기본입장'(2002. 10. 21.). 다만, '과징금부과세부기준등에관한고시'(공정거래위원회고시 제2005-15호, 2005. 7. 13)는 구속력이 있는 행정지도를 포함한 정부의 시책이 동인이 된 경우를 과징금의 임의적 감경사유로 인정하고 있다.

185) 정호열, 위 각주, 79-80면.

여부를 판단하는 기준으로 사용될 수는 없고, 대신 특정한 사업자별로 문제가 된 경쟁제한행위를 행하게 된 구체적인 사정의 하나로서 과징금의 산정과정상 참작사유로서 또는 형사절차상 위법성조각이나 책임경감 사유로서 고려할 수 있을 것이다.[186)]

그 동안 행정지도가 개입된 공정거래법 위반행위를 다룬 판결들은 일반적으로 매우 제한적으로 위법성조각 또는 적용제외를 인정하고 있다. 이들은 (1) 행정지도의 존재를 이유로 문제가 된 법위반행위의 위법성을 조각할 수 있는 지 여부를 검토한 것, (2) 행정지도에 의한 행위가 법 제58조의 '법령에 따른 정당한 행위'로서 적용제외가 인정되는지 여부를 검토한 것 두 가지로 구분할 수 있다. 전자에 해당하는 것으로서 (사)농수산물도매시장법인협회 등의 사업자단체금지행위관련 민사소송 사건에서 서울고법은 문제가 된 경쟁제한행위가 공정거래법의 궁극적인 목적에 비추어 위법하지 않다고 판시하면서 적법한 행정지도에 응하여 이루어진 행위임을 그 근거의 하나로 제시하였다.[187)] 이에 대하여 한국비철금속공업협동조합연합회의 사업자단체금지행위 사건에서 주무관청인 상공부의 행정지도에 따라 경쟁제한적인 결의를 시행하였다는 항변에 대하여 서울고법은 "행정지도는 비권력적 사실행위에 불과한 것이어서 그에 따름이 강제되는 것이 아니므로 사업자단체로서는 독자적으로 공정거래법 위반 여부를 판단하여 행동하였어야 할 것이고, 공정거래법의 운영은 행정부 내에 있어서 독립된 지위를 가진 공정거래위원회의 권한으로 되어 있으므로, 가사 원고와 소외 회사 간의 위 합의가 상공부의 행정지도에 의한 것이라 하더라도 그것만으로 위법성이 조각된다거나 또는 그 시정을 명함이 금반언의 원칙에 반하여 허용될 수 없다 할 수 없을 것"이라고 판시하였다.[188)]

후자와 관련하여 현재까지 법원이 독점규제법 위반행위에 대하여 행정지

---

186) 같은 의견: 신현윤, 경제법, 법문사, 2006, 134-135면.

187) 서울고법 1996. 12. 6. 선고 96나2240 판결. 이 판결은 또한 법령에 직접적인 근거가 없는 행정지도에 대한 공정거래법상의 평가에 관한 주목할 만한 내용을 포함하고 있다. 즉, 위에서 살펴본 일본 석유가격담합사건 최고재판소의 판결례에 따라 이 사건 행정지도는 '농수산물 유통 및 가격안정에 관한 법률' 등에 직접적인 근거가 없는 행정지도라고 하더라도 "행정지도를 필요로 하는 사정이 인정되고, 그러한 사정에 대처하기 위하여 사회통념상 상당하다고 인정되는 방법에 의하여 행정지도가 이루어지고 그것이 종국적으로 소비자의 이익을 보호함과 아울러 국민경제의 균형 있는 발전을 도모한다는 공정거래법의 궁극적인 목적에 반하지 않는 경우에는 그러한 행정지도는 적법하다"고 하였다.

188) 서울고법 1992. 1. 29. 선고 91구2030 판결.

도에 따른 행위라는 이유로 법 제58조의 적용제외에 해당된다고 한 사례는 찾아 볼 수 없고, 행정지도가 개입되었다는 항변이 제기된 사건들에서 법원은 문제가 된 행위가 실제로 행정지도에 따른 것이 아니라거나 또는 설령 행정지도에 따른 것이라고 할지라도 동 행정지도가 대법원이 법 제58조의 '법령에 따른 정당한 행위'에 해당하기 위한 요건으로 판시한 바 있는 "당해 사업의 특수성으로 경쟁제한이 합리적이라고 인정되는 사업 또는 인가제 등에 의하여 사업자의 독점적 지위가 보장되는 반면 공공성의 관점에서 고도의 공적규제가 필요한 사업 등에 있어서 자유경쟁의 예외를 구체적으로 인정하고 있는 법률 또는 그 법률에 의한 명령의 범위 내에서 행하는 필요최소한의 행위"[189]가 아니라고 하였다. 예컨대, (주)한국청과등의 부당한 공동행위 사건에서 서울고법은 농수산물공사의 지시에 따라 위탁수수료나 판매장려금 등의 요율을 동일하게 유지·인상하였다는 도매시장법인의 주장에 대하여 우선, 그러한 지시 및 행정지도의 존재가 인정되지 않는다고 하고, 가설적으로 설령 그와 같은 지시 또는 지도에 따른 행위라고 할지라도 관계법령상 농수산물공사는 위탁수수료나 판매장려금 등을 결정하거나 이에 관한 지시 등을 할 권한이 없으므로 법 제58조의 "법률에 의한 명령"으로 볼 수 없다고 판시하였다.[190] 또한 손해보험회사들의 부당한 공동행위 사건에서 보험감독원의 행정지도에 따라서 무료 긴급출동서비스를 폐지하기로 합의하였다는 주장에 대하여 서울고법은 동 행정지도의 내용은 보험계약자 서비스와 특별이익제공 행위를 구분할 수 있는 기준을 업계 자율적으로 설정하라는 취지이지 무료 긴급출동서비스가 특별이익제공에 해당하므로 이를 폐지하라는 취지가 아니었으므로 위 합의를 '법령에 따른 정당한 행위'로 볼 수 없다고 판시하였다.[191]

V. 결 론

전세계적인 규제완화와 더불어 우리나라의 경우에도 규제산업을 포괄적으로 규율해왔던 산업별 규제와 공정거래법 사이의 모순 및 저촉의 문제가 첨예하게 대두되고 있다. 이러한 문제들은 개별 사업자에 대한 부당한 규제부담

189) 대법원 1997. 5. 16. 선고 96누150 판결(대한법무사협회의 사업자단체금지행위 사건).

190) 서울고법 2004. 5. 12. 선고 2003누5817 판결.

191) 서울고법 2004. 6. 10. 선고 2002누17752 판결. 이 판결에 대해서는 상고가 제기되어 현재 대법원에 계류 중이다(대법원 2004두8323).

을 초래할 수 있을 뿐만 아니라 그 합리적인 해결이 없이는 산업 전체의 정상적인 발전을 저해할 우려가 있다. 이러한 문제를 해결하기 위한 접근방법은 크게 해석론적 접근과 입법론적 접근으로 나눌 수 있다. 먼저, 해석론적 접근은 현행 공정거래법 또는 해당 규제산업의 규제조항에 대한 합리적인 해석을 통하여 양자의 모순 및 저촉을 해결하는 방법이고, 입법론적 접근은 우선, 공정거래법상 적용제외 조항 또한 각 규제법률을 정비하는 것과 아울러 더욱 광범위하게 입법적으로 규제산업 고유의 규제체계와 공정거래법 사이의 체계적 조화를 추구하는 방법이 있을 것이다.

입법론적 접근방법이 이론적으로 더욱 매력적인 것은 사실이지만, 이를 추진하기 위한 현실적 난점을 인정하여야 할 것이다. 종래 우리나라의 논의 역시 주로 입법론적 접근에 관한 것이었지만 그다지 생산적이었다고 할 수 없다. 그렇다면 우선, 미국을 비롯한 경쟁법 선진국이 발전시켜온 '적용제외의 법리'의 도움을 받아 공정거래법상 적용제외 조항을 충분히 활용하는 것을 적극적으로 고려하여야 한다. 이것이야말로 산업별 규제와 공정거래법의 모순 및 저촉의 문제를 해결할 수 있는 가장 현실적이고 용이한 방법이라고 할 수 있다.

공정거래법 제58조는 현행법상 규제산업에 대한 공정거래법의 적용 문제를 해결하는데 도움을 줄 수 있는 사실상 유일한 근거이다. 위 조항은 직접적으로 일본 독점금지법의 예에 따른 것이지만 법제정후 그 개정 및 집행과정에서 일본과는 많은 점에서 상이한 맥락을 가지게 되었다. 이에 대한 합리적 해석을 위해서 미국의 풍부한 판례이론과 일본의 해석론 및 법개정 동향이 큰 도움이 될 것이다. 또한 공정거래법상 적용제외 조항을 해석·운용함에 있어서 다음과 같은 것들을 중요하게 고려하여야 한다. 우선, 규제산업에서의 산업별 규제와 경쟁법적 규제가 반드시 충돌하거나 저촉되는 측면만 존재하는 것은 아니다. 실제로 경쟁법적 규제는 규제산업에 있어서 각 산업별 규제가 추구하는 목적의 달성에 기여할 수 있고(산업별 규제의 보충기능), 산업별 규제와 별도로 당해 시장이 더욱 경쟁적으로 기능할 수 있도록 하거나 산업별 규제에 의해 효과적으로 규율되지 않는 사업자들의 행위를 엄밀하게 검증하는 기능을 수행함으로써(독립적 경쟁촉진기능) 산업별 규제와의 조화를 추구할 수 있다. 둘째, 공정거래법의 적용제외 문제는 시장경제질서를 기본적 경제원리로 채택하고 있는 우리나라에 있어서 공정거래법의 위상과 직접적으로 관련되는 문제이다. 과연 공정거래법이 명실상부하게 우리나라의 경제질서를 규정하는 기본규범으로서의 위상을 갖는가 또는 형식상의 초기값(default)에 불과하는가의 문제인 것이다. 마지막으로 공정거래법의 적용제외를 논의함에 있어서는 그 정책적 함의를 중요하게 고려하여야 한다. 즉, 그 논의가 규제산업에 대한 규제완화와 경쟁촉진이라는 세계적 조류에 비추어 각 산업별 규제기관과 그 규제를 받는 사업자에 주는 메시지와 사업자의 유인체계(incentive systems)에 미치는 영향을 고려하여야 한다.

제 3 편

규제산업과 경쟁정책

제 1 장

통신산업과 경쟁정책

제 1 절 디지털경제의 특징과 경쟁정책적 함의*

I. 디지털경제의 개념 및 특징

1. 디지털경제의 개념

디지털경제(Digital Economy)란 노동이나 자본이 주된 생산요소로 기능하던 산업사회에서 벗어나 첨단 기술 및 지식이 생산의 원동력으로 대두되는 산업이나 경제를 지칭한다. 신경제(New Economy), 지식기반경제(Knowledge-based Economy) 등으로 불리기도 한다. 디지털경제는 투입 측면에서 기술·지식의 비중이 매우 클 뿐만 아니라 산출 측면에 있어서도 지적 재산이 차지하는 중요성이 매우 큰, 이른바 "지식이 지식을 창출하는 경제"이다.

미국의 저명한 법학자 Posner 교수에 의하면 "신경제"는 ① 소프트웨어 제조업 ② 인터넷 기반 사업 ③ 통신 서비스 및 장비 사업을 지칭하는데 매우 높은 혁신율, 빠르고 빈번한 진입·퇴출, 소비에 있어서 규모의 경제(네트워크 외부성), 비교적 적절한 자본량, 평균비용 하락 등의 특징을 보인다.

2. 디지털경제의 특징

(1) 네트워크 효과

네트워크 효과란 소비 측면에서 바라본 규모의 경제(Economy of Scale)효과로서 소비자의 수가 늘어날수록 당해 재화의 소비로부터 얻는 효용이 증가하는 현상을 의미한다. 이는 어떤 경제주체의 의도하지 않은 소비나 생산활동이 다른 경제주체의 효용에 영향을 미치는, 이른바 외부효과(외부성, Externality)

* 김병배(공정거래위원회 부위원장)

의 특징을 지닌다. 네트워크 효과는 네트워크의 규모성에 기인한 직접적 네트워크 효과와 재화간 보완성에 기인한 간접적 네트워크 효과로 나뉜다. 직접적 네트워크 효과는 인터넷, 전화, 메신저, Fax 등 통신산업 분야에서 주로 시현되고 있으며 간접적 네트워크 효과는 컴퓨터 OS, Media Player 등 소프트웨어산업 분야에서 나타나고 있다.

네트워크 효과는 소비자들을 특정 상품에 고착(잠금효과, Lock-in effect)되도록 하여 특정사업자로의 쏠림현상(Tipping)을 발생시켜 새로운 사업자가 시장에 진입하는데 장벽을 구축함으로써 시장에서 경쟁제한적 효과를 나타낼 수 있다. 이로 인해 시장에서 특정한 지배적 사업자가 다른 사업자들과의 경쟁에서 이기는 승자독식현상(Winner takes it all)이 나타날 가능성이 커지고 있다(예: 윈도우즈, e-Bay, Cisco 등). 나아가 지배적 사업자에 의한 M&A, Alliance 등이 증가할 경우 단독 사업자에 의한 경쟁제한보다 더 심하게 시장에서의 경쟁을 제한할 수 있다.

(2) 기술 · 제품 · 산업의 융합

디지털경제하에서 눈부신 기술의 발전은 기존의 기술, 제품 및 산업의 융합을 촉진시킨다. 기술융합(Technolgy Convergence)이란 이종의 기술이 합쳐져 새로운 기술을 만들어 내는 것으로서 생명공학 기술, 나노기술, 정보통신 기술 등이 합쳐져서 바이오센서 융합기술을 탄생시킨 것이 그 좋은 예이다. 제품융합(Product Convergence)은 기왕에 따로따로 존재하던 다른 제품들의 기능을 통합하여 하나의 플랫폼 기반에서 다양한 기능을 구현할 수 있도록 제품을 제작하는 것을 의미한다. 우리가 흔히 볼 수 있는 카메라폰(휴대폰+카메라), MP3폰(휴대폰+MP3플레이어) 등은 제품이 융합된 사례라고 할 수 있다. 산업융합(Industry Convergence)은 이종 산업에 종사하던 사업자들이 인수, 합병, 사업부문 설립 등을 통해 서로 다른 산업에 활발히 진출하는 등 겸영 형태를 취하는 것을 의미한다. 위성DMB/지상파DMB(통신산업+방송산업), MS와 위성방송사 디렉트TV와의 제휴(PC와 게임기를 통한 방송시청) 등이 산업융합의 대표적인 사례이다.

융합현상으로 인해 기존 기술과 제품 및 산업간의 경계가 무의미해졌으며 기왕의 제품이나 산업부문에서 발생할 수 있는 경쟁제한적 효과는 쉽게 융합제품 · 산업 부문으로 파급될 가능성이 커졌다. 이로 인해 종전의 분리된 제품·산업 부문만을 고려하는 부분분석적 방법으로는 전체 산업을 올바로 이해할 수 없게 되었을 뿐만 아니라 기존의 낡은 규제 체계·기구 등은 새로운 융합현상에 제대로 대처하지 못하는 비효율성을 노정하게 되었다.

(3) 표준·포맷 경쟁

디지털경제 환경하에서는 네트워크 효과에 의하여 표준 및 포맷을 선점하고자 하는 경쟁이 사업자간에 매우 치열하게 전개된다. 일단 자사의 포맷이 표준적 제품 또는 서비스로 채택이 되거나 인증이 되면 그에 기반하여 각종 보완적인 기술 및 상품이 출시된다(간접적 네트워크 효과). 또한 네트워크의 규모가 가져다 주는 효용의 증가(직접적 네트워크 효과)는 소비자의 표준적 제품에 대한 수요를 더욱 증가시켜 결국 특정한 지배적·표준적 사업자로의 쏠림현상을 심화시키게 된다. 따라서 사업자들은 시장에서 자사의 시장점유율을 높이고 살아남기 위해서는 혁신적 기술과 신기술에 기초한 제품·서비스의 표준 선점 경쟁, 즉 동태적 경쟁을 치열하게 벌일 수밖에 없는 것이다. 사업자들간 표준을 선점하기 위한 방법으로는 Merits 경쟁[예: Google(인터넷 검색엔진)], 마케팅(예: VHS v. Beta), 표준설정기구[예: MPEG(Moving Picture Experts Group)], 불공정거래(예: 인터넷 익스플로러, 윈도우 미디어 플레이어) 등을 예로 들 수 있다.

(4) 한계비용의 하락

일반적으로 혁신제품이나 새로운 소프트웨어는 지식집약적 재화·서비스로서 그 개발에 소요되는 기간이 매우 길 뿐 아니라 비용이 천문학적으로 들어간다. 이러한 시간 및 기회비용은 일단 투입이 되면 곧바로 회수할 수 없는 매몰비용(sunk cost)로서 고정적 성격을 가진다. 반면에 혁신적인 제품이나 소프트웨어는 일단 개발이 될 경우 그 제품의 추가적인 생산에 따른 비용, 즉 한계비용은 매우 낮은 특징을 보인다.

(5) 시장경계의 이동, 제품외연의 확정

디지털경제에서는 기술·제품·산업의 융합현상으로 인하여 관련 시장의 경계가 매우 빠르게 변화하고 있다. 수시로 기술혁신이 일어나 제품의 질이 향상되고 신기능이 추가되는 등 업그레이드가 빈번하여 더 좋은 제품으로 끊임없이 외연이 확장되고 있다. 융합 및 외연확장으로 인해 과거 별개의 시장에서 거래되던 상품들이 융합시장으로 편입되어 상품시장의 경계가 모호해지고 있다. 또한 지식집약재를 생산하는 디지털경제에서는 연구개발이 매우 중요하며 연구개발시장 이른바 기술혁신시장이 관련 시장획정에 있어서 함께 고려되고 있다.

인터넷 보급과 전자상거래의 확산은 지리적 시장의 경계획정도 어렵게 하고 있다. 인터넷을 통한 소프트웨어의 다운로드는 소프트웨어 시장을 국내로 할 것인지 또는 세계로 할 것인지의 분석을 어렵게 하며 국제적인 전자상거래의 증가는 특정 상품의 지리적 시장획정을 어렵게 하고 있다.

Ⅱ. 디지털경제의 경쟁정책적 함의

1. 경쟁법 집행이 복잡화되고 어려워짐

시장에서 사업자간 경쟁을 촉진하는 경쟁법은 독점의 폐해를 예방하고 경제적 효율성을 제고하는 데 그 목적이 있다. 자유롭고 공정한 경쟁 자체가 경쟁법이 추구하는 궁극적인 가치나 이념은 될 수 없으며 이를 통하여 달성할 수 있는 효율적 자원배분이나 소비자 후생의 증대가 경쟁법 및 정책집행의 최종적인 목적이라고 할 수 있을 것이다.

신경제는 혁신에 의해서 탄생되며 혁신은 신상품, 새로운 서비스, 새로운 프로세스, 새로운 조립방법 등의 형태로서 효율성을 증대시키는 중요한 도구가 된다. 이로 인해 최종소비자의 소비가능영역이 확장되는 긍정적 효과가 나타나게 된다. 한편 신경제하에서는 특정 기술을 개발하고 혁신에 성공한 소수의 기업만이 시장에서 살아남게 되어 독점화를 초래하고 경제 전반적인 효율성을 저해시키는 부정적 효과 또한 시현시킬 수 있다.

이와 같이 신경제는 소비자 선택을 확대하고 경제 효율을 제고시키는 측면과 독점화를 촉진하고 그로 인한 경제 효율을 감소시키는 측면을 동시에 갖고 있기 때문에 신경제하에서는 경쟁법의 집행이 복잡해지고 어려워지게 된다.

예를 들어 신경제가 갖고 있는 양면성은 당연위법의 원칙의 적용을 어렵게 한다. 당연위법(*Per Se Illegal*)의 원칙은 경쟁사업자 간의 가격·시장분할·생산량 제한을 위한 합의와 같이 일정한 종류의 합의는 경쟁 촉진이라는 경쟁법의 기본 목적에 비추어 볼 때 아무런 정당화 사유도 없기 때문에 시장지배력이나 경쟁제한성에 대한 검토도 필요없이 당연히 위법한 것으로 본다는 것으로, 미국 연방대법의 Socony-Vacuum사건(1940년)과 그 후 일련의 사건(Northern Pacific Railway사건:1958년 등)에서 확고하게 확립된 원칙이다.

미국 연방대법원은 Broadcast Music, Inc(BMI)사건(1979년)에서 새로운 거래형태(New economic practices)에 대해서는 그 경제적 효과에 대한 충분한 경험이 없기 때문에 당연위법의 원칙을 적용할 수 없다고 판시하였다.

미국 연방대법원은 Jefferson Parish Hospital사건(1984년)에서 끼워팔기는 세 가지 조건(별개제품성, Tying Product 시장에서의 forcing power, Tied Product 시장에서의 상당부분에 영향)을 갖춘 경우에 한하여 당연위법으로 처리될 수 있다고 하였다.

Microsoft(MS)사가 Windows OS에 Internet Explorer(IE)를 끼워팔기한 사건에 대해 미국 연방지법은 당연위법이라고 판시하였으나, 연방항소법원은 MS사건이 Platform SW(Windows OS)에 응용 SW(IE)를 통합한 것으로 유사한 사건에 대한 판례도 없고 결합이 생산자 및 소비자에게 득이 되는 측면(유통비용절감, 거래비용절감)도 있기 때문에 BMI사건의 기준에 비추어 볼 때 당연위법의 원칙을 적용할 수 없다고 판시하며 합리의 원칙을 적용하여야 한다고 연방지법으로 환송하였다(2001.6).

신경제 분야와 관련된 경쟁법 사건에서는 기술적 사항에 대한 사실확정과 법률적 판단이 매우 중요한 요소가 되는데 경쟁당국이나 법원은 이러한 기술적 사항에 대한 전문지식이 거의 없을 뿐 아니라 문제가 되는 기술적 사항에 대한 정보를 대부분 당해 기업이 독점하고 있으며 기술전문가들이 대부분 분쟁당사기업의 한쪽과 이해관계를 맺고 있어서 중립적 입장에서 기술적 사항에 대한 의견을 제시한 전문가를 찾기가 매우 어려운 경우가 많다.

신경제 분야에서 발생한 경쟁법 관련 사건에 대해 대체로 인정되고 있는 5대 원칙은 다음과 같다.

(1) 지적재산권도 재산권임

특허나 저작권 등 지적재산권도 하나의 재산권으로서 공장이나 기계 등 다른 물리적 형태의 재산권과 완전히 동일하다. 예를 들어 지적재산권을 주요 자산으로 하는 기업간의 결합은 항공사 간의 결합이나 술회사 간의 결합과 같이 유형자산을 주요 자산으로 하는 기업간의 결합과 마찬가지로 경쟁당국에게 시장획정, 지배력, 경쟁제한성, 진입장벽, 효율성 등의 분석을 요구하게 된다.

(2) 경쟁은 혁신을 촉진시킴

기업들은 제품기능을 향상시키거나 비용을 절감하기 위해 경쟁을 하고 이러한 경쟁은 품질향상과 신제품·공법 등을 위한 혁신을 가속화시킨다. 신경제에서는 '혁신을 위한 경쟁'이 '가격경쟁'보다도 주요한 경쟁수단이 되고 있으며, 이러한 경쟁이 경제성장의 동력이 되고 있다.

지적재산권은 1) 혁신결과물에 대한 배타적 독점권을 부여함으로써 무임승차를 막아내고 2) 혁신의 사업화를 용이하게 하며 3) 혁신에 관한 정보를 사회에 공개하여 2차적 혁신활동을 촉발시킴으로써 혁신을 촉진하는 측면이 있다. 그러나 지적재산권의 지나친 보호는 2차 혁신(Follow innovatition)을 저해함으로써 혁신에 부정적인 효과를 가져오는 측면도 있다.

(3) 네트워크 효과는 배제(Exclusion)의 우려를 증대시킴

신경제에 속한 산업에서 발생하는 네트워크 효과는 소비자들을 특정 상품에 고착시켜서 특정사업자로의 쏠림현상(Tipping)을 발생시키고 승자독식현상과 함께 배제적 효과(exclusinary effect)가 나타나기 쉽다. 따라서 신경제하에서 배제적 효과가 인지될 경우 경쟁당국은 적기에 시정조치를 취하기 위하여 조기에 신속히 개입하여야 한다.

EU 경쟁당국과 한국 공정위의 MS사건 심결에서, MS사는 시장에 아직 경쟁자가 남아 있으므로 배제적 효과가 없다고 주장하였으나('Last man standing theory') 경쟁배제효과가 있는 한 경쟁자가 일부 남아있더라도 경쟁법 위반이라고 판시하였다.

(4) 빠른 정보교환은 경쟁촉진적 측면과 경쟁저해적 측면의 양면성이 있음

즉각적이고 광범위한 정보교환은 1) 탐색을 위한 거래비용을 줄이고 2) 가격 및 생산량 결정의 최적화에 기여하며 3) 인터넷을 통한 시장 접근 및 광고는 매몰비용(sunk cost)과 진입장벽을 낮춰 주어 시장을 보다 경쟁적으로 변모시킴으로써 구매자가 양질·저가 제품을 구매토록 하는 등 경쟁촉진적 측면이 크다.

그러나 신속한 정보교환은 1) 가격정보의 교환을 쉽게 하여 담합형성을 쉽

게 하고 2) 담합이탈자의 감시를 용이하게 함으로써 경쟁저해적 측면도 있다.

(5) 대부분 기업의 혁신활동은 경쟁을 저해하지 않음

신경제관련 산업에서의 혁신은 대부분 친경쟁적이다. 신경제분야의 대부분의 연구개발이나 기업관행은 경쟁법상의 문제를 야기하지 않고 오히려 소비자 선택확대 및 경제효율성 제고에 기여하고 있다(예: Cisco, 삼성전자, Google 등).

2. 시장획정(Market Definition)이 핵심적 요소로 대두

신경제하에서는 끊임없이 기술·제품·산업의 융합이 일어나고 제품의 외연이 확장되고 있어서 새로이 융합되거나 확장되는 제품의 경계를 어디까지 끊어서 동일한 시장으로 볼 것인지 그리고 동제품의 지리적 시장을 국내로 할 것인지 세계로 할 것인지가 핵심적 요소가 된다.

법원이나 경쟁당국은 경쟁법을 집행하는데 있어 시장을 얼마나 좁게 혹은 넓게 정의해야 하는지, 얼마나 성숙된 제품·기술로 국한시켜야 하는지, 신제품·신기술이 엄청난 질적인 향상 혹은 비용절감을 가져올 경우 이를 얼마나 고려해야 하는지 등의 매우 복잡하고 어려운 문제에 부딪히게 된다.

EU(2004.3.)와 한국 공정위(2005.12.)의 MS사건에서도 ① 미디어 플레이어를 OS에 포함된 하나의 제품시장으로 볼 것인지 또는 별개의 시장으로 볼 것인지 ② Download용 미디어 플레이어 시장과 Streaming용 미디어 플레이어 시장을 같은 시장으로 볼 것인지가 핵심쟁점의 하나였다.

또, 케이블TV 시장과 위성방송(Skylife) 시장을 동일 시장으로 볼 것인지, 앞으로 나타나는 IPTV를 케이블TV와 동일 시장으로 볼 것인지도 쟁점이 될 수가 있다.

MS사건에서는 주상품(Windows OS)과 부상품(WMP, WM)의 지리적 시장을 국내로 할 것인지 세계로 할 것인지도 쟁점이 되었다.

신경제에서는 '기술혁신시장(Innovation Market)'의 개념도 등장하고 있다. 기술혁신시장이란 특정의 새로운 상품·서비스·공정개발을 위한 시장 및 이러한 연구개발과 밀접한 관련성이 있는 시장을 의미한다. 미국 FTC는 Ciba-Geigy와 Sandoz 간의 합병이 유전자 치료(Gene therapy)를 위한 기술혁신시장의 경쟁을 제한할 우려가 있다는 이유로 시정조치(동의명령)를 내렸다.

합병 당시에는 아직 유전자 치료제품은 시판되거나 FDA 승인을 받지 못

한 상태였고 일부 제품만이 임상실험 중인 상태였다. 당시 유전자치료제품 개발을 위한 기술혁신 시장에는 Ciba-Geigy와 Sandoz 외에 Chrion만이 참여하고 있었는데, FTC는 Ciba-Geigy와 Sandoz 간의 합병이 ① 유전자 치료제품을 개발하는 사업자간에 혁신을 위한 경쟁을 감소시키고 ② 동기술혁신 시장의 지배력을 증대시켜 일방적 또는 담합적 경쟁제한효과를 나타내고 ③ 잠재적 경쟁자의 진입을 어렵게 한다는 이유로 경쟁제한성이 있다고 판시하였다.

3. 경쟁법과 지적재산권 관계의 중요성이 커짐

신경제·디지털 경제에서 성장의 동인은 바로 혁신이다. 혁신은 새로운 상품·서비스·프로세스·조립방법·영업방식 뿐만 아니라 새로운 기업관계(Network)를 의미한다. 이러한 혁신은 궁극적으로는 지적재산권의 형태로 나타나게 된다. 지적재산권은 혁신을 유발하고 경쟁을 촉진하는 측면이 있으나 한편 독점 및 시장지배적 지위의 남용을 가져와 경쟁을 제한하는 측면도 있다.

독점금지법이 지적재산권에 대해 지나친 개입을 하게 되면 혁신을 추구할 충분한 인센티브 제공이 되지 않을 수 있으며 지적재산권 보호를 지나치게 광범위하게 할 경우 초기의 혁신가들에게 과다한 보상이 되어 후발주자들의 발전과 혁신을 저해할 수 있다.

결국 지적재산권 사건에 경쟁법이 과소 집행되거나 과다 집행될 경우 혁신을 저해함으로써 소비자 후생을 저해하게 되므로 지적재산권제도와 경쟁정책의 조화가 매우 중요하다. 경쟁법적 측면에서 지적재산권 행사의 남용이 문제가 될 수 있는 사례로 ① 제품표준화와 인증의 조작 ② 분리불가한 제품설계 ③ 신기술 취득후 폐기가 있다.

(1) 제품표준화와 인증의 조작

표준화는 많은 산업에서 제품사용영역을 특정시키고 안전기준에 적합한 제품을 인증하는데 사용되고 있다. 만약 제품공급업자가 코드에 맞지 않는 제품을 판매하려고 하면 어려움을 겪을 것이다. 이로 인해 모든 공급자들이 특정코드에만 집착하여 생산·공급하게 되어 획기적인 대체품의 탄생이 표준화에 의해 저해될 수 있다. 나아가 기존의 표준적 기술을 사용하고 있는 기업은 낡은 코드를 부당하게 유지함으로써 신기술의 탄생을 저해할 개연성이 있다.

<table><tr><td>
American Society of Mechanical Engineers, Inc. v. Hydrolevel Corp. 사건(1982)

90,000여개의 회원사를 보유한 American Society of Mechanical Engineers (ASME)는 400여개의 산업공학 표준코드를 보유하고 있었다. 그 회원사 중 하나인 McDonnell&Miller(M&M)는 low-water fuel cutoffs(보일러용 방화장치의 일종) 시장을 지배하고 있었는데 이 시장에 Hydrolevel Corp.(Hydro)이 새로 진입하면서 종전의 M&M의 고객이었던 Brooklyn Union Gas를 신규고객으로 확보하였다. 그러자 M&M은 ASME의 Hydro 제품에 대한 산업표준 해석시 Hydro의 제품이 산업표준에 맞지 않는다고 해석하도록 함으로써 고객들이 구입하지 못하도록 강요하였는데, 이에 대해 연방대법원은 셔먼법 위반으로 판단하였다.
</td></tr></table>

(2) 호환 불가 또는 분리불가한 제품 설계

시장지배적 기업들이 신상품, 혁신제품의 경쟁을 회피하는 대표적인 방법이 제품디자인 변경이다. IBM의 경우 하드드라이브와 다른 저장장치들의 하드웨어를 다른 업체의 하드웨어와 호환성이 없도록 만들었다는 이유로 제소당하였다(그러나 새로운 디자인이 제품의 가격을 낮추고 제품성능을 향상시킨다는 이유로 무죄를 선고받았다).

코닥의 경우 코닥카메라에만 작동되는 새로운 필름을 생산하여 독점력 남용으로 제소되었으나 코닥이 경쟁카메라사에 코닥필름의 새로운 개발내용을 사전에 공지할 의무가 없을 뿐만 아니라 코닥 신제품이 가격과 성능면에서 소비자에게 유리하다는 이유로 무죄를 선고받았다.

MS는 Windows OS에 IE, Window Media Player(WMP) 또는 Window Messenger(WM)를 끼워팔기(기술적 Bundling)함으로써 미국(IE 끼워팔기로 OS 독점화), EU(WMP 끼워팔기), 한국(WMP 및 WM 끼워팔기)의 경쟁당국 또는 법원에서 경쟁법 위반의 판정을 받았다.

(3) 신기술 취득 후 폐기

경제적인 관점에서 볼 때 지적재산권 보호의 이득은 혁신을 촉진하는데 있다. 지적재산권에 대한 보호가 없다면 무임승차자 문제로 인하여 혁신이 저해될 것이다. 다만, 지적재산권의 보호영역을 확대할 경우 초기 혁신을 가속화할 인센티브는 증가시키지만 초기 혁신을 바탕으로 계속되는 2차 혁신(follwo-up innovation)을 저해할 가능성이 있다. 노벨상 수상자인 스티글리츠에 따르면 지적재산권의 보호는 시장경제가 혁신을 촉진하는 메커니즘의 중요한 부분이지만 지적재산권 보호를 확대할 경우 경쟁을 저해하고 장기적으로 혁신을 저해할 가능성이 있으며, 따라서 1차 혁신 보호와 2차 혁신 촉진간에 균형을 유지하여야 한다고 하였다.

McDonald v. Johnson&Johnson 사건 (1983)
McDonald는 Johnson&Johnson에게 전기통증완화장치를 매각하였는데 나중에 Johnson&Johnson이 그 장치를 판매하기보다는 억제한다고 주장하였다. 이에 대해 연방항소법원은 McDonald가 스스로 전기통증완화장치 시장에서 물러났으므로 더 이상 Johnson&Johnson의 경쟁자가 아니며 Johnson&Johnson의 행위로 인해 손해를 입지도 않았다고 하면서 반경쟁적 해악이 없다고 판시하였다.

경쟁법적인 관점에서 권리 남용 여부의 문제가 자주 발생하는 지적재산권 행사의 유형은 다음과 같다.

(1) 라이센스 실시 거절(Refusals to license)

모든 라이센스 실시 거절이 경쟁법상 문제가 되는 것은 아니지만, 경쟁사업자를 관련시장에서 배제하기 위하여 핵심기술에 대한 라이센싱을 거절할 경우 경쟁법상 문제가 될 수 있다.

미국(연방순회법원, 2000)의 경우 특허보유자가 라이센스를 거절한다고 하더라도, 1) 특허청에 대한 사기로 특허를 획득하거나 2) 시장지배력을 확장하기 위해 끼워팔기 전략으로 특허가 사용된 경우가 아니라면, 일반적으로 독점금지법 적용대상이 아니라고 보고 있다.

EU의 경우 라이센스 사용을 거절할 권리는 지적재산권의 핵심내용이라는 인식 하에 예외적인 경우에만 지적재산권 남용으로 인정되는데 그 예를 보면 1) 시장지배적 기업이 보유한 지적재산권이 유일한 경우(필수설비론) 2) 라이센스 거절이 신상품의 도입을 방해하는 경우 3) 시장지배적 기업이 정당한 거절사유를 입증하지 못하는 경우 또는 4) 시장지배적 기업이 시장경쟁 배제를 통해 하류(Downstream)시장을 확보하는 경우 등이다.

(2) 라이센스 실시상 각종 불공정한 거래조건의 부과

주로 수직적인 기업관계에서 발생하는 것으로 지적재산권을 보유한 기업이 상대방에 대하여 라이센싱을 함에 있어 가격제한이나 판매지역제한 등의 불공정한 거래조건을 부과하는 경우를 의미한다. 수직적 거래 유형별로 보다 구체적으로 살펴보면 다음과 같다.

첫째, 재판매 가격 유지행위 강요로서 미국의 경우 최저 재판매가격 유지행위는 당연위법원칙이, 최고 재판매가격 유지행위는 합리의 원칙이 적용되고 있다.

둘째, 끼워팔기로서 라이센스 실시사업자가 시장지배력을 가진 경우 끼워팔기 협정이 관련시장에서 반경쟁적 효과를 가져오고 효율성 효과가 반경쟁 효과를 초과하지 않을 때 주로 문제가 된다.

셋째, 배타적 거래로서 배타적 거래계약이 경쟁을 감소시키는지는 라이센스 부여자의 기술개발 증진여부와 반경쟁적으로 기술발전을 방해하여 경쟁기술이나 경쟁을 제한하는지 여부로 판단한다.

넷째, grantbacks로서 라이센스 사용을 허락받은 기업이 특허기술을 개량시킨 경우 라이센스 부여자에게 동 기술이 속하도록 하는 계약이 문제가 된다. 미국의 지적재산권 가이드라인에 의하면, 이러한 계약이 배타성이 없을 경우 라이센스 보유자와 사용자간 위험과 수익의 공유를 통하여 혁신을 촉진시켜 친경쟁적이라고 판단할 수 있다.

(3) 특허풀제(Patent Pools)와 교차특허사용(Cross-Licensing)

특허풀제와 교차특허사용은 다른 종류의 지적재산권 아이템 소유자들간에 협정을 체결하여 상호간 혹은 제3자에게 라이센스를 부여하는 것을 의미한다. 일반적으로 보완기술의 통합, 거래비용의 감소 등을 통해서 친경쟁적 효과가 있으나 한편 담합의 가능성 및 잠재적 경쟁자에 대한 라이센스 실시를 봉쇄하여 배타적인 반경쟁적 효과를 가져올 수도 있다.

4. 인터넷의 경쟁법적 중요성이 커짐

B2B(B2C)의 인터넷 모델에는 ① 온라인 카탈로그 제공을 통해 판매하는 단순판매형 ② 다수의 판매자와 수요자가 Website를 개설하고 상품이나 서비스를 교환하는 교환형 ③ 구매자와 판매자간의 경매를 통하여 판매가 이뤄지는 경매형 ④ 잠재적인 구매자 또는 판매자들로부터 구매 또는 판매 제안(bids 또는 proposals)을 제출토록 하는 협상형 등이 있다.

B2B는 관리비용 및 탐색비용을 절감시키고 신시장 영역의 개척, 기업지출의 효율적 감시, 공동구매 촉진, 판매망 관리의 효율성을 제고할 뿐만 아니라 S/W 개발·운영비용 절감시키는 긍정적 효과를 가지고 있다. 그러나 B2B사이트를 통해서 정보교환이 쉽게 이뤄져서 담합에 대한 유인이 매우 커지고 수요독점적 지위의 구축도 문제될 수 있다.

(1) B2B에서 거래되는 제품·서비스 시장에서의 경쟁저해 가능성

(가) 정보교환을 통한 가격·생산량 등 담합 촉진 효과

B2B에 의한 공동합작은 잠재적으로 가격 조정 및 생산량 산출에 영향을 미칠 가능성이 매우 크다. 특히 집중된 시장에서 공동합작 참여자가 시장점유율이 높은 경우 반경쟁적 효과가 나타나게 된다.

반경쟁적 담합을 유도할 수 있는 정보공유에 대하여는 신중한 접근이 요구되는데 1) 시장구조(시장집중도, 진입요건, 상품의 동질성, 구매자와 공급자의 특성) 2) 경쟁자들과 정보를 공유하는지 여부 3) 공유정보의 특성(가격, 산출량, 비용, 전략기획 등) 4) 공유되는 정보가 과거적인지 미래적인지 여부(미래적 정보의 경우 경쟁당국이 더욱 관심을 가져야 함) 5) 공동합작 이외 다른 경로를 통한 정보접근 및 수집 가능성 등을 종합적으로 고려하여야 한다.

(나) 수요독점력 남용 가능성

수요독점은 특정시장에서 가격인하를 요구할 수 있는 힘을 가진 하나의 구매자 혹은 하나의 구매자처럼 행동할 수 있는 집단에 의해서 나타난다. B2B에 의한 공동합작이 수요독점력을 남용하는지 여부는 ① B2B가 공동구매를 촉진하는지 여부 ② B2B가 직간접적으로 원재료를 구입하는지 여부 ③ 공동구매자가 가격과 산출량에 영향을 미칠 정도의 시장점유율을 보유하고 있는지 여부 등을 종합적으로 고려하여 판단하여야 한다.

(다) 배제효과(Exclusive Effects) 가능성

B2B 공동합작에 참여한 사업자들과 그렇지 않은 사업자들간의 관계에서 공동합작 사업자들이 기타 사업자들과의 거래에 있어서 배타적 거래 등을 통해 독점력을 남용할 가능성이 있다. 배제효과를 가져오는 배타적 거래인지의 여부는 ① B2B 멤버가 보유하는 경쟁력의 우위 정도 ② B2B시장에서 진입장애 요인이 있는지 여부 ③ 배타적 거래를 통한 효율성 증대효과 여부 등을 종합적으로 고려하여 판단하여야 한다.

(2) B2B 시장자체의 경쟁 (Marketplace Competition) 저해 가능성

B2B 웹사이트는 그 사이트와 경쟁관계를 형성하는 다른 웹사이트의 형성을 저해할 가능성을 가지고 있다. B2B는 판매목표를 달성할 경우 이윤을 배분하거나 리베이트 제공 약속을 통해 인터넷 기반의 판매시장에서 우위를 점하려 한다. 한편 이러한 목표를 달성하기 위해서 다른 B2B에의 투자를 금지하거나 선불가입비용을 받는 등 공급 및 수요업자에 대하여 다양한 압력을 행사할 우려가 있다.

* B2B 사례 1 : COVISINT(2000, FTC)

COVISINT는 자동차 제조와 직간접적으로 관련이 있는 서비스(제품 디자인, 부품구매 및 유통 등)의 효율성 제고를 위하여 GE, Ford, Nissan 등 5개 자동차회사(세계시장점유율 50% 이상)와 Oracle 등 2개 정보기술회사가 설립한 인터넷 베이스의 B2B이다. 미국 연방거래위원회는 COVISINT가 생산성 증대 및 비용절감 등을 통한 효율성 제고를 가져올 수 있고 구체적인 운영규정이나 방식이 아직 구체화되어 있지 않는 단계인 점 등을 고려하여, 문제를 삼지 않기로 결정하였다. 다만 COVISINT 멤버들의 자동차 생산시장의 점유율이 크기 때문에 향후 운영방법과 사업영역이 확정될 경우 재검토할 수 있다는 조건을 부과하였다. COVISINT는 현재도 운영 중이며 OEM과 모든 공급업체들이 하나의 툴과 유저 인터페이스의 공통환경을 가질 수 있도록 허브역할을 하고 있다.

* B2C 사례 2 : ORBITZ(2001, DOJ)

ORBITZ는 American, Continental, Delta, Northwest, United 등 미국내 5개 항공사가 온라인 항공티켓판매를 위해 2001.6월에 만든 웹사이트다. Expedia와 Travelocity과 같은 ORBITZ의 경쟁Website나 다른 항공사, 여행사들은 ORBITZ로 인해서 항공요금이 일원화되거나 담합으로 고정될 소지가 있으며, 기타 인터넷 여행 서비스 업체들을 배제시킬 우려가 있다고 주장하였다. 그러나 ORBITZ는 탁월한 검색엔진과 소프트웨어로 거의 모든 항공정보를 제공할 수 있어 원스톱 쇼핑을 가능케 하고 소비자 탐색비용을 절감할 뿐만 아니라 이로 인해 오히려 온라인 여행 서비스의 경쟁이 증가한다고 주장하였다. 미국 법무부는 ORBITZ의 의견을 받아들여 ORBITZ의 운영을 허용하였다.

5. 규제기구의 개편 · 합리화 문제 대두

(1) 통신 · 방송융합 관련 규제의 문제점

전통적으로 "통신"은 양방향의 통신망을 구축하여 전기통신서비스 이용자 간의 부호 · 문언 · 음향 또는 영상의 양방향적 송수신 행위를 의미하며, "방

송"은 전기통신설비를 이용하는 송신망을 구축하고 프로그램을 제작하여 불특정다수에게 일방향적으로 송신하는 행위를 의미한다.

"통신·방송 융합"이란 네트워크의 광대역화, 컨텐츠의 디지털화, 단말기의 복합화 등 정보통신기술의 발달로 인해 기존의 통신서비스, 방송서비스간 경계가 허물어져서 융합하는 현상을 지칭하는 말인데 예를 들면, 위성 DMB,[1] VoIP,[2] IPTV[3] 등을 들 수 있다.

정보통신기술의 급속한 발달로 인해 구현된 통신 및 방송의 융합은 차세대 IT산업의 핵심 분야로 성장잠재력이 무궁무진하다. 그러나 새로운 융합서비스의 등장을 뒷받침하는 근거 법령 등 규제의 근거가 제대로 정비되지 못하고 관할부처(정통부, 방송위, 문광부)간 계속되는 권한 다툼은 오히려 신경제산업 발전에 걸림돌이 되고 있는 형편이다.

IPTV(Internet Protocol TV)의 경우 전기통신사업법상 기간통신역무외의 전기통신역무 즉, 부가통신역무에 해당하므로 이를 영위하고자 하는 사업자는 정통부장관에게 신고를 해야 한다(전기통신사업법 제21조). 한편 IPTV는 방송법상 명확한 근거조항은 없으나 광의의 텔레비전 방송에 해당한다고 볼 경우 방송위의 추천이 필요하나 현재로선 방송위가 이에 대해 난색을 표하고 있는 실정이다. IPTV 사업자인 KT, 하나로텔레콤 등은 이미 IPTV기술개발을 완료하고 현재 시범서비스 중에 있다.

방송과 통신의 전형적인 형태·기능에서 벗어난 경계영역적 융합서비스들은 현행 규제체계에서 이중의 규제적용을 받거나 어떠한 규제도 적용할 수 없는 딜레마에 빠져 있다. 융합서비스에 대해 어떻게 규제될지 예측할 수 없는 상황(규제의 불확실성)은 사업자들이 새로운 서비스에 진입·투자할 유인을 감소시켜 국가경쟁력을 저해할 우려를 낳고 있는 실정이다. 따라서 획일적으로 분류된 수직적 규제체계를 네트워크 중심, 컨텐츠 중심의 수평적 규제체계

---

1) DMB(Digital Multimedia Broadcasting): 개인 휴대용 수신기나 차량용 수신기를 통하여 언제 어디서나 다채널의 멀티미디어 방송을 시청할 수 있도록 해주는 방송 서비스(「가지고 다니는 TV」)이다.

2) VoIP(Voice over Internet Protocol): 기존의 회선교환망이 아닌 인터넷망(IP network)를 통해 음성 또는 음성과 부과된 데이터를 패킷단위로 전송하는 새로운 방식의 전화서비스이다.

3) IPTV(Internet Protocol TV): TV 신호를 기존 아날로그 신호에서 패킷신호로 바꿔 인터넷을 통해 전송한 뒤 가정에 있는 셋톱박스에서 패킷신호를 TV를 통해 실제 영상물로 보여주는 TV("인터넷망을 이용한 TV")이다.

로의 개편을 검토할 필요가 있다.

(2) 전자상거래 관련 규제의 문제점

정보통신기술의 발달은 기존의 오프라인상의 면대면 거래를 온라인상의 전자상거래로 전환시켜서 거래비용, 유통비용 등의 절감을 가져왔다. 전자상거래는 본질적으로 각기 다른 서비스의 융합에 의해서 실현가능한 성격을 가지고 있으므로 전자상거래의 기반적 서비스(컨텐츠, 통신, 금융, 거래 등)에 대하여 개별적 규제를 받을 수밖에 없다. 즉, 전자상거래의 산업적 · 정보기술적 · 거래적 측면에 대하여 정통부, 산자부, 과기부, 공정위 등이 개별적으로 규제하고 있다. 이는 전자상거래 사업자에게는 과도한 중복규제로서 과도한 부담으로 작용하므로 규제의 합리화 차원에서 규제 완화 혹은 규제기관통합 등을 검토할 필요가 있다.

(3) 일반규제기관과 전문규제기관 간의 역할 분담 문제

신경제분야의 경쟁법 사건이 갖는 고도의 기술적 특성으로 인해 통신 · 방송 분야의 전문규제기관(통신위, 방송위)과 일반경쟁당국인 공정위 간의 역할 분담 문제가 계속 제기되고 있다.

이제까지 통신분야의 기술적 · 전문적 사항에 대해서는 통신위가, 그리고 나머지 사항에 대해서는 공정위가 담당하도록 되어 있으나 중복규제의 문제가 계속 제기되고 있다. 방송위와는 방송관련법 제 · 개정 과정에서 업무분장 방안이 간헐적으로 논의되고 있으나 아직 구체화된 것은 없다.

(4) 공정위와 특허청 간의 협조 문제

신경제분야에서 경쟁법과 지적재산권과의 관계가 중요해지면서 공정위와 특허청 간의 업무협조 및 상호이해가 중요해지고 있다.

제2절 통방융합에 따른 규제체계 개편방향*

Ⅰ. 들어가는 말

1990년대에 들어서면서 인터넷의 폭발적인 성장과 이동전화의 보편화에 힘입어 새로운 경제성장 동력으로 자리잡은 IT산업은 2000년대를 맞이하여 통신과 방송의 융합이라는 시대적 흐름에 따라 다시 한번 격변할 것으로 예상되고 있다. 융합은 통신과 방송의 칸막이를 허물고 수평적인 산업구조로 재편하고, 향후 기술혁명을 주도할 원동력으로 평가받고 있다.

통방융합은 디지털 기술과 압축·저장기술의 획기적인 발달이라는 기술적 측면에 의해 견인되고 있다. 통신망은 광대역화에 따라 낮은 전송속도의 한계를 극복하고 방송프로그램을 실어나를 수 있을 정도로 진화하고 있으며, 방송망은 디지털 전환을 통해 양방향성이라는 통신의 전통적인 특성을 함께 갖도록 발전하고 있다. 최근 출현한 DTV, DMB, IPTV[4] 등 서비스들은 통신과 방송의 특성을 보유하면서 기존의 통신과 방송의 한계를 극복하고 있다.

세계 주요 국가들은 통신과 방송의 융합을 자국의 경쟁력을 강화하는 중요한 기회로 판단하고 적극 대응하고 있다. 각종 규제를 완화하고 통신과 방송관련 법률을 통합·정비하며, 새로운 정부조직을 설계하는 등 융합의 활성화를 위한 환경을 만들기 위해 국가추진체계를 정비하고 있다.

반면, 우리나라에서는 아직까지 정부의 정책적인 대응이 통신과 방송의 융합을 둘러싼 시장의 급격한 변화를 따라가지 못하고 있다. 이미 2000년부터 융합에 관한 논의가 시작되었음에도 가장 대표적인 융합서비스인 IPTV서비스를 수용할 법·제도적인 틀에도 합의가 이루어지지 못하는 상황이다. 다만, 정통부, 문화부, 방송위 등 관련기관이 참여하는 '방송통신융합추진위원회'가 총리실 산하에 구성되어 조만간 법제도 정비, 기구개편 방안 등 융합추진을 위한 논의가 본격적으로 이루어질 것으로 기대하고 있다.

---

* 이기주(정보통신부 통신전파방송정책본부장)

4) DTV(Digital TV), DMB(Digital Multimedia Broadcasting), IPTV(Internet Protocol TV)

본 글에서는 통신, 방송 그리고 융합의 개념과 의미, 두 영역간의 규제철학과 발전현황 등을 알아보고 통신과 방송의 융합에 따른 주요이슈인 규제체계 개편, IPTV도입방안, 통신방송 규제기관의 개편, 통신방송 규제기관과 일반경쟁기관간의 바람직한 관계 등에 대해 살펴보고자 한다.

Ⅱ. 통신, 방송, 융합의 현황 및 전망

1. 통신방송 융합의 개념과 의미

통신과 방송의 융합에 대해 기관별로 조금씩 다른 정의를 내리고 있지만, OECD는 융합(Convergence)을 "통신망의 광대역화, 방송의 디지털화 등 정보통신기술의 발달로 ① 서로 다른 네트워크 플랫폼이 비슷한 영역의 음성, 영상, 및 데이터 서비스를 제공하고 ② 서로 다른 단말기(TV, PC, 전화기)들이 비슷한 서비스를 받게 되며 ③ 신규 서비스가 창출되는 변화과정"으로 정의하고 있다.[5)]

전통적으로 통신은 개인 상호간 의사소통을 제공하는 서비스로, 방송은 불특정 다수에게 방송프로그램을 일방적으로 송신하는 서비스로 정의되어 왔다. 이러한 기준에 따라 통신과 방송 서비스는 법·제도적인 측면에서 서로 다르게 정의되고 규제되어왔다.[6)]

아날로그 시대의 통신이나 방송서비스는 네트워크, 서비스, 단말기가 상호 수직적으로 결합된 형태로 제공되었다. 전화망을 통해 송·수신된 음성전화 서비스는 전화기만을 통해 이용할 수 있었으며, 방송프로그램은 서비스별로 구축된 방송망을 통해 송신되어 TV수상기로 제공되었다.

그러나 최근 디지털기술의 발달과 광대역화에 따라[7)] 기존의 통신과 방송

---

5) ITU는 "융합이란 기존 인프라를 통해 새로운 서비스를 제공하는 것, 새로운 형태의 인프라를 개발하는 것, 새로운 능력을 제공하기 위해 기존 서비스와 기술들을 향상시키는 것 등을 의미하며, 이전에는 별개 분리된 상태로 있던 기술, 시장 혹은 정치적으로 정의된 산업구조들을 통합하는 기술, 시장 혹은 법/규제적 능력"으로 규정하고 있다. 또한, EU는 "융합이란 근본적으로 비슷한 종류의 서비스를 제공할 수 있는 네트워크 또는 통신·텔레비전·개인용 컴퓨터와 같은 소비자 단말기의 통합"으로 구분한다.

6) 전기통신기본법(제2조) "전기통신이라 함은 유선·무선·광선 및 기타의 전자적 방식에 의하여 부호·문헌, 음향 또는 영상을 송신하거나 수신하는 것", 방송법(제2조) "방송은 방송프로그램을 기획·편성 또는 제작하여 이를 공중에게 전기통신설비에 의하여 송신하는 것"

7) 통신망의 광대역화와 방송의 디지털화 이외에 통신과 방송의 융합을 촉발시키는 원인은 1. 통신과 방송시장의 포화와 새로운 비즈니스 모델의 모색을 위한 사업자의 대응 2. 정부의 규제완화와 경쟁 활성화 등 경제적인 트렌드, 3. 세분화된 수용자의 개별 수요를 충족하는 새

[통신방송 융합의 전개방향]

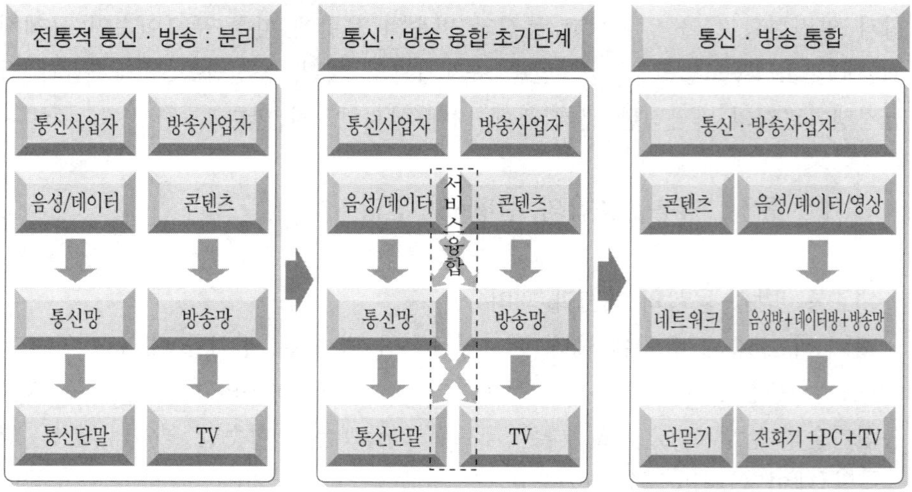

의 수직적인 경계가 허물어지는 융합이 급속히 진전되고 있다. 통신망에서 방송프로그램이 전송되는가 하면 방송망에서도 통신서비스가 제공되고 있으며 통신과 방송서비스를 모두 하나의 단말기를 통해 이용할 수 있도록 단말기도 급속히 발전하고 있다. 궁극적으로 통방융합은 모든 형태의 콘텐츠가 모든 형태의 네트워크나 단말기를 통해 전송될 수 있는 형태로 진화될 전망이다.

통신과 방송의 경계를 허무는 융합은 통신과 방송 산업의 구조를 근본적으로 바꾸어 놓을 뿐만 아니라 통신과 방송의 규제측면에서도 전면적인 변화를 요구하고 있다. 특히, 상대적으로 폐쇄되어 있던 방송분야는 융합으로 인한 영향을 더욱 많이 받고 있다.

과거에는 엄격한 진입제한에 따른 독과점적인 방송구조를 전제로 공익성 규제를 유지하고 있었으나, 융합에 따라 방송프로그램을 전송하는 수단이 기하급수적으로 늘어나면서 현행 규제체계는 한계를 보이고 있다. 소수의 매체만 존재하던 아날로그 환경에서 엄격한 규제를 통해 다원성을 보장하던 방송규제는 다양한 매체가 공존하는 새로운 환경에 적합하도록 근본적인 변화를 요청받고 있다.

로운 매체에 대한 이용자의 요구 등을 들 수 있다.

2. 통신과 방송 시장동향 및 향후 전망

통신과 방송분야를 포함한 IT산업은 '90년대 이후 우리나라 경제발전의 견인차 역할을 수행해 왔다. 1997년부터 2005년까지 8년간 IT분야는 연평균 18%의 가파른 성장을 기록하면서 2005년에는 우리나라 수출의 30%, GDP의 15%를 차지할 정도로 성장하였다. 특히, 통신과 방송 서비스의 활성화를 기반으로 D램 반도체(32%), TFT-LCD(40%), 휴대폰(18%) 같은 세계시장을 석권하는 제품이 개발되면서 IT산업은 IMF 위기를 극복하고 우리나라 경제를 성장시키는 한 축을 담당하게 된 것이다.

IT산업은 경제 활성화뿐만 아니라 우리나라의 사회·문화적인 생활패턴에도 근본적인 변화를 초래하고 있다. 블로그, 미니홈피, 카페 등 온라인 커뮤니티의 활성화와 국민들의 정보접근에 대한 보편화가 이루어지고 있으며, 인터넷을 통한 민주적인 정치참여와 다양한 견해의 표현과 수렴은 정치적인 변혁까지 이끌어냈다. 인터넷을 기반으로 한 다양한 정보의 교류는 주체적이고 인간다운 삶을 영위하는 수단으로서 새로운 놀이문화 형성이라는 문화적인 역할도 수행하였다.

[통신과 방송산업간 비교]

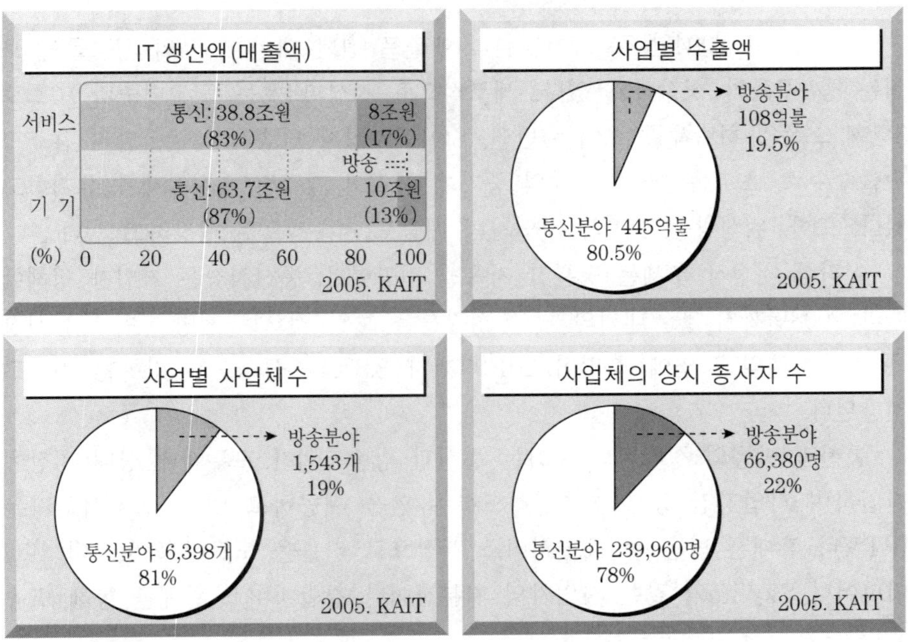

<통신서비스 시장 변화> (단위: 조원, %)

구 분	1990	2000	2004	2005	연평균 증가율(%)	
					'90-'00	'00-'05
기간통신사업	3.6	23.5	30.2	31.0	20.6	5.7
별정통신사업	–	0.8	1.1	1.1	–	4.3
부가통신사업	0.05	2.4	4.6	4.7	42.3	13.9
합 계	3.7	26.7	35.9	36.8	21.9	7.2

국내 정보통신산업의 총생산액은 2005년 기준으로 약 233조원을 기록하고 있으며, 방송과 통신의 서비스 분야는 전체 20%에 해당하는 47조원을 기록하였다. 통신시장은 생산액, 수출액 등을 기준으로 방송분야보다 5-7배정도 큰 규모를 기록하고 있다.

최근 들어 통신과 방송시장은 모두 성장이 크게 둔화되고 있다. 통신서비스는 '90~'00년까지 연간 22%의 초고속성장을 보였으나, '00~'05년 중에는 성장률이 7%로 크게 떨어졌다. 특히, 2005년에는 성장률이 2.5%정도에 그칠 정도로 성장이 지연되고 있다. 주로 이동전화, 인터넷 등의 활성화에 따른 기존 통신수요 대체와 서비스 시장의 포화가 성장률 저하의 원인으로 지목되고 있다.

방송시장은 2004년 7조 7천억원의 매출로 전년 대비 8.9%의 성장률을 보이는 등 꾸준히 성장하고 있다. 세부적으로 지상파TV는 광고매출의 축소로 3년째 소폭의 하락세를 보이는 반면, SO는 지상파 방송시장과는 달리 홈쇼핑 송출수수료, 초고속인터넷 수익의 증가에 힘입어 지속적인 성장세를 유지하고 있다. 또한, 위성방송, PP 등 사업자의 매출도 지속적으로 성장하고 있다.

이러한 저성장 추세는 당분간 지속될 전망이다. 통신시장은 가입자 정체에 따라 2008년까지 3% 내외의 낮은 성장률을 보일 것으로 전망되며, 방송시장은 신규매체의 도입에 힘입어 2010년까지 8.8%의 성장률을 기록할 것으로 전망된다.

통신과 방송의 성장률의 둔화는 통신과 방송사업자 모두에게 상대 시장에 진입하여 사업자간 융합을 추진하도록 유인을 제공하고 있다. 통신사업자는 IPTV나 휴대폰 방송 등 융합서비스 시장으로 진출을 도모하고 있으며, TU 미디어나 Skylife와 같은 사업자의 지분참여나 결합서비스 판매를 통해 방송

[방송시장의 시장변화]

최근 3년 국내 방송 산업 규모(억원)

구 분	2002년	2003년	2004년
방송산업전체	95,170	71,365	77,727
지상파 사업자 (라디오 포함)	36,365	35,482	35,448
종합유선(SO)	7,886	10,750	13,479
중계유선(RO)	1,016	615	366
채널사업(PP)*	49,268	23,022	25,884
위성방송사업자	635	1,496	2,550

최근 3년 방송사업자 매출 추이

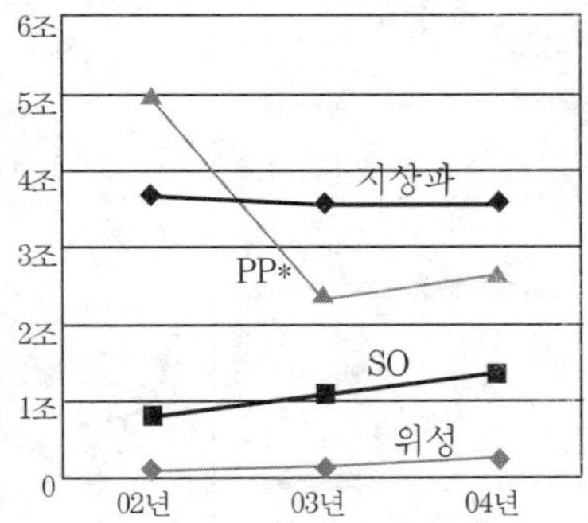

시장에 진출을 추진하고 있다. 방송사업자도 이미 초고속인터넷 시장이나 VoIP 등에 진출하고 있다. 향후 사업자들의 상대 시장 진출을 위한 노력은 더욱 확대될 것으로 전망된다.

Ⅲ. 규제측면에서 통신과 방송의 비교

1. 통신과 방송 규제철학

통신과 방송의 융합이 지연되고 있는 이유를 방송업계와 통신업계간 영역 다툼이나 규제기관간의 힘겨루기 때문이라고 설명할 수도 있지만, 융합을 둘러싼 갈등에는 서로 다른 규제철학을 바탕으로 개별적으로 발전해 온 통신과 방송이 상호간에 충돌하면서 발생하는 불가피한 측면도 존재하므로, 통신과 방송의 규제철학과 발전경과를 살펴보고자 한다.[8)]

대규모의 투자가 수반되는 통신서비스는 정부의 독점적인 사업으로 시작되었고, 정부의 규제를 받으면서 발전하였다. 대부분의 국가들은 1980년대를 거치면서 정부독점을 깨고 민영화와 시장의 자유화를 통해 통신시장에 경쟁을 도입하였다. 전통적으로 단순한 음성전화만을 제공하던 통신사업자는 경쟁에 힘입어 최근에는 ISP(Internet Service Provider)로 그리고 콘텐츠 제공자로 발전하고 있다.

8) "Policy Considerations For Audio-Visual Content Distribution In a Multiplatform Environment"(OECD, 2006. 5), 참조.

[통신과 방송의 규제철학]

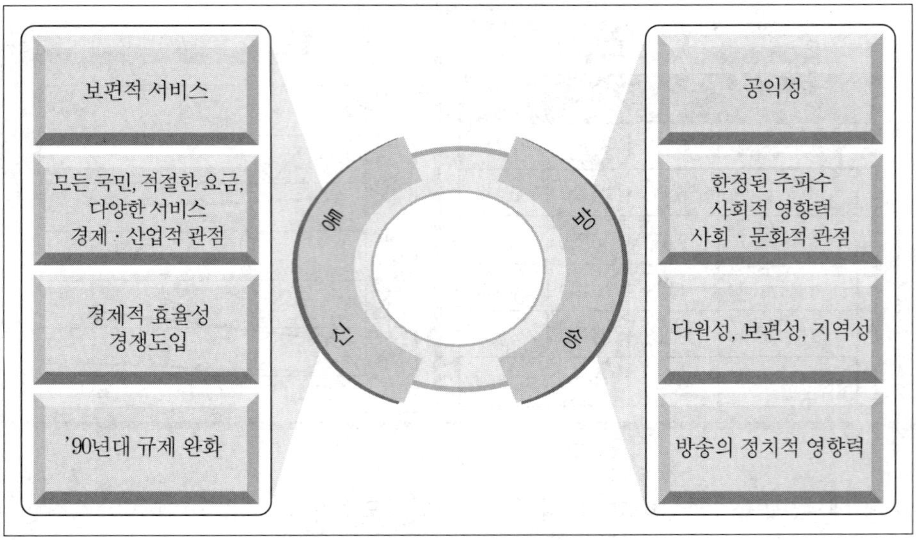

우리나라에서도 정부가 통신사업을 직접 수행하여 왔으나, 1981년 한국통신의 출범과 함께 통신사업은 정부에서 분리되었으며, 90년대 들어오면서 통신시장에 대한 규제완화와 전면적인 경쟁도입이 단행되었다. 아울러 국민이 누려야 할 최소한의 서비스를 지역이나 소득의 차이에 관계없이 누구나 이용할 수 있도록 하는 "보편적서비스 제도"를 도입하여 경쟁 환경에서도 통신의 공익적인 기능을 보장할 수 있는 시스템을 마련하였다.

(2) 방송의 규제철학

1930~40년대 라디오로 시작된 방송매체는 대중에 미치는 사회적인 영향력과 민주주의에 대한 긍정적인 효과를 과시하였다. TV방송은 1950년대 흑백 방송 형태로 처음 시작되었는데 TV방송은 "시청자의 머릿속에 정보를 주입시킬 수 있을 정도로 강력할 것"(injection needle theory)이라는 전제하에 출범하였다.

방송은 사회 · 정치적인 아젠다 설정이라는 시민사회의 핵심적인 역할을 수행하며, 민주주의를 유지시키는데 결정적인 역할을 수행한다는 점이 방송을 바라보는 기본적인 시각이다.

주파수의 희소성과 방송산업의 자본집약적 특성에 의해 소수의 사업자만

이 방송시장에 진입할 수 있었다. 따라서, 사업면허를 획득한 소수의 방송사업자는 막대한 사회적인 영향력을 갖게 되므로 정부는 방송사업이 적절히 운영되도록 방송면허의 발급을 제한하고 방송에 대한 대부분의 규제를 하는 것이 정당화되었다. 방송면허의 발급은 '표현의 자유'(freedom of speech)와 '의견의 다양성'(plurality of voice) 보장이라는 주요한 기준에 의해 결정되었다.

방송정책을 수립하는 주요 전제로 ① 방송프로그램을 전송하는 수단으로서 주파수의 희소성, ② 대중에 대한 사회적 영향력, ③ 민주주의와의 관계를 들 수 있다. 이러한 규제의 철학적 바탕에 따라 정부가 방송콘텐츠와 방송시장에 깊숙이 간여하는 것이 하나의 전통이 되었다.

외국은 1990년대부터 방송분야에 경쟁을 도입하고 각종 규제를 축소하여 왔지만, 우리나라는 방송이 정치적인 논란의 중심에 서면서 아직도 시장의 원리보다는 정치·사회·문화적인 측면에서 더 많이 접근되고 있다. 방송에 대한 이러한 접근 방법은 시장변화에 따라 요청되는 각종 규제완화 작업을 계속해서 지연시키고 있다.

위에서 살펴본 바와 같이 통신은 경제적인 효율성을 위해 가능한 정부의 규제를 배제하는 접근방법을 취한 반면 방송은 방송내용과 시장에 대한 정부의 깊숙한 간여를 통해 발전하여 왔다. 통신방송융합은 두 진영의 철학이 충돌함에 따라 이를 해결하고자 하는 접근방식이 본질적으로 다르게 이루어지고 있기 때문에 지연되고 있다고 볼 수 있다.

2. 통신과 방송의 규제수준 비교

IPTV와 같은 융합서비스 도입이 늦어지는 이유 중 하나는 통신과 방송의 규제수준이 크게 차이나기 때문이다. 통신은 1990년대 경쟁도입과 WTO 기본통신협상을 거치면서 규제가 대폭 완화된 반면, 방송은 정치적인 측면의 접근으로 인해 최근까지 상당히 높은 수준의 규제환경을 유지하고 있다.

통신은 기간통신 사업자에 대한 외국인 지분 49%를 제외하고는 대부분의 규제가 완화된 상황이다. 반면, 방송은 진입규제, 소유제한, 겸영규제, 그리고 내용심의, 채널·편성·광고 등 콘텐츠에 대해 다양하고 강력한 규제가 존재하며, 네트워크에 대한 진입·소유규제가 아직까지 높은 수준이다.

이러한 방송과 통신의 규제 차이는 사업자가 상호영역으로 진출하는데 커다란 걸림돌로 작용하고 있다. 방송사업자가 규제가 완화된 통신분야로 진출

<통신과 방송의 규제현황>

구 분	통 신	방 송
진입규제	• 기간통신사업: 정통부 허가 -기준: 재정적, 기술적능력 • 별정 · 부가: 등록 및 신고	• 지상파방송, 종합유선방송, 위성방송사업 : 방송위 허가추천, 정통부 허가 - 허가기준: 공익실현가능성, 지역/사회/문화적 필요성
소유규제	• 기간통신사업: 외국인 49%	• 지 상 파: 대기업, 외국인 소유금지 • 종합유선: 외국인 49% • 위성방송: 대기업 33%, 외국인 33%
	• KT에 대해 외국인이 최대주주인 경우 5%이상 소유금지	• 지 상 파: 1인 지분 30%초과소유금지 • 종합유선: 유선방송사업자 매출액의 33%초과 금지 • 위성방송: 특정방송사업자 지분이 33%초과금지 등
내용심의	• 사회/윤리적 측면의 심의	• 정치/사회/윤리적 측면의 심의
채널규제	-	• 외국방송, 공공채널 비율 규제
편성규제	-	• 오락, 국내 및 외주프로그램 등 비율 규제
광고규제	-	• 방송광고 총량제, 중간광고 등 매체별 광고규제

하는 것은 상대적으로 쉬운데 반해, 통신사업자의 방송시장 진출은 높은 규제 장벽으로 인해 막혀있는 상황이다.

통신사업은 안정적인 서비스 제공과 이용자 보호를 위한 사업자의 재정적, 기술적 능력 등 최소한의 진입 기준으로 허가하는데 반해, 방송사업은 공익의 실현가능성이나 지역 · 사회 · 문화적 필요성 등 다소 추상적인 요건을 통해 진입을 제한하고 있다. 또한, 매체간의 겸영제한은 사업자가 진입한 이후에도 활동을 상당히 제한하며, 규모의 경제 및 범위의 경제를 실현하는 것을 어렵게 하고 있다.

Ⅲ. 통신 · 방송 융합의 주요 이슈

1. 수평적 규제체계로의 전환

방송과 통신을 서비스별로 구분하던 기존의 수직적인 규제체계는 융합의 진전에 따라 한계를 드러내고 있으며, 이러한 문제를 해결하기 위해 EU등 각국은 수평적인 규제체계의 도입을 추진하고 있다. 기존 규제체계의 변화를 요구하는 환경의 변화는 3가지로 요약할 수 있다.

첫째, 통방융합에 따라 방송사업에 대한 규제논리가 약화되었다는 점이다. 방송은 주파수의 희소성으로 인해 사업자수가 제한된다는 점이 규제를 정당화시키고 있다. 그러나 최근 압축・저장기술의 발달은 동일한 주파수로 더 많은 방송채널을 확보할 수 있도록 만들었고,[9] 유・무선기술의 발달은 다양한 매체를 등장시켜 다매체 다채널 시대를 열고 있다. 방송 채널과 매체의 확산은 각각의 방송매체가 가진 사회적인 영향력을 크게 감소시키고 있으며, 이로 인해 방송사업에 대한 정부의 직접적인 개입의 타당성을 근본적으로 약화시키고 있다.

둘째, 기존의 수직적인 규제체계는 융합 서비스를 규제하는데 한계를 보이고 있다는 점이다. IPTV나 SO가 제공하는 VoIP와 같은 융합서비스를 방송이나 통신의 규제틀로 규제하는 경우 규제의 차별이나 이중규제의 문제가 발생하게 된다. 현행 규제체계는 동일한 네트워크에서 전송되더라도 통신, 방송 등 서비스에 따라 달리 규제될 수 있으며, 서로 다른 네트워크에 전송되는 유사한 서비스가 다르게 규제될 수 있다. 이 경우, 정책과 제도의 일관성이 저해되어 특정 사업자에게 정책의 혜택이나 불이익이 편중되는 불합리한 결과도 초래할 수 있다.

셋째, 전송망에 대한 규제를 통해 콘텐츠를 통제하던 기존의 규제방식이 더 이상 작동하지 않게 된다는 점이다. 아날로그 시대에는 전송망이 방송사업자에 의해 소유되고 운영되었기 때문에 전송망에 대한 통제는 곧 콘텐츠에 대한 규제를 의미했다. 그러나, 다채널 다매체 환경에서는 동일한 콘텐츠가 케이블TV, DMB, 인터넷망, 이동망 등 다양한 네트워크를 통해 시청자에게 전달됨에 따라 네트워크를 통한 콘텐츠 규제는 한계를 맞게 되었다. 기존의 네트워크 중심의 규제체계는 콘텐츠에 대한 직접적인 규제체계로 변경이 불가피하게 되었다.

---

9) 예를 들어 아날로그TV 1개 채널을 통해 지상파 DMB(Digital Multimedia Broadcasting) 서비스를 제공하는 경우, 6㎒ 대역의 1개 채널은 1.5㎒대역의 3개의 방송블록으로 나눌수 있으며, 각 블록은 비디오 1개와 오디오 3개, 데이터 3개 또는 2개의 비디오 채널을 제공할 수 있다. 비디오채널을 산술적으로 비교하면 1개의 아날로그 TV채널은 6개 채널(=3블록×2Ch)로 늘어나게 된다.

[EU의 전자커뮤니케이션에 관한 수평적 규제체계]

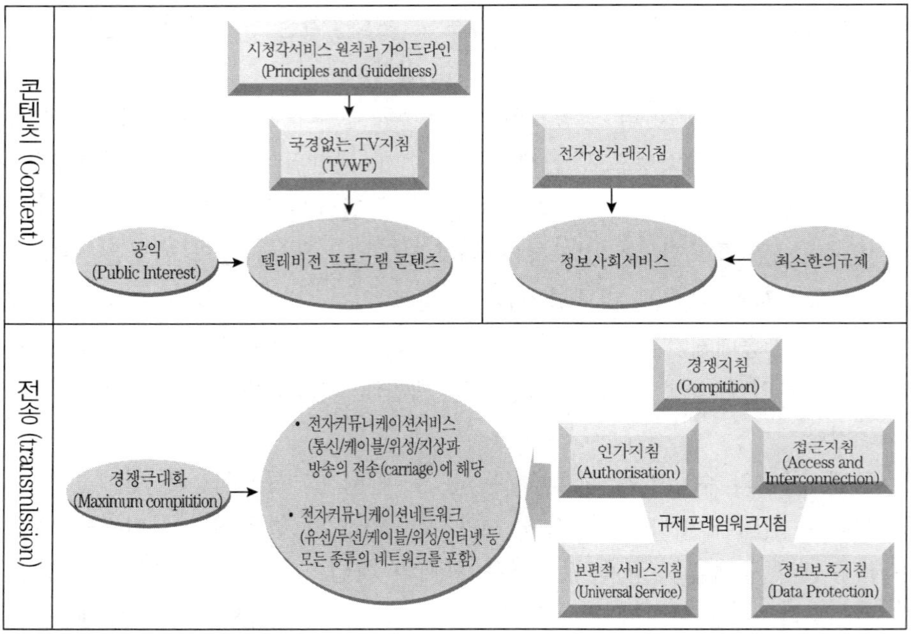

출처: 이상우, KISDI.

세계 각국은 수평적인 규제체계를 도입하고 있다. 유럽연합(EU)은 1997년 녹서발간과 1999년 리뷰를 거쳐 2002년 전자커뮤니케이션 전 분야에 걸친 새로운 지침을 만들어 유럽연합의 모든 국가들이 의무적으로 새로운 규제체계를 수용하도록 하였다.[10)]

새로운 규제체계는 전통적인 방송과 통신을 전자적인 신호를 전달하는 전송(Transmission)과 콘텐츠(Content)로 2구분하고 있다. 전송부분은 경쟁의 극대화를 위해 작성된 지침을 모든 회원국이 따르도록 의무화하고 있으며, 콘텐츠 부분은 "시청각서비스 원칙과 가이드라인"과 "국경 없는 TV지침"에 따라 각국의 상황에 따라 자율적으로 규제하도록 하고 있다.

전송규제의 대상은 기존의 통신망, 위성망, 케이블TV망, 지상파전송망 등 모든 전자통신서비스를 제공하는 전송망이 포함되며, EU는 규제프레임워크와 5개의 세부지침을 통해 구체적인 규제방법을 제시하고 있다.

모든 사업자는 주파수가 필요한 경우를 제외하고 전송서비스에 대해서는

10) 25개 EU국가중 그리스를 제외한 24개 국가가 EU의 전자커뮤니케이션에 관한 Directive를 자국의 법률로 수용하고 있다.

일반인가(등록)만으로 사업이 가능하게 되어 사실상 진입제한이 폐지되었다. 규제기관은 전송서비스 시장을 획정하여 경쟁상황을 평가하는데, 유효경쟁에 도달하지 못한 시장에 대해서는 시장 지배적 사업자를 지정하여 각종 의무를 부과한다. 시장지배적 사업자는 접근지침에 따라 경쟁사업자에 대한 설비제공, 상호접속의무, 보편적 서비스에 관한 특별한 의무를 지게 되며, 모든 전송사업자는 역무별로 이용자의 보호, 보편적 서비스 분담, 경쟁지침 등 추가적인 규제를 받아야 한다.

전송계층에 대해서는 규제가 완화된 반면에 콘텐츠에 관한 규제는 각국이 오히려 차등화하고 더 강화되고 있다. 최근 개정중인 "국경없는 TV지침"에 의하면 EU는 기존의 방송프로그램의 개념을 시청각 서비스의 개념으로 변경하고 방송프로그램이 사전에 시간적으로 편성이 되어 있는지 여부에 따라 Linear 서비스와 Non-linear서비스로 구분하고 있다.

Linear서비스는 기존의 방송프로그램에 준해 콘텐츠 규제를 적용하며, Non-linear서비스에 대해서는 최소한의 규제기준을 마련하고 있다. 이는 전통적인 방송플랫폼 뿐만 아니라, IPTV와 같은 새로운 형태의 네트워크에 전송되는 방송프로그램까지 콘텐츠에 관한 최소한의 규제지침을 마련하기 위한 것으로 수평적 규제에 따른 콘텐츠에 대한 직접규제로의 전환과 맥락을 같이 한다.

국내의 규제체계도 EU나 OECD 사례처럼 수평적인 규제체계로 전환해야 한다는 데에는 이견이 없는 듯 하다. 전송부분에 대해서는 진입제한 완화를 통한 경쟁촉진이라는 경제적인 목표를 중점적으로 추구하고, 콘텐츠에 대해서는 공익성 · 여론 형성 등의 사회문화적인 목표를 추구하는 것이다.

그러나, 수평적인 규제체계를 국내에 도입하는데 다음의 몇 가지를 고려할 필요가 있다. 첫째, OECD에서 권고한 바와 같이 경제적인 목표와 사회문화적 목표 간의 조화, 즉 전송규제와 콘텐츠 규제의 조화가 필요하다는 점이다. 가치사슬 상에서 긴밀하게 연결된 전송과 콘텐츠 부분은 상호간에 영향을 미치기 때문에 한 분야만을 고려한 정책은 전체적으로 목적을 달성하기 어렵기 때문이다. 또한, 경제적인 목표와 사회문화적인 목표가 충돌할 경우에 두 가지 정책목적을 적절히 고려하여 판단해야 한다.

둘째, 수평적 규제체계는 융합의 진전에 따라 단계적으로 도입을 해야 한다. 통신과 방송이 융합되더라도 기존의 통신과 방송의 고유한 영역은 상당

<전송규제와 콘텐츠 규제 비교>

구분	전송규제(Carriage)	콘텐츠규제(Content)
대상	통신망, 인터넷망, 케이블망, 위성망, 지상파전송망 등 모든 전송수단	방송프로그램 및 정보서비스
규제관점	산업・경제적 목표 중점 추구 사회문화적 목표도 반영	사회적・문화적 목표 중점 추구 경제적 목표도 반영
규제목적	규제완화를 통한 경쟁 확대	사회적 영향력을 고려하여 콘텐츠별로 규제 차등화(공중파 ↔ Pay Per View)
규제영역	○ 시장지배적 사업자의 반경쟁행위규제 ○ 망에 대한 공정한 접속 및 개방 ○ 보편적 서비스의 제공 ○ 요금인가 등 이용자보호 ○ 주파수의 효율적 이용	○ 의견의 다양성을 위한 콘텐츠사업자 진입 및 소유제한 ○ 프로그램의 내용심의 ○ 채널・편성규제, 광고규제 ○ 저작권보호

기간동안 남기 때문에 모든 서비스에 대해 수평적 규제체계를 일시적으로 적용하면 시장이 큰 혼란에 빠질 수 있다. 따라서, 수평적 규제는 새롭게 도입되는 융합서비스를 대상으로 우선 적용하고, 방송보다는 규제가 상대적으로 완화된 통신에 먼저 적용하는 것이 바람직하다.

셋째, 통신과 방송의 전반적인 규제수준은 유사하게 맞추기 위해 방송분야의 규제완화가 추진되어야 한다. 수평적 규제체계의 급격한 도입에 따른 충격을 약화시키기 위해서는 방송분야에 남아있는 소유규제, 진입규제, 권역제한 등을 통신분야의 수준으로 낮추어야 한다.

2. IPTV의 도입

2004년 11월, KT와 하나로통신이 IPTV서비스 제공 계획을 발표한 이후 현재까지 IPTV 서비스는 SO의 반발과 이해관계자의 대립으로 인해 서비스되지 못하고 있다. IPTV는 통신과 방송이 융합된 대표적인 서비스로서 IPTV가 어떤 형태로 도입되는가는 향후 통방융합의 추진방향을 가늠하는 중요한 지표가 될 수 있다.

전통적으로 통신은 양방향성, 1:1전송, 이용자의 적극적 선택이라는 특성을, 방송은 일방향성, 1:n전송, 이용자의 수동적 특성을 갖고 있다. 이러한 기준에 비추어 볼 때, IPTV는 인터넷 기반에 따른 양방향성과 이용자의 선택성이라는 통신의 특성과 방송의 프로그램의 전송과 다수 가입자라는 방송의

<전통적인 통신과 방송의 주요 개념요소 비교>

구분	내용의 속성	편성여부	이용대상	정보흐름	접근행위	선택성
통신	사적	안함	특정인	양방향	적극적	강함
방송	공개적	편성	공중	일방향	수동적	약함

특성을 가진 융합서비스로 볼 수 있다.

일부에서는 IPTV를 방송이나 통신 중 하나로 규정할 수 있다고 주장하고 있다. 그러나 전통적인 방송과 통신은 기술의 발달에 따라 상대의 속성을 닮아가고 있으며 개념을 구분하기 어려울 정도로 동일화되고 있다. 따라서 IPTV를 통신이냐 방송이냐 하는 이분법적인 시각으로 해결하려는 것은 전혀 도움이 되지 않는 소모적인 논쟁에 불과하다.

IPTV를 기존의 법규로 규제하는 것은 통신법 체계나 방송법 체계 모두 적합하지 않다. 통신법(전기통신사업법)으로 IPTV를 규제할 경우, IPTV의 내용·광고·편성규제 등 콘텐츠부분을 규제할 규정이 없기 때문에 콘텐츠 영역에 대한 규제의 공백상태가 초래된다. 반면, 방송계가 주장하는 SO에 준해 IPTV를 규제하는 경우, 이미 통신법에 의한 네트워크 규제와 진입·소유제한을 받고 있는 통신사업자가 방송법에 의한 방송권역의 제한, 사업자의 진입·소유제한 등 과도한 규제를 이중적으로 받게 된다.

방송법상 SO규제를 IPTV에 적용하는 경우 네트워크에 대한 방송권역 적용과 사업자에 대한 소유겸영 규제 측면에서 문제가 발생한다. 방송법에 따르면 IPTV는 전국을 77개 권역으로 나눈 방송권역을 기준으로 사업허가를 받아야 하는데 IPTV사업자는 경제적 효율성만을 고려하여 설계된 인터넷망을 행정권역을 기준으로 규정한 방송권역에 맞춰 분할해야 한다. 이는 인터넷으로 활용하고 있는 통신망에 대한 엄청난 비효율을 초래할 뿐만 아니라 IP네트워크로의 진화에 따른 광역화라는 세계적인 추세를 역행하는 결과를 초래한다.

KT가 제공하는 IPTV를 SO와 동일한 서비스라고 간주하면, KT는 Skylife의 대주주이기 때문에 위성방송사업자와 SO와의 겸영을 제한하고 있는 방송법상의 겸영규제 조항과 충돌하게 된다. 이러한 이유로 IPTV에 방송법을 적용하는 것은 통신사업자가 수용할 수 없는 방송법상의 이중규제, 중복규제를 받게되어 서비스 제공이 사실상 불가능하게 된다.

<광대역 융합서비스사업법안 주요내용>

구 분	주요내용	관 할	비 고
규제관할	◦ 정보통신부장관과 방송위원회가 대등한 지위에서 공동관할을 원칙으로 함 －경제적 규제 분야는 정보통신부장관이, 내용규제 분야는 방송위원회가 대외적 권한행사를 담당하되, 권한발동 이전에 상호 협의토록 함		
진입규제	◦ 등록제	정통부 (방송위 협의)	SO는 방송위추천→정통부허가
소유 및 겸영제한	◦ 융합서비스사업자 소유제한 －외국자본 : 49% 이하 －일간신문·뉴스통신사 : 33% 이하 ◦ 융합서비스사업자의 방송사업 겸영제한 －PP 겸영 : 전체사업자수 기준 20% 이하	정통부 (방송위 협의)	SO에 대한 소유규제와 동일, 방송법상 SO의 PP겸영규제 준용
서비스 구역	◦ 제한안함	–	SO는1/5(구역기준), 33%(매출액기준)로 제한
이용약관 (이용 요금 등)	◦ 이용약관 신고	정통부 (방송위 협의)	SO는 이용약관 신고 (요금승인)
공정경쟁 촉진	◦ 전기통신사업법 관련 규정 일부 준용	정통부 (방송위 협의)	
내용심의	◦ 실시간 방송프로그램에 한해 방송법 규정 준용 －방송내용의 공공성·공정성 사후심의	방송위 (방송外 정통부)	SO와 동일
프로그램·채널 편성	◦ 실시간 방송프로그램에 한해 방송법 규정 준용 －국내제작·외주제작 프로그램 편성비율 규제 등 －종합·보도채널 포함/공공·종교채널포함 등	방송위 (정통부 협의)	SO와 동일
방송광고	◦ 실시간 방송프로그램에 한해 방송법 규정 준용 －광고시간, 횟수 규제 등	방송위 (정통부 협의)	SO와 동일
지상파 방송 동시제공	◦ 의무적으로 KBS 및 EBS 채널 각 1개 동시제공 －기타 방송채널은 방송위 승인으로 동시제공 가능	방송위 (정통부 협의)	SO와 동일
지역 사업권료	◦ 규정없음	–	SO는 매출액 6%이내 징수

IPTV를 조속히 활성화하기 위해서는 우선 서비스를 허용하고 논란이 많은 법률체계는 사후적으로 보완하는 것이 바람직하다. 그러나, 서비스제공을 위한 법규마련이 선행되어야 한다면 새로운 서비스에 대한 규제의 공백이나 이중규제/과도규제 문제가 발생할 수 있는 기존법의 적용보다는 제3의 법을 제정하는 것이 바람직하다. 정보통신부는 이러한 취지를 고려하여 '광대역 융합서비스사업법'(이하, 융합법)을 준비하고 있다.

융합법안은 EU, OECD 등 주요 국가들이 채택한 수평적 규제체계의 기본 틀을 적용한다. IPTV가 제공하는 실시간 방송프로그램, 즉 콘텐츠에 대해서는 방송법상의 규정을 최대한 준용하되 진입이나 통신망규제에 대해서는 규제를 최대한 완화하여 서비스가 제공될 수 있도록 하자는 것이다.

융합법은 콘텐츠에 대한 적절한 규제를 통해 사회·문화적 측면에서 방송의 공익성과 공공성을 보장하고, 등록만으로 서비스를 제공토록 함으로써 서비스 활성화와 이용자의 선택권을 보장할 수 있다. 일본이 IPTV를 도입하기 위해 제정한 '전기통신역무이용방송법'도 콘텐츠와 전송을 분리하여 기존 법을 준용한다는 측면에서 융합법과 매우 유사하다.

방송법과 통신법이 준용된 동 법은 정보통신부와 방송위원회가 공동으로 입법을 추진하고 규제권한도 양 기관이 분담하여 상호 협조 하에 공동으로 관할케 할 계획이다. 아울러, 기존 케이블사업자에 대한 규제는 현행 수준보다 완화하여 사업자간 규제의 형평성 문제 해소도 병행해야 한다.

3. 통신과 방송의 규제기구 개편

융합과 관련하여 새로운 규제체계를 만들고 집행할 정책과 규제기관을 어떻게 정립할 것인가는 통방융합의 또 다른 중요한 이슈이다. 통신과 방송의 관련 기능은 크게 정책과 규제로 나눌 수 있으며, 정책은 정책과 지원으로, 규제는 기술·경제규제와 내용규제로 구분할 수 있다(경쟁규제 영역은 공정거래위원회도 역할을 분담하고 있으나, 이 부분은 별도로 논의하고자 한다).

우리나라는 통신과 방송으로 담당기관이 분리되어 있다. 통신분야는 정보통신부(통신정책)와 통신위원회(기술·경제·경쟁규제), 정보통신 윤리위원회(내용규제)가 비교적 일관되게 정책과 규제를 수행하는데 반해, 방송분야는 방송위(방송정책, 경제·경쟁규제), 정통부(방송국 허가, 기술·산업정책) 및 문화부(영상산업정책) 등이 업무를 분할하여 수행하고 있다.

<통신과 방송분야의 업무분장 현황>

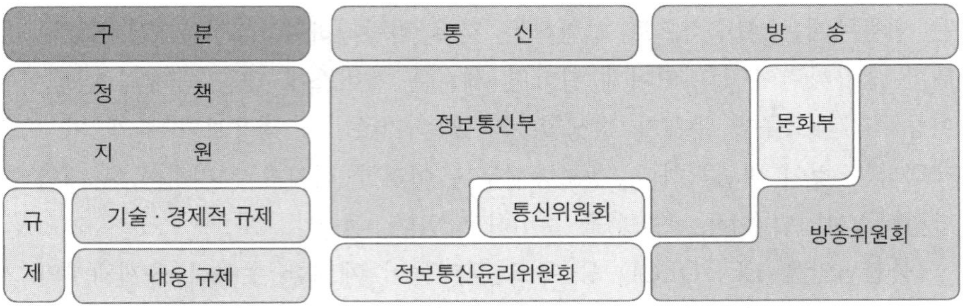

※ 정책: 법령 제·개정, 기본계획 수립, 공영방송 임원 선임 및 KBS 감독 등
지원: 자금지원, 기술개발, 인력양성 등
규제: 인·허가, 불공정 행위 조사 및 시정조치, 내용심의 등

통신과 방송분야의 정책·규제기관의 형태는 통신과 방송이라는 축과 정책(지원)과 규제라는 축의 조합에 따라 다양하게 구성될 수 있다. 해외 각국은 자국의 역사적, 문화적, 정치적 배경을 고려하여 다양한 형태로 통신과 방송의 정책과 규제기관을 운영하고 있다.

정책과 규제가 분리된 경우에도 다양한 형태로 규제기관을 설계하고 있다. 미국(FCC; 위원회), 일본(총무성; 정부부처)은 통신·방송의 정책·규제기능을 단일기구에서 수행하고 있으며, 영국·프랑스·이탈리아·호주·말레이시아·싱가폴 등은 통신·방송의 정책과 규제 기능을 분리하고 있다. 대부분 통신·방송 정책수립과 법령 제·개정 등 정책기능은 정부부처가 담당하고 불공정경쟁·내용규제 등 규제기능은 위원회가 각각 수행하고 있다.

통신·방송의 정책과 규제기관이 정부부처와 위원회로 분리되어 있는 싱가폴의 경우에도 통신과 방송의 정책기관은 통합하면서 규제기관은 분리하고 있고, 영국·캐나다는 통신과 방송의 정책기관은 분리하고 규제기관은 통합하고 있으며, 프랑스·독일은 통신과 방송의 정책기관 및 규제기관이 각각 분리되어 있고 이탈리아·말레이시아·호주는 통신과 방송의 정책기관 및 규제기관이 각각 통합되어 있다. 각국의 통신·방송 관련 구조개편은 각국별 실정에 따라 IT산업의 경쟁 촉진과 문화적 다양성을 동시에 달성할 수 있는 방향으로 추진하고 있다.

그러나 2003년 통신과 방송의 규제기관을 통합한 영국이나, 2005년 통신정보기술예술부(DCITA) 산하의 통신위(ACA)와 방송위(ABA)를 통합하여 정보통신미디어청(ACMA)을 구성한 호주, 최근 조직통합을 논의하고 있는 일본

[세계 각국의 통신방송 정책기구 현황]

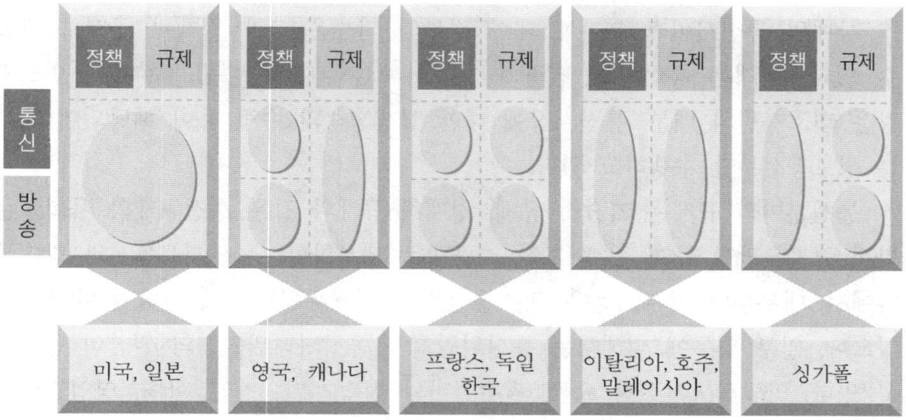

의 사례 등 세계 주요 국가들은 통신과 방송으로 분리되었던 규제기구를 통합하고 있다. 이러한 외국의 사례를 볼 때 우리도 통신과 방송관련 기관을 융합시대에 걸맞게 개편할 필요가 있다.

기구개편의 목표는 국가발전과 국민편익의 증진에 있으며, 우리나라의 환경에 맞는 정책과 규제의 틀을 마련할 필요가 있다. 바람직한 통신과 방송의 정책규제기관의 모습에 대해서는 독임제 행정기관, 위원회 등 다양한 모델이 제시되고 있다. 그러나 기구개편의 형태에 관계없이 가장 중요한 것은 우리경제의 성장동력인 IT산업의 가치사슬(IT제조/네트워크/서비스/콘텐츠)을 효율적으로 연계할 수 있는 형태로 정부조직체계를 구성하는 것이라 하겠다.

Ⅳ. 전문규제기관과 일반규제기관과의 바람직한 관계

통신과 방송의 정책과 규제기관의 재정립과 아울러 논의되어야 할 부분은 전문규제기관과 일반경쟁기관간의 바람직한 관계설정을 들 수 있다. 융합의 진전에 따라 통신과 방송분야의 경쟁은 더욱 확대될 것으로 전망됨에 따라 경쟁규제에 대한 역할배분이 어떻게 이루어져야 하는지에 대한 검토가 필요하다. 현재 방송분야는 통신분야에 비해 경쟁이 상대적으로 적은 상태이고, 방송위원회와 공정거래위원회와의 방송영역에 관한 관할권 논의도 본격적으로 이루어지지 않고 있기 때문에 이 글에서는 통신분야의 전문규제기관과 일반규제기관과의 관계를 중심으로 논의하고자 한다.

1. 통신분야의 정책 및 규제기구 관할 현황

국내의 통신서비스 분야에 대한 정부의 기능은 크게 정책과 규제로 나눌 수 있다. 정책은 통신관련 법령의 제정이나 기본계획 수립, 주파수·번호와 같은 희소자원의 배분, 통신시장에 대한 경쟁정책의 수립 등이 해당되며 대부분 정보통신부가 수행하고 있다.

통신분야의 규제는 기술적 규제, 경제적 규제와 같은 사전규제와 사회·문화적 규제, 경쟁 규제 등 사후적인 규제로 세분화할 수 있다. 통신과 방송분야에서 대부분의 규제기능은 정보통신부와 통신위원회가 분담하여 수행하고 있으나, 일부 업무에 대해서는 통신위원회와 공정거래위원회의 권한이 중복되고 있다. 약탈적·차별적 요금, 필수설비의 접속거부·지연, 합병, 영업양도·양수, 이용자 이익저해행위 등은 관할권 논란이 있는 영역이다.

2. 통신분야 전문규제기관의 역할과 특수성

(1) 전문규제기관의 필요성

1990년대 이후 통신 분야에 대한 전 세계적인 규제완화와 경쟁 확대로 과

<통신서비스 정책과 규제>

<table>
<tr><th colspan="3">구 분</th><th>규제내용</th><th>관할기관</th></tr>
<tr><td colspan="3">정 책</td><td>○ 통신관련법령 제정, 정보통신 기본계획수립
○ 전파자원, 번호자원 연구, 개발, 분배
○ 통신시장의 공정경쟁, 유효경쟁 정책</td><td>정통부</td></tr>
<tr><td rowspan="4">규제</td><td rowspan="2">사전</td><td>기술적 규제</td><td>○ 주파수 할당
○ 유선, 무선설비 기술기준 마련, 준공검사
○ 통신방식의 표준화</td><td>정통부</td></tr>
<tr><td>경제적 규제</td><td>○ 진입규제, 소유규제, 요금규제
○ 필수설비 접근보장
○ 출연금, 보편적서비스 등 의무부과</td><td>정통부
통신위</td></tr>
<tr><td rowspan="2">사후</td><td>사회문화적 규제</td><td>○ 불건전 유해정보 심의</td><td>정보통신 윤리위원회</td></tr>
<tr><td>경쟁규제</td><td>○ 불공정 거래행위 금지
○ 기업결합 심사
○ 담합</td><td>통신위
통신위·공정위
공정위</td></tr>
</table>

※ IT산업정책: IT산업 연구개발 지원, 표준화, 인력양성, 기금출연, 자금지원 등

※ 정보화정책: BcN 등 선도사업, 핵심기술개발, 정보화역기능방지, 개인정보보호 등

거에 비해 경쟁법의 적용 가능성이 확대되었다는 지적도 있으나, 세계 각국은 통신 분야를 담당하는 전문규제기관을 설립하고 통신법을 통한 사전규제기능을 확대하고 있다.[11] 이러한 추세에 따라 전 세계적으로 통신규제기관을 보유한 국가는 1990년 12개국에서 2006년 110개국 이상으로 증가하였고, OECD 30개 회원국 중 전문규제기관을 보유한 국가는 2001년 22개국에서 2006년 30개국으로 증가하였다.

OECD는 통신과 방송분야에 대한 전문규제기관과 사전규제의 필요성을 다음과 같이 설명하고 있다. 첫째, 통신시장이 독점에서 경쟁체제로 원활히 전이하기 위해서는 시장 초기부터 시장 지배적 사업자에 대한 제한과 조건을 명확히 해야 한다. 둘째, 사전규제는 기존사업자 또는 신규 사업자에 대해 명확성을 제시하여 준다. 셋째, 경쟁법은 반경쟁 행위에 대한 사후적인 조치만을 취하기 때문에 신규사업자의 피해를 방지하지 못한다. 넷째, 전문규제기관은 분쟁을 해결할 수 있는 기술적 · 경제적 전문지식을 보유하고 있다.

(2) 전문규제기관의 독립성

통신분야 전문규제기관은 각국의 특수성과 통신시장의 발전단계에 따라 다양한 형태가 있으나, 규제기관이 독립적이어야 한다는 점은 대부분의 국가가 합의하는 하나의 원칙으로 간주되고 있다. 여기서 독립의 의미는 경쟁에 참가한 모든 통신사업자들 사이에 공정한 규제를 보장하기 위해서 규제기관은 모든 이해 당사자로부터 독립성을 확보해야 한다는 의미이다.

규제기관이 독립성을 확보하는 방법은 2가지가 있다. 첫째는 기존 통신 사업자를 완전히 민영화하는 것이다. 민영화를 하면 규제기관과 정부가 주식을 보유한 특정 사업자간의 연관성이 소멸하므로 규제기관은 중립적이 될 수가 있다. 둘째는 사업자의 주식을 완전히 매각하지 않은 국가들이 선택한 방법인데, 사업자뿐만 아니라 행정부처 기타 행정관청에 대해서도 일정한 거리를 유지하는 통신규제기관을 설치하는 것이다.[12]

---

11) Competition Policy in Telecommunications (ITU, 2002). 뉴질랜드는 규제완화 추세에 따라 일반 경쟁법만으로 통신분야를 규제하였으나, 신규사업자의 기존 네트워크에 대한 상호접속이나 설비접근이 제한되면서 오히려 통신분야의 경쟁을 저해하는 결과를 초래하였다. 이에 따라 뉴질랜드는 2001년 별도의 통신법을 제정하고 2002년에는 통신을 담당하는 Electronic Communication Commissioner를 창설하는 등 전문규제기관의 역할을 강화하였다.

12) Telecommunications Regulations: Institutional Structures and Responsibilities(OECD, 1999).

우리나라는 2002년 KT를 완전히 민영화함으로써 규제기관의 독립성에 관한 논란의 여지가 해소된 상태이다. 아울러, 행정부처에서 독립된 통신위원회를 설립하여 통신의 경쟁규제를 담당하게 함으로써 규제기관의 독립성을 이중으로 확보하고 있다. 이미 WTO의 약정사항의 일부로서 부속서류를 채택할 당시 WTO는 한국을 통신분야의 독립규제기관을 보유한 국가로 분류한 바 있다.[13)]

다시 한번 강조하자면 규제기관의 독립은 공정하고 투명한 경쟁을 위해 이해관계자로부터 간섭을 배제하는 것이지, 정책기관으로부터의 분리를 의미하는 것이 아니라는 점이다. OECD보고서에 의하면 규제는 정부의 정책목표를 달성하는 수단이며 규제를 효과적으로 집행하기 위해서는 규제기관과 정책기관간 긴밀한 협조가 필요하다고 강조하고 있다.

특히, 우리나라는 IT산업이 전체 경제에서 차지하는 비중이 크고 통신서비스는 네트워크와 기기로 이어지는 가치사슬의 일부라는 점을 감안할 때, 정책과 규제를 분리하기 보다는 IT산업정책[14)]과 통신서비스 정책, 통신규제 기능이 긴밀히 연계되어야 한다.

(3) 통신산업의 특수성

통신시장은 최근 산업조직론을 전공하는 경제학자들 사이에서 가장 큰 연구의 대상이 될 정도로 특수성이 가장 많은 시장으로 평가된다. 일반산업은 이미 충분한 경쟁이 형성되어 시장의 원리가 작동하는 완전경쟁 시장을 전제로 하기 때문에 경쟁을 보호하는 것이 규제의 목적이다.

반면 통신산업은 경쟁이 도입되는 과정에 있으며, 통신산업의 독과점성, 망외부성으로 인해 시장실패의 위험이 높다는 특성을 갖고 있다. 따라서 통신산업에 경쟁을 활성화하기 위해서는 존재하는 경쟁의 보호가 아니라 경쟁을 형성하는 접근방법이 필요하다. 통신시장에 경쟁형성의 목적을 효과적으로 달성하기 위해서는 규제기능과 정책기능은 유기적으로 연계되어야 한다.

그 외에 통신산업에 대한 규제체계를 설계하는데 있어서 고려해야 할 통신 산업의 특수성은 다음과 같다. 첫째, 기술적 전문성이다. 통신망은 매우 복

---

13) Telecommunications Regulations: Institutional Structures and Responsibilities(OECD, 1999).

14) 정보통신부의 산업정책은 주로 IT산업에 대한 연구개발 지원(R&D), 표준화, 인력양성, 기금출연, 투·융자 자금지원, 투자촉진, 해외진출 등을 들 수 있다.

잡한 통신설비들의 복합체로서 통신서비스를 제공하기 위해서는 반드시 일정한 규칙에 따라 통신망이 운영되도록 하는 기술적인 규제가 필요하다. 특히, 주파수, 번호와 같이 희소한 국가자원에 대한 관리는 전문기관이 장기적인 계획하에서 통합하여 관리하는 것이 효율적이다.

둘째, 회계적 전문성이다. 통신서비스는 다른 산업과는 달리 매우 복잡하고 독특한 원가구조를 형성하고 있기 때문에 이를 반영할 수 있는 회계적인 전문성이 필요하다. 상호접속, 보편적서비스, 요금산정 등을 위하여 역무별, 기능별 회계분리 및 원가산정이 필요하기 때문에 일반기업 회계가 아닌 통신사업 특별회계를 적용하고 있다.

셋째, 통신시장의 복잡하고 역동적인 구조이다. 통신서비스시장은 네트워크산업으로서 수직적, 수평적으로 연결된 복잡한 시장구조를 형성하고 있다. 통신산업에 대한 적절한 규제를 수행하기 위해서는 단편적인 지식이 아닌 통신산업 전반에 대한 깊은 이해가 필요하며 네트워크간, 서비스간, 사업자간의 관계와 정책과 규제간의 연계효과를 정확히 파악할 필요가 있다.

넷째, 통신서비스의 사회적 · 산업적 정책목표이다. 통신서비스는 경제적 효율성뿐만 아니라 보편적서비스와 같은 공익적인 정책목표와 산업정책적 목표를 충족시켜야 한다. 통신서비스는 국민생활에 필수적인 서비스라는 측면에서 공익극대화라는 보다 광범위한 접근이 필요하다. 아울러, 통신서비스의 인

[일반산업과 통신산업의 비교]

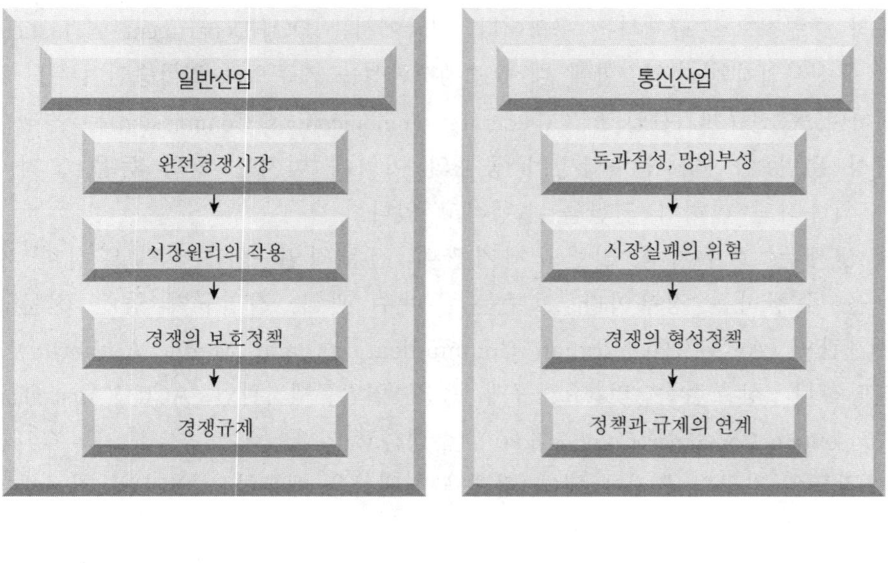

프라적인 성격과 경제성장을 견인하는 산업이라는 측면에서 신규기술 및 서비스의 활성화 등 산업정책적인 목표도 고려되어야 한다.

다섯째, 정책과 규제의 유기적인 연계이다. 정책목표 실현을 위한 사전적 규제(rule making)와 금지행위 위반에 대한 사후적 규제(rule implementation)를 함께 수행하는 것이 통신시장의 정책 목적을 달성하고 규제의 시너지 효과를 높이는데 더 효과적이다. 경쟁적 시장구조의 조성이라는 정부정책의 목적을 달성하기 위해서는 관련 규제수단들이 유기적으로 병행되어야 한다.

3. 규제기관간 바람직한 관계 설정

(1) 관할권 배분유형 및 최근 경향

대부분의 OECD 회원국은 통신분야의 경쟁규제 영역에 대해 통신규제기관과 일반규제기관이 모두 관여하고 있으며, 국가별로 관할권 배분은 다양한 형태로 이루어지고 있다. 일반규제기관과 전문규제기관간의 역할 관계는 다음과 같이 3가지 형태로 나눌 수 있다.

첫째는 영국과 같이 통신규제기관이 사전규제기능뿐만 아니라 경쟁법의 집행권한을 보유한 형태이다. 영국은 통신규제기관인 OFCOM(Office of Communications)이 통신과 방송분야의 네트워크, 콘텐츠 뿐만 아니라 일반경쟁법 관련규제를 집행하고 있다. OFCOM은 일반규제기관인 OFT(Office of Fair Trading)가 가진 경쟁법적인 권한을 동일하게 보유하고 있다.

둘째는 미국, 한국 등 통신규제기관과 일반경쟁규제기관이 경쟁규제를 이중적 중립적으로 규제하는 구조이다. 미국에서는 DOJ(Department of Justice)가 통신사업자의 기업결합에 대해 경쟁제한성을 기준으로 결합승인여부를 결정하며, 통신규제기관인 FCC(Federal Communications Commission)는 경쟁제한성 뿐만 아니라 인수합병이 공공의 이익에 미치는 영향 등을 고려하여 최종적인 인허가 권한을 수행하고 있다.

셋째는 호주처럼 일반규제기관이 전문적인 규제에도 일정한 기능을 수행하는 경우이다. 호주는 주파수 관리, 진입규제 등은 전문규제기관인 ACMA(Australian Communications and Media Authority)가 담당하나 상호접속 및 요금규제 등은 일반규제기관인 ACCC(Australian Competition Consumer Commission)이 수행하고 있다.

각국은 자국의 환경에 맞게 경쟁규제 권한을 배분하고 있지만, 최근에는

<각국의 전문규제기관과 일반규제기관간 관할권 문제 해결형태>

전문규제기관과 일반규제기관간 공식·비공식 협의절차가 존재	영국, 그리스
전문규제기관과 일반규제기관간 협정을 체결	캐나다, 아이스랜드, 네덜란드
전문규제기관과 일반규제기관간 상호간 사전에 의견통보	호주, 덴마크, 이탈리아
양기관간 공동으로 시장획정 등 협력강화	EU

이러한 관할권 논의보다는 위의 표와 같이 통신규제기관과 일반규제기관간 경쟁규제 영역에서의 중복을 해결하기 위해 다양한 형태의 협의방안을 강구하고 있다.[15)]

(2) 역할분담 관련쟁점 및 관할권 배분 기준

통신규제기관과 일반경쟁규제기관간 역할분담에 있어서 쟁점이 되는 부분은 주로 경쟁규제이다. 기술적 규제나 경제적 규제는 주로 통신규제기관의 영역으로 간주되고 있다. 네트워크간 연결을 위한 기술적 기준이나 표준의 설정, 주파수 할당과 출력조정 등 기술적 규제는 해당 산업에 전문적인 지식을 보유한 전문규제기관의 고유영역이며 산업별 특수성이 반영된 기술적 규제를 일반경쟁규제기관이 수행하는 것은 기관의 설립취지에 부합하지도 않기 때문이다.

경제규제를 수행하기 위해서는 네트워크에 대한 기술적인 정보와 지식이 필수적이므로, 경제규제는 기술적 규제와 시너지효과를 극대화할 수 있는 전문규제기관의 역할로 간주된다. 경제적 규제의 한 형태인 상호접속이나 설비제공제도의 경우, 전기통신설비의 기술적인 특성에 따라 네트워크간 접속점의 위치나 숫자가 결정되고 설비의 제공구간이나 대가가 달라진다. 또한, 경제규제는 해당산업의 정책목적을 달성하기 위한 사전규제의 영역이기도 하다. 진입규제, 요금규제, 희소한 주파수자원의 활용, 통신의 보편적 서비스 의무 부여 등이 대표적인 경제규제의 내용이다.

통신규제기관과 일반경쟁규제기관간 논란이 되고 있는 경쟁규제의 대상으로 기업결합, 부당공동행위, 불공정 거래행위 금지 등을 들 수 있다. 통신규제기관과 일반경쟁규제기관간 관할권을 배분하는 중요한 기준으로는 각 기관이

15) Telecommunication Regulatory Institutional Structure and Responsibilities, 2005, OECD.

해당 업무에 대해 보유한 전문성을 들 수 있다.

경쟁규제는 기업결합이나 부당공동행위 제한과 같이 경쟁적인 시장구조를 만들기 위한 구조규제와 불공정행위 금지와 같은 행태규제로 나눌 수 있다. 구조규제는 규제목적이 유효시장을 전제로 경쟁질서 저해행위를 규제하는 "소극적인 구조규제"인지 강력한 독점적 사업자가 존재하는 상황에서 유효경쟁 질서를 도입하는 "적극적 구조규제"인지에 따라 전문성의 기준이 달라진다. 전자의 경우 일반경쟁규제기관이 전문성을 보유한다고 볼 수 있지만, 후자의 경우는 해당 산업과 시장의 특성에 대한 충분한 이해를 전제로 해야 하기 때문에 통신규제기관이 전문성을 갖는다.

불공정거래행위는 개별 사안에 따라 통신규제기관과 일반경쟁규제기관간 전문성을 보유한 기관이 달라진다. 그러나 불공정거래행위 여부는 시장구조에 미치는 영향에 관계없이 판단이 가능하므로 외국에서는 일반경쟁규제기관이 아닌 사법부가 역할을 대부분 수행한다. 또한, 일반경쟁기관은 불공정행위 규제를 전문규제기관에 위임함으로써 원래의 임무인 경쟁 촉진을 통한 이용자 후생증진에 집중할 수 있기 때문에 불공정거래행위 규제는 통신규제기관이 담당하는 것이 바람직하다.

전문성 이외에 통신규제정책의 목적도 관할권배분의 중요한 기준이 될 수 있다. 경쟁정책의 목적이 확보된 경쟁의 유지에 있다면 일반규제기관 개입이 정당화되지만, 장기적인 시장의 효율성 측면에서 경쟁 활성화라는 관점으로 접근하는 경우 통신규제기관이 담당하는 것이 더 바람직하다고 할 수 있다. 관할권 배분은 전문성과 경쟁정책의 목적과 아울러 규제의 시너지효과, 정책의 일관성, 시장구조와 발전단계, 산업정책적 요소 고려 등을 종합적으로 고려해야 한다.

(3) 통신규제기관과 일반경쟁규제기관간 바람직한 역할분담 방안

현행 법령상 통신사업자의 기업결합, 불공정거래행위 등 일부 규제권한은 정통부와 공정위에 중첩적으로 부여되어 규제권 행사에서 혼선이 발생하고 있다. 일부에서는 규제기관간 경쟁은 합리적인 규제를 달성하는데 도움을 준다고 주장한다. 그러나, 기관별로 동일 사안에 대해 서로 다른 결론을 내리는 것은 정책의 일관성 상실, 책임귀속의 불명확, 사업자의 법적 안정성 침해 등 부작용을 초래한다. 특히, 빠르게 변화하는 통신과 방송분야에 투자를 유도하여 산업을 활성화하기 위해서는 규제의 예측가능성이 무엇보다 중요하다.

규제기관의 임무상의 차이에도 불구하고 중복규제를 해소하고 정책의 예측가능성과 일관성을 확보하기 위해서는 경쟁규제기능의 일원화가 필요하다. 경쟁규제 권한은 일반경쟁규제기관보다는 통신규제기관으로 집중하는 것이 효과적이다. 왜냐하면 통신분야는 특성상 기술적, 경제적, 경쟁적 규제를 인위적으로 구분하기 어렵고,[16] 통신분야의 정책목표를 효율적으로 달성하기 위해서는 규제와 정책이 유기적으로 연계되어야 하기 때문에 기술적, 경제적 규제를 전담하는 전문규제기관으로 경쟁규제기능을 일원화하는 것이 효율적이기 때문이다.

아울러, 통신과 방송 융합에 따른 새로운 규제이슈의 출현은 해당 분야에 전문적인 지식을 보유한 전문규제기관의 역할이 확대되도록 한다. 융합서비스 출현, 네트워크의 IP화에 따른 번호 · 요금규제, 네트워크 중립성, 방송망의 상호접속제도 도입 등은 새롭게 제기되는 이슈들이다. 따라서, 통신과 방송간 차이를 고려하여 정교하고 세밀하게 규제체계를 설계하고 집행하기 위해서는 사전규제와 사후규제를 모두 전문규제기관이 수행하는 것이 바람직하다.

융합이 진전되더라도 보편적서비스 제도, 공영방송의 역할유지, 새로운 공익성 확보방안, 주파수와 같은 희소한 자원의 효율적 배분 등 사회 · 문화적인 정책목표는 계속 필요하게 된다. 전문규제기관은 이러한 정책목표를 종합적으로 고려해야 한다.

결론적으로 사회적 · 문화적 · 산업적 정책목적을 고려하고 규제의 전문성과 시너지효과, 행정의 단일성 확보를 위해서는 통합전문규제기관으로 경쟁규제의 일원화가 필요하다. 통합전문규제기관은 기술 및 경제규제를 전속적으로 관할하고 경쟁규제에 있어서는 사전 · 우선적 관할권을 행사하되, 일반경쟁규제기관이 사후 · 보완적 역할을 수행하도록 역할을 정리하는 것이 바람직하다. 현재 공정거래법 제65조(권한위임) 규정을 근거로 통합규제기관에 통신 · 방송시장에서의 경쟁규제에 대한 포괄적인 규제권한 위임을 통해 통신규제기관에 기능을 이관하는 것이 합리적이다.

---

16) 설비제공에 대한 불공정행위 판단의 경우, 기술적, 경제적 규제를 기초로 필수설비의 개념, 정도, 수준, 개방범위를 설정하고 이에 대한 위반여부를 판단하는 것이므로 경쟁규제를 따로 분류하는 것은 매우 어렵다.

<통방융합시장에서의 역할 재정립 방향>

구 분	규제내용	기능 재정립 방향
기술적 규제	망의 호환성 및 안정성, 망의 표준화, 이용자 보호 등	통합규제기관 전속 관할
경제적 규제	요금규제, 진입장벽 등 구조·사전적 규제, 결합판매, 필수설비 접근 보장 및 차별적 취급금지, 이용약관 규제 등	통합규제기관 전속 관할
경쟁 규제	일반불공정행위, 부당공동행위, 기업결합 등	통합규제기관이 사전·우선적 관할 일반규제기관이 사후·보완적 관할

Ⅴ. 맺 음 말

21세기를 좌우할 통신과 방송의 융합에 효과적으로 대응하기 위해서는 다음의 몇 가지 사항을 고려해야 한다.

첫째, IPTV를 조속히 도입하여 관련산업 발전을 도모하고 이용자의 선택권을 보장해야 한다. 먼저 서비스를 도입하고 사후적으로 제도를 보완하는 접근법이 바람직하나, 법규마련이 사전에 필요하다면 방송법과 통신법을 준용한 제3의 입법을 통해 IPTV서비스를 도입해야 한다.

둘째, 융합의 진전에 따라 한계를 보이고 있는 수직적인 규제체계를 수평적인 형태로 단계적으로 바꾸어 나가야 한다. 융합의 진전에도 불구하고 기존의 서비스는 상당기간 존재할 것이므로 급격한 수평규제의 도입은 시장에 혼란을 줄 수 있다. 아울러, 전송과 콘텐츠 계층의 규제가 조화를 이룰 수 있도록 종합적이고 체계적인 접근방법이 필요하다.

셋째, 통신·방송 기술의 비약적인 발전에 따른 융합에 효과적으로 대처하기 위해서는 기존의 규제기관의 합리적 개편이 불가피하다. 융합시대의 새로운 통합기구는 통신·방송융합이 일어나는 콘텐츠, 네트워크, 서비스, 단말기의 IT가치사슬 전 영역에 대한 시너지를 극대화할 수 있는 정책추진체계를 갖추어야 한다.

넷째, 통신방송규제기관과 일반경쟁규제기관간의 규제의 혼선이 방지되어야 한다. 기관간 관할권 논쟁으로 인해 정책의 예측가능성을 훼손하지 않도록 경쟁규제기관을 일원화하되 양 기관간의 긴밀한 협의와 논의를 통해 통신과 방송분야의 바람직한 경쟁구조를 만드는데 기여해야 한다.

여러 이해관계가 복잡하게 얽힌 통신방송 융합문제를 원활하게 풀어나가기 위해서는 대화를 바탕으로 서로 상대방을 이해하고 양보하는 협력의 자세가 필요하다. 관련기관과 각계 전문가가 참석하는 '통신방송융합추진위원회'의 출범이 통신과 방송의 융합논의에 새로운 물꼬를 틀 수 있기를 기대해 본다.

제 3 절 경쟁적 통신시장의 규제정책*

I. 서 론

1. 본고의 배경과 목적

본고는 통신서비스시장(이하 통신시장이라 한다)의 경쟁환경하에서 통신규제정책의 의의와 내용에 대한 일반적 이해를 도모하는데 그 목적이 있다. 독점적 통신시장하에서 통신부문 특유의 규제정책(telecommunications sector-specific regulation)은 주로 독점 공기업의 요금설정방식에 주로 초점을 맞추었기 때문에 비교적 단순하였다.[17] 하지만 통신시장의 경쟁도입에 따라 복수 통신사업자가 공존하면서 통신규제정책은 매우 복잡한 모습을 갖게 되었을 뿐 아니라 일부 통신시장에서 경쟁이 점차 활성화된 결과 일반 상품시장에 적용되는 경쟁정책도 적용되기 시작해 두 정책수단간 중복관할 문제도 발생하고 있다. 본고는 ① 통신시장의 자유화에도 불구하고 왜 통신규제정책이 여전히 존속하였는지, ② 현재 통신시장에는 어떤 규제제도가 있는지, ③ 통신규제정책과 일반 경쟁정책의 관계에 대한 논의가 어떻게 진행되어 왔는지에 대한 기초적인 설명을 제공하고자 한다. 아울러 우리나라 통신사업자 및 통신서비스 분류제도의 문제점과 개선방향을 경쟁정책의 관점에서 살펴봄으로써 통신규제정책과 일반 경쟁정책의 수렴 필요성을 강조한다.

통신규제정책에 대한 이해는 여러 가지 측면에서 중요하다. 먼저 통신규제정책은 전기, 가스 등 다른 공익사업의 구조개편 과정을 규율할 수 있는 지침을 제공할 수 있다. 통신시장도 20여 년 전만 하더라도 다른 공익사업들과 마찬가지로 독점적 시장구조이었으나, 단기간에 급속히 경쟁적 시장구조로 전환

---

* 성낙일(서울시립대 경제학부 부교수)

17) 이하에서는 통신부문 특유의 규제정책을 통신규제정책과 혼용해 사용한다.

되었다. 통신부문 전문규제기관은 이와 같은 통신시장의 구조개편을 지원하기 위해 다양한 규제제도를 도입해 운영해왔으며, 그 경험 중 상당 부분은 다른 공익사업들에도 유용하다.[18] 두 번째로, 대다수 선진국들은 통신시장에 통신규제법과 경쟁법을 동시에 적용하고 있기 때문에 효과적 경쟁정책의 집행을 위해서 통신규제정책에 대한 이해가 필수적이다. 통신규제정책과 경쟁정책의 조율문제는 우리나라뿐만 아니라 선진국에서도 중대한 현안과제로 대두하고 있다. 마지막으로, 통신시장의 지속적 발전을 도모하기 위해서 효과적 규제수단의 개발과 집행이 필요하다. 통신산업은 컴퓨터산업과 함께 정보기술(information technology) 부문을 구성하는 핵심 산업이다. 국민경제의 성장에서 차지하는 정보기술부문의 중요성을 감안할 때, 통신시장의 지속적 발전은 중요한 국가적 과제라고 할 수 있고 그만큼 통신규제정책의 중요성도 적지 않다고 하겠다.

2. 본고의 구조

본고는 다음과 같은 순서로 전개된다. 먼저 2절에서 통신시장의 자유화(liberalization) 과정과 이 자유화를 초래한 동인을 설명함으로써 통신시장 규제환경을 고찰한다. 특히 디지털융합(digital convergence) 현상을 설명하면서 통신시장의 획정(또는 정의)의 중요성을 강조한다. 3절에서는 통신시장이 경쟁적 시장구조로 전환되고 있음에도 통신규제정책이 존속된 이유를 설명하며, 현재 우리나라를 비롯해 대다수 선진국들이 도입하고 있는 통신부문 규제제도를 간략히 소개한다. 4절에서는 통신규제정책과 경쟁정책의 차이점과 중복문제를 설명하고 두 정책의 규제관할권 문제에 대한 최근 동향을 살펴본다. 아울러 두 정책의 적절한 역할 배분과 수렴 현상에 대해서도 설명한다. 마지막 절은 두 정책수단의 수렴 현상과 밀접한 관련이 있다. 우리나라 통신사업자 및 통신서비스 분류제도는 행정집행 관점에서 당시의 시장 환경에 기초해 설정되었기 때문에 경제이론의 시장 개념과 잘 부합되지 못할 뿐만 아니라 디지털융합이라는 규제환경에서 많은 문제점을 노정하고 있다. 이들 문제점을 극복하기 위해서는 경쟁정책의 시장정의 방법을 적극 활용할 필요가 있다. 이와 같은 정책제언은 두 정책의 수렴 현상을 이해하는데 도움이 될 것으로 기

---

18) 이하에서는 통신부문 전문규제기관은 규제당국과, 일반 경쟁규제기관은 경쟁당국과 혼용해 사용한다.

대된다.

Ⅱ. 통신시장 규제환경의 변화

1. 통신시장의 자유화

1980년대 초반 미국, 영국, 일본 등을 중심으로 시작된 통신시장의 자유화 또는 구조개편은 1990년대를 거치면서 전 세계로 확산되었다. 통신시장의 자유화는 개별 국가의 특수성에 따라 각기 다른 형태로 진행되었지만, 흔히 세 가지 변화를 수반하였다. 먼저, [그림 1]에서 제시된 바와 같이, 기존 통신사업자가 우편, 전화 및 전신을 독점적으로 공급하던 정부부처(PTT: Post, Telephone and Telegraph)에서 분리되어 국영기업으로 전환되었다가 다시 민영화되었다. 우리나라의 경우에는 한국전기통신공사가 체신부(현재의 정보통신부)에서 분리된 후, 다시 정부지분의 매각 과정을 통해 민영화되어 현재의 KT가 되었다. 두 번째로, 각 통신시장에 신규사업자의 진입이 발생하면서 통신시장이 독점적 시장구조에서 경쟁적 시장구조로 변화하였다. 세 번째로, 민영화와 경쟁도입에 따라 민간 통신사업자간 경쟁체제가 형성되면서 이 경쟁적 통신시장을 감독하기 위한 독립적 전문규제기관이 설립되었다. 선발 통신사업자가 사업운영기능을, 독립적 전문규제기관이 규제기능을 담당하게 됨에 따라 산업정책기능만 정부부처의 고유 업무영역으로 남았다.

<표 1>에서 볼 수 있듯이, 원래 통신사업이 민간기업에 의해 운영된 미국과 캐나다를 제외하면 대다수 선진국에서 통신사업은 정부부처 또는 국영기업에 의해 운영되었다. 대다수 선진국에서 민영화가 주로 1990년대 후반부터 시작되었는데, 우리나라나 영국처럼 완전 민영화가 달성된 국가도 있고 아직 정부가 일부 지분을 보유한 국가도 있다. 통신시장의 경쟁도입은 대체로 1990년대에 걸쳐 이루어졌다. 일반적으로 유선통신시장보다 이동통신시장의 경쟁도입이 더 빨리 허용되었고 유선통신시장에서도 대체로 시외통신시장 ⇒ 국제통신시장 ⇒ 시내통신시장의 순서로 경쟁도입이 이루어졌다. 개별 통신시장의 경쟁상황에는 상당한 차이가 있지만, 대다수 선진국의 통신시장은 복수의 사업자가 병존하는 경쟁적 시장구조를 유지하고 있다. 통신시장에서 시장경쟁이 진행되면서 통신요금이 인하되었고 서비스 품질이 개선되었으며 수많은 혁신적 서비스가 속속 제공되었다. 전기, 가스 등과 함께 전통적 공익사업

의 하나였던 통신시장은 단시일 내에 경쟁적이면서도 동태적인 시장으로 변모하였다. 통신시장은 항공운송시장과 함께 경쟁도입이 가장 성공적으로 진행된 부문이라는 사실에는 이론의 여지가 없다고 하겠다.

[그림 1] 통신시장의 자유화 과정

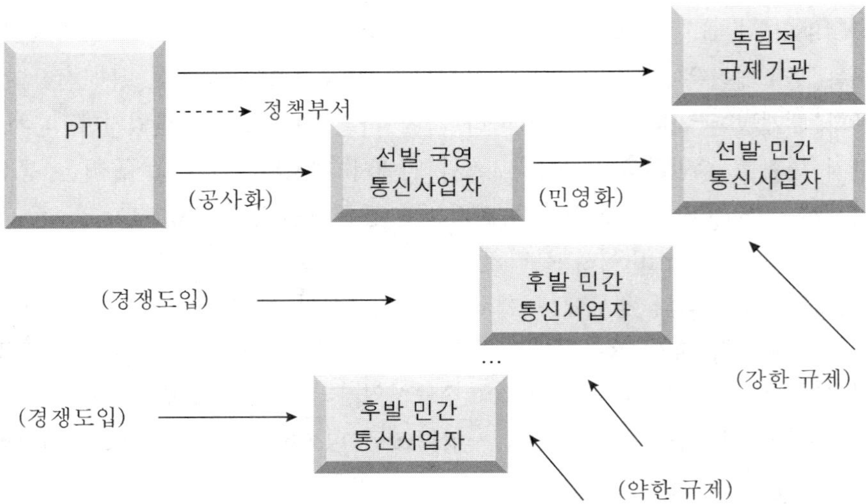

<표 1> 주요 선진국의 통신시장 자유화 사례

	민영화 시점	정부지분비율 (2004 기준)	경쟁도입 시점		
			시외통신	국제통신	이동통신
호 주	1996~7	51.1%	1991	1991	1992
캐나다	원래 민간업체	-	1990	1992	-
프랑스	1997	43.3%	1998	1998	1989
독 일	1996	38.0%	1998	1998	1991
이탈리아	1998	0.0%	1998	1998	1994
일 본	1986	46.1%	1986	1987	1987
한 국	1987	0.0%	1997	1992	1996
스페인	1997	0.0%	1998	1998	1994
영 국	1984	0.0%	1985	1986	1984
미 국	원래 민간업체	-	1984	1984	1983

출처: OECD, Communications Outlook, 2005.

2. 우리나라 통신시장의 자유화 과정

전 세계적으로 진행된 통신시장의 변혁과정에 발맞추어, 우리나라 정보통신부(당시에는 체신부)도 1980년대 초반부터 통신시장의 자유화를 적극적으로 추진하였다.[19] 정보통신부는 1980년대 초반 미국, 영국, 일본 등 선발 선진국과 거의 비슷한 시기에 전화단말기의 자유화와 통신사업체의 공사화 등 구조개편을 추진하였고, 1990년대에도 그 속도를 늦추지 않았다. 이와 같은 정부주도의 구조개편에는 미국 등 선진국을 중심으로 이루어졌던 통신시장 개방압력도 일조를 하였다. 정보통신부는 1990년대 '선 국내경쟁, 후 국제경쟁'이라는 정책기조를 강력히 추진함으로써 통신시장의 경쟁체제를 구축하면서 아울러 통신설비산업의 급속한 성장을 달성하였다. 이하에서는 우리나라 통신시장의 진입 및 요금규제의 완화과정을 간략히 살펴본다.

(1) 진입규제 완화 과정

정보통신부는 1990년 1차 통신사업 구조조정을 시작으로 총 3차례에 걸친 통신사업 구조개편을 단행하였으며, 이를 통해 진입규제를 점진적으로 완화해 통신시장에 경쟁을 도입하였다. 즉 우리나라는 미국, 영국, 일본 등 선발 선진국에 비해서는 약간 늦게, 다른 유럽국가와는 비슷한 시기에 통신시장의 진입규제를 완화해갔다고 할 수 있다. <표 2>에서 볼 수 있듯이, 우리나라 통신시장의 경쟁체제는 1990년대 초반 장거리통신부문(국제 · 시외통신)과 이동통신에서 도입되었고, 1990년대 후반 시내통신부문까지 경쟁도입이 확대되었다.[20] 이는 다른 선진국에서도 흔히 관찰되는 패턴이라고 할 수 있다.

1980년대 우리나라 통신시장의 진입규제는 정보통신부의 '지정' 형태를 취하고 있어 사실상 법적 독점에 의해 통신사업이 운영되었다. 이 지정제도는 1990년대 경쟁도입과정에서 정부의 '수시' 허가에 의해 신규사업자가 시장에 진입하는 행태로 변경되었다. 정보통신부는 3차 구조조정에서 다시 '수시' 허가제를 '정기적' 허가제로 변경하였다. 이때부터 정보통신부가 희망기업의 허

---

19) 우리나라 통신시장의 자유화 과정에 대해서는 염용섭 · 이명호 · 김민철, "국내 통신서비스 사업 및 정책: 연혁과 현황", 통신서비스 정책의 이해(정보통신정책연구원 편), 법영사, 2005와 강인수 外, 통신부문 규제개혁 성과와 과제, 연구보고 01-30(정보통신정책연구원), 2001을 참조.

20) 우리나라 이동통신시장의 경쟁도입은 당초 계획보다 훨씬 지연되어 1996년에 이르러 달성되었다. 이 경쟁도입 시점은 다른 선진국과 비교해 상당히 늦은 것으로 평가할 수 있다.

<표 2> 우리나라 통신시장 진입규제의 완화과정

시 기	주요 정책	신규진입기업
1990년 이전	분야별 독점체제	
1990년 1차 구조조정	① 국제통신시장 경쟁도입	데이콤('91)
	② 무선통신시장 경쟁도입	이동: 신세기통신('96), 무선호출: 서울이동통신등 10개사('93)
	③ 부가통신사업: 승인제 ⇒ 등록제	한국PC통신 등 다수 기업
1995년 2차 구조조정	① 통신사업자 분류체계 개선: 일반/특정통신을 기간통신사업자로 일원화	
	② 시외전화시장 경쟁도입	데이콤('96)
	③ PCS, 주파수공용통신(TRS), 저궤도위성통신, CT-2 등 신규서비스 도입결정	TRS: 한국항만전화('95)
1995년 통신사업 경쟁력 강화계획 (3차 구조조정)	① PCS 사업자 허가	KTF, LGT, 한솔PCS('97)
	② 제3 국제/시외 전화사업자 허가	온세통신('97)
	③ 시내통신시장 경쟁도입	하나로통신('99)
	④ 무선데이터통신 사업자 허가	에어미디어 등 3개사('97)
	⑤ 별정통신사업제도 신설	다수 별정통신사업자
	⑥ 허가제도 개선: 정기적 허가신청 접수 및 심사	
1998년	WTO NGBT 이행 (외자규제 추가완화)	
2002년	KT 완전민영화	

주: 괄호안의 연도는 시장진입시점을 의미.

가신청을 주기적으로 접수해 그 심사결과를 바탕으로 사업을 허가하는 방식이 정착되었다. 현재 희소자원인 주파수를 필요로 하는 이동통신시장을 제외하면 우리나라 통신시장에서 정부의 규제에 의한 진입장벽은 거의 없다고 할 수 있다.

2. 요금규제 완화 과정

통신시장의 진입규제가 완화되어 사업자간 경쟁체제가 형성되면서 통신요금규제도 완화되기 시작하였다. 1995년 이전 '전기통신사업법'은 동법 제29조에서 부가통신사업자의 이용약관을 신고대상으로, 기간통신사업자의 이용약관을 인가대상으로 규정하였다.[21] 즉 모든 기간통신사업자의 요금은 당시 정보통신부장관의 인가대상이었다. 그런데 1995년 기간통신사업자 중 신규 무선호출사업자(지역별 무선호출사업자)의 요금이 신고대상으로 완화되었다. 다시 1996년 통신요금규제가 신고원칙·인가예외로 전환되면서 후발 기간통신사업자의 요금이 모두 신고대상으로 변경되었다. 이에 따라 각각 유선통신시장과 이동통신시장의 선발사업자인 KT와 SK텔레콤의 요금만이 인가대상으로 남게 되었다. 1997년 6월 통신요금에 대한 정보통신부와 재정경제부의 이중규제가 완화된 결과로, KT의 시내전화요금과 SK텔레콤의 이동통신요금을 제외한 모든 통신요금이 다시 신고대상으로 자율화되었다. 이와 같은 개편과정을 거쳐 우리나라 통신시장 요금규제는 단시일 내에 급속히 완화되었으며 적어도 외견상으로는 선진국과 비슷한 정도로 자율화된 것으로 보인다. 정보통신부는 2001년 통신요금 인가제의 폐지를 추진했으나, 당초의 예상보다 해당시장의 경쟁이 성숙되지 못하였다고 판단해 2003년 이를 다시 번복한 바 있다.

3. 통신시장 변혁의 동인: 기술혁신과 디지털 융합

통신시장의 자유화를 촉발한 동인은 무엇보다 통신기술의 혁신과 디지털 융합(digital convergence) 현상에서 찾을 수 있다.[22] 통신기술의 혁신적 발전에 따른 통신서비스 생산비용의 하락은 통신요금의 인하를 가져왔고 요금인하에 따라 통신서비스에 대한 수요가 다시 증가하였다. 이 선순환 과정을 거쳐 통신시장의 자연독점성은 점진적으로 약화되어왔다. 또한 통신기술이 컴퓨터기술, 방송기술 등 다른 디지털기술과 융합하면서 새로운 혁신적 서비스가 끊임없이 창출되었다. 통신시장의 경쟁은 자연독점성이 약해진 시장이나 디지털기술의 융합에 의해 새롭게 생겨난 시장에서 발생하기 시작하였다. 예를 들

---

21) 기간통신사업자와 부가통신사업자의 구분에 대해서는 4절에서 상세히 설명한다.

22) 일반적으로 통신시장에서 융합은 서로 분리되어 있던 네트워크, 서비스, 사업자 등이 통합 또는 결합되는 현상을 의미하는 용어로 사용되어 왔다. European Commission(EC)는 융합을 "① 상이한 네트워크 플랫폼을 통해 동일하거나 유사한 서비스를 전송하는 것과 ② 전화, TV, PC 등 단말기의 통합"이라고 정의하였다(EC, Green Paper on the Convergence of the Telecommunications, Media, and Information Technology Sectors, and the Implications for Regulation: Toward an Information Society Approach, COM(97)623, 1997 참조). OECD에 따르면, 융합은 "이전에는 분리된 것으로 간주했던 통신망과 통신서비스가 변형되어 ① 상이한 네트워크 플랫폼들이 유사한 범주의 음성, 데이터, 멀티미디어 서비스를 전송하거나, ② 상이한 소비자 단말기(consumer appliances)들이 유사한 범주의 서비스들을 수신하거나, ③ 새로운 서비스가 지속적으로 창출되는 현상을 의미한다(OECD, The Implications of Convergence for Regulation of Electronic Communications, DSTI/ICCP/TISP(2003)5/Final, 2004 참조).

어, 통신시장에서 처음 경쟁이 발생한 부문은 통신기술과 컴퓨터기술이 융합해 생긴 데이터통신시장이었고, 통신시장의 경쟁은 곧 자연독점성이 비교적 약한 장거리통신시장과 이동통신시장으로 옮겨갔다. 수년전부터 통신시장의 경쟁은 분배망(distribution network) 특성 때문에 자연독점성이 강할 수밖에 없는 시내통신시장까지 확대되었다. 최근 초고속 인터넷의 확산을 국가적 목표로 설정하고 있는 대다수 선진국에서는 초고속 인터넷시장의 경쟁 활성화가 시급한 정책과제로 부상할 정도도 통신시장의 경쟁은 전방위로 전개되고 있다.

기술발전이 해당 산업의 시장구조에 영향을 미치는 현상은 다른 산업에서도 종종 관찰된다. 하지만 디지털 융합은 통신시장에 특이한 현상이라고 말할 수 있다. 통신시장만큼 융합현상이 큰 영향을 미친 산업부문은 찾기 힘들며, 융합현상은 규제정책의 관점에서도 항상 새롭고 어려운 문제를 제기해왔다. <표 3>은 통신시장에 있어서 융합현상의 발전단계를 간략히 요약하고 있다.

1970년대와 1980년대에 융합현상은 주로 통신기술과 컴퓨터기술의 융합을 중심으로 진행되었다. 컴퓨터를 이용한 정보서비스가 통신망을 통해서 전달됨에 따라 데이터통신(정보통신)서비스라는 전혀 새로운 서비스가 탄생하였다. 통신과 컴퓨터는 데이터통신을 구성하는 보완적 요소로 데이터통신의 성장에 따라 두 산업은 모두 이득을 보았다. 컴퓨터산업은 분산처리라는 효과적 컴퓨팅의 수단과 함께 정보통신서비스를 통한 새로운 수입원을 확보할 수 있었고 통신산업은 새로운 행태의 트래픽이 창출되면서 기존 통신망의 효율적 이용을 도모할 수 있었다. 즉 통신과 컴퓨터의 융합은 새로운 부를 창출하였다고 말할 수 있다. 규제정책의 관점에서는 ① 새롭게 등장한 데이터통신을 기간통신사업자(common carriers)와 같이 규제할 것인지와 ② 데이터통신시장에서 기존 독점사업자와 독립 사업자간의 공정경쟁을 어떻게 확보할 것인지의 문제가 당시 핵심적 이슈이었다.[23)]

그런데 최근 진행되고 있는 융합현상은 과거와 단절된 전혀 새로운 서비스를 창출하기보다 기존에 이미 존재하고 있는 서비스를 새로운 수단을 통해

23) 미국 FCC는 1966년부터 1990년대 중반까지 이어진 컴퓨터조사(Computer Inquiries Ⅰ, Ⅱ, Ⅲ)를 통해 데이터통신을 '정보서비스'(information service)로 정의하고 이 서비스를 기간통신사업자가 제공하는 '전기통신서비스'(telecommunication service)와 구분해 비규제 대상으로 설정한 바 있다. 또한 기존 유선시장 독점업체가 데이터통신을 제공하기 위해서는 자회사를 설립하도록 강제하였다. 이 분리 자회사 요건, 또는 구조분리(structural separation) 요건은 이후 통신시장 경쟁 활성화와 함께 회계분리 등 비구조 분리 요건으로 점차 완화되었다.

<표 3> 융합현상의 발전단계

구 분		주요 특성
1970년대	통신과 컴퓨터 융합 발생	• 원격지 컴퓨터간 통신을 지원하기 위한 통신망 탄생(온라인 정보검색, 온라인 은행거래 등)
1980년대	데이터통신의 본격화	• 데이터통신(정보통신)의 성장 • 각종 VAN(value added network)이 다수 출현(온라인 항공예약, 온라인 신용조회 등) • PC통신서비스의 진화 및 발전 • 비디오텍스 등 각종 뉴미디어를 둘러싼 실험과 시행착오
1990년대	통신, 컴퓨터, 방송산업의 융합	• 초기단계의 통신과 방송의 융합(예: video on demand) • 본격적 융합망인 인터넷의 급성장 • 다수 ISP 등장
2000년대	본격적 융합단계	• 디지털융합 • 인터넷을 통한 통신·컴퓨터·방송의 본격융합 (예: VoIP, 인터넷방송 등) • 통신과 방송의 융합을 통한 신규서비스 출현(예: IPTV) • Ubiquitous Networking

공급한다는 점에서 이전의 융합현상과 상당한 차이가 있다. 예를 들어, 전화망과 케이블TV망이라는 상이한 네트워크 플랫폼이 소비자 관점에서는 동일한 초고속 인터넷접속 서비스를 제공하고 있다. 유선전화서비스와 이동전화서비스가 하나의 단말기(KT의 원폰서비스)를 통해 제공되면서 두 서비스는 서로 경쟁서비스(또는 대체재)가 되고 있다. 위성DMB와 지상파DMB는 방송프로그램을 새로운 매체를 통해 송출한다는 점에서 신규서비스이다. 그러나 이 방송프로그램은 기존 지상파 방송이나 케이블TV에서도 이미 볼 수 있는 것들이다. 즉 이들 융합현상은 상이한 경쟁적 네트워크 플랫폼들이 유사하거나 동일한 서비스를 제공한다는 공통점이 있다.[24] 다시 말해, 최근의 융합현상은 상이한 매체간 보완성보다 경합성을 높이는 경향이 있음을 알 수 있다.[25] 최근

24) 최근의 융합현상은 한마디로 수직적 통합구조에 의한 가치사슬이 수평적 융합에 의한 가치사슬로 대체되는 것으로 이해할 수 있다. 즉 방송망, 전화망 등 다양한 전자통신망(또는 네트워크 플랫폼)이 과거 다른 망에서 전송되던 서비스를 경쟁적으로 제공하는 시장 환경이 도래된 것이다. 통신서비스에 대한 소비자의 지불용의가 획기적으로 증가하지 않는 한, 이 융합현상의 특성은 새로운 부의 창출보다 기존에 존재하는 부의 재분배를 가져올 가능성이 크다. 최근 정보통신부는 광대역 통합망(BcN)을 통해 유비쿼터스 환경을 구현하겠다는 계획을 발표한 바 있는데, 이 광대역 통합망은 다양한 네크워크 플랫폼을 하나의 전자통신망으로 통합한 것으로 이해할 수 있다.

25) 물론 최근의 융합현상이 경합성과 함께 보완성을 제공하는 속성을 갖지 않은 것은 아니다. 예를 들어, DMB는 기존 지상파 방송이나 케이블TV와는 달리 이동 중에 시청할 수 있

의 융합현상이 기본적으로 경쟁적 서비스(또는 대체재)를 확대한다는 사실은 통신시장 규제정책, 특히 우리나라 통신사업자 및 통신서비스 분류제도에 대한 근본적 재검토를 요구한다.[26)]

Ⅲ. 통신규제정책의 의의와 유형

1. 통신규제정책의 역할 변화

통신시장 자유화의 일환으로 진행된 통신시장의 경쟁도입에 따라 과거의 독점체제는 서서히 붕괴되고 다수 사업자가 공존하는 경쟁적 시장구조가 형성되었다. 그러나 통신시장에서 시장개방은 곧 경쟁활성화로 연결되지 못하였다.[27)] 따라서 경쟁도입과 함께 전면적 규제철폐(full deregulation)가 추진된 항공운송시장과는 달리, 통신시장의 경쟁도입은 바로 규제철폐 또는 대폭적인 규제완화를 가져오지 못하였다. <표 4>에서 지적된 바와 같이, 충분히 경쟁이 활성화되지 않은 한 통신규제정책은 경쟁도입에도 불구하고 독점시장에 비해 오히려 더 강화될 수도 있다. 경쟁시장 환경은 복수 통신사업자의 네트워크간 상호접속과 같이 새로운 문제를 지속적으로 발생시켰으며, 이 문제의 해결 없이는 경쟁촉진이 불가능하고 시장실패가 예견되었기 때문에 규제기관이 시장에 개입할 필요성이 생겼다. 즉 통신시장의 시장실패를 사전에 방지하고 독점시장을 유효경쟁시장으로 전환하기 위해 통신규제정책은 재설계되었으며 그 역할이 이전보다 강조되기도 하였다. 이는 일반 상품시장과는 달리 통신시장에서 사후적 경쟁정책만을 통해 규제의 목적을 달성하기는 어렵다는 것을 의미한다.[28)]

다는 점에서 기존 매체와 일부 보완성이 있을 수도 있다.

26) 여기에 대해서는 5절에서 보다 상세히 설명한다.

27) Lie, E., "Competition Policy in Telecommunications," ITU Background paper, 2002, p. 6.

28) "통신과 같은 네트워크산업은 그 특성상 종종 경쟁법을 적용할 수 없는 경우가 많으며 산업특유의 규제정책이 경쟁법보다 유용하거나 나은 대안이 될 수 있다"(Vannini, S., "Competition and Regulation in Network Industries: Not an Easy Balance to Strike. Comments on Koski and Kretschmer," Journal of Industry, Competition and Trade, Bank Papers, 2004, p. 52 이하 참조). 또한 "산업특유의 규제정책은 ① 다양한 공익성의 확보가 필요하거나, ② 국가자원의 이용을 규제할 필요가 있고, ③ 네크워크와 서비스의 제공에 있어서 경쟁을 점진적으로 도입할 필요가 있으며, ④ 그 산업부문에 고유한 '구조적 시장실패 요인'을 해소할 필요가 있는 산업부문에 있어서는 정당화될 수 있다"(Garzaniti, L., and Liberatore, F., "Competition Policy and Sector Specific Regulations: Complementary or

<표 4> 통신시장의 규제 필요성

공적 독점시장 환경	정부가 유일한 공급자이면서 규제자이기 때문에 규제는 제한적으로만 적용됨
사적 독점시장 환경	민간독점 통신사업자가 자신의 권리와 의무를 명확히 인식해야 하며 정부가 이 사업자를 감독할 규제체계를 갖추어야 하기 때문에 공적 독점보다 강한 규제가 요구됨
부분적 경쟁시장 환경	규제기관이 새로운 경쟁시장에서 발생하는 문제(예를 들어, 반경쟁적 행위 방지수단, 면허부여체계, 보편적 서비스 확보문제, 요금제도 등)를 해결할 수단을 도입해야 하기 때문에 더 많은 규제 필요성이 발생함
충분한 경쟁시장 환경	시장기능이 충분히 작동하기 때문에 규제 필요성이 더욱 줄어들며 사후적 규제로 전이되어야 함

출처: InfoDev, ICT Regulation Toolkit(www.ictregulationtoolkit.org에서 다운로드), 2.2 Regulation in Transition to Competitive Market, Figure 5-A.

2. 통신규제정책의 존속이유

이와 같이 항공운송시장과는 달리 통신시장에서 통신규제정책의 역할이 줄어들지 않은 데는 많은 요인들이 작용하고 있다. 이 요인들은 크게 통신시장이 갖는 네트워크산업의 특성, 통신서비스의 공익성, 희소한 국가자원의 관리 필요성 및 기존사업자의 시장지배력으로 구분해 살펴볼 수 있다.

(1) 통신시장의 네트워크산업 특성

통신시장은 네트워크산업의 특성을 갖고 있어 자연독점성이 강하며 다양한 네트워크간 상호접속이 보장되어야 소비자후생이 극대화될 수 있다.

(가) 자연독점성(규모의 경제효과)

통신시장의 경쟁도입은 과거 자연독점을 초래했던 규모의 경제가 약화되었기 때문에 가능하였다. 하지만 통신시장이 갖는 자연독점의 성격이 일순간에 없어질 것으로 기대하기는 어렵다. 일부 부문에 남아있는 자연독점의 성격이 다른 부문으로 전이되어 시장실패를 초래할 가능성은 여전히 남아 있기 때문에 시장경쟁이 반드시 최선의 결과를 가져오는 것은 아닐 수 있다. 전면적 규제철폐는 곧 독점으로의 회귀를 초래할 수도 있다. 이와 같은 상황에서는 일정한 형태의 정부 개입이 오히려 바람직할 수 있다.[29]

Conflicting Policies in the Interests of Consumers? The Example of the Telecom Sector," Paper Presented at the 2003 Leuven CCLE Competition Law Conference, 2003, Vannini, op. cit., pp. 54-55에서 재인용).

(나) 상호접속의 중요성

다수 사업자가 공존하는 시장구조에서 상호접속이 필수적이라는 점도 정부의 시장개입을 정당화하였다. 발신자와 착신자의 상호작용에 의해 생산되는 통신서비스는 네트워크효과를 갖는 대표적인 정보재이며, 상호접속은 네크워크효과를 증대시켜 사회적으로 바람직한 자원배분을 가져온다. 그러나 통신시장에 참여하는 사업자, 특히 이미 다수 가입자를 확보하고 있는 기존사업자가 항상 상호접속에 대한 유인을 갖는 것은 아니며 상호접속의 거절, 부당한 이용대가 설정 등을 통한 경쟁제한행위를 할 우려가 있다. 상호접속규제는 경쟁사간 자율적 협상을 정부의 시장개입이 대체함을 의미한다.[30)]

그러나 경쟁적 통신시장 환경하에서 상호접속규제가 필요하다고 하더라도 그 정책수단이 반드시 사전적 규제일 필요는 없다. 즉 상호접속을 사전적으로 규제하는 대신 사업자간 협상에 일임하고 시장지배력의 남용행위만 사후적으로 규율해도 충분히 정책 목표를 달성할 수 있다는 주장도 제기될 수 있다. 하지만 사후적 경쟁정책을 통해 상호접속을 확보하는 것이 상당히 어렵다는 사실은 통신시장의 역사적 경험을 통해 확인된 바 있다.[31)] 아래 글상자에서 설명하고 있듯이, 미국 통신시장 초창기에 통신규제정책이 탄생한 배경도 바로 상호접속의 필요성 때문이었다.

(2) 통신서비스의 공익성

통신시장의 경쟁도입에도 불구하고 어떤 선진국도 통신서비스가 갖는 공익성을 포기하지는 않았다. 즉 통신서비스의 공익성은 여전히 유효한 정책목

---

29) OECD, "Regulatory Reform in Network Industries: Past Experience and Current Issues," OECD Economic Outlook, No. 67, chapter 4, 2000(http://www.oecd.org/dataoecd/42/52/2087321.pdf에서 다운로드), pp. 155-156 참조.

30) 통신시장에서 상호접속은 소규모 네트워크(적은 수의 가입자)를 보유한 사업자가 대규모 네트워크(많은 수의 가입자)를 보유한 사업자의 네트워크효과를 공유할 수 있게 한다. 통신사업자간 상호접속이 달성되지 않을 경우에 소규모 사업자는 대규모 사업자와 경쟁하기가 어려우며 시장 자체가 대규모 사업자로 쏠리는 현상(tipping)이 발생할 수도 있다. 네트워크효과에 기인한 쏠림현상을 방지하기 위해서 대다수 통신부문 규제당국은 통신사업자간 상호접속 협상과정에 종종 개입하며, 특히 시장지배력을 보유한 사업자에 대해서 상호접속을 의무화하는 경우가 많다.

31) 경제이론도 상호접속에 대한 사업자간 자율협상(시장기능)이 규제보다 비효율적 결과를 초래할 가능성이 높다는 점을 입증하고 있다(Brock, G.W., and Katz, M.L., "Regulation to Promote Competition: A First Look at the FCC's Implementation of the Local Competition Provisions of the Telecommunications Act of 1996," Information Economics and Policy, Vol. 9, 1997, pp. 103-117 중 p. 116 참조).

<미국 초창기 통신규제정책의 발생 배경>[32)]

미국 통신시장은 Bell Company의 전화특허가 종료된 1890년대 이후 급속히 경쟁적 시장구조로 전환되었다. 1908년 통화량 기준으로 독립 전화사업자의 시장점유율은 AT&T와 비슷한 수준이 되었으며, 1920년을 전후해서는 미국 시내전화시장의 절반 정도가 경쟁체제로 전환되었다. 그런데 당시에는 통신시장에 국한된 규제정책은 존재하지 않았으며 다른 산업과 마찬가지로 통신시장도 경쟁법의 적용만 받았다. 지금과 같은 상호접속에 대한 규제정책이 없었기 때문에 AT&T와 독립 전화사업자의 전화망은 서로 상호접속이 되지 않았다. 이에 따라 소비자는 네트워크효과가 큰 AT&T를 자연히 선택하게 되었고, 이 때문에 많은 독립 전화사업자는 AT&T와 경쟁에서 밀려 AT&T에게 인수되거나 파산상태를 맞았다.

이와 같은 상황에서 AT&T의 독점화를 방지하기 위해 미국 법무성은 AT&T를 반독점법 위반으로 제소하였으며, 미국 법무성과 AT&T는 1914년 킹스베리서약(Kingsbury Commitment)을 체결하였다. 이 서약의 결과 AT&T는 더 이상 독립 전화사업자를 인수할 수 없게 되었으며 독립 전화사업자의 시내전화망과 AT&T의 장거리 전화망간 상호접속이 보장되었다. 그러나 여전히 독립 전화사업자의 시내전화망이 AT&T의 시내전화망과 연결되지 않았기 때문에 독립 전화사업자의 가입자는 AT&T 가입자와 통화를 할 수 없는 불편이 지속되었다. 이를 해결하기 위해 1921년 Willis-Graham Act가 통과되었으며, 이 법에 의해 AT&T는 다시 독립 전화사업자를 인수할 수 있게 되었다. 즉 상호접속이 보장되지 않은 상태에서 소비자 편익을 증대하기 위해 미국 의회는 AT&T에 의한 통신시장 독점화를 불가피하게 허용하게 된 것이다. 이 독점의 대가로 AT&T는 정부의 규제를 수용하였다. 미국 의회는 1934년 다시 Communication Act를 제정하였으며, 이 법에 의해 통신시장에 대한 정부의 규제가 공식화되었다. 미국 통신시장에 있어서 경쟁정책은 여전히 유효하지만 그 중요의무를 통신규제정책에 일임하게 되었다고 말할 수 있다.

표로 남아있다. 과거 대다수 정부는 통신서비스를 국민생활의 필수적 공익서비스(보편적 서비스)로 간주하고 통신서비스의 보편적 보급과 이용을 추구하였다. 이를 위해 정상적 시장기능에 의해서는 통신서비스를 구매할 수 없었던 저소득계층과 농어촌 지역에 대해 통신요금을 인하해주는 요금정책이 추진되었다. 그 과정에서 요금구조의 왜곡과 사업부문간 상호보조가 광범위하게 허용되었다. 그런데 통신시장의 경쟁도입은 고수익부문에 대한 집중적 신규진입, 나아가 크림훑기(cream-skimming)로 나타났으며 전통적 상호보조 정책은 서서히 붕괴되어 갔다. 이에 따라 상호보조 정책에 의존한 통신서비스의 공익

32) 이하의 설명은 주로 Brock, G.W., "Historical Overview," in Cave, M.E., Majumdar, S.K., and Vogelsang, I., ed., Handbook of Telecommunications Economics, Vol. 1, Amsterdam: Elsevier Ltd, 2002와 Shelanski, H.A., "From Sector-specific Regulation to Antitrust Law for US Telecommunications: the Prospects for Transition," Telecommunications Policy, Vol. 26, 2002, pp. 335-355에서 인용하고 있다.

성은 심대한 위협을 받게 되었고 각 국의 정부는 공익성을 유지하기 위한 정책수단을 구상하지 않을 수 없었다. 공익성을 위한 정책수단은 바로 정부의 시장개입을 의미한다.

(3) 희소한 국가자원의 배분 및 관리

희소한 국가자원의 배분은 정부의 고유권한 및 역할에 속한다. 정부는 통신시장의 경쟁도입과 무관하게 번호와 주파수라는 국가자원의 배분과 관리를 담당할 수밖에 없다. 특히 이동통신시장은 그 특성상 주파수가 필수적 생산요소이다. 주파수는 희소한 경제자원이기 때문에 그 배분과 관리는 중요한 정책적 과제로 부상하고 있다.

(4) 기존사업자의 강한 시장지배력

수십 년간 통신시장을 독점해온 기존사업자는 신규사업자에 비해 월등한 경쟁력 우위를 가질 수밖에 없다. 특히 통신시장의 특성에 의해 기존사업자의 시장지배력 강화현상이 다른 산업보다 훨씬 심각할 수 있다. 이와 같이 기존사업자와 신규사업자가 처한 사업 환경의 비대칭성은 통신시장의 경쟁촉진에 큰 장애요인으로 인식되었다. 독점적 공기업이 수직적 통합의 사업구조를 갖추고 전 국민을 대상으로 모든 통신서비스를 장기간 공급해온 상태에서, 이 독점기업을 규제하지 않고서는 경쟁도입 자체가 어려운 것이 사실이다. 따라서 통신시장의 경쟁체제를 확보하기 위해서는 시장지배력을 보유한 기존사업자에게 각종 규제조치를 집중하는 것이 필요하였다. 즉 다수 사업자가 공존하는 시장구조 하에서 사전적 통신규제정책은 일반적으로 비대칭성을 갖게 되었다.[33)34)] 이하에서는 기존사업자의 경쟁상 우위(또는 통신시장의 비대칭규제)를

33) Lie, op. cit., p. 18. 그런데 일반 경쟁법에도 비대칭성이 존재한다. 우리나라 독점규제및공정거래에관한법률(이하 '독점규제법'이라 한다)은 모든 기업에게 적용되는 불공정행위와 함께 시장지배적 사업자를 대상으로 하는 시장지배력 남용행위를 별도로 규정하고 있다. 이는 시장지배적 사업자에게 별도의 규제를 부과해 그 시장지배력 남용행위를 일반기업의 불공정행위보다 엄격히 규율하겠다는 의도가 반영된 것이라고 볼 수 있다.

34) 김희수 外(통신사업의 합리적 비대칭규제방안 연구, 정보통신정책연구원 연구보고 01-52, 2001, p. 88)은 동일한 경쟁조건하에 있는 피규제기업을 동일하게 취급하는 것이 대칭규제이며 상이한 경쟁조건하에 있는 피규제기업에 대해 동일한 규제의 강도와 내용을 적용하는 것이 비대칭규제라고 정의하고 있다. 이와 같은 정의를 수용한다면 시장지배적 사업자나 기존사업자에 대해 강한 규제를 적용하는 것은 대칭규제라고 간주해야 한다. 그러나 대다수 기존 연구문헌에서 선후발 사업자에 따라 규제의 내용과 강도를 달리하는 것을 비대칭규제라고 지칭하고 있기 때문에, 본고도 기존 연구문헌의 정의를 그대로 따르기로 한다.

초래한 통신시장의 특성을 간략히 살펴본다.

(가) 수직통합의 사업구조

기존사업자는 수직통합의 사업구조를 갖고 있을 뿐 아니라 기존사업자의 가입자망은 흔히 필수설비(essential facility)의 성격을 갖고 있었다. 대다수 국가에서 유선통신시장의 기존사업자는 시내통신망(또는 가입자망)과 시외·국제통신망(또는 중계망)을 모두 보유하고 있었다. 이와 같이 기존사업자가 수직통합의 사업구조를 갖고 있을 경우에 신규사업자가 기존사업자와 동일한 사업구조를 갖고 시장에 진입하기란 쉽지 않다. 실제로 대부분의 신규사업자는 일부 통신망만을 구축하고 최종 소매서비스를 제공하기 위해서 기존사업자의 통신망(특히 시내통신망)에 의존하는 전략을 구사하였다. 즉 시내통신망이 시외, 국제 등 중계서비스의 공급을 위한 필수설비로 작용하였다. 따라서 기존사업자는 그 필수설비를 생산요소로 사용하는 시장까지 자신의 시장지배력을 전이할 가능성이 높았다. 따라서 각 국의 규제기관은 기존사업자의 시내통신부문에 대해 ① 다른 부문과의 회계분리, ② 상호접속과 설비제공의 의무화, ③ 접속료와 설비제공대가에 있어서 공정하고 비차별적인 요금설정, ④ 다른 서비스부문과의 결합판매 규제 등 다양한 규제조치를 부과해왔다.[35)]

(나) 장기간의 독점체제에 따른 선발자의 이득

기존사업자는 장기간의 독점체제에 따른 선발자의 이득을 갖고 있었으며 신규사업자가 이 선발자의 이득을 극복하기가 쉽지 않았다. 과거의 독점적 공기업이었던 기존사업자는 가입자 수, 규모와 범위의 경제에 의한 비용우위, 전국적 사업범위, 브랜드와 평판, 전국적 판매망 등 거의 모든 측면에서 선발자의 이득을 누릴 수 있었다. 이와 같은 상황에서 신규사업자가 기존사업자와 동등한 조건에서 경쟁하기 힘든 것이 사실이다. 특히 통신시장에서 기존사업자의 우위현상은 정부의 진입규제에 의한 장기간 독점체제로부터 기인한 측면이 적지 않다. 이에 따라 일반 상품시장과는 달리 선발자의 이득이 시장기능을 통해 자연히 해소될 가능성이 낮거나 그 과정에서 상당한 시행착오가 나타날 수밖에 없다. 따라서 선발사업자와 후발사업자간 공정한 경쟁여건을 마련하기 위해서 기존사업자를 적절한 수준에서 규제하는 비대칭 규제정책이

---

35) 엄밀한 의미에서 수직통합의 문제점은 수직통합 자체보다는 필수설비의 수평적 독점력에서 비롯되었다고 볼 수 있다. 그런데 최근 다양한 플랫폼의 출현과 함께 유선통신시장의 가입자망이 갖는 필수설비의 성격이 약화되고 있기 때문에, 수직통합에 따른 비대칭규제의 필요성도 줄어들고 있다고 할 수 있다.

정당화될 수 있다.

(다) 통신사업의 비용구조

일반적으로 통신사업은 고정비용과 공통비용의 비중이 큰 비용구조를 갖고 있다. 이와 같은 비용구조에서는 통신사업자의 한계비용이 매우 작기 때문에 한계비용 가격설정(marginal cost pricing)을 통해서는 고정비용과 공통비용이 회수되기가 어렵다. 이에 따라 통신사업자는 그간 고정비용과 공통비용을 다수의 서비스 원가에 배부해 총비용을 보전하는 요금정책을 실시해 왔다. 그런데 기존사업자는 이와 같은 비용구조를 활용해 자신의 경쟁자에게 피해를 입힐 수 있다. 예를 들어, 기존사업자는 경쟁부문의 요금을 한계비용 수준으로 낮추고 대부분의 공통비용을 독점부문에서 회수함으로써 경쟁부문의 신규사업자를 시장에서 퇴출시키거나 신규사업자의 경쟁력을 약화시킬 수 있다. 따라서 각 국의 규제기관은 기존사업자에게 서비스(또는 역무)별 회계분리를 의무화하고 기존사업자에 의한 서비스별 상호보조를 금지하는 규제조치를 시행해왔다.

3. 주요 통신시장 규제제도

(1) 개 요

우리나라 통신시장 규제제도는 ① 보편적 서비스 제도와 같이 통신서비스의 공익성을 확보하기 위한 규제, ② 이용약관 인가제도, 금지행위 제도, 회계분리제도, 기간통신사업자 기업결합규제 등과 같이 통신사업자의 시장지배력 남용행위를 사전적으로 또는 사후적으로 방지하기 위한 제도, ③ 설비제공제도, 가입자망 공동활용 제도 등과 같이 경쟁을 촉진하기 위한 제도로 크게 구분할 수 있다. 이들 규제제도는 대다수 선진국에서도 관찰되며 우리나라에서만 발견되는 특징적인 규제제도는 없다고 보아도 무방하다. 아래에서는 통신시장에서 현재 적용되고 있는 규제제도를 간략히 설명한다.[36] 이 규제제도들 중에서 불공정행위 금지제도를 제외한 나머지 규제제도는 모두 사전적 규제에 해당한다.

---

36) 통신시장 규제제도에 대한 보다 상세한 설명을 위해서는 정보통신정책연구원(편), 통신서비스정책의 이해, 법영사, 2005와 World Bank/ITU, Telecommunications Regulation Handbook, 2000을 참조. 본문의 설명은 정보통신부, 주요 통신제도 개관, 신규 인터넷접속역무 기간통신사업자 대상 통신제도 설명회 발표자료, 2006.6.30을 일부 인용하였다.

(2) 주요 규제제도

(가) 통신사업자 및 역무 분류제도

제반 통신사업자와 통신서비스(또는 통신역무)를 경제적 성격과 사회적 중요도에 따라 구분해 각 분류별로 규제 내용과 강도를 차별함으로써 경쟁촉진, 자원의 공동활용, 이용자 보호 제고 등 정책목표를 달성하기 위한 제도이다.[37)]

(나) 이용약관 신고/인가 제도

서비스 내용, 요금, 이용조건 등 중요 계약사항과 손해배상 등 이용자 보호에 관한 사항을 이용약관으로 정하여 사전에 신고함으로써 공정한 거래질서와 소비자 보호를 유도하기 위한 제도이다. 현재 모든 기간통신사업자는 이용약관을 신고하여야 하며, 시장지배력을 보유한 사업자의 이용약관은 인가대상이다. 현재 KT의 시내전화역무와 인터넷접속역무, SKT의 이동통신역무는 인가대상에 해당한다.

우리나라에서 요금규제는 이용약관규제의 하나로 적용되고 있다. 전통적으로 통신부문 전문규제기관은 독점적 가격설정이나 약탈적 가격설정을 방지하기 위해 시장지배적 기존사업자의 요금을 규제해왔다. 예를 들어, 미국의 통신부문 규제기관인 FCC(Federal Communications Commission)는 장거리통신시장에서 복수 사업자가 경쟁하고 있음에도 불구하고 1995년까지 AT&T의 장거리통신요금을 규제하였다. 각 국의 규제기관은 경쟁상황 평가에 기초해 유효경쟁이 작동하고 있다고 판단되는 시장에 대해서 요금규제를 완화하거나 철폐하고 있다. 아울러 대다수 선진국은 요금규제방식을 전통적 수익률규제방식(rate-of-return regulation)에서 유인규제의 하나인 가격상한규제방식(price-cap regulation)로 전환하였다.[38)]

(다) 상호접속제도

상호접속은 사업자 또는 서비스 유형이 다른 통신망 간에 서비스 이용이 가능하도록 물리적, 기술적, 제도적 측면에서 통신망을 연결하는 것이다.[39)] 앞서 살펴보았듯이, 상호접속은 네트워크효과 제고라는 공익성을 확보하고 사업자간 공정경쟁조건을 확보하기 위한 기본적 장치라고 할 수 있다. 우리나라 상호접속제도에 따르면 통신사업자는 다른 통신사업자로부터 상호접속에 대

37) 통신사업자 및 역무 분류제도에 대해서는 5절에서 상세히 설명한다.
38) 우리나라에서도 몇 차례 가격상한규제의 도입논의가 있었지만 실현되지 못하였다.
39) 김창곤, 정보통신 서비스 정책, Jinhan M&B, 2004, p. 87.

한 요청이 있는 경우에 협정을 체결하여 상호접속을 허용할 수 있다. 또한 통신사업자는 상호접속을 제공함에 있어 부당한 차별을 하거나 협정체결을 부당하게 거부하는 행위 또는 체결된 협정을 정당한 사유 없이 불이행하는 행위를 할 수 없다. 우리나라를 비롯한 대다수 선진국에서 시장지배적 사업자에 대해 강제적 상호접속 제공(mandatory provision of interconnection), 비차별적 대우(non-discriminatory treatment) 등의 의무가 주어져 있으며, 상호접속의 이용대가(즉, 접속료)를 원가에 기초하여 산정하도록 규제하고 있다.

(라) 보편적 서비스 제도

대다수 선진국과 마찬가지로 우리나라도 모든 국민이 언제 어디서나 적정한 요금으로 제공받을 수 있는 통신서비스를 정해 그 요금수준을 규제함으로써 통신분야에 있어서 국민간 사회적 형평성을 제고하고 있다. 현재 시내전화, 시내공중전화, 도서통신, 선박무선전화, 긴급통신 등 생필품의 성격을 갖는 통신서비스와 함께 장애인・저소득층・국가유공자 등에 대한 요금감면 등이 보편적 서비스에 포함되어 있다. 이 보편적 서비스 제공에 따른 손실은 모든 기간통신사업자가 매출액 비율에 따라 분담하고 있다.

(마) 기업결합 인가제도

기간통신사업자의 사업의 전부 또는 일부를 양수하거나 기간통신사업자의 법인을 합병하고자 하는 경우, 전기통신회선 설비를 매각하고자 하는 경우는 정보통신부장관의 인가를 받아야 한다. 정보통신부는 재정 및 기술적 능력과 사업운용능력의 적정성, 주파수 및 전기통신번호 등 정보통신 자원관리의 적정성, 통신사업의 경쟁, 이용자보호 및 공익에 미치는 영향 등을 종합적으로 평가하여 기업결합을 인가한다.

(바) 설비제공제도

기간통신사업자나 자가통신설비 설치자가 보유한 전주, 관로, 케이블, 국사상면 등 기반 통신설비를 다른 기간통신사업자가 협정체결을 통해 공동 활용하도록 하여 공정한 경쟁체제 기반을 조성하기 위한 제도이다. 현재 우리나라에서는 KT가 설비의무제공 대상사업자로 지정되어 있으며, 이용대가는 장기증분원가에 기초한 표준원가방식으로 산정되고 있다.

(사) 가입자망 공동활용(Local Loop Unbundling) 제도

시내전화와 초고속 인터넷의 핵심설비인 가입자망을 보유하지 않은 사업자도 기존사업자와 동등하게 경쟁할 수 있는 여건을 마련하기 위해 기존사업

자의 가입자망을 적정한 대가를 지불하고 이용할 수 있도록 의무화한 제도이다. 이 제도는 가입자망의 매몰비용 성격과 규모의 경제효과를 감안하면 현실적으로 설비기반경쟁이 발생할 가능성이 낮다는 인식에서 출발하였다. 1990년대에는 시내전화 경쟁, 2000년대에는 초고속 인터넷 확산을 위한 수단으로 우리나라를 비롯해 많은 선진국에서 채택하고 있다.40) 현재 우리나라의 가입자망 공동활용 제도에는 가입자동선을 특정한 지점에서 물리적으로 분리하여 이용사업자에게 제공하는 동선일괄제공(full unbundling), 동선 주파수 대역중 초고속 인터넷에 사용되는 고주파수 대역을 분리해 제공하는 고주파수 회선분리 제공(line sharing), 초고속 가입자회선에 모든 ISP가 동등한 조건으로 접속할 수 있도록 개방을 강제하는 초고속 인터넷접속망 제공(broadband internet open access) 방식 등이 있다.

(아) 회계분리 제도

이 제도에 따르면, 모든 기간통신사업자는 전화, 인터넷접속 등 6개 역무(26개 서비스)별로 수익과 비용 등을 합리적 기준에 따라 집계하고 회계정보를 정리해야 한다. 이 제도는 서비스간 상호보조 행위와 불공정한 요금설정을 방지하여 공정경쟁 여건을 조성하기 위해서 마련되었다.

(자) 불공정행위 금지제도

우리나라 전기통신사업법에서는 전기통신사업자가 공정한 경쟁 또는 이용자의 이익을 저해하거나 저해할 우려가 있는 행위를 하거나 다른 전기통신사업자 또는 제3자로 하여금 이를 행하도록 하는 행위를 금지하고 있다. 특히 협정체결의 부당한 차별·지연·거부, 정보유용, 이용요금 등의 부당한 산정, 부당한 이용자 차별, 부당한 결합판매, 통신단말장치 구입비용의 지원·보조 등을 금지하고 있다. 이와 같은 금지행위가 발생하였다고 판단되는 경우 통신위원회는 심의를 거쳐 통신사업자의 이용약관 및 정관의 변경, 금지행위의 중지 등 시정조치를 취하거나 과징금을 부과할 수 있다.

---

40) 미국의 일부 경제학자들은 이 가입자망 공동활용 제도를 관리경쟁 성격의 규제정책으로 강력하게 비판하고 있다. 예를 들어, Crandall, R.W., Sidak, J.G., and Singer, H.J., "The Empirical Case Against Asymmetric Regulation of Broadband Internet Access," Berkeley Technology Law Journal, 17, 2002, pp. 953-987와 Hazlett, T.W., "Rivalrous Telecommunications Networks With and Without Mandatory Sharing," AEI-Brookings Joint Center for Regulatory Studies, Working Paper 05-07, 2005를 참조.

Ⅳ. 통신규제정책과 경쟁정책의 관계

1. 통신규제정책의 향후 전망

일부 경제학자는 항공운송시장과 같이 통신부문 규제기관을 폐지하고 통신시장을 경쟁정책에 의해 사후적으로 규제하거나, 통신규제정책을 주파수배분, 보편적 서비스, 소비자보호 등 일부영역에만 국한하고 요금규제나 시장구조문제는 경쟁정책에 맡기자고 주장하고 있다.41) 예를 들어, 앞 절에서 설명한 주요 사전적 규제제도를 대부분 철폐하고 전기통신사업법의 불공정행위 금지행위 규정이나 독점규제법의 시장지배력 남용행위와 불공정행위 관련규정을 적용해 통신시장의 경쟁과정을 규율해도 충분히 정책목표를 달성할 있다는 것이다. 디지털융합 현상에 따라 플랫폼경쟁이 향후 더욱 치열하게 진행될 것으로 전망되며 이에 따라 전통적 진입규제와 요금규제는 점차 완화될 것으로 보인다. 보다 많은 통신시장이 유효경쟁시장으로 전환된다면 이 시장에 대한 사전적 통신규제정책은 점차 축소되고 사후적 경쟁정책의 역할이 더욱 증대될 것으로 보인다. 이와 같은 관점에서 이 주장은 전혀 타당성이 없는 것은 아니다.

하지만 통신시장에서 통신부문 특유의 규제정책이 항공운송시장처럼 조만간 사라질 가능성은 거의 없다고 해도 과언이 아니다. 통신시장의 경쟁 활성화는 당초 예상보다 쉽지 않았고 향후에도 그럴 것으로 판단된다. 앞 절에서 살펴본 통신규제정책의 존속이유가 향후에도 여전히 성립한다면, 통신시장의 경쟁이 상당히 활성화되더라도 통신규제정책은 당분간 존속할 가능성이 높다. 통신시장의 경쟁도입에도 불구하고 통신규제정책을 철폐할 수 없는 또 다른 이유는 무엇보다 두 정책의 목표가 상이하기 때문이다. 경쟁정책은 독과점기업의 경쟁제한 행위를 방지하는데 목적이 있다면, 통신부문 규제정책은 독점시장을 경쟁시장으로 전환하는데 기본적 목적이 있다. <표 5>에서 볼 수 있

---

41) Shelanski, op. cit., p. 336. 예를 들어, Kahn은 "통신시장이 규제부문에서 규제완화부문으로 전환되는 과정을 관리할 책임을 통신부문 규제당국보다 경쟁당국에 일임하는 것을 대다수 경제학자가 선호한다. 경쟁당국은 규제당국보다 유효경쟁의 요구조건을 이해할 수 있는 우월한 전문지식을 갖고 있다. 반면에 규제당국은 보호주의나 카르텔을 선호할 뿐만 아니라 어떤 형태의 가격인하도 '약탈적'이거나 '파괴적'이라고 비난하는 경향을 갖고 있다"고 주장하고 있다(Kahn, A.E., Lessons from Deregulation: Telecommunications and Airlines After the Crunch, AEI-Brookings Joint Center for Regulatory Studies, 2004, p. 41).

는 바와 같이, 경쟁정책과 산업특유 규제정책의 목표 및 초점도 서로 다르다. 또한, 통신산업의 특성상 경쟁도입 자체가 쉽지 않은 시장도 적지 않아 이 시장에 대한 규제 필요성이 존재한다. 최근 EU를 중심으로 이동통신망 착신통화에 대한 접속료 규제가 새롭게 도입된 사례도 이와 같은 예측을 뒷받침하고 있다.[42] 아울러 통신시장의 경쟁촉진을 위해서 상호접속, 주파수, 번호관리 등에 대한 규제는 여전히 필요하다. 보편적 서비스에 대한 정치적 요구를 규제기관이 쉽게 포기하기도 쉽지 않을 것으로 예상된다.

통신시장의 경쟁이 진행되면서 통신시장에 대해 일반 경쟁정책이 적용되는 사례가 빈번해지고 있다. 예를 들어, 최근 우리나라 공정거래위원회는 유선통신시장과 이동통신시장에서 발생한 사업자간 공동행위를 조사한 바 있다. 만약 통신규제정책이 철폐되지 않는다고 가정하면,[43] 통신시장에는 당분간 사전적 통신규제정책과 사후적 경쟁정책이 병존할 것으로 전망된다. 실제로 대다수 선진국에서는 통신시장에 대해 통신규제정책(또는 통신부문 규제당국)과 경쟁정책(또는 경쟁당국) 중 하나를 완전히 배제하지 않고 있다.[44] 즉 통신부문 고유의 정책목표를 달성하기 위해 사전적 통신규제정책을 운영할 뿐 아니라, 통신시장의 경쟁제한행위나 불공정거래행위에 대해서 사후적 경쟁정책을 적용하고 있다.

2. 규제기관간의 관할권 배분 문제

이상에서 논의한 바와 같이, 통신시장에 통신규제정책과 일반 경쟁정책이 공존함에 따라 두 정책 집행과정의 중복문제가 발생한다. 우리나라의 경우 전

---

42) 어떤 이동통신사업자의 네트워크에 대한 착신통화에 대해서는 그 사업자가 독점적 지위를 가질 수밖에 없다. 따라서 이 착신통화에 대한 요금(즉, 이 통화를 발신한 사업자에게 부과하는 접속료)을 시장기능을 통해 규율한다는 것이 매우 어려운 일이다. 영국의 규제기관인 OFTEL(현재의 OFCOM)은 각 이동통신사업자로 착신되는 통화시장을 별도의 관련시장으로 정의한 바 있다(김희수 外, "통신서비스 시장획정: 방법론 및 주요 이슈", 정보통신정책연구원 이슈리포트 04-07, 2004를 참조).

43) EC의 경쟁정책위원장인 Monti는 "(통신시장의) 자유화와 경쟁정책 수단의 활용 가능성에도 불구하고 전자통신부문에서 사전적 규제를 철폐할 수 있을 정도로 시장조건이 성숙하지 않았다"고 지적한 바 있다(Monti, M., "Competition and Regulation in the Telecom Industry: The Way Forward", ECTA Conference Speech, 2003.12.10).

44) 뉴질랜드와 같이 통신부문 규제당국의 역할이 경쟁당국의 관할권에 속한 경우도 있고, 도미니카공화국처럼 경쟁당국 없이 통신부문 규제당국이 통신시장의 경쟁을 관할하고 있는 경우도 있다. 하지만 이 두 경우는 매우 예외적이라고 할 수 있다. 여기에 대해서는 InfoDev, op. cit., 3.3.2. Analysis of Jurisdictional Division of Power Between Competition Authorities and Regulatory Institution를 참조.

<표 5> 경쟁정책과 산업특유 규제정책의 차이점

구 분	경쟁정책	산업특유 규제정책
시점/과정	사후적 치유책을 적용하는 것이 일반적임	사후적 치유책과 사전적 치유책을 모두 적용
	특정 신고나 조사에 의해서만 규제에 착수함	특정 현안과제뿐만 아니라 일반분야에 대해서도 결정
	공식적 조사 및 절차에 의존함	공식적인 절차와 다소 비공식적 절차가 공존함
	공적 개입의 범위가 좁음	흔히 공적 개입이 훨씬 광범위한 영역에 걸쳐 있음
정책 초점	경쟁제한행위 축소가 기본목적	흔히 복수의 정책목표를 가짐
	시장지배력 남용이나 기타 불공정행위를 방지해 배분적 효율성을 극대화하는데 정책의 초점이 있음	전통적 독점규제는 배분적 효율성보다 사회적 목표(예: 보편적 서비스)를 추구할 개연성이 높음
		해당시장이 보다 경쟁적이 되면서 규제정책은 반경쟁행위를 억제하는데 초점을 맞춤. 시장경쟁이 공공이익을 보호할 수 있을 정도로 충분히 활성화되면 규제를 궁극적으로 철폐하는 것이 정책목표가 될 수 있음
적용 범위	경제 전반에 걸쳐, 다수 산업에 적용	특정산업에만 적용(전문규제기관은 해당 산업에 대한 전문지식을 보유)
	시장개입 권한과 치유책은 좁게 정의되는 경향이 있음	시장개입 권한은 보다 넓게 정의되는 경향이 있음

출처: World Bank/ITU, Telecommunications Regulation Handbook, 2000, Module 5: Competition Policy, p.4, Table 5-1.

기통신사업법은 기존사업자의 시장지배력 남용을 방지하기 위한 각종 규제제도, 기업결합 규제제도, 금지행위 제도 등을 운영하고 있으며, 독점규제법도 시장지배력 남용행위, 기업결합, 불공정행위 등을 규율하고 있다. 이에 따라 특정 행위에 대한 중복관할의 문제가 제기될 수 있다. 예를 들어, 통신사업자의 불공정거래행위에 대한 규제권한은 상당부분 공정거래위원회, 정보통신부 및 통신위원회에게 중첩적으로 부여되어 있으며, 실제에 있어서도 이들 규제기관은 자신의 규제권한을 행사하고 있다.

이와 같은 통신규제정책과 경쟁정책의 중복 관할 문제는 우리나라뿐만 아니라 선진국에서도 중요한 현안과제로 대두되고 있다. 예를 들어, 미국에서는 통신사업자간 기업결합을 통신부문 전문규제기관과 일반 경쟁규제기관 중 어떤 기관이 규율하는 것이 좋은지에 대한 논란이 제기된 바 있다.[45] 또한 통신산업처럼 반경쟁적 폐해를 방지하기 위한 규제제도가 구비되어 있는 산업에 대해 경쟁법을 추가로 적용하는 것이 적절한지에 대한 의문도 발생하고 있다.[46] 이 중복관할 문제에 대한 해결책은 시장 환경, 법체계, 규제기관의 역량 등 해당 국가의 특수한 사정에 따라 달라질 수밖에 없다.[47]

우리나라의 경우 전기통신기본법 제3조에서 "전기통신에 관한 사항은 이 법 또는 다른 법률에 특별히 규정한 것을 제외하고는 정보통신부장관이 이를 관장한다"고 규정하여 전기통신에 관한 일반적인 관할권을 정보통신부장관에게 부여하고 있다.[48] 또한 전기통신사업법 제37조의3은 동법 제37조 및 제37조의2에 의한 불이익조치를 받은 사업자에 대하여는 동일한 행위를 이유로 독점규제법에 의한 시정조치나 과징금의 부과를 할 수 없도록 규정함으로써 규제권한 중복행사를 방지하고 있다. 이와 같은 규정과 함께, 전기통신사업법을 독점규제법에 대한 특별법으로 간주해 일반 경쟁당국인 공정거래위원회보다는 규제당국인 정보통신부에서 통신시장의 규제임무를 수행하는 것이 합목적적이라는 주장도 제기되고 있다.[49] 하지만 통신법상 명문의 규정이 존재하지 않은 경우 독점규제법이 일반법으로서 보충적으로 적용될 수 있기 때문에 두 규제기관의 중복관할 문제는 여전히 존속할 수밖에 없다.

---

45) Shelanski, op. cit., pp. 337-343을 참조.

46) 최근 Trinko 판결(Verizon Communications, Inc. v. Law Office of Curtis V. Trinko, LLP, 540 U.S. 398, 2004)에서 미국 대법원은 규제당국과 경쟁당국의 권할권 설정 또는 중복규제에 대한 중요한 기준을 제시하고 있다. 이 판결에서 미국 대법원은 1996년 통신법에 기초한 새로운 반독점 제소는 불가하다는 점을 명확히 하였다. 대법원의 판결에 따르면, 반독점 분석은 규제상황에 기초한 개별 산업의 특수한 구조와 여건을 반드시 고려해야 하는데 특히 반경쟁적 폐해를 억제하기 위한 규제구조가 구비되어 있는 산업의 경우 경쟁법 적용에 따른 추가적인 혜택이 크지 않기 때문에 경쟁법을 신중히 적용해야 한다는 것이다. 이 Trinko 판결에서 미국 대법원은 통신시장의 경쟁환경 조성에 있어서 통신규제정책의 우선관할권을 명확히 인정한 것으로 받아들여지고 있다.

47) Rey(Rey, P., "Collective Dominance and the Telecommunications Industry," mimeo, 2002)는 통신규제정책이 통신부문 규제기관과 통신사업자간 담합을 조장하는 속성이 있다는 점이 일반 경쟁정책과 대비한 통신규제정책의 단점이라는 지적하고, 규제당국에 의한 사전적 시장개입과 통신사업자와 규제당국 사이의 장기적 공생관계를 그 원인으로 지목하고 있다. 아울러 통신부문 규제기관은 경쟁당국과 비교해 통신시장에 대한 전문적 지식과 효과적 규제수단을 갖고 있다는 점에서 우월하다는 점도 지적하고 있다.

48) 김희수 · 김정현 · 이원우, 불공정행위 규제, 정보통신정책연구원(편), 통신서비스 정책의 이해(정보통신핸드북1), 법영사, 2005, 527면 참조.

49) 김희수 · 김정현 · 이원우, 전게 논문, 531면 참조.

통신시장에서 통신규제정책과 경쟁정책이 모두 적용되고 두 규제기관의 중복관할 문제가 완전히 해소되기 어렵다는 사실은 두 정책의 조율과 함께 두 규제기관간 협력이 필요하다는 것을 의미한다.[50] 통신시장이 향후 경쟁시장으로 변화될 때까지는 선발 시장지배적 사업자에 대한 사전규제 부과가 필요하며 불공정행위의 유형과 반경쟁성에 대한 평가에 있어서도 통신의 특수성에 대한 고려가 필요하다는 점에서도 두 규제기관간 상호작용이 요구된다.[51] 통신부문 규제당국과 경쟁당국이 서로 견제하면서도 협조하는 체제를 구축하는 것이 두 규제기관의 관할권 문제에 대한 차선책이 될 수 있다.

3. 통신규제정책과 경쟁정책의 수렴

최근 EU 등 선진국은 두 규제정책의 상호보완을 전제로 그 정책수단을 통일 또는 수렴하기 위한 조치를 취하고 있다. 과거 통신규제정책은 규제에 대해 주로 행정기관 관점의 접근방식을 취해 왔고, 경쟁정책은 엄밀한 경제분석에 기초해왔다. 따라서 두 규제정책이 통일된다는 것은 통신규제정책이 보다 엄밀한 경제이론과 개념에 기초해 재정비된다는 것을 의미한다.[52] 예를 들어, 과거 EU는 통신규제정책이 적용되는 SMP(Significant Market Power) 사업자의 판정기준을 25%의 시장점유율로 설정하였다. 한편 EU 경쟁법에 의한 시장지배적 사업자(Market Dominance)의 판정 기준은 40%의 시장점유율이었다. 최근 EU 규제지침은 통신부문 SMP 사업자의 판정기준을 경쟁법 기준인 40%의 시장점유율로 변경한 바 있다. 우리나라에서도 통신규제의 정책수단을 공정경쟁정책과 조율해 통일시키는 조치가 매우 긴요한 것으로 보인다.

---

50) 우리나라는 네덜란드, 체코, 노르웨이 등과 함께 통신부문 규제기관과 경쟁당국간 명시적 협정이 체결된 국가에 속한다. 1998년 9월 통신위원회와 공정거래위원회는 업무의 관할에 관한 합의를 도출하였는데, 통신기술에 관한 전문지식이 요구되는 불공정행위는 통신위원회가, 부당광고 등 일반 상거래상의 불공정행위는 공정거래위원회가 처리하기로 하였다. 이에 따라 상호접속, 설비제공, 사전선택제 등 전기통신사업에 고유한 거래행위와 관련된 불공정행위는 전기통신사업법 및 부속법령에서 다루며, 일반 마케팅활동과 관련된 행위에 대해서는 통신사업자의 행위라도 공정거래법이나 약관법이 적용되고 있다.

51) ITU에서 발간하고 있는 ICT Regulation Toolkit도 비슷한 이유에서 통신부문 전문규제기관의 역할이 향후에도 지속될 것이며 통신부문 전문 규제기관과 일반 경쟁규제기관의 상호작용이 효과적인 규제모형으로 간주된다고 지적하고 있다(InfoDev, op. cit., 3.3.2. Analysis of Jurisdictional Division of Power Between Competition Authorities and Regulatory Institution).

52) Monti, op. cit. 참조.

V. 통신사업자 및 서비스 분류제도 개선방향

통신규제정책과 경쟁정책의 수렴 필요성과 관련해 대두되는 현안과제의 하나는 경쟁정책의 시장정의 방법과 시장지배력 판정기준을 통신규제정책에 적용하는 것이다. 이 절에서는 이중 시장정의 방법을 활용해 현행 통신사업자 및 통신서비스 분류제도를 어떻게 개편할 수 있을지 살펴본다.

1. 현행 사업자 및 서비스 분류제도

우리나라는 사전적으로 명확히 정의된 통신사업자의 유형(또는 분류제도)에 따라 규제제도를 차별적으로 규정하고 있다. <표 6>에서처럼 우리나라는 현재 전기통신사업자를 전기통신회선설비(또는 전기통신망)의 보유여부에 따라 기간통신사업자, 별정통신사업자, 부가통신사업자로 구분하고 있다. 기간통신사업자는 전기통신회선설비를 보유하고 있는 사업자이며, 별정통신사업자와 부가통신사업자는 전기통신회선설비를 보유하지 않은 사업자를 말한다. 해외사례를 보더라도 통신망의 보유여부에 따라 사업자를 구분하는 경우가 적지 않으며 우리나라의 사업자 분류제도도 그 추세를 따르고 있다.[53)]

<표 6> 우리나라 통신사업자 및 통신서비스 분류제도

<table>
<tr><th colspan="2">구 분</th><th>정 의</th><th>제공서비스</th></tr>
<tr><td colspan="2">기간통신 사업자</td><td>전기통신회선설비를 설치하고 기간통신역무를 제공하는 사업자</td><td>유선전화(시내/시외/국제), 가입전신, 회선설비임대(전용회선), 무선통신</td></tr>
<tr><td rowspan="3">별정 통신 사업자</td><td>1호</td><td rowspan="2">기간통신사업자의 전기통신회선설비를 이용하여 기간통신역무를 제공하는 사업자</td><td>음성재판매, 인터넷폰, 콜백서비스</td></tr>
<tr><td>2호</td><td>재과금, 가입자모집, 무선재판매, 인터넷폰</td></tr>
<tr><td>3호</td><td>구내에서 전기통신역무를 제공하는 사업자</td><td>구내통신</td></tr>
<tr><td colspan="2">부가통신 사업자</td><td>기간통신사업자로부터 전기통신회선설비를 임차하여 부가통신역무를 제공하는 사업자</td><td>부가통신</td></tr>
</table>

주: 별정 1호의 인터넷폰은 Phone to Phone, 별정 2호의 인터넷폰은 PC to Phone 또는 PC to PC로 정의됨.

53) 정보통신부, 통신서비스 및 사업자 분류제도 개선방안(안), 통신서비스 및 사업자 분류제도 개선방안 마련을 위한 토론회 발표자료 (2002.6.27), 2002 참조. 이 발표자료는 통신사업자 분류제도와 관련한 해외사례를 요약하고 있다.

<표 7> 우리나라 통신사업자 및 통신서비스 분류기준: 현행

구 분		전기통신회선설비(통신망) 보유유무	
		보 유	미보유
제공역무	기간통신역무	기간통신사업자	별정통신사업자
	부가통신역무	-	부가통신사업자

우리나라에서 통신서비스는 기간통신역무와 부가통신역무로 구분되며, 각 사업자가 제공할 수 있는 서비스가 나열식으로 제시되어 있다. 기간통신역무는 기간통신사업자와 별정통신사업자(1호와 2호)가 제공한다. 특히 기간통신사업자가 제공하는 기간통신역무는 전화역무(시내/시외/국제), 가입전신역무, 전기통신회선설비 임대역무, 주파수를 할당받아 제공하는 역무로 자세히 나열되어 있다. 기간통신역무로 나열되지 않는 모든 서비스는 부가통신역무로 분류된다. 대체로 기간통신역무는 음성서비스를, 부가통신역무는 데이터통신서비스를 의미한다고 이해해도 무방하다. <표 6>을 보다 단순화해 정리한 것이 <표 7>이다.

통신사업자와 통신서비스의 분류제도는 기본적으로 사업주체와 서비스의 특성에 따른 규제제도의 차별에 그 목적이 있다. <표 8>에서 볼 수 있듯이, 우리나라에서 각종 규제제도는 통신사업자의 유형에 기초해 차별적으로 적용되고 있다. 예를 들어, 기간통신사업자의 사업개시를 위해서는 정보통신부장관의 허가가 필요하나, 별정통신사업자나 부가통신사업자의 경우에는 등록이나 신고로 가능하다. 정보통신부는 2004년 6월 대표적 데이터통신서비스이었던 초고속인터넷역무를 기간통신역무에 포함시켰다. 이 조치는 인터넷의 접속과 이용의 중요성이 증대됨에 따라 이 서비스시장에 대한 규제를 강화하겠다는 정책 의지로 이해할 수 있다.

우리나라 사업자 및 서비스 분류제도에는 몇 가지 특징을 찾아볼 수 있다. 우리나라 분류제도는 통신사업자 및 통신서비스를 분류하고 있지만 기본적으로 통신망 중심의 규제제도로 귀착하고 있다. 앞서 설명했듯이, 통신서비스의 구분은 부수적 역할만 수행한다. 두 번째로, 유선전화망 중심의 규제제도이다. 기간통신역무로 나열된 서비스 대다수가 유선통신서비스에 속한다. 세 번째로, 기간통신역무는 주로 음성서비스를, 부가통신역무는 주로 데이터통신서비스를 포함한다. 통신사업자를 3종류로 구분하면서 통신서비스를 기간통신역무

<표 8> 사업자 구분에 따른 규제제도

구 분	기간통신사업자	별정통신사업자	부가통신사업자
진입규제	허가	등록	신고
역무추가	별도 허가 필요	자유	자유
출연금	일시 출연금 부과/ 연도별 출연금 부과	일시 출연금 면제/ 연도별 출연금 부과 가능	없음
사업 휴·폐지	승인	신고 (이용자 통보)	신고 (이용자 통보)
겸업	승인	-	-
설비제공	할인	-	-
망세분화	-	-	-
관로포설권	있음	없음	없음
망이용대가	접속료 체계	이용약관 적용	이용약관 적용
회계분리·통계보고	의무		
인수·합병	인가	신고	신고
외국인 지분제한	49%	100%	제한없음
국제정산	통일 협정료 체계	사업자 자율	무정산
이용약관규제	신고원칙/인가예외	자율	자율
요금	신고원칙/인가예외	규제없음	규제없음
사업자 식별번호	3자리	5자리	
보편적 서비스	의무/분담	분담검토	

출처: 박종훈, 통신서비스 및 사업자 분류제도 개선방안, 2003.

와 부가통신역무로 대별한 것은 이와 같이 음성/데이터의 이분법에 기초하고 있는 것으로 보인다. 네 번째로, 기간통신역무를 나열식으로 제시하고 기간통신사업자가 제공하는 기간통신역무 이외의 역무를 모두 부가통신역무로 구분하고 있다. 이와 같은 나열식 분류방법은 주기적인 서비스 쟁정의 작업이 수반되지 않을 경우 시의성을 상실할 위험이 높다.

2. 정보통신부의 개선방안

(1) 현행 제도의 문제점

이상에서 논의한 통신사업자 및 통신서비스 분류제도는 통신시장의 환경변화에 비추어 상당한 문제점을 내포하고 있다. 정보통신부도 이 분류제도의 문제점을 인식해 그 개선방안을 검토해왔다. 정보통신부가 제시한 현행 제도의 문제점은 다음과 같다.[54] 먼저, 최근 통신망을 설치하고 부가통신역무(데이터통신)을 제공하고자 하는 사업수요가 발생하고 있으나, 현행법상 이에 대한 명문규정이 없어 사업자들이 우회적으로 이러한 서비스를 제공하고 있다. 예를 들어, ADSL, 케이블모뎀 등은 나열식으로 되어 있는 현행 기간통신역무에 포함되어 있지 않다. 이에 따라 하나로통신, 두루넷, 데이콤, 온세통신 등은 시내전화 역무 또는 전기통신회선설비 임대역무로 기간통신사업자 허가를 받고 신고없이 초고속 인터넷접속 서비스를 제공하고 있는 셈이다.

두번째로, 현행 분류제도에 따르면 통신서비스를 사실상 음성(기간통신역무)과 데이터(부가통신역무)로 구분하고 있으나 이에 대한 정의가 불명확하다. 예를 들어 인터넷전화(VoIP)와 같은 음성·데이터 융합서비스를 분류하기가 곤란하다.

세번째로, 현행 제도는 음성위주로 되어있기 때문에 데이터통신시장의 성장에 따른 시장변화를 반영하지 못해, 관련 규제제도나 이용자보호 등에 있어서 적절한 대처가 곤란하다. 예를 들어, 음성과 데이터 통신간의 경쟁이 가속화되고 시장의 중심축이 점차 음성통신에서 데이터통신시장으로 전환되고 있음에도 불구하고 음성통신(기간통신사업)에만 출연금 납부와 보편적 서비스 의무 등을 부과하고 있다. 부가통신사업자의 경우 많은 가입자를 확보하고 있지만 이용약관의 신고·인가 등의 의무가 없다.

네번째로, 새로운 서비스에 대한 적시성 있는 법·제도의 적용이나 해석이 곤란하다. 최근 VoIP, 무선LAN, MVNO, DMC, 위성DMB 등 새로운 형태의 서비스가 속속 등장하고 있으나 역무해석에 대한 논란으로 이들의 도입이 지연되고 기술발전, 서비스간 경쟁이 제한될 우려가 발생하고 있다.

(2) 정보통신부의 개선방안

이와 같은 문제점을 해결하기 위해 정보통신부는 현행 사업자 분류제도의 골간을 유지한 채 통신서비스 분류방법을 개선할 것을 제안한 바 있다. 즉 기간통신역무와 부가통신역무로 구분하는 현행 서비스 분류체계를 전송서비스와 정보서비스로 변경하자는 것이다. 전송서비스는 이용자가 선택한 정보를 형식·내용의 변화 없이 전송하는 서비스를 말하며, 정보서비스는 정보를 생산·획득·저장·가공·변형·처리·검색하거나 이를 이용할 수 있게 하는 서비스이다.[55] 또한 유선 전송서비스(음성, 전용회선)의 경우에는 그 특성상 지

54) 정보통신부, 통신서비스 및 사업자 분류제도 개선방안(안), 2002 참조.

<표 9> 우리나라 사업자 및 통신서비스 분류기준: 개선안

구 분		전기통신회선설비(통신망) 보유유무	
		보 유	미보유
제공역무	전송서비스	기간통신사업자	별정통신사업자
	정보서비스	기간통신사업자	부가통신사업자

자료: 정보통신부, 통신서비스 및 사업자 분류제도 개선방안(안), 2002.

역구분(시내, 시외, 국제)를 현행대로 유지하나 인터넷전화와 무선전송서비스는 국내(시내/시외 구분없음), 국제로 지역을 구분할 것을 제안하고 있다.

위 제안에 따르면, 전기통신사업자는 전기통신회선설비의 보유 유무와 함께 제공서비스에 따라 기간, 별정, 부가통신사업자로 구분된다. 즉 기간통신사업자는 전기통신회선설비를 설치하고 전송서비스 또는 정보서비스를 제공한다. 별정통신사업자는 현행처럼 기간통신사업자의 전기통신회선설비를 임차하여 전송서비스를 제공하거나 특정 구내에 전기통신설비를 설치 또는 임차해 전송 또는 정보서비스를 제공한다. 부가통신사업자는 기간통신사업자의 전기통신회선설비를 임차해 정보서비스를 제공한다. <표 9>는 정보통신부의 개선안을 요약하고 있다.

이와 같은 정보통신부의 개선안이 실현된다면 가장 큰 변화가 발생하는 곳은 2004년 이전까지 부가통신역무로 간주되었던 초고속 인터넷접속 서비스라고 할 수 있다. 정보통신부는 전기통신회선설비를 설치하고 ADSL, VoIP, VOD 등 전송 또는 정보서비스를 제공하는 전기통신사업자를 기간통신사업자로 재분류한 바 있다. 또한 위성DMB, DMC 등은 과거 기준에 따르면 부가통신역무에 속하나 새로운 기준에 따르면 전송서비스에 해당되어, 이들 서비스를 전기통신회선설비를 설치해 제공할 경우에는 기간통신사업자로 허가를 받아야 한다.

3. 개선방안

정보통신부의 개선방안은 음성과 데이터의 융합, 통신과 방송의 융합 등 디지털융합에 의해 초래된 몇 가지 문제점을 해결할 수 있을 것으로 보인다.

55) 전송서비스와 정보서비스의 구분은 미국의 전기통신서비스(telecommunication service)와 정보서비스(information service)의 구분, 호주의 전송서비스(carriage service)와 콘텐츠서비스(content service)의 구분에서 원용한 것으로 보인다.

<표 10> 상이한 네트워크 하부구조에서 제공되는 경쟁적 서비스

하부구조	음성서비스	데이터서비스	비디오서비스
구리 동선(전화선)	유선전화	DSL, FTTP	VOD, IPTV
케이블TV망	케이블전화 또는 VoIP	케이블모뎀	디지털TV
이동통신망	이동전화(2G 또는 3G)	무선데이터(2.5G, 3G)	DMB
Fixed Wireless	VoIP	Wibro, WiMax, LMDS, MMDS	DMB
전력선	VoIP	Broadband over Power Line	VOD, DMB, IPTV

출처: InfoDev, ICT Regulation Toolkit(www.ictregulationtoolkit.org에서 다운로드), 4.1 What Is Convergence?, Table 4-1을 수정.

그러나 현재 진행되고 있는 디지털융합 현상은 정보통신부의 개선방안보다 더욱 본질적인 해결책을 요구하고 있다. <표 10>에서 볼 수 있듯이, 디지털 융합 현상에 따라 상이한 네트워크를 통해 제공되는 다양한 서비스가 서로 대체재가 되고 있다. 또한 디지털융합의 결과로 콘텐츠, 서비스, 인프라, 단말기 등 각 가치사슬별로 수평적 융합이 진행되고 있는 현상을 고려하면 통신망(인프라)에 기초한 규제제도는 적절하지 못하다. 경제이론의 관점에서도 시장지배력에 대한 판단은 관련 시장의 정의에 기초해 이루어지는 것이 옳다. 따라서 이들 문제점을 극복하기 위해서도, 또한 두 정책수단의 통일 및 조율을 위해서도 수요와 공급의 대체 가능성에 기초해 관련시장을 정의하는 경쟁정책의 방법론을 통신규제정책에 적용하는 방안을 검토할 필요가 있다. 이는 통신규제정책에 있어서도 경쟁정책의 가격검정(price test) 방법을 사용해 신축적으로 시장을 정의하는 EU나 미국의 최근 동향과도 일치한다.

보다 구체적으로, 현행 통신서비스 분류제도가 개별 서비스의 물리적·기술적 특성에 기초해 사전적으로 규제대상 '서비스'를 나열하는 방식이라면, 새로운 대안은 각 서비스간 수요와 공급의 대체성을 분석한 결과에 기초해 규제대상 '시장'을 획정하는 방식이다. 전자가 서비스에 기초한 접근방식이라면 후자는 시장에 기초한 접근방식이라고 할 수 있다. 이와 같이 수요와 공급의 대체성 관점에서 통신시장을 정의할 경우에 현재 별정통신사업자가 제공하는 음성재판매나 인터넷전화(VoIP)를 기간통신사업자가 제공하는 음성전화와 구분해 정의할 필요가 없다. 즉 사업자 유형과 관계없이 해당 서비스가 현재 가격수준에서 밀접한 대체재라면 하나의 시장으로 정의된다. 또 다른 예로서 이동전화서비스가 유선전화서비스를 충분히 대체하고 있다면, 유선전화서비스의 규제강도를 결정하기 위해 정의된 관련시장에 이동전화서비스를 포함해야 한다. 이와 같이 관련시장이 적절히 정의되면 이 시장의 경쟁상황을 평가한 결과를 기초로 이용약관규제, 상호접속규제 등 시장지배력의 남용행위를 억제하기 위한 제반 규제의 강도가 결정될 수 있다.

이상에서 논의한 바와 같이 통신서비스 분류제도를 개편하더라도 통신사업자 분류제도는 여전히 필요하다. 경쟁촉진과 이용자 보호를 위해서는 진입과 퇴출, 인수합병 등에 대한 규제를 사업자의 중요도에 따라 구분할 필요가 있기 때문이다. 현재 우리나라 통신사업자의 분류는 전기통신회선설비의 보유 유무에 따르고 있다. 막대한 설비투자가 필요하며 규모와 범위의 경제 효과가 존재하는 통신시장의 특성상 전기통신회선설비의 보유는 규제대상 사업자를 구분하는 중요한 기준의 하나라는 점을 부인하기는 어렵다. 하지만 일부 재판매사업자의 기업규모가 급상승하기도 하였고 무선호출사업자의 기업규모가 단시일 내 급감한 사실에서 알 수 있듯이 통신망의 보유 유무가 규제의 관점에서 주된 기준이 될 수 있는지는 의문시된다. 사업자 분류제도가 궁극적으로 규제정책의 차별성에 있다면 규제의 목적에 비추어 무엇이 보다 중요한 기준이 될 수 있는지에 대한 보다 정밀한 검토가 요망된다. 미국의 경우에 설비보유 여부와 관계없이 시장에 미치는 영향을 기준으로 Common Carrier와 Non-Common Carrier를 구분하고 있으며, FCC의 규제대상이 되는 Common Carrier에는 재판매사업자가 포함된다. 또한 Common Carrier도 매출액 규모에 따라 각종 규제정책이나 의무조항이 달라진다. 우리나라도 미국식 분류제도를 포함해 각 국의 사례를 면밀히 분석하고 그 결과를 토대로 통신사업자 분류제도를 기본적으로 재검토해 볼 필요가 있다.

제4절 통신법상 경쟁활성화 정책의 현황과 과제*

Ⅰ. 통신분야 시장경쟁의 특성과 경쟁활성화 정책 필요성[56)]

1. 우리나라 통신시장의 경쟁도입 연혁과 현황

우리나라는 물론 전 세계적으로 통신서비스 산업의 발전이 소비자들의 일상생활과 경제에 미친 효과는 막대하다. 이는 특히 최근 10, 20년 간 각국에서 추진된 경쟁도입 및 경쟁활성화 정책에 따라 본격화 되었다고 평가된다. 통신서비스 산업에는 일반산업과 다른 특성들이 존재하여, 각국에서는 통신시장의 경쟁활성화를 위한 통신특유의 규제정책들이 개발되고 시행되어왔다. 본고에서는 우리나라 통신법상에 규정된 통신시장의 경쟁활성화 정책을 개관하고, 향후 제기될 주요 이슈들을 살펴보고자 한다. 먼저 본 절에서는 우리나라 통신시장의 연혁과 현황을 개략적으로 설명하기로 한다.

(1) 우리나라 통신사업의 경쟁도입 연혁

우리나라에서 근대적 전기통신서비스가 제공된 것은 1885년 9. 28 한성과 제물포간의 전신개통을 그 시초로 보고 있다.[57)] 이후 1882년 교통/통신사업을 총괄하는 우정사가 설치되었다. 그러나 본격적으로 통신기반 설비가 구축되기 시작한 것은 1962-1981년의 기간동안 4차에 걸쳐 추진된 통신사업 5개년 계획에 의한 것이라고 할 수 있다. 이 기간동안 전화회선은 '61년의 12.3만 회선에서부터 '81년에는 326.3만 회선으로 대폭 증가하였다.

통신서비스 산업에 관한 법체계 마련을 위하여 1981. 4월에 「전기통신법」이 개정, 공포되었다. 또한 1981년 한국전기통신공사를 설립함으로써, 정부(당시 체신부)에 의한 통신사업 직접 경영체제를 탈피하여 이를 맡을 공사를 발족시켰다. 이외에도 1982년 한국데이터통신주식회사, 1984년 한국이동통신 등 각 분야를

---

* 김형찬(정보통신정책연구원 공정경쟁정책연구실 실장)

56) 정보통신정책연구원 공정경쟁정책연구실장으로 재직 중이며, 본고의 내용은 필자의 개인적 견해로서 정보통신정책연구원의 공식입장과는 무관함을 밝힙니다.

57) 이명호 외(2005), '국내통신서비스 사업 및 정책: 연혁과 현황', 「정보통신정책 핸드북」 제1권 제2장, 법영사.

전담하기 위한 공중전기통신사업자들이 설립되었다. 통신기반 시설은 계속 성장하여, 1987년에는 전화 1,000만 회선을 돌파하게 되었다.

이 시기까지의 국내 통신시장은 기본적으로 부문별 독점체제였다. 그러나 '80년대 말부터 급격히 증대된 통상개방 압력과 함께, 경쟁을 통한 지속적인 통신산업 성장을 위하여 '90년대 정부는 3차에 걸친 통신서비스산업 구조개편을 단행하게 된다. 먼저 '90년의 1차 구조개편에서는 통신사업 분류제도가 최초로 도입되었으며, 국제전화(데이콤, '91), 무선호출(지역사업자, '92년), 이동전화(신세기, '94)에 사업자 진입이 허용됨으로써 경쟁이 도입되었다. 한편 부가통신사업은 전면경쟁체제로 전환되었다. 이어서 '94년의 2차 구조개편에서는 일반/특정통신사업자 구분이 철폐되고 시외전화(데이콤, '95)에 경쟁도입이 이루어졌다. 마지막으로 '95.7 — '96.6에 걸친 3차 구조개편에서는 통신사업 허가를 위한 사전공고제가 폐지됨으로써 시장진입의 자유화가 더욱 진전되었으며, 통신요금에 대하여 기존의 인가원칙/신고예외의 법규정을 신고원칙/인가예외로 바꾸었고, 각종 규제제도를 경쟁촉진적으로 개선하였으며, 통신위원회 기능 및 조직이 강화되었다.

이러한 조치들과 함께 '96년에는 이동전화시장에 추가 경쟁도입으로 PCS 3사가 진입하게 되었으며, '97년에는 시내전화, 시외전화, 전용회선임대, 주파수공용통신, 무선호출(수도권)에 신규사업자들이 허가됨으로써, 통신서비스 전 부문에 경쟁이 도입되게 되었다. 이후 '02년에는 한국통신이 완전 민영화되었으며, SKT-신세기('00), KTF-한솔엠닷컴('01) 간 이동전화시장에서, 또한 하나로통신-두루넷('05) 간 초고속인터넷 시장에서 사업자간 인수합병이 발생하는 등의 변화를 거쳐 오늘의 시장구조에 이르게 되었다.

(2) 우리나라 통신시장 현황

우리나라 통신시장에서는 '06. 3월 현재 34개사의 기간통신사업자가 영업을 하고 있다. 이외에도 수많은 별정 및 부가통신사업자가 존재한다.[58] 가입자수 측면에서나 매출액 측면에서 우리나라 이동전화 시장규모가 대표적 유선통신서비스인 시내전화 시장규모를 앞선 지는 이미 오래되었다. '05년 기준 이동전화 가입자수는 3,800만명 정도로, 시내전화의 2,300만명 수준을 크게 상회한다. 초고속인터넷은 세계에서 가장 최초로, 또 가장 빠르게 확산되어, '05년 현재 1,219만 명의 가입자를 나타내고 있다.

---

58) 통신사업자의 구분방법에 관해서는 뒤에서 설명하기로 한다.

<표 11> 기간통신사업자 현황

(2006. 3. 16. 현재)

역무		사업구역	사업자수	사업자
시내전화		전국	3	㈜케이티, 하나로텔레콤㈜, ㈜데이콤
	부가서비스	전국	2	㈜온세통신, SK텔링크(주)
시외전화		전국	5	㈜케이티, ㈜데이콤, ㈜온세통신, 하나로텔레콤㈜, SK텔링크㈜
국제전화		전국	5	㈜케이티, ㈜데이콤, ㈜온세통신, 하나로텔레콤㈜, SK텔링크㈜
전기통신회선설비임대		국내/국제	5	㈜케이티, ㈜데이콤, ㈜엔터프라이즈네트웍스, 하나로텔레콤㈜, ㈜이스트셋
		국내	4	㈜파워콤, SK네트웍스㈜, 드림라인㈜, 한국전파기지국(주)
		시외/국제	3	SK텔레콤㈜, 한솔아이글로브㈜, ㈜온세통신
		국제	5	㈜데이콤크로싱, 서울국제전화㈜, 삼성네트웍스㈜, ㈜대한리치, 일진씨투씨㈜
인터넷접속역무		전국	8	㈜케이티, 하나로텔레콤㈜, ㈜데이콤, ㈜온세통신, (주)파워콤, ㈜엔터프라이즈네트웍스, 드림라인㈜, SK네트웍스㈜
인터넷전화역무		전국	8	㈜케이티, 하나로텔레콤㈜, ㈜데이콤, ㈜엔터프라이즈네트웍스, 드림라인㈜, SK네트웍스㈜, SK텔링크(주), (주)온세통신
주파수를 할당받아 제공하는 역무	이동전화(셀룰라)	전국	1	SK텔레콤㈜
	개인휴대통신(PCS)	전국	2	㈜LG텔레콤, ㈜케이티프리텔
	위성휴대/데이터통신(GMPCS)	전국	2	㈜데이콤, 코리아오브콤㈜
	주파수 공용통신(TRS)	전국	1	㈜케이티파워텔
		지역	5	㈜티온텔레콤(수도권), 케이비텔레콤㈜(부산·경남), YEN㈜(대구·경북), 파워텔티알에스㈜(강원), 제주TRS㈜(제주)
	무선호출	전국	1	리얼텔레콤㈜
		지역	3	서울이동통신㈜(수도권), 아이즈비젼㈜(부산·경남), ㈜센티스(대전·충남)
	무선데이타통신	전국	3	㈜에어미디어, 리얼텔레콤㈜, 한세텔레콤㈜
	초고속무선인터넷	전국	1	㈜데이콤
	IMT-2000	전국	3	SK텔레콤㈜, ㈜LG텔레콤, ㈜케이티프리텔
	위성회선설비임대	전국	1	SK텔레콤㈜
	위치기반서비스	전국	1	한국위치정보㈜
	휴대인터넷	전국	2	㈜케이티, SK텔레콤㈜

* 총 사업자수: 34개사(복수의 역무를 제공중인 사업자는 1개 사업자로 계산).

<표 12> 유·무선 가입자 규모

(단위 : 천명, %)

구	분	2002년		2003년		2004년		2005년(추정)	
유선	시내전화	23,490	(3.4)	22,877	(▽2.6)	22,871	(▽0.03)	22,920	(0.2)
	초고속인터넷	10,405	(33.3)	11,180	(9.2)	11,921	(6.6)	12,190	(2.3)
무선	이동전화	32,343	(11.4)	33,592	(3.8)	36,586	(8.9)	38,342	(4.8)
	무선호출	140	(△40.5)	73	(▽47.8)	46	(▽37.0)	42	(▽8.7)
	무선데이타	80	(0.8)	104	(29.2)	111	(6.7)	111	(0.0)
	TRS	211	(15.3)	280	(32.6)	311	(11.1)	323	(3.9)

※ ( )는 전년대비 증감률(%).

<표 13> 시내전화시장 사업자별 점유율

(단위 : 천명, %)

구분	2002		2003		2004		2005	
	가입자수	점유율	가입자수	점유율	가입자수	점유율	가입자수	점유율
K T	22,550	96.0	21,876	95.6	21,457	93.8	21,353	93.2
하나로텔레콤	940	4.0	1,001	4.4	1,413	6.2	1,521	6.6
데이콤	-	-	-	-	-	-	46	0.2
계	23,490	100.0	22,877		22,870	100.0	22,920	100.0

<표 14> 시외전화시장 사업자별 점유율

(단위 : 천명, %)

구분	2002		2003		2004		2005	
	가입자수	점유율	가입자수	점유율	가입자수	점유율	가입자수	점유율
K T	19,574	90.3	19,889	90.1	18,947	86.9	18,599	85.4
데이콤	1,381	6.4	1,505	6.8	1,490	6.8	1,324	6.1
온세통신	719	3.3	691	3.1	747	3.8	593	2.7
하나로텔레콤	-	-	-	-	608	2.8	1,042	4.8
SK텔링크	-	-	-	-	-	-	216	1.0
계	21,674	100	22,085	100	21,791	100	21,774	100

※ 시외전화 가입자수는 사전선택제 가입자수.

주요 서비스시장별 경쟁구조를 개략적으로 살펴보기 위하여 가입자 수 기준의 사업자별 점유율 추이를 살펴보면, 먼저 시내전화 93%, 시외전화 85%

등 기존사업자(Incumbent)인 KT가 아직 절대적 점유율을 보이고 있다. 다만 국제전화 부문에서는 다수의 별정통신사업자 진입 등으로 상당히 경쟁이 활성화되고 있다. 초고속인터넷시장에서는 KT가 50%를 약간 상회하는 점유율을 보이고 있다. 이동전화시장 역시 기존사업자인 SK텔레콤이 51% 정도를 점유하고 있다. 아래에서 설명되겠지만, 시장의 경쟁상황 평가나 시장지배적 사업자 여부의 판정에는 점유율 이외에도 수많은 요소에 대한 고려가 필요하다.[59] 시장지배력이 인정되어 현재 우리나라 통신시장에서 요금(을 비롯한 이용약관)을 인가 받아야 하는 사업자 및 역무는 KT의 시내전화 및 초고속인터넷, 그리고 SK텔레콤의 이동전화역무 등 세 가지 경우이다.

<표 15> 초고속인터넷시장 사업자별 점유율

(단위 : 천명, %)

구분	2002		2003		2004		2005	
	가입자수	점유율	가입자수	점유율	가입자수	점유율	가입자수	점유율
K T	4,922	47.3	5,589	50.0	6,078	51.0	6,242	51.2
하나로텔레콤	2,872	27.6	2,726	24.4	2,747	23.1	2,773	22.7
두루넷	1,302	12.5	1,293	11.6	1,288	10.8	837	6.9
온세통신	452	4.4	423	3.8	391	3.3	353	2.9
데이콤	146	1.4	202	1.8	206	1.7	213	1.7
드림라인	170	1.6	150	1.3	134	1.1	100	0.8
별정,부가	541	5.2	796	7.1	1,075	9.0	1,411	11.6
파워콤	-	-	-	-	-	-	262	2.1
계	10,405	100	11,179	100	11,921	100	12,191	100

<표 16> 이동전화시장 사업자별 점유율

(단위 : 천명, %)

구분	2002		2003		2004		2005상반기	
	가입자수	점유율	가입자수	점유율	가입자수	점유율	가입자수	점유율
SKT	17,219	53.3	18,313	54.5	18,783	51.3	19,530	50.9
KTF	10,333	31.9	10,442	31.1	11,723	32.1	12,302	32.1
LGT	4,790	14.8	4,837	14.4	6,074	16.6	6,510	17.0
계	32,342	100	33,592	100	36,586	100	38,342	100

59) 주지하다시피, 극단적으로 시장경합성 이론(Market contestability theory)은 100%의 점유율을 가진 독점사업자라도 시장의 진입장벽이 낮은 등의 전제조건 하에서는 잠재적 경쟁압력 때문에 시장지배력을 보유할 수 없다고 주장하고 있다.

2. 통신 분야 시장경쟁의 특성[60)]

앞에서 우리나라의 경우를 살펴본 바와 같이, 초기의 통신사업은 대부분의 국가에서 국영 독점기업에 의하여 제공되는 사업으로 시작되었다. 그 이유는 우선 통신사업의 공익적인 성격, 전국적 통신망 구축에 소요되는 천문학적인 투자비용 등을 들 수 있을 것이다. 초기에 통신망의 확장과 통신서비스의 보급률을 높이고자 국가적으로 노력하였는데, 이러한 목표는 시장기능이나 사적 영리를 추구하는 기업의 활동만으로는 달성되기 어려웠다. 그런데 '80년대에서 '90년대 초반에 걸쳐 각국에서 이러한 통신서비스시장에 적극적으로 경쟁이 도입되기 시작하였다. 경쟁은 장거리전화나 데이터통신 등 비교적 진입장벽이 낮다고 여겨지는 분야에서부터 도입되었지만, 이에 국한되지 않고 비교적 많은 설비투자가 소요되는 이동통신 분야는 물론 최근에는 규모의 경제가 크고 자연독점적 특성이 크다고 여겨지던 시내전화 분야에까지 이루어졌다.[61)]

경쟁의 도입은 일부 규모 및 범위의 경제상 손실, 국가적 중복투자, 사업자수 증가에 따른 규제비용 증가 등의 단점이 지적되기도 하지만, 결과적으로 볼 때에 통신시장 규모 및 통신서비스 보급률의 급속한 증대, 다양한 서비스의 등장, 통신서비스 제공의 효율성 증대, 요금인하 등의 막대한 긍정적 효과를 통신 분야에 가져왔다. 뿐만 아니라, 통신서비스 분야의 발전과 투자규모의 대폭 증가가 기기산업, 컨텐츠 산업 등 관련 산업에 미친 파급효과, 그리고 더 나아가 국민생활의 질 향상에 미친 효과 등을 감안한다면 그야말로 경쟁의 편익이 막대한 것임을 부정하기는 어려울 것으로 평가된다.

그러나 이와 같은 통신시장의 경쟁이 단순히 다수의 경쟁사업자들에 대한 진입허가만으로 가능한 것은 아니었다. 그 주된 두 가지 이유는 첫째 통신사업에는 일반 시장에서는 발견하기 어려운 시장특성이 존재하며, 둘째 수 십년 이상 독점적으로 사업을 영위해온 기존사업자들이 존재한다는 것이다. 이 두 가지 이유가 결합되어, 선발사업자에게는 큰 선발자 우위(First mover's advantage)가 존재하므로, 신규 진입자들이 공정한 조건(Level playing field)에서 경쟁하기가 거의 불가능하다. 따라서 일반산업에 적용되는 독점규제 및 공정경쟁 관련정책만으로는 통신시장에서의 경쟁을 확보하기 어렵다는 것이 광

60) 본 절의 내용은 김형찬(2005), '통신시장의 규제: 시장특성 및 정책적 접근방법'(「정보통신정책핸드북」 제1권 제1장, 법영사)에 기반하고 있다.

61) 보다 구체적인 통신 분야의 사업이나 정책 변천사에 대해서는 염용섭 외 (2005), '국내 통신서비스 사업 및 정책: 연혁과 현황' (「정보통신정책핸드북」 제1권 제2장, 법영사)를 참조.

범위하게 인식되었다. 이에 따라 경제·경영이론에 기반을 둔 통신 분야 특유의 규제정책(Sector-specific regulation)이 활발하게 개발되었으며, 적어도 초기의 통신시장 경쟁은 이러한 통신 분야 특유의 규제정책들에 의하여 시동되었다고 할 수 있다.

일반시장과 달리 통신시장의 경쟁활성화를 어렵게 하는 특성으로는 첫째 필수설비(Essential facilities)의 존재를 들 수 있다. 필수설비란 간단히 말하면 서비스나 재화를 제공함에 있어서 필수적이지만, 단일의 또는 제한된 수의 공급자에 의하여 제공되며, 경제적 또는 기술적으로 대체가 가능하지 않은 설비라고 할 수 있다. 통신시장에서는 특히 시내전화의 가입자망(Local loop)이 위의 필수설비 정의에 부합되는 전형적인 사례로 간주되어왔다. 이에 따라 필수설비가 존재하는 상황에서 통신시장에 경쟁이 작동될 수 있도록 하는 제반 규제정책들이 시행되고 있다. 최근에는 융합추세 등으로 통신 분야의 가치사슬이 보다 넓어지면서, 시내전화망 이외의 분야에서도 필수설비 문제가 대두될 수 있는 가능성이 제기되고 있기도 하다. 두번째 특성으로는 망 효과(Network effects)를 들 수 있다. 망 외부성이 존재할 때 사적인 결정에 의한 통신망의 규모는 사회적으로 최적인 수준보다 작아질 수 있으므로, 초기에 통신망의 확장이 중요시되던 시기의 요금정책 등에서는 망 외부성의 존재가 중요한 고려요인으로 작용해왔다. 그러나 보다 최근에는 망 효과가 통신망 간 경쟁에 미치는 영향이 더욱 중요시되고 있는데, 이는 망 효과의 존재가 통신시장에서 기존사업자로의 가입자 쏠림현상(Tipping)이나 가입자 고착(Lock-in)을 유발시키는 원인이 될 수 있기 때문이다.

세번째 특성으로는 통신사업이 공통비 비중이 큰 비용구조를 가지고 있어, 여러 가지 서비스를 제공하고 있는 시장지배적 기존사업자(Incumbent)는 경쟁을 저해하는 상호보조(Anti-competitive cross-subsidization)를 시행할 가능성이 있다는 것이다. 즉 독점력이 강한 분야에 보다 많은 비용을 자의적으로 배분하고 경쟁분야에는 적게 배분함으로써, 독점시장에서 벌어들이는 초과이윤을 경쟁시장에서의 경쟁전략 수행에 사용하는 것이다. 이러한 행위는 경쟁사업자에 대한 심각한 진입장벽을 창출할 수 있다. 이외에도 통신사업에는 전화번호나 단말기 변경 등으로 인한 전환비용(Switching cost)이 존재하는 경우가 일반적이어서 경쟁사업자에게 진입장벽으로 작용한다는 점, 희소자원인 주파수를 사용하는 이동통신 분야에서는 아직 신규사업자의 진입에 제도적으로 일정한 제한을 두는 제도적 진입장벽이 존재한다는 점, 또 통신서비스산업의 공익적 측면을 유지하기 위한 보편적 서비스(Universal service)의 제공이 중요시된다는 점 등도 통신시장에 일반시장과 다른 특별한 규제가 필요한 원인이 된다.

주지하다시피, 각국은 일반적 산업에서의 경쟁 문제를 해결하기 위한 일반 경쟁법(Competition law)을 가지고 있다. 우리나라의 경우 독점규제및공정거래에관한법률이 이에 해당한다. 그러나 위에서 설명한 바와 같은 이유 때문에 통신시장에서는 일반 경쟁법의 시행만으로는 최적의 경제적 성과를 달성하지 못할 수 있으며, 따라서 일반 경쟁법에서 규정하고 있는 것보다 강도가 높고 특별한 내용을 가진 통신 분야 특유의 규제정책(Sector-specific regulation)들이 적용되고 있다. 우리나라에서는 주로 전기통신사업법에서 통신 특유규제들이 규정되어 있다. 다음 절에서는 우리나라에서 적용되고 있는 통신특유 규제들에 대하여 개략적으로 설명하고, 주요한 검토이슈들을 제시하기로 한다. 최근 일부 시장분야에서는 소위 유효경쟁(Effective competition) 상태에 상당히 근접하고 있어 경쟁활성화를 위한 통신특유의 규제정책을 완화할 수 있다는 평가가 나오고 있다. 하지만 아직도 많은 분야에서 시장기능 만으로는 유효경쟁상태가 유지되기 어려워, 통신특유의 규제정책들은 여전히 필요하다고 여겨진다. 물론 경쟁상황이 규제가 없어도 유지 가능한 상태에까지 진전된다면 규제를 완화하고 시장기능에 보다 많은 부분을 위임하는 것이 바람직할 것이다.

Ⅱ. 통신시장 경쟁정책의 접근방법

1. 우리나라 전기통신사업법의 구조와 개요

우리나라의 통신시장에 대한 규제정책을 담고 있는 전기통신사업법(일부개정 '06. 3. 24, 이하 '사업법'으로 칭함)은 총 92개 조와 부칙으로 구성되어 있다. 1983년 공중전기통신사업법으로 제정된 뒤 1991년 현재의 명칭으로 전문개정된 바 있다. 사업법은 제1조에 '전기통신사업의 운영을 적정하게 하여 전기통신사업의 건전한 발전을 기하고 이용자의 편의를 도모함으로써 공공복리의 증진에 이바지함을 목적으로' 한다고 규정하고 있다.

사업법은 총 7개의 장으로 구성되어 있다. 제1장은 총칙으로서, 목적, 역무제공의무, 요금의 합리성, 보편적 역무제도 등을 규정하고 있으며, 제2장(전기통신사업)에는 역무/사업자구분, 허가제도, 외국인지분제한 등 소유지배구조, 겸업, 양수합병제도 등이 규정되어 있다. 제3장(전기통신업무)은 이용약관(요금) 규제, 전송/선로설비 사용관련, 손해배상 등에 관하여 규정하고 있다. 제4장(전기통신사업의 경쟁촉진)에는 본고의 논의대상이 되는 규제제도의 대부분이 나타나 있다. 먼저 제33조의4(경쟁의 촉진)는 '정보통신부장관은 전기통신사업의 효율적인 경쟁체제의 구축과 공정한 경쟁환경의 조성을 위하여 노력하여야 한다'고 천명함으로써 통신시장 경쟁정책 추진의 근거를 제시하고 있다. 제4장에 규정된 규제제도로서는 설비제공, 가입자선로 공동활용(LLU), 무선통신시설 공동이용(로밍), 상호접속, 정보제공, 번호제도, 회계제도, 금지행위, 단말기보조금 제도, 통신위원회 규제관련 제도, 품질평가, 사전선택제, 번호이동성 등 다양한 제도가 있으며, 아래에서 주요 제도에 관하여 보다 상세히 개념을 설명하도록 한다.

이외에 제5장(전기통신설비의 설치 및 보전)에는 기간통신사업자의 통신망 구축시 토지사용 관련제도가, 제6장(보칙)에는 불법통신 금지, 통신비밀보호, 국경간 공급, 통계보고의무, 과징금, 시정조치 관련 규정이, 그리고 제7장은 벌칙에 관한 규정이 있다. 한편 사업법의 시행령(일부개정 2004.5.10)은 총 39개조와 부칙, 그리고 시행규칙(일부개정 2006.2.8)은 총 40개조와 부칙으로 구성되어 있으며, 전기통신사업법 관련고시는 총 18개가 제정되어 있다.

2. 경쟁정책방향 수립절차: 시장획정과 유효경쟁 평가

경쟁 활성화를 위한 통신규제 정책방안을 결정하기 위해서는 우선 시장이 유효경쟁 상황에 도달하였는지의 여부를 평가하여야 한다. 이를 통하여 경쟁 활성화 저해요소를 식별하고 그에 따른 적절한 처방을 도출할 필요가 있다. 경쟁상황 평가에는 시장획정이 선행되어야 하므로, 통신시장 경쟁정책은 대략 "시장획정(Market definition) → 유효경쟁상황 평가(Effective competition review) → 규제의 필요성 판단 및 필요규제(Remedy) 도출"의 순서로 진행된다고 할 수 있다. EU의 규제체계 지침에서도 회원국 규제기관들이 경쟁상황 평가를 실시하여 '상당한 시장력(Significant Market Power: SMP)[62] 보유사업자'를 선정하고 필요한 사전

62) 본래 유럽 각국에서 SMP라는 개념은 시장지배력(Market Dominance)과 약간 상이한 개념으로 사용되어 왔는데, 최근 EU의 새로운 지침에서는 시장지배력과 동일한 의미로 개념을 정리하고 있다(European Commission (2002),"Framework Directive", Directive 2002/21/EC 참조).

규제를 부과하도록 하였다. 본고에서는 이러한 절차의 출발점이 되는 시장획정, 또는 관련시장의 획정(Definition of relevant market)의 방법론에 관해서는 구체적으로 설명하지 않기로 하겠다.[63] 다만 시장획정의 방법론으로서 가장 기본적으로 사용되는 미국 법무부(DOJ)와 연방거래위원회(FTC)의 '가상적 독점자(Hypothetical monopolist)에 대한 SSNIP Test'가 통신 분야에도 적절한 조정을 거쳐 사용될 수 있다는 점만을 언급하고자 한다.[64] 다만 실제 통신시장에 대한 시장획정시 SSNIP Test의 적용 자체가 불합리하거나 별로 유용하지 않은 경우가 나타날 수 있는데, 경쟁정책의 수립에 있어서 시장획정 자체가 목적이라기보다는 수단이라는 점을 감안한다면, 이때에도 적절한 조정방안이 사용될 수 있다.[65] 통상 일반 경쟁법에 따른 규제에서는 구체적인 시장지배력 남용 이슈가 제기되거나 일정한 인수합병 건에 대한 심의의 필요성이 발생한 경우 등에 시장획정이 필요해지게 된다. 그러나 산업의 특성 때문에 경쟁 활성화를 위해 일정한 사전규제가 필요한 통신시장에서는 사전적인 시장획정 및 이에 따른 시장지배적 사업자지정도 필요하다. 또한 다양한 시장간의 융합현상이 진행되고 있는 최근의 통신 분야의 경우, 주기적으로 시장분석이 이루어질 필요가 크다.

시장획정이 이루어지면 그 시장에 시장지배력이 존재하고 있는지 및 유효경쟁이 달성되고 있는지를 평가하여야 한다. 통신시장에서의 유효경쟁 여부는

---

63) 통신시장에서의 시장획정 방법론에 관한 논의로는 European Commission (2002), "Commission Guidelines on Market Analysis and the Assessment of Significant Market Power under the Community Regulatory Framework for Electronic Communications Networks and Services", Official Journal of European Communities (2002/C 165/03)를 비롯하여, Beran, Wolfgang (2003), "Market Definition and Market Analysis in the New Framework from a Regulatory Perspective," manuscript, 그리고 김희수, 김형찬, 이상규, 김민철, 김정현(2004), "유무선 융합과 규제정책; 통신서비스 시장획정의 해외사례와 융합추세에 따른 주요 이슈", 《정보통신정책연구》, Vol.11, No.1, pp. 91~143 및 그 논문에 제시된 참고문헌들을 참조하기를 권한다.

64) 적절한 조정이란, 예를 들면 수요대체성과 함께 공급대체성도 중요하게 감안할 수 있다는 점, SSNIP Test에 사용되는 가격인상의 폭을 미국보다 다소 높은 5~10%를 적용할 수 있다는 점, 그리고 실험의 출발이 되는 기준가격으로 경쟁가격을 사용할 수 있다는 점 등을 들 수 있다.

65) 예를 들어 일군의 상품들 간에 수요대체성은 낮지만 기술적인 이유 등으로 함께 구매될 수밖에 없는 경우, 소위 '군집시장(Cluster market)'의 개념을 사용할 수 있다. 또한 어떠한 통신서비스의 가격이 전국적으로 동일하게 책정되도록 규제되고 있을 경우, 지역적인 경쟁상황은 다르다고 해도 소위 '단일가격 제약조건(Common pricing constraint)'에 의하여 전국을 지리적 시장으로 획정하는 것이 합리적인 경우가 발생할 수 있다. Oftel (2003), "Review of Fixed Geographic Call Termination Markets" 참조.

다양한 지표들을 사용하여 종합적으로 판단하는 것이 바람직하다. 핵심적인 것들을 들어보면, 시장점유율 분포현황 및 추이, 절대적 비용우위 및 필수설비, 매몰비용, 규모의 경제 및 필요자본, 상품차별화, 광고, 전환비용 및 망외부성, 수직적 봉쇄 및 배제, 약탈적 행위 등과 같은 진입장벽 관련 지표들, 가격경쟁 정도, 혁신 수준, 정보에의 접근성, 전환비용, 구매자 대응력, 초과이윤, 반경쟁적 행위, 이용자만족도 등의 지표들을 들 수 있을 것이다.[66] 경쟁상황평가 결과 어떠한 시장에서 시장지배력의 존재도 인정되고 시장성과도 미흡하다면, 경쟁문제에 대응할 수 있는 적절한 정책적 대응방안(Remedy)을 마련하여 필요한 규제를 도입하거나 현행 규제를 개선하여야 할 것이다. 이하에서는 통신시장의 유효경쟁 달성을 위하여 정책적 대응으로 사용될 수 있는 주요 통신규제제도들에 대하여 개관하도록 한다.

3. 경쟁 활성화를 위한 주요 통신규제제도

(1) 역무/사업자분류제도 및 진입규제

우리나라의 사업법에서는 제반 통신서비스 및 사업자를 경제적 성격, 사회적 중요도 등에 따라 몇 개의 그룹으로 구분하고 있다. 이를 역무분류 및 사업자분류제도라고 칭하는데, 각 그룹에 적용되는 규제정책의 내용이나 강도를 달리 하고 있으므로, 역무 및 사업자 분류제도는 유효경쟁 달성을 위한 직접적 규제수단으로 보기는 어렵지만, 통신규제제도의 기본적 체계를 규정하는 제도라고 할 수 있다. 국가마다 어떠한 방식으로 역무 및 사업자를 구분하고 그룹 간 규제를 어떻게 다르게 적용하는지가 모두 상이하다.

우리나라의 경우 "공공의 이익, 국가산업에 미치는 영향, 역무의 안정적 제공 필요성"(전기통신사업법 제4조) 등이 큰 서비스를 기간통신역무로 지정하고, 이외의 역무를 부가통신역무로 칭한다. 사업법의 시행규칙 제3조(기간통신역무의 종류와 내용<개정 1997.3.5>)에서는 기간통신역무에 해당하는 역무들이 열거되어 있다. 이에 따르면, 먼저 '전화역무'로서 시내전화역무(통화권안의 전화역무), 시외전화역무(통화권간의 전화역무), 국제전화역무(국내와 국외간의 전화역무)를 지정하고 있으며, 또한 무선통신역무를 '주파수를 할당받아 제공하는 역무'로서 기간통신역무로 지정하고 있다.[67] 다음으로 흔히 전용회선서비스라

66) 시장지배력 및 유효경쟁 평가의 지표와 관련된 보다 상세한 논의는 이상규 외(2004), "통신서비스 시장지배력: 정의 및 판단기준", 《KISDI 이슈리포트》 04-12, 정보통신정책연구원 및 그 문헌에 제시된 참고문헌들을 참조.

고 칭하는 '전기통신회선설비임대역무'를 지정하고 있으며, 그리고 '가입전신역무'도 기간통신역무이다. 또한 통신시장 발전추세를 감안하여 최근에는 '인터넷접속역무'와 '인터넷전화역무'가 추가되었다. 마지막으로 시행규칙은 기타 '정보통신부장관이 공공의 이익과 국가산업에 미치는 영향이 크거나 역무의 안정적 제공이 특히 필요하다고 인정하여 고시하는 전기통신역무'도 기간통신역무로 지정할 수 있도록 하고 있다.

사업법 제4조(전기통신사업의 구분 등)는 또한 전기통신사업을 기간통신사업, 별정통신사업 및 부가통신사업으로 구분한다. 여기에서 '기간통신사업'이란, 전기통신회선설비를 설치하고 이를 이용하여 기간통신역무를 제공하는 사업을 말한다. '별정통신사업'은 두 가지 경우가 있는데, 먼저 기간통신사업자의 전기통신회선설비 등을 이용하여 기간통신역무를 제공하는 사업이 있으며, 또한 (정보통신부령이 정하는) 구내에 전기통신설비를 설치하거나 이를 이용하여 그 구내에서 전기통신역무를 제공하는 사업도 있다. 한편 '부가통신사업'은 기간통신사업자로부터 전기통신회선설비를 임차하여 부가통신역무를 제공하는 사업으로 규정하고 있다. 기간통신사업자의 경우 진입을 위해서는 정부의 인가를 받고 출연금을 납부하여야 하며, 요금 등 이용약관을 신고하여야 하고, 일정한 규칙에 따라 회계를 분리할 의무가 부여되는 등 보다 강한 규제를 받는다. 그러나 동시에 상호접속, 설비제공, 가입자망 공동활용제도 등에 있어서 기간사업자가 아닌 사업자에 비하여 유리한 조건을 적용받게 된다. 국내외적으로 통신서비스의 융합화가 더욱 진전되는 등 통신사업의 환경이 변화함에 따라 역무 및 사업자 분류제도는 합리적인 제도에 대한 지속적인 연구가 필요할 것이다.[68]

(2) 망/설비에 대한 접속 및 망개방 제도

통신시장에서 경쟁을 활성화하기 위한 규제제도로서 가장 대표적인 것은 접속 및 망개방제도라고 할 수 있다. 망 산업인 통신서비스산업에서 통신망간의 연결성을 극대화하는 것은 매우 중요한 정책이며, 또한 시장에 필수설비를 보유한 사업자에 대한 적절한 규제가 통신시장의 경쟁 활성화를 위하여

---

67) 회계분리기준 고시에서는 이동통신(셀룰러 또는 PCS), IMT-2000, 주파수공용통신 등을 포함한 9가지로 무선통신역무를 세부구분하고 있다.

68) 보다 상세한 논의는 박동욱 · 김원식 (2005), '역무/사업자 분류제도 및 허가제도' (「정보통신정책핸드북」 제1권 제3장, 법영사)를 참조.

핵심적임은 이미 언급된 바와 같다. 통신망 간의 상호접속(Interconnection)[69] 정책 및 설비제공 제도, 가입자망 공동활용 제도 등 망 개방을 위한 제도들은 이러한 취지에서 시행되는, 가장 대표적이고 중요한 통신 특유 규제제도들이라고 할 수 있다. 여기에서 망 개방(Open Access; Open Network)라는 용어는 지배적 사업자나 필수설비 보유자가 필수적인 망 요소 등을 경쟁사업자에게 제공토록 의무화한다는 의미이다.

물론 규제기관은 통신시장에 참여하는 모든 사업자에게(통신 인프라 구축촉진 등의 이유로) 모든 통신망을 스스로 구축하여 서비스를 제공하도록 요구할 수도 있다. 이는 극단적인 '설비기반 경쟁(Facility-based Competition)' 정책이라고 할 것이다. 그 다음으로는 사업자간 자율협상에 따라 전부 또는 일부 설비를 타 사업자에게 임대하는 것을 허용하는 대안도 있을 것이며, 또 다른 극단으로는 경쟁사업자의 요청이 있을 때 합리적 이유가 없다면 필히 자신의 설비를 제공토록 의무화하는 경우도 있을 것이다. 이는 강한 형태의 '서비스기반 경쟁(Service-based Competition)' 정책이라고 할 수 있다. 통상 주요 국가에서는 설비기반 경쟁과 서비스기반 경쟁의 요소를 자국의 실정에 적합하게 적절히 혼용하고 있다. 이에 따라 상호접속이나 망 개방 관련 규제의 내용과 강도는 국가마다 차이를 보이고 있다.

먼저 상호접속제도는 이용자에게 자신이 가입한 사업자에 무관하게 원활한 단대단(End-to-end) 서비스가 보장되도록 하는 것이다. 우리나라의 「전기통신설비의 상호접속기준」은 제3조(정의)에서 '사업자 또는 서비스 유형이 다른 통신망 상호간 전기통신역무의 제공이 가능하도록 전기통신설비를 물리적, 전기적, 기능적으로 연결하는 것'이라고 정의하고 있다. 접속시장에서 시장지배력을 가진 사업자가 있을 경우 접속 거부 또는 부당한 접속료 요구 등 지배력을 남용하고 경쟁을 저해할 가능성이 있으므로, 상호접속 제공 의무를 부여하고 접속료를 규제할 수 있다. 우리나라의 사업법 제34조 제3항은 의무대상 사업자를 정하는 기준으로 필수설비의 보유여부 및 사업규모, 시장점유율 등이 일정기준에 해당하는지 여부를 들고 있다. 실제로 이에 해당하는 사업자는 현재 KT와 SK텔레콤이다. 또한 효율적인 접속료를 산정하는 것은 통신

69) EC (2002 c), "Access Directive" (접속지침)도 Article 2(b)에서 상호접속(Interconnection)을 '한 사업자의 이용자가 같은 또는 다른 사업자의 이용자와 통신을 하거나 다른 사업자가 제공하는 서비스에 접속하기 위하여 동일한 또는 다른 사업자의 공중통신망을 물리적/논리적으로 연결(linking)하는 것'이라고 정의하고 있다.

사업의 효율성 확보에 매우 중요한 사안이다. 오랫동안 기존사업자의 역사적 회계원가(Historical cost)를 기초로 하여 회계분리 기준을 적용함으로써 접속원가를 산정해왔으나, 최근에는 접속료 산정의 효율성을 강화하기 위하여 장기증분원가(LRIC: Long-Run Incremental Cost) 등의 방식들이 개발되고 있다.

망 개방 관련 제도로는 가장 기본적인 제도라고 할 수 있는 상호접속제도 이외에도, 다양한 규제제도들이 시행되고 있다. 먼저, 기존 시내전화사업자의 가입자선로를 경쟁사업자 간에 공동활용할 수 있도록 하여 시내전화 및 초고속인터넷 등 분야의 경쟁 활성화 촉진과 중복투자 방지 등을 꾀하는 가입자망 세분화(LLU: Local Loop Unbundling) 제도가 있다. LLU 제도는 통상 지배적 사업자의 가입자 선로를 제공하는 방식에 따라 몇 가지로 구분되는데, 우리나라에서는 사업법 제33조의6(가입자선로의 공동활용)의 근거에 따라 관련고시를 2000년 4월에 제정하여 동선일괄제공(Full Unbundling), 고주파수회선 분리제공(Line Sharing) 및 초고속인터넷접속망 개방(Broadband Internet Open Access)의 세 가지 제공방식으로 구분하고 있다.

다음으로 우리나라에서 시행하고 있는 망/설비 개방제도로는 설비제공제도가 있다. 이 제도는 한 기간통신사업자가 다른 기간통신사업자와 협의하여 통신설비를 제공하거나 제공받을 수 있도록 하는 제도이다. 우리나라에서는 2001년에 전기통신사업법을 개정하여, 지배적 사업자의 경우 일부 설비를 의무적으로 제공하도록 하는 근거규정(제33조의 5의 2항)이 신설되었으며, 관련고시를 2003년 11월 개정하여 설비의 필수성 및 애로성 등을 고려하여 의무대상설비를 지정하였다. 이에 따라 KT에게 전주, 관로, 가입자구간 케이블에 대하여 제공의무를 부여하게 되었다.

이동통신 분야에서도 망개방과 관련된 제도들이 존재한다. 대표적으로는 먼저 로밍(Roaming) 제도가 있다. 로밍제도는 한 이동통신사업자의 망이 커버하지 못하는 지역에서는 다른 사업자의 이동통신망을 사용하여 서비스를 제공할 수 있도록 하는 제도이다. 로밍도 일부의 경우 의무제공의 대상으로 검토되고 있는데, 각 국가에서 어떠한 경우에 어떠한 사업자를 대상으로 로밍을 의무화하는지는 국가별로 차이가 있다. 사업법 제33조의7(무선통신시설의 공동이용) 제1항은 타 기간통신사업자로부터 요청이 있을 경우 협정을 체결하여 로밍을 제공할 수 있는 근거가 된다. 또한 동조 제2항은 '전기통신사업의 효율성을 높이고 이용자를 보호하기 위하여' 고시하는 경우 로밍을 의무화 할 수 있는 여지를 두고 있다. 향후 특히 차세대이동통신, WiBro 등 새로운 서비스들이 도입되면서, 서비스 활성화, 투자의 효율성, 공정경쟁 등의 측면에서 효율적 로밍정책 방향 마련이 필요한 시점이다. 이동통신망의 공동활용이나 개방과 관련해서는 이외에도 무선인터넷망 개방제도가 있다. 무선인터넷망 개방제도는 이동통신사업자의 무선인터넷망에 다른 사업자들이 접근하여 무선인터넷 관련 서비스를 제공할 수 있도록 하는 제도로서, 상호접속기준에 규정되어 있다.

(3) 요금규제

요금규제는 통신사업자의 소매요금에 대한 규제제도를 의미하는데, 지배적 사업자에 의한 과도한 요금설정 방지 및 시장의 효율성을 추구하고, 공익사업으로서의 통신사업의 성격을 감안하여 이용자간 과도한 차별을 방지하며, 약탈적 요금과 같은 경쟁을 저해하는 요금설정 행위를 억제하는 등의 목적이 있다. 국내외적으로 지배적 사업자 요금에 대한 사전적 승인제도, 사업자들에게 요금표에 대한 사전신고 내지 공시의무 부과, 요금관련 불공정행위에 대한 사후적 규제 등의 규제제도들이 있다. 우리나라에서는 요금과 이용조건이 포함된 이용약관에 대한 규제를 전기통신사업법에서 규정하고 있다. 사업법 제29조(이용약관의 신고 등)의 제1항은 기간통신사업자에게 이용약관의 신고(변경신고 포함) 의무를 부여하고 있다. 다만, 사업규모 및 시장점유율 등이 정보통신부령으로 정하는 기준에 해당하는 기간통신역무의 경우에는 정보통신부장관의 인가를 받도록 하고 있다. 이에 따라 KT의 시내전화 및 초고속인터넷 역무, 그리고 SK텔레콤의 이동전화 역무가 인가대상으로 지정되어 있다. 또한 동조의 제3항에서는 이용약관의 인가기준들을 열거하고 있는데, 그 중에서 특히 요금과 관련 있는 것은 요금의 적정, 공정·타당성, 요금의 산정방법의 적정, 명확성, 특정인에 대하여 부당한 차별적 취급을 하지 아니할 것 등이다. 이외에도 금지행위를 규정한 제36조는 요금에 관한 사후규제 조항들을 담고 있다. 대표적으로 아래의 불공정행위 규제에 대한 설명에서 언급되듯이, 비용 또는 수익의 부당한 분류로 요금 및 이용대가를 산정하는 행위를 금지함으로써, 부당한 상호보조를 수반하는 요금설정을 금지하고 있다.

(4) 보편적 역무제도

사업법 제2조에서는 보편적 역무를 '모든 이용자가 언제 어디서나 적정한 요금으로 제공받을 수 있는 기본적인 전기통신역무'라고 정의한다. 사업법 시행령 제2조의2(보편적 역무의 내용)에서는 보편적 역무의 구체적 제공내용을 유선전화 서비스, 긴급통신용 전화 서비스 및 장애인 · 저소득층 등에 대한 요금감면 전화 서비스 등으로 지정하였으며, 이에 의한 세부적인 내용은 정보통신부령으로 정하고 있다. 보편적 역무가 제공되도록 하는 제도 자체는 경쟁을 직접적으로 활성화하는 정책이라기보다는 통신사업의 공익적 측면이 강조되는 정책이라고 할 수 있다. 그런데 실제로 이를 위하여 특정 통신 사업자에게 보편적 서비스 제공의무를 부여하고, 이에 따른 비용(손실)을 조달하는 제도가 시행되게 된다.

사업법 제3조의2(보편적 역무)의 제1항은 '모든 전기통신사업자는 보편적 역무를 제공하거나 그 제공에 따른 손실을 보전할 의무가 있다'고 천명하고 있는 한편, 동조 제2항에서는 전기통신역무의 특성상 의무부여가 적절하지 아니하다고 지정된 전기통신사업자 또한 매출액이 전기통신역무 총 매출액의 100분의 1의 범위 안에서 정보통신부령이 정하는 금액 이하인 전기통신사업자에 대하여 그 의무를 면제할 수 있게 규정하고 있다. 보편적 역무 제공에 따른 손실을 통신사업자들 간에 분담하는 체계의 정립방향은 관련사업자간의 경쟁에 영향을 미친다. 따라서 가능한 한 경쟁중립적인(Competition-neutral) 보편적 서비스 제도의 정립이 필요하다. 사업법 시행령 제2조의4는 보편적역무제공사업자가 아닌 전기통신사업자에 대하여 보편적 역무 손실보전금을 그 매출액에 따라 분담시킬 수 있도록 규정하고 있다. 이때, 이용약관의 인가대상인 사업자에 대하여는 사업규모, 시장점유율, 분담능력 등을 고려하여 매출액에 따른 분담비율의 100분의 10의 범위 안에서 금액을 가중하여 분담시킬 수 있게 함으로써, 지배적 사업자에게 상대적으로 높은 분담의무를 부여하고 있다. 또한 시행규칙과 고시로 규정하고 있는 손실보전금 산정방식은 무형의 편익 감안, 보전비율 적용, 미래지향적 비용 산정 등 지속적으로 여러 가지 요소를 반영하여 변화되어왔다. 향후 새로운 통신서비스들의 보편성에 관한 검토 등 통신시장의 변화추세에 적합한 제도 발전방향에 대해서 국내외적으로 검토가 필요한 시점이라 하겠다.

(5) 희소자원 활용 관련제도

통신사업에서의 대표적 희소자원으로는 주파수(Spectrum)와 전기통신번호

(Number)가 있다. 통신서비스 제공에 필수적인 이들 자원의 희소성은 시장에 진입장벽 요소로 작용할 수 있다. 따라서 한편으로 이들 희소자원을 국가적으로 가장 효율적으로 활용할 필요성이 있으며, 동시에 공정경쟁이 확보될 수 있는 희소자원의 배분방안 마련도 매우 중요하다. 우리나라의 전파관리정책의 주요내용은 전파법에 규정되어 있다. 전파법은 총 9장 93조로 구성되며 전파자원의 확보, 주파수 분배 및 할당 등을 포함한 폭 넓은 내용을 규정하고 있다. 전파관리정책의 중요성에도 불구하고 본 절에서 그 내용을 논의하기에는 무리가 있다.[70] 한편 번호자원과 관련해서 사업법 제36조(전기통신번호 등)는 '전기통신역무의 효율적 제공 및 이용자의 편익과 전기통신사업자간의 공정한 경쟁환경의 조성 등을 위하여 전기통신번호관리계획을 수립・시행'하도록 하고 있다. 하나의 예로, 이동전화 식별번호의 브랜드화에서 발생하는 이슈를 해결하고 번호의 통합을 촉진하기 위하여 010 번호통합정책이 시행되고 있다. 또한 사업법 제38조의4는 가입자의 사업자 변경시 번호변경에 따라 발생할 수 있는 전환비용(Switching cost)을 감소시켜 경쟁 활성화에 기여할 수 있는 번호이동성(Number portability) 제도의 근거규정으로서, 이에 따라 시내전화와 이동전화 등에 대한 번호이동성 제도가 시행되고 있다.

(6) 불공정행위 규제

많은 통신 특유의 규제제도들이 사전규제의 성격을 가지고 있지만, 통신시장의 불공정행위에 대한 사후규제의 필요성도 크다. 불공정행위 규제란 시장지배적 사업자의 지배력 남용행위를 규제하여 공정경쟁 질서를 보호, 유지하고, 또한 통신사업자의 이용자 이익 저해행위를 방지, 억제하는 등의 목표를 가진 제도라고 할 수 있다. 우리나라의 전기통신사업법 제36조의3 제1항에서는 공정경쟁 또는 이용자이익을 저해하거나 저해할 우려가 있는 다양한 행위들을 금지행위로서 규정하고 있다. 먼저 제1호는 설비제공, 설비의 공동이용, 상호접속 등에 있어 부당한 차별, 부당한 협정체결 거부 등을 금지하고 있으며, 제2호는 이를 통해 취득한 정보의 부당 유용을 금지한다. 제3호에서는 비용 또는 수익의 부당한 분류로 요금 및 이용대가를 산정하는 행위가 금지된다. 이를 통하여 반경쟁적 상호보조(Anti-competitive cross-subsidization)를 규

---

70) 상세한 논의는 최계영・김창완・윤기호 (2005), '전파관리정책' (「정보통신정책핸드북」 제1권 제8장, 법영사)을 참조.

제할 수 있다. 제4호는 이용약관과 다르게 역무를 제공하거나 가입자 의사를 확인하지 않고 이용계약을 체결하거나 또는 사전선택제 관련 불공정행위, 부당한 이용자 차별 및 결합판매를 통한 이용자이익 저해 행위 등을 금지하고 있다.

특히 결합판매 관련한 제도는 향후 더욱 중요성이 증대될 것으로 예상되는데, 현재 시행령의 별표 1에서는 '전기통신역무와 다른 전기통신역무를 묶어서 판매(이하 "결합판매"라 한다)하여 이용자의 이익을 저해하거나 저해할 우려가 있는 행위'를 금지하고 있으며, '이 경우 이용자의 이익저해여부를 판단함에 있어서는 결합판매로 인한 비용절감, 이용자편익 증대효과 및 시장지배력 전이 등 공정경쟁 저해효과를 고려해야 한다'고 규정한다. 참고로, 본래 금지행위의 하나로 제36조의3에 규정되어 있던 불법 단말기보조금 지급행위는 '06년 3월에 관련입법이 이루어지면서 제36조의4에 규정되게 되었다.[71] 한편, 사업법 제36조의3의 제2항은 전기통신사업자와의 계약에 따라 이용자의 계약체결 등을 대리하는 자가 금지행위를 한 때에는 전기통신사업자가 이를 행한 것으로 간주하되, 그 행위를 방지하기 위하여 상당한 주의를 한 때에는 책임을 면제하고 있다.

시장의 특수성에 따라, 위에 언급된 것들 이외에도 통신시장에서는 일반시장에서보다 더욱 다양한 유형의 불공정행위가 발생할 수 있다. 향후 융합현상이 진전되어 통신시장의 가치사슬이 보다 복잡해지면, 불공정행위의 양상은 한층 복잡해질 것으로 예상된다. 그리고 시장에서 결합판매가 차지하는 중요성이 높아지면서, 이와 관련된 활성화방안이나 공정경쟁 보장방안 등이 매우 핵심적인 이슈가 될 것이다.

Ⅲ. 향후 주요이슈

지금까지 본고에서는 통신시장의 연혁과 현황, 그리고 통신시장의 특성을 설명하고, 현재 전기통신사업법에 규정된 통신특유의 규제제도들의 현황에 관하여 개략적으로 설명하였다. 향후 통신규제제도들의 개선과제를 하나하나 세부적으로 논의하는 것은 본고의 한계를 넘어간다. 다만 여기에서는 한, 두 가

71) 현재의 사업법 제36조의4(통신단말장치 구입비용의 지원 금지 등)에서는 이용기간이 연속하여 18개월 이상인 이용자에게 2년 이내에 1회에 한해 지원하는 경우와, 기간통신역무를 개시한 날부터 6년이 경과되지 아니한 경우를 제외하고는 단말장치 구입비용 지원을 금지하고 있다(이 규정은 2년간 효력을 가짐).

지의 중요시될 수 있는 사례들에 대해서만 간략히 언급하기로 한다. 향후 도입될 차세대통신망(NGN)으로의 발전방향 중 하나로 국내외에서 모든 통신망이 IP(Internet Protocol) 기반으로 발전할 것이라는 예측이 나오고 있다. 만약 All-IP로 망 통합이 이루어질 경우, 먼저 가장 핵심적인 통신특유규제인 상호접속제도부터 개선필요성이 대두될 것으로 예상된다. 통합망에서는 전화망(PSTN)이나 기존의 인터넷 하에서와는 다른 상호접속 형태가 나타날 수 있다. All-IP 통신망을 기존 통신망들과 구분짓는 특성은 여러 가지가 있겠지만, 먼저 IP를 기반으로 한다는 점에서 PSTN과 다르며, 품질(QoS: Quality of Service) 보장이 되지 않는 기존의 Best-effort 기반 인터넷과는 달리 QoS가 제공되는 서비스를 추구한다는 점도 특성이다. 이때 소매 서비스 부문에서 뿐만 아니라 상호접속에 대해서도 이러한 특성들을 반영한 접속제도 및 접속료 산정방식이 연구될 필요가 있다.

All-IP 기반의 차세대통신망(NGN)에 대한 접속제도가 제도화된 사례는 국내외적으로 아직 미약하다. 그러나 이미 ITU 등 국제기구 차원에서 논의가 진행되고 있으며, 영국의 규제기관인 Ofcom은 보다 구체적인 연구결과를 도출하고 있다.[72] 기존의 대표적인 IP망인 인터넷망에 대한 상호접속도 오랜 기간 동안 제도화되지 않다가, 최근 우리나라에서 제도화된 바 있다. 이에 따르면 먼저, 인터넷망 간 접속시 접속서비스의 내용은 통상 동일 계위의 사업자 간에는 'Peering'이라는 상호간의 트래픽만을 교환하는 방식이, 다른 계위 간에는 'Transit'이라고 불리는 높은 계위의 사업자가 낮은 계위 사업자에게 전체 인터넷에 대한 접근을 제공하는 방식이 적용되고 있다. 또한 접속기준은 사업자가 인터넷 접속조건을 공개하도록 하고 있으며, 통신망 규모, 가입자수, 트래픽 교환비율, 연동점, 라우팅 원칙 등의 접속조건에 따라 접속이용사업자의 계위(Tier)를 구분하여 운용하도록 한다. 그리고 직접접속시 접속통신료는 동일계위간에는 정산하지 않으며, 다른 계위간에는 낮은 계위사업자가 지불하도록 하고 있다. 중계접속시에는 접속이용사업자가 제공사업자에게 지불한다. 또한 우리나라에서는 최근 융합서비스 사례 중 하나인 인터넷전화 서비스에 대해서도 상호접속제도가 정비된 바 있는데, 이에 따르면 기간통신 인터넷전화사업자에 대하여 직접접속 원칙을 적용하기로 하였고, 번호를 부여받은 별정통신사업자도 일정 규모의 접속점을 구축하도록 의무화하였으며, 한편 인터

72) Ofcom (2005), "Next generation Networks: Further Consultation" 참조.

넷전화 설비인 G/W와 G/K에 대한 착신접속요율과 인터넷망에 대한 접속요율을 결정한 바 있다. 한편, 제도의 급격한 이행이 바람직하지 않을 경우에는 All-IP 환경에서의 접속제도는 물론 통합 망으로의 원활한 이행을 위한 이행기의 상호접속제도에 대한 연구도 필요하다고 할 수 있다. 즉 망 통합이 완전히 이루어지기 전에 도입되는 융합형 서비스들이 있을 경우 이들에 관한 적절한 상호접속제도에 대해서도 논의가 필요하다.[73)]

향후에는 통신 분야의 가치사슬이 복잡·다양화되어 통신시장에서 보다 다양한 유형의 시장지배력 원천이 나타날 수 있다는 점이 지적되고 있다. 예를 들어 Devoteam Siticom and Cullen International(2003)은 향후 NGN 환경 하에서는 기존의 물리적 망 요소 이외에도 다른 통제점들[74)]이 나타날 수 있다고 지적한다. 한편 융합의 진전은 기존의 서비스 간 대체관계 및 보완관계를 변화시키게 되므로, 시장 간 통폐합이나 분리, 신규시장의 창출 등 통신분야에서 기존과 다른 시장 경계를 도출하게 될 수 있다. 이는 통신 분야에서의 시장획정 및 시장지배력 평가가 보다 종합적이고 주기적으로 이루어져야 하며, 그 분석방법도 지속적으로 정밀화될 필요가 있음을 시사한다. 더 나아가, 최근 국내외적으로 다양한 연구들을 보면 통신·방송간, 유선·무선간, 음성·데이터간 등 융합현상 진전에 따른 적합한 통신규제 체계에 관한 논의도 이루어지고 있다.[75)]

통신시장이 국민경제뿐만 아니라 일상생활에서 차지하는 중요성은 향후에도 점차 증대하게 될 것이다. 이에 따라 향후의 급속히 변화할 통신환경 속에서 통신시장에 유효경쟁이 확보되고 지속적이고 효율적으로 성장하도록 하는

73) 보다 상세한 논의는 안형택·김형찬·장범진 (2006), '유무선통신망의 통합과 이에 따른 규제이슈', Telecommunications Review 등 참조.

74) 여기에서 통제점(Control point)은 시장지배력의 원천이 될 수 있는 요소를 의미하는 표현으로 사용되고 있다. Devoteam Siticom and Cullen International (2003), "Regulatory implications of the introduction of NGN and other new developments in electronic communications" 참조

75) 이에 대한 상세한 논의는 본고에서는 생략하기로 하되, 참조할 수 있는 대표적인 연구사례를 소개하면 Elixmann and Schimmel (2003), "Next Generation Networks and Challenges for Future Competition and Regulation Policy", WIK, NMRC (2004), "Free Ride: Deficiencies of the MCI 'Layers' Policy Model and the Need for Principles that Encourage Competition in the New IP World", Weiser (2004), "Toward a Next Generation Regulatory Strategy", Loyola University Law Journal, vol. 35, pp. 41-85, Werbach (2005), "Breaking the Ice: Rethinking the Telecommunications Law for the Digital Age", Journal of Telecommunications and High-Tech Law 등이 있다.

것은 국가적으로 매우 중요한 정책과제이다. 통신규제의 개선은 당연히 시장변화의 방향 및 변화단계에 적합하게 이루어져야 할 것이다. 따라서 개선의 필요성은 물론 제도의 변화시기 및 방식에 관해서도 매우 신중한 논의가 이루어질 필요가 있다.

제5절 현행법상 결합판매 규제제도의 문제점과 공정경쟁을 위한 개선방안*

Ⅰ. 결합판매의 현황 및 배경

1. 통신서비스의 융합추세

(1) 결합상품의 개발

세계적인 통신산업의 기술적·경제적 조건의 변화에 상응하여, 우리의 통신산업도 급격한 변화과정에 있다. 이러한 변화 과정에서 결합상품의 제공 및 그것이 갖는 경제적 의의에도 중요한 변화가 뒤따르고 있다.

통신상품의 결합(bundling)을 기술적 관점에서 유형화하면, 음성전송 서비스와 단말기처럼 종래 기술적으로 가능했으나 법적인 규제로 결합이 용이하지 않았던 결합상품과 기술의 발달로 새롭게 결합이 가능하게 된 결합상품으로 나눌 수 있다. 특히 후자의 경우에는 새로운 상품간의 결합으로 인한 소비자 후생의 증대가 유력할 수 있다.

구체적으로 보면, 유선 서비스와 기기의 융합추세가 뚜렷하며, 데이터망을 통한 음성서비스 제공(VoIP) 등에 의한 음성과 데이터의 통합, 무선 Lan 서비스 등에 의한 유·무선의 통합, CATV망을 이용한 초고속 인터넷서비스와 같은 통신과 방송의 융합 등의 현상이 나타나고 있다.

그러나 결합판매의 허용여부와 관련해서 대부분의 국가는 종래 부정적인 입장을 취하고 있었다. 과거 통신산업은 독점적 내지 국공영의 방식으로 운영되고 있었고, 이와 같은 산업구조가 자유화와 민영화로 전환되는 과정에서 특정 부문에서의 독점력이 전이될 가능성을 차단하는 것이 중요한 정책목표가

* 이원우(서울대 법대 부교수)

됨으로써, 특히 독점력이 있는 시장에서의 상품이 구성요소가 되는 상품의 결합은 허용될 여지가 크지 않았다.

그러나 결합판매 규제에 관한 기본적 입장에도 재고의 필요성이 나타나고 있다. 무엇보다 엄격한 결합판매 규제의 근거가 되었던 통신산업의 경직적 구조가 상당한 정도 완화되고 있으며, 독점력을 전이할 수 있는 메커니즘에 대한 통제가 접속(access)이나 상호접속(interconnection)의 법리를 통하여 구체화되고 있다는 점도 고려되어야 할 요인이다.

이러한 상황에서 우리의 경우 통신서비스의 결합판매가 제공 사업자와 소비자 모두의 관점에서 어떠한 의미를 갖고 있는지 그리고 규제체계의 전반적인 변화 내지 개선의 필요성이 있는 지에 관한 검토는 피할 수 없는 과제가 되고 있다.[76)]

(2) 결합상품의 유형

한편 결합판매 자체의 관점에서 이를 유형화하면, 순수결합판매(pure bundling)와 혼합결합판매(mixed bundling)로 나뉠 수 있다. 순수결합판매는 두 개의 상품이 반드시 결합되어서만 판매되는 것을 말하며, 결합상품을 구성하는 상품의 개별적인 판매가 이루어지지 않는다는 점에 특징이 있다.[77)]

혼합결합판매는 두 개의 상품이 결합되어서도 판매되고 개별적으로도 판매되지만, 결합해서 판매될 경우에 가격이 할인되는 경우이다.[78)]

2. 국내 통신사업자의 결합판매 현황

국내 통신사업자들도 이미 다양한 결합상품을 판매하고 있거나 판매할 예정으로 준비중에 있는 것으로 알려져 있다. 우선 유선통신서비스 부문의 1위 사업자인 (주)KT와 동 회사의 계열사인 (주)KTF의 경우가 대표적이다. 예컨대 네스팟(NESPOT)은 노트북이나 PDA 등의 이동단말기를 사용하여 Nespot AP(access point)가 설치된 주변지역에서[79)] 무선랜(11Mbps)을 이용하여 초고속인터넷의 각종 컨텐츠를 이용하는 서비스를 말한다. 네스팟스윙은(Nespot

---

76) Barry Nalebuff, Bundling, Tying, and Portfolio Effects, DTI Economics Paper No. 1, 2003. 2, 8-9면 참조.

77) 위의 책, 15면.

78) 위의 책, 14면.

79) 일반적으로 AP주변 반경 50m에서 100m 이내에 해당한다.

Swing)은 네스팟에 (주)KTF에서 제공하는 무선인터넷이 결합되는 경우로서, 하나의 단말기로 Nespot Zone(대학교, 카페, 지하철역 및 철도역, 터미널 등)에서는 무선랜에 접속하고 Nespot Zone이외에서는 KTF 이동망을 통해 무선인터넷에 접속하는 것을 말한다. 현재 KT는 NESPOT 요금을 결합되는 상품가격의 합에 비하여 일정정도 할인된 가격으로 제공하고 있으며, 네스팟스윙의 경우에는 네스팟과 KTF의 PCS(무선재판매)를 공동판매하는 결합상품의 형태로 제공하고 있다.

한편 (주)KTF는 구내전화와 이동전화가 결합된 상품을 제공하고 있는데, 이는 구내 유선 사설교환기에 CDMA-RF기술을 접목한 유무선 결합시스템으로서 특정 건물이나 제한된 지역 내에서 무선 구내전화(구내간 통화, 구내착발신 통화)로, 구내 Zone을 벗어날 경우 이동전화기로 이용 가능하다. 현재 삼성전자와 KTF간 제휴를 통해 국내 일부 기업체와 대학 등에서 서비스를 제공하고 있는데, 상품간의 결합에 있어서 결합상품 모두가 자사 상품일 것이 요구되는 것은 아니므로, 이러한 경우도 결합상품의 예로 볼 수 있다.

특히 최근에는 (주)KT에서 개발한 One-Phone 서비스가 결합상품으로서 주목을 받고 있다. 이는 유·무선용 Dual Mode 단말기를 이용하여 건물 안에서는 PSTN(시내·외, 국제전화)망을 통해 유선전화와 데이터를, 건물 밖에서는 CDMA망을 통해 이동전화와 데이터를 이용할 수 있게 하는 결합상품이다.

이 외에도 (주)하나로통신에서 제공하는 유선초고속과 시내전화의 결합도 예가 될 수 있다.

3. 광대역통합망(BcN) 구축계획과 관련하여 결합서비스가 경쟁에 미치는 영향

(1) BcN 구축과 통신서비스시장 변화

BcN이란 통신·방송·인터넷이 융합된 품질보장형 멀티미디어서비스를 언제 어디서나 끊김없이 안전하게 광대역으로 이용할 수 있는 차세대 통합 네트워크라고 정의된다.[80] 보다 구체적으로 말하면, BcN은 첫째, 음성·데이터, 유·무선, 통신·방송 융합형 멀티미디어서비스를 언제 어디서나 편리하게 이용할 수 있는 서비스 통합망이다. 둘째, 다양한 서비스를 용이하게 개발·제공할 수 있는 개방형 플랫폼(Open API) 기반의 통신망이다. 셋째, 보안(Security), 품질보장(QoS) 및 망관리가 용이한 통신망이다. 넷째, N/W, 단말

80) 정보통신부, 『광대역통합망 구축 기본계획(안)』, 2004. 2.

에 구애받지 않고 다양한 서비스를 끊김없이(Seamless) 이용할 수 있는 유비쿼터스 서비스 환경을 지원하는 통신망이다.

BcN 구축이 진행되면서 통신서비스 시장은 융합(통합)형 서비스 시장으로 발전해 나갈 것으로 전망된다. 이용자 중심의 서비스 환경 요구와 사업자의 새로운 수익 창출 동기에 의해 확산될 융합 서비스로는 대표적으로 VoIP, 휴대인터넷, DMB 등을 들 수 있는데 이를 기반으로 멀티미디어 영상전화, 고품질 VOD, MMoIP, 유무선 통합 VPN, 개인 맞춤형 방송, 콘텐츠 대화형 방송 등 다양한 응용서비스가 창출될 것으로 예상된다. 융합형 서비스가 활성화되면서 통신대역폭은 초기 수Mbps급 이하에서 수십Mbps급 이상의 보장속도가 요구될 전망이다.

(2) BcN 환경 하에서 결합판매 규제방향

BcN 환경에서 결합판매는 기존 시장을 방어하고 지배력을 전이시키는 효과도 있지만 이용자 후생과 효율성을 증가시키고 경쟁도 촉진하는 효과도 있다. 융합의 성격상 이러한 긍정적, 부정적 효과 모두가 동시에 증가할 것으로 예상되며 대부분의 특정 결합판매가 이러한 긍정적, 부정적 효과를 모두 갖고 있기 때문에 사전에 결합판매가 경쟁에 어떤 영향을 미칠 것이라고 판단하기 매우 힘들다. 적어도 과거에 비해 결합판매의 효과가 훨씬 복합화되고 있다는 점만은 확실하다고 사전에 말할 수 있다. 전반적으로 시장의 점위가 넓어지고 새로운 사업기회가 증가하고 있어 결합판매의 경쟁제한성은 약화되는 추세가 아닌가 판단된다.

그러므로 결합판매, 특히 지배적사업자의 결합판매를 당연위법으로 간주하는 전통적 접근방식은 바람직하지 않고 사안별로 정확한 시장획정에 근거하여 효율성, 이용자 후생 및 지배력 전이 문제를 비교형량하는 접근방식을 택하는 것이 옳다고 판단된다.

경쟁당국은 특정 시장에서 발생하는 결합판매 행위가 인접시장에 미치는 경쟁효과를 주시하는 동시에, 융합으로 가는 과정에서 결합판매가 효율성을 제고할 수 있다는 점과 다양한 분야에서 경쟁적으로 결합판매 행위가 나타남으로써 거시적으로는 경합성이 증가할 수 있다는 점을 유념할 필요가 있다. 결합판매의 반경쟁성을 막기 위한 safeguard를 준비하되 거시적이고 동태적인 관점에서 시장을 획정하고 판단의 오류 가능성을 막기 위한 전문성과 유연성 강화가 필요할 것이다.

Ⅱ. 결합판매규제의 의의 및 필요성

1. 결합상품의 경제적 효과

결합판매의 확대는 기술적 요인과 소비자의 후생에 기여하는 측면이 결합되어 나타나는 것으로 볼 수 있다. 그러나 특히 경쟁정책적 관점에서 결합판매의 경제적 효과가 일의적으로 결정될 수 있는 것은 아니다.

우선 긍정적인 경제적 효과, 특히 친경쟁적인 것으로 평가될 수 있는 효과는 비용절감의 측면에서 파악될 수 있다. 이러한 비용절감의 효과는 구체적으로 생산과정에서의 비용절감과 유통과정에서의 비용절감으로 대별되는데, 전자의 경우에는 생산요소의 중복사용을 회피하고 규모의 경제를 실현할 수 있다는 점에서 그리고 후자의 경우에는 공동의 마케팅에 의한 비용절감 등을 통하여 구체화될 수 있다. 이와 같은 비용절감의 효과가 결합상품의 가격에 반영된다면, 궁극적으로 소비자의 이익에 기여하게 될 것이다. 또한 상품의 결합 그 자체로 발생하는 소비자 효용의 증대도 있다. 마케팅이나 요금지불과 같은 측면에서 뿐만 아니라 사용 자체에서 오는 소비자 효용의 증대도 중요하게 고려될 수 있는 부분이다.

그러나 이상의 논의와 대비되는 부정적 효과도 가능하다. 특히 이러한 효과는 반경쟁적 효과의 측면에서 파악될 수 있는데, 지렛대이론(leverage theory)에 기초하는 독점력 전이의 가능성이 대표적인 부정적 효과로 논의되고 있다. 이 이론은 일정한 시장에서 독점력을 갖고 있는 경우에, 당해 상품과 판매상의 결합이 이루어지는 다른 상품시장에 독점력이 이전됨으로써 다른 상품시장도 경직적인 시장구조로 전환될 수 있다는 것으로 구성되고 있으며, 특히 반독점법상 끼워팔기(tying)에서 정식화된 이러한 메커니즘이 결합판매에서도 실현될 가능성이 지적되고 있다.[81] 또한 결합판매를 통하여 독점적 초과이윤의 획득이 은폐됨으로써, 소비자 후생의 감소가 용이하게 나타날 수 있다는 점도 지적될 수 있다.

---

81) 특히 끼워팔기의 관점에서 이러한 메커니즘을 정식화한 것으로서, Lawrence Sullivan & Ann Jones, "Monopoly Conduct, Especially Leveraging Power from One Product or Market to Another", In Thomas Jorde & David Teece, Antitrust, Innovation, and Competition, Oxford University Press, 1992, 175면 참조.

결국 결합판매의 경제적 효과는 구체적인 결합판매 각각의 경우를 대상으로 발생하는 경제적 효과를 비교형량하여 결정할 수밖에 없으며, 이러한 점에서 과거 끼워팔기에 대한 경쟁법적 당연위법의 접근은 유용한 방식으로 보기 어렵다. 앞에서 언급한 친경쟁적 효과와 반경쟁적 효과의 형량과정을 통하여 구체적인 결합판매가 갖는 경쟁정책적 의의가 판단되어야 하고, 이에 기초하여 이를 규제하거나 허용조건을 제시하여야 한다.

2. 결합판매 규제의 의의

이러한 점에서 결합판매 규제는 당해 결합판매의 경제적 분석에 기초하여야 한다. 따라서 결합판매 규제는 이러한 판단과정이 전제되어야 하며, 앞에서 제시한 형량의 과정이 투명하게 전개되어야 한다. 또한 중요하게 고려되어야 할 점은 결합되는 구성 상품 각각의 시장에서의 경쟁상황에 대한 분석이다. 예를 들어 한 상품 시장에서 독점적인 지위가 나타나고 있다면, 규제의 내용은 달라질 수밖에 없을 것이다.

물론 규제의 구체적 내용은 각각의 결합판매의 내용에 따라서 상이할 수밖에 없을 것이다. 그러나 규제의 기본 방향을 대략적으로 상정한다면, 앞에서 언급한 바와 같이 결합되는 구성 상품 시장에서의 경쟁상황이 중요한 기준이 될 것이다.

우선 결합되는 상품 모두에 있어서, 각각의 시장구조가 경쟁적일 경우에 결합판매에 대한 특별한 제한이 불필요한 것일 수 있다. 이러한 경우에는 결합판매 규제의 중요한 정책 목표인 독점력 이전의 억제가 무의미할 것이며, 또한 초과이윤의 획득과 같은 문제도 발생할 여지가 없다.

그러나 결합상품의 어느 한 시장에서 독점적인 구조가 전개되고 있는 상황이라면, 독점력 이전의 억제나 초과이윤 획득의 방지는 실제적인 문제가 된다. 이러한 상황에서 상품의 개별 판매 자체를 원칙적으로 금지하는 순수결합판매는 허용될 여지가 없을 것이다. 또한 혼합 결합판매에 대해서도, 이를 허용할 경우에 일정한 조건의 충족을 요구하는 것이 타당할 수 있다.

특히 후자와 관련하여 독점적인 지위에 있는 상품에 대한 동등한 접근을 보장하는 것이 중요한 기준이 될 수 있으며, 또한 초과이윤 획득의 방지를 위한 요금 자체의 인가도 이에 결합될 수 있다. 이 외에도 결합상품의 재판매를 가능하게 하여 시장의 경쟁적 구조를 촉진할 수 있는 일련의 제도의 도입도 고려될 수 있을 것이다.

결론적으로 순수결합판매는 시장이 경쟁적인 상황에 있는 경우와 같은 예외적인 상황에서 고려될 수 있으며, 그 외의 경우에는 혼합 결합판매의 허용여부만이 고려될 수 있을 것이다. 이 때 결합상품에 다른 통신사업자도 참여할 수 있는 가능성을 충분히 열어두는 것이 중요한 의미를 갖게 된다. 따라서 결합상품을 제공하고자 하는 사업자가 구성상품 중 어느 하나에서 독점적인 지위에 있을 때, 당해 상품에 다른 사업자도 동등하게 접근할 수 있는 방법을 제도적으로 마련하는 것이 중요하다. 이와 관련하여 접속이나 상호접속과 관련하여 마련된 동등 접속의 법리가 원용될 수 있을 것이다. 또한 동등접속이 보장된다고 하더라도 초과이윤의 획득을 방지할 수 있는 장치가 필요하다. 전술한 것처럼, 결합판매는 독점적인 지위에 있는 상품의 초과이윤 획득을 은폐하는 수단으로 활용될 수 있으며, 따라서 이에 대한 규제가 결합판매가 소비자의 이익에 기여할 수 있도록 하기 위한 중요한 정책 수단이 될 수 있다. 인가제와 같은 것을 상정할 수 있으며, 또한 결합상품 자체의 재판매도 가능하게 함으로써 시장 구조의 경직성을 완화할 수 있는 일련의 조치가 결합되는 것도 중요한 의미가 있다.

Ⅲ. 현행법상 결합판매 규제제도의 내용과 문제점

1. 종래 결합판매규제의 법적 근거 및 운용현황

(1) 전기통신역무 결합판매규제에 관한 종래의 입법태도와 운용방식

전기통신사업법에 따른 규제는 사전규제와 사후규제로 구분할 수 있는바, 결합판매를 명시적으로 언급하여 직접 규제하는 법률규정은 존재하지 않는다. 다만, 사전규제제도인 약관규제(제29조)와 사후규제인 금지행위규제(제36조의3)가 결합판매에 관한 규제의 법적 근거로 운용될 수 있는 여지를 가지고 있으며, 실무상 금지행위 중 이용자이익저해행위의 한 유형으로 결합판매를 규제하여 왔다.

약관규제의 경우 사업법 제29조 제3항에서 약관규제의 기준으로 6개의 사항을 열거하고 있는바, 이용요금의 적정성·공정성·타당성을 요구하는 제1호 및 부당한 차별을 금지하는 제5호는 간접적으로 결합판매의 규제근거로 사용할 수 있을 것이다. 다만, 이들 규정은 결합판매 자체에 관한 규제가 아니라 결합상품의 요금이 적정·공정·타당성을 결여한 경우나 결합판매가 특정 이용자를 부당하게 차별하는 경우에 한하여 인가거부를 통해 규제할 수 있을 뿐이다.

사후규제로서 금지행위에 관한 법률규정에서도 결합판매를 직접 금지행위로 열거하지는 않고 있지만, 금지행위의 유형 및 그 기준을 정하면서 결합판매를 그 금지행위의 유형으로 규정하여 결합판매를 규제대상으로 포섭할 수 있게 된다. 다만 이 경우 과연 이용자이익저해행위라는 금지행위로서 결합판매를 어디까지 규제할 수 있을 것인가에 대하여 논란이 야기될 수 있을 것이다.

2002년 12월 전기통신사업법 개정 이전에는 구전기통신사업법 제36조의3 제2항에 의하여 금지행위의 유형과 기준을 정보통신부장관의 고시로 정하도록 하였으며, 이에 근거하여 금지행위유형및기준이 고시되었는바, 동 고시 제22조의2에서 결합판매를 아래와 같이 규제하고 있었다.

제22조의2(결합판매) ① 전기통신사업자는 정당한 이유없이 다음 각호의 1에 해당하는 방식으로 전기통신역무를 결합판매(전기통신역무와 다른 전기통신역무 또는 전기통신역무와 타 재화 또는 용역을 묶어서 판매하는 행위를 말한다. 이하 같다) 하여서는 아니된다

1. 개별구매가 가능한 전기통신역무에 대해 결합판매의 방식으로만 구매하도록 강요하는 행위

2. 결합판매에서 발생하는 비용의 절감에 비해 현저히 할인(무료통화나 경품의 제공과 같은 모든 경제적인 혜택을 포함한다)된 가격으로 판매하는 행위

3. 이용자의 선택권을 제한하는 부당한 장기간의 계약조건으로 결합판매를 하는 행위

② 전기통신사업법시행규칙 제19조의2 제2항의 규정에 따라 정보통신부장관이 지정한 전기통신사업자는 지정한 전기통신역무를 결합판매하여서는 아니 된다. 다만, 지정한 전기통신역무와 관련된 시장의 지배력이 다른 시장에 전이되지 아니하는 등 공정경쟁을 저해하지 아니하는 경우에는 결합판매를 할 수 있으며, 당해 전기통신사업자는 정보통신부장관이나 통신위원회의 요청이 있는 경우에는 공정경쟁을 저해하지 아니한다는 사실을 입증하여야 한다.

위 고시에 따르면, 전기통신사업자에 대한 결합판매를 허용하되, 정당한 사유 없이 이용자의 이익을 저해하는 결합판매는 금지하였는바, 그러한 행위유형으로서 ① 개별구매가 가능한 역무를 결합판매 방식으로만 구매 강요하는 이른바 순수결합판매, ② 결합판매로 인한 비용절감에 비해 현저히 할인된

가격으로 판매하는 행위, ③ 이용자 선택권을 제한하는 부당한 장기간의 계약조건으로 결합 판매하는 행위 등 세 가지 유형을 금지행위로 규정하였다. 위 고시는 특히 사업법 제29조 제1항 단서에 의한 인가대상역무의 경우에는 결합판매를 원칙적으로 금지하되, 시장지배력이 다른 시장에 전이되지 아니하는 등 공정경쟁을 저해하지 아니하는 경우에만 허용하고 있었으며, 이러한 예외적인 경우에도 당해 사업자는 정보통신부장관이나 통신위원회의 요청이 있는 경우 시장지배력이 전이되지 아니한다는 사실을 입증하여야 할 의무를 부담하도록 규정하고 있었다.

한편 위 고시는 결합판매를 전기통신역무와 다른 전기통신역무 또는 전기통신역무와 타 재화 또는 용역을 묶어서 판매하는 행위로 규정하여 통신역무와 비통신역무간 결합판매도 규제대상으로 규정하고 있었다.

(2) 통신서비스 결합판매규제에 대한 종래 법적 근거의 문제점과 관계법령의 개정

(가) 통신서비스 결합판매규제에 관한 종래 법적 근거의 문제점

종래 결합판매규제의 법적 근거에 대하여는 규제강화론자와 규제완화론자 양측에서 모두 문제점이 제기되었다.

결합판매에 대한 규제를 완화하고자 하는 입장에서는 유·무선 통합, 2.3GHz 휴대인터넷서비스 및 광대역통합망(BcN) 등장 등 통신시장 환경변화를 내세워 이에 부합하는 결합판매 규제제도의 합리적 개선 필요성을 주장하였다. 즉 정보통신망의 초고속 광대역화 및 디지털 기술혁명으로 인한 N/W·서비스·기기의 통합 및 융합 추세로 결합/통합 서비스 또는 통합 단말기 제공의 필요성과 기술적 용이성이 증가되었으며, 이용자 측면에서는 단말기 통합, 서비스의 One-Stop Shopping, 통합과금 및 단일번호(one number) 등에 대한 필요성이 증가하고 있다는 것이다. 이러한 관점에서 시장지배적 사업자를 중심으로 이용자 편익증진 및 기술발전 추세에 따라 결합판매를 허용하여야 한다는 주장이 제기되었다.

정부 내에서도 공정거래위원회를 중심으로 결합판매규제를 완화하여야 한다는 주장이 제기되었는바, ① 정통부의 통신분야 결합판매규제가 공정거래법과 중복되며, ② 산업간 결합판매를 개별 산업부서별로 규제하는 것은 불합리하고, ③ 시장지배적사업자의 결합판매를 원칙적으로 금지하는 것은 기술개발 및 소비자 후생을 저해하는 과잉규제라는 것이 그 주된 논거였다. 이에 따르면 정통부의 결합판매 규제를 시장지배적사업자로 한정하고, 규제범위와 위법성요건을 엄격히 제한하여야 한다고 한다. 즉 시장지배적사업자의 통신서비스 간 결합판매에 대해 한정된 기간(예: 2-3년) 동안 규제하되, 규제범위와 위법성 요건을 엄격히 제한하여야 한다는 것이다.

이에 대하여 이용자이익보호와 공정경쟁의 촉진을 이유로 결합판매규제의 필요성을 인정하여 결합판매규제를 유지 내지 강화하기 위해서 그 법적 근거를 정비하여야 한다는 주장도 제기되고 있다. 특히 우리나라와 같이 통신시장이 1개의 사업자에 의하여 지배적으로 점유되고 있는 상황에서 결합판매를 허용할 경우 시장지배력 전이로 인한 공정경쟁 저해가 매우 우려된다는 점을 이유로 시장지배적사업자의 결합판매 금지는 계속 유지되어야 한다는 주장이 후발사업자를 중심으로 제기되었다. 이러한 입장에서 볼 때에는 종래 법률규정이 결합판매의 직접적 규제근거를 규정하고 있지 아니 하기 때문에 결합판매규제에 공백이 존재하며 이러한 흠결을 보완하기 위한 법적 뒷받침이 이루어져야 한다고 한다. 특히 시장지배적 사업자의 결합판매를 효과적으로 규제하기 위해서는 사전규제가 매우 중요함에도 불구하고 현재 약관규제의 근거인 사업법 제29조만으로는 결합판매를 이유로 인가거부 등의 조치를 취하기 어렵다는 문제가 있다. 또한 사후규제수단의 근거인 사업법 제36조의3도 이용자이익저해행위금지의 한 유형으로 결합판매를 규제하기 때문에 결합판매가 가져오는 이용자이익증진효과를 고려하면 규제에 여러 가지 논리적 문제점을 내포하게 된다. 따라서 결합판매규제의 본질이 경쟁규제에 있다는 점을 고려하여 공정경쟁의 관점에서 결합판매를 규제할 수 있는 법적 근거가 마련되어야 할 필요성이 제기되었다.

(나) 관계법령의 개정

금지행위의 유형을 정보통신부장관의 고시에 의해 구체화하도록 한 구전기통신사업법 제36조의3 제2항에 대하여는 제재처분의 유형 및 기준을 법규명령이 아닌 고시에 의하도록 하는 것이 법리상 적절하지 아니 하며, 특히 금지행위가 형사처벌의 대상이 됨에도 불구하고 이를 법규명령이 아닌 고시에 의해 규정하는 것은 죄형법정주의원칙에도 반한다는 법리상 문제가 지속적으로 제기되었다. 2002년 12월의 개정은 이러한 배경 아래 제36조의3을 개정하여 종래 고시에 의하도록 하였던 금지행위의 유형 및 기준을 대통령령에 의하도록 하였다. 이에 따라 2004년 3월 9일자로 전기통신사업법시행령을 개정하여 종래 금지행위유형및기준고시의 내용을 시행령에 반영하여, 동시행령 제10조의5 별표 1에서 규정하게 되었는데, 그 과정에서 종래 고시의 많은 부분이 폐지 또는 축소되었다. 종래 위임입법의 한계와 관련하여 문제되었던 규정들을 정비하고 불필요한 규제 또는 규제의 중복 등의 문제를 정비하였다는 점에서는 그러한 정비작업이 평가받아야 할 부분이 많이 있지만, 여전히 종래의 문제점이 잔존하기도 하고 새로운 문제점을 야기하기도 하였다.

결합판매에 관한 사업법시행령의 규정은 종래 고시에 비하여 규제의 범위나 밀도를 상당정도 약화시키고 있다. 동시행령 제10조의5 제1항 별표 1 "금지행위의 유형 및 기준" Ⅳ. 6.에 의하면, 이용자이익저해행위의 한 유형으로서 결합판매를 "전기통신역무와 다른 전기통신역무를 묶어서 판매(이하 "결합판매"라 한다)하여 이용자의 이익을 저해하거나 저해할 우려가 있는 행위"라고 규정하고 있다. 다만 "이 경우 이용자의 이익저해 여부를 판단함에 있어서는 결합판매로 인한 비용절감, 이용자편익 증대효과 및 시장지배력전이 등 공정경쟁 저해효과를 고려하여야 한다"고 규정함으로써 공정경쟁정책의 관점을 규제기준으로 고려할 수 있도록 하고 있다.

2. 현행법령상 결합판매규제의 한계와 문제점

(1) 현행법령상 통신서비스 결합판매규제의 법적 근거와 내용

위의 개정과정을 통하여 정비된 통신서비스 결합판매규제의 현행 근거법령은 아래와 같다.

전기통신사업법 제36조의3(금지행위) ① 電氣通信事業者는 공정한 경쟁 또는 이용자의 이익을 저해하거나 저해할 우려가 있는 다음 各號의 1에 해당하는 행위(이하 "금지행위"라 한다)를 하거나 다른 電氣通信事業者 또는 第3者로 하여금 이를 행하도록 하여서는 아니된다.

1.-3. (생략)

4. 利用約款과는 다르게 電氣通信役務를 제공하거나 電氣通信利用者의 이익을 현저히 저해하는 방식으로 電氣通信役務를 제공하는 행위

② 제1항의 규정에 의한 금지행위의 유형 및 기준에 관하여 필요한 사항은 대통령령으로 정한다.

전기통신사업법시행령 제10조의5 (금지행위의 유형 및 기준) ① 법 제36조의3 제3항의 규정에 의한 금지행위의 유형 및 기준은 별표 1과 같다.

② 정보통신부장관은 특정 전기통신분야 또는 특정 금지행위에 적용하기 위하여 필요하다고 인정하는 경우에는 제1항의 규정에 의한 금지행위의 유형 및 기준에 대한 세부기준을 정하여 고시할 수 있다.

[별표 1] 금지행위의 유형 및 기준(제10조의5 관련)

Ⅰ.－Ⅲ. (생략)

Ⅳ. 이용자이익저해

1.-5. (생략)

6. 전기통신역무와 다른 전기통신역무를 묶어서 판매(이하 "결합판매"라 한다)하여 이용자의 이익을 저해하거나 저해할 우려가 있는 행위. 이 경우 이용자의 이익저해 여부를 판단함에 있어서는 결합판매로 인한 비용절감, 이용자 편익 증대효과 및 시장지배력전이 등 공정경쟁 저해효과를 고려하여야 한다.

(2) 현행법령상 통신서비스 결합판매규제의 내용과 문제점

위 규정들을 근거로 한 현행법상 통신서비스 결합판매는 아래와 같이 요약될 수 있다.

(가) 결합판매규제의 본질

위 규정들을 종합적으로 해석하건대, 결합판매의 본질은 이용자이익저해행위이며 따라서 결합판매규제는 이용자보호를 위한 정책수단이다. 이용자의 이익저해 여부를 판단함에 있어서 결합판매로 인한 비용절감과 이용자편익 증대효과 뿐만 아니라 시장지배력전이 등 공정경쟁 저해효과도 함께 고려하도록 함으로써 결합판매규제에 경쟁정책의 수단으로서의 성격을 부여하고 있으나, 이러한 시행령의 규정이 법률규정의 성격을 바꾸는 것은 아니다. 이 점에서 결합판매가 이용자의 편익증대를 가져온다면, 공정경쟁정책의 관점에서 이를 규제하여야 하는 경우 법리상으로나 규제정책상 논리적 모순이 나타나게 되어 규제를 곤란하게 만든다는 문제점을 가지게 된다. 따라서 결합판매규제의 목적을 효과적으로 달성하기 위해서는 결합판매를 경쟁제한행위로 규제할 수 있는 법적 근거가 마련되어야 할 것이다.

(나) 전기통신역무와 다른 상품의 결합판매 규제문제

통신서비스 결합판매규제에 관한 현행 법령의 가장 큰 문제점은 결합판매규제의 대상을 전기통신역무간의 결합판매로 한정하고 있다는 것이다. 이는 사업법시행령개정과정에서 '산업간 결합판매를 개별 산업부서별로 규제하는 것은 불합리하다'고 공정거래위원회가 제기했던 주장을 받아들인 것으로 보인다. 그러나 이 규정은 규제목적달성을 불가능하게 하였다는 입법정책상의 문제점을 야기하였을 뿐 아니라, 일반경쟁규제기관과 전문규제기관 사이의 권한배분의 기본원리를 오해한 것이고, 통신법과 독점규제법의 결합판매규제가 가지는 차이점을 고려하지 않은 잘못된 인식에 기초한 것이라는 비판을 면할 수 없을 것이다. 통신서비스 결합판매를 일반 상품의 결합판매보다 강하게 별도로 규제할 것인가는 통신시장의 발전정도에 따라 달라질 것이며 입법정책적 결정에 따를 일이다. 그러나 대부분의 선진국가에서는 통신시장에서의 결합판매에 대하여는 일반상품의 결합판매와는 별도로 강화된 규제를 채택하고 있거나 적어도 통신시장의 공정경쟁을 보장할 것을 전제로 결합판매를 허용하고 있다. 우리의 경우도 사업법에 의하여 통신서비스의 결합판매에 대하여 별도의 규제를 하고 있다고 보아야 할 것이다. 통신서비스의 결합판매를 별도로 규제하는 한, 그러한 규제목적을 달성하기 위해서는 통신서비스와 다른 상품간의 결합판매는 당연히 규제의 대상이 되어야 한다. 그렇지 않다면, 다른 상품과의 결합판매를 통해 결합판매규제를 회피할 수 있게 되고, 이를 통해 통신서비스의 결합판매를 규제하는 목적을 회피할 수 있게 되기 때문이다.[82] 이 경우 두 개의 상이한 산업분야의 시장이 관련되기 때문에, 이에 대한 규제권한을 어느 규제기관에 부여할 것인가 하는 문제가 제기된다. 이 경우 규제권한배분의 일반원칙에 따르면 규제권한은 전문성과 시너지효과의 두 가지 기준에 따라 배분하여야 한다. 그런데 결합되는 상품이 각각 별도의 특별한 결합판매규제제도를 가지고 있는 경우라면 관할배분에 있어서 전문성의 충돌이 발생할 수 있지만, 이러한 경우는 극히 예외적인 현상이다. 통신서비스와 결합되는 다른 상품이 별도의 특별한 결합판매규제의 대상이 아니고 일반 독점규제법상의 결합판매규제 대상에 불과한 경우에는 당해 결합상품을 구성하는 통신역무의 특성이 문제된다. 따라서 전문성의 원칙상 당해 결합판매에 대한 규제권한은 통신상품의 규제기관에게 부여하는 것이 타당할 것이다. 특히 규제권한배분의 시너지효과를 고려하면 통신서비스 상호간의 결합판매를 규제하는 규제기관이 통신서비스와 다른 서비스의 결합판매도 함께 규제하는

82) 이는 독일의 통설·판례이자 입법태도이기도 하다. Freund/Allenstein/Kreitlow, Besonderer Kundenschutz, in: Wissmann (Hg.), Telekommunikationsrecht, 2003, S. 686; OLG Hamburg, AOL Bertelsmann Online GmbH & C. KG/T-Online International AG, Urteil vom 23. 3. 2000 - 3 U 80/99.

것이 효과적이라고 할 것이다. 특히 일반 독점규제법상 결합판매규제에 의할 때 금지되지 아니 하는 결합판매가 통신법상 결합판매규제에 의하여 금지될 수도 있다는 점을 고려하면, 통신역무와 다른 상품 사이의 결합판매를 통신법상 규제대상에서 제외하는 것은 규제체계에 중대한 공백을 가져올 것이 분명하다. 따라서 결합판매규제의 대상을 통신역무 상호간의 결합판매로 제한하고 있는 사업법시행령 별표의 규정은 개정되어야 할 것이다.

(다) 결합판매의 사전규제문제

현행 결합판매규제는 기본적으로 사후규제에 의존하고 있다. 물론 시장지배적 사업자가 인가대상 전기통신역무를 결합하여 판매하고자 하는 경우, 당해 결합상품의 요금이 공정·타당 및 적정성을 상실하였거나 결합판매가 특정인을 부당하게 차별하게 된다면, 당해 결합상품의 약관의 인가를 거부할 수 있을 것이다. 그러나 이는 결합판매에 대한 규제로서가 아니라 일반약관규제 내지 요금규제의 일환으로 규제될 수 있는 경우에 국한된 것이다. 인가역무를 결합하여 판매하는 경우 시장지배력 전이 등 공정경쟁을 저해하는 현상이 발생할 우려가 크고 또한 이러한 현상이 일단 발생하면 사후적으로 시장의 경쟁왜곡을 시정하는 것이 매우 곤란하다는 점을 고려하면, 인가대상 역무를 결합하여 판매하는 경우에는 약관인가의 단계에서 이를 적절히 규제할 수 있어야 할 것이다.

Ⅳ. 해외 주요국 통신규제기관 및 일반경쟁당국의 결합판매 규제 동향

1. 미　　국

(1) 결합판매(Bundling)의 정의

일반적으로 순수 결합판매는 두 개의 상품이 결합비율이 고정된 채 반드시 결합되어서만 판매되는 것을 말하고, 혼합 결합판매는 두 개의 상품이 결합되어서도 판매되고 개별적으로도 판매되지만 결합판매시 가격할인이 있는 경우를 그리고 one-stop shopping은 결합판매시 가격할인이 없는 경우를 의미한다.[83)]

Computer Ⅱ Order는 통신상품에 대한 결합판매에 대한 규제를 분명히

83) Barry Nalebuff, Bundling, Tying, and Portfolio Effects-DTI Economics Paper No. 1, DTI, 2003. 2, 13면 이하.

하였지만, 결합판매 자체에 대해서는 규제대상이 되는 결합판매의 유형이나 결합상품의 내용을 특정하지 않은 채 포괄적인 정의를 하고 있다. 이에 의하면 결합판매는 "단일 패키지로 상이한 상품과 서비스를 판매하는 것"을[84] 말한다. 이와 같은 방식의 결합판매의 정의는 지금까지도 기본적으로 유지되고 있는데, 다양한 형태의 결합판매를 포괄하는 일반적 정의방식을 취함으로써, 순수 결합판매나 혼합 결합판매, 나아가 일반적으로 결합판매에 해당하는 것으로 고려되지 않는 one-stop shopping까지도 개념적으로 포섭될 수 있다.[85]

이러한 태도는 규제대상이 되는 결합판매의 범위를 사전적으로 규정하지 않고 시장 상황 등에 대한 종합적인 판단에 유보하는 것이며, 결합판매 그 자체로서 위법한 것은 아니라는 사고가 전제되는 것이다.[86] 또한 이러한 입장은 산업이나 시장의 구조변화나 거래계의 행태에 탄력적으로 대응할 수 있다는 점에서도 긍정적인 측면이 있다.

(2) 결합판매 규제대상 및 규제내용

시내 통화서비스와 장거리 통화서비스의 결합판매는 우선 시내 통화서비스를 제공하는 사업자가 장거리 통화서비스 제공에 진출할 수 있는지의 문제에 관련된다. AT&T의 해체를 통하여 장거리 통신서비스 시장과 시내 통신서비스 시장은 엄격하게 분리되었지만, 1996년 통신법의 개정 이후 기존의 시내 통신서비스 사업자(ILEC)의 장거리 통신서비스 시장에의 진입이 허용되었다.

그러나 진입의 허용에는 주로 경쟁의 관점에서 제안된 엄격한 조건의 충족이 요구되고 있다. 특히 진입조건은 시내 통신서비스 사업자들의 지역적 기초인 시내통신망이 충분히 개방되는 것으로 구성되어 있으며, 이를 위하여 시내망의 분리와 비차별적인 개방이 요구되고 있다.[87]

이와 관련하여 통신법 제271조 제c항 (2) (b)에 규정된 경쟁상황에 관한 체크리스트는 다음의 14가지 사유로 구성되어 있다. ① 상호접속의 제공과 접

84) 77 FCC 2d 384, 442-443 (1980).

85) one-stop shopping을 bundling에 해당하지 않는 것으로 이해는 것으로서, Barry Nalebuff, 앞의 글, 14면 참조.

86) bundling과 구조적으로 유사한 tying(끼워팔기)에 있어서 초기 당연위법적인 태도에서 벗어나 다양한 형량의 가능성을 인정하는 방향으로 나아가고 있는 것에 관한 개괄로서, Herbert Hovenkamp, Federal Antitrust Policy-The Law of Competition and Its Practice, West Group, 1999, 392면 이하 참조.

87) Charles H. Kennedy, An Introduction to U.S. Telecommunications Law 2. ed., Artech House, 2001, 64면 이하 참조.

속료 산정, ② unbundling으로 시내망 접속서비스 제공, ③ 전주, 관로, 송수관, 관로 사용권에 대한 비차별적 이용, ④ 가입자 선로에 대한 분할판매 보장, ⑤ 시내 전송에 대한 분리판매보장, ⑥ 시내 교환에 대한 분할판매 보장, ⑦ 911, 번호안내, 교환원 이용 수동통화의 이용 보장, ⑧ 경쟁사업자의 고객을 전화번호부에 등재, ⑨ 전화번호의 비차별적 이용보장, ⑩ call routing 및 완결에 필요한 데이터베이스의 비차별적 이용보장, ⑪ 번호 이동성의 보장, ⑫ 시내전화 번호 다이얼링에서의 동등성 보장, ⑬ 다른 사업자의 통화에 대한 송수신 서비스 제공에 따른 상호보상 협정의 합리성, ⑭ 재판매의 허용 등이다. 현재 이와 같은 기준에 의한 FCC의 경쟁심사를 통하여 시내 통신서비스 제공 사업자의 장거리통신부문에의 진입이 이루어지고 있는데, 현재 시점에서 하와이와 알레스카를 제외한 모든 주에서 진입이 승인되었다.[88] 한편 절차적으로 FCC가 승인결정을 내림에 있어서 법무부와 각 주의 규제위원회와 협의하여야 한다. 그러나 이들의 판단에 구속되는 것은 아니며, 단지 법무부의 판단은 충분히 고려되어야 한다.[89]

이와 같이 경쟁심사를 통하여 진입이 허용된 경우에, 시내통신서비스와 장거리통신서비스의 결합판매에 대한 추가적인 규제는 없다.

(3) 독점적 서비스의 결합판매 허용 배경 및 시기

미국 통신서비스 시장에 있어서 결합상품에 대한 규제를 살펴보면, 우선 결합되는 상품의 구성 상품이 독점상태에 있는 경우에 특히 순수결합판매를 허용한 예는 없다. 또한 1980년 Computer II Order에 의하여 단말기 시장의 경쟁을 보호하기 위하여 결합판매의 규제가 시작된 이후에, 결합상품의 판매에 대한 규제의 수준과 대상의 결정은 무엇보다 시장의 경쟁적 구조에 깊이 관련되고 있음을 알 수 있다.

2. 캐나다

(1) 결합판매의 정의

캐나다 통신규제기관인 CRTC는 통신서비스 결합판매를 '다수의 서비스가 단일 요금으로 제공되는 상태'이며, '다수의 서비스가 독립적으로 요금이 책정

88) http://www.fcc.gov/Bureaus/Common_Carrier/in-region_applications/참조. 이에 따르면 사업자별 승인된 주의 수는 Qwest 14, SBC 12, Verizon 14, Bellsouth 9 등이다.

89) Charles H. Kennedy, 앞의 책, 68면.

되는 경우라도 (동시구매에 대한) 다량이용할인(volume discounts)의 목적으로 통합 요금할인이 제공되는 상태'라고 규정하고 있다.[90] 그러나 호주와는 달리 통합과금을 결합판매의 유형으로 볼 수는 없다는 결론을 내린 바 있다.[91]

(2) 결합판매 규제 대상 및 규제 내용

캐나다의 결합판매 규제는 Stentor(Bell Canada 계열사와 지역별 독립계 전화사업자의 연합체로서 각 회원사는 지역별로 시장지배적 사업자임) 회원사에게만 비대칭적으로 적용된다. 서비스 유형별로는 독점적인 통신서비스와 경쟁적 통신서비스 또는 비통신 서비스를 결합하는 경우에는 조건부로 허용된다.

규제기관인 CRTC가 결합판매에 대해 규제하는 것은 결합된 상품의 요금규제, 경쟁사업자의 동등한 결합상품 제공환경 조성 등에 초점을 맞추고 있다.

(3) 규제방식 및 규제근거

캐나다의 결합판매에 대한 규제는 기간통신사업자의 통신서비스 요금(tariff)에 대한 사전규제(보수율 규제 또는 가격상한제) 차원에서 이뤄지며, 다른 서비스의 요금 및 이용조건을 인가받는 것과 마찬가지로 결합서비스의 요금과 이용조건을 CRTC로부터 인가받아야 한다(imputation test).

결합서비스에 대한 직접적 규제 규정은 통신법상에 존재하지 않으나, 통신법에서 규정하고 있는 요금의 적정성, 타당성 및 (정당한 범위내에서의) 비차별성 요건에 기반하여 CRTC가 내리는 규제집행 결정(Decision)을 통해 반경쟁적 결합판매 요금이 규제된다.

imputation test는 경쟁이 도입된 부문에서 기존 지배적사업자의 요금설정시 관련된 비용을 빠짐없이 반영하여 경쟁사에 비해 부당한 우위를 갖지 못하도록 서비스의 요금수준과 관련 비용을 검증하는 방식이다.

Imputation test에서는 지배적 사업자의 (결합)서비스 요금이 지배적 사업자 자신이 이 서비스를 제공하기 위해 실제로 부담하는 필수설비의 투입 비용과 최종 서비스를 제공하기 위하여 추가로 투입된 증분비용(incremental cost)의 합보다 높은가를 점검하게 된다.

독점서비스와 경쟁서비스의 결합판매가 허용되기 위해서는 ⅰ) 결합서비

---

90) CRTC Telecom Decision 94-19 (Review of Regulatory Framework).

91) CRTC Telecom Decision 98-20.

스의 요금은 해당 결합 서비스 제공에 이용된 지배적사업자의 필수요소 비용과 증분비용의 합 이상이어야 하고, ii) 경쟁사업자가 개별상품으로 제공되는 필수요소를 이용하고, 자기 자신의 경쟁적 요소를 결합하여 지배적 사업자의 결합 서비스와 동등한 결합 서비스를 제공할 수 있어야 하며, iii) 결합상품 자체를 재판매해야 한다.

3. 독 일

(1) 결합판매의 정의

분리제공(Entbündelung)이란 모든 통신역무는 시장의 일반적 수요에 따라 객관적으로 구별될 수 있는 범위 내지 단위로 구분하여 독립적인 급부로 공중에게 제공되어야 한다는 것을 의미한다.[92)]

개개 서비스의 부분을 독립적인 급부로 제공하여야 할 의무는 당해 급부가 객관적으로 그리고 비용분류에 있어서 분리할 수 있는 경우에 한하여 존재한다.[93)]

분리제공의무는 시장의 일반적 수요가 이를 요구하는 경우에만 존재한다. 따라서 급부의 부분들을 분리하여 제공할 것을 수요자가 개인적으로 요구한다는 사실만으로는 아니 되고, 시장에서 일반적으로 그러한 분리제공의 요구가 존재하여야 한다. 이 점에서 통신이용자보호를 위한 분리제공과 망접근에 있어서 분리제공에 차이가 있다. 망접근규정 제2조에 따르면 망접근에 있어서는 망접근권을 가진 자는 시장의 일반적 수요와 무관하게 자신의 수요에 따라 분리하여 제공할 것을 요구할 수 있다.

분리제공이란 시장지배적 사업자가 광고를 함에 있어서 각각의 요금을 분리하여야 할 뿐 아니라 실제로 당해 급부들을 분리하여 제공하여야 하며, 이로써 이용자들이 다른 사업자를 선택해서도 이들 급부를 제공받을 수 있어야 한다.[94)]

(2) 독점적 서비스의 결합판매 허용 배경, 시기 및 규제근거

1995년도의 통신이용자보호규정에서는 경쟁서비스에 대하여 결합판매를 일반적으로 금지하는 명시적인 규정을 두지 아니 하였었다. 결합판매를 일반

92) Büchner, §41 Rdnr 20.
93) BT-Ds. 551/97, S. 24 f.
94) Piepenbrock, Ahn §41, §3 TKV, S. 761.

적으로 금지하는 규정은 1996년 통신법에 근거하여 제정된 1998년 통신이용자보호규정에 의해 도입되었다.

1996년 독일통신법 제41조에 근거하여 통신이용자보호규정(TKV)이 제정되었는데, 통신법 제41조 제3항 제2호의 위임에 근거하여 공중에 대한 전기통신역무의 분리제공에 관한 사항이 동 규정 제3조에 규정되어 있다. 통신이용자보호규정 제3조는 1998년 유럽공동체 음성통신서비스 지침(Sprachtelefondienst-Richtlinie 98/10/EG) 제17조 제4항을 집행하기 위한 것이기도 하다. 이 지침에 따르면, 시장지배적 사업자는 자신의 고객에 대하여 결합된 형태로만 판매하여서는 아니된다. 결합판매에 있어서는 이용자가 원하지 아니 하는 서비스가 이용자가 원하는 서비스와 결합되어 불리한 금액으로 제공될 위험이 있기 때문이다. 이러한 위험은 시장지배적 지위가 존재하는 경우에 발생한다.

2002년 유럽연합은 회원국의 통신법의 개정을 위한 5개의 지침(통신기본지침, 허가지침, 접근지침, 보편적 서비스지침, 정보보호지침)을 제정하였고, 이에 따라 독일은 2004년 통신법을 전면개정하게 되었다. 이 과정에서 보편적서비스지침에 따라 분리제공에 관하여는 시장지배적 사업자가 시장지배적 지위를 남용하는 부당한 결합판매만을 제한하도록 규정하였다. 이는 결합판매가 가지는 시너지효과와 이용자이익증진의 측면을 유럽연합차원에서 인정하여 지침을 제정하였기 때문이다. 따라서 개정안에 따르면 분리제공은 시장지배력남용규제의 성격을 가지게 된다. 2004년 전면개정으로 규율체계와 내용이 상당히 변화하였으나, 종래 결합판매규제도 우리나라 법제도에 시사하는 바가 적지 아니하므로, 아래에서는 우선 구법상의 결합판매규제에 대하여 검토한 후 개정통신법상 규율내용을 살펴보기로 한다.

(3) 2004년 개정 이전의 결합판매규제

(가) 규제대상 및 규제내용

1) 모든 전기통신역무

결합판매 금지의 대상인 통신서비스는 허가를 요하는 서비스 상호간, 허가를 요하지 아니 하는 서비스 상호간 그리고 허가를 요하는 서비스와 이를 요하지 아니 하는 서비스 상호간의 결합판매를 모두 포괄한다(통신법 제41조 제3항 제2호). 즉 허가의 요부를 묻지 아니 하고 모든 통신서비스가 결합판매 금지의 대상이다.

2) 시장지배적 사업자

독일통신법 제41조 제3항 제2호의 문언에서는 결합판매의 금지를 시장지배적 사업자에 국한시키고 있지 아니 하다. 그러나 시장지배적 사업자의 경우에만 결합판매를 금지할 필요성이 존재한다. 1997년 통신이용자보호규정도 이러한 입장을 취하고 있다. 결합판매에 있어서는 이용자가 원하지 아니 하는 서비스가 이용자가 원하는 서비스와 결합되어 판매됨으로써, 잘 판매되지 아니 하는 서비스의 비용충당의 수단으로 이용될 위험이 존재한다. 또한 결합판매는 서비스제공사업자와 경쟁사업자간의 가격비교를 방해하여 공정한 경쟁을 저해한다. 이러한 위험은 시장지배적 지위가 존재하는 경우에 현실적으로 문제된다.

결합판매 금지규정의 수범자는 일반공중에 대하여 통신서비스를 제공하는 시장지배적 사업자이다. 따라서 독일법상 분리제공은 비대칭규제의 하나이다. 당해 통신사업자가 망 기타 필수설비보유자일 필요는 없다. 단순한 서비스제공자나 재판매업자도 시장지배적 지위를 가지는 한, 결합판매가 금지된다. 시장지배력은 통신법 제33조의 준용규정에 의해 경쟁제한방지법(GWB) 제19조의 규정에 의하여 판단된다.

3) 전기통신역무와 다른 역무 상호간의 결합판매

분리제공의 입법취지 및 목적에 비추어 볼 때, 분리제공의 대상 역무가 모두 통신법상의 전기통신역무(통신법 제3조 제18호)일 필요는 없다. 그렇지 아니 하다면 통신사업자는 통신역무 이외의 다른 역무를 끌어들임으로써 통신이용자보호규정 제3조의 분리제공의무를 쉽게 회피할 수 있기 때문이다.[95] 따라서 통신역무와 통신역무 이외의 통신역무를 결합하여 판매하는 행위도 금지된다.

예컨대 e-mail서비스와 같은 인터넷 부가서비스, 인터넷뱅킹 서비스 등이 통신서비스와 결합판매되는 경우, 분리제공의무규정에 의하여 적어도 통신서비스와 그밖에 다른 서비스들은 분리되어야 한다. 함부르크 지방법원의 판결에 따르면, 온라인 서비스 자체의 이용과 이에 수반되는 통신망사용은 객관적으로 분리할 수 있고 따라서 분리되어야 하는 역무들이라고 한다.[96]

95) Freund/Allenstein/Kreitlow, Besonderer Kundenschutz, in: Wissmann(Hg.), Telekommunikationsrecht, 2003, S. 686; OLG Hamburg, AOL Bertelsmann Online GmbH & C. KG/T-Online International AG, Urteil vom 23. 3. 2000 - 3 U 80/99.

96) 다만 위에서 언급한 바와 같이, 시장의 일반적 수요의 변화에 따라 이들을 서로 분리해 제공하라는 수요가 존재하지 않게 되면 양자의 결합판매가 가능하게 된다. LG Hmaburg, AOL Bertelsmann Online GmbH & Co. KG/Deutsche Telekom Online Service GmbH,

4) 분리제안 및 분리과금

투명성원칙에 따라 분리되어 판매되어야 할 급부들은 분리되어 열거되고 설명되어야 한다. 그리고 이들 각 부분 역무별로 분리하여 요금이 부과되어야 한다. 요금청구서상에서도 각 부분들은 분리되어 요금이 부과되어야 한다(이용자보호규정 제3조 제1항 제2문 제2항).

5) 망접근에 있어서 분리제공의무

망접근규정 제2조에 따르면 통신망의 운영자는 자신이 통신서비스를 제공하기 위해 내부적으로 사용하는 급부 또는 자신이 시장에 제공하고 있는 급부를 경쟁사업자에게 판매함에 있어서 경쟁사업자가 원하지 아니 하는 급부를 구매하도록 판매하여서는 아니 된다. 통신망운영자는 이러한 분리제공의무가 개별적인 경우에 객관적으로 부당하다는 사실을 입증하는 경우에만 분리제공의무를 면제받을 수 있다.

망접근에 있어서 경쟁사업자는 시장지배적 사업자에 대하여, 위에서 언급한 바와 같이 시장의 일반적 수요와 무관하게 경쟁사업자 자신의 수요에 따라 분리하여 제공할 것을 요구할 수 있다.

이상의 망접근규정상의 내용은 신통신법 제16조에 그대로 반영되었다.

(나) 규제방식

이용자보호규정에 반하는 행위에 대한 규제는 원칙적으로 사후규제이다. 즉 통신법 제40조에 따르면 공중에 대하여 통신서비스를 제공하는 사업자가 고의 또는 과실로 통신법이나 이에 근거한 법규명령, 허가조건 또는 규제청의 명령에 위반하여 이용자에게 손해를 발생케 한 때에는 이를 배상하여야 하며, 이용자는 이러한 행위의 중지를 요구할 수 있다.

요컨대, 이용자보호규정 위반행위에 대하여는, 위법행위에 대한 중지청구와 손해배상청구를 통해 규제할 수 있다.

Urteil vom 12. 3. 1999 - 416 O 46/99; OLG Hamburg, AOL Bertelsmann Online GmbH & C. KG/T-Online International AG, Urteil vom 23. 3. 2000 - 3 U 80/99. 함부르크 주고등법원(OLG Hamburg)은 시장의 일반적 수요의 변경으로 인하여 제1심법원의 판결을 변경하였다. 온라인 서비스 자체의 이용을 통신망의 이용으로부터 분리하여 제공하여야 한다는 일반적 수요가 더 이상 존재하지 아니 하게 되었다는 것을 이유로 판결을 변경하였다.

(4) 2004년 개정통신법에 따른 결합판매규제제도

(가) 망접근에 있어서 분리제공의무

시장지배적인 공중통신망운영자는 망접근의무의 하나로서 다른 경쟁사업자에 대하여 가입자선로(Teilnehmeranschluss)에 대한 접근(local loop access)을 제공하여야 한다. 이 때 local loop access를 제공함에 있어서 분리제공이 이루어져야 한다. 망접근에 있어서 분리제공의무의 기본 내용은 종래 망접근 규정에 의해 규정된 내용과 동일하다.

(나) 시장지배적 지위의 남용금지

구법에서 결합판매가 기본적으로 이용자보호를 위한 제도로서 규정되었던 데 반해, 개정법은 이를 시장지배적 지위의 남용문제로 규정하고 있다. 개정통신법 제28조 제1항에 따르면 시장지배적 통신사업자는 자신의 시장지배력을 남용하여서는 아니 되며, 동조 제2항 제3호에 따르면 사업자가 자신의 상품을 제공함에 있어서 부당하게 결합하여 판매하는 경우에는 제1항에 의한 시장지배력 남용이 있는 것으로 추정한다.[97]

부당한 결합판매에 해당하는지 여부를 판단함에 있어서 통신규제청은 당해 시장지배적 사업자의 경쟁사업자가 당해 결합상품을 동일한 조건으로 제공할 수 있는지의 여부를 심사하여야 한다(제28조 제2항 제3호 제2문).

상품의 부당한 결합판매라는 용어는 유럽연합의 보편적 역무지침 제17조 제2항에서 연유하는 것이다. 법문상 모든 형태의 결합판매가 금지되는 것은 아니다. 수요자의 측면에서 결합상품에 대한 선호가 점차 증대하고 있고, 결합상품이란 시너지효과 내지 결합효과의 표현으로 이해되어 가고 있다. 따라서 경쟁제한적 성격을 가지는 결합판매만 금지의 대상으로 규정하게 된 것이다.

---

97) 개정독일통신법 제28조(시장지배적 지위의 남용) ① 전기통신역무의 시장지배적 사업자는 자신의 시장지배력을 남용하여서는 아니 된다. 시장지배적 사업자가 다음 각호의 1에 해당하는 요금을 요구하는 경우에는 시장지배력의 남용이 존재한다. 다만 제2호와 제3호의 경우에는 객관적인 정당화사유가 제시되면 그러하지 아니 하다.

1. 당해 시장에서의 시장지배력에 기초하여서만 관철할 수 있는 요금
2. 전기통신시장에서 다른 사업자의 경쟁가능성을 현저히 저해하는 요금
3. 동일하거나 유사한 전기통신역무의 다른 수요자들게 대하여 보다 더 많은 이익을 개개 수요자에게 제공하는 요금

② 다음 각호의 1에 해당하는 경우에는 제1항 제2호에 의한 시장지배적 지위의 남용이 존재하는 것으로 추정된다.

3. 사업자가 자신의 상품을 제공함에 있어서 부당하게 결합판매하는 경우. 부당한 결합판매에 해당하는지 여부를 판단함에 있어서 통신규제청은 당해 시장지배적 사업자의 효율적인 경쟁사업자가 당해 결합상품을 기본적으로 동일한 조건으로(zu vergleichbaren Konditionen) 제공할 수 있는지의 여부를 심사하여야 한다

경쟁의 관점에서 부당하다거나 문제시되는 것은 다른 효율적인 경쟁사업자가 그러한 결합상품을 동일한 조건으로 제공할 수 없는 경우이다.

또한 결합상품의 경쟁제한적 가격에 대해서는 제28조 제2항 제1호가 유추 적용된다. 이에 따르면 당해 결합상품의 가격이 투입된 자본의 적절한 이자를 포함하여 장기의 추가비용을 커버하지 못하는 경우에는 시장지배적 지위를 남용한 것으로 추정한다. 즉 일정한 단위의 급부의 가격이 당해 급부의 평균적 추가비용을 하회하고 따라서 당해 급부의 추가적 수익이 그로 인하여 야기된 추가비용을 보전하지 못하는 경우에는 시장지배력남용이 있는 것으로 인정된다.

위에서 설명한 바와 같은 결합판매를 통하여 시장지배력을 남용한 경우 통신규제청은 개정안 제38조 제4항에 의하여 당해 시장지배적 사업자에 대하여 결합판매의 해소 및 그 방식을 명할 수 있다.

이 점에서 결합판매 규제는 기본적으로 사후규제에 의한다.

(다) 보편적 서비스의 분리제공의무

개정통신법 제84조 제2항에 따르면 어떤 통신사업자가 보편적 서비스를 제공함에 있어서는 최종이용자가 불필요한 급부나 시설에 대하여 대가를 지불하지 아니 하는 방법으로 서비스를 제공하여야 한다고 하여, 보편적 서비스의 결합판매 금지를 규정하고 있다. 이는 유럽연합의 보편적 서비스지침 제10조 제1항을 반영한 것이다.

4. 결론: 외국사례의 교훈 및 시사점

결합판매의 규제제도는 각국이 처한 통신시장의 구조와 경쟁환경 등에 따라 달라져야 하는데, 미국을 비롯한 주요 선진국의 통신시장환경 및 법체계가 우리와 상이하여 선진국의 제도연구가 우리에게 직접 시사점을 제공할 수 없다는 문제가 있다.

우리나라의 통신시장환경 및 경쟁상황에 대한 통계적 연구가 엄밀한 자료와 분석방법에 근거하여 제시되어 있지 아니하고, 논자에 따라 상이하게 사용되고 있다는 점도 결합판매규제의 객관적 근거를 제시하는 데 한계로 작용하고 있다.

그럼에도 불구하고 위의 해외사례들을 검토해보면, 우리나라에서 결합판매 규제제도를 설계함에 있어서 일정한 시사점을 도출할 수 있다.

해외사례에서 나타난 통신서비스 결합판매규제 체계의 특징은 아래와 같이 요약될 수 있다.

첫째, 통신서비스의 결합판매규제는 이용자의 이익보호에서 공정경쟁 저해방지라는 관점으로 규제목적이 이동하였거나 이동하고 있음을 알 수 있다.

둘째, 이용자이익증대라는 관점에서 결합판매를 점차 허용하는 방향으로 규제정책이 전개되고 있으나, 공정경쟁보호라는 관점에서 결합판매의 허용요건을 규제하고 있다.

셋째, 결합판매규제는 기본적으로 이용요금규제와 동등접속보장이라는 안전장치의 요구를 통해 수행되고 있다.

넷째, 통신서비스와 다른 상품과의 결합판매도 규제의 대상으로 함으로써 규제목적회피를 방지하고 있다.

이러한 점을 고려하면 우리나라의 결합판매규제도 이용자이익증대라는 관점에서 점차 허용범위를 확대하되 경쟁정책의 관점에서 허용요건을 재구성하여야 하며, 통신서비스와 다른 상품의 결합판매도 규제대상으로 포섭할 수 있어야 할 것이다.

V. 결합판매규제 개선방안

1. 결합판매규제를 위한 규제모델의 유형

결합판매의 규제는 다양한 방식의 규제체계를 통해 실현될 수 있다.

(1) 경쟁정책모델과 이용자보호정책모델: 규제목적의 관점에서

우선 결합판매규제의 목적을 어떻게 설정할 것인가에 따라 공정경쟁을 구현하기 위한 경쟁정책모델과 이용자이익보호를 위한 이용자보호모델로 구분할 수 있다. 전자의 모델을 채택하면 결합판매의 허용기준을 공정경쟁 저해여부에 둘 것이고, 따라서 결합판매 허용조건도 공정경쟁보장이라는 관점에서 모색될 것이다. 후자의 모델에 따르면 결합판매규제의 허용여부는 이용자이익 저해여부에 따라 결정될 것이다. 이미 앞에서 검토한 바와 같이 오늘날 결합판매가 이용자 편익을 증대시킨다는 점이 강조되고 있기 때문에, 이용자이익 저해를 방지하기 위해 결합판매를 규제한다는 주장은 현실적인 설득력을 점차 상실하고 있고, 이에 따라 결합판매규제의 논리가 점차 경쟁정책적 관점으로 옮겨가고 있으며, 이것이 정당하다고 본다. 따라서 바람직한 결합판매규제는 경쟁정책모델에 따라 설계되어야 할 것이다. 다만 현행 전기통신사업법상 결합판매는 기본적으로 금지행위의 한 유형으로 이용자 이익저해행위의 금지에 의하여 규제되고 있기 때문에, 법률개정을 통한 규제체계의 전환이 수반되지 아니 하고 하위법령의 개정에 의존하는 경우에는 어떠한 형식이든 이용자 이익저해행위의 금지가 결합판매규제의 기본목적과 연결되어 있어야 할 것이다.

(2) 약관규제모델 · 요금규제모델 · 금지행위규제모델: 규제수단의 관점에서

위의 경쟁정책모델과 이용자이익보호모델이 규제목적에 따른 결합판매 규제제도의 설계유형이라고 한다면, 규제수단에 따른 결합판매 규제모델로는 약관규제모델, 요금규제모델, 금지행위규제모델 등을 상정할 수 있을 것이다.

약관규제모델이나 요금규제모델은 모두 사전규제모델로서 후자는 전자의 일부를 구성한다. 사전규제방식에 의하여 결합판매를 규제하되 이용요금에 대한 통제만을 통하여 결합판매를 규제하고자 하는 것이 후자의 모델인데 반하여, 전자는 요금 이외에도 다양한 기준을 결합판매상품의 이용약관인가조건으로 설정하고자 하는 규제체계이다. 캐나다와 호주의 예에서 나타나는 바와 같이 결합판매에 대한 경쟁정책적 규제의 본질이 약탈가격이나 독점가격 등에 의한 경쟁저해를 방지하기 위한 것이라는 점에서 요금규제가 결합판매규제의 핵심적인 수단으로 사용될 것이고, 따라서 요금규제모델의 유용성이 인정될 수 있을 것이다. 그러나 요금 이외에도 결합판매의 규제를 위해서는 다양한 규제기준이 설정될 수 있으며, 특히 결합판매를 허용하되 안전장치를 허용조건으로 부가하는 방식을 채택하고자 하는 경우에는, 요금규제만으로는 규제목적을 적절히 달성할 수 없게 된다. 예컨대 경쟁사업자가 동일한 결합상품을 동일한 조건으로 제공할 수 있는 가능성이 담보되는 경우에만 결합판매를 허용한다고 할 때, 이러한 안전장치의 확보를 위해서는 결합판매를 허용함에 있어서 다른 경쟁사업자에 대한 필수설비등에의 접근보장 및 결합상품의 구성상품 가운데 시장지배적 사업자의 기간통신역무의 재판매의무 등이 전제되어야 할 것이다. 이러한 안전장치의 보장을 위해서는 결국 이용약관의 인가요건으로서 요금 이외에도 동등접속과 관련된 사항들이 규제기준으로 채택되어야 할 것이다. 특히 결합판매를 경쟁정책수단으로 이해하고, 경쟁사업자의 동등접속보장 등을 결합판매의 허용요건 내지 규제기준으로 요구하기 위해서는 요금규제에서 더 나아가 약관규제모델이 타당한 규제모델이 될 것이다.

금지행위규제모델은 사후규제모델로서 현행 사업법 제36조의3에 근거한 결합판매규제의 기조를 유지하는 방식이다.

결합판매로 인한 시장지배력 전이 등 경쟁왜곡효과가 일단 발생하면 사후적인 규제수단으로 회복하기 곤란하다는 점, 그리고 사업법 제29조에서 일정한 시장지배력이 있는 사업자의 역무제공에 대하여 사전의 약관규제를 시행하고 있는 취지가 바로 이러한 이유에서라는 점을 고려하면, 적어도 현행 통신규제제도의 체계나 취지에 비추어 사업법 제29조 제1항 단서에 해당하는 경우에는 결합판매에 대한 사전규제로서 약관규제가 가능하도록 하여야 할 것이다.

(3) 사전규제와 사후규제의 병존문제

사전규제와 사후규제는 병존이 가능하다. 사전규제를 통해 인가받은 결합상품에 대하여 사후규제로 금지할 수 있느냐 하는 문제는 여러 가지 쟁점을 내포하고 있다. 자신이 허용된다고 판단하여 인가한 상품에 대하여 사후에 위법하다고 하여 금지하거나 제재를 가한다는 것이 논리적으로 모순된다는 주장도 있을 수 있다.[98]

허가나 인가를 요하는 행위에 대하여 일단 관할행정청의 허가 혹은 인가처분이 내려진 경우, 관계행정청은 당해 행위의 위법을 주장하여 제재를 가할 수 없다. 허가나 인가는 관계행정청의 위법의 인용을 배제하는 효과를 갖는다. 이를 합법화효력(Legalisierungswirkung)이라 한다.[99] 그러므로 원칙적으로 일단 인가나 허가를 받은 행위는 위법성이 조각되며 이를 이유로 제재를 받지 아니한다.

그러나 합법화효력이 인가를 기초로 하는 모든 행위에 대하여 무한정 확장되는 것은 아니며, 그 범위에 제한이 있다. 동일한 규제대상에 대하여 관계법규가 사전인가와 사후적 규제를 동시에 규정하는 경우에도 관계법규정의 해석에 따라 다음과 같이 나누어 살펴 볼 필요가 있다.

첫째, 만일 완전히 동일한 행위에 대하여 동일한 척도로 심사를 하면서 사

98) 이하의 논의에 대하여는 이원우, “통신시장에 대한 공법적 규제의 구조와 문제점”, 『행정법연구』 제11호, 2004년 상반기, 61-95, 82-83면 참조.

99) 합법화효력에 대하여 상세한 내용은 Stober, Wirtschaftsverwaltungsrecht, 최송화/이원우 역, 『독일경제행정법』, 1996, 24면 이하 참조.

정변경이 없는데도 불구하고 시정을 명하는 것은 원칙적으로 불가능하다. 이러한 시정명령에 대하여는 합법화효과를 근거로 대항할 수 있다. 예외적으로 처음의 인가처분이 위법했던 경우에 한하여 인가처분을 직권으로 취소하고 새로운 인가신청을 받아 다시 심사절차를 밟아야 할 것이다. 그러나 위법한 인가의 취소가 언제나 자유로운 것은 아니다. 신뢰보호의 원칙상 취소권이 제한되기 때문이다. 인가처분의 취소가 현실적으로 곤란한 경우에는 행정지도나 사전협의와 같은 비공식적 행정작용을 사용하여 당사자간의 합의에 의한 협정변경을 유도하는 수밖에 없을 것이다.

둘째, 인가처분이 적법했던 경우에도 사정변경의 경우를 요건으로 시정명령권이 부여된 경우 사정변경을 이유로 한 내용변경명령이 가능함은 물론이나, 수익적 행정행위에 대한 철회권 제한의 범위가 넓기 때문에 현실적으로 사정변경을 이유로 인가를 철회할 수 있는 경우는 많지 않을 것이다.

셋째, 인가처분이 적법했고 그 후 아무런 사정변경이 없다고 하더라도, 인가처분시의 심사기준이나 심사의 정도와 사후규제권발동의 기준이나 정도가 상이한 경우에는 인가의 합법화효력이 여기에 미치지 아니한다고 보아야 할 것이다. 일반적으로 사전규제와 사후규제를 병행하는 이유는, 규제대상이 되는 당해 사안의 중요성 때문에 사전규제가 필요하지만 규제기관에게 사후규제권 없이 사전규제권만 부여할 경우 사전규제를 지나치게 엄격히 하게되어 시간과 비용이 많이 들 수 있기 때문이다. 이러한 문제점을 해결하기 위해서는 사전규제에 있어서는 중요하고도 기본적인 사항에 대하여 비교적 짧은 기간내에 심사를 마치도록 하고, 사전심사에서 발견하지 못했으나 나중에 드러나는 문제에 대하여는 사후규제수단에 의해 시정할 수 있도록 하여야 할 것이다. 이렇게 하는 것이 규제의 목적달성을 효과적이고도 효율적으로 보장해 줄 것이다. 따라서 이러한 취지에서 규정된 사전규제와 사후규제는 규제권발동을 위한 심사의 기준이나 정도가 서로 다르며, 엄밀한 의미에서 중복규제라 할 수 없다. 다만 이러한 사전·사후규제 병행의 취지를 살리려면, 첫째 사전규제와 사후규제의 심사기준과 범위가 동일해서는 안 되며, 둘째 사전규제인 인가처분을 위한 심사기간을 단기로 법정하여야 한다.

요컨대 사전규제를 거쳐 허용된 결합판매가 그 이후 사정변경 등에 의하여 후발적으로 위법하게 된 경우에는 사후적인 규제수단에 의해 보완적인 규제가 요구되기도 한다는 점, 사전규제와 사후규제의 통제기준과 통제강도가 일치하지 않는다면 양자의 병존은 이론적으로 문제되지 않는다는 점을 고려할 때 사전규제와 사후규제의 병존은 법리적인 차원에서 가능할 뿐 아니라 입법정책적인 관점에서 요청된다고 하겠다. 즉 사전규제와 사후규제의 통제기준과 통제강도는 서로 달리하여 동시에 규제수단으로 채택하는 것이 사전규제제도의 장점을 받아들이면서도 단점을 보완할 수 있는 길일 것이다.

2. 결합판매규제제도의 개선을 위한 기본방향

(1) 순수결합판매의 원칙적 금지와 허용조건 문제

일반적으로 순수결합판매는 금지되는 것이 바람직하다는 데 견해의 일치를 보고 있다.

여기서 유의하여야 할 점은 순수결합판매로 인정되기 위해서는 서로 다른 상품이 결합의 형태로만 판매되어야 한다는 점이다. 순수결합판매의 개념에 대하여는 앞서 설명한 바 있으나, 여기서는 이것이 "다른" 상품들의 결합이어야 한다는 점을 강조하고자 한다. 따라서 두 개의 구성요소가 결합되어 하나의 상품으로 인식되는 경우에는 이는 하나의 상품판매이지 복수상품의 "결합"판매가 아닌 것이고, 따라서 금지되지 아니 한다는 것이다. 단일한 상품으로 볼 것인지 결합상품으로 볼 것인지의 여부는 거래통념 내지 시장의 일반적 수요에 비추어 판단하여야 할 것이다. 만일 신상품개발과 같은 특별한 사정에 의하여 거래통념이나 시장의 일반적 수요가 아직 형성되어 있지 아니하다면, 생산기술상의 효율성과 판매상의 효율성을 고려하여 하나의 상품으로 인정할 수 있는지 여부에 따라 단일상품인지 결합상품인지를 결정하여야 할 것이다.

한편 순수결합판매라고 하더라도 그것이 결합판매로 인한 비용절감 등을 통하여 합리적 가격할인을 수반하는 경우에는 이용자의 편익을 증진시키는 것으로서 허용되어야 할 것이다.

다만 이와 같이 이용자편익의 증진효과가 기대되는 경우에도 시장지배적 사업자의 결합판매는 지배력 전이 등 공정경쟁 저해효과를 야기할 수 있기 때문에, 경쟁사업자가 동일한 결합상품을 동일한 조건으로 제공할 수 있는 경우에만 허용되어야 할 것이다.

요컨대 순수결합판매는 원칙적으로 금지되나, 일반 통신사업자의 경우에는 합리적 근거가 있는 이용자편익증진이 있는 경우라면 허용되어야 한다. 공정경쟁을 저해할 우려가 없고, 이용자이익저해의 우려도 없으며, 오히려 결합판매를 통하여 이용자의 이익을 증진시키기 때문이다. 이용자증진효과도 없이 순수결합판매를 한다면 이는 원칙적으로 이용자의 선택권을 제한하게 되며, 따라서 이용자 이익증진효과가 인정되는 경우에만 허용된다고 할 것이다. 시장지배적 사업자의 경우에는 이용자편익증진의 효과가 있다고 하더라도 시장지배력의 전이와 같은 경쟁제한성이 없는 경우, 즉 다른 경쟁사업자가 동일한 상품을 동일한 조건으로 제공할 수 있는 경우에만 순수결합판매가 허용되어야 할 것이다. 결합판매는 기본적으로 경쟁정책적 관점에서 수행되어야 하므로 경쟁정책적 고려가 이용자이익증진효과에 우선적으로 고려되어야 할 것이다.

(2) 혼합결합판매의 허용조건

혼합결합판매는 이용자편익증진 효과를 별도로 입증하지 아니 하더라도 경쟁을 제한하지 아니 하는 경우라면 허용될 수 있다. 공정경쟁을 저해하지 않는다면, 이용자는 자유로이 개별상품을 구매할 것인지 결합상품으로 구입할 것인지 자신의 선호에 따라 선택할 수 있기 때문이다.

따라서 시장지배적 사업자가 아닌 일반 통신사업자의 경우에는 혼합적 결합판매를 금지할 이유가 원칙적으로 존재하지 아니 한다. 이 경우에는 결합판매가 이용자의 선택권을 부당하게 제한하거나 이용자를 차별하는 경우에 이용자이익 저해행위에 대한 일반적인 규제수단으로 규제하면 될 것이며, 결합판매를 특별히 별도로 규제할 필요성은 없다고 본다.

결국 혼합결합판매는 시장지배적 사업자에 대해서만 일정한 규제를 요구한다. 즉 시장지배적 사업자의 결합판매가 시장지배력의 전이를 가져오지 아니 한다는 점을 보장받을 수 있는 경우에만 시장지배적 사업자의 혼합적 결합판매가 허용될 수 있다. 시장지배력의 전이를 방지하기 위한 안전장치로는 다양한 수단이 모색될 수 있을 것이지만, 요금규제를 통한 시장지배력전이 방지와 경쟁사업자에 대한 동등접속보장에 의한 시장지배력 전이방지의 두 가지가 가장 핵심적인 수단이 될 것이다. 즉 시장지배력을 배경으로 일정한 전기통신역무를 원가 이하의 낮은 가격으로 판매하는 행위를 금지하거나, 다른 경쟁사업자가 동일한 결합판매를 동일한 조건으로 제공할 수 있다면 시장지배적 사업자의 지배력이 남용되는 것을 방지할 수 있을 것이다.

요금규제는 캐나다와 호주의 예에서 시사점을 얻을 수 있다. 이들 나라의 규제에 따르면, 시장지배적 사업자가 결합판매를 하고자 하는 경우, 복수상품의 결합판매가격이 이들 구성상품을 개별적으로 판매하는 가격의 합에서 결합판매로 인하여 절감되는 비용을 차감한 금액 이하로 판매하여서는 아니 된다는 기본원칙을 도출할 수 있다.

다른 경쟁사업자가 동일한 결합상품을 동일한 조건으로 제공할 수 있도록 하여야 한다는 정책기준은 독일과 미국의 결합판매 규제제도로부터 교훈을 얻을 수 있다. 이를 위해서는 시장지배적 사업자가 보유하고 있는 필수설비등에 대하여 경쟁사업자가 동등하게 접속할 수 있는 권리를 보장하여야 한다. 그러나 이와 같이 동등접속을 보장하는 경우에도, 경쟁사업자가 필수설비등을 이용하여 직접 동일한 결합상품을 판매할 것으로 기대하기 어려운 경우에는 결합판매의 구성상품인 시장지배적 역무를 경쟁사업자에게 재판매할 의무를 부과하여야 할 것이다.

제 6 절 통신서비스 요금규제 제도*

Ⅰ. 서 론

시장기구(market mechanism)를 바탕으로 하는 경제체제에서 가장 중요한 경제변수 중의 하나가 가격이다. 가격은 시장에서 활동하는 각각의 경제주체에게 생산·소비 등 경제적 선택(economic decision)에 필요한 정보(information) 또는 신호(signal)를 제공하는 역할을 한다.[100] 사회후생을 극대화하는 재화나 서비스의 가장 바람직한 가격(the first-best price)이 한계비용 가격(marginal cost pricing)이라는 것은 잘 알려진 경제이론이다. 한계비용 가격은 재화나 서비스의 한계적 생산비용과 지불용의(willingness to pay)를 일치시킴으로써 배분적 효율성(allocative efficiency)을 달성시키기 때문이다.

한계비용 가격은 시장이 완전경쟁적일 때 달성된다. 하지만 현실에서의 시장은 여러 가지 제약요인에 의하여 시장실패(market failure)가 발생하기 때문

---

* 이상규(중앙대 경제학과 조교수)

100) 물론, 가격은 이 이외에도 다양한 역할을 한다. 특히 공공서비스의 가격의 기능에 대해서는 본 고 제2절 제III장을 참조.

에 가격과 한계비용이 일치하는 이상적인 상황이 실현될 수 없게 된다. 더욱이 바람직한 가격의 결정을 위하여 효율성(efficiency) 뿐만 아니라 형평성(equity), 공급의 안정성(stability of supply) 등까지 고려되어야 할 경우에는 시장기구를 통한 바람직한 가격결정에는 한계가 있을 수 있다.

이에 해당하는 한 예가 통신서비스산업이다. 통신서비스산업에는 규모의 경제(economy of scale), 망외부성(network externality), 진입장벽 등이 존재하기 때문에 시장실패가 발생하기 쉽다. 또한 통신서비스는 현대사회에서 에너지, 상하수도, 주택 등과 더불어 인간다운 생활을 위한 필수조건의 하나로, 헌법상 국가의 국민에 대한 "생존배려임무"의 한 내용을 구성한다.[101] 따라서 많은 국가에서 통신서비스의 안정적이며 보편적인 제공을 위하여 "보편적 서비스 제도"(universal service obligation)를 두고 있다.[102]

통신서비스산업의 상기와 같은 특성에 의해서 대부분의 국가에서는 통신산업을 국가독점사업으로 시작하였고, 운영하여 왔다. 따라서 이 경우 통신서비스 요금은 국가가 직접 결정하거나 또는 시장에서 결정된 독점요금을 규제하여 왔다. 하지만 국영이나 독점으로 인한 비효율성이 통신산업의 문제점으로 지적되면서 각국은 이를 해결하기 위하여 통신산업을 민영화하거나 통신시장에 경쟁을 도입하기 시작하였고,[103] 이에 따라 통신서비스에 대한 요금규제도 변화하기 시작하였다.[104]

101) 이는 대해서는 박정훈·이원우·한기정(1998), 『전기통신사업법상의 통신이용자보호 및 통신사업자간 공정경쟁에 관한 연구』, 정보통신정책연구원; 이원우(2005), "통방융합환경하에서 공정경쟁여건 조성을 위한 규제체계의 정비," 한국경쟁법학회 가을 학술대회 논문집 참조.

102) 보편적 서비스에 대해서는 Crandall, Robert W. and Leonard Waverman(2000), Who pays for universal service? When telephone subsidies become transparent, Brookings Institution Press; 이상규·김형찬·김희수·곽정호·오기환(2002), 『보편적 서비스 제도 개선방안 연구』, 정보통신정책연구원; 이상규·김형찬(2005), "보편적 서비스 제도," 『통신서비스의 정책의 이해』: 정보통신정책핸드북 vol. 1, 법영사 참조.

103) 미국은 1982년 1월, AT&T와 법무성 간에 "Modification of Final Judgement"(MFJ)를 통해 AT&T를 분할할 것에 합의함으로써 통신시장에 경쟁을 도입하는 단초를 마련하였으며, 영국은 1984년 BT를 민영화하였다(영국정부가 BT의 보유주식을 모두 처분한 것은 1997년이다).

1989년 29개 OECD 국가 중 26개국의 유선시장이 독점이었고 나머지 3개국의 유선시장은 복점이었다. 하지만 2000년에는 유선시장이 독점인 국가는 하나도 없으며, 24개 국가가 3개 이상의 유선사업자(local wireline carrier)를 보유하고 있다(OECD(1999), *Communications Outlook 1999*, Paris: OECD와 OECD(2001), *Communications Outlook 2001*, Paris: OECD 참조).

104) 미국의 요금규제 제도 변화에 대해서는 Sappington, D. E. M.(2002), "Price Regulation," Handbook of Telecommunications Economics vol. 1, Edited by Cave, M. E. et al., Elsevier Science B. V., pp. 225-293 참조.

<표 17> 주요시장 기간통신사업자 현황 (2006. 3. 16 기준)

역무	사업자수	사업자 명
시내전화	3	㈜케이티, 하나로텔레콤㈜, ㈜데이콤
시외전화	5	㈜케이티, ㈜데이콤, ㈜온세통신, 하나로텔레콤㈜, SK텔링크㈜
국제전화	5	㈜케이티, ㈜데이콤, ㈜온세통신, 하나로텔레콤㈜, SK텔링크㈜
인터넷 접속	8	㈜케이티, 하나로텔레콤㈜, ㈜데이콤, ㈜온세통신, (주)파워콤 ㈜엔터프라이즈네트웍스, 드림라인㈜, SK네트웍스㈜
인터넷 전화	8	㈜케이티, 하나로텔레콤㈜, ㈜데이콤, ㈜엔터프라이즈네트웍스, 드림라인㈜, SK네트웍스㈜, SK텔링크(주), (주)온세통신
이동전화	3	SK텔레콤㈜, ㈜LG텔레콤, ㈜케이티프리텔

자료: 정보통신부.

우리나라도 1991년 데이콤의 국제전화시장 진입을 시작으로 1990년대 통신서비스시장에 경쟁을 도입하기 시작하였다.[105] 그 결과 <표 17>에서와 같이 대부분의 주요 통신서비스 시장에서 복수의 사업자가 존재하게 되었으며, 과거에 비해 시장경쟁이 진척되고 있는 상황이다.

통신시장에서 신규사업자가 진출하고 경쟁이 진척됨에 따라 과거 국영 또는 독점 시대에 행하여 지던 요금규제에 대한 필요성 또는 요금규제 방식 등에 대한 논쟁도 일어나기 시작하였다. 일각에서는 통신서비스에 대한 요금규제를 폐지하고 시장기능에 맡겨야 한다고 주장하며, 또 다른 한편에서는 시장에 지배적 사업자가 존재하고 시장경쟁이 충분히 작동하지 않으므로 아직까지는 요금규제를 유지하여야 한다고 주장하고 있다.

이에 따라 본 고에서는 통신서비스 시장에서의 요금규제 제도에 관하여 살펴보고자 한다. 본고의 구성은 다음과 같다. 제2절에서는 통신시장의 특성과 요금규제 제도의 필요성에 대하여 살펴본다. 이를 위해 완전경쟁시장의 성

105) 우리나라 통신서비스산업의 역사에 관한 개관은 염용섭 · 이명호 · 김민철(2005), "국내 통신서비스 사업 및 정책: 연혁과 현황," 『통신서비스의 정책의 이해』: 정보통신정책핸드북 vol. 1, 법영사 참조.

1990년 이후 허가기준에 따른 통신사업자의 시장진입은 다음의 표와 같이 요약할 수 있다.

<표> 1990년대 사업자 진입추이(주요 시장의 경우)

진입 년도	역무(진입사업자)	진입 년도	역무(진입사업자)
91	국제전화(데이콤)	96	PCS(KTF, LGT, 한솔) 국제전화(온세통신)
94	이동전화(신세기통신)	97	시내전화(하나로통신) 시외전화(온세통신)
95	시외전화(데이콤)		

립조건과 시장성과에 대해 간략히 살펴보고, 통신시장의 특성에 대해 살펴본다. 그리고 공공재나 공익재의 요금 설정 원칙에 대해 살펴본 후 요금규제 제도의 필요성을 검토해 본다. 제3절에서는 요금규제 제도에 대해 간략히 살펴본다. 특히 투자보수율 규제(rate of return regulation)와 가격상한 규제(price cap regulation)에 대해 살펴보고 각각의 장단점을 개관하여 본다. 제4절에서는 우리나라 요금규제와 관련된 법규정, 요금규제 제도의 변천·현황에 대해 간략히 살펴본다. 제5절에서는 해외의 요금규제 제도 현황 및 규제제도 변화 사례에 대해 간략히 살펴본다. 제6절에서는 본고를 맺는다.

Ⅱ. 통신시장의 특성과 요금규제 제도

1. 완전경쟁시장

시장의 역할은 수요자와 공급자의 상호작용을 통해 어떤 재화를 어떤 방법으로 얼마만큼 생산할지를 결정하는 것이다. 한정된 자원을 이용하여 사회후생을 극대화하기 위해서는 자원배분의 효율성(allocative efficiency), 생산의 효율성(productive efficiency or technological efficiency) 및 동태적 효율성(dynamic efficiency)이 충족되어야 한다. "후생경제학의 제1정리"(The First Fundamental Theorem of Welfare Economics)에 따르면 완전경쟁시장의 결과는 효율적이다.[106)]

하지만 완전경쟁시장이 성립되기 위해서는 몇 가지 행태적(behavioral), 구조적(structural) 전제 조건들이 충족되어야 한다. 우선 시장구조적 전제조건으로는 첫째, 다수의 공급자와 수요자가 존재하며, 각 경제주체들은 가격수용자(price-taker)로 행동하여야 한다.[107)] 둘째, 관련 상품(relavant product)이 동질적(homogeneous)이어서 개별기업의 상품들은 서로 완전대체재가 된다. 셋째, 진입 및 퇴출장벽이 없어야 한다. 넷째, 공급자와 수요자 모두 시장에 대한 완벽한 정보(complete market information)를 갖고 있어야 한다. 특히 시장에 대한 정보는 가격을 통해 획득할 수 있으므로 공급자와 수요자 모두 가격에

106) 보다 자세한 내용은 Feldman, Allan(1980), Welfare Economics and Social Choice Theory, Boston: Martinus Nijhoff Publishing 참조.

107) 즉, 개별 공급자는 생산량 조절을 통하여 시장가격에 영향을 줄 수 없으며, 단지 주어진 시장가격에서 자신의 최적생산량만을 결정한다. 또한 개별 소비자도 수요량의 조절을 통하여 시장가격에 영향을 줄 수 없으며, 주어진 시장가격에서 자신이 원하는 최적수요량을 결정한다.

대한 완벽한 정보를 갖고 있어야 한다. 다섯째, 규모의 경제, 공공재, 외부성이 존재하지 않아야 한다.

완전경쟁시장을 위한 행태적 조건은 첫째, 시장에 참여하고 있는 기업(공급자)은 이윤극대화를 추구하며, 소비자(수요자)는 효용극대화를 추구한다는 것이다. 둘째, 각 경제 주체의 의사결정은 독립적(independant)이라는 것이다.

이러한 조건들이 충족될 경우 완전경쟁시장의 (장기)균형에서 가격은 한계비용 및 평균비용과 일치하게 된다. 따라서 경제적 초과이윤은 발생하지 않으며, 어떤 한 사람의 후생을 감소시키지 않고서는 다른 사람의 후생을 더 이상 증가시킬 수 없는 "파레토 최적"(Pareto Optimality) 상태를 달성하게 된다. 또한 완전경쟁시장에서 한 기업이 가격을 시장균형가격보다 높게 책정할 경우, 동질적인 제품을 생산·판매하는 기업이 다수 존재하므로 소비자는 자신이 원하는 제품을 타 기업으로부터 시장균형가격에 구매할 수 있다. 그러므로 가격을 인상한 기업의 판매량은 0이 된다. 따라서 완전경쟁시장에서 기업은 시장지배력(significant market power: SMP)을 보유할 수 없게 된다.[108]

완전경쟁시장은 자원배분 및 생산의 효율성을 증진시키고 기술개발과 신규서비스의 도입 등을 통해 사회적 편익을 극대화한다. 하지만 시장에서 경쟁이 제대로 작동하기 위해서는 상기의 선행조건들이 충족되어야만 한다. 따라서 규모의 경제, 필수설비(essential facility), 외부성 등이 존재하는 산업의 경우, 완전경쟁시장의 달성은 구조적·현실적으로 어려운 측면이 있다. 따라서 현실적으로는 완전경쟁의 대안을 많이 사용한다.

완전경쟁시장의 대안으로 우선 "완전경합적 시장"(perfectly contestable market)을 들 수 있다.[109] 완전경합적 시장이란 시장진입에 따른 매몰투자가 발생하지 않아서 진입과 퇴출이 용이한 시장을 말한다. 진입과 퇴출이 자유롭기 때문에 완전경합적 시장에서 기업은 완전경쟁시장과 동일한 수준의 이윤을 획득하게 되며, 비효율적 기업은 퇴출되고, 서비스간 상호보조는 불가능한 등등 완전경쟁시장과 유사한 결과를 나타낸다.

---

108) 시장지배력은 "한 기업이 경쟁자들, 고객들, 궁극적으로 모든 소비자들에 대해 상당 정도 독립적으로 행동할 수 있는 능력을 보유함으로써 관련시장에서 유효경쟁을 저해할 수 있는 경제적 지위"라고 정의할 수 있다.

통신시장에서의 시장지배력에 관해서는 이상규·변정욱·김정현(2004), "통신서비스 시장지배력: 정의 및 판단기준,"《KISDI 이슈리포트》참조.

109) 통신서비스시장에서의 경합이론에 관해서는 Baumol, William J. and J. Gregory Sidak(1994), Toward Competition in Local Telephony, MIT Press 참조.

<표 18> 실행가능성의 판단 기준

구분	판단 기준
시장구조	· 규모의 경제를 고려하여 시장에서 존재할 수 있는 최대한의 공급자가 존재할 것 · 진입과 생산요소간의 이동에 인위적 장벽이 없을 것 · 재화가 적절히 차별화 되어 있을 것
시장행위	· 가격을 주도할 경우 경쟁자가 이를 따를 것인지에 대한 불확실성이 존재할 것 · 담합이 없으며 불공정, 배타, 약탈, 강제 등을 위한 전략이 없을 것 · 비효율적인 공급자나 수요자가 보호받아서는 안 됨 · 판매촉진행위가 소비자에게 그릇된 정보를 제공해서는 안 됨 · 지속적이며 부당한 가격차별이 존재해서는 안 됨
시장성과	· 기업의 생산, 유통과정은 효율적이며 자원을 낭비해서는 안 됨 · 생산수준 및 질(다양성, 내구성, 안전성, 신뢰성 등)은 수요를 반영해야 함 · 이윤은 투자, 효율성, 혁신에 대한 보상이 되는 최소 수준이어야 함 · 가격은 합리적 선택을 유도하고 시장을 균형으로 이끌어야 함 · 기술적으로 우월한 신제품·공정을 도입하려는 기회, 유인이 많아야 함 · 판매촉진비는 과도하게 지출되어서는 안 됨 · 소비자의 욕구에 가장 잘 부응하는 생산자가 성공할 것

한편 Clark(1940)은 "완전경쟁시장은 존재하지도 존재할 수도 없으며 결코 존재하지도 않았을 것이다."라고 하면서 현실의 시장경쟁상황을 판단하기 위한 기준으로 완전경쟁은 적합하지 않다고 하였다.[110] Clark은 완전경쟁의 대안으로 "실행가능한 경쟁"(workable competition)이라는 개념을 제안하였다. 이 개념은 그 후 많은 논쟁을 거쳐 Sosnick에 의해 정리되었는데 Sosnick은 실행가능성의 판단 기준으로 <표 18>의 사항들을 제시하였다.[111]

완전경쟁의 또 다른 대안으로 "유효경쟁"(effective competition)의 개념이 많이 사용되고 있다. 유효경쟁시장은 사업자수와 시장구조 측면에서는 과점적인 시장이더라도 기존 사업자간 경쟁이 상당히 치열하거나 잠재적 진입에 의한 경쟁압력이 커서 특정 사업자(또는 사업자집단)가 시장지배력을 보유하거나 행사하기 어려운 시장 상태를 말한다.

이상적 상황을 나타내는 완전경쟁시장이나 그 대안으로 사용되고 있는 완전경합시장 또는 유효경쟁시장은 실질적 경쟁이나 잠재적 경쟁의 압력으로 시장지배력이 존재하지 않는 시장을 일컫는다. 비록 완전경합시장이나 유효경

110) Clark, J. M. (1940), "Toward a Concept of Workable Competition," American Economic Review, vol. 30, pp. 241-256.

111) Sosnick, S. (1958), "A Critique of Concepts of Workable Competition," Quarterly Journal of Economics, vol. 72, pp. 380-423.

쟁시장이 완전경쟁시장에 비해 몇 가지 전제 조건을 완화한 것이지만, 이러한 조건조차 현실적으로는 달성되기 어려운 시장들이 존재한다. 한 예로 통신서비스 시장의 경우는 다음 장에서 살펴보는 바와 같이 완전경쟁을 위한 전제 조건을 상당 부분 위배하고 있다.

2. 통신시장의 특성

일반적으로 완전경쟁시장은 희소한 자원을 적재적소에 효율적으로 배분하며, 생산의 효율성을 증진시키고, 보다 나은 기술을 개발하며 소비자의 욕구에 부합하는 신규서비스의 창출 등을 통해 사회적 편익을 극대화한다. 하지만 시장에서 경쟁이 제대로 작동하기 위해서는 규모의 경제나 외부성이 존재하지 않는 등의 몇 가지 조건들이 충족되어야만 한다. 하지만 네트워크 산업인 통신서비스산업에서는 시장경쟁의 원활한 작동을 막는 다음과 같은 몇 가지 특성을 지니고 있다.

첫째, "규모의 경제"이다. 규모의 경제는 생산량이 증가함에 따라 "평균총비용"(average total cost)이 감소하는 것을 말한다. 통신서비스산업의 경우 생산량을 가입자의 수로 측정할 수도 있고, 일정 기간 동안의 통화량(traffic)으로 측정할 수도 있다. 통신서비스산업에는 가입자의 수(또는 통화량)가 증가함에 따라 서비스의 평균총비용이 감소하는 규모의 경제가 존재하기 때문에 시장이 자연독점화 될 가능성이 있다. 또한 규모의 경제가 나타나는 영역에서 한계비용과 동일하게 가격 책정을 하면 기업은 손실을 보게 되므로 차선책(second-best)으로 평균비용 가격 책정(average-cost pricing)을 하기도 한다.

둘째, "필수설비"(essential facilities)의 존재이다. 필수설비란 다른 서비스 제공에 있어 필수적인 투입요소(input)로 다른 사업자들이 동일한 설비를 구축(duplication)하는 것이 불가능하거나 비경제적(economically infeasible)인 설비를 지칭한다. 필수설비는 통신, 전력, 도로, 항만 등 주로 공익산업에서 공통적으로 나타나고 있다. 일반적으로 필수설비를 보유한 기업은 그 필수설비를 투입요소로 이용하는 시장에서 시장지배적 사업자가 되며, 필수설비의 제공을 거부·지연하거나 제공시 이용가격을 독점가격으로 책정하는 등 시장지배력 남용행위가 발생할 가능성이 있다.

셋째, "망외부성"(network externality)이다. 통신산업에서 망외부성이란 동일 네트워크의 이용자 수가 증가할수록 네트워크 이용자의 효용이 증가하는 것을 의미한다. 따라서 이용자들은 가입자 수가 많은 네트워크(서비스 제공사업자)를 선호하게 되므로 특정사업자로의 쏠림현상(tippig)이 발생할 수 있다. 또한 가입자 수가 많고 망규모가 큰 사업자는 망규모가 작은 사업자의 접속(access)을 거부하거나 높은 접속료(access charge)를 요구할 유인도 발생한다. 한편, 타 사업자로의 가입전환시 전화번호변경에 따른 비용, 단말기 교체에 따른 비용 등의 전환비용(switching cost)이 발생하기도 한다. 전환비용은 이용자를 고착(lock-in)시키고 경쟁을 저해하며, 서비스 요금을 인상시키는 효과가 있다.[112)]

넷째, "수직적 통합"(vertical integration) 구조이다. 대부분의 국가에서는 오랜 기간동안 가입자망 구간과 중계망 구간을 모두 보유하고 있는 독점사업자에 의해 통신서비스가 제공되어 왔다. 통신시장에서 이와 같이 수직적으로 통합된 사업자가 선발자로 존재하는 상황에서 신규사업자가 네트워크의 모든 요소를 구축하여 시장에 진입하고 선발사업자와 경쟁하는 것은 거의 불가능하기 때문에 일부 구간만 구축하여 진입하고 다른 구간은 선발사업자의 통신망(특히 시내전화 가입자망)에 접속하는(즉, 상류부문은 공유하고 하류부문에 진입하는) 방식으로만 경쟁이 가능하다. 따라서 수직적으로 통합되어 있는 선발사업자는 후발사업자에 대하여 접속 또는 설비제공을 거부・지연하거나, 경쟁사에 대하여 비용보다 높은 가격에 접속을 제공하고, 경쟁사 퇴출을 위한 결합판매(bundling) 등의 불공정행위를 할 가능성이 있다.

다섯째, 고정비(fixed cost) 및 공통비(common cost) 비중이 큰 비용구조이다. 통신서비스를 소비자에게 원활하게 제공하기 위해서는 가입자망을 포함하여 선로설비, 전송설비, 교환설비 등 대규모 설비가 필요하다. 이러한 설비를 완비하기 위해서는 상당한 규모의 자금을 투자하여야 하며 이들 중 대부분이

---

112) Klemperer, Paul(1987), "The Competitiveness of Markets with Switching Costs," Rand Journal of Economics, vol. 18, pp. 138-150.

Klemperer, Paul(1987), "Markets with Consumer Switching Costs," *Quaterly Journal of Economics*, vol. 102, pp. 375-394.

Klemperer, Paul(1987), "Competition when Consumers have Switching Costs: An Overview with Applications to Industrial Organization, Macroeconomics, and International Trade," *Review of Economics Studies*, vol. 62, pp. 515-539.

Farrell, Joshep and Carl, Shapiro(1998), "Dynamic Competition with Switching Costs," *Rand Journal of Economics*, vol. 19, pp. 123-137.

Beggs, Alan and Paul, Klemperer(1992), "Multi-period Competition with Switching Costs," *Econometrica*, vol. 60, pp. 651-666 참조.

고정비용이 된다. 또한 동일한 네트워크를 통해 시내전화·시외전화·초고속 인터넷 서비스 등 여러 가지 서비스를 제공하는 경우에는 공통비 비중이 큰 특징을 보인다. 따라서 한계비용 수준의 가격으로는 고정비 회수가 어려우며, 공통비를 각 서비스에 배부하여 총비용을 회수하게 된다. 이러한 과정에서 시장지배적 사업자는 지배력이 있는 부문의 가격을 높여 대부분의 공통비를 회수하고 경쟁부문의 가격을 한계비용 수준으로 낮추는 서비스간 비용의 상호보조를 통해 경쟁부문을 독점화하는 것이 가능하다.

마지막으로는 한정된 자원에 의한 진입장벽이다. 이동전화 시장은 주파수 제약에 따라 설비기반 사업자의 수가 제한되고 진입장벽이 발생하며, 잠재적 경쟁에도 한계가 있게 된다. 따라서 진입장벽이 높으며 경쟁이 활성화 되지 않고, 담합의 가능성이 커지게 된다.

3. 통신서비스 요금의 역할

완전경쟁시장에서 가격은 경제적 효율성이 달성되도록 기능한다. 하지만 공공요금(rates of public utilities)은 경제적 효율성의 달성만을 목표로 하지는 않는다. Bonbright(1961)는 공공요금 설정시 또는 규제시 유념해야 할 원칙으로 다음의 8가지를 제시하였다.[113)]

- ○ 단순하며 대중이 받아들이기 쉬울 것(Simplicity and Public Acceptability)
- ○ 논란이 없을 것(Freedom from Controversy)
- ○ 충분한 수익을 보장해 줄 것(Revenue Sufficiency)
- ○ 안정적 수익을 보장해 줄 것(Revenue Stability)
- ○ 요금이 안정적일 것(Stability of Rates)
- ○ 비용을 공정하게 배부할 것(Fairness of Apportionment of Total Costs)
- ○ 부당한 요금차별이 없을 것(Avoidance of Undue Rate Discrimination)
- ○ 효율성을 증진시킬 것(Encouragement of Efficiency)

이와 같이 경제적 효율성은 공공요금 설정시 고려해야 할 기준 중의 하나이다. 효율성 이외에도 통신요금을 명확한 기준, 근거 및 산정방식에 따라 설정함으로써 논란의 여지를 없애고, 이용자들이 이에 대해 쉽게 공감함으로써 요금설정(또는 요금수준의 변경)에 소요되는 사회적 비용을 가능한 최소화해야

113) Bonbright, J. C.(1961), Principles of Public Utility Rates, Columbia University Press.

하는 등 여러 가지 조건을 고려해야 한다.[114)]

하지만 상기의 기준은 때로는 서로 상충되는 경우도 있다. 예를 들어 정액요금제는 단순하면서 소비자의 요금지출을 비교적 안정적으로 유지하여 주며, 서비스 제공사업자에게 안정적인 수익을 보장해 주는 요금제이다. 하지만 정액요금제는 이용자를 차별하거나 효율성을 저해할 수도 있다. 또한 투자보수율 규제는 서비스 제공사업자에게 서비스 제공에 필요한 충분한 수익을 보장해 주지만 효율성을 증진시킬 유인을 없애고, 비용을 불공정하게 배부하여 시장지배력을 전이시킬 가능성이 있다.

이처럼 상기의 모든 조건을 완벽하게 만족시키는 요금제나 요금규제 제도를 찾는 것은 어렵다. 하지만 요금수준을 변경시키거나, 새로운 요금규제 제도의 도입을 검토할 경우 Bonbright가 제시한 8가지 원칙은 다양한 요금제와 요금규제 제도를 서로 비교할 수 있도록 판단의 기준을 제시하고 있다는 점에서 중요성을 찾을 수 있다. 이들 원칙을 보다 상세히 살펴보면 다음과 같다.

(1) 단순성

요금구조 및 수준이 생산비용을 정확히 반영할수록 자원배분의 효율성을 달성하기가 용이하다. MacKie-Mason and Varian(1995, 1997)에 의하면 종량요금제는 자원의 효율적 배분과 사회적 후생에 기여하는 효과적 기능을 내재하고 있다.[115)] 반면 Odlyzko(2001)는 이러한 효과에도 불구하고 이용자들은 종량요금제보다는 정액요금제를 선호한다고 주장하였다.[116)] 그 근거로 정액요금제는 이용량과 무관하게 가입시 선택한 월정액을 지불하므로 요금체계가 단순하며, 사용량을 확인할 필요가 없다는 "이용의 편리성"(easy of use)을 제공하기 때문이다.

요금제의 단순성은 이용자에게 지출의 불확실성을 서비스 제공사업자에게는 수입의 불확실성을 제거하여 주며, 과금이 단순하기 때문에 이에 소요되는

---

114) 요금변경시 공청회의 개최가 사회적 비용을 유발하는 대표적인 예이다.

115) MacKie-Mason, J. K. and Varian, H. R.(1995), "Some FAQs about Usage-based Pricing," Computer Networks and ISDN Systems, vol. 28, pp. 257-265.

MacKie-Mason, J. K. and Varian, H. R.(1997), "Economic FAQs about Internet," in McKnight, L. W. and Bailey, J. P.(eds.), *Internet Economics*, Cambridge, MA: MIT Press, pp. 27-62.

116) Odlyzko, A.(2001). "Internet Pricing and the History of Communications," Computer Networks, vol. 36, pp. 493-517.

비용을 최소화한다는 장점이 있다. 하지만 자원을 과다(또는 과소하게) 사용한다는 문제점이 있다.

요금제의 단순성은 소비자에게 합리적 선택의 기회를 축소시킬 가능성도 있다. 다양한 요금제의 도입 또는 선택요금제의 도입이 소비자잉여를 증대시킬 수 있기 때문이다.[117] 하지만 지나치게 많은 요금제가 존재하거나 요금제가 너무 복잡하여 어떻게 요금이 결정되는지 이해하기 어렵다면 이 또한 문제라 할 수 있다.[118]

(2) 논란이 없을 것

완전경쟁시장에서는 수요와 공급이 적절히 작용하여 재화나 용역의 가격이 결정되고, 각 경제주체는 이를 주어진 것으로 받아들여 소비·생산량을 결정한다. 하지만 공공재, 외부성, 규모의 경제 등이 존재하는 경우에는 시장이 원활히 작동하지 않으며 따라서 가격결정에도 문제가 발생하게 된다. 이 경우 규제기관이 가격을 책정하는 경우가 많다. 이때 가격결정이 투명하고 객관적인 원칙에 따라 이루어지지 않을 경우 공급자와 수요자는 결정된 가격을 수용하기 어려울 것이며, 가격에 관해 논란을 벌일 가능성이 높다. 이와 같은 논란은 사회적 비용을 유발하며 불필요한 자원을 낭비할 수 있다. 예를 들어 공청회는 가격결정, 가격조정을 위해 필요한 과정이라 할 수 있지만 가격설정기준이 투명하지 않거나 객관적이지 못해 이러한 과정이 장기화되거나 구성원 간에 합의에 이르지 못한다면 상당한 사회적 비용을 유발하게 된다. 따라서 공공재나 공익재와 같이 사회적으로 중요한 재화의 요금구조 및 수준은 그 결정 원칙에 대해 가급적 논란의 여지가 없는 것이 바람직하다.

(3) 충분한 수익을 보장해 줄 것

공공재나 공익성이 큰 재화는 지속적이며 안정적 공급이 무엇보다 중요하

---

117) 선택요금제의 도입이 소비자잉여를 증대시킬 수 있는지의 여부는 명확하지 않다. 대체적으로 선택요금제 도입으로 인하여 소비자들의 이용량이 총체적으로 증가하는지 감소하는지에 따라 달라진다고 할 수 있다. 이에 대해서는 이상규·김성환·오기석·김종진 (2006), "통신서비스 가격차별," 『정보통신정책연구』 제13권 제2호, pp. 109-152 참조.

118) 우리나라 이동전화 서비스의 경우 선택요금제는 상당히 다양하게 존재한다. 따라서 소비자는 자신에게 적합한 요금제를 선택하는데 어려움이 있으며, 상당 수준의 탐색비용을 지출해야 한다. 이 때문에 서비스 제공사업자는 이용자에게 최적인 요금제를 찾아주는 프로그램을 각 사업자의 웹 사이트에서 운용하고 있을 정도이다.

다. 전기나 상수도의 경우 짧은 순간이라도 제공이 단절된다면, 극단적인 경우 생명의 유지를 어렵게 하는 심각한 사태를 유발하게 된다. 통신서비스도 원할한 공급이 이루어지지 않는다면 사회적으로 또는 개인적으로 심각한 사태를 유발할 수 있다.

이와 같이 사회적 파급효과가 큰 재화를 지속적, 안정적으로 공급하기 위해서 공급자에게 공급(생산)에 소요되는 비용을 충당할 수 있을 정도의 충분한 수익을 보장해야 한다.[119] 물론 서비스 제공을 위한 "충분한" 수익의 정의에는 이견이 있을 수 있다. 공공재 요금을 규제하는 대표적 방법이었던 투자보수율 규제에서는 투자위험을 감안하여 적절한 투자보수를 보장한 것을 생산비용으로 간주하고, 이 비용을 회수할 수 있도록 요금수준을 결정한다. 즉 경제적 정상이윤(normal profit)을 보장해 주고 있다. 램지 가격책정의 경우도 기업에게 적정수준의 이윤을 보장하고,[120] 사회적 편익을 극대화하도록 가격책정을 하면, 가격이 수요 탄력성의 역수에 비례하게 된다. 따라서 이 경우도 서비스 제공을 위해 적정 이윤 수준을 보장해 주고 있는 것이다.

가격이 저렴할수록 소비자잉여는 커지지만, 서비스 공급자의 적정이윤을 보장하지 못한다면 궁극적으로 서비스 제공이 원활하게 이루어질 수 없다. 따라서 공공재의 요금은 공급자의 적정한 이윤을 보장할 수 있도록 결정되어야 한다.

(4) 안정적 수익의 보장

공공요금을 통해 서비스 제공사업자의 적정이윤을 보장해 주는 것과 더불어 중요한 것이 안정적 수익을 보장하는 것이다. 안정적 수익은 불확실성의 제거를 통해 서비스 제공이 장기적으로 원활하게 이루어지게 할 뿐만 아니라, 서비스의 품질을 개선하고 새로운 서비스를 제공할 수 있도록 하는 원동력이 된다.

예를 들어, 정액요금제의 경우 사용량에 관계없이 가입자 당 일정 수준의 수입이 보장되므로 수익의 흐름이 안정적이다. 반면 종량요금제의 경우에는 수요량에 따라 수입이 달라지기 때문에 수요를 결정하는 여러 변수의 영향을 받게 되므로 수익의 불확실성이 정액요금제보다 증대할 수도 있다.

---

119) 생산비용에 대해서는 논란의 여지가 존재한다. 특히 투자보수율 규제에 따라 가격을 책정할 경우 자본의 적정비용, 투자보수율 등에 대해 논란의 여지가 존재한다.

120) 보통 경제적 정상이윤을 0으로 상정한다.

(5) 요금이 안정적일 것

공공재나 공익재 요금의 변동이 심하면 소비자 측면에서 합리적 소비수준을 결정하기 어려우며, 이에 따른 개인적, 사회적 여파는 다른 재화의 소비에 비해 클 것이다. 일반 재화의 경우 대체재를 구매하거나 소비를 일시적으로 줄이는 것이 가능하지만 공익재는 필수성, 보편성이 크고 타 재화로의 대체가 어려운 경우가 많기 때문이다.

예를 들어 전기요금이 매일 큰 폭으로 변동할 경우 전기를 타 재화로 대체하는 것에는 한계가 있기 때문에 전기요금 지출의 불확실성은 가계의 전체 소비의 불확실성을 초래할 수 있으며, 이는 경제 전체의 불확실성을 야기하는 요인이 될 수 있다.

(6) 비용을 공정하게 배부할 것

네트워크 산업의 경우 동일한 네트워크를 통해 여러 가지 재화나 서비스가 제공되는 경우가 많이 있다. 항공서비스의 경우 동일한 허브를 통해 많은 노선이 제공되고 있으며, 통신에서는 동일한 네트워크를 통해 시내·시외 등의 전화서비스와 초고속 인터넷 서비스 등이 제공되고 있다. 따라서 공통비용이 전체비용에서 차지하는 비중이 매우 크며, 이는 비용의 공정한 배부라는 문제를 유발시킨다. 공통비용을 공정하게 배부하지 않을 경우, 예를 들어 공통비용을 독점적 서비스와 같은 특정서비스에 대부분 배부함으로써 지배력 전이를 통해 시장경쟁을 왜곡시킬 수도 있으며, 정확한 원가 산정을 어렵게 함으로써 요금규제 제도에도 문제를 발생시킬 수 있다. 또한 특정서비스의 비용을 타서비스를 이용하는 이용자가 부담하는 이용자간 보조의 문제도 유발한다.

따라서 공통비용을 서비스 간에 공정하게 배부하는 문제는 매우 중요하다. 일반적으로 서비스 요금이 해당 서비스 제공에 소요되는 증분비용(incremental cost)과 독립비용(stand-alone cost) 사이에서 책정되면 서비스간 보조가 이루어지지 않으므로 공정하다고 판단할 수 있다.[121] 하지만 증분비용과 독립비용의 차이가 매우 크다면 이와 같은 기준의 유용성은 떨어진다. 예를 들어 증분비용이 10원이고 독립비용이 100원이라면 공정한 요금수준을 산정하기 위한 이 기준의 유용성은 매우 작다.

121) 이를 “subsidy-free pricing”이라고 한다.

비용의 공정한 배부는 서로 다른 서비스 간에도 중요하지만, 동일한 서비스를 이용하는 이용자 간에도 중요하다. 이는 이용자 차별과 관계가 있으므로 다음에서 다룬다.

(7) 부당한 요금차별이 없을 것

요금차별에 대해서는 정립된 기준이 없으나, 차별화된 서비스(differentiated service)를 제공하기 위해 소요되는 비용의 차이나, 서로 다른 소비자들에게 서비스를 제공하기 위해 소요되는 비용의 차이를 고려한 것 이상으로 요금에 차이가 날 경우 발생한다고 할 수 있다. 예를 들어 지역별로 운송비용을 적절히 감안하여 서로 다른 요금을 책정하거나, 서비스 품질을 감안하여 요금을 다르게 책정하는 것은 요금차별이 아니라는 것이 통상적 판단이다.[122]

하지만 이용자간, 서비스간 비용차이를 초과하는 가격차이는 (또는 서로 다른 이윤율을 책정하는 것은) 가격차별에 해당한다. 가격차별은 공급자의 이윤을 증대시키는 역할을 하지만, 가격차별이 이용자의 편익 또는 사회적 편익에 미치는 영향은 단순하지 않다. 또한 가격차별이 지나칠 경우에는 이용자간의 상호보조를 유발할 가능성도 있다. 즉, 특정 그룹의 소비자들은 자신의 소비로부터 발생하는 증분비용(incremental cost)도 지불하지 않음으로써 이 비용을 다른 그룹의 이용자들에게 전가하게 된다. 이와 같은 이용자간의 상호보조는 사회적 공평성을 저해할 가능성이 높다. 예를 들어 특정재화를 다량으로 소비하는 고소득 계층을 소량 사용하는 저소득계층이 보조하는 문제를 야기할 수도 있으므로 공공재 요금은 일반적으로 차별을 금지하는 것이 일반적 추세이다.[123]

(8) 효율성

요금은 분배의 효율성, 생산의 효율성, 동태적 효율성이라는 경제적 효율성을 달성하도록 책정하는 것이 바람직하다. 후생경제학의 제1정리에 따르면 일반경쟁균형은 파레토 효율적이다. 여기서 일반경쟁균형은 가격이 한계비용

---

122) 가격차별에 대해서는 Varian, H. R. (1989), "Price Discrimination," Handbook of Industrial Organization, vol. I, edited by Schmalensee and Willig, pp. 598-654; Philips, L. (1983), The Economics of Price Discrimination, Cambridge University Press 참조.
통신서비스 가격차별에 관해서는 이상규 · 김성환 · 오기석 · 김종진 (2006), "통신서비스 가격차별," 『정보통신정책연구』 제13권 제2호, pp. 109-152 참조.

123) 다량이용자가 고소득 계층이라는 관계는 반드시 성립하는 것은 아니다.

과 일치하는 경우를 말한다. 따라서 한계비용가격책정이 이루어질 경우 효율성은 달성된다.

5. 요금규제의 필요성

앞서 살펴본 바와 같이 통신서비스 시장은 국영 또는 독점으로 시작·운영되어 왔다는 특수한 역사성을 지니고 있다. 또한 통신서비스 시장은 규모의 경제에 따른 자연독점(natural monopoly)이 나타나거나, 망외부성 등 통신서비스산업의 생래적 특성상 시장 선점사업자에게로 가입자가 쏠리는 등 독점 구조가 심화될 가능성이 매우 크다. 따라서 완전경쟁적 시장 또는 유효경쟁적 시장 구조로의 전환이 매우 어렵다.

시장지배적 사업자나 필수설비를 보유한 사업자들이 상호접속 지연 및 거부, 접속료 부당 산정, 부당한 수익/비용분리 등을 통한 경쟁제한적인 행위 등을 할 가능성이 있기 때문에 불공정행위에 대한 규제를 통해 신규 경쟁사업자가 공정한 여건에서 경쟁할 수 있는 기반을 조성하여야 한다.

시장경쟁이 작동할 수 있는 여건을 조성하기 위해 다양한 경쟁정책을 통해 시장에 개입하게 되며, 이러한 일련의 경쟁정책을 '유효경쟁정책'이라 칭하고 있다. (소매)요금규제, 결합판매 규제, 단말기보조금 금지, 번호이동성 제공, 금지행위 규제 등이 소매시장에서의 대표적인 경쟁정책이며, 상호접속, 가입자선로 공동활용, 설비제공, 무선망 개방, 로밍, 이동 가상망 사업자 제도(mobile virtual network operator: MVNO), 재판매 제도, 별정사업제도 등이 도매시장에서의 대표적 경쟁정책들이다. 이외에도 출연금 차등부과, 전파사용료 차등부과, 회계분리 등과 같은 제도들을 두고 있다.

한편 통신서비스의 보편적, 공익적 성격에 비추어 통신권 보장, 공평한 부담보장, 소비자 편익 증진 등을 위한 규제도 필요하다. 통신서비스는 개인의 사회생활을 위해 필수불가결한 요소이므로 국가는 모든 국민에게 기본적 전기통신서비스를 언제 어디서나 적절한 요금에 사용할 수 있도록 보장하여야 한다. 이를 위해서 보편적 서비스 제도를 두고 있다.

소매요금규제는 독점·약탈·차별적 요금의 책정을 방지하고 요금이 공정·타당하게 산정되도록 함으로써 독점기업의 폐해를 방지하며, 통신서비스의 안정적 제공을 보장하는데 그 목적이 있다. 통신서비스 시장에서는 규모의 경제, 필수설비 등에 의하여 독점가격이 나타날 가능성이 높다. 또한 규모의 경제에 의해 시장지배적 사업자의 원가가 경쟁사업자의 원가보다 낮은 것이 일반적이므로, 시장지배적 사업자가 경쟁사업자를 배제하기 위해 약탈적 가격 설정 행위(predatory pricing)를 할 유인이 있으며 지배력을 바탕으로 차별적 요금을 책정할 가능성이 높다. 따라서 이를 방지하기 위한 제도적 장치가 필요하다. 한편 모든 국민이 언제 어디서나 통신서비스를 이용할 수 있도록 하기 위해서는 요금수준이 적정(affordable)해야 하므로 요금규제 제도와 보편적 서비스 제도와의 적절한 조화도 필요하다.[124)]

요금규제를 포함한 상기의 경쟁정책의 궁극적 목적은 시장경쟁을 활성화하는 것이 아니라 시장경쟁의 활성화를 통해 이용자의 편익을 극대화하는 것이다. 즉 경쟁정책은 이용자의 편익을 극대화하기 위한 수단인 것이다. 따라서 유효경쟁정책은 시장기능을 대체하는 것이 아니라 시장실패가 일어난 경우 시장기능을 보완하기 위해 사용하는 정책이다. 그러므로 시장이 제대로 작동하면 그 필요성이 소멸되며, 반면 시장실패가 존재하면 필요한 존재이다.[125)]

Ⅲ. 요금규제 제도[126)]

본 절에서는 다양한 요금규제 제도에 대해 간략히 살펴본다. 특히 투자보

124) 요금수준의 적정성을 평가하기 위한 통일된 기준은 없다. 미국 FCC의 Universal Service Reform Order(97-157)는 적정성(affordability)을 요금수준과 비요금 관련 요소(이를테면 소득수준, 생활비, 인구밀도, 기타 사회경제적 요소 등)들을 고려해야 한다고 지적하고 있으나, 구체적 기준이나 방법에 대한 설명은 없다.

일반적으로 요금의 적정성은 이용자 측면을 강조한 개념이지만 사회적 측면에서 적정한 요금을 산정하기 위해서는 공급 측면에 대한 고려도 필요하다. 그러므로 수요 측면에서는 해당서비스 이용자의 (ⅰ) 지불용의(willingness to pay), (ⅱ) 지불능력(ability to pay) 등을 고려하고, 공급 측면에서는 (ⅰ) 공급자의 해당서비스 공급능력, (ⅱ) 국제요금 수준 비교, (ⅲ) 타 서비스 요금 왜곡을 통한 사회적 손실(deadweight loss) 발생 가능성 등을 고려하여야 한다.

125) 경쟁정책의 효과는 다양한 측면에서 나타나며, 장단기에 걸쳐 나타나기 때문에 이를 종합적으로 판단하여야 한다. 하지만 대부분의 경우, 긍정적 효과와 부정적 효과를 동반하기 때문에 경쟁정책에 대한 평가는 결코 용이하지 않다. 중요한 점은, 비록 정책의 종합적 평가가 용이하지 않다고 하여, 또는 의도적으로 특정 측면에만 비중을 두고 논의하거나, 특정 기간에만 나타나는 효과를 고려하여 정책의 유효성을 논하여서는 안 된다는 것이다. 모든 측면에서 다양한 효과를 최대한 면밀히, 그리고 신중하게 검토하여야 하며, 장기적으로 나타나는 편익에 대한 분배의 형평성, 다른 정책과의 상호관계 및 상호작용도 분석하여야 한다.

126) 본 절은 Sappington, D. E. M.(2002), "Price Regulation," Handbook of Telecommunications Economics vol. 1, Edited by Cave, M. E. et al., Elsevier Science B. V., pp. 225-293과 김명호 · 전영섭 · 김범석(1991), 『전기통신요금과 통신경제이론』, 정보통신정책연구원 등을 바탕으로 작성하였다.

수율 규제(rate of return regulation)와 가격상한 규제(price cap regulation)에 대해 살펴보고 각각의 장단점을 개관하여 본다.

1. 투자보수율 규제(Rate of Return Regulation)

투자보수는 자본의 사용대가(cost of capital)로서 자본의 제공자에게 지불된다. 자본의 사용대가는 자본원천별 자본비용을 자본구성비율에 따라 가중평균한 가중평균자본비용(weighted average cost of capital: WACC)을 주로 사용한다.

$$WACC = w_e K_e + w_d K_d$$

여기서 w_e는 자기자본비율, K_e는 자기자본비용, w_d는 타인자본비율, K_d는 타인자본이자율을 나타낸다.

필요수입액(revenue requirements: RR)은 정상적인 영업활동을 유지하기 위해 필요로 하는 수입으로서 규제당국에 의해 허용된 투자보수율(authorized rate of return)과 영업비용(유지비와 감가상각, 세금 포함)의 합이다.

$$RR = rRb + OM + D + T$$

여기서 r은 허용된 투자보수율, RB는 요금기저(ratebase), OM은 영업비용(operation and maintenance expense), D는 감가상각, T는 세금을 나타낸다.

투자보수율 규제는 피규제기업의 투자보수율에 대하여 목표치 또는 목표범위인 허용투자보수율을 설정하고, 당해기업의 실현된 수입이 허용투자보수율을 달성하는 필요수입액의 범위에 포함될 경우에는 실현된 모든 수익을 피규제기업에 귀속시키고, 기타의 경우에는 요금조정을 통해 투자보수율 목표치를 달성하도록 하는 규제방식이다.

투자보수율 규제는 피규제기업에게 적절한 수익을 보장함으로써 소비자에게 서비스가 안정적으로 제공될 수 있도록 하며, 비용을 감안하여 필요수입을 적절히 설정함으로써 서비스의 적정가격을 유지하도록 하는 장점이 있다. 하지만 투자보수율 규제는 다음과 같은 문제점들이 있다.

첫째, 비용절감 및 혁신에 대한 유인이 부족하다는 것이다. 규제를 받지 않는 기업들의 경우 비용절감이 이윤증가로 이어지므로 비용절감을 위해 많은 노력을 기울이게 된다. 하지만 투자보수율 규제를 받는 기업의 경우에는 허용투자보수율이 보장되어 있어서 대부분의 비용을 수입으로 보상받게 되므로 비용절감의 유인이 없다. 운영비용의 절감 등 비용절감분은 이윤으로 기업에 귀속되기보다는 가격인하를 통해 소비자에게 귀속되므로 피규제기업은 비용을 절감할 유인이 없다.

둘째, 자본을 과다사용(over-capitalization)한다는 것이다. 투자보수율 규제하에서는 피규제기업이 사용한 자본의 양을 근거로 하여 적절한 수준에서 기업의 필요수입액을 결정하게 된다.[127] 만약 자본에 대한 허용보수율이 투자자의 투자유인을 보상하기 위한 적정보수율(fair return on capital)보다 클 경우 피규제기업은 규제가 없는 비용최소화의 경우에 비해 자본을 과다하게 사용하고 노동은 과소하게 사용하게 된다. 이를 Averch-Johnson 효과라고 한다.[128]

셋째, 과다한 규제비용이 소요된다는 문제점이 있다. 투자보수율 규제는 일정기간마다 기업의 운영비용, 감가상각, 자본 등에 대한 조사 및 회계감사를 필요로 하기 때문에 규제비용이 많이 소요된다.

넷째, 소비자에게 위험이 지나치게 전가된다는 것이다. 투자보수율 규제에서는 피규제기업의 필요수입액을 유지하기 때문에 비용이 변하면 가격변화를 통해 수입을 적정수준으로 유지시켜야 한다. 따라서 운영비용 등과 관련된 위험이 전적으로 소비자에 전가된다는 문제점이 있다. 일반적으로 소비자들에게 불리한 위험(unfavorable risk)은 전가되고, 유리한 위험으로부터의 혜택은 받지 못하는 비대칭성이 존재한다.[129]

다섯째, 비용의 전가를 통한 상호보조의 문제점이다. 독점시장에서 규제를 받는 기업이 경쟁적 시장에서도 활동할 경우, 경쟁부문의 비용을 독점부문으로 전가시키면 경쟁부문에서는 가격을 낮출 수 있기 때문에 타기업에 비해 우월한 경쟁력을 갖게 되며, 투자보수율 규제를 받는 독점부문에서는 비용 상승을 통해 수입이 증가되기 때문에 기업의 총이윤은 증가하게 된다. 따라서 독점부문에 가해지는 보수율 규제는 경쟁부문에서의 공정한 경쟁을 저해하는 요인이 될 수도 있다.

---

127) 피규제기업이 사용하는 자본은 요금기저에 반영되며, 필요수입액 결정에 영향을 주게 된다. 우리나라의 경우 요금기저로 연평균 고정 및 재고자산과 운전자본의 합으로 정의한다.

128) Averch, H. and Johnson, L.(1962), "Behavior of the Firm under Regulatory Constraint," American Economic Review, vol. 52, pp. 1053-1069.

129) 이에 대해서는 Joskow, P.(1974), "Inflation and Environmental Concern: Structural Change in the Process of Public Utility Price Regulation," Journal of Law and Economics, vol. 17, pp. 291-327 참조.

여섯째, 공통비 배부와 관련된 비효율성이다. 통신산업은 동일한 네트워크에서 다양한 서비스를 제공함에 따라 다른 산업에 비해 공통비의 비중이 크다는 특징이 있다. 피규제기업이 제공하는 서비스 중 일부는 규제를 받고 일부는 규제를 받지 않을 경우 공통비용은 규제받는 서비스와 규제받지 않는 서비스에 배부되어야 한다. 이때 배부 기준은 규제받는 서비스와 규제받지 않는 서비스의 매출액 비율이 많이 사용된다. 만약 피규제기업은 규제받지 않는 서비스의 매출액을 줄이고 규제받는 서비스의 매출액을 늘려 공통비의 상당부분을 규제부문으로 전가시키는 것이 기업의 이윤극대화를 위해 유리하다면 비규제부문의 서비스 공급을 감소시키는 비효율성을 초래하게 된다.[130)]

마지막으로 경쟁과의 병존가능성으로서, 투자보수율 규제 하에서의 가격조정은 경쟁에 신속히 대응하기에는 유연성이 떨어진다는 문제점이 있다.

2. 가격상한 규제(Price Cap Regulation)

가격상한 규제는 피규제기업이 책정할 수 있는 가격에 상한을 두는 규제제도로서, 원칙적으로 가격의 상한은 피규제기업의 수익과 직접적 연관은 없다. 전형적인 가격상한 규제는 피규제기업에게 물가상승률에서 X값을 제외한 범위 내에서 요금을 책정하도록 규제하는 것이다. X값은 피규제산업의 생산성 증가율과 피규제산업을 제외한 경제 전반의 생산성 증가율의 차이를 나타내는 값이다.[131)]

투자보수율 규제나 수익배분 규제가 피규제기업의 수익에 대해 규제하는 것과는 달리 가격상한 규제는 가격에 대한 규제에 초점을 맞추고 있다. 따라서 가격상한 규제는 앞서 지적한 투자보수율 규제의 문제점을 상당부분 해소할 수 있기 때문에 영국, 미국, 캐나다, 벨기에, 프랑스, 독일 등 많은 국가들에서 사용되고 있다.

가격상한 규제가 기업의 가격설정방식에 미치는 영향을 다음의 간단한 예를 통해 살펴보자. 먼저 어떤 기업이 두 개의 다른 시장에서 영업한다고 가정하자. 만약 규제당국이 각 시장에 각기 다른 가격상한을 제시한다면 기업은

130) 이에 대해서는 Brennan, T.(1990), “Cross-Subsidization and Cost Misallocation by Regulated Monopolists,” Journal of Regulatory Economics, vol. 2, pp. 37-52 참조.

131) 이에 대해서는 Berbstein, J. and Sappington, D. E. M.(1999), “Setting the X Factor in Price Cap Regulation Plan,” Journal of Regulatory Economics, vol. 16, pp. 5-25; Berbstein, J. and Sappington, D. E. M.(2000), “How to Determine the X in RPI-X Regulation: A User Guide,” Telecommunications Policy, vol. 24, pp. 63-68 참조.

가격구조를 바꿀 유인을 갖지 못하게 된다. 그러나 규제당국이 두 시장에 대하여 하나의 가격상한을 책정한다면, 기업은 각 시장에서의 가격탄력성을 고려하여 이윤극대화를 할 수 있도록 가격구조를 변화시키게 될 것이다.

이를 다음의 예를 통하여 보다 자세히 살펴보자. 어떤 기업이 두 시장, A와 B에서 하나의 가격상한 하에서 영업을 하고 있다고 가정하자. 시장 B는 시장 A보다 더 높은 수요의 가격탄력성을 가지고 있으며, 시장 A에서는 100원에 30,000개가, 시장 B는 동일한 가격에 10,000개가 팔려 시장 A의 가중치는 0.75, 시장 B의 가중치는 0.25라고 가정하자. 한편 이 기업이 시장 A에서의 가격을 10% 인상할 때 수입은 10% 증가한다고 하면, 시장 A에서 가격을 10% 인상할 때 수입은 300만원에서 330만원으로 증가하게 된다. 현재의 가격상한규제 아래에서 이러한 가격인상은 시장 B에서의 가격인하를 통하여 상쇄되어야 하는데, 시장 A의 가중치가 0.75인 반면에 시장 B의 가중치는 0.25이므로 시장 B에서의 가격인하는 30%가 되어야 한다. 하지만 시장 B는 시장 A보다 탄력적이므로, 가격인하시 상대적으로 수요량이 더 많이 증가한다. 따라서 시장 B에서의 수요감소는 30만원에 미치지 못하게 된다. 이 기업의 경우 상대적으로 수요탄력성이 큰 시장에서의 재화가격을 인하하는 한편 상대적으로 가격탄력성이 작은 시장에서의 재화가격을 인상함으로써 더 많은 이윤을 획득할 수도 있다. 이러한 사실은 램지가격설정방식에서 흔히 논의되는 역탄력성 법칙(inverse elasticity rule)과 밀접한 관계가 있다.

Vogelsang and Finsinger(1979)는 가격상한 규제 하에서의 가격구조가 램지 가격에 접근하게 된다는 사실을 보여주었다.132) 따라서 가격상한규제 하에서의 가격구조는 차선의 가격인 램지가격구조에 근접하게 되므로, 사회적 후생이라는 측면에서는 바람직하다고 볼 수 있다. 반면에 Sappington(1980)에서는 이와 같은 규제에 직면한 기업이 더 많은 미래의 이윤을 획득하기 위하여 초기단계에서는 낭비할 유인을 가질 수도 있음을 보여 주고 있다.133)

가격상한 규제는 투자보수율규제와 비교하여 다음과 같은 장점을 가지고 있다. 첫째, 가격상한 규제를 이용하는 경우 규제기관은 물가상승률과 생산성 증가율이라는 정보만을 가지고 요금규제를 하기 때문에, 피규제기업의 수요나

132) Vogelsang, I. and Finsinger, J.(1979), "A Regulatory Adjustment Process for Optimal Pricing by Multiproduct Monopoly Firms," Bell Journal of Economics, vol. 10, pp. 157-171.

133) Sappington, D. E. M.(1980), "Strategic Firm Behavior under a Dynamic Regulator Adjustment Process," Bell Journal of Economics, vol. 11, pp. 360-372.

비용구조 등에 대한 정보가 필요없으므로 규제기관과 피규제기업간에 정보의 비대칭성이라는 문제가 발생하지 않는다. 뿐만 아니라 규제기관이 기업의 투자나 비용 지출에 대한 경영자의 결정이 옳았는지를 일일이 판단하여 이를 요금수준 결정에 반영하는 등의 자의성을 배제할 수 있기 때문에 규제로 말미암은 불확실성은 거의 없다. 간단한 가격규제 방식은 또한 규제 절차에 소요되는 시간과 행정비용을 최소화한다는 점에서도 바람직하다.

둘째, 비용에 근거해서 규제를 가하는 것이 아니라 가격에 근거해서 규제를 가하는 방식을 취하기 때문에 비용을 과다 계상하려는 유인은 발생하지 않는다.

셋째, 효율성을 제고함으로써 생산성 증가율 이상의 이윤을 획득할 수 있다면 그 이윤은 피규제기업의 몫이 되므로 기업의 경제적 효율성을 제고시키는데 기여한다.[134)]

넷째, 규제당국이 가격결정을 함에 있어서 특정 생산요소에 대한 고려가 없기 때문에 피규제기업은 생산효율성에 역행하는 과다한 자본편중 현상인 Averch-Johnson 효과가 발생할 이유가 없으므로 생산적 효율성 제고에 기여한다.

다섯째, 가격상한 규제 하에서는 높은 이윤을 얻을 수 있기 때문에 기술개발에 상당한 비용을 투입한다거나 일정한 정도 위험을 감수(risk-taking)하는 태도를 취하게 된다. 이러한 태도 변화는 투자수익률 규제와는 달리 이윤에 대한 규제나 보장이 없기 때문에 모든 손해의 위험을 사업자가 져야 하는데도 기인한다.

여섯째, 투자보수율 규제 하에서 흔히 일어날 수 있는 상호보조가 일어날 가능성이 적다. 상호보조는 경쟁부문의 비용을 독점부문으로 전이시켜 이를

134) Mathios and Rogers(1989)는 미국에서 투자보수율 규제를 채택하고 있는 주와 가격상한 규제를 채택하고 있는 주의 주간(interstate) 5분 장거리 전화요금을 1983년과 1987년 사이의 자료를 이용하여 비교해 보았다. 1987년 가격상한 규제를 택하고 있는 주의 전화요금이 같은 해의 투자보수율 규제를 채택하는 주보다 모든 거리, 구간에서 낮게 나타나고 있다. 그리고 1983년과 1987년 사이에 투자보수율 규제를 채택한 주보다 가격상한제를 채택한 주에서 요금하락이 더 크게 나타나고 있음을 발견하였으며, 다른 변화 요인들을 통제한 회귀분석에서도 동일한 결과를 발견하였다. 이러한 연구결과를 놓고 볼 때 가격상한규제가 사업자의 이윤동기를 자극함으로써 소비자들에게는 더 낮은 요금을, 그리고 사업자에게는 더 높은 이윤을 보장하는 규제방식이라는 추론을 할 수 있다.

Mathios, A. D. and Rogers, R. P.(1989), "The Impact of Alternative Forms of State Regulation of AT&T on Direct-Dial, Long-Distance Telephone Rates," *RAND Journal of Economics,* vol. 20, pp. 437-453.

가격인상으로 반영시킴으로써 가능해진다. 그런데 가격상한 규제 하에서는 경쟁부문이건 독점부문이건 비용을 근거로 규제를 가하지 않기 때문에 경쟁부문의 비용을 독점부분으로 전이시킨다 하더라도 독점서비스의 가격인상으로 이어질 수 없다. 따라서 상호보조를 행할 수 있는 방법이 없게 된다.

그러나 가격상한 규제도 다음과 같은 문제점을 가지고 있다. 첫째, 가격상한제의 유지가능성 문제를 지적할 수 있다. 만약 규제받는 기업이 가격상한 규제의 특성인 비용절감 유인이나, 가격상한 규제를 적용하기 시작한 초기 시점의 요금이 지나치게 높다거나, 혹은 기타 요인에 의해서 지속적으로 상당 수준의 이윤을 얻고 있을 경우 소비자는 요금인하를 규제기관에 요구할 것이다. 반대로 기업이 너무 낮은 이윤을 계속 얻고 있다면 기업은 만성적 적자로 더 이상 사업을 계속할 수 없다는 이유를 들어 규제기관에 요금인상을 요청할 것이다. 이때 이해집단의 정치적 압력이 상한가격에 영향을 줄 수 있다고 기업이 믿는다면 상한요금(price ceiling)은 더 이상 외생변수로서의 역할을 못하게 되므로 가격상한규제의 장점들이 무의미해진다.

둘째, 가격상한 규제가 생산효율성을 제고시킨다는 목적을 성공적으로 달성하기 위해서는 정해진 상한기준, 즉 X값이 장기적으로 변동없이 지속되어야 한다. 왜냐하면 기업이 생산효율성 증대로부터 얻는 보상을 상당기간 지속적으로 누릴 수 있어야만 비용절감을 위해 노력할 것이기 때문이다. 따라서 가격상한은 미래의 시장 및 기술동향을 예측하여 설정하기 때문에 불확실성이 내재할 가능성이 있다. 반면 가격상한에 대한 수정이 짧은 주기로 자주 이루어진다면 다음 번 가격상한 개정에서 이익 수준이 저하될 우려가 있으므로 사업자가 효율성의 증진을 도모할 인센티브가 작아지게 된다. 이런 점에서 볼 때 상한 개정기간이 짧아질수록 가격상한규제의 장점은 사라지고 투자보수율 규제와 비슷해진다.

셋째, 가격상한 규제는 독점기업으로부터 소비자를 보호하기 위하여 소비자잉여의 일정 부분을 확보한 상태에서 피규제기업의 생산효율성을 제고시키는데 정책적 관심이 집중되어 있다. 따라서 "물가지수-X"의 범위를 초과하지 않는 범위 내에서는 피규제기업의 요금설정 자율권을 부여함으로써 서비스간 배분적 효율성에 대해서는 다소 등한시 하고 있다. 왜냐하면 피규제기업이 반드시 경제적 후생을 극대화하는 요금체계를 선택하리라는 보장이 없기 때문이다. 예를 들어서 서비스 시장의 조건에 따라 일부 시장에서 요금인하를 통한 시장잠식 행위(predation)가 일어나고 나머지 시장에서는 과도하게 요금이 인상되는 경우도 있다.

넷째, 가격상한 규제 도입 후 과다한 요금재조정(price rebalancing)으로 말미암아 특정 계층의 소비자는 혜택을 보는 반면에 일부 계층의 소비자는 많은 비용을 부담해야 하는 등 형평성의 문제도 제기될 수 있다. 이러한 우려는 손해를 보는 계층이 저소득층인 경우 더욱 심각해진다. 저소득층은 전화를 적게 사용하는 편이고, 특히 시외나 국제전화를 적게 사용한다. 그런데 만약 기본료를 현저하게 올리고 통화요금을 내리는 방향으로 요금재조정이 이루어진다면 자소득층의 부담은 더 증가하게 되고, 심지어는 통신망 가입을 포기하게 됨으로써 보편적 서비스에 위해를 줄 수도 있다.

다섯째, 최대 허용 요금상승률이란 사업자가 그 수준까지 요금을 인상시킬 수 있다는 의미이다. 따라서 요금인상률의 가중치의 합이 항상 최대제약 수준에 머물러 있게 된다. 문제는 물가상승요인이 통신사업 외부에 있는 경우에도 요금이 인상되고 이것은 다시 일반 물가 수준에 영향을 미치게 되어 물가상승 압력을 증폭시킬 수 있게 된다.

여섯째, 가격상한 규제의 장점으로 지적되고 있는 비용절감 유인 측면에서 오히려 품질저하를 통하여 비용을 줄여나갈 수도 있다.

3. 수익배분 규제(Earning Sharing Regulation)

수익배분 규제는 유인규제(incentive regulation)의 한 형태로서 실현된 수익과 허용수익의 차이를 피규제기업과 소비자에게 배분하는 규제방식이다.[135) [그림 2]은 수익배분규제를 나타내는 전형적인 예시이다. [그림 2]에서 허용수익률은 12%이다. 실현된 수익률이 10~14%일 경우 수익은 모두 피규제기업에 귀속된다. 실현된 수익률이 14~16% 이내일 경우에는 14~16% 범위에 속하는 수익을 피규제기업과 소비자에게 반반씩 배분하게 된다.[136) 실현된 수익률이 16%를 초과할 경우에는 모든 수익을 소비자에게 돌려준다.

초과수익을 피규제기업과 소비자에게 분배하듯이 실현된 수익이 허용수익보다 적을 경우에는 부족분을 피규제기업과 소비자에게 배분한다. 예를 들어,

135) "profit sharing regulation" 또는 "sliding scale regulation"이라고도 부른다.

136) 초과 수익분은 직접적인 현금지급, 요금청구금액의 감면(예를 들어, 1990년대 초반 Rochester Telephone in NY) 또는 요금인하 등을 통해 소비자에게 환원된다.

[그림 2] 수익배분규제

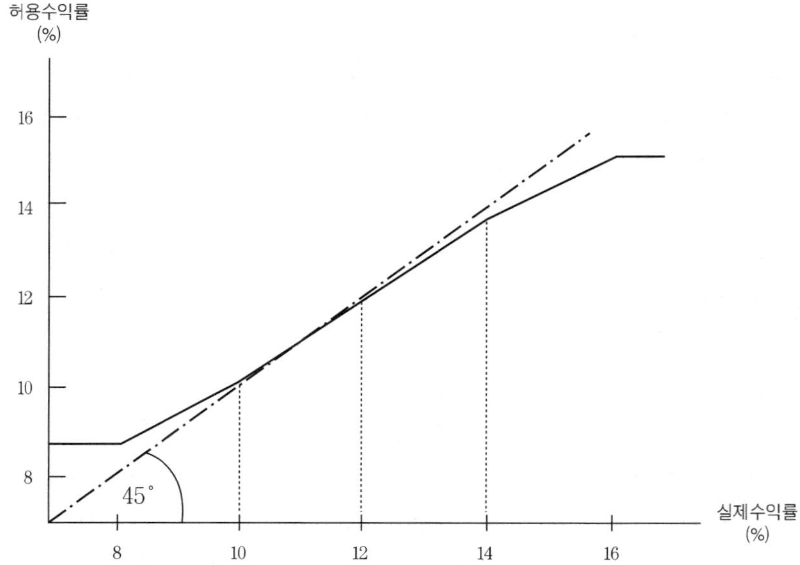

실현된 수익률이 8~10% 범위에 속할 경우 허용수익에 미달되는 액수를 피규제기업과 소비자에게 반반씩 나누게 된다.[137] 만약 실현된 수익률이 8% 미만일 경우에는 부족분 전액을 소비자가 부담하게 된다.

수익배분 규제는 투자보수율 규제와 유사하나 피규제기업의 수익을 기업과 소비자에게 배분한다는 것이 차이점이다.

4. 수입배분 규제(Revenue Sharing Regulation)

수입배분 규제는 특정규모를 초과하는 수입을 피규제기업과 소비자에게 배분하는 규제방식이다. 전술한 바와 같이 투자보수율 규제 하에서는 피규제기업이 비용을 절감할 유인이 없다. 수익배분 규제는 비용절감에 따른 수익증가의 일정 부분을 피규제기업과 소비자에게 배분하기 때문에 비용절감의 유인은 있으나 완벽한 유인을 제공하기에는 부족한 면이 있다. 이에 비해 수입배분 규제는 피규제기업의 실현된 수입이 정해진 규모를 초과하지 않는 한 비용절감에 따른 이윤의 증대를 모두 피규제기업에 귀속시키므로 전술한 두 가지 규제방식에 비해 더 강한 비용절감 유인을 제공한다. 하지만 수입배분 규제는 피규제기업에게 서비스의 질을 향상시킬 유인을 제공하지 않는다는

137) 일반적으로 요금인상을 통해 소비자에게 분배한다.

단점이 있다.[138)]

5. 기타 요금규제 제도

이외의 요금규제 제도로는 요금규제 유예(Rate Case Moratoria), yardstick 규제, 요금규제를 단일한 방식이 아니라 다양한 방식의 조합으로 운영하는 옵션(option) 규제가 있다.

요금규제 유예는 피규제기업의 수익이 특정 목표치에 도달하도록 당해기업의 수익, 요금재설정(rate restructuring) 등에 대한 조사나 규제를 일시 정지하는 것을 말한다. 유예 기간은 일반적으로 사전에 규정하며, 2~5년 정도이다. 요금규제 유예는 규제시차(regulation lag)가 존재할 경우 피규제기업에게 비용절감 등의 유인이 발생한다는 점을 들어 규제시차를 일정기간 동안 제도화하는 것과 동일하다. 요금규제 유예는 기업에게 비용절감을 위한 투자유인을 제공하지만 일반적으로 유예기간이 길지 않기 때문에 강한 투자 유인을 제공하지는 않는다. 따라서 요금규제 유예는 일정 수준의 투자 의무 부여와 함께 시행되는 경우가 많다.

yardstick 규제는 피규제기업이 비교대상이 되는 타 기업집단보다 더 좋은 성과를 나타내면 포상하고, 나쁜 성과를 나타내면 징벌하는 규제방식이다.[139)] 하지만 기업들이 처한 환경은 기업마다 본질적으로 다를 수 있기 때문에 이를 감안하지 않을 경우, yardstic 규제는 특정기업에게 유리하게 또는 불리하게 작용할 수 있다는 단점이 있다. 이에 따라 통신 산업의 규제에서는 잘 사용되지 않았다.

옵션은 피규제기업이 다수이며 개별기업의 생래적(innate) 능력에 차이가 있을 경우 유효한 규제방식이다. 미국의 FCC는 1995년과 1996년에 RBOC(Regional Bell Operating Company)들에게 3가지 요금규제방식 중에서 하나를 선택할 수 있는 Option을 제공하였다.[140)]

---

138) 보다 자세한 내용은 Sappington, D. E. M. and Weisman, D. L.(1996), "Revenue Sahring in Incentive Regulation Plans," Information Economics and Policy, vol. 8, pp. 229-248 참조.

139) 예를 들어, 서비스품질에 대한 소비자 불만의 빈도를 성과의 비교대상으로 삼을 수 있다.

140) 보다 자세한 내용은 Sappington, D. E. M.(2002), "Price Regulation," Handbook of Telecommunications Economics vol. 1, Edited by Cave, M. E. et al., Elsevier Science B. V., pp. 225-293 참조.

Ⅳ. 우리나라 요금규제 관련 법규정, 요금규제 제도의 변천 및 현황

1. 관련 법규정[141)]

우리나라의 전기통신사업법 제3조(역무제공의무 등) 제3항은 "전기통신역무의 요금은 전기통신사업의 원활한 발전을 도모하고 이용자가 편리하고 다양한 전기통신역무를 공평·저렴하게 제공 받을 수 있도록 합리적으로 결정되어야 한다."고 규정하고 있다. 이를 보다 구체적으로 구현하기 위하여 국내 통신법상의 요금규제 제도는 기간통신역무에 대한 신고원칙, 인가예외의 사전규제(ex-ante) 제도 및 기타 사후규제(ex-post) 제도들을 운용하고 있다.

통신요금의 사전규제는 "기간통신사업자의 이용약관은 신고대상이나, 사업규모 및 시장점유율이 정보통신부령으로 정하는 기준에 해당하는 기간통신역무는 인가를 요한다."는 전기통신사업법 제29조(이용약관의 신고 등)의 규정에 따라 신고제를 원칙으로 하며 예외적으로 인가제를 채택하고 있다. 인가대상역무는 전기통신사업법 시행규칙 제19조의2에 따라 "시장점유율 1위 및 매출액이 장관이 정하여 고시하는 금액 이상인 역무"로 정하고 있는데, 이는 시장지배적 사업자를 식별하는 하나의 기준으로 사용되고 있다.[142)]

141) 본 장은 김형찬·이상규 (2005), "통신서비스 요금규제," 『통신서비스의 정책의 이해』: 정보통신정책핸드북 vol. 1, 법영사의 내용을 바탕으로 작성하였다.

142) 2005년 7월 12일 발효된 이용약관인가대상역무고시(정보통신부고시 제2005-30호)에 따르면 이용약관의 인가를 받아야 하는 기간통신역무와 기간통신사업자는 다음의 표와 같다.

〈표〉 이용약관 인가 상 역무 및 사업자

역 무 명	전년도 매출액 기준	사 업 자 명
시내전화	24,500억원 이상	(주)KT
이동전화	72,000억원 이상	SK텔레콤(주)
인터넷접속	19,000억원 이상	(주)KT

또한 각 역무별 인가대상 요금은 다음의 표와 같다.

〈표〉 이용약관 인가대상 역무 및 요금

역무명	인가 대상 요금	사업자명
시내전화	- 시내전화: 가입비, 기본료, 통화료, 시내공중전화 요금 - 구내교환전화: 가입비, 기본료, 통화료	(주)KT
이동전화	가입비, 기본료, 통화료, 데이터 요금	SK텔레콤(주)
인터넷접속	서비스이용료(인터넷 전용회선 제외), 가입설치비	(주)KT

이용약관의 인가기준은 전기통신사업법 제29조 제3항에서 "(전기통신역무) 요금의 적정성·공정성·타당성 및 요금 산정방법의 적정성·명확성"에 근거해야한다고 규정하고 있으며, "기타 책임에 관한 사항, 공사에 관한 비용부담방법, 이용형태를 부당하게 제한 및 부당한 차별적 취급 금지, 중요통신의 확보 등"의 의무를 부과하고 있다. 통신관련법 이외에도 물가안정에관한법률에 따라 통신서비스 요금변경시 재정경제부 장관과 협의를 거쳐야 한다.[143] 사업자는 요금과 관련한 신고 또는 인가 신청시 전기통신역무의 종류 및 내용, 제공지역, 요금, 기타 필요한 사항에 관한 자료를 제출해야 하며, 요금산정의 근거자료도 첨부해야 한다. 인가대상 서비스의 요금에 대한 규제방식은 총괄원가에 대한 투자보수율 규제로서 재정경제부의 공공요금산정기준을 준용하여 왔다.

불공정한 요금설정행위를 사후적으로 규제하는 관련 법조항은 전기통신사업법과 동법 시행령에 규정되어 있다. 우선 전기통신사업법 제30조(이용약관의 변경 등)에서는 "사회적·경제적 사정의 변동에 따라 이용약관이 현저히 부당"할 경우 시행중인 요금에 대하여 변경명령을 내릴 수 있도록 하고 있다. 그러나 사회·경제적 사정 변동이라는 단서 하에서만 적용 가능한 규정으로서, 일반적으로 적용하기는 용이하지 않은 규제조항이라고 할 수 있다. 보다 일반적인 요금관련 불공정행위 규제조항은 동법 제36조의3(금지행위) 제1항 제3호에서 비용·수익의 부당한 분류를 통한 이용요금 산정을 금지하고 있고, 4호에서 이용약관과 다른 역무제공 및 이용자 이익을 현저히 저해하는 방식으로 역무를 제공하는 행위를 금지하고 있다.

전기통신사업법 제36조의3의 규정을 구체화한 시행령 별표 1에서는 불공정한 요금설정행위를 구체적으로 규정하고 있다. 우선 제1항 제3호와 관련해서는 회계규칙 위반, 비용·수익을 다른 역무의 비용·수익으로 분류, 제3자에게 부당한 거래조건 제공 및 기타 비용·수익의 부당한 분류를 통한 이용요금 산정행위를 금지하고 있다. 또한 제1항 제4호와 관련해서는 이용계약과 다른 내용의 요금청구 행위 등을 금지한 이외에, 통신규제에서 매우 중요시되는 두 가지 이슈인 이용자차별 및 결합판매에 관한 구체적 금지행위들도 규정하고 있다. 먼저 다른 이용자에 비한 부당한 차별, 장기이용 또는 다량이용

※ 시내전화 통화료중 인터넷전화로 거는 통화료(LV통화료)는 제외

143) 1976년 제정된 물가안정에관한법률 제4조(공공요금 등의 결정) 제2항에서는 주무부장관이 다른 법률이 정하는 바에 따라 물품의 가격이나 기타의 요금을 결정·승인·인가 또는 허가할 때에는 미리 재정경제부장관과 협의하여야 하도록 규정하고 있다.

에 대한 부당한 차별, 가입전환 조건부 우대 등을 금지하고 있다. 또한 결합판매의 경우 비용절감, 이용자편익 증대, 지배력 전이 등을 검토하여 이용자이익을 저해할 경우에는 금지행위가 된다. 요금의 사후규제 조항들은 지배적사업자나 기간통신사업자에게 국한되는 것이 아니라 모든 전기통신사업자에 적용된다는 것이 특징적이다.

2. 요금규제 제도의 변천 및 현황

우리나라는 1997년까지는 인가원칙 · 신고예외의 요금규제 제도를 운영해 왔으나 1998년 1월 이후부터 실질적으로 신고원칙 · 인가예외의 규제제도로 전환하였다. 1997년 이전에는 모든 통신요금인 시내전화, 시외전화, 국제전화, 이동전화, 전용회선, 무선호출, PC통신요금이 인가 대상이었으나, 1998년 이후에는 KT의 시내전화와 SK텔레콤의 이동전화에만 인가제가 유지되고 다른 서비스 요금의 인가제는 폐지되었다. 2005년에는 KT의 초고속 인터넷 요금이 인가 대상으로 추가되었다.

인가 대상 서비스의 요금에 대한 규제방식은 총괄원가에 대한 투자보수율 규제로서, "원가보상률"을 기준으로 요금의 인상 · 인하 여부를 판단하고 있다. 원가보상률은 영업수익을 총괄원가로 나눈 것을 말한다. 여기서 영업수익

<표 19> 국내 요금규제 제도 연혁

구 분	주요 내용
1995년 이전	-모든 기간통신서비스의 요금이 인가 대상 -특히, 기본료, 시내 · 시외 통화료 등은 물가안정법에 따라 대통령 승인 사항
1995년	-신고제 도입 -"인가원칙 · 신고예외"로 제도 운영
1996년	-전기통신사업법 개정을 통해 "신고원칙 · 인가예외"로 전환
1997년	-통신요금에 대한 이중규제 완화 -물가안정에관한법률시행령 개정으로 전화요금을 공공요금에서 제외
1997년 7월	-물가안정법 적용규정 폐지 -인가요금에 대해서는 재정경제부 협의
1998년	-"신고원칙 · 인가예외"의 실질적 적용 -모든 통신서비스 요금은 신고제로 전환 -KT의 시내전화, SKT의 이동전화요금 인가제 유지
2005년	-KT의 인터넷접속 역무(초고속 인터넷 서비스) 요금 인가제 실시

은 요금수익(가입비, 기본료, 통화료, 장치비, 부가수익 및 기타수익의 합), 접속료수익, 국제정산수익, 보편적역무손실보전수익, 내부거래수익, 자가소비사업용수익 및 기타영업수익으로 구성된다.

총괄원가는 사업비용과 투자보수의 합이다. 사업비용은 영업비용 및 영업외비용의 합에서 영업외수익을 제외한 금액이다. 영업비용은 네트워크운영비용(교환, 전송, 선로), 전원운영비용, 지원자산운영비용(통신설비, 판매영업 및 일반관리기능으로 구분), 판매영업비용(고객서비스운영, 요금청구 및 판매활동촉진기능으로 구분), 일반관리비, 감가상각비, 경상연구개발비, 접속료, 설비사용료 및 내부거래비용으로 구성된다. 영업외 비용은 출연금, 전기통신관련 유형자산 처분손실, 보편적역무손실비전비용 및 법인세비용으로 구성된다. 영업외 수익은 전기통신관련 유형자산 처분수익을 나타낸다.

투자보수는 요금기저에 투자보수율을 곱하여 산정한다. 요금기저는 연평균(기초와 기말의 평균) 유형자산 등(임차보증금 포함)의 장부가액(즉, 취득가액-감가상각누계액), 연평균 재고자산(미사용 유형자산등, 폐기자산 등 전기통신사업을 위해 사용하고 있지 않은 자산을 제외한 재고자산), 적정운전자본(현금지출이 수반되지 아니하는 감가상각비 등을 제외한 영업비용의 45일 평균액)으로 구성된다. 투자보수율은 정보통신부장관이 자본비용의 구성, 사업자의 경영여건, 법인세 부담정도를 고려하여 정하고 있다.[144)]

현행 인가대상 서비스의 요금에 대한 규제는 상기와 같이 결정된 원가보상률이 1보다 크다면, 즉 수입이 원가보다 크다면 요금을 인하하고, 반대로 원가보상률이 1보다 작다면, 즉 수입이 원가보다 작다면 요금을 인상하는 방식이다.

3. 요금규제 제도의 필요성 여부 및 규제 방식

전술한 바와 같이 통신시장에서 신규사업자가 진출하고 경쟁이 진척됨에 따라 시내전화 및 이동전화서비스의 요금규제에 대한 필요성과 인가제 규제(투자보수율 규제) 방식에 대한 논쟁이 일어나기 시작하였다. 일각에서는 시장에서 경쟁이 작동하므로 통신서비스에 대한 요금규제를 폐지하고 시장기능에 맡겨야 한다고 주장하는 반면, 다른 한편에서는 시장에 지배적 사업자가 존재하고 시장경쟁이 충분히 작동하지 않으므로 요금규제를 유지하여야 한다고

144) 전기통신사업회계분리기준 제32조, 제33조 참조.

주장하고 있다.

요금규제 제도의 필요성을 판단하기 위해서는 당해 시장(relavant market)에서 경쟁이 충분히 작동하여 시장지배적 사업자가 존재하지 않아야 한다는 것이 가장 중요한 기준이다. 현재 전기통신사업법상 시장지배력을 평가하는 기준은 암묵적으로 시장점유율 및 매출액이 사용되고 있다. 하지만 이 기준은 시장지배력을 판단하기에 충분하다고 할 수 없다.

따라서 통신서비스산업의 특성을 반영하여 시장지배력을 평가할 수 있는 새로운 기준을 정립하여야 한다. <표 20>은 국내의 공정거래법과 관련 고시에서 시장지배력 평가를 위하여 제시하고 있는 지표를 바탕으로 통신산업의 특수성을 반영하여 재구성한 통신서비스 시장지배력 평가 지표이다.[145)]

요금규제 방식에 대한 최근의 논의는 효율성 제고를 위해 유인규제(incentive regulation) 방식인 가격상한제로 전환하자는 것이다. 물론 가격상한규제가 효율성을 증진하는 유인규제라는 것은 잘 알려진 사실이다. 하지만 본

<표 20> 통신서비스 시장지배력 평가 지표

지표	세부 내용
시장 점유율	ㅇ최근 일정 기간동안 매출액 기준 시장점유율 추이, 평균
진입장벽의 존재 및 정도	ㅇ필수/애로설비의 존재여부 및 관련 규제 ㅇ규모/범위의 경제에 의한 비용우위 정도 ㅇ필요 최소한의 자본규모 및 매몰비용의 규모 ㅇ법적·제도적 요인에 의한 절대적 우위(사업권제한, 주파수제약에 따른 허가제한, 특허 등) ㅇ수직적 결합 정도 ㅇ장비·단말기 등 시장에 대한 영향력 ㅇ신기술에 의한 경합성
경쟁사업자의 수 및 규모	ㅇ경쟁사업자의 수 ㅇ경쟁사업자의 상대적 규모 －경쟁사업자의 매출액 기준 시장점유율 －경쟁사업자의 서비스 제공능력(가입자 수용량, 지역적 커버리지 등) －경쟁사업자의 자금력
이용자의 대응력	ㅇ사업자 전환장벽의 유무 및 정도 ㅇ대형이용자의 존재여부 ㅇ소비자단체의 당해 시장에서의 활동여부 및 과거 대응사실

145) 보다 자세한 내용은 이상규·변정욱·김정현 (2004), "통신서비스 시장지배력: 정의 및 판단기준," 《KISDI 이슈리포트》 참조.

<표 21> 요금규제 제도 평가 기준

평가 기준		요 약
소비자 편익	요금인하	요금규제 제도가 요금인하에 어느 정도 기여하였는지 평가
	국제비교	국내 요금수준을 해외 국가의 평균요금 수준(또는 동일한 규제 제도를 운영하고 있는 국가의 평균 수준, 다른 규제제도를 운영하고 있는 국가의 평균 수준)과 비교하였을 때 고저 여부
	소비자 선택기회 확대(신규서비스 출시 등)	요금규제 제도가 신규서비스 출시, 서비스 질 향상 등을 통해 소비자의 선택기회 확대에 어느 정도 기여하였는지 평가
효율성 제고	배분적 효율성 달성	희소 자원을 효율적으로 배분하고 있는지 여부 (가격이 한계비용에 어느 정도 근사하고 있는지 여부)
	생산적 효율성 달성	자본의 과다사용 여부, 생산비용 절감 유인의 제공 여부 등 판단
	동태적 효율성 달성	신기술 도입 및 혁신 유인의 제공 여부 등 판단
경쟁 활성화	독점·약탈·차별적 요금방지	지나치게 높은 요금(독점적 요금), 경쟁을 저해할 정도로 지나치게 낮은 요금(약탈적 요금, 진입저지 요금), 차별적 요금의 책정을 적절하게 방지하는지 여부
	신규진입	약탈적 가격 및 진입저지 가격의 방지를 통해 경쟁자 보호 및 신규기업의 진입을 유도하는지 여부
	담합유인제공	요금규제 제도가 담합의 유인을 제공하는지 여부, 주어진 요금규제 제도하에서 담합으로부터 이탈할 때 이탈자에 대한 제재 용이성 여부 등
적정 수익 보장		요금규제 제도가 사업자에게 적정하고 안정적 수익을 보장하는지 여부
시장 성장	투자 촉진 등 통신시장 성장	요금규제 제도가 통신사업자의 대규모 투자에 따른 위험을 어느 정도 해소시켜 투자를 유발시키거나, 서비스 가입을 촉진시켜 통신시장의 성장에 기여하는지 여부
요금의 안정성		요금을 안정적으로 유지할 수 있는지 여부
서비스 품질		서비스 품질 저하 유인이 없는지 여부

고의 Ⅲ의 2.에서 서술한 바와 같이 가격상한제도 품질저하라는 단점을 지니고 있다. 뿐만 아니라 전기통신서비스 요금은 시장효율성 이외에도 서비스 제공의 안정성, 공평성 등의 조건도 충족하여야 한다. 따라서 최적의 요금규제 방식을 찾기 위해서는 몇 가지 평가기준을 정립하고, 이 기준에 따라 다양한

요금규제 제도를 평가해 보는 것이 필요하다. <표 21>은 본 고에서 전술한 다양한 요인들을 고려하여 요금규제 제도에 대한 평가 기준을 요약하여 본 것이다.

V. 해외의 요금규제 제도

1. 각국의 요금규제 제도 현황

주요 국가의 통신서비스요금에 대한 규제에는 다음과 같은 몇 가지 특징이 나타나고 있다. 첫째, 주요 선진국들은 기존 독점사업자가 제공하는 서비스에 대해 다양한 사전적 요금규제를 실시하고 있다. 이러한 사전적 요금규제는 주로 경쟁이 도입되지 않은 서비스에 대해 적용되며, 시장지배력을 가진 사업자에게 적용된다. 현재 시내전화의 경우 대부분의 국가가 가격상한규제를 하고 있으며, 일부 국가에서만 인가제 형태의 보수율 규제를 하고 있다. 또한 OECD 국가에서 이동전화의 소매요금에 대한 규제는 일부 국가(덴마크, 한국)에서만 적용되고 있다.[146] 각국의 요금규제에 대한 내용은 <표 22>에 요약하였다.

둘째, 대부분의 OECD 국가들은 사전 요금규제와 더불어 요금정보의 제출과 요금표 공표에 대하여 다양한 의무를 부과하고 있으며, 일부 국가들은 이러한 의무를 경쟁사업자들에게도 부과하고 있다.[147]

셋째, 일부 국가에서는 규제기관이 특정한 시장환경을 고려하여 정해진 기간 내에 신고된 요금을 거부할 수 있는 묵시적 허가절차를 시행하고 있다.

이러한 제도적 특징들과 함께 주요국 요금규제 제도는 요금규제의 일반원칙을 명시적으로 규정하고 있다. 일반원칙에는 원가에 기반한 요금설정(cost-based pricing), 객관적 기준에 의한 요금 산정, 투명성(transparency), 비차별성(non-discrimination) 등이 포함된다.

2. 해외의 요금규제 제도 변화의 주요 사례

(1) 요금규제 폐지: 미국 장거리전화 시장

미국의 장거리전화 시장에서 AT&T는 1988년까지 FCC에 의하여 투자보수율 규제를 받았으며, 1989년부터는 가격상한 규제를 받아 왔다.[148] 이후 시

146) 호주에서도 이동전화 소매요금에 대해 가격상한 규제를 적용하였으나 2002년 6월에 폐지하였다.

147) OECD (2000), Retail Price Regulation for Local Telecommunication Services 참조.

<표 22> 각국의 요금규제 제도

국가	요금규제방식	요금 규제의 현황 및 추세	요금 규제 대상 및 범위	
			유 선	무 선
영국	가격상한제	-EU의 전반적인 경향은 소매가격을 직접 규제하기 보다는 도매영역을 규제하여 공정경쟁 유도 -장기적 계획수립을 고려해 X치를 4년간 고정 -기본료와 통화료는 전국적으로 동일하여야 함	-대상 사업자: BT -대상 서비스: 주거용 전화(설치비, 기본료, 시내/시외/국제전화, LM통화), 전용회선, 접속료	-시장지배적 사업자가 존재하지 않아 요금규제 대상 없음
프랑스	Cost-Basis Principle	-Cost-Basis Principle에 기반하여 요금인가제 시행: 보편적서비스 및 시장에 경쟁이 도입되지 않은 서비스 대상	-대상 사업자: FT에 의해 제공되는 기본음성서비스에 대해 인가 규제	-시장지배적 사업자가 존재하지 않아 요금규제 대상 없음
독일	가격상한제	-가격상한에 포함되어 있는 서비스 요금에 대해서도 사전인가제 시행	-대상 사업자: DT -대상 서비스: 이동 및 위성을 제외한 공중전기통신역무, 자가망을 통한 음성전화	-시장지배적 사업자가 존재하지 않아 요금규제 대상 없음
스페인	가격상한제	-지배적사업자에 대한 최대 혹은 최저요금은 ICEA에 의해서 결정이 됨 -국내 유선전화서비스에 대한 할인제도는 정부의 인가를 필요로 함 -신규진입사업자는 새로운 요금으로 서비스 제공 10일 전에 NRA와 소비자 단체에게 요금통보 의무	-대상 사업자: Telefonica	-시장지배적 사업자가 존재하지 않아 요금규제 대상 없음
호주	가격상한제	-ACCC 장관은 특정 통신사업자의 요금이 가격통제를 받도록 지정할 수 있음	-Telstra의 통신서비스를 4개의 바스켓으로 구분하여 가격상한 규제를 실시 -대상서비스: 전화(가설, 기본료, 시내/시외, 국제전화, 공중전화, LM통화), 국내/국제 전용회선	-Telstra가 유무선전화서비스 시장 모두에서 시장지배력을 보유하고 있어 이동전화서비스는 개별상한은 없으나 포괄적인 가격상한 바스켓에 포함되어 규제 -2002년 경쟁상황을 고려해 폐지
미국	주에 따라 다름	-주에 따라 가격상한제, 또는 투자보수율 규제 적용 -많은 주에 있어서 PUC에 의한 가격상한은 기본요금에 대해서 설정이 되어 있음	-ILEC(incumbent local exchange carriers) -FCC의 규제 대상 서비스: 주간(interstate) 접속료 및 주간(interstate) 장거리 서비스	-시장지배적 사업자가 존재하지 않아 요금규제 대상 없음
일본	가격상한제	-총무성에서 정한 기준요금지수 내에서 요금 설정 시에는 신고, 초과하는 경우에는 총무대신의 인가 대상 -X치는 3년간 고정	-대상 사업자: 동서 NTT (전화역무, ISDN역무, 전용역무) -가격상한제 대상 서비스: 시내전화(기본료, 통화료 등), 전용회선	-시장지배적 사업자의 보장계약약관은 신고대상(요금 산정내역까지 포함하여 비교적 규제 요소 강함)

148) 1989년 FCC는 효율성 유인 저해 및 비용배분규칙 시행상의 행정적 규제부담 등을 이유로 투자보수율 규제에서 가격상한 규제로 전환하였다. FCC(2001), Detariffing of Long Distance Telephone Industry to Become Effective at the End of the Month.

장경쟁의 진전에 따라 가격상한제를 간략화하여 약식규제를 적용받아 왔다. 1995년 10월 AT&T는 국내 장거리전화시장에서 비지배적 사업자로 간주되어 AT&T에 대한 요금규제는 폐지되었다.

(2) 인가제에서 가격상한제로 전환한 사례: 미국 시내전화 시장

미국의 시내전화요금은 전통적으로 보수율 규제가 적용되어 왔으나, 1986년부터 가격상한제로의 전환이 증가되고 있다.[149)]가격상한제의 도입은 사업자간 경쟁 증진 등 변화된 시장환경을 반영하여 요금규제 방식을 변경하고자 하는 노력의 일환이었다. 즉 AT&T의 분할 이후 시내전화시장의 경쟁이 증가하고, 사업자에게 효율성 증진 압력이 증대하는 등 시장환경이 변화하여 왔다. 이에 따라 규제기관은 첫째, 피규제사업자의 비용절감, 서비스 향상, 통신망 업그레이드 등을 통한 효율성 증진과 둘째, 피규제사업자가 자사의 독점서비스 요금은 인상하고 경쟁부문의 요금은 인하하는 방식으로 경쟁부문을 상호보조할 수 있는 능력 및 유인의 제거라는 두 가지 기준에 중점을 두고 다양한 요금규제 제도를 검토하였다. 그 결과 각 주의 공익위원회(Public Utility Committee)는 RBOC(regional Bell operating company)에 대한 요금규제방식을 기존의 보수율 규제에서 가격상한제로 전환하거나, 보수율 규제에 유인체계를 가미하여 보완하였다.

(3) 가격상한제 폐지: 호주 이동전화 시장

호주는 1989년부터 유무선전화 시장에서 시장지배력을 보유하고 있는 Telstra에 대해 가격상한 규제를 운영하여 왔다.[150)] 호주의 규제기관은 주기적으로 경쟁상황평가 및 가격상한 규제의 성과를 분석한 후, 규제 지속 및 개선 여부 등을 검토하여 왔다. 2001년에 이루어진 가격상한 규제 검토 결과, 이동전화시장의 경쟁상황은 유효경쟁은 아니지만, 어느 정도 경쟁적이며 경쟁이 점점 활발하게 이루어지고 있다고 판단에 따라 Telstra의 이동전화서비스(LM서비스 제외)와 전용회선서비스를 가격상한 규제 대상 서비스에서 제외하였다. 하지만 Telstra에 대한 가격상한제 폐지 이후 분당통화료가 점진적으로 증가하는 추세를 보이고 있다.

---

149) 2004년 9월 기준으로 미국 51개의 주(state) 중에서 총 37개 주가 가격상한 규제를 적용하고 있다.

150) 이동전화서비스는 포괄적인 가격상한 바스켓에 포함하여 요금재조정을 시도하고, 개별 상한은 없는 것이 특징적이다.

[그림 3] Telstra의 이동전화 분당 통화료 추이

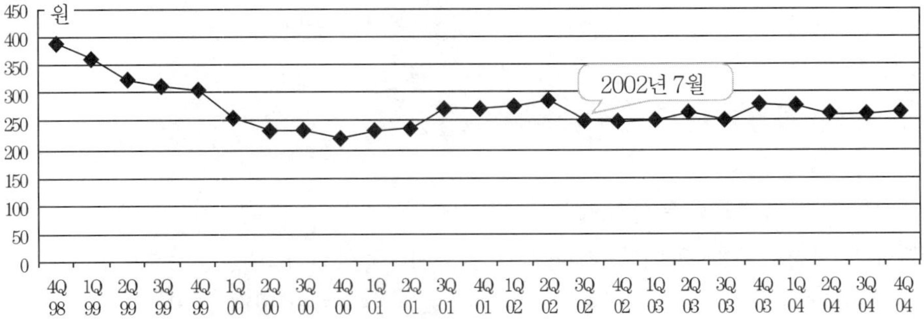

(4) Oftel Formula: 영국 이동전화 시장

1992년 독립 SP(service provider)인 Talkland International은 기존 MNO(mobile network operator)가 TSP(tied service provider)를 불공정하게 상호보조하고 있다는 주장을 제기하였다. 이에 따라 1994년 Oftel은 BT Cellnet과 Vodafone에게 TSP의 분기별 수익률을 제출하도록 의무화하고, 가입자당 최소이윤율을 달성했는지에 대한 성과를 측정하기 위해 Oftel Formula를 고안하였다. TSP가 가입자당 최소이윤율 달성에 실패하면 상호보조의 증거로 간주하여 독립 SP의 마진이 불공정하게 압착된 것으로 처리하였다.

Oftel formula는 TSP에게 개별 가입자에 대한 일정수준의 월평균 수익을 특정 기간 동안 달성하도록 함으로써 상호보조를 감시하기 위한 목적으로 고안됐지만, 사실상의 요금규제 역할을 하였다. 1997년 Oftel은 평균가입기간을 27개월(이전에는 35개월), 월 최소이윤율을 1.5%(이전에는 2%)로 결정하였다.[151] 하지만 2002년 Oftel은 BT Cellnet과 Vodafone의 시장영향력(Market Influence) 결정을 폐지함으로써 소매부문에 있어서의 모든 규제를 철회하였고 이로 인해 소매부문에 대한 사실상의 요금규제 역할을 하던 Oftel Formula 역시 폐지하였다.

(5) 해외 사례 시사점

미국 AT&T의 장거리전화에 대한 요금인가제 폐지, 영국의 Vodafone과 Cellnet에 대한 MI사업자 지정 해제 및 Oftel Formula 폐지, 호주 Telstra의 이동전화에 대한 가격상한제 폐지 등의 해외사례를 검토해 본 결과, 주요국에서는 시장지배적 사업자가 존재할 경우 요금규제(price control)를 실시하였으

151) Oftel(1997), Fair Trading in the Mobile Telephony Market.

며, 경쟁의 진척으로 시장지배적 사업자가 존재하지 않는다고 판단되었을 경우에는 요금규제제도를 폐지하였다는 것을 알 수 있다.

Ⅵ. 결 론

본 고의 Ⅱ에서 통신서비스산업은 규모의 경제, 필수설비, 망외부성 등의 존재로 시장실패가 일어날 가능성이 높으며, 통신서비스는 공익재로서 국민생활에 미치는 영향이 매우 크기 때문에 보편적이며 공평한 서비스 제공이 요구된다는 것을 살펴 보았다. 또한 통신서비스 요금은 시장 효율성 제고, 서비스의 안정적 제공 보장, 공평성 보장 등 다양한 역할을 한다는 것도 살펴 보았다.

Ⅲ에서는 다양한 요금규제 제도에 대해 간략히 살펴보았다. 특히 주로 사용되고 있는 투자보수율 규제와 가격상한 규제에 대해서는 각기 장단점을 상세히 살펴 보았다. 투자보수율 규제는 피규제기업에게 적절한 수익을 보장함으로써 소비자에게 서비스가 안정적으로 제공될 수 있도록 하여 주며, 적절한 투자보수를 보장함으로써 신규투자 유인을 제공하는 장점이 있는 반면, 비용절감 및 혁신에 대한 유인을 저해한다는 단점이 있다. 가격상한 규제는 기업의 경제적 효율성을 제고시키는 장점이 있으나, 품질저하를 통하여 비용을 절감하려고 하는 단점이 있다.

Ⅳ에서는 우리나라 요금규제와 관련된 법규정, 요금규제 제도의 변천 및 현황에 대해 간략히 살펴보았다. Ⅴ에서는 해외의 요금규제 제도의 현황 및 규제제도 변화 사례를 간략히 살펴보고 시사점을 정리하였다. 영국, 미국 등 각국은 주기적 경쟁상황평가를 통해 각종 규제정책의 필요성을 검토하고 있으며, 시장지배적 사업자가 존재할 경우에는 요금규제(price control), 비차별적 상호접속 제공, 회계분리 의무 등을 부과하고 있다. 또한 시장지배적 사업자가 없다고 판단된 경우에는 요금규제를 포함한 각종 규제제도를 폐지하고 이에 대한 조정을 시장기구에 일임하고 있다. 한편 유럽연합(EU)의 경우 새로운 규제체계(Framework Directive, 2003)에 따르면 소매시장에서의 경쟁이 미흡할 경우, 소매시장을 직접 규제하기보다는 가급적 관련 도매시장을 규제하여 도매시장 경쟁을 활성화하고 이를 통해 소매시장에서의 경쟁이 활성화되도록 할 것을 권고하고 있다.

전기통신사업법 제3조(역무제공의무 등)의 제3항은 우리나라의 통신서비스 요금규제의 목적은 다음과 같이 규정하고 있다: “전기통신역무의 요금은 전기통신사업의 원활한 발전을 도모하고 이용자가 편리하고 다양한 전기통신역무를 공평 · 저렴하게 제공 받을 수 있도록 합리적으로 결정되어야 한다.”

따라서 요금규제제도의 필요성 및 규제방법을 효율성을 포함한 다양한 판단 기준에 의해 판단하고, 우리나라의 실정에 적합한 최적의 규제제도를 찾는 노력이 필요하다.

제 2 장

에너지산업과 경쟁정책

제 1 절 자유화된 전력시장*

Ⅰ. 전력산업의 특징

1. 전력 산업의 특징

(1) 전력상품

전력산업은 전기 에너지를 생산하여 수송 판매하는 산업이다. 전력상품은 기본적으로 전력을 생산해서 판매하는 발전 전력, 송전망, 배전망 이용의 대가로 지불하는 송전요금, 배전요금, 최종소비자에게 판매하는 소매전력 등 4개로 나눌 수 있다. 이외에도 보조 서비스 등 여러 파생상품이 등장하고 있다.

(2) 전력상품의 특징

전기는 저장할 수 없는 특징을 가지고 있다. 공공 필수재로서의 성격이 있으므로 수요의 가격 탄력성이 낮다. 전력상품의 전달 속도는 거의 빛의 속도에 가까우며, 실시간으로 수요와 공급이 일치해야 한다.

(3) 전력산업의 특징

지구상에서 가장 거대한 시스템이며, 전 세계에 걸쳐 존재하는 시스템이고 모든 산업의 원동력이 되는 기반 산업이다. 또한 각 국가 또는 지역의 계통마다 다른 발전, 수송 설비 등의 구성을 가지고 있으며 그렇기 때문에 서로 다른 운영 특성을 가지고 있다. 만약 전력 공급이 중단될 경우, 거대한 사회적 손실을 초래하기 때문에 단순한 공급의무뿐만 아니라, 전압과 주파수가 일정하

* 박종근(서울대학교 전기컴퓨터 공학부 교수)

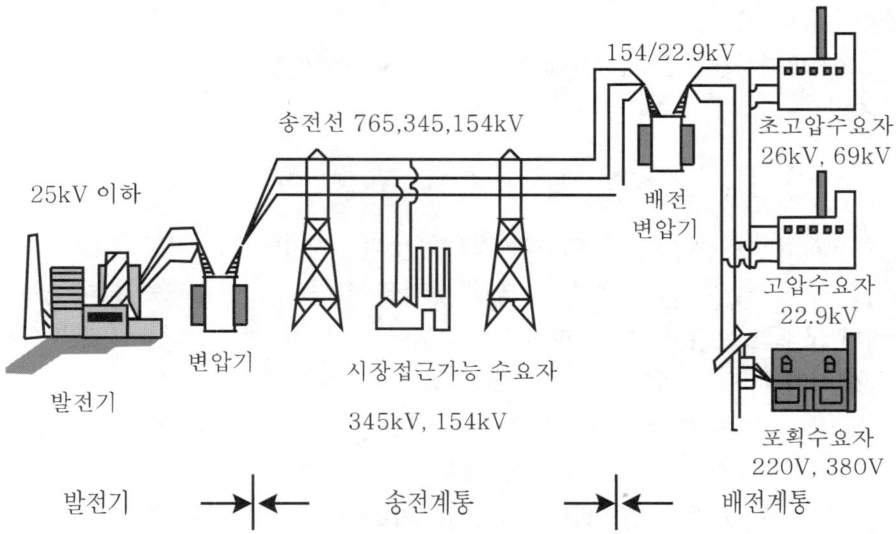

[그림 1] 전력 시스템의 구조

게 유지되는 품질 좋은 공급이 요구된다.

Ⅱ. 자유화된 전력시장

1. 전력시장의 변화

(1) 전력시장의 변화 배경

① 전기도 하나의 상품으로 볼 수 있고, 그러므로 생산(발전)과 서비스(배전, 송전, 전기 품질관리)로 분리될 수 있다는 의견이 대두되었다.

② 초기 투자비용이 작은 가스 터빈 발전기가 등장해 규모의 경제가 사라지게 되었다.

③ 정부 소유의 독점기업은 비용 절감의 인센티브가 부족했기 때문에 비효율적인 운용과 투자가 발생하게 되었다. 이에 대한 대책으로 선진국에서는 규제완화와 민영화가 이루어져 경쟁을 통한 효율성의 제고가 이루어졌다.

④ 규제기관 자체도 적절한 규제를 시행해서 얻는 인센티브가 부족하다.

⑤ 정보통신기술의 발달로, 전력 사용량에 대한 정보를 얻는 것이 간편해졌고, 전력 운영에 있어서도 편의성이 생겨났다.

⑥ 소비자들은 저렴한 요금에 양질의 서비스와 가격의 투명성 및 공급자

의 자유로운 선택을 원하고 있다.

⑦ 전력회사들은 포화상태에 이른 자국 시장에서 벗어나 성장가능성이 높은 지역으로 투자 저변을 넓히고 있다.

(2) 전력시장의 변화의 방향

전력시장 변화의 방향은 다음과 같은 4가지 방향으로 나타나고 있다.

① 전력시장의 구조 개편: 경쟁과 선택을 가져오기 위해 통합되어 있는 산업의 구조를 분리하여야 한다.

② 전력회사들의 민영화: 정부 소유의 회사를 민간 소유로 변화시켜야 한다.

③ 전력산업의 규제 완화: 산업에 가해지던 법적 규제를 완화시켜야 한다.

④ 전력시장 자유화: 전력사업에 경쟁을 도입해야 한다.

여기서 구조개편과 민영화, 규제 완화, 자유화는 서로 다른 개념이며 각각 발생할 수도 있다.

(3) 전력 자유화 추진 동인

전력 수요 성장률이 2~3%인 국가의 경우에서는 전력시장 자유화의 목표를 효율성의 제고를 통한 전기요금의 인하에 두고 있다. 발전, 송전, 배전, 판매 등 모든 분야에 경쟁이 강조되고 있다.

개발도상국들은 전력 수요 성장률이 7%를 상회하는 경우에는 급속한 발전 설비의 확충을 위해 민간 및 해외 자본의 유치를 목표로 하고 있다. 시장경쟁 도입에 대해서는 발전부분에 초점을 두고 이루어지고 있다.

2. 전력산업 변화

(1) 전력산업 구조 모델

전력산업 자유화와 규제완화 구조개편 상황에 따라 전력산업 구조를 다음과 같이 4개의 모델로 나타낼 수 있다.

[그림 2]에서 나타난 모델은 독점 모델이다. 이 모델은 발전사업자와 도매공급자, 배전사업자가 한 회사로 이루어져 있는 수직통합 모델과, 발전사업자와 도매공급자가 한 회사를 이루고, 배전사업자가 나뉘어져 있는 도매/배전 구분 모델로 나누어 볼 수 있다. 수직통합 모델에서 판매는 수용가에게만 이루어지지만, 도매/배전 구분 모델에서 판매는 배전사업자와 수용가에 이루어진다.

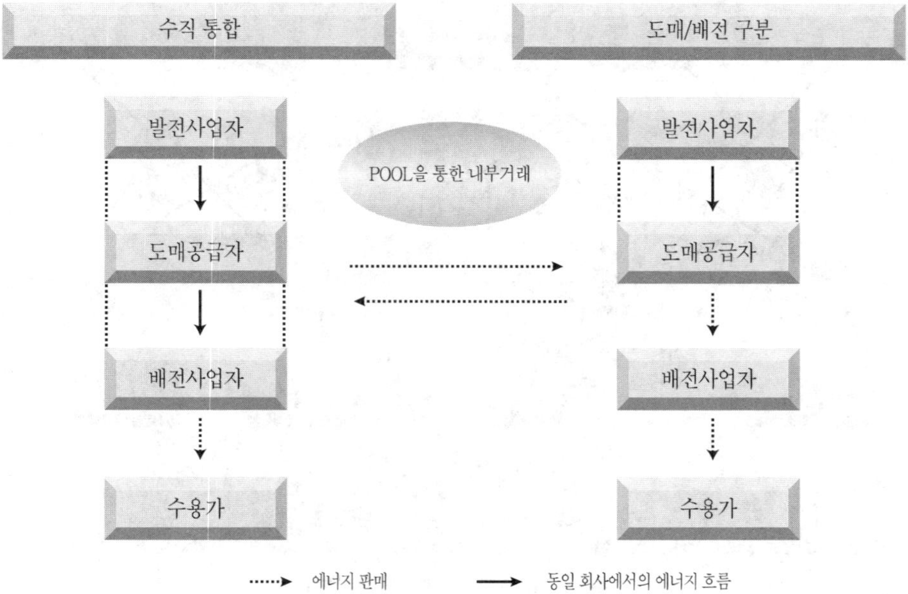

[그림 2] 전력시장 모델(1) - 독점 모델

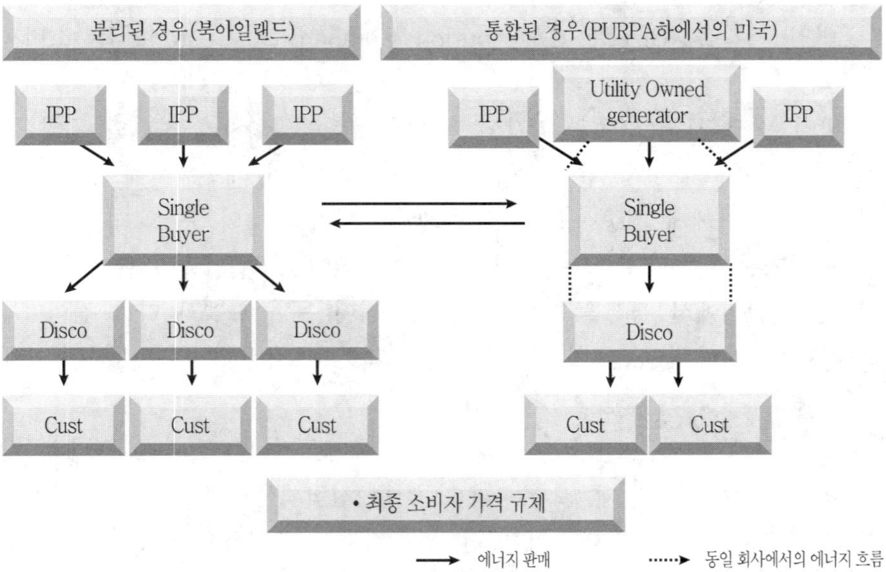

[그림 3] 전력시장 모델(2) - 발전 경쟁

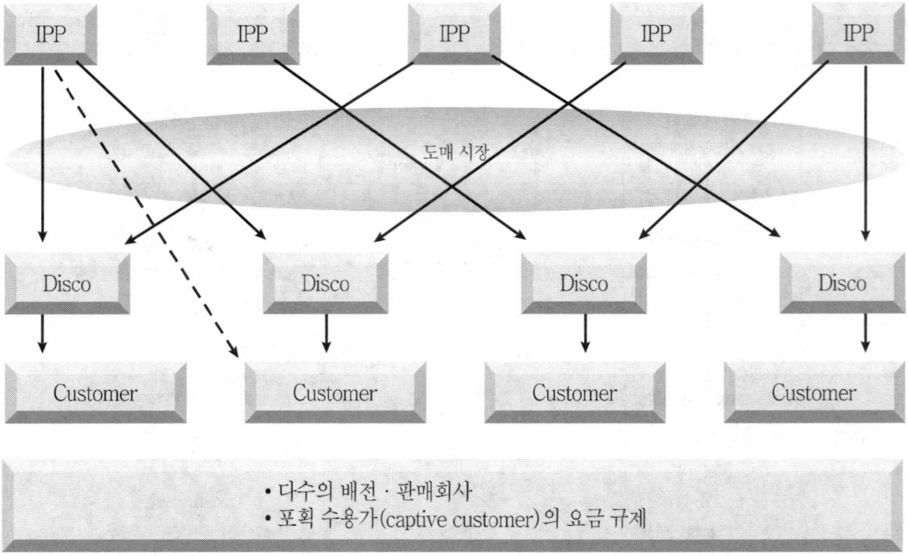

[그림 4] 전력시장 모델(3) - 도매 경쟁

이 모델에서 IPP는 Independent Power Producer를, Single Buyer는 단일 구입 기관을, Disco는 Distribution Company를, Customer는 소비자를 뜻한다.

발전 경쟁 시장 모델은 각각의 독립된 전력공급회사가 하나의 구입 기관에 전력을 팔고 그 기관은 구입한 전력을 다시 여러 배전회사에 판 후, 배전회사가 소비자에게 최종적으로 판매하는 모델과, 하나의 큰 회사가 발전, 배전, 구입기관을 가지고 있는 모델로 나눌 수 있다. 구입기관이 분리되어 있어서, 발전 영역에서 경쟁을 하여야 한다는 점이 독점 모델과 다른 점이다. 이 모델에서는 하나의 구입 기관만 존재하기 때문에, 최종 소비자 가격을 규제하고 있다.

도매 경쟁 모델은 하나의 구입 기관이 존재하지 않고 도매시장에서 각각의 배전회사나 소비자(대규모 수용가)가 직접 전력생산자에게 전력을 구매하는 시스템을 가지고 있다. 다수의 배전, 판매회사가 존재하고 서로 경쟁하여 시장을 형성하는 시스템이다. 소비자는 배전회사를 고를 수 없고, 배전회사에서 요금을 결정한다. 따라서 요금에 적절한 규제가 필요하다.

소매 경쟁 모델은 도매 경쟁 모델과는 달리 소비자가 직접 발전회사로부

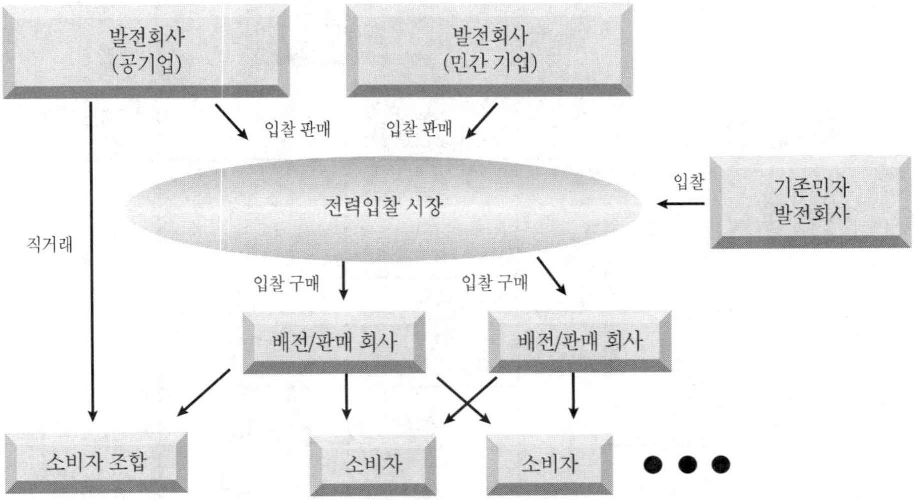

[그림 5] 전력시장 모델(4) - 소매 경쟁

<표 1> 전력 산업 구조 모델 비교표

특 성	Model 1 독점	Model 2 발전 경쟁	Model 3 도매 경쟁	Model 4 소매 경쟁
정 의	모든 부분에서 독점	발전사들만 경쟁	발전사들 경쟁 및 배전 회사에게 선택권 존재	발전사들 경쟁 및 소비자에게 선택권 존재
발전사간 경쟁	없다.	있다.	있다.	있다.
도매사업자의 선택권	없다.	없다.	있다.	있다.
최종소비자의 선택권	없다.	없다.	없다.	있다.

터 전력을 사거나, 배전/판매 회사들로부터 구매하는 것 중 자신에게 유리한 쪽으로 고를 수 있는 것이 특징이다. 발전, 송/배전에 모두 경쟁이 도입되어 있고, 전력가격은 소비자의 수요와 전력 사업자들의 공급이 만나는 점에서 결정된다.

4가지 모델의 경쟁 도입 단계를 정리하면 <표 1>과 같다.

(2) 각국의 변화 과정

[그림 6]은 소유/경영과 구조형태에 따라, 각국의 전력산업의 변화과정을

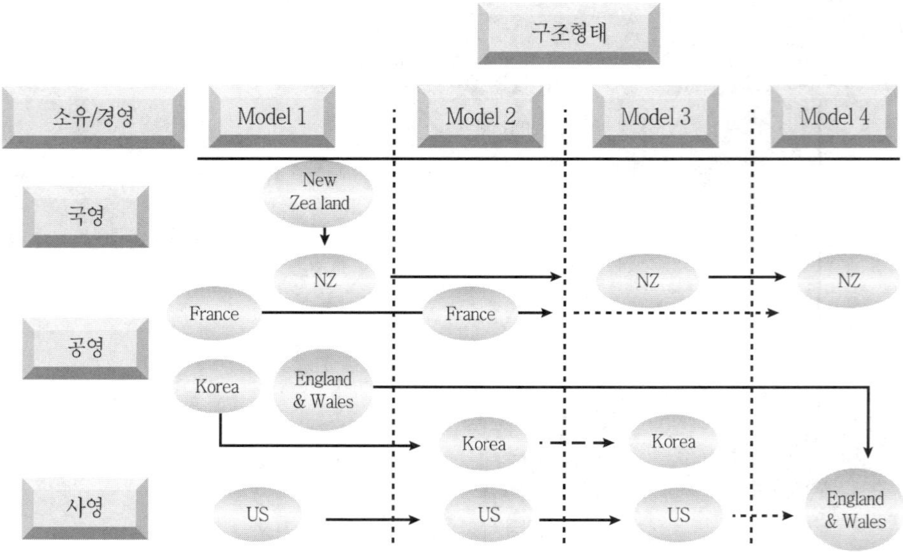

[그림 6] 각국의 변화 현황

보여준다. 실선은 이미 실행이 된 것을 뜻하고, 점선은 이행되고 있는 상태를 뜻한다. 현재 한국은 발전 경쟁이 도입되어 있는 체제이고, 도매 경쟁 시장을 만들려고 하고 있다. 한국의 전력산업은 공영화 형태이다.

진화중인 프랑스 전력산업은 도매 경쟁체제에서 소매 경쟁체제로 이행되고 있다. 전력산업은 한국과 마찬가지로 공영화 형태이다.

진화가 완성된 시장으로 평가받고 있는 영국의 경우에는 현지 소매 경쟁이 도입되어 있고, 전력산업이 사영화 형태이다.

(3) 전력시장의 종류

① 용량시장: 최종 소비자에게 전력을 공급하는 부하책임주체인 판매사업자 등에게 일정량의 발전설비용량을 확보하도록 하는 의무를 부과하고, 의무량을 원활하게 확보하도록 하기 위하여 에너지시장과는 별도로 개설된 시장으로서, 확보된 발전설비용량의 여유분이나 부족분을 거래할 수 있는 시장이다.

② 보조서비스(Ancillary service) 시장: 보조서비스는 물리적인 전력 시스템이 안정적으로 운영하기 위해 제공되는 서비스이고, 전력이라는 상품이 시장에서 효율적으로 거래될 수 있도록 부수적으로 필요한 서비스상품이다. 이

러한 보조 서비스 시장에서 거래되는 상품은 예비력, 주파수 조정, 무효전력 및 전압조정, 자체기동 서비스 등이 있다.

③ 에너지 시장: 전력 에너지를 거래하는 시장을 뜻한다. 에너지 시장에는 선물/선도 시장(futures and forward market)과, 전일 시장(day-ahead market), 실시간 시장(real time market)으로 분류 된다. 선물/선도 시장은 장기적으로 공급자와 수요자 간의 계약에 의한 재정적인 거래 형태를 가진다. 이 시장에서는 특정한 기간과 물량, 정해진 가격으로 장기적 계약이 이루어진다. 전일 시장에서는 발전자의 입찰과 수요자의 입찰이 만나는 점에서 가격이 결정되고, 입찰 결과를 통해 급전 계획이 수립된다. 정산 가격은 실제 운영일의 각각의 시간에 대해 결정된다. 실시간 시장은 실시간 운영을 기본으로 하고, 하루 전 계획 단계에서 선택되지 못하고 용량 예비력을 가지고 있는 발전기들이 시장에 참여한다. 실제 입찰 최소 비용, 안전적 계통 급전을 고려하여 최소거래 시간단위로 정산 가격이 결정된다.

(4) 전력시장의 구비 요건

① 전력 자유화가 도입된 국가 및 지역의 전력공급 체제가 구비 되어야 한다.

② 도매 전력시장은 거의 공통적으로 전일 시장과 수급균형을 보정하는 실시간 시장으로 구성된다.

③ 계통내의 전력 거래의 경제성, 효율성을 유지하기 위하여 계통의 운용 및 제어에 필요한 보조서비스의 확보는 필수적이다.

Ⅲ. 우리나라의 전력시장

1. 국내 전력산업의 현황

(1) 국내 전력산업의 규모(2004년 기준)

① 전력 소비자 수 : 16,700,000

② 발전기 수 : 499대

③ 송전선 전압 : 765kV/345kV/154kV/66kV, DC180kV

④ 발전 설비 용량 : 59,130 MW('04)

⑤ 1인당 전력 소비량 : 6,236 kWh('04)

<표 2> 전력공급 현황

(단위: 만kW, %)

구 분	2001	2002	2003	2004	비 고
설비용량	5,086	5,380	5,608	5,913	연말 기준
공급능력	4,870	5,211	5,549	5,753	8월 기준
최대수요	4,312	4,577	4,793	5,126	–
공급예비력 (예비율)	557 (12.9)	634(13.9)	810 (17.1)	626 (12.2)	–

(2) 전력공급 현황

2000년 이후에도 발전설비의 건설은 꾸준히 증가하고 있으며 여름철 하계 최대전력 수요에도 12% 이상의 공급 예비율을 가지고 안정적으로 공급하고 있다. 발전설비 용량, 실제 공급 가능량, 최대 수요, 예비율은 <표 2>와 같다.

2. 전력산업의 변화

(1) 전력산업 구조 개편 추진 일정(기본 계획)

2001년 4월부터 국내 전력산업은 발전부문에 경쟁을 도입한 상태이다. 2004년에 3년간의 발전경쟁경험을 바탕으로 도매경쟁관계로 발전 진입하고 2009년에 완전 소매경쟁단계로 진입할 기본계획을 2001년에 확정하였다. 그러나 2004년의 세계적인 전력 계통의 대정전사태들을 고려하여 노사정 연구결과 배전분할을 통한 도매 시장 도입을 중지하고, 회계 독립인 배전사업부제를 도입하여 수정된 도매경쟁을 2007년중 도입을 예정으로 구조개편 일정이 수정되었다.

(2) 전력산업 구조개편 추진 경과

전력수급의 안정성을 유지하고 한국전력공사의 대외 신인도 유지 등을 고려하여 기존 한국전력공사의 부문을 6개의 자회사로 분리하였다. 자회사의 수는 규모의 경제와 시장의 독과점 방지 배분은 지역분포, 발전설비의 수명 등을 고려하여 경쟁도입단계에서 경쟁 조건이 같이 되도록 결정되었다. 또한 원자력 부문은 발전 형태의 즉성 및 안전 문제들을 고려하여 별도의 자회사로 구성하고, 수력은 수자원 이용의 공공성을 민영화 이후에도 지속적으로 유지하기 위하여 원자력회사에 포함시켰다.

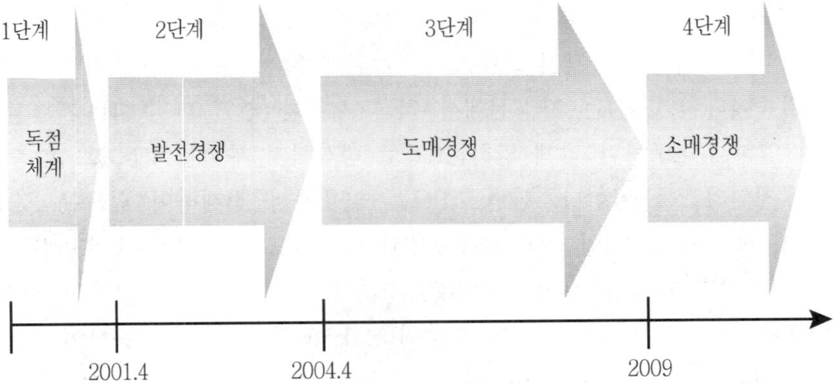

[그림 7] 전력 산업 구조 개편 추진 일정

분할된 자회사 중 1개 자회사(화력 2개 단지를 포함하여 구성)를 2003년부터 민영화할 계획이었고, 한국전력공사의 대외부채 상황을 고려하여 나머지 화력발전 자회사도 단계적으로 민영화할 계획이었다.

기존의 민자 발전 회사(한화 에너지, LS 에너지, 현대 에너지, 포스 에너지, 대구 전력 등)에 대해서는 각 회사의 선택에 따라 한국전력공사와 기체결한 전력구입계약에 따라 전력을 판매하거나, 시장에 참여하여 자유경쟁 입찰 방식으로 판매가 가능하도록 하였다. 엔론 도산 이후 전력에너지 시장에서의 자본의 이탈 등 국내외의 자본시장 상황변화 때문에 발전회사 민영화는 이루어지지 못한 상태이다.

제 2 절 가스산업의 경쟁법 · 정책*

I. 서 론

1. 천연가스와 액화석유가스

우리나라에서 가스산업에 적용되는 「고압가스안전관리법」, 「액화석유가스의 안전관리 및 사업법」, 「도시가스사업법」을 통상 가스 3법이라고 부른다. 그러나 가스의 화학적 성질을 기준으로 한 종류로 고압가스, 액화석유가스, 도시가스가 있는 것은 아니며 우리가 에너지원으로 사용하는 가스는 액화천

* 김두진(한국법제연구원 부연구위원)

연가스(Liquefied Natural Gas: LNG)와 액화석유가스(Liquefied Petroleum Gas: LPG)가 대표적이다. 두 가지 모두 오랜 기간에 걸쳐 유기물이 탄화된 화석연료의 일종이다.[1] LNG는 가스전에서 직접 채취한 천연 메탄(CH4)가스를 그 비점인 영하 161.5°보다 낮게 영하 162°로 냉각시켜 부피를 1/600로 압축, 액화시킨 천연가스를 말한다. 한편 LPG는 원유에서 정제하여 만드는 것으로 주성분이 프로판(C3H8)인 것과 부탄(C4H10)인 것으로 나뉜다. 프로판은 영하 42°로 냉각시켜 압축한 것이고 부탄은 영하 0.5°로 냉각시켜 압축한 것이다. 그 비점은 각각 영하 42.1°, 영하 0.5°이다. LNG는 배관망을 통하여 발전용, 도시가스용으로 공급되며 이 중 도시가스는 가정 또는 사무실·서비스업 등의 난방·취사용으로 널리 사용되는데, 대체로 「한국가스공사법」에 의하여 설립된 한국가스공사가 공급 책임을 맡고 있다. 그러나 종래 천연가스의 수입이 한국가스공사에게만 허용되던 것이 해제됨에 따라서 현재는 포스코와 같은 대량구매 기업고객은 스스로 산지로부터 직수입하고 있기도 하다. LPG는 탱크로리를 통하여 공급되며 제조업의 동력원 또는 가정의 난방·취사용 등으로 널리 사용되는데 특히 LPG용 자동차의 연료로 많이 사용된다.

LPG를 국내에서 생산하기 시작한 것은 1964년 대한석유공사의 울산정유공장이 가동되면서부터이며 국내 생산이 가능해짐에 따라 가정취사연료 및 영업용 차량을 중점대상으로 가스연료전환정책을 전개함으로써 서서히 대중화되었으나, 1970년대까지만 해도 정부의 가스정책은 국내 정유공장의 가스생산능력 범위 내에서 이루어졌다.[2] 지난 1979년 제2차 석유파동을 계기로 에너지 수급측면에서 에너지원 다원화를 통한 안정공급기반의 구축이 시급해진 데다, 고도성장에 따른 대도시의 대기오염과 연탄재 등 폐기물 처리문제를 해결하여야 하는 필요성이 증대되었다. 이에 따라 1980년대 이후 정부는 가스의 안정공급과 공급확대를 도모하고자 산유국과의 직접계약에 의한 장기도입계약을 체결하고 가스인프라 확충을 추진하였다. LNG는 1983년 한국가스공사를 설립하고 1986년 말에 인도네시아로부터 20년 장기계약에 의거 연간 200만톤 규모의 LNG를 도입하여 평택화력발전소에 발전용으로 공급한 것이 최초이다. 이듬해인 1987년 2월 2일에는 수도권 지역에 도시가스용으로 천연가스를 공급하기 시작함으로써 본격적인 천연가스 시대가 열리게 되었다.[3]

1) 이하 가스의 성질에 관하여는 가스공사 홈페이지에서 인용하였음. http://www.kogas.or.kr/

2) 산업자원부 가스산업과, "한국의 가스산업 현황"(2006).

<표 1> 에너지 수급현황

	1990	1999	2000	2001	2002	2003	2004	2005
1차에너지 소비(천TOE)	93,192	181,363	192,887	198,409	208,636	215,067	220,238	229,333
석유(천B)	356,349	719,657	742,557	743,667	762,868	762,941	752,329	761,410
LNG(천톤)	2,329	12,961	14,557	15,990	17,768	18,610	21,809	23,068
유연탄(천톤)	21,876	54,137	60,329	63,686	68,264	70,540	73,978	75,787
무연탄(천톤)	21,529	4,992	6,196	7,137	7,687	8,581	8,138	9,040
원자력(GWh)	52,887	103,064	108,964	112,133	119,102	129,659	130,715	146,780
수력(GWh)	6,361	6,067	5,610	4,151	5,309	6,887	5,861	5,189
기타(천TOE)	2,845	1,806	2,130	2,456	2,925	3,241	3,977	5,007
전력(GWh)	94,384	214,215	239,535	257,731	278,451	293,599	312,096	332,413

자료: 산업자원부 (2005.10. 현재).

<표 1>에서 보여주는 우리나라 전체 에너지 수급현황에 의하면 LNG가 2005년 10월 현재 23,068(단위: 천톤)으로 2004년의 21,809에서 5.8퍼센트 증가하였다. 가스의 소비 추이를 보여주는 <표 2>를 보면 석탄, 석유에 대한 수급이 지난 15년간 줄거나 큰 변동이 없는 데 비하여 가스의 경우에는 매년 큰 폭으로 증가하는 양상임을 알 수 있다.

2005년 현재 국내 에너지 소비 중 LNG는 약 10% 수준을 차지하고 있다. LNG는 액화과정에서 분진, 황, 질소 등이 제거되어 연소시 공해물질을 거의 발생하지 않는 청정에너지이기도 하며 향후 공급시설의 확충에 의하여 그 사용은 더욱 확대될 것으로 예상된다.

2. 가스산업의 구조와 특성

(1) 규제산업

가스산업은 에너지산업이자 규제산업(regulated industries)[4]이라는 특성을 가진다. 이러한 특성들은 전력산업과 공통되나 종래부터 천연가스산업은 전력산업에 비하여 수직적으로 통합된 정도가 덜하다. 이 가운데 경쟁법적으로 가장 의미가 큰 특성은 가스산업이 규제산업이라는 점이다.

3) 위의 자료.

4) 규제산업으로는 농업(협동조합), 통신업(일반통신산업, 케이블 TV), 에너지산업(천연가스, 전력, 금융업, 보험업, 보건산업(제약, 병원), 스포츠산업, 수송업(철도, 항공운송, 해운) 등을 들 수 있다.

<표 2> 가스 소비추이

연 도	LNG 소비량(천톤)	LNG 소비증가율(%)
1980	-	
1990	2,329	
1980~1990		-
1991	2,694	15.7
1992	3,524	30.8
1993	4,402	24.9
1994	5,860	33.1
1995	7,087	20.9
1996	9,363	32.1
1997	11,379	21.5
1998	10,645	-6.4
1999	12,961	21.8
2000	14,557	12.3
1990~2000		20.1
2001	15,990	7.5
2002	17,768	11.1
2003	18,610	4.7
2004	21,809	17.2
2005	23,068	5.8

자료: 산업자원부 (2005.10. 현재).

가스산업에 대한 공적 규제가 행해지는 목적은 가스회사로부터의 소비자 보호정책, 유한한 에너지원의 보존정책이나 환경보호정책, 가스, 특히 고압가스가 갖는 폭발성, 연소성에서 비롯된 위험물질로서의 안전 도모 등이다. 규제의 방식은 가스요금 등에 대한 가격규제, 가스사업자의 진입 및 퇴출규제, 자원배분(allocation), 조세 및 기타의 경제적 유인에 의한 규제, 그리고 가스산업의 발전을 위하여 산업정책적으로 행해지는 이 분야의 표준제정 등이 있다.

우리나라 가스산업에 관한 정부의 주무부처는 산업자원부이다. 가스산업의 산업적 측면, 즉 수급 및 품질관리, 요율, 산업구조개편 등은 산업자원부 에너지산업본부의 가스산업팀이 담당하며, 가스안전에 관한 문제는 전기 및 송유관의 안전에 관한 문제와 함께 산업자원부 에너지산업본부의 에너지안전팀이 담당하고 있다. 「액화석유가스의 안전관리 및 사업법」, 「도시가스사업법」이 가스산업에 적용되는 사업의 인·허가 등에 관한 근거법이다. 원칙적으로 한국가스공사가 LNG의 도매단계의 공급 책임을 맡고 있고, 소매단계의 공급은 복수의 도시가스회사들에 의하여 행해진다. 또한 가스안전에 관한 기본법이라 할 수 있는 「고압가스안전관리법」[5]에 의하여 설립된 한국가스안전공사가 여러 가지 기술적 사항의 검사 및 점검을 담당하며, 「액화석유가스의 안전관리 및 사업법」, 「도시가스사업법」안에도 LPG와 LNG의 안전에 관하여 적용되는 몇몇 특별규정들이 있다. 가스안전기술기준의 주요 내용은 이상의 가스 3법령에 의하여 정해지나 구체적인 기준의 제·개정권은 산업자원부장관에게 있다. 가스안전기술기준은 산업자원부령과 통합고시[6] 등 산업자원부 고시의 형태로 제정·공표되어 있다.

(2) 가스산업의 구조

(가) 가스의 유통구조

천연가스는 생산지역이라고 불리는 가스전에서 생산된다. 천연가스는 가스파이프라인을 통하여 생산지역에서 가스소비지역으로 수송되고 가스소비자가 소재하는 지역으로 공급되지 않으면 아니된다. 우리나라의 경우 LNG는 해상수송으로 수입된 후 파이프라인을 통하여 도시가스회사나 발전소로 공급되는 형태를 취한다. LPG의 경우에는 원칙적으로 수입된 원유를 가지고 국내의 정유공장에서 생산되나, 간혹 LPG 운반선에 의하여 완제품이 수입되기도 한다. LPG는 통상 탱크로리를 통하여 충전소나 도시가스회사로 공급된다. 생산(수입)된 후 가스 유통구조는 <표 3>과 같다.

이하에서는 1940년대에 이미 현대적인 가스산업이 발달하기 시작한 미국의 가스산업을 살펴보기로 한다. 미국의 경우 가스의 생산지역에서 파이프라인으로 주요 인구중심지역으로 수송되고 지역배급회사(local distribution company: LDC)를 통하여 소비자에게 공급되는 것이 보통이다. 미국내에는 약

5) 액화석유가스나 도시가스도 고압가스의 일종이기 때문에 고압가스안전관리법은 기본적으로 가스안전에 관한 사항을 정하는 법률이다. 고압가스안전관리법이 가스 3법 중 기본법이라는 점은 동법 제37조(다른 법과의 관계) 제1항 "액화석유가스의 안전관리 및 사업법과 도시가스 사업법에서 규정한 사항에 대하여는 이 법을 적용하지 아니한다"는 규정의 존재, 그리고 동법에서 규정된 용기, 설비 등에 관한 기술기준이 액화석유가스의 안전관리 및 사업법과 도시가스사업법에서도 적용되거나 준용되는 사실에서도 확인된다.

6) 위의 가스 3법에 맞추어 제정된 각종 고시들을 통합하여 마련된 고압가스안전관리기준통합고시(2004.4.19. 개정 산업자원부고시 제2004-45호), 액화석유가스안전관리기준통합고시(2005.3.8. 개정 산업자원부고시 제2005-26호), 도시가스안전관리기준통합고시(2003.12.31. 개정 산업자원부고시 제2003-89호) 등을 말한다.

<표 3> 가스의 유통구조

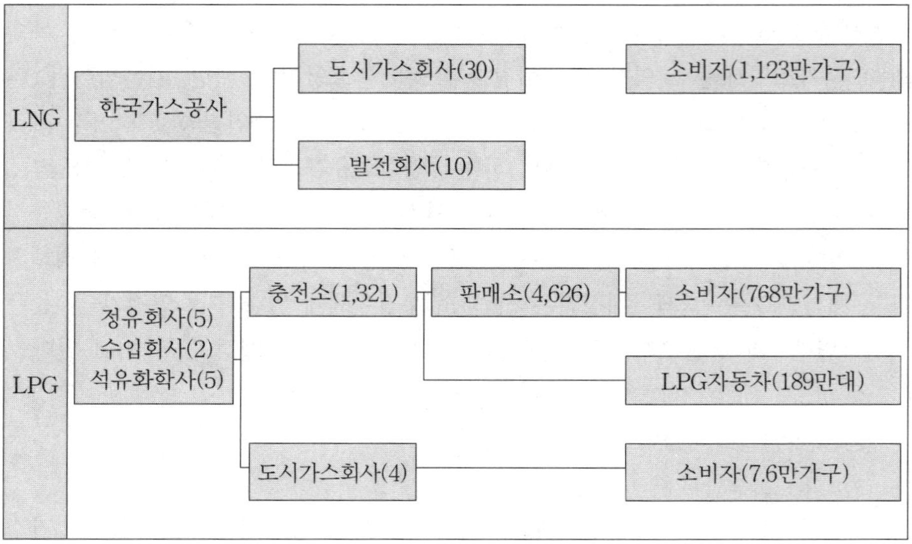

자료 : 산업자원부 (2005.10. 현재).

1,400개의 지방배급기업(local distribution companies: LDCs)이 있다. 전형적으로 LDCs는 가스를 생산자, 파이프라인 또는 유통업자(marketers)로부터 구매하여 지방배급지역안의 고객들에게 배송하고 재판매한다. 미국 일부 주에서는 고객들은 자신들의 가스를 생산자나 유통업자들로부터 직접 구매할 수 있고 LDCs에게는 그 배급서비스에 대한 요금만을 지급한다. 생산지역에서 수송된 가스를 LDCs가 수령하는 지점은 파이프라인과 LDCs 시스템의 접점이며 이를 "도시관문(city gate)"이라고 부르는데, LDCs는 도시관문에서부터는 자신의 가스배급망을 통하여 소매고객들에게 배급한다. 그러나 제조공정에서 가스를 주원료로 사용하는 전기회사나 사업체같이 가스의 대량소비자들은 파이프라인으로부터 자신들의 생산설비까지 자기 소유의 사적 배급경로를 설치함으로써 LCDs를 물리적으로 우회한다. 따라서 이들 큰 산업고객은 처음부터 공장을 파이프라인과 직접 접속된 연결을 통하여 물리적으로 LDCs를 거치지 않는 위치에 건설한다.

대부분의 미국내의 주요 인구중심들은 생산지역으로부터 가스를 공급받는 州間 가스 파이프라인 2개 이상의 서비스를 받고 있다. 미국에서는 州間 또는 州內의 파이프라인에 의한 가스수송 및 판매회사는 공익사업체로서 사실상 시장을 독점하는 것이 허용되고 있다. 1998년 현재 약 50개의 주요 파이프라인기업들이 미국내에서 州間의 가스의 수송을 담당한다.[7] 미국에서 파이프라인은 규제목적상 주내의 그것과 주간의 그것으로 구분된다. 주간 파이프라인은 천연가스의 주간통상을 위하여 수송하는 것에 사용되거나 가스 재판매의 주간통상에 사용되는 것들이다. 주내의 파이프라인은 하나의 주의 경계내에서만 가스의 수송에 사용되거나 다른 주의 경계를 경유하지 않고 외국으로 수송하는 데에만 사용되는 것이다. 州間 가스수송 및 저장의 접근조건과 가격, 가스의 도매 판매(즉, 최종소비자에게 재판매될 가스 판매) 등은 연방에너지규제위원회(Federal Energy Regulatory Commission: FERC)의 배타적 관할사항이다. FERC는 연방에너지부조직법(the Department of Energy Organization Act)에 의하여 창설된 연방기관으로서 가스 이외에도 州間의 전기송전과 판매에 대한 전속적인 관할권을 가진다.[8] 州間 파이프라인이 FERC의 규제를 받는데 반하여 州內 파이프라인은 그것이 소재한 주정부의 규제를 받는다. 그리고 가스의 소매판매는 연방이 아닌 주정부의 전속적 규제관할권의 대상이다.

역사적으로 LDCs에 의한 천연가스의 소비자에 대한 소매배급과 판매는 자연독점(natural monopoly)으로 간주되어 왔다. 그러나 이 분야에서의 규제완화와 더불어 일정부분 경쟁체제가 도입되어 왔다.

경제적 및 기술적으로 충분히 비축할 수 없는 전력과 달리[9] 가스는 비축이 가능하고 잘 비축된다. 저장설비는 주요 생산지역은 물론 시장 허브(market hub)로 기능하는 지역에 소재한다. 후자는 통상 주요 대도시지역과 연결되는 파이프라인 설비와 관련된 중심적인 지점에 위치한다. 일부 LDCs와 대규모 고객은 지역저장설비를 보유한다. 저장 가스에 대한 권리를 보유하는 것은 성수기의 가격앙등이나 공급부족시의 공급차질을 방지하는 보호장치 역할을 할 수 있다.

---

7) EIA, Deliverability on the Interstate Natural Gas Pipeline System 31 (1998).

8) 42 U.S.C. §7101 (2001).

9) 전기는 일단 발전이 되면 저장되지 않기 때문에 아직까지 축전기술은 하나의 발전기가 그것의 장래수요를 위해 전기를 저장하는 수준까지는 발전하지 못하였다. 따라서 전기회사들은 가정과 사업체에 전기를 공급하는 지방배전선망(local distribution lines)과 지방에서 지방으로 전기를 운반하는 전국적인 장거리송전선망(a nationwide power grid[1] of long-distance transmission lines)을 통하여, 타사업자가 생산한 전기에 접근하고, 상호접속과 공동이용(pools)을 통하여 수요와 가능한 용량을 맞춘다.

(나) 가스산업의 발생과 자연독점

1920년대와 30년대에 미국 주정부들은 천연가스를 태워 없앰으로써 낭비하지 않도록 석유 및 가스 보존을 위한 입법을 하였다. 이것이 미국에서의 가스산업에 대한 최초의 입법이었다. 그 때까지 석유생산을 하는 주들은 야간에도 유전의 석유생산시설에서 가스를 분출시키고 태우는 거대한 불꽃 때문에 환하게 조명되었는데 가스의 연소나 분출을 금지하는 이들 법의 결과로 천연가스산업이 탄생하였다.

이러한 주의 가스보존법이 입법된 지 얼마 되지 않아서 거대한 파이프라인이 천연가스를 생산하는 가스전으로부터 개발중인 시장으로 수송하기 위하여 건설되었다. 1940년대까지는, 장거리 가스 파이프라인 분야에서의 발전이 이루어져서 현대적인 가스산업이 발전하였다.

천연가스 파이프라인의 형태는 스스로에게 수요독점자[10]와 독점자의 지위를 부여하였다. 연료 사이클의 한쪽 끝에서는 파이프라인은 석유 및 가스의 생산업자가 자신들이 가스점에서 채취한 가스를 오직 파이프라인에만 판매할 수 있는 유일한 구매자였다. 그래서 파이프라인은 가스의 구매에 있어서 수요독점이었다. 연료 사이클의 다른 쪽끝에서는 천연가스 파이프라인은 지방배급기업이나 산업계의 최종사용자에 대하여 이용가능한 천연가스의 유일한 판매자이자 수송자였다. 그 결과 파이프라인은 가스의 판매에 있어 독점(monopoly)이었다. 이들 성격으로 인해서 파이프라인은 공익사업체 유사의 경제 규제를 받았다. 지방배급기업은 최종사용자에 대하여 가스의 판매 및 배급을 독점하였으므로, 또한 경제규제를 받을 가능성이 높았다.

주정부는 1910년대와 20년대에 가스의 지방배급기업(LDCs)에 대한 규제를 개시하였다. LDCs는 진입에 대하여 공익사업체규제에 따라야 하였다. 오늘날에도 주정부의 위원회는 LDCs에게 사업을 하고 파이프라인과 배급관을 설치하기 위하여 공공의 편익과 필요성에 관한 승인(certificate)을 얻을 것을 요구하는 것이 보통이다. 주의 규제기관은 또한 LDCs가 적절하고 합리적인 수송요율을 설정하고, 합리적 가격으로 가스를 공급하고, 적합한 서비스를 제공하고, 비차별적으로 모든 고객들에 대한 서비스를 보장하는지 등을 감독한다.

---

10) 기술적으로 수요독점(monopsony)은 잘 특화된 상품이나 용역에 대하여 단일의 구매자만이 존재하는 구조적 조건이다. Roger D. Blair & Jeffrey L. Harrison, Monopsony : Antitrust Law and Economics, (Princeton University Press, 1993), p. 3. 수요독점의 경제학은 분석학적으로 독점의 경제학과 동일하다.

그러므로 주정부의 규제는 투자자 소유의 LDCs의 설립부터 해산까지 대부분의 사업측면을 통제하여 왔다. 연방대법원은 두 개의 대표적 판례[11]에서 이 규제의 적법성을 지지하였다. 이들 판례에서 연방대법원은 천연가스에 관련된 사항에 대한 주의 규제에 대하여 본질적으로 지방적인 것이고 그것에 관하여 의회가 입법하려고 하지 않은 것으로 간주하여 정당성을 인정하였다. Pennsylvania Gas사건에서의 연방대법원의 견해는 후에 East Ohio Gas Co. v. Tax Com. of Ohio사건[12]에서 제한되었다. 주의 규제에 대한 제한은 연방대법원의 Missouri ex rel. Barrett v. Kansas Natural Gas Co.판례[13]에서 선언되었다.

주정부는 그 권한을 넘는 州間 파이프라인 거래에 대하여 규제권한이 없었기 때문에 연방동력위원회가 설치된 1938년 이전까지는 주간 파이프라인은 전혀 법적 규제를 받지 않았다. 1935년에 미국 연방거래위원회(Federal Trade Commission: FTC)는 천연가스 파이프라인산업이 자연독점이고 따라서 이 산업의 규제필요성을 권고하는 내용의 보고서를 발간하였다.[14] 연방의회는 FTC 보고서의 권고를 수용하여 1938년에 州間 천연가스기업에 대한 포괄적인 연방규제를 규정한 천연가스법(the

11) Public Utilities Commission for the State of Kansas v. Landon, Receiver of the Kansas Natural Gas Company, 249 U.S. 236, vacated and modified, 249 U.S. 590 (1919); Pennsylvania Gas Company v. Public Service Commission, Second District, of the State of New York, 252 U.S. 23 (1920).

12) 283 U.S. 465. 오하이오주의 어떤 가스회사는 그 소득에 대한 과세가 통상조항에 위반하여 주간통상에 영향을 주었다고 주장하였다. 오하이오주 규정은 위원회가 주공익사업체에게 그 기업이 주내에서 사업을 하는 특권에 대한 대가로 그 기업이 실현한 주내 소득에 대하여 과세할 수 있다고 규정하고 있었다. 가스회사는 그 영수증을 그 당시에 위원회가 인정한 방식에 따라서 주외의 가스전에서 나온 가스, 오하이오 가스전에서 나온 가스, 그리고 혼합된 원천에서 나온 가스는 그 비율에 따라서, 각각 얻은 수익을 나누었다. 그리고 나서 가스회사는 주내의 가스전에서 얻은 수입에 대하여서만 세금을 납부하였다. 위원회는 나중에 세금을 다르게 산정하고, 가스회사에 모든 가스전에서 나온 가스에서 발생한 판매소득에 대하여 과세한 후, 차액을 가스회사에 부과하였다. 법원은 연방지방법원의 예비적 유지명령신청 기각결정을 승인하였다. 법원은 고압의 주간수송 파이프라인으로부터 주내의 배급선으로 가스가 유입되면, 그로써 주간통상은 끝나고 주내 통상이 시작된다고 보고, 따라서 주내의 판매에서 얻은 수익에 대한 과세는 통상조항위반이 아니라고 하는 이유를 들었다.

13) 265 U.S. 298. Kansas Natural Gas는 가스의 생산 및 주간 파이프라인 수송회사였다. 이 회사는 지방배급기업에게 가스를 도매하였고, 이들 배급기업들은 그러면 가스를 소비자들에게 배급하고 재판매하였다. Kansas Natural Gas가 미주리주와 캔저스주의 지방배급기업에 대한 가스공급요율을 인상하였을 때, 이들 주의 공익사업체위원회는 그 가격인상이 소비자들에게 전가되지 않을까 우려하였고, Kansas Natural Gas에 대하여 가격인상을 승인할 권한이 있다고 선언하였다. Kansas Natural Gas는 거부하고, 주의 규제 시도는 주간통상의 자유이동을 헌법에 반하여 저해한다고 주장하였다.

14) Joseph Fagan, From Regulation to Deregulation: The Diminishing Role of the Small Consumer Within the Natural Gas Industry, 29 Tulsa L.J. 707 (1994).

Natural Gas Act: NGA)을 통과시켰다.[15] 이 법의 합헌성은 FPC v. Natural Gas Piprline Co.판례[16]에서 연방대법원에 의하여 인정되었다. NGA는 연방기관에게 주간 가스도매와 주간 수송에 관한 감독권을 줌으로써 "규제공백"을 보완하기 위하여 입법되었다.[17]

(다) 가스산업의 요율규제

처음에는 연방동력위원회(Federal Power Commission: FPC)에게 1938년 천연가스법의 시행책무가 맡겨졌다. 오늘날의 연방에너지규제위원회(FERC)는 그 후신이다. FPC는 천연가스회사에 대한 규제의 초점을 州間 파이프라인 회사에 맞추었다. NGA는 파이프라인이 가스의 민간수송회사로 남는 것을 허용하였고, 그럼으로써 그들이 가스전에서 가스의 구매독점자로서의 지위를 유지하는 것을 허용하였다. 그러나 파이프라인이 가스에 지급하는 가격은 그들이 수송에 부과하는 가격과 같이, FPC의 "정당하고 합리적인(just and reasonable)" 요율을 담보하기 위한 관할권의 대상이었다. NGA의 규제구조하에서 FPC는 적정하고 합리적이며 비차별적인 파이프라인 요율을 정하였다.[18] 천연가스산업에 적용되는 "정당하고 합리적인"이라는 기준의 유연성은 Robert Jackson 대법관에 의하여 Federal Power Commission v. Hope Natural Gas Co.사건[19] 판결에서 조명되었고, 지지되었다. 실제상 정당하고 합리적인 요율은 일반적으로 파이프라인이 투하자본의 수익을 포함하는 서비스 제공 비용을 충당할 수 있게 하는 요율이었다. 이러한 FPC의 요율규제는 독점 파이프라인에 의하여 부당한 가격이 부과되어 소비자를 해하지 못하게 보호하려는 것이었다.

1938년 천연가스법에 의하여 파이프라인은 특정한 지역의 소비자들에게 배타적인 가스와 수송서비스를 제공할 공공의 편익과 필요성을 인정받았다. 반면

15) 15 U.S.C. § 717-717z (1994).

16) 315 U.S. 575 (1942)(한 주에서 생산한 천연가스의 다른 주의 그 배급회사에 대한 판매와 수송과 배급은 주간통상을 구성하며, 이것은 연방의회의 규제에 따른다고 판시하였다).

17) United Distrib. Cos. v. FERC, 88 F.3d 1105, 1122 (D.C. Cir.1996)(연방대법원 판결이 주간 가스수송 및 도매에 대한 주의 규제를 배제하는 것으로 통상조항을 해석하는 것에서 비롯된 이른바 "규제공백(regulatory gap)"을 언급하고 있다).

18) NGA §4(a), 15 U.S.C. §717c(a).

19) 320 U.S. 591 (1944). 잭슨 대법관은 어떤 공익사업체가 제공하는 서비스의 양과 질은 최소한 그 기업에 투입된 자본의 양에 의하여 개략적으로라도 측정된다고 지적하였다. 그러나 천연가스의 "파악하기 어렵고, 고갈될 수 있고, 대체불가능한" 성질은 적절한 공급의 지위가 다른 공익사업의 측면보다 투자와의 관계에서 불규칙적이고, 예측불가능한 것이 되게 한다. 그러므로 연방대법원은 FPC가 천연가스의 요율을 결정함에 있어 하나의 공식만을 사용할 구속을 받지는 않는다고 판시하였다.

에 이들은 신뢰할 수 있는, 비차별적 서비스를 할 의무를 부담하였다. 새로운 파이프라인을 건설하려는 기업들도 NGA에 의하여 공공의 편익과 필요성의 승인을 받아야 하였다. 고객들에 대한 서비스의 안정성을 담보하고 파이프라인의 재정적 위험을 제한하기 위하여 규제기관은 파이프라인에게 승인절차의 하나로서, 새로운 시장에의 판매개시나 새 파이프라인의 건설 이전에 신뢰할 수 있는 가스공급을 위하여 가스생산업자들과 장기계약을 체결할 것을 요구하였다. 따라서 전형적으로 파이프라인사의 가스생산업자와의 계약기간은 20년간이었으며 때로는 그 계약은 "임대기간 동안" 또는 "가스전의 생산능력이 유지되는 동안" 효력을 갖기도 하였다. 이처럼 장기간의 계약기간은 LDCs와 그들의 고객들에게 신뢰할 수 있고 적절한 가스공급을 보장하고 파이프라인기업과 규제기관에게는 파이프라인에의 투자에 대한 보상을 보장한다. 이러한 규제적 접근방법은 또한 매우 경직된 산업구조를 가져오지만 그럼에도 불구하고 그것은 20년간 잘 작동하였다. 그러나 가스 공급에 대한 대안적인 규제가격 책정구조의 문제가 발견되었다. FPC는 파이프라인이나 그 자회사에 의하여 제공되는 가스에 대한 가스생산 규제만을 담당하였고 독립생산자(independent producers)는 규제하지 않았기 때문에 이들에 의하여 소비자이익이 침해될 수 있다는 문제점이 지적되었던 것이다. 연방대법원은 FPC의 파이프라인기업에 대한 관할권을 1954년에 Phillips Petroleum v. Wisconsin사건[20]에서 독립 가스생산업자에게까지 확대하여 인정하였다. 이 사건에서 연방대법원은 주간통상에서 재판매를 위하여 가스를 판매하는 생산업자는 NGA의 적용범위에 포함된다고 판시하였다. 이 판례 이전에는 FPC의 가스요율 규제의 객체는 소수의 주간 파이프라인이었지만 이 이후에는 위원회의 관할권은 갑자기 주간시장에 존재하는 수천 개의 재판매를 위한 독립 가스생산업자들까지 포함하게 되었다. 연방의회의 일부 의원은 입법에 의하여 이러한 연방대법원의 천연가스법에 대한 해석을 변경시키려고 시도하였지만 실패하였고, FPC는 독점자외의 독립생산업자가 제조한 상품의 가격을 규제할 책무도 지게 되었다.

처음에는 FPC는 이전에 파이프라인에 대하여 했던 것처럼 개별적으로 "정당하고 합리적인" 비용기반의 요율(cost-based rate)로서 가스가격을 결정하려고 시도하였다(단일기업별 요율규제). 그러나 10년쯤 지나자 위원회는 포기하였다.[21]

---

20) 347 U.S. 672 (1954), *rehearing denied*, 348 U.S. 851 (1954).

21) 독립생산자의 수가 아주 많았기 때문에 그러한 방식을 고집한다면 요율 제정 작업을

FPC는 단일기업 요율규제로부터 일정한 지리적 지역안의 생산업자들에 대하여 지역별 요율(area-rate)을 설정하는 방식으로 변경하였다.[22] 지역별 요율이란 FPC가 각 지역별로 두 개의 최고요율을 정하여 하나는 오래된 가스전에 적용하고 다른 하나는 새 가스전에 적용하도록 하는 방식을 말한다.[23] 이러한 지역별요율제에 포함된 차등요율제(two-part rate system)는 새로운 가스전으로부터 생산하는 가스가격을 더 높게 함으로써 새 가스전에 대한 지속적인 탐사와 개발에 대한 유인을 제공하여 새 가스전의 개발을 촉진하는 것이 필요하다는 인식에 근거한 것이었다.

1970년대에 FPC는 지역요율제(area rate system)로부터 새로운 가스에 대한 차등요율제를 포함하는 전국단위 요율제(nationwide rates)로 변경하였다. 새 요율시스템은 기존 계약에 비하여 새로운 가스전에 대하여 7배 이상의 요율을 허용하였는데 이것은 생산업자와 소비자 양측의 반대에 직면하였다. 생산업자들은 주간 가스요율의 그 이상의 규제완화를 주장하였고, 소비자들은 새 가스전에 대한 높은 요율의 허용은 비정상적인 이익을 가스산업에 안겨주게 될 것이라고 주장하였다. 1977년에 D.C. 연방항소법원은 American Public Gas Association v. FPC사건[24]에서 이러한 양측의 주장을 받아들이지 않고 전국단위 요율제를 지지하였다. 그러므로 미국의 가스요율규제는 가스를 “새로운” 것과 “오래된” 것으로 구분하는 빈티지 시스템에 계속하여 의존하게 되었고 그 격차는 더욱 커졌다. 전에 발견되어 이미 생산에 이용되는 것에 비하여 아직 생산에 이용되지 않고 있는 새 가스전의 개발을 촉진하고자 후자에 대해서는 전자보다 7배 이상의 높은 요금의 부과를 허용하였다. 그 결과로 기존 가스전에서 생산하고 있는 업자들은 FPC의 규제를 받지 아니하는 주내시장으로 이동하였다. 파이프라인 고객들도 생산업자들에게 높은 가격의 새 가스전 대신에 주내 판매를 하도록 요구하였다. 연방의 가격규제정책의 결과로 가스의 주간 판매는 크게 위축되었다.

주간시장에서의 생산업자에 대한 연방의 가격규제에 대하여 상당한 불만이 표출되기도 하였다.[25] 대중의 정치적 컨센서스는 천연가스산업에 대한 규

끝내는 데에 83년쯤 걸린다는 계산이 나왔기 때문이다.

22) Permian Basin Area Rate Cases, 390 U.S. 747, 756-58 (1968).

23) Id. at 759-63.

24) 567 F.2d 1016 (D.C. Cir.1977).

25) Federal Power Commission v. Texaco, 417 U.S. 380 (1974).

제적 통제를 처음에는 지지하였지만, 지지는 점차 줄어들었고 규제가 증가할수록 정치적 불만이 싹트기 시작하였다. 여기에 1970년대 중반이후의 에너지 위기는 가스가격의 규제완화와 주간 파이프라인 규제개혁을 가져왔다. 그리고 그 이후에 주정부의 천연가스규제정책에 대한 규제개혁도 행해졌다.

(라) 가스산업의 규제완화

1970년대의 에너지 위기는 미국에서 규제완화와 가스산업의 구조조정을 촉진하였고, 천연가스의 공급가와 공급량을 정하는 시장의 부각을 가져왔다.

1970년대초까지 FPC의 정책은 州間시장에서의 극심한 가스부족을 가져왔다. OPEC의 석유 금수와 인플레이션은 규제되지 않는 주내 또는 현물 시장에서 획득가능한 가격보다 현저히 낮게 주간 시장의 가스요율을 유지하는 규제시스템에 의하여 초래된 시장왜곡을 심화시켰다. 그 결과 생산업자들은 점차 가스를 주내시장에서 판매하게 되었고 주간 파이프라인에는 상당한 가스의 품귀 현상이 초래되었다.[26] 비록 FPC가 그 가격책정 관행에 추가적인 변화를 통하여 이러한 품귀현상에 대응하고자 하였지만, 주간 및 주내 시장간의 가격차이는 남았고, 주간 시장에서의 공급부족도 해결되지 않았다.

이에 대한 대책으로서 천연가스의 생산 및 도매의 경쟁을 촉진하기 위한 연방차원의 규제완화조치는 1978년 가스에 대한 생산단계에서의 가격규제의 폐지로부터 시작되었다. 1978년에 미국 연방의회는 천연가스정책법(Natural Gas Policy Act of 1978: NGPA)[27]을 제정하여 단계적으로 井頭(wellhead)에서의 가스판매에 대한 모든 연방의 가격통제를 종료시켰는데, 이것이 井頭에서의 가스판매, 즉 가스전에서의 가스판매의 경쟁시장화를 촉진하는 계기가 되었다. NGPA는 가스전 가격의 단계적인 규제완화에 의하여 가스공급을 수요와 균형되게 하려고 의도하였다.[28] NGPA는 고정요율(fixed rates)을 최고요율상한제(maximum rate ceilings)로 대체하였고 궁극적으로는 일정한 종류의 가스전에 대해서는 완전한 탈규제화를 제공하였다. 의회의 의도는 "새로운 공급원의 개발에 대한 적절한 유인을" 제공하는 것이었다.[29]

변화의 다음 단계는 1980년대 중반의, 공익사업체로서의 州間 파이프라인

26) John Burrit McArthur, *Anti-trust in the new deregulated natural gas industry*, 18 Energy L. J. 1, 12 (1997).

27) Pub. L. No. 95-621, 92 Stat. 3351 (codified as amended at 15 U.S.C. §§3301~3432 (1997).

28) United Distrib. Cos., 88 F.3d at 1123.

29) Mid-Louisiana Gas, 463 U.S. at 334.

기업의 운영에 관한 것이다. FERC는 제436호[30] 및 제636호 명령을 통하여, 모든 주간 파이프라인으로 하여금 모든 공급자에게 주간 파이프라인과 저장설비에 대하여 비차별적인 접근을 제공할 것을 요구하였다.[31] 또한 제636호 명령은 주간 파이프라인의 소유자에게 가스 판매를 수송 서비스와 분리 판매할(unbundle) 것을 요구하였다. 다시 말해 파이프라인 소유자는 수송 서비스와 저장을 가스판매 사업과 별개의 상품으로 판매하여야 한다.[32] 이 변화로 인하여 가스 자체의 판매와 수송후의 주간판매가 분리 취급될 수 있었고, 그럼으로써 천연가스시장의 성장을 촉진하였다. 여러 개의 주정부도 이러한 경로를 밟았고 가스의 배급을 가스의 판매로부터 분리하였다. 이러한 배경에는 주내 파이프라인들이 1970년대의 가스공급부족에 대하여 FERC의 전면적 후원하에 체결한 장기공급계약이 있다.[33] 흔히 이러한 계약들은 파이프라인들에게 필요하든 아니든 가스요금을 지급할 의무를 지우는 "예약분지급(take-or-pay)" 조항을 포함하였다. 1980년대에 오일쇼크가 진정되어 가스요금이 인하되기 시작하자, 파이프라인들은 자기들의 장기간 예약분지급 계약하에서 상당한 비용을 부담하지 않고 현물시장에서 획득가능한 저가의 가스에 접근할 수가 없었다. 파이프라인들은 장기계약하에서 더 높은 고정된 가격으로 가스를 지속하여 구매하는 쪽을 선택하였는데, 그 이유는 그 비용을 자기들의 고객들에게 직접적으로 전가할 수 있었기 때문이었다. 그래서 가스 가격의 현물시장 가격인하에도 불구하고, 대부분의 고객들은 가스공급에 대하여 인하된 요율을 적용받지 못하였다. FERC는 예약분지급의 문제를 처리하기 위하여 처음에 산업체 고객

30) Order No. 436, Regulation of Natural Gas Pipelines After Partial Wellhead Decontrol, Regulations Preambles, FERC Stat. & Regs. (CCH) ¶30,665(1985).

31) Regulation of Natural Gas Pipelines After Partial Wellhead Decontrol, 1982-85 Regulations Preambles, FERC Stats. & Regs, (CCH) ¶ 30,665(1985)(Order No. 436), vacated and remanded, Associated Gas Distribs. v. FERC, 824 F.2d 981(D.C. Cir. 1987), readopted on an interim basis, Order No. 500, 1986-90 Regulations Preambles, FERC Stats. & Regs.(CCH) ¶ 30,761(1987), remanded, American Gas Ass'n v. FERC, 888 F.2d 136 (D.C. Cir. 1989), readopted, Order No. 500-H, 1986-90 Regulations Preambles, FERC Stats. & Regs. (CCH) ¶ 30,867(1989), on reh'g Order No. 500-I, 1889-90 Regulations Preambles, FERC Stats & Regs.(CCH) ¶30,880(1990), aff'd in part and rev'd in part, 912 F.2d 1496(D.C. Cir. 1990).

32) Pipeline Service Obligations and Revisions to Regulations Governing Self-Implementing Transportation Under Part 284 of the Commission's Regulations, Regulation of Natural Gas Pipelines After Partial Wellhead Decontrol and Order Denying Rehearing in Part, and Clarifying Order No. 636, Order No. 636-A at 2-4, reprinted in 57 Fed. Reg. 36,128 (1992) and [1991-1996 Transfer Binder], FERC Stats and Regs.(CCH) ¶ 30,950 (1992).

33) Associated Gas Distribs. v. FERC, 824 F.2d 981, 995 (D.C. Cir.1987).

들과 같이 다른 연료원에 대하여 접근하거나 경쟁조건을 가진 고객들에 대하여 보다 저렴한 제3자의 가스를 판매할 권한을 부여함으로써 대응하였다.[34)] 그러나 D.C. 연방항소법원은 이러한 특별한 판매와 선별적인 수송프로그램에 대하여 Maryland People's Council v. FERC 사건[35)]에서 부당하게 차별적이라는 이유로 무효라고 판결하였다. 동법원은 NGA가 파이프라인의 독점력에 의하여 포획된 고객도 보호하기 위한 것이므로 이러한 차별적 관행을 용납할 수는 없다고 보았다. FERC는 보다 포괄적인 가스산업의 재구성에 대한 시도에 착수하여 이에 대응하였다. 1985년에 FERC는 제436호 명령을 발하였는데, 이 명령은 "파이프라인에 대하여 가스판매업에서 손을 떼도록 하고 가스수송업자로서 보다 제한된 역할을 담당하도록 하는" 절차를 개시하였다. FERC의 제436호 명령하에서 자발적인 수송서비스를 제공하는 파이프라인은 어떤 것이건 비차별적이고 접근을 개방하는(open-access) 방식을 취하여야 하였다. 그에 따라 모든 주요 주간 파이프라인들은 공개접근 수송서비스로 전환하였다.

파이프라인은 자기들의 수송서비스에 대하여 개별적으로 가격을 매기고 자기들의 기업 판매 고객들에게 동등한 양의 기업수송서비스로 전환할 기회를 부여하도록 요구되었다.[36)] FERC의 제436호 명령은 또한 고객들에게 자기들의 기업-판매 계약 수요의 전환 없이 다른 가스공급자에 대한 접속을 위하여 차단불가능한 수송서비스를 이용할 권리를 부여하였다. 이 권리는 이전에 FERC가 도입하였던 고객들에 대한 최소액청구조항(minimum bill provisions)의 금지[37)]와 결합하여 파이프라인과 고객들간에 의무의 불균형을 가져왔다. 즉 고객들은 서비스를 요구할 권리를 보유하였지만, 파이프라인은 지속적인 판매를 보장해주는 권리를 갖지 못하였다. 대신 FERC는 파이프라인에 대하여 그 제공하는 서비스에 관해 탄력적인 가격책정권을 부여하였다. 제436호 명령하에서 파이프라인은 할인된 수송서비스를 제공함으로써 경쟁에 대응할 수 있게 되었다.

---

34) United Distrib. Cos., 88 F.3d at 1123(Columbia Gas Transmission Corp., 25 FERC ¶61,220(1993); Order No. 234-B, Regulations Preambles, FERC Stats. & Regs. (CCH) ¶30,476(1983).

35) 761 F.2d 780, 781-82(D.C. Cir. 1985).

36) Order No. 436, 31,518-33; 18 C.F.R. §284.10(1998).

37) Order No. 380에 의하여 FERC는 사용되지 않았더라도 고객들에게 가스비 지급의무를 부과하는 고객최소액청구조항을 제거하였다. Elimination of Variable Costs from Certain Natural Gas Pipeleines Minimum Commodity Bill Provisions, Regulations Preambles, FERC Stat. & Regs.(CCH) ¶30,571(1984), aff'd , Wisconsin Gas Co. v. FERC, 770 F.2d 1144(D.C. Cir.1985).

FERC의 제436호 명령은 법원에 의하여 예외적으로 중요한 쟁점 하나를 제외하고 지지되었다. 연방의회는 제436호 명령의 가스전에서의 가스 판매에 대한 완전한 규제완화를 제공하기 위한 개방접근(open- access) 요건에 만족하였다. 의회는 1989년 천연가스전규제완화법(the Natural Gas Wellhead Decontrol Act of 1989)[38)]의 시행시, 개방접근 수송의 이용가능성은 의회의 규제완화 결정의 핵심적 요소였다고 언급하였다. 나아가서 의회는 FERC에게 "규제완화의 장점을 극대화하기 위하여 이러한 경쟁적 구조를 유지하고 개선할 것"을 촉구하였다.[39)] FERC는 제436호 명령의 개방식 접근 규정에도 불구하고 파이프라인의 묶인 판매(bundled city-gate firm sales)의 수송서비스의 우수성 때문에 시장지배력 행사의 가능성이 있다고 보고 이를 해결하기 위하여 제636호 명령을 발하였다. FERC는 파이프라인 판매고객들이 필요를 만족시켜주는 기업수송으로 전환하지 아니하는 주된 이유는 파이프라인의 묶인 서비스내에 포함된 수송이 통지가 필요없는(no-notice) 점에서 파이프라인의 독립적으로 이용가능한 기업수송(firm transportation)서비스에 비하여 질적으로 우수하기 때문이라고 보았다.[40)] 제636호 명령에서 FERC는 이러한 차별적 관행을 교정하는 유일한 방법은 파이프라인에게 자신들의 가스판매를 수송서비스로부터 완전히 분리하도록 요구하는 것이라고 결정하였다. 파이프라인에게는 자신들의 묶인 기업판매서비스를 묶이지 아니한 수송서비스로 전환하고 통지가 필요없는 거래서비스를 예전에는 묶인 기업 도시-관문 서비스를 받던 모든 고객들에게 제공할 것이 요구되었다.

1996년에 FERC는 수송에 대한 유인요율을 허용하는 정책을 채택하였다.[41)] 1998년에 FERC는 단기거래에 대한 비용기반의 규제를 제거하는 것을

---

38) Pub. L. No. 101-60, 103 Stat. 157(1989).

39) United Distrib. Cos., 88 F.3d at 1125.

40) Order No. 636, Pipeline Service Obligations and Revisions to Regulations Governing Self-Implementing Transportation Under Part 284 of the Commission's Regulations, and Regulation of Natural Gas Pipelines after Partial Wellhead Decontrol, Regulations Preambles, Ⅲ FERC Stats. & Regs.(CCH) ¶ 30,939 at 30,402-06, order on reh'g, Order No. 636-A, Regulations Preambles, Ⅲ FERC Stats. & Regs.(CCH) ¶ 30,950, order on reh'g, Order No. 636-B, 61 FERC 61,272, 57 Fed. Reg. 57,911(1992), aff'd in part, United Dist. Co. v. FERC, 88 F.3d 1105(D.C. Cir. 1996)(Order No. 636). "통지가 필요없는" 서비스(no-notice service)하에서, "고객은 수량의 지정이나 위반시의 제재를 받지 않고 수요에 따라 자기들의 일상 계약권한까지를 상한으로 하여 가스를 수령할 수 있다." 제636호 명령 at 30,410.

41) Alternatives to Traditional Cost-of-Service Ratemaking for Natural Gas Pipelines, 74 FERC ¶61,076(1996).

제안하는 입법을 통지하였다.[42] 그렇게 하면서 FERC는 단기거래시장의 경쟁수준을 증가시키고 차별 또는 그밖의 부적절한 행위를 적발하기 위한 메카니즘을 부과하였다. FERC는 1998년 8월에 유인요율을 허용하고, 시장기반의 요율을 허용하고 새로운 고객에게 시스템에 대한 이용가능한 비용기반의 체증하는 최고의 요율을 설정하는 대안적인 가격책정 조건의 부과를 요청하였다.[43]

미국 가스산업의 구조적 요소는 현재 다음과 같이 일반적으로 상호 조화된다. LDCs는 자사의 소매 가스고객들에게 서비스해야 하기 때문에, 천연가스의 구매자들보다 대규모이다. LDCs는 겨울철의 높은 가스수요에 맞춰야 한다. 많은 LDCs는 그러므로 안정된 기초하에, 즉 24시간 계속되는 공급이 단절되지 않도록 보장하는 기초하에서, 자신의 수요의 비율을 충족하도록 조정한다. LDCs는 이를 직접 저장설비를 보유하거나 저장업자와 계약하거나 저장한 가스를 안정된 기초하에 가스공급이나 수송을 구매함으로써 실행한다. FERC 룰은 수송업자가 주간 파이프라인에 안정된 수송권한을 갖더라도 그 설비를 사용하지 않으면 그 수송업자는 다른 시장 참여자가 그 설비를 사용할 수 있도록 그 설비를 넘겨야 한다는 것이다. 이것은 건전한 가스판매 및 수송 현물시장에 기여한다. FERC는 넘겨진 설비가 그 설비에 가장 높은 가치를 매긴 최고가 입찰자인 운송업자에게 이용가능하게 하는 제도를 창설하였다.

LDCs 및 기타의 천연가스의 대형 구매자들은 현물시장에서 대량으로 구매하는 경향이 있다. 현재 가스 현물시장(spot market)과 선물시장(futures markets)은 미국 전역에 존재한다. 많은 지역의 허브시장에서 가스가격은 전자우편을 통하여 실시간으로 전달된다. 가스허브(Gas Hubs) 또는 시장의 센터는 천연가스 운송업자와 판매업자가 거래를 하고 부가가치 서비스를 받을 수 있는 장소를 제공한다. 허브는 가스의 양도와 가스 생산지역으로부터 소비지역으로의 이동을 지원하기 위한 여러 가지 접점을 제공한다. 많은 허브는 또한 파이프라인에 공급할 수 있는 것보다 많은 가스를 보유한 운송업자에 대하여 parking 서비스는 물론 수송 파이프라인의 계약상의 균형요건을 충족하기 위하여 충분한 수령량을 보유한 운송업자에게 단기 가스 리스를 제공한다.

---

42) Regulation of Short-Term Natural Gas Transportation Services, [1988-1998 Transfer Binder] Regulations Preambles, FERC Stats. & Regs.(CCH) ¶ 32,533 (1998. 7. 29).

43) Regulation of Interstate Natural Gas Transportation Services, Ⅳ FERC Stats. & Regs.(CCH) ¶35,533(1998. 8. 11).

허브는 또한 수송서비스, 권리이전, 가스거래, 전력거래, 그리고 거래 당사자들을 위하여 거래를 완료하기 위하여 필요한 행정서비스 등을 제공한다. 가스공급자들에 의한 가스 판매는 흔히 지역이나 정부 단위로 영업하는 기업들에 의하여 수행되어 왔다. 이들 판매자들은 여러 생산지역에서 가스를 구매하고, 여러 소비시장으로의 수송권을 획득하고, 수송권을 이용하고 고객들의 수요에 부응하기 위하여 현물시장에서의 구매와 함께 권리를 사들인다. 예컨대 뉴욕상품거래소(New York Mercantile Exchange: NYMEX)는 루이지애나의 Henry Hub에 대한 배달분에 대한 선물계약시장으로 기능한다. NYMEX 선물계약 중 가스판매자들이 통상적으로 월 60퍼센트를 점유하며, 금융회사나 펀드의 점유율은 점차 증가하고 있는데, 현재 약 25퍼센트에 이른다. 선물계약은 거래자들에게 공급부족이나 가격앙등으로 인한 잠정적인 시장충격에 대하여 금융헷지를 제공한다.

Ⅱ. 가스산업의 경쟁법·정책

이하에서는 가스산업분야에서 최근에 미국 경쟁당국이 독점금지법을 적용한 몇 가지 사례를 살펴보기로 한다. 그것은 행위유형별로 가스산업에서의 부당한 공동행위, 약탈적 가격책정, 교차보조금 및 가격차별 등의 단일 기업의 부당한 가격책정행위, 경쟁제한적 기업결합, 가스협회의 안전기준 제정과 관련한 경쟁제한행위, 거래거절 및 끼워팔기 등에 걸쳐 있다. 우리나라의 가스산업이 앞으로 맞이하게 될 문제의 해결에 있어서 미국의 경험을 살펴보는 것이 도움이 될 수 있을 것으로 기대한다.

1. 부당한 공동행위

(1) 당연위법한 가격고정

규제완화된 가스산업에서도 다른 분야와 마찬가지로 명시적 또는 묵시적 가격협정은 금지된다. 가스사업자들의 단순한 의식적 병행행위만으로는 위법한 공모를 구성하지 아니하며,[44] "당사자들이 위법한 목적을 성취하기 위한 공동의 계획을 위한 의식의 합치가 있음을 합리적으로 증명할 직접증거 또는

44) Columbia River People's Utility District v. Portland General Electric Co., 2000-2 Trade Cas. (CCH) ¶72,970 (9th Cir. 2000); Theatre Enters. v. Paramount Film Distrib. Corp., 346 U.S. 537 (1954).

정황증거가 있어야 한다"[45]는 것이 미국법원의 입장이다.

한편 미국에서는 다른 유형의 경쟁자간 협정은 그 경쟁상 효과를 판정하기 위하여 상세한 경제분석을 요하는 데 반하여 가격협정은 당연위법으로 취급되어 왔다. 연방대법원은 자유롭고 공개된 가격경쟁에 대한 제한은 "경제의 중추신경계에 대한 현실적이거나 잠재적인 위협"이 되므로,[46] 경쟁자간의 가격을 인상, 인하, 안정화 또는 그 밖의 인위적 조정을 내용으로 하는 협정은 그 자체 당연 위법하다고 보고 있다.

미국 독점금지법상 당연 위법하게 취급되는 가격고정(price fixing)의 구체적 유형으로는 노골적이고 명백한 유형의 위법한 가격책정협정[47]으로부터 입찰담합,[48] 신용제공 또는 그 밖의 판매조건에 관한 협정,[49] 투입요소에 관한 협정,[50] 적법한 협정이지만 보충적 가격효과를 가진 것[51] 등이 있다.

(2) 가격협정의 당연위법성이 문제되는 상황

가격협정과 관련하여 다음 두 가지 상황에 관해서는 더 언급할 가치가 있다.

(가) 요율상한제하의 가격협정

미국 판례법상 인정되고 있는 "신고된 요율 법리"(filed rate doctrine)는 사인이 연방 규제제도에 의하여 심사되거나 승인된 요율에 기초하여 독점금지 배상을 청구하는 것을 금지한다. 그 골자는 정당하게 형성된 규제기관이 그 관할내의 요율의 합리성에 관하여 전속적인 권한을 가지며 승인받은 요율만이 부과될 수 있다는 것을 의미한다.[52] 즉 신고되고 승인된 요율이라면 그 자

45) Monsanto Co. v. Spray-Rite Serv. Corp., 465 U.S. 752, 768 (1984).

46) United States v. Socony-Vacuum Oil Co., 310 U.S. 150, 224-226 n.59 (1940).

47) 노골적인 반경쟁적 효과를 가진 가격관련 협정은 합리성의 원칙(rule of reason)하에서 평가되고, 문제가 된 협정이나 가격부과가 관련시장에서 반경쟁적 효과를 가져오는지 여부에 관하여 판단하기 위하여 사실조사를 필요로 한다.

48) 미국법원은 비경쟁적 응찰의 공모 또는 경쟁자들간의 응찰을 조정하는 공모가 일종의 가격고정이므로 당연위법하다는 입장이다. United States v. MMR Corp., 907 F.2d 489, 496-97 (5th Cir. 1990).

49) 연방대법원은 경쟁하는 도매상들간의 구매자들에 대하여 신용을 공여하는 조건을 표준화하기 위한 공모가 "가격을 인상하기 위한 직접적 협정으로서 반경쟁적이라"고 판시하였다. Catalano, Inc. v. Target Sales, Inc., 446 U.S. 643 (1980).

50) 가스요금은 가스생산에 투입되는 요소가격에 비례할 수 있기 때문에 투입비용에 관한 협정은 산출물의 가격에 관한 협정과 동등하게 다뤄진다.

51) 미국 연방대법원은 어떤 협정이 경쟁자들간의 가격수준에 영향을 미친다고 해서 그러한 협정 전부가 경쟁을 제한하는 것은 아니라고 본다. NCAA v. Board of Regents, 468 U.S. 85, 100-03 (1984)(수평적 가격효과가 당사자들간의 경제적 활동의 친경쟁적 통합에 단지 부수적인 것일 뿐이라면 합리성의 원칙을 적용하여야 한다).

체 합리적이고 요금을 지불하는 자에 의하여 독점금지 소송에서 다투어질 수 없다는 것을 근거로 한다.

신고된 요율 법리가 적용되기 위한 핵심적인 쟁점은 신고된 요율이 실재하는가 여부이다. 예컨대 요금표나 요율의 규제기관에 의한 단순한 접수로는 그 규제기관이 그 요금표나 요율이 규제 프로그램을 운영하는 데에 필요하고 적절하다고 보았다는 것을 의미하는 것은 아니므로 반드시 사적 손해배상청구를 금지하는 것이 아니다.[53] 또한 신고된 요율 법리는 확인판결이나 유지명령을 청구하는 것을 금지하는 것은 아니다.[54] 이 법리는 신고가 연방기관은 물론 주의 기관에 신고한 경우에도 적용된다.[55]

그런데 가스산업에 대한 규제완화로 규제기관이 "가벼운 규제(light-handed regulation)"로서 요율의 상한만을 승인할 수 있다. 이렇게 되면 그 상한 요율하의 어떤 가격으로 가격고정이 시도될 여지를 남기게 된다. 예컨대 경쟁자들 간에 상한 요율 이하의 어떤 합의한 요율 이상으로 요금을 부과하기로 하는 합의는 가격고정으로 위법시될 수 있다. 그 이유는 판매자들이 그것이 없었다

52) 이 법리는 Keogh v. Chicago & Northwestern Railwaz Co., 260 U.S. 156(1922)에서 처음 마련되었다. 그 후 이 법리의 적용례로는 Mississippi Power & Light Co. v. Mississipi, 487 U.S. 354, 375(1988)("FERC에 의하여 규제된 요율과 계약의 합리성은 주나 연방법원에서 따로 공격될 수 없다. 그러한 문제제기에 대한 유일하게 적절한 심리는 FERC에 의하여 행해지거나 위원회의 명령에 대하여 법원이 행하는 것이다."); Arkansas Louisiana Gas Co. v. Hall, 453 U.S. 571, 69 L. Ed. 2d 856, 101 S. Ct. 2925(1981)(연방대법원은 배상을 인정하려면 신고되었을 더 높은 요율이 합리적이었다는 가정을 요구하지만, FERC만이 그러한 결정을 할 수 있다고 판시하였다); Square D Co. v. Niagara Frontier Tariff Bureau, 476 U.S. 409(1986)(ICC의 일반통신사업자의 요율); County of Stanislaus v. Pacific Gas & Elec. Co., 114 F.3d 858(9th Cir. 1997); In re Wheat Rail Freight Rate Antitrust Litig., 759 F.2d 1305, 1311-12(7th Cir. 1985)(ICC의 일반통신사업자의 요율); Florida Mun. Power Agency v. Florida Power & Light Co., 839 F. Supp. 1563, 1571(M.D. Fla. 1993)(지자체소유 사업체에 전기를 판매하는 Florida Municipal Power Agency (FMPA)는 전기 도소매업자인 피고 Florida Power and Light Company에 대하여 공정한 조건의 송전서비스(transmission services) 판매거절이 계약위반이자 연방 및 주 독점금지법위반이라고 주장하는 청구를 제기하였다. 법원은 신고된 요율법리로 FERC가 동력의 도매요율의 합리성을 결정하고 적용될 동력할당을 결정할 전속적 권한을 보유하고, 법원은 요율의 합리성을 결정할 권한이 없으므로 FMPA의 배상청구는 신고된 요율법리에 의하여 금지된다는 결론을 내렸다.), rev'd and remanded, 64 F.3d 614(11th Cir. 1995).

53) Phonetele, Inc. v. AT&T, 664 F.2d 716(9th Cir. 1981), modified, 1982-2 Trade Cas.(CCH) ¶64,834(9th Cir. 1982).

54) Square D Co. v. Niagara Frontier Tariff Bureau, 476 U.S. 409(1986); Georgia v. Pennsylvania R.R. Co., 324 U.S. 439, 456-59 (1945)

55) H.J., Inc. v. Northwestern Bell Tel. Co., 954 F.2d 485(8th Cir. 1992); Taffett v. Southern Co., 967 F.2d 1483(11th Cir. 1992).

면 시장의 상황에 따라 다른 요율을 부과할 수 있었을 것이기 때문이다. 연방 법무부(Department of Justice: DOJ)는 1996년에 the Southwest Power Pool에 대한 business review letter에서 게시된 요율이 FERC에 의하여 승인된 최고요율에 따른 것이었다는 사실로 해서 독점금지 우려를 경감시키는 것은 아니라고 언급하였다.56) DOJ는 사적 경쟁자들간의 그러한 공모가 있다면, 최고요율표가 소비자에게 부과될 수 있는 해악의 크기를 일정하게 제한하더라도, 독점금지법 위반일 것이라고 경고하였다.

(나) 경쟁자들간의 가격 정보의 교환

경쟁하는 가스회사간에 요율, 생산비 또는 그와 유사한 경쟁상 민감한 정보를 교환하는 것 자체는 당연 위법하지 않고 합리성의 원칙에 의하여 평가된다.57) 그러나 그러한 정보교환이 공모가 일어나기 용이한 시장내에서 행해지거나 그러한 추론을 뒷받침하는 추가적인 증거가 존재하는 경우에는 당연 위법한 가격고정협정이 존재하는 것으로 추론될 수 있다. 예컨대 가격정보의 교환이 공모가 일어나기 용이한 시장내에서 행해지거나 그러한 추론을 뒷받침하는 추가적인 증거가 존재하는 경우가 그러하다. 연방대법원은 집중도가 높은 산업에서 수요가 비탄력적인 동산을 판매하는 경쟁자들이 특정 소비자들에 대하여 "가장 최근에 부과되거나 게시된 가격"에 관한 정보를 교환하였던 경우에 당연 위법한 협정이 있는 것으로 추론하였다.58)

가스회사간에 가격이나 그 밖에 경쟁상 민감한 정보를 교환하더라도 그것이 가격고정 계획에 의한 것과 같은 예외를 제외하고는 합리성의 원칙에 의한 분석에 의하여 그것이 가격에 반경쟁적 효과를 가지지 않을 가능성이 높거나 또는 반경쟁적 효과를 상쇄하는 정보교환의 적법한 사업상 이유가 존재하는 경우에는 정당한 것으로 인정될 수 있다.59) 적절한 경쟁상 정보의 유포를 촉진하고 시장 투명성을 촉진하는 적절한 구조의 프로그램은 경쟁을 제한하기 보다는 강화할 수 있다. 특혜가격책정과 시장조작에 대하여 가장 강력하고 근본적인 보호장치는 자기에 대하여 불리하게 작동할 시장조작을 탐지할 유인을 가진 거래상대방에 대하여 가격정보의 이용가능성을 부여하는 것이기

56) U.S. Dep't of Justice, Business Review Letter to Southwest Power Pool, 1996 DOJBRL LEXIS 2(1996.2.22).

57) United States v. United States Gypsum Co., 438 U.S. 422, 443 n. 16(1978).

58) United States v. Container Corp. of America, 393 U.S. 333(1969).

59) United States v. Citizens Nat'l Bank, 422 U.S. 86, 113(1975)("가격정보의 유포(dissemination)는 그 자체 셔먼법 위반이 아니다").

때문이다.[60] 예컨대 가격공표를 통하여 장래의 가격정보를 교환하는 것은 고객들이 가격인상에 대하여 미리 알 필요가 있을 경우에는 정당하다.[61] 그러나 사전 가격인상의 공표가 소비자를 위한 것이 아니거나 그러한 목적이 희박한 경우 또는 모호한 경우에는 장래 가격의 공표는 위법할 수 있다.[62]

DOJ와 FTC는 산업정보의 교환은 그것이 제3자에 의하여 관리되고 (1) 최소한 5개의 참여자가 데이터를 보고하고, (2) 통계치의 25 퍼센트 이상을 한 참여자의 데이터에서 추출한 것이 아니고, (3) 정보가 충분히 통합되어서 수신자가 특정한 참여자에 의하여 부과된 가격이나 지급된 비용임을 분간할 수 없는 경우에 일반적으로 허용될 수 있다고 하는 입장이다.[63]

2. 단일 기업의 부당한 가격책정

(1) 약탈적 가격책정

Louisiana Energy & Power Authority v. FERC.사건[64]에서 Louisiana Energy & Power Authority(LEPA)는 다른 전기공급자인 Central Louisiana Electric Co.(CLECO)가 전기를 시장기초요율(market-based rates)로 판매하겠다고 신청한 것에 대하여 승인한 FERC의 명령에 대한 심사를 청구하였다. 법원은 LEPA의 신청을 기각하고 CLECO가 약탈가격을 부과할 수 있지 않을까 하는 우려는 새로운 경쟁환경에서는 근거가 없다고 보았다. 법원은 시장의 개방에 따라서, "CLECO는 LEPA를 시장에서 축출하기 위하여 비용이하로 가격을 부과하고 그 이후에 자사의 과점시장 동종업자들이 자사의 약탈적 손실을 벌충하는 것을 허용하도록 초경쟁적 가격을 부과할 수 없을 것이다. 그러나 과점시장의 동종업자들이 기꺼이 협력한다고 하더라도 … 만일 가격이 초경쟁적으로 된다면, 그들은 다른 잠재적 경쟁자가 그 지역으로 전력을 전송하는 것을 방지할 수 없을 것이다"고 하였다. 법원은 약탈적 가격책정의 위협은 없으므로 FERC가 CLECO의 시장요율에 기초한 판매를 허용하는 결

60) FERC Docket Nos. ER97-1523-000, OA97-470-000(1997. 8. 15).

61) Catalano, Inc. v. Target Sales, Inc., 446 U.S. 643, 647(1980).

62) In re Petroleum Prods. Antitrust Litig., 906 F.2d 432, 445-48(9th Cir. 1990). 이 사건에서는 피고회사의 임원이 가격을 공개적으로 사전 발표하는 목적이 본질적으로 가격 협력을 활성화하려는 것 외에는 없었다고 증언하였다. 이러한 경우에는 가격고정의 추론을 뒷받침할 수 있다).

63) Dep't of Justice and Federal Trade Commission, Statements of Antitrust Enforcement Policy in Health Care, 4 Trade Reg. Rep.(CCH) ¶13,153 at 20,809-10(1996).

64) 141 F.3d 364 (D.C. Cir. 1998).

정을 하더라도 그것에 의하여 경쟁과 소비자후생은 감소되기 보다는 증강되리라고 보았다.[65]

(2) 교차보조금 및 가격차별

교차보조금(cross subsidization)은 회사가 특정 고객이나 시장에 대한 판매로부터 입은 손실을 다른 고객이나 시장으로부터 얻는 초과이익으로 보충하는 경우에 발생한다.

North Carolina Electric Membership Corp.사건[66]에서 법원은 부분적으로 교차보조금을 근거로 한 독점화 청구를 기각하였다. 왜냐하면 당해 산업은 완전히 규제되고 있었고 사업체는 효과적인 규제가 불가능할 정도로 커 보이지 않았기 때문이었다.

Industrial Burner Systems v. Maxon Corp. 사건[67]에서 법원은 Maxon Corporation의 Industrial Burner Systems에 대한 제2차적 가격차별(secondary-line price discrimination) 청구에 대한 약식판결 신청을 각하하였다. 천연가스 통제요소의 관리자인 IBS는 Maxon의 부속품, 예컨대 밸브나 버너 등에 대하여 상이한 가격을 부과할 목적으로 자사의 고객을 분류한 정책이 로빈슨-패트먼법[68]에 의한 가격차별을 가져온다고 주장하였다. Maxon은 자사의 고객을 사업운영을 기준으로 Lister, 도매상, 소매상 또는 OEM 제조업자 등으로 분류하였다. Maxon은 IBS를 밸브에 관해서는 도매상, 버너에 대해서는 소매상으로 분류하였는데, 반면 IBS의 다른 경쟁업자들은 OEM으로 분류하고 있었다. OEM으로 분류된 고객들은 Maxon으로부터 부속품에 대하여 상당히 할인된 가격을 적용받았다. Maxon의 고객들은 자신들의 분류에 불구하고 자동차 산업의 제3의 고객들을 위한 완전한 gas train[69]에 대한 계약과 경쟁하기 위하여 견적가를 사용하였다. 이들 계약을 위한 경쟁은 제3차 고객들이 예컨대 IBS와 같은 제2차 고객들로부터 권유를 받는 분리된 입찰절차를 포함하였다. 제3차 고객을 위한 입찰의 평가에 앞서서, 제2차 기업들은 Maxon과 같은 제1차 고객으로부터

65) Id. at 370-71.

66) 780 F. Supp. at 336 n.38.

67) 275 F. Supp. 2d 878(E.D. Mich. 2003).

68) 15 U.S.C. §13(a).

69) gas train은 그것을 통하여 하나의 가스라인으로부터 버너, 버너 어셈블리 또는 그 밖의 산업장치까지 가스가 공급되는 파이프, 밸브, 레귤레이터, 계량기 및 그 밖의 장비일체를 말한다.

제시된 부속품에 대한 견적을 교섭한다. 일단 견적이 받아들여지고 입찰이 평가되면 제2차 기업들은 자신들의 입찰조건을 제3차 고객들에게 제출한다. 이들 고객들은 제일 저가의 입찰에 대해서만 계약을 청약한다. 제3차 고객들이 접수된 때에만, 제2차 고객들은 제1차 고객들로부터 제시된 가격으로 부속품을 구매한다(사후적 구매(after-the-matter purchases)).

IBS는 Maxon의 분류정책은, IBS 자신에게 그 경쟁자들보다 고가의 견적을 접하게 하였고, 천연가스 제어부품에 대한 입찰시장에서 제2차 가격차별을 초래한다고 주장하였다. Maxon은 IBS의 청구에 대한 약식판결을 신청하면서, IBS가 청구한 것이 로빈슨-패트만법 제2(a)조에 의거하여 요구되는 동시적인 가격차별이 결여되었기 때문에 동사가 가격차별을 당하지 않았고 IBS가 Maxon의 분류정책에 의해서 어떠한 독점금지상 피해나 경쟁상 피해를 입지 않았다고 주장하였다.

첫째, 법원은 로빈슨-패트만법은 오직 원고에게 가격차별화의 시기에 존재하는 선호되는 구매자와 차별되는 구매자간의 실제 경쟁 그리고 "차별의 기준이 되는 판매가… 합리적으로 가까운 시기에 존재한다"[70]는 것의 입증에 의하여 동시적인 가격차별을 입증할 것만을 요구한다. 이 동시성 기준에 의할 때, 법원은 IBS가 다른 제2차 기업들과 천연가스 통제부속품의 입찰시장에서 관련시기에 경쟁하였다는 확실한 증거를 인정하였다.[71]

둘째, 법원운 경쟁상 피해에 관한 사실상의 쟁점이 존재하여 약식판결을 할 수 없다는 점을 발견하였다. 구체적으로 쟁점은 IBS가 동일한 지리적 시장내의 그 경쟁자들과 같은 기능상 수준에서 경쟁하는지 여부, IBS의 사후적 구매(after-the-matter purchases) 실패가 Maxon의 분류정책에 기인한 것인가 여부 및 입찰시장에서의 경쟁이 Maxon의 분류정책의 결과로 제거되었는지 여부 등에 관한 쟁점들이 남았다.[72] 법원은 Maxon의 분류정책에 의하여 경쟁이 침해되었을 합리적인 개연성이 있음을 발견하였다. 분류정책은 OEM에 대한 10년 동안의 5.5 퍼센트에서 14 퍼센트까지 분포하는 할인을 가져왔는데, 법원은 이들 할인이 사소한 것이 아니고 그것들이 존재한 유효기간이 차별이 오랫동안 지속되었다는 것을 입증하기에 충분하다고 보았다.

70) Id. at 884.
71) Id. at 883-85.
72) Id. at 887-88.

마지막으로 Maxon의 분류정책의 효과에서 비롯된 독점금지상 피해와 Maxon을 위한 약식판결을 배제하기 위한 IBS의 억측적이지 않은 손해배상액의 개산에 관한 충분한 증거가 존재하였다. 예컨대 Maxon의 분류정책은 IBS가 OEM으로서 분류되었다면 IBS가 더 적게 지급하였을 것임을 명백히 보여주었다. 이 정책은 또한 제2차 경쟁자들의 제3차 고객들에 대한 입찰에도 영향을 미쳤다. 구체적으로 제3차 고객들이 최저가의 제안만을 접수하는 시장에서 IBS의 저가의 청약을 제안할 능력은 Maxon의 분류정책이 IBS를 다른 제2차 경쟁자들에게 제공되는 것과 동일한 할인을 받지 못하게 배제하기 때문에 제한되었다. 또한 IBS의 상실한 기회에 대한 견적과 그것의 동사의 수익에 대한 효과 및 각 해에 대한 가격차별로부터 발생한 추산된 배상액은 적정한 배상액을 산정하기에 충분한 기초가 되었다.

3. 가스산업에서의 기업결합

미국내에서 일반경쟁기관인 FTC와 DOJ는 the Hart-Scott-Rodino Act 상의 기업결합 심사절차에서 기업의 인수, 합병 및 분할의 심사권을 갖지만,[73] 전통적으로 가스산업의 기업결합에 대한 집행책임은 FTC가 져왔고, 전력산업에서의 기업결합에 대한 집행책임은 DOJ가 져왔다. 한편 가스산업의 포괄적 규제기관인 FERC는 천연가스 기업결합에 대한 제한적 심사권만을 보유한다.[74]

FTC와 DOJ의 인수 합병에 대한 분석방법의 핵심은 양 기관의 합동 수평기업결합지침[75]에 정해져 있다. 동지침은 기업결합심사의 5가지 단계를 정하고 있는데, ⅰ) 당해 기업결합에 의하여 그 시장내의 집중이 영향을 받을 수 있는 관련 상품 및 지역시장의 획정, ⅱ) 당해 시장의 잠재적 반경쟁적 효과의 우려를 높이는 성질을 갖는 집중의 정도 및 그 밖의 요소에 대한 평가, ⅲ) 진입이 그러한 우려를 지연시키거나 상쇄하기에 시의적절하고, 가능성이 있고 또한 충분한지 여부의 평가, ⅳ) 기업결합 신청자가 다른 수단에 의해서

---

73) 15 U.S.C. §18a(1997 and Supp. 2002).

74) 미국 천연가스법(Natural Gas Act)는 FERC에게 취득한 자산의 운영을 위하여 공익상 편익과 필요성의 승인을 받도록 요구하고 있다. 15 U.S.C. §717(c). 또한 수직적으로 통합된 에너지회사를 포함하는 기업인수합병은 흔히 FERC에게 거래의 동력 및 천연가스 측면 양자를 심사할 것을 요구한다.

75) U.S. Dept. of Justice and Federal Trade Comm'n, Horizontal Merger Guidelines, 57 Fed. Reg. 41,552(1992).

는 합리적으로 달성할 수 없는 효율성 증대 효과의 평가 및 v) 당해 기업결합의 당사자가 당해 결합이 없을 경우에 도산하여 그 자산이 시장에서 퇴출될 가능성 여부의 평가 등이다.

DOJ와 FTC의 합동 수평기업결합지침은 기업결합 이전과 이후의 시장집중도가 허핀달-허쉬만 지수(Herfindahl-Hirshman Index : HHI)에 의하여 측정되어야 한다고 규정한다. 기업결합후의 HHI가 1,000미만이면 HHI의 변화가 얼마이건 비집중되는 것으로 간주되고 반경쟁적 효과 가능성이 없다고 추정한다. 그러므로 그 경우에는 더 이상의 분석 없이 기업결합은 승인된다. 만일 기업결합후의 HHI가 1,000이상 1,800이하라면, 그 시장은 약하게 집중되는 것으로 평가된다. 그 경우 당해 기업결합에 의해 초래된 HHI 변화가 100미만이면 당해 기업결합은 경쟁에 해를 끼치지 않는 것으로 추정한다. 그러나 만일 HHI가 100을 초과하여 증가한다면 기업결합은 그 기업결합은 경쟁상 우려를 잠재적으로 야기할 것으로 추정된다. 마지막으로 기업결합후의 HHI가 1,800을 초과하면 그 시장은 고집중으로 정의된다. 고집중시장에서는 HHI가 50이상으로 증가하는 것은 심각한 경쟁상 우려를 야기하나 100이상 증가하면 그 기업결합이 시장지배력을 발생시키거나 강화하는 것으로 추정하게 된다.

DOJ와 FTC는 그 판단으로 특정한 쟁점에 대한 완전한 조사를 할 수 있도록 추가적 정보에 대한 제2차 요청(second request)을 할 수 있다.

FTC는 근래의 가스산업에서의 다수의 기업결합 조사 대부분에서 시장지배력에 관련한 우려 때문에 중첩되는 파이프라인 자산의 부분적 분할을 요구하는 동의명령을 통하여 독점금지상 우려를 해결하였다.

(1) 가스수송 서비스의 인수합병

FTC는 전통적으로 천연가스산업의 수송부문의 집중에 초점을 맞춰왔다.

Panhandle Eastern Corp. 사건[76]에서 Panhandle Eastern은 Texas Eastern Corporation의 보통주를 취득하고자 하였다. FTC는 인수이전에는 Panhandle Eastern과 Texas Eastern Corporation은 Stingray Pipeline Company와 Texas Eastern Gas Pipeline Cameron System의 지분의 보유를 통하여, 루이지애나와 텍사스외곽의 멕시코만지역의 가스전에서 생산되는 천연가스 수송사업에서 경쟁

76) 54 Fed. Reg. 47,131 (FTC 1989.11.9).

자였다. 이 사건에서 FTC는 당해 기업결합의 효과는 일정한 생산지역으로부터의 천연가스 수송에 있어서 경쟁을 실질적으로 감소시키거나 독점을 발생시킬 것이라고 보았다. 특히 FTC는 당해 인수가 i) Panhandle Eastern과 Texas Eastern간의 현실적 및 잠재적 경쟁을 제거하고, ii) 일반적으로 경쟁자들간의 현실적 및 잠재적 경쟁을 제거하며, iii) 멕시코만의 가스전으로부터의 천연가스 수송에 있어 집중을 심화시키므로 공모의 가능성을 증가시키게 된다고 주장하였다. Panhandle Eastern과 Texas Eastern은 이러한 주장을 다투었지만, 나머지 거래의 허락을 받기 위하여 양 당사자는 Panhandle Eastern가 Trunkline Offshore Company와 Stingray에 갖고 있는 모든 지분을 신탁하기로 하는 동의협정을 수락하였다. 수탁자는 FTC가 동의명령을 수락한 날로부터 18개월이내에 그 지분을 매각할 의무를 부담하였다. FTC는 Panhandle Eastern에게 그 인수자에게 활발한 사업을 지속하기에 필요한 정도의 가스-수송 및 교환계약을 제공할 것을 요구하였다. 그리고 Panhandle Eastern은 10년간 영향권내의 멕시코만 외곽지역의 파이프라인을 인수하는 것이 금지되었다.

El Paso Energy Corporation사건[77]에서 El Paso는 Sonat, Inc.의 상당한 주식을 인수하고자 하였다. 이 거래의 주요 관련업종은 멕시코만의 루이지애나주 해안지역에서의 가스전을 통한 수송이었다. 이 지역에서 가스전으로부터 생산되는 천연가스의 파이프라인에 의한 수송업은 집중도가 높았다. 두 번째 주요업종은 동부 테네시주와 북부 조지아주 일부지역으로부터 가스 소비지역으로의 천연가스 수송이었다. El Paso와 Sonat는 이 지방의 천연가스 수송에 있어 직접적이고 상당한 경쟁자였다. FTC는 당해 인수가 해당지역의 가스전으로부터의 수송시장에서 집중을 심화시키고 따라서 공모의 개연성을 증가시킬 것이라고 보았다. FTC는 몇 가지 자산의 분할을 요구하고, 만일 6월이내에 분할이 이루어지지 않으면 위원회가 자산을 매각할 수탁자를 지정할 수 있도록 하는 구제책을 발하였다. 나아가서 El Paso는 43퍼센트의 지분을 가진 자회사 Leviathan에 의하여 소유되는 합작기업인 Viosca Knoll이 개방적이고 비차별적 접근을 부여하기로 합의하였다. 또한 10년동안 El Paso는 일정한 가스-수송 자산을 인수하지 않기로 하였다. 이들 분할명령이 모두 이행되지는 않았고 일부는 시장상황의 변동 때문에 포기되기도 하였다.

77) 64 Fed. Reg. 59,179 (1999.11.2).

FTC는 2004년 9월 30일 the Enterprise Products Partners L.P. 가 GulfTerra Energy Partners L.P.와의 130억 달러 규모의 기업결합을 성사시키기 위하여 일부 분할을 하기로 합의하였다고 발표하였다.[78] Enterprise와 GulfTerra는 멕시코만의 일부지역의 천연가스생산업자들을 위한 파이프라인 수송을 제공하겠다는 주요 입찰자의 3분의 2를 구성한다. 또한 양기업은 미시시피주 Hattiesburg내의 지역 프로판 저장설비의 4분의 3에 대한 지분을 보유하고 있다. 미시시피는 루이지애나주 Baton Rouge 동부의 유일한 지하 프로판저장시장이다. 당해 기업결합은 당초 제안대로라면 양 시장내의 경쟁자들에 대하여 상당한 경쟁상 피해를 초래할 우려가 있었다. Enterprise는 멕시코만의 천연가스 파이프라인 수송시스템에 대한 지분과 Mississippi내의 프로판저장 및 종말서비스설비에 대한 지분을 분할하기로 동의하였다. 동의명령은 양 기업이 멕시코만의 West Central Deepwater 지역내의 경쟁하는 파이프라인 자산을 2005년 3월 31일까지 분할하고 Hattiesburg내의 경쟁하는 프로판 저장설비를 2004년 12월 31일까지 분할할 것을 요구하였다.

(2) 가스수집 서비스의 인수합병

Shell Oil Company 사건[79]에서 Shell과 그 자회사 Tejas Energy는 Coastal Corporation의 자회사들인 ANR Field Services Company 및 ANR Production Company의 일정한 가스수집설비를 인수하는 계약을 체결하였다. Shell은 천연가스 파이프라인, 압축기 및 관련부속으로 이루어진 ANFS의 자산과 천연가스 처리공장 및 기타의 설비로 이루어진 ANRP의 자산을 인수하려고 하였다. FTC는 제안된 인수가 오클라호마와 텍사스에 위치한 장소를 포함한 관련시장에서, ⅰ) Tejas와 Coastal간의 기존의 가스전과 새로운 가스전에 대하여 천연가스 수집서비스를 제공하기 위한 실제적 및 잠재적 경쟁이 소멸될 것이고, ⅱ) 공모나 협력적 상호작용의 가능성이 증가하거나 촉진되고, ⅲ) Tejas가 천연가스 수집서비스의 수행에 관한 관련지역시장내의 생산업자들로부터 반경쟁적 가격인상을 가져올 가능성이 있고, ⅳ) 기업결합 이전에 비하여 생산업자들이 새로운 가스전의 탐사와 개발을 할 가능성을 감소시키는 방식으로 경쟁을 실질적으로 감소시키거나 독점을 발생시킬

78) Enter. Prods. Partners L.P., Dkt. No. C-4123, www.ftc.gov/olpa/2004/09enterprise.htm.
79) 63 Fed. Reg. 53,920 (1998.10.7).

수 있다고 보았다.[80)]

FTC는 구제책으로서 Shell에게 8인치 구경의 파이프라인을 건설하고 이 파이프라인을 일정한 관련자산과 함께 분할하도록 하였다. Shell은 명령일로부터 2주이내 또는 인수후 30일이내에 절대적으로 그리고 선의로 관련자산을 분할하여야 하였다. FTC는 Shell에 대하여 관련자산의 인수자에게 관련지역시장내에서 수집되는 천연가스의 처리계약을 체결할 기회를 2년이내의 기간동안 자산인수자의 90일이전의 통지에 의하여 해지하는 조건으로 제공하도록 요구하였다. 만일 Shell이 명령에 따라 관련자산을 분할하지 아니한다면, FTC는 관련자산을 매각할 수탁자를 정할 수 있도록 되어 있었다.

Phillips Petroleum Company/Enron Corporation 사건[81)]에서 Phillips Petroleum Company는 Enron Corporation의 자회사인 Enron Andarko Gathering Company와 Transwestern Andarko Gathering Company의 상당한 양의 의결권있는 주식의 인수를 추진하였다. FTC는 이 천연가스 수집서비스에 관한 기업결합에 대하여 반대의견을 표명하였다. Phillips와 Enron은 그러한 서비스의 유일한 경쟁자들이어서 인수가 성공하면 Phillips는 관련지리적 시장에서 최대의 시장점유율을 갖게 될 것이었다. 결합후 Phillips는 천연가스 수집서비스에 관한 관련지역시장내의 구매자들로부터 반경쟁적인 가격인상을 강제할 가능성이 있었고, 생산업자들은 관련지역시장내에서 새로운 가스전의 탐사와 개발을 할 가능성이 줄어들 것으로 보았다. Phillips와 Enron은 이들 주장에 대하여 모두 다투었으나, 잔여거래를 허가받기 위하여 Enron이 관련자산 또는 주식, 지분 기타의 이권을 Philips에게 인수와 연결하여 직접 또는 간접적으로 판매, 양도하지 않기로 하고 최종명령후 30일 이내에 Enron이 FERC에 최종명령의 요건의 통지를 하기로 하는 동의명령 체결절차에 들어갔다. 또한 FTC는 Philips에게 인수와 관련된 자산을 지배하는 기업의 주식, 지분 기타의 이권을 직접 또는 간접적으로 취득하지 말도록 명하였다. 또한 FTC는 최종명령일부터 10년 동안 Enron은 위원회에 사전통지하지 아니하고 직접 또는 간접적으로 관련자산을 Philips 또는 Maxus에게 양도하거나, 관련자산의 지배권을 포함한 지분을 Philips 또는 Maxus에게 양도하거나, 관련자산의 직접 또는 간접적인 소유권, 관리 또는 통제권을

80) Shell Oil Co., No. C-3843 (1998.12.21).

81) 60 Fed. Reg. 47376 (1995.9.12).

Philips 또는 Maxus에게 양도하지 말 것을 명하였다.

(3) LPG 및 수송서비스의 인수합병

Williams Companies, Inc.[82]에서 Williams는 MAPCO와 MAPCO의 모든 의결권주식을 인수하기로 하는 기업결합 계획과 계약을 추진하였다. FTC는 이 인수가 i) Williams와 MAPCO 간의 관련지역에서의 파이프라인수송과 프로판 종말처리에서의 현실적, 직접적 및 실질적 경쟁을 소멸시킬 것이고, ii) 관련지역내의 프로판 수송과 종말처리업에서의 집중을 심화할 것이고, iii) 결합기업의 일방적인 또는 공동의 상호작용을 통하여 관련지역의 파이프라인수송과 프로판 종말처리에서 시장지배력의 행사능력을 증가시킬 것이고, iv) 결합기업이 남부 와이오밍주로부터의 원료 수송에서의 시장지배력 행사를 할 수 있게 보장하고, v) 관련시장의 진입장벽을 높일 것이라고 보았다.

FTC는 두 개의 구제책을 제시하였다. Williams는 i) Williams와 Kinder Morgan Operating L.P.와의 Kinder Morgan에게 KM 종말처리 서비스를 위하여 파이프라인 수송용량을 제공하는 것을 포함하는 파이프라인 임대 및 운영계약을 준수하여야 하고, ii) 연결을 요청하고 MAPCO와 경쟁할 수 있는 원료 파이프라인에게 Williams의 하나의 가스-처리 플랜트를 연결하여야 한다는 것이었다. 또한 최종 동의명령후 10년동안 Williams는 FTC에 사전 통지하지 아니하고 아이오와주 및 그 경계로부터 70마일 이내에서의 파이프라인수송과 프로판 종말처리 서비스를 제공하거나 그것에 사용되는 것의 지분을 인수하는 것이 금지되었다.[83]

2000년에 FTC는 BP Amoco/Atlantic Richfield Company(ARCO)간의 270억달러 상당의 기업결합 시도와 관련한 동의명령 절차에 들어갔다. FTC는 제안된 거래가 알래스카 북부의 천연가스의 상업적 판매 개발 및 여러 시장에서의 원유의 생산, 판매, 배급, 수송 및 저장 등의 시장에서의 경쟁을 감소시킬 것이라고 보았다. 동의명령에 의하여 BP Amco는 알래스카 북부에서의 석유생산과 관련된 ARCO의 자산을 Philips Petroleum Company 또는 그 밖의 FTC가 승인한 구매자에게 전부 분할하도록 요구되었다. 이 분할은

82) 63 Fed. Reg. 16553 (1998.3.3).
83) Williams Companies, Inc., Dkt. No. C-3817 (1998.6.17).

일부 예외를 제외하고는 30일이내에 이행하도록 명령되었다.

4. 가스 안전기준의 반경쟁적 제정

표준은 표준화를 추진하는 주체의 유무나 성격에 따라 법적 표준[84]과 사실상 표준[85]으로, 표준화의 참여범위에 따라 국가표준,[86] 단체표준, 국제표준(global standard)으로, 표준제정과정의 유형에 따라 개방형 표준과 폐쇄형 표준으로 구별된다. 이 가운데 단체표준은 표준제정조직(standards setting organization)에 의한 표준제정이다. 표준제정과 관련해서 경쟁정책적으로 문제될 만한 대표적 관행으로는 표준제정조직의 회원자격 부여와 관련된 관행, 표준제정조직의 반경쟁적인 표준선정, 표준제정과정의 파행 등을 들 수 있다. 산업계 표준을 개발하는 사업자단체는 경쟁법적 문제점을 야기할 수 있다. 자치적 기술, 품질 및 안전표준들의 공동개발은 경쟁에 이롭지만 일단의 경쟁자들을 다른 경쟁자 그룹보다 우대하거나 특정한 기업들을 경쟁에서 배제하는 경향이 있는 산업표준은 심각한 경쟁법적 문제를 제기할 수 있다. 사적 표준제정조직에 의한 표준제정은 원칙적으로 적법하고 친경쟁적이며 중요한 독점금지 우려를 제기하지 아니한다. 그러나 표준제정조직의 회원자격이 어떤 사업자들을 포함하면서 그 경쟁사업자들은 배제하고, 만일 그 배제로 인하여 비회원들에게 경쟁상 불이익에 처하게 한다면 그러한 배제는 삼가야 한다. 또한 표준제정조직은 모든 회원 또는 비회원인 이해관계자들의 의견을 참작하여야 하며 불필요한 제한적 표준을 제정하지 않도록 하여야 한다.

Allied Tube & Conduit Corp. v. Indian Head, Inc.사건[87]에서 미국방재협회(National Fire Protection Association: NFPA)는 그 모범빌딩관리규

84) 법적 표준(de jure standard)은 법으로 구속력을 갖는 표준을 그러한 표준을 설정할 권한을 법으로 부여받은 기관이 제정한 표준을 가리킨다. 법적 표준은 공식 표준이라고도 하는 것으로서 예컨대 ISO에서 제정한 ISO 9,000이나 ISO 14,000 등의 표준이나 우리나라의 한국산업규격(Korean Industrial Standards: KS)[1)]이 여기에 해당된다.

85) 사실상 표준(de facto standard)은 시장에서의 표준경쟁을 통하여 승리한 표준이 시장을 지배하는 것을 가리킨다. 사실상의 표준화는 소비자들이 하나의 상품이나 통신규약에 집중하고 그것의 경쟁자를 거부하는 것처럼, 시장의 작용에 의하여 표준이 발생하는 것이다. 사실상 표준의 예로는 미국의 Microsoft사의 개인용컴퓨터(PC) 운영체계 표준인 MS-DOS나 Windows시리즈를 들 수 있다.

86) 국가표준은 국가표준기본법에 의하면 "국가사회의 모든 분야에서 정확성, 합리성 및 국제성 제고를 위하여 국가에서 통일적으로 준용하는 과학적 · 기술적 공공기준으로서 측정표준, 참조표준, 성문표준 등 이 법에서 규정하는 모든 표준"을 말한다(동법 제3조제1호).

87) 486 U.S. 492(1988).

정에 전기배선을 덮기 위한 기존의 공인된 철제 도관외에 추가적으로 폴리비닐 도관을 규정하여 허용하자는 제안을 거절하였다. 대부분의 도시나 보험회사들은 NFPA의 동규정을 추종하였다. 그래서 NFPA로부터 공인을 받지 못한 Indian Head사는 자사의 상품인 폴리비닐 도관을 판매하는 것이 실제로는 불가능하였다. 이러한 제안한 표준안의 거부는 그것이 시장의 혁신을 배제하고 도관을 판매할 수 있는 기업들의 수를 제한하였기 때문에 반경쟁적이라고 평가되었다. 연방대법원은 그 회원들이 협회에 대하여 다른 경쟁자들의 상품에 비하여 자신들의 상품을 선호하도록 안전기준을 채택하도록 영향을 미친 행위에 대하여 독점금지 책임을 진다고 판시하였다.

이와 유사하게 Radiant Burners사건[88]에서 미국가스협회(American Gas Association: AGA)[89]와 그 구성회원사들이 비공인 버너에 사용될 가스의 판매를 거부하는 정책을 취하고 있었기 때문에 공인의 거부는 시장에 영향을 미쳤다.

American Society of Mechanical Engineers, Inc. v. Hydrolevel Corp. 사건[90]에서 연방대법원은 미국기계공학회(ASME)의 임원이 동 협회의 안전표준을 조작하여 회원의 경쟁자에게 불이익을 초래한 것에 대하여 동 협회가 책임을 진다고 판시하였다. ASME는 결국 피해자와 475만 달러의 배상에 합의하였다.[91]

5. 가스의 거래거절 및 끼워팔기

Paladin Associates v. Montana Power Co. 사건[92]에서 제9순회항소법원은 Montana Power Company의, NOVA Corporation 소유의 상호연결된 산유 파이프라인 시스템상에 갖고 있던, 천연가스의 파이프라인 수송용량권의 그 파이프라인 고객에 대한 간접적 재판매가 셔먼법 제1조나 제2조 위반이 아니라고 보았다. 그 재판매가 원고 사업자, Paladin Associates로 하여금 NOVA의 차단불가능한(noninterruptible) 수송용량의 재판매시장으로부터의 제거라는 결과를 가져온다고 하더라도 위반은 없었다. 이 사건에서 주간 천연가

88) Radiant Burners v. People's Gas Co., 364 U.S. 656(1961).

89) 천연가스, 제조가스 등의 수송회사, 배급회사, 판매회사 등을 회원으로 하는 단체로서 가스배관의 설치 등과 관련된 AGA기준을 제정·운영하고 있다.

90) 456 U.S. 556(1982).

91) Charles W. Beardsley, The Hydrolevel Case – A Retrospective, Mechanical Engineering (1984.6).

92) 328 F.3d 1145(9th Cir.2003).

스 파이프라인회사인 MPC는 NOVA로부터 차단불가능한 수송용량의 하루 3천만입방피트의 15년 배정을 받았다. MPC는 그리고 나서 그 수송용량을 자회사가 아닌 천연가스 판매업자인 Northridge Petroleum을 통하여 그 자신의 고객에게 5년 계약으로 재판매하였다. 경쟁 천연가스판매사업자인 Paladin은 NOVA의 차단불가능한 수송용량의 동일량을 구매하여 유사하게 MPC의 고객에게 재판매하였다. 그러나 일단 MPC가 자사의 NOVA 수송용량권을 자사 고객의 일부에게 할당하고 나자, NOVA의 수송용량을 Paladin으로부터 양수하려는 구매자는 거의 없었다. 그 결과 Paladin은 이 사업에서 퇴출될 수 밖에 없었고 자사의 NOVA 용량권을 다른 천연가스 판매사업자에게 손실을 보고 판매하였다. Paladin은 MPC의 NOVA 수송용량의 5년 할당이 Northridge에 의하여 촉진된 것으로서, ⅰ) 그것들이 MPC 고객들의 차단불가능한 NOVA 수송수요를 장기간 충족하므로 Paladin이 자사의 차단불가능한 NOVA 수송용량을 그 고객들에게 단기계약으로 재판매하지 못하게 방해하기 때문에 위법한 집단보이콧을 형성하고, ⅱ) MPC가 자사의 고객들에게 NOVA의 파이프라인상의 차단에 의하여 초래된 가스 부족을 자사의 자회사인 천연가스 저장설비로부터 대여함으로써 천연가스 공급을 커버하는 것을 중단하였을 때에 그 고객들에게 NOVA의 수송용량의 할당을 구매하도록 강요하였으므로 위법한 끼워팔기 협정을 구성하고, ⅲ) NOVA 파이프라인 시스템과 그 가스저장설비는 Paladin이 하방의 천연가스 판매 및 수송시장에서 경쟁하기 위하여 필요한 필수설비(essential facility)이므로 위법한 독점화를 구성한다고 주장하였다. 제9순회항소법원은 이 모든 청구를 기각하였고, 대체로 MPC의 NOVA 수송용량 할당이 잠재적인 반경쟁적 효과를 능가하는 여러 가지 친경쟁적 정당화사유를 가진다고 결론을 내렸다. 이들 정당화사유는 ⅰ) 독특한 장기 파이프라인 수송 상품을 제공함으로써 고객의 선택을 증진시킨 점, ⅱ) 매년 수송계약을 재협상하여야 하는 고객들에게 거래비용을 절감하도록 한 점, ⅲ) NOVA의 차단불가능한 수송용량의 공급자에 관하여 고객 선택을 증가시킨 점, ⅳ) 고객들에게 계약의 유효기간 동안에 더 나은 가치를 부여하였다는 점 등이었다.[93] 법원은 더 나아가서 고객들이 5년 할당으로부터 큰 이익을 얻은 것, NOVA의 수송용량에 대한 다른 잠재적 판매자가 존재한다는 것, MPC와 그 자회사들은 NOVA의 차단불가능한 수용용량에 대하여 시장지배력을 보유하

---

93) Id. at 1155-57.

지 않고 있다는 것, 그리고 Paladin이 그 수송용량을 제한된 가격으로 다른 시장참여자에게 판매하는 것은 경쟁적 시장의 증거라는 점을 감안하면 Paladin이 그 할당으로부터 야기되는 경쟁상의 피해를 지적하지 못하였다고 결론을 내렸다.[94)]

Midwest Gas Services v. Indiana Gas Co.사건[95)]에서 제7순회법원은 지방 천연가스 배급회사(LDC)의 일종인 Indiana Gas Company의 Midwest Gas Storage, Inc.의 천연가스저장설비에 대한 IGC의 Texas Gas Transmission Interstate Pipeline과의 접속점에 대한 연결거절(refusals to interconnect)에서 비롯된 청구를 주로 셔먼법 제1조와 제2조에 의거하여 심리하였다. Storage는 자회사인 천연가스판매회사인 Midwest Gas Services가 IGC사의 고객들(이들은 TGT 시스템으로부터 천연가스공급을 구매한다)과 접촉할 수 있도록 하기 위하여 IGC와 연결을 추진하였다. Storage는 이미 Panhandle Eastern Pipeline을 포함한 그 외의 인근 주간파이프라인시스템과 연결하고 있었다. PEPL은 TGT가 이용하는 것보다 저렴한 천연가스공급을 이용하고 있었다. Storage의 IGC/TGT와의 연결을 통하여 Storage를 TGT와 PEPL간의 교량으로 이용하여 Services는 양 공급원간의 가격차이를 조절할 수 있었다.

Storage와 MGS는 IGC와의 협상이 결렬된 후 i) IGC와 Panhadle이 공모하여 자기들 각자의 시스템과의 접속을 거절함으로써 Storage가 경쟁력있는 가스저장설비로서 존재하지 못하게 방해하여 MGS가 IGC의 영역에서 TGT 고객들과 계약하지 못하게 하였고, ii) IGC와 또 다른 LDC간의 천연가스 마케팅회사인 ProLiance의 설립은 거래의 부당한 제한이었고, iii) ProLiance는 자사의 천연가스 판매를 가스수송서비스와 위법하게 끼워팔기 하였고, iv) 피고들은 IGC의 서비스지역에서 수송가능 고객들에 대한 가스배급과 수송에 대한 독점을 획득하고자 하거나 유지하였다고 제소하였다.

그러나 법원은 Storage의 공모에 대한 청구외의 다른 모든 청구를 기각하였다. 법원은 Storage가 피고들에 의하여 IGC/TGT와의 간접적 연결을 직접적으로 금지당했기 때문에 공모 청구를 제기할 적격자라고 하는 데에는 동의하였다. 그러나 MGS는 입었다는 피해가 IGC/PEPL의 공모로부터 직접적으

94) Id. at 1158.

95) 317 F.3d 703 (7th Cir.2003), petition for cert. filed, 71 USLW 3751(2003. 5. 20)(No. 02-1713).

로 파생된 것이 아니라 그 공모의 Storage에 대한 효과에서 비롯된 것이기 때문에 청구적격이 없다고 보았다.[96] 또한 법원은 MGS는 자사의 고객들에게 서비스하는 것이 방해된 것이 아니라 단지 TGT/Storage 연결을 이용하지 못한 것이기 때문에 MGS는 주장된 공모에서 직접적으로 비롯된 독점금지상 피해를 입은 것임을 입증할 수 없었다고 보았다.[97] 법원은 또한 원고들의 ProLiance에 대한 청구도 원고들이 ProLiance의 친경쟁적인 가격책정 때문에 이익을 상실하였다는 것이 청구의 요지이므로 원고적격을 부정하였다.[98] 원고들은 그 외에는 ProLiance의 행위에 의하여 비롯된 경쟁에 대한 해악을 적시할 수 없었다. 법원은 유사한 이유에서 원고들의 셔먼법 제2조에 의거한 청구도 독점금지상 피해가 결여되었고, Storage가 보다 고가이기는 하지만 다른 파이프라인과 연결할 수 있었기 때문에 IGC 시스템에 대한 접근이 필수설비가 아니라고 하여 기각하였다.

제5순회항소법원은 Duke Energy Fuels LLC가 American Central Eastern Texas Gas Co.에게 천연가스 처리서비스를 계속 제공하는 것을 거절하였을 때 셔먼법 제2조의 위반이라는 중재판정을 지지하였다.[99] Duke는 천연가스를 처리하고 수집하며 텍사스주 Panola County에서의 천연가스 처리의 약 90퍼센트를 제어한다. ACET는 천연가스를 수집하지만 연결된(bundled) 수집 및 처리 서비스를 제공하기도 한다. 과거에 ACET는 Panola County내의 자사 소유의 처리설비를 준영하기 보다 Duke와 처리서비스를 계약하였다. ACET가 1999년에 추가적인 용량을 계약하고자 교섭하던 중 교섭이 결렬되었는데, 중재기관이 판단하기로는 Duke가 선의로 협상하지 않았기 때문이었다.[100] ACET는 Duke의 추가적인 용량 제공의 거절이 셔먼법 제2조위반이라고 제소하였다. 양당사자는 중재에 합의하였고, 중재기관은 Duke가 독점자이었고 악의로 행위하면서 반경쟁적인 거래조건을 제시하면서 ACET와의 거래를 거절하였고 거래거절에 대한 정당한 사업상 이유가 없었다고 하여 ACET의 손을 들어 주었다. 중재기관은 Duke에게 ACET에 대하여 제한된 가격조건으로 추가적인 용량에 대한 새로운 처리계약을 제의하도록 요구하는 강제적 유지명령을 하였고, 지방

96) Id. at 710.

97) Id. at 710-11.

98) Id. at 711-13.

99) Am. Cent. E. Texas Gas Co. v. Union Pacific Res. Group Inc., 93 Fed. Appx. 1 2004 WL 136091(5th Cir.2004)(unpublished opinion per 5th Cir. R 47.5).

100) Id. at 4.

법원은 중재기관의 결정을 승인하였다.

항소심에서, 법원은 중재기관의 사실확인과 그 구제명령 모두를 승인하였다.[101] 법원은 i) ACET가 처리서비스의 재판매자일 뿐이어서 셔먼법에 의하여 청구가능한 피해를 입지 않았다는 Duke의 주장을, 셔먼법은 "금지된 관행의 피해자가 된 모든 이"를 보호하기 때문에 독점금지 구제책은 "소비자나 구매자나 경쟁자나 판매자에게만 국한되는 것이 아니라"는 Blue Shield of Va. v. McCready, 457 U.S. 465, 472(1982)를 인용하면서 기각하였다. ii) 법원은 자사가 관련시장에서 독점력을 보유하지 않았다는 Duke의 주장을 기각하였다. ACET는 중재기관에 대하여 Duke의 가스처리 서비스 시장의 큰 부분이 진입장벽과 연결되어, Duke에게 독점력을 부여한다는 결론을 도출하기에 충분한 증거를 제출하였다. iii) 법원은 Duke가 추가적 용량에 대하여 고가를 요구할 뿐 아니라 ACET에게 전혀 불가능한 것으로 Duke가 알고 있는 계약조건을 삽입하도록 제안함으로써 의도적으로 ACET를 시장에서 축출하였다는 증거를 적시하면서 중재기관이 Duke가 배타적 거래관행에 종사하였다는 결론을 내린 것이 적절하였다고 보았다.[102]

Ⅲ. 결　어

가스산업은 종래 자연독점의 이론하에 경쟁의 예외 영역으로 치부되고 대신에 소비자보호를 위한 강력한 법적 규제를 받아왔다. 그러나 규제완화의 물결은 가스산업에도 밀려왔고, 현재 가스산업은 규제산업이기는 하나 부분적으로 규제가 폐지되거나 규제완화(deregulation)되었고, 그러한 한도에서는 공정거래법이 적용될 수 있게 되었다. 물론 분야별로 상이한 속도로 규제완화가 진척됨에 따라서, 잔존 면책의 성질과 범위는 세부적인 분야마다 상이할 수 있고 공정거래법이 적용되는 정도도 전면적이거나 부분적일 수 있다. 미국에서는 가스생산단계의 규제당국 가격규제는 점진적으로 폐지되어 왔지만 파이프라인과 지방배급기업(LDCs)은 여전히 가스의 수송을 독점하고 있고 포괄적인 경제적 규제를 받고 있다. 그러나 이러한 규제분야에서도 미국 연방 및 주정부는 포괄적 가격통제를 수반하는 전통적인 수익률 규제로부터 시장 메

101) Id. at 12.
102) Id. at 9.

카니즘에 대한 보다 높은 신뢰와 대인적 규제를 향하여 나아가고 있으며 그 범위내에서 경쟁당국의 역할이 커지고 있다.

우리나라에서 근래에 공정거래위원회의 심결례에 나타난 가스산업에서의 경쟁제한행위의 유형을 보면 부당한 공동행위,[103] 사업자단체의 구성사업자에 대한 부당한 사업활동구속행위,[104] 구속조건부거래행위,[105] 거래상지위남용행위,[106] 계열회사를 위한 차별적 취급행위[107] 등이 있다. 이러한 관행들은 한국가스공사의 부당지원행위사례를 제외하고는 모두 LNG보다 큰 폭으로 규제

---

103) 공정위 2005.4.14. 의결(약) 제 2005-061호(서울시 강동구 5개 엘피지 통합판매점들의 부당한 공동행위에 대한 건)(영업의 주요부문을 공동으로 관리하기 위한 기구를 설립하여 운영함으로써 서울시 강동구 엘피지 판매업분야에서의 경쟁을 제한하는 행위); 공정위 2002.10.31. 의결 제 2002-226호(서울특별시 강서구 7개 액화석유가스 통합판매점들의 부당한 공동행위에 대한 건)(영업의 주요부분을 공동으로 관리하기 위한 기구를 설립, 운영함으로써 서울특별시 강서구 액화석유가스 판매업분야에 있어서 경쟁을 제한하는 행위); 공정위 2004.1.20. 의결(약) 제2004-020호(제주지역 4개 LPG 판매사업자의 부당한 공동행위에 대한 건)(액화석유가스 집단공급 수요처의 구매입찰에 참가함에 있어 수요처와 거래하고 있는 액화석유가스 판매사업자가 다시 낙찰받을 수 있도록 입찰단가정보를 교환하기로 합의하거나 최저 입찰단가를 합의함으로써 제주지역 액화석유가스 집단공급사업분야 입찰시장에서의 경쟁을 제한하는 행위); 공정위 2004.12.2. 의결(약) 제2004-200호(대전광역시가스판매업협동조합의 사업자단체금지행위에 대한 건)(구성사업자의 프로판가스 판매가격을 결정・유지 또는 변경하는 행위); 공정위 2004.1.19. 의결(약) 제2004-021호(순천가스판매협회의 사업자단체금지행위에 대한 건)(액화석유가스 판매가격표를 작성하여 구성사업자에게 통보하는 방법으로 구성사업자의 액화석유가스 판매가격을 결정・유지 또는 변경하는 행위).

104) 공정위 2004.1.19. 의결(약) 제2004－021호(순천가스판매협회의 사업자단체금지행위에 대한 건)(일요일을 휴무일로 지정하고 구성사업자로 하여금 지정된 휴무일을 준수하도록 하는 행위).

105) 공정위 2002.12.23. 의결 제2002-355호((주)삼천리의 구속조건부거래행위 등에 대한 건)(도시가스 배관설비 판매업자와 정압기 등을 거래함에 있어서 피심인의 도시가스 공급권역내에서 피심인에게만 정압기를 공급하도록 하는 행위와 정압기 등 도시가스 설비를 구입하도록 설비시공업자에게 강제하는 행위).

106) 공정위 2003.11.15. 의결 제2003-188호(대한도시가스(주)의 거래상 지위남용행위에 대한 건)(지역관리소에게 도시가스요금 체납금에 대한 징수업무를 위탁하고 책임수납 수수료를 지급함에 있어, 자신의 거래상의 지위를 부당하게 이용하여 일방적으로 내규를 변경함으로써 책임수납 수수료율을 인하하는 행위); 공정위 2004.8.20. 의결(약) 제2004-130호((주)부산도시가스의 거래상지위남용행위에 대한 건)(가스사용료 징수, 가스시설 안전점검 등 도시가스 공급과 관련한 업무를 자신으로부터 위탁받아 수행하고 있는 지역관리소사업자들에게 거래상 지위를 이용하여 위탁업무와 관계없이 자유롭게 영위할 수 있는 도시가스 사용자시설 설치공사의 시공비를 일률적으로 정하여 이들 사업자들로 하여금 준수하게 하거나 시공지역을 제한하는 행위를 함으로써 거래상대방의 경영을 간섭하는 행위).

107) 공정위 2002.12.23. 의결 제2002-355호((주)삼천리의 구속조건부거래행위 등에 대한 건)(도시가스 배관공사의 공사계약금액을 산정함에 있어서 정당한 이유없이 자기의 계열회사를 유리하게 하기 위하여 거래가격에 대하여 비계열회사에 비해 현저하게 유리하게 하는 행위); 공정위 2004.2.2. 의결 제2004-028호(한국가스공사의 부당지원행위에 대한 건)(자회사인 한국가스기술공업(주)와 도장공사를 수의계약하는 방법으로 과다한 경제상의 이익을 제공함으로써 한국가스기술공업(주)를 지원하는 행위).

완화되어 현재 다수의 사업자들이 경쟁중인 LPG 도소매분야에서 발생한 것들이다. 그 밖에 앞에서 살펴본 미국의 사례 가운데 표준개발과 관련한 경쟁제한 문제는 아직까지 우리나라에서 발생할 여지는 없다. 전술한 것처럼 아직까지 우리나라에서는 가스안전기술기준이 거의 전적으로 가스 3법령과 산업자원부 통합고시의 형태로 제정·공표되기 때문이다.

가스산업을 포함하는 에너지분야에서 규제완화가 주는 의미는 경쟁당국에게는 과거에는 신경쓰지 않아도 되었던 사업관행들에 대하여 공정거래법을 적용할 가능성에 대하여 적극적으로 검토할 필요가 생긴다는 것이다. 또한 경쟁당국은 규제완화 이후에도 가스사업자들이 과거 규제산업일 때의 타성으로 인하여 타성적으로 반경쟁적 관행을 행할 가능성도 있음을 주의하여야 할 것이다. 일찍이 J. B. Baker는 "규제산업의 기업들은 습관적으로 가격책정과 진입을 제한하는 기법 등에 관하여 협력을 하여왔을 수 있으나 그러한 관행들은 경쟁체제에서는 위법하다. 특히 근자에 규제완화된 산업의 기업은 그 같은 문제성있는 행위를 되풀이하기 쉽다"[108]고 지적한 것도 그같은 의미이다.

규제산업에 종사하는 기업의 입장에서는 종래 포괄적 규제로 인한 일정한 면책의 존재 때문에 독점금지 책임을 회피하는데 익숙하여 있지만 규제완화 환경에서는 종래 규제하에서 보호되거나 촉진되던 것과 동일한 행위가 비규제 또는 규제가 완화된 부문에서 행해지는 경우에는 독점금지책임을 발생시킬 수 있다는 사실을 인식하는 것이 필요하다.

사적 당사자가 거래조건을 결정하는 때에는 규제기관이 결정하는 때에 비하여 독점금지책임의 위험은 보다 크다. 물론 이것은 규제기관이 개입되어 있을 때 독점금지 책임의 위험이 없다고 하는 말은 아니다. 이는 오직 위험은 정도에 따라 다르며, 독점금지책임에 대한 위험의 정도는 에너지산업에서 규제완화에 따라 매우 높아지고 있다는 것을 말하는 것뿐이다.

우리나라의 LNG 도매분야의 경쟁체제로의 전환을 위해서는 도매를 거의 전담하고 있는 한국가스공사의 존재가 중요한 문제로 남아 있다. 정부는 1998년 7월에 가스공사의 단계적 민영화 방침을 확정하였으며 이는 공공부문의 구조개혁을 통한 경쟁력강화와 연결된 것이다.[109] 그러나 참여정부 들어서 산

108) Jonathan B. Baker, "From Open Access to Convergence Mergers: An Antitrust Perspective on the Transition to Electricity Competition", prepared remarks FTC (1997.10.29).

109) 산업자원부는 1999년 11월에 「가스산업구조개편기본계획」을 마련하였으며, 2001년 6

업자원부는 2003년 3월 25일에 가스공사의 도입·도매부문은 분할방식과 신규진입방식 등에 대해 충분한 논의와 토론을 거쳐 추진방안을 결정키로 하고 설비부문에 대해서는 공익성이 강한 분야이므로 당초계획을 변경하여 현행 공기업체제를 유지키로 하는 등 기존의 가스산업구조개편 내용을 보완하여 추진하는 방향으로 대통령께 대한 업무보고를 하였고, 대통령은 에너지산업분야의 구조개편 및 민영화는 외국사례 등을 깊이 연구하여 추진하고, 추진과정에서도 노조 등 이해관계자와의 신뢰확보 및 인식공유가 매우 중요하므로 충분한 설명 및 협의 등의 과정을 거쳐 추진하라고 지시하였다.

정부는 2004년 9월부터 11월까지 4차례에 걸친 노사정 실무간담회를 개최하여 노사정실무협의체 구성 및 운영에 합의하고 2004년 12월부터 2006년 5월까지 9차례의 회의를 통해 자가용 LNG 직도입에 따른 영향과 보완방안, 경쟁도입 타당성 및 구조개편방안 등 가스산업 구조개편 제반사항에 대해 논의하여 왔으며 향후에는 가스의 안정적인 공급, 가스산업의 효율성 및 소비자후생증진 등을 종합 고려하여 부문별로 가스산업 경쟁도입을 추진할 계획이라고 한다. 도매부문에서는 가스공사의 현체제를 유지하면서 진입규제 철폐 등을 통해 단계적으로 경쟁체제를 도입하고, 설비부문에서는 공공성을 감안, 가스공사가 관리 운영토록 하되, 직도입자 등의 신규 시설 이용자가 가스공사의 가스공급시설을 공동이용할 수 있는 제도를 도입하는 등 가스산업 경쟁도입 여건을 조성해 나갈 계획이라고 한다.[110)]

월에는 각계 전문가와 관계부처 국장급 공무원으로 가스산업구조개편실무추진위원회 등 추진체계를 보강하여 이후 광범위한 여론수렴과 점검을 거쳐 2001년 8월 「가스산업구조개편세부추진계획」을 수립하였다. 그후 정부는 2001년 11월에 가스산업구조개편의 법적토대를 마련하고자 「도시가스사업법」 및 「한국가스공사법」 개정안, 「에너지위원회법」 제정안 등 3개법안을 국회에 제출하였으나 입법되지 못하였다. 국회법에 따라 이들 3개법안은 2002년 4월에 국회 산업자원위원에 상정되어 수석전문위원회의 검토보고를 마치고 5월에는 산업자원위원회 주최로 가스산업구조개편에 관한 공청회를 개최하여 각계의 의견을 수렴하였으나 2002년 10월 24일 국회 산업자원위원회는 가스산업구조개편 관련 3개법안에 대한 대체토론 실시여부에 대해서 추후 토론키로 한 이후 16대 국회가 종료됨에 따라 자동폐기되었다. 산업자원부 가스산업과, "한국의 가스산업 현황" (2006).

110) 산업자원부 가스산업과, 위의 자료.

제 3 장

신문방송 산업과 경쟁정책

제 1 절 신문시장의 규제와 경쟁*

Ⅰ. 머 리 말

우리나라에서는 2001년과 2003년 이른바 신문고시의 제·개정을 둘러싸고 신문시장에서의 불공정거래행위 등에 대한 공정거래위원회의 개입과 그 한계에 관하여 언론의 자유를 주장하는 측과 신문시장에서의 경쟁보호를 강조하는 측간에 논란이 빚어진 바 있다. 그후 2004년 언론개혁논의의 와중에 '신문등의자유와기능보장에관한법률'[1](이하 "신문법"이라 한다)의 제정과 관련하여 또 한 차례 언론개혁을 요구하는 측과 언론의 자유를 강조하는 측간에 치열한 논쟁이 재연되었다. 이러한 논란은 종래 언론의 자유를 단지 헌법상 보장되는 기본권의 하나로 이해한 데에 그 원인이 있다. 헌법 제21조에서 보장하는 언론의 자유란 소극적으로 국가권력에 의한 지나친 간섭으로부터의 자유를 의미하는 데에 그치는 것이 아니라(동조 제1항, 언론의 자유), 민주주의사회에서 정치생활 및 사회생활의 기초를 정할 뿐만 아니라 국민의 중요한 의사표현의 수단이자 공정한 여론형성기능을 담당하고 있다(동조 제3항, 언론의 기능보장).[2] 국가가 언론의 자유를 제도적으로 보장하여야 하는 이유도 바로 여기에 있다.[3]

---

* 이봉의(경북대학교 법과대학 조교수)

1) 동법은 2005년 1월 27일에 제정되어 동년 7월 28일부터 시행되고 있다.

2) 허영, 「한국헌법론」, 박영사, 1993, 516~519면, 524면. 언론의 자유, 그 중에서도 신문발행의 자유를 최대한 보장함으로써, 즉 시장진입을 용이하게 함으로써 신문시장의 독과점 및 신문의 횡포를 방지하는 것이 필요하다고 한다.

3) 현대의 분업사회에서 신문만이 공적 책무를 부담하는 것은 아닐 수 있으나, 보도·논평, 여론형성이나 사회교육 등 신문의 공적 책무를 부인하기는 어렵고, 이는 언론의 자유에 대한 한계원리로 작용할 수 있다.

그런데 언론의 자유는 비단 자유민주적 정치, 사회질서와 관련될 뿐만 아니라 우리나라의 헌법질서, 그 중에서도 자유시장경제를 표방하는 경제질서(헌법 제119조 제1항)와도 밀접하게 결부되어 있다. 이는 신문업자가 민주적 여론형성의 주체일뿐만 아니라 동시에 경제활동을 수행하는 사적 거래의 주체로서, 시장경제 및 이를 지탱하는 경쟁질서에 편입되어 있기 때문이다. 즉, 신문업자의 재산권보장과 신문업자가 구독자나 광고주와의 관계에서 누리는 계약자유를 통해서 경쟁의 자유가 실현되며, 이러한 경쟁의 자유를 통해서 비로소 자유롭고 독립된 제도로서의 신문업의 발전과 언론의 자유가 가능해지는 것이다. 이러한 의미에서 경제적 경쟁과 언론의 자유는 서로 밀접한 보완관계에 있는 것으로 이해할 수 있다.

이러한 관점에서 이 글에서는 먼저 신문시장에 대한 경쟁법적 규제의 근거와 헌법적 정당성을 살피고, 신문시장의 경쟁질서보호를 위한 신문법상의 규제를 다루기로 한다. 이어서 신문시장에 대한 경쟁법적 규제를 주요 쟁점별로 개관한 뒤, 문제점과 나름의 해결방안을 제시하고자 한다. 결론에서는 헌법상 기본권의 하나인 언론의 자유를 보장하는 출발점은 바로 신문시장에서 공정하고 자유로운 경쟁질서를 보호하는 것임을 밝히고자 한다.

Ⅱ. 신문시장규제의 근거와 정당성

1. 신문시장에 대한 경쟁법적 규제의 근거

신문시장에 관한 경쟁법적 규제의 내용을 분석하기에 앞서 규제의 규범적, 이론적 근거를 살펴보기로 한다. 우선, 경쟁법은 시장에서의 공정하고 자유로운 경쟁을 보호하는 일반법으로서 언제나 사업자의 경쟁관련 행위를 그 대상으로 한다. 신문업자는 이른바 '기능적 사업자개념'(funktionaler Unternehmensbegriff)[4]에 비추어 경쟁법의 적용대상임에 의문이 없고, 신문의 발행·판매시장이나 광고시장에서 경쟁에 영향을 미칠 수 있는 각종 경제행위가 경쟁법의 관심대상이라는 점에서 신문시장의 경쟁보호를 위한 규제는 언론의 자유라는 헌법상 기본권에 대한 제한과는 일견 그 성질을 달리 한다. 이때 시장경제 하에서 사업자의 활동의 자유를 보장하고 이들간의 공정하고 자유로운 경쟁을 보호하는 것

4) Rittner, Wettbewerbs－und Kartellrecht(1999), 150면 이하, 156면; 대법원 1990. 11. 23 선고 90다카3659 판결도 이러한 맥락에서 이해할 수 있다.

또한 헌법이 보장하고 있는 경제질서의 본질적 요소라는 점에서 경쟁의 자유와 언론의 자유는 모두 헌법이 보호하는 기본적 가치인 것이다.

그런데 언론의 자유와 경제적 경쟁은 서로 무관한 것이 아니다. 즉, 신문업자에게 보장된 계약자유와 신문업자의 사적 소유를 통해서 경쟁의 자유가 보장되며, 이러한 경쟁의 자유를 통해서 비로소 자유롭고 독립된 제도로서의 신문업이 가능해지기 때문이다. 이러한 의미에서 경제적 경쟁과 언론의 자유는 서로 밀접한 보완관계에 있는 것으로 이해할 수 있다. 신문업자는 회사법의 원리에 따라 조직되고, 사기업의 원리에 따라 활동한다는 점에서 경제적 경쟁을 하게 되고, 이들간의 경쟁은 국가뿐만 아니라 사인에 의해서도 제한되어서는 안 된다. 오히려 경쟁법이 신문시장에서 공정하고 자유로운 경쟁을 보장하는 경우에만 자유언론이 기능할 수 있는 조건이 유지될 수 있는 것이다. 따라서 독일헌법재판소가 Spiegel결정[5)]에서 지적한 바와 같이 여론독점으로 인하여 신문제도에 야기될 수 있는 위험을 제거하는 것 또한 국가의 책무인 것이다.

물론 '경제적 경쟁'과 '여론경쟁'을 전혀 동일시할 수는 없다. 더구나 언론이 공정하고 자유로운 여론형성에 미치는 영향력을 단지 신문을 포함한 언론의 비대화만으로 설명하기에는 충분치 않다. 그러나 한 가지 확실한 것은 신문시장의 집중이 언론의 편향성을 가져올 개연성이 높다는 점이다. 경제적 경쟁뿐만 아니라 여론경쟁에서 중요한 것은 독자가 자신의 정치적 성향이나 기사의 신속·다양성, 정보의 양이나 가격 등을 고려하여 원하는 신문을 자유롭게 선택할 수 있는 가능성, 즉 다른 신문으로 전환할 수 있는 가능성이기 때문이다. 이러한 맥락에서 신문시장에서의 공정하고 자유로운 경쟁은 여론의 다양성을 담보하는 핵심수단에 해당한다.

이처럼 경제적으로 독립된 신문업자가 많을수록 독자의 선택의 폭이 넓어지고, 여론형성의 다양성이 보장될 개연성이 높아진다는 전제를 받아들일 경우, 경쟁법은 신문간 경제적 경쟁의 촉진을 통하여 다양한 여론형성에 간접적으로 기여하게 된다. 그 결과 신문시장의 과도한 집중이나, 신문업자의 지위남용 및 불공정거래행위 등을 효과적으로 규제하는 것은 여론형성의 독점을

---

5) BVerfG 20, 162, 175-176 "Spiegel" (1966). "… ließe sich etwa auch an eine Pflicht des Staates denken, Gefahren abzuwehren, die einem freien Pressewesen aus der Bildung von Meinungsmonopolen erwachsen könnten."

방지하기 위한 '예방조치'(Vorbeugungsmaßnahme)의 성격을 갖는다. 여기서 신문시장에서 경쟁법이 갖는 의미는 다음과 같이 정리할 수 있다.[6)]

첫째, 경쟁법은 신문업자의 구체적인 보도·편집내용이나 그것이 갖는 공적 여론형성을 인위적으로 규제하는 것과는 무관하며, 누구라도 여론형성의 다양성이나 언론의 자유를 사적인 독점을 이용하여 위협하지 못하도록 국가가 간접적으로 규제하는 수단이다. 즉, 헌법이 보장하는 언론의 자유를 보장하는 또 다른 수단인 셈이다.

둘째, 경쟁법은 신문업자가 누리는 언론의 자유가 아니라 그들이 신문시장의 공정하고 자유로운 경쟁에 영향을 미치는 행위에만 관심을 갖는다. 여기서 헌법상 언론의 자유는 자유권의 일종으로서 정치적 성격을 갖고, 국가는 그것을 침해로부터 소극적으로 보호하여야 할 책무를 지는 반면, 경쟁의 자유는 경제적 성격을 갖는 것으로서 국가는 모든 신문업자의 경제활동의 자유를 보장하는 한편 공정하고 자유로운 경쟁을 적극적으로 보호하여야 할 책무를 지는 것이다.

2. 신문시장에 대한 경쟁법적 규제의 헌법적합성

시장에서 경쟁을 보호하는 일반법인 경쟁법은 모든 산업분야에 적용되며, 당해 시장에서 유효경쟁이 이루어지고 있는지 아니면 특수한 규제가 존재하는지의 여부와 무관하다.[7)] 따라서 경쟁법이 원칙적으로 신문시장에도 적용된다는 데에는 의문이 없다. 여기서 경쟁법은 사적자치에서 비롯되는 경쟁제한행위에 일정한 한계를 설정하는 한도에서 私法秩序의 일부를 구성하는 개개의 경제적 법률관계에 직접 영향을 미친다. 반면, 헌법상 보호되는 언론의 자유는 비록 기본권의 제3자적 효력을 통해서 간접적으로 사법관계에 영향을 미칠 수는 있으나 그 성질은 다분히 정치적 권리로서 경쟁법의 주된 관심사와는 일응 차원을 달리하는 것으로 보인다. 이때 신문업자의 행위에 대한 경쟁법적 규제는 자칫 기본권의 제한으로 비춰질 수 있다는 점에서 경쟁법의 해석·적용에 헌법상 일정한 한계가 설정되어야 하는지가 문제된다. 이와 관련하여 중요한 원칙은 헌법과 사법, 그리고 경쟁법의 관계에서도 법질서의 통

---

6) Möschel, Pressekonzentration und Wettbewerbsgesetz(1978), 35~36면.

7) 자연독점 등 이른바 규제산업에서는 엄격한 요건하에 동법의 적용이 일부 제한될 수 있을 뿐이다(법 제58조 참조).

일성은 유지되어야 하며, 헌법상 기본권에 내포된 가치판단은 사법과 경쟁법, 특히 불특정개념이나 일반조항을 해석함에 있어서도 고려되지 않으면 안 된다는 것이다.[8)]

경쟁법의 *憲法合致的 解釋*(verfassungskonforme Auslegung)의 필요성에 관하여는 별다른 異論이 없을 것이다. 헌법이 보호하는 가치를 구체화하는 작업은 입법부의 의무이고, 헌법상 보장되는 기본권과 이를 토대로 한 시장경제질서를 구체화하기 위하여 입법부가 제정한 법률은 마땅히 그 위임근거인 헌법의 관련 기본권조항에 부합하도록 해석되지 않으면 안 되기 때문이다.[9)] 이를 언론의 자유와 결부하여 설명하자면, 신문업자의 보도·편집 등 제반 활동은 언론의 자유를 최대한 보장하기 위하여 국가 또는 제3자의 부당한 개입으로부터 보호되어야 하며, 경쟁법은 신문업자의 행위가 비록 외관상 경제적 경쟁을 제한하는 경우에도 그가 누리는 언론의 자유의 본질적 내용을 침해하지 않도록 해석·적용되어야 한다는 것이 된다. 문제는 구체적으로 경쟁법상 지위남용이나 불공정거래행위 등을 판단함에 있어서 경쟁제한성과 더불어 언론의 자유와 다양성이라는 가치를 비교형량의 방법으로 함께 고려하여야 하는지 여부이다.

그러나 이러한 논리는 경쟁법이 보호하고자 하는 사업자의 경제활동의 자유와 이를 기초로 한 경쟁질서 역시 헌법상 보호되는 가치영역이라는 점을 고려할 때 아무런 유보없이 그대로 수용할 수 없다. 이 문제는 단순히 언론의 자유와 국가의 규제와의 관계뿐만 아니라 언론의 자유와 사유재산, 계약자유라는 또 다른 헌법질서와 직결되기 때문이다. 사적자치와 경쟁질서라는 헌법적 가치를 개별 거래에서 구체적으로 실현하기 위한 법률이 바로 공정거래법이며, 경쟁법은 이른바 '경제헌법'(Wirtschaftsverfassung)으로서 사법제도를 기반으로 한 경제질서가 제대로 기능하도록 보장하는 경제활동의 기본규범인 것이다. 이처럼 헌법과 사법질서, 그리고 경쟁법간의 상호작용을 고려할 때 헌법상 언론의 자유를 상위의 가치로 삼아 신문업에 대한 경쟁법의 해석을 제약하는 논거로 삼는 것은 타당성이 없다.

경쟁법상 금지된 모든 행위는 경쟁질서의 저해라는 최소한도의 行爲無價

---

8) Dürig, Grundrechte und Zivilrechtsprechung, FS Nawiasky(1956), 157면 이하.

9) 이러한 논거의 대표적인 예로는 Gärtner, Verfassungskonforme Auslegung wettbewerbsrechtlicher Generalklauseln, BB 1970, 1361면 이하.

値(Handlungsunwert)를 전제로 하고, 이때 신문업자의 경쟁제한행위에 대한 사후적 규제는 원칙적으로 기본권을 침해하는 것이 아니라, 오히려 개별 신문업자의 지위남용이나 불공정거래행위 등을 방지하여 전체적으로 여론의 다양성확보에 기여하는 것이다. 이점을 고려하지 않고 언론의 자유만을 앞세워 모든 규제로부터의 자유 내지 특권적 면제를 주장할 경우에는 오히려 제도로서의 경쟁뿐만 아니라 제도로서의 여론의 다양성을 위태롭게 할 위험이 있는 것이다. 헌법이 어떤 사업자에게 경쟁을 허용하고 있다면, 힘의 남용을 규제하여 실질적 경쟁을 보장하는 것 역시 헌법적 정당성을 가지는 것이다.[10] 실제로 헌법은 언론의 자유와 신문시장의 경쟁질서를 실현할 과제를 입법자에 위임하고 있고, 입법자는 이를 신문법(구: 정기간행물의등록등에관한법률)의 사전적 규제와 공정거래법의 사후적 규제를 통하여 이원적으로 실현하고 있다.

끝으로 헌법상 신문의 자유와 이를 전제로 한 여론형성기능은 법률에 의해서 구체화되는 바, 언론자유의 역사적 전개과정에서도 알 수 있는 바와 같이 종래 이들 법률의 일차적인 관심은 국가권력으로부터의 간섭을 배제하는 데에 맞추어져 있었다. 대표적으로 국가에 의한 검열을 금지하고, 자유로운 편집권을 보장하며 나아가 취재원을 보호하는 등의 수단이 바로 그것이다. 그러나 언론의 자유와 기능을 보호하는 법률이 예상되는 모든 위험을 충분히 고려하고 있는 것은 아니며, 그중 대표적인 것이 바로 사인 내지 사업자에 의한 언론자유의 침해이다. 기본권으로서의 언론자유는 비단 국가의 간섭으로부터의 자유뿐만 아니라 사적인 힘에 의한 침해로부터의 자유, 나아가 적극적으로 다양한 의견을 객관적으로 반영할 수 있는 여건의 형성이라는 적극적인 의미를 갖고, 입법자가 언론자유의 경제적 측면을 충분히 고려하지 못하고 있을 경우에는 경제질서의 기본법인 경쟁법이 이러한 결함을 메워주지 않으면 안 된다. 특히 언론의 기능이 사법질서의 내부에서, 사적자치의 남용으로 인하여 제약받는 경우에는 이를 교정하는 수단 역시 사법질서에 부합하는 수단, 즉 경쟁법적 수단에 의하여야 하는 것이다.[11]

요컨대, 경쟁법을 적용함에 있어서 언론의 자유와 기능보장이라는 기본권적 가치에 부합하여야 한다는 명제는 타당하나, 적어도 경쟁법의 적용을 배제

10) Mestmäcker, Über das Verhältnis des Rechts der Wettbewerbsbeschränkungen zum Privatrecht, AcP 168(1968), 240면 이하.

11) Rupp, Verfassungsrecht und Kartelle, Wettbewerb als Aufgabe(1968), 187, 190면 이하.

한다는 의미에서 언론자유의 우선적 지위는 그 정당성을 인정할 수 없다.

Ⅲ. 신문법상 규제의 검토

오늘날 헌법상 보장되는 언론의 자유는 단순히 국가권력의 간섭으로부터 자유로운 것만을 의미하지 않는다. 신문업자는 다양한 여론형성의 주체일 뿐만 아니라 미디어시장에서 서비스를 제공하는 자로서 시장의 독점적 지배력으로부터 자유로울 것이 요구되기 때문이다. 여기서 경쟁원리와 언론의 다양성은 모두 헌법에서 도출되는 원리로서, 이들 두 가지는 서로 대등한 지위를 갖는다. 이러한 언론자유의 두 가지 측면은 일찍이 유럽의 통신담당 집행위원인 Reding이 지적한 바와 같이 "언론의 자유는 언론기업간의 경쟁을 전제로 한다"는 표현에서 잘 드러나 있다. 여기서 각국은 미디어시장의 독점을 해소하기 위한 법제를 마련하고 있으며, 전통적으로 경쟁보호를 위한 법제 외에 신문·방송 등 미디어의 유형별로 특별법을 제정하여 미디어시장의 집중을 방지하는 한편, 미디어의 공공성을 보호하기 위한 각종 사전적 규제(ex ante regulation)를 규정하고 있다. 우리나라에서는 이러한 규제를 일차적으로 신문법에 규정하고 있는 바, 아래에는 그 내용과 문제점을 살펴보기로 한다.

1. 신문시장의 독과점규제

(1) 의 의

언론의 자유는 신문시장의 경쟁에서 비롯되고, 신문간의 경제적 경쟁은 곧 언론의 다양성을 보장하는 기초가 된다. 즉, 신문의 여론형성 '기능'을 보장하기 위해서는 신문시장의 독과점을 방지하기 위한 제도적 장치가 필수적인 것이다. 이때 신문시장의 자유로운 경쟁을 보호하기 위해서는 먼저 현재 신문시장의 독과점여부를 살펴볼 필요가 있다. 신문법은 신문시장이 몇몇 메이저 신문업자에 의해 독점되고 있다는 인식하에 동 시장에서의 지배적 사업자를 추정하고, 이를 기초로 공정거래위원회로 하여금 남용을 규제하도록 함은 물론 신문법에 따라 신문발전기금의 지원대상에서 제외하는 등의 방법으로 신문시장에서의 공정경쟁을 촉진하고자 하고 있다(법 제34조 제2항 제2조). 즉, 시장지배적 신문업자의 규제와 중소신문업자의 대항력확보를 통하여 신문시장의 경쟁과 언론의 다양성을 보호하고자 하는 것이다.

(2) 신문시장의 획정

신문법은 일반일간신문 및 특수일간신문[12](정보전달을 위하여 무료로 보급되는 일간신문을 제외)을 합하여 하나의 관련시장을 상정하고, 동 시장에서의 점유율을 기준으로 시장지배적 사업자를 추정하고 있다(법 제17조). 이러한 태도에 대해서는 민주사회에서 언론의 자유가 가지는 의의를 살펴볼 때 국민의 정치적 의견형성 내지 여론의 다양성 제고에 기여하는지 여부를 기준으로 시장을 획정하여야 하고, 그렇다면 종합일간지 내지 일반일간신문만을 하나의 관련시장으로 보아야 한다는 견해[13]가 있다. 그러나 독과점여부 판단에 필요한 관련시장의 획정은 경제적 의미에서 서로 대체관계 내지 경쟁관계에 있거나 있을 수 있는 상품의 범위를 정하는 것이고, 어떤 신문이 정치적 여론형성과 얼마나 관련성을 갖는지는 다분히 부차적인 의미를 가질 뿐이다. 다만, 결론적으로 시장획정의 일반원칙, 즉 수요의 합리적 대체가능성에 비추어보더라도 특수일간신문을 제외한 일반일간신문을 하나의 시장으로 보는 것이 일응 타당해 보인다. 아울러 무료로 보급되는 일간신문의 경우는 그 내용이 특정분야에 국한되지 않으나, 편집보도 없이 단순한 정보전달을 목적으로 하며, 매출이 광고에서만 발생하기 때문에 광고시장 외에 신문의 발행·판매시장에서의 지배력과 결부되기 어렵다는 점에서 이를 제외하는 태도를 이해할 수 있다.[14]

한편, 시장지배적 사업자 추정시 전년 12개월 평균 '전국' 발행부수를 기준으로 점유율을 산정하는 점에 비추어 지역시장으로서 전국시장을 염두에 두고 있는 것으로 보인다. 그 결과 이른바 '지방지'는 신문법상 시장지배적 사업자로 추정될 가능성이 전혀 없게 된다. 그런데 우리나라에서는 각 지방마다 대표적인 지방지가 2~3개씩 존재하고, 해당 지역 내에서는 이들 지방지가 오히려 시장점유율 상위를 차지하는 경우를 어렵지 않게 찾아볼 수 있다는 점에서 신문시장을 전국시장으로만 상정하는 것은 적어도 경쟁이론상 타당하지

12) 특수일간신문이란 산업·과학·종교·교육 또는 체육 등 특정분야(정치를 제외)에 국한된 사항의 보도·논평 및 여론 등을 전파하기 위하여 매일 발행하는 간행물을 말한다(법 제2조 제2호 나목).

13) 문재완, "신문등의자유와기능보장에관한법률의 헌법적 고찰", 「외법논집」, 2005. 8, 198~199면.

14) 그밖에 신문법상 인터넷신문을 시장지배적 사업자추정을 위한 신문시장에 포함시켜야 한다는 견해로는 김현종, "신문시장의 규제와 경쟁정책의 방향", 한국경제연구원 Issue Paper 19, 2006.1, 38면 이하 참조. 그러나 경쟁법상 기준에 의하더라도 인터넷신문은 다시 일반 또는 특수신문 등으로 세분될 수 있어 아무런 구분 없이 신문시장에 포함시킬 수는 없고, 인터넷신문과 오프라인 신문은 서로 대체관계에 있다기 보다는 다분히 보완적인 성격이 강하다는 점에서 그 타당성을 인정하기 어렵다.

않을 수 있다. 그러나 신문법상 추정의 효과와 취지가 기금지원의 대상에서 제외하는 데에 그치고, 이를 통하여 지방지 등을 지원하는 데에 있음에 비추어 나름의 타당성을 가질 수 있다. 특정 지역에 국한하여 배포되는 지방지는 전국지와의 경쟁에서 열악한 지위를 갖고 따라서 신문발전기금 등의 지원을 요한다는 점을 고려할 때 시장지배적 사업자로 추정하는 실익이 없을 것이기 때문이다. 또한 전국을 대상으로 하는 일반 및 특수일간신문에 대해서만 신문법이 특수한 시장지배적 사업자 추정조항을 규정하더라도, 여타의 전국지나 지방지 등에 대한 남용규제는 여전히 공정거래법을 통해 가능하다는 점에서 규제의 흠결이 발생할 우려는 없어 보인다.

(3) 시장점유율의 산정, 추정의 요건 및 효과

신문법은 일반일간신문 및 특수일간신문을 발행하는 사업자로서 1개 사업자의 시장점유율이 전년 12개월 평균 전국 '발행부수'의 30% 이상, 3개 이하 사업자의 시장점유율 합계가 60% 이상(다만, 시장점유율이 10% 미만인 자는 제외)인 경우에 공정거래법 제4조의 추정조항[15]에도 불구하고 동법 제2조 제7호의 시장지배적 사업자로 추정하고 있다(법 제17조 각호). 그리고 특별법우선의 원칙에 따라 적어도 일반 및 특수 일간신문시장에서는 시장지배적 사업자의 남용규제와 관련하여 특수한 점유율추정조항이 적용된다.[16] 여기서 두 가지 문제가 제기된다. 하나는 점유율 수준에 관한 것이고, 다른 하나는 점유율의 산정방식에 관한 것이다. 이 문제는 모두 신문시장에 대해서 공정거래법상 시장지배적 사업자추정기준과 다른 기준을 설정할 필요성이 있는지에 관한 것이다. 즉, 신문법상 추정을 위한 점유율수준이 공정거래법보다 낮고, 점유율산정에 있어서도 매출액이 아니라 '발행부수'를 기준으로 삼고 있는 바, 신문시장의 특성과 남용규제의 실효성에 비추어 보다 낮은 점유율 및 매출액이 아닌 '발행부수' 기준이 보다 적절한지를 따져볼 필요가 있다.

먼저 기술적인 측면에서 볼 때, 매출액을 기준으로 할 경우 신문업자의 매출액이 크게 구독료, 가판매출 및 광고수입 등으로 구성된다는 점에서 복잡한 문제를 안고 있고, 발행부수가 나름대로 구독료, 가판수입, 광고수입 등을 종

15) 공정거래법 제4조에 의하면 한 사업자의 시장점유율이 50% 이상이거나 3 이하 사업자의 시장점유율 합계가 75% 이상인 경우에 시장지배적 지위를 추정하고 있다.

16) 그밖에 여타의 신문시장에 대해서는 여전히 공정거래법 제2조 제7호 및 제4조가 적용되며, 신문법과의 경합은 발생하지 않는다.

합적으로 보여줄 수 있는 지표라는 점을 고려할 때 그 타당성을 인정할 수 있다.[17] 또한 신문이 갖는 여론주도효과나 파급력은 발행부수의 많고 적음에만 좌우되지 않는다는 점 등을 고려할 때 추정기준이 되는 점유율 수준을 다소 낮춘 것도 이해할 수 있다. 그런데 보다 근본적으로 신문법상 시장지배적 사업자추정의 정당성을 분석하기 위해서는 동 추정이 갖는 목적과 의미를 살펴볼 필요가 있다.

신문법은 i) 시장지배적 사업자를 제외한 여타 신문업자에 대하여 신문발전기금을 통한 자금지원을 규정하고 있고 이를 통하여 여론의 다양성확보를 도모하는 한편, ii) 시장지배적 신문업자가 다른 경쟁사업자나 소비자에 대하여 행할 수 있는 남용행위를 보다 엄격하게 규제할 수 있도록 함으로써 신문시장에서의 경쟁을 보호하고 있다. 그리고 후자의 과제는 종래와 같이 공정거래위원회에게 맡겨져 있음에 유의할 필요가 있다. 즉, 신문법상 시장지배적 사업자추정에 따른 직접적인 효과는 기금의 지원 여부이며, 군소 신문업자의 지원이라는 다분히 언론정책적 목적에 따라서 지원대상을 선별하는 의미를 가질 뿐이다. 따라서 이 부분에 관한 한 공정거래법과 다른 기준으로 시장지배적 사업자를 추정하는 것 자체는 문제되지 않는다.

문제는 신문시장에서 지위남용행위를 규제하기 위한 수단으로서 시장지배적 사업자를 판단할 때에도 공정거래법과 다른 기준이 필요한지 여부이다. 공정거래법은 모든 시장에 대하여 경쟁을 보호하는 일반법이고, 특정 산업에 대한 예외를 따로 인정하지 않고 있다. 따라서 특정산업이 갖는 고유한 특성을 고려하여 법률로 그와 다른 규정을 둘 수 있으며, 이를 흔히 特別競爭法(special competition law)이라 한다. 그리고 특별경쟁법은 일반경쟁법인 공정거래법을 당해 시장에는 그대로 적용할 수 없는 특성이 인정되는 경우에만 그 정당성이 수긍될 수 있는 바, 그렇지 않을 경우에는 불필요하게 경쟁법의 균열과 충돌만을 가져올 것이기 때문이다. 더구나 신문법은 시장지배적 사업자의 남용을 직접 규제할 수도 없고, 결국은 공정거래위원회의 집행에 의지할 수밖에 없다. 이러한 맥락에서 신문법이 특수한 점유율수준과 점유율산정방법을 도입한 합리적인 근거를 제시하지 못하는 한 공정위의 남용규제는 실효성을 갖지 못하거나 부작용만을 야기할 수 있다.[18] 이는 근본적으로 기금지원대

17) 인터넷신문의 경우 발행부수의 산정이 사실상 불가능하나, 필요시 공정거래법에 따라 세분된 관련시장별 매출액을 기준으로 점유율을 산정할 수 있을 것이다.

상범위의 획정과 신문시장에서의 남용규제라는 상이한 목적을 하나의 시장지배적 사업자개념으로 포섭하는데 따른 것으로도 이해할 수 있다.

이 문제에 대한 해결책으로는 중소신문사에 대한 지원과 메이저 신문사의 남용규제를 각각 신문법과 공정거래법의 본연의 기능에 맡기는 방안을 제시할 수 있다. 즉, 정기간행물이나 인터넷신문 등의 진흥을 지원하기 위해서 반드시 '시장지배적 사업자'라는 개념이 필요한 것은 아니고, 신문발전위원회가 매출액이나 발행부수 등을 종합적으로 고려하여 지원대상을 투명하고 공정하게 선정하면 족한 것이다. 반면, 공정거래법상 시장점유율 50% 내지 75%의 시장지배적 사업자 추정기준이 다소 높더라도 남용규제가 불가능한 것도 아니고 불공정거래행위로도 어느 정도 규제가 이루어질 수 있으며, 추정기준을 낮춘다고 해서 남용규제가 보다 효과적으로 이루어지는 것도 아니다. 따라서 신문법상 시장지배적 사업자 추정조항과 신문발전기금의 지원제외대상조항은 이를 삭제하고, 구체적인 지원대상은 신문발전위원회가 따로 정하도록 하며, 남용규제는 공정거래법의 일반적 기준에 맡기는 것이 바람직할 것이다.

2. 신문유통원의 설립 등

신문시장은 거래단계에 따라 신문발행시장과 신문판매시장으로 나눌 수 있으며, 전자는 일반 및 특수일간신문을 발행하는 다수의 신문업자로, 후자는 지역별 다수의 지국으로 구성된다. 다른 시장에서와 마찬가지로 발행시장에서 유효경쟁이 이루어지더라도 판매시장이 집중되어 있는 경우에는 경쟁의 이익이 소비자에게 제대로 이전되지 못하게 된다. 여기서 국민의 폭넓은 언론매체 선택권을 보장하기 위해서는 크게 두 가지 관점에서의 접근이 필요하다. 하나는 신문이 갖는 보편적 여론형성기능을 담보하기 위하여 산간벽지 등 비용상의 이유로 배달이 곤란한 지역에도 신문이 원활하게 배달될 수 있도록 하는 것이고, 이는 헌법상 국민이 누리는 언론의 자유라는 기본권을 실질적으로 보완하는 역할을 한다. 다른 하나는 이른바 메이저 신문업자가 신문의 유통망을 장악하여 경쟁 신문업자나 중소신문업자의 시장진입이나 원활한 사업활동을 방해하고, 이를 통하여 시장점유율을 인위적으로 유지하는 것을 방지하는 것이다.

그런데 위와 같이 신문의 유통망이 갖는 이중의 성격에 따라 해결책도 달라질 수 있는 바, 신문법은 일견 모호하기는 하나 신문유통원을 통하여 이들

18) 문재완, 앞의 글, 199면.

두 가지 목적을 모두 실현하려는 것으로 보인다. 한편으로는 산간벽지까지 다양한 신문이 원활하게 보급될 수 있도록 하고, 다른 한편으로는 자체 배달망을 갖추지 못한 군소신문업자의 신문을 공동으로 배달함으로써 일부 신문업자의 판매시장에 대한 지배력을 약화시킨다는 것이다.[19] 이를 위한 신문유통원의 핵심수단은 '공동배달제'이다. 그런데 공동배달제가 그 목적을 실현하기에는 다음과 같은 점에서 의문이 제기된다.

먼저, 신문에 대하여 이른바 '보편적 서비스'로서의 성질을 인정하거나 여론형성의 다양성확보라는 공익적 목적으로 국가가 가능한 모든 국민에게 신문에 대한 접근을 보장하자는 데에는 이론이 없을 수 있다. 언제 어디서나 국민이 원하는 신문을 받아볼 수 있도록 하는 데에는 처음부터 시장원리가 미치지 못하기 때문이다. 예컨대, 운송비가 훨씬 많이 드는 지역에 신문을 배달하는 데에는 신문요금보다 높은 수준의 배달료가 소요되고, 그 비용을 요금에 반영할 경우 어차피 소외지역 국민의 신문접근권은 더욱 제약될 것이다. 그렇다면 결국 어떤 형태로든 신문유통에 대한 국가의 개입은 불가피하게 마련이다. 여기서 생각할 수 있는 방법에는 세 가지가 있다. 하나는 별도의 유통기구를 마련하여 국가의 재정으로 배달망을 갖추는 것이고, 또 하나는 신문업자들이 자체적으로 공동배달망을 갖추는 것이며, 끝으로 인터넷신문 등 제3의 매체를 통하여 신문접근을 용이하게 하는 것이다.

신문법은 이 중에서 첫 번째 방법을 택하고 있으나, 방법론상 국가가 100% 예산으로, 그것도 직접 배달기관을 설립하여 운영하는 것은 바람직하지 않다. 당초 신문유통원은 국가와 신문업자가 공동출자로 운영키로 하였으나 현재까지 참여한 신문업자가 하나도 없고, 기왕에 몇몇 신문업자가 설립했던 공동배달회사도 문을 닫은 점을 고려할 때, 처음부터 실현가능성을 충분히 검토하지 못한 것으로 보인다. 국가가 비용상의 이유로 신문의 보급이 원활하지 못한 지역에 대하여 우편배달 등의 방법으로 무료로 배달해줄 수 있다면, 굳이 별도의 기구를 설립할 필요는 없지 않았을까 하는 생각이 든다.

현행 공동배달제는 언론의 다양성을 통한 언론자유의 실질적 보장이라는 관점에서도 문제의 소지가 있다. 국가의 100% 지원으로 중소신문업자의 유통

---

19) 신문유통원의 사업으로는 신문의 공동배달, 잡지 및 기타 간행물의 배달, 신문수송의 대행 및 기타 신문유통원의 설립목적을 달성하는데 필요한 사업으로 규정되어 있다(법 제37조 제4항). 그런데 신문유통원은 사업 첫해인 2006년 공동배달센터를 모두 수도권(45개)과 광역시(5개)에 설치할 예정이어서, 이러한 취지와는 거리가 멀어 보인다.

이 이루어질 경우, 특정 민간기업에 대한 정부보조와 마찬가지로 형평성의 문제뿐만 아니라 공정경쟁의 측면에서도 문제가 제기될 수 있기 때문이다. 즉, 유통지원을 받는 신문과 받지 못하는 신문의 선정기준이 모호하거나, 지금과 같이 공동배달이 수도권과 광역시에 한정되어 지역별 균형에 전혀 배치되는 경우에는 중소신문업자간에도 형평성과 공정경쟁을 모두 저해하게 된다. 이것이 언론자유를 저해할 것은 자명하다. 뿐만 아니라 중소신문업자가 정부지원에 유통을 거의 전적으로 의지하게 될 경우, 향후 정부시책에 반하는 자유로운 의사형성이 제약받을 가능성을 배제할 수 없다는 점에서 현행 공동배달제가 민주적 여론형성에 부합할지는 매우 의문스럽다.

Ⅳ. 공정거래법상 신문시장의 규제

1. 개 관

신문업자는 두 가지 차원에서 경제적 경쟁에 직면하게 된다. 하나는 다른 신문과의 구독·판매경쟁이고, 다른 하나는 방송이나 인터넷과 더불어 주요 광고매체로서 광고유치경쟁이다. 그런데 경쟁이 치열해지면서 신문업자는 무가지, 고가의 경품이나 끼워팔기 등 다양한 형태의 불공정거래행위로 나아갈 수 있고, 시장지배적 지위에 있는 신문발행업자는 신문판매업자나 광고주에 대하여 부당한 가격책정이나 배타조건부거래 등을 행할 수 있다. 이에 우리나라에서는 공정거래법상 불공정거래행위나 지위남용을 폭넓게 금지하는 조항을 두는 외에 '신문업에있어서의불공정거래행위및시장지배적지위남용행위의유형및기준'[20](이하 "신문고시"라 한다)에서 신문시장에 특수한 불공정거래행위 및 지위남용행위를 상세히 규정하고 있다. 그밖에 신문업자간의 인수·합병이나 카르텔 등에 대해서는 여전히 공정거래법 관련 조항이 아무런 수정 없이 적용된다. 아래에서는 불공정거래행위와 지위남용행위를 중심으로 규제의 내용과 문제점을 살펴보기로 한다.

---

20) 공정거래위원회고시 제2003-3호 (2003. 5. 27).

2. 신문업자의 불공정거래행위 규제

(1) 유형 및 체계

신문고시는 신문업자를 다시 신문발행업자와 신문판매업자로 나누어 독자나 광고주와의 관계에서 발생하는 불공정거래행위를 중심으로 규제하고 있는 바, 동 고시에서 열거하고 있는 불공정거래행위의 유형은 무가지·경품류의 제공, 부당한 고객유인, 거래상 지위남용, 부당한 차별취급, 부당한 거래강제, 배타조건부거래 및 부당한 거래거절이다. 대표적인 행위만을 들어 유형화하자면 아래와 같다.

(가) 신문발행업자의 신문판매업자에 대한 불공정거래행위

－신문판매업자에게 1개월간 제공하는 무가지와 경품류의 합계액이 당해 신문판매업자로부터 받는 유료신문대금의 20%를 초과하는 경우

－신문판매업자에게 사전협의 없이 그 의사에 반하여 판매목표량을 늘리도록 강요하는 행위 등

－신문판매업자와 거래지역 또는 거래상대방에 따라 합리적인 기준에 의하지 않고 부당하게 차별취급하는 행위(신문판매업자가 광고물의 배달을 의뢰하는 자를 부당하게 차별하는 경우를 포함)

－신문판매업자에게 신문을 공급하면서 부당하게 자기, 특수관계인 또는 계열회사가 발행하는 신문, 잡지 또는 다른 출판물을 구입하도록 하는 행위

－신문판매업자가 다른 신문발행업자의 신문을 판매하지 못하도록 하는 행위

－계약서상 신문공급의 제한 또는 해약사유나 사전합의에 의하지 않고 부당하게 신문공급을 중단 또는 현저히 제한하거나 계약을 해지하는 행위

(나) 신문발행업자의 독자·광고주에 대한 불공정거래행위

－독자에게 1년간 제공하는 무가지와 경품의 합계액이 당해 독자로부터 받는 유료신문대금의 20%를 초과하는 경우

－실제로는 독자에게 배포되지 않고 폐기되는 신문부수도 독자에게 배포되는 신문부수에 포함·확대하여 광고주를 오인시킴으로써 자기에게 광고게재를 의뢰하도록 유인하는 행위

－자기의 신문에 그 고객에게 유리한 기사를 게재하는 등의 이익을 주겠다고 하여 광고게재의뢰를 유인하는 행위

－광고게재의뢰를 받지 않고 일방적으로 자기의 신문에 광고를 게재한 후

광고대가의 지급을 강요하는 행위

－부당하게 자기의 임직원에게 자기 또는 특수관계인, 계열회사가 발생하는 신문, 잡지 또는 다른 출판물을 구입 또는 판매하도록 강요하는 행위

(다) 신문판매업자의 독자 · 광고주에 대한 불공정거래행위

－독자에게 1년간 제공하는 무가지와 경품의 합계액이 당해 독자로부터 받는 유료신문대금의 20%를 초과하는 경우

－구독계약기간이 종료된 후 구독중지의사를 표시한 자에게 신문을 7일 이상 계속 투입하는 행위

－광고물의 배달을 의뢰하는 자에 따라 부당하게 불리한 조건으로 거래하는 행위

그밖에 신문발행업자나 신문판매업자가 경품류제공 이외의 방법(신문대금 대신지급, 다른 간행물 끼워주기, 과도한 가격할인 등)으로 정상적인 상관행에 비추어 과도한 대가지급을 전제로 경쟁사업자의 고객을 자기와 거래하도록 유인하는 행위도 금지된다(고시 제4조 제2호).

(2) 무가지 및 경품류의 규제

(가) 개 념

지금까지 우리나라의 신문시장에서 가장 문제된 불공정거래행위는 무가지 및 경품류제공이다. 무가지 및 경품류제공은 신문발행업자가 신문판매업자에게, 신문판매업자가 독자에게, 신문발행업자가 고객에게 제공하는 경우를 모두 포함하며, 어느 경우나 유료신문대금의 20%를 초과하는 경우에는 금지된다.

여기서 이들 개념을 정확하게 정의하고 넘어갈 필요가 있다. 우선 무가지란 "신문발행업자 또는 신문판매업자가 신문판매업자 또는 구독자에게 공급하는 유료신문을 제외한 신문"을 말하며 판촉용신문과 예비용신문 등을 제외한다(고시 제2조 제2항). 여기서 유료신문이란 처음부터 판매를 목적으로 신문을 발행 또는 판매하는 사업자가 신문대금을 받고 배포하는 신문으로서, 무가지란 당초 유료신문을 별도의 대금을 받지 않고 배포하는 신문을 의미하는 것으로 이해된다.

아울러 구별해야 할 것은 이른바 무가지와 무료신문[21]과의 관계이다. 신문

---

21) 2004년 무료신문 발행부수 (단위: 부)

신문사명		발행부수
중앙	메트로	57만
	더데일리포커스	70만

고시는 무료신문을 따로 정의하지 않고 있는바, 최근 늘고 있는 무료신문은 처음부터 대가를 받지 않기로 예정된 것으로서 전적으로 광고수입에 의존하여 운영되는 신문을 말한다. 이들 무료신문은 광고수입에만 의존하기 때문에 전통적인 신문과 달리 구독자확보가 중요하지 않고, 누구나 쉽게 접근할 수 있도록 함으로써 광고층을 넓히는 것이 급선무이다. 따라서 무료신문은 신문고시에서 정의하고 있는 무가지에도 해당되지 않는 것으로 해석되며, 이를 부당한 고객유인의 수단으로 볼 수 없을 뿐만 아니라 경쟁사업자에 대한 방해·배제효과도 기대할 수 없다는 점[22]에서 '무가지'의 개념을 "유료신문을 일정 기간에 한하여 대가를 받지 않고 배포하는 신문"으로 축소정의할 필요가 있다.

이어서 경품류란 신문발행업자 또는 신문판매업자가 독자에게 직접 또는 간접적으로 제공하는 현금, 유가증권, 물품, 용역제공 등 경제상의 이익을 말하며, 흔히 국내에서 구독자에게 제공되는 자전거나 상품권 등이 여기에 해당한다. 신문고시는 무가지와 경품류의 가액을 합산하여 일정한 한도를 정하고 있는바, 이들 모두 고객을 유인하는 효과가 크다는 현실을 고려할 때 일응 이를 규제하는 취지를 이해할 수 있다.

(나) 무가지 및 경품류제공의 부당성

문제는 무가지나 경품류제공이 부당하게 경쟁자의 고객을 자기와 거래하도록 유인하는 행위로서 금지되어야 하는지 여부, 과연 어느 정도의 무가지·경품류제공이 부당한지 여부이다. 일단 이들이 가액의 정도와 상관없이 어느 정도 고객유인의 효과를 가질 것은 당연하다. 문제는 부당성의 근거와 한계이다.

먼저, 신문고시는 무가지와 경품류의 제공 합계액이 유료신문대금에서 차지하는 비율을 기준으로 부당성을 판단하고 있는바, 이는 주상품과 경품류의 대가관계를 기초로 경품류제공의 부당성을 정하는 경품고시[23]와 그 접근방법

	AM7	70만
	굿모닝서울	50만
	데일리줌	50만
	스포츠한국	50만
지방	해피데이	10만
	광주드림	8만 6천
	모닝뉴스	9만 8천
	한동일보	5만 5천

<출처: 발행사 제시 부수기준(2004), 한국신문협회 웹사이트에서 재인용>

22) 무가지와 무료신문을 하나의 관련시장에 포함시킬 경우, 양자는 서로 경쟁관계에 있게 되나 무료신문을 발행하는 사업자의 규모 등에 비추어 유료신문을 방해 또는 배제할 우려는 거의 없어 보인다.

에 있어서 동일하다. 이러한 접근방법이 규제의 편의를 도모할 수 있음은 물론이다. 그런데 여기에는 구체적 타당성을 결여한다는 점 외에도 부당한 고객유인을 금지하는 취지와 금지기준에 관한 적지 않은 오해가 깔려 있는 것으로 판단된다.

특히 부당한 이익에 의한 고객유인은 그 보호법익이 어디에 있는지에 따라 규제방식을 달리 할 수 있다. 만약 그것이 경쟁사업자를 보호하기 위한 것이라면 무가지나 경품류제공이 경쟁사업자의 사업활동을 방해 또는 배제할 우려가 있어야 하고, 방해·배제의 수단으로서 소비자의 오인가능성이나 합리적 판단의 저해 여부를 살필 뿐이다. 반면, 그것이 소비자를 오인유발과 그로 인한 합리적 구매결정의 방해로부터 보호하기 위한 것이라면, 무가지나 경품류의 가액수준이 중요한 것이 아니라 실제 소비자의 구매기준과 행태를 기초로 하여 결국은 소비자에게 유무형의 피해를 가져올 우려가 있어야 한다.

먼저, 우리나라에서 부당한 이익에 의한 고객유인의 금지목적은 명확하지 않은데, 시행령 [별표 1] 4. 가에서는 문제되는 부당한 이익을 '정상적인 거래관행에 비추어 부당하거나 과대한 이익'으로 정의하고 있고, 불공정거래행위 심사지침'[24]에 따르면 정상적인 거래관행에 비추어 바람직하지 않거나 통상적인 수준을 넘어서는지 여부로 판단하게 된다. 그렇다면 신문고시는 유료신문대금의 20%를 기준으로 문제의 무가지나 경품류제공이 정상적인 거래관행에 부합하는지 여부를 판단하는 것으로 이해할 수 있다. 그리고 동 심사지침은 그러한 부당한 이익이 경쟁사업자의 고객을 자기와 거래하도록 유인할 가능성이 있는지 여부를 주요한 위법성 판단기준으로 삼고 있는바, 여기서는 당해 이익제공이 객관적으로 고객의 의사결정에 상당한 영향을 미칠 수 있으면 족하다고 한다.

여기서는 '유인가능성'에 초점을 맞추어 과연 무가지나 경품류제공이 소비자의 합리적 선택을 저해할 우려가 있는지를 살펴보기로 한다. 소비자는 여러 가지 기준에 따라 신문을 선택한다. 아무리 깊이 있는 기사를 담은 신문이라도 소비자는 흥미위주나 생활정보의 양 등을 기준으로 다른 신문을 선택할 수 있으며, 여러 경로와 그간의 경험을 통하여 신문에 대한 정보를 충분히 보

---

23) 공정위, 경품류제공에관한불공정거래행위의유형및기준지정고시, 2005.7.1. 원칙적으로 소비자경품류의 경우 거래가액의 10%, 소비자현상경품류의 경우 경품부예상매출액의 1%(정기간행물출판업의 경우 5%)를 기준으로 부당성을 판단한다(동 고시 제7조, 제8조 참조).

24) 공정위 예규 제26호(2004.12.27 제정, 2005.5.11 개정).

유하고 있는 대부분의 소비자의 경우 오히려 기사의 질과 요금 등을 종합적으로 고려하여 구매결정을 내릴 수 있다. 예컨대, 적지 않은 소비자는 무료신문이나 인터넷을 통한 대체적 매체의 이용가능성을 고려하여 현재의 구독료 수준이 높다고 판단할 수 있고, 무가지나 경품은 결국 구독료를 실질적으로 낮추어주는 효과를 갖는다. 또한 신문발행업자는 발행부수에 따라 광고비가 높게 책정될 수 있다는 점에서 무가지나 경품류의 비용을 회수할 수 있으며, 신문판매업자는 무가지나 경품을 제공하는 비용을 광고물의 배달을 의뢰받는데 따른 수입으로 만회할 수 있다. 어느 누구도 경제적으로 피해를 입지 않는 것이다.[25] 그럼에도 불구하고 자전거를 제공받는 조건으로 신문구독을 결정하는 소비자가 과연 경품에 유인된 불합리한 소비자인가? 그밖에 소비자가 정치적 중립성이나 정보내용의 충실성 등을 기준으로 신문을 선택해야 하며, 그와 무관한 경제적 이익을 의식하여 선택해서는 안 된다는 생각은 소비자의 종합적이고도 합리적인 판단능력을 과소평가한 전혀 근거 없는 것이다.

참고로, 독일에서는 부정경쟁방지법(Gesetz gegen den unlauteren Wettbewerb; UWG)[26]이 신문시장에서의 대표적인 부정경쟁행위, 즉 무가지의 배포나 끼워팔기, 약탈적 가격책정 등에 적용되어 왔다.[27] 그밖에 일찍이 1932년의 경품령(Zugabeverordnung)[28]과 1933년의 할인법(Rabattgesetz)[29]이 신문업자들의 각종 요금할인행위와 신문구독에 따른 경품제공을 규제해 왔으나, 2001년 7월 31일자로 이들 두 개 법령이 전면적으로 폐지됨으로써 할인이나 경품제공은 그 자체로 특별한 규제를 받지 않게 되었다. 물론 이들 법률이 폐지된 후에도 할인이나 경품이 무제한적으로 허용되는 것은 아니고, 부당한 고객유인이나 심리적 구입강제 등과 관련하여 부정경쟁방지법 제3조가 적용될 여지는 여전히 남아 있으나, 중요한 것은 신문시장에서도 경품과 할인이 보다 폭넓게 제공될 수 있는 여

---

25) 무가지나 경품제공의 일률적 금지가 오히려 소비자후생을 감소시키는 측면에 대해서는 김재홍, "신문/방송시장의 경쟁제한성", 「공정거래와 법치」, 2004.11, 775~777면.

26) 2004. 7. 3. 개정된 UWG는 제1조에서 동법의 목적이 경쟁사업자, 소비자 및 경쟁의 보호임을 명시하는 한편, 구법 제1조의 일반조항을 제3조로 옮겼으며, 여기서도 종래의 '양속위반'이라는 개념을 삭제하고 부정경쟁행위를 널리 금지하는 방식으로 전환하였다.

27) 이봉의, "독일의 신문시장과 불공정경쟁 규제", 「세계의 언론법제」 2004. 상권, 135면 이하.

28) 경품령은 경품의 한도를 일률적으로 정하지 않고 단지 '소액의 경품' 제공만을 허용하고 있었다.

29) 종래 할인법은 최종소비자가격을 기준으로 할인폭을 3% 이내로 제한하고 있었고, 그밖에 특정 고객층에 한정하여 할인을 제공하는 것을 금지해왔다(동법 제1조 제1항, 제2항).

지가 마련되었고, 직접적인 가격경쟁뿐만 아니라 경품이나 할인을 통한 간접적인 가격경쟁을 적극적인 마케팅 수단으로 활용할 수 있게 되었다는 점이다.

요컨대, 신문시장은 기술발전과 디지털화, 매체의 다양성 등 급격한 환경변화를 경험하고 있으며, 이는 모두 미디어시장의 경쟁을 촉진하는 효과를 갖는다. 인터넷신문이나 무료신문의 급성장은 그 대표적인 예이다. 여기서 새로운 신문매체라도 언론의 자유를 누려야 함에는 변함이 없고, 설사 신문시장이 바람직하지 못한 방향으로 나아갈 우려가 있다고 하더라도 이는 공정거래법으로 금지하거나 특정한 방향으로 유도할 것은 아니다. 공정거래법이 신문의 선택기준을 획일적으로 소비자에게 강요할 수는 없기 때문이다. 더구나 기존의 규제방식은 지나치게 도식적이고 소비자의 이익에도 부합하지 않는 것으로서 재검토를 요한다.

3. 신문업자의 시장지배적 지위남용 규제

(1) 유형 및 규제현황

신문고시는 불공정거래행위의 경우와 달리 지위남용의 유형을 현실에 맞게 신문업자 중에서도 신문발행업자만을 염두에 두고 규정하고 있다. 그에 따라 신문고시는 남용행위의 유형을 신문발행업자의 신문판매가격 또는 광고대가의 과도한 책정, 신문판매업자에 대한 지나치게 낮은 가격으로의 공급을 통한 경쟁 신문발행업자의 배제, 광고주 등 거래상대방과의 배타조건부거래 및 허위 또는 근거 없는 내용으로 광고주 등 거래상대방을 비방하는 기사를 게재함으로써 사업활동을 어렵게 하는 행위를 열거하고 있다.

그런데 우리나라의 신문시장에서는 전체적으로 적지 않은 수의 사업자가 치열하게 경쟁하고 있기 때문에 일반 및 특수일간신문의 경우 독과점가격과 같이 지나치게 높은 수준의 가격이 문제된 예는 없으며, 신문발행업자의 약탈가격 또한 적어도 직접적인 신문가격의 책정이라는 형태로는 나타나지 않고 있다. 또한 TV방송 외에 인터넷 등 새로운 광고매체의 등장으로 인하여 신문발행업자가 광고시장에서 치열한 경쟁에 직면하고 있는 점을 고려할 때, 신문발행업자가 광고주에게 배타적 거래를 요구할 가능성도 희박해 보인다. 끝으로 허위·비방의 내용으로 다른 사업자의 사업활동을 방해하는 행위는 현실적 가능성이 희박할 뿐만 아니라 시장지배적 신문발행업자에 국한된 문제가 아니라는 점에서 그 체계상의 지위에 문제가 있어 보인다.

이처럼 설사 시장지배력을 가진 신문발행업자라도 국내 신문판매시장 및 광고시장의 경쟁상황을 고려할 때, 적어도 신문고시에서 열거하고 있는 방식으로 그 지위를 남용할 우려는 크지 않은 것으로 보인다. 그러나 신문법 제17조 등에도 불구하고 신문발행업자의 지위남용은 여전히 공정거래법의 규제를 받고, 그밖에 신문고시에서 열거하지 않은 다른 수단에 의한 남용행위에는 여전히 공정거래법 제3조의2 등이 적용된다. 아래에서는 신문시장에서 남용규제를 둘러싼 몇 가지 쟁점을 예시적으로 살펴보기로 한다.

(2) 시장지배적 지위의 판단

신문발행업자의 지위남용을 효과적으로 규제하기 위해서는 먼저 신문시장이 합리적으로 획정되어야 한다. 전술한 바와 같이 신문법 제17조는 나름의 목적과 기준에 따라 신문시장을 획정하고, 그에 따라 고유의 시장지배적 지위 추정요건을 규정하고 있으나, 그밖에 공정거래법상의 일반적 기준에 따라 추가로 시장지배적 지위를 가진 사업자가 인정될 가능성은 충분히 남아있는 것으로 보인다. 이때 신문업자의 남용규제를 위해서는 공정거래법 제2조 제7호, 제8호 및 제4조에 따라 시장지배적 지위를 판단하여야 하는바, 여기서는 가장 문제되는 시장획정을 살펴보기로 한다.

먼저, 신문시장의 획정에 있어서도 수요시장관념, 즉 구매자의 입장에서 본 합리적 대체가능성기준이 적용되고, 그밖에 당해 상품의 기능 및 효용의 유사성이나 구매행태 등이 종합적으로 고려된다. 그에 따라 신문시장은 일반 및 특수일간신문 외에 다양하게 세분될 수 있다. 먼저 신문은 일반적으로 그 내용상 편집・보도・논평 등의 기사부분과 광고성정보로 구성되며, 그 결과 신문시장은 수요자에 따라 '구독자시장'과 '광고시장'으로 나눌 수 있다. 구독자시장은 다시 고객층이나 판매경로 등에 따라 정기구독신문과 가판신문으로 나누어진다.[30] 또한 신문은 그 발행주기에 따라 '일간신문'과 '주간신문'으로, 특정분야에 국한된 사항을 내용으로 하는지 여부에 따라 '일반신문'과 '특수신문'으로 나눌 수 있고, 전국적으로 발행・배포되는 '중앙지 내지 전국지'와 특정 지역에 국한된 '지방지'로 세분할 수 있다.

30) WuW/E OLG 2228, 2230(1979/10.24) = AG 1980, 255, 256f. "Springer-Elbe Wochenblatt"; WuW/E OLG 3303, 3307 f.(1984. 7. 11) = AG 1984, 325, 328 "Süddeutscher Verlag-Donau-Kurier".

광고시장의 경우 일반적으로 일간신문간의 대체가능성이 인정되며, 일간신문과 벼룩시장 등 광고신문 및 무료신문간에 하나의 광고시장이 존재하는지에 대해서는 사안에 따라 보급지역이나 광고료 산정방식 등을 고려하여 판단할 수밖에 없다. 예컨대, 벼룩시장과 같이 지역별로 발행되는 광고지의 경우에는 전국신문의 광고면과는 다른 별개의 시장을 형성하는 것으로 볼 수 있을 것이다. 그렇다면 광고시장에 있어서 신문과 방송을 별개의 시장으로 나눌 수 있는가? 일반적으로 광고주의 입장에서 방송광고와 신문광고는 서로 대체적이기보다는 오히려 보완적인 관계에 있으며, 주 광고층이나 광고효과의 지속성 등의 측면에서 그 특성을 달리한다는 점에서 각각을 별개의 시장으로 보아야 할 것이다.[31]

이처럼 수요자인 구독자의 관점에서 신문시장은 일간신문, 일요신문, 스포츠신문이나 경제신문 등으로 나누어질 뿐만 아니라, 이들 신문은 다시 그 내용, 성격, 구독자층, 발행형태 및 판매수단에 따라 여러 개의 관련시장을 형성할 수 있다. 그리고 이들 시장에서의 지배적 지위 유무는 무엇보다 각 신문업자의 매출액을 기준으로 한 시장점유율을 기준으로 판단한다.

(3) 신문업자의 주요 남용행위

신문발행업자의 경쟁행위에 '남용'금지를 적용하는 문제는 여느 경우와 마찬가지로 매우 난해하다. 구체적인 사례에서 어떤 행위가 당해 신문발행업자의 시장지배력에 기초한 배제 내지 착취전략에 해당되는지, 아니면 신문시장의 치열한 경쟁을 표현하는 것에 불과한지를 구별하기란 지극히 곤란한 일이기 때문이다.

먼저, 신문발행업자의 지위남용은 주로 신문의 가격책정행위와 관련된다. 신문이란 그 자체가 편집·보도기사와 광고로 구성된 이른바 결합상품(bundled product)이고, 여기에서 시장지배력을 가진 신문발행업자는 교차보조의 가능성을 미리 염두에 두고 신문가격을 책정할 수 있다. 왜냐하면 신문발행업자의 수입은 주로 신문의 구독료 내지 판매대금과 광고수입으로 이루어지고, 후자에 대한 의존도가 점차 높아지고 있기 때문이다.[32] 다른 한편으로 광고수입이 신문발행업자의 생존을 크게

31) KG WuW/E OLG 2228, 2232(1979.10.29) = AG 1980, 255 "Zeitungsmarkt München".

32) 국내 70개 일반 일간신문을 대상으로 한 조사에 의하면 매출액구성에 있어서 전국지의 경우 광고수입이 63.4%, 구독수입이 15.9%, 지방지의 경우 각각 60.5%와 22.7%를 차지하는 것으로 나타났다. 이원섭 외, 2005 언론 경영실태 분석, 2005.12 참조. 그에 따르면 우리나라

좌우하는 경우, 발행부수에 따른 광고료 증대효과를 고려할 때 신문발행업자는 자사의 기사경쟁력, 즉 보도의 신속·정확성이나 보도의 진실성, 제공되는 정보의 질과 다양성 등과는 무관한 방법으로라도 발행·판매부수의 확대를 통하여 보다 많은 고객을 확보하기 위한 경쟁에 매달릴 수밖에 없고, 이는 지나칠 정도의 직·간접적인 가격인하경쟁으로 나타나게 되는 것이다. 이러한 현상은 실제 신문광고시장이 발행부수가 큰 몇몇 대규모 일간신문에게 집중되고 있는 사실에서도 간접적으로 엿볼 수 있다.

그렇다면 대표적으로 정기구독시장에서의 가격관행과 광고시장에서의 가격관행을 지위남용의 관점에서 간략하게 살펴보기로 한다. 우선, 지나치게 낮은 구독료는 경쟁사업자를 방해 또는 배제하기 위한 전략일 수도 있고, 아니면 적어도 객관적으로 그러한 효과를 수반할 수 있다. 그 수단으로서 생각할 수 있는 것은 신문업자가 광고시장을 비롯한 여타의 인접시장에서 자신의 시장지배력을 이용하여 얻은 수익으로 신문판매가격을 '교차보조'(cross-subsidization)하는 방법이다. 예컨대, 광고시장이나 기타 문화사업 등에서 얻은 이익을 이용하여 신문가격을 터무니없이 낮게 책정하거나 상당기간 무가지·경품 등을 제공하는 경우를 들 수 있다. 이때 교차보조는 당해 신문업자가 광고시장 등 인접시장에서 시장지배적 지위를 남용하지 않는 경우에도 충분히 가능하다.[33] 이러한 교차보조는 당해 신문업자의 시장지배적 지위를 강화시키거나 신문시장의 경쟁구조를 위태롭게 할 수 있다는 점에서 규제를 요하는 부분이다.

이어서 광고시장에서의 가격남용 또한 문제될 수 있다. 특히 지역적으로 복수의 신문이 치열하게 경쟁하고 있는 우리나라에서는 개별 지역의 경쟁강도에 따라 광고비가 차별적으로 책정될 수 있고, 예컨대 특정 신문이 사실상 독점적 지위를 누리고 있는 지역에서는 비교적 경쟁적인 여타 지역에 비하여 광고료가 높게 책정될 수 있는 것이다. 이것이 결국 여타의 신문업자에게 방해남용의 성격을 가질 수 있음은 물론이다. 그 밖에 생각할 수 있는 방해남용의 유형으로서 동시에 여러 광고를 함께 게재하거나 또는 일간신문과 주간신문에 함께 광고를 게재하는 경우에 한하여 광고료책정에 있어서 과도한 할인의 혜택을 부여하는 경우를 들 수 있다.

의 경우 광고수입의존도가 프랑스나 일본에 비하여 월등히 높은 것으로 나타나고 있다.

33) Möschel, 앞의 책, 7면.

V. 맺는 말

1. 신문시장에서는 기본권의 하나인 언론의 자유와 시장경제질서의 기본인 경쟁의 자유가 일견 충돌되는 것으로 보일 수 있으나, 경쟁을 보호하기 위한 규제는 언론의 자유로운 조직·운영을 제한하는 것이 아니라 오히려 신문간 경제적 경쟁을 촉진함으로써 신문업자의 경제적 독립성과 여론형성의 다양성을 보장하는 것으로 이해하여야 한다. 그러한 한도에서 양자는 서로 충돌하는 관계에 있는 것이 아니며, 설사 충돌하는 경우에도 언론의 자유가 헌법상 우선되는 것도 아니다. 따라서 신문시장에 대해서도 경쟁법이 원칙적으로 적용될 수 있을 뿐만 아니라, 공정거래법은 신문법과 함께 헌법상 언론의 자유와 기능을 보장하는 양대 지주에 해당한다.

2. 신문업자의 집중을 통한 언론의 다양성 감소는 결국 언론의 자유를 위태롭게 한다. 헌법상 보장되는 언론의 자유와 다양성을 담보하기 위한 핵심수단이 바로 광의의 경쟁법이며, 이는 다시 말해서 언론정책 내지 신문시장규제의 출발점은 바로 경쟁정책이어야 함을 의미한다. 이러한 맥락에서 신문법은 신문시장에서 몇몇 중앙일간지에 의한 여론독점을 완화하기 위하여 중소신문업자에 대한 기금지원과 신문유통원을 통한 공동배달제를 규정하고 있다. 전자는 지배력을 가진 신문업자에 비하여 상대적으로 재정난을 겪고 있는 중소신문업자와 신종 매체에 대한 지원을 통하여 나름의 대항력을 구축함으로써 유효경쟁을 촉진하려는 것이고, 후자는 배달망이 열악한 중소 지역신문업자의 원활한 배급을 위하여 국가가 공동배달제를 통하여 여론의 다양성을 제고하려는 것이다.

3. 신문시장에서 경쟁이 치열해지면서 신문업자들 또한 다양한 경쟁수단을 사용하게 되는 바, 신문고시는 사업자단체에 의한 자율규제와 상관없이 공정거래위원회가 직접 불공정거래행위 등 신문업자의 시장행태를 규제할 수 있도록 하였고, 대표적인 금지행위로서 무가지나 경품류의 제공, 신문의 계속투입 등 부당한 고객유인행위, 신문발행업자의 신문판매업자에 대한 거래상 지위남용 등을 규정하고 있다. 그런데 실무상 가장 중점을 두고 있는 무가지나

경품제공은 사실상 직접적 가격경쟁이 제대로 기능하지 않는 우리나라에서 간접적 가격경쟁의 수단으로 작용하는 측면이 있기 때문에 이를 엄격히 제한하는 것은 그나마 남아 있는 경쟁의 소지를 없애게 된다. 따라서 현행 신문고시상 무가지 및 경품류제공의 일률적인 제한은 이를 대폭 완화하거나, 아니면 신문시장에서의 직접적인 요금경쟁을 촉진할 수 있는 방안을 마련하는 것이 바람직할 것이다. 최근 독일에서 1930년대에 제정되었던 경품령과 할인법이 폐지됨에 따라 신문시장에서도 경품과 할인이 보다 폭넓게 제공될 수 있는 여지가 마련된 것도 참고할 만하다.

4. 우리나라에는 신문의 종류나 수가 적지 않고, 신문업자들 또한 다른 신문업자와의 인수·합병을 적극적으로 시도하지 않음으로써 기업결합을 통한 신문시장의 집중은 특별히 부각되지 않고 있다. 그러나 몇몇 주요 중앙일간지를 중심으로 언론사의 여론형성에 대한 지배력이 강화되고, 동시에 언론시장에서의 경제력집중현상이 강해지는 한편, 인터넷의 등장에 따른 신종매체의 등장과 광고시장에서의 경쟁심화로 인하여 향후 신문시장의 구조조정이 현실화될 가능성을 배제할 수 없다. 따라서 신문시장의 합병규제가 현실적 의미를 가질 경우에 대비하여, 여론독점의 현황을 분석하고 경쟁제한성 판단기준을 엄격히 적용할 필요가 있다. 특히 신문발행업자가 새로운 미디어분야나 콘텐츠분야로 진출하는 방편으로 기업결합을 행하는 경우에 대한 각별한 주의가 요망된다.

5. 신문고시는 신문시장에서 시장지배적 지위를 판단하는 기준을 따로 제시하지 않고 있는 바, 이는 일반 및 특수일간신문을 제외하고는 공정거래법상 일반적인 시장획정 및 시장점유율기준(법 제2조 제7호 제4조)을 그대로 적용한다는 의미로 해석된다. 그런데 신문이 갖는 유통상의 특수성이나 결합상품으로서의 성질(편집기사+광고)로 인하여 관련시장을 어떻게 획정할 것인지가 면밀하게 재검토되지 않으면 안 된다. 아울러 점유율산정에 있어서도 매출액, 발행부수, 또는 구독자의 수 중 어느 것을 기준으로 할 것인지도 규명되어야 한다. 한편, 시장지배적 신문발행업자에 대한 남용규제는 신문법의 제정과 상관없이 공정거래법에 맡겨져 있다. 신문고시에서는 과도한 신문판매가격의 책정이나 약탈적 가격책정 또는 배타조건부거래 등을 남용행위로 열거하고 있는 바, 아직까

지 남용사례로 시정조치를 받은 예는 없다. 그 원인에는 여러 가지가 있을 수 있으나, 당초 신문시장의 획정과 지배력 판단기준이 명확하지 않은 데에 원인이 있는 것으로 보인다.

제2절 우리나라 저가 유료방송시장의 경쟁관련 쟁점들과 정책 과제*

Ⅰ. 문제의 제기[34)]

우리나라의 방송산업이 빠르게 변화하고 있다. 방송은 소수의 지상파 방송에서 케이블, 위성의 도입을 거쳐 다채널 방송으로 변화한다싶더니 이제는 다채널 방송이 안정화된 단계에서 다시금 디지털화에 따라 방송과 통신이 결합된 융합형 서비스 단계로 접어드는 양상이 그것이다.

뒤에서 좀 더 구체적으로 살펴보겠지만, 1990년대 중반이후 지난 10여년간 우리나라에서 이루어진 다채널 TV의 발전은 가히 세계에 그 유래를 찾아보기 어려울 만큼 급속한 것이었다. 이 같이 급속하게 진전된 변화는 시장, 사업자, 공공 정책, 그리고 수용자 측면에서 많은 문제점과 정책 과제들을 던져주고 있는 실정이다. 이는 이른바 시민성과 제도 발전이 병행되지 못한 압축성장 문제의 방송판 버전이라고 할 만한 상황이다.

여기에 한 술 더 떠서 21세기 초반 현재 우리나라에서는 방송과 통신의 융합이 서비스・콘텐츠・네트워크・단말기의 차원에서 세계 어느 곳보다도 전면적으로 그리고 급속히 진행 중이다. 융합 서비스 영역으로의 진출은 방송과 통신사업자 양측에서 적극적으로 추진되고 있다. 통신사업자들의 방송사업 진출 케이스라고 할 수 있는 휴대폰으로 방송을 받아보는 지상파 DMB 및 위성 DMB는 2006년 4월말 현재 가입자가 60만 및 55만을 돌파하였고, 인터넷망으로 거의 천여채널에 이르는 다채널 방송을 볼 수 있는 IPTV, 무선 인터넷망을 통해 고화질 이동 수신이 가능한 Wibro 등도 이

---

* 윤석민(서울대학교 언론정보학과 조교수)

34) 이 글은 완성본이 아니므로 다른 곳에 전재하거나 인용할 시에 반드시 필자와 사전에 상의하시기 바랍니다.

미 실용화 단계에 있다.

이 같은 상황 속에서 불과 10여년전만해도 종래 수직 계열화된 지상파 방송 사업자의 독과점적 시장으로서의 특성을 지니던 우리나라의 방송은 말 그대로 무한경쟁시대에 진입한 양상을 보여주고 있다. 이러한 변화는 지상파방송사의 사업여건악화 및 새로운 사업기회 모색, 방송에 대한 공공적 규제의 변화, 케이블TV 사업자(SO)의 패자적 지위확보, 치열하게 전개되는 방송사업자들 간의 경쟁행위, 그리고 방송 자체의 개념을 허무는 융합형 서비스의 등장 등 복잡하게 얽힌 다층위적 변화를 내포하고 있다. 시장, 사업자, 정책 등 모든 측면에서 과거 우리가 알아왔던 방송의 모습을 근본적으로 뒤흔드는 양적 팽창과 질적 변화가 동시에 진행되고 있는 것이다.

이 글은 최근 급변하는 우리나라의 방송산업의 주요 동향을 살펴보고, 특히 가장 지배적인 방송서비스 제공방식으로 자리 잡고 있는 유료방송서비스 산업의 발전 동향, 주요 쟁점들, 그리고 정책과제를 점검해 보는데 그 목적이 있다. 우리나라의 유료방송시장은 외형적으로는 급속한 성장을 보여왔지만 내부사정을 보면 초저가의 가격체계, 유료방송이라는 이름이 무색한 광고 수입에 대한 높은 의존도, 서비스제공사업자와 채널사용사업자간의 불공정한 지위, 지상파와 MPP 중심의 채널공급, 케이블과 위성방송의 불공정거래 시비 등 많은 논란거리를 안고 있는 실정이다.

이러한 논란거리들은 기실 모두 밀접하게 상관되어 있는 현상들로 그 중심에 "초저가 가격시스템" 문제가 자리 잡고 있는 것으로 평가된다. 이러한 상황 속에서 최근 공정거래위원회에서는 복수의 케이블 TV 사업자들이 경쟁하는 구역과 그렇지 않은 구역을 비교분석하여 경쟁이 존재하지 않는 구역은 요금이 높고 채널수는 적다는 분석결과를 발표하여 논란을 불러일으킨 바 있다. 또한 일부 케이블TV 사업자들이 요금정상화라는 명분하에 서비스제공시스템을 변경하면서 가격을 인상하여 가입자집단과 자못 심각한 갈등을 빚고 있기도 하다. 이글에서는 우리나라 유료방송의 초저가 가격체계 및 케이블 요금을 둘러싼 최근의 논란을 살펴보고 문제의 본질은 무엇이며 이에 필요한 정책방안을 마련함에 있어서 기본적인 고려사항은 무엇인지 검토해 보고자 한다.

(2) 방송시장의 현황

(나) 지상파 방송

최근 우리나라 방송산업의 주요 변화 동향으로 가장 우선적으로 언급할 수 있는 것은 우리나라의 방송산업이 꾸준히 성장하고 있다는 점이다. 방송시장 규모를 매출액 기준으로 보면 1995년의 2조 3,294억 원에서 2004년에 6조 3,416억 원으로 연평균 9.7%씩 증가하였다(홈쇼핑 매출액제외 액수임).[35)]

하지만 사업자별로 볼 때 성장성에 있어서 명암이 크게 교차하는 양상을 발견할 수 있다. 21세기 초반 우리나라 방송 산업의 변화 방향은 무엇보다도 무료방송(지상파방송사)의 지속적인 위축과 다채널 유료방송의 약진으로 대표된다고 할 것이다. 지상파 방송사의 경우 10년간 연평균 4.9%씩 증가하여 GDP 증가율에 미치지 못한 반면 종합유선방송사의 연평균매출액은 30.5%씩, 방송채널사용사업자의 경우 23.1%씩 증가하였다. 방송 매체별 시장 점유율의 변화를 보면 지상파 방송사의 매출액 비중이 1995년의 88.2%에서 2004년에는 55.9%로 감소한 반면 종합유선방송국과 방송채널사용사업자의 매출액 비중은 2004년에 각각 21.3%, 18.2%로 증가하였다(방송위원회, 방송실태조사보고서, 2005).[36)]

2000년부터 20005년까지 연도별 지상파와 케이블 채널 시청점유율을 살펴보면, 지상파 점유율은 계속 하락한 반면, 케이블 점유율은 꾸준한 증가세를 보이는 것으로 나타나고 있다. 특히 2002년에 케이블 점유율이 2001년과 대비해 2배가량 크게 상승했다. KBS SKY드라마와 SBS드라마플러스 등 지상파 케이블 채널의 방송 시작과 케이블 가입 가구의 증가가 케이블 전체 점유율을 크게 상승시킨 것으로 분석된다.

지상파 방송사의 광고시장은 케이블TV로부터 직접적이면서도 강력한 타격을 받고 있다. 케이블TV의 광고시장 점유율은 지속적 성장세를 보이고 있는데 그 이유로 케이블TV 가입자와 시청률증가로 인해 광고도달률이 높아졌고 특히 집중도가 높은 중간광고를 사용할 수 있다는 점, 전문화된 채널로 인해 타겟에 맞는 광고 송출이 편리하다는 점, 그리고 지상파에 비해 저렴(케이블 CPM이 지상파의 1/10~1/7 수준)하다는 점을 들 수 있다.

---

35) 동기간에 GDP는 연평균 6.9% 증가하였다.

36) 케이블SO의 매출액은 2004년도에 1조 3,480억원으로 지상파방송 매출액 3조 5,448억원의 38%에 달한다.

[그림 1] 지상파 방송 및 케이블TV의 시청점유율 추이

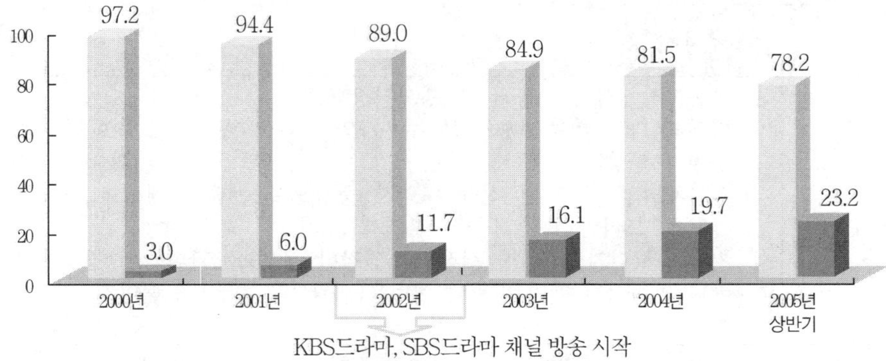

출처: 2005 방송산업 실태조사 보고서(방송위원회) 및 케이블TV 산업현황(케이블TV협회 내부자료)를 종합하여 작성.

<표 1> 케이블주요 채널 광고요금 사례 및 지상파 광고요금과의 비교

(단위 : 만원)	전후 광고	중간 광고
Home CGV	160	240
m.net	200	250
XTM	100	150
지상파	1,000 (평일 프라임 타임)	

출처: CJ Media 내부자료.

따라서 지상파 방송사가 현재 처해 있는 상황은 방송환경 및 지상파 방송사 내부요인들이 공동으로 작용하는 가운데 가히 모든 측면에서 위기라고 할 만하다. 최근 이루어진 방송정책 전문가대상 심층(델파이)설문조사 중간결과(정상윤 등, 2006)에서도 이러한 점이 확인되고 있다. 다음의 <표 2>는 지상파방송의 위기 요인에 대한 중간 연구결과를 요약해본 것이다.

더 나아가 최근 지상파방송이 겪고 있는 변화는 경쟁의 심화에 따라 발생하는 사업의 위축이상이라는 평가도 가능하다. 지상파 방송사라는 매체 자체가 근본적으로 변화, 좀더 정확히는 사라져가고 있는 양상이 그것이다.

지상파 방송은 지상파 채널(over-the-air channel)이라는 전송수단을 통해 무료로 (광고판매수입에 의존해) 양질의 방송 콘텐트를 제공하는 사업자를 의미한다. 그런데 점차 "지상파 채널"이라는 매체 특성이 약화되면서 지상파방송의 의미 자체가 변화하는 양상이 전개되고 있다. 실제로 우리나라에서 "지상

<표 2> 지상파 방송의 위기 요인

요인	전문가 응답결과
방송환경 요인	1) 방송시장에서의 경쟁 심화, 광고시장 정체 2) 다매체 다채널 환경에 따른 수용자의 미디어 이용행태 변화, 방송의 가치와 영향력 쇠퇴함 3) 전문채널의 등장 및 신규 사업자 등장으로 콘텐츠 경쟁력 약화(쇼, 스포츠, 드라마) 4) 지출비용(디지털 전환, 제작 및 인건비 상승)은 확대되는 경향이 있으나 안정적인 재원 마련이 어려움(재원 및 수입구조 불안정) 5) 지역방송 위기의 이유 : 권역 붕괴, 킬러 콘텐츠 부족, 정체성 약화
지상파 방송사 내부요인	1) 민영방송과 공영방송 간의 차별적 정책, 경영, 편성 및 제작 전략 부재 2) 지상파 방송사가 전반적인 매체환경 변화(특히 수용자의 행태 변화)에 적극적으로 대응하지 못한 결과 3) 방송환경 변화에 따른 방송의 공익적 의무에 대한 성찰 부족(시장변화 속에 공익성과 산업성이라는 목표 사이에서 방황하고 있음), 즉 공영방송의 경우 재원과 관련하여 정체성의 혼란·상실(상업위성방송 투자, 인터넷방송 유료화 등) 4) 중앙사의 경우 배타적인 수직 결합 네트워크와 KOBACO 독점구조에 안존 5) SBS를 제외한 민영방송의 경우 펀딩-투자-경영-유통 등 변화된 매체환경에 적응하는 전략 개발 소홀 6) 지역방송의 경우 독자 생존과 발전전략 모색 실패(다른 플랫폼을 통한 중앙사의 재송신을 반대하는 전략만 고수) 7) 고비용 저효율의 관료제 구조 개선의 어려움(방송사 경영 효율성 달성 실패) 8) 방송사 구성원들의 현실 인식 부재 9) 수용자의 요구에 부응하지 못하는 프로그램의 질(저질화, 상업화)로 방송 품격 상실 10) 정치적 독립성, 공정성, 중립성 등 방송의 공적 책임에 대한 시청자 불신 11) 방송 노조의 과다한 힘의 행사로 인한 사회 전반적인 방송 노조 불신

출처: 정상윤 등(2006). "지상파방송 미래전략방안연구" 중간결과.

파"를 통해 TV를 시청하고 있는 가구는 15% 남짓하며 그나마 지속적으로 감소하고 있다. 독자적인 물리적 매체로서의 지상파방송이 점차 약화되고 있는 것이다.

물론, 유료방송가입자들 중 상당수는 여전히 지상파방송을 압도적으로 시청하며, 지상파 시청 난시청을 해소하기 위해 서비스에 가입했다고 할 수 있다. 케이블TV의 경우 수신료 수준이 매우 낮아 거의 부담이 되지 않고, 아파

<표 3> 방통융합 환경이 지상파 방송사에 가져올 변화의 파장

예측	전문가 의견조사결과
긍정적 측면	1) 플랫폼 사업자의 위상을 갖게 될 것임 2) 디지털 시대에 공익성 강화(공익성 요구 증대)로 확고한 위상 가질 수 있음 3) 가장 강력한 PP사업자의 위상을 갖게 될 것임 4) 신규매체 등장에 따른 수익 기회 증대(콘텐츠 제작이나 판매 활로 개척) 5) 쌍방향에 따른 수용자 요구 증대 및 T−Commerce 등 새로운 시장 창출 6) 다양한 플랫폼에의 콘텐츠 제공 사업자로 포지셔닝, 새로운 BM 모색
부정적 측면	1) 경쟁심화로 인한 지상파 방송사의 위상 저하 재정악화 → 수입 감소 → 제작비 감소 → 경쟁력 약화의 악순환 2) 지상파에 대한 의존도 감소로 영향력 감소 3) 신규매체의 cannibalization에 의한 시청률 및 광고 수익 감소 4) 과당 경쟁으로 지상파 프로그램의 질 저하, 공익성 감소 5) 경쟁 격화로 제작비 상승, 광고 시장 축소 6) 거대 자본 참여로 인한 부익부, 빈익빈 현상과 사업자 구도 재편 가능성 7) 유능한 제작 인력의 유출 8) 권역 붕괴로 지역방송의 입지 위축, 지역방송의 경영위기와 기반 붕괴, SO의 지역광고 잠식으로 인한 경영 악화
기타	1) 방송사 조직의 슬림화 2) 케이블 SO의 영향력 확대가 예상됨. 따라서 지상파는 SO에 진입해야 함 3) 제휴나 합병, 방송경영의 전문화 필요성 증대 4) 새로운 발상의 기획력이 중요시됨, 특화 영역 모색 5) 유비쿼터스 시청 행태에 적합한 제작 및 편성 요구 증대 6) 심층성과 해설을 강조한 방송 저널리즘의 변화

출처: 정상윤 등(2006), 위와 동일.

트에서는 관리비에 포함되어 부과되는 경우가 많은데 이 경우 가입자들이 가입여부조차 모르는 경우도 있다(권호영, 2005a). 또한 지상파 디지털화가 다채널 모델로 진전될 경우 물리적 전송수단으로서의 지상파가 부활할 가능성도 전혀 배제할 수는 없다.[37] 하지만 케이블TV를 단순히 지상파 재전송 수단으로만 간주하는 것은 더 이상 사실과 부합하지 않는다고 할 것이다. 아직까지 과도기적 상태라고 할 수 있지만 케이블TV가 대부분의 사람들에게 보편적인 전송수단으로 자리 잡고 지상파 및 다수의 PP채널들을 공급하고 있는 상황에

37) 우리나라의 경우 지상파 디지털화는 SDTV급의 다채널 디지털 지상파 서비스 모델 대신 소채널의 HDTV 시비스로 결정된 상태다. 하지만 전자를 옹호하는 주장도 끊임없이 이어지고 있다. 최근(2006. 4. 18) 전국언론노동조합과 한국방송기술인연합회에서 공동주최한 세미나 "지상파 디지털 전환 어떻게 할 것인가?"에서 이러한 주장이 다시금 제기되었다.

서, 케이블TV는 지상파의 보조적 수단이라기보다는 케이블TV가 곧 TV 그 자체를 의미하고 지상파는 이러한 TV의 일환을 구성하는 요소라고 보는 것이 타당하다.

따라서 지상파이외의 매체를 통해 다채널 방송을 시청하는 상황이 더욱 진전될 경우 지상파방송은 별개의 방송전송수단이라기보다는 다채널TV 서비스 중 지배적으로 시청되는 채널군의 속성을 지니게 될 것으로 보인다. 특히 다수의 신규매체들이 지상파 채널을 재전송하게 되면서 지상파 채널은 점차 전송수단으로서가 아니라 다양한 매체 플랫폼을 통해 보편적으로 제공되는 채널단위 콘텐트가 되고 있다고 할 것이다. 실제로 지상파 사업자들이 앞서거니 뒷서거니 드라마나 스포츠 분야의 채널사용사업(PP)에 참여하면서 이러한 특성이 한층 가속화되고 있다.

논자들에 따라서 지상파 방송의 PP화를 지상파 방송 3사의 강력한 시장 지배력이 유료방송시장으로 전이되는 양상으로 파악하기도 한다. 무료방송인 공영적 지상파방송사들이 유료방송시장을 지배하면서 공정경쟁을 저해할 뿐 아니라 방송시장 확대에 목표를 두어야 할 새로운 방송매체들은 지상파방송에 무임승차하여 안정적 생존을 모색하고 있는 상황(권호영, 2005a; 황근, 2005a)이라는 비판이 제기되기도 한다. 드라마, 스포츠, 영화와 같은 인기 채널을 보유한 지상파계열 PP가 새로운 채널을 설립할 경우 SO는 이 채널을 편성에서 제외하기 어렵고, 그럼에 따라서 독립 PP는 SO에 편성되기 어려워지고 그 결과 생존이 곤란해진다는 점, 그리고 공영지상파방송사들이 공익적 성격의 PP로만 진출하지 않고 상업적으로 성공할 가능성이 높은 장르인 드라마, 스포츠, 영화 채널 등으로 진출하는 점도 문제로 지적된다.[38)]

정책당국 역시 지상파방송사의 PP진출을 일정한 수준에서 제한할 필요가 있다는 데 대체로 동감하고 있다(권호영, 2006). 방송위원회에서는 2004년 3월, 'PP활성화를 위한 제도 개선방안'의 일환으로 지상파방송사업자의 PP시장 추가진입 제한 및 지상파계열 PP에 대한 플랫폼 송출 제한과 같은 내용을 담은 법령 개정을 추진하고 지상파방송사업자의 신규PP 등록신청을 자제할 것을 권고한 바 있다. 방송위원회가 운영한 'PP 제도개선위원회'의 정책건의안(2006

38) 지난 2월 방송영상산업진흥원(KBI)이 발표한 보고서에 따르면 전체 케이블TV(PP)의 매출액 중 지상파PP의 매출 점유율은 2001년 16.2%였던 것이 2004년 27.1%로 10.9%포인트 증가했다. 7개의 지상파PP가 전체 케이블시장의 25% 이상 광고매출을 점하고 있다.

년 1월 발표)에서도 지상파방송사업자의 PP소유 및 지상파계열 PP의 플랫폼 송출을 제한할 근거를 마련해야 한다고 제안하였다.

하지만 이러한 분석들 및 정책제안들은 상황을 정확하게 진단하고 있지 못하다는 판단이다. 지상파방송의 PP화는 영향력의 전이(轉移)라기보다는 다채널 상황 하에서 지상파 자체의 천이(遷移)=질적 변화를 의미한다고 보는 것이 보다 정확하다고 할 것이다. 지상파 매체영역의 위상과 영향력이 유지되면서 유료방송영역으로 지상파의 영향력이 확장되는 상황이라기보다는 지상파 매체영역 자체가 위축되면서 지상파가 PP화되는 양상이기 때문이다. 더 나아가 지상파 방송사들은 종래에 지상파 방송을 통해 제공하던 주요 스포츠 프로그램을 점차 PP채널로 이전하는 경향을 보여주면서 메인 채널로서의 지상파와 그 spin－off로서의 지상파PP 채널들이라는 구도 자체가 점차 약화되어 향후 과연 지상파채널과 지상파PP간의 구분조차 유지될 수 있을지 의문을 갖게 된다.[39] 아예 전 지상파 채널이 PP화되는 상황이 도래하지 말라는 법도 없다.

기실 지상파의 PP화는 전송수단으로서의 "지상파"가 의미를 상실하고 다채널매체가 자리를 잡는 과정 속에서 지상파가 나아갈 수 있는 불가피한 선택이라고 보는 것이 타당하다. 고유한 매체적 기반을 상실한 채 유력한 PP로서의 새로운 존재양태를 모색하는 종래 지상파의 위상은 다채널TV 시청 상황에서 PP들과의 경쟁, 그리고 시청자들의 분산(diversion)현상에 따라[40] 지속적으로 약화될 가능성이 크다.[41] 따라서 지상파의 PP채널진출을 지배적인 지상파의 영향력이 케이블에 전이되는 것으로 보면서 이를 제한하려는 조치(최근 KBS의 가족채널의 경우에서처럼)는 신중하게 재검토될 필요가 있다. 오히려 정책의 강조점은 지상파가 창구효과 극대화차원에서 상업성이 강한 분야로만 spin-off 채널을 만들어가지 않고 균형을 갖출 수 있도록 유도하는데 두어져야 할 것으로 보인다.

---

39) 지상파방송사들이 과거와 달리 계열 스포츠채널 위주로 프로야구 등을 중계하고 있기 때문에 결과적으로 보편적으로 접근가능하던 지상파 방송사의 주요 프로그램들이 (고가의) 유료방송에 의해 흡수(siphoning)되는 꼴이 된다. 이는 지상파 PP채널과 관련해 검토가 필요한 또 다른 주요 정책 사안이라고 할 것이다.

40) Baldwin, Barret, & Bates, 1992a, 1992b; 윤석민, 1999, p. 314.

41) 미국의 경우 지상파 채널들의 시청점유율이 50% 수준이다. 우리나라의 경우, 방송영상산업진흥원의 '2005년 시청률, 낮방송 그리고 광고매출 변화'라는 보고서에 따르면 2005년도 지상파 TV 방송 3사의 시청률은 31.9%로 2001년 39.2% 이후 계속 하락세를 나타냈다. 반면 케이블 시청률은 2001년 4.1%보다 8% 늘어난 12.1% 수준으로 나타났다. 지난 4년간 지상파의 시청점유율은 90%수준에서 70% 수준까지 떨어진 것이다.

[그림 2] 케이블TV 및 위성방송 가입자 추세

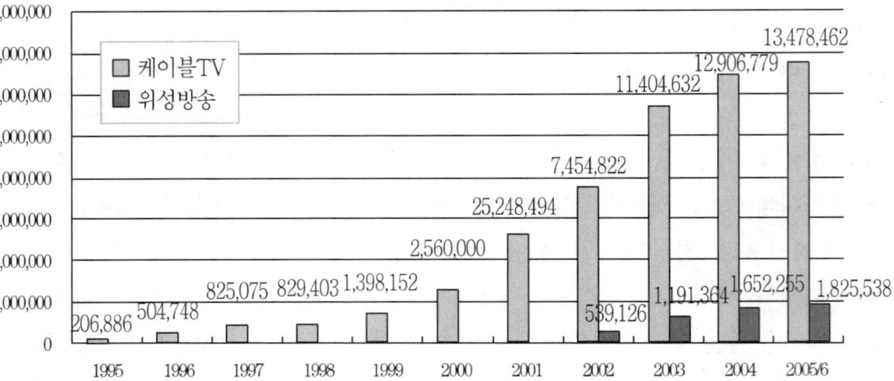

출처: 한국케이블TV 협회(2005). 한국케이블TV 십년사, 방송위원회(2005). 방송산업 실태조사를 종합해 재구성.

(나) 유료 방송

지난 10여년간 우리나라에서 유료방송의 발전은 말 그대로 눈부신 것이었다. 유료TV 보급률은 2005년 6월 현재 90% 수준으로, 선진국과 견주어 보아도 최상위권 수준이다(광주, 부산, 울산 등의 경우 거의 100%에 육박). 유료방송시장을 구성하는 서비스제공사업자는 크게 케이블TV와 위성방송이다. 이 양자 중 케이블TV가 지배적 우위를 점하고 후발주자인 위성방송이 경쟁하는 양상이다.

케이블 SO는 말 그대로 명실상부한 다채널 시대 방송의 패자라고 할 만하다. 케이블TV는 도입초기 위기를 겪으면서 잘못된 방송정책의 전형이라는 비판을 받기도 하였지만 출범한지 10년이 지난 2005년 12월 현재, 1천400(14,079,814)만의 가입자를 확충하면서 국내 방송계에서 굳건히 자리를 잡았다. 2005년 12월 현재 전국 77개 방송구역에 119개 사업자(SO)가 있고 전체 가구(1,740만기준)의 81%가 케이블TV에 가입해 있다.

케이블TV SO는 2000년 이후 도입된 일련의 규제완화 과정 속에서 채널 선택권, 탄력적인 티어링 시스템 운영권을 지니게 되고, PP등록제가 실시됨에 따라 PP에 대한 교섭력이 절대적으로 강화되었다. 이와 함께 초고속 인터넷과 같은 부가 서비스 제공으로 수입이 다변화되면서 매출이 증대되는 등 높은 경영 성과를 보이고 있다. SO 중 태광산업을 비롯 9개의 MSO 사업자들이 전체 매출의 70%, 방송 구역의 89%를 차지하고 있고, 이중 1/3은 대기업계열의 MSP이다. 물론 향후 케이블TV의 가입자가 이전과 같이 빠르게 증가할 것이라고 기대하기는 어렵다. 앞으로도 유료TV의 가입자가 증가하겠지만 케이블TV는 위성방송과 경쟁을 해야 하고, 조만간에 도입이 예상되는 IPTV로 인해서 가입자 수가 감소할 가능성도 있다(권호영, 2005c).

현재 우리나라에서는 KT와 하나로통신이 IPTV 서비스를 준비하고 있는데, 통신사업자들도 TPS 서비스의 제공을 위해서는 반드시 IPTV를 서비스해야 하는 입장이다. 하지만 SO들은 IPTV가 바로 도입될 경우 자신들이 제공하는 다채널TV서비스에 대한 완전한 대체재로써 타격을 입을 것을 우려하며 결사적으로 조기도입을 저지하고 있는 상황이다.

케이블 SO는 자신들의 디지털화가 완료되는 시점(1~2년 후)에 IPTV가 도입되기를 희망하고 있다. 케이블 SO들은 디지털 케이블 서비스가 IPTV와의 서비스 경쟁에서 승산이 있다고 판단하고 있는 것으로 보이나 문제는 케이블 SO의 디지털화 그 자체가 SO입장에서 위험요소라는 점이다. SO의 디지털화에는 막대한 자금이 소요되지만 이러한 투자로 인한 매출 증대는 서서히 일어날 것이기 때문이다(권호영, 2005c). 종합적으로, 케이블TV는 매출액 증대와 시청률 증가로 인해 지상파방송에 버금가는 수준으로 위상이 높아지고 있지만, 그 역시 통신사업자와 경쟁이라는 힘겨운 과제를 앞두고 있는 것이다.

위성방송은 2002년 3월 SkyLife를 독점 사업자로 서비스를 시작(무궁화위성3호)하였다. 사업초기 유료방송 시장 미성숙과 후발 사업자라는 약점, 그리고 MBC와 SBS 등 지상파채널들을 재송신하지 못하는 어려움에 부딪쳐 사업의 어려움을 겪었다. 2005년 6월 현재 182만 5,538의 가입가구를 확보하고 있다. 위성방송 사업자의 서비스 매출액은 2004년도에 2,550억원이었고 이중 방송수신료 수익이 1,760억으로 69%를 차지하고 있다. 재무현황을 살펴보면 2004년도의 경우 위성방송사업자의 자산은 8,120억원인데 이중 자본은 921억원으로 전년대비 31.9%의 자본잠식이 발생하였고 부채비율도 전년대비 69.3%가 증가하였다.[42] 위성방송은 가입자의 증가에 따른 서비스 매출액의 증가에도 불구하고 여전히 경영수지가 개선되고 있지 못한 상황이다.

채널사용사업자(PP)는 초기에 주편성 분야가 지정된 허가제로 인해 시장성 확보에 난항을 겪다가, 승인제를 거쳐 2000년 등록제로 바뀌면서 자유경쟁으로 돌입했다. 다수의 PP가 여전히 사업상 어려움을 겪고 있는데 그 이유

42) 방송산업 실태조사 보고서, 2005, p. 22.

<표 4> 2005년 12월 31일 현재 케이블TV 가입가구수 현황

(단위: 가구수)

지역	1) 대상가구수	2) 가입가구수	점유율	비 고
서울	3,780,305	2,871,547	76.0%	1) 대상가구수는 행정자치부 (2004.12.31)기준 2) 전국119개사 SO현황 －미취합된 자료는 전원분기 및 방송위 자료 참고 3) 방송사현황 －C&M 성북유선방송 북부방송과 통합(2005.7.29) －범진케이블TV중앙케이블TV와 통합(2005.9.12) －충남연합방송사 재허가 승인 취소(2005.10.5), 효력일(2006.2.1) －원주방송 영서방송과 통합(2005.12.30)
부산	1,251,069	1,236,235	98.8%	
대구	853,142	732,938	85.9%	
인천	908,673	709,845	78.1%	
광주	469,847	469,350	99.9%	
대전	492,068	428,856	87.2%	
울산	356,143	354,881	99.6%	
경기	3,748,325	3,042,943	81.2%	
강원	563,355	461,628	81.9%	
충북	534,231	376,646	70.5%	
충남	736,328	495,653	67.3%	
전북	675,145	519,010	76.9%	
전남	741,768	487,125	65.7%	
경북	985,475	769,740	78.1%	
경남	1,096,069	965,271	88.1%	
제주	199,989	158,119	79.1%	
합계	17,391,932	14,079,814	81.0%	

출처: 케이블TV 협회 내부자료.

로는 SO가 채널 편성 및 티어링 상품을 도입하고 MSO가 등장하면서 PP의 협상력이 낮아졌다는 점, 그리고 MPP가 등장하고 PP등록제를 통해 대기업과 지상파가 가세하게 되면서 영세한 후발 PP사업체들의 경쟁력이 낮아지게 되었다는 점 등을 들 수 있다. 2005년 12월 현재 수익성이 있는 PP 사업자들은 지상파방송사나 대기업의 MSP/MPP로 총 PP매출의 70%를 차지하고 있다. 이 중 절반 가량은 홈쇼핑 사업자이다.

(3) 유료방송 가격체계의 실태와 문제점

우리나라 유료방송은 말만 유료이지 지배적 사업자인 케이블TV의 경우 티어링 가격제에 따라 거의 무료나 다름없는 저가 서비스가 자리 잡고 있다(황근 2005b). 방송위원회의 조사에 따르면 2004년도 상반기의 가구당 평균 케이블요금(ARPU)은 5,492원(2005년 6월 조사 가격은 5,433원이었음)에 불과하다

<표 5> 주요 SO 사업자

사업자명	SO수	가입가구	방송구역	SO매출합계 (천원)	기타/분류
태광산업	동대문케이블 등 21개	299만	14	280,540,525	PP 소유(이채널)
C&M	중앙케이블비전 등 17개	160만	14	234,232,189	MSO
CJ	양천방송 등 8개	125만	7	121,457,101	PP소유(CJ홈쇼핑 등 12개)
CMB	동서방송등 17개	93만	10	115,356,757	MSO
큐릭스	큐릭스 종로 중구 등 8개	43만	6	73,829,802	MSO
현대백화점	디씨씨 등 8개	101만	8	73,734,996	PP소유(현대홈쇼핑)
온미디어	수성케이블방송등 7개	57만	5	50,176,299	PP소유(OCN 등)
NGN	금정 등 4개사	17만	2	–	MSO
드림시티	드림시티 등 2개사	39만	2	–	MSO
합계	68개(89%)	940만(69%)		949,337,669 (70%)+a	

출처: 2005 방송산업실태.

(방송위원회, 2004). 이처럼 저가의 케이블 요금에도 불구하고 케이블SO의 사업성이 좋은 이유는 SO의 수입구성이 다각화되어 있기 때문이다. SO의 수입구성을 보면 2004년 기준으로 수신료가 48%, 광고가 24%, 인터넷접속수입 등 기타가 28%를 차지하고 있다(방송산업실태조사 보고서, 2005, pp. 17~19).

이처럼 저가의 케이블서비스가 자리 잡아 유지되고 있게 된 과정은 90년대 중반부터 시작된 우리나라 케이블TV 도입초기의 정책적 파행상태와 밀접한 관련이 있다. 케이블TV는 '80년대 후반의 정치적 격변기에 관제방송으로 비판되던 공중파 방송의 개혁 및 새로운 방송국 설립을 요구하는 사회적 여론이 비등하면서 위기에 몰린 신군부정권의 즉흥적인 정책적 처방으로 그 도입이 발표되었다.

케이블TV사업이 본격적으로 추진된 것은 문민정부를 표방하던 김영삼 정부가 들어서면서 부터다. 방송 산업에 대한 이해 및 정책 능력을 지니지 못한 김영삼 정부는 종래에 자생적으로 발전해 오던 중계유선방송의 존재를 무시한 가운데, 노태우 정부에 의해 공약된 바대로 케이블TV 사업을 전국적으로 일거에 국책사업의 성격으로 도입했다. 법제도의 정비 및 사업자의 선정 등 기본적인 역할 뿐 아니라, 사업일정 및 사업목표제시, 사업자들 간의 이해

<표 6> 주요 채널사용사업자 현황

지배 주주	채널 수 ( )	2004 PP 매출액(천원)	기 타
지에스 홈쇼핑	GS 홈쇼핑 (1)	505,225,555	MSP
CJ	m.net/Home CGV/CJ홈쇼핑 등 (11)	476,756,107	MSP
재능교육	JEI재능방송/JEI English TV (2)	314,440,091	MPP
현대 백화점	현대 홈쇼핑 (1)	199,565,389	MSP
온 미디어	OCN/Toomiverse/ON Style 등 (12)	161,490,648	MSP
한국 농수산 방송	농수산 홈쇼핑	140,660,317	
KBS	KBS sky/KBS korea (3)	30,490,959	지상파
MBC	MBC 드라마넷/게임/스포츠 (3)	86,038,755	
SBS	SBS 드라마 플러스/위성 등 (6)	62,432,382	
합계	39개(총 144개)	1,977,100,203 (76%)	

출처: 방송산업 실태조사 보고서, 2005.

<표 7> SO수익구조 사례 (단위 100만)

사업자	수신료	광고수익	홈쇼핑송출수수료	인터넷 접속료	시설설치	컨버터 임대	중계,유선 수익	기타수익
한국 케이블마포	7,896	321,	1,953	0	458	477	1,377	1,119
동대문 케이블	3,021	136	776	0	228	0	0	12
씨제이 케이블양천	9,762	1,109	3,132	3,324	590	362	0	6,148
한국 케이블구로	13,946	362	2,912	6,315	542	422	0	338
관악케이블	2,028	255	1,890	753	5	115	0	0
강원방송	1,515	586	749	34	3	153	3,906	34
한국 케이블제주	5,325	1,544	2,564	1,570	609	783	327	2,313

출처: 2005 방송산업 실태조사 보고서.

조정, 심지어는 상황반 및 점검반의 가동에 의한 각 사업자들의 댁내설비가설 및 가입자확보상황 점검·독려에 이르기까지 정부는 주도적인 역할을 담당했다(윤석민, 1999).

케이블TV에 있어서 시장의 자연스런 성숙 및 이러한 사업기회를 현실화하고자 하는 사업자들의 진입, 경쟁력 있는 사업자의 성장 등 시장경제원리에 따른 자연스러운 사업발전과정을 거치지 못한 상태에서, 정부에 의해 주도된 우리나라의 케이블TV는 사업의 모든 부문에 있어서 많은 불안요인을 안게 되었다. 이를 테면 케이블TV 사업 참여의 과열(거품), 중계방송과의 사업이원화문제, 망구축 문제, 기대에 못 미치는 케이블TV 수용 등은 모두 이에 기인한다고 할 것이다.

유료방송시장이 고가의 케이블서비스와 저가의 중계유선방송서비스로 이원화되어 있는 상황에서 많은 문제점이 생겨나자 이들 간의 경쟁을 양성화시키기 위해 (그리고 중장기적으로 이들 사업자간의 통합을 유도하기 위해) 2001년 4월 30일에 방송위원회는 1차 SO지역에 38개 중계유선방송사를 케이블TV SO로 전환을 승인하였고, 이중 33개 사업자가 케이블TV 사업을 개시하였다. 그리고 2002년 11월에 2차 SO지역에 9개의 중계유선방송사를 케이블TV SO

<표 8> 케이블TV 가격대별 가입현황

(케이블TV 협회)

가격대		~4,000원 (4,000원 의무형 포함)	4,000원~ 8,000원	8,000원~ 15,000원	15,000원 이상	*기타	합 계
2004년 12월	합계	2,990,449	6,160,314	948,451	741,504	2,066,061	12,906,779
	비율	23.2%	47.7%	7.3%	5.7%	16.0%	100.0%
2005년 3월	합계	2,793,638	7,285,666	954,163	829,900	1,162,410	13,025,777
	비율	21.4%	55.9%	7.3%	6.4%	8.9%	100.0%
2005년 6월	합계	1,982,099	7,823,234	1,042,847	862,792	1,625,926	13,336,898
	비율	14.9%	58.7%	7.8%	6.5%	12.2%	100.0%

(방송위)

가격대		의무형 (~4,000원)	묶음1 (5,000원대)	묶음2 (8,000원대)	묶음3 (10000원대)	기본형 (15,000원)	합 계
2005년 6월	합계	773,903	7,513,199	3,316,986	154,218	1,947,991	13,706,297
	비율	5.6%	54.8%	24.2%	1.1%	14.2%	100.0%

출처: 케이블TV 협회 내부자료.

로 전환을 승인하였다. 결국 총 77개 종합유선방송 구역 중 42개 구역에서 2개의 SO가 사업을 운영하게 되었다. 이러한 상황 속에서 종래 SO와 중계유선에서 전환된 신규 SO사업자간의 경쟁이 치열하게 전개되기에 이르렀다. 현재 SO 방송권역은 전국 77개로 이중 44개가 독점구역이며 나머지 33개는 2개의 SO가 경쟁하는 복점형 방송구역이다.

때를 같이 하여 이루어진 일련의 케이블TV사업 규제완화 정책 속에서 PP의 시장진입 완화, 탄력적인 티어링 시스템, SO와 PP의 개별계약 등으로 인해 SO가 PP와의 관계에 있어서 절대적인 교섭력의 우위를 지니게 되었다. 이러한 상황 속에서 앞서 언급한 복수 SO 사업자들 간의 경쟁이 전개됨에 따라 종래 중계유선방송에서 유래한 초저가의 요금이 확산되고, PP에게 프로그램 공급료를 제공하지 않는 관행이 케이블 SO의 일반적인 사업전략으로 자리를 잡기에 이르렀다. 실제로 SO가 PP에게 제공하는 수신료 비율은 1997년도 34%에서 2004년도에는 15%로 떨어졌다. 이를 가입자 1인당 지불액으로 환산하면 1997년도 5천300원에서 2004년도 1천200원 수준이다(권호영, 2005c).

종합적으로 종래의 종합유선방송사업자들이 종래의 중계유선방송사업자들과 경쟁하는 관계 속에서, 저가 티어링 시스템, PP에 대한 SO의 지배적 지위 등과 같은 요인이 동시에 맞물리면서 PP의 희생을 토대로 한 초저가 케이블 서비스가 자리를 잡게 되었다고 할 것이다. PP는 1997년 외환위기시에는 대부분의 PP들의 주인이 바뀌는 등 사업초기 부터 지속적으로 큰 폭의 적자를 기록하였다. 2001년 3월부터 PP등록제가 실시되면서 급증하고, SO와 PP간에 개별계약제가 실시되면서 사태가 더욱 악화되었다. PP들은 프로그램 이용료를 낮추었고, 일부 PP는 오히려 SO로부터 프로그램 이용료를 받기는커녕 SO에 런칭하기 위해 마케팅과 홍보비 명목으로 런칭료를 지불하게 되었다. 결국 종래 중계유선방송서비스와의 차별성을 전면에 내세우며 등장했던 종합유선방송 서비스가 시행착오 끝에 종래의 중계유선방송 서비스로 다시금 귀착된 것이 현재의 초저가 유료방송서비스의 실체라고 할 것이다.

우리나라의 유료방송이 (더 나아가 방송 그 자체가) 케이블 SO 주도의 저가 유료시장으로 자리를 잡게 되면서 대다수의 PP들은 프로그램 공급료 수입이 한자리수에 불과한 취약한 수입구조 속에서 위험을 피하기 위해 저가 편성을 할 수밖에 없는 상황이다.[43] 2002년도의 경우 PP들은 한 채널 편성에 평균

29억원을 지출하였다(권호영, 2005c). 지상파 방송 3사들이 한 해에 제작과 편성비용으로 채널당 2천억원 이상을 지출하는 것에 비교하면 열악한 사정을 쉽게 짐작할 수 있다.[44] 이처럼 취약한 PP 상황은 케이블 서비스의 품질을 열등하게 만들고 이는 다시금 저가의 유료방송시장구조를 고착시키는 원인으로 작용하게 된다.

지배적인 유료방송사업자인 케이블의 초저가서비스가 지배적인 가운데 우리나라에서는 실질적인 의미의 가입료 기반 유료방송시장이 제대로 성장하지 못하고 정상적인 요금에 유료방송 서비스를 제공하려는 경쟁사업자(=Skylife)가 어려움을 겪는 문제가 나타나고 있다. 이 문제는 이전에 종합유선방송사업과 중계유선사업 간에 나타났던 것과 동일한 문제이다. 기실 위성방송사업자가 겪고 있는 문제는 이에 국한되는 것이 아니다. 유료방송시장에서 케이블의 우월적 지위에 따라, PP들과 위성사업자간의 관계에 있어서 전자 측의 거래거절,

[그림 3] 채널사용사업자의 수입구조

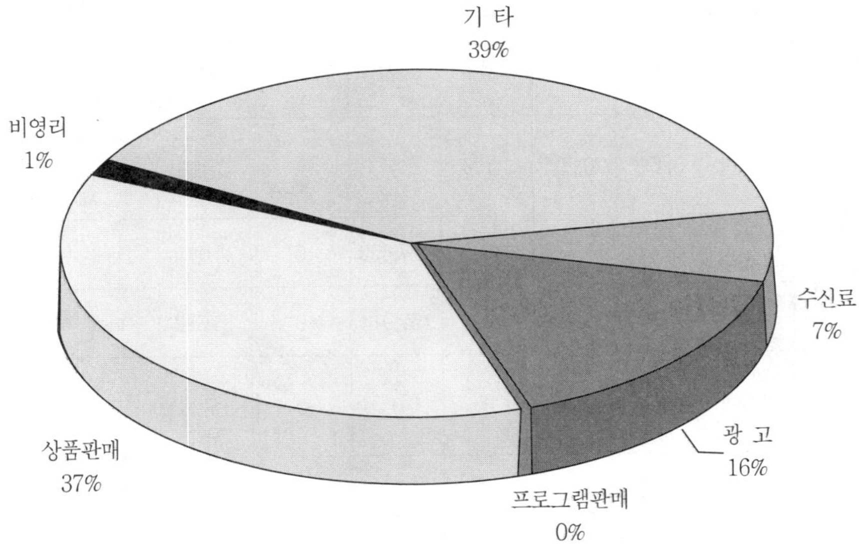

43) 다채널화는 방송산업에서 서비스제공사업자의 위상을 약화시키고 콘텐트사업자의 위상을 강화하게 된다. 하지만 우리나라의 경우 케이블TV가 거의 독점에 가까운 다채널방송 서비스제공사업자로서의 지위를 지니고 있음으로써 서비스제공사업자의 우위가 여전히 유지되고 있다. 향후 위성방송사업자의 경쟁력이 강화되고 IPTV 등 대안적 서비스가 도입될 경우 이러한 상황에 본격적인 변화가 초래될 수도 있다.

44) 물론 PP간에도 편성비용에 큰 편차를 보인다. 2002년도의 경우 편성비용이 큰 PP를 보면 매일 경제 TV가 163억원, LG 홈쇼핑이 124억원 등이다. 반면에 총 편성비용이 4억원에 불과한 채널도 있다.

차별적 취급과 같은 불공정거래사례들이 최근 들어 빈발하고 있다. 또한 아파트 같은 공동주택의 경우 입주자 대표단체가 SO와 저가의 단체계약을 체결함으로써 위성방송이 진입할 수 없는 문제가 있다. 이러한 의미에서 초저가의 케이블티어 서비스는 시장수요를 반영한 균형가격이라기보다는 (PP의 희생을 토대로 한) 경쟁사업자에 대한 약탈적 가격설정(predatory pricing)으로 볼 소지도 없지 않다.

위성방송사는 케이블보다 훨씬 높은 수준인 수신료의 44% 정도를 PP에 대한 프로그램 공급료로 제공하고 있다. 하지만 위성방송의 보급률이 케이블에 비해 훨씬 미미하기 때문에 대개의 PP들의 입장에서는 낮은 공급료에도

<표 9> 주요 채널사용사업자의 수입구성 사례

영역	장르	수신료	광고 수익	프로그램 판매수익	상품판매 수익	비영리 수익	기타사업 수익	비고
(씨제이) 미디어	XTM	1,335	2,246	30	0	0	195	행사 중계비, 협찬 등
	Food	1,862	2,591	72	0	0	439	온라인, ARS/SMS, 비디오테이프 판매
	m.net	3,493	20,294	1.174	0	0	6,425	온라인, ARS/SMS, M/V제작사업 등
홈쇼핑	GS 홈쇼핑	0	17,732	0	487,492	0	0	–
	우리 홈쇼핑	0	235	0	157,914	0	15,662	인터넷 사업/보험
지상파 케이블	SBS 드라마 플러스	2,021	19,571	0	0	0	1,825	N/A
	MBC SS 스포츠	4,015	12,907	0	0	0	3,239	N/A
	KBS sky	6,850	20,463	0	0	0	3,176	방송시설임대수익, 부대사업수익, 송출대행수익, 프로그램 제작협찬, 캠페인제작협찬, 프로그램
기타	시민방송	0	0	0	0	0	162	N/A

불구하고 케이블에 채널을 제공하여 광고수입을 올리는 쪽이 합리적인 선택이 된다.45)

더 나아가 광고시장의 성장이 제한되어 있는 상황에서 유료방송서비스가 정작 유료방송시장을 키우지 못하고 광고시장에 의존하게 됨에 따라 종래의 지상파 방송 사업자를 포함해 광고기반 매체들의 사업기반이 지속적으로 약화되는 결과가 초래되고 있다.

이러한 저가의 가격 경쟁은 비용을 최소화하는 차원에서의 서비스 질 경쟁으로 이어진다. 방송서비스 질을 둘러싼 경쟁은 시청자에게 소구력을 지닌 채널이나 콘텐트를 확보하는 경쟁을 의미한다. 지상파 채널 재전송을 둘러싼 갈등은, 이처럼 비용은 최소화하면서 소구력을 지닌 채널이나 콘텐트를 얻고자 하는 서비스 경쟁의 맥락 속에서 이해될 수 있다.

매체가 증가하면서, 다양한 매체 플랫폼 간에 지상파방송채널과 같은 콘텐트가 창구화, 재목적화, 신디케이트화되는 정도가 증가하는 것은 새로운 현상이라고 할 수 없다. 대부분의 새로운 매체들은 초기단계에 있어서 오리지널 콘텐트를 제공하기에 충분한 수입(가입료 및 광고수입)을 확보할 수 있는 가입자기반을 갖고 있지 못하다. 따라서 초기에 오리지널 콘텐트를 제공하는 것이

<표 10> 위성방송 수입구조

품 목	매출액(2005.01~08)
방송수신료	116,676
수신기매출	23,148
채널임대수익	14,892
수신기설치수익	5,264
광고수익	2,914
기 타	2,135
합 계	165,029

출처: 2005 방송산업실태.

45) 예를 들어 채널사용사업자로서 1, 2위를 다투고 있는 CJ와 온미디어의 경우에 광고수입이 전체 수입의 80% 이상을 차지하고 있다. 그 결과 플랫폼사업자로부터 채널 공급료를 받는 것보다 가급적 많은 사람에게 방송을 내보내서 이를 토대로 방송광고 수입을 얻는 것이 일차적 사업전략이 된다. 따라서 케이블과 위성방송사업자간의 경쟁구도 속에서 위성방송사업자에게 채널을 공급하기 보다는 전국적인 가입자기반을 확보하고 있는 케이블TV의 기본서비스 티어(basic service tier, 보급형티어라고 불림)에 끼겠다는 전략을 구사하고 있다.

[그림 4] 위성방송 수입구조

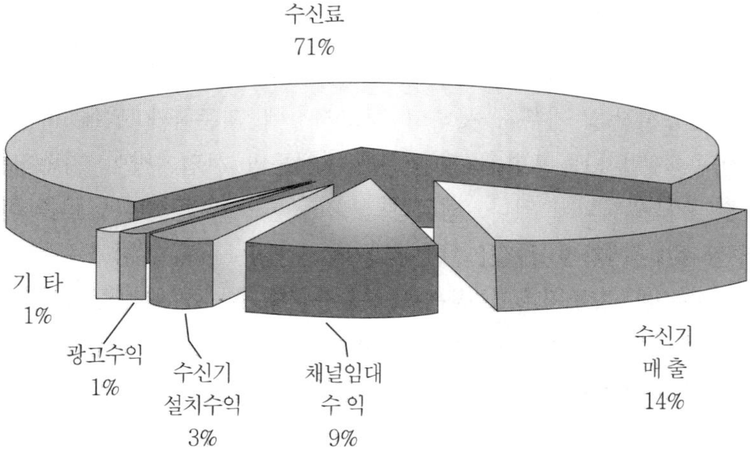

경제적으로 어렵기 때문에 애초에 다른 매체를 위해 제작된 콘텐트를 제공하는 플랫폼으로 기능하게 된다(Waterman & Grant 1991; Werbach 2000). 새로운 매체들이 시청자기반을 확보하게 되면 점차 오리지널 컨텐트를 제공할 수 있는 수입을 확보할 수 있게 된다. 케이블TV가 초기에 헐리웃 영화나 오래된 네트워크 방송 시리즈의 재활용장에서 상당수준의 오리지널 컨텐트 제공자로 진화한 것이 그 사례라고 할 수 있다. 방송사들 역시 초기에 헐리웃 영화에 대한 의존도가 현재보다 훨씬 높았다.

방송 시장에서의 경쟁이 치열해지고 절대수입이 감소함에 따라, 비용을 감소시키고자 하는 압력이 점차 더 강해지게 된다. 이러한 상황 속에서 종래의

[그림 5] 위성방송 수신료수입 구조

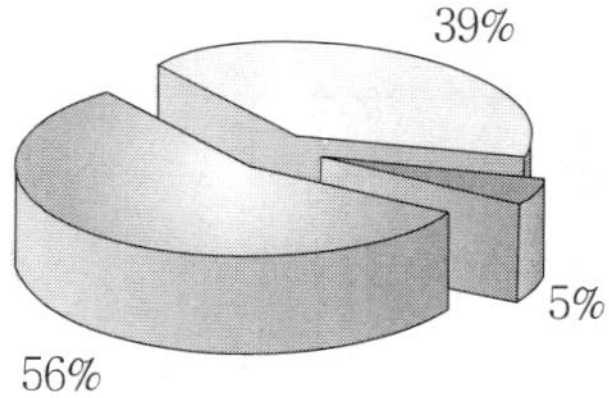

서비스	스카이패밀리	스카이온	스카이무비
가격(원)	월 2만원	월 1만원	월 1만4천원
채널수	120	54	62

미디어건 새로운 미디어건 간에 오리지널 콘텐트를 제작할 수 있는 능력이 떨어지게 될 것이 확실시 된다. 그 결과 미래의 미디어 환경은 하나의 플랫폼 내 그리고 플랫폼 간에 있어서 콘텐트가 점차 중복되고 재패키지화 되며 재활용되는 모습을 띠게 될 것으로 보인다.

설사 오리지널 콘텐트를 제작하는 경우라도 콘텐트 활용을 극대화해서 가입자당 비용을 타 매체 콘텐트를 재활용하는 수준까지 떨어뜨리려 하게 된다. 시청자들이 새로운 매체를 채택함에 있어서 중요한 변수가 콘텐트의 양적 및 질적 수준이라고 할 때, 이처럼 높은 수준의 콘텐트 재활용은 새로운 매체의 "새로움"을 떨어뜨리는 제약 요인으로 작용하게 된다. 그 결과 약화된 사업성은 다시 새로운 매체들이 저가의 2차 콘텐트에 의존하는 정도를 심화시킬 것이다.

특히 우리나라처럼 저가의 유료방송시장이 자리 잡고 있고, 광고시장 역시 제한적인 실정에서 경쟁이 심화됨에 따라 신규매체의 2차 콘텐트 재활용에 대한 의존정도는 더욱 심화될 수밖에 없다. 이러한 상황에서 양질의 인력, 제작요소를 통해 만들어진 우수한 방송 콘텐트들을 제공하는 지상파 채널이 가장 중요한 재활용 콘텐트로 주목 받고 있다고 할 것이다. 이처럼 새로운 방송매체들이 저비용에 소구력 있는 서비스를 공급하는 차원에서 지상파 방송 재전송에 의존하는 추세는 지상파 파생 PP채널 증가를 부추김과 동시에, 새로운 PP의 시장진입과 발전을 저해함으로써 다시금 저가의 재방 위주 서비스라는 유료방송의 상품속성 내지 인식을 강화하고 있는 것으로 판단된다.

실제로 온미디어, CJ미디어, 지상파 3사 계열 PP, YTN 등 시청점유율이 높은 PP의 경우에는 SO 영업도 어렵지 않고 이윤도 내고 있지만, 이들을 제외한 대부분의 PP는 SO에의 런칭이 점점 더 어려워지고 있다. 단독 PP들의 런칭이 어려워지는 이유는 MSP나 대형 PP들이 채널을 추가하고 있고 SO는 이들이 신설한 채널을 우선적으로 편성하기 때문이다(권호영, 2006).

현재 SO들이 운영하는 있는 채널은 70~80여개로 그나마도 시청률이 높은 지상파계열 PP와 의무전송 채널, 그리고 패키지화돼 있는 MPP들의 채널을 빼고 나면 단독 PP들에 할당되는 채널의 수는 그야말로 소수라고 할 것이다. KBS가 새로운 채널(가족채널)을 신설하겠다고 나서면서 PP업계가 생존차원의 문제로 반발하고 있는 것은 이러한 연유라고 할 것이다.

(4) 정책 쟁점들

(가) 방송시장에서의 시장획정과 유효경쟁

방송시장에서의 경쟁문제. <표 11>에서 볼 수 있듯이 이제 방송은 말 그대로 다양한 사업자들이 다양하게 차별화된 서비스를 통해 상호 경쟁하는 무한경쟁시장이다. 따라서 이러한 사업자들 간의 공정경쟁을 보장하는 문제가 최근 국내에서 중요한 정책쟁점으로 부각되고 있다(권호영, 2005a; 이원우, 2005; 조은기, 2005; 황근, 2005a; Youn, 2005). 공정경쟁의 문제는 보다 근원적인 경쟁상태 판단의 문제와 관련하여 시장획정(market definition), 대체성의 판단, 유효경쟁(effective competition) 문제 등 지금까지 언론학자들이 익숙하지 않았던 경쟁정책 개념들에 대한 논의로 이어진다(홍명수, 2005; 조은기, 2005; 황근, 2005a). 하지만 이러한 개념들을 수평적으로 방송에 적용하는 데는 많은 한계가 따른다.

첫째로, 시장획정과 관련하여 방송시장 획정은 몇 가지 점에서 일반적인 시장획정에 비해 어려움이 있다. 가장 우선적으로 공공성 기준에 따라 경쟁정책이 적용되는 민간 방송과 시장에서 제공되지 않는 서비스를 제공하는 공공방송을 가려낼 필요가 있다. 공공방송은 경제적인 목적이 아닌 사회 문화적, 정치적 이유에 근거를 두며 따라서 이러한 방송에 대해서는 오히려 경쟁을 제한하는 정책이 도입될 필요가 제기된다.

하지만 공공방송이라고 할 수 있는 지상파 방송이 실제로는 유료방송시장에서 경쟁하는 사업자의 속성을 지닌다는 문제가 있다(황근, 2005a). 특히 우리나라에서 이러한 문제가 심각한 것으로 평가된다. 이론적으로 본다면 무료방송은 사회적 필요에 따라 프로그램을 제공하는 방송으로 국가가 정책적으로 보호해야할, 즉 시장경쟁으로부터 독립된 방송이어야 한다. 이러한 무료방송이 유료방송에 의해 근거가 침식되거나, 역으로 유료방송시장에 적극적으로 진출하여 상호 경쟁하는 것은 바람직하다고 할 수 없다.[46] 이러한 맥락에서 시장획정에 앞서서 공공 및 상업 방송영역의 명확한 정책적 획정 방안이 모색될 필요가 있다.

방송시장 획정의 또 다른 어려움은 경쟁정책이 적용되는 방송시장 범

---

46) 흔히 지상파방송이 자체 PP채널을 통해 유료방송시장에 영향력을 넓혀가고 있다고 하나, 실제로 그 역도 성립한다고 할 것이다. 즉 초저가 가격체계를 형성하고 있는 유료방송시장의 경우, 제대로 된 가입자시장을 형성하지 못하고 광고시장에 의존함으로써 공공성이 강한 무료방송시장의 근거를 침식하고 있는 것이 그것이다.

<표 11> 우리나라 방송사업자들간의 경쟁관련 쟁점들

B / A	지상파 네트워크	지역방송사	케이블SO	위성방송	DMB	IPTV
지상파 네트워크		지역민방의 전국네트워크화를 둘러싼 갈등	경쟁에 따른 시청점유율 감소 지상파PP 채널공급 협상	위성방송사업 지분참여	지상파DMB 사업참여	거대 통신산업의 방송산업 진출이란 차원에서 부정적
지역 방송사	광역화 superstation화를 통한 제4, 제5의 전국 네트워크화 시도	권역화/ 공동제작	재전송 협상	MBC, SBS 재전송을 둘러싼 갈등 지역방송 재전송	지상파 재전송을 둘러싼 갈등	지상파재전송을 둘러싼 갈등 예상
케이블 SO	지상파방송의 낮방송 및 중간광고 허용을 둘러싼 갈등	재전송협상		선발주자로서 다채널시장에서 경쟁		다채널서비스 시장에서 사활을 건 경쟁예상
위성 방송		지상파 재전송을 둘러싼 갈등 (Local to Local)	다채널 시장의 후발주자로 공정 경쟁을 둘러싼 다수의 문제제기			서비스는 직접적 경쟁관계이나 사업자(KT)가 동일
DMB	지상파채널 재전송 거래거절문제	지상파 재전송을 둘러싼 갈등			위성DMB대 지상파DMB의 이원구조. Wibro와의 경쟁	
IPTV	지상파 재전송	지상파재전송을 둘러싼 갈등 예상	케이블TV와 사활을 건 직접적 경쟁예상	직접적 경쟁관계		제1,제2 IPTV 사업자간 경쟁?

위를 어떻게 잡을 것인가와 관련해 일관된 연구결과 내지 뚜렷한 정설이 없다는 것이다. 매체시장이 역동적으로 변화하고, 시장으로서의 의미를 지니는 시청자들의 특성을 이해하기 어려우며, 이들의 매체이용행태에 관한 관련된

정보들이 여전히 부족한 실정이기 때문에 더욱 그러하다.[47)]

또한, 방송시장에서의 경쟁문제를 논의할 때 지리적으로 매체시장이 구분될 수 있는 다수의 지역단위가 존재한다는 것을 인식하는 것이 중요하다. 이처럼 시장이 나누어진 것은 기술적, 경제적인 이유이기도 하지만 "지역주의(localism)"을 실현하고자 하는 정책적 선택의 결과이기도 하다(Napoli, 2001, p.157-158; 윤석민 등, 2004). 전국 방송 네트워크, 위성방송 등은 전국단위의 시청자들을 대상으로 서비스 제공한다. 반면에 지역 텔레비전 방송사, 라디오 방송국, 케이블 등은 지역단위로 서비스를 제공한다. 이러한 맥락에서 전국수준에서의 경쟁상황분석은 지역단위 경쟁상황의 특성을 거의 설명해주지 못한다.

이처럼 방송 매체간의 경쟁관계(=대체관계)를 파악하는데 있어서 수익 및 비용분석은 적절한 분석 지표가 아닐 수도 있다. 미디어 상품간의 대체가능성을 측정하는 대안적 방법중 하나가 매체간의 시간대체를 측정하는 것이다. 이보다 근본적인 접근방식은 이용과 충족(uses & gratifications)일 수 있다. 알바란과 디믹(Albarran & Dimmick, 1993)은 다양한 매체를 통해 얻게 되는 충족은 다양한 매체들이 시청자의 시간 및 자원을 두고 경쟁하는 정도에 대한 지표가 될 수 있다고 본다. 다양한 매체들이 유사한 욕구의 충족을 두고 경쟁하는 정도가 미디어 시장의 정의 및 그 안에서의 경쟁에 관한 분석수단이 될 수도 있다는 것이다.

---

47) 이를 테면 미국 FCC에서 발행하는 <Annual Assessment of the Status of Competition in Markets for the Delivery of Video Programming>에서는 케이블TV의 경쟁자로 DBS, MMDS, SMATV 등을 포함시키고 있다. 하지만 이보다 훨씬 넓게 대체가능한 서비스를 정의해야 한다는 주장도 제기된다 (FCC, 2005). 이러한 혼선은 커뮤니케이션 학계의 연구에서도 확인 된다 (이하의 논의는 Napoli, 2001에서 주로 참조). Jones(1997, p.13)에 따르면 극장가기의 고유한 속성은 비디오 대여나 케이블 방송과는 다르다. 케이블과 지상파 역시 케이블의 전문화된 채널서비스를 고려할 때 각기 상이한 시장에 포함되는 것으로 보아야 한다고 주장한다. 케이블 같은 유료채널에 가입한 사람들이 영화도 더욱 자주 보러 가고, 비디오대여도 많이 한다는 것은 이러한 재화들이 대체재가 아니라 보완재라는 것을 보여 준다는 것이다. Crandall(1997)의 연구에서 비도시지역의 경우 두 번째 케이블시스템이 요금을 떨어뜨렸지만 도시지역에서는 이러한 경쟁 내지 대체효과가 발견되지 않았다. 반면에 Thorpe(1985)는 미국 상위 50대 시장에 있어서 케이블TV의 가격대비 비용마진이 상대적으로 낮다는 것을 발견했다. 엔터테인먼트를 제공하는 다양한 대체재가 존재하기 때문이라는 것이다. Owen과 Wildman(1992)은 비상파방송사의 수와 케이블 요금 간에 부정적인 상관관계가 있지만 이러한 관계는 지상파채널수가 5개에 달하는 경우 사라진다는 것을 발견했다. Levy와 Pitsch(1985)는 소비자들이 VCR과 케이블, 케이블과 지상파를 대체재로 간주하면서 동시에 VCR과 지상파는 보완재로 간주한다는 것을 확인하였다. Thorpe(1985)의 연구에서 지상파 방송 채널수 및 질은 케이블사업자들의 사업 이윤과 아무런 대체 관계가 없는 것으로 판명되었다. Compaine(1999)은 디지털화에 따라 매체간 장벽이 사라져가는 상황에서, 한정된 매체 시장 내에서 경쟁문제를 평가하는 것은 무의미하다고 지적한다.

둘째, 방송시장에서의 경쟁과 관련해 또 다른 쟁점이 되는 것은 어느 수준의 경쟁을 의미 있는 경쟁으로 볼 것인가, 즉 유효경쟁(effective competition)의 기준을 정하는 문제이다. 이러한 유효경쟁의 기준은 상황에 따라 변화하게 된다. 이를 잘 보여주는 사례가 미국 케이블TV의 규제변천과정이다.

1984년 케이블법(Cable Act)는 케이블 시스템이 유효경쟁 상태에 있지 않은 경우에만 요금규제를 가할 수 있도록 하였다. 이와 관련해 FCC는 유효경쟁을 케이블TV 사업지역에서 3개 이상의 중복되지 않은 방송신호가 이용 가능한 상황으로 정의하였다(FCC, 1985). 같은 시장내 3개의 지상파 채널이 케이블 요금인상에 대한 충분한 견제장치라고 본 것이다.

하지만 케이블요금이 일반소비자물가지수 및 새로운 채널/서비스 도입비율을 크게 상회하는 비율로 인상되자 FCC는 이를 재검토하여 1991년에 유효경쟁을 다음과 같이 재정의하였다: ① 6개의 중복되지 않은 지상파 신호가 이용가능하거나, ② 경쟁적인 다채널 방송시스템이 종래 케이블사업자의 홈패스 비율 대비, 50%이상의 가구에 이용가능하고 실제로 이러한 가구 중 최소 10%이상이 이에 가입해 있을 때이다(FCC 1991). 하지만 이처럼 까다로운 조건하에서도 약 80%의 케이블이 요금규제의 대상이 되지 않는 것으로 나타났다.

이에 따라 1992년 Cable Television Consumer Protection and Competition Act가 제정되면서 유효경쟁은 다음과 같이 재정의되었다; ① 사업지역에서 최소 두 개 이상의 다채널 사업자가 서비스를 제공하면서 그중 작은 사업자가 최소 15% 이상의 가입률을 보일 때, ② 사업지역내 케이블 가입률이 30% 미만일 때, 또는 ③ 시영케이블시스템(municipal cable system)이 최소 50%의 가구에 서비스를 제공할 때(Section 623(1)(A)(b)(C)). 1996년 텔레커뮤니케이션 법은 1992년 케이블법에 네 번째 유효경쟁 테스트를 추가하여 케이블사업자가 요금규제를 피해갈 수 있는 길을 열어주었다. 지역전화사업자 또는 그 자회사가 DTH 위성 서비스와 다른 방송영상서비스를 제공할 때 요금규제를 적용받지 않도록 한 것이다(Telecommunication Act of 1996, Section 301(b)(3)). 하지만 1999년 FCC는 cable programming service tier (CPST, 흔히 basic service tier로 통칭)에 있어서 모든 요금 규제를 철폐하였다. 이러한 규제완화조치에는 케이블이 대안적인 다채널 사업자(주로 위성방송)로부터 충분한 경쟁에 직면해 있으므로 요금규제가 더 이상 필요 없다는 판단이 깔려 있다.

종합적으로, 최근 우리나라 방송시장에서 경쟁관련 정책이 중요한 쟁점으로 부상하면서 활발히 논의되고 있는 시장획정과 유효경쟁 같은 개념들을 방송에 적용할 때 방송의 특성을 고려한 신중한 재해석이 요구된다고 할 것이다. 이를 테면 시장획정과 관련해 케이블TV 시장이라는 개념을 쓸 것인가, 유료방송시장이라는 좀더 광의의 개념을 쓸 것인가, 아니면 방송시장이라는 개념으로 포괄할 것인가에 따라 정책판단이 상이해 질 수 있다. 유효경쟁의 경우도 미국 케이블TV 정책사례에서 나타난 것처럼 어떤 기준을 설정할 것인가를 두고 신중한 검토가 필요하다.

이와 함께 이러한 개념들을 방송시장의 경쟁상황 판단에 적용함에 있어서 주의해야 할 또 다른 점은 방송시장에 있어서 경쟁정책은 일반재화에 대한 경쟁정책과는 달리 "가격(경제적 조건)"과 "서비스의 질(사회문화적 목표)"을 균형 있게 발전시켜 가는 게 중요하며, 이중에서도 가격으로 대표되는 경제적 조건을 최적화하는 것보다는 서비스의 질로 대표되는 사회문화적 목표를 최적화할 필요가 더욱 강하게 부각된다는 것이다.

예들 들어 이 글에서 살펴보고 있는 우리나라 케이블 SO의 초저가 가격체계(및 최근에 논란이 된 케이블 SO의 가격인상)를 검토해 보면, 이는 자칫 소비자에게 공급되는 "가격" 차원에서 바람직한 경쟁의 성과(케이블TV와 중계유선사업자간)인 것처럼 비추어질 수 있지만, 방송서비스의 질과 다양성 향상이라는 사회문화적 목표 차원에서 전형적으로 바람직하지 못한 현상인 것으로 평가된다. 따라서 방송서비스의 경우 일반적인 경쟁정책의 목표와는 달리 사회문화적 목표를 달성하기 위해 소비자가격이 정상적 수준으로 향상되는 방향으로 경쟁 정책을 가져갈 수도 있게 된다.

(나) 최근의 사태에 대한 평가

이상의 논의를 정리해 보면 최근 우리나라 방송 산업, 특히 유료방송시장의 주목할 만한 동향을 다음과 같이 요약해 볼 수 있다.

우선, 우리나라 방송 산업은 지속적으로 성장하고 있지만 주요 사업자들의 상황은 큰 차이를 보이고 있다. 지상파 방송은 여전히 지배적인 방송서비스이긴 하지만 그 위상이 지속적으로 약화되고 있는 반면에, 케이블 SO는 연 30% 수준의 초고속 성장을 보이고 있다.

대부분의 가정에서 케이블이나 위성을 통해 TV를 시청하는 상황에서, 지상파 방송은 독자적인 매체로서의 지위를 점차 상실하고 다양한 플랫폼을 통해 보편적으로 제공되는 가장 인기있는 채널(PP) 군 정도로 전환되어가고 있다. 지상파 채널들의 독립적 매체기반 및 사업성이 계속 약화되는 가운데 지상파 방송은 다매체 다채널 상황 하에서 창구효과를 실현해 갈 수 있는 오락, 드라마, 스포츠 중심의 PP화를 통해 활로를 모색하고 있다. 그 결과 지상파 방송사의 제작자원이 상대적으로 상업적 내용물에 집중되면서 공공서비스로서의 기능이 상대적으로 약화되는 가운데 지상파 방송은 곧 다채널상황하의 가장 인기 있는 오락/드라마/스포츠 채널 군이라는 인식이 강화되고 있다. 우리나라 지상파방송들이 파생시키고 있는 드라마/오락/스포츠 위주의 케이블 PP들은 이러한 우려가 현실화되고 있는 양상을 잘 보여 준다. 중장기적으로 다채널 PP중에서 지상파 채널들이 차지하는 위상 역시 약화되어 갈 것으로 예측된다.

유료방송 시장은 케이블 SO 중심의 초저가 시장으로 형성되어 있다. 그 결과 정당한 가격에 기반한 경쟁사업자인 위성방송의 성장이 차질을 보이고 있다. 또한 PP들은 프로그램 공급료를 제대로 받지 못한 가운데 광고 및 인포머셜 수입에 기형적으로 높게 의존하고 있으며 저가의 지상파방송의 수십분의 일에도 못 미치는 제작편성전략을 구사하고 있다.

결국 저가의 케이블 서비스가 지배적인 방송서비스 제공수단으로 자리를 잡게 되면서 지상파 광고시장이 과도하게 잠식되어 지상파의 사업여건이 나빠지고 그 결과 지상파 채널들이 오락 PP화 되고 PP들 역시 프로그램 공급료를 제대로 받지 못함으로써, 저수입 → 저비용 → 저급한 프로그램 품질 → 저수입으로 이어지는 악순환고리에서 벗어나고 있지 못한 상황이다. 케이블 SO를 제외하면, 지상파 방송사, 위성방송사, 케이블 PP, 그리고 시청자 모두가 피해를 입고 있는 꼴이다.

물론 관점에 따라서 저가의 유료방송시장은 인위적으로 도입된 케이블TV가 오랜 시행착오 끝에 도달한 자연스러운 시장균형상태인 중계유선방송서비스 대 가격 및 서비스로의 회귀라고 볼 수도 있다. 하지만 현재 우리나라에서 저가의 유료방송시장은 제도적으로 보장된 케이블 SO의 우월적 지위, 경쟁사업자(위성방송)와의 관계에서 이러한 지위를 존속시켜 가려는 불공정 행위들, 그리고 PP의 희생을 토대로 유지되고 있는 어느 모로도 건강하지 못한 악순환의 균형 상태에 보다 가깝다는 판단이다. 케이블 SO 역시 경쟁적인 다채널 방송서비스 특히 최근 들어 거의 완전한 대체적 서비스를 제공하는 IPTV로부터의 경쟁에 직면하여 디지털화를 서둘러 진행해야하는 실정이다.

이러한 상황 속에서 최근에 케이블TV 방송사업자(SO)들의 요금 인상을 둘러싸고 가입자들과의 갈등이 본격화되는 양상이 나타나고 있다. 서울과 부산, 경남 지역 등의 주요 복수 케이블TV 사업자(MSO)들이 단체계약을 개별계약으로 바꾸면서 할인혜택을 없애자 아파트 부녀회 등을 중심으로 문제가 제기되기 시작한 것이다.[48] 이들은 SO들이 주민 동의 없이 일방적으로 수신료를 인상하고 스포츠와 드라마 등 인기 채널을 보급형에서 고급형으로 바꾸는 등 독점적 지위를 남용했다고 주장하고 있다.

이러한 상황 속에서 공정거래위원회는 2006년 3월, 31개 SO의 불공정 거래 행위 44건을 적발하고 이 중 수신료 담합과 론칭비 부담 등이 적발된 4개 SO에는 과징금 4억8,600만원을 부과했다. 4월 중순에는 케이블TV 독점 지역 요금(6,642원)이 경쟁 지역(5,787원)보다 평균적으로 15% 비싼 반면 채널수는 오히려 5개 적다는 조사결과를 발표하였다. 최근(4월 21일) 방송회관에서 정부, 케이블TV 방송사업자(SO), 학계 및 법조계, 소비자 · 시민단체가 함께 케이블TV 수신료문제를 논의하는 자리에서 시민단체 측은 이러한 공정위의 조사결과를 인용하며 "케이블 요금 산정방법과 수신료인상과 독과점운영에 대한 공정위의 철저한 조사가 필요하다," "지상파만으로도 만족하는 시청자들이 추가비용을 내고 케이블TV업계를 살려왔다면 더 적은 채널을 원하는 사람에게는 요금인하가 정당하다"는 주장을 전개하였다.

하지만 결론을 미리 제시하자면 이러한 케이블TV 수신료 인상문제는 앞서 지적했던 바대로, 공공요금인상이라는 관점에서 무조건적으로 반발할 일이 아니라고 할 것이다. 앞서 언급했던 바, 사회문화적 목표실현을 우선시하는 방송시장 경쟁정책의 관점에서 좀 더 신중한 접근이 필요하다고 할 것이다. 더 나아가 이러한 가격인상에 때맞추어 나온 공정위의 조사결과가 암시하는 바대로 케이블 SO의 독점적지위의 남용문제로 돌리는 것은 방송의 특수성, 그리고 더 나아가 우리나라 유료방송시장의 특수성을 고려하지 않은 채 일반

48) 민주노동당 당원과 서울 관악구 주민 등이 4월 11일 관악케이블TV(HCN)의 독점 규제와 난시청 문제 해결을 요구했으며 같은 날 부산시아파트협의회는 부산역 광장에서 티브로드의 수신료 인상에 반대하는 집회를 열었다. 역시 같은 날 민노당 창원시 위원회와 김해 장유아파트 주민자치회, 경남민주언론시민연합 등도 CJ케이블넷 계열 SO의 독점 폐해를 비판하였다. 이러한 케이블TV의 반발은 17일 김해자주평화통일연대의 기자회견에 이어 4월 18일 경남지역 26개 시민사회단체 대표들의 창원시민대책위원회 결성에 이르기까지 확산 일로를 걷고 있다.

적인 경쟁정책의 잣대를 그대로 적용했다는 한계를 드러낸다는 판단이다.

공정위의 발표대로 경쟁은 독점의 폐혜(높은 가격, 낮은 서비스 품질 등)를 해소하는 가장 좋은 방법이다. 하지만 과연 우리나라 유료방송시장의 핵심적 문제가 독점으로 인해 지나치게 높은 가격의 문제이며, 따라서 경쟁을 통해 이 가격을 낮추는 것이 중요한 정책목표인가라는 점이다. 실제로 미국의 경우 8~90년대에 걸쳐 이러한 문제가 발생했었다고 할 것이다. 하지만 우리나라 케이블의 평균가격은 공정위의 발표를 따르더라도 5~6천원대에 불과한 수준이다. 최초의 케이블TV 표준이용약관(1995년 4월)에서 기본채널 27개의 수신료는 1만5천원이었지만 이에 절반도 못 미치게 인하된 상태다.

오히려 우리나라 유료방송시장의 핵심적 문제는 이처럼 과도하게 낮은 가격 및 여기서 유래되는 낮은 유료방송 품질의 문제인 것이다. 현재의 초저가 케이블 가격체계는 SO의 우월적 지위와 맞물려 PP에게 프로그램 공급료가 제대로 지불되지 않는 등 그 피해가 전가되고, 그 결과 양질의 신규 PP가 자리를 잡지 못함으로써 궁극적으로 시청자에게 그 피해가 전가되고 있다는 점에 주목해야 한다. 또한 이러한 가격체계는 위성방송과 같이 정상적인 가격에 양질의 서비스를 제공하려는 경쟁사업자에게 불공정 경쟁의 요소로 작용하고 있다. 또한 유료방송 시장을 제대로 성장시키지 못함으로써 지상파 방송처럼 공공성이 강한 무료방송의 근거인 광고시장을 과도하게 침식하고 있다는 점도 문제로 지적된다.

물론 초저가의 유료방송시장은 가장 낮은 가격에 지상파 재전송만을 원하는 시장수요를 반영하는 것일 수 있다. 이러한 수요에 적절히 부합하는 서비스를 제공해 온 것이 종래의 중계유선방송이라고 할 수 있고, 이와 차별화된 서비스를 제공하려 했던 종합유선방송이 결국은 서비스에 있어서의 거품을 제거하고 이러한 현실 수요를 반영하는 방향으로 자리를 잡게 된 것이 우리나라 유료방송의 현 상황이라는 해석도 가능하다. 실제로 저가 서비스 티어 이전에 케이블TV가 지지부진한 보급률을 보여주는데 불과했다는 점, 저가의 유료방송 서비스가 박리다매 방식으로 케이블TV의 보급을 가속화시켜 우리나라 케이블TV사업의 발전에 결정적으로 기여했다는 점, 그리고 고가-고품질의 유료방송서비스를 지향하는 위성방송이 계속해서 적자가 누적되는 등 사업운영의 어려움을 겪고 있다는 점 등은 이러한 해석의 타당성을 더해준다고 할 것이다.

하지만 현재 단계에서 초저가 상태로 유지되고 있는 케이블티어는 케이블 SO와 케이블로 전환된 중계유선방송사업자 사이에 벌어졌던 저가 출혈경쟁의 결과이며, 이러한 가격을 유지하기 위해 서비스의 질적 저하를 감수하게 되었다는 해석도 가능하다. 특히 최근 요금인상문제와 관련해 문제가 된 것은 아파트 단체계약 가입자들에 대한 초저가 가격부분이다. 실제로 단체계약의 낮은 가격은 2000년에 있었던 중계유선(RO)의 SO 전환과정에서 발생한 비정상적 가격이었다는 측면이 강하다. 당시 저가의 RO 가입자들이 SO 가입자로 옮겨지는 과정에서 당시 방송위는 시청자 민원을 우려해 당분간 기존요금을 유지해줄 것을 권고했기 때문에 케이블TV 시청이용약관에도 없는 단체계약이라는 형식을 통해 비정상적인 저가 요금 구조가 만들어졌다는 것이다.[49] 게다가 금번에 단체계약에서 개별계약으로 전환하게 된 것은 케이블TV의 디지털 전환과 관련해 일정부분 불가피한 조치였다고 할 수 있다. 1대1 개별 맞춤형 서비스인 디지털 케이블TV로 전환하기 위해서 더 이상 단체계약이 어렵기 때문이다.[50]

(다) 향후 정책논의를 위한 제언

이상의 논의에 기초할 때 우리나라 유료방송시장에 있어서 요금인하가 자체가 아니라, 요금을 정상화시키면서 이를 사회문화적 목표의 제고(예를 들어 PP의 활성화, 케이블 서비스 품질 제고, 경쟁의 활성화, 방송 산업 발전 등)와 연동시키는 것이 정책목표가 되어야 한다. 그간 이러한 문제에 대해 방송정책 주무기관인 방송위원회가 무관심으로 일관했던 것은 아니다. 오히려 방송위원회는 수년전부터 이 문제를 중요한 유료방송시장 정책 아젠다 중 하나로 검토해 왔다.

좀 더 구체적으로 PP 등록제의 시행으로 여러 문제점이 나타나자 방송위

49) 아파트 등 공동주택의 케이블TV 가입가구는 360만 정도로 추정되며 아파트 공시청망을 통해 단체 계약한 가입자들은 대부분 3,000원대 이하의 덤핑 요금을 내고 있다. 이는 방송위가 집계한 월평균 사용료에도 크게 못 미치는 가격이다. 단체계약자들은 개별계약에 따라 요금이 두 배나 인상됐다고 반발하지만(3,000원→6,000원) SO들은 월 3천원수준에 이르는 할인 혜택만 없앴지 상품가격을 올린 것은 아니라고 맞서고 있다.

50) 또한 공정위가 확인한 품질의 차이(=채널 수의 차이로, 경쟁구역 58, 비경쟁구역 53)와 관련하여, 독점구역은 1, 2차 SO가 사업하는 곳이며 경쟁구역은 3, 4차 SO(RO에서 전환된 사업자)가 사업하는 곳으로 1, 2차 SO들은 파워콤이나 KT 등 전송망사업자 망을 임대했기 때문에 자가망을 가진 후발 3, 4차 SO에 비해 주파수 대역 폭이 적다(이러한 대역폭 차이는 5개 채널정도로 금번 공정위가 발견한 차이와 일치)는 특성이 있다는 사실을 무시했다는 지적도 있다.

원회가 보완책을 마련해야 한다는 주장이 2002년부터 등장하였다. 그해 12월에는 방송위원회에서 PP의 생존이 어려워진 점을 인정하고 방송발전기금, 문화산업기금, 정보화촉진기금 등을 PP의 지원에 이용할 수 있도록 노력하는 등 다양한 지원방안을 강구함과 동시에 PP활성화 측면에서 관련 제도를 보완해 나갈 계획임을 밝힌 바 있다. 방송위원회는 2004년에 3월에 다음을 주요 내용으로 하는 'PP 활성화 방안'을 내놓기도 하였다.

○ 유료방송 시장질서 확립과 방송콘텐츠 제작지원을 우선 추진: PP에 대한 SO의 적정 수신료 배분을 유도하기 위해 SO의 가입자 수를 공개하고, SO 재허가시 PP에 대한 수신료 배분계획 이행여부를 심사하며 저가 위주의 케이블 TV 이용요금 체계 개선을 추진.

○ 지상파방송사업자의 PP시장 추가진입과 케이블, 위성방송에서의 지상파 방송사 계열 PP 송출을 제한하는 법령 개정 추진.

○ 사업자간 불공정거래개선, 불법사업자에 대한 관리·감독 강화 등 시장 행위 규제에 주력.

이후 방송위원회는 PP에게 연 30억원 규모의 프로그램 제작비를 지원하고, SO의 티어링 및 가입자 수를 정기적으로 조사하여 공표하였으며, SO의 재허가시 PP에 대한 수신료 배분 실적을 검토하여 경고를 하거나 재허가 추천을 거부하기도 하였다. 하지만 이러한 방송위원회의 정책성과에 대해 의문이 제기된다. SO와 PP간의 계약에서 시청률 30위 이하의 PP들은 프로그램 이용료를 받기는커녕 런칭료 지불이 관행이 되었고, 그나마 채널 런칭은 더욱 어려워졌다. 이처럼 성과가 미미한데는 방송위원회의 조치가 미흡한 측면이 있고 동시에 SO의 불공정행위를 적발하기가 어려운 측면이 동시에 작용하였다(권호영, 2006).

이에 방송위원회는 2005년 9월부터 12월까지 'PP제도개선위원회'를 구성해서 PP관련 시장 및 제도 전반을 점검하고 개선방안을 수립하고자 하였다(권호영, 2006).[51] 또한 방송위는 3월에 SO 재허가를 실시하면서 2008년까지 방송수신료 매출액의 25%를 PP 수신료로 지급하겠다는 이행각서를 제출하도록 하였다. 따라서 공정위의 최근 행보는 그간 방송위가 취해온 관련 정책 전

51) 동 위원회는 11월 초에 정책건의안을 마련하고 12월에는 제도개선방안을 방송위원회가 의결하도록 일정이 짜여 있었다. 그러나 PP제도개선위원회는 활동기한이 끝난 2005년 12월말까지 정책건의안을 마련하지 못하였고, 2006년 1월 중순에 정책건의안을 발표하면서 토론회를 개최하는 것으로 활동을 종료하였다.

반에 대한 이해 없이 방송위에 대해 반박을 가한 꼴로서 방송위가 여러모로 처신에 문제가 있었다는 판단이다.

이상의 논의를 토대로 향후 방송위 및 공정위 등에서 유료방송시장의 가격 및 경쟁문제와 관련된 정책을 마련하는 출발선상에서 검토해야 할 원칙들로 다음 몇 가지를 제안해 보고자 한다.

유료방송시장의 경쟁문제를 접근함에 있어서 방송시장의 특수성, 특히 우리나라 방송시장의 상황 및 정책목표에 부합하는 시장획정 및 유효경쟁 기준이 설정되어야 한다. 방송시장의 경쟁에 있어서 단순히 경제적 측면의 성과 제고라기보다는 방송의 사회문화적 성과 극대화가 보다 궁극적인 정책목표가 되어야 한다. 경쟁제고 자체도 방송의 사회문화적 성과를 제고시키는데 목적이 있음이 분명하게 인식되어야 한다. 방송 시장에서의 경쟁강화가 저가출혈 경쟁으로 이어져 방송의 질이 떨어지는 사태를 초래한다면 이는 잘못된 정책의 전형이 될 것이다. 요금수준 역시 일반 경쟁정책에 있어서처럼 인상억제 자체가 목표가 아니라 이러한 목표수행을 위한 변수로 탄력적으로 검토되어야 한다.

현재 유료방송시장의 구조적 문제점을 해소하기 위한 첫걸음으로써 초저가(이를 테면 삼천원대)의 단체계약요금과 같은 약관에 없는 편법적 케이블요금 체계는 정책적으로 금지되고 그 위반사례가 감시되어야 한다. 현재의 초저가 케이블 요금은 가입자들로 하여금 유료 방송에 적정한 가격을 지불해야 한다는 생각 자체를 익숙하지 않게 함은 물론(사람들이 이동전화요금에 평균적으로 지불하는 요금을 생각하면 케이블 요금인상을 둘러싼 반발은 과도한 감이 있다) 정상적 가격에 양질의 서비스를 제공하는 유료방송이 자리를 잡지 못하게 함으로써 전형적으로 악화가 양화를 구축하는 상황을 초래하고 있다. 이러한 편법적 초저가 요금체계를 그대로 방치할 경우 우리나라 유료방송시장의 질적 경쟁력 제고는 아예 처음부터 무망한 목표가 된다고 할 것이다.

물론 초저가티어를 폐지할 경우 자동적으로 유료방송시장이 정상화되리라는 것은 과도하게 나이브한 주장이 아닐 수 없다. 이는 유료방송시장을 정상화하기 위한 가장 기초적인 필요조건이라고 할 것이다. 케이블TV 요금의 정상화는 케이블과 위성방송 간의 공정한 경쟁, PP에 대한 정상적인 프로그램 공급대가 지불, PP의 프로그램 편성 품질 제고, 케이블 디지털 전환을 위한 적정한 투자유지 등을 보장하기 위한 실질적이고도 엄격한 정책조치 등에 의해 뒷받침 되어야 함은 물론이다. 이러한 정책을 통해 "요금정상화→ 유료방송서비스 품질제고→정상적인 요금 정당화"라는 선순환구조가 정착되어야 한다.

이러한 정책목표를 달성하기 위한 필수적인 전제조건 중의 하나는 케이블 가입자들이 이용요금 및 서비스편성을 감시하고 그 결정과정에 참여할 수 있는 공식적 채널을 지역사업구역 단위에서 실질적으로 강화하도록 하는 것이다. SO내에 명실상부하게 운영되는 시청자위원회의 설치를 의무화하여 가격체계결정이나 채널편성 전에 가입자들의 의견을 반영하도록 제도화시키는 것이 그 출발점이 될 수 있다.

방송산업과 정책에 대한 sector specific한 정책기관인 방송위와 시장경쟁정책 전반에 대한 전문정책기관인 공정위는 방송시장의 경쟁정책과 관련해 시너지를 극대화할 수 있는 방향으로 상호 공조해가야 할 것이다. 그동안 두 기관은 국내 유료 방송의 주도권을 장악한 케이블TV 규제 문제를 놓고 치열한 신경전을 벌여왔다. 이러한 신경전이 유료방송시장의 정상화를 위한 합리적 정책판단에 소모적으로 작용할 것이란 점은 두말할 나위가 없다. 공정위는 케이블TV 요금의 추가 분석은 물론이고 향후 SO 간 인수합병에 대한 '기업결합 심사'시 공정경쟁에 미치는 영향을 철저하게 심사할 방침이라고 한다. 이러한 분석 및 심사 작업이 우리나라 방송시장현황 및 정책 목표와 동떨어진 것이 되지 않기 위해서 방송위와의 공조는 필수적이라고 할 것이다. 방송위 역시 방송시장의 경쟁과 관련된 정책방안을 마련함에 있어서 공정위와의 협의 채널을 상시 가동시켜가야 할 것으로 보인다.

제 3 절 광고시장의 경쟁 제한*

오늘날 우리나라는 세계 10위권의 광고국으로 성장하였다. 그렇지만 과연 광고시장이 양적 발전에 상응하는 합리적인 경쟁 구조를 지니고 있는지에 대해서는 검토가 필요하다. 광고 산업이 경쟁력을 갖추기 위한 전제 조건이 되기 때문이다. 이에 따라 광고시장의 경쟁 상황을 다음과 같은 내역으로 구분하여 살폈다: (1) 방송광고, (2) 인쇄광고, (3) 광고회사, (4) 표현자유.

---

* 김광수(고려대 언론학부 교수)

Ⅰ. 방송광고의 경쟁 제한

1. 방송광고의 거래 및 판매방식

1980년 12월의 언론기본법에 기초한 한국방송광고공사법, 1981년 1월의 한국방송광고공사시행령에 따라 국내의 방송사는 한국방송광고공사(이하 공사)가 위탁하는 방송광고물 외에는 광고방송을 할 수 없게 되었다. 즉, 방송사가 자사의 광고 영업을 직접 할 수 없으며, 광고주나 광고회사에서도 방송사와 직거래를 할 수 없는 것이다.

공사의 독점 영업체제에 대한 논의는 크게 두 가지로 요약될 수 있다. 하나는 방송의 공익성을 강조하는 입장이다. 방송광고 시장에 완전경쟁체제를 도입하면 방송사는 시청률 경쟁으로 치닫게 되어 방송의 질은 떨어질 것이라고 우려한다. 아울러 방송사가 광고 판매를 극대화하기 위해 광고주나 광고회사에 부당한 압력이나 불공정 거래 관행이 발생할 수 있다는 점도 작용한다. 이에 반하는 또 다른 시각은 방송광고 분야에 시장경제원리를 강조하는 것이다. 방송광고의 재화 성격에 초점을 맞추어 자유로운 직접 거래를 보장함으로써 거래 당사자의 균형과 거래의 효율성을 제고할 필요를 강조한다.

그렇다면 독점체제에서의 경쟁 제한 요소는 무엇인가? 우선 방송사의 경영을 공사가 떠맡는 형국이 시장 원칙에 배치된다. SBS는 상업 방송으로서

[그림 6] 방송광고의 거래

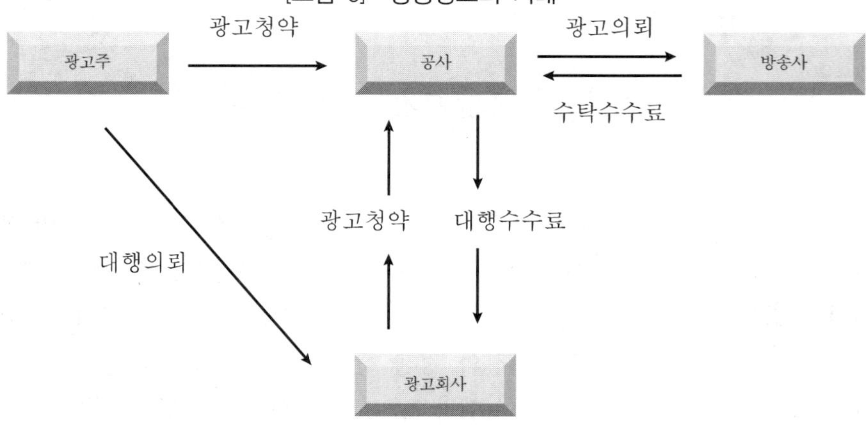

자신의 경영을 자신이 책임져야 함에도 불구하고 방송의 공익성이라는 명분으로 공사가 상업방송의 경영을 보장해주는 어색한 상황이 연출되고 있다. 더욱이 최근의 방송광고 수요 감소는 상업방송은 물론 공영방송 역시 스스로 자구책을 마련해서 공격적인 영업을 전개할 것을 요구하고 있어 방송의 공익성은 점차 퇴색하고 있다. 그럼에도 방송광고의 영업을 제 3자에 맡기는 형국은 시장 경쟁을 저해하는 요인으로 작용한다.

둘째, 공사는 방송사의 광고를 영업해주며 그 대가로 광고비의 19%를 수탁수수료로 받는다. 그리고 광고회사에는 다음과 같은 기준으로 대행수수료를 지급한다: 라디오광고 13%, 텔레비전 광고가 1억원 이하는 11.5%, 1~8억원은 11%, 8억원 이상은 9%. 이러한 대행수수료는 국제 관행인 15%에 비해 낮은 수준이므로 대행사의 재정을 어렵게 만드는 요인이 되고 있다. 거꾸로 공사는 방송사에서 받은 수탁수수료에서 대행수수료와 공사 운영 경비를 제외한 공익 자금을 조성할 수 있다. 공익자금은 방송 및 문화예술 진흥 사업을 위해 사용되는데, 예를 들면 예술의 전당 공사비에 1,642억원이 지원되었다. 2000년부터는 새 방송법에 따라 방송위원회로 이관되어 방송발전기금이라는 이름으로 변경되었으나 여전히 광고 산업계가 자신의 몫을 놓치고 있는 셈이다.

셋째, 공사는 미디어렙으로서 <표 12>의 방송사를 대신하여 광고를 판매하고 있다. 바로 여기에 또 다른 경쟁 제한 요소가 개입한다. 바로 연계 판매(또는 패키지 판매)의 영업 방식이다. 이는 공중파 방송 3사의 광고를 판매하면서 잘 판매되지 않는 군소 방송사의 광고를 함께 판매하는 것이다. 이 역시 방송의 공익성에 기초하고 있다는 것이 공사의 주장이지만, 지방의 민영방송이나 특정 종교방송을 우리 사회가 공적으로 지원해줘야 할 명분을 찾기 힘든 것도 사실이다. 더욱이 수요가 별로 없는 군소방송사의 방송광고의 판매가 공중파 방송이나 광고계에 부담으로 작용할 때는 산업계의 경쟁력이 그만큼 약화될 것이다.

<표 12> 공사의 대행 방송사

구 분	방 송 사
영업 1국	KBS, 교육방송(EBS), Sunny FM, 극동방송
영업 2국	MBC, 기독교방송(CBS), 평화방송(PBC), MBC 지방방송사
영업 3국	SBS, 불교방송, 원음방송, 지역민방

2. 방송광고의 가격

(1) 방송광고의 원가 산출: 전파료와 제작비

방송광고의 가격에는 전파료와 제작비라는 원가 개념이 반영되어 있다. 전파료는 프로그램을 송출하기 위해 필요한 비용을 의미한다. 해당 지역국과 해당 시급에 따라 1등급(전국 대비 13%)에서 8등급(3.1%)으로 구분하고 있다(한국방송광고공사, 2005). 이에 비해 제작비는 프로그램을 제작하기 위해 소요되는 비용이다. 이러한 내역은 결국 방송사의 운영에 필요한 재원을 광고에 의존한다는 시각에 기초하고 있는 셈이다. 즉, 비용에 기초한 가격 산정이라고 볼 수 있다. 방송사가 매월 판매 가능한 광고 재원의 81%를 판매해야 손익분기점을 맞출 수 있다거나 매월 운영비로 어느 정도의 재원이 소요된다는 점을 강조하는 것도 그러한 시각을 대변한다. 이에 따라 방송사와 광고공사에서는 매월 판매 가능한 광고 재원 대비의 영업 실적에 역점을 둘 수밖에 없다.

그렇지만 방송 광고를 판매하는 입장과는 달리 구매자 측에서는 이러한 원가 개념이 설득력을 잃는다. 구매자는 광고의 가치를 오디언스의 크기와 구성에 초점을 두고 있기 때문이다. 이러한 맥락에서 전파료와 제작비의 원가 개념은 광고가치를 판별하는 잣대로 통용되기 어렵다. 특히 광고의 유형에 따라 원가개념은 약간씩 상이하다. 프로그램 광고는 전파료와 제작비의 개념으로, 스파트 광고는 전파료에 기초하고 있다. 2005년에 폐지된 연간 스포츠 광고의 경우는 제작비 개념이었다. 따라서 일관성이 결여되었다는 지적을 면하기 어렵다.

(2) 방송광고의 가격 책정: 고정 단가제와 시급

2000년에 GS(Global Standard)제도가 도입될 당시에는 탄력 요금제가 있었으나 현재는 실현되지 못하고 있다. 광고요금이 시청률이나 영업환경과 같은 시장상황을 반영하지 못한 채 고정적으로 운영되고 있는 셈이다. 아울러 고정 단가제의 토대가 시급인데 1996년 이후로 변화가 없었다. 그만큼 수용자의 이용 패턴을 반영하지 못한다. 주 5일 근무제 등과 같은 라이프스타일의 변화를 비롯하여 케이블 텔레비전과 인터넷의 괄목할만한 성장 등을 고려할 때 시급의 변화가 시급하다고 할 수 있다. 뿐만 아니라 가치가 상이한 프로그램에도 불구하고 같은 시급에 속한다는 이유로 동일한 광고 요금으로 책정되고 있다.

이러한 문제점을 내포하고는 있지만 시급이 그래도 광고 거래의 효율적 잣대로서 기능한다는 평가가 없는 것은 아니다. 특히 시간대에 양적인 요소뿐만 아니라 질적인 요소를 포함할 때 시급이 나름대로 의의를 갖는다는 것이다. 오디언스의 크기가 전자에 속한다면 텔레비전 수상기 앞에 가족을 불러 모을 수 있는 일종의 오디언스 집객 능력이 후자에 해당된다.

그렇지만 시급은 산업계에서 실질적으로 광고를 거래할 때 사용하는 시청률의 기능을 충족시키고 있지는 못하였다. 광고계를 대상으로 한 설문 조사에서 시청률과 시급은 서로 보완관계라기보다는 대체관계였음이 드러났다(김광수와 김희진, 2006). 따라서 시급에 의존한 광고 거래는 시장의 가치를 왜곡한다는 점에서 개선될 필요가 있다. 무엇보다 시청률이 방송광고의 가치를 결정하는 주요요인이므로 이를 가격산정에 반영하는 것이 시급하다.

(3) 방송사별 광고 요금과 본사와 지방 방송사의 분배

방송사별로 광고수요가 상이할 뿐만 아니라 수용자의 프로파일도 다르므로 각 방송사의 광고가치는 다를 수밖에 없다. 각 방송사의 권역별 도달 범위(coverage)도 차별적이다. 이러한 상황에서 각 방송사의 광고가격에 대해 구매자와 판매자는 어떻게 평가하고 있는지를 검토할 필요가 있다. 방송사별 광고가격의 차이가 시장의 인식을 제대로 반영하고 있는지를 알 수 있기 때문이다.

광고비를 본사와 지방사간에 어떻게 분배할 것인가? 이는 광고거래가 끝난 이후의 분배 문제이므로 광고 구매와는 직접적으로 관련이 없다고도 할 수 있다. 그렇지만 본사와 지방사간의 배분 역시 광고 가격을 형성하는 토대가 된다. 프로그램 광고와 스파트 광고의 전파료는 본사와 지방사간에 분배되고 있기 때문이다. 지방사는 릴레이에 대한 대가로 전파료를 분배받고 있는 셈이다. 그렇지만 실질적으로 지방사 분배는 지방사의 운영비를 산출하고 여기에 맞추어 광고비가 배정되는 실정이다. 이는 전술한 제작비와 전파료의 섹션과 마찬가지로 방송사의 운영 규모를 고려한 후에 광고비를 책정한 비용보존과 이익 창출의 시각이 반영되어 있음을 알 수 있다.

이러한 접근은 시장원칙을 반영한다고 할 수 없다. 수요와 상관없이 항상 이윤을 보장받는 시스템이 되기 때문이다. 더욱이 각 지방의 시청률이 반영되지 못한 채로 광고가격이 책정되는 과정에 대해 불평이 제기되고 있다. 수도권 지역의 전파료 비중이 너무 낮게 책정되어 있는데 비해 지방의 전파료 비중은 높다는 평가를 제기하고 있다.

아울러 MBC 지방 계열사와 SBS의 지역 민방사의 구조적 차이도 문제로 부각되고 있었다. 전자의 경우, MBC는 지방 계열사의 주식 51%를 소유하고 있으므로 실질적으로 지방 계열사를 대표한다는 관점에서 배분 문제가 회사 내부의 책임 문제에 속한다. 그렇지만 후자의 경우는 상황이 다르다. 지역 민방은 SBS와는 협력업체이기 때문이다. 그런데 SBS는 현재 지역 민방에 프로그램을 공급해주면서도 공급권료는 받지 못하고 있는 상황에서 전파료를 배분해주고 있는 실정이다. 또한 배분의 결정권에 대해서도 문제의 소지가 있다. 왜냐하면 MBC나 SBS가 본사와 지방사간의 분배를 결정하는 것이 아니라 광고공사에 위임하여 공사가 분배하고 있기 때문이다.

Ⅱ. 신문광고의 경쟁 제한

1. 신문광고의 판매

신문매체의 수익구조는 구독료 또는 광고에 의존하고 있다. 세계의 신문 재정을 살피면 구독료와 광고수입의 비중이 나라마다 차이가 있으나 어느 한 쪽으로 치중해 있지는 않다(김승수, 2005). 그렇지만 우리나라는 광고 수입 의존도가 매우 높으며, 신문지 판매는 미미하다는 사실을 확인할 수 있다.

이러한 구조는 신문사의 경영에 중요한 함의를 지닌다. 우선 신문지의 가치를 스스로 떨어뜨리는 역할을 하고 있다. 심지어는 경품을 동원한 무가지 배포 등의 부수 확장의 무리한 경쟁은 신문이 공짜라는 인식을 심어놓았다. 둘째, 인터넷과 같은 새로운 매체가 등장하면서 신문의 광고수입은 급격하게 감소하였다. 아울러 메트로와 같은 무료 신문의 등장 역시 기존의 신문지 판매나 신문의 광고수입에 영향을 끼치고 있다.

광고수입의 확대에 초점을 맞춰야 할 상황임에도 불구하고 광고 수주가 더욱 어렵게 전개되고 있는 상황은 신문사의 경영난을 더욱 가중시키고 있다. 이에 따라 일부 신문사에서는 기자가 광고 수주를 하면 광고 인센티브를 받는 형국으로까지 발전하고 있다. 김진수(2005)에 따르면 A일보와 B경제지는 인센티브를 10%까지 높였으며, C일보는 2~6%의 인센티브를 지급하고 있다.

더욱이 메이저 신문인 D일보도 기자가 직접 수주한 경우는 6~8%, 대행

<표 13> 세계의 신문 수입 구조

국 가	신문 판매 수입*	신문 광고 수입
이탈리아	46	54
영국	40	60
프랑스	53	47
독일	37	63
캐나다	21	79
미국	18	82
한국	10	90

* 구독료와 가판.

사를 통한 경우는 3~4%,를 지급하며, 지방지들도 대부분 10% 내외의 인센티브를 지급한다고 한다. 이러한 내역은 신문사와 광고주간에 광고를 거래할 때 경제논리가 아닌 가외적인 변인이 작용할 수 있음을 의미한다. 즉, 광고만의 문제가 아니라 신문의 기사와 연계될 가능성이 높아진다. 물론 여기에는 칼날의 양면이 작용한다. 하나는 신문사가 광고주에 부당한 압력을 통해 광고수주를 할 경우이며, 또 다른 하나는 광고주가 광고를 이용하여 신문 기사에 영향을 끼치는 경우이다. 특히 전자는 광고거래의 시장원칙이라는 점에 비추어 볼 때, 공정한 거래를 저해하는 요인이라고 할 수 있다. 편집을 통한 광고수주 압력이나 무단 게제 후 광고비를 청구하는 등의 문제 제기 역시 같은 범주에 속한다.

2. 신문광고의 가격

신문광고의 가격은 궁극적으로 신문의 발행부수와 직결되어 있다. 물론 오디언스의 프로파일에 따라 광고가격에 차이가 있을 수는 있지만 기본적으로는 오디언스의 양적 크기가 중요한 근간이 되고 있다. 해당 신문에 의해 도달되는 오디언스의 수가 많을수록 높은 광고가격을 받을 수 있다

문제는 신문사가 자사의 발행 부수를 부풀리기를 한다는 점이다. 특히 무가지를 발행부수에 포함함으로써 실제 도달되는 오디언스의 수를 정확하게 파악하기 어려울 뿐만 아니라 광고가격이 합리적으로 책정되기 어렵다. 광고주나 광고회사의 입장에서는 매체의 가치를 정확하게 평가할 수 있어야 광고가격을 인정할 수 있다. 그렇지만 그러한 정보가 없을 때, 매체사의 횡포에

<표 14> 주요 신문의 유료 부수

신문명	발행부수	발송부수	유료부수 1	유료부수 2
동아일보	2,051,594	2,049,955	1,539,409	94,147
조선일보	2,377,707	2,375,227	1,756,193	89,718
중앙일보	2,051,588	2,050,516	1,533,372	155,387
metro	400,562	399,783	–	–

*유료부수 1 : 지국유료부수중 당월 수금부수와 준유가 2개월까지인 부수.
*유료부수 2 : 지국유료부수중 준유가 기간이 3~6개월인 부수.

대해서 무기력해질 수밖에 없다. 단적인 사례로 신문사의 광고단가표는 실제 발행부수의 차이에도 불구하고 유사하게 책정되어 있다.

따라서 ABC(Audit Bureau of Circulation, 매체량 공사기구)제도의 역할이 크게 부각되고 있다. ABC 제도는 신문이나 잡지 또는 웹사이트 등의 매체사가 자진해서 보고한 간행물 부수, 접촉자 수 등의 매체량을 표준화된 기준 위에서 객관적인 방법으로 조사, 확인해서 이를 인증, 공개한다. 정확한 매체량에 기초하여 광고계에서는 매체의 광고 가격을 합리적으로 수립할 수 있게 된다. 광고주의 광고 가격통제도 방지할 수 있을 뿐만 아니라 매체사의 광고 가격담합도 피할 수 있도록 해준다. 미국에서는 1914년부터 시작되었으며 우리나라는 1989년부터 활동을 시작하였다.

미국의 경우 일간지의 76%가 공사제도에 참여하고 있다. 일본은 전체 일간지의 50% 정도밖에 참여하고 있지 않으나 주요 일간지는 대부분 참여하고 있다(한국광고단체연합회, 1997). 그렇지만 우리나라는 매체사의 자발적 참여가 저조한 실정이다. 공사제도에 참여한다고 특별한 혜택이 있는 것이 아니며 실제 발행부수에 비해 적은 내역이 공개되었을 때 입을 수 있는 손해를 의식하고 있는 것이 주된 불참 원인이라고 할 수 있다. 이러한 상황에서는 신문광고의 합리적 가격 산출은 어렵게 되며 공정한 거래가 이뤄지기 힘들다.

나아가서 광고의 지면 위치에 따라서도 광고효과는 상이할 것이다. 그렇지만 아직까지 이러한 배열 위치에 따른 광고효과를 체계적으로 조사한 연구도 찾기 힘들다. 따라서 아직까지 신문을 비롯한 인쇄광고의 광고가격이 광고계에서 인정받을만한 기준을 구축하지 못하고 있는 여건은 경쟁제한의 요인이라고 볼 수 있다.

Ⅲ. 광고회사의 경쟁제한

1. 광고주와 광고회사의 관계

광고주와 광고회사 사이에는 갑과 을의 관계가 있을 뿐 생산적인 파트너쉽이 형성되지 않고 있다. 이에 따르는 문제는 무엇보다 광고주의 전횡으로 광고계의 공정한 경쟁질서가 구축되지 않는다는 점이다.

첫째, 광고주가 광고회사의 전문적인 서비스를 인정하지 않고 있다. 이는 광고 산업계의 발전을 위한 큰 저해 요소이다. 광고주가 광고의 전문성을 인정하지 않으므로 비합리적인 요구와 평가를 통해 광고의 질을 저하시키기 때문이다. 광고주가 광고모델을 지정한다든가, 광고전략에 부당한 간섭과 통제를 하는 것이 대표적 사례에 속한다. 이와 같은 광고주의 영향력 행사는 광고의 설득 효과가 떨어지는 역효과를 생성하며 결국 광고계의 신뢰를 떨어뜨리게 된다. 물론 여기에 광고회사의 자구책도 촉구해야 한다. 광고의 전문성은 전문 지식과 기술의 확보에서 비롯된다. 마케팅 커뮤니케이션의 전략적 기획은 물론 이를 수립하기 위한 리서치 또한 미디어 기획 등의 전반적인 분야에서 차별적이어야 한다. 광고의 책임성(accountability)을 제고하는 것도 한 방법이다. 광고효과를 측정, 평가함으로써 광고비의 실질적인 보상을 보여주는 것이 필요하다. 아울러 광고인의 윤리의식 제고도 광고서비스의 전문화에 기여할 것이다

둘째, 광고주의 비딩(bidding) 요청에 내재한 부당한 관행이다. 우선적으로 크리덴셜(credential)에 기초한 광고역량을 평가하는 것이 아니라 프로스펙티브(prospective) 전략을 요구한다는 점이다. 많은 광고회사가 탈락될 상황이지만 미래의 고객을 위한 전략 수립에 많은 노력을 들여야 한다. 더욱이 탈락한 광고회사의 기획안을 마음대로 사용하는 것도 광고주의 횡포이다. 탈락한 광고회사의 입장에서는 다음 기회를 기약할 수밖에 없으므로 무조건 항의할 수만은 없는 실정이다. 또한 비딩에 너무 많은 광고회사를 참여시키는 관행도 문제점으로 지적될 수 있다. 들러리 세우기가 심할 뿐만 아니라 탈락될 많은 회사의 노력은 결국 광고계의 손실이기 때문이다. 그리고 비딩에 참가하는 광고회사는 많은 시간과 노력을 투입한다. 상황 분석을 하기 위해서 시장조사까지도 진행하는 경우가 왕왕 있다. 그렇지만 탈락한 광고회사에게 탈락 보상금

(rejection fee)을 지급하는 경우는 없거나 실제 프리젠테이션에 소요된 경비에 턱없이 모자라는 경우가 대부분이다. 마지막으로 비딩의 평가는 투명하지 못한 결정 과정을 거쳐서 프리젠테이션의 질적 평가가 아닌 가외적인 요인이 작용하고 있다는데 광고회사의 불만이 높다.

2. 계열(in-house) 대행사

미국의 경우, 독립 광고회사가 매체 광고비의 98%를 취급한다. 이에 비해 우리나라의 광고회사는 계열대행사(광고주의 조직체 범주에 속해서 운영되는 대행사)의 비중이 상대적으로 높다. 1991년에는 국내 총 광고비의 46%가 계열 광고회사를 통해 집행되었다. 당시의 주요 대행사를 살피면 모두 대기업에 속해 있었다: 제일기획(삼성), LG애드(LG), 금강기획(현대), 대홍기획(롯데), 코래드(해태), 오리콤(두산), 한컴(한화), 동방(태평양).

이러한 현상은 1997년의 외환 위기를 겪으면서 많은 기업이 부도를 맞거나 광고회사를 매각함으로서 변하였다. 이 때 외국계 그룹이 국내의 광고회사를 많이 잠식하기 시작하였다. LG애드, 금강기획, 코래드 등이 대표적 사례에 속한다. 그러나 어느 정도 외환 위기가 극복되고 국내 경제가 활성화되면서 또 다시 국내 대기업들은 자사 계열의 광고회사를 설립하기 시작하였다. 대표적인 사례가 2005년에 설립된 이노션이다. 현대차 그룹 계열의 광고회사로서 급성장하고 있는 이노션은 계열사 광고를 독점, 국내 광고업계 2위 수준으로 올라섰다.

이와 같은 계열 광고회사의 성행은 광고계 경쟁을 위해서 바람직하지 않다. 모기업의 광고물량을 자동적으로 공급받는 상황은 독립 광고회사의 경쟁을 원천적으로 봉쇄하고 있기 때문이다. 국내 광고비의 절대적 비중을 차지하고 있는 국내의 대기업이 광고를 자사의 계열 광고회사에 공급한다면 독립 광고회사의 입지는 매우 좁아지게 된다. 게다가 다국적 광고 그룹에 속하는 LG애드나 금강기획 등이 국내 시장에 진출한 외국 기업의 광고를 공략한다면 국내 토착 독립 광고회사는 설 자리를 찾기 힘들 것이다. 경쟁을 할 파이 자체가 줄어들기 때문이다. 더욱이 계열 광고회사에서도 안정적인 광고주 확보에 안주하면서 경쟁력을 제고하지 못할 가능성이 높다. 아울러 광고주의 입장에서는 광고회사가 일종의 재산을 증여하는 방편으로 사용되고 있다는 비난을 면키도 어렵다.

Ⅳ. 표현자유의 경쟁 제한

1. 사전 심의

1960년대만 하더라도 신문, 잡지, 방송국 등 매체 중심의 규제가 주류를 이루었다. 그리고 1962년 6월에 발족한 한국방송윤리위원회 역시 자율 기관이었다. 그러나 1973년에 들어서 개정된 방송법과 방송법 시행령에 따라 새로운 방송윤리위원회가 발족되면서 광고방송에 대한 규제가 자리 잡는다. 특히 1976년 4월 1일부터 한국방송윤리위원회는 주류 광고에서 다음과 같은 내용을 금지하였다: 커머셜 송, 음주 장면 및 음향 묘사, 아침 9시까지. 같은 해 7월 1일부터는 동 위원회는 텔레비전 광고 방송을 사전 심의하기로 결정하였다. 이 규제는 광고 내용의 질을 제고한다는 명분으로 시작되었으나 결국 방송 광고의 자율성을 침해한다는 논란이 크게 일어났다. 1979년 4월 1일부터는 '건전 생활화를 위한 광고 방송물 심의기준' 7개항을 발표하여 사전심의를 더욱 강화시켰다. 그 결과, 총 접수 건수 3,402건 가운데 21%에 해당되는 699건이 기각되었다. 주된 내용은 건전 생활화 저촉, 소비성 자극, 정서 불안 조성, 비속감 및 불쾌감, 어린이의 직접적 이용, 과장 표현, 언어순화운동 저촉 등이었다. 심의가 타당하지도 않을 뿐만 아니라 자의적이면서도 지엽적인 부문에 치중되고 있어 합리성을 결여하고 있음을 쉽게 확인할 수 있다. 1981년부터는 한국방송광고공사가 사전심의 업무를 이어받았다. 방송광고물 심의요강과 방송광고물 심의규정에 따라 방송광고물심의위원회가 심의를 진행하였다. 1987년 11월 28일 개정된 방송법에 따라 심의는 방송위원회로 이관되었다. 1994년에는 방송광고에 대한 정부기관인 방송위원회의 사전 심의가 위헌이라는 제소가 헌법재판소에 제기되어 사전심의에 대한 논쟁이 가시화되었다(김민환과 김광수, 2001).

1999년 12월 말에 통과된 통합방송법에 따르면 광고심의를 별도 기관에 위임할 수 있도록 규정하고 있다. 이에 따라 한국광고자율심의기구에서 방송위원회의 권한을 위임받아 현재 사전심의를 진행하고 있다. 운영자금 역시 방송위원회의 지원을 받고 있는 이러한 형태는 자율심의라고 하기 어렵다. 형식만 자율심의인 셈이다. 광고계에서는 아직도 심의에서 지적받는 내용이 실질적인 허위, 기만, 오도에 관한 내용이기보다는 외국어 표기 등과 같이 지엽적인 표현 양식에 치중되어 있다는 불평이 제기되고 있다. 이러한 심의의 발목 잡기는 광고계의 경쟁력을 저해하는 제도의 단면을 드러낸다고 볼 수 있다.

원래 자율규제는 산업체가 자신의 이익을 보호하기 위해 운용한다. 특히 정부규제가 강할수록 자율 규제를 철저히 시행함으로써 법규의 예봉을 피하고자 한다. 아울러 소비자나 사회의 비판 또는 경쟁사와의 분쟁이나 법적 소송에 휘말릴 가능성을 줄인다는 차원에서도 업계는 스스로 광고물에 대한 심의를 엄격하게 운영하지 않을 수 없다. 그런 시각에서 출발한 심의는 합법적인 범위에서 표현의 자유를 최대한 보장할 수 있도록 하는데 역점을 둘 것이다. 이에 비해 공적 기구의 업무를 위임받은 심의의 초점은 사회의 공익과 정의라는 또 다른 굴레가 씌워지면서 광고업계의 표현을 억제할 가능성이 높아진다. 현재와 같이 형식만 자율인 제도가 하루빨리 청산되어야 할 까닭이다. 1980년대까지만 하더라도 광고심의에 대한 논의나 연구는 미흡했었다. 그러나 1990년대를 거치면서 광고심의 규정의 체계가 잡혔을 뿐만 아니라 광고규정에 대한 이해의 폭과 깊이도 광고계가 많이 공유하게 되었다. 아직 미흡한 점이 있기는 하겠지만 이제는 광고계의 성숙된 능력을 믿고 키우도록 제도를 옮겨야 한다. 또한 문자 그대로의 자율심의가 진행될 수 있기 위해서는 매체사, 광고주, 광고회사가 전적으로 운영비를 부담해야 한다. 나아가서 공동의 노력으로 자율심의를 운영하는 단계를 벗어나 각 광고회사와 매체사가 스스로 독립적으로 심의에 관심을 갖고 운영하는 형태가 가까운 장래에 자리잡아야 할 것이다.

2. 광고 형식의 제한

프로그램 광고는 프로그램의 시작과 끝 부분에 제공 형식으로 삽입하는 광고이다. 판매 단위는 텔레비전의 경우 5초에 60초로 다양하지만 실질적으로 15초가 주류를 이룬다. 라디오 역시 마찬가지로 10초에서 60초까지 허용되고는 있지만 실제적으로 20초가 대부분이다. 토막 광고는 프로그램과 프로그램 사이의 스테이션 브레이크(station break)에 삽입되는 광고를 의미한다. 판매 단위는 텔레비전은 20초와 30초, 라디오는 20초가 기준이다.

이와 같이 광고 시간의 길이가 매우 짧게 책정되어 있어서 광고계는 메시지를 제대로 표현하지 못하는 불평을 강하게 호소하고 있다. 광고 전략에 기초하여 광고에서 전달하는 내용을 전달하지 못하고 시간의 형식에 맞춰서 메

<표 15>　방송광고의 형태

유 형	텔레비전		라디오	
	허용량	초 수	허용량	초 수
프로그램 광고	프로그램 시간의 10/100	5초-60초	프로그램 시간의 10/100	10초-60초
토막광고	매시간 2회 매회 4건 (1분 30초 이내)	20초 30초	매시간 4회 매회 4건 (1분 20초 이내)	20초
자막광고	매시간 6회 이내	10초	–	–

시지를 재단해야 하기 때문에 광고 아이디어는 물론 크리에이티브에 매우 심각한 걸림돌이 된다는 것이다. 방송 광고 제도는 그 나라의 방송광고 문화에 큰 영향을 끼친다. 짧은 시간밖에 허용되지 못한다면 그 시간동안에 최대한의 주목과 관심을 불러일으키기 위한 기법이 성행하게 될 것이다. 따라서 매우 감각적이거나 자극적인 내용이 주류를 이룰 것이며 우리 사회의 소비자도 그러한 영향을 받지 않을 수 없을 것이다. 즉, 전략적인 사고보다는 감각적인 테크닉에 치중될 때 광고계의 경쟁력은 제고되기 어려울 수밖에 없다.

Ⅴ. 맺 는 말

세계적으로 개방 경제 체제는 더욱 가속화되고 있어서 자유 경쟁이라는 시장 원칙은 우리 광고계에도 예외가 될 수 없다. 특히 광고라는 재화를 둘러싼 거래와 판매 양식에서는 보다 철저한 시장 논리와 합리성이 요구될 것이다. 사실 제도가 한 번 정착되면 변경하기 어려울 뿐만 아니라 시대적 흐름에 적절히 대응하여 전환하기도 쉽지 않다. 만들어진 제도는 나름대로 자생력을 갖는다는 측면에서 더욱 그렇다. 그러나 더 이상은 광고계의 관련 당사자가 자신의 이해에만 급급하여 현실에 안주하기 어려운 상황이다. 장기적인 안목에서 산업계의 앞날을 내다보지 않을 때 광고계는 전반적으로 침체할 수 있다. 광고학계도 같은 맥락에서 이해될 수 있다. 변화하는 매체 환경이나 시장 상황을 따르지 않을 때 학문 분야도 쇠퇴할 수 있으며, 특히 광고 산업계의 성쇠와 궤를 같이 할 수밖에 없다. 그런 차원에서 광고 산업계가 속히 경쟁의 제한 굴레를 벗어던지고 보다 시장 원칙에 충실함으로써 경쟁력을 제고할 수 있기를 바란다.

제 4 장

제약산업과 경쟁정책

제 1 절　제약산업에서의 규제와 경쟁*

Ⅰ. 제약산업의 규제 현황

1. 제약산업에 대한 규제법률

제약산업은 좁은 의미에서의 의약품 이외에 소위 의약외품, 의료기기, 화장품, 건강보조식품 등을 제조, 수입, 공급하는 것을 업으로 하는 매우 광범위한 산업이고, 국민들의 건강과 직결이 되는 산업이기 때문에 일반 상품과 달리 법적인 규제가 엄격하다. 의약품 및 의약외품에 대한 기본적인 규제법인 약사법 이외에 마약, 향정신성의약품, 대마 등에 관한 마약류 관리에 관한 법률이 있고, 의료기기에 관한 의료기기법, 화장품에 관한 화장품법, 건강보조식품 등에 관한 건강기능식품에 관한 법률 등이 있다. 이 글에서는 좁은 의미의 의약품에 관한 규제만을 검토하려고 한다.

2. 우리나라 제약산업의 현황

2004년도 말 통계에 의하면, 전세계 의약품시장의 규모는 5,000억불이 넘는다. 그중 우리나라의 의약품의 총거래량은 91억불로서 전세계시장 규모의 1.8%에 해당하는 미미한 양이다.

---

* 정경택(김 & 장 법률사무소 변호사)

<도표 1> 의약품 산업의 규모(IMS Health data 2004)

전세계	북미	유럽	일본	한국
5,180억$ (100%)	2,480억$ (48%)	1,530억$ (30%)	580억$ (11%)	91억$ (1.8%)

그만큼 국내제약회사들의 규모도 세계적인 영미제약회사들의 규모에 비하여 현제히 영세하다. 2004년말 현재 완제품생산 국내제약회사의 수는 244개소이고, 그중 연간매출액이 1,000억원이 넘는 기업은 22개사(전체의 9.1%에 불과)이며, 종업원 수도 총 6만명 정도로서 1천명 이상의 종업원을 고용하고 있는 제약회사는 5개업소에 불과하다. 더구나, 63%에 해당하는 제약회사는 30명 미만의 고용원을 두고 있는 영세업체들이다.

<도표 2> 제약산업의 매출액 대비 R&D 비율(2004년)

국내 평균주	동아제약	유한양행	US PhRma	Pfizer	Roche
4.88%	4.11%	5.65%	15.9%	16.3%	31.1%

따라서, 국내제약회사들의 R&D규모나 시설투자 등의 규모도 비교가 되지 않을 만큼 현저히 뒤처져있다. 국내제약회사들은 신약에 대한 R&D보다는 제품의 원등록자(original제품)인 다국적제약회사들의 소위 original제품을 복제한 generic제품의 개발과 판매관리에 집중하고 있다. 국내제약회사들의 판매관리비가 전체 비용에서 차지하는 비중이 35%정도로서, 일반 제조업의 판매관리비 비중인 13.2%보다 훨씬 웃돌고 있다. 그만큼 국내제약회사들이 제품의 품질자체보다는 판촉에 의존한 과당경쟁을 하고 있음을 나타낸다.

3. 제약산업에 대한 규제

(1) 진입에 대한 규제

제약산업에서의 진입장벽으로는 (i) 각종 영업에 대한 허가/신고제도 등 제도적인 장벽, (ii) 연구개발비 부담, 기술성 전문성의 결여 등 기술적인 장벽, (iii) 타인의 특허 등 지적재산권에 의한 장벽 등으로 구분할 수 있다.

(가) 제도적인 진입장벽

의약품의 제조를 업으로 하고자 하는 자는 보건사회부장관이 정하는 바에 따라 시설 등의 요건을 갖추어 실품의약품안전청자의 허가를 받아야 하고, 품목별로 품목허가를 받거나 품목신고를 하여야 한다(약사법 제26조 약사법시행규칙 제22조).

즉, 업 자체에 대한 허가와 제품의 품목별 허가/신고를 동시에 받아야 한다.

의약품의 수출입업을 하고자 하는 자는 영업소, 창고, 시험실 및 시험기구 등의 시설을 갖추고, 수입관리자로서 약사 또는 한약사를 두어야 하며, 수입하고자 하는 품목별로 허가 또는 신고절차를 거쳐야 한다.

의약품의 도매업을 영위하고자 하는 자는 영업소, 창고등 일정한 시설을 갖추고, 관리약사를 두어야 하며, 시 도지사의 허가를 받아야 한다(약사법 제35조 약사법시행규칙 제54조).

소매업에 해당하는 약국의 개설은 반드시 약사만이 할 수 있다.

(나) 기술적인 진입장벽

위에서 본 바와 같이 의약품의 제조를 위하여는 품목별로 제조허가 또는 신고를 하여야 한다. 품목허가신청서에는 안전성, 유효성 심사자료와 기준 및 시험방법 등을 제출하여야 한다. (다만, 안전성과 유효성이 확립된 것으로 판단되는 품목에 대하여는 허가대신 신고로 갈음하도록 하고 있고, 이러한 신고품목에 대하여는 원칙적으로 제조품목신고서만을 제출하도록 하고 있다.)

이러한 자료가 없는 후발제품의 경우, 원개발자로부터 licence를 받아 관련자료를 제출할 수밖에 없고, 그와같이 licence를 받지 못하는 경우, 원개발자의 제품과 동일하다는 동등성 자료를 별도로 제출하여야 한다. 의약품간의 동등성 입증자료는 지적재산권의 보호차원에서 도입된 일종의 진입장벽이기도 하지만, 의약분업이후 대체조제에 따른 약효동등성을 입증하기 위한 목적에서 또한 무분별한 복제품 생산을 지양하고 국산의약품의 신뢰성을 제고한다는 차원에서 당연히 의의를 가지는 제도로 인식이 되고 있다.[1]

또한, 품목허가를 받은 신약의 경우 품목허가일로부터 4년 내지 6년을 경과한 날로부터 3월 이내에 식약청장의 재심사를 받아 그 안전성 유효성 등을 다시 입증하여야 한다(약사법 제26조의2). 나아가 일정 제품의 경우에는 식약청장이 제품의 안정성, 우효성과 동등성 등을 재평가할 수 있도록 하고 있다(약사법 제26조의3). (이러한 제도들을 소위 Post Marketing Surveillance, 줄여서 PMS 제도라 함).

1) 자세한 사항은 이재현, 약사법 해설, 도서출판 약사공론, p.137 이하.

(다) 지적재산권에 의한 장벽

타인의 특허권 등 지적재산권에 의하여 보호되는 의약품의 경우 다른 사업자들이 이를 제조할 수 없는 것은 일반 제품의 경우와 다를 바 없다. 위에서 본 바와 같이 국내제약사들의 신약개발이 현저히 저조한 반면 과거와 같이 특허권자인 다국적 제약사로부터 특허제품의 license를 쉽게 받지 못하는 상황에서, 대부분의 국내제약사들이 특허기간이 만료된 generic제품의 생산에 치중하고 있는 실정이다. 최근 특허기간이 만료되기도 전에 상당수의 국내제약사들이 이들 특허의 무효를 주장하면서 generic제품의 출시를 앞당기려는 노력들을 하고 있어, 특허권자의 독점적 이익보호라는 특허법의 취지와 진입제한의 철폐를 통한 경쟁의 촉진이라는 경쟁법의 과제가 충돌되는 가장 대표적인 예로 현시되고 있다.

이러한 충돌은 최근 진행되고 있는 한미간 자유무역협정(FTA)에서도 제약분야에서 가장 첨예한 사안으로 제기되고 있다.[2)]

(2) 유통에 대한 규제

2004년말 현재 도매상의 숫자는 1,419업소에 달한다. 아래표에서 보는 바와 같이 다른 선진국에 비하여 현저하게 많은 숫자이다. 한국의약품도매협회의 자료에 의하면, 이중 매출액 상위업체 20개 업체가 전체 도매시장매출의 약 54%를 점하고 있는 것으로 알려지고 있다.

<도표 3> 의약품 도매업소 현황(2004년, 한국의약품도매협회)

한국*	미국	일본	독일	프랑스	영국
1,419	55	154	134	234	215

이와 같이 도매상의 숫자가 많은 반면, 실제로 의약품 납품거래에 있어 제약회사등이 도매상을 경유하여 의료기관에 납품하는 비율은 다른 선진국에 비하여 현저하게 낮은 것으로 나타나고 있다.

<도표 4> 의약품 도매거래 비율

한국*	일본	덴마크	독일	영국	프랑스	미국
48.1%	92%	100%	93%	91%	85%	79%

2) 한미간 자유무역협정에서 제약분야와 관련하여 제기되고 있는 사항은 우선 제약회사들이 판촉의 목적으로 의료기관을 상대로 제공하는 각종 리베이트 등 부정한 행위(corruption)의 근절과 보건당국의 의료보험약가에 관련된 제도의 개선 등이나, 이러한 사항의 기저에는 제품의 원개발자로서 특허권 등을 가진 다국적 제약사의 이해관계와 주로 generic제품에 치중하는 국내제약사들의 이해관계의 충돌이라는 근본 원인이 있다.

위와 같이 중소유통업체가 난립하고 다품종 소량거래를 통하여 거래선이 분산되며 제약사들이 병원이나 약국에 의약품을 직접 공급하여야 함으로써, 과다한 물류비용 및 과다경쟁으로 인한 고비용의 유통구조를 유지하고 있다는 점이 가장 큰 유통거래상의 문제로 제기되고 있다.

그에 따라 보건복지부는 우선 의약품제조자에게 의약품도매상을 통하여 약품을 판매하도록 노력할 의무를 부과하고 있고, 나아가 대형 종합병원에 대한 납품의 경우에 반드시 도매상을 경유하도록 하는 도매상 의무경유제를 실시하고 있다. 즉 의약품 제조자 또는 수입자가 100병상 이상 종합병원에 의약품을 납품하고자 할 경우 반드시 도매상을 경유하여야 한다(약사법시행규칙 제57조1항7호). 도매상을 경유토록 함으로써 병원에 직접 납품하는 경우보다 물류비용을 줄일 수 있고 또한 리베이트 등 부정적인 거래관행을 줄일 수 있다는 기대에서 그리고 유통은 유통업자가 전담하고 제조업자는 연구개발이나 생산부문에 전념토록 한다는 취지에서, 이와 같이 유통단일화를 기본방향으로 삼고 나아가 대형 종합병원에 대한 납품의 경우 도매상 의무경유제를 실시하고 있다.

(3) 가격에 대한 규제

의약품의 가격에 대한 규제는 일반의약품과 전문의약품, 또한 전문의약품 중에서도 국민건강보험에 의하여 정부가 가격의 일부 또는 전부를 의료기관에 상한하여 주는 의료보험급여대상의약품(이하"보험급여의약품"이라함)과 상환대상이 되지 않는 비급여대상의약품(이하 "비급여의약품"이라함)의 경우가 다르다. 가격에 대한 규제는 주로 보험급여의약품에 대한 규제이고 세계 각국에서는 미국처럼 자유가격제를 채택하고 있는 나라 이외에는 어떠한 형태로든 전문의약품의 가격에 대한 제한적인 규제를 하고 있다.

우리나라에서도 2000년도 의약분업제도가 실시된 후 전체 진료비 중 약제비가 차지하는 비중이 점점 높아지고 보험제정에 압박이 커짐에 따라, 다른 OECD국가들과 마찬가지로 약제비를 억제하기 위한 보험약가관리제도를 실시하고 있다.[3] 약가관리제도는 (ⅰ) 보험급여의약품의 대상선정에 대한 규제,

---

3) 총진료비 중 약제비가 차지하는 비중은 2001년 23.5%에서 2005년 29.2%로 매년 평균 14%가량 증가하고 있다. 이는 만성질환자의 증가로 의약품 사용량이 증가된 점, 의약분업에 따라 의료기관에 약가마진이 없어지면서 약효가 검증된 고가약으로 처방이 전환된 점 등에 기인한 것으로 특히 65세 이상 환자의 약제비가 그 이하의 약제비의 4.6배에 달하여 고령화에 따른 약제비 증가의 추세가 현저하다.

(ii) 그에 대한 상환방식에 관한 규제, (iii) 상환가격에 관한 규제를 주된 내용으로 한다.

보험급여의 대상 선정방식은 대략적으로 급여의 대상이 되지 않는 품목을 국가가 지정하는 소위 negative system 방식과, 급여의 대상이 되는 품목을 지정하고 그 외의 품목에 대하여는 상환을 하지 않는 소위 positive system방식으로 구분된다. 우리나라는 그동안 소위 negative system을 채택하고 있어 특별히 제외된 품목이 아니면 원칙적으로 당사자의 신청에 의하여 상환대상이 되는 것으로 시행되어 왔으나, 금년 5월3일 보건복지부가 이를 positive system으로 전환하겠다고 발표한 바 있다. 이는 신약의 등재시 뿐만 아니라 기 등재된 제품에 대해서도 경제성을 평가하여 선별하여 등재하고 그와 같이 등재된 제품에 한하여 보험급여상환을 인정하겠다는 취지이다. 이러한 제도의 전환은 그 구체적인 시행내용에 따라서는, 보험급여의 대상 및 범위에 많은 차이를 가져올 수 있어, 동 제도가 현재 제약업계의 첨예의 관심사가 되고 있다.[4)]

상환방식에 관하여는 여러 가지 다른 제도가 있으나, 현재 우리나라는 소위 "실거래가 상환제도"를 채택하고 있다. 의약품이 처음 등재될 때, 당사자의 신청에 의하여 정부가 동 약품에 대하여 보험으로 상환할 수 있는 상한가격을 기준가격으로 제시하되, 요양기관이 동 의약품을 실제로 구입하고 지급한 거래가격을 판정하여 이를 실제 상환가격으로 지급하는 제도이다. 실거래가격을 판정하기 위하여 정부는 연 2회 요양기관의 실거래가격을 조사하고 그 결과에 따라 품목별 기준가격을 조정할 수 있도록 하고 있다.[5)] 이러한 실거래가격제도 하에서는 이전에 "고시가 상환제"와 달리, 의료기관에 의약품판매에 따른 margin을 인정하지 않고 있다.

상환약가의 결정에 대하여는 신약의 상환가격을 산정할 때 (a) 그 약품의 개발원가를 기준으로 상환가격을 결정하는 방식, (b) 동 신약의 치료적 가치를 판정하여 상환가격을 설정하는 방식, (c) 기존에 출시되어 있는 다른 의약

---

4) 보건복지부, 건강보험약제비 적정화 방안(2006.5.3 발표). 보건복지부는 positive system의 도입을 통하여 현재 기 등재된 의약품목 22,000여개 중 4,000~5,000 품목만을 상환대상 list에 남기는 계획을 세우고 있다. 동 적정화방안에서는 positive system의 도입뿐만 아니라, 특허만료가 되는 original 약품의 가격을 강제로 인하하고 그에 대한 일반 copy 제품의 상환가격을 동시에 추가로 낮추는 방안, 제품의 판매 수량에 따라 가격을 인하하는 방안, 국민건강보험공단이 직접 제약회사와 가격을 협상하는 약가계약제 등 여러 가지 약제비 절감 방안을 제시하고 있다.

5) 단, 공개입찰에 의한 실구입가격은 상환가격 조정에 반영하지 아니한다.

품 중 치료효과나 약리작용이 유사한 제품들의 가격을 참조 비교하여 결정하는 방식, (d) 다른 OECD 국가에서 결정된 국제가격과 비교하여 산정하는 방식 등 여러 방식이 있고, 우리나라에서도 이와 같은 방식을 모두 활용하여 신약의 상환가격을 결정하고 있다.[6)]

예를 들어, 국내에서 최초로 개발되어 외국에 비교가격이 없는 신약의 경우에는 실제개발에 소요된 비용을 고려하여 상환 상한가를 산정할 수 있다(위 (a)방식). 소위 혁신적인 신약의 경우에는 미국, 영국, 독일, 프랑스, 이태리, 스위스, 일본 등 7개국의 공장도출하가격을 평균한 금액에 부가가치세와 유통거래폭을 가산한 금액으로 산정한다(위 (d)방식). 혁신적 신약이 아닌 일반적인 신약의 경우에는, 동일 또는 유사효능을 가진 제품들과 당해 신청제품의 외국 7개국 가격을 조사하여 나라별 상대비교가의 평균값을 기준으로 산정한다(위(c)방식). 최근에 보건복지부는 제품의 치료적 가치를 판정하여 결정하는 위 (b)의 방식을 도입할 것을 발표한 바 있다.

이와 같이 기준약가(상한금액)가 정해진 이후에도, 정부는 매 3년마다 시장여건 등의 변화를 반영하여 상한금액을 재평가하여 조정할 수 있도록 하고 있다. 특히 3년 경과 후 동 의약품의 상한금액이 외국 7개국 조정평균가보다 높은 경우 동 7개국 조정평균가 수준으로 인하조정하고 있다.

Ⅱ. 제약산업에 있어서의 경쟁법적인 문제점

1. 규제상의 문제

(1) 진입에 대한 규제에 관한 문제점

제약산업의 특성상 여러 가지 진입제한이 존재하는 것은 당연하고 불가피하다. 다만, 그동안 지적된 몇 가지 사항만을 정리해보면, 우선 제조업허가에 반드시 시설을 갖추어야 하는 점이 제기되고 있다. 모든 제약회사들이 굳이 중복된 시설투자를 할 필요가 없이 오로지 제품의 R&D개발에 더 투자를 하여 신제품을 개발한 경우 이를 다른 제약회사의 시설을 이용하여 제품생산을 할 수 있는 소위 toll manufacturing을 인정하여야 한다는 논의가 오랫동안 제기되고 있으나, 보건당국은 아직 이를 전면적으로 인정하지는 않고 있다.

---

6) 나라에 따라서는 당해의약품의 경제에 대한 기여도를 고려요소로 하고 있다(예, 호주, 벨기에, 헝가리, 스페인, 영국 등).

이를 인정할 경우 여러 국내회사들이 하청생산자로 전락할 수 있다는 우려에서 신중을 기하고 있으나, 완제품의 수입이 개방된 상황에서 제도의 도입은 시간문제로 보인다.

지적재산권에 의한 진입강제와 관련하여 가장 현안이 되고 있는 것은 특허제도와 품목허가제도가 일관되게 시행되지 않고 있다는 점이다. 즉, 식약청이 품목허가신청서의 검토시에 동 제품이 기존 허가된 제품의 특허권을 침해하거나 할 우려가 있는지 여부를 검토하지 않음으로써, 특허에 저촉되는 제품이 허가되고 그로 말미암아 특허권자와 후발제품의 허가권자와의 사이에 특허침해분쟁이 제기될 여지가 많다는 점이다.

의약품의 특허권에 관하여는 특허강제실시제도(compulsory licensing)의 문제가 제기될 여지가 많아지고 있다. 이는 특허법 및 국제통상협상에서 주로 다루어지고 있는 문제이나 경쟁법적인 관점에서도 상황에 따라서는 특허권자의 거래거절의 문제로 제기될 수 있을 것이다.

(2) 유통에 대한 규제에 관한 문제점

위에서 본 바와 같이 영세 도매상의 숫자가 너무 많고 도매상의 전문화가 이루어지지 않은 상황에서 도매상의 의무경유제가 어느 정도 실효성이 있는지 의문이다. 현재 상당수의 도매상들은 독자적인 경영능력과 전문성을 가지고 영업을 하기보다는 실질적으로 영업은 제약회사와 의료기관간에 직접 이루어지고 도매상은 그 중간에서 형식적인 장부상의 형식처리만 하고 있는 실정이고, 일부 대형병원에서는 사실상 지배하는 지정 도매상을 통해서만 동 병원에 납품할 수 있게 강제함으로써 오히려 거래의 투명성에 장애가 되는 요소가 되고 있어 이와 같은 형식적인 의무경유제에 대한 심각한 의문을 제기하고 있다.

대형 종합병원에 대한 도매상 거래강제의 또 다른 문제점 중 하나로 지적될 수 있는 사항으로서 도매상들에 대한 제약사들의 재판매가격 유지행위 및 거래거절에 관한 사항이 있다. 실거래가 상환제도하에서는 위에서 본 바와 같이 의약품이 실제로 의료기관에 공급되는 가격에 따라, 의료보험 상환가격이 결정된다. 또한 도매상을 의무적으로 경유하여야 하는 대규모 종합병원에 대한 납품의 경우, 각 도매상들은 경쟁적으로 낮은 가격으로 제공하여 공급권을 따고자 노력하게 된다. 그러나, 제약사의 입장에서는 이와 같이 도매상들이 자유로이 경쟁을 함으로써 당해 의약품의 상환가격이 회사의 의사와는 상관없이 인하되는 것을 원하지 않는다. 그에 따라, 제약사들은 각 지정된 도매상들에게 일정가격 이하로 병원에 납품하지 않을 것을 요구하는 경우가 있다. 경우에 따라서는 도매상들이 먼저 병원과 협상하여 일정가격에 납품할 것을 합의한 후, 제약사들에게 그 가격에 제품을 공급해 줄 것을 요구하는 경우가 있고, 제약사들은 그러한 경우 제품상환가액의 인하를 우려하여 공급을 거절하는 상황에 처할 수도 있다. 일반적인 기준에 의하면, 이러한 상황에서 제약사의 재판매가격유지행위 또는 부당한 거래거절로 제약사의 책임을 물어야 할 것이나, 제약사가 자신의 의사에 상관없이 자신의 제품가격이 강제로 인하되는 부담을 지면서까지 제품을 팔아야 할 의무가 있다고 하는 것은 분명히 재고를 요하는 사항이다. 문제는 제약사가 반드시 도매상을 거쳐 대형병원에 납품하도록 의무화되어 있으면서, 의료보험 실거래가제도상 제약회사가 판매하는 가격, 즉 출고가격이 아니라 도매상이 병원에 납품하는 가격을 실거래가의 기준으로 삼아 약품의 상환가를 조정한다는 데에 있는 것으로 보인다.

(3) 가격 및 거래조건에 대한 규제상의 문제점

경쟁법적인 측면에서 고려하여야 할 제약산업의 가장 큰 특성은 국가가 제품의 가격결정에 적극적인 당사자로서 관여한다는 점이다. 일반적으로 제품이나 서비스 상품의 가격은 수요와 공급에 따른 시장기능에 의하여 결정되는 반면, 보험급여의약품의 경우에는 당사자인 요양기관과 의약품판매자간의 자유로운 협상에 의하여 가격결정이 되어야 함에도 불구하고, 국가가 보험재정을 책임져야 할 당사자로서 이를 직접 통제하고 있다는 점에서 일반 다른 제품의 가격결정 구조와 근본적인 차이점이 있다. 이와 같이 국가가 개입하는 이론적인 근거로서는 다음과 같은 사항이 제시되고 있다.[7]

(i) 수요 독점(monopsony): 건강보험제도하에서 복지부 및 국민건강보험공단이 보험급여의약품 구매에 있어 독점적인 위치를 점하고 있다고 할 수 있다. 물론 실제 의약품의 구매는 병원 등 요양기관을 통하여 이루어지지만, 국가가 그 구매대금의 상당부분을 상환해주는 제도하에서 사실상 국가에 의한 구매독점이 일어나고 그에 따라 국가가 법적 강제성을 가지고 가격을 결

7) 국민건강보험공단, 건강보험재정안정화를 위한 보험약가관리제도 개선방안(연구자료 2002-08), p. 7. 참조.

정할 수 있는 시장구조가 된다. 최근 이러한 일방적인 가격결정(좀 더 면밀히 보면 "가격인하결정")에 대하여 합리적인 근거가 부족한 결정으로 일부 하급심 판결이 내려지기는 했으나, 기본적으로 제약회사와 병원이 직접 협의에 의하여 가격을 결정할 수 있는 여지가 현저히 제한된다는 점에서, 제약산업에서의 경쟁법이 개입될 수 있는 근거와 여지가 현저히 줄어드는 결과가 되고 있다.

(ii) 소비자의 무지(consumer ignorance): 일반적으로 소비자가 제품에 관한 완전한 정보를 가지고 있어야 제품의 가격이 시장메커니즘에 의하여 결정될 수 있다. 그러나 의약품의 경우, 다른 제품에 비하여 소비자가 제품의 품질, 효용, 부작용, 가격의 적정성 등에 관한 정보를 가지고 있지 못하다. 이러한 "소비자의 무지"가 정부의 가격 통제의 근거가 된다.

(iii) 도덕적 해이(moral hazard): 환자의 본인부담분이 있기는 하나, 제3자인 국가가 약제비 전부 또는 일부를 부담하는 상황에서 소비자인 환자는 고가의 의약품을 필요 이상으로 과다하게 사용하고자 하는 도덕적 해이를 보이게 된다. 이러한 도덕적 해이가 국가 의료보험재정에 심대한 영향을 초래하고 있는 현실이므로, 그에 대한 해결책으로 국가가 전문성과 객관성을 가지고 상환가격의 적정성을 판단할 것이 요구된다.

이와 같은 약가제도상의 특성으로 인하여 또한 의료보험재정의 건전화를 위하여 보건당국이 약가에 대한 직접적인 개입을 하는 것이 불가피한 상황이라 하더라도 그로 인한 국민건강에 대한 폐해와 아울러 경쟁법적인 폐해를 최소화할 수 있는 방안을 보건당국과 경쟁당국이 협력하여 강구하여야 필요성이 크다.

의약품 약가규제의 가장 큰 경쟁법적인 폐해는 물론 제약시장에서 품질과 가격경쟁이 심각하게 제한된다는 점이다. 소위 original 제품과 generic 제품간의 품질의 유효성이나 안전성의 차이가 무시되고, 특히 generic 제품간에도 실질적인 가격경쟁이 배제됨으로써, 리베이트, 매출할인 등의 판촉활동과 기타 경제적 이익의 제공 및 편의 등 비정상적인 거래관행이 오히려 만연되도록 하는 결과가 초래된다는 점이다. 공정거래위원회는 이러한 비정상적인 할인 및 판촉경쟁의 폐해가 크다고 보고, 제약협회 회원사가 협의하여 제출한 공정경쟁규약(소위 "자율규약")을 승인하였다.[8] 그러나, 그러한 공정경쟁규약안의 내용이 비현실적으로 엄격하고 모호한 기준이 많아 실제로 집행[9]에 어려

8) 제약협회, 보험용의약품에 관한 공정경쟁규약(1994년 12월 27일 제정, 2001년 12월 18일 개정).

움이 따른다는 비난이 많았고, 그러던 중 다국적 제약회사들의 모임인 한국다국적의약산업협회(KRPIA)의 회원사가 새로이 제출한 공정경쟁규약도 최근에 승인하였다. 이에 따라, 하나의 제약산업분야에 내용이 다른 두 가지 자율규약이 존재하게 되었다. 이러한 자율규약은 그 형식이 업계가 자발적으로 합의한 단순한 협의인 것처럼 보이나, 실제에 있어 제약산업의 가장 큰 문제점으로 제기되고 있는 불공정거래관행에 대한 직접적이고 구체적인 기준을 규정하고 있다는 점에서 그 파급효과는 매우 크다고 할 수 있다. 그런 점에서 그에 대한 경쟁법상의 심도 있는 검토가 있어야 한다고 본다.

첫째, 자율규약의 적법성 문제가 검토되어야 한다. 자율규약은 동종업계의 경쟁사업자들이 자율적으로 합의한 문서이고, 그 내용은 가격할인의 금지 등 다분히 부당한 공동행위로서의 위법성을 지니고 있다. 예를 들어, 제약협회의 규약에서는 의료기관에 공급하는 약품에 관한 할인, 할증, 판매장려금 등을 제공하는 것을 금지하는 약정이 있다. 제품가격을 할인할 경우, 실거래가상환제도하에서 상환상한금액이 삭감조정되는 불이익이 있어 제약회사들이 할인혜택을 제공하는데 있어 이러한 불이익을 받지 않기 위하여 노력을 하고 있다. 그러한 상황에서, 이와 같이 경쟁업체간 가격할인을 하지 않는다는 약정을 할 수 있으면 이는 price fixing의 전형적인 예가 될 수 있다.

공정거래법상 공정경쟁규약은 법 제23조 제4항에 근거하여 동조 제1항 제3호에서 규제하고 있는 부당한 고객의 유인행위에 대한 구체적인 기준을 협회나 그 회원사들이 합의하여 동조 제5항에 따라 공정거래위원회의 심사를 거쳐 발효된다. 그 취지에 비추어보면, 사업자간에 가격이나 품질에 기한 경쟁이 아닌, 예를 들어 경품의 제공에 의한 판촉 등의 부적절한 경쟁을 상호간의 감시를 통하여 규제하자는 내용으로 보이고, 경쟁의 핵심적인 요소인 가격 및 품질 경쟁까지 제한하는 규약을 허용하자는 취지는 아닌 것으로 보인다. 그럼에도 불구하고, 가격할인까지 제한하는 협회의 자율규약은 개정 또는 폐지되는 것이 바람직한 것으로 보인다.

둘째, 자율규약상에 나타난 기준의 현실성, 합리성이 의문시된다. 이점은 규약의 거의 모든 사항에 해당되는 문제로 보여 자세하게 논의할 수는 없지만, 기준은 비현실적으로 높게 설정하고 그 집행을 소홀히 하는 것은 제도의

9) 한국다국적의약산업협회, 부당고객유인행위방지를위한 의약품거래에관한 공정거래 규약, 2006.4.4.

실효성을 몰각시키고, 그러한 기준을 엄격하게 준수하는 기업이 오히려 피해를 입는 비합리적인 결과를 초래하여 바람직하지 못하다고 할 수 있다. 더구나, 제약협회와 다국적의약산업협회의 서로 다른 규약이 발효되어 상당수의 회사가 두 협회 모두 회원으로 가입이 되어 있는 상황에서 기준의 불일치에 의한 혼선이 초래될 수밖에 없다. 예를 들어, 국내 의료기관은 아직도 그 재정적인 문제를 해결하기 위하여, 제약회사에 상당금액의 기부금, 장학금의 제공을 요구하고 있고, 제약사는 이를 거부할 경우 미칠 수 있는 사업상의 불이익 때문에 이를 거절하지 못하고 자발적인 기부금의 형식으로 이에 응하고 있는 것으로 알고 있다. 이에 대하여, 제약협회의 규약은 의약품의 판매와 관련이 있는 기부행위는 금지되는 것으로 규정하고 있고, 다국적제약회사의 규약은 아예 금액을 명시하여 의료기관 당 연간 300,000원 이상의 기부금품은 제공하지 못하게 하고 있다. 그러면서도, 이러한 제한을 어기고 기부금을 제공한 사례가 규약 또는 법 위반으로 실제로 처벌되는 사례는 거의 없는 것 같다. 즉, 실제로 집행도 되지 않을 사안을 규약의 형식으로 상징적으로 규정하여 놓고, 해당 협회나 공정거래위원회가 이를 집행할 의지를 보이지 않으면 결국 이를 준수하고자 하는 회원사들만 불이익을 입는 불합리한 결과만 초래하게 될 것이다.

셋째, 규약을 현실적으로 집행하는 절차적인 측면에서의 문제점을 들 수 있다. 즉 각 규약의 이행여부를 감시하고 이를 준수하도록 집행하는 권한이 일차적으로 각 협회에 부여되어 있는데, 현실적으로 협회가 이를 엄격하게 집행할 수 있는 권한과 의지가 충분하지 않은 상황에서 자율규약은 상징적인 기준으로 그칠 위험이 크다.

위와 같은 문제점을 지닌 소위 자율규약은 아예 폐지를 하고 공정거래법 기본 취지에 따라 기준을 설정하여 집행을 하든지, 아니면 규약의 내용을 보다 현실에 맞게 개정하고 이를 엄격하게 집행하는 경쟁당국의 의지가 필요한 것으로 보인다.

2. 거래상의 문제

제약산업에서 일어나는 각종 거래나 계약과 관련하여 경쟁법상 문제가 제기될 수 있는 분야는 위 규제상의 문제점의 경우와 마찬가지로, 의약품의 원개발업자, 즉 original product의 소유자와 generic제품의 제조, 판매자간에 체결되는 각종 계약관계라 할 수 있다. 한국 제약사들이 자신의 R&D에 의하여 직접 신약을 개발하는 사례가 극히 소수이므로 제품의 개발은 주로 다국적 제약사에 의하여 이루어진다. 원개발업자인 다국적 제약사는 자신이 직접 한국의 자회사나 합작회사를 통하여 자신이 개발하고 특허권을 가지고 있는 제품을 한국에서 제조, 생산하여 판매하거나 수입하여 판매하는 경우도 있으나, 여러 가지 이유로 한국의 제약사를 통하여 제조 판매하는 경우도 많다. 이를 위하여 양사간에 각종 계약관계가 성립될 수 있는 바, 그 사례를 들면 아래와 같다. (이러한 사례에 대한 경쟁법적인 판단은 이미 여러 논문에서 다루고 있으므로 여기에서 재론할 필요는 없을 것이며, 단지 제약산업에 특수한 문제가 있는 경우에만 간단히 언급하고자 한다.)

(1) License 계약

원 개발자인 licensor가 licensee에게 자신의 특허권이나 제조 know-how, 상표권, 저작권, brand, logo 등을 사용하여 제품을 제조, 배포, 판촉할 수 있는 권리를 부여하는 계약이다. 이러한 계약에서는 배타적 license 조항(exclusive license), 지역이나 고객제한조항, grant back 조항, 특허기술과 비특허기술의 package licensing을 통한 tying 조건, license 기간 종료 후(특허권 만료 후) 각종 제한 조항 등의 경쟁법적인 효력이 문제로 제기되는데, 특히 licensor가 특허권을 가지고 있을 경우, 흔히 논의되는 특허권의 남용과 경쟁법상 규제의 한계 문제가 초점이 된다.

우리나라 제약산업에서 License 계약에 관하여 실제로 문제가 제기되는 것은 License 계약기간 내에 양사의 약정이나 거래내용과 관련한 것보다는, 계약관계가 종료될 때 흔히 일어나는 분쟁과 관련된 것이 더 많은 것 같다. 과거, 많은 다국적제약회사의 많은 제품들이 license 계약 또는 제품 배포계약에 의하여 국내제약사들에 의하여 제조 판매되었다. 국내제약사는 다국적회사로부터 원료를 공급받아 국내에서 자신의 완제품으로 제조하여 (즉, 자신의 제조품목으로 허가를 받아) 판매하여 왔다. 그중 상당수의 제품의 경우, 다국적 제약사가 license 계약을 종료하고 자신이 직접 한국에서 제조 또는 수입하여 판매하고자 하는 사례가 많았다. 이러한 경우, license의 종료가 우월적지위에 의한 계약해지 및 거래거절에 해당하는지 여부, 반면에 licensor가 국내에 직접 제품을 출시하지 못하도록 하기 위하여 국내 licensee가 취하는 제반 행동이 불공정한 거래행위로 될 수 있는지 여부 등이 문제로 제기된다.

(2) 공동 판매 및 마케팅 계약

원개발자가 자신이 직접 한국에서 제품의 품목허가를 취득하고 제품을 제조 판매하면서, 여러 가지 이유로 다른 제약사에 제품의 마케팅을 의존하는 경우가 있다. 그 대표적인 예로 두 가지 다른 계약이 체결되고 있다.

첫째, Co-marketing 계약으로, 다른 제약사가 단순히 제품의 판촉만을 담당하는 것이 아니라, 자신도 직접 원개발자와는 별개로 동일한 제품에 관하여 품목허가를 받고 자신의 설비에서 제품을 제조하고 판매하는 계약이다. 원개발자가 자신의 제조 또는 판매규모만으로는 신제품의 효율적인 판매, marketing을 충분히 수행할 수 없다고 판단할 경우, 이를 보완하기 위하여 믿을만한 국내 제약사에 동 제품을 동시에 제조·판매할 수 있는 권한을 부여하여 수요자의 수요를 충족시키기 위한 계약의 형태이다. 위의 license 계약과 다른 것은 원개발자와 licensee가 동시에 제조 판매를 한다는 점이다. 따라서, co-marketing 계약은 단순한 license의 경우처럼 수직적 계약관계에 그치는 것이 아니라 양사가 수평적 계약관계를 유지하게 된다.

제품의 가격면에서도, co-marketing의 경우 두 제품이 각각 순차적으로 등재되는 경우와 구분하여 두 제품의 보험상환가격을 동일하게 책정하는 것을 허용하고 있다.

둘째, Co-promotion 계약으로, 이는 원개발자만 제품의 품목허가를 받아 제품을 생산하고, 다른 회사는 오로지 제품의 판매, 배포, 판촉만을 맡아서 수행하는 계약형태이다. 즉 일종의 제품 distribution계약과 동일하지만, 원개발자도 직접 자신의 제품을 동시에 판매, 배포, 판촉하는 경우가 많아 이 역시 단순한 수직적 계약관계만은 아니다. 예를 들어, 원개발자와 다른 회사간에 고객이나 지역의 분할을 위한 약정을 할 수도 있고, 제품의 가격 또는 재판매가격에 대한 합의도 할 수 있다.

위와 같이 Co-marketing이나 Co-promotion계약의 경우, 단순히 license나 distribution계약의 경우처럼 수직적 계약관계로만 볼 수 없고 양사가 겉으로는 경쟁자의 입장에 서는 일종의 수평적 계약관계를 가지게 되어 그만큼 경쟁법적인 평가도 달라져야 하겠으나, 일반적으로 원개발자가 특허권을 가지고 있는 경우가 많고, 원개발자가 이러한 계약 없이 혼자서 독점적인 공급자로 남는 경우와 비교하여 소비자에게 유리한 결과를 가져오는 면이 있으므로, 이러한 계약을 단순히 당연위법의 원칙(per se illegal rule)로만 처리할 수는 없다 할 것이다.

(3) 특허관련 계약

가. Cross Licensing 또는 특허 Pool 계약: 특허권자들 간에 서로의 특허를 서로 license하여 주는 소위 “Cross-licensing”이나 특허 Pool 계약이 외국에서는 종종 일어나고 있으나, 우리나라에서는 거의 일어나지 않고 있어, 논의의 실익이 크지 않은 것 같다. 이러한 cross-licensing이 가격담합이나 지역시장 분할 등 명백하게 반경쟁적인 목적을 위한 방편으로 사용되었다고 판단될 경우는 일반적으로 당연무효의 이론이 적용된다. 그렇지 않고 불필요한 소송을 피하고 소비자에게 이러한 cross licensing이 없었으면 제품이 출시될 수 없는 상황이라면 그 평가를 달리하여야 할 것이다.

나. 특허분쟁해결을 위한 계약: 특허권자와 copy제품제조자간 특허침해분쟁이 제기되었을 때, 이를 원만히 해결하기 위한 방안으로 양사가 협의하여 조정하는 계약을 체결하는 예가 많다. 특허분쟁의 해결은 사안이 복잡하여 시일과 비용이 많이 소요되므로, 양사가 원만히 합의한 조건으로 copy제품이 시장에 출시될 수 있으면 양사 및 소비자 모두에게 경쟁법적으로 의미있는 해결 방안이 될 수 있을 것이다. 반면, 양사가 합의하여 일정한 대가의 지급이나 기타 조건으로 copy제품이 출시되지 않거나 그 출시를 지연시키는 약정을 하는 경우, 그에 대한 경쟁법적인 판단이 요구될 수 있다. 그러나 아래의 예에서 보는 것처럼 이에 대한 경쟁당국의 판단이 항상 쉬운 것만은 아니다.

최근 보도된 한 예를 보면, 미국의 S사가 2006년에 만료되는 특허권을 가지고 있는 고혈압치료제에 관하여 generic제품을 출시하고자 한 U사가 특허권 무효의 소송을 제기한 사안에서, S사와 U사는 settlement계약을 체결하여 U사는 2001년까지 자신의 generic제품을 출시하지 않기로 합의하고 S사는 그에 대한 일정 대가를 지급하기로 약정하였다. 이에 대해 미국 FTC는 경쟁제품이 일정한 기한까지 출시될 수 없도록 하는 이러한 약정이 경쟁법 위반이 될 수 있다고 보고 연방항소법원에 제소하였으나 기각되었고 다시 대법원에 상고하여 그 결과를 기다리고 있다. 이 건에서 미법무성은 오히려 특허기간 만료이전에 경쟁품의 출시를 가능하게 한 이러한 약정은 경쟁촉진적(pro-competitive)인 면이 있어 이를 허용하여야 한다는 상반된 주장을 제기하였다(Financial Times 2006. 6. 5자 4면 기사).

집필자 약력(집필순)

권오승 / 공정거래위원회 위원장

홍명수 / 명지대 법대 조교수

김권회 / 법무법인 화우 변호사; 법학박사

서동원 / 공정거래위원회 前 상임위원 역임, 김앤장 법률사무소 고문

이민호 / 공정거래위원회 송무팀장

이상승 / 서울대학교 경제학부 교수

박상인 / 서울대학교 행정대학원 부교수

이동규 / 공정거래위원회 사무처장

송옥렬 / 서울대학교 법과대학 조교수

양명조 / 이화여자대학교 법과대학 교수

정중원 / 공정거래위원회 카르텔정책팀장

정호열 / 성균관대 법대 교수

홍대식 / 법무법인 율촌 변호사

장승화 / 서울대학교 법과대학 부교수

이호영 / 한양대 법대 부교수

김병배 / 공정거래위원회 부위원장

이기주 / 정보통신부 통신전파방송정책본부장

성낙일 / 서울시립대 경제학부 부교수

김형찬 / 정보통신정책연구원 공정경쟁정책연구실 실장

이원우 / 서울대 법대 부교수

이상규 / 중앙대 경제학과 조교수

박종근 / 서울대학교 전기컴퓨터 공학부 교수

김두진 / 한국법제연구원 부연구위원

이봉의 / 경북대학교 법과대학 조교수

윤석민 / 서울대학교 언론정보학과 조교수

김광수 / 고려대 언론학부 교수

정경택 / 김＆장 법률사무소 변호사

[저자 약력]

權五乘
서울대학교 법과대학 법학과 및 동대학원 졸업
서울대학교 대학원 법학박사
독일 프라이부르크대학에서 경제법, 민법 연구(독일 훔볼트재단 지원)
경희대학교 법과대학 교수역임
미국 하버드대학과 독일 마인쯔대학 방문교수
현, 서울대학교 법과대학 교수(경제법)
공정거래위원회 위원장

李元雨
서울대학교 법과대학 법학과 및 동대학원 졸업
독일 Hamburg 대학교 제1법과대학 법학박사
독일 Hamburg 대학교 경제법연구소 객원연구원
한양대학교 법과대학 부교수 역임
현, 서울대학교 법과대학 부교수(행정법)
정보통신부 통신위원회 약관법령심의위원회 및 통신요금심의위원회 위원
한국공법학회 상임이사

公正去來法과 規制産業

2007년 10월 2일 초판 인쇄
2007년 10월 5일 초판 발행

공저자 權 五 乘 · 李 元 雨
발행인 裵 孝 善
발행처 도서출판 法 文 社
413-756 경기도 파주시 교하읍 문발리 526-3
등 록 1957년 12월 12일/제2-76호(윤)
전 화 (031)955-6500~6 FAX (031)955-6525
E-mail (영업) bms@bobmunsa.co.kr
(편집) edit66@bobmunsa.co.kr
홈페이지 http://www.bobmunsa.co.kr
조 판 (주) 성 지 이 디 피

정가 40,000원 ISBN 978-89-18-01875-1